스포츠지도사

▶ 무료강의 & 4주 완성 [필기]

M스포츠연구소 편저

박영사

PREFACE
머리말

 2급(전문·생활·장애인)·유소년·노인스포츠지도사는 문화체육관광부·국민체육진흥공단이 주관하며, 만 18세 이상이면 누구나 응시할 수 있는 국가자격증입니다. 본서는 처음 공부하시는 분들도 접근하기 쉽게 핵심 이론과 연도별 기출문제를 바로 매치함으로써 30일 안에 독파할 수 있게 엮었습니다.
 본 수험서를 통해 공부하시는 여러분! 좋은 성과를 얻으시길 바랍니다.
 스포츠지도사가 되고자 하는 수많은 수험생을 위해 끊임없는 문제 개발과 출판 시장의 양성을 위해 애써주시는 문화체육관광부 국민체육진흥공단 관계자분들께 이 자리를 빌려서 감사의 말씀을 전합니다.

M스포츠연구소

GUIDE
스포츠지도사 자격제도 안내

1. 스포츠지도사란?

전문 스포츠지도사(1·2급) 생활 스포츠지도사(1·2급)	학교·직장·지역사회 또는 체육단체 등에서 체육을 지도할 수 있도록 국민체육진흥법에 따라 해당 자격을 취득한 사람
건강운동관리사	개인의 체력적 특성에 적합한 운동형태, 강도, 빈도 및 시간 등 운동수행 방법에 대하여 지도·관리하는 사람
유소년 스포츠지도사	유소년(만 3세부터 중학교 취학 전까지를 말함)의 행동양식, 신체발달 등에 대한 지식을 갖추고 해당 자격종목에 대하여 유소년을 대상으로 체육을 지도하는 사람
노인 스포츠지도사	노인의 신체적·정신적 변화 등에 대한 지식을 갖추고 해당 자격종목에 대하여 노인을 대상으로 생활체육을 지도하는 사람
장애인 스포츠지도사(1·2급)	장애유형에 따른 운동방법 등에 대한 지식을 갖추고 해당 자격종목에 대하여 장애인을 대상으로 전문체육이나 생활체육을 지도하는 사람

[관련 근거]
- 국민체육진흥법 제11조(체육지도자의 양성) 내지 제12조(체육지도자의 자격취소) 등
- 국민체육진흥법 시행령 제8조(체육지도자의 양성과 자질 향상) 내지 11조의 3(연수계획)
- 국민체육진흥법 시행규칙 제4조(자격검정의 공고 등) 내지 제23조(체육지도자의 자격취소) 등

2. 시험 개요

- 검정기관: 국민체육진흥공단
- 접수(인터넷 접수): https://sqms.kspo.or.kr/
- 시험절차 안내

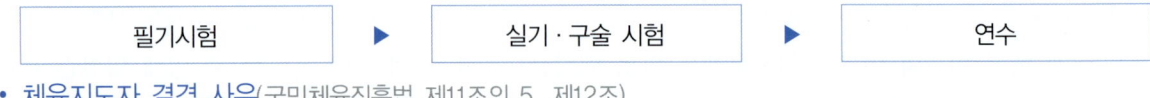

필기시험 ▶ 실기·구술 시험 ▶ 연수

- 체육지도자 결격 사유(국민체육진흥법 제11조의 5, 제12조)

제11조의5(체육지도자의 결격사유) 다음 각 호의 어느 하나에 해당하는 사람은 체육지도자가 될 수 없다.
1. 피성년후견인
2. 금고 이상의 형을 선고받고 그 집행이 종료되거나 집행이 면제된 날부터 2년이 지나지 아니한 사람
3. 금고 이상의 형의 집행유예를 선고받고 그 유예기간 중에 있는 사람
4. 「성폭력범죄의 처벌 등에 관한 특례법」 제2조에 따른 성폭력범죄 또는 「아동·청소년의 성보호에 관한 법률」 제2조 제2호에 따른 아동·청소년대상 성범죄를 저지른 사람으로서 금고 이상의 형 또는 치료감호를 선고받고 그 집행이 종료되거나 집행이 유예·면제된 날부터 20년이 지나지 아니하거나 벌금형이 확정된 날부터 10년이 지나지 아니한 사람
5. 선수를 대상으로 「형법」 제2편 제25장 상해와 폭행의 죄를 저지른 체육지도자(자격이 취소된 사람 포함)로서 금고 이상의 형을 선고받고 그 집행이 종료되거나 집행이 유예·면제된 날부터 10년이 지나지 아니한 사람
6. 제12조 제1항에 따라 자격이 취소되거나 같은 조 제3항에 따라 자격검정이 중지 또는 무효로 된 후 3년이 경과되지 아니한 사람

3. 자격요건 및 시험안내[2급 생활 스포츠지도사 기준]

- 응시자격

응시자격 공통사항	취득절차
• 각 요건 중 어느 하나에 해당되는 자격 구비 및 서류 제출 • 만 18세 이상 응시 가능	• 필기 • 실기-구술 • 연수(90)

- 필기시험과목

스포츠교육학	스포츠사회학	스포츠심리학	스포츠윤리
한국체육사	운동역학	운동생리학	

 − 검정방법: 선택 5과목 객관식 과목당 20문항(총 100문항)
 − 합격기준: 매 과목 40% 이상 득점, 전과목 평균 60% 이상 득점

- 자격종목: 시행처의 최종 공고 확인

* 위 내용은 변동될 수 있으므로 반드시 시행처(http://sms.kspo.or.kr)의 최종 공고를 확인하시기 바랍니다.

GUIDE
M스포츠지도사 100% 활용하기

기출 완전 정복 _ 최신 기출 + 3개년 기출 수록

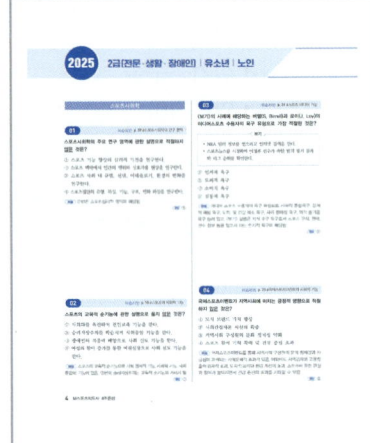 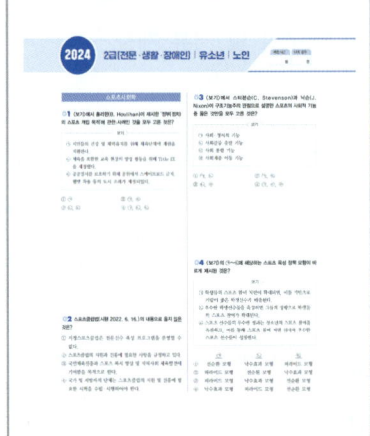 

❶ **최신 기출&분석 수록**
가장 최근에 시행된 2025년 기출문제와 해설을 수록하였습니다. 키워드 분석과 학습리턴을 통해서 출제흐름을 한눈에 파악할 수 있습니다.

❷ **3개년 기출 모의고사 수록**
가장 최신 출제경향을 파악할 수 있도록 3개년(2024~2022) 기출문제를 모의고사 형태로 수록하였습니다.

❸ **상세한 해설**
혼자서도 학습할 수 있도록 상세한 해설을 수록하였습니다. 문제와 해설이 분리되어 모의고사로 활용할 수 있습니다. 학습리턴을 통해서 연계된 이론을 학습해보세요.

이론 완전 정복 _ 출제기준을 바탕으로 한 핵심이론 & 예상문제

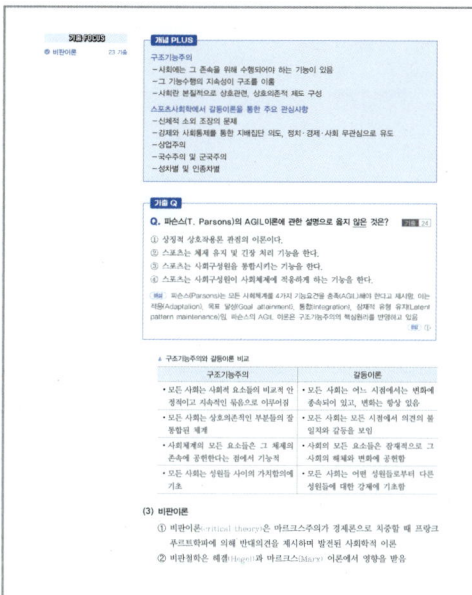

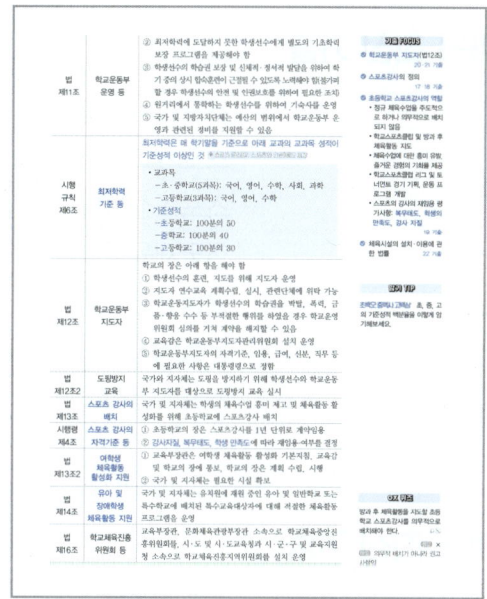

❶ 기출FOCUS
이론과 연계된 기출 키워드와 연도를 표시했습니다. 자주 출제되는 영역을 파악할 수 있으므로 반드시 체크하세요!

❷ 개념PLUS
한 번 더 확인하면 좋을 이론을 보기 쉽게 정리하였습니다.

❸ 기출Q
학습 이론과 연계된 기출문제를 제시하여 출제 유형을 한 눈에 파악할 수 있도록 구성하였습니다.

❹ 암기TIP (네이버 카페 오디오북 제공)
M스포츠지도사만의 비기! 재미있게 핵심만 익힐 수 있는 암기TIP이 있습니다. 이제 오디오북으로 만나보세요.

❺ OX퀴즈
이론과 OX퀴즈를 수록하여 개념완성에 도움이 될 수 있도록 하였습니다.

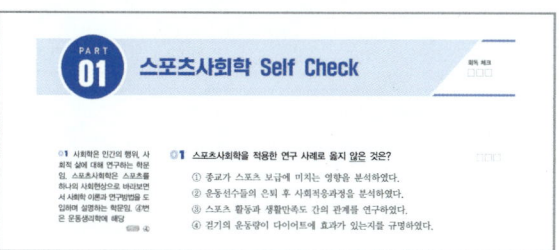

• **Self Check 문제**
단원별 Self Check 문제를 통해 학습 진도를 자가진단하고, 부족한 내용은 다시 한 번 반복학습이 가능하도록 구성하였습니다.

CONTENTS
차 례

2025 최신 기출 & 분석

선택과목 최신 기출

스포츠사회학	018
스포츠교육학	024
스포츠심리학	030
한국체육사	036
운동생리학	041
운동역학	047
스포츠윤리	053

필수과목 최신 기출

특수체육론	058
유아체육론	063
노인체육론	069

최신 기출 & 분석 활용법
❶ 이론 학습 전 먼저 풀어보고 시험 출제흐름을 파악
❷ 이론 학습 마무리 후 풀어보고 실력 최종 점검

스포츠지도사 선택과목

PART 01 스포츠사회학

CHAPTER

01 스포츠사회학의 이해	004
02 스포츠와 정치	015
03 스포츠와 경제	022
04 스포츠와 교육	026
05 스포츠와 미디어	030
06 스포츠와 사회계급·계층	037
07 스포츠와 사회화	044
08 스포츠와 일탈	050
09 미래사회의 스포츠	058
PART 01 Self Check	062

PART 02 스포츠교육학

CHAPTER

01 스포츠교육의 배경과 개념	068
02 스포츠교육의 정책과 제도	072
03 스포츠교육의 참여자 이해론	081
04 스포츠교육의 프로그램론	090
05 스포츠교육의 지도방법론	102
06 스포츠교육의 평가론	120
07 스포츠교육자의 전문적 성장	128
PART 02 Self Check	131

CONTENTS
차 례

PART 03 스포츠심리학

CHAPTER

01 스포츠심리학의 개관 — 138
02 인간운동행동의 이해 — 143
03 스포츠수행의 심리적 요인 — 166
04 스포츠수행의 사회 심리적 요인 — 193
05 운동심리학 — 205
06 스포츠심리상담 — 212
PART 03 Self Check — 215

PART 04 한국체육사

CHAPTER

01 체육사의 의미 — 222
02 선사 및 삼국시대의 체육 — 224
03 고려시대의 체육 — 230
04 조선시대의 체육 — 234
05 한국 근대의 체육 — 240
06 한국 현대의 체육 — 249
PART 04 Self Check — 257

PART 05 운동생리학

CHAPTER

01 운동생리학의 개관	262
02 에너지 대사와 운동	265
03 신경조절과 운동	276
04 골격근과 운동	283
05 내분비계와 운동	291
06 호흡·순환계와 운동	298
07 환경과 운동	311
PART 05 Self Check	315

PART 06 운동역학

CHAPTER

01 운동역학의 개요	322
02 운동역학의 이해	326
03 인체역학	333
04 운동학의 스포츠 적용	338
05 운동역학의 스포츠 적용	345
06 일과 에너지	359
07 다양한 운동기술의 분석	363
PART 06 Self Check	367

CONTENTS
차례

PART 07 스포츠윤리

CHAPTER

01 스포츠와 윤리 — 374
02 경쟁과 페어플레이 — 385
03 스포츠와 불평등 — 393
04 스포츠에서 환경과 동물윤리 — 399
05 스포츠와 폭력 — 404
06 경기력 향상과 공정성 — 410
07 스포츠와 인권 — 416
08 스포츠 조직과 윤리 — 422

PART 07 Self Check — 425

스포츠지도사 필수과목
[2급 장애인 · 유소년 · 노인]

PART 08 특수체육론

01 특수체육의 개요	432
02 장애유형별 체육지도 전략 I	450
03 장애유형별 체육지도 전략 II	457
PART 08 Self Check	468

PART 09 유아체육론

01 유아체육의 이해	474
02 유아기 운동발달 프로그램의 구성	487
03 유아체육 프로그램 교수 · 학습법	498
PART 09 Self Check	507

PART 10 노인체육론

01 노화와 노화의 특성, 노인의 운동 효과	512
02 노인 운동프로그램의 설계	524
03 질환별 프로그램의 설계	529
04 지도자의 효과적인 지도	537
PART 10 Self Check	542

CONTENTS
차례

3개년 기출문제

2024~2022 스포츠지도사 기출문제 [선택과목]

2024 기출문제		548
2023 기출문제		575
2022 기출문제		602

2024~2022 스포츠지도사 기출문제 [필수과목]

01 특수체육론(2024~2022) 기출문제		632
02 유아체육론(2024~2022) 기출문제		645
03 노인체육론(2024~2022) 기출문제		658

정답 및 해설

2024~2022 스포츠지도사 정답 및 해설
[선택과목]

2024 정답 및 해설	672
2023 정답 및 해설	690
2022 정답 및 해설	705

2024~2022 스포츠지도사 정답 및 해설
[필수과목]

01 특수체육론(2024~2022) 정답 및 해설	722
02 유아체육론(2024~2022) 정답 및 해설	729
03 노인체육론(2024~2022) 정답 및 해설	736

최신 기출 완전정복

2025
스포츠지도사
2급(전문·생활·장애인) | 유소년 | 노인

선택과목
**스포츠사회학 | 스포츠교육학 | 스포츠심리학
한국체육사 | 운동생리학 | 운동역학 | 스포츠윤리**

필수과목
특수체육론 | 유아체육론 | 노인체육론

2025 2급(전문·생활·장애인) | 유소년 | 노인

※ 학습리턴은 이론과 기출 파트 페이지를 참고하시기 바랍니다.

스포츠사회학

01 학습리턴 p. 59 #스포츠사회학의 연구 영역

스포츠사회학의 주요 연구 영역에 관한 설명으로 적절하지 않은 것은?

① 스포츠 기능 향상의 심리적 기전을 연구한다.
② 스포츠 맥락에서 인간의 행위와 상호작용 현상을 연구한다.
③ 스포츠 사회 내 규범, 신념, 이데올로기, 환경의 변화를 연구한다.
④ 스포츠집단의 유형, 특성, 기능, 구조, 변화 과정을 연구한다.

해설 ①번은 스포츠심리학 영역에 해당함

정답 ①

02 학습리턴 p. 10 #스포츠의 사회적 기능

스포츠의 교육적 순기능에 관한 설명으로 옳지 않은 것은?

① 사회화를 촉진하여 전인교육 기능을 한다.
② 승리지상주의를 학습시켜 사회통합 기능을 한다.
③ 장애인의 적응력 배양으로 사회 선도 기능을 한다.
④ 여성의 참여 증가를 통한 여권신장으로 사회 선도 기능을 한다.

해설 스포츠의 교육적 순기능으로 사회 정서적 기능, 사회화 기능, 사회통합의 기능이 있음. ②번의 승리지상주의는 교육적 순기능과 거리가 멂

정답 ②

03 학습리턴 p. 31 #스포츠 미디어 기능

〈보기〉의 사례에 해당하는 버렐(S. Birrell)과 로이(J. Loy)의 미디어스포츠 수용자의 욕구 유형으로 가장 적절한 것은?

〈보기〉
- NBA 팀의 정보를 얻으려고 인터넷 검색을 한다.
- 스포츠뉴스를 시청하며 이정후 선수가 속한 팀의 경기 결과와 리그 순위를 확인한다.

① 인지적 욕구
② 도피적 욕구
③ 소비적 욕구
④ 심동적 욕구

해설 미디어 스포츠 수용자의 욕구 유형으로 사회적 통합욕구, 정서적 해방 욕구, 도피 및 긴장 해소 욕구, 자아 정체성 욕구, 미적 즐거움 욕구 등이 있고, 〈보기〉 설명은 지식 추구 욕구로서 스포츠 규칙, 전략, 선수 정보 등을 알고자 하는 인지적 욕구에 해당함

정답 ①

04 학습리턴 p. 25 #국제스포츠이벤트의 사회적 기능

국제스포츠이벤트가 지역사회에 미치는 긍정적 영향으로 적절하지 않은 것은?

① 도시 브랜드 가치 향상
② 사회간접자본 시설의 확충
③ 지역사회 구성원의 문화 정체성 약화
④ 스포츠 참여 기회 확대 및 건강 증진 효과

해설 국제스포츠이벤트를 통해 지역사회 구성원의 문화 정체성과 자긍심이 고취되는 사회문화적 효과가 있음. 이외에도 지역경제와 고용창출의 경제적 효과, 도시 인프라와 환경 개선의 효과, 스포츠에 관한 관심과 참여가 높아지면서 건강 증진의 효과를 기대할 수 있음

정답 ③

05

학습리턴 p. 58 #미래사회의 스포츠

〈보기〉의 미래 스포츠 특성에 관한 설명으로 적절한 것을 모두 고른 것은?

〈보기〉
ㄱ. 노년층 스포츠 참가에 대한 중요성이 증가한다.
ㄴ. 프로스포츠에서 스포츠과학의 중요성이 감소한다.
ㄷ. 정보 기술의 발달로 스포츠 참여 형태가 다양해진다.
ㄹ. 탄소배출을 최소화한 친환경스포츠의 중요성이 증가한다.

① ㄱ
② ㄱ, ㄴ
③ ㄱ, ㄷ, ㄹ
④ ㄴ, ㄷ, ㄹ

해설 프로스포츠에서 데이터를 기반으로 한 스포츠과학의 중요성이 강화됨. 이외에도 기술융합형 스포츠, 비대면 및 디지털 스포츠, 개인 맞춤형 스포츠, 생애주기형 스포츠, 사회적 가치 중심 스포츠 등이 발전할 수 있음

정답 ③

06

학습리턴 p. 37 #사회(스포츠)계층 특성 #투민

〈보기〉에서 ㄱ에 해당하는 투민(M. Tumin)의 계층 특성과 ㄴ에 해당하는 베블런(T. Veblen)의 이론은?

〈보기〉
ㄱ. 민철이는 취미로 골프를 시작하려 했지만, 골프 장비가 비싸서 포기했다. 결국 민철이는 초기 비용이 적게 드는 배드민턴을 하기로 했다. 반면, 부유한 집안에서 자란 준형이는 어렸을 때부터 부모님을 따라 자연스럽게 골프를 접할 수 있었고, 현재도 일주일에 한 번은 골프를 하고 있다.
ㄴ. 선영이는 요트에 흥미가 없지만 주변 지인들에게 자신의 경제력을 자랑하려고 요트를 구매했다. 선영이는 지인들과 요트를 함께 즐기면서 자연스럽게 자신의 부를 드러낸다.

	ㄱ	ㄴ
①	영향성	자본론
②	영향성	유한계급론
③	역사성	자본론
④	역사성	유한계급론

해설 투민은 사회계층 특성으로 사회성, 역사성, 보편성, 영향성, 다양성을 제시함
ㄱ. 〈보기〉 설명은 상류층은 골프, 테니스 등 개인종목 선호하며 과시적 소비성향 드러내고, 하류층은 비용이 적게 드는 축구, 농구 등 단체 종목을 선호하는 것처럼 위계가 개인의 생활 전체에 영향을 미친다는 영향성의 설명임
ㄴ. 〈보기〉 설명은 베블런의 유한계급론(The Theory of the Leisure Class)에 해당하는 내용으로 직접적인 생산 활동에 참여하지 않고, 소비와 여가를 통해 자신의 지위와 권력을 과시하는 계층을 유한계급으로 설명함

정답 ②

07

학습리턴 p. 34 #스포츠와 미디어 상호관계

〈보기〉 중 스포츠가 미디어에 미친 영향에 해당하는 것으로만 묶은 것은?

〈보기〉
ㄱ. 탁구공의 색이 흰색에서 주황색으로 변경되었다.
ㄴ. 월드컵, 올림픽은 미디어 보급 및 확산에 기여하였다.
ㄷ. 정지 화면, 느린 화면, 클로즈업 등의 방송 기법이 발달하였다.
ㄹ. 스포츠 관람 인구가 증가하고, 스포츠 활동이 생활의 일부로 확산되었다.

① ㄱ, ㄴ
② ㄱ, ㄹ
③ ㄴ, ㄷ
④ ㄴ, ㄹ

해설 스포츠가 미디어에 미치는 영향으로 광고수익 증대, 첨단기술 도입, 보도기술 발전, 방송기술 발전, TV 중계권 가격 상승, 방송 프로그램 다변화, 수익성 있는 콘텐츠 제공 등이 있음. 〈보기〉 설명에서 ㄴ, ㄷ은 스포츠가 미디어에 미치는 영향에 해당하고, ㄱ, ㄹ은 미디어가 스포츠에 미치는 영향으로 스포츠 경기규칙(rule)과 경기 스케줄 변경에 영향을 줌

정답 ③

08

학습리턴 p. 44 #사회(스포츠)계층 특성 #투민

〈보기〉에서 설명하는 스포츠사회학 이론으로 적절한 것은?

〈보기〉
• 미시적 관점의 이론이다.
• 스포츠 참여 과정에 대한 이해와 하위문화 특성에 관심을 가진다.
• 인간은 사회구조 및 제도에 대해 능동적으로 사고하며 행동하게 된다.

① 갈등이론
② 비판이론
③ 구조기능주의이론
④ 상징적 상호작용론

해설 〈보기〉는 상징적 상호작용론(Symbolic Interactionism)에 대한 설명임. 인간 사회를 상징(symbol)을 통한 상호작용의 결과로 이해하는 관점으로 사람들이 서로 상징을 매개로 의미를 주고받으며 구성하는 과정임을 강조함

정답 ④

09
학습리턴 p. 394-396 #아파르트헤이트 #스포츠와 불평등

국제스포츠 사례에 관한 설명으로 옳지 않은 것은?

① 1969년 온두라스와 엘살바도르의 월드컵 예선전은 양국의 정치적·사회적 갈등이 격화되는 계기가 되었으며, 이후 무력 충돌로 이어졌다.
② 2008년 베이징올림픽경기대회 개최를 앞두고 중국의 티베트 인권탄압에 대한 국제사회의 비판이 제기되었다.
③ 1988년 서울올림픽경기대회에는 모스크바올림픽경기대회와 LA올림픽 경기대회의 보이콧 사례와 달리 미국과 소련 등 동서 진영 국가들이 참여하였다.
④ 1995년 남아프리카공화국 럭비월드컵경기대회에서는 아파르트헤이트(apartheid)에 대한 국제사회의 반발로 다수 국가의 보이콧이 발생했다.

해설 남아공 내의 아파르트헤이트에 대한 국제사회 대응으로 1964년 도쿄올림픽부터 남아공의 참가가 금지됨. 1995년 럭비월드컵은 아파르트헤이트 폐지 이후, 남아공이 국제 스포츠 무대에 복귀한 상징적인 대회였음

정답 ④

10
학습리턴 p. 59 #스포츠 세계화 #세방화

〈보기〉의 ㄱ에 해당하는 로버트슨(R. Robertson)이 제시한 스포츠 세계화의 결과와 ㄴ에 해당하는 매기(J. Magee)와 서덴(J. Sugden)이 제시한 스포츠 노동 이주 유형으로 가장 적절한 것은?

〈보기〉
ㄱ. A 스포츠 업체는 글로벌 브랜드 정체성을 유지하면서 뉴질랜드 럭비 대표팀인 올 블랙스(All Blacks)의 경기 전 의식으로 잘 알려진 마오리족의 하카(haka)댄스를 광고에 포함함으로써 지역 문화를 브랜드 메시지에 자연스럽게 녹여냈다.
ㄴ. 축구 선수 B는 현재 베트남의 C팀에서 활동 중이다. 그의 관심은 오로지 더 높은 연봉을 제시하는 팀으로 이적하는 것이다. 베트남의 문화를 즐긴다거나 사람과의 관계를 맺는 것에는 관심이 없다. 그는 언제든 떠날 준비를 하고 있다. 이전에 활동했던 중국의 D팀, 사우디의 E팀이 위치한 지역에 오래 머무른 적도 없다.

	ㄱ	ㄴ
①	세방화(glocalization)	용병형(mercenaries)
②	세방화(glocalization)	개척자형(pioneers)
③	국제적 고립(global isolation)	용병형(mercenaries)
④	국제적 고립(global isolation)	개척자형(pioneers)

해설 ㄱ. 로버트슨(Roland Robertson)의 세방화(Glocalization)의 예시임. 세방화는 세계화(Globalization)와 지역화(Localization)의 합성어로 세계적 흐름이 지역 문화와 상호작용하면서 새롭고 독특한 형태로 전개되는 과정을 의미함
ㄴ. 매기와 서덴(Magee & Sugden)의 스포츠의 탈영토화 중에서 경제적 보상을 최우선의 가치로 두는 용병형의 사례임. 금전적인 보상 외에도 다른 가치도 추구하는 개척자형, 개인이 처한 여러 상황에 따라 이동이 가능한 유목민형, 경제적 보상 외에 다른 요인으로 정착하는 정착민형, 해외로 이주했다가 다시 귀향하는 귀향민형이 있음

정답 ①

11
학습리턴 p. 52 #스포츠 일탈 이론 #머튼

〈보기〉의 사례에 해당하는 머튼(R. Merton)의 일탈행동 유형은?

〈보기〉
ㄱ. 승리지상주의에 염증을 느껴 선수 생활을 포기하는 경우
ㄴ. 프로스포츠 선수가 경기력 향상을 목적으로 불법 약물을 복용한 경우
ㄷ. 스포츠 경기 참가에 의의를 두지만, 경기 성적을 중시하지 않는 경우

	ㄱ	ㄴ	ㄷ
①	도피주의	혁신주의	의례주의
②	도피주의	동조주의	의례주의
③	반역주의	도피주의	혁신주의
④	반역주의	동조주의	혁신주의

해설 ㄱ. 문화적 목표와 제도화된 수단을 모두 거부하는 도피주의에 해당함
ㄴ. 문화적 목표는 수용하지만, 제도화된 수단은 거부하는 혁신주의에 해당함
ㄷ. 문화적 목표는 거부하고, 제도화된 수단은 수용하는 의례주의에 해당함

정답 ①

12 · 학습리턴 p. 42 #사회계층 이동

〈보기〉의 스포츠 계층 이동 유형과 사례에 관한 설명으로 옳은 것을 모두 고른 것은?

〈보기〉
ㄱ. 프로야구 선수가 대회에서 부진한 모습을 보여 2군으로 강등된 것은 수직이동의 사례이다.
ㄴ. 1980년대 프로스포츠 출범 후 운동선수의 지위가 전반적으로 높게 평가받게 된 것은 집단이동의 사례이다.
ㄷ. 프로배구 선수가 되면서 일용직 노동자였던 부모님에 비해 많은 수입과 높은 명성을 얻게 된 것은 세대 내 이동의 사례이다.
ㄹ. 고등학교 배구 선수가 전학 간 후에도 같은 포지션으로 활동한 것은 수평이동의 사례이다.

① ㄱ, ㄴ
② ㄷ, ㄹ
③ ㄱ, ㄴ, ㄹ
④ ㄴ, ㄷ, ㄹ

해설 스포츠 계층 이동은 개인의 노력과 능력을 통해 사회적 지위가 상승할 수 있는 변화를 이루는 수직적 계층 이동(ㄱ 사례는 하향의 수직적 계층이동), 계층적 지위변화가 없이 자리를 바꾸는 변화로써 수평적 계층 이동(ㄹ 사례)이 있음. 또한 세대 이동에는 한 세대로부터 다음 세대로 이어지는 과정에서 발생하는 사회경제적 지위의 변화로서 세대 간 이동(ㄴ과 ㄷ 사례는 세대 간의 집단이동)과 한 개인이 살아가는 동안에 발생할 수 있는 사회경제적 지위의 변화로서 세대 내 이동(개인이동)이 있음

정답 ③

13 · 학습리턴 p. 45 #준거집단이론 #스포츠사회화이론

스포츠사회화 이론에 관한 설명으로 적절하지 <u>않은</u> 것은?

① 사회학습이론에서는 다른 구성원의 행동을 관찰학습하여 사회화가 이루어진다고 설명한다.
② 사회학습이론에서는 모방, 강화 등을 통해 새로운 행동을 학습하여 사회화가 이루어진다고 설명한다.
③ 준거집단이론에서는 구성원이 속한 집단의 규칙을 따르지 않아도 사회화가 이루어진다고 설명한다.
④ 역할이론에서는 개인을 무대 위의 특정 역할을 부여받은 배우로 간주하여 그 역할을 수행하며 사회화가 이루어진다고 설명한다.

해설 준거집단(reference grouptheory)은 사람들이 자신의 태도, 가치관, 행동 기준을 설정하거나 평가할 때 기준으로 삼는 집단을 설명하는 이론으로 사람들이 왜 특정 집단의 가치관이나 행동을 따르는지, 그 집단이 개인의 행동과 정체성 형성에 어떤 영향을 미치는지를 설명함

정답 ③

14 · 학습리턴 pp. 28-29 #스포츠와 교육

〈보기〉는 스포츠사회학 수업에서 교수와 학생의 대화이다. ㉠, ㉡에 들어갈 내용으로 적절한 것은?

〈보기〉
학생 1: 최근 테니스와 마라톤이 인기를 끌고 있는데, 사람들이 왜 이런 스포츠에 열광하는지 다양한 사례를 심층적으로 알아보려면 어떤 연구 방법이 좋은가요?
교수: 참여관찰, 심층면담 등으로 자료를 수집하고 해석적인 절차에 따라 원인을 파악하는 (㉠) 방법이 적합해요.
학생 2: 그러면 스포츠 육성 모델에는 어떤 것이 있나요?
교수: 국가별로 다양한 스포츠육성정책을 시행하고 있는데, 그릭스*에 따르면, 스포츠 선진국은 엘리트 스포츠의 성과가 일반시민의 스포츠 참가를 촉진하고, 그렇게 형성된 자원 속에서 다시 우수한 엘리트 선수가 탄생하여 국가이미지 향상에 기여하는 (㉡)을 구축하고 있다고 해요.
* J. Grix(2016)

	㉠	㉡
①	질적 연구	선순환 모델
②	양적 연구	선순환 모델
③	질적 연구	피라미드 모델
④	양적 연구	피라미드 모델

해설 ㉠ 〈보기〉 설명은 질적 연구(Qualitative)로서 예를 들어 팬들의 응원 방식에 대한 심층 면접을 통해 의미를 분석하듯이 현상에 대한 깊이 있는 이해를 목적으로 함. 참고로 양적 연구(Quantitative)는 팬 응원 참여도와 만족도 간 설문 통계분석과 같이 변수 간의 관계나 일반화된 법칙을 발견하는 것임
㉡ 〈보기〉 설명은 선순환 모델로서 어떤 긍정적인 요인이 다른 긍정적 결과를 촉진하고, 그 결과가 다시 원인을 강화하며 반복되는 구조적 메커니즘을 의미함

정답 ①

15 학습리턴 p.6 #거트만 #근대스포츠의 특징

〈보기〉의 내용에 해당하는 거트만(A. Guttmann)이 제시한 근대 스포츠의 특징은?

〈 보기 〉
ㄱ. 인종·성별과 관계없이 누구나 스포츠에 참여할 기회를 동등하게 부여받는다.
ㄴ. 현대 축구가 발전하면서 점차 수비수, 미드필더, 공격수 등의 포지션이 다양화되었다.
ㄷ. 현대스포츠 참여자는 신에 대한 숭배가 아니라 기분 전환과 오락, 이익과 보상을 추구한다.
ㄹ. 국제스포츠연맹은 규칙 제정, 기록 공인, 국제대회 운영 및 관리, 종목 진흥 등의 역할을 담당한다.

	ㄱ	ㄴ	ㄷ	ㄹ
①	합리화	평등성	세속화	관료화
②	합리화	수량화	전문화	세속화
③	평등성	관료화	세속화	전문화
④	평등성	전문화	세속화	관료화

해설 앨런 거트만은 고대 스포츠와 다른 근대 스포츠와의 차이점으로 세속화(ㄷ), 평등화(ㄱ), 전문화(ㄴ), 합리화, 관료화(ㄹ), 수량화, 기록 지향을 제시함

정답 ④

16 학습리턴 p.52 #낙인이론

〈보기〉의 사례에 해당하는 베커(H. Becker)의 스포츠 일탈 이론은?

〈 보기 〉
생활체육 배드민턴 동호회에서 신입 회원이 실력이 부족하다는 이유로 민폐 회원이라는 별명을 듣게 되었다. 어떤 회원은 게임에서 그를 배제하거나 눈치를 주었고, 몇몇은 노골적으로 비난했다. 시간이 지날수록 신입 회원은 자신이 정말 방해가 된다고 느끼며 위축되었고, 결국 동호회를 그만두고 운동도 포기하였다.

① 중화 이론(neutralization theory)
② 낙인 이론(labeling theory)
③ 욕구위계 이론(hierarchy of needs theory)
④ 인지발달 이론(cognitive development theory)

해설 하워드 베커(Howard Becker)의 일탈 이론에서 일탈은 행위 그 자체보다 사회가 그 행위에 어떻게 반응하는가에 따라 결정된다고 제시함. 특히 일탈은 사회적 반응과 낙인(labeling)의 결과라는 주장을 통해 스포츠 세계에서의 비정상 행동, 규칙 위반, 도핑, 폭력, 반사회적 행동 등을 해석할 때 활용됨

정답 ②

17 24년 기출 주제 학습리턴 p.22 #상업주의스포츠 발전 요인

코클리(J. Coakley)가 제시한 상업주의 스포츠 출현의 사회적·경제적 조건에 해당하지 않는 것은?

① 자본주의 시장경제 체제
② 스태그플레이션(stagflation)
③ 소비가 장려되는 문화 형성
④ 인구 밀도가 높은 대도시 형성

해설 코클리가 제시한 상업주의 스포츠 출현의 사회적·경제적 조건으로 자본주의 경제 체제의 발달, 소비문화의 확대, 미디어의 기술 발전, 후원 및 광고산업의 성장, 여가 시간과 소득 증가, 국가주의와 민족주의의 활용, 스타 시스템 및 영웅 만들기 등이 있음. ②는 거리가 멂

정답 ②

18 중요, 빈출 학습리턴 p.16 #스포츠의 정치화

〈보기〉의 사례에 해당하는 정치가 스포츠를 이용하는 방법으로 가장 적절한 것은?

〈 보기 〉
스포츠는 정치인에게 권력을 강화하는 수단이 되기도 한다. 12.12 군사쿠데타와 5.18 민주화운동을 거치며, 당시 사회는 극도의 불안감과 정권에 대한 불신이 극에 달했다. 정권은 언론을 통제하고 정치적 발언을 통제하려 했지만, 뜻대로 되지 않았다. 그래서 국민의 관심을 돌리고 정권을 유지하기 위해 프로스포츠를 장려했다.

출처: M사, 시사교양(2005.6.)

① 상징
② 조작
③ 동일화
④ 전문화

해설 정치가 스포츠를 이용하는 방법으로 상징, 동일화, 조작이 있음. 〈보기〉 설명은 통치 집단의 비리와 부정을 은폐하기 위해 스포츠를 이용하는 것과 같은 인위적인 개입의 조작이라 할 수 있음

정답 ②

19 중요, 빈출
학습리턴 pp. 46-49 #스포츠사회화

〈보기〉의 사례에 해당하는 스포츠사회화 과정이 바르게 연결된 것은?

〈 보기 〉
ㄱ. 소영이는 '골때리는 그녀'라는 TV 프로그램을 보고 축구에 매력을 느껴 축구클럽에 가입하게 되었다.
ㄴ. 소영이는 축구에 흥미를 잃어 축구클럽을 탈퇴하였고, 6개월이 지났을 무렵, 친구의 권유로 테니스클럽에 가입하게 되었다.
ㄷ. 소영이는 테니스 활동을 하며 테니스 규칙, 기술, 매너 등을 잘 숙지한 테니스 동호인이 되었다.
ㄹ. 소영이는 무릎과 팔꿈치 부상이 잦아지면서 결국 좋아하는 테니스를 그만두게 되었다.

	ㄱ	ㄴ	ㄷ	ㄹ
①	스포츠로의 재사회화	스포츠로의 사회화	스포츠를 통한 사회화	스포츠 탈사회화
②	스포츠로의 재사회화	스포츠를 통한 사회화	스포츠로의 사회화	스포츠 탈사회화
③	스포츠로의 사회화	스포츠를 통한 사회화	스포츠로의 재사회화	스포츠 탈사회화
④	스포츠로의 사회화	스포츠로의 재사회화	스포츠를 통한 사회화	스포츠 탈사회화

해설) ㄱ. 스포츠로의 사회화: 개인에게 스포츠에 참여하고자 하는 흥미와 관심을 유발함으로써 스포츠에 참가하도록 유도하는 것
ㄴ. 스포츠로의 재사회화: 조직화된 경쟁 스포츠에 참여했던 사람이 스포츠로부터 탈사회화 과정을 거친 후, 다시 스포츠에 참여하게 되는 것
ㄷ. 스포츠를 통한 사회화: 개인에게 스포츠에 참여하고자 하는 흥미와 관심을 유발함으로써 스포츠에 참가하도록 유도하는 것
ㄹ. 스포츠로부터의 탈사회화: 자의와 타의에 의해 스포츠 참가를 중단하는 것

정답) ④

20
학습리턴 p. 45 #스포츠로의 사회화 주관자

〈보기〉의 사례에 해당하는 사회화 주관자는?

〈 보기 〉
ㄱ. 지영이는 배드민턴 동호회 활동을 하는 부모님의 권유로 배드민턴을 시작하게 되었다.
ㄴ. 민수는 동네 주민센터에서 청소년 농구 프로그램 회원 모집 공고를 보고, 직접 센터를 방문하여 등록하였다.

	ㄱ	ㄴ
①	가족	학교
②	학교	동료
③	동료	지역사회
④	가족	지역사회

해설) 스포츠로의 사회화 주관자란 개인이 스포츠에 참여하도록 유도하는 사람으로서 주요 타자, 준거집단, 가족(ㄱ 사례), 또래 집단, 학교, 직장, 지역사회(ㄴ 사례), 대중매체 등이 있음

정답) ④

스포츠교육학

01
학습리턴 p.92 #생활체육 프로그램

생활스포츠 교육 프로그램의 내용 선정 원리에 관한 설명으로 적절하지 않은 것은?

① 좋은 교육 내용이라면 실천 가능성과 관계없이 선정한다.
② 스포츠의 가치를 경험할 수 있도록 다양한 활동을 구성한다.
③ 생활스포츠의 교육목표를 성취하는 데 적합한 내용을 선정한다.
④ 참여자의 성별, 연령별 흥미와 요구를 반영하기 위한 조사를 실시한다.

해설 실천 가능성을 무시하고 프로그램을 선정하는 것은 바람직하지 않음. 즉, 이론과 실천 가능성의 균형을 고려해야 함

정답 ①

02
학습리턴 p.90 #학교체육 프로그램 지도계획 시 고려사항

학교스포츠클럽 지도 시 효과적인 과제 제시 방법으로 적절하지 않은 것은?

① 실제 상황처럼 정확하게 시범을 보인다.
② 동작 설명과 시각적 정보를 함께 활용한다.
③ 은유나 비유보다는 개념 자체를 그대로 전달한다.
④ 학생이 이해할 수 있는 적절한 속도로 분명하게 전달한다.

해설 개념 자체를 그대로 전달하면 명확하고 신속한 측면의 장점도 있으나, 은유와 비유를 배제했을 때 이해도가 낮아지거나 흥미 유발을 저하시킬 수 있음. 즉, 초등학교와 중학교 학생 등의 발달 수준을 고려하면서 적절한 은유와 비유를 지도과정에 포함하면 효과가 큼

정답 ③

03
학습리턴 p.120 #진단평가

다음 설문지를 활용하는 데 가장 적절한 평가 단계는?

영역	질문 내용	응답 ('✔' 표기)		
준비	준비된 개인 장비는?	□라켓	□운동화	□운동복
준비	테니스 강습 시 희망하는 강습 형태는?	□개인강습	□그룹강습	□상관없음
준비	최근 3년 이내 테니스 강습을 받은 경험은?	□있다	□없다	
수준	포핸드 그립을 잡을 수 있는가?	□그렇다	□보통이다	□아니다
수준	백핸드 그립을 잡을 수 있는가?	□그렇다	□보통이다	□아니다
수준	스플릿 스텝을 할 수 있는가?	□그렇다	□보통이다	□아니다

① 진단평가
② 종합평가
③ 형성평가
④ 총괄평가

해설 〈보기〉는 진단평가로서 체육활동 지도 초기에 참여자의 수준과 상태 파악, 효과적인 교수 및 학습전략을 수립하기 위해 실시하는 평가임. 즉, 학습을 시작할 때 학습자의 상황을 조사하여 알맞은 지도를 하기 위한 것으로 현재의 학습과제와 관련된 선행학습의 오류를 진단과 교정을 할 수 있음

정답 ①

04
학습리턴 p.580 #스포츠 교육 프로그램 지도 원리

〈보기〉에서 설명하는 생활스포츠 교육 프로그램의 지도 원리로 가장 적절한 것은?

〈 보기 〉
- 프로그램의 다양화를 지향한다.
- 직접 참여 활동과 간접 학습 활동을 균형 있게 제공한다.
- 스포츠 활동을 총체적으로 체험시켜 스포츠 학습의 질을 높인다.

① 개별성
② 자발성
③ 적합성
④ 통합성

해설 스포츠 교육 지도 프로그램의 지도 원리는 자발성, 개별화, 사회화, 통합, 직관, 목적, 과학성의 원리 등이 있음. 〈보기〉 설명은 통합성의 원리로서 지적, 정의적, 기능적 분야가 종합적으로 이루어져야 함을 제시한 것임

정답 ④

05

학습리턴 p. 98, 100 #링크의 내용 발달

〈보기〉에서 설명하는 링크(J. Rink)의 내용 발달 과제는?

― 보기 ―
- 과제 내 발달과 과제 간 발달이 있다.
- 단순한 과제에서 복잡한 과제로 전개한다.
- 쉬운 과제에서 어려운 과제 순으로 참여한다.

① 시작형 과제　　② 확대형 과제
③ 세련형 과제　　④ 응용형 과제

[해설] 링크의 내용개발 과제로서 정보, 확대, 세련, 응용이 있음. 〈보기〉 설명은 학생들 발달 수준을 고려해서 과제의 난이도를 조절하는 확대(extending)형 과제를 의미함

[정답] ②

06

학습리턴 p.104 #협동 학습 모형

〈보기〉에서 설명하는 협동 학습 모형의 전략은?

― 보기 ―
- 1차 평가에서 모든 팀원의 점수를 합산하여 팀 점수로 발표한다.
- 지도자는 학생들과 토론하고 팀의 상호작용을 높일 수 있도록 조언한다.
- 모든 팀은 1차 평가와 동일한 과제를 반복해서 연습하고, 팀원 모두의 점수를 높이는 데 중점을 둔다.
- 2차 평가를 하여 1차 평가보다 향상된 정도에 따라 팀 점수를 부여한다.

① 직소(jigsaw)
② 팀-보조수업(team-assisted instruction)
③ 팀 게임 토너먼트(team games tournament)
④ 학생 팀-성취 배분(student teams-achievement division)

[해설] 협동 학습 모형으로 학생 팀 성취 분담 학습(STAD, Student Teams-Achievement Divisions), 팀 게임 토너먼트, 팀 보조 학습, 직소(Jigsaw), 집단 연구 등이 있음. 〈보기〉 설명은 비경쟁적 팀으로 구성하고 모든 팀에게 1차와 2차 연습시간 제공하면서 향상도에 따라 점수를 부여하는 학생 팀 성취 분담 학습에 해당함

[정답] ④

07

학습리턴 #생활체육진흥법

「생활체육진흥법」(2024.2.9. 시행)의 내용에 해당하지 <u>않는</u> 것은?

① 모든 국민은 건강한 신체활동과 건전한 여가 선용을 위해 생활체육을 즐길 권리를 가진다.
② 국가 및 지방자치단체는 생활체육강좌의 설치·운영에 드는 경비를 지원할 수 있다.
③ 문화체육관광부장관은 생활체육의 진흥을 위한 기본계획을 10년마다 수립·시행해야 한다.
④ 지방자치단체는 그 지역주민의 생활체육 활동을 위하여 체육동호인 조직의 육성에 필요한 시책을 마련할 수 있다.

[해설] 생활체육진흥법 제6조(생활체육 진흥 기본계획의 수립 등)에 따르면 문화체육관광부장관은 생활체육의 진흥을 위한 기본계획을 5년마다 수립·시행하여야 함

[정답] ③

08 중요, 빈출

학습리턴 #링크의 교수 전략

〈보기〉에서 설명하는 링크(J. Rink)의 교수 전략은?

― 보기 ―
- 상황에 따라 지시형 또는 연습형 스타일로 활용될 수 있다.
- 지도자는 과제의 단서를 선정하고 명확하게 전달해야 한다.
- 주로 집단 전체를 대상으로 하는 움직임 과제를 내용으로 선정한다.

① 동료 교수(peer teaching)
② 상호작용 교수(interactive teaching)
③ 스테이션 교수(station teaching)
④ 자기교수 전략(self-instruction strategies)

[해설] 〈보기〉 설명은 교사 주도형 교수 전략으로서 상호작용 교수(Interactive teaching)의 내용임. 즉, 교사가 수업을 주도하면서 명확한 과제 제시와 시범을 통해 학생들의 학습을 리드함

[정답] ②

09

〈보기〉에서 모스턴(M. Mosston)의 교수 스타일에 관한 설명으로 옳은 것을 모두 고른 것은?

〈 보기 〉
ㄱ. 교수 스타일은 비대비 접근 방식에 근거를 둔다.
ㄴ. 교수 스타일마다 의사결정의 주도권은 교사에게 있다.
ㄷ. 교수 스타일의 A~E까지는 창조(production)가 중심이 된다.
ㄹ. 교수 스타일은 과제 활동 전, 중, 후의 의사결정으로 구분된다.

① ㄱ, ㄴ ② ㄱ, ㄹ
③ ㄱ, ㄷ, ㄹ ④ ㄴ, ㄷ, ㄹ

해설 모스톤(모스턴)의 체육교수 스타일의 6가지 전제는 대전제, 수업스타일 구성(수업 전-수업 중-수업 후/ㄹ 설명), 의사결정자, 스펙트럼, 클러스터(A-E까지는 기존 지식을 재생산해내는 모방, F-K까지는 새로운 지식을 생산하는 창조), 발달효과(신체적, 사회적, 정서적, 인지적, 도덕적)가 있음. 또한 모스톤의 교수·학습에 대한 사고방향 형성(3가지 패러다임)으로서 첫째, 대비접근 → 비대비접근(ㄱ 설명), 둘째, 개인적인 지식체계 → 보편적인 지식체계, 셋째, 일관성 없는 용어 활용 → 일관성 있는 용어 활용임

정답 ②

10 22년 출제 주제 #게임수행평가 도구

그리핀(L. Griffin), 미첼(S. Mitchell), 오슬린(J. Oslin)의 게임 수행 평가 도구(GPAI)를 활용하여 학생의 게임 수행 능력을 측정한 표이다. 게임 수행 점수가 높은 학생 순으로 바르게 나열한 것은?

측정 항목 이름	의사결정		기술실행		보조하기	
	적절	부적절	효율적	비효율적	적절	부적절
다은	3회	1회	3회	1회	3회	1회
세연	2회	2회	5회	0회	2회	2회
유나	2회	2회	2회	0회	2회	0회

① 유나 → 세연 → 다은 ② 다은 → 세연 → 유나
③ 유나 → 다은 → 세연 ④ 다은 → 유나 → 세연

해설 GPAI(Game Performance Assessment Instrument)는 게임 중심 체육수업에서 학습자의 실제 게임 수행 능력을 평가하기 위해 개발된 수행평가 도구임. 평가 영역은 의사결정(Decision Making), 기술 실행(Skill Execution), 포지셔닝(Positioning and Movement), 게임 참여도(Game Involvement)가 있음

- 수행률 = 적절 횟수 / 전체 시도 횟수
  (전체 시도 횟수 = 적절 + 부적절)
- 다은의 수행률
  의사결정: 3 / (3+1) = 0.75
  기술실행: 3 / (3+1) = 0.75
  보조하기: 3 / (3+1) = 0.75
  평균 수행률 = (0.75 + 0.75 + 0.75) / 3 = 0.75
- 세연의 수행률
  의사결정: 2 / (2+2) = 0.50
  기술실행: 5 / (5+0) = 1.00
  보조하기: 2 / (2+2) = 0.50
  평균 수행률 = (0.50 + 1.00 + 0.50) / 3 = 0.67
- 유나의 수행률
  의사결정: 2 / (2+2) = 0.50
  기술실행: 2 / (2+0) = 1.00
  보조하기: 2 / (2+0) = 1.00
  평균 수행률 = (0.50 + 1.00 + 1.00) / 3 = 0.83
- 최종 순위: 유나(0.83), 다은(0.75), 세연(0.67)

정답 ③

11 모스톤 중복 출제 #모스톤 교수 스타일

〈보기〉의 내용에 해당하는 모스턴(M. Mosston)의 교수 스타일은?

〈 보기 〉
- 지도자는 난이도가 다른 과제를 선정하고 조직한다.
- 학생은 자신에게 맞는 난이도의 과제를 선택하고 참여한다.
- 높이뛰기의 경우, 학생들은 바(bar)의 높이가 다른 연습 과제를 선택할 수 있다.

① 연습형 ② 포괄형
③ 자기점검형 ④ 상호학습형

해설 〈보기〉는 포괄형에 대한 설명으로 다양한 기술 수준에 있는 학습자 자신들이 수행할 수 있는 난이도를 선택하면서 동일한 과제에 연속적인 참여를 보장하는 것임. 교사 역할은 과제의 난이도 선정, 교과내용과 수업 운영절차에 대한 모든 의사결정을 하고, 학습자 역할은 자신이 성취 가능한 수준을 조사, 시작점을 선택하여 과제를 연습하고 필요에 따라 과제 수정, 평가기준에 맞추어 자신의 수행을 점검하는 것임

정답 ②

12

학습리턴 p. 109 #이해 중심 게임 제도

〈보기〉의 소프(R. Thorpe), 벙커(D. Bunker), 알몬드(L. Almond)의 이해 중심 게임 수업 모형의 단계 중 ㉠, ㉡에 들어갈 용어는?

〈보기〉

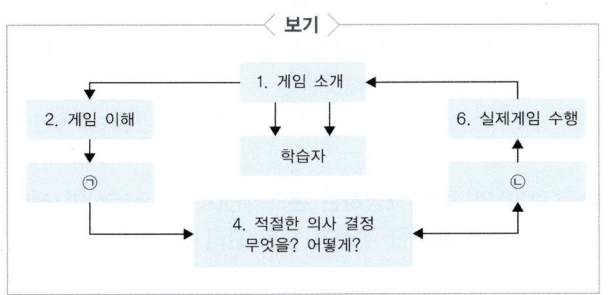

	㉠	㉡
①	전술 이해	기술 연습
②	과제 제시	기술 연습
③	기술 연습	전술 이해
④	전술 이해	게임 설계

해설 이해 중심 게임 제도의 순서는 게임 소개 → 게임 이해 → (전술 이해) → 의사결정 → (기술연습) → 실제게임 수행으로 이어짐

정답 ①

13

학습리턴 p. 91 #경기방식

국제스포츠이벤트가 지역사회에 미치는 긍정적 영향으로 적절하지 <u>않은</u> 것은?

① 통합리그 유형은 조별리그 유형보다 경기 수가 많다.
② 스플릿(split) 리그는 통합리그의 성적을 바탕으로 그룹을 나누어 리그전을 진행하는 방식이다.
③ 더블 엘리미네이션(double elimination) 토너먼트는 모든 팀의 순위 산정이 가능한 방식이다.
④ 싱글 엘리미네이션(single elimination) 또는 녹아웃(knockout) 토너먼트의 패배 팀은 패자부활전으로 상위 라운드 진출이 가능하다.

해설 녹아웃 토너먼트(싱글 엘리미네이션 토너먼트)는 한 번 지면 무조건 탈락시키는 간단한 방식임

정답 ④

14

학습리턴 #국민체육진흥법

〈보기〉에서 「국민체육진흥법」(2024.10.31. 시행) 제6조 '학교체육의 진흥을 위한 조치'의 내용 중 학생 체력증진 및 체육활동 육성을 위한 학교의 역할을 모두 고른 것은?

〈보기〉
ㄱ. 운동회나 체육대회의 실시
ㄴ. 운동경기부와 선수의 육성·지원
ㄷ. 학생에 대한 한 종목 이상의 운동 권장과 지도
ㄹ. 체육동호인조직의 결성 등 학생의 자발적 체육 활동의 육성·지원

① ㄱ, ㄷ
② ㄱ, ㄴ, ㄷ
③ ㄱ, ㄴ, ㄹ
④ ㄱ, ㄴ, ㄷ, ㄹ

해설 국민체육진흥법 시행령 제6조(학교 체육의 진흥을 위한 조치)에 따르면 학생의 체력 증진과 체육 활동의 육성을 위하여 학교가 취하여야 할 조치는 다음과 같음
- 운동회나 체육대회의 실시
- 학생에 대한 한 종목 이상의 운동 권장과 지도
- 체육동호인조직의 결성 등 학생의 자발적 체육 활동의 육성·지원
- 운동경기부와 선수의 육성·지원
- 그 밖에 학교 체육의 진흥을 위하여 필요한 사항

정답 ④

15

학습리턴 p. 126 #사건기록법

다음은 지도자의 교수 행동을 사건 기록법으로 관찰·기록한 표이다. 이 체계적 관찰 방법에 관한 설명으로 가장 적절한 것은?

행동	피드백 유형			
	긍정적	부정적	교정적	가치적
횟수	正正正正	正正	正正正	正
합계	20회	10회	15회	5회
비율	40%	20%	30%	10%

① 교수-학습에 관한 질적 정보를 얻기 위해 주로 활용한다.
② 지도자와 학생의 상호작용에 관한 기록을 간단히 측정할 수 있다.
③ 일정한 시간 간격을 기준으로 학생의 행동을 관찰하고 측정한다.
④ 교수-학습 시간 활용에 관한 구체적 정보가 필요할 때 사용한다.

해설 사건기록법(Event Recording Method)은 관찰 대상자의 특정 행동이나 사건이 발생한 시점, 횟수, 상황 등을 체계적으로 기록하는 질적 또는 양적 관찰 방법으로 〈보기〉에 나타난 바와 같이 지도자와 학생의 상호작용이 잘 드러남

정답 ②

16
학습리턴 p. 85 #스포츠교육학이 추구하는 가치 영역

〈보기〉에서 인지적 영역이 학습 영역의 1순위인 학습자를 모두 고른 것은?

〈 보기 〉
ㄱ. 직접 교수 모형에서의 학습자
ㄴ. 개별화 지도 모형에서의 학습자
ㄷ. 전술 게임 모형에서의 학습자
ㄹ. 스포츠 교육 모형에서 코치의 역할을 부여받은 학습자
ㅁ. 동료 교수 모형에서 개인교사 역할을 부여받은 학습자

① ㄱ, ㄴ, ㅁ   ② ㄴ, ㄷ, ㄹ
③ ㄷ, ㄹ, ㅁ   ④ ㄴ, ㄷ, ㄹ, ㅁ

해설 ㄷ. 전술게임모형, ㄹ. 스포츠교육모형에서 코치의 역할을 부여받은 학습자일 때 인지적 영역을 앞세우고, ㅁ. 동료교수모형에서 인지적 영역을 학습영역의 1순위로 함
- 직접교수모형 : 심동적 → 인지적 → 정의적
- 개별화지도모형 : 심동적 → 인지적 → 정의적
- 협동학습모형 : 인지적·정의적 → 심동적 또는 심동적·정의적 → 인지적
- 스포츠교육모형 : 심동적·인지적·정의적 세 가지 영역에서 균형
- 동료교수모형 : 인지적 → 정의적 → 심동적 또는 심동적 → 인지적 → 정의적
- 탐구수업모형 : 인지적 → 심동적 → 정의적
- 전술게임모형 : 인지적 → 심동적 → 정의적

정답 ③

17-18
묶음 문제 출제 학습리턴 p. 113 #지도를 위한 관리전략
p. 99 #부주의하고 파괴적인 행동을 감소시키는 교수행동

다음은 배구스포츠클럽을 지도하는 박 코치의 지도일지이다.

〈 보기 〉
오늘 수업 내용은 배구 서브였다. ㉠출석 점검 후, ㉡A팀은 서브연습을 하였고, B팀은 서브 정확성이 낮은 학생이 많아 ㉢내가 서브 시범을 보여 주었다. C팀은 장난하는 학생이 많아 그때그때 ㉣손가락으로 학생의 부정적 행동을 가리키며 제지했다. 배구공이 부족해서 ㉤D팀은 경기장 밖에서 대기하게 했다. 연습을 마친 후에는 ㉥학생들이 배구공과 네트를 정리하도록 했다.

17
〈보기〉의 ㉠~㉥ 중 수업 운영 시간에 해당하는 것을 모두 고른 것은?

① ㉠, ㉣   ② ㉡, ㉢
③ ㉠, ㉡, ㉢   ④ ㉠, ㉣, ㉥

해설 출석 점검, D팀의 경기장 밖 대기, 연습종료 후 학생들로 하여금 정리 시간은 수업 운영 시간에 포함됨

정답 ④

18
〈보기〉의 ⓐ에 해당하는 온스타인(A. Ornstein)과 레빈(D. Levine)이 제시한 부정적 행동 관리 전략은?

① 퇴장(time-out)
② 삭제 훈련(omission training)
③ 신호 간섭(signal interference)
④ 접근 통제(proximity control)

해설 〈보기〉 설명은 부주의하고 파괴적인 행동을 감소시키는 교수 행동인 신호 간섭에 해당함

정답 ③

19
학습리턴 p. 609 #마튼스 #전문체육 프로그램 계발 6단계

〈보기〉는 마튼스(R. Martens)의 전문체육 프로그램 개발 단계이다. ㉠, ㉡에 들어갈 용어는?

〈 보기 〉

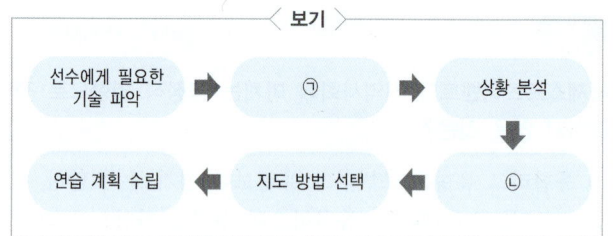

	㉠	㉡
①	선수 이해	우선순위 결정 및 목표 설정
②	선수 이해	전술 선택
③	종목 이해	우선순위 결정 및 목표 설정
④	종목 이해	전술 선택

해설 마튼스(Martens)의 전문체육 지도의 개발단계는 선수에게 필요한 기술파악 → (선수의 이해) → 상황분석 → (목표설정 및 우선순위의 결정) → 지도방법의 이해 → 연습계획의 수립으로 이어짐

정답 ①

20

학습리턴 p. 123 #질문유형

〈보기〉는 사회인 야구팀을 지도하는 조 코치의 지도일지이다. ㉠에 해당하는 질문 유형과 ㉡에 해당하는 운동 기능 유형은?

〈 보기 〉

- 투수의 투구 시간이 너무 오래 걸려 지난 시간에 배운 '피치 클락'을 알고 있는지 확인하기 위해 ㉠"투구 제한 시간이 몇 초이지?"라고 질문했지만 선수가 제대로 대답하지 못해 다시 한번 알려줌.
- 투수의 제구력이 불안정하여 ㉡포구 그물에 공을 정확하게 던져 넣는 연습을 반복하게 함.

	㉠	㉡
①	회상형(회고적) 질문	개방기능
②	회상형(회고적) 질문	폐쇄기능
③	수렴형(집중적) 질문	개방기능
④	수렴형(집중적) 질문	폐쇄기능

해설 ㉠ 질문은 회상형(회고적) 질문으로서 기억수준의 대답이 요구되는 질문임. 즉, 단순한 기초지식이나 개념, 정보의 습득 여부에 관해서 물어봄으로써 습득 여부를 파악할 수 있음. ㉡은 환경이 고정되고, 변화나 상대 반응이 없으며, 정확도와 반복성 중심의 폐쇄기능에 해당함

정답 ②

스포츠심리학

01
학습리턴 p. 141 #스포츠심리학자의 역할

스포츠심리학자의 역할로 적절하지 않은 것은?

① 스포츠심리학 이론을 가르친다.
② 체력 향상을 위한 의약품을 판매한다.
③ 스포츠심리학 관련 연구를 수행하고 현장에 응용한다.
④ 심리기술훈련을 적용해 선수들의 경기력 향상을 돕는다.

[해설] 스포츠심리학자는 연구수행자, 지도자, 상담자, 임상 스포츠심리학자로서의 역할이 있음. ②번은 적절치 않음

[정답] ②

02
학습리턴 p. 188 #심상

심상에 관한 설명으로 옳지 않은 것은?

① 동기를 유발하고 강화한다.
② 감정을 조절하는 데 도움이 된다.
③ 스포츠 전략을 습득하고 연습할 수 있다.
④ 통증과 부상을 대처하는 데 도움이 되지 않는다.

[해설] 심상의 효과로서 자신감 향상, 동기유발, 자신의 에너지 수준을 관리, 기술을 학습하고 완성, 주의가 산만해졌을 때 재집중할 수 있고, 시합에 들어가기 전에 마음의 준비를 할 수 있음. 즉, ④번의 설명과 달리 통증과 부상을 사전에 대처하는 데 도움을 줌

[정답] ④

03
학습리턴 pp. 178-179 #내적동기

〈보기〉 중 내적동기를 향상하는 전략으로 옳은 것만을 모두 고른 것은?

─────〈 보기 〉─────
ㄱ. 성공 경험을 갖게 한다.
ㄴ. 언어적, 비언어적 칭찬을 자주 한다.
ㄷ. 팀의 의사결정에 선수를 참여시킨다.
ㄹ. 물질적 보상과 처벌을 주로 활용한다.
ㅁ. 최대한 높은 결과목표를 설정하여 도전하게 한다.

① ㄱ, ㄴ, ㄷ
② ㄱ, ㄴ, ㄹ
③ ㄴ, ㄷ, ㄹ
④ ㄷ, ㄹ, ㅁ

[해설] 내적동기란 외부의 보상이나 강제 없이, 활동 자체에서 흥미와 만족을 느껴 자발적으로 참여하게 되는 동기임. 내적동기를 높이는 방법으로 성공 경험을 갖게 하고, 칭찬을 위한 말과 행동을 자주 하면 좋음. 또한 연습내용과 절차에 변화를 주고, 목표설정과 의사결정에 참여하게 함. 특히 결과보다는 과제성취에 기초한 목표를 설정하는 것이 도움을 줌

[정답] ①

04
학습리턴 p. 184 #목표설정 원리

목표설정 원리로 적절하지 않은 것은?

① 수행목표보다 결과목표를 강조한다.
② 구체적이고 객관적인 목표를 설정한다.
③ 부정적인 목표보다 긍정적인 목표를 강조한다.
④ 단기목표, 중기목표, 장기목표를 함께 설정한다.

[해설] 목표설정은 구체적인 시간적 제한 내에서 어떤 과제에 대한 구체적인 수행능력의 수준을 의미하므로 ①번은 옳지 않음

[정답] ①

05 p. 218, 15번 적중　　학습리턴 p. 205 #모노아민 가설

〈보기〉가 설명하는 가설은?

> **보기**
> 운동은 세로토닌, 노르에피네프린, 도파민과 같은 신경전달물질 분비를 증가시켜 우울증을 개선한다.

① 열발생 가설　　② 모노아민 가설
③ 사회심리적 가설　④ 생리적 강인함 가설

해설 모노아민 가설은 우울증을 비롯한 기분장애의 원인을 설명하는 생물학적 이론 중 하나로서 세로토닌(serotonin), 노르에피네프린(norepinephrine), 도파민(dopamine) 등의 모노아민 신경전달물질(monoamine neurotransmitters)의 농도가 뇌에서 감소하면 우울증이 발생할 수 있다고 제시함

정답 ②

06　　학습리턴 p. 139 #그리피스

〈보기〉에 해당하는 학자는?

> **보기**
> • 주요 활동은 1921~1938년
> • 최초로 스포츠심리학 실험실 설립
> • 북미 스포츠심리학의 아버지라고 불림
> • 시카고 컵스 야구팀 스포츠 심리 상담사
> • 코칭심리학(Psychology of Coaching, 1926) 책 출판

① 프랭클린 헨리(Franklin Henry)
② 콜먼 그리피스(Coleman Griffith)
③ 레이너 마틴즈(Rainer Martens)
④ 노먼 트리플렛(Norman Triplett)

해설 〈보기〉에서 설명하는 콜먼 그리피스는 현대 스포츠심리학의 아버지로 불리는 미국의 심리학자로서 스포츠 활동에서의 심리적 요인을 과학적으로 분석하고 스포츠심리학의 기초를 확립함

정답 ②

07　　학습리턴 p. 559 #학습고원

그림에서 ㉠의 고원현상에 관한 설명으로 옳지 <u>않은</u> 것은?

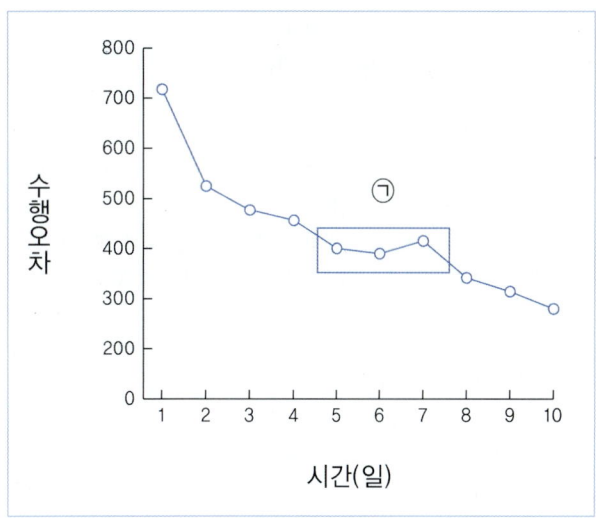

① 수행은 정체되지만, 학습은 진행된다.
② 연습 기간에 쌓인 피로나 동기 저하로 인해서 발생할 수 있다.
③ 협응 구조가 완성되어 더 이상의 질적인 변화가 없는 시기이다.
④ 하나의 동작 유형에서 다른 동작 유형으로 전환이 발생하는 시기이다.

해설 고원현상(Plateau Effect)은 운동이나 학습, 훈련 등을 할 때 일정 기간 빠르게 향상되던 성과가 어느 순간 멈추거나 정체되는 현상을 의미함. 즉, 신체가 현재 운동강도나 자극에 익숙해져 더 발전이 없는 상태임. ③번 설명은 틀림. 즉, 고원현상은 일시적인 정체기이므로 휴식, 훈련, 자극 변화에 따라 질적 향상은 계속 가능한 상태임

정답 ③

08　　학습리턴 p. 191 #루틴

루틴(routine)에 관한 설명으로 적절하지 <u>않은</u> 것은?

① 다음 수행을 준비할 때 도움이 된다.
② 경기 직전에 수정하면 경기력 향상에 도움이 된다.
③ 정신이 산만해질 때 운동과 무관한 것을 차단해 준다.
④ 최고의 경기력을 위해 필요한 자신만의 심리적·행동적 절차이다.

해설 루틴이란 선수들이 시합 도중에 걱정, 주의 분산과 같은 부정적 환경 상황에 노출됐을 때 그것을 모면하기 위해 선수가 자신만의 독특한 동작, 절차를 습관적으로 행하는 것(routine)을 말함. 경기 직전에 루틴을 수정하면 오히려 불안 증가, 집중력 저하, 자신감 저하 등의 부작용이 일어날 수 있음

정답 ②

09

학습리턴 p. 176 #체계적 둔감화

〈보기〉가 설명하는 심리기술훈련은?

〈보기〉

- 1958년 월피(J. Wolpe)가 개발함
- 불안을 일으키는 상황을 중요도 순서에 따라 10단계 정도를 준비함
- 불안이 낮은 순서부터 극도의 불안을 일으키는 중요도가 높은 순서로 배열하고 훈련함
- 불안이나 스트레스를 유발하는 자극에 노출될 때 불안반응 대신 편안한 반응을 나타냄으로써 불안이나 스트레스를 감소하는 기법임

① 자생훈련(autogenic training)
② 점진적 이완(progressive relaxation)
③ 인지 재구성(cognitive restructuring)
④ 체계적 둔감화(systematic desensitization)

(해설) 〈보기〉 설명은 불안과 스트레스의 관리기법 중 하나인 체계적 둔감화로 불안과 스트레스를 유발하는 자극에 대해 이완반응을 보임으로써 둔감해지도록 하는 훈련임

(정답) ④

10

학습리턴 p. 149 #반응시간

〈보기〉의 스포츠 상황과 반응시간 유형이 바르게 연결된 것은?

〈보기〉

스포츠 상황	가. 100m 달리기 출발신호에 달려 나가는 상황 나. 타자가 다양한 구질 중 직구에만 타격하는 상황 다. 수비수들의 움직임에 따라 공격수가 각각 다르게 대응하는 상황

반응시간 유형: ㉠ 적색→A, ㉡ 적색·녹색·청색→A·A·B, ㉢ 적색·녹색·청색→C··A

	가	나	다
①	㉠	㉡	㉢
②	㉠	㉢	㉡
③	㉡	㉢	㉠
④	㉢	㉠	㉡

(해설) 반응시간(reaction time)이란 하나의 자극이 주어진 이후 실제로 반응행동이 나타날 때까지의 시간으로서 인간이 주어진 자극을 분석하고, 자극이 요구하는 반응을 선택해서 목적을 달성할 수 있는 반응을 계획하고 조직하는 데 필요한 시간을 의미함. 유형으로는 단순반응(하나의 자극에 대해 예정된 하나의 동작, 가-㉠), 변별반응(2가지 이상 자극이 동시에 주어졌을 때 어느 하나의 자극에만 반응하는 것, 다-㉢), 선택반응(하나의 자극에 대한 여러 종류의 반응 중 하나를 선택해서 반응하는 것, 나-㉡) 시간이 있음

(정답) ②

11

학습리턴 p. 212 #상담윤리

스포츠심리상담사의 상담 윤리에 관한 설명으로 옳은 것은?

① 내담자와 상담실 밖에서 사적인 관계를 유지한다.
② 비언어적 메시지보다 언어적 메시지에만 집중한다.
③ 알고 지내는 사람과 전문적인 상담을 진행하지 않는다.
④ 상담 내용은 내담자의 동의가 없어도 타인과 공유할 수 있다.

(해설) 스포츠심리상담사의 상담 일반원칙은 전문성, 정직성, 책무성, 인권 존중, 사회적 책임이 있고, 상담 일반윤리는 권력 남용과 위협 방지, 의뢰와 위임, 합리적인 상담비용 책정, 물품 및 금품 보상 방지, 부적절한 관계 방지, 비밀보장 등이 있음. 즉, 알고 지내는 사람과 전문적인 상담을 진행하지 않아야 함

(정답) ③

12

추동이론(drive theory)에 관한 설명으로 옳은 것은?

① 각성수준과 운동수행은 비례한다.
② 각성을 어떻게 해석하느냐에 따라 각성과 정서의 관계가 달라진다.
③ 인지적 불안과 신체적 불안이 각성수준에 따라 수행에 다르게 영향을 미친다.
④ 적절한 각성수준에서는 최고의 수행을 보이고 각성수준이 낮거나 높으면 운동수행이 감소한다.

해설 욕구이론(drive theory, 추동이론)은 불안 정도의 각성수준과 운동수행 결과가 비례하여 증가함을 제시함

정답 ①

13

〈보기〉의 ㉠, ㉡에 해당하는 용어가 바르게 나열된 것은?

― 보기 ―

교사: 줄다리기의 경우, 집단이 내는 힘의 총합은 개인의 힘을 모두 합친 것보다 작아지게 된다. 이것을 (㉠) 효과라고 해.
학생: "나 하나쯤이야." 하는 생각 때문에 힘을 덜 쓰는 거 같아요.
교사: 게으름을 피우는 사람으로 인해 집단 내에 동기의 손실이 생기는데 이것을 (㉡)이라고 해.

	㉠	㉡
①	링겔만	사회적 태만
②	링겔만	사회적 촉진
③	플라시보	사회적 태만
④	플라시보	사회적 촉진

해설 〈보기〉 설명은 사회적 태만(링겔만 효과, Ringelmann effect)을 설명하는 것임. 즉, 집단의 과제수행에서 발생하는 개인의 노력이 줄어드는 현상으로 개인의 동기손실을 말함

정답 ①

14

질문지 측정법 도구가 아닌 것은?

① POMS(Profile of Mood States)
② MBTI(Myers Briggs Type Indicator)
③ 16PF(16 Personality Factor Questionnaire)
④ 주제통각검사(Thematic Apperception Test)

해설 주제통각검사(TAT)는 피검자의 무의식적인 욕구, 갈등, 동기, 성격 특성 등을 분석하는 투사적 성격 검사로서 질문지 측정법과는 다름

정답 ④

15 빈출 이론

그림에서 무관심 단계의 운동 실천 전략으로 가장 적절한 것은?

① 장시간 고강도 운동에 참여하도록 조언한다.
② 다른 사람의 운동 멘토 역할을 하도록 한다.
③ 운동의 긍정적 효과에 관한 정보를 제공한다.
④ 운동중독의 위험성에 관한 자료를 공유한다.

해설 무관심 단계는 현재 운동을 하고 있지 않은 고려 전 단계(pro-contemplation stage)로서 운동으로 얻는 혜택보다 손실이 더 크다고 생각함. 무관심 단계에서는 운동의 긍정적 효과에 관한 정보를 제공하는 것이 적절함

정답 ③

16 23 기출 영역
학습리턴 p. 203 #본능이론

본능이론(instinct theory)에 관한 설명으로 옳은 것은?

① 인간은 목표 달성이 좌절되면 공격성을 표출한다.
② 인간은 사회적 행위와 관찰학습으로 공격성을 배우고 표출한다.
③ 인간의 내부에는 공격성을 유발하는 에너지가 있어 공격성을 표출한다.
④ 인간은 목표가 좌절되면 무조건 공격행동을 유발하지 않고, 공격행동이 적절하다는 단서가 있을 때 공격성을 표출한다.

[해설] 본능이론은 사람에게는 신체적, 언어적으로 본능적 공격성이 있다고 보는 이론임. 프로이트는 공격적 충동에 대해 공격을 단순히 표현함으로써 감소시킬 수 있다고 주장하며, 이를 공격적 감정의 정화라고 부름

정답 ③

17
학습리턴 p. 186 #스포츠 자신감

〈보기〉의 ㄱ~ㄷ에 해당하는 베일리(R. Vealey)의 스포츠 자신감 원천을 바르게 연결한 것은?

〈보기〉
ㄱ. 시합에서 좋은 성과를 낸다.
ㄴ. 주변 사람들이 나를 믿어준다.
ㄷ. 시합에 필요한 체력, 전략, 정신력을 갖춘다.

	ㄱ	ㄴ	ㄷ
①	성취 경험	자기조절	사회적 분위기
②	자기조절	사회적 분위기	성취 경험
③	성취 경험	사회적 분위기	자기조절
④	사회적 분위기	성취 경험	자기조절

[해설] 스포츠 자신감(sports confidence)은 스포츠 상황에서 어떤 운동을 성공적으로 수행할 수 있다는 믿음 혹은 확신을 뜻함. 베일리는 스포츠 자신감의 아홉 가지 원천으로 성공 경험(Mastery), 시범/모델링(Demonstration of Ability), 신체 및 심리적 준비(Physical & Mental Preparation), 사회적 지지(Social Support), 코치의 피드백과 격려(Coach's Leadership), 상대 약세 인식(Situational Favorableness), 환경적 편안함(Environmental Comfort), 기술 훈련 및 경험(Skill & Training Self-Presentation), 정신력(Mental Toughness/Self-regulation)을 제시함. ㄱ은 성공(성취)경험, ㄴ은 사회적 지지(분위기), ㄷ은 신체 및 심리적 준비(자기조절)로 볼 수 있음

정답 ③

18
학습리턴 p. 189 #주의집중

주의집중을 높이는 방법으로 가장 적절한 것은?

① 테니스 선수가 경기 중 루틴을 변경해 서브를 시도한다.
② 야구 선수가 지난 이닝의 수비 실책을 생각하면서 수비한다.
③ 멀리뛰기 선수가 1등의 최고 기록을 직접 확인하고 도움 닫기를 한다.
④ 골프 선수가 실제 시합과 유사한 상황을 만들어 놓고 모의훈련을 한다.

[해설] 주의집중(attention or concentration)은 지각 가능한 여러 자극 중 중요한 정보에 선택적으로 정신적 자원을 집중하는 심리 과정으로 실제 시합과 유사 상황을 만들어 모의훈련을 하는 것은 효과적인 전략임

정답 ④

19
학습리턴 p. 201 #처벌

지도자의 처벌 행동 지침으로 옳은 것은?

① 처벌이 필요한 경우에는 처벌의 이유를 정확하게 말한다.
② 동일한 규칙을 위반하면 주장과 상급 학년 선수부터 처벌한다.
③ 규칙 위반에 대한 처벌 규정을 정할 때 선수의 의견은 반영하지 않는다.
④ 처벌이 필요할 때는 단호함을 보여주고 전체 선수 앞에서 본보기로 삼는다.

[해설] 스포츠 지도자의 처벌 행동 지침으로 일관성 있는 적용, 행동 자체 처벌, 인격 비난 금지, 즉각적이고 명확한 처벌, 정확한 이유 설명과 함께 적용, 대체 행동을 제시, 감정적 과잉 반응 금지, 긍정적 행동에 대한 강화 병행 등이 있음

정답 ①

20 학습리턴 p. 158 #맥락간섭효과

〈보기〉는 맥락간섭의 양에 따른 연습 형태이다. ㉠~㉢에 해당하는 코치를 바르게 나열한 것은?

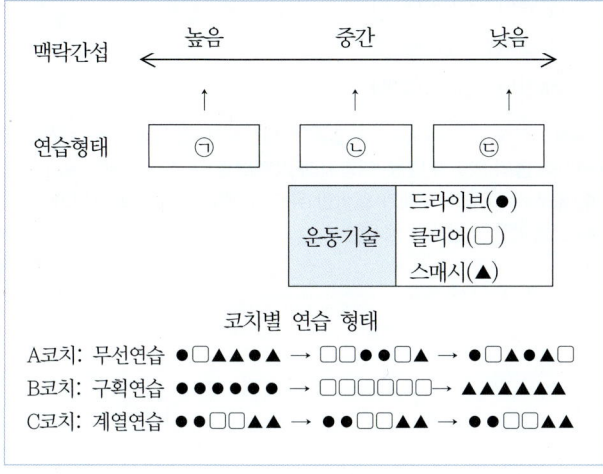

	㉠	㉡	㉢
①	A코치	B코치	C코치
②	B코치	C코치	A코치
③	C코치	A코치	B코치
④	A코치	C코치	B코치

[해설] 맥락간섭은 여러 가지 과제를 함께 학습하거나 연습할 때 기능적 간섭의 정도로서 운동학습에서 중요한 개념임. Ⓐ코치는 운동기술의 하위요소들을 임의대로 연습(random practice, 히는 무선연습(맥락간섭이 높은 ㉠), Ⓑ코치는 운동기술의 하위요소들을 순차적으로 연습(blocked practice)하는 분단연습(맥락간섭이 낮은 ㉢), Ⓒ코치는 여러 과제를 일정한 순서로 반복(serial practice)하게 하는 계열연습(맥락간섭이 중간인 ㉡)을 나타냄

[정답] ④

한국체육사

01
학습리턴 p.225 #각저

고구려의 씨름에 관한 물적 사료는?

① 『경국대전(經國大典)』
② 각저총(角抵塚) 벽화
③ 무령왕릉(武寧王陵) 벽화
④ 김홍도(金弘道)의 「씨름」 풍속화

해설 중국 길림성 집안 지역에 있는 고구려 고분인 각저총에 씨름을 의미하는 고구려 시대 무술 경기 또는 민속 운동인 각저가 묘사되어 있음

정답 ②

02 23년 유사 출제
학습리턴 p.222 #사관

〈보기〉에서 체육사관(體育史觀)에 관한 옳은 설명을 모두 고른 것은?

― 보기 ―
ㄱ. 체육과 스포츠의 역사에 관한 견해, 관념 등을 의미한다.
ㄴ. 체육과 스포츠의 역사적 사실이나 사건 등을 기록한 것이다.
ㄷ. 진보사관, 순환사관 등에 따라 체육사적 해석이 다른 경우도 있다.
ㄹ. 체육과 스포츠의 역사 서술과 역사가의 견해 형성에 바탕이 되기도 한다.

① ㄱ, ㄴ
② ㄴ, ㄷ
③ ㄱ, ㄴ, ㄹ
④ ㄱ, ㄷ, ㄹ

해설 체육사 연구에서 사관(史觀)은 역사가의 가치관에 따라 체육의 역사를 해석한다는 의미를 지님. 즉, 체육과 스포츠의 역사적 사실, 사건, 인물, 제도, 문화 등을 일정한 관점에서 기록하고 해석을 하지만 어떤 시각과 가치 기준으로 체육의 역사를 바라보느냐가 포함이 되어야 체육사관이라 할 수 있음

정답 ④

03
학습리턴 p.224 #부족국가 시대 신체활동

부족국가 시대에 신체활동이 이루어진 행사가 아닌 것은?

① 대향사례(大鄕射禮)
② 성년의식(成年儀式)
③ 주술의식(呪術儀式)
④ 제천행사(祭天行事)

해설 부족국가 시대의 신체활동은 제천행사, 민속놀이, 사냥활동, 성년의식 등의 의미가 있음. 대향사례(大鄕射禮)는 조선시대에 실시된 궁술(활쏘기) 교육과 의례가 결합한 유교적 예(禮) 의식으로 지방에서 열리는 공식적인 활쏘기 행사임

정답 ①

04 빈출 주제
학습리턴 p.227 #화랑도

신라 화랑도의 체육활동과 사상에 관한 설명으로 옳지 않은 것은?

① 무예 활동을 통한 덕(德)의 함양
② 효(孝)와 신(信) 등의 윤리를 강조
③ 무과 별시(別試) 응시를 위한 무예 수련
④ 무사정신과 임전무퇴의 군사주의 체육 사상을 내포

해설 무과 별시(武科別試)는 조선시대 무과(무관 선발 시험) 중 정기 시험 외에 특별히 실시된 시험임

정답 ③

05 | 22년 유사 출제 | 학습리턴 p. 227 #고구려 경당

〈보기〉의 ㉠~㉢에 들어갈 용어는?

〈보기〉

고구려에 관한 사료인 (㉠)에 따르면, "풍속에 독서를 즐긴다. 천민의 집까지 이르는 거리에 큰 집을 지어 이를 (㉡)이라고 한다. 여기서 미혼의 자제들이 밤새워 책을 읽으며 (㉢)을/를 익힌다."라고 하였다.

	㉠	㉡	㉢
①	『구당서(舊唐書)』	경당(扃堂)	각저(角抵)
②	『구당서(舊唐書)』	경당(扃堂)	궁술(弓術)
③	『삼국지(三國志)』	학당(學堂)	각저(角抵)
④	『삼국지(三國志)』	학당(學堂)	궁술(弓術)

해설) 구당서(舊唐書)는 10세기 후반에 쓰인 중국 당나라의 역사를 기록한 정사(正史)로서 고구려에 대한 기록이 열전(列傳) 부분에 등장하며 경당(扃堂)과 궁술(弓術) 관련 내용은 고구려 청년교육의 특징을 묘사함

정답 ②

06 | 학습리턴 p. 231 #고려시대 민속놀이

고려의 민속놀이에 관한 설명으로 옳은 것은?

① 석전(石戰): 공놀이
② 추천(鞦韆): 널뛰기
③ 풍연(風鳶): 연날리기
④ 축국(蹴鞠): 그네뛰기

해설) 석전(石戰)은 돌팔매 싸움, 추천은 추천희(鞦韆戲)라고 하며 그네뛰기이고, 축국(蹴鞠)은 오늘날의 축구와 유사한 민속놀이로서 모두 삼국시대로부터 유래됨

정답 ③

07 | 학습리턴 p. 226 #방응

〈보기〉에서 방응(放鷹)에 관한 설명을 모두 고른 것은?

〈보기〉

ㄱ. 매를 조련하여 수렵에 활용하였다.
ㄴ. 응방도감(鷹坊都監)에서 관장하였다.
ㄷ. 무예 훈련의 성격을 띠기도 하였다.
ㄹ. 삼국시대에도 전담하는 관청이 있었다.

① ㄱ, ㄴ, ㄷ
② ㄱ, ㄷ, ㄹ
③ ㄱ, ㄴ, ㄹ
④ ㄴ, ㄷ, ㄹ

해설) 방응(放鷹)은 삼국시대부터 왕실과 귀족 사이에서 활발히 행해졌음. 이를 위한 전담 인력과 체계가 존재했을 가능성이 크지만, 현존 사료에 공식 관청의 명칭이 명확히 등장하는 것은 고려 이후로서 응방(鷹坊)이란 전담부서가 존재함

정답 ①

08 | 23년 유사 출제 | 학습리턴 p. 234 #훈련원

조선시대의 훈련원(訓鍊院)에 관한 설명으로 옳지 않은 것은?

① 국왕의 친위 부대였다.
② 군사의 시재(試才)를 담당하였다.
③ 무예 교육과 훈련을 담당하였다.
④ 『무경칠서(武經七書)』 등의 병서 습득을 장려하였다.

해설) 조선시대의 훈련원(訓鍊院)은 군사훈련, 무예 교육을 담당한 중앙 군사 기관임. 조선 국왕의 대표적인 친위부대는 태종 때 설치된 내금위(內禁衛) 등이 있음

정답 ①

09

학습리턴 p.237 #활인심방

〈보기〉에서 『활인심방(活人心房)』에 관한 옳은 설명을 모두 고른 것은?

〈보기〉
ㄱ. 『활인심(活人心)』을 근거로 하였다.
ㄴ. 도인법(導引法)은 신체 단련 방법이다.
ㄷ. 조선시대에 간행된 보건 실용서이다.
ㄹ. 양생지법(養生之法)과 도인법 등을 다루고 있다.

① ㄱ, ㄴ
② ㄷ, ㄹ
③ ㄱ, ㄴ, ㄷ
④ ㄱ, ㄴ, ㄷ, ㄹ

해설 활인심방(活人心方)은 퇴계 이황(李滉, 1502~1571)이 도학자들의 체조 내용을 자필(自筆)과 자화(自畵)로 기록한 저서로 제18첩으로 구성되어 있음. 〈보기〉 설명 모두가 해당이 됨

정답 ④

10 빈출 주제

학습리턴 p.234 #식년무과

조선시대의 식년무과(式年武科)에 관한 설명으로 옳은 것은?

① 소과(小科)와 대과(大科)로 구분하여 실시하였다.
② 초시(初試), 복시(覆試), 전시(殿試)의 단계로 실시하였다.
③ 초시(初試), 복시(覆試), 전시(殿試)에는 강서 시험을 포함하였다.
④ 전시(殿試)는 목전, 철전, 기사, 기창, 격구 등 무예 종목을 실시하였다.

해설 조선시대의 식년무과(式年武科)는 3년마다 정기적으로 실시하고, 초시, 복시, 전시의 단계로 실시함. 초시는 무예시험(활쏘기, 말타기 등 실기시험), 복시는 강서시험(필기)과 무예시험(실기)으로 병조와 훈련원에서 주관하며, 전시는 기격구(騎擊毬)와 보격구(步擊毬)를 시행함

정답 ②

11

학습리턴 p.246 #병식체조

〈보기〉의 설명에 해당하는 체조는?

〈보기〉
개화기 학교에서는 정규과목으로 체조가 편성되었으며 연령과 성별에 따라서 다양하게 실시되었다. 당시의 체조는 군사적 목적을 고려하여 규율에 반응하는 신체를 만드는 데 유효한 방법이었다.

① 유희체조
② 병식체조
③ 리듬체조
④ 기공체조

해설 개화기(開化期)의 병식체조(兵式體操)는 조선 말기 근대 군사제도와 함께 도입된 서양식 군사 체조로 근대적 신체교육의 출발점으로 평가됨

정답 ②

12

학습리턴 p.246 #민족말살기

〈보기〉에 해당하는 시기는?

〈보기〉
황국신민체조와 함께 검도, 유도, 궁도 등을 여학생에게 실시하게 한 것은 일본의 군국주의를 드러낸 것이었다. 학교체육의 성격은 점차 교련에 가까워졌다.

① 무단통치기
② 민족말살기
③ 문화통치기
④ 체조교습기

해설 〈보기〉의 설명은 3차 조선교육령(1938)인 민족말살기에 내린 교육명령 때 국체명징, 대동아번영, 내선일체, 인고단련 등을 강요하고, 일본에 의해 황국신민체조가 도입된 시기임

정답 ②

13 23년 출제 주제
학습리턴 p. 697 #서상천

〈보기〉에서 문곡(文谷) 서상천(徐相天)의 활동을 모두 고른 것은?

―〈 보기 〉―
ㄱ. 우리나라에 역도를 도입하였다.
ㄴ. 조선체력증진법연구회를 설립하였다.
ㄷ. 『현대체력증진법』, 『현대철봉운동법』 등을 발간하였다.
ㄹ. 조선체육회의 임원으로 병식체조를 개선한 교육체조를 가르쳤다.

① ㄱ, ㄴ
② ㄴ, ㄷ
③ ㄱ, ㄴ, ㄷ
④ ㄱ, ㄴ, ㄷ, ㄹ

해설 문곡(文谷) 서상천(徐相天, 1891~1965)은 한국 근대 체육과 무예의 선구자로 평가받는 인물로 특히 유도 보급(일본 체조학교를 졸업하고 귀국하면서 1926년 소개, 귀국 직후 조선체력증진법연구회 조직), 역도를 도입하고 체계적으로 보급, 국민 체육 운동, 조선무도회 설립 등을 통해 한국 무도(武道)의 근대화와 대중화에 크게 기여한 인물임. 저서에 현대체력증진법, 심신단련법, 역도 등이 있음. ㄹ 설명은 신편체조법을 발간하여 교육입국조서(고종, 1895) 공포에 따라 모든 학교가 체조를 정식 교과목으로 채택하게 한 조원희의 활동으로 1920년에 조선체육회 창립 발기인으로 참여함

정답 ③

14 24년 출제 주제
학습리턴 p. 242 #원산학사

〈보기〉의 설명에 해당하는 교육기관은?

―〈 보기 〉―
이 교육기관은 개항 이후에 일본인의 세력에 대응하고자 설립되었다. 무예반에는 병서와 사격 과목이 편성되었고, 무예반의 비중이 컸다는 점에서 무비자강(武備自强)을 지향했다고 할 수 있다.

① 무예학교
② 원산학사
③ 배재학당
④ 경신학당

해설 〈보기〉에서 설명하는 원산학사(1883)는 민간에 의해 함남 원산에 세워진 한국 최초의 근대적 교육기관임

정답 ②

15 23년 출제 주제
학습리턴 p. 253 #남북체육교류

1991년에 있었던 남북한 단일팀의 국제대회 참가에 관한 설명으로 옳지 않은 것은?

① 단일팀은 '코리아', 'KOREA'라는 명칭을 사용하였다.
② 제6회 포르투갈 세계청소년축구대회에서 8강에 진출하였다.
③ 제41회 지바 세계탁구선수권대회의 여자단체전에서 우승하였다.
④ 제24회 서울 올림픽경기대회 중에 열린 남북회담을 계기로 이루어졌다.

해설 1988년에 개최된 제24회 서울올림픽에는 북한이 불참함

정답 ④

16
학습리턴 p. 253 #체육정책 변천

제5공화국의 스포츠 정책으로 옳지 않은 것은?

① 태릉선수촌이 건립되었다.
② 국군체육부대를 창설하였다.
③ 제10회 서울 아시아경기대회를 개최하였다.
④ 야구, 축구, 씨름의 프로리그가 시작되었다.

해설 태릉선수촌은 1966년(제3공화국)에 건립되었고, 2011년 진천선수촌(충북)에 입소를 시작으로 2017년 완전 이전함
② 1984년
③ 1986년
④ 프로야구(KBO) 1982년 출범, 프로축구(K리그) 1983년 출범, 씨름 프로화 1983년 대한씨름협회 주도로 시작

정답 ①

17 23년 출제 주제   학습리턴 p. 252 #생모리츠 동계올림픽

광복 이후 우리나라 선수단이 최초로 참가한 올림픽경기대회는?

① 제14회 런던 하계올림픽경기대회
② 제6회 오슬로 동계올림픽경기대회
③ 제15회 헬싱키 하계올림픽경기대회
④ 제5회 생모리츠 동계올림픽경기대회

해설   1948년도에 최초로 태극기(KOREA 정식 국호)를 들고 참가한 동계올림픽은 스위스의 생모리츠 동계올림픽(2월)임. 같은 해 7월, 최초로 태극기를 들고 참가한 하계올림픽인 영국의 런던 하계올림픽(7월)에서 김성집(역도) 선수가 동메달('KOREA'란 대한민국 국적의 최초 메달), 한수안(복싱) 선수가 동메달을 취득함

정답 ④

18   학습리턴 pp. 253-254 #사상적 특징

광복 이후 제5공화국까지의 체육에서 나타난 사상적 특징으로 옳지 않은 것은?

① 우수선수의 육성을 우선하는 엘리트주의가 나타났다.
② 「국민체육진흥법」의 국위선양은 국가주의를 나타낸다.
③ 국가 주도의 강한 신체 훈련을 앞세우는 실존주의가 나타났다.
④ 건전하고 강인한 국민성의 함양을 강조하는 건민주의가 나타났다.

해설   실존주의란 20세기 철학사조(사르트르, 하이데거, 야스퍼스 등)의 철학원리임

정답 ③

19   학습리턴 p. 254 #호돌이 계획

'국민생활체육진흥종합계획(호돌이 계획)'의 내용으로 옳은 것은?

① 제24회 서울 올림픽경기대회를 대비하고자 추진되었다.
② 「국민체육진흥법」을 제정하여 스포츠 클럽을 체계적으로 관리하였다.
③ 국민생활체육협의회의 창설과 직장체육 프로그램의 보급이 이루어졌다.
④ 전문체육 육성을 위한 국가대표 연금과 우수선수 병역 혜택의 제도가 도입되었다.

해설   1991년에 수립된 호돌이 계획으로 국민생활체육협의회 설립됨. 이후 국민생활체육회로 개칭하고 이어오다가 2016년 대한체육회와 통합됨

정답 ③

20   학습리턴 pp. 253-254 #광복 이후 체육사

〈보기〉에서 광복 이후 1940년대 말까지 체육의 내용을 모두 고른 것은?

〈 보기 〉
ㄱ. 미국 '신체육'의 영향을 받았다.
ㄴ. 일제강점기에 해산되었던 조선체육회가 재건되었다.
ㄷ. 조선체육동지회의 결성은 민족 체육 재건의 계기가 되었다.
ㄹ. 학도호국단이 결성되었고, 많은 체육 교사들이 교관으로 활동하였다.

① ㄱ, ㄴ   ② ㄴ, ㄷ
③ ㄱ, ㄴ, ㄷ   ④ ㄱ, ㄴ, ㄷ, ㄹ

해설   광복 이후 1940년대 말까지의 체육은 일제강점기의 잔재 청산과 체육의 자주화, 국가 재건의 수단으로서 체육의 활용이 중심이 된 시기임. 모든 〈보기〉 설명이 해당함

정답 ④

운동생리학

01
학습리턴 p. 267 #무산소성 해당작용

400m 트랙을 약 60초로 전력 질주 시 가장 많이 기여하는 에너지공급 시스템에서 1분자의 글루코스(glucose) 분해로 얻을 수 있는 ATP 수는?

① 2
② 4
③ 16
④ 18

해설 400m 트랙을 약 60초간 전력 질주할 때는 주로 무산소 해당작용(anaerobic glycolysis)이 에너지 공급에 가장 많이 기여함. 즉, 산소를 사용하지 않고, 글루코스 1분자를 분해하여 ATP를 생성하는 과정임. 무산소 해당작용에서 글루코스 1분자로 생성되는 ATP 과정은 글루코스 1분자 → 피루브산 → 젖산이 됨. 이 과정에서 ATP 2분자가 생성됨

정답 ①

02
학습리턴 p. 267 #ATP 합성

중–고강도 운동 시 필요한 ATP 합성에 사용되지 <u>않는</u> 기질(substrate)은?

① 혈중 알부민
② 혈중 포도당
③ 근육 글리코겐
④ 근육 중성지방

해설 중–고강도 운동 시 ATP 합성에 사용되는 주요 기질(substrate)은 탄수화물, 특히 근육 내 저장된 글리코겐임. 예를 들어 중강도 운동(예: 빠른 걷기, 가벼운 조깅)에서는 지방과 탄수화물이 함께 사용되지만, 점차 탄수화물 비중이 높아지고, 고강도 운동(예: 전력 질주, 웨이트 트레이닝)에서는 탄수화물(글리코겐)이 주요 기질로 작용함. 이때는 해당작용(anaerobic glycolysis)이 활발하게 일어나며 젖산이 생성될 수 있음. 즉, 해당작용(glycolysis)에서는 포도당(또는 글리코겐)이 주요 기질임. 이외에도 산화적 인산화 경로에서는 포도당, 지방산, 아미노산 비중이 높아지고, ATP–PC 시스템(매우 고강도, 짧은 시간)에서는 크레아틴 인산이 주요 기질로 작용함. 결론은 운동 강도가 높아질수록 탄수화물 의존도가 증가하게 됨. 알부민은 일반적인 대사 경로나 운동 중 에너지 생성과는 직접적인 관련이 없음

정답 ①

03
학습리턴 p. 274 #무산소 트레이닝

〈보기〉에서 장기간의 무산소 트레이닝에 따른 생리학적 적응으로 옳은 것만을 모두 고른 것은?

〈보기〉
ㄱ. 산화 능력 증가
ㄴ. 근육의 수축 속도 증가
ㄷ. 미토콘드리아 밀도 증가
ㄹ. PCr 또는 PFK 효소의 양 및 활성도 증가

① ㄱ, ㄴ
② ㄴ, ㄹ
③ ㄱ, ㄴ, ㄹ
④ ㄱ, ㄷ, ㄹ

해설 장기간의 무산소 트레이닝(anaerobic training)은 웨이트 트레이닝, 스프린트, 인터벌 트레이닝과 같이 주로 고강도, 짧은 시간 동안 수행되는 훈련이 해당됨. 증가하는 생리학적 적응으로서 근육의 무산소 효소 활성 증가, 근육 내 저장 에너지 증가, PFK(phosphofructokinase), LDH (lactate dehydrogenase) 등 해당작용과 젖산 생성에 관여하는 효소들의 활성이 증가, 크레아틴 인산(PCr), ATP, 근글리코겐 저장량이 증가, 근섬유의 크기 증가(근비대, Hypertrophy), 신경계 효율 증가 등이 있음. 결론은 무산소 트레이닝을 통해 주로 에너지 대사 효소의 활성, 에너지 저장 능력, 근력, 근비대, 젖산 내성 및 신경계 기능 등이 증가함. 산화능력 증가와 미토콘드리아 밀도 증가는 관계가 없음

정답 ②

04
학습리턴 p. 267 #해당과정

〈보기〉에서 설명하는 에너지 대사 과정은?

〈보기〉
• 무산소성 에너지 시스템이다.
• 에너지 투자와 에너지 생산 단계로 구성된다.
• 대사 과정의 최종 산물로 피루브산염 또는 젖산염을 생성한다.

① 지방분해(lipolysis)
② 해당과정(glycolysis)
③ 동화작용(anabolism)
④ 산화적 인산화(oxidative phosphorylation) 과정

해설 〈보기〉는 해당과정(glycolysis)을 설명함. 이는 포도당(Glucose)을 분해하여 에너지를 생성하는 대사 과정임. 즉, 산소가 없어도 진행되는 무산소적 과정으로서 세포질(cytoplasm)에서 일어나며, 탄수화물 에너지 대사의 첫 번째 단계임. 피루브산(Pyruvate)은 산소가 없을 경우 젖산(Lactate)으로 전환됨

정답 ②

05 24년 출제 주제
학습리턴 p. 287 #골지건기관

〈보기〉에서 설명하는 감각수용기는?

> 〈 보기 〉
> - 주동근의 수축을 억제한다.
> - 근육 손상을 예방하는 기능을 한다.
> - 근육–건 복합체의 장력 변화를 감지한다.

① 근방추
② 파치니소체
③ 골지건기관
④ 마이스너소체

해설 〈보기〉의 설명은 골지건기관(Golgi Tendon Organ, GTO)임. 이는 힘줄(tendon)에 위치한 감각수용기(sensory receptor)로서 근육의 장력이 얼마나 걸리는지를 감지하는 역할을 함. 즉, 근육이 얼마나 강하게 수축하고 있는지를 모니터링하는 장치로서 과도한 장력이 발생할 경우 근육의 수축을 억제하고 이완을 유도하여 부상을 방지하는 기능이 있음

정답 ③

06
학습리턴 p. 274 #유산소 트레이닝

〈보기〉에서 장기간 유산소 트레이닝에 의한 생리적 적응 현상으로 옳은 것만을 모두 고른 것은?

> 〈 보기 〉
> ㄱ. 좌심실 용적 증가
> ㄴ. 마이오글로빈 함유량 증가
> ㄷ. 1회 박출량(stroke volume) 증가
> ㄹ. 골격근 내 모세혈관 밀도 증가

① ㄱ, ㄴ
② ㄱ, ㄷ, ㄹ
③ ㄴ, ㄷ, ㄹ
④ ㄱ, ㄴ, ㄷ, ㄹ

해설 장기간 유산소 트레이닝(aerobic training)을 지속하면, 심혈관계, 호흡계, 근육 및 대사 시스템 전반에 걸쳐 다양한 생리적 적응이 발생함. 이는 운동능력 향상, 지구력 증가, 건강 개선 등에 핵심적인 역할을 함. 예를 들어 심혈관계 적응(심박수 감소, 심박출량 증가, 모세혈관 밀도 증가, 혈류 재분배 개선), 호흡계 적응(환기량 증가, 호흡근 강화), 골격근 적응(미토콘드리아 밀도와 크기 증가, 산화효소 활성 증가, 근육 내 지방산 이용 능력 증가, 근섬유 특성 변화), 대사적 적응(젖산 역치 증가, 지방 산화 증가, 글리코겐 저장량 증가), 혈액 구성 변화(혈액량 증가, 적혈구 수 및 헤모글로빈 농도 증가)를 함. 〈보기〉의 모든 설명에 해당됨

정답 ④

07
학습리턴 p. 287 #근육 수축 단계

〈보기〉의 골격근 수축 과정에 관한 설명 중 ㉠~㉢에 들어갈 용어로 옳은 것은?

> 〈 보기 〉
> - 활동전위(action potential)는 가로세관(T-tubles)으로 이동하여 (㉠)에서 (㉡) 방출을 자극한다.
> - (㉠)에서 방출된 (㉡)이 트로포닌(troponin)과 결합하게 되면 (㉢)의 위치를 이동시켜 마이오신 머리(myosin head)와 액틴 필라멘트(actin filament)가 강하게 결합하게 한다.

	㉠	㉡	㉢
①	원형질막	아세틸콜린	근절
②	원형질막	칼슘이온	트로포마이오신
③	근형질세망	아세틸콜린	근절
④	근형질세망	칼슘이온	트로포마이오신

해설 한 뉴런에서 다른 세포로 신호를 전달하는 연결지점(시냅스)에서 신경전달물질(아세틸콜린, ACh)이 방출되고, 방출된 신경전달물질이 세포막의 수용체와 결합함(근육 수축 및 이완: ACh 방출과 수용체에서 결합 → 미세한 전기형태로 가로세관(T)으로 전달 → 칼슘(Ca⁺⁺) 분비 → 액틴을 구성하는 트로포닌이란 곳에서 결합 → 미오신 머리가 액틴과 결합하며 수축 → 근육이 짧아지는 근활주 → 액틴과 미오신 머리 분리 → 이완)

정답 ④

08

그림의 산소-헤모글로빈 해리 곡선을 참고하여 〈보기〉에서 옳은 것만을 모두 고른 것은?

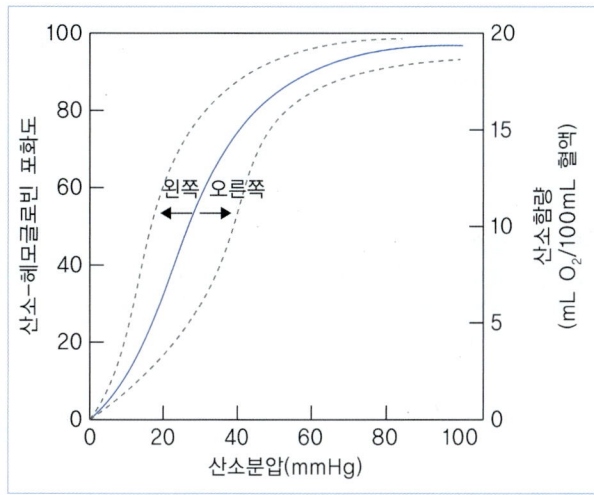

〈보기〉
ㄱ. 운동에 의한 체온 상승(예: 심부온도 상승)은 헤모글로빈의 산소 친화력(affinity)을 높인다.
ㄴ. 고강도 운동 시 동-정맥 산소 차이(arteriovenous oxygen difference)는 안정 시와 비교하여 감소한다.
ㄷ. 고강도 운동에 의한 혈중 젖산 농도 증가는 산소-헤모글로빈 해리 곡선을 오른쪽으로 이동시킨다.
ㄹ. 운동 중 증가한 혈중 이산화탄소는 헤모글로빈의 산소 해리(dissociation)를 높이는데, 이를 보어 효과(Bohr effect)라고 한다.

① ㄱ, ㄴ   ② ㄱ, ㄷ
③ ㄴ, ㄹ   ④ ㄷ, ㄹ

해설 산소해리곡선(oxygen dissociation curve)은 헤모글로빈 안에 있는 산소헤모글로빈(헤모글로빈이 산소와 결합)의 비율과 산소분압과의 관계를 나타내는 그래프로 혈액이 산소를 조직까지 전달하고 방출하는 과정을 이해할 수 있는 도구임. 산소헤모글로빈의 형성은 산소분압이 상승함에 따라 증대되고, 혈액 속의 산소농도가 포화에 가까워짐에 따라 점차 완만하게 됨. 운동량이 많아져 산소분압이 떨어지면 헤모글로빈 단위체 간 협력으로 충분한 양의 산소가 조직에 방출됨. 온도, pH(수소이온 농도), 이산화탄소 농도에 따라 영향을 받음. 모든 그래프가 우측으로 가면 헤모글로빈의 산소친화력이 감소, 좌측으로 가면 증가함
ㄱ. 운동에 의한 체온 상승(예: 심부온도 상승)은 헤모글로빈의 산소 친화력(affinity)을 낮춤
ㄴ. 고강도 운동 시 동-정맥 산소 차이는 안정 시보다 증가함

정답 ④

09

〈보기〉에서 건강관련체력 요인으로 옳은 것만을 모두 고른 것은?

〈보기〉
ㄱ. 근력   ㄹ. 신체구성
ㄴ. 유연성   ㅁ. 심폐지구력
ㄷ. 근지구력

① ㄱ, ㄴ, ㄹ   ② ㄱ, ㄷ, ㅁ
③ ㄴ, ㄷ, ㄹ, ㅁ   ④ ㄱ, ㄴ, ㄷ, ㄹ, ㅁ

해설 체력이란 신체활동을 수행할 수 있는 능력을 의미하고, 방위체력과 행동체력으로 분류함. 방위체력은 자극을 이겨내고 생명을 유지, 발전시키는 능력(환경적 스트레스에 저항, 생물학적 스트레스에 저항, 생리적 스트레스에 저항, 심리적 스트레스에 저항)이고, 행동체력은 육체적 활동을 통해 행동을 일으키는 능력으로 운동체력(순발력, 민첩성, 평형성, 협응성, 스피드 등)과 건강체력(근력, 근지구력, 심폐지구력, 유연성 등)으로 분류함. 즉, 건강 관련 체력 요인은 모든 〈보기〉가 해당함

정답 ④

10

〈보기〉에서 동방결절(SA node)에 관한 특성으로 옳은 것만을 모두 고른 것은?

〈보기〉
ㄱ. 심장의 페이스메이커(pacemaker)로 불림
ㄴ. 전도체계 중 가장 빠른 내인성 박동률을 가짐
ㄷ. 심실이 혈액을 충만하게 모을 수 있도록 자극전도 시간을 지연시킴
ㄹ. 다른 심장 전도 시스템보다 약 6배 빠르게 전기적 자극을 심실 전체로 전달하여 심실의 거의 모든 부위가 동시에 수축할 수 있게 함

① ㄱ, ㄴ   ② ㄱ, ㄴ, ㄷ
③ ㄱ, ㄷ, ㄹ   ④ ㄴ, ㄷ, ㄹ

해설 동방결절(Sinoatrial node, SA node)은 심장의 자율적 박동을 시작하는 자연심박조율기(pacemaker)로서 우심방 상부에 위치함. 이 결절은 심장박동의 리듬을 조절하고, 심장전기 신호의 시작점 역할을 함. 정상 성인의 경우 분당 약 60~100회 전기신호를 생성하며, 심장의 다른 전도계(AV node, His bundle 등)보다 빠르게 신호를 만들어 심박수를 주도하는 역할을 함. ㄷ은 방실결절(AV node)의 설명이고, ㄹ의 설명은 퍼킨제섬유(푸르킨예섬유, Purkinje fibers)의 특징임

정답 ①

11
학습리턴 p. 305 #심장 구조

안정 시와 운동 중 심장 주기에 따른 좌심실의 용적과 압력을 나타낸 곡선을 참고하여 〈보기〉에서 옳은 것만을 모두 고른 것은?

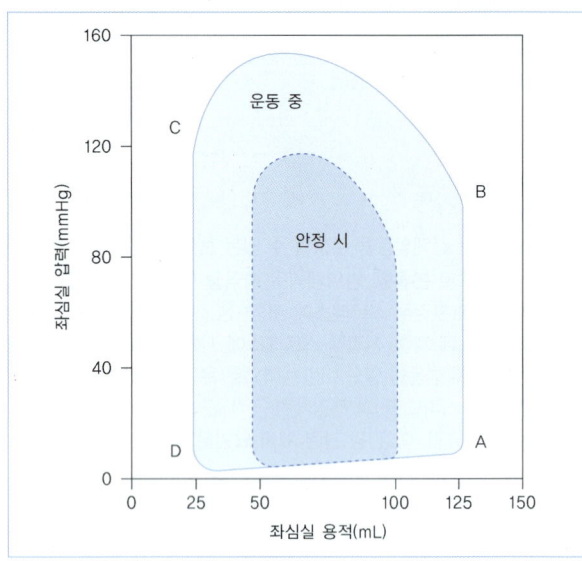

〈보기〉
ㄱ. A~B 구간은 이첨판(bicupid valve)과 대동맥 판막(aortic valve)이 모두 닫힌 상태이며, 이를 등용적 수축(isovolumic contraction)이라고 한다.
ㄴ. 운동 중 좌심실 수축력의 증가는 C시점에서의 좌심실 용적 증가로 이어진다.
ㄷ. 안정 시와 운동 중 좌심실 박출률(%ejection fraction)은 동일하다.
ㄹ. D~A 구간의 증가는 1회 박출량 증가로 이어진다.

① ㄱ, ㄴ ② ㄱ, ㄹ
③ ㄴ, ㄷ ④ ㄷ, ㄹ

해설 좌심실 압력과 좌심실 용적 간의 관계를 나타내는 압력-용적 곡선(pressure-volume Loop)은 심장의 펌프 작용을 정량적으로 표현하는 핵심지표로서 네 구간으로 설명함
- A → B (등용적 수축, Isovolumetric Contraction)
  모든 판막 닫힘(승모판, 대동맥판)
  압력 증가, 용적 일정
- B → C (박출기, Ventricular Ejection)
  대동맥판 열림, 혈액 방출
  용적 감소, 압력은 고점에서 감소
- C → D (등용적 이완, Isovolumetric Relaxation)
  대동맥판 닫힘, 승모판(=이첨판) 닫힘
  압력 급감, 용적 일정
- D → A (이완기 충만, Ventricular Filling)
  승모판 열림, 혈액 유입
  압력은 낮고, 용적 증가

정답 ②

12
학습리턴 p. 313 #고지환경

〈보기〉에서 고지대 환경에서 장기간 노출 시 나타나는 생리학적 적응으로 옳은 것만을 모두 고른 것은?

〈보기〉
ㄱ. 심박출량 증가   ㄴ. 모세혈관 밀도 증가
ㄷ. 근육 단면적 증가 ㄹ. 산소운반능력 증가

① ㄱ, ㄷ ② ㄴ, ㄹ
③ ㄱ, ㄷ, ㄹ ④ ㄴ, ㄷ, ㄹ

해설 ㄴ. 산소 전달 효율 향상을 위한 적응 반응임
ㄹ. 적혈구 수와 헤모글로빈 농도가 증가, 혈액의 산소 운반 능력 향상됨
ㄱ. 초기 반응일 뿐 장기 적응에는 해당하지 않음
ㄷ. 단면적 증가가 아니라 감소하거나 변하지 않음

정답 ②

13
학습리턴 p. 292 #뇌하수체 #부신 #연수

운동 자극에 관한 신체 내 기관(organs)과 기능에 대한 설명이다. ㉠~㉢에 해당하는 것으로 옳은 것은?

기능 \ 기관	뇌하수체	부신	㉠
고온다습한 환경에서 운동 중 체액량 조절을 위한 호르몬을 분비한다.	㉡	○	×
중강도 이상 운동 중 교감신경의 영향을 받아 호르몬 (㉢)을 분비한다.	×	○	×
부교감신경인 미주 신경(vagus nerve)이 위치하며, 운동 종료 후 심박수를 낮춘다.	×	×	○

○: 맞음, ×: 틀림

	㉠	㉡	㉢
①	연수	○	에피네프린
②	뇌간	×	알도스테론
③	대뇌피질	○	에피네프린
④	대뇌피질	×	알도스테론

해설 뇌하수체(Pituitary gland)는 내분비계의 중심 조절기관으로 다양한 호르몬을 분비하여 성장, 대사, 생식, 수분 균형 등을 조절하는 역할을 함. 부신(Adrenal gland)은 신장(콩팥) 위에 각각 하나씩 위치한 내분비 기관으로 스트레스 반응, 혈압 조절, 전해질 균형, 성호르몬 분비 등에 중요한 역할을 함. 연수(延髓, Medulla Oblongata)는 중추신경계(CNS) 일부로 뇌줄기(brainstem)를 구성하는 구조 중 하나임. 뇌와 척수 사이의 연결부위에 위치하고 생명 유지에 필수적인 다양한 기본 생리 기능을 조절하는 역할을 함. 에피네프린(Epinephrine = 아드레날린 adrenaline)은 부신 속질(adrenal medulla)에서 분비되는 스트레스 호르몬이자 신경전달물질임

정답 ①

14

학습리턴 p.286 #단축성 수축

단축성 수축 시 그림의 골격근 초미세구조를 참고하여 〈보기〉에서 옳은 것만을 모두 고른 것은?

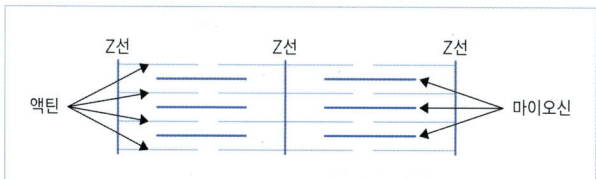

〈보기〉
ㄱ. I 밴드의 길이는 변하지 않는다.
ㄴ. A 밴드의 길이는 변하지 않는다.
ㄷ. 근절(sarcomere)의 길이는 짧아진다.
ㄹ. 액틴(actin)과 마이오신(myosin)의 길이는 짧아진다.

① ㄱ, ㄴ   ② ㄱ, ㄹ
③ ㄴ, ㄷ   ④ ㄷ, ㄹ

해설 근육수축의 기본단위
- I대(명대, I-band): Z 근처의 가는 액틴 필라멘트만 존재하고 근수축 시 미세구조 길이 변화가 있음(단축성 수축 시 감소/ 이완 시 증가)
- A대(암대, A-band)는 가는 액틴 필라멘트와 굵은 마이오신 필라멘트가 중첩된 부위로서 근수축 시 미세구조 길이 변화가 없는 골격근 섬유임(단축성 수축 시 혹은 이완 시 동일)
- H대(H-band): M선 주위의 굵은 마이오신 필라멘트만 있는 부위(단축성 수축 시 감소/ 이완 시 증가)

*근육 원섬유 마디 = 근절: Z선과 Z선 사이의 마디

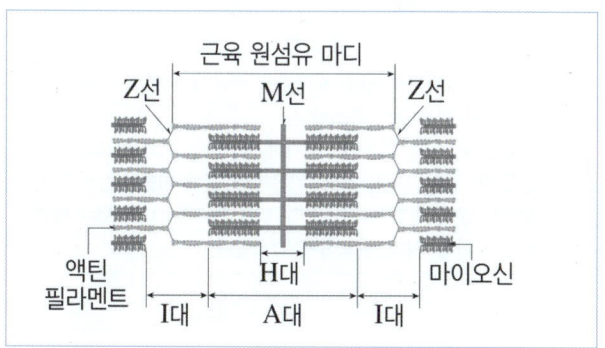

정답 ③

15

24년 출제 주제   학습리턴 p.284 #속근섬유

〈보기〉에서 속근섬유(type II) 관한 특성으로 옳은 것만을 모두 고른 것은?

〈보기〉
ㄱ. 피로 저항이 높음
ㄴ. 수축 속도가 빠름
ㄷ. 산화 능력이 높음
ㄹ. 칼슘이온 방출 속도가 빠름

① ㄱ, ㄴ   ② ㄱ, ㄷ
③ ㄴ, ㄹ   ④ ㄷ, ㄹ

해설 속근섬유(Fast-twitch fibers)는 빠르게 수축하고 높은 힘을 내지만 피로가 빨리 오는 근육 섬유임. 즉, 피로에 대한 저항이 낮음. 주로 단거리 달리기, 웨이트 트레이닝, 점프처럼 짧고 강한 폭발적 운동에 관여함

정답 ③

16

학습리턴 p.305 #순환계

순환계의 구조와 기능에 관한 설명으로 옳지 않은 것은?

① 혈액의 역류를 막기 위해 하지동맥 내에 판막이 존재한다.
② 호르몬 수송 및 면역기능 조절은 순환계의 기능 중 하나이다.
③ 관상동맥(coronary artery)은 심장근에 혈액을 공급하는 혈관이다.
④ 폐순환의 주요 기능은 폐에서의 가스 교환(예: 이산화탄소 배출)이다.

해설 순환계(Circulatory system)는 혈액을 온몸에 순환시켜 산소, 영양분, 노폐물, 호르몬 등을 수송하는 시스템임. 이는 심장, 혈관, 혈액으로 구성되며 산소공급 및 노폐물 제거, 체온조절, 면역 반응 등의 기능을 수행함. 작동 방식은 체순환(좌심실 → 전신 → 우심방 산소공급과 노폐물 회수), 폐순환(우심실 → 폐 → 좌심방 이산화탄소 배출과 산소공급)이 있고, 산소공급과 이산화탄소를 제거하는 가스교환의 기능을 함
① 혈액의 역류를 막기 위해 정맥, 특히 하지 정맥 내에 판막이 존재함

정답 ①

17

〈보기〉에서 설명하는 호르몬은?

〈보기〉
- 간의 글리코겐을 분해한다.
- 췌장 알파세포에서 분비된다.
- 혈중 글루코스 농도를 높인다.

① 인슐린 ② 코티졸
③ 글루카곤 ④ 에피네프린

해설) 글루카곤(Glucagon)은 췌장(이자, pancreas)의 알파세포(α-cell)에서 분비되는 호르몬으로 혈당을 증가시키는 역할을 함. 인슐린과 함께 혈당조절의 핵심적인 균형을 이루며 작용을 하는데, 인슐린(Insulin)은 췌장의 베타세포(β-cell)에서 분비되는 혈당을 낮추는 호르몬으로 혈당 항상성 유지에 핵심적인 역할을 함

정답 ③

18

골격근의 운동단위(motor unit) 동원에 관한 설명으로 옳지 않은 것은?

① 동원된 운동단위의 증가는 근 수축력 증가로 이어진다.
② 운동단위는 운동신경과 그에 연결된 근섬유를 지칭한다.
③ 저강도 운동(예: $\dot{V}O_2$max 30% 이하) 시 Type IIx 근섬유가 가장 먼저 동원된다.
④ Type I 근섬유의 운동단위는 Type II 근섬유 운동단위보다 활성화 역치가 낮다.

해설) 운동단위(motor unit)란 하나의 알파(α)운동뉴런(신경세포체)에 여러 개의 근섬유와 연결된 것임. 알파운동뉴런이 근섬유가 Type I인지 Type II인지를 결정함. Type I 섬유운동 단위의 알파운동뉴런은 작은 세포체(300개 이하의 근섬유들을 지배), Type II는 더 큰 세포체(300개 이상 근섬유들을 지배)이고 더 많은 축삭이 있음. 즉, Type II가 Type I보다 근섬유를 더 빠르게 최대 긴장에 이르게 하고 더 큰 힘을 생성함. 골격근이 수축하는 과정에서 Type I이 먼저 동원되고 점차 Type II가 동원됨. 이를 순차적인 동원의 원리(principle of orderly recruitment)라고 함

정답 ③

19

〈보기〉의 ㉠, ㉡에 들어갈 용어는?

〈보기〉
- (㉠)은 근육조직에서 산소를 저장하고, 운반하는 데 중요한 역할을 한다.
- 적혈구용적률이 증가하면 혈액의 점성은 (㉡)한다.

	㉠	㉡
①	헤모글로빈	감소
②	헤모글로빈	증가
③	마이오글로빈	감소
④	마이오글로빈	증가

해설) 미오글로빈(Myoglobin)은 근육세포에 존재하는 산소 저장 단백질로 산소를 일시적으로 저장하고 필요할 때 방출하여 근육세포가 효율적으로 에너지를 생성할 수 있도록 도움을 줌. 적혈구 용적율(Hematocrit, Hct)은 전체 혈액에서 적혈구(RBC)가 차지하는 비율을 의미하며 혈액의 산소 운반 능력과 관련된 중요한 생리학적 지표로서 적혈구 용적률이 증가하면 적혈구의 농도가 높아지므로 혈액 내 적혈구의 비율이 커지기 때문에 혈액의 점성이 증가함[적혈구 용적률(Hct) = (적혈구 용적 / 전체 혈액 용적) × 100%]

정답 ④

20 New

〈보기〉에서 운동 중 혈류 재분배(blood re-distribution)에 관한 설명으로 옳은 것만을 모두 고른 것은?

〈보기〉
ㄱ. 운동 시 골격근의 산소 요구량을 충족하기 위해 비활동 조직으로의 혈류량은 감소한다.
ㄴ. 최대 운동 시 심박출량은 증가하지만 안정 시와 비교하여 기관별(예: 신장, 내장, 골격근 등) 혈류 분배 비율은 동일하다.
ㄷ. 고강도 운동에 참여하는 골격근의 세동맥(arterioles) 혈관 저항은 안정 시와 비교하여 감소한다.

① ㄱ, ㄴ ② ㄱ, ㄷ
③ ㄴ, ㄷ ④ ㄱ, ㄴ, ㄷ

해설) 혈류 재분배(blood re-distribution)는 운동, 스트레스, 온도 변화 등 다양한 생리적 요구에 맞춰 혈액이 신체의 특정 부위로 재조정되는 현상임. 운동 중 혈류 재분배는 운동 시에는 근육과 심장에 혈류를 먼저 공급하여 산소와 영양소를 제공하고, 소화기관과 같은 다른 비필수 장기에는 혈류가 상대적으로 적게 공급됨. 즉, 근육에는 운동 중 혈류가 증가하고, 소화기관에는 소화 활동이 덜 활발해져 혈류가 감소함(ㄱ). 고강도 운동 시에는 골격근에 더 많은 혈액이 공급되어야 하므로 세동맥(소동맥)이 확장하여 혈관 저항이 감소함(ㄷ). 운동 중에는 심박출량이 증가하면서 혈류 재분배가 발생하지만, 기관별 혈류 분배 비율은 고정되어 있지 않으며 신체의 필요에 따라 변화하기 때문에 ㄴ은 틀린 내용임

정답 ②

운동역학

01
학습리턴 p. 323 #운동역학의 목적

운동역학의 내용과 목적이 아닌 것은?

① 운동 기술의 향상
② 운동수행 시 힘의 측정
③ 운동수행 안전성의 향상
④ 인체 내 에너지 대사의 측정

해설 운동역학(Kinetics)은 운동과 관련된 힘과 물체의 운동을 연구하는 물리학의 한 분야로서 주로 힘, 모멘트, 속도, 가속도 등을 다룸. 반면, 운동학(Kinematics)은 운동의 종류, 특성, 물체가 시간에 따라 이동하는 방식을 연구하는 물리학의 한 분야로서 힘이나 원인보다는 운동 자체에 집중하며, 속도, 가속도, 위치와 같은 운동의 속성을 다룸. ④번은 운동생리학의 내용임

정답 ④

02
학습리턴 p. 364 #정량적 분석 #정성적 분석

〈보기〉에서 설명하는 동작분석 방법으로 옳지 않은 것은?

― 보기 ―
동작을 측정하거나 계산하지 않는 비수치적 방법으로 지도자의 시각적 관찰로 움직임의 오류를 찾아 운동 기술 향상을 도모한다.

① 정량적 자료로 분석한다.
② 현장에서 즉각적인 분석이 가능하다.
③ 지도자 성향에 따라 결과가 달라진다.
④ 분석의 결과는 객관성을 담보할 수 없다.

해설 〈보기〉 설명은 정성적 분석에 해당함
정량적 동작 분석(Quantitative Motion Analysis)은 운동의 특성, 동작 패턴, 운동 성능 등을 수치적이고 정밀하게 분석하는 과학적 방법임. 사람이나 물체의 운동을 수치적 데이터로 측정, 분석하여 운동의 효율성, 성능, 문제점을 파악함. 스포츠 과학, 의학, 물리 치료, 재활치료 등에서 매우 중요한 역할을 함. 반면, 정성적 동작 분석 (Qualitative Motion Analysis)은 운동의 특성, 동작 패턴, 효율성 등을 주관적이고 비정량적인 방법으로 분석하는 과정임. 즉, 수치적 데이터를 사용하지 않고 관찰, 경험적 분석, 동작의 질적인 평가를 통해 운동을 평가함. 운동 기술 개선, 부상 예방, 동작의 정확성 등을 평가하는 데 활용됨

정답 ①

03
학습리턴 p. 332 #운동의 종류

운동의 종류에 관한 설명으로 옳지 않은 것은?

① 직선운동은 병진운동의 한 종류이다.
② 곡선운동은 회전운동에 포함되는 운동이다.
③ 병진운동은 직선운동과 곡선운동 모두를 말한다.
④ 복합운동은 병진운동과 회전운동이 혼합된 운동이다.

해설 운동의 종류로는 선운동, 각운동, 복합운동이 있음
첫째, 선운동(병진운동, 선형운동, linear motion, translational motion)은 직선운동(인체나 물체의 각 점이 직선을 따라 움직이는 운동)과 곡선운동(각 점의 경로가 평행하게 곡선을 이루는 운동)이 있음
둘째, 각운동(회전운동, 돌림운동, rotational motion)은 물체나 신체가 고정된 축을 중심으로 일정 기간 동안 회전하는 운동 형태임(예: 체조의 대차돌기 시 신체 중심의 이동궤적)
셋째, 복합운동(complex motion)은 병진운동과 회전운동이 혼합된 운동형태로서 대부분의 스포츠 현장에서 발생함

정답 ②

04 New
학습리턴 #운동역학 사슬

운동역학 사슬(kinetic chain)에 관한 설명으로 옳지 않은 것은?

① 힘의 적용 대상이 연결된 일련의 사슬고리이다.
② 사슬에 있는 연결 동작은 힘 전달에 영향을 미친다.
③ 닫힌형 운동역학 사슬(CKC)은 기능적이며, 스포츠에 특화될 수 있다.
④ 열린형 운동역학 사슬(OKC)에는 스쿼트, 팔굽혀펴기와 같은 동작이 있다.

해설 운동역학 사슬(Kinetic Chain)은 인체의 근육, 관절, 뼈, 신경계 등이 서로 연계되어 움직임을 만들어내는 연속된 시스템을 말함. 신체의 어느 한 부위가 움직이면 다른 부위에도 영향을 준다는 것임. 개방 사슬 운동(Open Kinetic Chain, OKC)은 움직이는 말단 부위(손, 발)가 자유롭게 움직일 수 있는 것임(예: 레그 익스텐션, 덤벨 컬, 벤치프레스). 폐쇄 사슬 운동(Closed Kinetic Chain, CKC)은 바닥, 기구 등에 말단 부위가 고정되어 있어 여러 관절과 근육이 동시에 작용하는 것임(예: 스쿼트, 런지, 푸쉬업, 턱걸이). ④번의 종목은 폐쇄 사슬 운동(닫힌형)을 설명한 것임

정답 ④

05 학습리턴 #역학적 부하

신체에 작용하는 역학적 부하(load)에 관한 정의로 옳지 않은 것은?

① 전단응력(shear): 조직의 장축을 따라 대칭으로 가해지는 힘
② 인장응력(tension): 두 힘이 서로 떨어지게끔 반대 방향으로 가해지는 힘
③ 압축응력(compression): 반대쪽의 두 힘이 서로 향하는 방향으로 가해지는 힘
④ 휨(bending): 축에서 벗어나는 두 힘이 가해져 한쪽에서 인장응력, 다른 한쪽에서 압축응력이 발생하는 힘

해설 ① 전단응력은 조직의 단면(면)에 평행하게 작용하는 힘으로, 물체의 서로 인접한 층이나 부분을 미끄러지게 만드는 응력임
신체에 작용하는 역학적 부하(mechanical load)란 신체 조직(근육, 뼈, 인대, 관절 등)에 외부 또는 내부 힘이 작용하여 발생하는 물리적 스트레스를 뜻함

- 압축 부하(Compression): 두 개의 힘이 서로를 향해 작용하여 구조를 짓누르는 힘(예: 척추에 가해지는 체중 부하, 중량 스쿼트 시 무릎 관절)
- 인장 부하(Tension): 힘이 구조의 양 끝에서 서로 반대 방향으로 작용해 당기는 힘(예: 근육 수축 시 힘줄이 받는 인장, 철봉에서 매달릴 때 팔)
- 전단 부하(Shear): 평행하지만 반대 방향으로 작용하는 힘(예: 무릎이 비틀리며 움직일 때 전방십자인대에 발생)
- 굽힘(휨) 부하(Bending): 구조물의 양쪽 끝에 작용하는 힘이 구조를 휘게 만드는 작용(예: 스쿼트 시 허벅지 뼈에 가해지는 굽힘력)
- 비틀림 부하(Torsion): 회전성 힘(토크)이 구조를 비트는 방식으로 작용(예: 몸통 회전, 골프 스윙, 축구 슈팅 동작)

정답 ①

06 학습리턴 p. 345 #내력

〈보기〉에서 내력(internal force)에 관한 설명으로 옳은 것만 모두 고른 것은?

〈보기〉
ㄱ. 다이빙 동작에서 작용하는 중력
ㄴ. 높이뛰기의 도약 동작에서 선수가 발휘한 힘
ㄷ. 환경과의 상호작용으로 시스템에 작용하는 힘
ㄹ. 내력만으로 인체 전체의 위치는 이동할 수 없음

① ㄱ, ㄴ
② ㄴ, ㄹ
③ ㄱ, ㄷ, ㄹ
④ ㄴ, ㄷ, ㄹ

해설 내력(Internal Force)이란 신체 내부에서 발생하는 힘으로서 외부에서 가해지는 힘(=외력)에 저항하거나 균형을 유지하기 위해 인체 내부 구조(근육, 뼈, 인대, 힘줄 등)가 생성하는 힘을 뜻함
ㄴ. 선수의 근육이 발휘한 힘 자체는 내력임
ㄹ. 내력은 신체 내부에서만 작용하기 때문에, 전체 시스템을 밖으로 움직이게 할 수 없음

정답 ②

07 학습리턴 #항속 구간 평균 속도

〈보기〉에서 제시한 A 학생의 항속 구간 평균 보행속도는? (단, 반올림하여 소수점 둘째 자리까지 표기)

〈보기〉
A 학생이 총 30m의 직선 구간을 걸었을 때, 가속과 감속 구간 각 5m씩 총 10m를 제외한 항속 구간에서의 스텝 수는 25회였고, 16초가 소요되었다.

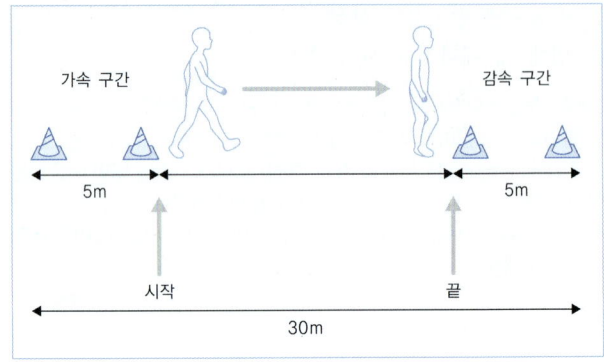

① 0.80m/s
② 1.25m/s
③ 1.56m/s
④ 1.88m/s

해설
- 항속 구간 이동 거리: 30m(총구간) − 10m(가속·감속 구간) = 20m
- 총 소요 시간: 16초
- 항속 구간의 평균 속도 = 총거리/총 시간 = 20m/16s =1.25m/s

정답 ②

08 학습리턴 p. 354 #각가속도

각가속도에 관한 설명으로 옳지 않은 것은?

① 회전하는 물체의 각가속도가 0이 되면 물체는 멈추게 된다.
② 각가속도는 각속도의 변화량을 시간의 변화량으로 나눈 값이다.
③ 처음 각가속도가 30°/s에서 6초 후 90°/s로 변화했을 때 평균 각가속도는 10°/s² 이다.
④ 각속도가 양(+)의 방향으로 선형적인 증가를 할 때 각가속도는 일정한 양(+)의 값을 가진다.

해설 각가속도(angular acceleration)는 물체가 회전할 때 각속도가 변화하는 속도임. 즉, 회전운동의 가속도로서 회전하는 물체의 각가속도(angular acceleration)가 0이라는 것은 물체의 각속도(angular velocity)가 변하지 않는다는 뜻이지 회전이 멈춘다는 뜻이 아님. 즉 ①번 설명은 틀림

- 각가속도(m/r²) = (나중 각속도 − 처음 각속도) / 걸린 시간 = Δω(각속도의 변화량) / t(시간)

정답 ①

09

학습리턴 p. 349 #선운동량

그림에 관한 설명으로 옳지 <u>않은</u> 것은? (단, 착지전략을 제외한 모든 조건은 동일함)

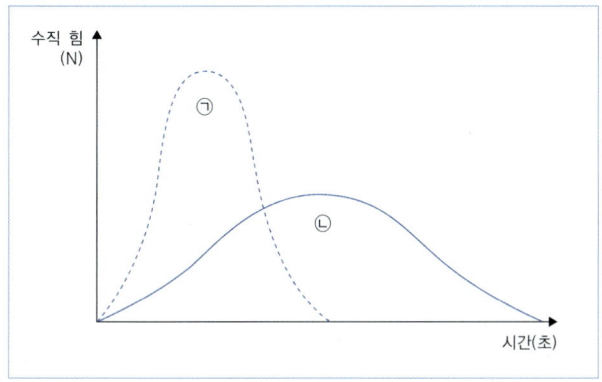

① ㉠과 ㉡의 운동량의 변화량은 동일하다.
② ㉠의 경우 신체에 작용하는 수직 충격력이 더 크다.
③ ㉠의 경우 신체에 작용하는 수직 충격량이 더 크다.
④ 착지 직전의 무게중심의 속도는 ㉠과 ㉡ 모두 동일하다.

해설

■ 선운동의 공식	충격량 = 운동량 힘(F) × t(시간) = 질량(m) × 속도의 변화량(△v)

충격량은 운동량의 변화량이므로 운동량과 물리량이 같음. 즉, 단위가 운동량과 같음 (N·s 또는 kg·m/s). 다시 말해 뻣뻣한 착지나 부드러운 착지나 동일한 운동량의 의미는 곧 동일한 충격량을 의미함

정답 ③

10

학습리턴 p. 349 #선속도

〈보기〉에서 임팩트 직후 골프공의 선속도는? (선운동량 보존의 법칙 적용)

─〈 보기 〉─

• 골프 클럽의 질량: 600g, 골프공의 질량: 40g
• 스윙 시 클럽의 임팩트 직전 선속도: 50m/s,
  임팩트 직후 선속도: 45m/s(외부에서 따로 작용하는 힘은 없으며, 운동량의 손실 없이 정확하게 전달됨을 가정함)

① 65m/s ② 70m/s
③ 75m/s ④ 80m/s

해설 선운동량 보존의 법칙을 활용해 임팩트 직후의 골프장의 선속도는 아래와 같이 풀어야 함. 즉, 충돌 전과 충돌 후에는 동일하게 선운동량이 보존됨

■ (골프클럽 질량×임팩트 직전 속도)+(골프공 질량×골프공이 정지된 처음 속도)
  = (골프클럽 질량×임팩트 직후 속도)+(골프공 질량×임팩트 직후의 골프공 속도)
■ (600×50)+(40×0)=(600×45)+(40×골프공 속도)
■ 골프공 속도(임팩트 직후) = 75m/s

정답 ③

11

학습리턴 p. 343 #각속도

스포츠에 적용된 각속도(angular velocity)에 관한 사례로 옳지 <u>않은</u> 것은?

① 숙련된 운동선수일수록 각속도를 잘 조절한다.
② 철봉의 대차돌기(휘돌기) 하강 국면에서 발의 무게중심점은 일정한 각속도를 유지한다.
③ 골프 클럽헤드의 각속도는 0에서 시작하여 최댓값으로 증가했다가 다시 0으로 돌아온다.
④ 야구에서 배트의 각속도가 일정하다면 회전반경이 클수록 임팩트된 공의 선속도는 증가한다.

해설 각속도(angular velocity)란 물체가 회전운동을 할 때 단위 시간당 회전한 각도를 의미함. 즉, 얼마나 빠르게 회전하고 있는지를 나타내는 물리량임. 각속도 운동의 예시로서 야구타자가 스윙 시 각속도를 증가시키기 위해 회전반경을 최소화하는 때도 있음. 즉, 반지름을 줄이기 위해, 걸린 시간을 최소화해야 하므로 회전반경을 최소화함. 또한 축구선수가 공을 멀리 차려고 다리의 각속도를 증가시키기 위해 무릎을 구부렸다가 펴는 동작을 함. 즉, 회전한 각 변위를 최대화해야 하므로 각속도를 증가시키는 것임. ②번 설명에서 틀린 점은 철봉의 대차돌기(휘돌기) 하강 국면에서 발의 무게중심점은 일정한 각속도를 유지하지 못하고 하강 국면에서는 중력의 작용으로 회전 속도가 점차 빨라짐. 즉, 각속도가 증가하게 됨

정답 ②

12

학습리턴 p. 352 #토크

인체의 움직임에서 토크(torque)에 관한 개념이 적용된 사례로 옳지 않은 것은?

① 사지의 근육은 각 관절을 돌림시키는 토크를 생성한다.
② 덤벨 컬 시 덤벨의 무게는 팔꿈치를 펴하는 토크를 가진다.
③ 외적 토크보다 내적 토크가 크면 근육은 신장성 수축을 한다.
④ 동일한 힘을 낼 때 팔꿈치 각도 90°보다 굽히거나 폄에 따라 모멘트팔이 짧아져 내적 토크도 감소한다.

[해설] 토크(힘의 모멘트, 회전효과)는 돌림힘이라고도 하고, 회전력을 의미함(torque, moment of force). 예를 들면 볼트를 쉽게 돌리기 위해 렌치를 이용하는 경우, 테니스 서브를 강하게 하려고 신체를 최대로 펴는 경우(신전, extension) 등이 있음. ③번의 경우 내적 토크가 외적토크보다 클 경우, 예를 들어 역도에서 바벨을 몸의 중심에 가까이 유지하며 들어 올리는 경우에는 턱걸이에서 올라가는 동작처럼 근력이 외력보다 커지기 때문에 근육의 길이가 짧아지는 단축성 수축이 됨

정답 ③

13

학습리턴 p. 353 #관성모멘트

〈보기〉에서 설명한 내용 중 인체의 관성모멘트(moment of inertia)를 감소시킨 사례로 옳은 것만 모두 고른 것은?

보기
ㄱ. 피겨스케이팅에서 양팔을 벌리고 회전한다.
ㄴ. 달리기 시 체공기(swing phase)에 있는 다리를 굽힌다.
ㄷ. 다이빙에서 공중 앞돌기 시 터크(움크린) 자세를 만든다.
ㄹ. 골프 아이언 헤드의 질량 분포를 양 끝으로 넓게 하여 클럽 헤드의 관성을 조작한다.

① ㄱ, ㄴ
② ㄴ, ㄷ
③ ㄱ, ㄴ, ㄷ
④ ㄱ, ㄷ, ㄹ

[해설] 관성모멘트(=질량관성모멘트, mass moment of inertia)란 회전하는 물체가 계속 회전하려고 하고, 회전하지 않는 물체는 계속 그 상태로 있으려고 하는 회전운동에서 외부에 가해진 회전력에 대해 물체의 운동 상태를 변화시키지 않으려는 저항의 특성임. 즉 물체의 한 점을 축으로 삼아 그 물체를 회전시키려 할 때 잘 회전되지 않으려는 성질(각운동의 관성, 회전관성, moment of inertia)로서 질량이 회전축으로부터 멀리 분포될수록 커짐. 예를 들어 피겨 스케이트 선수가 회전할 때 양팔을 벌리고 있으면 관성모멘트(회전관성)가 커지지만, 양팔을 최대한 모으면 관성모멘트(회전관성)가 작아져서 회전속도가 빨라짐. 체공기란 한 발이 지면에서 떨어져 공중에 떠 있는 구간으로 다리를 최대한 굽히거나(ㄴ), 다이빙할 때 최대로 웅크린 자세(ㄷ)에서는 관성모멘트가 감소함

정답 ②

14

학습리턴 p. 351 #탄성계수

그림에 관한 설명으로 옳지 않은 것은? (단, 공의 높이는 무게중심을 기준으로 함)

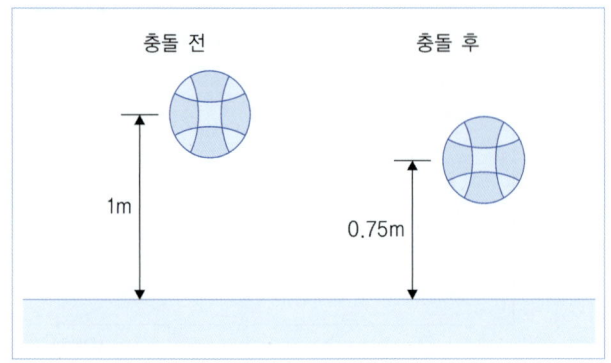

① 비탄성충돌이다.
② 충돌 전, 후 농구공의 속도는 다르다.
③ 운동에너지가 보존되지 않았다는 것을 의미한다.
④ 반발계수(복원계수, coefficient of restitution)는 0.75이다.

[해설] 탄성계수(e)는 두 물체가 충돌한 후, 얼마나 탄성 있게 튕겨 나가는지를 수치로 표현한 값으로 충돌 전후의 상대 속도 비율임. 그림에서 충돌 전과 충돌 후의 속도를 알 수 없으므로 반발계수를 알 수 없음

반발계수 = (충돌 후 두 물체의 상대 속도) / (충돌 전 두 물체의 상대 속도) = (충돌 후 물체1 속도 − 충돌 후 물체2 속도) / (충돌 전 물체1 속도 − 충돌 전 물체2 속도)

충돌로 물체가 일시적 변형 후 다시 복원($0<e<1$)되는 농구 리바운드, 야구 배팅, 축구 킥, 테니스, 복싱 등 대부분 종목이 비탄성 충돌(=불완전 탄성 충돌)임. 충돌 전후의 속도가 같은 당구는 완전 탄성 충돌에 해당함($e=1$)

정답 ④

15 학습리턴 p.334 #기저면 #압력중심점

압력중심점(center of pressure, COP)에 관한 설명으로 옳지 않은 것은?

① 압력중심점은 균형능력을 평가하기 위한 자료로 활용된다.
② 보행 시 한발 지지기(stance phase)에서 압력중심점은 변한다.
③ 허리를 앞으로 굽혔을 때, 압력중심점은 기저면 밖에 위치한다.
④ 압력중심점이란 지면에 접촉하는 부분 중 지면반력 전체가 작용된다고 가정되는 어느 한 점을 말한다.

해설 압력중심점(Center of Pressure, COP)은 물체에 작용하는 모든 압력(force)이 균형을 이루는 점으로서 물체에 작용하는 압력들이 모여서 그 물체를 지탱하는 지점을 말함. 기저면(Base of Support, BOS)은 신체가 지면과 접촉하는 모든 지점으로서 신체가 안정적으로 지탱되는 영역으로 균형을 유지하는 데 중요한 역할을 함. 즉, ③번의 설명과는 달리 허리를 앞으로 굽혔을 때 압력중심점이 기저면에 위치하게 됨

정답 ③

16 학습리턴 pp. 360-361 #에너지

일과 에너지에 관한 설명으로 옳지 않은 것은?

① 에너지는 일을 할 수 있는 능력이다.
② 위치에너지는 운동에너지로 변환될 수 있다.
③ 질량이 일정하면 속도 변화는 운동에너지의 변화를 의미한다.
④ 어떤 물체가 에너지를 갖기 위해서는 움직임이 있어야만 한다.

해설 일(work)은 물체에 힘이 가해지고, 그 힘의 방향으로 물체가 이동할 때 발생하는 에너지의 변화를 의미함. 에너지(energy)는 물체가 일 할 수 있는 능력으로 운동에너지, 위치에너지 등이 있음. 에너지는 물체의 움직임과 관련이 있지만, 움직이지 않는 물체도 에너지를 가질 수 있으므로 ④번의 설명은 틀림

정답 ④

17 학습리턴 p.338 #스칼라 #벡터

〈보기〉에서 설명한 A 선수의 이동 거리와 변위가 옳은 것은?

> **보기**
> 육상 장거리 종목의 선수 A는 트랙의 길이가 400m인 경기장을 총 25바퀴를 달렸고, 28분 30초의 기록으로 결승점을 통과했다.

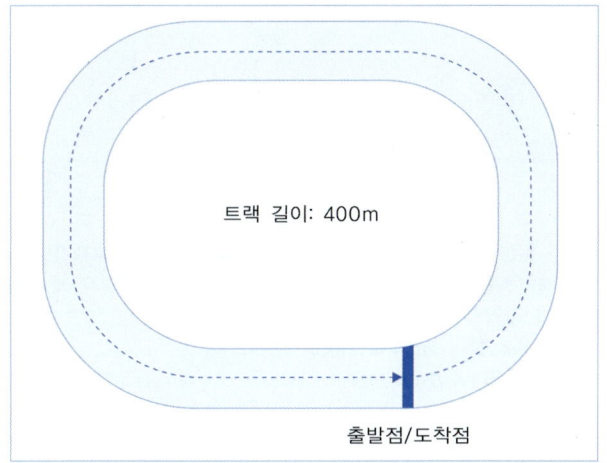

트랙 길이: 400m
출발점/도착점

	이동거리(m)	변위(m)
①	0	400
②	0	10,000
③	10,000	10,000
④	10,000	0

해설 거리(distance 또는 길이 length)는 물체의 처음 위치부터 마지막 위치까지의 운동경로에 따른 길이를 나타내는 스칼라의 양으로 크기만을 가지고 있고, 변위(displacement)는 처음 위치부터 마지막 위치로의 방향과 직선거리를 나타내는 벡터의 양으로 크기와 방향을 모두 가지고 있음. 보기에서 400m를 25바퀴 달렸으므로 10,000m의 이동거리가 생김(스칼라양). 반면, 출발과 도착지점이 동일하여 크기와 방향 모두 가지고 있는 변위는 0m가 됨(벡터양)

정답 ④

18 학습리턴 p. 359 #일 #일률

〈보기〉에서 수행한 일과 일률이 바르게 나열된 것은?

---- 보기 ----
- 물체에 2초 동안 2N의 힘을 가하여 2m를 움직였을 때 수행한 일은 (㉠) J이며 일률은 (㉡) J/s이다(단, 힘의 작용방향과 물체의 이동방향은 일치함).

	㉠	㉡
①	2	1
②	2	2
③	4	2
④	4	4

(해설) 일은 물체에 힘을 작용하여 작용한 힘의 방향으로 물체가 이동했을 때의 작용한 힘으로 단위는 J(줄, joule)임. 일률은 단위시간에 수행한 일의 양(일의 시간비율)임
- 일(work): 2N × 2m = 4N·m(J)
- 일률(power): 4J/2s = 2J/s

(정답) ③

19 학습리턴 p. 334 #안정성 향상 조건

인체의 안정성을 결정짓는 요인이 아닌 것은?

① 기저면의 크기와 관련이 있으며 형태와는 관련이 없다.
② 무게중심선이 기저면 밖에 있으면 불안정한 상태가 된다.
③ 무게중심선이 기저면의 중심에 가까울수록 안정성은 높아진다.
④ 무게중심의 높이와 관련이 있으며 낮을수록 안정성은 높아진다.

(해설) 안정성이란 인체와 물체가 정적 또는 동적 자세의 균형을 잃지 않으려는 상태로서 운동성과 상반된 개념으로 운동상태가 변할 때의 저항성을 뜻함. 안정성의 향상 조건은 기저면이 넓을수록, 무게중심이 낮을수록, 수직중심선이 기저면 중앙에 가까울수록, 몸무게가 무거울수록 안정성이 향상됨

(정답) ①

20 학습리턴 p. 345 #마찰력

마찰력에 관한 설명으로 옳지 않은 것은?

① 최대정지마찰력은 운동마찰력보다 크다.
② 마찰력은 마찰계수와 물체 질량의 곱으로 구한다.
③ 마찰력은 물체 표면에 수직으로 작용하는 힘(수직항력, normal force)과 관계가 있다.
④ 마찰력은 접촉면과 평행하게 작용하며 물체의 운동 방향과 반대 방향으로 작용한다.

(해설) 마찰력(Friction Force)이란 물체가 다른 물체의 접촉면에 생기는 운동을 방해하는 반대 방향의 힘으로 접촉면이 거칠수록 마찰력이 크고, 접촉면의 형태와 성분(재질)은 마찰계수에 영향을 미침(수직항력×마찰계수)

(정답) ②

스포츠윤리

01
학습리턴 p. 419 #스포츠윤리센터

스포츠윤리센터의 주요 역할에 해당하지 않는 것은?

① 체육 관련 입시 비리에 관한 조사
② 스포츠 산업 종사자의 직업 안정성 확보와 처우 개선
③ 스포츠 비리 및 스포츠 인권 침해 방지를 위한 예방 교육
④ 승부 조작 또는 편파 판정 등 불공정에 관한 신고 접수와 조사

해설 스포츠윤리센터는 체육계의 고질적인 문제였던 인권 침해 및 각종 비리를 근절하고, 공정하고 안전한 스포츠 환경을 조성하기 위해 설립된 문화체육관광부 산하 재단법인임. 주요 역할은 스포츠 비리 및 인권 침해 조사 및 처리, 피해자 보호 및 지원, 예방 교육 및 홍보, 스포츠 윤리 시스템 구축 및 개선, 국제 협력 및 정보 공유 등이 있음. ②번의 스포츠 산업 종사자는 대상이 아님

정답 ②

02
학습리턴 p. 376 #가치판단

스포츠에 관한 가치 판단에 해당하지 않는 것은?

① 도핑을 이용한 실력 향상은 옳지 않다.
② 스포츠에서 희생과 헌신은 승리보다 가치가 있다.
③ 하얀색 복장 착용은 윔블던 테니스대회의 규정이다.
④ 스포츠에서 승리 추구는 규정 준수보다 더 중요하다.

해설 가치판단은 좋고 나쁨, 옳고 그름, 아름다움과 추함, 고귀함과 저속함 등 주관적 가치에 근거한 판단을 의미함

정답 ③

03
학습리턴 p. 404 #스포츠 폭력 #게발트

〈보기〉의 스포츠 상황에 부합하는 개념과 해석은?

〈보기〉
태권도 겨루기에서 소극적인 자세로 경기에 임하는 선수는 제재를 받는다. 적극적이고 공격적인 태도의 요구는 투쟁심을 독려하는 것이지만, 그 폭력적인 성향이 지나치면 또 다른 제재의 대상이 되기도 한다. 이처럼 스포츠는 폭력적인 성향의 분출을 자극함과 동시에 그것을 감시하고 제어한다.

① 게발트(Gewalt)-스포츠 폭력의 부당성
② 게발트(Gewalt)-스포츠 폭력의 이중성
③ 희생양(Scapegoat)-스포츠 폭력의 부당성
④ 희생양(Scapegoat)-스포츠 폭력의 이중성

해설 게발트(Gewalt)는 독일어로 폭력 또는 힘을 의미하는 개념으로 스포츠 폭력의 이중성을 설명할 때 자주 사용함

정답 ②

04
학습리턴 p. 394 #타이틀 나인

'타이틀 나인(Title IX)'에 따른 스포츠계의 변화로 가장 적절한 것은?

① 미국 프로야구리그의 도핑 실태에 관한 보고서 발간
② 남아프리카공화국에서 흑인에 대한 차별 정책의 시행
③ 학교 스포츠 프로그램에서 의도적인 성차별 발생 시 재정 지원의 제한
④ 공공 및 민간 스포츠 시설의 출입구 등에 휠체어 이동 통로의 설치 및 확충

해설 1972년 미국의 타이틀 나인(Title IX)이란 성차별 금지 법안이 제정됨에 따라 여성의 스포츠 참여를 활성화하게 되는 계기가 됨

정답 ③

05
학습리턴 p.410 #WADA

세계도핑방지기구(World Anti-Doping Agency)가 정한 '금지 방법'의 분류 목록에 해당하지 않는 것은?

① 기술 도핑
② 화학적, 물리적 조작
③ 유전자 및 세포 도핑
④ 혈액 및 혈액 성분의 조작

해설) WADA 금지 방법(Prohibited Methods)의 분류(2024년 기준)는 혈액 및 혈액 성분 조작(Manipulation of Blood and Blood Components), 화학적 및 물리적 조작(Chemical and Physical Manipulation), 유전자 또는 세포 도핑(Gene and Cell Doping) 세 가지가 있음

정답) ①

06
학습리턴 p.402 #레건 #동물권리론

레건(T. Regan)의 동물권리론에 가장 부합하는 태도는?

① 모든 동물에게 자유를 보장하고 스포츠에 동물을 이용하지 않도록 한다.
② 세계시민주의적 사고에 따라 재활승마에서는 기수와 말의 친화를 강조한다.
③ 천연 거위털 셔틀콕의 성능이 인조 거위털 셔틀콕보다 더 좋으므로 생산을 장려한다.
④ 경마나 소싸움은 합법적으로 동물을 활용할 수 있는 종목이며 경제적으로도 유용하다.

해설) 동물 중심주의 환경윤리의 대표적 학자로서 레건(T. Regan)은 본래의 가치를 가지고 있는 개체의 권리를 존중해야 한다고 주장함(동물권리론). 참고로 동물 해방론을 주장한 싱어(P. Singer)는 고통을 느낄 수 있는 존재는 모두 도덕적 고려의 대상이 되어야 한다고 제시함

정답) ①

07
학습리턴 p.388 #롤스 #절차적 정의

〈보기〉의 대화 내용에 해당하는 정의(justice)의 유형에 가장 가까운 것은?

〈 보기 〉

A: 오늘 테니스 경기 봤어? 한쪽 코트는 해가 정면에서 비치고 다른 쪽은 완전 그늘이더라.
B: 응. 그런 조건이면 한쪽 선수가 불리할 것 같아.
C: 그래서 테니스는 계속 코트를 바꾸면서 경기를 진행해.
A: 그러면 시합을 시작할 때 코트나 서브권은 어떻게 정해
C: 동전 던지기로 정하는 경우가 많아.

① 평균적 정의
② 절차적 정의
③ 분배적 정의
④ 보상적 정의

해설) 절차적 정의는 롤스(J. Rawls)의 정의론에서 제시된 것으로 일정한 조건과 공정한 절차에 따라 합의가 이루어져야 함을 의미함. 대표적으로 축구, 테니스 경기 전에 동전을 던져 앞뒷면에 따라 코트를 정하는 예를 들 수 있음

정답) ②

08
24년 출제 주제
학습리턴 p.389 #스포츠 규칙

롤랜드(S. Loland)가 분류한 규칙 위반의 유형에 연결한 사례로 옳지 않은 것은?

① 의도적 구성 규칙 위반-축구 경기에서 수비수가 실점을 당하지 않기 위해 손으로 공을 막았다.
② 의도적 규제 규칙 위반-육상 100m 경기에서 경쟁 선수를 방해하기 위해 레인을 침범했다.
③ 비의도적 구성 규칙 위반-골프 경기 중 페어웨이에서 흙이 묻은 볼을 무의식적으로 닦고 진행했다.
④ 비의도적 규제 규칙 위반-농구 경기 중 상대 수비를 피하는 과정에서 의도치 않게 3걸음을 걷고 슛을 쏘았다.

해설)
■ 롤랜드(S. Loland)가 분류한 규칙 위반의 유형
(1) 비의도적 규칙 위반(Unintentional Rule Violations): 선수가 고의가 아닌 실수나 부주의로 인해 규칙을 어기는 경우
(2) 의도적 규칙 위반(Intentional Rule Violations): 선수가 의도적으로 규칙을 위반하는 행위
  - 전술적 반칙(Tactical Fouls 또는 Professional Fouls): 고의적 반칙으로 경기 흐름을 끊는 행위
  - 명백한 속임수(Classic Cheating): 약물 복용, 심판 속이기, 불법장비 사용
■ 구성 규칙과 규제 규칙
(1) 구성 규칙(Constitutive Rules): 스포츠의 본질과 정체성을 만드는 핵심적인 규칙/특정 스포츠 경기를 진행하는 방법(경기방법)을 규정하는 것
(2) 규제 규칙(Regulative Rules): 경기를 원활하고 공정하게 진행하기 위한 규칙/참가자격, 경기의 질서, 안전, 공정성을 유지하기 위해 정해놓은 것
※ 문제 자체 오류의 의견으로 시행기관에서 모두 정답 처리함

정답) ①,②,③,④

09 학습리턴 p.381 #칸트의 의무론

칸트(I. Kant)의 의무론에서 〈보기〉 속 A와 B의 태도에 부합하는 행위 유형은?

〈 보기 〉

선생님: 도핑을 하면 경기 결과가 달라질 수 있는데, 여러분은 왜 하지 않나요?
A: 저는 도핑이 공정하지 못한 행위이기 때문에 하지 않아요. 제 실력으로 인정받고 싶어요.
B: 저는 사실 도핑 검사에 걸리면 처벌을 받으니까 하고 싶어도 못하고 있어요.

	A	B
①	의무에서 나온 (aus Pflicht) 행위	의무에 합치하는 (pflichtmäßig) 행위
②	의무에 합치하는 (pflichtmäßig) 행위	의무에 위배되는 (pragmatische) 행위
③	의무에 합치하는 (pflichtmäßig) 행위	의무에서 나온 (aus Pflicht) 행위
④	의무에 위배되는 (pragmatische) 행위	의무에서 나온 (aus Pflicht) 행위

(해설) 칸트의 의무론적 윤리는 행위의 결과와 무관하게 행위에 대한 도덕적 책무를 의미함. 의무에서 나온 행위(aus Pflicht)는 의무감에서 비롯된 진정한 도덕 행위로서 A 설명에 해당하고, 의무에 합치하는 행위(pflichtmäßig)는 사회적 체면으로 한 행동처럼 외형상으로의 도덕 행위로서 B 설명에 해당함

(정답) ①

10 학습리턴 p.399 #스포츠 환경

부올레(P. Vuolle)가 분류한 스포츠 환경이 아닌 것은?

① 시설(built) 환경 – 농구, 탁구
② 개발(developed) 환경 – 골프, 스키
③ 가상(virtual) 환경 – e스포츠, 버츄얼 태권도
④ 순수(genuine) 환경 – 스쿠버다이빙, 트레일러닝

(해설) 부올레(P. Vuolle)는 스포츠 수행에 영향을 미치는 다양한 환경적 요인을 체계적으로 분류함. ①번의 시설환경과 ②번의 개발환경은 인위적 환경, ④번의 순수환경은 인위적으로 조작되지 않은 실제적인 경기 조건의 환경이므로 자연환경으로서 맥락을 의미함
- 자연환경: 기후, 지형, 고도, 온도, 습도 등(선수의 생리적 반응과 경기력에 영향)
- 인위적 환경: 경기장, 장비, 시설, 인공조명, 음향 등(경기의 기술적 수행조건에 영향)
- 사회적 환경: 코치, 동료, 관중, 가족, 심판, 미디어 등(심리적 동기, 압박, 스트레스 등에 영향)
- 자기 환경: 선수 자신의 신체적, 심리적, 정서적 상태(내면의 상태가 중요)

(정답) ③

11 학습리턴 p.374 #뒤르켐

뒤르켐(E. Durkheim)의 도덕교육론에 근거한 스포츠윤리 교육의 내용과 방법으로 옳지 않은 것은?

① 감독의 지도에 의존하는 도덕적 판단력을 길러준다.
② 스포츠를 통한 도덕적 습관과 행동의 변화에 초점을 맞춘다.
③ 스포츠윤리 교육을 스포츠 인성 교육의 유용한 틀로 활용한다.
④ 스포츠맨십을 경험하는 실천적 교육으로 도덕적 인격 형성을 유도한다.

(해설) 뒤르켐(E. Durkheim)은 도덕적 사회화 이론을 통해 스포츠가 단순한 신체활동을 넘어 사회적 규범과 도덕성을 학습하는 중요한 장이라는 점을 강조함. ①번의 내용과 거리가 멂

(정답) ①

12 학습리턴 p.424 #스포츠조직의 윤리경영

스포츠조직의 윤리경영에 관한 설명으로 옳지 않은 것은?

① 스포츠조직을 투명하고 합리적으로 운영한다.
② 과대 선전 등으로 스포츠 소비자를 속이지 않는다.
③ 스포츠 시설 운영에서 공해, 소음 등으로 인한 사회적 비용을 고려한다.
④ 스포츠센터의 운영 수익을 더 늘이기 위해 지도자의 노동 강도를 높인다.

(해설) 스포츠 조직의 윤리경영은 인간성을 존중하고, 개인의 존엄을 중시해야 하며 능률 향상을 위해 노동을 강화하지 않는 것임

(정답) ④

13 23 출제 주제   학습리턴 #맹자 #사단

〈보기〉의 사례에서 ㉠에 해당하는 심판의 자질과 ㉡에 해당하는 맹자의 사단(四端)은?

〈 보기 〉
배구 경기의 주심인 ㉠A 심판은 최근 개정된 규정을 정확하게 숙지하지 못하여 오심을 범했다. 부심으로 경기를 관장하던 B 심판은 오심임을 알았으나 A 심판에 대한 징계가 걱정되어 침묵했다. 시합이 끝난 후 ㉡B 심판은 양심의 가책을 지우지 못하고 활동을 중단했다.

	㉠	㉡
①	심판의 청렴성	사양지심(辭讓之心)
②	심판의 전문성	수오지심(羞惡之心)
③	심판의 자율성	시비지심(是非之心)
④	심판의 공정성	측은지심(惻隱之心)

〈해설〉 맹자가 제시한 인간의 4가지 본성인 사단(四端)에서 〈보기〉의 설명은 수오지심(羞惡之心)으로 의롭지 못함을 부끄러워하고, 착하지 못함을 미워하는 마음임. 그 외에 겸손하여 남에게 사양할 줄 아는 마음(사양지심, 辭讓之心), 옳고 그름을 판단할 줄 아는 마음(시비지심, 是非之心), 어려움에 처한 사람을 애처롭게 여기는 마음(측은지심, 惻隱之心)이 있음

〈정답〉 ②

14   학습리턴 p. 380 #목적론적 윤리

공리주의 윤리 규범을 스포츠에 바르게 적용한 것이 <u>아닌</u> 것은?

① 스포츠에서 결과에 따른 만족을 중시한다.
② 스포츠 규칙 제정은 공정과 평등의 원칙에 근거한다.
③ 스포츠 상황에서 행위의 유용성보다 인성의 바름을 강조한다.
④ 스포츠에서 소수보다 다수의 이익을 우선하는 것이 정당화될 수 있다.

〈해설〉 공리주의는 목적론적 윤리(teleological ethics) 즉, 결과주의로서 행위의 잘잘못을 그 행위가 초래하는 결과에 기초해서 판단함. 좋은 결과를 목적으로 삼고, 그것에 맞게 행동할 것을 강조하면서 모두에게 좋은 결과를 목적으로 추구함. ③번의 설명은 거리가 멂

〈정답〉 ③

15   학습리턴 p. 396 #장애 차별

〈보기〉에서 장애 차별의 개선을 위한 스포츠 실천의 조건만을 고른 것은?

〈 보기 〉
ㄱ. 참여 종목과 대회는 지도자의 결정에 맡겨야 한다.
ㄴ. 비장애인과 분리하여 수업하는 것을 원칙으로 한다.
ㄷ. 활동 장비와 기구에 대한 재정적인 지원을 확보해야 한다.
ㄹ. 다양한 사람과의 관계를 통해 사회성 함양의 기회를 제공해야 한다.

① ㄱ, ㄴ   ② ㄴ, ㄷ
③ ㄴ, ㄹ   ④ ㄷ, ㄹ

〈해설〉 스포츠 장애 차별의 원인은 장애인의 접근이 어려운 스포츠 시설, 장애인에 대한 편견과 이해 부족, 장애인 체육활동의 교수방법을 숙지한 지도자 부족 등이 있음
ㄱ. 장애인도 자신의 의지와 흥미에 따라 종목을 선택해야 함
ㄴ. 비장애인과 함께하는 스포츠 활동은 사회 통합과 차별 개선에 도움이 됨

〈정답〉 ④

16   학습리턴 p. 396 #한나 아렌트 #악의 평범성

〈보기〉의 내용에 부합하는 철학자와 개념의 연결이 옳은 것은?

〈 보기 〉
• 지도자와 선배의 체벌과 폭력이 일상화되어 있다.
• 악은 포악한 괴물이나 악마처럼 괴이하지 않고 합숙소 생활과 같은 일상에 함께 있다.
• 폭력을 멈추게 할 방법은 행위의 내용과 책임을 묻고 반성하는 '사유' 또는 '이성'에 있다.

① 홉스(T. Hobbes)-리바이어던
② 홉스(T. Hobbes)-악의 평범성
③ 아렌트(H. Arendt)-리바이어던
④ 아렌트(H. Arendt)-악의 평범성

〈해설〉 〈보기〉의 설명은 한나 아렌트의 악의 평범성(banality of evil)으로 아무런 생각 없이 시키는 대로 하거나, 이전에 하던 대로 하는 것으로 잘못된 관행에 복종할 수 있음을 제시함

〈정답〉 ④

17 학습리턴 p.381 #의무론적 윤리

의무주의 윤리 규범에 근거할 경우, 〈보기〉의 괄호 안에 들어갈 내용으로 옳은 것은?

> ─〈 보기 〉─
> 나는 반칙을 하지 않으려고 노력한다. 왜냐하면 (　　　) 때문이다.

① 퇴장을 당하면 손해를 보기
② 반칙을 하는 것은 옳지 않기
③ 나의 플레이를 보는 사람들을 만족시켜야 하기
④ 사람들이 나를 훌륭한 선수라고 칭송할 것이기

해설) 의무론적 윤리(deontological ethics) 즉, 동기주의는 행위의 결과와는 무관하게 행위에 대한 도덕적 책무와 의무를 중시하므로 올바른 동기를 강조함

정답) ②

18 학습리턴 p.393 #스포츠 성차별

〈보기〉는 트랜스젠더 여성의 여성 스포츠 참여에 관한 설명이다. 이를 지지하는 견해의 근거가 아닌 것은?

> ─〈 보기 〉─
> 국제올림픽위원회(IOC)는 2016년 1월에 올림픽 대회를 비롯한 국제 경기대회에서 외과적인 수술을 받지 않은 성 전환자들도 선수로 출전할 수 있도록 허용해야 한다는 새로운 지침을 발표했다. 이에 따라 트랜스젠더 선수들은 꼭 성 전환 수술을 받지 않더라도 일정 요건만 충족하면 올림픽 등 국제 대회에 참가할 수 있게 되었다.

① 전통적인 젠더 이분법을 극복하고 양성 평등을 지향
② 트랜스젠더 여성의 스포츠 접근권은 공정성보다 우선
③ 트랜스젠더에 대한 차별과 배제가 아닌 관용과 포용의 정책
④ 트랜스젠더 여성 선수가 불공평한 이득을 가져 스포츠 본연의 의미 변화

해설) 국제올림픽위원회(IOC)의 트랜스젠더 이슈는 최근 몇 년간 스포츠계에서 가장 논쟁적인 주제 중 하나로서 공정성(fairness), 포용성(inclusion), 권리(rights) 간의 균형을 어떻게 가져갈 것인가가 중요함. ④번의 불공평한 이득과는 거리가 멂

정답) ④

19 학습리턴 #탈리오 법칙

함무라비 법전의 탈리오 법칙(Lex Talionis)이 정확하게 적용된 상황은?

① 농구 경기에서 한 경기에 5개의 파울을 한 선수를 퇴장시킨다.
② 축구 경기에서 부상 선수가 발생하면 선수의 안전을 위해 공을 밖으로 걷어낸다.
③ 야구 경기에서 빈볼을 맞게 되면, 상대팀에게도 동일하게 빈볼을 던져 보복을 한다.
④ 수영과 육상 경기의 결승전에서 준결승의 기록이 좋은 선수를 가운데 레인에 우선으로 배정한다.

해설) 함무라비 법전(Hammurabi's Code)의 탈리오 법칙(Lex Talionis)은 고대 메소포타미아 법률 체계에서 가장 잘 알려진 개념 중 하나로, "눈에는 눈, 이에는 이"로서 ③번 예시가 적합함

정답) ③

20 학습리턴 pp.394-395 #인종차별

인종 차별과 관련된 사례로 맞지 않은 것은?

① 1936년 베를린 올림픽경기대회에서 히틀러는 육상종목 4관왕 제시 오웬스에게 시상 거부
② 1948년 런던 올림픽경기대회에서 독일과 일본 선수의 참가를 불허
③ 1968년 멕시코 올림픽경기대회 시상식에서 미국의 토미 스미스와 존 카롤로스의 저항 표현
④ 2008년 미국여자프로골프협회(LPGA) 출전 선수의 영어 사용 의무화

해설) ②번의 독일과 일본의 참여 불허의 사유는 2차 세계대전과 태평양 전쟁의 주범이자 패전 국가로서 국제행사에 초대를 받지 못한 것으로 인종차별과는 무관함

정답) ②

특수체육론

01
학습리턴 p.432 #특수체육의 개요

특수체육에 관한 설명으로 옳지 않은 것은?

① 특별한 요구를 가진 사람들을 위해 프로그램을 변형한다.
② 장애인이 참여하는 체육으로 비장애인과 함께하는 활동을 포함한다.
③ 신체활동 참여에서 장애인의 임파워먼트(empowerment)를 강조한다.
④ 학교체육 중심으로 생활체육이나 경쟁 스포츠 참여는 제한한다.

[해설] 특수체육은 학교체육에만 국한되거나 생활체육·경쟁 스포츠 참여를 제한하는 개념이 아님. 특수체육의 핵심 목적은 장애인의 전반적인 삶의 질 향상과 모든 연령 및 능력 수준에서의 신체 활동 참여 기회 제공에 있기 때문에 경쟁 스포츠 참여를 제한하는 것은 옳지 않음

[정답] ④

02 빈출
학습리턴 p.452 #지적장애인의 스포츠 지도 방법

〈보기〉에 해당하는 장애 유형의 체육활동 지도 방법으로 옳지 않은 것은?

〈보기〉
- 지적 기능과 적응행동이 제한된다.
- 쉽게 좌절하거나 동기 유발이 부족하다.
- 주의 집중 시간이 짧고 단기 기억에 어려움이 있다.

① 복잡한 계획이 필요하고 과제가 자주 바뀌는 활동을 강조한다.
② 활동 초기에 학생의 개별적 특성을 파악하여 친밀감을 형성한다.
③ 학생이 흥미를 보이는 활동에서 시작하여 다양한 형태로 발전시킨다.
④ 과제 활동을 제한하는 행동을 파악하고 개별적인 행동관리 계획을 수립한다.

[해설] 지적장애인의 운동기술 지도전략은 활동을 단순화시키고, 정적 강화를 제공하는 것이 좋음. 또한 익숙한 과제에서 새로운 과제의 순서로 지도하고, 운동기술의 습득, 파지, 전이를 잘 이행하는지 점검해야 함. 지적장애인의 운동수행 능력은 비장애인보다 현저하게 낮아서 상황에 따라 통합 스포츠 참여를 통해 활동의 확장을 유도하는 것이 좋으므로 ①번 설명은 틀림

[정답] ①

03
학습리턴 p.442 #특수체육 수업 방식

특수체육 수업 방식에 관한 설명으로 옳지 않은 것은?

① 또래 교수(peer tutoring): 친구나 선배가 교사로 참여한다.
② 협동학습(cooperative learning): 학생들이 팀이나 소집단으로 학습한다.
③ 스테이션 교수(station teaching): 여러 곳에 과제를 배치하고 돌아가며 학습한다.
④ 역주류화 수업(reverse mainstreaming): 교사와 학생이 역할을 바꿔가며 과제를 수행한다.

[해설] 역주류화 수업(Reverse Mainstreaming)은 장애 학생들이 일반 학생들과 함께 교육받는 통합 교육의 반대 개념이 아니라, 비장애 학생들이 특수학급이나 장애 학생들과 함께 수업에 참여하는 형태를 뜻함. 즉, 비장애 학생이 특수교육 환경에 포함되어 상호작용하는 방식으로 ④번 기술은 틀림

[정답] ④

04
학습리턴 p.454 #정서장애인 지도 전략

정서·행동장애 학생의 특성을 고려한 체육활동 지도 전략으로 적절하지 않은 것은?

① 주의를 분산시키는 자극을 최소화한다.
② 활동 규칙을 정하고 안전교육을 실시한다.
③ 환경을 구조화하고 예측이 가능한 과제를 제시한다.
④ 정서적 예민함을 고려하여 뉴스포츠와 경쟁 활동을 배제한다.

[해설] 정서장애인을 위한 체육·스포츠 지도방법으로 구조화된 체육활동 프로그램을 기획하고 적용해야 하므로 ④번 기술처럼 뉴스포츠 경쟁활동을 배제하는 것은 틀림. 또한 정서장애인의 기분 상태를 파악하고 긍정적인 피드백을 제시하면서 환경을 마련해야 함. 안정적이고 편안한 호흡운동을 위주로 스포츠 활동 환경을 조성해야 하고, 비경쟁적인 자기향상 활동에 먼저 참여를 유도하게 하며, 스포츠를 통한 성공 경험을 할 수 있는 환경을 조성해야 함

[정답] ④

05
학습리턴 p. 460 #쇼다운

〈보기〉에서 설명하는 시각장애인 스포츠 종목은?

〈 보기 〉
- 시각 정보 없이 청각과 촉각을 활용하여 공의 위치와 방향을 파악한다.
- 탁구대와 유사한 테이블 위에서 소리 나는 공을 배트로 쳐서 상대편 포켓에 넣는다.

① 골볼 ② 보체
③ 쇼다운 ④ 텐핀 볼링

해설 쇼다운(showdown)이란 탁구대와 비슷한 경기대에 판으로 둘레를 쳐 공이 벽에 맞고 튕기도록 하고, 양쪽 끝에 포켓 구멍을 만들어 공이 들어갈 수 있도록 하는 스포츠 종목임
① 골볼 (Goalball): 시각장애인 전용 구기 종목으로 공 안에 방울이 들어 있으며, 팀이 공을 굴려 골을 넣음
② 보체 (Boccia): 뇌성마비 등 중증 장애인을 위한 종목으로, 표적구에 가깝게 공을 던지는 경기
④ 텐핀 볼링 (Tenpin Bowling): 일반 볼링과 유사하며, 시각장애인을 위한 보조 장비가 있을 수 있음

정답 ③

06
학습리턴 p. 464 #지체장애인 스포츠 지도

지체장애인에게 운동을 지도할 때 주의할 사항으로 옳지 않은 것은?

① 절단장애인의 절주 부위를 마사지하여 예민함을 감소시킨다.
② 절단장애인의 절주 부위 땀과 체액 분비물을 주기적으로 닦아 준다.
③ 척수손상 장애인에게 기립성 저혈압이 발생하면 고강도 근력운동으로 전환한다.
④ 척수손상 장애인의 과도한 체온 상승 예방을 위해 휴식을 취하고 수분을 섭취하게 한다.

해설 지체장애인은 비활동성 하지 근육으로 인해 기립성 저혈압(orthostatic hypotension)과 운동 저혈압이 발생할 수 있음. 이는 상지 근육근과 뇌로 가는 혈류량이 감소하기 때문으로 운동 강도와 시간을 천천히 증가시키면서 혈압의 변동 상태에 적응하게 해야 함

정답 ③

07
학습리턴 pp. 464-465 #휠체어 스포츠

휠체어 스포츠의 경기 방법에 관한 설명으로 옳은 것은?

① 휠체어 농구: 공을 잡고 4회까지 휠체어를 밀고 이동할 수 있다.
② 휠체어 럭비: 한 팀은 남녀 구분 없이 4명이 경기에 출전할 수 있다.
③ 휠체어 컬링: 팀원 중 한 사람이라도 투구하는 사람의 휠체어에 닿으면 안 된다.
④ 휠체어 테니스: 투 바운드가 허용되나 두 번째 바운드가 코트를 벗어나면 실점한다.

해설 ① 휠체어 농구에서는 공을 잡은 채로 휠체어를 최대 2번까지 밀고 이동할 수 있고, 그 이후에는 반드시 드리블, 패스, 또는 슛을 해야 하며, 그렇지 않으면 트래블링(Traveling) 반칙이 선언됨
③ 휠체어 컬링에서는 투구 시 팀원 중 다른 사람이 투구자의 휠체어를 지지하거나 돕는 것이 허용됨. 즉, 한 사람이라도 휠체어에 닿으면 안 된다는 규정은 없음
④ 휠체어 테니스에서는 장애로 인해 공에 접근하는 데 시간이 더 걸릴 수 있으므로 일반 테니스와 달리 공이 두 번 바운드하는 것이 허용됨. 두 번째 바운드는 코트 밖이라도 유효하므로 두 번째 바운드가 코트를 벗어나도 실점이 아님

정답 ②

08
학습리턴 p. 524 #체력운동 원리

〈보기〉에서 설명하는 체력운동의 원리는?

〈 보기 〉
달리기를 지루해하는 지적장애 학생을 위해 줄넘기와 달리기를 혼합하여 실시하고, 중간에 휴식을 적절히 제공하였다.

① 다양성의 원리 ② 특수성의 원리
③ 전면성의 원리 ④ 가역성의 원리

해설 체력운동의 주요 5대 원리는 아래와 같음. 다만, 문제 〈보기〉는 개별성의 원리(Individuality)와 다양성의 원리(Variation Principle)로 설명될 수 있음. 즉, 운동의 형태나 자극을 다양하게 구성하여 심리적 지루함을 줄이고, 운동 효과를 지속시키는 원리를 다양성의 원리라고 함

점진성	• 트레이닝의 양을 점진적으로 늘림
과부하	• 평상시 신체활동보다 더 많은 부하에 의해 자극을 받음
특수성	• 종목별로 요구하는 능력이 달라서 운동을 통해 얻을 수 있는 효과는 운동유형 및 관련 근육들과 관련이 있음
가역성	• 운동이 중지됐거나 과부하가 발생하지 않으면 운동능력이 급속도로 감소하게 됨
개별성	• 연령, 초기 체력수준, 건강 상태 등에 따라 운동프로그램을 설계함

정답 ①

09

학습리턴 pp. 437-438 #특수체육 검사도구

특수체육 평가 도구에 관한 설명으로 옳은 것은?

① PDMS-2(Peabody Developmental Motor Scale-2): 2~7세까지 운동 기술을 종합적으로 검사한다.
② BOT-2(Bruininks-Oseretsky Test of Motor Proficiency-2): 2~10세까지 감각 운동과 기본 운동 기술을 검사한다.
③ PAPS-D(Physical Activity Promotion System for Students with Disabilities): 심폐 기능, 근 기능, 유연성, 민첩성, 장애 수용 정도를 검사한다.
④ BPFT(Brockport Physical Fitness Test): 장애 유형에 따라 항목별 검사 방법이 구분되며 최소 건강 기준과 권장 기준을 제시한다.

해설 ① PDMS-2(Peabody Developmental Motor Scales, Second Edition)는 0세~5세 아동의 운동 발달 수준을 평가하기 위해 사용되는 표준화된 검사 도구로서 운동 발달 지연이나 이상 유무를 조기에 진단하고, 재활·치료·교육 방향을 설정하는 데 활용함
② BOT-2(Bruininks-Oseretsky Test of Motor Proficiency, Second Edition)는 4세~21세 아동 및 청소년의 운동 능력을 평가하는 표준화된 검사 도구로서 정교한 운동기능(fine motor skills)과 대운동기능(gross motor skills) 모두를 측정하여, 운동 발달 지연, 협응 문제, 운동 장애 여부를 진단하고 교육적·치료적 개입 방향을 설정하는 데 활용함
③ PAPS-D(Physical Activity Promotion System for Students with Disabilities)는 장애학생의 체력 증진과 건강관리를 목적으로 개발된 체력 측정 및 관리 시스템으로서 국내 교육부와 국립특수교육원이 주관하여 일반학생 대상의 PAPS(학생건강체력평가제도)를 장애학생에 맞게 수정·보완한 형태, 심폐지구력, 근력/근지구력, 유연성, 순발력, 신체조성 5가지를 평가함
BPFT(Brockport Physical Fitness Test)는 장애 학생의 체력 수준을 평가하기 위해 개발된 특수 체력 측정 프로그램(대상: 5~17세 장애 아동 및 청소년)임

정답 ④

10

학습리턴 p. 446 #용암

그림의 순서대로 공 던지기를 지도하는 과정에 적용한 행동 관리 기법은?

던지기 자세를 설명하며 몸통과 팔꿈치를 잡고 교정함
↓
던지기 자세를 설명하고 시범으로 보여주며 연습하게 함
↓
언어 지시로만 던지기를 수행하게 함

① 용암법(fading)
② 과다 교정(overcorrection)
③ 행동 계약(behavior contract)
④ 프리맥 원리(Premack principle)

해설 〈보기〉 설명은 용암법(fading)으로 지적장애, 자폐스펙트럼장애(ASD) 등의 학생을 대상으로 하는 방법으로 교수적 지원(힌트, 도움)을 점차 줄여나가며 학습자가 독립적으로 과제를 수행하도록 유도하는 전략임

정답 ①

11

학습리턴 p. 436 #표준화 검사

표의 지침과 준거를 사용하는 검사 도구에 관한 설명으로 옳은 것은?

기술	지침	수행 준거	1차	2차	점수
두손으로 정지된 공 치기	• 배팅 티 위에 아동의 허리 높이로 공을 올려놓는다. • 아동에게 공을 세게 치라고 지시한다.	잘 쓰는 손을 위쪽에, 잘 안 쓰는 손은 아래쪽에 가도록 하여 배트를 잡는다.			
		아동이 잘 쓰지 않는 어깨와 엉덩이가 앞쪽으로 가도록 바라본다.			
		스윙하는 동안 어깨와 엉덩이를 회전시킨다.			
		잘 쓰지 않는 발을 공 쪽으로 내민다.			
		공을 쳐서 앞쪽으로 보낸다.			

① 준거지향적 방식과 규준지향적 방식 모두 활용이 가능하다.
② 5가지 이동 운동 기술과 6가지 공(ball) 조작 운동 기술을 측정한다.
③ 수행 준거를 어느 정도 성취했느냐에 따라 1점 또는 2점을 부여한다.
④ 발달장애 아동을 위한 검사 도구로 관찰과 면담을 통해 운동능력을 평가한다.

해설 준거지향검사는 개인의 수행을 사전에 결정된 준거, 특정행동에 대한 수행기준과 비교하는 것으로 대상자의 점수를 준거에 비교하는 과정 중심의 숙련도 검사이고, 규준지향검사는 개개인의 운동수행능력을 특정한 집단의 기록과 비교할 수 있게 한 것(시간, 횟수, 거리 등 객관적 수치)으로 대상자의 상대적 위치를 파악할 수 있어 결과 중심임. 즉, 〈보기〉 설명은 두 가지 방식의 활용이 가능함

정답 ①

12

학습리턴 p.46 #뇌성마비

〈보기〉의 장애 유형에 관한 설명으로 옳은 것은?

〈 보기 〉

중추신경계 손상에 의한 근육마비, 협응성 장애, 근육 약화, 기타 운동기능 장애를 보이는 비진행성 신경장애이다.

① 발작이 발생하면 움직임을 제한하고 곧바로 물을 마시게 한다.
② 단마비(monoplegia)는 양팔이나 양다리에 마비가 있는 경우이다.
③ 비정상적 반사 발달과 신체 협응의 어려움, 가위 보행을 보이는 경우가 많다.
④ 운동실조증(ataxia)은 대뇌 기저핵의 손상으로 불수의적 움직임과 머리 조절에 어려움을 보인다.

(해설) 〈보기〉에서 설명하는 뇌성마비(Cerebral Palsy, CP)는 중추신경계(주로 뇌)의 손상으로 인해 비진행성의 운동 및 자세 조절 장애가 발생하는 질환임

정답 ③

13 22년 출제 유형

학습리턴 p. 441 #IEP

그림은 특수체육 프로그램 서비스 전달 체계이다. ㉠~㉢에 들어갈 용어를 바르게 나열한 것은?

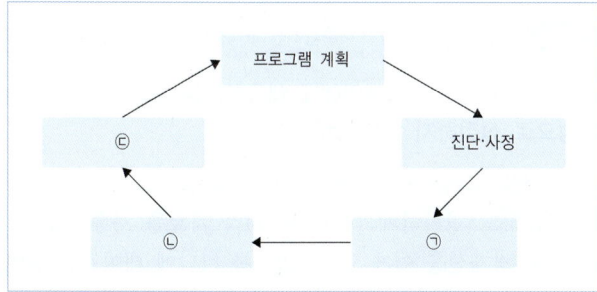

	㉠	㉡	㉢
①	개별화교육계획	평가	지도·상담
②	개별화교육계획	지도·상담	평가
③	지도·상담	평가	개별화교육계획
④	지도·상담	개별화교육계획	평가

(해설) 개별화교육 프로그램(IEP; Individual Education Program)은 학습자의 능력과 수준을 고려하여 적절한 교육목표와 방법을 선택한 후 교육을 시행하는 것임. 순서는 프로그램 계획 → 진단·사정 → 개별화교육 프로그램 → 교수·코칭·상담 → 평가로 이어짐. 즉, 계획이 수립되면 교육적 의사결정에 필요한 자료를 수집하고 해석하는 과정(사정, assessment)을 거친 후, 교육 프로그램 과정으로 넘어감

정답 ②

14

학습리턴 p. 494(유아체육론) #갤로핑

〈보기〉가 설명하는 이동 운동 기술은?

〈 보기 〉

- 정면을 보고 서서 한 발을 다른 쪽 발 앞에 놓는다.
- 뒤쪽 발을 앞발 쪽으로 미끄러지듯 옮긴다.
- 그런 다음 앞쪽 발을 옮겨 놓는다.
- 양팔을 아래위로 움직이거나 교대로 움직인다.

① 호핑(hopping)   ② 갤로핑(galloping)
③ 리핑(leaping)   ④ 슬라이딩(sliding)

(해설) 갤로핑(galloping)은 한 발이 먼저 앞으로 가면 나머지 다리를 바로 붙이면서 걷는 말 뛰기 형식의 동작임

정답 ②

15

학습리턴 p. 462 #청각장애인 체육 지도

〈보기〉에서 청각장애인에게 체육활동을 지도할 때 고려할 사항으로 옳은 것만을 모두 고른 것은?

〈 보기 〉

ㄱ. 체육관이나 운동장의 소음을 최소화한다.
ㄴ. 대화 중에 입을 가리거나 껌을 씹지 않는다.
ㄷ. 시범과 시각적 지도 단서를 활용하여 설명한다.
ㄹ. 공을 패스하기 전에 서로 눈을 맞추고 패스한다.

① ㄱ, ㄴ   ② ㄱ, ㄴ, ㄷ
③ ㄱ, ㄴ, ㄹ   ④ ㄱ, ㄴ, ㄷ, ㄹ

(해설) 청각장애인을 위한 체육·스포츠 지도 시 시각적 자료를 적극적으로 활용하고, 수화 및 구화 사용 유도를 해야 하고, 또래와 함께 참여를 권장하며, 메시지 전달 시에는 필요한 단어와 동작을 사용해야 함. 가까운 거리에서 얼굴을 마주 보고 설명하는 게 좋고, 심한 소음이나 시각적 자극이 많은 곳을 피하는 것이 좋음. 또한 정확한 입 모양으로 큰소리로 상황을 설명해야 함

정답 ④

16 학습리턴 p. 452 #지적장애인을 위한 체육활동 변형

지적장애인을 위한 체육활동의 변형 방법으로 옳지 않은 것은?

① 배구: 네트 높이를 낮춘다.
② 수영: 레인의 폭을 축소한다.
③ 소프트볼: 티 위에 공을 올려놓고 친다.
④ 줄넘기: 양손에 각각 짧은 줄을 잡고 돌리며 점프한다.

해설 지적장애인을 포함한 발달장애인의 경우, 공간 인지능력, 방향 감각, 안전성 확보 등을 고려하여 표준 레인을 그대로 사용하거나 시각적 보조(라인, 표지)를 강화하는 경우가 많음

정답 ②

17 학습리턴 p. 441 #IEP 교육목표 진술방법

장애학생 체육활동 지도를 위한 개별화교육프로그램(IEP)의 목표 진술 3요소가 아닌 것은?

① 행동(action)
② 기준(criterion)
③ 언어(language)
④ 조건(condition)

해설 IEP의 교육목표 진술방법은 아래와 같음
- 조건: 기구, 도구, 시설 등, 5W1H(누가, 언제, 어디서, 무엇을, 왜, 어떻게)
- 기준: 행동의 지속과 정확성을 규정(동작수행의 질 결정)
- 행동: 신체적인 움직임(수행의 최종결과, 객관적인 측정·관찰)

정답 ③

18 학습리턴 p. 33 #패럴림픽

그림의 로고를 사용하는 국제장애인경기대회에 관한 설명으로 옳지 않은 것은?

① 창시자는 구트만(L. Guttmann)이다.
② 제1회 하계대회는 1960년 로마에서 개최되었다.
③ 주관 단체는 ISOD(International Sports Organization for the Disabled)이다.
④ 참가 대상은 척수손상, 절단 및 기타 장애, 뇌성마비, 시각장애, 지적장애이다.

해설 주요 국제장애인 경기대회는 패럴림픽, 데플림픽, 스페셜 올림픽이 있음. 〈보기〉의 로고는 패럴림픽 로고로서 IPC가 주관단체임
- 패럴림픽: 국제패럴림픽위원회(IPC), 지체, 뇌성마비, 시각, 지적장애 등
- 데플림픽: 국제농아인스포츠위원회(ICSD), 청각장애인
- 스페셜 올림픽: 스페셜올림픽 인터내셔널(SOI), 지적장애인

정답 ③

19 학습리턴 pp. 443-444 #체육활동 변형

장애인을 위한 체육활동 변형 방법에 관한 설명으로 적절하지 않은 것은?

① 참여를 유도하는 방향으로 변형한다.
② 활동의 본질을 변형하여 새로운 활동으로 구성한다.
③ 장애로 인한 참여 제한이 발생하지 않도록 변형한다.
④ 변형된 활동이 효과적이지 못하면 다시 수정하거나 보완한다.

해설 장애인들을 위한 체육환경으로 효율성, 흥미성, 접근성, 안전성을 고려해야 하고, 운동용구, 기구, 그리고 규칙의 변형을 통해 참여를 유도할 수 있음. ②번처럼 활동의 본질을 변형하는 것은 맞지 않음

정답 ②

20 학습리턴 p. 45 #시각장애인 체육활동 지도

저시력을 가진 시각장애인에게 체육활동을 지도할 때 고려할 사항으로 적절하지 않은 것은?

① 안전을 고려하여 모든 수행을 직접적으로 보조한다.
② 단순하고 명확하게 디자인된 시각 자료를 사용한다.
③ 활동 경계선을 쉽게 알 수 있도록 바닥에 테이프를 붙여준다.
④ 운동 장비에 음향 신호를 추가하여 위치 파악이 쉽도록 돕는다.

해설 시각장애인을 위한 체육·스포츠 지도 시 말로 설명하는 원칙은 대단히 중요하고, 과제의 전체 동작과 부분 동작으로 순서대로 시범을 보임(장애 유무에 상관없이 지도자의 시범은 매우 중요). 전맹인 사람을 지도할 때는 시범자의 몸을 만져서 자세를 이해하게끔 함(단, 지도자와 성별이 다른 경우에는 신체 접촉에 주의를 기울여야 함). 또한 손으로 자세를 만드는 방법(brailing)을 통해 활동을 익힐 수 있도록 하고, 시각장애인이 놀라지 않도록 신체적 가이던스(physical guidance)를 제공하기 전에 미리 알려줌(단, 신체적 가이던스의 강도를 점진적으로 축소). 즉, ①번 설명과 같이 모든 수행을 직접 보조하는 것은 맞지 않음

정답 ①

유아체육론

01
학습리턴 p. 494 #기본운동발달 구성요소

기본운동기술 범주에서 안정성 기술에 속하는 움직임 양식(movement pattern)이 아닌 것은?

① 굽히기(bending)
② 스키핑(skipping)
③ 늘리기(stretching)
④ 직립 균형(upright balance)

〈해설〉 ②번의 스키핑은 이동운동 기술에 해당함
- 안정성 운동(stability) 프로그램
  - 축 이용 기술 : 굽히기, 늘리기, 비틀기, 돌기, 흔들기
  - 정적 운동 : 직립 균형, 거꾸로 균형(물구나무 서기)
  - 동적 운동 : 구르기, 시작하기, 멈추기, 재빨리 피하기
- 이동운동(locomotion) 프로그램
  - 기초운동 : 기기, 걷기, 달리기, 뜀뛰기, 멀리뛰기, 리핑(leaping, 도약하는 동작), 점핑, 호핑(hopping, 한 발로 뛰기)
  - 복합운동 : 오르기, 기어오르기, 슬라이딩(sliding, 미끄러지는 동작), 스키핑(skipping, 한 발짝 앞으로 걷고, 가볍고 빠르게 뛰는 동작), 갤로핑(galloping, 한 발이 먼저 앞으로 가면 나머지 다리를 바로 붙이면서 걷는 말 뛰기 형식의 동작)
- 조작운동(manipulation) 프로그램
  - 추진운동 : 굴리기, 던지기, 때리기, 차기, 튀기기, 퍼팅, 되받아치기
  - 흡수운동 : 받기, 잡기, 볼 멈추기

〈정답〉②

02
학습리턴 #움직임 분류

다음 '움직임 분류' 일차원 모델에서 ⊙~@에 들어갈 용어가 바르게 나열된 것은?

움직임의 (⊙)	움직임의 (ⓒ)	움직임의 (ⓒ)	움직임의 (@)
대근 운동 기술	불연속 운동 기술	개방형 운동 기술	안정 과제
소근 운동 기술	연속 운동 기술 지속 운동 기술	폐쇄형 운동 기술	이동 과제 조작 과제

	⊙	ⓒ	ⓒ	@
①	근육	환경	맥락	기능
②	근육	시간적 연속성	환경	기능
③	의도	시간적 연속성	맥락	환경
④	기능	의도	시간적 연속성	근육

〈해설〉 움직임 분류의 일차원 모델(one-dimensional model of movement classification)은 움직임을 하나의 연속적인 기준 축(차원)을 따라 분류하는 방식임
- 근육 사용: 대근 운동(Gross Motor Skill) ↔ 소근 운동(Fine Motor Skill)
  - 대근 운동: 큰 근육 사용, 전체 몸의 움직임 (예: 달리기)
  - 소근 운동: 손, 손가락 등의 미세 움직임 (예: 글쓰기)
- 움직임 연속성: 불연속적 운동(Discrete) ↔ 연속적 운동(Continuous) ↔ 계열적 운동(Serial)
  - 불연속적 운동: 시작과 끝이 명확 (예: 던지기)
  - 연속적 운동: 반복적인 패턴, 시작과 끝이 불명확 (예: 자전거 타기)
  - 계열적 운동: 여러 불연속 동작의 조합 (예: 체조 루틴)
- 운동의 조절성(조절 가변성): 폐쇄 운동(Closed Skill) ↔ 개방 운동(Open Skill)
  - 폐쇄 운동: 예측 가능한 환경에서 수행 (예: 체조, 역도)
  - 개방 운동: 예측 불가능한 환경에서 수행 (예: 축구, 농구)

〈정답〉②

03
학습리턴 p. 496 #운동신경 관련 체력

〈보기〉에서 건강 및 수행 관련 체력 요소에 관한 설명으로 옳은 것만을 모두 고른 것은?

〈 보기 〉
ㄱ. 평형성-신체의 자세를 유지하는 능력
ㄴ. 유연성-신체 내외의 자극에 대응하는 운동 능력
ㄷ. 민첩성-자극에 반응하여 속도·방향을 신속하게 전환하는 능력
ㄹ. 협응성-각각의 운동 체계와 다양한 감각 양식을 효율적인 운동 패턴으로 통합하는 능력

① ㄱ, ㄴ, ㄷ
② ㄱ, ㄴ, ㄹ
③ ㄱ, ㄷ, ㄹ
④ ㄴ, ㄷ, ㄹ

〈해설〉 건강 관련 체력은 유연성, 심폐지구력, 근력, 근지구력이 있고, 운동신경 관련 체력(수행 관련 체력요소)은 평형성, 민첩성, 순발력, 협응성이 있음. ㄴ의 유연성이란 근육과 관절의 가동범위로서 부드럽고 자연스럽게 움직일 수 있는 능력을 말함(예: 스트레칭, 손목과 발목 수축 이완운동, 다리 벌리기 등)

〈정답〉③

04 학습리턴 p. 475 #원시반사

〈보기〉에서 설명하는 원시반사 유형에 관한 내용으로 옳지 <u>않은</u> 것은?

> **보기**
> - 출생 후 몸을 보호하는 데 필요한 반사 유형이다.
> - 신경적인 변이나 손상 예측에 사용되는 대표적인 반사이다.
> - 이 반사 유형이 비대칭적으로 나타날 경우 신경적인 변이나 손상을 추측할 수 있다.

① 시기: 출생부터 4~7개월까지 나타난다.
② 반응: 특정한 자극에 팔과 다리가 신전되며 팔을 벌리고 손가락을 편다.
③ 유발자극: 놀라거나 아래로 떨어지는 자극에는 발생하지 않는다.
④ 기타: 소멸 시기 이후에도 지속되면 감각운동 장애의 발생을 추측할 수 있다.

(해설) 원시반사(primitive reflexes)란 신생아기에 자극으로 나타나는 반응으로 운동발달의 기초가 되고, 영아의 중추신경계 장애를 진단할 수 있음. 종류로는 모로반사(moro), 놀람반사(startle), 포유반사/찾기반사(rooting/ search), 흡입반사/빨기반사(sucking), 인형 눈 반사/ 눈 깜박임 반사(doll-eye), 바빈스키 반사(babinski), 목 강직 반사(tonic neck reflex, 목경직 반사) 등이 있음. ③번의 유발자극은 모로반사의 대표적인 자극으로 갑작스러운 소리, 아기의 머리를 약간 놓는 듯한 움직임을 말함(지지 상실 자극)

(정답) ③

05 빈출 학습리턴 pp. 487-488 #유아체육프로그램 기본원리

〈보기〉가 설명하는 운동발달 프로그램의 구성 원리는?

> **보기**
> - 유소년의 연령, 성별, 신체 특성의 변화와 순서를 고려해야 함.
> - 유소년의 발달 단계를 고려하여 운동 프로그램을 계획하는 것이 중요함.
> - 간단한 동작에서 복잡한 동작으로, 쉬운 활동에서 어려운 활동으로 지도해야 함.

① 다양성의 원리　② 안전성의 원리
③ 특이성의 원리　④ 연계성의 원리

(해설) 운동발달 프로그램의 구성 원리로서 적합성, 방향성, 안전성, 특이성, 연계성, 다양성의 원리가 있음. 〈보기〉 설명은 신체적, 사회적, 정서적 발달을 함께 고려하고, 쉬운 과제에서 어려운 과제 순서로 구성해야 하는 연계성의 원리에 해당함

(정답) ④

06 빈출 학습리턴 pp. 483-484 #에릭슨 심리사회적 발달 단계

〈보기〉에서 설명하는 에릭슨(E. Erikson)의 심리사회발달 단계는?

> **보기**
> - 기초적인 인지 기술과 사회적 기술의 습득이 중요함.
> - 소속된 사회, 문화를 습득하여 실수나 실패를 접하는 것이 중요함.
> - 타인과 자신을 비교하여 긍정적, 부정적 경험을 할 수 있음.

① 2단계(자율성 또는 수치심 발달)
② 3단계(주도성 또는 죄의식 발달)
③ 4단계(근면성 또는 열등감 발달)
④ 5단계(정체감 또는 역할혼미 발달)

(해설) 에릭슨(Erikson)의 심리사회적 단계 이론(자아통합 단계 이론)의 설명 중 〈보기〉는 역량 대 열등감(6~12세)의 단계임. 즉, 보편적으로 기대되는 작업의 수행에 대한 자부심을 보이기도 하고, 다른 어린이가 쉽게 하는 것을 자신이 못할 때 열등감이 생길 수 있는 단계를 의미함

(정답) ③

07 학습리턴 p. 515(노인체육론) #하비거스트 발달 과제

하비거스트(R. Havighurst)의 발달 과제 이론에서 ㉠~㉢에 들어갈 내용을 바르게 나열한 것은?

발달 단계	1단계(0~6세)	2단계(7~12세)	3단계(13~18세)
성취 과업	• 걷기 학습 • 옳고 그름을 구별하는 학습의 발달 • (㉠)	• 개인적 독립심 획득 • 일상 놀이에 필요한 신체적 기술의 학습 • (㉡)	• 자신의 체격 수용 • 성숙한 관계 형성 및 사회적 역할 획득 • (㉢)

	㉠	㉡	㉢
①	사회적·물리적 실체 묘사를 위한 개념 습득	자신에 대한 건전한 태도 확립	행동을 이끄는 가치 체계 획득
②	자신에 대한 건전한 태도 확립	행동을 이끄는 가치 체계 획득	사회적·물리적 실체 묘사를 위한 개념 습득
③	일상생활에 필요한 개념 발달	자신에 대한 건전한 태도 확립	사회적·물리적 실체 묘사를 위한 개념 습득
④	사회적·물리적 실체 묘사를 위한 개념 습득	자신에 대한 건전한 태도 확립	일상생활에 필요한 개념 발달

해설 하비거스트의 발달과업은 아래와 같음
- 영아 및 유아기 과업(0~5세): 걸음마, 말 배우기, 배설 통제, 생리적 안정, 사회적·물리적 현실의 간단한 개념 형성, 선악 구별 등
- 아동기 과업(6~12세): 친구 사귀기, 자신에 대한 건전한 태도 발달, 일상생활에 필요한 개념 발달, 양심·도덕성·가치척도 발달, 인격적 독립성 성취, 사회적 집단과 사회제도 태도 발달 등
- 청년기 과업(13~22세): 신체의 효과적 구사, 정서적 독립, 경제적 독립 확신, 직업 선택 준비, 결혼·가정생활 준비, 민주 시민 가치관, 사회생활 준비, 자아 가치관 형성 등
- 성인 초기 과업(22~30세): 배우자 선정, 가정생활 준비, 아이 기르기, 가정관리, 직업 적응, 시민적 책임 수행, 적합한 사회집단 발견 등
- 중년기 과업(30~55세): 시민적·사회적 책임 수행, 경제적 표준 확립 및 유지, 여가생활, 배우자와 건전한 관계, 중년기의 생리적 변화 인정 등
- 노년기 과업(56세 이후~): 약해지는 체력과 건강 적응, 은퇴와 수입 감소 적응, 배우자 사망 적응, 동년배와의 친밀한 관계, 사회적·시민적 책임 이행, 만족스러운 생활 조건 구비 등

정답 ①

08

학습리턴 #동작의 시작 단계

그림에 제시된 동작의 시작 단계 특징으로 옳지 않은 것은?

치기 동작의 시작 단계

① 양발은 고정한다. ② 몸통 회전이 없다.
③ 엉덩이를 회전시킨다. ④ 팔꿈치를 완전히 굽힌다.

해설 치기 동작이 진행되면서 엉덩이를 회전시키면 효율적인 운동 연쇄(kinetic chain)를 활용한 동작의 원리에 부합하지만, 시작 단계부터 미리 회전시킬 필요는 없음

정답 ③

09

학습리턴 p. 162(스포츠심리학) #갤라휴 운동발달 단계

초보 움직임 시기의 '반사 억제 단계(reflexive inhibition stage)'에 관한 설명으로 옳지 않은 것은?

① 운동 피질의 발달과 특정 환경적 억제 요인의 감소 현상이 일어난다.
② 반사 억제 수준에서 수의적 움직임의 분화와 통합은 낮은 수준을 보인다.
③ 이 단계에 발생하는 수의적인 움직임들은 대부분 제어가 힘들고 정교함이 떨어진다.
④ 뇌하부 중추가 운동 피질보다 이전 단계에 비해 상대적으로 더 많이 발달하며 이 시기의 움직임 제어에 필수적으로 작용한다.

해설 초보 움직임 시기(early movement phase)에서의 반사 억제 단계(Reflexive Inhibition Stage)는 인간의 운동 발달 초기 단계를 설명함. 원시반사(primitive reflexes)가 점차 억제되면서 자발적 움직임으로 전환되기 시작하는 초기 발달 단계로서 ④번의 설명은 틀림

정답 ④

10

학습리턴 p. 494 #발달 검사 도구

유소년기 발달에 관한 검사 도구와 목적의 연결이 옳지 않은 것은?

	검사 도구	목적
①	TGMD-3 (Test of Gross Motor Development-3)	신체, 언어, 인지, 적응 행동의 기능 발달 검사
②	BOTMP-2 (Bruininks-Oseretsky Test of Motor Proficiency-2)	다양한 발달 문제의 진단 및 선별, 대근·소근운동 발달 검사
③	PDMS-2 (Peabody Developmental Motor Scale-2)	유아기 기본 운동 기술의 훈련 또는 개선 검사
④	K-DST (Korean Denver Development Screening)	발달에 문제가 있는 영유아를 선별하기 위한 부모 보고식 검사

해설 TGMD-3(Test of Gross Motor Development - 3rd edition)는 만 3세에서 10세 사이의 아동을 대상으로 기초적인 대근육 운동능력(Gross Motor Skills)을 평가하기 위한 표준화된 검사도구임

정답 ①

- PDMS-2(Peabody Developmental Motor Scale-2): 영유아 및 아동(출생~만 5세)의 운동 발달 수준을 평가하기 위한 표준화된 검사도구
- TGMD-3(Test of Gross Motor Development - 3rd edition): 아동(만 3세에서 10세)을 대상으로 기초적인 대근육 운동능력(Gross Motor Skills)을 평가하기 위한 표준화된 검사도구
- BOTMP-2(Bruininks-Oseretsky Test of Motor Proficiency-2): 아동 및 청소년(만 4세에서 21세)을 대상으로 하는 운동능력 평가 도구
- K-DST(Korean Denver Development Screening): 국내에서 개발된 영유아 발달 선별검사(생후 4개월~만 5세 11개월)

11 학습리턴 p. 109(스포츠교육학) #스테이션 티칭

〈보기〉에서 설명하는 모스턴과 애쉬워드(M. Mosston & S. Ashworth)의 교수-학습 전략(strategies)은?

〈보기〉
- 수업 시 공간과 장비의 제약을 보완해 줄 수 있다.
- 학습자들이 서로 다른 과제들을 동시에 익히도록 하는 데 효과적이다.
- 학습자들이 이미 배운 적이 있는 기술을 실행하거나 자신을 평가할 때 효과적이다.

① 스테이션 교수(station teaching)
② 동료 교수(peer teaching)
③ 협동 학습(cooperative learning)
④ 전술 게임(tactical games)

(해설) 과제식 수업모형(스테이션티칭 모형)은 학습자들에게 서로 다른 과제를 동시에 익히도록 하는 데 효과적인 학습전략임. 또한 학습자들에게 이미 배운 것을 실행하고 평가할 때 활용하는 학습전략으로서 기구가 부족할 때 활용함. 여러 스테이션에서 동시에 진행되므로 한 사람의 지도자가 동시에 관장하기 힘든 단점도 있음

(정답) ①

12 학습리턴 p. 499 #유아프로그램 구성 시 고려사항

계획적인 유아체육 프로그램을 구성할 때 고려해야 할 사항으로 옳지 않은 것은?

① 유아의 참여가 어려운 게임은 되도록 배제한다.
② 프로그램 사전 계획 시 대상자 연령, 인원, 장소, 도구 등을 미리 파악한다.
③ 다양한 교보재와 활동 지시문을 활용해 유아가 스스로 순환하면서 활동하도록 유도한다.
④ 설치하는 기구는 유아 개개인의 다양한 발달 수준을 고려하지 않고 획일적으로 활용한다.

(해설) 유아 체육이나 유아 교육 환경에서 설치 기구(운동 기구, 놀이 기구 등)를 사용할 때는 개별 발달 수준을 고려하고, 선택적인 활용 또는 난이도 조절 가능성을 확보해야 함. 또한 자유 탐색과 개별화된 활동의 기회를 제공해야 함. ④번의 설명을 맞지 않음

(정답) ④

13 24년 출제 유형(특수체육론) 학습리턴 p. 437 #대근운동발달검사

그림은 얼릭(D. Ulrich)이 제시한 대근운동발달의 시기와 단계이다. ㉠, ㉡에 들어갈 내용을 바르게 나열한 것은?

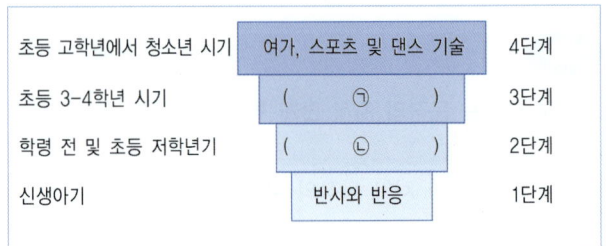

	㉠	㉡
①	기본 대근운동 기술과 양식(patterns)	리드-업(lead-up) 게임과 기술
②	자세조절 기술	운동감각 지각(kinesthetic perception)
③	운동감각 지각(kinesthetic perception)	자세조절 기술
④	리드-업(lead-up) 게임과 기술	기본 대근운동 기술과 양식(patterns)

(해설) 얼릭(David Ulrich)은 아동의 대근운동(gross motor) 발달에 대한 체계적인 이해를 돕기 위해 대근운동 발달의 시기와 단계를 3단계로 구분함. 〈보기〉의 초등 3~4학년 시기에는 운동기술의 전문화 단계이므로 리드-업 게임과 기술을 습득할 수 있으며, 학령 전 초등 저학년기에

는 기초 움직임 단계로서 기본적 대근육 운동기술이 형성됨
- 출생~만 2세: 반사적 움직임 단계(Reflexive Movement Phase)
  - 생존을 위한 선천적 반사(reflexes) 중심의 움직임
- 만 1~2세~7세 전후: 기초 움직임 단계(Fundamental Movement Phase)
  - 기본적 대근육 운동기술 형성 시기(예: 걷기, 달리기, 점프, 던지기, 잡기 등)
  - 이 시기의 발달은 평생 운동능력의 기반이 됨
- 7세 이후~청소년기: 운동기술 전문화 단계(Specialized Movement Phase)
  - 기초 움직임을 바탕으로 좀 더 복잡하고 구체적인 기술 습득(연습과 지도에 따라 숙련)
  - 스포츠 기술, 무용, 레크리에이션 활동 등 목적 지향적 수행 중심

정답 ④

14
학습리턴 p. 503 #유소년스포츠지도사

〈보기〉는 「국민체육진흥법」(2024.10.31. 시행) 제2조의9 '유소년 스포츠지도사' 정의에 관한 내용이다. ㉠, ㉡에 들어갈 용어로 옳은 것은?

〈보기〉
- '유소년스포츠지도사'란 유소년의 (㉠), (㉡) 등에 대한 지식을 갖추고 제9조의6에 따른 자격 종목에 대하여 유소년을 대상으로 체육을 지도하는 사람을 말한다.

	㉠	㉡
①	행동양식	인지발달
②	방관적 행동	신체발달
③	방관적 행동	인지발달
④	행동양식	신체발달

해설 국민체육진흥법 제2조(정의) 6에 따르면 체육지도자란 학교·직장·지역사회 또는 체육단체 등에서 체육을 지도할 수 있도록 이 법에 따라 다음 각 목의 어느 하나에 해당하는 자격을 취득한 사람을 말함(스포츠지도사, 건강운동관리사, 장애인스포츠지도사, 유소년스포츠지도사, 노인스포츠지도사)
유소년스포츠지도사는 초등학생을 포함한 유소년을 대상으로 스포츠 활동을 안전하고 효과적으로 지도할 수 있도록 자격과 역량을 갖춘 국가 공인 자격으로서 유소년의 행동양식과, 신체발달에 대한 지식을 갖추고 체육을 지도하는 사람임

정답 ④

15
학습리턴 p. 498 #간접-유아 주도적 교수방법

㉠, ㉡에 해당하는 교수-학습 방법을 바르게 나열한 것은?

㉠	• 지도자가 다양한 동작 과제나 질문을 학습자에게 제시함. • 지도자는 학습자가 제안한 해결 방법이 무엇이든 인정하고 받아들임. • 학습의 결과가 아니라 학습 과정 그 자체에 우선적인 초점을 둠.
㉡	• 학습자의 구체적인 동작 경험을 위해 지도자나 또래의 활동을 관찰할 수 있는 기회를 제공함. • 학습자가 여러 가지 방법을 사용할 수 있는 충분한 시간을 제공해야 함. • 지도자는 계속해서 더 구체적인 질문을 하여 원하는 반응이 나오도록 유도함.

	㉠	㉡
①	안내-발견적 (guide-discovery) 방법	탐색적 (exploratory) 방법
②	탐색적(exploratory) 방법	학습자 설계 (child-designed)
③	탐색적(exploratory) 방법	안내-발견적(guide-discovery) 방법
④	학습자 설계(child-designed)	안내-발견적(guide-discovery) 방법

해설 유아 체육의 지도방법 중 간접-유아 주도적 교수방법으로 탐색적 방법과 안내-발견적 방법이 있음. 탐색적 방법은 교사(지도자)가 유아 스스로 신체동작의 가능성을 탐색하게 할 수 있게 운동과제를 제공함(탐구적 방법). 안내-발견적 방법은 유아에게 과제수행의 방법을 이해시키기 위해 교사(지도자)의 동작을 관찰하게 함

정답 ③

16
학습리턴 p. 494 #기본운동 발달 구성요소

갤러휴(D. Gallahue)의 움직임 기술 2차원 분류법에서 이동 기술의 움직임 양식에 속하지 않는 것은?

① 잡기(catching) ② 걷기(walking)
③ 달리기(running) ④ 점프하기(jumping)

해설 기본운동 발달 구성요소(갤라휴 Gallahue, D., 1996)로서 안정성 운동, 이동운동, 조작운동으로 분류함. 안정성 운동에는 축 이용 기술(굽히기, 늘리기, 비틀기, 돌기, 흔들기), 정적 운동(직립 균형, 물구나무 서기), 동적 운동(구르기, 시작하기, 멈추기, 재빨리 피하기)가 있고, 이동 운동에는 기초운동(기기, 걷기, 달리기, 뜀뛰기, 멀리뛰기, 리핑, 점핑, 호핑), 복합운동(오르기, 기어오르기, 슬라이딩, 스키핑, 갤로핑)이 있으며, 조작운동에는 추진운동(굴리기, 던지기, 때리기, 차기, 튀기기, 퍼팅, 되받아치기), 흡수운동(받기, 잡기, 볼 멈추기)가 있음. ①번의 잡기는 조작운동에서 흡수운동에 해당함

정답 ①

17 학습리턴 p.107(스포츠교육학) #게임수업

유소년스포츠에서 활용될 수 있는 게임수업 방법과 설명의 연결이 옳지 <u>않은</u> 것은?

① 기능중심 게임수업(technical model): 교사가 제시한 '왜(why)' 중심의 문제해결 수업을 진행한다.
② 기능중심 게임수업(technical model): 행동주의에 근거하며, 기술을 자동화하기 위한 기능 숙달이 중심이다.
③ 이해중심 게임수업(teaching games for understanding): '무엇을 할 것인가(what to do)'를 고민하며 인지적 학습이 선행된다.
④ 이해중심 게임수업(teaching games for understanding): 구성주의 인식론에 근거하며, 게임에 대한 '이해'를 중심으로 문제해결 능력을 기른다.

[해설] 기능 중심 게임수업(Technical Model, 또는 기능 중심 수업 모형)은 유소년 스포츠 지도에서 전통적으로 많이 사용되어 온 수업 방식으로 운동 기술 습득을 핵심 목표로 하는 교수 전략임. 여러 스포츠 종목에서 기초 기술을 반복적으로 연습하게 함. 반면, 이해중심 게임수업(Teaching Games for Understanding, TGfU)은 게임 상황에서 문제를 해결하며 기술과 전술을 동시에 배우는 교수법임. ①번의 설명은 맞지 않음

[정답] ①

18 학습리턴 #유아기 걷기 동작

유아기 걷기 동작의 기술 단계 분류에서 시작 단계의 특징은?

① 보폭이 커지고 안정된다.
② 발바닥 전체로 바닥과 접촉한다.
③ 팔 흔들기가 반사적으로 이루어진다.
④ 발끝이 바깥쪽으로 향하는 현상이 줄어든다.

[해설] 유아기에는 보행 조절 기능이 미숙해 중심 잡기가 어려우므로 전족부나 발뒤꿈치가 아닌 발바닥 전체로 지면을 접촉함

[정답] ②

19 빈출 주제 학습리턴 p.478 #피아제 인지발달 단계

피아제(J. Piaget)가 제시한 인지발달 단계와 특징의 연결이 옳지 <u>않은</u> 것은?

	단계	특징
①	감각운동기	학습자는 감각경험과 움직임의 상호작용을 통하여 학습하게 된다.
②	전 조작기	활동적인 놀이를 통한 지적 실험으로 가역성을 갖게 된다.
③	구체적 조작기	보존개념이 형성되고 분류, 서열화 등의 수학적 조작능력이 나타난다.
④	형식적 조작기	인지적 과정을 통하여 추상적, 논리적, 체계적 사고를 할 수 있다.

[해설] 피아제가 제시한 인지발달 단계에서 전조작기(2~7세)는 언어를 사용하고 상상적 사고와 자기중심적 사고 등의 지각운동 시기이므로 ②번의 설명은 틀림

[정답] ②

20 학습리턴 p.481 #사회학습이론 #반두라

〈보기〉에서 설명하는 발달 이론은?

〈보기〉
- 직접 행동이 아니어도 사회적 상황에서 타인의 행동을 관찰하며 학습이 가능하다.
- 유아 주변의 인물, 특히 부모의 언어 형태, 성역할, 사회적 행동을 모방한다.

① 비고츠키(L. Vygotsky)의 상호작용 이론
② 반두라(A. Bandura)의 사회학습 이론
③ 매슬로(A. Maslow)의 욕구위계 이론
④ 프로이드(S. Freud)의 정신분석 이론

[해설] 〈보기〉 설명은 앨버트 반두라(Albert Bandura)의 사회학습 이론(Social Learning Theory)으로 사람들이 관찰과 모방을 통해 새로운 행동을 배우고, 모델링(modeling)과 강화(reinforcement)의 영향을 받는다고 설명함

[정답] ②

노인체육론

01
학습리턴 p.519 #활동이론

활동이론을 옳게 설명한 것은?

① 활성산소의 증가가 노화를 촉진한다.
② 노화와 관련한 대표적 생물학적 이론이다.
③ 사회에서 점진적 역할 배제가 노화의 핵심이다.
④ 노인의 사회활동 참여 정도가 높을수록 생활 만족도가 높아진다.

(해설) 활동이론(Activity Theory)은 인간의 행동과 학습을 사회적, 문화적 맥락 속에서 설명하는 이론으로 도구(tool), 공동체(community), 목적(object) 등의 상호작용을 강조함. ④번 설명이 해당함

정답 ④

02
24년 출제 주제 학습리턴 #근감소증

근감소증(sarcopenia)에 관한 설명 중 옳지 않은 것은?

① 호흡근의 마비를 유발할 수 있다.
② 노화와 관련한 대표적인 증상 또는 질환이다.
③ 근위축(muscle atrophy)으로도 알려져 있다.
④ 유산소 능력, 골밀도, 인슐린 민감성 및 신진대사율 감소를 유발할 수 있다.

(해설) 근감소증(sarcopenia)은 노화, 질병, 비활동 등으로 인해 골격근량과 근력이 감소하는 상태로서 주로 고령자에게서 발생하며, 낙상, 장애, 사망 위험을 증가시킴. 근감소증은 골격근의 점진적인 감소 현상이므로 ①번 설명은 맞지 않음

정답 ①

03
학습리턴 p.516 #생물학적 노화

〈보기〉에서 생물학적 노화의 특성으로 옳은 것만 모두 고른 것은?

〈보기〉
ㄱ. 노화는 치료가 가능하다.
ㄴ. 모든 사람에게 보편적으로 일어난다.
ㄷ. 시간의 흐름에 따라 점진적으로 일어난다.
ㄹ. 환경적 요인을 배제한 내재적 요인에 의해 발생한다.

① ㄱ, ㄹ   ② ㄴ, ㄷ
③ ㄱ, ㄴ, ㄷ   ④ ㄴ, ㄷ, ㄹ

(해설) 노화(Aging)는 생물학적으로 모든 생명체에 자연스럽게 발생하는 복합적인 생리적 변화로서 질병이 아님. 즉, 치료할 수 없음

정답 ④

04
학습리턴 #체중부하운동

〈보기〉에서 체중부하운동으로 옳은 것만 모두 고른 것은?

〈보기〉
ㄱ. 등산
ㄴ. 스케이팅
ㄷ. 테니스
ㄹ. 고정식 자전거 타기
ㅁ. 암 에르고미터(arm ergometer)
ㅂ. 수영

① ㄱ, ㄴ, ㅁ   ② ㄱ, ㄴ, ㄷ
③ ㄷ, ㅁ, ㅂ   ④ ㄷ, ㄹ, ㅂ

(해설) 체중부하운동은 자신의 체중을 저항으로 사용하는 운동으로 근육 강화, 균형감각 향상, 골밀도 증가, 심폐지구력 향상 등에 효과적임. 스쿼트, 런지, 계단 오르기, 푸쉬업, 플랭크 등이 있음. 〈보기〉에서 등산과 테니스는 자신의 체중으로 지지하며 오르거나 방향 전환 등의 운동이므로 체중부하운동이고, 스케이팅은 지면과의 접촉이 연속적이지 않으므로 부분적인 체중부하운동으로 보는 것이 맞음

정답 ②

05

학습리턴 p. 524 #운동 빈도

노인의 운동 빈도에 관한 설명으로 옳지 않은 것은?

① 운동 빈도는 규칙적이어야 한다.
② 신체적으로 무리가 없는 경우 주 5일 이상도 권장된다.
③ 운동 의욕이 높은 노인의 경우 매일 강도 높은 운동이 권장된다.
④ 운동 효과와 피로도를 고려했을 때 주 3회 정도가 가장 적절하다.

(해설) 노인에게 매일 운동을 권장하지 않는 이유는 회복 능력 저하, 과훈련에 대한 위험, 개인 맞춤형 운동이 필요한 연령대이기 때문임

(정답) ③

06

학습리턴 p. 549 #만성질환 노인의 운동

만성질환 노인의 운동 효과로 옳지 않은 것은?

① 비만 노인의 체지방량이 감소하고 근육량은 유지되거나 증가된다.
② 골다공증 노인의 골밀도 감소가 개선되고 낙상과 골절이 예방된다.
③ 당뇨 노인의 혈당량이 감소하고 근육의 인슐린 민감성이 감소된다.
④ 퇴행성관절염 노인의 유연성이 향상되고 관절의 가동 범위가 증가된다.

(해설) 운동은 당뇨 노인의 혈당량을 감소시키고, 근육의 인슐린 민감성을 증가시킴. 혈당량 감소의 이유는 혈당을 에너지원으로 사용하므로 운동 후 혈당 수치가 낮아짐. 인슐린 민감성의 증가 이유는 운동을 통해 골격근에서 포도당 흡수를 촉진하고 인슐린에 대한 반응성을 높이게 됨

(정답) ③

07

학습리턴 p. 466 #뇌졸중 노인을 위한 운동 지도

뇌졸중 노인을 위한 운동 지도 시 고려해야 할 사항은?

① 우측마비 노인의 경우 언어지시보다 행동적 시범을 보인다.
② 마비가 없는 쪽에 집중적으로 스트레칭 운동을 실시하도록 한다.
③ 낙상 위험이 있으므로 균형감각과 기동성 향상을 위한 운동을 실시하지 않는다.
④ 장애 정도가 심한 노인의 경우 똑바로 선 상태에서 스텝핑 운동을 빠르게 하도록 한다.

(해설) 우측마비가 있는 뇌졸중 노인의 경우, 언어 지시보다는 행동적 시범을 활용한 지도가 더 효과적임. 우측마비(Right Hemiplegia)는 좌뇌 손상으로 발생하는 경우가 많고 언어 기능이 저하됨. 즉, 행동 시범, 시각적 자료, 손짓 등 시각적, 행동적 지시가 효과적임
② 마비가 없는 쪽만 스트레칭에 집중하는 것은 불균형을 초래할 수 있음
③ 낙상 위험이 높기 때문에 오히려 균형감각 향상 운동이 반드시 필요함
④ 안전을 고려해 앉아서 하는 운동이나 보조기구 활용 운동부터 시작하는 것을 권장함

(정답) ①

08

학습리턴 p. 533 #관절염 노인을 위한 운동

〈보기〉에서 관절염 노인을 위한 운동 관련 설명으로 옳은 것만 모두 고른 것은?

〈 보기 〉
ㄱ. 체중부하운동을 실시한다.
ㄴ. 운동 시 느끼는 통증은 고려하지 않는다.
ㄷ. 운동 전후에 냉찜질 또는 온찜질을 한다.
ㄹ. 수중운동 시 물의 온도는 29~32℃를 유지한다.
ㅁ. 특정 관절의 과사용을 피하기 위해 크로스트레이닝을 실시한다.

① ㄱ, ㄴ, ㄷ
② ㄴ, ㄹ, ㅁ
③ ㄷ, ㄹ, ㅁ
④ ㄱ, ㄷ, ㄹ

(해설) 관절염 노인에게는 충격이 적고 체중을 받지 않는 운동프로그램을 적용하고, 사지를 동시에 모두 사용하도록 하는 운동기구를 활용하는 것이 좋음. 운동 강도는 통증 정도를 고려하여 설정해야 함.
ㄱ. 무릎, 엉덩이 관절에 체중이 실리는 운동은 통증을 악화시킬 수 있음
ㄴ. 통증이 심해질 경우 운동 강도나 동작을 조절해야 하며, 이를 무시하는 것은 관절 손상을 악화시킬 위험이 있음

(정답) ③

09
학습리턴 p.516 #사용마모이론

〈보기〉에서 설명하는 노화 이론은?

― 〈 보기 〉 ―
통계에 따르면 전문체육인이 일반인에 비해 퇴행성관절염 발병률이 더 높다고 보고되고 있다. 그뿐만 아니라 전문체육 종목 중에서도 상대적으로 몸을 더 많이 사용하는 축구나 미식축구 선수들의 은퇴 시기가 골프, 야구 선수에 비해 빠른 것으로 나타났다.

① 면역반응이론 ② 교차결합이론
③ 세포노화이론 ④ 사용마모이론

해설) 〈보기〉는 사용마모이론에 대한 설명으로 신체기관도 기계처럼 오래 사용하면 기능이 약화하고 정지되는 것처럼 점진적으로 퇴화하는 현상이 나타나는 것을 말함

정답 ④

10 23년 출제 주제
학습리턴 p.533 #관절염 #텔로미어

〈보기〉의 ㉠, ㉡에 들어갈 용어로 옳은 것은?

― 〈 보기 〉 ―
• (㉠) 길이가 감소하면서 노화가 일어난다.
• 노화로 인한 대표적 관절 질환은 (㉡)이다.

	㉠	㉡
①	텔로미어	퇴행성 관절염
②	글루코스	퇴행성 관절염
③	텔로미어	류마티스 관절염
④	글루코스	류마티스 관절염

해설) 텔로미어(Telomere)란 염색체 말단에 있는 반복되는 DNA 서열로 유전정보가 손상되는 것을 막아줌. 세포가 분열될 때마다 텔로미어 길이가 짧아지는데, 일정 수준 이하로 짧아지면 세포가 더 분열하지 못하고 노화가 일어남
퇴행성 관절염은 관절을 구성하는 연골이 닳거나 손상되면서 발생하는 만성 퇴행성 질환으로 노화가 대표적인 원인임. 반면, 류머티즘성 관절염은 자가면역 질환으로 면역체계가 관절을 공격하여 염증을 일으키는 만성 염증성 질환을 의미함

정답 ①

11
학습리턴 #준비운동 #정리운동

노인 운동 시 준비운동과 정리운동의 이점에 관한 다음 표에서 ㉠, ㉡에 들어갈 용어로 옳은 것은?

준비운동	정리운동
• 손상 위험 감소 • 움직이는 동작 범위 향상 • 사용되는 근육으로의 혈액 순환 (㉠)	• 체내 온도 감소 • 젖산 농도 감소 • 혈액의 카테콜아민 수치 (㉡)

	㉠	㉡
①	증가	증가
②	증가	감소
③	감소	증가
④	감소	감소

해설) 노인이 준비운동을 하면 사용되는 근육으로의 혈액순환이 증가하고, 정리운동을 하면 혈중 카테콜아민 수치가 감소함. 준비운동(warm-up)의 효과는 심박수와 체온이 서서히 상승하면서 근육으로 가는 혈류량이 증가하고, 관절의 가동범위 확대하여 부상 위험을 줄일 수 있음. 특히 노인의 경우 근육·관절이 경직되어 있어 준비운동이 매우 중요함
정리운동(cool-down)의 효과는 운동 후 급격한 심박수와 혈압 변화를 방지하고 카테콜아민(에피네프린, 노르에피네프린 등) 수치가 감소하면서 교감신경의 흥분 상태를 완화함

정답 ②

12
학습리턴 #안전관리 지침

〈보기〉의 노인 운동 지도 시 손상 방지 및 응급상황에 관한 안전관리 예방 지침 중 옳은 것만 모두 고른 것은?

― 〈 보기 〉 ―
ㄱ. 운동 중에 적정한 실내 온도가 유지되는지 확인한다.
ㄴ. 운동 시작 전에 모든 참여자에게 사전 검사를 하여 현재 상태를 파악한다.
ㄷ. 실외 운동 시작 전에 모든 참여자에게 선글라스와 모자 등을 착용하도록 안내한다.
ㄹ. 심장질환자의 경우 운동 전후 혈당을 확인하고, 저혈당에 대비해서 당 섭취가 가능한 간식을 준비한다.
ㅁ. 운동 중 가슴 통증, 불규칙한 심박수, 호흡곤란, 현기증 등이 나타나면 곧바로 운동을 중단하고 병원으로 이동한다.

① ㄱ, ㄷ, ㄹ
② ㄴ, ㄹ, ㅁ
③ ㄱ, ㄴ, ㄷ, ㅁ
④ ㄱ, ㄴ, ㄷ, ㄹ, ㅁ

해설) ㄹ 설명에서 오류를 잡자면, 운동 전후 혈당을 확인하고 저혈당에 대비해 당 섭취가 가능한 간식이 필요한 대상은 당뇨병을 앓는 노인임. 심장질환자의 경우 운동 전후 심박수와 혈압 등을 확인하고, 가슴통증이나 호흡곤란이 있는지 관찰해야 함

정답 ③

13 학습리턴 #발테스

〈보기〉에서 설명하는 노화를 보는 관점은?

> 보기
>
> 발테스(P.Baltes et al.)와 그 동료들은 노화를 손실(loss)과 이득(gain)이 함께 일어나는 과정이라고 하였다. 노화로 인해 신체적 기능 손실이 있는 반면에 경험으로 얻은 환경에 대한 적응력, 지혜와 같은 이득도 있다. 그들은 인간 발달을 두 단계로 나누었는데 첫 단계는 초기 발달 단계로 급속한 신체적 발달이 나타나고 이후의 단계에서는 신체적 발달은 더디나 환경에 적응하는 능력은 지속적으로 발달한다.

① 1차적 노화(primary aging)
② 2차적 노화(secondary aging)
③ 생태학적 발달(ecological development)
④ 전 생애적 발달(life-span development)

해설 발테스의 전 생애적 발달 이론(Life-Span Development Theory)은 인간 발달이 아동기와 청소년기에 국한되지 않고, 전 생애에 걸쳐 지속적으로 변화하고 조절되는 과정이라고 제시함

정답 ④

14 학습리턴 p. 462(특수체육론) 참고

〈보기〉에서 청각적 문제가 있는 박 할아버지가 안전한 환경에서 효과적인 운동을 지도받기 위한 안전관리 지침 중 옳은 것만 모두 고른 것은?

> 보기
>
> ㄱ. 운동 장소는 소음이 적은 조용한 곳을 선정한다.
> ㄴ. 운동 장소는 눈이 부실 정도로 조명을 밝게 한다.
> ㄷ. 운동 지도 시 잘 들리는 귀 쪽으로 가서 설명한다.
> ㄹ. 운동 지도 시 입술 모양이나 표정을 활용해 지도한다.
> ㅁ. 복잡한 운동 방법이나 기술을 설명할 때는 시범이나 사진과 같은 보조물을 활용한다.

① ㄱ, ㄴ, ㄷ
② ㄴ, ㄹ, ㅁ
③ ㄴ, ㄷ, ㄹ, ㅁ
④ ㄱ, ㄷ, ㄹ, ㅁ

해설 ㄴ 설명의 오류를 잡자면, 청각장애가 있는 노인의 경우 비언어적 의사소통이 잘 이루어질 수 있도록 운동 공간의 조명을 충분히 밝게 유지하는 것은 중요하지만, 눈이 부실 정도로 조명을 밝게 하는 것은 다소 어긋난 표현임

정답 ④

15 학습리턴 #평형성 검사

노인의 평형성 향상 운동으로 옳지 않은 것은?

①
자기 체중을 이용한 한 발 들기

②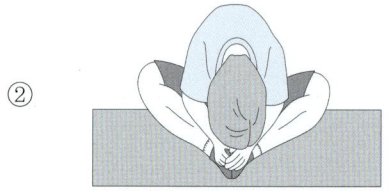
앉아서 허리 앞으로 구부리기

③
일렬로 걷기

④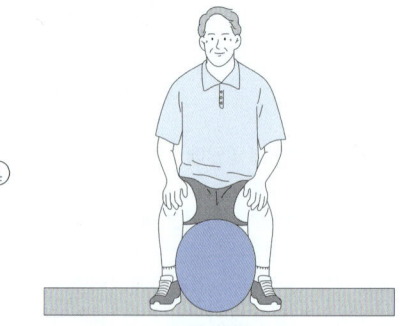
짐볼 앉기

해설) 노인의 평형성(균형감각) 향상 운동은 낙상 예방과 일상생활 능력 유지에 매우 중요함. 유형으로는 한 발 서기, 눈 감고 서 있기, 발 앞뒤로 놓고 서기 등 정적균형운동과 뒤로 걷기, 옆으로 걷기, 장애물 넘어 걷기 등 동적균형운동이 있고, 고유수용성 및 체간강화운동으로 짐볼 앉기, 플랭크, 무릎 들기 운동 등이 있음. ⓒ의 앉아서 허리 앞으로 구부리기 운동은 허리 유연성과 허벅지 뒤쪽 근육(햄스트링), 척주 움직임 개선에 도움을 줌

정답 ②

16 학습리턴 #저항성 운동

저항성 운동이 노인에게 미치는 효과로 옳지 않은 것은?

① 근육량 증가
② 혈중지질 증가
③ 인슐린 감수성 증가
④ 젖산에 대한 내성 증가

해설) 저항성 운동(resistance exercise)은 노인의 혈중 지질을 개선함. 즉, HDL 콜레스테롤을 증가시키고, LDL 콜레스테롤과 중성지방(triglyceride)을 감소시킴

정답 ②

17 학습리턴 p. 522 #운동의 사회적 효과

운동의 사회적 관계 형성에서 노인 운동 참여로 얻을 수 있는 사회적 효과로 옳지 않은 것은?

① 새로운 운동 기술을 습득한다.
② 새로운 친구를 만나 교류를 촉진한다.
③ 역할 유지 및 새로운 역할 부여에 도움이 된다.
④ 세대 간 연결 기회를 제공하여 교류를 확대한다.

해설) ①번 설명은 운동의 신체적(생리적) 효과에 해당함

정답 ①

18 학습리턴 p. 526 #목표 설정

노인의 지속적인 운동 참여를 위한 효과적인 목표의 특징과 실제 목표설정이 옳지 않은 것은?

특징	실제 목표설정
① 측정 가능한	"나는 1년 동안 주 3회 1시간씩 걷기를 할 것이다."
② 구체적	"나는 월, 수, 금요일 오전 10시 수영 수업에 참여할 것이다."
③ 현실적	"나는 운동 참여를 통해 치매를 고칠 것이다."
④ 행동적	"나는 주 3회 걷기와 주 2회 밴드 운동을 할 것이다."

해설) ③번의 현실성은 노인 개개인이 달성할 수 있는 현실적 목표를 설정하는 것임

정답 ③

19 학습리턴 #운동 시 주의사항

노인을 대상으로 한 운동 시 주의 사항으로 옳지 않은 것은?

① 평형성 운동 시 모든 균형의 이동은 천천히 그리고 신중하게 수행할 수 있도록 한다.
② 유산소 운동 시 과부하를 증가시키기 전에 최소 2주의 적응 기간을 준다.
③ 유연성 운동 시 정적 스트레칭은 효과를 위해 최대의 통증이 있을 때까지 신장할 수 있도록 실시한다.
④ 저항성 운동 시 부하를 사용하는 경우가 있기 때문에 운동 중의 노인들은 세심하게 감독하고 관찰한다.

해설) 노인의 유연성 운동 시 통증이 느껴지기 바로 전의 부드러운 긴장감(mild tension)을 가질 정도의 강도로 해야 함

정답 ③

20 학습리턴 #노인 운동 지도

효과적인 노인 운동 지도를 위한 노인스포츠지도사의 마음가짐으로 옳지 않은 것은?

① 친근함을 위해 반말을 사용해도 된다고 생각한다.
② 과제 해결을 위한 문제 의식과 사명감을 가지고 임해야 한다.
③ 노인 운동 참여자의 운동 몰입 및 지속을 끌어내는 마음가짐이 필요하다.
④ 기능 제한이 있는 노인에게는 처한 상황을 극복할 수 있게 조력자가 되어야 한다.

해설 노인은 연장자이기도 하지만 상호 존중하는 태도가 중요하므로 무례한 언행을 삼가야 함

정답 ①

필기 **4주 완성** 한권 완전정복

M 스포츠지도사

PART 01
스포츠사회학

CHAPTER 01
스포츠사회학의 이해

CHAPTER 02
스포츠와 정치

CHAPTER 03
스포츠와 경제

CHAPTER 04
스포츠와 교육

CHAPTER 05
스포츠와 미디어

CHAPTER 06
스포츠와 사회계급 · 계층

CHAPTER 07
스포츠와 사회화

CHAPTER 08
스포츠와 일탈

CHAPTER 09
미래사회의 스포츠

CHAPTER 01 스포츠사회학의 이해

기출 FOCUS

- **놀이**: 인간의 가장 본능적인 활동(초기의 문화 형태) 〈18 기출〉
- **스포츠**: 경쟁적인 신체활동의 제도화된 형태(좁은 의미의 스포츠) 〈18 기출〉
- **스포츠 발전**: 움직임 → 놀이 → 게임 → 스포츠

암기 TIP

허비규경불리 이경규가 아니고, 허비규가 조금(경)불리합니다. 놀이(허구성, 비생산성), 게임과 스포츠의 공통성(허구성, 비생산성, 규칙성, 경쟁성, 불확실성, 분리성). 이렇게 암기해보세요.

01 스포츠사회학의 의미

1. 스포츠의 본질

(1) 움직임과 동작

움직임(movement)	• 신체부위가 이동하면서 그 전의 자세나 자리가 바뀌는 것
동작(motion)	• 특정한 형식을 갖는 신체의 움직임, 즉 목적이 있음 • 정확성(accuracy), 조절성(control), 정밀성(precision)

(2) 놀이, 게임, 스포츠의 특성

놀이	• 인간의 가장 본능적인 활동(초기의 문화 형태)
	• 게임과 스포츠의 바탕이 되는 자유로운 활동
	  − 허구성, 비생산성, 자유성, 쾌락성, 오락성, 흥미성
	• 유래: '갈증'의 의미
	  − 라틴어(플라제 plage)
	  − 독일어(스피엘 spiel)

게임	• 놀이가 발전된 형태(규칙과 특화된 목적)
	• 경쟁에서 이기기 위해 신체의 기능을 이용, 전략을 사용
	  − 허구성, 비생산성, 규칙성, 경쟁성, 불확실성, 분리성, 신체기능, 확률, 기술
	• 유래: '기쁨'을 의미
	  − 독일어(가만 gaman)

스포츠	• 좁은 의미의 스포츠: 경쟁적인 신체활동을 제도화한 형태
	  − 3R(규칙 rule, 역할 role, 상호작용 relationship)
	  − 허구성, 비생산성, 규칙성, 경쟁성, 불확실성, 분리성, 신체성, 제도화, 전술
	• 넓은 의미의 스포츠
	  − '전환하다'의 의미: 중세영어(sporten, disport), 라틴어(desporture)
	  − '방향전환', '나르다(port)', '즐거움을 나르다': 오락(recreation), 싸움(disputes)

기출 Q

Q. 아래의 (가), (나)에 알맞은 용어는? 기출 18

> 친구들과 개울가에서 물장구를 치면서 장난을 하는 경우 (가)의 한 형태가 되지만, 제도화된 규칙 하에서 상대방과 경쟁하는 수영은 (나)(이)라고 할 수 있다.

① 가: 놀이 나: 스포츠
② 가: 놀이 나: 게임
③ 가: 게임 나: 놀이
④ 가: 스포츠 나: 게임

(해설) 놀이는 초기의 문화 형태로서 인간의 가장 본능적인 활동이고, 스포츠는 경쟁적인 신체활동을 제도화한 형태임

(정답) ①

기출 FOCUS

- 놀이의 특장 **허구성, 비생산성**
- 게임, 스포츠의 공통적 특장: **허구성, 비생산성, 규칙성, 경쟁성, 불확실성, 분리성**
- 스포츠만이 갖는 특장 **제도성**

(3) 놀이의 개념

① 요한 **하위징아**(Johan Huizinga)
   ㉠ **놀이하는 인간**(Homo Ludens): '**놀이가 문화보다 우선한다.**'(Play is older than culture)
   ㉡ 놀이는 생존을 위한 생리현상이 아닌 **문화현상**
   ㉢ 놀이가 자유시간에 자발적으로 행해짐으로써 즐거움이 함께하는 것에 주목
   ㉣ 모든 놀이는 물질적, 상징적, 관념적 가치를 지녀 경쟁 또는 내기가 전제됨

② 로제 **카유아**(Roger Caillois)
   ㉠ 놀이란 심미적 예술 활동같이 정신적 안정을 추구하는 순기능을 가진 사회문화 현상: 하위징아와 같이 순기능 강조
   ㉡ '**놀이의 타락**'을 중요하게 인식: 하위징아와 달리 놀이의 역기능도 강조
   ㉢ 놀이의 4개 요소 ◆ 스포츠 윤리(02. 경쟁과 페어플레이)에도 등장

아곤(Agon)	• 경쟁놀이: 시합, 경기를 의미(경쟁하는 스포츠, 체스, 바둑 등)
알레아(Alea)	• 우연성 놀이: 우연, 요행을 의미(내기, 제비뽑기, 주사위 놀이, 룰렛, 복권, 슬롯머신 등의 도박)
미미크리(Mimicry)	• 역할놀이: 모방, 흉내를 의미(가면극, 연극, 영화, 소꿉놀이 등)
일링크스(Ilinx)	• 몰입놀이: 현기증, 소용돌이 의미(공중서커스, 롤러코스터, 번지점프 등)

암기 TIP

아레미일 우리 아래(래)에 미국과 일본이 있죠. 이렇게 암기해봅시다.

OX 퀴즈

놀이, 게임과 달리 스포츠만이 갖는 특성은 제도성이다. ⓞⓧ

(정답) O

카유아의 놀이 개념에서 알레아(Alea)는 경쟁하는 스포츠를 의미한다. ⓞⓧ

(정답) X
(해설) 아곤(Agon)

기출 FOCUS

✓ 근대스포츠의 특징
- 합리화　　　16 기출
- 관료화, 전문화　23 기출

(4) 스포츠를 바라보는 관점

사회문화적 관점	• 스포츠는 '놀이'의 본질에서 시작되어 제도화됨 • 스포츠는 '경쟁화된 놀이'
유물론적 관점	• 인간이 도구를 가지고 '노동'을 시작한 것에서 기원 • 스포츠는 '경쟁과 투쟁'의 중심 개념
행동생물학적 관점	• 비교행동학적 관점에서 본능의 행위로 바라봄 • 스포츠는 인간에게 '내재된 공격성'의 형태를 표출하는 것

암기 TIP

세평전합관수록　세평전하(합)! 관을 수록해야 합니다. 이렇게 암기해봅시다.

(5) 근대스포츠의 특징

거트만(A. Guttmann, 1978)의 근대스포츠와 고대·중세스포츠의 차이점

세속화 (secularization)	• 고대올림픽은 정신적, 종교적인 색채가 강함 • 근대스포츠는 즐거움, 건강, 경제적 이득, 명예 등 세속적 욕구 충족
평등화 (equality)	• 고대올림픽은 귀족, 성인남자로 제한 • 근대스포츠는 일반대중 포함, 여성, 어린이, 노인, 장애인도 참가 • 게임규칙, 체급경기, 참가자 성취 지위, 경쟁조건 등의 평등의 원칙
전문화 (specialization)	• 프로선수와 포지션별 전문선수 등장 • 포지션의 분화, 리그의 세분화 촉진
합리화 (rationalization)	• 원시 스포츠는 전통과 관습에 의해 제한 • 근대스포츠의 규칙은 합리적인 과정을 통해 제정
관료화 (bureaucratization)	• 근대스포츠로 오면서 이전보다 더 조직화 • 규칙을 제정, 경기를 조직적으로 운영
수량화 (quantification)	• 근대스포츠는 경쟁에 승리하면 인정(선수기록의 수량화, 통계화, 계량화) • 근대스포츠는 점수, 시간, 거리 등 표준화된 측정 장비로 기록
기록지향 (records)	• 선수기량의 수량화를 통해 신기록을 수립하기 위한 노력 (기록 추구)

2. 스포츠사회학의 이해

(1) 사회학의 개념

① 1839년 프랑스의 사회철학자 오귀스트 콩트(Auguste Comte, 1798~1857)의 '실증철학 강의'에서 사회현상을 연구하는 학문분야로서 소개가 됨
② 인간의 행위, 사회적 삶에 대해 연구하는 학문

OX 퀴즈

근대스포츠는 종교적인 색채가 강하다.　　Ⓞ Ⓧ

정답 ✕
해설 고대스포츠

③ 자신의 사회적 행동뿐만 아니라 주변의 사회현상에 대한 다양한 관점에서의 접근
④ 우리나라에선 1946년 서울대학교에 사회학과가 설립되면서 기틀을 마련함

(2) 스포츠사회학의 기원

① 1921년 프랑스의 사회학자 리세(H. Risseh)의 'Soziologie des Sports(1921)'란 책에서 효시
② 1937년 미국의 교육학자 로이드(F. S. Loyd)의 'The Sociology of Physical Education'에서 체육사회학이란 용어가 첫 등장
③ 이후 신체교육을 의미하는 체육이란 용어 대신 보다 포괄적인 개념의 스포츠란 용어로 대체되면서 '스포츠사회학'으로 통용
④ 우리나라에선 1963년에 장영환의 저서 '체육개론'에서 스포츠사회학이란 용어가 등장

> **기출 FOCUS**
> ✓ 코클리(Coakley)가 제시한 스포츠 제도화 특성
> 17·23·24 기출

개념 PLUS

스포츠사회학의 적용(Coakley, 코클리)
① 스포츠사회학을 통해 다양한 연구문제를 이해하는 데 의의
 - 특정계층에 의해 특정한 활동들이 선정과 지명이 되는 이유
 - 특정계층에 의해 특별한 방법으로 스포츠가 만들어지고 조직되는 이유
 - 스포츠 참여가 개인적, 사회적 생활에 포함되는 이유
 - 스포츠 참여가 신체에 관한 개념에 영향을 미치는 요인
 - 스포츠 조직, 사회적 관계, 물질적 상태, 집단과 사회 내에서의 권력과 힘과의 연관성
 - 스포츠와 가족, 교육, 정치, 경제, 미디어, 종교 등 다양한 사회생활 영역과의 연관성 등
② 스포츠 제도화(J. Coakley)
 - <u>규칙의 표준화</u>: 공식적인 집단에 의해 표준화된 절차 및 규정으로 규칙을 제정할 수 있도록 함
 - <u>공식 규정 위원회의 규칙 집행</u>: 규칙의 집행을 보장하는 기구를 통해 장소에 따라 다른 기준을 적용하지 못하도록 함
 - <u>행동의 조직성 및 합리성 강조</u>: 규칙 준수를 통해 경쟁승리를 위한 선수 및 코치의 활동이 합리적으로 변화하게 됨(훈련전략, 용품개발 등)
 - <u>경기기술의 정형화</u>: 스포츠가 조직화됨에 따라 전문성이 높아지고, 경기기술이 정형화가 됨(경기기술 명칭)

> **OX 퀴즈**
> 경기규칙의 표준화와 활동의 조직화는 스포츠를 제도화하는 것이다. O X
> 정답 O

기출 FOCUS

✓ 스포츠사회학 개념
- 스포츠를 하나의 사회현상으로 설명 15·16·19 기출
- 스포츠에서 나타나는 행동유형, 사회과정, 사회구조의 측면을 설명 17·21 기출

(3) 스포츠사회학의 개념

캐넌과 로이 (Kenyon & Loy, 1965)	• 스포츠의 맥락에서 인간의 사회행동의 법칙을 규명하는 학문 • 'Toward a Sociology of Sport'라는 논문에 스포츠과학의 분과학문으로 최초로 학문성이 언급됨
에르바흐 (Erbach, 1966)	• 사회심리학의 지식을 빌려 개인, 팀, 스포츠 집단 등의 활동을 규제하는 사회법칙의 발견에 공헌하는 학문
맥퍼슨 (McPherson, 1975)	• 사회학의 한 분야로서 사회행동의 과정 및 유형을 스포츠의 맥락에서 설명하고 특정 조건하에서 인간의 행동을 예측하며 그 이해를 촉진하는 학문
레오나드 (Leonard, 1980)	• 스포츠라는 현상에 사회학적 개념, 특히 사회구조와 사회화 과정의 개념을 응용하여 연구하는 학문

> **개념 PLUS**
>
> - 스포츠사회학(sport sociology)이란 스포츠를 하나의 사회현상으로 바라보면서 사회학 이론과 연구방법을 도입하며 설명하는 학문
> - 스포츠에서 나타나는 행동유형, 사회과정, 사회구조의 측면을 설명하는 학문
> - 스포츠 현상을 사회현상으로 규정, 이를 사회학적 이론과 연구방법으로 설명하는 학문

> **기출 Q**
>
> Q. 〈보기〉에서 코클리(J. Coakley)의 상업주의에 따른 스포츠의 변화에 관한 설명으로 옳은 것을 모두 고른 것은? 기출 23
>
> ㉠ 스포츠 조직의 변화: 스포츠 조직은 경품 추첨, 연예인의 시구와 같은 의전행사에 관심을 갖게 되었다.
> ㉡ 스포츠 구조의 변화: 스포츠의 심미적 가치보다 영웅적 가치를 중시하게 되었다.
> ㉢ 스포츠 목적의 변화: 아마추어리즘보다 흥행에 입각한 프로페셔널리즘을 추구하게 되었다.
> ㉣ 스포츠 내용의 변화: 프로 농구의 경우, 전·후반제에서 쿼터제로 변경되었다.
>
> ① ㉠, ㉡
> ② ㉠, ㉢
> ③ ㉡, ㉢, ㉣
> ④ ㉠, ㉢, ㉣
>
> (해설) 코클리는 스포츠가 조직화됨에 따라 경기운영의 전문성이 높아짐과 동시에 흥행을 의식한 의전행사에 관심을 갖게 됐고, 경기기술의 정형화를 추구하게 되면서 프로페셔널리즘을 강조하게 됐다고 제시함
> (정답) ②

OX 퀴즈

스포츠사회학은 스포츠의 맥락에서 인간의 사회행동을 연구하는 학문이다. ⓞⓧ

(정답) O

(4) 스포츠사회학의 범위

스포츠와 사회화 과정	스포츠사회화	• 스포츠사회가 가지는 문화를 체득하여 자신의 특성을 발휘하는 과정
	스포츠와 사회계층	• 공정한 기회를 제공할 것 같은 스포츠 분야에서도 불공평한 요소가 많음
스포츠와 사회제도	스포츠와 정치	• 스포츠와 정치의 관계는 긍정적, 부정적인 양면이 있음
	스포츠와 경제	• 현대인은 스포츠가 주요 소비 품목 중의 하나가 됐음
	스포츠와 대중매체	• 스포츠와 대중매체의 의존도는 날로 커지고 있음
스포츠와 사회조직	스포츠의 사회조직	• 스포츠 조직의 가장 기본적인 단위는 스포츠 팀임 • 스포츠의 사회적 조직은 각자 역할을 수행함
	스포츠 조직과 지도력	• 지도자의 행동유형에 따라 스포츠 조직의 효율성이 커짐
	스포츠 매니지먼트	• 선수를 훈련, 관리하는 고도의 조직관리 전략
스포츠와 사회문제	여성의 스포츠 참여	• 오랫동안 남성이 여성에 비해 생리적, 사회적으로 우월하다는 편견이 있었음
	스포츠와 일탈행동	• 폭력, 도핑, 승부조작, 부정선수, 불법 스카우트 등
	스포츠와 집합행동	• 집단행동은 일시적, 충동적, 비조직적인 집단행동을 말함

기출 FOCUS

✓ 스포츠사회학의 연구영역
    19 기출
  • 거시영역: 정치, 경제, 교육
  • 미시영역: 조직

(5) 스포츠사회학의 연구영역

Luschen (1980)	사회, 사회제도 및 사회과정	• 정치, 경제, 교육, 스포츠와 사회화 등
	사회체계	• 스포츠 조직, 정책, 리더십, 경력, 아마추어리즘, 프로페셔널리즘, 개인스포츠의 구조 및 변화 등
	사회문제	• 공격성, 폭력, 차별 등
Eitzen & Sage (1982)	거시적	• 사회규범, 사회가치, 지위, 역할, 정치, 경제, 종교, 교육, 가족 등
	미시적	• 조직목표, 리더십, 상호작용, 경쟁, 협동 등
	사회 심리적	• 인간행동
Coakley (1986)	사회제도	• 정치, 경제, 종교, 교육, 가족 등
	사회조직	• 조직, 집단행동, 사회적 상호작용 등
	사회과정	• 사회화, 경쟁, 협동, 갈등, 사회계층, 사회변동 등
	문화 및 상황	• 경험, 문화, 구조, 상황적 요소 등

OX 퀴즈

스포츠사회학의 연구영역에서 경제는 미시영역이다. O X

정답 ✕
해설 거시영역

기출 FOCUS

- 스포츠의 사회적 순기능
  - 정서적 기능
  - 사회화 기능
  - **사회통합** 19 기출
- 스포츠의 사회적 역기능
  - **사회통제** 17·20 기출
  - 신체의 소외
  - 과도한 상업주의
  - 성차별

임번장 (1994)	거시적	정치, 경제, 종교, 교육, 제도, 계층, 성 등
	미시적	상호작용, 지도자론, 선수의 사기 증진, 공격성, 일탈 등
	전문적	학문, 스포츠의 본질 등

02 스포츠의 사회적 기능

1. 사회적 순기능과 역기능

순기능	사회 정서적 기능	개인의 정서를 순화시켜 부정적인 행동을 예방
	사회화 기능	스포츠에 참여함으로써 사회생활에 도움이 되는 신념, 가치, 규범 등을 배움
	사회통합의 기능	스포츠를 통해 서로 공감하고 하나로 통합 - 2002년 한일 월드컵 때 4강 신화를 이룬 길거리 응원 문화
역기능	사회통제의 기능	지배자는 정치·경제·사회 등 국가적인 문제에 대한 관심을 스포츠로 전환
	신체의 소외	선수의 신체가 돈을 벌기 위한 수단으로 전락 갈등이론 개념 중 운동선수의 재능, 능력 착취와 관련이 있음 즉, 선수가 이윤추구를 위한 수단으로 전락했다는 의미
	과도한 상업주의	과도한 상업주의로 인간의 근원적 문제를 소외
	성차별	남성이 여성보다 우월하다는 성차별 편견의식 고착

기출 Q

Q. 아래에서 설명하는 스포츠의 사회적 기능으로 적절한 것은? 기출 19

2002년 한일월드컵에서 한국축구대표팀으로 4강 신화를 만들었다. 이 과정에서 성별, 연령에 관계없이 많은 국민들이 길거리 응원에 참가하며 국가에 대한 애착심과 소속감을 되새겼다.

① 사회통합 ② 사회통제
③ 신체소외 ④ 사회차별

해설 스포츠를 통해 서로 공감하고 하나로 통합됐음. 사회 정서적 기능, 사회화 기능, 사회통합의 기능은 스포츠의 사회적 순기능에 해당됨

정답 ①

OX 퀴즈

사회통합은 스포츠의 사회적 순기능이다. O X

정답 O

2. 스포츠사회학의 이론

(1) 구조기능주의 이론

① 구조기능주의(structural-functionalism)란 사회질서의 이론으로 모든 체계에는 충족시켜야할 기능적인 요건이 있고, 이 요건은 어떤 구조에 의해 충족된다는 이론(사회를 유기체에 비유, 가장 오래된 이론)

② 사회구성원은 동일한 가치관을 지녔고, 사회의 주요부분(가정, 교육, 경제, 정부, 종교, 스포츠 등)은 상호보완적인 조화상태(코클리 Coakely, 1986)

③ 파슨스(T. Parsons, 1966)가 모든 사회체계는 4가지 기능요건을 충족(AGIL)해야 한다고 제시

적응 (Adaptation)	• 스포츠가 사회구성원들에게 현실에 적합한 사고, 감정, 행동양식 등을 학습하게 함 • 스포츠는 격렬한 신체활동을 통해 체력, 정신력, 극기심 등을 배양하여 사회적 환경에 도전
목표달성 (Goal attainment)	• 타인과의 공정한 경쟁을 통해 이루어지는 목표설정 • 스포츠경험이 대중에게 전체사회의 일반화된 목표와 가치를 내면화시키는 기능이 있음
통합 (Integration)	• 사회체계가 하나의 단위로 효과적으로 기능할 수 있도록 체계의 구성원들 간의 유대와 통합 • 스포츠를 통해 사회구성원 결속, 조직의 일체감을 조성함
잠재적 유형유지 (Latent pattern maintenance)	• 긴장과 갈등을 해소시키는 정화작용 • 스포츠는 대중에게 사회의 기본적 가치와 규범을 전달한다는 사실에 관심을 둠

(2) 갈등이론

① 갈등이론(conflict theory)은 사회를 공통된 가치관이 아닌 본질적으로 상호 다른 관심에 특정 지워지고 끊임없이 변화하는 것으로 바라봄

② 마르크스(Marx) 이론에서 시작(유산계급, 무산계급)

③ 일부 지배집단이 자신들의 이익을 증진시키기 위해 스포츠 이용

④ 갈등이론에서 스포츠는 자본주의사회에서 어떤 형태로든 이익을 추구하는 소수 지배계급에 의해 형성된 왜곡된 형태의 스포츠 활동(코클리 Coakley, 1986)

⑤ 스포츠는 권력을 지닌 자들의 대중통제수단(회흐 Hoch, 1972)

기출 FOCUS

✓ 비판이론　　　23 기출

개념 PLUS

구조기능주의
- 사회에는 그 존속을 위해 수행되어야 하는 기능이 있음
- 그 기능수행의 지속성이 구조를 이룸
- 사회란 본질적으로 상호관련, 상호의존적 제도 구성

스포츠사회학에서 갈등이론을 통한 주요 관심사항
- 신체적 소외 조장의 문제
- 강제와 사회통제를 통한 지배집단 의도, 정치·경제·사회 무관심으로 유도
- 상업주의
- 국수주의 및 군국주의
- 성차별 및 인종차별

기출 Q

Q. 파슨스(T. Parsons)의 AGIL이론에 관한 설명으로 옳지 않은 것은?　　기출 24

① 상징적 상호작용론 관점의 이론이다.
② 스포츠는 체제 유지 및 긴장 처리 기능을 한다.
③ 스포츠는 사회구성원을 통합시키는 기능을 한다.
④ 스포츠는 사회구성원이 사회체제에 적응하게 하는 기능을 한다.

해설 파슨스(Parsons)는 모든 사회체계를 4가지 기능요건을 충족(AGIL)해야 한다고 제시함. 이는 적응(Adaptation), 목표 달성(Goal attainment), 통합(Integration), 잠재적 유형 유지(Latent pattern maintenance)임. 파슨스의 AGIL 이론은 구조기능주의의 핵심원리를 반영하고 있음

정답 ①

▲ 구조기능주의와 갈등이론 비교

구조기능주의	갈등이론
• 모든 사회는 사회적 요소들의 비교적 안정적이고 지속적인 묶음으로 이루어짐	• 모든 사회는 어느 시점에서는 변화에 종속되어 있고, 변화는 항상 있음
• 모든 사회는 상호의존적인 부분들의 잘 통합된 체계	• 모든 사회는 모든 시점에서 의견의 불일치와 갈등을 보임
• 사회체계의 모든 요소들은 그 체제의 존속에 공헌한다는 점에서 기능적	• 사회의 모든 요소들은 잠재적으로 그 사회의 해체와 변화에 공헌함
• 모든 사회는 성원들 사이의 가치합의에 기초	• 모든 사회는 어떤 성원들로부터 다른 성원들에 대한 강제에 기초함

(3) 비판이론

① 비판이론(critical theory)은 마르크스주의가 경제론으로 치중할 때 프랑크푸르트학파에 의해 반대의견을 제시하며 발전된 사회학적 이론
② 비판철학은 헤겔(Hegel)과 마르크스(Marx) 이론에서 영향을 받음

③ 인간에게는 기본적으로 환경을 변화시킬 수 있는 능력이 있다는 전제
④ 현대사회의 복잡한 문제의 원인, 해결방안 제시(복수이론 지향)
⑤ 이론과 실재의 결합을 강조함
⑥ 인간의 관점에서 결정, 해석되어야 한다고 주장
⑦ 사회문제들의 본질을 폭로하는 데 중점
⑧ 권력과 권위, 자유의 본질과 한계에 대해 연구
⑨ 스포츠는 더 이상 자기계발, 여가수단이 아니라 자본의 이윤축적을 위한 상품으로 변질

> **개념 PLUS**
>
> **스포츠사회학에서의 비판이론을 통한 규명을 위한 노력**
> - 스포츠의 진정한 가치와 이상
> - 스포츠 참여기회, 선택에 관한 사회집단 혹은 계층 간의 차이
> - 보다 많은 집단, 계층의 이익을 위한 스포츠 변화방법
> - 사회구성원 간의 상호작용을 촉진하는 매개체로서의 역할

기출 FOCUS

◆ 상징적 상호작용론
21·22·23 기출
동일한 행위도 상황에 따라 일탈로 규정되거나 그렇지 않을 수 있음. 이는 개인의 행동을 결정하는 역할은 객관적인 조건이 아니라 개인이 그것을 어떻게 주관적으로 인지하고 평가하느냐에 따라 달라짐

(4) 상징적 상호작용론

① 상징적 상호작용론(symbolic interactionism)은 미드(Mead, 1934)에 의해 처음 제시(마음, 자아, 사회라는 3가지 개념)
② 개인의 행동을 결정하는 역할은 객관적인 사회적 조건이 아니라 개인이 그것을 어떻게 주관적으로 인지, 평가하느냐는 상황 정의
③ 인간의 능동적인 사고와 행위의 측면을 설명
④ 스포츠현상에 대한 상징적 상호작용론의 적용: 스포츠 상황에서 자아, 일반화된 타자, 역할, 지위, 정체성과 같은 상징적 상호작용론의 구성물이고, 스포츠 상황을 분석할 때 적합
  ㉠ 일반화된 타자: 투수를 예로 들면 팀의 중심이고, 팀을 리드하며 볼을 잘 던져야 함
  ㉡ 스포츠 의식: 선수들의 미신, 징크스, 금기사항, 속설 등
  ㉢ 팀 문화: 스포츠맨십, 팀워크, 승리와 패배 등 상징적 가치

> **개념 PLUS**
>
> **블루머(Blumer, 1969)에 의해 발전된 사회학 연구론으로 3가지 명제 제시**
> - 인간은 대상(object)이 인간에 대해 지니고 있는 의미를 바탕으로 행동함
> - 대상들의 의미는 사람과 동료들과의 사회적 상호작용에서 비롯됨
> - 대상에 대한 해석과정 속에서 처리되고 변형됨

OX 퀴즈

투수는 팀의 중심이고 공을 잘 던져야 한다는 인식은 상징적 상호작용론으로 이해할 수 있다.
ⓞⓧ

정답 ○

> **기출 Q**
>
> **Q. <보기>에서 설명하는 스포츠사회학 이론은?** 기출 23
>
> - 일상에서 특정 물건을 소비하는 것은 자신의 계급 위치를 상징화하는 행위이다.
> - 자원과 시간의 소비가 요구되는 스포츠에 참여하는 것은 계급 표식 행위이다.
> - 고가의 스포츠용품, 골프 회원권 등의 과시적 소비 양상이 나타난다.
>
> ① 갈등이론 ② 구조기능이론
> ③ 비판이론 ④ 상징적 상호작용론
>
> **해설** <보기>는 중복답안임. 즉, 사회를 공통된 가치관이 아닌 본질적으로 상호 다른 관심에 특정 지워지고 끊임없이 변화하는 것으로 바라보는 갈등이론, 사회질서가 유지되기 위한 어떤 구조에 의해 충족된다는 구조기능주의이론, 현대사회의 복잡한 문제의 원인과 해결방안을 제시하기 위해 사회문제를 드러내는 비판이론, 개인의 행동을 결정하는 역할은 객관적인 사회적 조건이 아니라 개인이 그것을 어떻게 주관적으로 인지하고 평가하느냐는 상황으로서 정의될 수 있는 상징적 상호작용론의 내용이 모두 포함돼 있음
>
> **정답** ①, ②, ③, ④

(5) 교환이론

① 교환이론(exchange theory)은 **사회관계를 비용(cost)과 보상(reward)의 교환이라는 인식에서 분석**
② 교환이론의 제창자인 호만스(Homans, 1974)의 6가지 기본명제 제시
③ 교환이론을 스포츠에 적용

성공명제 (success)	• 사람들의 행동은 보상이 자주 주어질수록 그 행동을 할 가능성이 높아짐
자극명제 (stimulus)	• 과거의 자극이 원인이 되어 얻게 된 개인보상을 통해 유사한 행동을 할 가능성이 높아짐
가치명제 (value)	• 행위결과를 통해 가치가 있다고 판단되면 그 행동을 할 가능성이 높아짐 • 경기에서 좋은 성적을 보인 선수에게 더 많은 보상을 줌(교환, 실격과 보상)
박탈-포화명제 (deprivation-satiation)	• 과거에 특정한 보상을 자주 받을수록 그 이상의 보상도 점차 가치가 저하됨 • 한 선수가 같은 상을 반복해서 받으면 상의 가치가 떨어진다고 생각할 가능성, 즉 상의 종류와 강도를 변화시켜야 함
공격-승인명제 (aggression-approval)	• 기대했던 것만큼 보상을 못 받거나 오히려 처벌을 받을 때 공격 가능성이 높아짐 • 어떤 경기에서 한 선수가 보통 이상의 수행을 보였다면 당연히 보상을 해 주어야 함
합리적 명제 (rationality)	• 특정인이 대안적 행동 중 특정행동을 선택할 때 그 시점에 파악하는 결과의 가치에 그 결과를 얻을 확률을 의미함 • 최소의 비용을 들여서 최고로 가치 있는 경기 결과를 얻을 수 있도록 지도해야 함

CHAPTER 02 스포츠와 정치

01 스포츠와 정치의 결합

1. 스포츠와 정치의 관계

(1) 스포츠의 정부개입 이유(훌리한 B. Houlihan, 2000)

① 공공질서 보호 ② 공공성 확보 및 인권 보호 ③ 건강 유지 ④ 지역사회 및 국가 명성과 권력 상승 ⑤ 일체성, 소속감 및 단합 촉진 ⑥ 지배적 정치 이데올로기와 관련된 가치 재생산 ⑦ 경제 및 사회 발전 촉진	〈사례〉 • 시민건강 및 체력유지를 위한 재원지원 • 양성평등을 위한 Title IX 제정 • 공공질서 보호를 위한 스케이트보드 금지, 헬멧 착용 등의 도시조례 제정 • 게르만족 우월성을 강조하기 위해 베를린 올림픽(1936) 올림픽 개최

기출 FOCUS
- 정치가 스포츠를 이용: 사회구성들을 사회집단 속으로 흡수(**사회통합**) 16 기출
- 스포츠의 정치적 순기능: **외교수단** 18 기출
- 훌리한의 스포츠 정치개입 21·24 기출

(2) 정치가 스포츠를 이용하는 이유

사회통합	사회구성원들을 사회집단 속으로 조화롭게 흡수
사회통제	사회구성원들을 보호하고 통제하는 것
위광효과	국가, 정치권력에 대한 충성심을 강요하여 지배층의 권위를 강화

2. 스포츠의 정치적 기능과 속성

(1) 스포츠의 정치적 기능 ◆ 스포츠 윤리[08. 스포츠 조직과 윤리]에도 등장

순기능	역기능
• 국민화합 수단 • 정치적 가치와 기능을 수행 • 외교적 수단으로서의 기능 • 사람들의 기본적인 인성, 사회의 기본적 가치, 규범을 가르침 • 경쟁적 스포츠는 높은 성취욕구를 일으킴 • 정치적 갈등 해소(계층, 인종, 남녀 간)	• 국제적 갈등의 원인 • 권력의 형성과 유지를 정당화하기 위해 피지배자의 감정에 호소하여 지배의 정당성을 구하고자 함 • 국수주의적 국민의식을 조장

OX 퀴즈

사회통합을 이유로 정치가 스포츠를 이용한다. Ⓞ/Ⓧ
정답 O

스포츠는 외교적 수단으로서의 기능을 한다. Ⓞ/Ⓧ
정답 O

기출 FOCUS

- 스포츠의 정치화 과정(3가지 요인) 20 기출
  - 상징 18·19·22 기출
  - 동일화
  - 조작 15 기출
- 스포츠의 정치적 속성 22·23·24 기출
  - 대표성
  - 권력투쟁
  - 상호의존성
  - 보수성

암기 TIP

상동작 즉, 정치는 위(上)에서부터 동작을 잘 해야죠. 이렇게 암기해봅시다.

(2) 스포츠의 정치적 속성(에티즌과 세이지 Eitzen & Sage, 1982)

① **대표성**: 스포츠 경기에서 행하게 하는 의식은 후원기관에 대한 충성심을 상징적으로 재확인시키는 기능
  - 예) 올림픽, 국제경기 성적으로 정치적, 경제적, 문화적, 군사적 우월성을 나타내는 수단

② **권력투쟁**: 선수와 구단주 간, 경쟁리그 간, 행정기구 등의 스포츠 조직은 불평등하게 배분되는 권력으로 인해 권력투쟁이 존재

③ **상호의존성**: 스포츠와 정치의 결합을 통한 정부기관 관여
  - 예) 일반기업의 프로스포츠구단 창설에 따른 조세감면혜택 부여, 우승선수의 군면제 혜택

④ **보수성**: 스포츠의 제도적 특성은 질서와 법의 표본이 됨

⑤ **스포츠의 정치화 과정**(3가지 요인): 정치가 스포츠를 이용하는 방법

상징	• 선수 유니폼에 국가, 지역이름 부착 • 경기 전에 국가 연주 등을 통해 상징성 내포
동일화	• 스포츠 선수, 국가 대표팀 등 다른 대상에게 자신의 감정을 이입, 일체화시키는 것
조작	• 상징과 동일화의 효과를 극대화하기 위해 인위적으로 개입 • 통치 집단의 비리와 부정을 은폐하기 위해 스포츠를 이용함

스포츠를 정치적으로 악용한 사례: 1936년 베를린올림픽

OX 퀴즈

축구 한일전을 치르기 전에 각 국가를 연주하는 것은 조작에 관한 스포츠의 속성이다. O X

정답 ×
해설 상징

기출 Q

Q. 정치의 스포츠 이용 방법에 관한 설명 중 옳은 것은? 〔기출 22〕

① 태권도를 보면 대한민국 국기(國技)라는 동일화가 일어난다.
② 정부의 3S(sports, screen, sex) 정책은 스포츠를 이용하는 상징의 대표적인 방법이다.
③ 스포츠 이벤트에서 국가 연주, 선수 복장, 국기에 대한 의례 등은 상징의식에 해당한다.
④ 올림픽에서 금메달 수상 장면을 보면서 내가 획득한 것처럼 눈물을 흘리는 것은 상징화에 해당한다.

(해설) 스포츠의 정치화 과정은 상징, 동일화, 조작이 있음. 상징은 선수 유니폼에 국가와 지역이름을 부착하는 행위에서 드러나고, 동일화는 스포츠 선수와 국가 대표팀과 같이 다른 대상에게 자신의 감정을 이입하고 일체화시키는 과정에 드러나며, 조작은 상징과 동일화의 효과를 극대화하기 위해 인위적으로 개입하면서 나타날 수 있음   (정답) ③

Q. 〈보기〉에서 훌리한(B. Houlihan)이 제시한 '정부(정치)의 스포츠 개입 목적'에 관한 사례인 것을 모두 고른 것은? 〔기출 24〕

ㄱ. 시민들의 건강 및 체력유지를 위해 체육단체에 재원을 지원한다.
ㄴ. 체육을 포함한 교육 현장의 양성 평등을 위해 Title IX을 제정했다.
ㄷ. 공공질서를 보호하기 위해 공원에서 스케이트보드 금지, 헬멧 착용 등의 도시 조례가 제정되었다.

① ㄱ
② ㄱ, ㄷ
③ ㄴ, ㄷ
④ ㄱ, ㄴ, ㄷ

(해설) 훌리한(Houlihan)이 제시한 정부의 스포츠 개입 목적은 시민건강 및 체력유지를 위한 재원 지원, 양성평등을 위한 Title IX 제정, 공공질서 보호를 위한 스케이트보드 금지, 헬멧 착용 등의 도시조례 제정이 있음. 덧붙여 게르만족의 우월성을 강조하기 위해 베를린 올림픽(1936) 개최도 사례로 제시함   (정답) ④

Q. 에티즌(D. Eitzen)과 세이지(G. Sage)가 제시한 스포츠의 정치적 속성 중 〈보기〉의 설명에 해당하는 것은? 〔기출 24〕

• 국가대표 선수는 스포츠를 통해 국위를 선양하고 국가는 선수에게 혜택을 준다.
• 국가대표 선수가 올림픽에 출전하여 메달을 획득하면 군복무 면제의 혜택을 준다.

① 보수성
② 대표성
③ 상호의존성
④ 권력투쟁

(해설) 위 사례는 스포츠와 정치의 결합을 통한 정부기관의 관여에 해당되는 상호의존성임. 이 외에도 일반기업의 프로스포츠구단 창설에 따른 조세감면혜택을 부여하는 제도도 해당됨   (정답) ③

기출 FOCUS

✓ 스포츠의 정치개입 이유
　15 기출

✓ 스포츠의 국제정치 역할
　15 · 19 기출

OX 퀴즈

사회질서를 유지하고 보호하기 위해 스포츠에 정치가 개입한다.
　　　　　　　　　　　O X

　　　　　　　　(정답) O

CHAPTER 02 스포츠와 정치

02 스포츠와 국내·외 정치

1. 스포츠와 국내정치

(1) 스포츠의 정책

① 스포츠 발전을 목표로 하는 국가 주도의 시책
② 스포츠의 가치 및 이념의 확산, 스포츠의 대중화 등을 위한 재정적·행정적 자원 확보와 분배의 과정
③ 국민 복지를 실현하는 수단으로 스포츠 정책을 시행
④ 국민들로부터 정치적 동의를 구하고, 정부의 지배 이데올로기를 강화할 목적으로 시행

(2) 스포츠에 정치가 개입하는 이유

① 국민의 건강 증진
② 사회질서의 유지 및 보호
③ 경제발전의 촉진
④ 국위선양
⑤ 사회통합
⑥ 지지 확보
⑦ 성공 이데올로기의 내면화

2. 스포츠와 국제정치

(1) 국제정치에서 스포츠의 역할

① 국위선양 및 외교적 가치
② 이데올로기 및 체제 선전의 수단(냉전시대)
③ 국가 간 이해 및 평화 증진
④ 갈등 및 전쟁의 촉매
⑤ 국내외 문제를 반영하는 사회문화적 반사경

기출 Q

Q. 국가가 스포츠에 개입하는 원인에 해당되지 않는 것은? 　　기출 15

① 국민 여가기회 제공
② 경기규칙의 선진화
③ 국민 건강증진
④ 정부에 대한 지지 확보

해설 ②번은 스포츠 단체에서 주도적으로 해야 할 영역임　　정답 ②

Q. 스포츠정책과 정치에 대한 설명으로 적절하지 <u>않은</u> 것은? 〔기출 19〕

① 국가는 스포츠정책을 통해 스포츠에 개입한다.
② 냉전시대 국가의 국제스포츠정책은 스포츠를 통한 상업주의 팽창에 초점이 맞춰졌다.
③ 스포츠는 상징, 동일화, 조작의 과정을 통해 정치적 기능이 극대화된다.
④ 정부는 의료비 지출을 줄이고 산업생산력을 향상시키기 위해 스포츠에 관여한다.

〔해설〕 냉전시대에는 스포츠를 이데올로기 및 체제 선전의 수단으로 활용함 〔정답〕 ②

기출 FOCUS

- 올림픽의 정치화 원인(민족주의, 상업주의 등)과 정치적 행위(외교적 항의 등)
  17 기출
- 올림픽 경기의 정치 도구화
  20·22 기출
  - 검은 구월단의 테러(1972년 뮌헨 올림픽)
- 스트렌크의 스포츠가 국제정치에 개입하는 방식
  23·24 기출
- 월드컵의 국제정치적 사건
  - 1969년 중남미 월드컵 예선(온두라스-엘살바도르)으로 인한 축구 전쟁
  21 기출

(2) 올림픽과 국제정치

① **올림피즘과 정치**: 올림피즘(올림픽의 이념, 올림픽의 정신) 국제정치사회에서 자국의 이익을 위해 올림픽을 정치에 활용하기도 함

② **올림픽이 정치화된 원인**: 민족주의 심화, 상업주의 팽창, 정치권력 강화

③ **올림픽에서 있었던 정치적 행위**
  ㉠ 정치적 이슈를 쟁점화하거나 항의하기 위함
  ㉡ 체제를 선전하기 위함
  ㉢ 집단적으로 외교적 항의를 하기 위함
  ㉣ 이념대립을 표출하기 위함
  ㉤ 자국과 대립관계에 있는 국가에서 개최됐을 시 공격 장소로 이용

④ **올림픽 경기의 문제점과 해결방안**
  ㉠ 올림픽의 기본적 가치인 올림피즘은 스포츠 경기를 통해서 전 세계가 화합하고, 세계평화에 기여하는 것이 목적
  ㉡ 올림픽 정신이 쇠퇴하고 정치적 색깔이 진해지면서의 문제점: 참가자격, 금지약물 복용, 경제적 손실, 각종 비리, 판정시비, 정치적으로 이용, 민족주의의 팽배

(3) 스트렌크(Strenk)의 스포츠가 국제정치에 개입하는 방식

① **외교적 도구**: 외교적 거부, 외교적 승인, 미국 탁구팀의 중화인민공화국 방문(1971)
② **외교적 항의**: 모스크바 올림픽 보이콧(1980), LA 올림픽 보이콧(1984), 남아공 내의 아파르트헤이트에 대한 국제사회 대응
③ **국위선양**: 선수와 국가의 동일시, 국가를 전 세계에 알리는 수단
④ **정치이념 선전**: 베를린 올림픽의 나치즘 선전(1936), 남북한 출전경쟁 및 정치제도 우위선전
⑤ **국제이해와 평화증진**: 남북체육 교류
⑥ **갈등 및 전쟁의 촉매**: 뮌헨 올림픽의 검은 구월단 테러(1972), 온두라스·엘살바도르의 월드컵 예선으로 인한 축구전쟁(1969)

OX 퀴즈

올림픽 경기가 국가 간 경쟁으로 민족주의가 심화되면서 정치화되는 경향이 있다. Ⓞ Ⓧ

〔정답〕 O

개념 PLUS

올림픽 경기의 정치도구화

1896 아테네(그리스 적대관계 터키 불참), 1920 안트베르펜(독일, 구 소련, 터키 등 참가 거부), 1936 베를린(히틀러 나치정부 홍보), 1948 런던(구 소련과 미·영·프 국가정치 갈등), 1952 헬싱키(미국과 소련세력 각축장), 1956 멜버른(구 소련의 헝가리 침공 항의로 서방 불참), 1968 멕시코(흑인에 대한 인종차별 항의), 1972 뮌헨(검은 구월단 사건으로 테러), 1976 몬트리올(아프리카 국가들의 뉴질랜드 참가 반대), 1980 모스크바(구 소련의 아프가니스탄 침공 항의로 미국 등 서방 불참), 1984 LA(구 소련과 동구권 불참)

인종차별 항의 시위를 보인 대표적 올림픽: 멕시코시티 올림픽(1968)

200m 육상경기의 흑인 선수인 토미 스미스(1위), 존 카를로스(3위)는 인종차별의 항의표시로 맨발로 검은 장갑을 낀 한 손을 치켜세우며 시상대에 오름. 2위를 한 백인 선수 피터 노먼도 두 흑인 선수와의 연대의미로 인권배지를 달고 시상대에 오름

기출 Q

Q. 아래의 내용에 공통적으로 해당하는 스포츠의 정치적 이용 방식은? 〔기출 17〕

- 남아프리카공화국의 인종차별정책에 반대하는 많은 국가들이 남아프리카공화국에서 개최된 국제 대회에 불참하였다.
- 구 소련의 아프가니스탄 침공을 문제 삼아 미국을 비롯한 서방국가들이 1980년 모스크바 올림픽 경기대회에 불참하였다.

① 국제 평화 증진 ② 체제 선전의 수단
③ 전쟁의 촉매 ④ 외교적 항의

(해설) 올림픽에 있었던 정치적 행위로서 정치적 이슈 쟁점화, 체제 선전, 외교적 항의, 이념대립 표출 등이 있음 (정답) ④

Q. 〈보기〉는 스트렌크(A. Strenk)가 제시한 국제정치에서 스포츠의 기능에 관한 설명이다. ㉠~㉢에 해당하는 내용이 바르게 연결된 것은? 〔기출 23〕

- (㉠): 2002년 한일 월드컵 4강 진출로 대한민국이 축구 강국으로 인식
- (㉡): 1980년 모스크바 올림픽에서 서방 국가들의 보이콧 선언
- (㉢): 1936년 베를린 올림픽에서 나치즘의 정당성과 우월성 과시

	㉠	㉡	㉢
①	외교적 도구	정치이념 선전	국위선양
②	국위선양	외교적 항의	정치이념 선전
③	국위선양	외교적 도구	외교적 항의
④	외교적 도구	외교적 항의	정치이념 선전

(해설) 월드컵을 통한 축구 강국의 인식은 국위선양, 구 소련의 아프가니스탄의 침공을 빌미로 1980년 모스크바 올림픽 서방 불참(우리나라도 포함)은 외교적 항의, 나치즘 선전의 1936년 베를린 올림픽은 정치이념 선전에 해당함 (정답) ②

(4) 스포츠와 남북관계

① 남북 스포츠 교류의 방법: 경기 교류, 단일팀 구성, 공동입장, 공동응원단 구성
② 남북 스포츠 교류의 효과: 남북한 갈등과 긴장 완화, 공동체 의식 증진, 국제사회의 불안감 해소, 정치적 불안요소의 감소로 경제적 효과 부가
③ 남북 스포츠 교류의 단점: 출전선수 배분에 따른 선수 출전기회 감소, 우수 지도자 기회 감소, 정치 쟁점화

기출 FOCUS

✓ 남북 스포츠 교류 방법 18 기출
- 경기교류
- 단일팀 구성
- 공동입장
- 공동응원

OX 퀴즈

2018년 평창동계올림픽 때 여자아이스하키 단일팀 구성은 남북 스포츠가 교류하는 방법이다.
O|X

정답 O

CHAPTER 03 스포츠와 경제

기출 FOCUS

- 근대스포츠가 발전하게 된 요인: 산업화, 도시화, 교통과 통신 발달
- 상업주의 스포츠 발전 요인 18 기출
  - 자본주의 시장경제
  - 인구밀도 높은 대도시
  - 자본에 따른 스포츠 대회 유치 및 시설
- 상업화에 따른 스포츠 변화: 본질, 목적, 규칙, 경기력, 조직 15·17·19·20·21 기출

01 상업주의와 스포츠

(1) 상업주의 스포츠가 발전하게 된 요인

① 자본주의적 시장경제 체제의 발전
② 인구가 밀집되어 있는 도시
③ 경제적으로 여유가 있는 계층
④ 스포츠 기반시설을 구축할 수 있는 거대 자본
⑤ 소비를 중시하는 사회풍토

(2) 상업화에 따른 스포츠의 변화

스포츠 본질의 변화	• 금전적인 보상과 관련이 없는 아마추어리즘을 내포한 스포츠 본질의 변화
스포츠 목적의 변화	• 경기 내적 요인인 건강의 증진, 유능성 추구, 신체적 능력의 한계 도전, 사회성 함양 등 • 경기 내적 요인보다 외적 요소(외모, 지나친 근육 등)에 치중
스포츠 규칙(구조)의 변화	• 경기시간, 득점 방식 등 상업주의 목표를 달성하기 위해 스포츠 규칙 변화
경기력	• 극적인 요소의 확대, 광고, 가치관의 변화, 스포츠 조직의 변화 등을 통해 경기력 향상 • 기술발달에는 긍정적 인식(스포츠 과학)과 부정적 인식(기술 도핑)이 있음
조직	• 상업화를 위해 조직의 업무를 확대, 변경 등 다양하게 운영

OX 퀴즈

근대스포츠는 산업화와 도시화가 되면서 계속 발전하고 있다. O/X

정답 O

스포츠의 상업화가 되더라도 경기규칙을 바꿀 수 없다. O/X

정답 X

해설 TV 광고주 입장을 반영하여 경기규칙을 변경하는 경우가 많음

기출 Q

Q. 상업주의로 인한 스포츠의 변화 중 성격이 다른 것은? 기출 15

① 아마추어리즘의 퇴조
② 득점체계 다양화
③ 극적인 요소의 극대화
④ 광고를 위한 경기시간 조정

해설 현대 스포츠의 가장 큰 특징은 미디어를 통해 '보는 스포츠'로서 많은 시청자를 확보하기 위해 재미와 흥행의 요소를 갖추고자 경기규정과 시간을 조정하기도 함. ①번은 금전적인 보상과 관련이 없는 아마추어리즘을 내포한 스포츠 본질의 변화를 의미함 **정답** ①

Q. 스포츠의 상업화에 따른 변화 중 아래의 사례에 해당하는 것은? 기출 19

> 2013년 미국프로야구 LA 다저스와 신시내티 레즈의 경기에서 한국의 류현진 선수와 추신수 선수 간의 맞대결이 펼쳐지자 미국프로야구 사무국은 이 날을 코리안 데이로 지정하고 한국의 걸그룹 소녀시대를 초청하여 애국가를 제창하게 하였다. 이 외에도 미국프로야구 사무국은 각종 의전행사 및 경품행사를 개최하여 언론의 반응에 촉각을 곤두세웠다.

① 스포츠 기술의 변화
② 스포츠 규칙의 변화
③ 스포츠 조직의 변화
④ 선수, 코치의 경기 성향 변화

(해설) 상업화를 위해 조직의 업무를 확대, 변경하는 등 다양하게 운영할 수 있음   (정답) ③

Q. 상업주의 심화에 따른 스포츠의 변화에 대한 설명으로 적절하지 않은 것은? 기출 20

① 경기 내적인 요소보다 외적인 요소를 중요시한다.
② 심미적 가치보다 영웅적 가치를 중요시한다.
③ 아마추어리즘보다 프로페셔널리즘을 추구한다.
④ 경기의 공정성을 강화하기 위해 경기 규칙을 개정한다.

(해설) 상업화에 따른 스포츠의 변화는 스포츠 본질을 변화(아마추어리즘 → 프로페셔널리즘)시키고, 스포츠 목적의 변화(건강 증진, 심미적 가치 등의 경기 내적 요인 → 외모, 영웅적 가치 등의 경기 외적 요인), 시청자 확보를 위한 스포츠 규칙 및 구조 변화 등이 있음   (정답) ④

(3) 스포츠 산업

① 정의: 스포츠와 관련된 재화와 서비스를 통하여 부가가치를 창출하는 산업(스포츠산업진흥법 제2조 제2항)

② 분류
 ㉠ 기준: 스포츠 산업 특수분류 3.0(2012년 12월 제정)
 ㉡ 대분류/중분류/소분류

대분류	중분류	소분류
스포츠 시설업	스포츠시설운영업	경기장 운영업, 참여스포츠시설 운영업, 골프장 및 스키장 운영업, 수상스포츠시설 운영업, 기타 스포츠시설 운영업
	스포츠시설 건설업	스포츠시설 건설업
스포츠 용품업	운동 및 경기용품업	운동 및 경기용품 제조업, 스포츠의류 및 관련 섬유제품 제조업, 스포츠가방 및 신발 제조업
	운동·경기용품 유통 및 임대업	운동 및 경기용품 도매업, 운동 및 경기용품 소매업, 운동 및 경기용품 임대업
스포츠 서비스업	스포츠 경기 서비스업	스포츠 경기업, 스포츠 베팅업, 스포츠 마케팅업
	스포츠 정보 서비스업	스포츠 미디어업, 기타 스포츠정보 서비스업
	스포츠 교육기관	스포츠 교육기관
	기타 스포츠 서비스업	스포츠 게임 개발 및 공급업, 스포츠 여행업

기출 FOCUS

◉ 프로스포츠의 역기능
- **물질만능주의** 16 기출
- 아마추어리즘 퇴색
- 인기종목 편중
- 스포츠 도박 및 승부조작

◉ 프로스포츠의 순기능
21 기출
- 스포츠의 대중화
- 생활의 활력소 역할
- 지역사회 연대감 증대
- 아마추어 스포츠의 활성화

◉ **스폰서십** 개념: 상업적인 상품 광고를 소개하는 방송 프로그램에 비용을 지불하는 개인이나 비즈니스 기업을 의미
16 기출

암기 TIP

공복시오감 배가 고플 때, 즉 공복 시에는 오감이 뒤틀리죠. 이렇게 암기해보세요.

---

③ 특성: 공간·입지 중시형 산업, 복합적인 산업분류 구조를 가진 산업, 시간 소비형 산업, 오락성이 중심 개념인 산업, 감동과 건강을 가져다주는 산업
④ 중요성: 고부가가치 산업, 무한한 성장 잠재력이 있는 산업, 미디어적 가치가 있는 산업, 국민복지에 기여하는 산업

(4) 프로스포츠와 상업주의

① 프로스포츠의 사회적 기능

순기능	• 여가선용, 스트레스 해소, 지역경제 활성화, 아마추어 스포츠 발전에 기여, 대중의 호기심을 자극하여 스포츠 대중화에 기여
역기능	• 물질 만능주의, 아마추어리즘 퇴색, 인기종목에 편중, 스포츠 도박 및 승부조작같은 범법행위 조장

② 프로스포츠 시장의 경제적 특성
  ㉠ 프로스포츠의 소비자인 관중들은 특정 팀과 선수의 플레이에 열광함. 즉, 특정 팀과 선수의 경제적 가치를 인정해주는 소비자가 특정되어 있음
  ㉡ 상대팀이 있어야 프로스포츠가 존재하게 됨
  ㉢ 프로스포츠의 리그경기는 반독점 규제가 없어서 독점적임
  ㉣ 프로스포츠 경기는 다양한 파생시장을 만들고, 비용을 부담하지 않은 제3자에게도 영향을 미침
  ㉤ 경기결과가 불확실한 상태에서 미완성 제품을 소비자에게 판매함

(5) 상업주의와 세계화

① 방송중계권료, 입장권 판매수익, 스포츠용품 판매
② 국제올림픽위원회(IOC)의 TOP(The Olympic Partners) 프로그램(1988 서울올림픽 때 첫 시작)

02 스포츠 메가이벤트의 경제

(1) 스폰서십(sponsorship)

스포츠 이벤트 주최기관(IOC, FIFA, 한국야구위원회 등)은 기업으로부터 금전 및 물자를 제공받고, 기업은 자사제품 광고 및 홍보에 올림픽 공식 로고와 휘장을 사용할 수 있는 권한을 얻음

OX 퀴즈

스포츠 산업은 복합적인 산업분류 구조를 가졌다. ⓞⓧ

정답 ○

개념 PLUS

TOP(The Olympic Partners)
국제올림픽위원회(IOC)의 올림픽 마케팅 프로그램임. 기업 스폰서 참여를 통한 IOC의 수익구조로서 1988년 서울하계올림픽 때부터 처음으로 적용됨

규정 40(Rule 40)
IOC는 2012년에 규정 40을 만들어 공식 스폰서가 아닌 기업에게 대회기간 중 활동금지 조치를 취하는 노력을 함(매복(ambush) 마케팅 기업을 견제)

기출 FOCUS

✓ 대형 국제 스포츠 이벤트의 **사회적 기능** 15 기출
- 긍정적 효과: 경제 활성화, 관광산업 발전, 국가 이미지 제고, 사회 기반시설 확충 등
- 부정적 효과: 환경오염, 교통혼잡, 물가 상승, 조세부담 가중, 경제적 위기 초래, 계층 갈등 유발 등

(2) 대형 국제 스포츠이벤트의 사회적 기능

긍정적 효과	부정적 효과
• 대규모 투자가 이루어지므로 경제 활성화, 고용 촉진 • 관광산업의 경쟁력이 강화됨 • 국가의 이미지를 긍정적으로 제고할 수 있음 • 국가 및 지역 간 교류 확대 • 사회 기반시설의 확충 • 시민의식의 확충	• 계층 사이의 갈등 유발 • 조세부담 가중, 경제적 위기 초래 • 환경오염, 교통혼잡, 물가상승 등 • 스포츠 시설의 사후 활용 하락 • 다른 분야에 투자할 수 있는 기회를 박탈

기출 Q

Q. 국제 스포츠이벤트의 사회적 기능에 해당되지 않는 것은?   기출 15

① 지역주민의 자긍심 제고
② 개최지역의 이미지 제고
③ 순기능적 효과만 발생
④ 기반시설의 확충

[해설] 국제 스포츠이벤트 개최를 통해 환경오염, 교통 혼잡, 경제적 위기 초래, 계층 간 갈등 유발 등의 부정적인 효과도 있음   [정답] ③

OX 퀴즈

올림픽 혹은 월드컵과 같은 대형 스포츠이벤트를 통해 경제 활성화가 이루어지는 반면, 사회적 갈등을 초래하기도 한다.   O X

[정답] O

CHAPTER 04 스포츠와 교육

기출 FOCUS

✓ 스포츠의 교육적 순기능
    15·17·20·23 기출
- 사회통합
- 사회성 함양
- 구성원 간의 통합
- 평생체육 활동 지속

✓ 스포츠의 교육적 역기능
    18·21·24 기출
- 교육 부실화
- 무관심 및 인식부족
- 체육과목 위상 악화
- 승리지상주의 인식

01 스포츠의 교육적 기능

1. 스포츠의 교육적 순기능

전인교육 도모, 본능적 욕구 충족, 사회성 함양, 바람직한 성격 향상에 도움, 구성원 간의 통합, 사회통합에 도움, 욕구불만을 정화, 장애인의 신체기능 유지에 도움, 여가선용에 도움, 신체에 대한 인식을 긍정적으로 전환, 생애주기에 맞는 평생체육 활동 지속

2. 스포츠의 교육적 역기능 ◆ 스포츠교육학(02. 스포츠교육의 정책과 제도)에도 등장

(1) 정과체육의 문제점

체육수업의 부실화, 열악한 시설과 환경, 체육교사의 무관심 및 인식부족

> **개념 PLUS**
>
> 정규교과체육의 개선방향
> 학교체육의 전문성 향상, 학교스포츠클럽의 육성, 학생건강체력평가제도의 도입, 여학생 체육활동의 활성화

(2) 체육교과의 위상 악화

보건교과의 신설, 체육과목 대체수업, 체육과목에 대한 부정적인 인식

(3) 학원·클럽 스포츠의 문제점

학교체육과 달리 경기를 하기 때문에 경쟁의식과 승리지상주의 인식(부정한 방법 동원)

> **기출 Q**
>
> **Q. 스포츠의 교육적 순기능 중 사회선도 기능이 아닌 것은?**   기출 22
> ① 여권신장   ② 학교 내 통합
> ③ 평생체육과의 연계   ④ 장애인의 삶의 질 향상
>
> (해설) 스포츠의 교육적 순기능으로 사회통합, 사회성 함양, 구성원 간의 통합, 평생체육 활동 지속 등이 있고, 역기능으로 교육 부실화, 무관심 및 인식부족, 체육과목 위상 악화, 승리지상주의 인식 등이 있음   정답 ②

OX 퀴즈

스포츠의 교육적인 순기능에는 승리지상주의도 포함한다.
     O X

정답 ✕
해설 교육적인 역기능

Q. 스포츠의 교육적 역기능에 해당하는 것은? 〔기출 24〕

① 정서 순화 ② 사회 선도
③ 사회화 촉진 ④ 승리지상주의

해설 스포츠의 교육적 역기능은 정과체육의 문제점으로 체육수업의 부실화, 열악한 시설과 환경, 체육교사의 무관심 및 인식부족이 있음. 체육교과의 위상 악화로 보건교과의 신설, 체육과목 대체수업, 체육과목에 대한 부정적인 인식이 있음. 또한 학원·클럽 스포츠의 문제점으로 학교체육과 달리 경기를 하기 때문에 경쟁의식과 승리지상주의 인식이 팽배해 부정한 방법이 동원될 수 있음   정답 ④

Q. 〈보기〉에서 스포츠의 교육적 순기능으로만 묶인 것은? 〔기출 23〕

㉠ 학교와 지역사회의 통합	㉡ 평생체육의 연계
㉢ 스포츠의 상업화	㉣ 학업활동의 격려
㉤ 참여기회의 제한	㉥ 승리지상주의

① ㉠, ㉡, ㉣ ② ㉠, ㉢, ㉤
③ ㉡, ㉢, ㉣ ④ ㉡, ㉤, ㉥

해설 스포츠의 교육적 순기능으로 전인교육 도모, 본능적 욕구 충족, 사회성 함양, 바람직한 성격 향상에 도움, 구성원 간의 통합, 사회통합에 도움, 욕구불만을 정화, 장애인의 신체기능 유지에 도움, 여가선용에 도움, 신체에 대한 인식을 긍정적으로 전환, 생애주기에 맞는 평생체육 활동 지속 등이 있음. 스포츠의 교육적 역기능은 정과체육의 문제점, 체육교과의 위상 악화, 학원·클럽 스포츠의 문제점 등이 있음   정답 ①

기출 FOCUS

학교 체육의 분류
- **정과체육**: 정규 교육과정에 편성
- **학원스포츠**: 대회참가 및 입상을 목표로 학교 운동부 활동
- **클럽스포츠**: 동일학교의 학생들로 구성·운영하는 스포츠 활동

개념 PLUS

- 초·중학교 체육 교과영역(2015 교육부 고시): 건강, 도전, 경쟁, 표현, 안전

학교 내 통합
스포츠는 학교에 공동 목표를 제공함으로써 '우리'라는 공동체 의식을 형성시킴

암기 TIP

강도경표안 체육을 잘하기 위해서 강도경씨가 표안을 갖고 왔네요. 이렇게 암기해보세요.

02 스포츠 육성 모델 및 학원 스포츠

1. 스포츠 육성 모델

(1) 피라미드 모형

생활체육의 기반이 확대되면 세계적 수준의 선수를 배출할 수 있는 환경이 조성

(생활체육 → 엘리트체육)

기출 FOCUS

- 학원 스포츠 문제점 15·19 기출
- 학원 스포츠 개선방안 16·18 기출
- 학습권 보장을 위한 제도: 최저학력제, 학력증진 프로그램, 주말리그제
- 스포츠 육성 모델 24 기출

(2) 낙수 모형

엘리트 스포츠가 발전하면 생활체육 분야도 확대될 수 있음을 강조(엘리트체육 → 생활체육)

(3) 선순환 모형

피라미드 모형(생활체육 우선)과 낙수 모형(엘리트 체육 우선)의 통합

2. 학원 스포츠의 문제점 및 개선방안 ◈ 스포츠교육학 [02. 스포츠교육의 정책과 제도]에도 등장

학원 스포츠의 문제점	학원 스포츠의 개선방안
• 승리지상주의 인식 • 학생선수들과 일반학생들과의 이질화 (섬 문화) • 일반학생들의 스포츠 활동에 참여할 수 있는 기회 박탈 • 성차별을 간접적으로 경험 • 학생선수의 일탈행위를 묵인 • 학생선수의 인권 침해, 코치의 비인간적 훈련 방식 묵인 • 학생선수의 학습권 제한 • 학생선수의 폭력 문제	• 공부하는 학생선수 육성 • 학교스포츠클럽의 육성 • 운동부지도자 처우 개선 • 주말리그제 시행 • 학교운동부 운영 투명화 • 최저학력기준 설정

개념 PLUS

스포츠클럽법(2021.6. 제정)
스포츠교육학에 있는 '스포츠기본법'과 병행 학습

(1) 목적: 스포츠클럽의 지원과 진흥에 필요한 사항을 규정함으로써 국민체육 진흥과 스포츠복지 향상 및 지역사회 체육발전에 기여함을 목적
(2) 정의
  ① "스포츠클럽"이란 회원의 정기적인 체육활동을 위하여 등록을 하고 지역사회의 체육활동 진흥을 위하여 운영되는 법인 또는 단체
  ② "지정스포츠클럽"이란 스포츠클럽 중에서 문화체육관광부장관이 지정한 스포츠클럽
  ③ "스포츠클럽회원"이란 스포츠클럽의 시설이나 프로그램을 이용하기 위하여 스포츠클럽에 가입하여 정기적으로 회비를 납부하고 활동하는 사람
(3) 스포츠클럽 진흥 기본계획의 수립
  ① 문화체육관광부장관은 스포츠클럽 진흥을 위하여 5년마다 스포츠클럽 진흥 기본계획을 수립·시행
  ② 기본계획 포함내용: 스포츠클럽 진흥의 기본방향, 스포츠클럽의 시설 사용, 스포츠클럽 진흥을 위한 재원 확보 및 관련 기관·단체의 협력, 스포츠클럽 종합정보시스템의 구축에 관한 사항
(4) 지정스포츠클럽
  ① 스포츠클럽과 「학교체육 진흥법」에 따른 학교스포츠클럽 및 학교운동부와의 연계
  ② 종목별 전문선수의 육성

OX 퀴즈

최저학력제도는 학원 스포츠를 개선하기 위해 마련됐다. OIX
정답 O

2015년 교육부에서 고시한 초·중학교 체육 교과영역에서 새롭게 추가된 영역은 안전이다. OIX
정답 O

③ 연령·지역·성별 특성을 반영한 스포츠 프로그램의 운영
④ 장애인 선수의 육성 및 장애 유형과 정도, 성별 등의 특성을 반영한 스포츠 프로그램의 운영
⑤ 대통령령으로 정하는 기초 종목 및 비인기 종목의 육성

기출 Q

Q. 학원엘리트스포츠를 지지하는 입장이 아닌 것은? 기출 22

① 애교심을 강화시킬 수 있다.
② 학교의 자원 및 교육시설을 독점할 수 있다.
③ 지위 창출의 수단, 사회이동의 기제로 작용할 수 있다.
④ 사회에서 요구되는 책임감, 성취감, 적응력 등을 배양시킬 수 있다.

(해설) 학교의 자원 및 교육시설은 독점대상이 아니라 공유대상으로서 학원엘리트스포츠를 지지하는 입장과는 거리가 멂
(정답) ②

Q. 우리나라 학원 스포츠의 문화적 특성 중 아래의 설명에 해당하는 것은? 기출 19

> 학생선수들은 교실공간과 분리되어 학습소와 운동장에서 주로 생활하며 그들만의 공동체 문화를 만들어 간다. 또한 그들만의 동질감을 바탕으로 끈끈한 인간관계를 맺지만, 일반학생들과는 이질화되고 있다.

① 승리지상주의 문화　② 군사주의 문화
③ 섬 문화　　　　　　④ 신체소외 문화

(해설) 학생선수들과 일반학생들과의 이질화에 따른 섬 문화 현상이 발생함
(정답) ③

Q. 〈보기〉의 ⊙~ⓒ에 해당하는 스포츠 육성 정책 모형이 바르게 제시된 것은? 기출 24

> ⊙ 학생들의 스포츠 참여 저변이 확대되면, 이를 기반으로 기량이 좋은 학생선수가 배출된다.
> ⓒ 우수한 학생선수들을 육성하면 그들의 영향으로 학생들의 스포츠 참여가 확대된다.
> ⓒ 스포츠 선수들의 우수한 성과는 청소년의 스포츠 참여를 촉진하고, 이를 통해 스포츠 참여 저변 위에서 우수한 스포츠 선수들이 성장한다.

	⊙	ⓒ	ⓒ
①	선순환 모형	낙수효과 모형	피라미드 모형
②	피라미드 모형	선순환 모형	낙수효과 모형
③	피라미드 모형	낙수효과 모형	선순환 모형
④	낙수효과 모형	피라미드 모형	선순환 모형

(해설) 스포츠 육성 모델로서 피라미드 모형은 주로 해외의 선진국가에서 차용하는 방식으로 생활체육의 기반이 확대되면 세계적 수준의 선수를 배출할 수 있는 환경이 조성됨을 의미하고, 낙수효과 모형은 우리나라에서도 최근까지 시행되고 있는 방식으로 엘리트 체육이 발전하면 생활체육 분야도 확대될 수 있음을 강조함. 또한 선순환 모형은 앞서 두 모형을 통합한 개념임
(정답) ③

CHAPTER 05 스포츠와 미디어

기출 FOCUS

- 미디어의 개념: 매체, 정보를 전달하는 것 15 기출
- 스포츠 미디어의 개념: 스포츠와 관련된 정보를 매체를 통해 전달하는 것 18 기출
- 보편적 접근권 17·23 기출
  - 국내 방송법 개정(2008년)으로 도입된 제도
  - 국민의 관심이 큰 스포츠 경기(올림픽, 월드컵, 아시아 경기대회, 야구 WBC, 축구 A 매치 등)에 대한 방송을 모든 국민이 시청할 수 있는 권리
  - 보편적 접근권 보장위원회의 심의를 거쳐 방송통신위원회가 고시함

01 스포츠와 미디어의 이해

1. 스포츠 미디어의 개념과 기능

(1) 스포츠 미디어 개념

미디어	• 어떤 정보를 그 정보가 필요한 사람에게 전달해주는 중매자 역할을 해주는 매체 - 인쇄매체(신문, 잡지), 방송매체(TV, 라디오), 인터넷매체(온라인, SNS)
매스 미디어	• 매체 중에서 한꺼번에 많은 사람에게 다양한 정보를 제공할 수 있는 대중 매체
스포츠 미디어	• 많은 정보 중에서 스포츠와 관련한 정보를 여러 사람에게 제공하는 매체 • 스포츠 미디어에 내포된 이데올로기와 연관된 보도 방식 - 국가주의 이데올로기, 젠더 이데올로기, 자본주의 이데올로기, 개인주의 이데올로기

기출 Q

Q. 스포츠 미디어에 내포된 이데올로기와 이를 보도하는 방식이 바르게 연결된 것은?

기출 23

① 국가주의 이데올로기 - 특정 선수만이 아닌 모든 선수를 함께 부각하여 보도
② 젠더 이데올로기 - 여성 선수의 탁월한 기량에 초점을 두어 보도
③ 자본주의 이데올로기 - 경제적 가치를 중시하여 스포츠의 소비를 유도하는 보도
④ 개인주의 이데올로기 - 결과만을 중시하고 항상 승자의 시각에서 보도

해설 국가주의 이데올로기는 국가 간 스포츠 경쟁을 통해 민족주의를 지나치게 강조할 때, 젠더 이데올로기는 경기능력보다 외모를 부각할 때, 개인주의 이데올로기는 선수의 개인적 노력만으로 사회적 모순을 해결할 수 있을 거라는 잘못된 메시지를 전달하는 과정에서 조장됨   정답 ③

OX 퀴즈

스포츠 미디어란 스포츠와 관련된 정보를 여러 사람에게 제공하는 매체를 뜻한다. Ⓞ Ⓧ

정답 O

(2) 스포츠 미디어 기능(Birrel & Loy, 1979)

정보기능	경기내용, 결과, 규칙, 선수 등 스포츠와 관련된 정보를 대중에게 제공하는 기능(인지적)
정의적 기능	대중들의 즐거움, 흥미, 관심 등을 끌어올리는 기능(각성 기능)
사회통합의 기능	대중과 경험을 공유하며 사회집단을 통합하는 기능
도피기능	새로운 경험, 대리만족, 불안 및 스트레스 해소 등의 기능

기출 FOCUS
- 스포츠 미디어 기능
  20·23 기출

기출 Q

Q. 버렐(S. Birrell)과 로이(J. Loy)가 제시한 스포츠미디어를 통해 충족할 수 있는 욕구유형에 대한 설명으로 옳은 것은? [기출 20]

① 통합적 욕구: 스포츠에 대한 규칙 정보를 제공한다.
② 인지적 욕구: 스포츠에 대한 흥미와 즐거움을 제공한다.
③ 정의적 욕구: 스포츠에 대한 지식, 경기결과 및 통계적 지식을 제공한다.
④ 도피적 욕구: 불안, 초조, 욕구불만, 좌절 등의 감정을 해소하도록 돕는다.

해설 스포츠 미디어의 네 가지 기능(Birrel & Loy, 1979)은 정보(인지적) 기능, 정의적(각성) 기능, 사회통합 기능, 도피 기능이 있음. 정보 기능은 경기내용, 결과, 규칙, 선수 등의 스포츠와 관련된 정보를 대중에게 제공함. 정의적 기능은 대중들의 즐거움, 흥미, 관심을 유도함. 사회통합 기능은 대중과 경험을 공유하며 사회집단을 통합함. 도피 기능은 새로운 경험과 대리만족 등을 통해 불안 및 스트레스를 해소함. ①, ③의 설명은 정보 기능, ②의 설명은 정의적 혹은 각성 기능임 **정답** ④

(3) 하계 올림픽과 광고/TV방송 변천사

올림픽 개최지	연도	내용
파리	1924	• 최초로 광고 허용
암스테르담	1928	• 코카콜라가 공식 스폰서로 참여 시작
베를린	1936	• 최초로 TV 야외 실험방송
로마	1960	• 최초 TV방송중계권 판매
도쿄	1964	• 인공위성을 통한 TV 중계방송
멕시코시티	1968	• IOC 방송위원회 설치 • 컬러 콘텐츠 제작
뮌헨	1972	• 국제 TV방송 시스템 도입
몬트리올	1976	• 대회 엠블럼 제작 사용
LA	1984	• 102개 기업 참여, 156개국 중계, 방송중계권을 통한 흑자 올림픽 시작(IOC)
서울	1988	• 142개 기업 참여, TOP 프로그램 시작
바르셀로나	1992	• 193개국 중계, 주관방송사 중계시간 2,700시간

OX 퀴즈
최초로 올림픽을 TV 중계한 대회는 1936년 베를린 올림픽이다. Ⓞ Ⓧ

정답 O

기출 FOCUS

- **정의성(정밀성)**: 어떤 메시지의 정보가 얼마나 분명한가의 정도
- **참여성**: 어떤 메시지를 받아들이는 사람이 그 뜻을 재구성하는데 들여야 할 노력의 정도
- 맥루한 매체이론 22 기출
  - 핫미디어 스포츠
  - 쿨미디어 스포츠
- 핫 매체 스포츠 20·23 기출
  - 핫미디어
  - 고정의성
  - 저참여성
  - 정적 스포츠, 개인 스포츠, 기록 스포츠
  - 야구, 사격, 테니스
- 쿨 매체 스포츠 16, 20 기출
  - 쿨미디어
  - 저정의성
  - 고참여성
  - 동적 스포츠, 팀 스포츠, 득점 스포츠
  - 축구, 농구, 핸드볼

애틀랜타	1996	• 214개국 중계, 주관방송사 중계시간 3,000시간
시드니	2000	• 220개국 중계, 주관방송사 중계시간 3,400시간 • IOC는 2001년부터 올림픽 방송을 주관하는 OBS (Olympic Broadcasting Service) 설립, 즉 OBS의 주관으로 중계영상 제작
아테네	2004	• 일부 국가에 최초로 인터넷 중계
북경	2008	• TV방송과 인터넷 및 모바일 분리 중계
런던	2012	• 중계시간 5,600시간
리우	2016	• 가상현실(VR), 360도 카메라 시스템 도입
도쿄	2020	• 코로나19로 1년 미뤄져 개최(2021) • 동영상 소셜 미디어, 구독형 스트리밍 서비스(OTT) 등 다양한 플랫폼 공존
파리	2024	• NBC유니버설은 TV와 디지털 플랫폼 피콕을 통해 올림픽 중계를 제공 • AI검색(Google Gemini)을 통해 스포츠 해설을 제공

2. 스포츠 미디어의 유형과 특성

(1) 맥루한(M. McLuhan)의 매체이론에 근거한 스포츠 분류

핫(HOT) 매체 스포츠	쿨(COOL) 매체 스포츠
• 핫미디어: 한 가지 감각에만 의존하는 매체(신문, 잡지, 책) • 미디어 자체가 정밀하므로 수용자가 신경을 덜 쓰더라도 정보의 뜻이 전달됨 • 고정의성(high definition), 저참여성(low participation), 낮은 감각 몰입 • 정적 스포츠, 개인 스포츠, 기록 스포츠(야구, 사격, 테니스 등)	• 쿨미디어: 여러 감각의 활용을 이끌어내는 매체(전화, TV, 영화, 비디오, 만화) • 미디어 자체가 정밀하지 못하므로 수용자의 더 큰 참여를 유도함 • 수용자의 참여가 지나치게 높아지면 역효과가 날 수 있음(축구 훌리건) • 저정의성(low definition), 고참여성(high participation), 높은 감각 몰입 • 동적 스포츠, 팀 스포츠, 득점 스포츠(축구, 농구, 핸드볼 등)

암기 TIP

핫야정 쿨축동 더운(핫) 날 야구를 정적으로 바라보고, 시원한(쿨) 날 축구를 동적으로 바라봅니다. 실제로 축구는 단순한 룰(저정의성, 저정밀성), 깊숙한 개입(고참여성)으로 훌리건(hooligan)과 같은 관중 폭력사태가 발생합니다. 이렇게 이해하고 암기해보세요.

개념 PLUS

스포츠 미디어 이론
① **개인차 이론**: 미디어가 관람자의 인성특성에 흥미를 유발하는 이미지를 제공
  - 대중매체가 해결해주는 욕구(Katz, Gurevitch, Hass, 1973)
    - 인지적 욕구(신문, 잡지), 정의적 욕구(직접 참가, TV), 도피적 욕구(TV), 통합적 욕구(직접 참가)
② **사회범주 이론**: 미디어에 대해 다르게 반응하는 하위집단이 존재(연령, 성별, 사회계층, 교육수준, 경제수준, 거주지역 등)

OX 퀴즈

축구는 규칙이 단순하여 관중의 관여도가 높아 여러 감각의 활용을 이끌어내는 쿨 미디어 스포츠라 할 수 있다. O X

정답 O

③ **사회관계 이론**: 비공식적 사회관계는 개인이 미디어가 제공하는 메시지에 대해 반응하는 태도를 수정하는 역할(맥퍼슨 B. McPherson)
④ **문화규범 이론**: 미디어가 사상과 가치를 선택적으로 제시(멜빈, 드프어 Melvin & DeFleur)

기출 FOCUS

◎ 옐로 저널리즘
    17·18·23 기출
독자의 관심을 끌기 위해 흥미 위주의 선정적 기사를 보도하는 행태

◎ 스포츠 미디어 이론
- 개인차 이론   22 기출
- 사회관계이론   23 기출
- 사회규범이론   21 기출

(2) 저널리즘의 유형

옐로 저널리즘 (yellow journalism)	대중의 원시적 본능을 자극하고, 호기심에 호소하여 흥미 본위로 보도하는 저널리즘
블랙 저널리즘 (black journalism)	공개되지 않은 이면적 사실을 벗기는 저널리즘
포토 저널리즘 (photo journalism)	사진기술로 표현하고 보도하는 저널리즘
퍼블릭 저널리즘 (public journalism)	시민들이 공동 관심사에 직접 참여하도록 주선해 주는 저널리즘
뉴 저널리즘 (new journalism)	기존 저널리즘의 속보성, 객관성의 관념을 거부하고 소설작가의 기법을 적용한 저널리즘
비디오 저널리즘 (video journalism)	6mm 디지털 카메라로 촬영, 편집까지 맡는 1인 제작 시스템을 통한 저널리즘
PD 저널리즘	방송사 PD들이 취재, 구성, 보도하는 프로그램
팩 저널리즘 (pack journalism)	취재방법, 취재시각 등이 획일적이어서 개성이 없는 저널리즘
하이에나 저널리즘 (hyena journalism)	사회적 이슈가 생기면 무작정 쓰고 보자는 식으로 최소한의 사실관계도 확인하지 않은 채 달려드는 보도 형태

기출 Q

Q. 아래는 맥루한(M. McLuhan)의 매체이론에 근거한 내용이다. 쿨(cool) 매체 스포츠에 해당되는 내용만으로 묶은 것은?   기출 16

가. 스포츠의 정의성 높음
나. 관람자의 감각몰입성 높음
다. 야구
라. 축구
마. 테니스
바. 핸드볼

① 가, 라, 바
② 가, 다, 마
③ 나, 라, 바
④ 나, 다, 마

해설 쿨 매체 스포츠는 축구와 같이 저정밀성(low definition), 고참여성(high participation)이고, 핫 매체 스포츠는 야구와 같이 고정밀성(high definition), 저참여성(low participation)의 특징을 가짐. 감각몰입성이 높다는 것은 관객이 해당 종목의 경기방식에 참여성향이 높다는 것임. 즉, 축구는 경기방식이 야구에 비해 단순하기 때문에 고참여성의 특징을 가짐   **정답** ③

기출 FOCUS

- ✓ 스포츠 → 미디어에 미치는 영향 15·16·17 기출
- ✓ 미디어 → 스포츠에 미치는 영향 18·20·22 기출
- ✓ 스포츠 미디어의 윤리적 문제
  - 승리지상주의 추구
  - 스포츠 포퓰리즘 확산(대중 관심에만 의존)
  - 이데올로기(성, 계급, 인종, 인성) 전파
  - 물질 만능주의
  - 옐로 저널리즘 확대
- ✓ 스포츠 문화 이데올로기 24 기출
  - 성 논리
  - 계급 논리
  - 인종 논리

Q. 〈보기〉에서 설명하는 맥퍼슨(B. McPherson)의 스포츠 미디어 이론은? 기출 23

- 대중매체를 통한 개인의 스포츠 소비 형태는 중요타자의 가치와 소비행동에 의해 영향을 받는다.
- 스포츠 수용자 역할로의 사회화는 스포츠에 참여하는 가족 구성원으로부터 받은 스포츠 소비에 대한 승인 정도가 중요하게 작용한다.

① 개인차 이론 ② 사회범주 이론
③ 문화규범 이론 ④ 사회관계 이론

해설 스포츠 미디어의 사회관계 이론으로 비공식적 사회관계는 개인이 미디어가 제공하는 메시지에 대해 반응하는 태도를 수정하는 역할을 한다고 제시됨 정답 ④

Q. 맥루한(M. McLuhan)의 매체이론에 관한 설명으로 옳지 않은 것은? 기출 22

① 핫(hot)미디어 스포츠는 관람자의 감각 참여성이 낮다.
② 쿨(cool)미디어 스포츠는 관람자의 감각 몰입성이 높다.
③ 핫(hot)미디어 스포츠는 경기 진행 속도가 빠르다.
④ 쿨(cool)미디어 스포츠는 메시지의 정의성이 낮다.

해설 '핫야정 쿨축동' 기억나시나요? 핫미디어 스포츠는 야구와 같은 정적인 스포츠(고정밀성, 저참여성), 쿨미디어 스포츠는 축구와 같은 동적인 스포츠(저정밀성, 고참여성)에 해당됨. ③번은 쿨미디어 스포츠에 대한 설명임 정답 ③

02 스포츠와 미디어의 상호관계

1. 스포츠와 미디어(대중매체)의 관계

스포츠가 미디어에 미치는 영향	미디어가 스포츠에 미치는 영향
• 광고수익을 증대시킴 • 첨단기술이 도입됨 • 보도기술이 발전됨 • 방송기술이 발전됨 • TV 중계권 가격이 상승함 • 방송 프로그램 다변화(일반프로그램보다 효율성, 효과성 측면에서 유리) • 수익성 있는 콘텐츠를 제공함	• 스포츠 경기규칙(rule)을 변화시킴 • 경기스케줄 변경 • 스포츠조직의 안정적 재원 조달에 기여 • 스포츠 상업화, 대중화, 세계화를 촉진 • 스포츠 과학화 및 경기력 향상에 기여 • 뉴스포츠 종목 변화(익스트림 스포츠, 노인 스포츠 등) • 스포츠 소비자 증가 • 스포츠 조직 발전(선수, 지도자, 행정가, 사업가 등 다양한 직군 확대) • 경기기술 발달 • 아마추어 종목 쇠퇴

기출 Q

Q. 〈보기〉에서 대중매체가 스포츠에 미치는 영향에 해당되는 것만을 모두 고른 것은?

기출 22

> ㉠ 대중매체의 기술이 발전한다.
> ㉡ 스포츠 인구가 증가한다.
> ㉢ 새로운 스포츠 종목이 창출된다.
> ㉣ 미디어 콘텐츠를 제공한다.
> ㉤ 경기규칙과 경기일정이 변경된다.
> ㉥ 스포츠 용구가 변화한다.

① ㉠, ㉡, ㉢
② ㉠, ㉢, ㉣
③ ㉡, ㉢, ㉣, ㉤
④ ㉡, ㉢, ㉤, ㉥

해설 ㉠, ㉣은 스포츠가 미디어에 미치는 영향에 해당함

정답 ④

Q. 스포츠미디어가 생산하는 성차별 이데올로기에 관한 설명으로 옳지 않은 것은?

기출 24

① 경기의 내용보다는 성(性)적인 측면을 강조한다.
② 여성 선수를 불안하고 취약한 존재로 묘사한다.
③ 여성들이 참여하는 경기를 '여성 경기'로 부른다.
④ 여성성보다 그들의 성과에 더 많은 관심을 보인다.

해설 스포츠 문화 이데올로기에는 대표적으로 성 논리, 계급 논리, 인종 논리 등이 있음.
• 성 논리(gender logic): 여성보다 남성의 힘과 신체기술이 우세하고 취약계층으로 인식함. 즉, 여성의 성과를 중요시 여기지 않음
• 계급 논리(class logic): 부유하고 힘 있는 사람들을 가치가 있는 승자로, 가난하고 힘이 없는 사람들은 게으른 패자로 보는 이원론적 사고
• 인종 논리(race logic): 피부색으로 차별을 하고 소수민족과 유색인들을 상징적으로 억압할 수 있음을 보여줌

정답 ④

Q. 스포츠의 상업화에 따른 스포츠와 미디어의 관계에 대한 설명으로 적절하지 않은 것은?

기출 19

① 스포츠는 미디어의 주요 콘텐츠로 자리 잡을 때 경제적 가치를 인정받을 수 있다.
② 뉴미디어의 등장으로 스포츠 콘텐츠의 생산자와 수용자의 경계가 모호해 지고 있다.
③ 스포츠가 미디어에 의존할수록 미디어의 스포츠에 대한 통제력을 감소한다.
④ 미디어는 상업적 가치를 증가시키기 위해 스포츠 규칙의 변화를 요구한다.

해설 미디어는 스포츠 경기규칙, 스케줄, 과학화 등에 영향을 미침으로써 통제력이 강해짐

정답 ③

OX 퀴즈

미디어의 발전은 스포츠 경기의 스케줄을 변경하기도 한다.
O X

정답 O

남자가 여자보다 스포츠를 잘 할 것이라는 성 논리는 스포츠 미디어의 윤리적 문제에 해당된다.
O X

정답 O

Q. 스포츠와 미디어의 상호관계에서 미디어가 스포츠에 미치는 영향에 해당하는 것은?

기출 20

① 영국 프리미어리그 경기는 방송사에 수준 높은 콘텐츠를 제공하고 있다.
② 방송사의 편익을 위해 배구의 랠리포인트제, 농구의 쿼터제 등 경기규칙을 변경하였다.
③ 손흥민, 류현진 선수 등의 활약으로 스포츠 관련 방송 시장이 확대되었다.
④ 시청자의 욕구를 충족시켜 주기 위해 슬로우영상, 반복영상 등을 제공하고 있다.

(해설) 미디어가 스포츠에 미치는 영향으로 대표적인 것은 경기규칙과 일정의 변경이 있음. 반대로 스포츠가 미디어에 미치는 영향으로 대표적인 것은 광고수익과 중계권 가격을 높이는 것이 있음

(정답) ②

CHAPTER 06 스포츠와 사회계급·계층

01 사회계층의 이해

1. 사회계층의 개념

(1) 사회의 구성원들 각자가 갖는 서로 다른 사회적 지위

(2) 사회적 지위가 경제적인 부, 권력, 사회적 위치, 명예, 존경심 등에 따라 서열화 및 구조화되어 있는 것

(3) 계급, 계층, 사회계층 및 스포츠 계층의 차이

계급	• 사회적 불평등을 나타낼 때 계급(신분 등)의 개념을 사용
계층	• 사회적 불평등을 나타내는 점에선 계급과 유사하지만, 세부개념은 다름
사회계층	• 사회적 지위에 따라 상류층, 중류층, 하류층 등으로 분류 • 지배와 복종의 관계가 불분명함 • 동일한 사회계층 간에 연대의식도 있고, 경쟁의식도 있음
스포츠계층	• 스포츠라는 특정 사회제도 내에서 개인의 사회적, 문화적, 생물학적 특성에 따라 권력, 부, 사회적 평가, 심리적 만족 등이 특정 집단이나 개인 및 종목에 차별적으로 배분되어 상호 서열의 위계적 체계를 의미

▲ Tumin의 사회계층 특성

구분		내용
스포츠 계층	사회성	• 사회구조적인 문제를 통해 광범위한 사회·문화적인 요소를 포함함 예 프로구단의 입단선수의 연봉은 계약 당시 형성된 규범, 관행에 영향
	역사성	• 시대에 따라 사회계층의 형태는 다르지만 항상 불평등한 구조가 있었음(고래성 古來性) 예 고대 그리스의 남성과 상류층은 여성과 하류층에 비해 스포츠의 참가 및 관람의 권한이 있었음
	보편성	• 항상 보편적으로 계층이 존재하는 것으로 불평등한 계층이 항상 편재돼 있음(편재성 偏在性) 예 스포츠의 인기종목과 비인기 종목은 존재, 태권도는 승단체계에 따라 종목 내 계층을 형성함
	영향성	• 사회계층이라는 위계에 따라 개인의 생활 전체에 영향을 미침 예 상류층은 골프, 테니스 등 개인종목 선호하며 과시적 소비성향 드러내고, 하류층은 비용이 적게 드는 축구, 농구 등 단체종목을 선호함
	다양성	• 사회마다 계층이 다양하고 서로 다른 계층구조(계층의 다양성) 예 스포츠는 불평등한 조건에서 시작되는 경우도 많음

기출 FOCUS

- 스포츠계층의 정의 16 기출
- 스포츠계층의 특성
  - 사회성
  - 역사성   16 기출
  - 보편성   18·23·24 기출
  - 영향성
  - 다양성

암기 TIP

사역편영양 스포츠계층은 사역편에 가야 영양을 보충합니다. 이렇게 암기해보세요.

OX 퀴즈

스포츠라는 특정 사회제도 안에서 상호 서열의 위계적인 스포츠계층이 존재한다. Ⓞ Ⓧ

정답 ○

스포츠계층의 특성으로 다양성은 관계가 없다. Ⓞ Ⓧ

정답 ×

해설 스포츠 계층의 특성은 사회성, 역사성, 보편성, 영향성, 다양성임

기출 FOCUS

✓ **스포츠 계층**의 형성과정
  15·18·20·21·22 기출
  • 지위의 분화
  • 지위의 서열화
  • 사회적 평가
  • 보수 부여

✓ 부르디외의 문화자본
  23 기출

2. 사회계급 이론과 사회계층 이론

(1) 사회계급 이론

마르크스(K. Mark)의 사회계급 이론	• 마르크스는 경제적인 생산수단의 소유 여부에 따라 분류 – 자본가 계급: 지배자 또는 착취자 – 노동자 계급: 피지배자 또는 피착취자
베버(M. Weber)의 사회계급 이론	• 베버는 생산수단이라는 한 가지 요인에 의해 사회계급 결정 – 재산, 신분, 권력 등과 같은 요인도 사회계급의 결정에 영향

(2) 사회계층 이론

구조기능주의	• 사회계층은 사회질서 유지, 사람들 간의 역할을 조정하는 데 기여 • 사회계층은 사회적 필요성에 의해 생겨남. 즉, 사회계층은 사회 유지를 위해 필요하다는 이론
갈등이론	• 사회가 다양하고 갈등적인 이익집단과 계급으로 구성됐다는 인식 • 사회유지를 위해 사회계층이 존속돼야 한다는 주장은 잘못됐다고 제시 • 모든 구성원의 역할은 전체사회 운영을 위해 필요하다는 이론
종합이론	• 기능주의적 시각과 갈등론적 시각을 종합하여 재구성

> **개념 PLUS**
>
> **기능주의적 관점에서 본 스포츠계층**
> – 일반사회의 가치체계를 반영, 사회통합과 체제유지의 기능
> – 일반사회의 차별적인 보상체계와 계층구조 강화
> – 경쟁에서 성공을 강조, 유능한 인재의 참여 유도
> – 상위계층으로 이동하기 위한 수단으로 스포츠에 참여
>
> **갈등론적 관점에서 본 스포츠계층**
> – 부와 권력 등이 불공평하게 배분되는 사회구조를 반영
> – 지배집단이 자신들의 이익을 유지, 증진시키려고 노력
> – 권력집단이 대중을 통제하기 위한 수단으로 이용
> – 자본가들이 자기들의 사상을 대중에게 주입하여 이익 추구
> – 스포츠 참여는 참여자 간의 소외를 조장
>
> **부르디외(P. Bourdieu)의 아비투스**
> – 아비투스란 지속적이고 전파될 수 있는 여러 성향의 집합체이자 구조화된 기능. 즉, 사람들 간에 구별을 짓게 만드는 견해를 표현하는 방식을 생성시키는 원리임
> – 문화자본은 학력, 가정환경, 가정교육으로 형성되는 자본이고, 사회자본은 학연, 혈연, 지연 등 사회적 관계의 망을 통해 얻을 수 있는 자본임
>> 예 테니스를 전혀 못 치는 사람이 레슨과 시합을 병행하게 되면 무의식적으로 실행할 수 있게 됨. 이는 몸속에 체화된(embodied) 것이므로 개인적인 동시에 그 개인이 위치하고 있는 사회를 반영하는 것이라 할 수 있음

3. 스포츠계층의 형성과정(M. M. Tumin 투민)

구분	내용
지위의 분화	• 구성원 각자의 특정한 권리와 책임을 할당하는 것 • 지위의 분화 조건: 명확한 업무 구분, 역할에 대한 책임과 권리, 기본적인 구조 마련, 보상체계 예 프로 스포츠에서 포지션별 전문선수 등장, 선수·코치·감독 역할 구분
지위의 서열화	• 구성원 각자가 수행하는 역할을 위해 지위를 배열하는 것 • 서열화 기준: 개인적 특성, 개인의 기술과 능력, 역할의 중요도 예 축구의 공격수 역할, 야구의 투수 역할의 비중이 큼
사회적 평가	• 개인의 가치 혹은 유용성에 따라 평가가 다른 것 예 선수와 감독은 평가에 따라 위광, 호감, 인기를 얻음
보수 부여	• 사회적 평가에 따라 불평등하게 자원을 분배하는 것 예 선수와 감독은 분화, 서열화, 평가에 따라 재산, 권력, 심리적 만족 등을 부여

기출 Q

Q. 〈보기〉를 투민(M. Tumin)의 스포츠계층 형성과정 순서에 따라 바르게 배열한 것은? 기출 20

> ㉠ 세계적인 테니스 선수는 기업으로부터 많은 후원금을 받고 있다.
> ㉡ 세계랭킹에 따라 참가할 수 있는 테니스 대회가 나누어져 있다.
> ㉢ 테니스는 선수, 코치, 감독, 트레이너 등으로 역할이 구분되어 있다.
> ㉣ 국제 테니스 대회에서 우승하면 사회적 명성이 높아진다.

① ㉡-㉢-㉠-㉣   ② ㉡-㉢-㉣-㉠
③ ㉢-㉡-㉣-㉠   ④ ㉢-㉡-㉠-㉣

해설 스포츠계층의 형성과정(M. Tumin)은 지위의 분화, 지위의 서열화, 사회적 평가, 보수 부여의 단계를 말함. 지위의 분화는 구성원들 각자의 역할을 나눔. 지위의 서열화는 구성원들 각자가 수행하는 역할을 위해 지위를 배열함. 사회적 평가는 각각의 지위에 대한 평가가 이루어지고, 그 사회적 평가에 따라 불평등하게 보수(자원)가 분배됨   정답 ③

기출 FOCUS

✓ **캐넌의 분류** 18·20·23 기출
- 행동적 참가
- 인지적 참가
- 정의적 참가

✓ **캐넌과 슈츠의 분류** 17 기출
- 일상적 참가
- 주기적 참가
- 일탈적 참가
- 참가 중단, 비참가

✓ **사회계층에 따른 스포츠 참여의 선호 차이**
15·16·17·19·20 기출
- 상류층: 개인 위주, 과시적 소비
- 중·상류층: 직접 참여 및 관람
- 하류층: 간접 참여 및 관람

02 사회계층과 스포츠 참가

1. 스포츠 참가 유형

(1) 캐넌(G. Kenyon)의 분류

행동적 참가	1차적 참가	• 신체활동을 수단으로 하여 참가하는 경기자 자신에 의한 활동 – 승자, 패자, 주전, 후보, 스포츠 스타
	2차적 참가	• 스포츠 생산과 소비과정을 통한 활동 – 직접 생산자(지도자), 간접 생산자(기업가 등) – 직접 소비자(경기 관람객), 간접 소비자(미디어를 통한 팬)
인지적 참가		• 학교, 사회기관 등을 통해 스포츠에 관한 일정 정보(역사, 규칙 등)를 수용함으로써 이루어지는 참가
정의적 참가		• 실제 스포츠 상황에 참가하지는 않지만 간접적, 감정적 태도를 표출하는 참가(열성적 스포츠 팬)

(2) 캐넌과 슈츠(G. Kenyon & Z. Schutz)의 분류

일상적 참가		• 스포츠 활동에 정기적으로 참가하고 활동을 함
주기적 참가		• 일정 간격을 유지하면서 스포츠에 참가를 함
일탈적 참가	1차적 일탈 참가	• 자신의 직업을 포기할 정도로 모든 시간동안 스포츠 활동을 함
	2차적 일탈 참가	• 거액의 도박을 할 정도로 스포츠 관람을 탐닉함
참가 중단, 비참가		• 스포츠의 모든 참가에 대해 불쾌한 경험 등에 의해 혐오

2. 사회계층에 따른 선호의 차이

시간적, 경제적인 차이에 따라 스포츠 참여와 관람유형이 다름

상류층	• 개인종목(골프, 승마, 스키, 테니스 등) 선호, 과시적 소비성향
중·상류층	• 직접 참여와 직접 관람을 선호
하류층	• 간접 참여와 간접 관람(축구, 농구 등 단체종목)을 선호(비용이 상대적으로 덜 소요)

OX 퀴즈

사회계층에 따른 스포츠 참여 선호를 살펴보면 상류층은 축구, 농구 등 간접관람을 선호하는 경향이 강하다. Ⓞ Ⓧ

정답 ✗

해설 상류층은 개인종목(골프, 승마, 스키 등) 선호, 과시적 소비 성향이 강함

기출 Q

Q. 〈보기〉에 해당하는 케년(G. Kenyon)의 스포츠 참가유형은? 기출 23

- 특정 선수의 사인볼 수집
- 특정 스포츠 관련 SNS 활동
- 특정 스포츠 물품에 대한 애착

① 일탈적 참가 ② 행동적 참가
③ 정의적 참가 ④ 인지적 참가

해설) 특정 선수의 사인볼 수집, 특정 스포츠 관련 SNS 활동, 특정 스포츠 물품에 대한 애착은 스포츠 생산과 소비과정을 통한 활동으로서 행동적 참가이자 스포츠에 관한 정보를 수용함으로써 이루어지는 인지적 참가이면서 실제 스포츠 상황에 참가하지는 않으면서도 간접적이고 감정적 태도를 표출하는 방식으로 정의적 참가에 해당됨. 중복답안임 정답) ②, ③, ④

Q. 계층별 스포츠 참가에 대한 설명으로 옳지 않은 것은? 기출 17

① 계층별 사회적 조건에 따라 스포츠 참가 유형에 차이가 나타난다.
② 하류계층은 경제적 조건 때문에 상류계층보다 상대적으로 스포츠의 직접관람률이 낮다.
③ 상류계층은 자신의 경제적 여유를 드러내려는 속성으로 인해 하류계층보다 단체스포츠 참가를 더 선호한
④ 상류계층은 특정 종목을 강조하는 분위기에 따라 사회화 과정에서 해당종목에 자연스럽게 익숙해지게 된다.

해설) 상류층은 개인종목을 선호하고 과시적 소비성향을 보임 정답) ③

Q. 상류계급의 스포츠 참가 특징에 대한 설명으로 적절하지 않은 것은? 기출 20

① 과시적 소비성향의 스포츠를 선호한다.
② 요트, 승마와 같은 자연친화적 개인 스포츠를 선호한다.
③ 직접 참여보다는 TV 시청을 통한 관람 스포츠를 소비하는 경향이 높다.
④ 사생활이 보호되는 장소에서 소수 인원이 즐기는 스포츠 참여를 선호한다.

해설) 사회계층에 따른 스포츠 활동 선호는 상류층은 골프, 승마, 스키 등 개인종목을 선호, 직접참여를 통해 과시적 소비성향을 드러냄 정답) ③

03 스포츠와 계층이동

1. 사회(계층)이동의 이해

(1) 개인, 집단이 차지하는 사회적 위치가 다른 위치로 옮겨가는 것을 사회 이동이라고 함

기출 FOCUS

- **사회계층 이동**: 수평이동, 수직이동, 하향이동, 세대 간 이동 15·19·20·22·24 기출
- **스포츠 참여의 계층상승 이동**: 사회적 상승이동 매개체로서 스포츠 역할 15 기출
- **사회 이동 기제로서의 스포츠** 21 기출
  - 기제는 메커니즘(mechanism)을 뜻함
  - 즉, 사회 이동에 영향을 미치는 요인의 하나로서 스포츠를 뜻함 예 프로선수들은 다양한 형태의 후원을 받음

(2) 수직이동(상향이동, 하향이동), 수평이동, 세대 간 이동, 세대 내 이동, 개인이동, 집단이동

개념 PLUS

- 사회계층이란 사회집단(인종, 연령, 성, 민족 등)의 계급조직의 배열 혹은 권력, 특권, 부 등이 불평등하게 분배된 계급의 사회로 정의됨(기든스, A.Giddens)

▲ 스포츠 사회계층의 이동

구분	내용
수직적 계층이동	• 계층구조 내에서 집단 또는 개인의 지녔던 지위의 변화임 • 개인의 노력과 능력을 통해 사회적 지위가 상승할 수 있는 변화를 이룬 것이므로 개인이동임 　예 상향의 수직적 계층이동: 후보선수가 주전선수가 되거나, 은퇴 후 코치 감독으로 승진 이동하는 경우 등 　예 하향의 수직적 계층이동: 1군으로 뛰다가 2군선수로 내려간 경우 등
수평적 계층이동	• 계층적 지위변화가 없이 자리를 바꾸는 변화임 　예 선수가 원소속팀에서 다른 팀으로 동등한 수준의 트레이드되는 경우 등 　예 한국 프로야구에서 미국 메이저리그로 동일한 포지션으로 간다면 수평적 계층이동이자, 연봉과 계약조건의 차이로 수직적 계층이동임
세대이동	• 세대 간 이동: 한 세대로부터 다음 세대로 이어지는 과정에서 발생하는 사회경제적 지위의 변화임 　예 운동선수가 자신의 부모세대가 수입을 얻는 시점과 비교했을 시 수입이 훨씬 많아짐(집단이동) • 세대 내 이동: 한 개인이 살아가는 동안에 발생할 수 있는 사회경제적 지위의 변화임 　예 2군팀 선수가 1군팀으로 간 경우, 선수가 코치감독이 된 경우(개인이동)

2. 스포츠 참여의 계층 상승이동

(1) 사회적 상승이동 매개체로서 스포츠 역할

교육적 기회 제공 및 성취도 향상, 직업적 후원의 다양한 기회 제공, 올바른 태도 및 행동 함양

(2) 스포츠 참여가 계층의 상승이동에 미치는 영향

긍정적인 영향	부정적인 영향
• 프로선수가 될 수 있는 기량, 능력 발달 • 특기자로 상급학교 진학, 장학금 기회 • 경제적, 직업적 후원을 받을 수 있는 기회 • 스포츠조직에서 사회적으로 가치있는 행동양식과 태도를 배움	• 스포츠는 불평등한 사회현실을 은폐하는 역할 • 스포츠 이외의 다양한 가치를 습득할 기회 박탈 • 과도한 훈련에 따른 소진

OX 퀴즈

프로선수가 될 수 있는 잠재적인 선수가 기량을 발휘하여 계층의 상승이동에 긍정적인 영향을 미칠 수 있다. Ⓞ Ⓧ

정답 O

기출 Q

Q. 〈보기〉의 내용을 기든스(A. Giddens)의 사회계층 이동 준거와 유형으로 바르게 묶은 것은?   기출 22

- K는 가난한 가정에서 태어나 끊임없는 훈련을 통해 축구 월드스타가 되었다.
- 월드스타가 되고 난 후, 축구장학재단을 만들어 개발도상국에 축구학교를 설립하여 후진양성에 큰 역할을 하고 있다.

	이동 주체	이동 방향	시간적 거리
①	개인	수직이동	세대내이동
②	개인	수평이동	세대간이동
③	집단	수직이동	세대간이동
④	집단	수평이동	세대내이동

(해설) 〈보기〉는 개인이동, 수직이동, 세내 내 이동에 대한 설명임   (정답) ①

Q. 로이(J. Loy)와 레오나르드(G. Leonard)가 제시한 사회이동 기제로서 스포츠 역할의 근거로 적절하지 않은 것은?   기출 21

① 프로스포츠 선수들은 다양한 형태의 후원 및 광고출연의 기회가 있다.
② 조직적인 스포츠 참가는 직·간접적으로 교육적 성취도를 향상시킨다.
③ 스포츠의 참가 기회 및 결과는 공정하기 때문에 상승이동에 기여한다.
④ 사회생활을 하는 데 가치 있다고 여겨지는 태도 및 행동 양식을 학습시킨다.

(해설) 스포츠는 사회적 상승이동의 매개체로서 스포츠 참여를 통해 계층 상승을 이어갈 수 있음. 계층 이동은 수직적 계층이동(선수에서 코치로 승진 이동 등), 수평적 계층이동(팀 간 트레이드 등), 세대 간 계층이동(20대 때 후보 선수가 40대 때 감독이 되는 경우 등)으로 구분할 수 있음. 근본적으로 사회집단은 계급조직의 배열, 권력, 특권, 부 등이 불평등하게 분배된 계급 사회로서 사회계층이 형성되어 있음   (정답) ③

CHAPTER 07 스포츠와 사회화

① **거시적 관점**: 사회구조가 개인의 사회화에 영향을 미침
- 기능론적 관점: 사회화를 통해 사회가 유지, 개인의 자아를 실현
- 갈등론적 관점: 사회화 때문에 불평등 구조 유지, 지배와 피지배의 관계를 정당화

② **미시적 관점**: 개인 혹은 집단과의 상호작용에 의해서 사회화가 이루어짐
- 상징적 상호작용론: 개인은 다른 사람과의 상호작용에 의해 사회화

01 스포츠사회화의 개념과 이론

1. 스포츠사회화의 정의

사회화	• 인간이 사회에 적응하며 살아가기 위해서는 사회 구성원들과 상호작용을 통해서 사회생활에 필요한 가치, 기술, 지식, 규범 등을 학습하는 것
재사회화	• 사회 변화에 맞추어 과거와는 다른 새로운 규범과 가치, 지식 등을 내면화하는 것
스포츠사회화	• 개인이 스포츠에 참여하여 그 사회의 문화를 체득하고 자신의 특성을 발휘하는 과정

2. 스포츠사회화에 관한 이론

(1) 사회학습 이론

① 개인이 사회적 행동을 어떻게 습득하고, 그 사회에 알맞은 역할을 수행하는가를 규명

② 개인이 사회적 행동(역할행동)에 미치는 영향

개인적 특성	• 성별, 연령, 사회적 지위, 경제적 지위 등
주요 타자	• 가족, 동료, 코치, 교사, 대중매체 등
사회화 상황	• 스포츠 조직의 구조, 개인의 지위, 참여의 자발성 등

③ 개인의 사회적 행동학습 방법

강화	• 상벌에 따른 행동의 긍정적 혹은 부정적 영향
코칭	• 사회화의 주관자(타인)를 통한 지도
관찰학습	• 다른 사람의 행동을 관찰, 역할 수행에 반영

OX 퀴즈

스포츠사회화는 개인이 스포츠에 참여하면서 체득한 문화를 통해 개인의 특성을 발휘하는 과정이라 설명할 수 있다. Ⓞ Ⓧ
정답 ○

스포츠사회화의 준거집단 이론은 다른 사람으로부터 영향을 받아 스포츠 사회화가 이루어지는 것이다. Ⓞ Ⓧ
정답 ○

(2) 역할 이론

개인이 사회화 과정을 통해 집단에 소속된 다음, 그 사회의 일원으로서 기능을 발휘할 수 있게 변화되는 과정을 설명

(3) 준거집단 이론

① 어떤 집단, 타인에게 자발적으로 적응하고 이들의 행동, 태도, 감정 등을 준거로 삼아서 자신의 행동, 태도, 감정 등을 형성하는 이론
② 준거집단=규범집단, 비교집단, 청중집단

> **기출 Q**
>
> **Q.** 레오나르드(W. Leonard)의 사회학습이론에서 〈보기〉의 설명과 관련된 사회화 기제는? 기출 24
>
> - 새로운 운동기능과 반응이 학습된다.
> - 학습자에게 동기를 부여할 수 있게 된다.
> - 지도자가 적합하다고 생각하는 새로운 지식을 알게 된다.
>
> ① 강화 ② 코칭
> ③ 보상 ④ 관찰학습
>
> 해설 사회학습이론은 개인이 사회적 행동을 어떻게 습득하고, 그 사회에 알맞은 역할을 수행하는가를 규명하는 것으로 보기는 사회화의 주관자(타인)를 통한 지도를 뜻하는 코칭과 관련 있음 정답 ②

02 스포츠사회화의 과정

1. 스포츠로의 사회화

(1) 개인에게 스포츠에 참여하고자 하는 흥미와 관심을 유발시킴으로써 스포츠에 참가하도록 유도하는 것

(2) 스포츠로의 사회화를 촉진시키는 요인
① 스포츠에 참여하게 만드는 요인: 즐거움, 외적 보상(건강, 금전 등), 인정, 정체성 확인 등
② 스포츠에 참여하지 못하게 만드는 요인: 사회적 상황(일부 중동국가의 여성 스포츠 참가 불가)

(3) 스포츠로의 사회화 주관자
① 개인이 스포츠에 참여하도록 유도하는 사람
② 어떤 개인을 스포츠에 참여하도록 유도
③ 계속해서 참여하도록 격려하는 역할
④ 주요타자, 준거집단, 가족, 또래집단, 학교, 직장, 지역사회, 대중매체 등

기출 FOCUS

◆ 스포츠사회화의 이론 17 기출
- 사회학습 이론: 코칭, 강화, 관찰학습을 통해 사회화가 이루어짐 21·22·24 기출
- 역할 이론: 개인이 자기 역할을 수행하는 과정에서 사회화가 이루어짐
- 준거집단 이론: 타인, 어떤 준거가 되는 것을 자신의 준거척도로 삼으며 사회화가 이루어짐(규범집단, 비교집단, 청중집단) 17·18 기출

◆ 스포츠사회화 과정 22 기출
① 스포츠로의 사회화 (socialization into sport)
② 스포츠를 통한 사회화 (socialization via sport)
③ 스포츠로부터 탈사회화 (desocialization from sport)
④ 스포츠로의 재사회화 (resocialization into sport)

◆ 스포츠로의 사회화
15·18·20·21 기출
- 개인에게 스포츠에 참여하고자 하는 흥미 유발, 즐거움, 외적 보상 등에 따라 스포츠에 참여하게 하는 요인이 있음 예 초등학생 A군이 부모를 따라서 축구장에 갔다가 좋아하는 선수(준거집단)로 인해 어린이 축구교실에 들어가는 계기가 됨
- 일부 중동국가 문화에서 여성의 스포츠 참가 및 관람을 허용하지 않는 사회적 상황의 요인이 있음 19 기출

OX 퀴즈

스포츠로의 사회화는 흥미와 관심을 유발시켜 스포츠에 참가하도록 유도하는 것이다. OX

정답 O

> **기출 Q**
>
> **Q. 아래의 내용에 해당하는 스포츠사회화 과정의 특징으로 옳은 것은?** 기출 18
>
> ○○이는 어린이날에 야구를 좋아하는 삼촌을 따라 처음으로 야구장에 가게 되었다. 처음 보는 현장 경기에서 실제로 본 선수들의 모습이 너무 멋있었다. 다음 날 부모님을 졸라 주변에 있는 리틀 야구단에 입단하였다.
>
> ① 스포츠 경험을 통해 자신이 속한 특정 사회의 가치, 태도, 행동양식을 습득하는 과정
> ② 사회화 주관자나 준거집단의 영향을 수용하여 스포츠에 참가하게 되는 과정
> ③ 스포츠를 통해서 페어플레이, 바람직한 시민의식 같은 인성·도덕적 성향이 함양되는 과정
> ④ 스포츠 활동에서 학습한 기능, 특성 등이 다른 사회현상으로 전이 또는 일반화되는 과정
>
> **해설** 스포츠사회화 이론은 사회학습 이론, 역할 이론, 준거집단 이론이 있음. 준거집단 이론은 어떤 집단의 행동, 태도, 감정 등을 준거로 삼아서 자신의 행동, 태도, 감정 등을 형성하는 이론임
>
> **정답** ②
>
> **Q. 아래의 내용에 해당하는 스포츠 사회화의 주관자는?** 기출 18
>
> 박태환 선수의 올림픽 금메달 획득 장면이 언론에 집중적으로 보도되자 국내 수영장에는 많은 어린이들의 수영강습 신청에 대한 문의가 증가했다.
>
> ① 지역사회   ② 또래친구
> ③ 대중매체   ④ 학교
>
> **해설** 스포츠로의 사회화는 개인에게 스포츠에 참여하고자 하는 흥미와 관심을 유발시킴으로써 스포츠에 참가하도록 유도하는 것을 의미함
>
> **정답** ③

2. 스포츠를 통한 사회화

스포츠 활동에 지속적으로 참여한 결과로 사회에 필요한 긍정적인 가치, 태도, 규범, 행동양식 등을 습득하는 것

(1) 가치의 사회화

① 일반적인 규범, 가치, 태도 등을 사회 구성원들이 쉽게 이해할 수 있게 전달
② 스포츠를 통해 참가자들이 추구하는 가치

참가지향 가치	• 스포츠 참가를 통해 자기실현, 자기만족
공정강조 가치	• 자발적인 내적동기에 의한 스포츠 참가 강조
업적지향 가치	• 탁월성, 승리 쟁취
승리강조 가치	• 경쟁에서 승리 중시, 패배를 낙오로 인식

OX 퀴즈

스포츠의 참가기간과 빈도는 스포츠를 통한 사회화에 영향을 미치지 않는다. O X

정답 ×

해설 스포츠 활동의 참가빈도, 강도, 기간 등에 따라 스포츠를 통한 사회화에 영향을 다르게 미침

(2) 역할의 사회화

① 자신에게 적합한 역할을 스포츠를 통해 경험

② 스포츠를 통한 역할의 사회화 단계

예상 단계	• 확실한 지위, 역할이 부여되지 아니한 상태에서 어떤 역할을 수행하고 싶다는 기대를 갖는 단계
공식적 단계	• 자신의 능력과 행동과 관련해서 사회적으로 인정되는 지위를 얻는 단계
비공식적 단계	• 자신의 처지에 맞는 사회적 역할을 찾아 수행하는 단계
개인적 단계	• 경험을 바탕으로 자신의 역할에 대한 기대를 조절하는 단계

(3) 태도의 사회화

① 스포츠 활동을 통해 개인의 생활 태도에 변화가 생기는 것

② 태도에 변화가 생기는 원인

㉠ 스포츠 활동에 참가하는 다른 구성원들로부터 받는 자극에 의해 새로운 태도 형성

㉡ 스포츠가 갖고 있는 정서순화 기능에 의해 원만한 인간관계 조성

㉢ 우수한 선수와 지도자 행동의 모방을 통해 태도 변화

㉣ 개인보다 집단의 입장을 강조함에 따라 태도 변화

㉤ 집단의 행동규범에 동조하는 경향이 강하므로 태도 변화

㉥ 스포츠 팀 내의 지위, 역할이 변함에 따라 태도 변화

(4) 사회화 정도의 변화

스포츠를 통한 사회화의 정도에 영향을 미치는 요인

개인적 특성	• 개인의 능력, 인성, 계층의 특성 등
참가목적	• 참가 지향적, 승리 지향적 등
참가형태	• 행동적 참가, 인지적 참가, 정의적 참가 등
참가정도	• 참가 기간, 빈도, 강도 등
스포츠조직	• 조직 내의 분위기, 인간관계 등
사회화 주관자의 위신	• 스포츠 활동에 참여하도록 유도한 사회화 주관자의 위신 등

(5) 사회화의 전이

① 스포츠 활동에 참여함으로써 얻어진 사회에 긍정적인 가치, 태도, 규범, 행동양식 등이 일상생활의 다른 영역으로 전이되는 것

② 스포츠를 통한 사회화가 전이되는 정도

㉠ 사회화 주관자의 위력이 클수록 전이효과가 크게 나타남

㉡ 스포츠 활동 참가빈도, 강도, 기간 등에 따라 다르게 나타남

기출 FOCUS

◎ 스포츠를 통한 사회화
- 스포츠를 통해 사회에 필요한 긍정적인 가치, 태도, 규범, 행동, 양식 습득 16·21 기출
- 스포츠 사회화의 전이 조건 (참가정도, 자발성 여부, 개인사회적 특성 등) 18 기출
  예) 스포츠 참가의 결과로서 뛰어난 경기력을 통해 고등학교를 졸업하자마자 프로구단에 입단함

기출 FOCUS

- 스나이더의 스포츠 사회화의 전이 조건 23 기출
- **스포츠로부터의 탈사회화**: 자의와 타의에 의해 스포츠 참가를 중단하는 것 17 기출
  예 프로선수 생활을 하던 중에 갑작스런 부상으로 선수생활을 그만둠
- **스포츠로의 재사회화**: 경쟁 스포츠에 참여했던 사람이 스포츠로부터 탈사회화 후 다시 스포츠에 참여 15·16·21 기출
  예 이영표 국가대표 축구선수는 은퇴 후 해설가로 활동하고 있음

ⓒ 비자발적 참가자보다 자발적 참가자의 전이효과가 크게 나타남
ⓔ 스포츠 참가를 통해 인간관계가 형성되면 전이효과가 큼
ⓜ 개인적, 사회적 특성이 유사하면 전이가 잘 일어남

> **개념 PLUS**
>
> 스포츠 사회화의 전이 조건(E. Snyder 스나이더)
> - 스포츠 참가정도
> - 스포츠 참가의 자발성 여부
> - 스포츠 참가자의 개인적·사회적 특성
> - 사회화 주관자의 위신 및 위력

3. 스포츠로부터의 탈사회화

(1) 자의와 타의에 의해 스포츠 참가를 중단하는 것

자발적 은퇴, 비자발적 은퇴

(2) 스포츠로부터의 탈사회화가 발생하는 원인

환경 변인	• 성, 연령, 교육정도, 계층
취업 변인	• 스포츠 이외의 직업에 취업할 수 있는 기회
정서 변인	• 스포츠가 자신의 자아정체성에 차지하는 정도
역할사회화 변인	• 스포츠 이외의 역할에 대한 사회화 정도
인간관계 변인	• 스포츠를 통한 사회화에 대한 주변 사람들의 만족도

4. 스포츠로의 재사회화

(1) 조직화된 경쟁 스포츠에 참여했던 사람이 스포츠로부터 탈사회화 과정을 거친 후, 다시 스포츠에 참여하게 되는 것을 의미

(2) 종류

① 다른 포지션, 다른 종목, 다른 팀으로의 이동
② 선수생활 은퇴 후 생활체육 동호인(선수, 감독)으로 활동하는 경우 등

OX 퀴즈

자발적인 은퇴는 스포츠로부터의 탈사회화라 할 수 없다.
◯ ✕

정답 ✕
해설 자발적 은퇴, 비자발적 은퇴 모두 스포츠로부터의 탈사회화임

기출 Q

Q. 스포츠로부터의 탈사회화에 관한 설명으로 옳은 것은?? 　기출 24

① 부상, 방출 등의 자발적 은퇴로 탈사회화를 경험한다.
② 스포츠 참여를 통한 행동의 변화를 스포츠로부터의 탈사회화라고 한다.
③ 개인의 심리상태, 태도에 의해 참여가 제한되는 것을 내재적 제약이라고 한다.
④ 재정, 시간, 환경적 상황에 의해 참여가 제한되는 것을 대인적 제약이라고 한다.

해설　자의와 타의에 의해 스포츠 참가를 중단하는 것으로 자발적 은퇴와 비자발적 은퇴가 있음. 경기 중에 뜻하지 않은 부상, 성적 부진에 의한 방출, 선수 나이와 은퇴시기 고려 등에 따라 더 이상 선수생활이 힘들다고 판단될 때 자발적 은퇴로 이어짐. 환경, 취업, 정서, 역할사회화 및 인간관계 등의 여러 변인에 따라 탈사회화가 이루어짐. 개인으로부터 참여가 제한되는 것을 내재적 제약, 외부의 환경으로부터 참여가 제한되는 것을 외재적 제약이라 할 수 있음. 중복답안임　정답 ①, ③

Q. 스포츠탈사회화와 재사회화 과정에 대한 설명으로 옳지 않은 것은? 　기출 17

① 운동선수의 스포츠탈사회화는 선수은퇴를 의미한다.
② 환경, 취업, 정서 등의 요인은 운동선수의 스포츠탈사회화에 영향을 미친다.
③ 운동선수는 스포츠탈사회화 이후 모든 스포츠 재사회화의 과정을 겪게 된다.
④ 새로운 직업에 대한 기회가 많고 교육수준이 높은 운동선수일수록 자발적 은퇴를 선택할 가능성이 높다.

해설　스포츠탈사회화는 자의와 타의에 의해 스포츠 참가를 중단하는 것이고, 스포츠재사회화는 조직화된 경쟁 스포츠에 참여했던 사람이 스포츠로부터 탈사회화 과정을 거친 후, 다시 스포츠에 참여하게 되는 것을 의미하는데 모두 재사회화의 과정을 거치지 않음　정답 ③

CHAPTER 08 스포츠와 일탈

기출 FOCUS
- 일탈: 사회적 규범이나 규칙으로부터 벗어남으로써 사회적으로 비난, 낙인, 불명예 등을 받는 것
- 스포츠 일탈의 원인 20 기출
- 스포츠의 부정적·긍정적 일탈 20 기출
- 스포츠 일탈의 순기능 18·23 기출

01 스포츠 일탈의 이해

1. 스포츠 일탈의 원인과 기능

(1) 스포츠 일탈의 원인
① 학생과 선수라는 두 가지 역할 사이의 갈등
② 승리추구, 페어플레이라는 양립할 수 없는 두 가지 가치의 지향점에서의 갈등
③ 승리 선수에게만 보상을 많이 하는 구조에 의한 갈등
④ 스포츠 규범과 성공을 위한 욕망의 불일치에 따른 갈등(생각과 결과의 차이)
⑤ 코치, 감독 등으로부터의 부당한 지시에 대한 선수의 무비판적인 수용(과잉동조)
⑥ 스포츠에서 허용된 행동이 사회 영역에서는 허용되지 않는 범위의 차이(스포츠의 가벼운 규칙 위반은 허용되기도 하지만, 사회에선 안 될 수 있음)
⑦ 과학기술 발전과 스포츠 규범 사이의 시간적 차이에 따른 새로운 규정의 미확립

(2) 스포츠 일탈의 기능

순기능	• 스포츠 일탈은 규범, 규칙을 어기는 행동이란 인식으로 일탈행동의 예방 효과 • 가벼운 일탈행동은 사회적 불만을 완화시켜 주는 역할(사회의 안전판) • 스포츠 일탈은 시대에 따라 기준이 달라짐, 즉 새로운 규칙과 규범을 만드는 계기를 제공하는 창의적 활동 환경 마련 예 1966년 보스턴 마라톤 대회에서 여성이 신분을 속이고 참가한 계기로 여성 마라톤의 출발이 됨
역기능	• 스포츠의 공정성 및 질서체계 훼손 • 스포츠 참가자의 사회화에 부정적인 영향 예 야구경기의 벤치 클리어링이 발생할 때 참가하지 않은 선수가 따돌림을 당하거나, 일부 선수들의 과격한 폭력이 관객들에게 노출됨

OX 퀴즈
스포츠 일탈은 공정성과 질서를 흐리는 경우처럼 부정적인 기능만 있다. Ⓞ/Ⓧ
정답 ✕
해설 규범, 규칙을 어기는 행동이란 인식으로 일탈행동의 예방효과와 같은 긍정적인 효과도 있음

2. 스포츠 일탈의 종류와 특성

(1) 공식적·비공식적 일탈
① **공식적 일탈**: 공식적 규칙과 법에 대한 위반 행위(권한을 가진 사람들에 의해 공식적 제재나 처벌을 받음)

② 비공식적 일탈: 명문화되지 않은 관습 및 공유된 이해에 대한 위반 행위(선배나 동료에 의해 비공식적인 제재나 벌을 받음)

기출 FOCUS
✓ 상대론적 접근 18·23 기출

(2) 부정적·긍정적 일탈
① 부정적 일탈: 사회규범을 위반하는 행동이나 상황을 초래하는 일탈
② 긍정적 일탈: 일상생활에 지장을 줄 정도로 스포츠에 적극적인 참여, 규칙을 심하게 동조하여 발생하는 일탈

(3) 일탈을 바라보는 접근

절대론적 접근	• 절대적인 기준을 벗어나는 것이 일탈이라고 보는 시각
상대론적 접근	• 어떤 상황이 일어난 환경에 따라 용인될 수 있는 행위의 범위가 다르고, 그 범위를 벗어나는 것이 일탈이라고 보는 시각(사회구조적인 문제)

(4) 사회적 일탈과 스포츠 일탈은 용인되는 범위가 다름
스포츠 일탈은 원인이 다양하므로 절대론적 접근과 상대론적 접근이 모두 필요함
예 스포츠에선 가벼운 규칙 위반은 용인될 수 있지만, 금지약물 복용을 허용하지 않음

기출 Q

Q. 스포츠 일탈의 순기능에 관한 사례로 적절하지 않은 것은?   기출 23
① 승부조작 사례를 보고 많은 선수들이 경각심을 갖는다.
② 아이스하키 경기에서 허용된 주먹다짐은 잠재된 공격성을 해소시켜 준다.
③ 스포츠에서 선수들의 약물복용이 지속되면 경기의 공정성이 훼손된다.
④ 높이뛰기에서 배면뛰기 기술의 창안은 기록경신에 기여하고 있다.

해설 스포츠 일탈의 순기능은 사회적 규범이나 규칙을 벗어나는 행위로 제도권에서는 배제됐지만 사회적 정의를 실현하는 개인적 노력과 그에 따른 사회적 이슈를 끌어 올린 측면에서 설명될 수 있음. ③번은 스포츠 일탈의 역기능에 해당됨   정답 ③

Q. 스포츠 일탈에 관한 설명으로 적절하지 않은 것은?   기출 20
① 부정적 일탈 사례로는 금지약물복용, 구타 및 폭력 등이 있다.
② 부정적 일탈은 스포츠 규범체계에 대한 과잉동조 성향을 의미한다.
③ 긍정적 일탈 사례로는 오버 트레이닝(over-training), 운동중독 등이 있다.
④ 긍정적 일탈은 정상적으로 받아들여지는 행동에 대한 무비판적 수용을 의미한다.

해설 부정적 일탈은 사회규범을 위반하는 행동이나 상황을 초래하는 것이고, 긍정적 일탈은 일상생활에 지장을 줄 정도로 과도하게 스포츠에 참여하거나 규칙을 심하게 동조하여 발생하는 일탈임   정답 ②

OX 퀴즈
스포츠 일탈은 절대적인 기준을 벗어나는 것을 허용하지 않거나, 어떤 상황에서는 용인될 수 있는 범위가 상존한다.   O X

정답 O

CHAPTER 08 스포츠와 일탈

기출 FOCUS

- 선수들의 일탈유형 5가지: 동조, 혁신, 의례, 도피, 반란
  18·20·21·22 기출
- 차별교제이론 24 기출

암기 TIP

동혁의피란 일탈을 위해 동혁의 가족이 피난 갔어요. 이렇게 암기 해보세요.

3. 스포츠 일탈의 이론

(1) 구조기능주의적 관점

① 머튼(R. K. Merton)의 아노미(Anomie) 이론이 유명함
② 지배적인 규범, 가치가 없어서 혼란에 빠진 상태(anomie)
③ 선수들이 하는 일탈행동 5가지 유형

동조주의	• 문화적 목표와 제도화된 수단을 수용 • 규칙을 준수하면서 승리하려는 것
혁신주의	• 문화적 목표는 수용하지만, 제도화된 수단은 거부 • 불법적인 수단을 동원해서라도 승리하려는 것
의례주의	• 문화적 목표는 거부하고, 제도화된 수단은 수용 • 승리추구에 집착하지도 않고, 참가에 의의를 두는 것
도피주의	• 문화적 목표와 제도화된 수단을 모두 거부 • 승리추구와 공정경쟁을 모두 거부하는 것
반란주의	• 문화적 목표, 제도화된 수단을 모두 거부하고, 새로운 목표와 수단 제시 • 승리추구와 공정경쟁의 수용이나 거부와는 관계없이 자신만의 수단, 방법을 동원하여 새로운 목표를 달성하려는 것

(2) 갈등론적 관점

① 젠더갈등: 남녀 성별의 이분법 적용
② 인종갈등: 모순적 사회구조
③ 경제적 갈등: 드래프트, 보류조항

(3) 상호작용론적 관점

① 차별교제이론: 일탈은 타인과 상호작용을 통해 학습(사회화 과정)
② 낙인이론: 사회적 규정에 의해 개념화(상황에 따라 일탈을 다르게 해석)

기출 Q

Q. 〈보기〉의 ㉠~㉣에 해당하는 머튼(R. Merton)의 아노미이론에서 제시한 일탈행동 유형이 바르게 연결된 것은? 기출 21

㉠ 벤 존슨은 불법약물복용으로 올림픽 금메달을 박탈당했다.
㉡ 승리에 대한 집념보다는 규칙을 지키며 최선을 다해 경기에 참여한다.
㉢ 스스로 실력의 한계를 느끼고 운동부에서 탈퇴한다.
㉣ 학생선수의 학습권을 보장하기 위해 최저학력제를 도입하였다.

	㉠	㉡	㉢	㉣
①	혁신주의	반역주의	도피주의	의례주의
②	반역주의	혁신주의	의례주의	도피주의
③	혁신주의	의례주의	도피주의	반역주의
④	의례주의	반역주의	혁신주의	도피주의

OX 퀴즈

스포츠 일탈행동에서 문화적 목표는 수용하지만 제도화된 수단을 거부하는 유형을 도피주의라고 한다. O X

정답 X
해설 혁신주의

해설 ㉠ 벤 존슨의 불법약물복용은 혁신주의(목표 수용, 제도 거부), ㉡ 승리보다 규칙 준수는 의례주의(목표 거부, 제도 수용), ㉢ 운동부 탈퇴는 도피주의(목표와 수단 거부), ㉣ 최저학력제 도입은 반역주의(새로운 목표와 수단 제시)로 볼 수 있음
정답 ③

기출 FOCUS
- 경계폭력   24 기출

02 스포츠 일탈의 유형

1. 폭력행위

(1) 스포츠상황에서 상대에게 신체적, 정신적, 언어적, 성적으로 위해를 가하는 것

(2) 스포츠폭력 원인
   ① 승리선수와 팀에게 많은 보상을 주는 제도(승리 제일주의)
   ② 코치, 감독으로부터의 복종주의 문화
   ③ 폭력성이 곧 우월성이란 착각
   ④ 팀 승리를 위해 헌신한다는 인식, 자신의 정체감 확보

(3) 스포츠폭력 유형
   ① 격렬한 신체접촉: 충돌, 가격, 태클, 방해 등으로 경기의 일부분(규범위반은 아니나 부상 우려)
   ② 경계폭력: 빈볼성 투구, 심한 태클, 진로방해 등으로 전략적으로 사용(규범위반이지만 스포츠 규범에는 부합되는 측면, 공식적인 제재나 벌금 부과되지 않음)
   ③ 유사범죄 폭력: 비신사적 경기운영, 상대선수 건강손상유발(규범위반일 뿐만 아니라, 선수 간의 비공식 규범도 위반, 일정기간 징계와 벌금 부과됨)
   ④ 범죄 폭력: 심각한 신체부상, 생명위협 수준의 폭력(법적처벌)

(4) 경기 중 공격행위

도구적 공격	• 외적인 보상을 위해 공격(농구 리바운드 반칙 등)
적대적 공격	• 승리보다 상대 선수의 부상이 목적(투수가 타자 안쪽에 위협적인 공을 던지는 경우 등)

2. 약물복용 ◆ 스포츠 윤리[06. 경기력 향상과 공정성]에도 등장

(1) 도핑

운동경기에서 체력을 극도로 발휘시키기 위해 복용·투여하는 의학적 처지를 하는 일

OX 퀴즈
스포츠 폭력의 유형에는 경기 중에 승리보다 상대선수의 부상을 목적으로 하는 공격도 포함된다.
O X
정답 O

기출 FOCUS

✓ 사회학습이론　　23 기출

(2) 도핑금지 목적
① 공정성 훼손: 페어플레이 정신에 위배됨(윤리적, 도덕적인 문제)
② 건강상의 부작용: 선수 건강이 손상됨(의학적, 건강상의 문제)
③ 비윤리적이고, 비인도적인 행위임
④ 도핑을 하게 되는 원인의 원천적 봉쇄

3. 부정행위

(1) 스포츠맨십 또는 페어플레이 정신에 위배되는 행위

(2) 부정행위 원인
① 승리에 대한 보상이 크다고 생각할 때
② 공학기술이 경기결과에 미치는 영향이 크다고 생각할 때
③ 경기규칙이 지나치게 엄격한 경우
④ 경기결과가 불확실하다고 생각할 때
⑤ 사회경제적 지위가 낮은 선수가 많이 참가한 경우

(3) 부정행위 종류

제도적 부정행위	• 경기전략, 전술상 어느 정도 용인됨 예 농구에서 팔꿈치 사용, 축구에서 태클, 경기지연 행위, 헐리웃 액션 등
일탈적 부정행위	예 약물복용, 승부조작, 상대편 경기용구 훼손 등

4. 범죄행위

(1) 스포츠맨십 또는 페어플레이 정신에 위배되고, 법률로도 금지

(2) 폭행, 상해, 절도, 살인, 강도, 심판매수, 금품제공 등

(3) 스포츠인의 범죄행위를 설명하는 이론

정화 이론	• 좌절감, 욕구불만, 공격성 등과 같은 감정을 표출함으로써 내부에 축적된 감정을 정화할 수 있는 스포츠 참가는 범죄행위를 줄임
사회학습 이론	• 범죄행위는 후천적으로 사회에서 학습된 것이므로 스포츠에 참여하면서 범죄행동을 학습함

OX 퀴즈

경기를 지켜보는 관중의 규모가 작을 때 관중폭력이 발생할 가능성이 높다.　O X

정답 ✕
해설 관중규모가 클 때 관중폭력의 가능성이 높음

5. 과도한 참가

(1) 일상생활에 지장을 줄 정도로 스포츠에 과도한 참여(운동중독)

(2) 과잉동조의 한 유형, 규칙을 위반하지 않기 때문에 긍정적 일탈

6. 관중폭력(집단행동) ◆ 스포츠윤리(05. 스포츠와 폭력)에도 등장

(1) 관중들의 집단행동이 일상적인 기준에서 벗어나 일탈행동으로 변질된 것

블루머(Blumer)의 4가지 관중 유형: 행동적 관중, 인습적 관중, 표출적 관중, 우연적 관중

(2) 드워(C. Dewar)가 제시한 관중폭력의 원인

관중이 많을수록, 경기 후반부일수록, 기온이 올라갈수록, 시즌이 막바지일수록 난동 발생 가능성이 높다고 함

(3) 관중폭력이 발생할 가능성이 클 경우

① 관중의 규모가 클 때
② 관중의 밀도가 높을 때
③ 매우 중요한 경기일 때
④ 경기 자체가 폭력적이었을 때
⑤ 어웨이 경기가 홈경기보다 가능성이 큼
⑥ 사회적 지위가 낮은 관중이 많을 때
⑦ 경기장 시설이 열악하고, 불쾌지수가 높을 때

(4) 집단행동 발생이론

전염 이론	군중 속의 소수 사람에 의한 폭력성 전염
수렴 이론	개인이 평소에 지닌 반사회적 생각이 군중이라는 익명성에서 표출
규범생성 이론	동질성이 거의 없던 개인들이 큰 집단으로 발전하면서 다수가 동조하는 새로운 규범을 통해 표출
부가가치 이론 (사회변형 이론)	집단행동이 일어나기 위해선 다양한 요인, 조건들이 순차적으로 조합해서 표출

7. 과소동조(underconformity)

(1) 선수들이 훈련 혹은 경기 중에 규칙이나 규범이 있다는 것을 알면서도 모른 척 하거나, 몰라서 발생하는 일탈행동

(2) 잘못된 것(폭력, 음주, 승부조작 등)임을 알면서도 규칙을 어기고 금지된 행동을 하는 일탈 행동

8. 과잉동조(overconformity)

(1) 선수들이 훈련 혹은 경기 중에서 규칙이나 규범을 무비판적으로 무조건 따름으로써 한계를 벗어난 일탈행동

기출 FOCUS

◆ 스포츠 일탈 유형
- 폭력(도구적 공격) 16 기출
- 약물복용(도핑) 18·19기출
- 부정행위 (개념) 15 기출
  (제도적 부정) 16 기출
  (일탈적 부정) 18 기출
- 범죄행위 18 기출
- 관중폭력(가능성이 클 경우) 15 기출

◆ 집단행동 이론 21 기출
- 부가가치 이론 20·23 기출
- 전염 이론 23 기출
- 수렴 이론
- 규범생성 이론

OX 퀴즈

선수들이 훈련에 대해 맹목적으로 따르다가 한계를 벗어나 일탈하는 경우는 과소동조 현상이다. ⓞⓧ

정답 X
해설 과잉동조 현상

기출 FOCUS

◎ 코클리의 과잉동조 스포츠윤리규범 21·22·23 기출

(2) 균형적 사고를 갖지 못하고 특정한 규범에 지나치게 동조하면서 나타나는 일탈행동(조직을 위해 과도한 충성하는 경우)
(3) 지도자의 지시로 상대팀 선수에게 부상을 입히기 위해 태클을 거는 행위
(4) 상대팀 투수가 빈볼을 던지자 그 투수에게 주먹을 휘두르는 행위 등

개념 PLUS

과잉동조 원인
- 경기에 헌신할 것을 요구
- 위험이나 고통을 자연스럽게 받아들임
- 장애물을 무조건 모두 극복하길 원함
- 스포츠 집단을 특수집단이라고 생각함
- 과잉동조가 집단의 결속에 기여한다고 생각함
- 집단에 대한 애착이 강함

과잉동조의 스포츠윤리규범(코클리 J. Coakley)
① 인내규범: 위험과 고난을 감수
② 도전규범: 성공을 위해 장애를 극복
③ 몰입규범: 경기에 헌신
④ 구분짓기규범: 탁월성 추구

기출 Q

Q. 아래의 신체적 공격행위 중 도구적 공격행위만으로 묶은 것은?   기출 16

가. 상대의 고통을 목적으로 공격하는 행위
나. 농구에서 팔꿈치를 크게 휘두르는 행위
다. 승리, 금전, 위광 등 다른 외적 보상이나 목표를 획득하기 위한 행위
라. 야구에서 투수가 자신을 화나게 만든 타자에게 안쪽 또는 높은 공을 던지는 행위
마. 유격수에게 과감한 슬라이딩을 감행해 더블플레이를 방해하는 행위

① 가-다-라   ② 가-나-마
③ 나-다-마   ④ 나-라-마

해설 도구적 공격은 외적인 보상을 위해 공격하는 행위이고, 적대적 공격은 승리보다 상대 선수의 부상을 주요 목적으로 하는 행위임   정답 ③

Q. 〈보기〉의 사례에 관한 스포츠 일탈 유형과 휴즈(R. Hughes)와 코클리(J. Coakely)가 제시한 윤리 규범이 바르게 연결된 것은?　　기출 24

- 2002년 한일월드컵 당시 황선홍 선수, 김태영 선수의 부상 투혼
- 2022년 카타르 월드컵에서 손흥민 선수의 마스크 투혼

	스포츠 일탈 유형	스포츠 윤리 규범
①	과소동조	한계를 이겨내고 끊임없이 도전해야 한다.
②	과소동조	경기에 헌신해야 한다.
③	과잉동조	위험을 감수하고 고통을 인내해야 한다.
④	과잉동조	탁월성을 추구해야 한다.

해설 스포츠 일탈 유형 중 과잉동조는 선수들이 훈련 혹은 경기 중에 규칙이나 규범을 무비판적으로 무조건 따름으로써 한계를 벗어난 일탈행동임. 선수들이 부상을 무릅쓰고 투혼을 벌이는 행위도 조직을 위해 과도한 충성을 다할 때 발생하므로 과잉동조라 할 수 있음　　**정답** ③

Q. 〈보기〉의 ㉠~㉣에 해당하는 집합행동 이론이 바르게 연결된 것은?　　기출 21

㉠ 군중은 피암시성, 순환적 반작용에 의해 폭력적 집단행동이 나타난다.
㉡ 군중들의 반사회적 성향이 익명성, 몰개성화에 의해 집합행동으로 나타난다.
㉢ 특정 사회적 상황에서의 공유의식은 구성원의 감정과 정숙 정도, 수용성 등에 영향을 준다.
㉣ 선행적 사회구조적·문화적 요인으로 인한 단계적 절차는 집합행동을 생성, 발전 및 소멸시킨다.

	㉠	㉡	㉢	㉣
①	전염이론	수렴이론	규범생성이론	부가가치이론
②	수렴이론	전염이론	부가가치이론	규범생성이론
③	규범생성이론	부가가치이론	수렴이론	전염이론
④	부가가치이론	규범생성이론	전염이론	수렴이론

해설 집단행동 발생이론으로 전염이론(군중 속의 소수 사람에 의한 전파), 수렴이론(군중 속 익명성에서 표출), 규범생성이론(다수가 동조하는 새로운 규범을 통해 표출), 부가가치이론(사회변형이론이라고도 하며, 여러 조건들이 순차적으로 조합해 표출)이 있음　　**정답** ①

CHAPTER 09 미래사회의 스포츠

- 미래의 스포츠에 영향을 미칠 요인 15·16·21 기출
  - 공학기술 발달
  - 유전자공학 발달
  - 전자매체 발달
  - 스포츠조직 합리화
  - 상업주의 심화
  - 문화의 융합
- 정보화 시대의 스포츠 특징 16 기출
  - 스포츠 교육서비스 요구 증대
  - 스포츠 과학 발전
  - 다양한 정보의 신속성
- 현대스포츠 발전에 영향을 미치는 요인 19 기출
  - 산업의 고도화
  - 인구의 고밀도화
  - 교통 발달, 통신 발달
- 현대사회에서 스포츠에 매료된 이유(캐시모어 E. Cashmore, 2000)
  - 정형화
  - 예의바름
  - 안전함

01 스포츠 변화에 영향을 미치는 요인

1. 미래의 스포츠에 영향을 미칠 요인

공학기술 발달	• 스포츠 장비 개선, 뉴스포츠 지속 등장, 기록경신, 최상 운동 수행 능력
유전자공학 발달	• 유전자 조작을 통한 도핑 우려
전자매체 발달	• 미디어에 의한 스포츠 정보 제공, 미디어 제작자의 영향력 증가 • 새로운 미디어 출연, 잠재적인 스포츠 소비자 양산
스포츠조직 합리화	• 과도한 합리화는 개인의 개성 말살 우려
상업주의 심화	• 지나친 상업화 • 스포츠 제도의 변화, 스포츠 규칙의 변화, 아마추어리즘의 퇴조
문화의 융합	• 다양한 인종, 문화가 공존하는 사회

2. 정보화 시대의 스포츠 특징

(1) 스포츠 교육서비스에 대한 요구 증대
(2) 스포츠 과학의 발전
(3) 다양한 경기전략에 대한 정보를 신속하게 제공받음

기출 Q

Q. 과학기술의 발전에 따른 스포츠의 변화에 관한 설명으로 옳지 않은 것은? 기출 24

① IoT, 웨어러블 디바이스 발전으로 경기력 측정의 혁신을 가져왔다.
② 프로야구 경기에서 VAR 시스템 적용은 인간심판의 역할을 강화시켰다.
③ 4차 산업혁명에 따른 초지능, 초연결은 스포츠 빅데이터의 활용을 확대시켰다.
④ VR, XR 디바이스의 발전으로 가상현실 공간을 활용한 트레이닝이 가능해졌다

(해설) VAR(Video Assistance Referee, 비디오보조심판) 시스템은 애초에 심판을 보조하는 역할로 개발돼 사용하고 있지만, 정확하고 공정한 판단을 바라는 팬과 고객을 위해 의존도가 높아지고 있음

정답 ②

OX 퀴즈

스포츠 조직이 갈수록 합리화되고 공학기술이 발달함에 따라 미래 스포츠에 영향을 미칠 수 있다. O X

정답 O

02 스포츠 세계화

1. 스포츠 세계화의 개념

(1) 전 세계가 같은 종목의 스포츠를 같은 규칙 아래에서 경기를 하는 현상

(2) 스포츠 소비문화 측면에서 이루어짐

(3) 스포츠가 내재하고 있는 가치를 전 세계에 전파함

(4) **스포츠의 탈영토화를 의미**

국내 선수의 해외진출, 외국선수의 국내 유입 등의 스포츠의 노동이주(매기와 서덴, Magee & Sugden)

① 개척자: 금전적인 보상 외에도 다른 가치도 추구함(이주한 국가와 친밀한 관계 형성)
② 용병: 경제적 보상을 최우선의 가치로 둠(더 나은 경제적 보상 시 이주 가능)
③ 유목민: 개인이 처한 여러 상황에 따라 이동이 가능함(종목의 특성으로 이주)
④ 정착민: 경제적 보상 외에 다른 요인으로 정착함(보다 나은 사회적 환경 추구)
⑤ 귀향민: 해외로 이주했다가 다시 귀향함(해외경험을 토대로 자국으로 복귀)

2. 스포츠 세계화의 원인

(1) 제국주의: 식민지에 스포츠를 도입, 문화적 수용을 통한 지배집단의 욕구 관철

(2) 종교전파: 신흥 종교를 선교목적으로 전파하며 새로운 종목의 스포츠 소개

(3) 정보통신 발달: 양방향 통신기술의 발달

(4) 고령화 사회의 도래: 건강에 대한 관심 급증

(5) 페미니즘 발전: 여성의 스포츠 참여 급증

3. 스포츠 세계화의 과정

(1) 제국주의 시대에 스포츠를 통한 동화정책은 식민지 체제의 지배를 정당화하는 데 기여함

(2) 19세기 기독교는 아시아와 아프리카 원주민의 종교적 거부감을 해소하는 데 스포츠를 활용함

(3) 과학기술의 진보는 스포츠의 시·공간적 제약을 극복하는 데 기여함

기출 FOCUS

- 스포츠 세계화 개념과 과정
  16·17·18·21·22 기출
- 스포츠 세계화의 원인
  19·20·23·24 기출
- 스포츠 세계화 사례: 스포츠 노동이주(국내 선수의 해외진출, 해외 선수의 국내 유입), 태권도의 올림픽 공식종목에 따른 세계화, 세계적 스포츠 용품(나이키, 아디다스)의 다국적 기업의 성장
- 스포츠의 노동이주 유형
  21·23 기출
- 스포츠 세방화 전략 22 기출
  • 세방화(世方化, glocalization)
  • 세계화와 동시에 현지화를 이룸으로써 시너지 효과를 극대화하려는 경영방식
  • 한국선수가 EPL에서 뛰면 그 리그가 한국에서 인기가 높아짐

기출 FOCUS

- 프로스포츠 시행 제도: 보류조항, 샐러리 캡, 트레이드, 드래프트, 웨이버 공시
  19·22·23 기출
- 프로스포츠 팀 간 전력평준화를 위한 제도: 드래프트, 자유계약제도, 샐러리 캡

4. 프로스포츠 시행 제도

구단 전속 계약	• 선수와 구단 사이에서 체결되는 계약 • 선수와 구단의 권리와 의무를 규정 • 상호 간의 성실히 하여야 하는 의무를 명시
트레이드 (Trade)	• 선수의 보유권을 가지고 있는 구단이 선수의 보유권 및 기타 권리를 타 구단에게 이전하는 것
드래프트 제도 (Draft System)	• 일정 자격요건을 갖춘 선수를 프로연맹 등 스포츠 단체의 주관 아래 성적 역순 등의 다양한 방법으로 구단에게 지명권을 부여, 선수를 지명, 선발하는 제도 ※ 프로스포츠 팀 간 전력평준화
자유계약제도 (Free Agent)	• 구단이 해당 선수의 보유권을 상실 혹은 포기했을 시 어떤 구단과도 자유롭게 계약을 맺을 수 있는 제도 ※ 프로스포츠 팀 간 전력평준화
임의탈퇴선수	• 구단이 복귀조건부로 선수계약을 해제할 수 있는 규정 • 계약 해제를 바라는 듯한 본인의 행동에 따라 구단이 계약을 해제한 선수
선수보류조항 (Player Reserve Clause)	• 구단이 선수의 다음 시즌 계약 우선권을 갖도록 함 • 선수들에게 계약기간 보수를 보장해 주는 제도
웨이버 공시 (Waiver)	• 구단이 소속 선수와 계약을 일방적으로 해제하는 방법(방출) • 프로스포츠 구단 등에서 선수에 대한 권리를 포기하는 것
포스팅 시스템 (Posting System)	• 프로야구에서 외국선수 선발 시 이적료를 최고로 많이 써낸 구단에 우선협상권을 부여하는 공개입찰제도
샐러리 캡 (Salary Cap)	• 각 구단이 당해 시즌에 각 구단 보유 선수에게 지급하기로 한 연봉 총상한제 • 소속선수 연봉합계가 일정액을 초과할 수 없도록 규정 ※ 프로스포츠 팀 간 전력평준화
래리 버드 룰 (Larry Bird Rule)	• 래리 버드 예외조항(Exception)이라고도 함 • 기존 소속팀과 재계약하는 자유계약선수는 '샐러리 캡'에 적용받지 않는다는 예외 조항
팜 시스템 (Farm System)	• 유소년팀, 세미프로 등 하위리그를 통해 다양한 자체선수 선발시스템

OX 퀴즈

구단의 연봉 총상한제인 샐러리 캡과 반대되는 개념은 래리 버드 룰이다. O X

정답 O

기출 Q

Q. 〈보기〉에서 설명하는 스포츠 세계화의 원인은? [기출 23]

> '코먼웰스 게임(commonwealth games)'은 영연방국가들이 참가하는 스포츠 메가 이벤트로, 영연방국가의 통합에 기여하는 측면이 있다. 영국의 스포츠로 알려진 크리켓과 럭비는 대부분 영국의 식민지였던 영연방국가에서 인기가 있다.

① 제국주의 ② 민족주의
③ 다문화주의 ④ 문화적 상대주의

(해설) 스포츠 세계화의 원인으로 제국주의, 종교전파, 정보통신 발달, 고령화 사회, 페미니즘 등이 있음. 제국주의는 식민지에 스포츠를 도입, 문화적 수용을 통한 지배집단의 욕구를 관철하고자 하는 목적을 둠. 일제강점기 때 근대스포츠를 여러 종목 도입한 이유도 유사함 (정답) ①

Q. 신자유주의 시대의 스포츠 세계화에 대한 특징으로 적절하지 않은 것은? [기출 19]

① 프로스포츠의 이윤 극대화에 기여하였다.
② 스포츠 시장의 경계가 국경을 초월해 전 세계로 확대되었다.
③ 세계인들에게 표준화된 스포츠 상품을 소비하도록 만들었다.
④ 각 나라의 전통스포츠가 전 세계로 보급되어 새로운 스포츠 시장을 개척할 수 있게 되었다.

(해설) 신자유주의 경제체제가 정착되면서 기업은 자유로운 경영환경을 맞이하고, 이에 부흥해 스포츠 표준화를 통해 소비시장을 확대함. 즉, 세계 각국의 전통스포츠가 세계로 보급되는 과정과는 무관함 (정답) ④

Q. 프로스포츠에서 시행되는 제도와 특징이 바르게 연결된 것은? [기출 19]

① 보류조항(reserve clause) – 일정 기간 선수들의 자유로운 계약과 이적을 막아 선수단 운영비를 줄이기 위한 목적으로 도입되었다.
② 최저연봉제(minimum salary) – 신인선수의 연봉협상력을 줄여 선수단 운영경비를 줄이기 위한 목적으로 도입되었다.
③ 샐러리 캡(salary cap) – 선수 개인에게 지불할 수 있는 최대 연봉 상한선으로 선수 간 연봉격차를 줄이기 위한 목적으로 도입되었다.
④ 트레이드(trade) – 선수가 새로운 팀으로 이적하기 위해 구단에 요구할 수 있는 권리로 구단은 특별한 사유가 없는 한 선수의 요구에 응해야 한다.

(해설) 보류(保留)선수란 시즌이 끝난 뒤, 구단이 그 선수에 대해 우선적, 배타적으로 다음해 선수 계약 교섭권리를 보유하고 있음을 공시한 모든 선수를 의미함. 즉, 선수보류조항은 구단이 선수의 다음 시즌 계약 우선권을 가짐. 샐러리 캡은 각 구단이 당해 시즌에 각 구단 보유 선수에게 지급하기로 한 연봉 총상한제, 트레이드는 선수의 보유권을 가지고 있는 선수의 보유권 및 기타 권리를 타 구단에게 이전하는 것임 (정답) ①

PART 01 스포츠사회학 Self Check

01 사회학은 인간의 행위, 사회적 삶에 대해 연구하는 학문임. 스포츠사회학은 스포츠를 하나의 사회현상으로 바라보면서 사회학 이론과 연구방법을 도입하며 설명하는 학문임. ④번은 운동생리학에 해당
정답 ④

01 스포츠사회학을 적용한 연구 사례로 옳지 <u>않은</u> 것은?
① 종교가 스포츠 보급에 미치는 영향을 분석하였다.
② 운동선수들의 은퇴 후 사회적응과정을 분석하였다.
③ 스포츠 활동과 생활만족도 간의 관계를 연구하였다.
④ 걷기의 운동량이 다이어트에 효과가 있는지를 규명하였다.

02 '스포츠의 정치화 과정 3요인'은 상징, 동일화, 조작임
정답 ④

02 스포츠와 정치의 결합방법에 대한 설명으로 바른 것은?
① 상징은 자신과 타인이 일치된 상태를 의미한다.
② 동일화는 운동선수가 국가를 대표하는 것을 의미한다.
③ 통제는 국가가 스포츠참여를 제한하는 것을 의미한다.
④ 조작은 정치권력이 인위적 개입을 통해 상징 등의 효과를 극대화하는 것을 의미한다.

03 일반학생들의 스포츠 활동에 참여할 수 있는 기회를 박탈할 수 있는 부분은 학원 스포츠의 문제점임
정답 ④

03 스포츠의 교육적 기능 중 성격이 <u>다른</u> 하나는?
① 사회화 촉진
② 학교 내 통합에 기여
③ 정서함양 및 순화에 기여
④ 일반학생의 참가기회 제한

04 스포츠를 통해 전인교육 도모, 사회성 함양, 사회통합, 신체 인식의 긍정적 전환을 비롯해 생애주기별 평생체육을 할 수 있는 연속성을 부여하는 환경을 마련하는 등의 순기능이 있음
정답 ③

04 〈보기〉에서 설명하는 스포츠의 교육적 순기능은?

> • 스포츠 참여를 통해 생애주기에 적합한 스포츠를 즐길 수 있는 습관을 형성할 수 있다.
> • 학교에서의 스포츠 경험은 개인이 전 생애에 걸쳐 스포츠를 즐길 수 있는 토대를 마련해준다.

① 학업활동 촉진
② 학교 내 통합
③ 평생체육과의 연계
④ 정서 순화

05 학원스포츠의 정상화를 위한 정책으로 적절하지 <u>않은</u> 것은?

① 초·중학교 상시 합숙제도
② 주말리그제 시행
③ 학교운동부 운영 투명화
④ 최저학력기준 설정

05 상시 합숙제도를 통해 학생선수의 학습권 제한 등의 문제가 발생할 수 있음 정답 ①

06 스포츠미디어의 유형이 <u>다른</u> 하나는?

① 신문
② 인터넷
③ 모바일 기기
④ 비디오 게임

06 미디어의 유형은 인쇄매체(신문, 잡지), 방송매체(TV, 라디오), 인터넷 매체(온라인, SNS)가 있음 정답 ①

07 스포츠 미디어에 대한 설명으로 옳지 <u>않은</u> 것은?

① 스포츠 메가 이벤트는 미디어의 이윤창출에 기여한다.
② 보편적 접근권은 스포츠 콘텐츠의 차별화를 위한 미디어의 정책이다.
③ 1988년 서울하계올림픽경기대회에서 최초로 TOP 프로그램을 시작했다.
④ 스포츠 저널리즘은 대중의 호기심과 흥미를 유발하는 '옐로 저널리즘'의 성격이 강하다.

07 보편적 접근법은 2008년 국내 방송법 개정으로 도입된 제도로서 국민의 관심이 큰 스포츠 경기 등에 대한 방송을 모든 국민이 시청할 수 있는 권리임   ②

08 스포츠가 대중매체에 미친 영향으로 옳은 것은?

① 흥미위주의 스포츠 규칙 개정
② 미디어 테크놀로지 발전과 콘텐츠 제공
③ 스포츠에 대한 관심과 참여 증대
④ 경기기술의 전문화와 표준화

08 스포츠가 미디어(대중매체)에 미치는 영향은 광고수익 증대, 첨단기술 도입, 보도기술 발전, TV 중계권 가격 상승, 방송 프로그램 다변화 등이 있음   ②

09 스포츠에서의 사회계층에 관한 설명으로 옳지 <u>않은</u> 것은?

① 스포츠라는 사회체계 내에서 계층이 형성되는 것을 의미한다.
② 스포츠는 상이한 계층 간의 사회적 상호작용을 가능하게 한다.
③ 사회계층은 선호하는 스포츠 종목에 영향을 미친다.
④ 사회적 지위가 높을수록 일차적 관람보다 이차적 관람을 선호하는 경향이 있다.

09 상류층은 개인종목 선호, 과시적 소비성향이 있고, 중·상류층은 직접참여와 직접관람을 선호하며, 하류층은 간접참여와 간접관람을 선호함 정답 ④

10 개인, 집단이 차지하는 사회적 위치가 다른 위치로 옮겨감. 수직이동은 계층적 위치가 상승 혹은 하강하는 변화로서 2군 감독이 1군 감독으로 옮기는 경우가 해당됨 **정답 ③**

10 2군 감독에서 1군 감독으로 소속이 변경된 사회 이동 유형은?

① 수평이동
② 하향이동
③ 수직이동
④ 세대 간 이동

11 수평적 계층이동은 동등한 수준의 팀 간 트레이드가 되는 경우, 수직적 계층이동은 교육적 기회를 통해 성취도가 향상되는 경우를 말함 **정답 ④**

11 스포츠와 계층이동 유형에 대한 설명으로 적절한 것은?

① 수직이동은 한 팀의 선수가 다른 팀으로 같은 대우를 받고 이적하는 경우를 말한다.
② 개인이동은 소속 집단이 특정 계기를 통하여 집합적으로 이동하는 것을 말한다.
③ 수평이동은 팀의 2군에 소속되어 있던 선수가 1군으로 승격하여 이동하는 경우를 말한다.
④ 세대 간 수직 이동은 운동선수가 부모보다 더 많은 수입과 명예를 얻게 되는 경우를 말한다.

12 스포츠를 통한 사회화는 스포츠 활동에 지속적으로 참여한 결과로 사회에 필요한 긍정적인 가치, 태도, 규범, 행동 양식 등을 습득하는 것이고, 스포츠로의 재사회화는 조직화된 경쟁 스포츠에 참여했던 사람이 스포츠로부터 탈사회화 과정을 거친 후, 다시 스포츠에 참여하게 되는 것을 의미함 **정답 ②**

12 아래의 '가'와 '나'에서 설명하는 사회화 과정은?

> 가. 중학생 고영주는 학교스포츠클럽에 참가하면서 교우관계가 원만해졌다.
> 나. 프로야구 강동훈 선수는 부상으로 은퇴한 후, 해설가로 활동하면서 사회인 야구의 감독을 맡고 있다.

① 가: 스포츠로의 사회화   나: 스포츠를 통한 사회화
② 가: 스포츠를 통한 사회화   나: 스포츠로의 재사회화
③ 가: 스포츠로의 재사회화   나: 스포츠로부터의 탈사회화
④ 가: 스포츠로부터의 탈사회화   나: 스포츠로의 사회화

13 절대론적 접근은 절대적인 기준을 벗어나는 것이 일탈이라는 시각이고, 상대론적 접근은 어떤 상황이 일어난 환경에 따라 용인될 수 있는 행위의 범위가 다르고 그 범위를 벗어나는 것이 일탈이라고 보는 시각임 **정답 ②**

13 스포츠 일탈에 대한 설명으로 옳은 것은?

① 절대론적 접근에 따르면 스포츠 일탈은 승리추구라는 보편적 윤리 가치체계의 준수 유무에 따라 결정된다.
② 상대론적 접근에 따르면 스포츠 일탈은 개인의 윤리적 문제가 아닌 사회 구조적인 문제이다.
③ 스포츠 일탈에 대한 절대론적 접근은 과잉공조 개념을 설명하는 데 매우 유용하다.
④ 스포츠 일탈에 대한 상대론적 접근은 창의성과 변화를 약화시킨다는 비판을 받는다.

14 정보화 시대의 스포츠 특징으로 적합하지 않은 것은?

① 스포츠가 젊은 세대의 전유물로 자리 잡는다.
② 스포츠 교육서비스에 대한 요구가 증대된다.
③ 스포츠 과학이 획기적으로 발전한다.
④ 다양한 경기 전략에 대한 정보를 신속하게 제공받는다.

14 정보화 시대는 모든 계층에게 혜택이 돌아갈 수 있음
정답 ①

15 훌리한(B. Houlihan)이 제시한 정부(정치)가 스포츠에 개입한 목적에 해당하지 않는 것은?

① 시민들의 건강 및 체력유지를 위해 반도핑 기구에 재원을 지원한다.
② 스포츠 현장에서 인종차별을 해소하기 위해 Title IX 법안을 제정했다.
③ 게르만족의 우월성을 강조하기 위해 1936년 베를린 올림픽을 개최하였다.
④ 공공질서를 보호하기 위해 공원에서 스케이트보드 금지, 헬멧 착용 등의 도시 조례가 제정되었다.

15 타이틀 나인(Title IX)은 1972년 교육법 개정안의 일부로 통과된 미국의 연방 민권법으로 연방 자금을 받는 학교, 기타 교육 프로그램에서 성차별을 금지한다는 상징적인 법안으로 정치의 스포츠 개입과 무관함
정답 ②

필기 4주 완성 한권 완전정복

M 스포츠지도사

PART 02
스포츠교육학

CHAPTER 01
스포츠교육의 배경과 개념

CHAPTER 02
스포츠교육의 정책과 제도

CHAPTER 03
스포츠교육의 참여자 이해론

CHAPTER 04
스포츠교육의 프로그램론

CHAPTER 05
스포츠교육의 지도방법론

CHAPTER 06
스포츠교육의 평가론

CHAPTER 07
스포츠교육자의 전문적 성장

CHAPTER 01 스포츠교육의 배경과 개념

기출 FOCUS

- 스포츠교육학이란 학문의 체계적 발전시기: 1970년대
   16 기출
- 체육학문화 운동: 1960년대
   21 기출

01 스포츠교육의 역사

1. 근대 스포츠교육의 발전과정

19세기 초·중반	• 근대적인 교육사상이 발현됨 • 독일, 스웨덴, 덴마크를 중심으로 체조 중심의 체육교육이 발달함 • 제1회 근대올림픽대회가 개최되면서 아마추어리즘과 페어플레이 정신 강조
19세기 말· 20세기 초	• 자연주의 교육(J. Rousseau 루소) 사상, 진보주의 교육(J. Dewey 듀이) 사상 • 신체를 통한 교육으로서의 체육 강조(진보주의 교육이론) • 놀이, 게임, 레크리에이션의 중요성을 부각(新(새로운) 체육)함

2. 현대 스포츠교육의 발전과정

1950년대	• 아동의 에너지 발산, 놀이에 대한 욕구 충족, 사회적 상호작용 기회를 제공 • 운동생리학, 운동역학, 스포츠심리학 등의 학습을 통해 움직임을 효율적이고 아름답게 수행할 수 있다고 주장함 • 인간의 움직임에 내재된 보편적 원리에 관심을 갖게 됨
1960년대	• 미국에서 학문중심교육과정 채택 • 체육학문화 운동 • 체육 연구활동, 학문적·이론적 성격 강화
1970년대	• 인간주의적 철학사조의 영향을 받아서 인간주의적 체육교육을 주장함 • 인성발달, 표현력 함양, 대인관계의 향상 등을 추구함 • 스포츠 기능, 지식, 태도를 교육시켜 아이들 스스로 스포츠를 즐기고, 참여하여 건전한 스포츠문화 조성을 한다는 '스포츠교육 모형'을 처음 제시함(D. Siedentop 시덴탑) • 체육학 문화 운동을 통해 '스포츠교육학(sport pedagogy)'이 학문적으로 체계화됨
현재	• 행동주의적, 인지적 심리학 배경의 체육교수학습활동을 이해함 • 질적 연구방법론에 따른 스포츠교육의 질적 연구가 급성장함 • 다양한 시각의 연구주제와 방법론이 생겨남

OX 퀴즈

1950년대부터 스포츠교육학이 학문적으로 체계화됐다. O X

정답 ✕
해설 1970년대

기출 Q

Q. 스포츠교육학에 관한 설명으로 옳지 않은 것은? 　기출 16

① 학교체육, 생활체육, 전문체육을 모두 포함한다.
② 체육교육과정, 체육수업, 체육교사교육 등을 연구영역으로 한다.
③ 체육학문화 운동으로 스포츠교육학은 1940년대에 학문적으로 체계화되었다.
④ 교육적 관점에서 모든 연령층의 신체활동을 다룬다.

해설 1970년대 스포츠교육 모형이 처음 제시됨　　정답 ③

기출 FOCUS

◎ 스포츠교육학 연구영역
　　　　　　　　　　15 기출
  • 교수(수업)
  • 교육과정(프로그램)
  • 교사(지도자) 교육
◎ 스포츠교육학 실천영역
　　　　　　　　　　15 기출
  • 학교체육
  • 생활체육
  • 전문체육

02 스포츠교육의 개념

1. 스포츠교육의 정의

(1) 스포츠교육학(sport pedagogy)은 스포츠에 관한 기능, 지식, 정서, 문화 등을 포함한 내용을 가르치는 학문임

　① 협의의 교육학: 스포츠를 교육적인 수단으로만 한정함
　② 광의의 교육학: 스포츠를 통해 삶의 의미를 추구하는 신체활동을 모두 포괄함. 즉, 넓은 의미로는 학교에서 가르치는 학교체육, 일반인들이 취미 또는 건강을 위해서 하는 생활체육, 전문적인 운동선수들이 하는 전문체육을 포함한 것임

개념 PLUS

스포츠교육학은 티칭(teaching)과 코칭(coaching)의 과정, 결과, 그리고 체력과 체육 및 스포츠교육 프로그램에 관한 연구(시덴탑 Siedentop, 1994)

(2) 교수(수업), 교육과정(프로그램), 교사(지도자) 교육 등의 스포츠교육학의 연구영역임

　① 교수(teaching): 체육에 관한 수업계획, 교사-학생 상호작용 기능, 학습에 공헌하는 학생과 선수들의 활동
　② 교육과정(curriculum): 체육, 스포츠프로그램 내용, 목적 및 실행방법, 프로그램에 의해 성취된 결과
　③ 교사 교육(teacher education): 예비교사 대상의 교사행동, 학생행동, 교사의 효율성

OX 퀴즈

스포츠교육학의 연구영역은 교사 교육, 교수방법, 교육과정이 있다. 　O X

정답 O

기출 FOCUS

☑ **신체를 통한 교육** 18 기출
- 교육철학자 듀이(J. Dewey) 진보주의 교육사상 영향, 미국 중심으로 신체육(new physical education) 교육 사조로 발전
- 듀이의 존재론적 심신일원론의 영향으로 건강한 인간에서 '신체적으로 완성된 인간'(전인적 인간 형성)

기출 Q

Q. 스포츠교육학의 실천 영역이 아닌 것은? 기출 15

① 학교체육 ② 생활체육
③ 전문체육 ④ 전인체육

해설 스포츠교육학의 실천은 넓은 의미로는 학교에서 가르치는 학교체육, 일반인들이 취미 또는 건강을 위해서 하는 생활체육, 전문적인 운동선수들이 하는 전문체육의 영역에서 이루어짐 **정답** ④

2. 스포츠교육의 목적과 가치

(1) 스포츠교육의 목적

신체의 교육	• 20세기 초까지 주류를 이루었던 체육학 이론(독일의 얀 Jahn 체조, 스웨덴의 링 Ling 체조) • 어린이의 발육, 발달을 도와서 신체가 건강하게 자라고 신체의 기능을 효율적으로 발휘할 수 있도록 하는 것임 • 몸을 단련하는 개념(강하고 튼튼한 아름다운 신체)
신체를 통한 교육	• 1930년대 전후 등장(미국의 귤릭 Gulick, 헤더링턴 Hetherington) • 진보주의 교육이론으로 신체와 정신은 분리될 수 없음 • 모든 교육적 활동은 지적, 도덕적, 신체적 결과를 동시에 가져다줌
스포츠의 교육	• 고도로 조직화된 경쟁적인 신체활동이라는 것이 특징이므로 조직화되어 있는 스포츠를 할 수 있는 경기방법, 규칙, 기술, 전략 등을 가르치는 것임
스포츠를 통한 교육	• 스포츠를 배우고 즐기는 과정에서 건강 관련 체력, 스포츠기술과 같은 신체적인 면만이 아니고, 국가사회에 필요한 참된 인간을 교육하려고 하는 것임

※ 시대 변화와 요구에 따라 '신체의 교육'에서 '신체를 통한 교육'으로 변화

기출 Q

Q. 아래에서 괄호 안에 알맞은 용어는? 기출 18

> 진보주의 교육이론은 신체와 정신은 서로 분리될 수 없으며, 모든 교육적 활동은 지적, 도덕적, 신체적 결과를 동시에 가져다준다는 것을 강조한다. 이 이론은 체육교육의 목적이 '체조 중심의 체육'에서 (   )으로 전환되는 철학적 근거를 마련해 주었다.

① 신체를 통한 교육 ② 체력 중심의 교육
③ 신체의 교육 ④ 움직임 교육

해설 신체의 교육은 몸을 단련하는 개념, 신체를 통한 교육은 지적·도덕적·신체적 결과를 동시에 가져다주는 진보주의 교육이론임 **정답** ①

OX 퀴즈

스포츠를 통한 교육은 스포츠를 배우고 즐기는 과정에서 국가사회에 필요한 참된 인간을 교육하려는 목적을 갖는다. ⓞⓧ

정답 O

(2) 스포츠교육의 가치 (베일리 R. Bailey, 2009)

신체적 가치	• 신체활동을 통해서 근력, 전신지구력, 순발력, 민첩력 등 체력을 발달시킬 수 있고, 신체의 순환기능, 대사기능, 소화기능 등을 여러 가지 신체기능과 체력을 유지하고 발달시킴
정의적 가치	• 스포츠 활동이나 신체활동을 통해서 공격성, 파괴성, 경쟁성 같은 근원적인 경향성을 해결함 • 스포츠 활동을 통해 경기 규칙을 준수하고 다른 사람과의 상호작용을 습득함 • 스포츠맨십과 스포츠인권 등과 같은 규범적 가치를 존중함
인지적 가치	• '건강한 신체에 건전한 정신이 깃든다' (J. Rousseau 루소) • 유아기에 적절한 신체활동을 통해서 감각과 지각을 발달시키는 것이 운동 능력의 발달뿐만 아니라 전반적인 인지능력의 발달에 중요한 역할을 함 • 스포츠과학 지식, 참여자 상담을 위한 상담지식, 클럽운영에 필요한 지식 등의 이해가 필요함

> **기출 FOCUS**
>
> ◉ 스포츠교육의 가치
> 16, 18, 20 기출
> • 신체적 가치
> • 정의적 가치
> • 인지적 가치

개념 PLUS

- 사회적 가치: 스포츠 활동을 통해 협동심, 양보심, 이타심, 책임감, 자제력, 질서의식, 규칙준수를 배움
- 태도발달: 스포츠 활동을 통해 협동, 헌신, 지도력, 스포츠맨십, 독창력, 긴장해소, 자기주도, 창조성 개발

기출 Q

Q. 아래에서 지용이가 학교스포츠클럽 활동을 통해 얻은 교육적 가치로 가장 적절한 것은? `기출 18`

> 지용이는 학교스포츠클럽 농구팀에 소속되어 다양한 대회에 참여하면서 경기 규칙을 준수하고, 친구들과 서로 협동하고 배려하는 행동을 보여주었다.

① 신체적 가치 ② 인지적 가치
③ 정의적 가치 ④ 기능적 가치

(해설) 스포츠 활동을 통해 공격성, 파괴성, 경쟁성 등을 해결하고, 경기 규칙 준수와 다른 사람과의 상호작용을 습득하는 가치임   (정답) ③

> **OX 퀴즈**
>
> 스포츠교육의 가치는 신체적, 정서적, 인지적 가치이다. `O X`
>
> (정답) X
> (해설) 신체적, 정의적, 인지적 가치

CHAPTER 02 스포츠교육의 정책과 제도

기출 FOCUS

- **스포츠 창의성의 요소**
  - 전술적 창의력: 즉흥적으로 경기 전술을 구상할 수 있는 창의력
  - 표현적 창의력: 독창적인 동적 움직임을 고려할 수 있는 창의력

- **교육과정 개발 기준**
  - 내용의 범위(scope), 계열성(sequence), 계속성(continuity), 통합성(integration), 연계성(articulation), 균형성(balance)

- **생활체육 활성화**를 위한 주요 정책
  - 소외계층 체육 진흥정책(스포츠강좌이용권) 18 기출
  - 동호인 체육 진흥정책, 직장 체육 진흥정책, 유아체육 진흥정책

암기 TIP

강도경표안 체육을 잘하기 위해서 강도경씨가 표안을 갖고 왔어요. 이렇게 암기해보세요.

OX 퀴즈

교육부 고시(2015) 초·중학교 체육교과 영역은 총 5가지이다. ⓞⓧ
정답 ㅇ

생활체육 활성화를 위해 국가가 공공스포츠클럽을 운영할 지자체를 선정하고 지원하고 있다. ⓞⓧ
정답 ㅇ

01 교육의 정책과 제도

1. 학교체육

(1) 평생 동안 즐기는 맞춤형 스포츠 프로그램

① 3세부터 시작하는 스포츠 활동 습관화 예 유아스포츠
② 청소년의 스포츠 경험 다양화 예 초등돌봄교실
③ 100세까지 이어지는 스포츠 활동 일상화 예 스마트기술 도입

※ 초·중학교 체육 교과영역(2015 교육부 고시): 건강, 도전, 경쟁, 표현, 안전 ◆ 스포츠사회학 [04. 스포츠와 교육]에도 등장

※ 중학교 1~3학년군 신체활동 활용

건강	① 건강과 체력 평가 ② 건강과 체력 관리 ③ 여가와 운동 처방
도전	① 동작 도전 ② 기록 도전 ③ 투기 도전
경쟁	① 영역형 경쟁 ② 필드형 경쟁 ③ 네트형 경쟁
표현	① 스포츠 표현 ② 전통 표현 ③ 현대 표현
안전	① 스포츠 활동 안전 ② 스포츠 환경 안전 ③ 여가 스포츠 안전

2. 생활체육

(1) 언제 어디서나 편하게 이용하는 스포츠 시설

① 일상에서 편리하게 이용하는 스포츠 시설
② 스포츠 시설 및 정보의 체계적 관리 예 생활밀착형 스포츠 시설, 스포츠 정보관리

(2) 우수 체육지도자에게 배우는 스포츠 강습

① 체육지도자가 인정받는 사회 여건 조성
② 체육지도자 양성 및 배치 시스템 선진화 예 자격제도 연계 일자리 창출

(3) 우리 동네 스포츠클럽

① 스포츠클럽 지원체계 개선
② 스포츠클럽 생태계의 다양화
   예 스포츠클럽 기반의 전문선수 육성체계 구축, 스포츠클럽과 학교 연계 강화, 스포츠클럽 등록제, 리그제 확대

(4) 소외 없이 모두가 함께하는 스포츠 환경 조성

① 소외 청소년을 위한 스포츠 프로그램 지원
② 장애인스포츠 서비스 편리성 강화

  예) 스포츠강좌이용권, 스포츠-교육-복지 연계 시스템, 행복나눔 스포츠교실 운영

개념 PLUS

스포츠기본법(2021.8. 제정) ◆ 스포츠사회학에 있는 '스포츠클럽법'과 병행 학습

(1) **목적**: 스포츠에 관한 국민의 권리와 국가 및 지방자치단체의 책임을 정하고 스포츠 정책의 방향과 그 추진에 필요한 기본적인 사항을 규정함으로써 스포츠의 가치와 위상을 높여 모든 국민이 건강하고 행복한 삶을 영위하고 나아가 국가사회의 발전과 사회통합을 도모하는 것

(2) **정의**
 ① "스포츠"란 건강한 신체를 기르고 건전한 정신을 함양하며 질 높은 삶을 위하여 자발적으로 행하는 신체활동을 기반으로 하는 사회문화적 행태
 ② "전문스포츠"란 「국민체육진흥법」 선수가 행하는 스포츠 활동
 ③ "생활스포츠"란 건강과 체력 증진을 위하여 행하는 자발적이고 일상적인 스포츠 활동
 ④ "장애인스포츠"란 장애인이 참여하는 스포츠 활동(생활스포츠와 전문스포츠 포함)
 ⑤ "학교스포츠"란 학교(유치원, 초·중·고등학교)에서 이루어지는 스포츠 활동
 ⑥ "스포츠산업"이란 스포츠와 관련된 재화와 서비스를 통하여 부가가치를 창출하는 산업
 ⑦ "스포츠클럽"이란 회원의 정기적인 체육활동을 위하여 지역사회의 체육활동 진흥을 위하여 운영되는 법인 또는 단체

(3) **스포츠 정책 수립·시행의 기본원칙**
 ① 스포츠권을 보장할 것
 ② 스포츠 활동을 존중하고 사회전반에 확산되도록 할 것
 ③ 국민과 국가의 스포츠 역량을 높이기 위한 여건을 조성하고 지원할 것
 ④ 스포츠 활동 참여와 스포츠 교육의 기회가 확대되도록 할 것
 ⑤ 스포츠의 가치를 존중하고 스포츠의 역동성을 높일 수 있을 것
 ⑥ 스포츠 활동과 관련한 안전사고를 방지할 것
 ⑦ 스포츠의 국제 교류·협력을 증진할 것

기출 FOCUS

✓ **교육과정의 3가지 관점**
 • **문화적 관점**: 학교 교육 참여자 간의 상호작용에 따라 교육개선이 이루어진다는 관점
 • **기능적 관점**: 정부, 고등교육기관에서 교육과정 개편이 시작된다는 관점
 • **생태적 관점**: 교사의 능동적 참여에 따라 교육과정이 변화한다는 관점

✓ **생활체육 정책**: 소외없이 모두가 함께하는 스포츠 환경 조성 22 기출

✓ **스포츠기본법** 22·23 기출

> **기출 Q**
>
> **Q.** 스포츠기본법(시행 2022.2.11.)의 용어 정의에 관한 설명으로 옳지 않은 것은?
>
> 기출 22
>
> ① '학교스포츠'란 건강과 체력 증진을 위하여 행하는 자발적이고 일상적인 스포츠 활동을 말한다.
> ② '스포츠산업'이란 스포츠와 관련된 재화와 서비스를 통하여 부가가치를 창출하는 산업을 말한다.
> ③ '장애인스포츠'란 장애인이 참여하는 스포츠 활동(생활스포츠와 전문스포츠를 포함한다)을 말한다.
> ④ '전문스포츠'란 「국민체육진흥법」 제2조 제4호에 따른 선수가 행하는 스포츠 활동을 말한다.
>
> **해설** 스포츠기본법(2021.8. 제정)에 따르면 "학교스포츠"란 학교(유치원, 초·중·고등학교)에서 이루어지는 스포츠 활동을 말함
>
> **정답** ①

3. 전문체육

(1) 남과 북이 함께 만드는 평화스포츠 시대
　① 지속가능한 남북 스포츠 교류 기반 마련
　② 남북 스포츠 교류 복원 및 확대 예 남북 스포츠 정례 회담 개최, 국제대회 공동개최

(2) 공정하고 도전적인 스포츠 문화 조성
　① 스포츠 공정 문화 조성
　② 선수 육성 체계 강화 예 스포츠 정의 실현, 스포츠 과학 서비스

(3) 국격을 높이고 우호를 증진하는 국제스포츠
　① 국제스포츠 교류 법·제도 기반 공고화
　② 한국 특성화 국제교류 사업 개발
　③ 전략적 국제교류 확대 예 국제스포츠 인재 양성, 국제스포츠기구 내 영향력 증대

(4) 경제성장을 이끄는 스포츠산업 혁신
　① 스포츠산업 지속성장을 위한 신시장 창출
　② 국내 스포츠기업 성장 동력 강화
　③ 스포츠산업 혁신기반 조성
　　예 미래 스포츠 산업 전략분야 육성, 스포츠기업 대상 금융지원 확대

OX 퀴즈

공정하고 도전적인 스포츠 문화를 조성하기 위해서 전문체육을 활성화시키기 위한 정책과 제도가 필요하다. Ⓞ Ⓧ

정답 O

02 학교체육진흥법

조항	구분	내용
법 제1조	목적	이 법은 학생의 체육활동 강화 및 학교운동부 육성 등 학교 체육 활성화에 필요한 사항을 정함으로써 학생들이 건강하고 균형 잡힌 신체와 정신을 가질 수 있도록 하는 데 기여
법 제2조	정의	① "학교체육"이란 학교에서 학생을 대상으로 이루어지는 체육활동 ◆스포츠 윤리 (07. 스포츠와 인권)에도 등장 ② "학교"란 유치원 및 학교 ③ "학교운동부"란 학생선수로 구성된 학교 내 운동부 ④ "학생선수"란 학교운동부에 소속되어 운동하는 학생이나 체육단체에 등록되어 선수로 활동하는 학생 ⑤ "학교스포츠클럽"이란 체육활동에 취미를 가진 같은 학교의 학생으로 구성되어 학교가 운영하는 스포츠클럽 ⑥ "학교운동부지도자"란 학교에 소속되어 학교운동부를 지도·감독하는 사람 ⑦ "스포츠강사"란 초등학교에서 정규 체육수업 보조 및 학교 스포츠클럽을 지도하는 체육전문강사 ⑧ "학교체육진흥원"이란 학교체육 진흥을 위한 연구, 정책개발, 연수 등을 실시하는 조직
법 제3조	학교체육 진흥 시책과 권장	국가 및 지방자치단체(교육감 포함)는 학교체육 진흥에 필요한 시책을 마련하고 학생의 자발적인 체육활동을 권장, 보호 및 육성해야 함

시행령 제3조	학교운동부 지도자의 자격기준 등	① 학교의 장은 체육지도자 중에서 학교운동부지도자를 임용할 수 있음
		② 학교운동부지도자의 급여는 학교의 장이 지도경력과 실적을 고려하여 정함
		③ 학교운동부지도자는 다음 각 호의 직무를 수행
		  1. 학생선수에 대한 훈련계획 작성, 지도 및 관리
		  2. 학생선수의 각종 대회 출전 지원 및 인솔(훈련 및 각종 대회 출전 시 학생선수의 안전관리)
		  3. 경기력 분석 및 훈련일지 작성
		  4. 훈련장의 안전관리
		④ 학교의 장은 학교운동부지도자를 재임용할 때에는 다음 사항을 평가한 후 그 결과에 따라 재임용 여부를 결정해야 함
		  1. 제3항 각 호의 직무수행 실적
		  2. 복무 태도
		  3. 학교운동부 운영 성과
		  4. 학생선수의 학습권 및 인권 침해 여부

기출 FOCUS

- 학교체육진흥법의 주요내용
  - 최저학력 보장
  - 저체력·비만 극복
  - 건강체력교실 운영 17 기출
  - 체육활동 참여기회 확대
  - 스포츠강사 배치
- 학교스포츠클럽의 정의(법2조) 및 운영(법10조)
  15·17·18·19 기출
- 학교체육 진흥 시책과 권장 (법3조) 18 기출

기출 FOCUS

- 학교체육진흥의 조치 등 (법6조)　　16 기출
- 최저학력기준 등(시행규칙 6조)　　17·18 기출
- 학교스포츠클럽운영과 학교스포츠클럽활동 비교
  ◆ 스포츠교육학(04. 스포츠교육의 프로그램론)에도 등장

학교스포츠클럽 운영	학교스포츠클럽 활동
학교체육진흥법 제10조	초·중등학교 교육과정 총론, 중학교 교육과정 편성·운영지침
정규 교육과정 외에서 활동	정규 교육과정 내에서 활동
방과 후 혹은 점심시간의 동아리 활동	창의적 체험활동의 동아리 활동

- 학교스포츠클럽 운영(법 10조): 학교의 장 역할　　22·24 기출
- 학교운동부 운영 등(법11조)　　18·20 기출

OX 퀴즈

학교는 체육활동에 취미를 가진 같은 학교의 학생으로 구성한 학교스포츠클럽을 운영할 수 있다.
O X

정답　O

법 제4조	기본시책의 수립 등	교육부장관은 문화체육관광부와 협의하여 학교체육진흥에 관한 기본 시책을 5년마다 수립·시행해야 함
법 제6조	학교체육 진흥의 조치 등	① 체육교육과정 운영 충실 및 체육수업의 질 제고 ② 학생건강체력평가 및 비만판정을 받은 학생에 대한 대책 ③ 학교스포츠클럽 및 학교운동부 운영 ④ 학생선수의 학습권 보장 및 인권보호 ⑤ 여학생 체육활동 활성화 ⑥ 유아 및 장애학생의 체육활동 활성화 ⑦ 학교체육행사의 정기적 개최 ⑧ 학교 간 경기대회 등 체육교류활동 활성화 ⑨ 교원의 체육관련 직무연수 강화 및 장려 ⑩ 그밖에 학교체육 활성화를 위하여 필요한 사항
법 제8조	학생건강체력 평가 실시계획의 수립 및 실시	국가는 학생의 건강체력 상태를 측정하기 위하여 매년 3월 31일까지 학생건강체력평가 실시계획을 수립, 학교의 장은 실시계획에 따라 학생건강체력평가를 실시
법 제9조	건강체력 교실 등 운영	학교의 장은 학생건강체력평가에서 저체력 또는 비만 판정을 받은 학생들 대상으로 건강체력증진을 위하여 정규 또는 비정규 프로그램을 운영해야 함
법 제10조	학교스포츠 클럽 운영	학교의 장은 아래 항을 해야 함 ① 학교스포츠클럽 운영, 학생들의 체육활동 참여기회를 확대 ② 학교스포츠클럽 전담교사를 지정, 소정의 지도수당 지급 ③ 학교기록부 기록하여 상급학교 진학 자료로 활용 ④ 일정비율 이상의 학교스포츠클럽을 해당학교의 여학생들이 선호하는 종목의 학교스포츠클럽 운영 〈유사용어 "학교스포츠클럽활동" 비교〉 ※ 근거: 초·중등학교 교육과정 총론, 중학교 교육과정 편성·운영지침 ※ 중학교 '창의적 체험활동' 영역인 학교스포츠클럽활동은 2012년 2월 학교폭력근절 종합대책의 일환으로 확대발표 도입하여 2012년 2학기부터 전국의 모든 중학교에서 의무적으로 시행됨. ※ 교육과정 내 학교스포츠클럽활동(정규수업)의 편성 및 운영 방침 • 창의적 체험활동의 동아리 활동으로 편성 • 학년별 연간 34~68시간(총 136시간) 운영하되 매학기 편성, 학교여건에 따라 연간 68시간 운영하는 학년에선 34시간 범위 내에서 '체육'으로 대체 가능• 다양한 종목을 개설하여 학생들의 선택권 보장
법 제11조	학교운동부 운영 등	학교의 장은 아래 항을 해야 함 ① 일정수준의 학력기준에 도달하지 못한 경우 교육부령으로 정하는 경기대회의 참가를 허용하여서는 아니 됨

법 제11조	학교운동부 운영 등	② 최저학력에 도달하지 못한 학생선수에게 별도의 기초학력 보장 프로그램을 제공해야 함 ③ 학생선수의 학습권 보장 및 신체적·정서적 발달을 위하여 학기 중의 상시 합숙훈련이 근절될 수 있도록 노력해야 함(불가피할 경우 학생선수의 안전 및 인권보호를 위하여 필요한 조치) ④ 원거리에서 통학하는 학생선수를 위하여 기숙사를 운영 ⑤ 국가 및 지방자치단체는 예산의 범위에서 학교운동부 운영과 관련된 경비를 지원할 수 있음

시행
규칙
제6조
	최저학력
	기준 등
		최저학력은 매 학기말을 기준으로 아래 교과의 교과목 성적이 기준성적 이상인 것 ◈ 스포츠 윤리(07. 스포츠와 인권)에도 등장
		• 교과목
		  −초·중학교(5과목): 국어, 영어, 수학, 사회, 과학
		  −고등학교(3과목): 국어, 영어, 수학
		• 기준성적
		  −초등학교: 100분의 50
		  −중학교: 100분의 40
		  −고등학교: 100분의 30

법 제12조	학교운동부 지도자	학교의 장은 아래 항을 해야 함 ① 학생선수의 훈련, 지도를 위해 지도자 운영 ② 지도자 연수교육 계획수립, 실시, 관련단체에 위탁 가능 ③ 학교운동지도자가 학생선수의 학습권을 박탈, 폭력, 금품·향응 수수 등 부적절한 행위를 하였을 경우 학교운영위원회 심의를 거쳐 계약을 해지할 수 있음 ④ 교육감은 학교운동부지도자관리위원회 설치 운영 ⑤ 학교운동부지도자의 자격기준, 임용, 급여, 신분, 직무 등에 필요한 사항은 대통령령으로 정함
법 제12조2	도핑방지 교육	국가와 지자체는 도핑을 방지하기 위해 학생선수와 학교운동부 지도자를 대상으로 도핑방지 교육 실시
법 제13조	스포츠 강사의 배치	국가 및 지자체는 학생의 체육수업 흥미 제고 및 체육활동 활성화를 위해 초등학교에 스포츠강사 배치
시행령 제4조	스포츠 강사의 자격기준 등	① 초등학교의 장은 스포츠강사를 1년 단위로 계약임용 ② 강사자질, 복무태도, 학생 만족도에 따라 재임용 여부를 결정
법 제13조2	여학생 체육활동 활성화 지원	① 교육부장관은 여학생 체육활동 활성화 기본지침, 교육감 및 학교의 장에 통보, 학교의 장은 계획 수립, 시행 ② 국가 및 지자체는 필요한 시설 확보
법 제14조	유아 및 장애학생 체육활동 지원	국가 및 지자체는 유치원에 재원 중인 유아 및 일반학교 또는 특수학교에 배치된 특수교육대상자에 대해 적절한 체육활동 프로그램을 운영
법 제16조	학교체육진흥 위원회 등	교육부장관, 문화체육관광부장관 소속으로 학교체육중앙진흥위원회를, 시·도 및 시·도교육청과 시·군·구 및 교육지원청 소속으로 학교체육진흥지역위원회를 설치 운영

기출 FOCUS

- 학교운동부 지도자(법12조)
  20·21 기출
- 스포츠강사의 정의
  17·18 기출
- 초등학교 스포츠강사의 역할
  - 정규 체육수업을 주도적으로 하거나 의무적으로 배치되지 않음
  - 학교스포츠클럽 및 방과 후 체육활동 지도
  - 체육수업에 대한 흥미 유발, 즐거운 경험의 기회를 제공
  - 학교스포츠클럽 리그 및 토너먼트 경기 기획, 운동 프로그램 개발
  - 스포츠의 강사의 재임용 평가사항: 복무태도, 학생의 만족도, 강사 자질
    19 기출
- 체육시설의 설치·이용에 관한 법률 22 기출

암기 TIP

초백오중백사고백삼 초, 중, 고의 기준성적 백분율을 이렇게 암기해보세요.

OX 퀴즈

방과 후 체육활동을 지도할 초등학교 스포츠강사를 의무적으로 배치해야 한다. Ⓞ Ⓧ

정답 ×
해설 의무적 배치가 아니라 권고사항임

법 제17조	학교체육 진흥원	① 학교체육진흥을 위한 정책연구 ② 체육활동 프로그램의 개발 및 보급 ③ 학생 체력통계의 체계적 수립 및 분석 ④ 학생건강체력평가의 종목, 평가기준 및 시스템 개발, 운영 ⑤ 여학생의 체육활동 활성화 지원

암기 TIP

키워드와 숫자를 묶어 암기해보세요.
- 요트, 조정, 카누, 승마 → 20
- 체육도장, 체력단련장 → 300

개념 PLUS

체육지도자 배치 기준(체육시설의 설치·이용에 관한 법률 시행규칙)

체육시설업의 종류	규모	배치인원
골프장업	• 골프코스 18홀 이상 36홀 이하 • 골프코스 36홀 초과	1명 이상 2명 이상
스키장업	• 슬로프 10면 이하 • 슬로프 10면 초과	1명 이상 2명 이상
요트장업	• 요트 20척 이하 • 요트 20척 초과	1명 이상 2명 이상
조정장업	• 조정 20척 이하 • 조정 20척 초과	1명 이상 2명 이상
카누장업	• 카누 20척 이하 • 카누 20척 초과	1명 이상 2명 이상
승마장업	• 말 20마리 이하 • 말 20마리 초과	1명 이상 2명 이상
빙상장업	• 빙판면적 1,500제곱미터 이상 3,000제곱미터 이하 • 빙판면적 3,000제곱미터 초과	1명 이상 2명 이상
수영장업	• 수영조 바닥면적이 400제곱미터 이하인 실내 수영장 • 수영조 바닥면적이 400제곱미터를 초과하는 실내 수영장	1명 이상 2명 이상
골프연습장업	• 20타석 이상 50타석 이하 • 50타석 초과	1명 이상 2명 이상
체육도장업	• 운동전용면적 300제곱미터 이하 • 운동전용면적 300제곱미터 초과	1명 이상 2명 이상
체력단련장업	• 운동전용면적 300제곱미터 이하 • 운동전용면적 300제곱미터 초과	1명 이상 2명 이상
체육교습업	• 동시 최대 교습인원 30명 이하 • 동시 최대 교습인원 30명 초과	1명 이상 2명 이상
인공암벽장업	• 실내 인공암벽장 • 실외 인공암벽장 운동전용면적 600제곱미터 이하 • 실외 인공암벽장 운동전용면적 600제곱미터 초과	1명 이상 1명 이상 2명 이상

기출 Q

Q. 학교체육진흥법(시행 2021.6.24.)의 제10조에서 규정하고 있는 학교장의 역할에 관한 내용으로 옳지 <u>않은</u> 것은?　　기출 22

① 학생들이 신체활동 프로그램에 참여할 수 있도록 학교스포츠클럽을 운영하여 학생들의 체육활동 참여기회를 확대하여야 한다.
② 학교스포츠클럽을 운영하는 경우 전문코치를 지정하여야 한다.
③ 학교스포츠클럽 활동 내용을 학교생활기록부에 기록하여 상급학교 진학자료로 활용할 수 있도록 하여야 한다.
④ 교육부령으로 정하는 바에 따라 일정 비율 이상의 학교스포츠클럽을 해당 학교의 여학생들이 선호하는 종목으로 운영하여야 한다.

(해설) 학교의 장은 학교스포츠클럽 전담교사를 지정하고 소정의 지도수당을 지급할 수 있으나, 전문코치를 지정하지는 않음　　(정답) ②

Q. 학교체육진흥법 시행령(시행 2021.4.21.) 제3조 '학교운동부지도자의 자격기준 등'에서 제시한 학교운동부지도자 재임용의 평가 내용이 <u>아닌</u> 것은?　　기출 23

① 복무 태도
② 학교운동부 운영 성과
③ 인권교육 연 1회 이상 이수 여부
④ 학생선수의 학습권 및 인권 침해 여부

(해설) 학교의 장은 직무수행 실적(학생선수에 대한 훈련계획 작성, 지도 및 관리, 학생선수의 각종 대회 출전 지원 및 인솔, 경기력 분석 및 훈련일지 작성, 훈련장의 안전관리), 복무 태도, 학교운동부 운영 성과, 학생선수의 학습권 및 인권 침해 여부에 따라 재임용을 해야 함　　(정답) ③

Q. 아래에 (가), (나)의 용어가 바르게 묶인 것은?　　기출 18

> 2015 초·중등학교 교육과정 총론에 의하면, 중학교 '학교스포츠클럽 활동'은 정규교육과정의 (가)에 편제되어 있지 않으며, (나)의 동아리활동에 매학기 편성하도록 하고 있다.

① 가: 교과 활동　　나: 재량 활동
② 가: 비교과 활동　　나: 창의적 체험활동
③ 가: 비교과 활동　　나: 재량 활동
④ 가: 교과 활동　　나: 창의적 체험활동

(해설) 중학교 교육과정은 교과(군)와 창의적 체험활동으로 편성함. 교과(군)는 국어, 사회, 수학, 과학, 체육, 예술, 영어 등이고, 창의적 체험활동은 자율활동, 동아리활동, 봉사활동, 진로활동으로 구분함. 창의적 체험활동은 학교스포츠클럽 활동 및 자유학기에 이루어지는 다양한 활동들과 연계하여 운영 가능함. 학교는 학생들의 심신을 건강하게 발달시키고 정서를 함양하기 위해 학교스포츠클럽을 편성 운영함　　(정답) ④

Q. 학교체육진흥법(시행 2024.3.24.) 제10조 '학교스포츠클럽 운영'의 내용에 해당하지 않는 것은? 〔기출 24〕

① 학교스포츠클럽을 운영하는 경우 전담교사를 지정해야 한다.
② 전담교사에게 학교 예산의 범위에서 소정의 지도수당을 지급한다.
③ 활동 내용은 학교생활기록부에 기록하지만, 상급학교 진학자료로 활용할 수 없다.
④ 학교의 장은 학교스포츠클럽을 운영하여 학생들의 체육활동 참여 기회를 확대해야 한다.

〔해설〕〈학교체육진흥법〉 제10조에 따라 학교의 장은 아래 항을 해야 함
- 학교스포츠클럽 운영, 학생들의 체육활동 참여기회를 확대
- 학교스포츠클럽 전담교사를 지정, 소정의 수당 지급
- 학교기록부 기록하여 상급학교 진학 자료로 활용
- 일정비율 이상의 학교스포츠클럽을 해당학교의 여학생들이 선호하는 종목의 학교스포츠클럽 운영

〔정답〕③

Q. 학교체육진흥법(시행 2017.10.19)의 제11조, 제12조에서 규정하고 있는 학교운동부 운영 및 학교운동부지도자에 대한 내용으로 적절하지 않은 것은? 〔기출 20〕

① 학교의 장은 학습권 보장을 위한 상시 합숙 훈련 금지 원칙으로 원거리에서 통학하는 학생선수를 위하여 기숙사를 운영할 수 없다.
② 최저학력의 기준 및 실시 시기에 필요한 사항과 기초학력 보장 프로그램의 운영 등에 필요한 사항은 교육부령으로 정한다.
③ 학교의 장은 학교운동부지도자가 학생선수의 학습권을 박탈하거나 폭력, 금품·향응 수수 등의 부적절한 행위를 하였을 경우 학교운영위원회의 심의를 거쳐 계약을 해지할 수 있다.
④ 그 밖에 학교운동부지도자의 자격 기준, 임용, 급여, 신분, 직무 등에 필요한 사항은 대통령령으로 정한다.

〔해설〕학교의 장은 원거리에서 통학하는 학생선수를 위해 기숙사를 운영할 수 있음(학교체육진흥법 제11조)

〔정답〕①

CHAPTER 03 스포츠교육의 참여자 이해론

01 스포츠교육 지도자

1. 체육지도자

(1) 체육 프로그램 참여자의 발달 단계에 적합한 내용과 프로그램에 대한 지식, 즉 교육과정지식을 전달하는 사람

(2) 체육지도자의 자질 및 역할
① 다양한 연령층을 대상으로 프로그램을 구성하고 지도해야 함
② 사회·문화적 책임감을 갖고 스포츠 활동을 지도해야 함
③ 참여자가 지속적으로 스포츠 활동에 참여하도록 지도해야 함
④ 운동기능과 관련한 이론적 지식을 갖추고 지도해야 함

2. 학교체육지도자

(1) 체육교사
① 초·중등학교 체육교사 자격증이 있는 사람 중에서 초·중등학교 교사 임용고사에 합격한 후 초·중등학교에 발령받아 교사로 근무하는 자
② 체육 교육과정을 운영하는 교육 전문가
③ 정규체육수업, 행정업무, 운동부 업무, 교과업무, 담임교사 업무, 체육프로그램, 방과 후 스포츠클럽 활동
④ 일반적인 기능
   ㉠ 안전한 교육환경을 유지시킴
   ㉡ 학생들에게 수업과제를 명확하게 인식시킴
   ㉢ 생산적인 교육환경을 유지시킴
   ㉣ 학생들의 반응을 관찰하고 분석함
   ㉤ 개인 또는 소그룹을 위해 과제를 변경함
   ㉥ 학생들에게 반응을 보임

기출 FOCUS

- 체육지도자의 정의와 역할
  16·17·19 기출
- 학교체육지도자
  • 스포츠강사: 체육교사 업무 보조, 방과 후 학생들의 체력 증진, 학교폭력 및 성폭력 예방   17·18·24 기출

기출 FOCUS

◆ 생활스포츠지도사의 종류 및 자격요건   15·19·22 기출

(2) 스포츠강사

① 초등학교에서 **정규 체육수업의 진행을 보조**하거나 **방과 후 스포츠 클럽활동을 지도**하는 자(학교체육진흥법 제2조)

② 초등학교 2급 정교사, 중등학교 체육 2급 정교사, 실기교사, 생활스포츠지도사 자격증 중 하나 이상을 가진 사람 중에서 **계약을 통해 학교의 장이 1년 단위로 임용한 자**(재임용 여부 결정기준: 강사자질, 복무태도, 학생만족도)

③ **체육교사의 업무를 보조, 방과 후 스포츠클럽 활동을 통해 학생들의 체력을 증진시키고, 학교폭력 및 성폭력 예방을 하는 자**

④ 학생들의 체육수업 흥미 유도, 즐거운 스포츠활동 경험, 생활체육 지속활동의 안내자 역할, 체육활동 행사, 경기운영 협력, 학생 건강관리, 스포츠 기술 지도 등

기출 Q

Q. 스포츠강사의 자격조건에 관한 설명으로 옳은 것은?   기출 24

① 『초·중등교육법』 제2조 제2호에 따른 초등학교에 스포츠강사를 배치할 수 없다.
② 『국민체육진흥법』 제2조 제6호에 따른 체육지도자 중에서 스포츠강사를 임용할 수 있다.
③ 『학교체육진흥법』 제2조 제6항 학교에 소속되어 학교운동부를 지도·감독하는 사람을 말한다.
④ 『학교체육진흥법』 제4조 재임용 여부는 강사로서의 자질, 복무 태도, 학생의 만족도, 경기 결과에 따라 결정하여야 한다.

(해설) 스포츠강사의 자격조건은 '국민체육진흥법(법2조)'에 명시돼 있고, 스포츠강사의 배치는 '학교체육진흥법(법13조)'에 명시됨. 즉, '체육지도자'란 학교·직장·지역사회 또는 체육단체 등에서 체육을 지도할 수 있도록 이 법에 따라 다음 각 목의 어느 하나에 해당하는 자격을 취득한 사람으로 스포츠지도사, 건강운동관리사, 장애인스포츠지도사, 유소년스포츠지도사, 노인스포츠지도사로 분류함. 참고로 체육지도자 양성은 '국민체육진흥법(법11조)', 체육지도자 배치는 '체육시설의 설치·이용에 관한 법률(법23조)'에 나타남.   (정답) ②

---

3. 생활스포츠지도사

(1) 직장, 체육시설, 스포츠동호회, 사회단체, 지역사회 등에서 생활체육인을 지도하는 사람

(2) **생활체육인**: 자발적으로 체육활동에 참여하는 일반인

(3) **생활스포츠지도사, 유소년스포츠지도사, 장애인스포츠지도사, 노인스포츠지도사, 건강관리사 중 하나 이상의 자격증을 가지고 있는 자**(국민체육진흥법에 근거)

① 만 18세 이상인 사람에게 부여

② 생활스포츠(54종목), 유소년스포츠(57종목, 줄넘기, 플라잉디스크, 피구 등), 노인스포츠(55종목, 그라운드 골프 등), 장애인스포츠(34종목, 공수도, 골볼, 론볼, 보치아 등)

(4) 직장체육진흥을 위해 상시 근무하는 직장인 1천 명 이상의 국가기관, 공공단체에는 체육지도자를 배치, 연 1회 이상 직장체육대회, 직장대항 경기대회를 개최해야 함

기출 FOCUS
✓ 국민체육진흥법
19·20·21·23 기출

4. 전문스포츠지도사

(1) 전문체육을 지도하는 사람

(2) 학교 운동부, 실업팀, 프로스포츠 팀 등에서 선수들을 지도하는 코치나 감독

(3) 스포츠과학 이론을 접목시켜 경기력 향상을 위해 지도할 수 있는 자격증을 가진 자(국민체육진흥법에 근거)

개념 PLUS

국민체육진흥법
제11조(체육지도자의 양성)
- 국가는 국민체육 진흥을 위한 체육지도자의 양성과 자질 향상을 위하여 필요한 시책을 마련함
- 연수과정에는 다음 각 호의 사항으로 구성된 스포츠윤리교육 과정이 포함되어야 한다.
  - 성폭력 등 폭력 예방교육
  - 스포츠비리 및 체육계 인권침해 방지를 위한 예방교육
  - 도핑 방지 교육
  - 그 밖에 체육의 공정성 확보와 체육인의 인권보호를 위하여 문화체육관광부령으로 정하는 교육

제11조의2(자격검정기관 및 연수기관의 지정 등)
- 학교, 체육단체 또는 경기단체 등을 체육지도자 자격검정기관 및 연수기관으로 각각 지정할 수 있음

제11조의5(체육지도자의 결격사유)
1. 피성년후견인
2. 금고 이상의 형을 선고받고 그 집행이 종료되거나 집행이 면제된 날부터 2년이 지나지 아니한 사람
3. 금고 이상의 형의 집행유예를 선고받고 그 유예기간 중에 있는 사람
4. 다음 각 목의 어느 하나에 해당하는 죄를 저지른 사람으로서 금고 이상의 형 또는 치료감호를 선고받고 그 집행이 종료되거나 집행이 유예·면제된 날부터 20년이 지나지 아니하거나 벌금형이 확정된 날부터 10년이 지나지 아니한 사람
   - 성폭력, 아동·청소년대상 성범죄, 선수대상 상해와 폭행 죄

제12조(체육지도자의 자격취소 등)
1. 거짓이나 그 밖의 부정한 방법으로 체육지도자의 자격을 취득한 경우
2. 자격정지 기간 중에 업무를 수행한 경우
3. 체육지도자 자격증을 타인에게 대여한 경우

OX 퀴즈
2014년 국민체육진흥법이 일부 개정이 되면서 2015년부터 유소년, 노인, 장애인스포츠지도사가 신설됐다. ⓞ ⓧ

정답 O

4. 선수의 신체에 폭행을 가하거나 상해를 입히는 행위를 한 경우
5. 선수에게 성희롱 또는 성폭력에 해당하는 행위를 한 경우
6. 그 밖에 직무수행 중 부정이나 비위 사실이 있는 경우

제12조의 3(체육계 인권침해 및 스포츠비리 관련 명단 공개)

체육지도자, 체육단체에서 책임있는 자가 인권 침해, 스포츠비리로 유죄 판결이 확정되면 인적사항, 비위사실 공개

제18조의3(스포츠윤리센터의 설립)

① 체육의 공정성 확보와 체육인의 인권보호를 위하여 스포츠윤리센터를 설립한다.
② 스포츠윤리센터는 법인으로 한다.
③ 스포츠윤리센터는 다음 각 호의 사업을 한다.
1. 다음 각 목에 해당하는 체육계 인권침해 및 스포츠비리 등에 대한 신고 접수와 조사
   가. 선수에 대한 체육지도자 등의 성폭력 등 폭력에 관한 사항
   나. 승부조작 또는 편파판정 등 불공정에 관한 사항
   다. 체육 관련 입시비리에 관한 사항
   라. 체육단체·경기단체 및 그 임직원의 횡령·배임, 뇌물수수 및 지방보조금의 용도 외 사용 금지 위반에 관한 사항
   마. 그 밖에 체육계 인권침해 및 스포츠비리에 해당된다고 인정되는 사항
2. 신고자 및 피해자에 대한 치료 및 상담, 법률 지원, 임시보호 및 연계
3. 긴급보호가 필요한 신고자 및 피해자를 위한 임시보호시설 운영
4. 체육계 현장의 인권침해 조사·조치 상황 등을 상시 점검할 수 있는 인권감시관 운영
5. 스포츠비리 및 체육계 인권침해에 대한 실태조사 및 예방을 위한 연구
6. 스포츠비리 및 체육계 인권침해 방지를 위한 예방교육
7. 그 밖에 체육의 공정성 확보 및 체육인의 인권보호를 위하여 필요한 사업

기출 Q

Q. 아래에서 국민체육진흥법(2019.1.15. 일부개정)에 명시된 내용에 해당하는 것만으로 묶인 것은?

기출 19

ⓐ 국가와 지방자치단체는 스포츠 강사와 체육지도자를 배치하여야 한다.
ⓑ 지방자치단체는 직장인 체육대회를 연 1회 이상 개최하여야 한다.
ⓒ 국가와 지방자치단체는 우수선수와 체육지도자 육성을 위해 필요한 표창제도를 마련하여야 한다.
ⓓ 체육동호인조직이란 같은 생활체육 활동에 지속적으로 참여하는 자의 모임을 말한다.

① ⓐ, ⓑ, ⓒ ② ⓐ, ⓑ, ⓓ
③ ⓐ, ⓒ, ⓓ ④ ⓑ, ⓒ, ⓓ

해설 국민체육진흥법에는 체육지도자 양성에 대해 명시돼 있고, 체육지도자 배치는 체육시설의 설치·이용에 관한 법률에 명시돼 있음. 스포츠 강사는 초등학교에서 정규 체육수업 보조 및 학교스포츠 클럽을 지도하는 체육전문강사로서 학교체육진흥법에 명시됨

정답 ④

02 스포츠교육 학습자

1. 스포츠교육학이 추구하는 가치 영역 ◈ 스포츠교육학(05. 스포츠교육의 지도방법론)에도 등장

(1) **직접교수모형**: 심동적 → 인지적 → 정의적
(2) **개별화지도모형**: 심동적 → 인지적 → 정의적
(3) **협동학습모형**: ① 인지적·정의적 → 심동적 또는 ② 심동적·정의적 → 인지적
(4) **스포츠교육모형**: 심동적·인지적·정의적 세 가지 영역에서 균형
(5) **동료교수모형**: ① 인지적 → 정의적 → 심동적 또는 ② 심동적 → 인지적 → 정의적
(6) **탐구수업모형**: 인지적 → 심동적 → 정의적
(7) **전술게임모형**: 인지적 → 심동적 → 정의적

> **개념 PLUS**
>
> (1) 심동적 영역
>   ① 근육의 발달과 사용, 신체운동을 조절하는 신체능력에 관한 인간행동
>   ② 운동기능, 신경근육 기능, 지각활동
> (2) 인지적 영역
>   ① 외적 환경요소를 수용하여 인간 내적인 요소와 상호작용을 통해 발달해가는 정신 능력을 총칭하는 인간행동
>   ② 블룸(B. Bloom)의 인지적 영역의 교육 목표 6단계(낮은 수준에서 높은 수준으로 분류)
>   - 지식: 어떤 형상이나 사실 그 자체, 모든 지적 능력의 기초
>   - 이해: 전달된 지식을 받아들이는 것(번역, 해석, 추론)
>   - 적용: 이해한 지식을 응용하는 지적 능력
>   - 분석: 어떤 사실이나 현상을 분해하고 요소 간의 관계와 조직되어 있는 방법을 발견
>   - 종합: 여러 개 요소를 하나로 묶는 지적 능력
>   - 평가: 지적 기능의 가장 높은 단계로서 문제해결을 할 수 있는 가치 판단
> (3) 정의적 영역
>   ① 인간의 흥미, 태도, 감상, 가치관, 감정, 신념 등
>   ② 크래쓰월(D. Krathwohl)의 교육적 영역의 교육 목표 5단계
>   - 감수: 어떤 사건이나 현상을 받아들이거나 선택적으로 관심을 갖는 단계
>   - 반응: 받아들인 사건이나 현상을 어떤 형태로든 반응
>   - 가치화: 어떤 것이 가치있는 것인지를 구분하는 행동 특성
>   - 조직화: 각기 다른 가치에 대해 위계적으로 조직하는 행동 특성
>   - 인격화: 정의적 행동특성의 최고단계로서 가치체계가 내면화되어 성숙한 사람이 됨

기출 FOCUS

✓ 스포츠교육학이 추구하는 가치 영역: 인지, 심동, 정의
15·17·20·23 기출

암기 TIP

심인정, 인심정 직접, 개별적으로 심상정이 아니고 심인정에게 전달하고, 전술적으로 탐구하기 위해선 인심과 정을 얻어야 합니다. 이렇게 암기해보세요.

OX 퀴즈

스포츠교육학이 추구하는 가치 영역은 인지적, 심동적, 정의적 영역이다. Ⓞ/Ⓧ
정답 O

스포츠교육모형에선 심동적 영역, 인지적 영역, 정의적 영역 모두를 균형 있게 구성해야 한다. Ⓞ/Ⓧ
정답 O

기출 FOCUS

- ✓ 지도자가 수업을 계획할 때 고려 요인 15 기출
  - 이용 가능한 수업시간
  - 수업 공간 및 기구
  - 수업 참여 학생 수
  - 학생의 특성
  - 학생의 안전관리
- ✓ 학습자 관리 기술 15·17 기출
  - 학습자 행동 단계적 변화
  - 행동수정 결과 명시
  - 대용보상체계 마련
  - 안전한 과제수행
- ✓ 학습자의 상태 16 기출
  - 학습자의 기능 수준
  - 학습자의 체격 및 체력
  - 학습자의 학습동기
  - 학습자의 발달수준
  - 학습자의 인지능력
  - 학습자의 감정조절능력

기출 Q

Q. 〈보기〉에서 블룸(B. Bloom)의 인지적 영역 수준에 해당하는 것은?   기출 20

> 배드민턴 경기에서 상대 선수의 서비스를 받을 때, 낮고 짧은 서비스와 높고 긴 서비스의 대처 방법이 어떻게 달라져야 하는지를 알 수 있다.

① 분석   ② 기억   ③ 이해   ④ 평가

해설 스포츠 교육이 추구하는 가치 영역으로 심동적, 인지적, 정의적 영역임. 〈보기〉의 설명은 인지적 영역으로 어떤 사실이나 현상을 분해하고 요소 간의 관계와 조직되어 있는 방법을 발견하는 분석단계임

정답 ①

2. 지도자가 수업을 계획할 때 고려 요인

(1) 이용 가능한 수업시간

(2) 수업 공간 및 기구

(3) 수업 참여 학생 수

(4) 학생의 특성

(5) 학생의 안전관리

3. 학습자 관리 기술

(1) 학습자 행동을 단계적으로 변화시킴

(2) 수반되는 행동수정의 결과를 명시함

(3) 학습자의 적절한 행동을 위한 대용보상체계를 마련함

(4) 안전한 과제수행 여부를 확인함(지도자가 학습자의 과제수행을 관찰해야 하는 근본적 목적)

4. 학습자의 상태

학습자의 기능 수준	• 과거의 학습경험에 의해 학습자가 이미 습득한 기능수준을 정확하게 알아야 함 예 코치가 선수에게 초보자에게는 기초기술, 숙련자에게는 응용기술을 가르치는 것
학습자의 체격 및 체력	• 각 종목의 운동선수들은 종목의 특성에 적합한 신체조건을 갖추어야 함
학습자의 학습동기	• 학습동기가 학습활동과 학습결과에 큰 영향을 미침

학습자의 발달수준	• 성별과 연령에 따른 발달수준과 각 개인의 환경에 따른 차이 등 개인차를 고려해서 운동을 하도록 해야 함
학습자의 인지능력	• 주어진 과제를 학습하기 위해서는 상황을 정확하게 파악, 그 정보를 바탕으로 문제를 해결해야 함
학습자의 감정조절능력	• 운동을 배우는 선수가 화를 잘 낸다거나 시합 전에 심하게 불안을 느낀다면 자신의 운동능력을 제대로 발휘할 수 없음

기출 FOCUS

◆ 메이거(Mager)의 학습목표
23 기출

개념 PLUS

메이거(Mager)의 학습목표
① 학생이 학습 성취 행동을 보일 때, 어떤 행동을 보일 것인지, 교사가 그것을 어떻게 알 수 있을지를 반드시 기술해야 한다고 제시함
② 학습목표 설정: 의도하고 있는 학생 행동의 변화, 행동수행에 따른 조건, 성취 기준
③ 구체적인 목표 진술을 위한 요소: 대상, 행동, 조건, 준거

5. 생애주기별 발달특성에 따른 교육

유아기(4~5세)	• 달리고 뛰어오르는 등 대근육 운동기술이 급속히 발달하는 시기임 • 손가락으로 물건을 잡는 것과 같은 소근육 운동은 아직 발달이 미흡한 상태 • 놀이를 중심으로 다양한 신체활동을 경험하게 함
아동기(6~11세)	• 신체의 발달속도가 느려지는 반면에 자기 통제력은 높아짐 • 선상한 생활습관과 올바른 판단력을 깆게 함
청소년기(11~19세)	• 신체의 성장과 성호르몬 분비가 급격히 증가함 • 신체발달, 체력육성, 정서안정, 교우관계 개선, 여가선용, 자아실현 등 바람직한 가치를 경험할 수 있게 도와줘야 함
성인기(20세~)	• 생물학적으로 이미 노화가 시작, 사회적 책임과 영향력이 절정에 달하는 시기임 • 개인의 가치와 목적을 설정하고 정체성을 확립하게 함
노년기(65세~)	• 체력과 건강이 악화, 자녀의 출가와 직장에서의 은퇴로 인한 역할 상실, 소득 감소, 친지들의 죽음 등으로 인한 심한 상실감, 고독감에 휩싸이게 됨 • 치매, 고혈압, 당뇨병과 같은 노인성 질병에 걸리는 것을 예방하게 함

OX 퀴즈

대근육 운동기술이 급속히 발달하는 시기는 유아기이다. O|X

정답 O

03 스포츠교육 행정가

1. 학교체육행정가
(1) 교육정책과 절차를 수립하는 교장, 교감, 행정실장 등이 포함됨
(2) 학교체육, 운동부, 학교스포츠클럽 관련업무 등 실무를 담당함
(3) **역할**: 안내자, 조력자, 행정가

2. 생활체육행정가
(1) 생활체육과 관련한 기관을 관장하고, 각종 생활체육대회의 유치, 운영, 홍보 등의 업무를 담당함
(2) 생활체육정책을 수립하고 예산을 집행함
(3) **역할**: 운영자, 조직가, 지원자

3. 전문체육행정가
(1) 전문스포츠와 관련된 기관에서 사무, 행정, 개발, 교육 등의 업무를 담당함
(2) 국제올림픽위원회(IOC) 등 국제체육기구의 임원, 사무총장, 집행 위원, 직원 등
(3) **역할**: 전문가, 행동가, 관리자

기출 Q

Q. 〈보기〉에서 안전한 학습환경 유지에 관한 설명으로 옳은 것만을 모두 고른 것은?

기출 22

㉠ 위험한 상황이 예측되더라도 시작한 과제는 끝까지 수행한다.
㉡ 안전한 수업운영에 필요한 절차를 분명히 전달하고 상기시켜야 한다.
㉢ 사전에 안전 문제를 예측하고 교구·공간·학생 등을 학습에 도움이 되는 방향으로 배열 또는 배치한다.
㉣ 새로운 연습과제나 게임을 시작할 때 지도자는 학생들의 활동을 주시하고 적극적으로 감독한다.

① ㉠, ㉡
② ㉡, ㉢
③ ㉠, ㉢, ㉣
④ ㉡, ㉢, ㉣

해설 위험한 상황이 예측됐을 때는 수업 중단과 같이 안전사고 사전 예방에 대한 조치를 해야 함

정답 ④

Q. 아래에서 김 코치가 고려하고 있는 것은? [기출 16]

> 김 코치는 중학교 여학생을 대상으로 리듬체조를 지도할 때, 초보자에게는 기초기술을, 숙련자에게는 응용기술을 가르쳤다.

① 학습자의 기능수준
② 학습자의 인지적 능력
③ 학습자의 감정코칭 능력
④ 학습자의 신체 발달

(해설) 학습자의 기능수준은 과거의 학습경험에 의해 학습자가 이미 습득한 기능수준을 정확하게 알아야 하는 학습자의 상태임 (정답) ①

Q. 체육활동의 학습자 관리 기술로 적절하지 않은 것은? [기출 17]

① 학습자 행동을 단계적으로 변화시킨다.
② 수반되는 행동수정의 결과를 명시한다.
③ 다른 학습자에게 방해되지 않도록 부적절한 행동을 즉시 제지한다.
④ 학습자의 적절한 행동을 위한 대용보상체계를 마련한다.

(해설) 부적절한 행동을 즉시 제지하기 보다는 행동을 수정할 수 있도록 해야 함 (정답) ③

CHAPTER 04 스포츠교육의 프로그램론

기출 FOCUS

☑ **학교체육 프로그램 목적**: 학생들의 체력 향상, 자율체력활동 활성화, 체육경기 참여 확대

☑ **학교체육 프로그램 지도계획 시 고려사항**: 학생들의 운동 경험에 따른 자발적 참여 유도, 다양한 활동시간 고려, 스포츠 문화체험 기회 제공
21 기출

☑ **학교스포츠클럽의 교육적 가치**
- **신체적 가치**: 신체기능과 관련된 가치(건강, 체력 등)
- **인지적 가치**: 지적 기능과 관련된 가치(독해력, 수리력 등)
- **정의적 가치**: 심리적 건강, 사회적 기술, 도덕적 인격과 관련된 가치(협동, 배려, 성실, 정직 등)
- **기능적 가치**: 만족, 목표달성, 좋은 결과 등을 만들어 내는 움직임과 관련한 가치

☑ **교과활동**
- **체육교사**: 주도적으로 수업 진행
- **스포츠강사**: 체육교사를 도와주는 조력자 역할

암기 TIP

교환과 지내학표 술(술)만 먹으면 스포츠 교육이 교환과 지내학표가 됩니다. 이렇게 암기해보세요.

OX 퀴즈

슐만은 교과 내용에 대한 지식을 교사가 잘 알아야 한다고 했다.
O X

정답 O

01 학교체육, 생활체육, 전문체육 프로그램 개발 및 실천

1. 학교체육 프로그램

(1) 교과활동

① 정규 수업시간에 학생들을 가르치는 것
② **수업계획 시 고려사항**: 구체적, 체계적 계획 수립, 창의적 학습 환경 조성, 통합적·효율적인 교수학습 활동
③ 스포츠 교육을 위한 지식(슐만 L. S. Shulman, 1987)

내용 **교**수법에 대한 지식	• 교과를 참여자 특성에 맞게 지도할 수 있는 방법 지식(수업지식) • 교사는 교과내용 외에 인성, 도덕 등도 가르치기 위해 잘 알아야 함
교육**환**경에 대한 지식	• 수업에 영향을 미치는 환경에 대한 지식 • 교사는 교육환경을 잘 알아야 함
교육**과**정에 대한 지식	• 참여자 발달단계에 적합한 내용과 프로그램에 대한 지식 • 교사는 교육과정의 지향목표를 잘 알아야 함
지도방법에 대한 지식	• 모든 교과의 지도법에 대한 지식(교수방법지식) • 교사는 학생지도방법을 잘 알아야 함
내용에 대한 지식	• 교과 내용에 대한 지식 • 교사는 교과내용을 잘 알아야 함
학습자와 학습자의 특성에 대한 지식	• 수업에 참여하는 학습자에 대한 지식 • 교사는 학생별로 가장 효과적인 지도 방법을 잘 알아야 함
교육목**표**에 대한 지식	• 교육목적, 목표, 교육시스템 구조에 대한 지식 • 교사는 교육목표를 잘 알아야 함

④ 내용 지식(메츨러 M. Metzler, 2000)
- **명제적 지식**: 코치의 언어와 문서 수준에 따라 설명할 수 있는 능력
- **절차적 지식**: 코치의 지도활동 전, 중, 후의 적용에 따른 능력
- **상황적 지식**: 코치가 특정한 상황에 적절한 의사결정을 할 수 있는 시기와 그 원인에 관련한 능력

(2) 비교과활동

① 학교 스포츠클럽, 학교 운동부활동, 방과 후 체육활동 등
② 고려사항: 활동시간 다양화, 학생들의 자발적 참여, 학생주도의 클럽운영, 인성 함양
③ 학교스포츠클럽 제도 비교 ◈ 스포츠교육학(02. 스포츠교육의 정책과 제도)에도 등장

학교스포츠클럽 운영	학교스포츠클럽 활동
학교체육진흥법 제10조	초·중등학교 교육과정 총론(2015), 중학교 교육과정 편성·운영지침
• 정규교육과정 외에서 활동(스포츠동아리) • 학생들 체육활동 참여기회 확대 • 학교스포츠클럽 전담교사 지정 • 소정의 지도수당 지급(학교예산) • 학교생활기록부에 기록 • 상급학교 진학자료 활용 • 일정비율 이상 여학생 선호종목 운영	• 정규교육과정 내에서 활동(창의적 체험활동, 동아리)

> **개념 PLUS**
>
> **학교스포츠클럽 운영에 따른 경기방식**
> (1) 리그전: 스포츠 경기에서 각 팀이 다른 팀과 모두 최소 한 번씩 경기를 치르는 방식
>   ① 통합리그: 경기 수가 많음. 우승팀의 권위가 높아짐. 순위를 매겨야 함
>   ② 조별리그: 빠른 진행을 할 수 있음. 경기 수가 적음
>   ③ 스플릿 리그: 상위·하위리그, 경기력이 평준화, 동일한 팀과의 경기를 많이 하게 됨
> (2) 토너먼트: 경기 때마다 패자를 제외시켜서 최후에 남은 둘이서 우승을 결정하게 하는 방식
>   ① 녹다운 토너먼트: 한 번 지면 무조건 탈락시키는 간단한 방식. 경기 수 적음. 우승팀 외의 나머지 팀의 순위를 매기기가 어려움
>   ② 스플릿 토너먼트: 조를 나누어 토너먼트 경기를 한 후, 각 조의 상위 몇 개 팀별로 다시 토너먼트 경기를 진행하는 방식. 복잡한 경기방식. 패자전의 관심이 낮아짐
>   ③ 더블 엘리미네이션 토너먼트: 패자부활전을 의미함. 모든 팀의 순위가 매겨짐
> (3) 리그+토너먼트: 리그전과 토너먼트전의 장점을 결합
>   ① 조별 리그 후 토너먼트: 짧은 시간에 치를 수 있지만 조 간의 경기력 차이 발생
>   ② 통합 리그 후 플레이오프: 적절한 경기 수로 치를 수 있지만 하위팀의 동기력이 저하됨

기출 FOCUS

- 스포츠교육을 위한 지식(슐만의 지식)
  - 내용 교수법에 대한 지식
  - 교육환경에 대한 지식
  - 교육과정에 대한 지식
  - 지도방법에 대한 지식
  - **내용에 대한 지식** 16·24 기출
  - 학습자의 특성에 대한 지식 21 기출
  - 교육목표에 대한 지식
- 내용지식(매츨러의 지식) 20 기출
  - 명제적 지식
  - 절차적 지식
  - 상황적 지식
- 경기방식 17 기출
  - 리그전
  - 토너먼트
  - 녹다운 토너먼트
  - 스플릿 토너먼트

OX 퀴즈

학교체육 프로그램은 학생들의 운동경험에 따른 자발적인 참여를 유도해야 한다. (O/X)

정답 O

기출 Q

Q. 〈보기〉에서 정 코치의 질문에 대한 각 지도자의 답변으로 적절하지 <u>않은</u> 것은?

기출 20

> 정 코치: 메츨러(M. Metzler)의 절차적 지식에 대해 간단히 설명해 주시기 바랍니다.
> 박 코치: 지도자가 학습자에게 움직임 패턴을 연습할 수 있게 하고 이를 경기에 적용할 수 있는 지식입니다.
> 김 코치: 학습자가 과제를 연습하는 동안 이를 관찰하고 정확한 피드백을 제공할 수 있는 지식입니다.
> 한 코치: 지도자가 실제로 체육 프로그램 전, 중, 후에 적용할 수 있는 지식입니다.
> 이 코치: 지도자가 개념을 설명할 수 있는 지식입니다.

① 박 코치 ② 김 코치
③ 한 코치 ④ 이 코치

(해설) 매츨러(M. Metzler)는 내용 지식으로 명제적 지식, 절차적 지식, 상황적 지식을 제시했음. 명제적 지식은 코치의 언어와 문서 수준에 따라 설명할 수 있는 능력, 절차적 지식은 코치의 지도활동 전, 중, 후의 적용에 따른 능력, 상황적 지식은 코치가 특정한 상황에 적절한 의사결정을 할 수 있는 시기와 그 원인에 관련한 능력임. 개념 설명에 관한 지식은 명제적 지식임

(정답) ④

Q. 슐만(L. Shulman)의 '교사 지식 유형' 중 가르칠 교과목 내용에 관한 지식에 해당하는 것은?

기출 24

① 내용 지식(content knowledge)
② 내용교수법 지식(pedagogical content knowledge)
③ 교육환경 지식(knowledge of educational contexts)
④ 학습자와 학습자 특성 지식(knowledge of leartners and their characteristics)

(해설) 슐만(Shulman)은 내용에 대한 지식을 통해 교사는 교과 내용에 대한 지식을 잘 알아야 함을 강조함
• 내용교수법 지식: 교과를 참여자 특성에 맞게 지도할 수 있는 방법에 관한 수업지식을 의미함
• 교육환경 지식: 수업에 영향을 미치는 환경에 대한 지식임
• 학습자 특성에 관한 지식: 수업에 참여하는 학습자에 대한 지식임

(정답) ①

2. 생활체육 프로그램

(1) 목적

여가선용, 삶의 질 향상, 경험 확대, 스포츠 기능의 향상, 건강의 유지 및 증진, 공동체 형성

(2) 고려사항

일관된 설정, 목표달성 여부 검토, 달성하고자 하는 상태 및 운동 능력 명시, 스포츠 활동 내용의 세부적 기술

OX 퀴즈

생활체육 프로그램을 구성할 때 명확한 목표를 세우고 스포츠 활동 내용을 구체적으로 기술하고 일관되어야 한다. O X

(정답) O

(3) 개발단계

기관·단체의 철학적 이해 → 요구분석 → 프로그램의 계획 → 프로그램의 실행 → 프로그램의 평가

> **기출 FOCUS**
> ◎ 장애인 스포츠 프로그램 고려사항 22 기출

(4) 유형

주관자	공공형, 준공공형, 사설형
참여자	지역형, 직장형, 단체형, 시설형
목적	축제형, 경기대회형, 지도형, 강습회형
대상자	성인, 청소년, 유소년, 노인, 장애인스포츠
운동형태	개인, 대인, 집단, 야외, 계절운동

(5) 성인 스포츠 프로그램

① 사회활동이 가장 왕성하여 건강증진, 스트레스 해소를 위한 스포츠 활동이 필요함
② 고려사항: 스포츠 활동의 시간대, 지속성, 경기력 향상 방안

(6) 청소년 스포츠 프로그램

① 신체적 성장 속도가 빠르고 성호르몬 분비가 왕성해져 건전하고 건강한 스포츠 활동이 필요
② 고려사항: 청소년의 생활패턴, 개인의 요구와 흥미, 스포츠 활동의 지속성

(7) 유소년 스포츠 프로그램

① 4~11세까지 아동들 대상의 다양한 신체활동 및 운동경험이 필요
② 고려사항: 자결적인 움직임 활동, 다양한 신체활동의 경험, 지역사회의 시설과 연계, 스포츠 활동 시간

(8) 노인 스포츠 프로그램

① 근력, 지구력, 최대 산소섭취량 등이 저하되어 적당한 신체활동이 필요
② 고려사항: 노인의 신체적·심리적·사회적 특징과 요구사항, 주변 요인, 노인의 흥미와 사회적 관계형성, 노인스포츠지도사와 행정가 협력 필요

(9) 장애인 스포츠 프로그램

① 스포츠 활동을 통한 재활, 사회적 관계의 형성, 자아존중감 형성, 행복 추구 등의 목적이 있으므로 장애유형과 정도에 따른 신체 활동이 필요
② 고려사항: 장애유형별 특징과 요구사항, 접근성과 편의성, 지속성 고려, 경제적 여건 고려

기출 FOCUS

- **생활체육 프로그램**
  - 고려사항: 일관된 설정, 목표달성 여부, 달성하고자 하는 상태 및 운동 능력 명시, 스포츠 활동 내용의 세부적 기술 등   17·19·22 기출
  - 개발단계: 주최자의 철학적 이해 → 요구분석 → 프로그램 계획 → 실행 → 평가   17 기출
  - 목적에 따른 유형: 축제형, 경기대회형, 지도형, 강습회형   18 기출

- **생활체육 프로그램**의 요구조사 및 분석   17 기출
  - 요구조사: 연령, 성별, 선호도, 경제수준, 생활체육 참여도, 만족도 등을 고려
  - 요구분석 결과: 프로그램 개선에 활용

기출 Q

Q. 생활체육 프로그램의 요구 조사 및 분석에 대한 설명으로 옳지 <u>않은</u> 것은?   기출 17

① 요구 조사에서는 연령, 성별, 선호도, 경제 수준 등을 고려해야 한다.
② 요구 조사에서는 생활체육 참여도, 기존 프로그램 만족도, 지도자에 대한 만족도 등을 질문한다.
③ 요구 분석 결과는 기존의 생활체육 프로그램을 개선하고 새로운 프로그램을 개발하는 데 활용한다.
④ 요구 분석은 생활체육 프로그램을 추진하고자 하는 지역사회와 참여자에 대한 사후 분석 절차이다.

[해설] 생활체육 프로그램 개발 단계는 기관·단체의 철학적 이해 → 요구 분석 → 프로그램의 계획 → 프로그램의 실행 → 프로그램의 평가임. 요구 분석은 개발하려고 하는 생활체육 프로그램에 참여할 대상들이 원하는 것을 파악하는 단계임   [정답] ④

Q. 아래에서 A 회원이 제안한 내용에 적절한 생활체육 프로그램 유형과 교육 모형(instructional model)이 바르게 묶인 것은?   기출 18

> 회   장: 우리 축구 동호회는 너무 기술이 좋은 사람들 위주로만 경기를 하는 것 같습니다. 회원 모두가 즐겁게 참여할 수 있는 방법이 없을까요?
> A 회원: 전체 회원을 기능이 비슷한 몇 개 팀으로 나눠서 리그전을 하면 됩니다. 회원과 팀의 공식 기록도 남기고, 시상도 하면 어떨까요? 그리고 팀마다 코치, 심판, 기록원, 해설가 등의 역할을 맡도록 하면 모두가 실력에 상관없이 다양한 활동을 체험하며, 친목도 도모할 수 있을 것 같습니다.

① 축제형, 스포츠교육모형
② 강습회형, 스포츠교육모형
③ 강습회형, 협동학습모형
④ 축제형, 협동학습모형

[해설] 축제형은 체육에 대한 인식 및 체험 향상을 위한 프로그램이고, 스포츠교육모형은 참여자들이 스포츠에 대한 여러 가지 역할을 경험하여 유능하고 박식하며 열정적인 스포츠인으로 성장하도록 함   [정답] ①

Q. 스포츠지도사가 생활체육 프로그램 설계 시 고려해야 하는 구성요소에 대한 설명으로 적절하지 <u>않은</u> 것은?   기출 19

① 프로그램 설계 시 목적 및 목표, 내용, 장소, 예산, 홍보 등이 포함된다.
② 홍보는 시대에 적합하게 다양한 방법으로 실행한다.
③ 장소는 접근성보다 최신식 시설을 우선으로 고려한다.
④ 예산은 시설 대여비, 용품 구입비, 인건비, 홍보비 등의 경비를 예측해야 한다.

[해설] 생활체육프로그램의 고려사항으로 일관된 설정, 목표달성 여부, 달성하고자 하는 상태, 운동능력 명시, 스포츠 활동 내용의 세부적 기술 등이 포함돼야 함   [정답] ③

3. 전문체육 프로그램

(1) 전문체육 지도계획

① 개발단계(마튼스 Martens, 2004): 선수에게 필요한 기술파악 → 선수의 이해 → 상황분석 → 목표설정 및 우선순위의 결정 → 지도방법의 이해 → 연습계획의 수립

② 고려사항: 가능한 시설·용구·시간·참여자, 프로그램 목표, 내용의 범위 및 계열성 확인

(2) 선수지도방법

① 직접형: 코치가 직접 설명하고 시범을 보임
② 과제형: 선수들이 각자 과제를 선택, 연습하게 함
③ 상호형: 2인 1조로 짝을 이뤄 연습하도록 함
④ 유도발견형: 선수들에게 질문을 하면 선수들이 반응하면서 일련의 과제를 수행하도록 유도함
⑤ 문제해결형: 질문을 통해 해답을 찾도록 함

※ 나머지는 모스톤의 체육교수 스타일에서 자세히 설명

(3) 청소년 코칭 프로그램

선수 중심 프로그램, 인성지도 계획 포함, 일상생활에 전이

(4) 성인 코칭 프로그램

명확한 목표설정, 자기주도적 환경, 지속적인 자기성찰

개념 PLUS

행동수정기법 혹은 강화기법(reinforcement): 바람직한 행동이 발생했을 때 따라오는 결과 혹은 보상 ◆ 장애인스포츠 03.특수체육지도 전략에도 등장

① 행동의 유지 및 증가기법
  ㉠ 칭찬(praise): 격려, 지시를 보내는 것으로 효과적인 강화방법
  ㉡ 프리맥 원리(Premack principle): 바람직한 행동을 했을 때 좋아하는 행동을 하게끔 하는 방법
  ㉢ 용암(fading): 도움 및 촉진을 줄이면서 학생 스스로 문제를 해결하게 하고, 반응의 빈도를 증가시키게 하는 방법
  ㉣ 토큰 강화(token reinforcement): 미리 결정된 행동기준에 도달하면 보상물을 통해 교환가치를 얻게 하는 방법(토큰 수집 token economy으로도 불림)

② 행동의 제거 및 감소기법
  ㉠ 과잉교정(over correction): 문제행동이 발생했을 때 반복적으로 강제성을 통해 원상태로 복귀시키도록 하는 방법
  ㉡ 타임아웃(time-out): 물리적 행동 없이 제외, 고립, 차단하여 문제행동을 관리
  ㉢ 반응대가(response cost): 어떤 행동을 통해 정적강화를 중단하거나 벌칙이 가해지는 방법(소거, 벌, 박탈, 포화)

기출 FOCUS

● 전문체육 프로그램
  • 마텐스의 개발단계: 기술파악 → 상황분석 → 목표설정 → 지도방법 이해 → 연습계획 수립   17·22 기출
  • 고려사항: 시설, 용구, 시간, 참여자, 목표 등   16 기출
  • 선수지도방법: 문제해결형   16 기출

● 스포츠 인성교육의 조건: 올바른 행동의 지속성, 올바른 도덕적 의식의 자율적 실천, 지도자의 올바른 인성의 역할모델 제시

● 행동수정기법   20 기출
  • 토큰수집(token economies)

OX 퀴즈

선수지도방법으로 선수들에게 질문을 하고 반응을 확인하면서 과제를 수행하도록 유도할 수 있다.   O X

정답 O

기출 Q

Q. 아래에서 설명하고 있는 지도방법은? 　　　　　　　　　　기출 16

> - 참여자는 선호하는 학습양식과 학습매체를 사용할 수 있다.
> - 참여자는 하나의 문제에 다양한 해답을 찾을 수 있다.
> - 참여자는 해답을 찾아가는 과정에 대한 책임이 있다.

① 유도발견형　　　　　　　② 문제해결형
③ 과제형　　　　　　　　　④ 직접형

(해설) 선수지도방법은 직접형, 과제형, 상호형, 유도발견형, 문제해결형 등이 있음. 문제해결형은 질문을 통해 해답을 찾도록 하는 방법임　　　　　　　　　　　　　　　　(정답) ②

Q. 아래에서 제시한 마튼스(R. Martens)의 전문체육 프로그램 지도 개발 단계를 순서대로 바르게 연결한 것은?　　　　　　　　　　기출 17

가. 선수에게 필요한 기술 파악	나. 지도 방법 선택
다. 상황 분석	라. 우선 순위 결정 및 목표 설정
마. 선수 이해	바. 연습 계획 수립

① 가 – 다 – 마 – 라 – 바 – 나　　② 가 – 나 – 라 – 마 – 바 – 나
③ 가 – 마 – 라 – 다 – 나 – 바　　④ 가 – 마 – 다 – 라 – 나 – 바

(해설) 전문체육 지도계획 개발단계: 선수에게 필요한 기술 파악 → 선수의 이해 → 상황 분석 → 목표 설정 및 우선순위의 결정 → 지도 방법의 이해 → 연습 계획의 수립　　　　(정답) ④

Q. <보기>에서 설명하는 알버노(P. Alberno)와 트라웃맨(A. Troutman)의 행동수정기법에 해당하는 것은?　　　　　　　　　　기출 20

> 학습자가 적절한 행동을 할 때마다 지도자가 점수, 스티커, 쿠폰 등을 제공하는 기법이다.

① 타임아웃(time out)
② 토큰 수집(token economies)
③ 좋은 행동 게임(good behavior game)
④ 지도자 학습자 사이의 계약(behavior contracting)

(해설) 토큰 강화(토큰 수집)는 미리 결정된 행동기준에 도달하면 보상물을 통해 교환가치를 얻게 하는 방법임　　　　　　　　　　　　　　　　　　　　　　(정답) ②

02 학습, 경기유형 및 기술

1. 학습과제

(1) 체육학습 내용개발

① 내용개발(content development)은 학습자를 한 수준의 운동 수행에서 다른 수준의 운동수행으로 발전시키는 과정임(교사입장에서는 '내용개발', 학생입장에서는 '내용발달'로 인식)

② 내용개발 구분
- 과제 간 개발: 하나의 주 과제에서 다른 주 과제로 이동하는 유형
- 과제 내 개발: 하나의 과제 내에서 내용을 전개하는 진행 유형

③ 교사의 세 가지 행동: 확대(복잡성과 난이도의 점진적 발달) → 세련(운동 수행의 질에 대한 관심) → 응용(응용 경험의 통합)

확대 (extension)	• 학습자에게 운동수행의 복잡성, 난이도의 변화에 대한 관심을 전달하는 교사 행동 • 교사는 경험의 내용을 어떻게 구성할 것인지, 내용의 복잡성과 난이도를 조절하고, 점진적으로 학생들을 학습경험과 경험의 계열성에 추가해야 할지를 결정
세련 (refinement)	• "경험을 잘 수행하는 것이 무엇을 의미하는가?" • 학습자에게 운동수행의 질적인 측면에 대한 관심을 전달하는 교사 행동 • 세련은 기능학습 초기에는 운동수행의 효율성과 관련, 후기에는 효과성 및 적응성과 관련이 있음
응용 (application)	• "어떻게 운동할 것인가?"에서 "어떻게 그 운동을 이용할 것인가"로 학습자의 관심을 변화시키는 교사 행동 • 응용은 학생들의 확대와 세련을 통해 개발한 기능들을 이용하는 데 도움이 되는 경험들을 기술하는 것 • 응용 경험은 확대와 세련의 수준과 일치해야 함. 이를 위해선 응용 경험은 내용 진행의 마지막 경험이 아니라 운동경험의 모든 과정을 통해 분산돼야 함

> **암기 TIP**
>
> **확세용** 확대하고 세를 불리기 위해선 용을 써야 합니다. 확대, 세련, 응용의 단계를 이렇게 암기해봅시다.

> **개념 PLUS**
>
> **확대(extension)**
> ① 용구의 변화: 농구의 림을 낮추는 것, 배드민턴 네트 높이를 조정하는 것, 높이뛰기 바를 고무줄로 설치하는 것
> ② 운동수행 조건: 물체의 속도와 힘의 크기, 수행자의 움직임, 물체의 크기 조절
> ③ 이 외에도 부분 연습, 운동과제 공간의 확대 및 축소, 운동수행의 의지, 운동수행에 참여하는 원인, 기능의 결합, 반응의 확대, 경험의 계열성 등을 통해 운동수행의 복잡성과 난이도에 영향을 미치는 요인을 조절함

기출 FOCUS

- 링크(J. Rink)의 내용·발달(content·development) 학습과제 유형 15·19·21·22 기출
- 학습과제
  - 체육학습 내용개발: 확대, 세련, 응용 15 기출
  - 난이도 조절: 운동수행 조건 수정 인원 수 조절 기구 조정 15 기출
- 학습단서
  - 효과적 영향에 미치는 요인: 정확성, 간결성, 구체성, 연령, 적합성 15·18 기출
- 부주의하고 파괴적인 행동을 감소시키는 교수행동
  - 신호간섭 20 기출
- 실제학습시간(ATL) 20 기출
  - 학습자가 학습목표와 부합한 과제의 성공을 경험하며 참여한 시간
  - 학생의 참여시간 양은 학생의 학습 성취도와 관련 있음 (메츨러 Metzler, 1989)
  - 적절한 과제참여시간이 많을수록 성취가능성이 높음 (링크, Rink, 1996)
- 조직단서 20 기출
- 쿠닌(Koonin)의 교수기능 23·24 기출
- 역순 행동연쇄 23 기출

OX 퀴즈

체육학습의 내용을 확대, 세련, 응용의 과정을 거쳐 개발한다. O｜X

정답 O

---

(2) Rink의 내용개발(content development) **학습과제 유형**

① 학습내용을 가르칠 때 적절한 학습경험들로 나누어 작은 단위의 학습내용을 제시해야 함
② 학습과제가 선정된 후에는 학생 및 학급별로 학습과제(활동)를 보다 쉽거나 어렵게 해서 바꿔야 함
③ 교사는 어떻게 내용을 전개할 것인지를 지속적으로 결정하면서 적절하게 과제를 진행해야 함
④ 이를 통해 수업의 계열성을 확보하는데 매우 중요하고, 학습지도안을 작성할 때 차시별 수업지도 계획 수립에 유용함
⑤ 연쇄된 여러 가지 동작을 뒤에서 거꾸로 하나씩 해결할 수 있음(역순 행동연쇄)

정보	• 정보제공하기(informing): 하나의 수업에서 학생들에게 기능에 관한 정보를 제공함
확대	• 확대 혹은 확장하기(extending): 학생들 발달 수준을 고려해서 과제의 난이도를 조절함
세련	• 세련 혹은 정교화하기(refining): 교사는 학생들에게 움직임의 질을 보완할 수 있는 단서를 제공함으로써 움직임의 핵심요소를 관찰하고 정교화 함
응용	• 도전 혹은 응용하기(challenges or applying): 교사는 단서를 아동들이 내면화할 때까지 지속적으로 관심을 유도함

(3) 쿠닌(Koonin)의 교수기능

예방적 관리 교수기능 (교사가 해야 하는 행동)	수업흐름 관리 (교사가 하지 말아야 할 행동)
• 상황파악: 학생행동을 파악하고 알림 • 동시처리: 내용지도와 수업운영을 동시에 처리함 • 유연한 수업전개: 수업의 흐름을 이어감 • 여세 유지: 학습활동과 수업의 활력을 이어감 • 집단경각: 과제에 주의 집중을 시킴 • 학생의 책무성: 과제수행의 책임감을 부여함	• 학습활동 침해: 교수의 부적절한 관여 금지함 • 탈선: 수업과 무관한 일에 참여하게 하면 안 됨 • 중도포기/전환-회귀: 중간에 교사가 포기하면 안 됨. 다른 과제로의 전환 후 회귀해야 함 • 과잉설명: 필요 이상의 설명을 금지함 • 세분화: 모둠활동과 전체학습이 가능한 과제를 개별지도해야 함

2. 학습단서

(1) 개념

어떤 학습과제에서 가장 중요한 특징을 학생에게 전달하기 위해 지도자가 사용하는 단어나 문장(차후 학습을 향상시키기 위해 학습활동 전에 제공)

(2) **학습단서**에 효과적 영향을 미치는 요인

정확성, 간결성, 구체성, 학습자의 연령, 학습단계의 적합성

> **개념 PLUS**
>
> 단서의 종류
> ① 언어 단서: 운동 수행의 향상 방법에 대한 구두 정보
> ② 비언어 단서: 정확한 동작이나 부정확한 동작에 대한 제스처와 시범
> ③ 언어와 비언어 단서 조합: 구두 정보와 시범 정보를 동시 제공
> ④ 조작단서: 교사가 의사전달을 위해 학생의 신체 일부를 이동시키는 방법(체험적 단서, 신체적 가이던스)
> ⑤ 시청각 단서: 시청각 매체를 통해 제공

기출 FOCUS

- 개방기술: 탁구 스매싱, 야구 배팅, 축구 드리블 15·22 기출
- 폐쇄기술: 농구 자유투 22 기출
- 학습자 관리기술(시덴탑)
  - 삭제훈련
  - 적극적 연습 17 기출
  - 보상손실 18 기출
  - 퇴장

3. 개방기술과 폐쇄기술

(1) **개방기술**

환경이 동적인 조건에서 수행되는 기술(탁구 스매싱, 야구 배팅, 축구 드리블)

(2) **폐쇄기술**

환경이 정적인 조건에서 수행되는 기술, 정지된 목표를 향해 행함(농구 자유투)

4. 학습자 관리기술(Siedentop, 시덴탑)

삭제 훈련	• 교사가 학생이 어떤 특정한 행동에 관여하지 않은 데 대해서 보상을 주는 것
적극적 연습	• 어떤 학생이 부적절한 행동에 참가할 때마다 일정한 횟수와 적절한 행동을 하도록 하는 것
보상손실	• 연습 시간에 계속 지각하는 학습자의 경기 출전권을 제한
퇴장	• 타임아웃

암기 TIP

제적신퇴 제적은 실제로 퇴거하는 것이예요. 이렇게 암기해보세요.

5. 부주의하고 파괴적인 행동을 감소시키는 교수행동(Ornstein & Levine, 오른스테인, 레빈)

신호 간섭	• 시선 마주침, 손 움직임, 부주의한 행동 감소시키는 교사행동을 이용함
접근 통제	• 방해행동을 하는 학생에게 접근하고 접촉함으로써 교사가 그 행동에 관심있다는 것을 보여주면서 제지함
긴장 완화	• 긴장 완화를 위해 유머를 이용함

암기 TIP

호통장비유상 호통을 치는 장비가 오니 공짜가 아니라 유상이네요. 이렇게 암기해보세요.

OX 퀴즈

농구의 자유투는 개방기술에 해당된다. O/X

정답 X
해설 폐쇄기술

비정한 제거	• 파괴적인 학생에게 물을 떠오라는 등의 지시를 함
유혹적 대상 제거	• 운동용구, 부주의, 파괴적 행동 조장하는 것 제거함
상규적 행동 지원	• 스케줄, 과제와 같이 일반적 수업 습관을 이용함

기출 Q

Q. 링크(J. Rink)의 내용발달 단계가 순서대로 연결된 것은? 기출 22

① 시작과제 – 확대과제 – 세련과제 – 적용과제
② 적용과제 – 시작과제 – 확대과제 – 세련과제
③ 세련과제 – 적용과제 – 시작과제 – 확대과제
④ 확대과제 – 세련과제 – 적용과제 – 시작과제

해설 링크의 내용개발(content development) 학습과제 유형으로 정보제공하기(informing), 확대 혹은 확장하기(extending), 세련 혹은 정교화하기(refining), 도전 혹은 응용하기(challenge or applying)로 제시함. 즉, 시작 → 확대 → 세련 → 적용으로 이해할 수 있음   정답 ①

Q. 지역 스포츠클럽 대회의 경기 운영 방식에 관한 설명으로 옳은 것은? 기출 17

① 통합리그는 순위가 고착화될 가능성이 높다.
② 조별리그는 토너먼트 대회보다 빠르게 진행된다.
③ 녹다운 토너먼트는 우승팀 이외의 순위를 산정하기 쉽다.
④ 스플릿 토너먼트는 모든 팀에게 동일한 경기 수를 보장하지 않는다.

해설 리그전은 스포츠 경기에서 각 팀이 다른 팀과 모두 최소 한 번씩 경기를 치르는 방식이고, 토너먼트는 경기 때마다 패자를 제외시켜서 최후에 남은 둘이서 우승을 결정하게 하는 방식임   정답 ①

Q. 학습자 비과제 행동을 예방하고 과제 지향적인 수업을 유지하기 위한 교수 기능 중 쿠닌(J. Kounin)이 제시한 '동시처리(overlapping)'에 해당하는 것은? 기출 24

① 수업의 흐름을 유지하면서 수업 이탈 행동 학생을 제지하는 것이다.
② 학생들의 행동을 항상 인지하고 있다는 것을 알리는 것이다.
③ 학생의 학습 활동을 중단시키고 잠시 퇴장시키는 것이다.
④ 모든 학생에게 과제에 몰입하도록 경각심을 주는 것이다.

해설 교사가 해야 하는 행동으로 예방적 관리의 교수기능에서 동시처리는 내용지도와 수업운영을 동시에 처리하는 것임. 즉, 수업을 하면서 동시에 이탈학생을 제지하는 것과 같음   정답 ①

Q. 링크(J. Rink)의 내용 발달(content development)에 대한 설명으로 적절하지 않은 것은? 기출 19

① 응용 과제는 실제 게임에 적용할 수 있는 기회를 제공한다.
② 확대 과제는 쉬운 과제에서 어렵고 복잡한 과제로 발전시킨다.
③ 세련 과제는 학습자에게 가능한 한 많은 동작을 알려주는 형태로 개발한다.
④ 시작(제시, 전달) 과제는 기초적인 수준에서 학습하도록 소개하고 안내한다.

해설 링크(J. Rink)의 내용개발(content development)은 정보제공하기, 확대 혹은 확장하기, 세련 혹은 정교화하기, 도전 혹은 응용하기의 학습과제 유형을 제시함. 학습내용을 가르칠 때 적절한 학습경험들로 나누어 작은 단위의 학습내용을 제시해야 하고, 학습과제가 선정된 후에는 학생 및 학급별로 학습과제(활동)를 보다 쉽거나 어렵게 해서 바꿔야 하며, 교사는 어떻게 내용을 전개할 것인지를 지속적으로 결정하면서 적절하게 과제를 진행해야 한다고 주장함. 이를 통해 수업의 계열성을 확보할 수 있고, 학습지도안을 작성할 때 차시별 수업지도 계획 수립에 유용함. ③번의 세련 과제는 교사가 학습자에게 운동수행의 질적인 측면의 관심을 전달하는 단계이므로 가능한 한 많은 동작을 알려준다는 내용과는 거리가 멂

정답 ③

Q. 학습자의 이탈 행동을 예방하고 과제참여 유지를 위한 교수 기능 중 올스테인(A. Ornstein)과 레빈(D. Levine)이 제시한 '신호 간섭'에 해당하는 것은? 기출 20

① 긴장완화를 위해 유머를 활용하는 것이다.
② 시선, 손짓 등 지도자의 행동으로 학습자의 운동 참여 방해 행동을 제지하는 것이다.
③ 프로그램 진행을 방해하는 학습자에게 가까이 접근하거나 접촉하여 제지하는 것이다.
④ 프로그램에 참여하는 학습자에게 일상적 수업, 루틴 등과 같은 활동을 활용하는 것이다.

해설 오른스테인과 레빈(Orstein & Levine)이 제시한 부주의하고 파괴적인 행동을 감소시키는 교수 행동으로 ①번은 긴장완화, ②번은 신호 간섭, ③번은 접근 통제, ④번은 상규적 행동 지원임

정답 ②

CHAPTER 05 스포츠교육의 지도방법론

기출 FOCUS

- 로젠샤인의 직접교수 모형 6단계
  - 피드백 및 교정 20 기출
- 체육수업 모형(Metzler)
  ① 직접교수 모형
  ② 개별화지도 모형
  ③ 협동학습 모형
  ④ 스포츠교육 모형
  ⑤ 동료교수 모형
  ⑥ 탐구수업 모형
  ⑦ 전술게임 모형
  ⑧ 개인적·사회적 책임감지도 모형
- 로젠샤인과 퍼스트(Rosenshine & Furst)의 학업성취 연관요인 23 기출
  - 내용제시의 명확성
  - 수업활동의 다양성
  - 교사의 열성
  - 과제 지향성
  - 학생의 학습기회

01 스포츠 지도를 위한 교육모형

1. 교육모형의 개념

(1) 교사의 행동양식과 수업구조를 알기 쉽게 파악하게 하는 계획서

(2) 3가지 키워드: 개요, 주제, 교사

> **개념 PLUS**
>
> 스포츠 교육 지도 프로그램의 지도 원리
> - 자발성의 원리: 학습자가 자신이 스스로 자발적으로 학습에 참여해야 함
> - 개별화의 원리: 학습자 각각에 맞는 학습활동의 기회를 마련해 줌
> - 사회화의 원리: 학습내용은 현실사회의 문제를 기반으로 함
> - 통합의 원리: 지적, 정의적, 기능적 분야가 종합적으로 이루어짐
> - 직관의 원리: 구체적인 사물을 직접 제시, 경험시킴으로써 효과를 봄(시청각 교육)
> - 목적의 원리: 교육은 목적을 가진 의식적인 활동임
> - 과학성의 원리: 수업의 과학적 수준을 높여 학습자의 논리적 사고력을 발달시킴

2. 교육모형 ◆ 스포츠교육학(03. 스포츠교육의 참여자 이해론)에도 등장

(1) 직접교수 모형

① 개요
  ㉠ 로젠샤인(Rosenshine, 1983)이 제시한 개념(direct introdution)으로 교사 중심의 의사결정, 교사 주도적 참여 형태가 특징
  ㉡ 6단계: 전시과제 복습, 새로운 과제 제시, 초기 과제 연습, 피드백 및 교정, 독자적인 연습, 본시 복습

전시과제 복습	• 이전 수업내용을 간단히 복습
새로운 과제 제시	• 학생이 배우게 될 새로운 내용(개념, 지식, 기능) 제시
초기 과제 연습	• 과제 제시를 통해 구조화된 연습 시작
피드백 및 교정	• 교사의 보강 피드백, 지도자는 다음 과제를 위한 핵심단서(clue)를 다시 제시, 교정사항 설명
독자적인 연습	• 학생의 독립적 연습을 위해 계획 수립
본시 복습	• 이전 과제 학습을 반복할 수 있게 계획 수립

② 주제: 교사가 주도적으로 수업을 조직하고 운영하여 수업리더 역할을 함
③ 교사: 명확한 학습목표와 학습과제를 제시해야 함
④ 학습 영역의 우선순위: 심동적→ 인지적→ 정의적

	직접		상호작용						간접
	1	2	3	4	5	6	7	8	9
내용 선정	■								
수업 운영	■								
과제 제시	■								
참여 형태	■								
교수적 상호작용	■								
학습 진도		(A)							(B)
과제 전개	■								

직접교수 모형 수업주도성 프로파일

기출 FOCUS

○ 학생들에게 충분한 강화를 제공(PSI)
  ① 학습의 즉각적인 평가
  ② 교사의 학생 개인에 대한 관심
  ③ 학습목표를 향한 규칙적이고 실제성 있는 과정
  ④ 창의적이며 흥미로운 학습자료를 바라볼 수 있는 능력

(2) 개별화지도 모형

① 개요
  ㉠ 켈러와 셔먼(Keller & Sherman, 1974)이 수정·보완 제시한 개별화지도 모형(Personalized System for Introduction, PSI)임
  ㉡ 수업진도는 학생이 결정하고, 학습 진도가 빠른 학생은 교사의 동의 없이 진도를 나갈 수 있고, 느린 학생은 교사와 상호작용하면서 학습함

② 주제
  ㉠ 교사가 내용 선정과 과제 제시를 하고(직접적), 학생은 학습 진도와 과제 전개를 정함(간접적). 수업 운영, 참여 형태
  ㉡ 상호작용은 서로 간의 상호작용(학생은 '가능한 빨리, 그리고 필요한 만큼 천천히' 배움)

③ 교사: 간결하고 정확하게 학습목표를 제시해야 함
④ 학습 영역의 우선순위: 심동적→ 인지적→ 정의적

	직접		상호작용						간접
	1	2	3	4	5	6	7	8	9
내용 선정	■								
수업 운영						■			
과제 제시	■								
참여 형태							■		
교수적 상호작용					■				
학습 진도									■
과제 전개								■	

개별화 지도 모형의 수업주도성 프로파일

OX 퀴즈

교사가 주도적으로 수업을 구성하고 운영하는 방법을 개별화지도 모형이라고 한다. ⓞⓧ

정답 ✕
해설 직접교수 모형

(3) 협동학습 모형

① 개요
  ⊙ 슬라빈(Slavin, 1983)이 제시한 팀 보상, 개인적 책무성, 학생의 성공적인 학습을 위한 평등한 기회 제공과 같은 공통적인 특성을 가지고 있는 일종의 수업 전략
  ⓒ 4가지 주요이론이 기초(동기이론, 인지이론, 사회학습이론, 행동이론), 슬라빈(Slavin, 1990)에 의해 학습자들이 팀을 이룬 프로젝트형 수업에서 함께 과제를 수행하는 과정에서 학습자 서로 간에 배울 수 있다고 주장
  ⓒ 상호의존성, 사회성, 의사소통 기술, 개별 학습자에게 책무성(accountability)을 가르치기 위한 목적

② 주제: 서로를 위해 함께 배우는 방법으로 학생들의 학업성취 수준을 높이고, 상호작용과 사회적 기술을 지도하기 위해 만들어진 교육모형임(팀 내 개인 간 경쟁을 도모하는 것이 아님)

③ 교사: 조를 편성, 학습이론 지식을 풍부하게 제시해야 함

④ 학습 영역의 우선순위: 주어진 과제가 어디에 초점을 두느냐에 따라 다름
  ⊙ 인지적 학습에 초점: 정의적·인지적 → 심동적
  ⓒ 심동적 학습에 초점: 정의적·심동적 → 인지적

	직접		상호작용					간접
	1	2	3	4	5	6	7	8	9
내용 선정	■								
수업 운영		(A)						(B)	
과제 제시								■	
참여 형태						(A)			(B)
교수적 상호작용						(A)			(B)
학습 진도	(A)								(B)
과제 전개	(A)								(B)

협동학습 모형의 수업주도성 프로파일

> **개념 PLUS**
>
> **협동학습 모형**
> ① 학생 팀 성취 분담 학습(STAD, Student Teams-Achievement Divisions)
>   비경쟁적 팀으로 구성, 모든 팀에게 1차와 2차 연습시간 제공, 향상도에 따라 점수부여
> ② 팀 게임 토너먼트(TGT, Team Game Tournament)
>   팀별로 1차 연습 후 시험, 등수(1, 2, 3등)를 받은 학생은 다른 팀의 같은 등수 학생과 비교, 2차 연습 후에도 1차 때와 동일하게 비교한 후 가장 높은 점수를 받은 팀이 승리
> ③ 팀 보조 학습(TAI, Team Assisted Instruction)
>   학생에게 쉬운 것에서 어려운 순서로 학습과제 제시, 학생이 과제 완수하면 다른 학생이 과제수행여부 체크, 학생은 다음과제로 이동, 우수한 팀에게 보상

④ 직소(Jigsaw)
  학습자를 몇 개의 팀으로 구분하는 소집단 협동 학습법, 지도자는 학습자를 몇 개 팀으로 나누고, 각 팀마다 학습과제 분배, 집단구성원 개개인의 책임 강조, 스스로 지식과 기술을 습득하게 유도
⑤ 집단 연구(GI, Group Investigation)
  팀은 과제를 3주 안에 완성, 수업 시간과 그 외 시간 이용해서 수행, 발표는 포스터, 콜라주, 비디오테이프 등 여러 매체를 이용

(4) 스포츠교육 모형

① 시덴탑(Siedentop, 1998)이 학교상황에서 학생에게 실제적, 교육적으로 풍부한 스포츠 경험을 제고하기 위해 개발(스포츠 리그 조직에서 유래)
② 주제: '유능하고 박식하며 열정적인 스포츠인'으로 성장하기 위한 교육모형 (Siedentop, 1994)
③ 교사
  ㉠ 학생들은 선수, 팀원, 운영자의 3가지 역할을 학습
  ㉡ 6가지 요소: 시즌, 팀 소속, 공식경기, 결승전, 기록보존, 축제화
④ 학습영역의 우선순위: 심동적·인지적·정의적 세 가지 영역에서 균형

개념 PLUS

스포츠교육 모형의 6가지 요소(Siedentop, 1994)
① 시즌: 연습 시간, 정규 시즌, 결승전 등 시즌의 운영 기간
② 팀 소속: 학생은 시즌 동안 한 팀의 일원으로 참여
③ 공식 경기: 시즌 동안 모든 경기는 공식적인 경기로 인정
④ 결승전 행사: 결승전에서 다양한 형태의 이벤트를 마련
⑤ 기록 보존: 개인, 팀 기록을 보존하여 수업자료로 활용
⑥ 축제화: 모두가 참여할 수 있는 축제의 성격으로 구성

10가지 학습목표(Siedentop, 1994)
① 책임 있는 지도력 배양
② 발달단계에 적합한 스포츠 참여
③ 특정 스포츠에 대한 기능과 체력 발달
④ 스포츠 경기전략 이해 및 수행
⑤ 방과 후 스포츠 활동 참여
⑥ 스포츠 쟁점에 대한 합리적 의사결정 능력 발달
⑦ 공동의 목적을 위해 집단 내에서 효율적 참여
⑧ 경기심판이나 훈련방법 등 지식 발달 및 적용
⑨ 스포츠의 고유한 의미가 내재해 있는 의례와 관습 수행
⑩ 스포츠 경험에 대한 계획 수립 및 운영방법 결정과정 참여

	직접		상호작용					간접	
	1	2	3	4	5	6	7	8	9
내용 선정					■				
수업 운영						■			
과제 제시		(A)						(B)	
참여 형태								■	
교수적 상호작용		(A)						(B)	
학습 진도									■
과제 전개								■	

스포츠교육 모형의 수업주도성 프로파일

(5) 동료교수 모형

① 개요
  ㉠ 학생들이 교사의 역할과 학습자의 역할을 <u>번갈아 가면서 수행하는 방법</u>
  ㉡ 중요한 책임을 개인교사(tutor)라 불리는 학생에게 위임하고, 이 학생은 다른 학생의 연습을 관찰하고 분석하게 함
② 주제: "<u>나는 너를 가르치고 너는 나를 가르친다.</u>"
③ 교사: 운동기능과 개념을 지도하고 순차적으로 학습과제로 제시할 수 있는 능력과 교사와 학습자가 서로 책임감을 느낄 수 있는 분위기를 조성
④ 학습 영역의 우선순위: 관찰자와 실행자일 때 다름
  ㉠ 개인교사(관찰자)일 때: <u>인지적→ 정의적→ 심동적</u>
  ㉡ 학습자(실행자)일 때: <u>심동적→ 인지적→ 정의적</u>

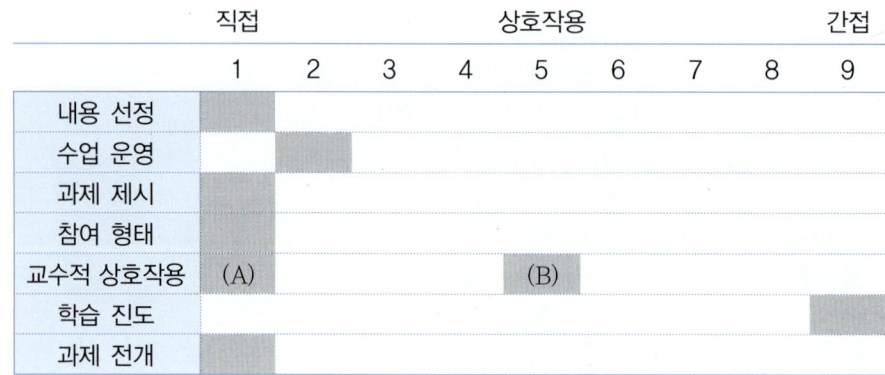

동료교수 모형의 수업주도성 프로파일

(6) 탐구수업 모형

① 개요
  ㉠ 학생들에게 주어진 <u>문제를 해결할 수 있는 능력</u>을 길러주는 데 초점을 맞춘 수업방법(메츨러 Metzler)
  ㉡ 지도방법의 핵심이 교사의 질문에서 이루어짐(질문 중심의 수업)

② 주제: 문제해결자로서의 학습자
③ 교사: 학생에게 질문을 잘해야 수업이 이루어지므로 발달 이론과 발견학습에 관한 지식이 풍부해야 함
④ 학습 영역의 우선순위: 인지적→ 심동적→ 정의적

	직접		상호작용					간접	
	1	2	3	4	5	6	7	8	9
내용 선정	■								
수업 운영			■						
과제 제시	■								
참여 형태								■	
교수적 상호작용					■				
학습 진도		(A)						(B)	
과제 전개	■								

탐구수업 모형의 수업주도성 프로파일

(7) 전술게임 모형

① 개요
   ㉠ 이해중심 게임수업(벙커, 톱프 Bunker & Thorpe, 1982)이라고 불리는 영국의 게임지도에서 발전
   ㉡ 전통적인 체육수업에서 게임의 부분 기능을 연습하고 게임의 규칙을 소개한 후, 경기를 하는 방식(교사중심적 모형)
   ㉢ 모의 활동은 반드시 정식게임을 대표해야 하고, 전술기능개발에 중섬을 두기 위해 상황이 과장돼야 함
      예 축구에서 패스에 대한 공격과 수비를 가르칠 때 교사는 실제 패스하는 것처럼 학습활동에서 구현함
② 주제: 이해 중심게임제도
   게임소재→ 게임이해→ 전술이해→ 의사결정→ 기술연습→ 실제게임 수행
③ 교사: 인지적 영역과 심동적 영역의 상호작용을 기초로 학습목표를 수립, 학생이 연역적 질문을 통해 문제해결을 유도해야 함
④ 학습 영역의 우선순위: 인지적→ 심동적→ 정의적

기출 FOCUS

✓ **교육모형**
- **직접교수 모형**: 교사가 주도적으로 수업 조직, 운영
  17 기출
- **개별화지도 모형**: 교사가 내용 선정, 과제 제시하고, 학생이 수업진도 결정
  17·18·21·23 기출
- **협동학습 모형**: 서로 함께 배우는 방법, 상호의존성, 직소(Jigsaw), 팀 게임 토너먼트
  16·18·21·22·24 기출
- **스포츠교육 모형**: 시덴탑 개발, 유능하고 박식하며 열정적인 스포츠인, 선수·팀원·운영자 역할, 시즌·팀 소속·공식경기·결승전·기록보존·축제화 요소
  16·17·18·21·24 기출
- **동료교수 모형**: 학생들이 교사와 학습자 역할 수행
  17·22·24 기출

	직접		상호작용					간접	
	1	2	3	4	5	6	7	8	9
내용 선정	■								
수업 운영	■								
과제 제시		■							
참여 형태		■							
교수적 상호작용				■					
학습 진도							■		
과제 전개	■								

전술게임 모형의 수업주도성 프로파일

※ 게임유형(알몬드 Almond, L., 1986)

필드형	야구, 크리켓, 킥볼, 소프트볼, 달리기, 마라톤, 경보
영역형(침범형)	농구, 하키, 풋볼, 라크로스, 넷볼, 축구, 프리스비, 럭비, 핸드볼
네트형/벽형	(네트형) 배드민턴, 피클볼, 탁구, 배구 (벽형) 라켓볼, 스쿼시
표적형	당구, 볼링, 골프

(8) 개인적·사회적 책임감지도 모형

① **개요**: 위험한 환경에 노출되어 각종 교육적 혜택을 받지 못하는 불우한 학생들에게 체육을 통해 '보다 나은 사람'을 만들기 위해 개발(헬리슨 Hellison, 2003) - TPSR(Teaching for Personal and Social Responsibility)

② **주제**: 통합, 전이, 권한 위임, 교사와 학생의 관계

③ **교사**: 신체활동 내용을 책임감의 각 수준에서 활용하는 방법을 알고 있어야 함(책임감 수준)

④ **학습영역의 우선순위**: 교사에 의해 학습목표 및 우선순위가 결정됨

⑤ **헬리슨(D. Hellison, 1978)의 책임감 수준 단계**

0단계	무책임감	• 참여의지 없음, 다른 사람들 방해, 자기통제능력 없음
1단계	타인의 권리와 감정 존중	• 타인을 고려하면서 안전하게 참여하기 • 다른 사람을 방해하지 않고 참여하기
2단계	참여와 노력	• 의무감 없는 자발적 참여, 자기동기 부여 있음
3단계	자기방향 설정	• 자기목표 설정 가능 • 교사 감독 없이 과제 완수
4단계	돌봄과 배려	• 타인의 요구와 감정을 인정, 경청과 대응하기
5단계	전이	• 지역 사회 환경에서 타인 가르치기

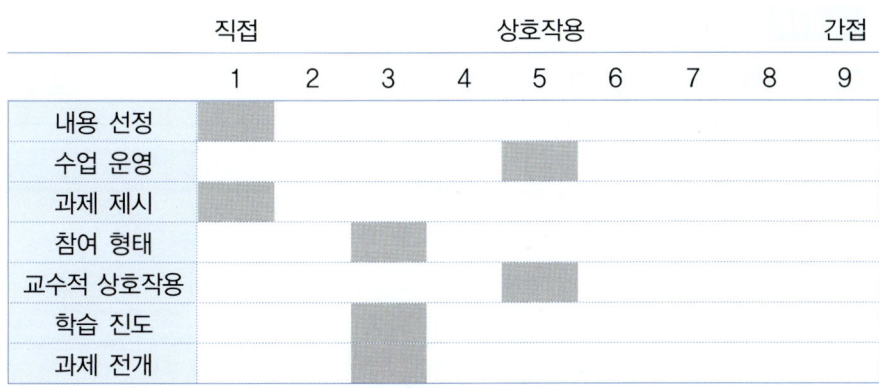

개인적·사회적 모형의 수업주도성 프로파일

> **개념 PLUS**
>
> **하나로수업 모형**
> ① 허스트(Hirst, 1993)가 주장하는 실천 전통 또는 사회적 실제에의 입문으로서의 교육 (Hanaro Instruction Model)
> ② 운동의 기술, 기능을 포함해서 역사, 철학, 문학, 예술, 종교적 요소를 함께 가르치고 배우는 체육교육(호울 스포츠, whole sports)
>
> **과제식 수업모형(스테이션티칭 모형, 링크 J. Rink)**
> ① 학습자들에게 서로 다른 과제를 동시에 익히도록 하는 데 효과적인 학습전략
> ② 학습자들에게 이미 배운 것을 실행하고 평가할 때 활용하는 학습전략
> ③ 기구가 부족할 때 활용함
> ④ 여러 스테이션에서 동시에 진행되므로 한 사람의 지도자가 동시에 관장하기 힘듦
>
> **스크리미지 게임(scrimmage game)**
> 전술에 초점을 맞춘 연습방법 (예) 축구에서 같은 팀 내에서 공격 5명, 수비 5명을 공수교대로 코너킥 연습을 시키고, 중간 피드백을 통해 축구를 이해시킴
>
> **리드-업 게임(lead-up game)**
> 경기에 사용되는 주요 기능을 단순화시켜 게임 (예) 농구 드리블을 가르칠 때 반환점 돌아오기 릴레이 게임을 진행하여 자연스럽게 기술을 배우게 함

기출 FOCUS

✓ **교육모형**
- 탐구수업 모형: 학생들에게 주어진 문제를 해결할 수 있는 능력 배양
  15·18·23 기출
- 전술게임 모형: 게임규칙 소개 후 경기진행, 이해 중심 게임 제도, 필드형·영역형·네트형·표적형
  16·17·21·22·24 기출
- 개인적·사회적 책임감지도 모형: 신체활동 내용을 책임감의 각 수준에서 활용
  17·20·22 기출
- 하나로 수업 모형: 운동기술 외에도 역사, 철학, 문학, 예술, 종교요소도 가르치는 체육교육
  18 기출
- 스테이션 티칭: 서로 다른 과제를 동시에 익히도록 하는 데 효과적 학습전략
  15·23 기출
- 리드-업 게임   24 기출

기출 Q

Q. ㉠, ㉡에 해당하는 용어가 바르게 연결된 것은?   기출 22

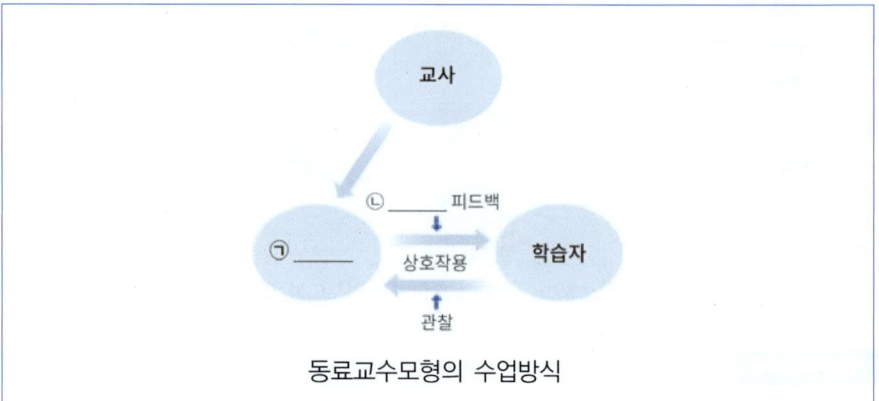

동료교수모형의 수업방식

	㉠	㉡
①	관찰자	교정적
②	개인교사	중립적
③	개인교사	교정적
④	교사	가치적

해설) 동료교수모형 방식은 학생들이 교사의 역할과 학습자의 역할을 번갈아 가면서 수행하는 방법으로 중요한 책임을 개인교사(tutor)라 불리는 학생에게 위임하고, 이 학생은 다른 학생의 연습을 관찰하고 분석하게 함. 학습자가 앞으로 행할 행위에 대한 반응으로 교정적 피드백이 중요함   정답) ③

Q. 링크(J. Rink)가 제시한 교수 전략(teaching strategy) 중 한 명의 지도자가 수업에서 공간을 나누어 두 가지 이상의 과제를 동시에 진행하는 것은?   기출 23

① 자기 교수(self teaching)
② 팀 티칭(team teaching)
③ 상호 교수(interactive teaching)
④ 스테이션 교수(station teaching)

해설) 과제식 수업모형(스테이션티칭 모형)은 학습자들에게 서로 다른 과제를 동시에 익히도록 하는 데 효과적인 학습전략임. 이는 학습자들에게 이미 배운 것을 실행하고 평가할 때 활용하는 학습전략으로 기구가 부족할 때 활용함. 여러 스테이션에서 동시에 진행되므로 한 사람의 지도자가 동시에 관장하기 힘들 수 있음   정답) ④

Q. 글로버(D. Glover)와 앤더슨(L. Anderson)이 인성을 강조한 수업 모형 중 〈보기〉의 ㉠, ㉡에 해당하는 것을 바르게 제시한 것은? 기출 24

> ㉠ '서로를 위해 서로 함께 배우기'를 통해 팀원 간 긍정적 상호의존, 개인의 책임감 수준 증가, 인간관계 기술 및 팀 반성 등을 강조한 수업
> ㉡ '통합, 전이, 권한 위임, 교사와 학생의 관계'를 통해 타인의 권리와 감정 존중, 자기 목표 설정 가능, 훌륭한 역할 본보기 되기 등을 강조한 수업

	㉠	㉡
①	스포츠교육 모형	협동학습 모형
②	협동학습 모형	개인적·사회적 책임감 지도 모형
③	협동학습 모형	스포츠교육 모형
④	개인적·사회적 책임감 지도 모형	협동학습 모형

해설 ㉠의 협동학습은 팀 보상, 개인적 책무성, 학생의 성공적인 학습을 위한 평등한 기회 제공과 같은 공통적인 특성을 가지고 있는 일종의 수업 전략이고, ㉡의 개인적·사회적 책임감 지도 모형은 위험한 환경에 노출되어 각종 교육적 혜택을 받지 못하는 불우한 학생들에게 체육을 통해 '보다 나은 사람'을 만들기 위해 개발됨 **정답** ②

Q. 〈보기〉는 시덴탑(D. Siedentop)이 제시한 '스포츠 교육 모형'의 특징을 설명한 것이다. ㉠~㉢에 들어갈 용어가 바르게 제시된 것은? 기출 24

> • 이 모형의 주제 중에 (㉠)은 스포츠를 참여하는 태도와 관련된 정의적 영역이다.
> • 시즌 중 심판으로서 역할을 할 때 학습영역 중 우선하는 것은 (㉡)영역이다.
> • 학습자 수준에 적합하게 경기 방식을 (㉢)해서 참여를 유도한다.

	㉠	㉡	㉢
①	박식	정의적	고정
②	열정	인지적	변형
③	열정	정의적	변형
④	박식	인지적	고정

해설 스포츠 교육 모형은 시덴탑(Siedentop)이 학교상황에서 학생에게 실제적, 교육적으로 풍부한 스포츠 경험을 제고하기 위해 개발함. 이는 스포츠 리그 조직에서 유래됐고, 유능하고 박식하며, 열정적인 스포츠인으로 성장하기 위한 교육모형임. 시덴탑의 스포츠 교육 모형에서 인지적 영역은 스포츠와 관련된 지식, 전략, 규칙, 그리고 문제 해결 능력을 포함하는 학습의 중요한 측면임 **정답** ②

기출 FOCUS

- 스포츠 지도를 위한 준비: 맥락 분석, 내용 분석, 학습목표 분석, 관리구조 분석, 평가, 지도자와 학습자의 역할과 임무
  18·19 기출
- 지도계획안 작성 19·22 기출
  - 정교하고 유연한 계획 수립
  - 자신이 사용할 목적으로 작성
  - 학습자들이 학습과제를 계획보다 빨리 성취했을 때 대비, 추가 학습계획 수립
- 성공적으로 지도하는 수업의 특징
  - 학습내용과 관련된 활동시간이 많음
  - 학습자가 과제에 참여할 수 있는 기회가 많음
  - 학습내용이 학습자의 발달과정에 적절함
  - 따뜻하고 긍정적인 학습 분위기가 유지됨
- 시덴탑의 교수기능연습법
  - 축소수업　　　20 기출
  - 반성적 교수　　24 기출

02 스포츠 지도를 위한 교수기법

1. 스포츠 지도를 위한 준비

맥락 분석	지도내용, 학습자의 발달수준에서의 지도내용, 학습자들의 학습의지, 지도 순서, 지도에 필요한 시간, 공간과 시설, 장비, 도움 가능 여부
내용 분석	가르칠 내용, 순서, 시간을 정한 후, 차시별 정리
학습목표 분석	• 행동목표: 성취해야 할 기능, 행동, 지식 • 일반목표: 인지적 목표＋정의적 목표
관리구조 분석	학습관리, 안전관리, 출석관리, 용기구 관리 등
평가	평가 기준, 평가 방법, 평가 절차, 평가 시기
지도자와 학습자의 역할과 임무	운동기능 숙달(지시자 역할), 운동기능 창조(추진자 역할)

개념 PLUS

시덴탑(D. Siedentop)의 교수(teaching) 기능 연습법(목적: 교수기능 개선)

① 1인 연습법: 혼자 거울을 보거나 비디오 녹화를 통해 연습, 언어교정, 긍정적 피드백
② 동료교수: 소집단 동료, 모의 수업장면, 발문, 피드백, 비디오 촬영 효과적
③ 마이크로티칭(축소수업): 소수 학생 대상, 현장 접근성이 쉬움, 비디오 촬영 효과적
④ 반성적 교수: 6~8명 소집단, 1명의 교사 선택, 학생은 가르친 교사에 대한 평가지 작성, 교사는 반성을 위한 기초자료로 활용, 이해력과 통찰력 증대
⑤ 현장에서의 소집단 교수: 5~10명, 10~20분, 수업 내용 지도
⑥ 현장에서의 대집단 교수: 전체 학생, 5~10분, 수업운영 조직
⑦ 실제 교수: 전체 학생, 실제의 교육실습에 들어가기 직전의 마지막 연습

기출 Q

Q. 〈보기〉에서 설명하는 시덴탑(D. Siedentop)의 교수(teaching) 기능 연습법에 해당하는 용어는?

기출 24

> 김 교사는 교수 기능의 향상을 위해 다음과 같은 절차로 연습을 했다.
> - 학생 6~8명의 소집단을 대상으로 학습 목표와 평가 방법을 설명한 후, 수업을 진행한다.
> - 수업에 참여한 학생들의 질문지 자료를 토대로 김 교사와 학생, 다른 관찰자들이 모여 김 교사의 교수법에 대해 '토의'를 한다.
> - 객관적인 자료를 근거로 교수 기능 효과를 살핀다.

① 동료 교수　　　　　　② 축소 수업
③ 실제 교수　　　　　　④ 반성적 교수

> **해설** 위 〈보기〉는 반성적 교수에 관한 내용임. 동료교수는 소집단의 동료와 모의 수업 장면에서 발문과 피드백을 하는 방식이고, 축소수업(마이크로티칭)은 소수 학생을 대상으로 현장 접근성이 쉬운 특성이 있음. 또한 실제 교수는 전체학생을 대상으로 실제의 교육실습에 들어가기 직전의 마지막 연습이라 할 수 있음
>
> **정답** ④

기출 FOCUS
- ✓ 체육지도자 수업
  - 직접기여행동
  - 간접기여행동 17·20 기출
  - 비기여행동
- ✓ 예방적 수업 운영 20 기출

2. 체육지도자 수업

직접기여행동	• 학생들이 주어진 수업내용을 학습하는데 가장 중요한 영향을 미치는 행동 　-교수행동: 학습과제를 학생들에게 가르치는 행동 　-운영행동: 학습환경을 조성하는 행동 • 종류: 안전한 학습 환경유지, 과제를 명료화하고 강화, 생산적인 학습 환경 유지, 학습자에게 피드백 제공, 개인과 소집단을 위해 과제 변화 및 수정, 학습자 반응 관찰 및 분석
간접기여행동	• 학습자와 학습 환경에 주의를 기울이지만 내용에 직접적으로 도움이 되지 않는 행동 • 종류: 부상학생의 관리, 과제 외 문제의 논의 참여, 수업 중 파손된 시설·용구 수리, 용변이나 물 마시는 행동 처리하기, 학생들의 연습경기에서 심판보기
비기여행동	• 수업에 도움이 되지 않는 행동

3. 효과적인 관리운영

(1) 스포츠지도 행동을 지도행동과 관리행동으로 구분

지도행동	준비운동, 과제의 제시와 연습, 피드백 제공, 평가 등
관리행동	집합시키기, 출석 확인, 줄 세우기, 학습 참관학생의 처리, 상규적 활동처리 등

(2) 효과적인 지도를 위한 관리전략

① 상규적 활동관리: 수업시작, 출석점검 등과 같이 수업시간에 반복적으로 일어나는 일상적인 활동, 루틴으로 만들어 줌

② 예방적 수업 운영: 수업운영의 효율성을 높이기 위한 기술로서 최초 활동의 통제, 수업시간 준수, 출석점검 시간의 절약, 주의집중에 필요한 신호 교수(호루라기 등), 높은 비율의 피드백과 긍정적인 상호작용의 활용, 학생 수업운영 시간의 기록 공지, 열정과 격려 부여, 즉각적인 성과를 위한 수업운영 게임의 이용

③ 수업흐름의 관리: 교사가 수업에 지나친 간섭하는 것 유의

④ 학습자 관리: 학습자들의 부적절한 행동을 방지

OX 퀴즈
수업 중에 파손된 시설을 수리하게 하는 체육지도자 수업은 간접기여행동이다. Ⓞ Ⓧ

정답 ○

기출 FOCUS

◎ 피드백
- 교정적 피드백　16 기출
- 중립적 피드백　22 기출

4. 피드백(반응)

(1) 피드백 출처

① 내재적 과제: 개인 스스로 운동을 통해 관찰하여 얻을 수 있게 함
② 외재적 과제: 타인으로부터 운동수행정보가 제공됨

(2) 피드백 양식

① 언어 피드백: 운동수행결과를 언어로 제공함
② 비언어 피드백: 운동수행결과를 행동으로 제공함
③ 결합 피드백: 언어와 비언어를 함께 사용하여 운동수행결과를 제공함

(3) 피드백 평가

① 긍정적 피드백: 운동수행결과에 만족함을 표시함
② 부정적 피드백: 운동수행결과에 불만족함을 표시함
③ 중립적 피드백: 운동수행결과에 만족과 불만족함 표시를 불분명하게 함

(4) 피드백의 종류

평가적 피드백	• 학생들이 이미 행한 행위에 대한 반응
교정적 피드백	• 학생들이 앞으로 행할 행위에 대한 반응 예 코치가 선수에게 훈련 중에 실수가 있을 때 다음부터는 조심하라고 지도하는 피드백 방식임
합치적 피드백	• 학생들에게 요구한 과제를 잘 수행하고 있을 때의 반응
불합치적 피드백	• 학생들에게 요구한 과제를 잘못 수행하고 있을 때의 반응
일반적 피드백	• 일반적인 평가
특정적 피드백	• 특정한 행위에 대한 평가

5. 세부지도목적을 따른 교수기법

(1) 수업동기를 높이는 방법(TARGET의 원리)

① 과제(Task)를 개인별, 개인수준에 맞고, 난이도가 적당하도록 제시해야 함
② 결정권(Authority)을 학생에게 제시함
③ 학생을 인정(Recognition) 해줌
④ 집단(Grouping) 편성을 함
⑤ 평가(Evaluation)에 반영함
⑥ 시간(Timing)을 충분히 줌

OX 퀴즈

학생들이 이미 행한 행위에 대한 반응을 평가적 피드백이라고 한다.　Ⓞ Ⓧ

정답 O

기출 Q

Q. 〈보기〉의 ㉠~㉢에 들어갈 교사 행동에 관한 용어가 바르게 제시된 것은? 기출 24

- (㉠)은 안전한 학습 환경, 피드백 제공
- (㉡)은 학습 지도 중에 소방 연습과 전달 방송 실시
- (㉢)은 학생의 부상, 용변과 물 마시는 활동의 관리

	㉠	㉡	㉢
①	직접기여 행동	간접기여 행동	비기여 행동
②	직접기여 행동	비기여 행동	간접기여 행동
③	비기여 행동	직접기여 행동	간접기여 행동
④	간접기여 행동	비기여 행동	직접기여 행동

해설 ㉠의 직접기여 행동은 학생들이 주어진 수업내용을 학습하는데 가장 중요한 영향을 미치는 행동(안전한 학습환경 유지, 과제 명료화, 생산적 학습 환경 유지 등), ㉡의 비기여 행동은 수업에 도움이 되지 않는 행동, ㉢의 간접기여 행동은 학습자와 학습 환경에 주의를 기울이지만 내용에 직접적으로 도움이 되지 않는 행동(부상학생 관리, 과제 외 문제의 논의 참여 등)임 정답 ②

Q. 〈보기〉에서 설명하는 박 코치의 '스포츠 지도 활동'에 해당하는 용어는? 기출 24

박 코치는 관리시간을 줄이기 위해서 다음과 같이 지도 활동을 반복한다. 출석 점검은 수엄 전에 회원들이 스스로 출석부에 표시하게 한다. 이후 건강에 이상이 있는 회원들을 파악한다. 수업 중에는 대기시간을 최소화하기 위해 모둠별로 학습 활동 구역을 미리 지정한다. 수업 후에는 일지를 회수한다.

① 성찰적 활동　　　　② 적극적 활동
③ 상규적 활동　　　　④ 잠재적 활동

해설 효과적인 지도를 위한 관리전략으로 상규적 활동관리(수업시간, 출석점검 등 반복적으로 일어나는 일상적인 활동을 루틴으로 만듦), 예방적 수업 운영, 수업흐름의 관리, 학습자 관리 등이 있음 정답 ③

기출 FOCUS

◎ **모스톤의 체육교수 스타일**
- 수업 스펙트럼의 특징: 교수행동, 학생행동, 목표 사이의 관계 구조(T-L-O)
- **6가지 전제**: 대전제, 수업 스타일 구성(수업 전-수업 중-수업 후), 의사결정자, 스펙트럼, 클러스터(A-E까지는 기존 지식을 재생산해내는 모방, F-K까지는 새로운 지식을 생산하는 창조), 발달효과(신체적, 사회적, 정서적, 인지적, 도덕적)
  19 기출
- 연습형: 개별화 과정의 시작
  20 기출
- 상호학습형: 교사 1명과 2인 1조의 학생, 사회적 상호작용과 피드백
  16·18·24 기출
- 포괄형: 학습자(학생)이 난이 선택, 연속적 참여를 보장
  16 기출
- 유도발견형: 정답을 유도
  16·23 기출
- 확산발견형: 인지작용을 통한 문제해결 유도 20 기출
- 자기점검형: 학습자가 과제 수행 후 스스로 평가
  21 기출

03　모스톤(M. Mosston)의 체육교수 스타일

지시형 스타일 (A)	• 교사가 최대의 의사결정을 하고, 학습자가 최소의 의사결정을 할 때 시작 • 정확한 수행, 통일성(일치성), 즉각성 　- 교사 역할: 과제활동 전·중·후의 모든 사항을 결정 　- 학습자 역할: 교사가 내린 결정 사항들에 대하여 따름

기출 FOCUS

◆ **모스톤의 교수·학습에 대한 사고방향 형성**(3가지 패러다임)
① 대비접근 → 비대비접근
- 교사들 스스로 독립적, 탄력적, 인적자원이 돼야 함

② 개인적인 지식체계 → 보편적인 지식체계
- 개인적 해석과 편견을 배제하고 보편적인 교육학을 존중함

③ 일관성 없는 용어 활용 → 일관성 있는 용어 활용
- 비일관된 용어는 교육현장에서 잘못된 해석이 됨. 교육현상, 용어, 정의, 시행절차를 정확히 규명해야 함

◆ **모스톤의 인지(사고) 과정**
① 자극(stimulus): 여러 종류의 자극(수행과제, 사회적 상황, 정서문제, 게임, 창의적 노력)은 사고과정을 유인함
② 인지적 부조화(dissonance): 불안정, 흥분상태, 해답을 찾고자 하는 욕구에 의해 나타남
③ 매개(Mediation): 특정한 자극(질문)을 유인하는 구체적인 인지 기능을 활성화함
④ 반응(response): 기억, 발견, 창조의 결과로 나타남

OX 퀴즈
모스톤은 학습자가 과제를 스스로 수행하고 평가하는 방법을 자기 점검형 스타일로 규정했다.
O X

정답 O

연습형 스타일 (B)	• 피드백이 주어진 기억과제를 학습자가 개별적으로 연습(개별화 과정의 시작) • 교사는 학습자 개개인에게 과제를 개별적으로 연습 시간 제공 　- 교사 역할: 과제활동 전과 후 사항들은 교사가 모두 결정하지만, 과제활동 중 9가지 의사결정은 학습자에게 이전/피드백을 학생에게 개별적으로 제공 　- 학습자 역할: 9가지 의사결정(수업장소, 수업운영, 시작시간, 속도와 리듬, 정지시간, 질문, 인터벌, 자세, 복장과 외모), 과제를 개별적으로 연습
상호학습형 스타일 (C)	• 교사 1명과 2인 1조를 이룬 학생(학습자)들이 필요로 하며, 교사의 역할은 교과 내용 및 기준을 정하고 세부 운영 절차 결정과 관찰자에게 피드백을 제공하는 것임 • 특정 기준에 의하여 주어진 사회적 상호작용 및 피드백 　- 교사 역할: 관찰자의 언행 관찰하기, 관찰자에게 피드백 제공하기, 관찰자의 질문에 답변하기 　- 학습자 역할: 수행자 및 관찰자의 역할 선택하기, 수행자로서 과제수행하기(연습형 스타일처럼 수행함), 과제를 성공적으로 수행한 뒤 역할 교대하기
자기 점검형 스타일 (D)	• 학습자가 과제를 수행하고, 스스로 평가(개별적인 수행) • 과제를 수행하고, 학습자 스스로 자신의 과제수행을 점검(평가) 　- 교사 역할: 교과 내용, 평가기준, 운영절차 등을 모두 결정 　- 학습자 역할: 과제를 독립적으로 수행하고, 교사가 마련한 평가기준에 따라 자신의 과제수행을 스스로 점검
포괄형 스타일 (E)	• 다양한 기술 수준에 있는 학습자 자신들이 수행할 수 있는 난이도를 선택하면서 동일한 과제에 참여, 연속적인 참여를 보장함 • 모든 학생들에게 성공적인 학습기회 제공 • 학생에 의한 수준 선택, 자신과의 경쟁, 정서적인 학습 　- 교사 역할: 과제의 난이도 선정, 교과내용과 수업 운영절차에 대한 모든 의사결정 　- 학습자 역할: 자신이 성취 가능한 수준을 조사, 시작점을 선택하여 과제 연습, 필요에 따라 과제 수정, 평가기준에 맞추어 자신의 수행 점검
유도 발견형 스타일 (F)	• 미리 예정되어 있는 해답을 학습자가 발견하도록 유도하는 일련의 계열이며, 논리적인 질문 설계(정답을 유도) • 논리적인 순서로 설계된 질문에 해답을 찾아가는 과정을 통해 미리 정해진 개념을 발견 　- 교사 역할: 학습자가 발견해야 할 목표개념을 포함한 일련의 계열적인 질문을 설계 　- 학습자 역할: 교사에 의해 주어진 질문에 대한 해답 발견

수렴 발견형 스타일 (G)	• 미리 결정되어 있는 정확한 반응을 수렴적 과정을 통해 발견 • 기대되는 반응에 이르도록 논리와 추론 기술, 질문의 구성과 연결을 통해 문제의 해결방법을 발견 　－교사 역할: 교과내용 결정, 단일 질문 계획 및 구성 　－학습자 역할: 추리력, 호기심, 논리적 사고를 동원해 문제에 대해 논리적으로 연결된 해답 발견(일련의 질문들과 질문의 순서 결정)
확산 발견형 스타일 (H)	• 구체적인 인지작용을 통해 어느 한 문제에서 확산적인 반응을 발견 • 확산적 사고력을 신장하기 위해 구체적인 인지작용을 통해 다양한 해답들을 발견 　－교사 역할: 다양한 해답을 발견할 수 있는 질문 설계 　－학습자 역할: 특정 문제에 대한 다양한 해답을 발견
자기 설계형 스타일 (I)	• 어떤 문제나 쟁점의 해결을 위한 학습구조의 발견에 대한 독립성 확립 • 학습자들 각자가 학습 프로그램을 설계·개발·조직하여 학습자 개개인에게 적합한 일련의 에피소드별 수업 과제 제시 　－교사 역할: 세부적인 공통적 교과내용을 선정, 교육과정 범주 내에 있어야 함 　－학습자 역할: 공통 교과내용에 따른 의사결정 과정을 결정하는 것
자기 주도형 스타일 (J)	• 학습의 설계에 대한 책임과 학습 경험 등에 대한 학습자의 주도(학습계획에 대한 의사결정권을 학생에게 이전) • 학습자들에게 그들 자신의 학습 경험을 시도해볼 수 있는 기회 제공 　－교사 역할: 학습자들이 학습 경험에 동해서 스스로 결정한 사항들을 가능한 최대로 수용, 지원, 학습자들의 요청이 있을 때에만 참여 　－학습자 역할: 학기 초기부터 자율적으로 이루어지며, 학습자들이 과제활동 전 결정군에서 모든 결정을 함, 학습자들의 학습 욕구에 자율권을 부여
자기 학습형 스타일 (K)	• 학습에 대한 학습자의 열망 및 개별적인 학습 집착력에 한정 • 학교 현장에서는 존재할 수 없는 교수 스타일로 학습자 자신이 자기 자신을 가르치게 되는 상황에서 존재 • 규정되어진 교육과정 내의 목표들이 아니고 개인들이 스스로 선택한 개별적인 교수·학습 목표

암기 TIP

지연상 점포 도수산 설주학 지연상씨의 점포는 도수산에서 설주학씨에 의해 설립됐습니다. 모스톤의 체육교수 스타일을 순서대로 이렇게 암기해봅시다.

기출 Q

Q. 다음 중 모스턴(M. Moston) '상호학습형 교수 스타일'에 관한 설명으로 적절하지 않은 것은? 〔기출 24〕

① 학습자는 교과내용을 선정한다.
② 학습자는 수행자나 관찰자의 역할을 수행한다.
③ 관찰자는 지도자가 제시한 수행 기준에 따라 피드백을 제공한다.
④ 지도자는 관찰자의 질문에 답하고, 관찰자에게 피드백을 제공한다.

(해설) 상호학습형 교수 스타일은 교사 1명과 2인 1조를 이룬 학생(학습자)들이 필요하며, 교사의 주된 역할은 교과 내용 및 기준을 선정하고, 세부 운영 절차 결정과 관찰자에게 피드백을 제공하는 것임. 교사의 역할은 관찰자의 언행 관찰하기, 관찰자에게 피드백 제공하기, 관찰자의 질문에 답변하기 등이 있고, 학습자의 역할은 수행자 및 관찰자의 역할 선택하기, 수행자로서 과제 수행하기(연습형 스타일처럼 수행함), 과제를 성공적으로 수행한 뒤 역할 교대하기 등이 있음   (정답) ①

Q. 〈보기〉의 교수 전략을 포함하는 체육수업모형은? 〔기출 22〕

> - 모든 팀원은 자신의 팀에 할당된 과제를 익힌 후, 교사가 되어 다른 팀에게 자신이 학습한 내용을 지도한다.
> - 각 팀원들이 서로 다른 내용을 배운 다음, 동일한 내용을 배운 사람끼리 모여 전문가 집단을 구성한다. 이들은 자신이 배운 내용을 공유하며, 원래 자신의 집단으로 돌아가 배운 것을 다른 팀원들에게 지도한다.

① 직접 교수 모형
② 개별화 지도 모형
③ 협동학습 모형
④ 전술게임 모형

(해설) 〈보기〉는 슬라빈이 제시한 협동학습 모형으로 상호의존성, 사회성, 의사소통 기술, 개별 학습자에게 책무성을 가르치기 위한 목적을 가짐. 이를 위해 서로를 위해 함께 배우는 방법으로 학생들의 학업성취 수준을 높이고 상호작용과 사회적 기술을 지도하기 위해 만들어짐   (정답) ③

Q. 모스톤(M. Mosston)의 교수(teaching) 스타일에 대한 설명으로 옳지 않은 것은? 〔기출 19〕

① 교수 스타일 A~E까지는 모방(reproduction)이 중심이 된다.
② 교수 스타일의 구조는 과제 활동 전, 중, 후 결정군으로 구성된다.
③ 교수는 지도자와 학습자의 연속되는 의사 결정 과정을 전제로 한다.
④ 교수 스타일은 '대비접근' 방식에 근거를 둔다.

(해설) 모스톤 체육교수 스타일은 패러다임의 전환으로 대비접근 → 비대비접근 / 개인적인 지식체계 → 보편적인 지식체계 / 일관성 없는 용어 활용 → 일관성 있는 용어활용을 제시함. 대비접근에서 비대비접근을 통해 교사들 스스로 독립적, 탄력적, 인적자원이 돼야 함을 강조   (정답) ④

Q. 모스톤(M. Mosston)의 수업 스타일 중 연습형의 특징으로 적절하지 않은 것은?

기출 20

① 학습자가 스스로 과제를 평가하게 한다.
② 지도자는 학습자에게 개별적으로 피드백을 제공한다.
③ 학습자가 모방 과제를 스스로 연습할 수 있도록 지도한다.
④ 학습자는 숙련된 운동 수행이 과제의 반복 연습과 관련 있음을 이해한다.

해설 연습형(B) 스타일은 피드백이 주어진 기억과제를 학습자가 개별적으로 연습하게 하는 것임. 학습자 스스로 과제를 평가하는 유형은 자기 점검형(D)임

정답 ①

Q. 〈보기〉에서 설명하는 모스턴(M. Moston)의 교수 스타일의 '인지(사고)과정' 단계는?

기출 24

- 학습자가 해답을 찾고자 하는 욕구가 있는 단계이다.
- 학습자에 대한 자극(질문)이 흥미, 욕구, 지식 수준과 적합할 때 이 단계가 발생한다.
- 학습자에게 알고자 하는 욕구를 실행에 옮기도록 동기화 시키는 단계이다.

① 자극(stimulus)   ② 반응(response)
③ 사색(mediation)   ④ 인지적 불일치(dissonance)

해설 모스톤의 인지(사고) 과정은 다음 순서와 같음
- 자극(stimulus): 여러 종류의 자극(수행과제, 사회적 상황, 정서문제, 게임, 창의적 노력)은 사고과정을 유인함
- 인지적 부조화(dissonance): 불안정, 흥분상태, 해답을 찾고자 하는 욕구에 의해 나타남
- 매개(Mediation): 특정한 자극(질문)을 유인하는 구체적인 인지 기능을 활성화함
- 반응(response): 기억, 발견, 창조의 결과로 나타남

정답 ④

Q. 모스턴(M. Mosston)의 포괄형(inclusion) 교수 스타일에 관한 설명으로 적절하지 않은 것은?

기출 23

① 지도자는 발견 역치(discovery threshold)를 넘어 창조의 단계로 학습자를 유도한다.
② 지도자는 기술 수준이 다양한 학습자들의 개인차를 수용한다.
③ 학습자가 성취 가능한 과제를 선택하고 자신의 수행을 점검한다.
④ 과제 활동 전, 중, 후 의사결정의 주체는 각각 지도자, 학습자, 학습자 순서이다.

해설 모스톤의 포괄형 교수 스타일은 다양한 기술 수준에 있는 학습자 자신들이 수행할 수 있는 난이도를 선택하면서 동일한 과제에 연속적인 참여를 보장하는 것임. 이를 위해 모든 학생들에게 성공적인 학습기회를 제공하고, 학생에 의한 수준을 선택, 자신과의 경쟁, 정서적인 학습을 이어가게 하는 것으로 ①번과는 거리가 멂

정답 ①

CHAPTER 06 스포츠교육의 평가론

기출 FOCUS
- 교수-학습 과정 15 기출
  계획 → 실행 → 평가
- 평가의 목적 20 기출

01 평가의 이론적 측면

1. 평가의 개념

(1) 교수-학습의 결과로 학생들의 행동에 얼마나 변화가 생겼는지 알아보기 위해 자료를 수집하는 과정

(2) 평가의 과정
학습자의 성취도를 판단하는 과정, 교육 과정의 질과 효과를 판단하는 과정

(3) 평가와 유사용어
검사, 측정, 사정 등

(4) 평가의 목적
① 지도자의 교육활동 개선
② 학습자의 향상동기 촉진
③ 학습자의 역량 판단
④ 교수학습 활동의 효과성 판단

암기 TIP

진성괄임상대 체육평가는 진단, 형성, 총괄, 임의, 상대, 절대평가. 키워드 위주로 암기해보세요.

2. 체육평가의 유형

진단평가	• 체육활동 지도 초기에 참여자의 수준과 상태 파악, 효과적인 교수 및 학습 전략을 수립하기 위해 실시하는 평가 • 학습을 시작할 때 학습자의 상황을 조사하여 여기에 알맞은 지도를 실시하기 위한 것 • 진단평가의 기능 　- 현재의 학습과제와 관련된 선행학습의 오류를 진단, 교정 　- 현재의 학습과제를 학습자가 미리 달성하고 있는 정도 파악 　- 학습자의 흥미, 성격, 적성, 학업성취 등에 따라서 적절한 지도전략 수립
형성평가	• 학습이 진행되는 동안 수시로 학생들의 학습, 미학습의 정도 또는 그것에 관련된 오류 등을 발견하여 시정할 수 있게 하는 진단 및 치료의 기능을 갖는 평가

OX 퀴즈

스포츠 교육의 평가는 학습자를 향상시킬 수 있는 동기를 촉진하고, 지도자의 교육활동도 개선되는 효과가 있다. O|X

정답 O

형성평가	• 학생들로 하여금 자신의 학습 진행 상황을 알게 하여 교정하고, 학습동기를 유발시키는 데 주안점을 둠 • 형성평가의 기능 　- 교수-학습활동에 대한 피드백과 교정 　- 교육프로그램이나 교육과정의 개선 　- 지도내용과 교수·학습활동의 개선
총괄평가	• 일정한 양의 학습과제를 모두 수행했거나 일정한 기간의 학습활동이 끝난 다음에 학습자들의 학업성취 수준을 알아보기 위해 실시하는 평가 　예 학기말 고사, 중간고사 등 • 총괄평가의 기능 　- 학습자의 학업성취도를 종합적으로 판단 　- 집단 내 또는 집단 간에 학습효과를 비교하여 다른 학습에 대한 준비와 예측 　- 지도자의 교수활동에 대한 정보를 제공하여 개선할 수 있게 함
임의평가	• 측정된 결과를 평가할 때 어떤 객관적인 기준에 의해 측정치 또는 질적 기술을 해석하지 않고 교사의 주관적인 판단에 의해 해석 　예 100점 만점, 90점 이상은 우등, 60점 이상 급제, 60점 미만 낙제
상대평가	• 집단 내의 상대적인 서열을 중심으로 이루어지는 평가 방식 • 규준지향평가라고도 함(norm-referenced evaluation) • 정규분포에서 표준(평균점수)을 넘으면 점수(A, B 등) 부여 • 전통적 평가, 양적평가, 학습활동이 종료되는 시점에 평가함
절대평가	• 미리 정해놓은 기준과 비교하여 학습자의 성취도 수준 평가 • 개인의 목표성취 여부에 관심 • 신뢰할 수 있는 기준의 설정에 대한 어려움 • 한 학생이 획득한 측정치나 질적 기술을 해석할 때 준거(교육목표) 사용 • 준거지향 또는 목표지향평가라고도 함(criterion-referenced evaluation) • 실제적 평가, 질적 평가, 학습활동의 모든 과정에서 평가함

기출 FOCUS

◎ 체육평가 유형
　15·17·19·21·22 기출
　• 진단평가
　• 형성평가
　• 총괄평가
　• 절대평가

개념 PLUS

상대평가와 절대평가 비교

구분	상대평가	절대평가
평가근거	타인과 비교, 소속집단의 점수분포	학습목표, 목표도달기준
평가도구의 양호도	신뢰도 중시	타당도 중시
성취수준 판정방법	평균치	목표 도달률
결과처리 및 해석	백분위, 표준점수	백분율(%)
기준	해당 성, 연령, 대상 집단의 전집에 근거	과학적 연구결과에 근거

OX 퀴즈

집단 내에서 상대적인 서열을 중심으로 평가하는 방식을 규준지향평가 혹은 상대평가라고 한다.
O｜X

정답 O

기출 FOCUS

✓ **수행평가** 16·21 기출
- 실제 스포츠 활동 상황에서 참여자가 알고 있는 것과 할 수 있는 것을 평가하는 방법
- 관찰과 판단에 근거한 평가로서 학생들로 하여금 지식과 기능을 활용하여 학습과제를 수행하는 능력을 과시하도록 요구함
- 학생 스스로가 자신의 지식, 기능을 나타낼 수 있도록 답을 작성, 산출물을 만들거나 행동으로 나타내도록 요구하는 평가방식
- 참평가(authentic evaluation) 20 기출

수행평가
① 참평가(authentic evaluation), 직접평가(direct evaluation), 대안적 평가(alternative evaluation), 포트폴리오(portfolio) 등을 포함한 광범위한 개념으로 사용
② 학생들이 학습한 지식, 기술을 실제로 행동으로 나타내는 과정과 결과를 관찰해서 평가
③ 실제 스포츠 활동 상황에서 참여자가 알고 있는 것과 할 수 있는 것을 평가하는 방법
④ 관찰과 판단에 근거한 평가로서 학생들로 하여금 지식과 기능을 활용하여 학습과제를 수행하는 능력을 과시하도록 요구함
⑤ 학생 스스로가 자신의 지식, 기능을 나타낼 수 있도록 답을 작성

기출 Q

Q. 아래의 대화에서 각 지도자들이 활용하고 있는(활용하고자 하는) 평가 유형이 바르게 나열된 것은? 기출 19

> 이 감독: 오리엔테이션 때 학생들에게 최종 목표를 분명하게 얘기했어요. 그 목표의 달성 여부를 종합적으로 확인하기 위해 시즌 마지막에 평가를 실시할 계획이에요.
> 윤 감독: 이번에 입학한 학생들은 기본기가 많이 부족했어요. 시즌 전에 학생들의 기본기 수준으로 평가했어요.
> 김 감독: 학교스포츠클럽에서 배구를 가르칠 때 수시로 학생들의 기본기능을 확인하고 있어요.

① 이 감독: 총괄평가   윤 감독: 형성평가   김 감독: 진단평가
② 이 감독: 총괄평가   윤 감독: 진단평가   김 감독: 형성평가
③ 이 감독: 진단평가   윤 감독: 형성평가   김 감독: 총괄평가
④ 이 감독: 진단평가   윤 감독: 총괄평가   김 감독: 형성평가

(해설) 총괄평가는 일정한 양의 학습과제를 모두 수행했거나 일정한 기간의 학습활동이 끝난 다음에 학습자들의 학업성취 수준을 알아보기 위해 실시하는 평가(예 학기말 고사, 중간고사 등), 진단평가는 체육활동 지도 초기에 참여자의 수준과 상태 파악, 효과적인 교수 및 학습 전략을 수립하기 위해 실시하는 평가, 형성평가는 학습이 진행되는 동안 수시로 학생들의 학습, 미학습의 정도 또는 그것에 관련된 오류 등을 발견하여 시정할 수 있게 하는 진단 및 치료의 기능을 갖는 평가임 (정답) ②

Q. 체육 수행평가에 관한 설명으로 옳은 것은? 기출 21
① 학습의 과정보다 결과를 중시한다.
② 일시적이며 단편적인 관찰에 의존한다.
③ 개인보다 집단에 대한 평가를 강조한다.
④ 아는 것과 실제 적용 능력을 모두 강조한다.

(해설) 수행평가는 학생들이 학습한 지식과 기술을 실제로 행동으로 나타내는 과정과 결과를 관찰해서 평가하는 것임 (정답) ④

3. 질문유형

회상형(회고적) 질문	• 기억수준의 대답이 요구되는 질문 • 단순한 기초지식이나 개념, 정보의 습득 여부에 대해서 물어봄으로써 습득 여부를 파악
수렴형(집중적) 질문	• 사전에 배운 지식들을 분석하고 통합해 보는 방식 • 일정한 지식의 범위가 정해져 있으며 질문은 그 속에서 대답할 수 있는 수준
확산형(분산적) 질문	• 문제 해결을 위해 새로운 상황에 알맞은 해결방안 요구 • 다양한 응답을 할 수 있으므로 학습자의 지적인 측면을 자극시켜 줌
가치형(가치적) 질문	• 이분법적인 대답을 요구하는 것이 아니라 수행에 있어서 요구되어지는 선택이나, 가치, 태도 등에 대해 표현하도록 하는 질문

기출 FOCUS

✓ 질문유형 15·21 기출
• 회상형(회고적)
• 수렴형(집중적)
• 확산형(분산적)
• 가치형(가치적)

✓ 평가에 포함되어야 할 내용
• 교수-학습의 효과성 판단
• 학습자의 운동수행 능력의 향상과 학습동기의 촉진
• 학습자의 학습상태와 학습지도에 관한 정보
• 학습지도 및 관리운영의 효율성에 대한 정보
• 교육프로그램 및 교육과정의 적합성과 적절성에 대한 정보
• 교육목표와 학습지도 활동의 조정

✓ 검사의 타당도: 내용, 준거, 구인 15·17 기출

✓ 가치중립적 평가(측정, 검사), 가치판단적 활동(평가) 19 기출

✓ 신뢰도 23 기출

4. 평가의 단계

평가목적 결정	• 가장 먼저 결정돼야 할 사항임
학습성과 확인	• 학습자의 학습 성과를 구체적으로 확인해야 함
평가도구 제작	• 평가도구를 제작하고 선정함(평가에 필요한 자료와 정보를 효과적으로 수집)
평가자료 수집	• 평가에 필요한 자료의 정보를 수집함
평가자료 분석	• 평가도구를 통해 수집한 자료를 분석함
평가결과 보고	• 분석한 결과를 보고함
평가결과 활용	• 평가결과와 논의 결과를 반영하여 활용함

5. 검사의 객관도, 신뢰도, 타당도

(1) 객관도

① 2명 이상의 관찰자에 의해 부여된 점수의 일치 정도
② 체조, 피겨스케이팅, 보디빌딩, 다이빙, 싱크로나이즈드 스위밍 등의 종목

(2) 신뢰도

사물이나 인간의 특성을 오차 없이 측정하는 정도

검사-재검사	시간 차이를 두고 두 번 측정 후 비교
동형검사	무작위로 일정한 수의 문항을 두 번 선택 후 검사
내적 일관성	하나의 측정도구 안에 있는 문항들 사이의 연관성 여부 검사

OX 퀴즈

확산형 혹은 분산적 질문이란 문제 해결을 위해 새로운 상황에 알맞은 해결방안을 요구하는 질문이다. Ⓞ/Ⓧ
정답 ○

평가를 효과적으로 하기 위해선 평가의 목적을 가장 먼저 결정해야 한다. Ⓞ/Ⓧ
정답 ○

시간의 차이를 두고 두 번 측정하고 난 후 비교를 하는 검사-재검사를 통해 오차를 줄이고 신뢰도를 높일 수 있다. Ⓞ/Ⓧ
정답 ○

(3) 타당도

측정하고자 하는 개념이나 속성을 정확히 측정했는가를 나타내는 개념임

내용 타당도	논리적 사고에 입각한 분석과정으로 판단하는 주관적인 타당도
준거 타당도	어떤 검사나 평가도구가 다른 준거와 얼마나 관계가 있는가의 정도
구인 타당도	심리척도를 개발할 때 적용되는 타당도

기출 Q

Q. 아래에서 이 감독이 고려하지 않은 평가의 양호도는? 　기출 17

> 준혁: 서진아, 왜 이 감독님은 배구 스파이크를 평가할 때 공을 얼마나 멀리 보내는지를 가장 중요하게 평가하시는 걸까?
> 서진: 그러게 말이야. 스파이크는 멀리 보내는 것이 중요한 게 아니라 코트 안으로 얼마나 정확하고 강하게 때리느냐가 중요한 것 같은데.

① 신뢰도　　　　　② 객관도
③ 타당도　　　　　④ 실용도

(해설) 타당도란 측정하고자 하는 개념이나 속성을 정확하게 측정했는가를 나타내는 개념임. 준혁이는 감독이 멀리 보내는 스파이크 평가에 대해 의문을 갖고 있고, 서진이가 이에 동조하면서 멀리 보내는 것보다 정확하게 보내는 것이 스파이크의 원리라고 함
(정답) ③

Q. 〈보기〉에서 세 명의 축구 지도자가 활용한 질문 유형이 바르게 연결된 것은? 　기출 21

> 이 코치: 지난 회의에서 설명했던 오프사이드 규칙 기억나니?
> 윤 코치: (작전판에 그림을 그리면서) 상대 팀 선수가 중앙으로 드리블해서 돌파하고자 할 때, 수비하는 방법들은 무엇이 있을까?
> 정 코치: 상대 선수가 너에게 반칙을 하지 않았는데 심판이 상대 선수에게 반칙 판정을 했어. 너는 이런 상황에서 어떻게 하겠니?

	이 코치	윤 코치	정 코치
①	회상형(회고형)	확산형(분산형)	가치형
②	회상형(회고형)	수렴형(집중형)	가치형
③	가치형	수렴형(집중형)	회상형(회고형)
④	가치형	확산형(분산형)	회상형(회고형)

(해설) 회상형 질문은 기억수준의 대답이 요구되는 질문, 확산형 질문은 문제 해결을 위해 새로운 상황에 알맞은 해결방안 요구, 가치형 질문은 수행에 요구되는 선택, 가치, 태도 등을 표현하는 유형임
(정답) ①

02 평가의 실천적 측면

1. 평가의 관점

(1) 측정으로서의 평가
(2) 학습목표와 학습결과가 일치하는 정도를 결정하는 과정으로서의 평가
(3) 전문적 판단과정으로서의 평가
(4) 응용연구로서의 평가

2. 평가모형

목표달성 모형	• 교육평가의 목적을 교육목적이 얼마나 달성되었는지를 결정하는 과정이라고 보는 입장
가치판단 모형	• 전문가의 전문적인 지식과 기술을 바탕으로 교육프로그램이나 교육과정의 가치를 체계적으로 판단하는 활동
의사결정 모형	• 교육과 관련된 의사 결정자에게 유용한 정보를 제공함으로써 의사결정을 촉진하는 것이 평가의 목적

3. 평가도구

관찰법	• 사물의 형태나 실태를 파악하기 위해 주의 깊게 살펴보는 것
면접법	• 조사자와 피조사자가 대면하고 상호작용하면서 필요한 자료를 수집
지필시험	• 지적 이해의 평가를 위해 사용하는 도구 • OX문제, 사지선다, 개방형 질문, 논술 등
학습자 일지 (일화 기록)	• 학습자의 학습 진행 및 학습 내용을 상세하게 기록 • 신체활동경험의 수행과 관련된 평가척도의 성취 여부를 문서화(학생일지, 일화기록 사용)
체크리스트	• 어떤 스포츠기술을 수행할 때 하는 동작의 세무 명세서
평정척도	• 학습결과, 성격, 태도 등을 평가할 때 사용하는 기준(수, 우, 미, 양, 가/매우 만족 ~ 매우 불만족)
루브릭 (Rubric)	• 학습자의 성취도를 평가하기 위한 기준, 가이드라인이 명세표처럼 자세하게 기술(탁월, 우수, 미흡 등)
역할놀이 (시뮬레이션)	• 학습자로 하여금 제시된 가상현실상황인 것처럼 반응하게 하는 것
보고서	• 학습자로 하여금 한 주제를 연구하고 요약하여 보고서로 제출하게 함
프로젝트	• 학습자 개인별 혹은 소집단별로 할당된 보고서와 다른 형태의 산출물

기출 FOCUS

◎ 평가도구
- 관찰법
- 면접법　　19 기출
- 지필시험
- 학습자 일지(일화 기록)
- 체크리스트　19·22 기출
- 평정척도　　18·24 기출
- 루브릭(Rubric)
- 역할놀이(시뮬레이션)
- 보고서
- 프로젝트
- 포트폴리오
- 사건기록법　　23 기출
- 지속시간 기록법
- 간격기록법

OX 퀴즈

평가도구 중 관찰법이란 학습자로 하여금 한 주제를 연구하고 요약하여 보고서로 제출하게끔 하는 방식이다. O|X

정답 ×

해설 관찰법이 아니라 보고서 수령방식임

포트폴리오	• 일정기간 동안 목표를 달성하기 위한 학생의 수업 결과물 중 대표적인 것들을 모아놓은 것
사건기록법	• 측정하고자 하는 사건의 빈도를 관찰
지속시간 기록법	• 측정하고자 하는 행동의 지속시간을 관찰
간격기록법	• 행동의 간격을 연속적으로 관찰

개념 PLUS

체크리스트, 평정척도, 루브릭 비교
- 공통점은 평가자가 지면(평가도구)에 주관적인 입장에서 직접 평가를 함
- 체크리스트는 예, 아니오 등을 말 그대로 평가자가 원하는 답을 도출하기 위해서 체크(확인)를 하는 것임
- 평정척도는 거리에서 설문지를 받았을 때 흔히 쓰는 방식으로 말 그대로 점수가 평등하게 매겨져 있다는 뜻으로 등급법, 5점 척도, 리커트 척도(Likert scale) 등으로 불립니다. 즉, '매우 그렇다, 그렇다, 보통이다, 그렇지 않다, 매우 그렇지 않다'를 보고 평가자 입장에서 한 군데 체크하는 것임
- 루브릭은 보통 학습자(학생, 선수 등)의 성취도를 평가하기 위해 탁월, 우수, 보통, 미흡 등으로 평가자가 체크하는 것임
- 세 가지는 비슷하면서도 다를 수 있음. 이유는 평가자가 알고 싶어 하는 답을 찾기 위해 관점에 따라 질문의도와 방향이 다르기 때문임

기출 Q

Q. 〈보기〉에서 해당하는 평가기법으로 적절한 것은? 〔기출 24〕

- 운동 수행을 평가하는 데 자주 사용하는 평가 방법이다.
- 운동 수행의 질적인 면을 파악하여 수준이나 숫자를 부여하는 평가 방법이다.

① 평정척도
② 사건기록법
③ 학생저널
④ 체크리스트

(해설) 평정척도는 거리에서 설문지를 받았을 때 흔히 쓰는 방식으로 말 그대로 점수가 평등하게 매겨져 있다는 뜻으로 등급법, 5점 척도, 리커트 척도(Likert scale) 등으로 불림 (정답) ①

Q. 〈보기〉에서 활용된 스포츠 지도 행동의 관찰기법은? 기출 23

- 지도자: 강 감독
- 수업내용: 농구 수비전략
- 관찰자: 김 코치
- 시간: 19:00 ~ 19:50

	피드백의 유형	표기(빈도)	비율
대상	전체	∨∨∨∨∨ (5회)	50%
	소집단	∨∨∨ (3회)	30%
	개인	∨∨ (2회)	20%
성격	긍정	∨∨∨∨∨∨∨∨ (8회)	80%
	부정	∨∨ (2회)	20%
구체성	일반적	∨∨∨ (3회)	30%
	구체적	∨∨∨∨∨∨∨ (7회)	70%

① 사건 기록법(event recording)
② 평정 척도법(rating scale)
③ 일화 기록법(anecdotal recording)
④ 지속시간 기록법(duration recording)

해설 사건기록법은 측정하고자 하는 사건 빈도(2, 3, 5회 등)를 보는 관찰임. 참고로 사건빈도가 아니라 행동의 지속시간을 관찰하는 것은 지속시간 관찰법임   **정답** ①

CHAPTER 07 스포츠교육자의 전문적 성장

기출 FOCUS

✅ 학교체육 전문가의 자질
24 기출

• **인지적 측면(지식)** : 자격기준 2(학습자의 이해), 자격기준 3(교과지식)
• **기능적 측면(수행)** : 자격기준 4(교육과정의 개발·운영), 자격기준 5(수업계획 및 운영), 자격기준 6(학습 모니터 및 평가), 자격기준 7(협력관계 구축)
• **인성적 측면(태도)** : 자격기준 1(교직인성 및 사명감), 자격기준 8(전문성 개발)

01 스포츠교육 전문인의 전문역량

1. 학교체육 전문가가 갖춰야 할 자질, 8가지 자격기준

(1) **기준 1**: 교직인성 및 사명감
(2) **기준 2**: 학습자의 이해
(3) **기준 3**: 교과지식
(4) **기준 4**: 교육과정의 개발·운영
(5) **기준 5**: 수업계획 및 운영
(6) **기준 6**: 학습 모니터 및 평가
(7) **기준 7**: 협력관계 구축
(8) **기준 8**: 전문성 개발

※ 한국교육과정평가원, 한국스포츠교육학회 기준 제시

2. 학교체육 지도자의 경력단계별 특성(카츠 L. Katz, 1972)

단계	경력	특성 및 관심
생존단계	0~1년	• 교수 상황에서 직면하는 문제에 관심을 가짐 • 자신의 교수능력과 열정에 대해 자문을 함 • 학생들이 학교생활에 잘 적응할 수 있도록 도와줌
강화단계	2년	• 학생 개개인의 요구를 생각함 • 학생의 특성과 지도전략을 공유할 수 있는 기회를 제공해야 함 • 경력이 있는 동료 지도자나 다른 전문가의 성공사례가 도움이 될 수 있음
갱신단계	3~4년	• 가르치는 일에 조금씩 자신감을 갖게 됨 • 새로운 자극을 위해 학회, 워크숍에 감 • 다른 지도자들과 공식, 비공식 네트워크를 형성함
성숙단계	4년 이후	• 지도와 학생에 대한 자신의 교육관, 신념에 대한 자문을 하기 시작함 • 복잡한 교수 상황에서 비롯되는 의미를 이해하려고 함 • 국가, 사회적 요구에 대한 적절성을 탐구하게 됨 • 폭넓은 경험의 관점의 변화와 확장에 도움이 됨 • 같은 단계에 있는 다른 지도자들과 의견을 나눔

02 장기적 전문인 성장 및 발달

1. 생활체육 전문인이 갖춰야 할 자질

인지적 자질	• 법제적 지식, 지도대상에 대한 지식, 지도내용에 대한 지식, 지도방법에 대한 지식, 관리에 대한 지식
기능적 자질	• 프로그램 개발 능력, 지도능력, 관리능력
인성적 자질	• 체육인, 교육자, 전문가, 서비스생산자

2. 전문체육인이 갖춰야 할 자질(미국 스포츠체육교육협회, NASPE), 8가지 영역

(1) 철학 및 윤리

(2) 안전과 상해예방

(3) 신체적 컨디셔닝

(4) 성장 및 발달

(5) 지도법 및 커뮤니케이션

(6) 운동기능 및 전술

(7) 조직과 운영

(8) 평가

※ 코치의 단계: 입문단계, 개발단계, 고급단계

3. 스포츠교육 전문인으로서의 장기적인 성장

형식적 성장	• 제도화, 관료적, 표준화된 교육과정(학위, 자격증 취득 등)
무형식적 성장	• 세미나, 워크숍, 클리닉 참여
비형식적 성장	• 경험적 성장 - 과거의 선수 경험으로부터 얻는 학습 - 일상적 경험으로부터 얻는 학습

기출 FOCUS

✓ 스포츠교육 전문인으로서의 장기적 성장 15·16·17 기출
- 형식적 성장
- 무형식적 성장
- 비형식적 성장

OX 퀴즈

학교체육의 전문가의 자질은 인지적, 기능적, 인성적 측면으로 구분한다. ⓞⓧ

정답 ○

스포츠교육 전문인이 되기 위해서는 표준화된 교육과정 외에도 경험적 성장을 할 수 있는 학습도 중요하다. ⓞⓧ

정답 ○

기출 FOCUS

- 국민체육진흥법 24 기출

개념 PLUS

국민체육진흥법 제11조(체육지도자의 양성) 3항의 스포츠윤리교육과정
- 성폭력 등 폭력 예방교육
- 스포츠비리 및 체육계 인권침해 방지를 위한 예방교육
- 도핑 방지 교육
- 그 밖에 체육의 공정성 확보와 체육인의 인권보호를 위하여 문화체육관광부령으로 정하는 교육

기출 Q

Q. 아래에서 최 코치가 추천한 스포츠교육 전문인의 성장 방식은? 기출 17

> 민 수: 코치님, 어떻게 하면 저도 훌륭한 스포츠교육 전문가가 될 수 있을까요?
> 최코치: 여러 가지가 있겠지만, 나는 네가 선수시설 경험을 정리해보거나, 코칭 관련 책과 잡지를 읽으면서 다양한 지식을 얻었으면 좋겠다.

① 경험적 성장 ② 비형식적 성장
③ 의도적 성장 ④ 무형식적 성장

해설 경험적 성장을 뜻하므로 비형식적 성장도 해당됨. 중복답안임 정답 ①, ②

PART 02 스포츠교육학 Self Check

01 중학교에서 실시되는 "학교 스포츠 클럽활동"은 창의적 체험활동의 어떤 영역에 포함되는가?

① 정규교육과정 활동
② 동아리 활동
③ 봉사활동
④ 진로활동

02 현행 학교스포츠클럽에 대한 설명으로 적절하지 않은 것은?

① 학교스포츠클럽은 방과 후, 점심시간, 토요일 등에 실시한다.
② 학교스포츠클럽 대회의 리그 유형에는 통합리그, 조별리그, 스플릿 리그 등이 있다.
③ 학교스포츠클럽의 활성화를 위해 단위학교는 학교스포츠클럽 리그를 운영한다.
④ 학교스포츠클럽은 국가수준 교육과정 편성·운영 지침에 근거하여 운영된다.

03 초등학교 스포츠강사의 역할에 대한 설명으로 옳지 않은 것은?

① 학교스포츠클럽 및 방과 후 체육활동 등을 지도한다.
② 담임교사의 보조를 받아 초등학교 정규 체육수업을 주도적으로 지도한다.
③ 체육수업에 대한 흥미를 유발하고 즐거운 경험의 기회를 제공한다.
④ 학교스포츠클럽 리그 및 토너먼트 경기를 기획하고 운동 프로그램을 개발한다.

04 지도자가 수업을 계획할 때 고려 요인이 아닌 것은?

① 이용 가능한 수업시간
② 학생들의 사회 경제적 지위
③ 수업 공간 및 기구
④ 수업 참여 학생 수

---

01 중학교 '창의적 체험활동' 영역인 '학교스포츠클럽활동'은 학교폭력근절 종합대책(2012년 2월)의 일환으로 확대발표 도입하여 2012년 2학기부터 전국의 모든 중학교에서 의무적으로 시행됨. 또한 교육과정 내 학교스포츠클럽활동은 정규교육과정으로 동아리 활동으로 편성함. 중복답안임 **정답** ①, ②

02 학교스포츠클럽은 학교체육진흥법 제10조에 의거해 학교의 장이 운영할 수 있음 **정답** ④

03 스포츠강사란 초등학교에서 정규 체육수업 보조 및 학교스포츠클럽을 지도하는 체육전문강사임(학교체육진흥법 제2조 정의) **정답** ②

04 학생들이 이용 가능한 수업시간, 수업 공간 및 기구, 수업참여 학생 수, 학생의 개별적 특성, 학생을 위한 안전관리 등을 우선 고려해야 함 **정답** ②

05 〈보기〉에서 설명하는 슐만(L. Shulman)의 교사 지식은?

> • 노인의 신체적·정신적 변화 등에 관한 지식
> • 장애 유형에 따른 운동방법 등에 관한 지식
> • 유소년의 행동양식, 신체발달 등에 관한 지식

① 교육과정(curriculum) 지식
② 교육환경(educational context) 지식
③ 지도방법(general pedagogical) 지식
④ 학습자와 학습자 특성(learners and their characteristics) 지식

05 해설 학습자(노인, 장애인, 유소년 등)의 특성에 대한 지식은 수업에 참여하는 학습자에 대한 지식으로 교사는 학생별로 가장 효과적인 지도방법을 알아야 함
정답 ④

06 학습과제의 발달적 내용분석을 위한 세 가지 순서는?

① 확대 – 세련 – 적용(응용)
② 확대 – 적용(응용) – 세련
③ 적용(응용) – 확대 – 세련
④ 세련 – 확대 – 적용(응용)

06 해설 체육학습 내용개발(content development)은 복잡성과 난이도의 점진적 발달, 운동수행의 질에 대한 관심, 응용경험의 통합이라는 세 가지 교사 행동에 따라 확대과제, 세련과제, 응용과제가 됨
정답 ①

07 동료교수모형에 관한 설명으로 옳은 것은?

① 개인교사는 교사에게 역할 수행을 위한 훈련을 받지 않는다.
② 교사는 개인교사, 학습자 모두와 상호작용을 한다.
③ 학생은 개인교사 역할과 학습자 역할을 번갈아가며 경험한다.
④ 학습 활동의 직접적인 참여 기회가 증가한다.

07 해설 동료교수모형은 "나는 너를 가르치고 너는 나를 가르친다."란 모토로 교사와 학습자 간의 역할을 상호 수행하는 방법
정답 ③

08 문제해결 중심의 지도에 활용할 수 있는 체육수업 모형이나 방식으로 적절한 것은?

① 적극적 교수
② 직접교수모형
③ 탐구수업모형
④ 상호학습형 스타일

08 해설 탐구수업모형은 학생들에게 주어진 문제를 해결할 수 있는 능력을 길러주는 데 초점을 맞춘 수업방법임
정답 ③

09 교육·학습 지도안을 작성할 때 고려해야 할 사항으로 가장 거리가 먼 것은?

① 진행할 학습 과제, 각 과제에 배정한 시간 등을 포함한다.
② 과제 전달 방법 및 과제 수행 조건, 교수단서 등을 포함한다.
③ 학습 목표는 학습자 특성보다 지도자 중심으로 작성한다.
④ 예상치 못한 상황이 발생했을 때를 대비하여 대안적 계획을 수립한다.

09 해설 스포츠 지도를 위한 준비로 지도내용, 학습자 발달수준, 학습자의 의지 등 학습자 특성을 고려해야 함
정답 ③

10 아래에서 박 코치가 태호에게 제시하고 있는 피드백 방식은?

- 박 코치: "태호야. 테니스 서브를 할 때 베이스 라인을 밟았네. 다음부터는 라인을 밟지 않도록 해라."
- 태호: "네, 그렇게 하겠습니다."

① 교정적 피드백　　② 부정적 피드백
③ 긍정적 피드백　　④ 가치적 피드백

10 교정적 피드백은 학생들이 앞으로 행할 행위에 대한 반응임
정답 ①

11 아래에서 제시하고 있는 포괄형 스타일의 특징은?

- 유 코치는 높이뛰기를 지도하기 위해 바(bar)의 높이를 110cm, 130cm, 150cm로 준비하였다.
- 참여자들은 자신의 수준에 적합한 바의 높이를 선택하였다.

① 지도자가 참여자의 출발점을 결정한다.
② 과제수행 능력에 대한 개인의 차이를 인정한다.
③ 모든 참여자가 동일한 수준의 과제를 수행한다.
④ 지도자는 참여자가 선택한 수준에 대해 가치가 담긴 피드백을 제공한다.

11 포괄형 스타일은 다양한 기술 수준에 있는 학습자 자신들이 수행할 수 있는 난이도를 선택하면서 동일한 과제에 참여하게 하고, 연속적인 참여를 보장함
정답 ②

12 다음의 설명에 맞는 평가기법은?

1. 미리 정해놓은 기준과 비교하여 학습자의 성취도 수준 평가
2. 개인의 목표성취 여부에 관심
3. 신뢰할 수 있는 기준의 설정 어려움

① 절대평가　　② 상대평가
③ 형성평가　　④ 총괄평가

12 절대평가란 미리 정해놓은 기준과 비교하여 학습자의 성취도 수준 평가를 의미함
정답 ①

13 시덴탑(D. Siedentop)이 제시한 스포츠교육 모형의 6가지 핵심적인 특성에 해당하지 않는 것은?

① 축제화(festivity)　　② 팀 소속(affiliation)
③ 유도연습(guided practice)　　④ 공식경기(formal competition)

13 시덴탑의 학교상황에서 학생에게 실제적, 교육적으로 풍부한 스포츠 경험을 높이기 위해 개발한 스포츠 교육 모형(주제: '유능하고 박식하며 열정적인 스포츠인')은 학생들이 선수, 팀원, 운영자의 역할을 학습하게 하고, 시즌, 팀 소속, 공식경기, 결승전, 기록보존, 축제화의 6가지 요소를 강조함
정답 ③

14 스포츠지도사는 공정한 경기방식을 가르치고, 페어플레이와 스포츠맨십의 중요성을 인식시켜야 함   정답 ②

14 스포츠지도자의 자질과 지도방법에 관한 내용으로 옳지 <u>않은</u> 것은? □□□

① 지도자는 높은 성품 수준을 유지하며 모범을 보여야 한다.
② 선수가 수단과 방법을 가리지 않고 승리할 수 있도록 지도한다.
③ 지도자는 재능의 차원과 인성적 차원의 자질을 고루 갖추어야 한다.
④ 선수가 올바른 도덕적 의식을 가지고 자율적으로 실천하도록 지도한다.

15 수행평가는 학생들이 학습한 지식과 기술을 실제로 행동으로 나타내는 과정과 결과를 관찰해서 평가하는 것임   정답 ④

15 〈보기〉에서 스포츠 활동 참여자의 행동 수정 전략을 잘못 이해하고 있는 지도자들로만 묶인 것은? □□□

> • 송 코치: 저는 지도자가 일관성 있게 지도하는 것이 중요하다고 생각해요.
> • 이 코치: 학습자의 행동 수정에도 그 단계를 설정할 필요가 있는 것 같아요.
> • 김 코치: 과거의 행동 수준부터 한 번에 많은 변화가 있도록 지도해야 해요.
> • 박 코치: 목표행동은 간단히 진술하고 그에 따른 결과는 고려하지 않아도 되요.

① 송 코치, 이 코치
② 이 코치, 김 코치
③ 박 코치, 송 코치
④ 김 코치, 박 코치

MEMO

필기 **4주 완성 한권 완전정복**

M 스포츠지도사

PART 03
스포츠심리학

CHAPTER 01
스포츠심리학의 개관

CHAPTER 02
인간운동행동의 이해

CHAPTER 03
스포츠수행의 심리적 요인

CHAPTER 04
스포츠수행의 사회 심리적 요인

CHAPTER 05
운동심리학

CHAPTER 06
스포츠심리상담

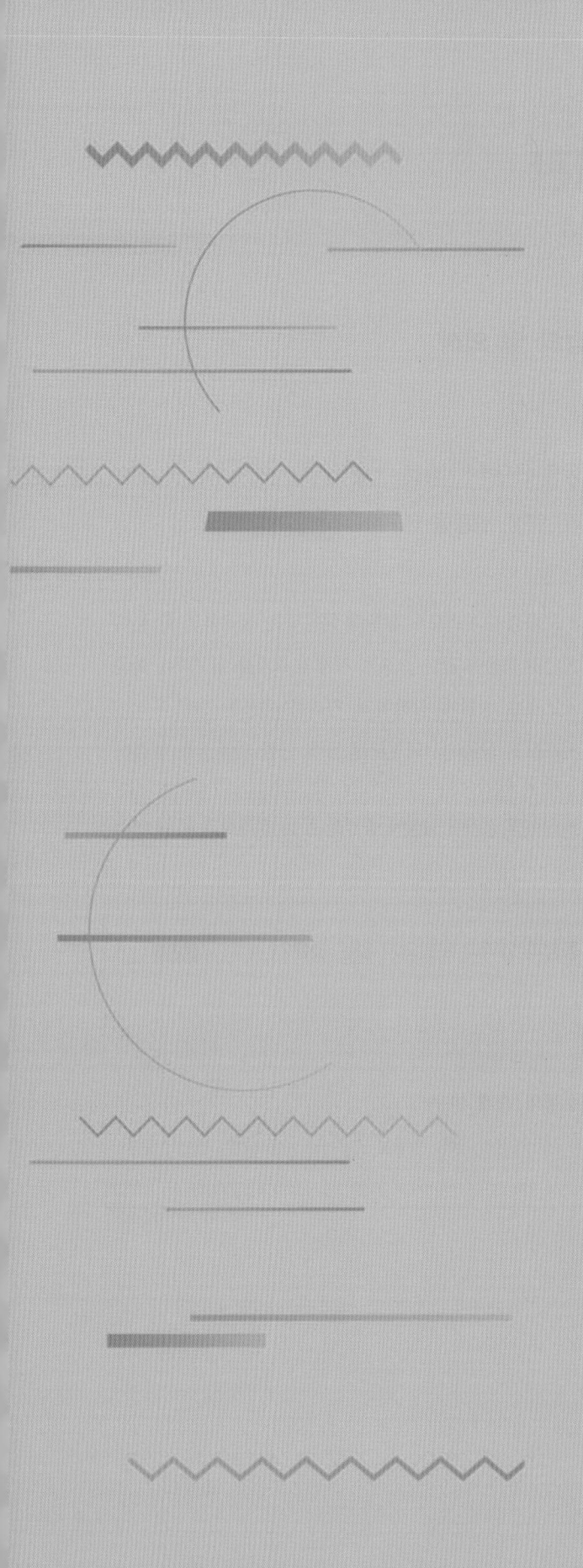

CHAPTER 01 스포츠심리학의 개관

기출 FOCUS

- **심리학**: 인간의 행동에 영향을 미치는 여러 가지 변인들을 연구하는 학문
- **레빈(K. Levin)의 장(field) 이론** 22 기출
  - 개인: 의식적인 자아로서 내적 요구, 신념, 목표에 따라 심리적 환경이 변화
  - 심리적 환경: 의식적 자아인 개인의 이해 결정되므로 유동적
  - 생활공간의 계속성: 심리적 환경과 개인의 역동적인 상호작용이 이루어지는 장
- **스포츠심리학**: 스포츠 상황에서 인간 행동을 연구하는 학문 15·23 기출

01 스포츠심리학의 정의 및 의미

1. 스포츠심리학

(1) 스포츠 상황에서의 인간 행동을 연구하는 학문

(2) 스포츠 상황에서 인간의 생각, 감정, 행동을 연구하는 응용과학

(3) 학자별 정의

싱어(Singer, 1978)	• 운동경기나 스포츠 상황에 응용하는 심리학의 한 분야
앨더만(Alderman, 1980)	• 인간 행동에 관한 스포츠 자체의 효과를 연구하는 학문
콕스(Cox, 1985)	• 스포츠 상황에 심리학적 원리를 응용한 학문
길(Gil, 1986)	• 스포츠 상황에서의 인간행동에 관한 의문점을 해결하려고 하는 스포츠 과학의 한 분야
크래티(Cratty, 1989)	• 선수의 경기력 향상에 중점을 두는 심리학의 하위 영역

기출 Q

Q. 스포츠심리학의 주된 연구의 동향과 영역에 포함되지 않는 것은? 기출 23

① 인지적 접근과 현장 연구
② 경험주의에 기초한 성격 연구
③ 생리학적 항상성에 관한 연구
④ 사회적 촉진 및 각성과 운동수행의 관계 연구

(해설) 스포츠심리학은 스포츠 상황에서 인간의 생각, 감정, 행동을 연구하는 응용과학임. ③번은 운동생리학에 해당함   정답 ③

OX 퀴즈

스포츠심리학은 스포츠 상황에서 인간의 생각과 행동을 연구하는 응용과학의 영역이다. O X

정답 O

02 스포츠심리학의 역사

태동기 (1895~1920)	• 1897년 미국 심리학자 노먼 트리플렛(N. Triplett)의 사이클 타기 시험관련 게재(American Journal of Psychology) 논문이 최초 　- 상호 경쟁하는 조건, 비경쟁적인 공행자가 있는 조건, 홀로 타는 조건 등에서 기록 비교[선수의 운동수행(performance)] 　- 사회적 촉진(social facilitation) 연구의 기초 • 스포츠와 운동기능의 학습에 필요한 심리적 측면들에 관한 연구를 시작하는 단계 • 1920년 슐테(Shulte)에 의해 독일체육대학을 설립하여 스포츠 심리학 관심 유도
그리피스 시대 (1921~1938)	• 1923년 미국 스포츠 심리학의 아버지라 할 수 있는 콜맨 그리피스(Griffith, C.)가 일리노이 대학에서 '심리학과 운동경기(Psychology and Athletics)' 과목 개설 • 1938년 시카고 컵스 프로야구 팀에서 스포츠 심리학 전문가로 활동
준비기 (1939~1965)	• 미국 심리학자 프랭클린 헨리(F. M. Henry)가 1938년부터 스포츠 심리학적 변인들이 선수들의 운동에 미치는 영향 연구 • 1964년 '체육: 하나의 학문적 훈련(Physical Education: An Academy Discipline)' 논문 발표 • 스포츠심리학 분야의 과학적 이론 적용 노력, 응용 분야 연구는 미흡
학문적 발달기 (1966~1977)	• 1965년 로마에서 제1회 국제스포츠심리학회(International Society of Sport Psychology, ISSP) 개최 　- 국제스포츠심리학회지(International Journal of Sport Psychology, IJSP) 발간 　- 2003년 국제운동심리학회지(International Journal of Sports and Excercise Psychology, IJSEP)로 명칭 변경 발간 • 1966년 미국 응용스포츠심리학의 아버지라 불리는 브루스 오길비에(B. Ogilvie)는 토마스 투코(T. Tutko)와 함께 '문제선수와 그들을 다루는 법(Problem Athletes and How to Handle Them)' 책 출판
현재의 스포츠심리학 (1978~현재)	• 1979년 레이너 마튼스(R. Martens)가 연구실에서 도출한 스포츠 심리학 지식을 경기 현장에서 적용하는 데 한계가 있다고 설파 • 1985년 응용스포츠심리학 발전협의회(Association for the Advancement of Applied Sport Psychology, AAASP) 결성 　- 2007년 응용스포츠심리학회(Association for Applied Sport Psychology, AASP)로 개명 ※ 국내 • 1953년 한국체육학회 창립 • 1989년 한국스포츠심리학회 창립(한국체육학회의 분과학회) • 1990년 한국스포츠심리학회지 발간

기출 FOCUS

✓ 스포츠심리학 발전과정
　태동기
　↓
　그리피스 시대
　↓
　준비기
　↓
　학문적 발달기
　↓
　현재

OX 퀴즈

콜맨 그리피스는 사이클 타는 선수의 운동수행에 관한 논문으로 스포츠 심리학 연구의 최초를 기록했다. ⓞⓧ

정답 ×
해설 미국심리학자인 노먼 트리플렛임

기출 FOCUS

✓ 광의의 스포츠심리학
- ①~⑤ 모두 포함한 개념 통합　16 기출
- ① 운동제어　17·19 기출
- ② 운동학습　16·17·21 기출
- ③ 운동발달　15·16·18 기출
- ④ 운동수행 및 스포츠심리　17 기출
- ⑤ 건강운동심리　18 기출

✓ 협의의 스포츠심리학: ④ 운동수행 및 스포츠심리 또는 ⑤ 건강운동심리

✓ 운동기술의 일차원적 분류　19·24 기출
- 기술수행에 필요한 근육의 크기: 대근육, 소근육, 두 가지 근육의 복합
- 움직임의 연속성: 불연속적(던지기, 받기, 차기), 계열적(체조연기), 연속적 운동기술(달리기, 수영)
- 환경의 안정성: 폐쇄운동기술(사격, 양궁, 체조 등), 개방운동기술(농구, 축구 등)

암기 TIP

제습발행동 제습이 안 되면 발이 행동하기에 불편하죠. 이렇게 암기해보세요.

OX 퀴즈

동을 어떻게 일으키고 통제하는가를 연구하는 분야는 운동학습 영역이다.　Ⓞ Ⓧ

정답 ✕
해설 운동제어 영역

03 스포츠심리학의 영역과 역할

1. 스포츠심리학의 개념 영역

(1) 광의의 스포츠심리학
운동제어, 운동학습, 운동발달, 운동수행 및 스포츠심리, 건강운동심리 등 모든 측면의 영역

(2) 협의의 스포츠심리학
① 운동수행 및 스포츠심리, 건강운동심리만 하게 되면 협의의 스포츠 심리학 영역임
② 통상 '스포츠심리학'이라고 하면 협의의 스포츠심리학을 일컬음
③ 성격, 동기, 집단응집력, 불안, 정서, 목표설정, 주의집중, 루틴 등의 영역임

2. 스포츠심리학의 연구 영역

①	운동제어 (motor control)	• 인간은 어떻게 운동을 일으키고, 운동을 통제하는가? • 인간의 운동 생성 기전 및 원리를 규명하는 분야 • 정보처리 이론, 운동프로그램 이론, 생태학적 이론, 일반화된 운동프로그램(GMP), 스키마 이론(도식이론) ※ 영역: 정보처리, 운동제어, 운동의 법칙 등
②	운동학습 (motor learning)	• 인간은 운동을 어떻게 배우고, 숙달시키는가? • 우연한 경험, 체계적 연습에 따른 신체 움직임의 변화 • 타고난 기본동작이 연습과 경험을 통해 추가, 삭제, 수정, 보완, 변화되어가는 과정 • 자극-반응이론(S-R), 개방회로 이론, 폐쇄회로 이론, 피츠와 포스너의 학습단계이론, 번스타인의 학습단계이론, 젠타일의 학습단계이론, 뉴웰의 학습단계이론 ※ 영역: 운동행동모형, 운동학습과정, 운동기억전이, 연습의 법칙 등
③	운동발달 (motor development)	• 인간의 운동능력은 어떻게 발달하고, 쇠퇴하는가? • 시간의 흐름에 따른 움직임의 변화과정, 그 과정에 영향을 주는 유전적, 환경적 요인을 양적증가 측면(성장), 질적변화 측면(성숙)으로 연구하는 분야 • 역동적체계이론, 갈라휴의 운동발달 단계 • 단계: 영아기 → 유아기 → 미취학기 → 학동기 ※ 영역: 유전, 경험, 운동기능의 발달, 수행 적정연령, 노령화 등

④	운동수행 및 스포츠심리 (motor performance or sports psychology)	• 스포츠 상황에서 인간이 하는 행동의 심리적인 원인과 효과는 무엇인가? • 스포츠 수행에 직접, 간접적으로 영향을 미치는 인적, 환경적 제반요인을 연구하는 분야 • 매슬로우의 욕구단계이론, 반두라의 자기효능감 이론, 니드 퍼의 주의집중 유형, 캐런의 집단응집력 이론, 첼라두라이의 다차원적 리더십 모델 ※ 영역: 성격, 정서, 불안, 동기, 귀인, 목표설정, 자신감, 심상, 주의집중, 루틴, 집단응집력, 리더십, 사회적 촉진, 사회성 발달	**기출 FOCUS** ◎ 스포츠심리학자 역할 15 기출 • 연구수행자 역할 • 지도자 역할 • 상담자 역할 • 임상 스포츠심리학자 역할
⑤	건강운동심리 (exercise psychology)	• 인간은 왜 운동에 참여하고 지속하는가? • 특정 스포츠 활동을 선택, 개시, 지속, 중단하는 이유와 지속적으로 참여하게끔 하는 방법을 연구하는 분야 • 합리적 행동이론, 계획행동 이론, 변화단계 이론, 건강신념모형, 자기효능감 이론, 사회생태학 이론 ※ 영역: 운동지속동기, 정신건강 등	

기출 Q

Q. 아래의 괄호 안에 들어갈 스포츠심리학의 하위영역이 바르게 나열된 것은? 기출 18

- (가)은 지속적인 운동참여와 그것을 통해 얻을 수 있는 개인의 정신건강에 관한 연구 분야
- (나)은 운동행동이 연령에 따라 계열적이고 연속적으로 변해가는 과정에 관한 연구 분야

① 가: 응용스포츠심리학　　나: 운동발달
② 가: 건강운동심리학　　나: 운동발달
③ 가: 건강운동심리학　　나: 운동학습
④ 가: 응용스포츠심리학　　나: 운동학습

해설 광의의 스포츠심리학은 운동제어, 운동학습, 운동발달, 운동수행 및 스포츠심리, 건강운동심리이고, 협의의 스포츠심리학은 운동수행 및 스포츠심리와 건강운동심리임. 건강운동심리학은 특정 스포츠 활동을 선택, 개시, 지속, 중단하는 이유와 지속적으로 참가하게끔 하는 방법을 연구하는 분야이고, 운동발달은 시간의 흐름에 따른 움직임의 변화과정을 연구하는 분야임　　정답 ②

OX 퀴즈

스포츠심리학자는 연구수행자이면서 지도자 역할을 할 수 있다. OX

정답 O

3. 스포츠심리학자의 역할

연구수행자 역할	• 체계적 지식 및 이론 전파 역할
지도자 역할	• 감독, 코치 등 지도자 역할
상담자 역할	• 경기력 향상을 위한 상담 역할
임상 스포츠심리학자 역할	• 정서적 장애(우울, 불안증, 자살성향 등) 치료 목적

기출 Q

Q. 스포츠심리학자의 역할 중 바르지 않은 것은? 　　기출 15

① 자신의 연구 성과를 발표하고 검증받기도 한다.
② 운동선수를 대상으로 한 상담만을 실시한다.
③ 스포츠심리학, 운동학습, 운동제어, 운동발달 등을 가르친다.
④ 상담을 통해 선수가 필요로 하는 심리기술 훈련을 하기도 한다.

(해설) 스포츠심리학자의 역할은 연구수행자, 지도자, 상담자, 임상 스포츠심리학자 역할을 해야 함

(정답) ②

4. 스포츠심리학의 연구방법

설문방법	• 피험자들로부터 질문에 대한 응답자료, 면접에서 진술한 내용을 통해 결과 도출 • 인간의 심리적 특성을 과학적 방법에 의해 객관적, 체계적으로 만들어진 검사도구로 양적 측정을 함 • 검사도구의 신뢰성과 타당성이 매우 중요
실험실 연구방법	• 가설을 설정하고 인위적으로 통제된 조건 하에서 연구 • 장점: 연구자 임의대로 독립변인 조작, 종속변인 통제 • 단점: 인위적이므로 실제상황에서 연구결과가 다르게 나타날 수 있음
관찰 연구방법	• 심리현상을 인위적으로 조작하지 않고 자연상태에서 연구하는 방법 • 장점: 실험실 연구보다 자연스럽고, 자발적, 다양한 행동 관찰 • 단점: 관찰자의 편견 작용, 특정장소, 시간 등이 한정
현장 실험방법	• 실험실 연구와 같이 독립변인을 조작할 수 있음 • 자연스러운 상태가 실험의 일부이므로 원하는 대로 통제할 수 없음

CHAPTER 02 인간운동행동의 이해

01 운동제어

1. 운동제어 개념

(1) 인간의 운동(혹은 움직임)은 목적을 갖고 의식적 또는 반자동적인 제어를 통해 이루어짐(motor control)

(2) 운동이 어떤 원리에 의해 제어되는지를 알아내는 분야가 운동제어 연구임

(3) 인간의 움직임 생성과 조절에 대한 신경 심리적 과정과 생물학적 기전을 밝히는 학문영역

> **기출 FOCUS**
>
> ✓ 운동제어 3요소: 개인, 과제, 환경
> ✓ 운동제어 이론
>   • 정보처리 이론
>   • 운동프로그램
>   • 생태학적 이론
>   • 일반화된 운동프로그램
>   • 스키마 이론(도식이론)
> ✓ 심리적 불응기
>   (psychological refractory period, PRP) 22 기출
>   • 1차 자극에 대한 반응시간이 진행되는 동안에 2차 자극이 제시될 때는 적응하기 어려움

기출 Q

Q. 아래에서 ⓐ에 해당하는 스포츠심리학의 하위 분야는? 　　기출 19

- 야구에서 공을 잡은 외야수는 2루 주자의 주력과 경기상황을 고려하여 홈으로 송구하기로 결정한다. 그리고 홈까지의 거리와 위치를 확인하고 공을 던진다.
- (ⓐ) 분야에서는 외야수가 경기상황에서의 여러 정보를 종합·판단하여 어떻게 동작을 생성하고 조절하는지와 관련된 원리와 법칙을 밝히는 데 관심을 가진다.

① 운동제어　　　　　② 운동발달
③ 운동심리학　　　　④ 건강심리학

해설 운동이 어떤 원리에 의해 제어되는지를 알아내는 분야가 운동제어 연구임　　**정답** ①

---

2. '운동적 접근'에 따른 운동제어 이론

(1) 정보처리 이론

① 인간의 움직임을 컴퓨터 원리와 유사하게 생각

② 운동적 접근방법(움직임; motor system approach)

③ 정보처리 3단계: 감각·지각 → 반응·선택 → 반응·실행

　㉠ 감각·지각: 정보 탐지, 자극 인식

　㉡ 반응·선택: 입력된 자극에 대해 어떤 반응과 선택

　㉢ 반응·실행: 반응을 실행 행동, 운동체계 조직

④ 컴퓨터: 마우스 혹은 키보드 정보입력 → 중앙처리장치(CPU) 통해 정보처리 → 모니터 재현 혹은 프린터 출력
⑤ 인간의 운동: 감각기관(눈, 귀 등) 정보입력 → 중추신경계통(대뇌 등) 통해 정보 처리 → 근육과 뼈가 움직임
⑥ 피드백을 통해 움직임을 수정하게 됨. 감각기관(눈, 귀, 코, 근육 등) 통해 의도했던 행동과 비교한 후, 오차를 계속해서 줄여나감(피드백을 통해 신체운동을 제어)

개념 PLUS
- 피드백은 운동제어와 운동학습에서 매우 중요한 개념
- 정확한 동작을 하기 위해서는 폐쇄회로 제어 필요
- 폐쇄회로 이론(closed loop control) 또는 피드백(feedback control)
- 패턴 반복: 운동 → 피드백 → 수정(제어) → 운동 → 피드백 → 수정

암기 TIP
운방정폐백 운방이 가방은 정폐백입니다. 핵심 키워드별로 암기해보세요.
- 운동프로그램 이론 – 개방회로 제어
- 정보처리 이론 – 폐쇄회로 제어 – 피드백
※ 운동학습에서 개방회로 이론, 폐쇄회로 이론의 개념과 병행해서 보세요.

(2) 운동프로그램 이론
① 정보처리 이론에서 수정한 이론(motor program)
② 동작을 시작하기 전에 이미 구조화되어 있기 때문에 말초로부터 피드백이 없어도 실행이 가능한 근육에 대한 운동명령(킬 Keele, 1968)
③ 개방회로 제어(open-loop control) 또는 프로그램 제어(pre-programmed control)
  ㉠ 운동프로그램 이론에 기초를 둔 신체운동제어 이론
  ㉡ 패턴 반복: 운동명령 → 실행 → 운동명령 → 실행

암기 TIP
감반행 운동정보를 제대로 처리 못하면 감방(반) 갑니다(행). 이렇게 암기해봅시다.

(3) 정보처리단계 ◆ 운동학습(motor learning)에도 등장

감각-지각 단계	• 환경의 정보자극을 탐지, 자극의 명확성·강도·자극의 유형 인식(자극확인단계) • 환경으로부터 많은 정보가 유입되므로 병렬적으로 처리, 시간 단축

반응-선택 단계	• 입력된 자극에 대해 어떤 반응을 보일지 선택
	• 선택시간이 많이 걸리는 경우
	  －반응할 수 있는 방법(대안)이 많을 때
	  －학습 초기의 미숙련자일 때
	• 선택시간이 짧게 걸리는 경우
	  －반응할 수 있는 방법(대안)이 조금밖에 없을 때
	  －숙련자일 때

반응-실행 단계	• 반응을 실제행동으로 옮기기 위해 운동체계를 조직하는 단계 • 수행에 필요한 근육이 적당한 타이밍으로 효율적으로 움직여야 원하는 반응을 보임(자극 간의 시간차를 병목현상이라고 함) • 심리적 불응기가 짧으면 반응시간이 길어지고, 길면 반응시간이 짧아짐

OX 퀴즈
운동제어에서 운동적 접근으로 정보처리 이론과 운동프로그램이 있다. (O X)
정답 O

운동프로그램 이론은 정보처리 이론을 수정한 이론으로 폐쇄회로 제어 또는 피드백이라고 한다. (O X)
정답 X
해설 개방회로 제어 또는 프로그램 제어

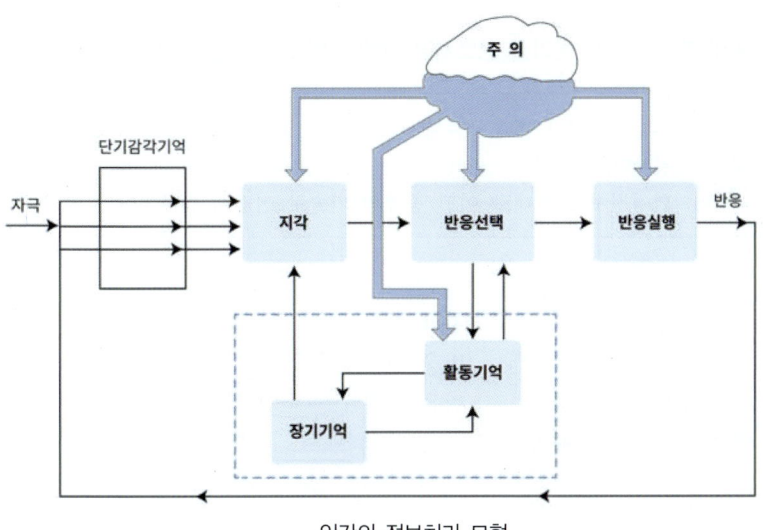

인간의 정보처리 모형

기출 FOCUS

- **정보처리 이론**: 폐쇄회로 이론(closed loop control) 또는 피드백(feedback control) 17·24 기출
- **정보처리 단계**: 감각지각 → 반응선택 → 반응실행 16·19·21·24 기출
- **감각지각 단계**(자극확인 단계) 20 기출
- **힉의 법칙**(Hick's law) 22·24 기출
  - 사람이 무언가 선택할 때 걸리는 시간은 선택하려는 가지 수에 따라 결정됨
  - 자극반응 대안 수가 증가할수록 선택반응시간도 증가함

기출 Q

Q. 〈보기〉에서 정보처리이론에 관한 설명으로 옳은 것만을 모두 고른 것은? 기출 24

ㄱ. 정보처리이론은 인간을 능동적인 정보처리자로 설명한다.
ㄴ. 도식이론은 기억흔적과 지각흔적의 작용으로 움직임을 생성하고 제어한다고 설명한다.
ㄷ. 개방회로이론은 대뇌피질에 저장된 운동프로그램을 통해 움직임을 생성하고 제어한다고 설명한다.
ㄹ. 폐쇄회로이론은 정확한 동작에 관한 기억을 수행 중인 움직임과 비교한 피드백 정보를 활용하여 움직임을 생성하고 제어한다고 설명한다.

① ㄱ, ㄴ   ② ㄷ, ㄹ
③ ㄱ, ㄴ, ㄹ   ④ ㄱ, ㄷ, ㄹ

(해설) 도식이론은 스키마 이론(schema)으로 동작이 종료된 이후 지각흔적에 의해 오차가 수정된다는 폐쇄이론에 반대한 이론임. 스키마란 사람이 기억하는 특정한 종류의 물건, 동물 등에 대한 다양한 표현 또는 추상적 표상을 뜻함 (정답) ④

OX 퀴즈

정보처리단계는 감각지각, 반응선택, 반응실행을 거친다. Ⓞ Ⓧ

(정답) O

Q. <보기>의 ㉠, ㉡에 들어갈 정보처리 단계를 바르게 나열한 것은? 기출 24

- (㉠): 테니스 선수가 상대 코트에서 넘어오는 공의 궤적, 방향, 속도에 관한 환경 정보를 탐지한다.
- (㉡): 환경정보를 토대로 어떤 종류의 기술로 어떻게 받아쳐야 할지 결정한다.

	㉠	㉡
①	반응 선택	자극 확인
②	자극 확인	반응 선택
③	반응/운동 프로그래밍	반응 선택
④	반응/운동 프로그래밍	자극 확인

(해설) 정보처리단계는 감각·지각 단계, 반응·선택 단계, 반응·실행 단계를 거침. 감각·지각 단계는 환경의 정보자극을 탐지하고 자극의 유형을 인식하는 자극확인단계(㉠)이고, 반응·선택 단계는 입력된 자극에 대해 어떤 반응을 보일지 선택하는 단계(㉡)이며, 반응·실행 단계는 반응을 실제행동으로 옮기기 위해 운동체계를 조직하는 단계임. (정답) ②

Q. 정보처리 3단계의 관점에서 100m 달리기 스타트의 반응시간이 배구 서브 리시브 상황에서의 반응시간보다 짧은 이유로 옳은 것은? 기출 20

① 100m 스타트에서는 자극확인(stimulus identification) 단계의 소요 시간이 상대적으로 짧기 때문이다.
② 100m 스타트에서는 운동 프로그래밍(motor programming) 단계의 소요 시간이 상대적으로 길기 때문이다.
③ 배구 서브 리시브 상황에서는 자극확인(stimulus identification) 단계의 소요 시간이 상대적으로 짧기 때문이다.
④ 배구 서브 리시브 상황에서는 반응선택(response selection) 단계의 소요 시간이 상대적으로 짧기 때문이다.

(해설) '정보처리단계는 감각-지각단계, 반응-선택단계, 반응-실행단계가 있음. 감각-지각단계는 환경의 정보자극을 탐지하고 자극의 명확성·강도·자극의 유형을 인식하는 자극확인단계임. 즉, 입력된 자극에 대해 어떤 반응을 보일지 선택하는 반응-선택의 직전 단계임. 100m 스타트는 배구 서브 리시브보다 자극확인단계가 상대적으로 짧기 때문에 반응시간이 빠른 것임 (정답) ①

3. 생태학적 이론

암기 TIP
생태지장출 키워드 위주로 암기해보세요.

① 행동적 접근(action system approach)에 따른 운동제어 이론으로 환경과 행동을 정보가 순환하는 하나의 시스템으로 취급(깁슨 Gibson, 1966)
② 인간은 생물이므로 한 번 했던 행동을 기억하게 됨
③ 기억 위에 새로운 행동경험이 점차적으로 축적됨
④ 생태학적 이론 3단계(기억체계)

지각	• 기억해야 할 내용을 미리 알아차리는 단계 • 감각기관을 통해 느낀 것을 기억하기 쉽게 잘 정리하고, 인출하기 쉽게 만든 것을 조직화(혹은 암호화)라 함 • 지각은 감각한 것을 조직화하는 단계임
저장	• 지각한 것을 저장하는 단계로 해마(뇌 일부)에서 작용
인출	• 저장했던 정보를 다시 끄집어내는 회상 단계 • 저장과 인출 사이 시간 간격 순서(감각기억 < 단기기억 < 장기기억)

기출 FOCUS

✓ **생태**학적 이론의 기억체계 3단계: **지각, 저장, 인출**
15 기출

✓ 스키마 이론 22 기출

✓ GMP 23 기출

4. 일반화된 운동프로그램(GMP)

① 개방회로 이론과 폐쇄회로 이론은 일반화된 운동프로그램(generalized motor program)에 기반을 둠
② 운동프로그램을 저장할 수 있는 기억용량엔 한계가 있어 대안으로 개발된 운동프로그램 이론임
③ 가변매개변수: 모든 동작이 일정하지 않고 사용되는 근육에 따라 힘이 조절됨 (전체 동작지속시간, 힘의 총량, 선택된 근육군)
④ 불변매개변수: 근수축의 시간, 근육활동에 필요한 힘의 양 등을 적절한 비율로 근육에 분배함(동작이나 반응의 순서, 시상, 상대적인 힘)

5. 스키마 이론(도식이론, schema)

① 슈미트(R. C. Schmidt, 1971)가 제시한 이론: 스키마란 사람이 기억하는 특정한 종류의 물건, 동물 등에 대한 다양한 표현 또는 추상적 표상(경험에 의해 만들어진 규칙, 개념, 관계 등)
② 동작이 종료된 이후 지각흔적에 의해 오차가 수정된다는 폐쇄이론에 반대한 이론
③ 느린 동작에서는 동작 후에 오차가 검출되지 않고, 빠른 동작일 때만 동작 후에 오차수정이 이루어진다고 주장
④ 외부의 환경에 적응하도록 환경을 조작하는 감각적, 행동적, 인지적 지식과 기술
⑤ 운동을 하면 스키마가 계속 업데이트되고, 그 과정이 운동학습임
⑥ 4가지가 스키마로 저장된다는 이론

신체의 초기상태	• 몸과 팔다리의 고유 감각 정보
운동프로그램의 반응명세	• 일반화된 운동프로그램 안에 있는 힘이나 속도 같은 변수
과거의 감각결과	• 운동할 때 보고 느끼는 것
운동 수행결과	• 실제로 수행된 운동결과에 대한 정보

OX 퀴즈

운동제어의 생태학적 이론은 지각, 저장, 인출의 기억체계가 있다. ○|X

정답 ○

> **기출 FOCUS**
>
> ● 운동학습의 개념: 경험과 연습에 따른 반응 19 기출

⑦ **재생 스키마**(recall schema, 회상도식): 원하는 동작결과를 과거 수행결과와 비교해서 반응명세를 만듦

⑧ **재인식 스키마**(recognition schema, 재인도식): 반응명세를 작성함에 동시에 과거 수행결과와 과거 감각결과 관계와 여러 조건을 이용해 예상되는 감각결과를 만듦

기출 Q

Q. 〈보기〉에 제시된 일반화된 운동프로그램(Generalized Motor Program: GMP)에 관한 설명으로 바르게 묶인 것은? 〔기출 22〕

㉠ 인간의 운동은 자기조직(self-organization)과 비선형성(nonlinear)의 원리에 의해 생성되고 변화한다.
㉡ 불변매개변수(invariant parameter)에는 요소의 순서(order of element), 시상(phasing), 상대적인 힘(relative force)이 포함된다.
㉢ 가변매개변수(variant parameter)에는 전체 동작지속시간(overall duration), 힘의 총량(overall force), 선택된 근육군(selected muscles)이 포함된다.
㉣ 환경정보에 대한 지각 그리고 동작의 관계(perception-action coupling)를 강조한다.

① ㉠, ㉡
② ㉠, ㉢
③ ㉡, ㉢
④ ㉢, ㉣

〔해설〕 일반화된 운동프로그램에서 가변매개변수는 모든 동작이 일정하지 않고 사용되는 근육에 따라 힘이 조절됨을 의미하고, 불변매개변수는 근수축의 시간, 근육활동에 필요한 힘의 양 등을 적절한 비율로 근육에 분배함을 의미함 〔정답〕③

---

02 운동학습

1. 운동학습의 개념

(1) 경험 또는 연습에 의해 어떤 자극에 대한 반응이 변화하는 것(motor learning)

(2) 반응이란 움직임 또는 운동을 의미하는 것으로 운동학습에 의한 변화는 학습을 통해 얻고, 비교적 오래 지속되는 변화임

(3) 운동학습과정은 직접적으로 관찰할 수 없음

(4) 운동학습은 숙련된 운동수행을 위한 개인능력의 영구적 변화를 유도하는 일련의 내적과정으로, 직접적으로 관찰할 수 없으며 연습과 경험에 의해 나타남

2. 운동학습의 이론

(1) 자극 – 반응(S-R) 이론

① 손다이크(E. L. Thorndike)가 제시한 최초의 운동학습 이론: S-R(Stimulus-Response) 이론

② 어떤 자극에 대한 반응결과(연습의 법칙, law of exercise)
  ㉠ 주위로부터 긍정적으로부터 받아들여지면 강화
  ㉡ 주위로부터 부정적으로 받아들여지면 쇠퇴

③ S-R 이론 3종류

단순반응	• 하나의 자극에 대해 미리 예정된 하나의 동작
변별반응	• 2가지 이상 자극이 동시에 주어졌을 때 어느 하나의 자극에만 반응하는 것
선택반응	• 하나의 자극에 대한 여러 종류의 반응 중 하나를 선택해서 반응하는 것

④ 반응시간: 하나의 자극이 주어진 이후 실제로 반응행동이 나타날 때까지의 시간
  ㉠ 하나의 자극이 주어진 이후 실제로 반응행동이 나타날 때까지의 시간
  ㉡ 인간이 주어진 자극을 분석하고, 자극이 요구하는 반응을 선택해서 목적을 달성할 수 있는 반응을 계획, 조직하는데 필요한 시간
    - 반응시간(reaction time): 자극 제시와 반응 시작 간의 시간 간격
    - 움직임 시간(movement time): 반응 시작과 반응 종료 간의 시간 간격
    - 전체 반응시간(response time): 자극 제시와 반응 종료 산의 시간 간격

⑤ 반응시간 3종류 ※ 운동제어의 정보처리단계('감반행')에도 명시

감각지각 시간	• 자극확인 단계 • 정보를 수렴, 내용 분석, 의미부여하는 과정
반응선택 시간	• 수련자일수록 반응선택 시간이 짧음 • 자극에 대한 확인이 끝나고 어떻게 반응할지 결정
반응실행 시간	• 병목현상 • 실제로 움직임을 생성하기 위해서 운동을 조직

(2) 개방회로(open-loop) 이론

① 제임스(W. James)가 제시한 이론
② 반응연쇄 가설(response-chaining hypothesis)이라고도 함
③ 운동을 할 때는 맨 처음 운동 시작할 때에만 주의 필요

(3) 폐쇄회로(closed-loop) 이론

① 아담스(J. A. Adams, 1971)가 제시한 이론

기출 FOCUS

✓ 운동학습 단계: 인지→ 연합
→ 자동화 18 기출

② 운동수행 이후의 피드백인 결과의 지식(KR, knowledge of results)은 단순히 강화목적으로만 이용되는 것이 아니고, 이전 동작의 오차를 줄이려는 수정용으로도 쓰인다고 주장
③ 지각흔적(perceptual trace, 반응에 의해 만들어진 피드백정보)이라는 기억상태로 불러들여서 기준치 비교, 오차 수정
④ 인간이 운동을 제어하는 것은 구심성 정보처리가 핵심적 역할
⑤ 피드백에 의해 동작이 수행되므로 폐쇄이론이라고 함

예) 테니스 경기 중 퍼스트 서비스가 너무 길어 폴트가 된 후, 시각 및 운동감각적 피드백으로 손목 조절을 하고, 세컨드 서비스에서 공이 서비스 코트를 이탈하지 않도록 함

개념 PLUS

개방회로 체계
① 지시(instruction)가 미리 설정돼 있어 그것이 환경에 미치는 영향에 관계없이 실행되는 체계
② 피드백이 크게 관여하지 않음

폐쇄회로 체계
① 오류의 탐지와 수정을 위한 참고기제(reference mechanism)가 있으므로 출력이 피드백되어 참고기제와 비교함
② 오류의 탐지와 수정이 저절로 이루어짐

암기 TIP

인연동 운동은 인연이 있어야 움직(학습)이죠. 이렇게 암기해보세요.

3. 운동기술 학습과정

(1) 피츠(P. Fitts)와 포스너(M. Poster)의 학습단계이론

인지-연합-자동화의 단계에 따라 주의 요구 수준은 점차로 낮아짐

인지단계 (cognitive phase)	• 학습자가 운동기술을 학습하기 위해선 학습동기가 필요 • 운동과제를 어떻게 안전하게 수행하는지 방법을 배움 • 움직임을 인지하는 단계 • 학습자는 기술적인 움직임을 위해서 움직임의 연속성을 생각 • 시행착오가 가장 많이 발생하는 시기
연합단계 (associative phase)	• 정교하게 운동을 조절하는 단계(고정화 단계) • 오류가 점차 줄어드는 단계 • 운동조절을 잘하기 위해 노력하는 단계 • 일관되고 효율적인 움직임을 만들기 위해 노력하는 단계
자동화 단계 (autonomous phase)	• 동작이 자연스럽고 힘들지 않은 것처럼 보이는 단계 • 운동학습의 마지막 단계 • 학습한 움직임이 무의식적으로 실행되는 단계 • 집중을 하지 않아도 과제수행이 가능한 단계 • 환경, 과제변화에도 쉽게 적응할 수 있는 단계 • 가장 기능적이고 효율적으로 수행할 수 있는 단계

OX 퀴즈

피츠와 포스너의 운동학습단계는 인지, 연합, 자동화 순이다.
O X

정답 O

(2) 번스타인(Bernstein)의 학습단계이론

① '번스타인이 제기한 문제'란 영상분석 방법에 관한 논문 제목에서 유래됐고, 다이내믹 시스템이라고도 함

② 제어해야 할 변수의 개수를 의미하는 자유도(degrees of freedom)를 고정할지, 줄여야 할지의 여부를 고민하는 '자유도 문제' 발생
- 인간의 몸은 여러 관절(자유도)로 이루어져 있고, 자유도가 활용되는 정도가 운동 기술의 수행수준을 결정지음

③ 협응구조(co-ordinative structure)를 통해 해결, 즉 인간은 근육 하나하나를 독립적으로 제어하는 것이 아니라 자율적으로 어떤 시스템이 만들어져 있어서 다른 근육과 기능적으로 연결
   ㉠ 협응 구조의 안정성: 외부로부터 어떤 물리적 방해 작용이 가해질지라도 자신의 동작형태를 유지하려는 저항력
   ㉡ 상변이 현상: 안정성의 변화로 협응 구조의 형태가 변화하는 현상
   ㉢ 어트랙터 상태: 에너지를 가장 효율적으로 사용하는 상태(선호하는 협응형태로 움직여야 에너지 소모가 덜함)

> **기출 FOCUS**
> ◎ 번스타인의 학습단계: 고정, 풀림, 활용   16, 22 기출
> ◎ Guthrie(1952)의 운동기술   23 기출
> • 최소한의 시간
> • 최소한의 에너지
> • 최대의 확실성

개념 PLUS

번스타인(N. Bernstein)의 학습단계
- 자유도의 고정단계 예 스케이트를 신고 고관절, 슬관절, 발목관절을 하나의 단위체로 걷게 함
  - 자유도를 고정한다는 것은 자유도의 수를 줄이는 것(모든 관절의 각도를 일정하게 유지)
- 자유도의 풀림단계 예 스케이트를 탈 때 고관절, 슬관절, 발목관절을 활용하여 추진력을 갖게 함
  - 고정됐던 자유도를 다시 풀어 사용 가능한 자유도의 수를 늘리는 것(협응구조로서 동작과 관련된 운동역학적 요인과 근육의 공동작용, 관절의 상호 움직임 등에서 변화)
- 반작용의 활용단계 예 체중 이동을 통해 추진력을 확보하여 숙련된 동작을 실행하게 함
  - 자유도의 풀림 단계보다 더 많은 여분의 자유도를 활용하는 것(숙련단계)

> **암기 TIP**
> 번스 고풀용 키워드 위주로 암기해보세요.

④ 맥락조정의 다양성: 해부학적 다양성, 역학적 다양성, 생리학적 다양성

⑤ 협응의 문제
   ㉠ 자유도(df) 문제: 운동이 복잡해지면 많은 운동 요소를 어떻게 통제하고 효율적인 운동동작을 생성할 수 있느냐의 문제
   ㉡ 맥락조건 가변성의 문제: 근육의 수축활동과 운동결과가 반드시 일치하지 않고 상황에 따라 변함

⑥ 다이내믹 관점에서의 운동 협응
   ㉠ 협응의 제한 요소: 유기체(키, 몸무게 등 신체형태), 과제(100m 달리기 등 과제), 환경(수중걷기 등)
   ㉡ 자기조직의 원리: 특정한 현상이 저절로 발생

기출 FOCUS
- 젠타일　23 기출
- 뉴웰　23 기출

ⓒ 비선형성의 원리: 시간에 따른 협응의 변화가 선형적인 경향을 보이지 않음, 질서변수는 제어변수(속도, 무게 등 질서변수를 변화시키는 원인)의 체계적인 변화에 의해 영향을 받음

(3) 젠타일(Gentile)의 학습단계이론

① 움직임의 개념 습득단계
　㉠ 움직임의 형태에 대한 이해를 바탕으로 환경적 특성을 구분함
　㉡ 필요한 정보와 불필요한 정보를 구분함

② 고정화 및 다양화단계
　㉠ 운동기술 수행의 고정화가 필요함
　㉡ 운동기술 수행의 다양화가 필요함

③ 환경적 맥락 및 동작의 기능에 근거한 운동기술 분류

구분			신체이동 없음		신체이동 있음	
			물체조작 없음	물체조작 있음	물체조작 없음	물체조작 있음
환경적 맥락	안정상태 조절조건	가변성 없음	제자리에서 균형잡기	농구의 자유투	계단 오르기	책 들고 계단 오르기
		가변성 있음	수화로 대화	타이핑	평균대 위에서 체조기술 연기	리듬 체조에서 곤봉 연기
	운동상태 조절조건	가변성 없음	움직이는 버스 안에서 균형 잡기	같은 속도로 날아오는 야구공 받기	움직이는 버스 안에서 걷기	물이 든 컵을 들고 일정한 속도로 걷기
		가변성 있음	트레드밀 위에서 장애물 피하기	자동차 운전	축구 경기에서 드리블하는 선수 수비	수비자를 따돌리고 드리블하기

(4) 뉴웰(Newell)의 학습단계이론

① 협응단계: 기본적인 협응동작 형성(번스타인 이론 중 자유도 고정과 풀림단계 유사)
② 제어단계: 협응 형태 형성, 다양한 변화에 따른 협응형태 변화 가능
③ 기술단계: 움직임과 협응에 필요한 변화를 기술적으로 대응함

기출 Q

Q. 〈보기〉에 제시된 번스타인(N. Bernstein)의 운동학습 단계에 대한 설명으로 바르게 묶인 것은? 기출 22

> ㉠ 스케이트를 탈 때 고관절, 슬관절, 발목관절을 활용하여 추진력을 갖게 한다.
> ㉡ 체중 이동을 통해 추진력을 확보하며 숙련된 동작을 실행하게 한다.
> ㉢ 스케이트를 신고 고관절, 슬관절, 발목관절을 하나의 단위체로 걷게 한다.

	㉠	㉡	㉢
①	자유도 풀림	반작용 활용	자유도 고정
②	반작용 활용	자유도 풀림	자유도 고정
③	자유도 풀림	자유도 고정	반작용 활용
④	반작용 활용	자유도 고정	자유도 풀림

해설 번스타인의 학습단계이론은 제어해야 할 변수의 개수를 의미하는 자유도(degrees of freedom)를 고정할지, 줄여야 할지의 여부를 고민하는 '자유도 문제'가 발생하므로 협응구조를 통해 해결한다고 제시함. '번스 고풀용' 기억나시나요? 〈보기〉 설명은 ㉢은 스케이트를 신으면서 관련된 관절이 하나의 단위체로 걷게 하므로 자유도의 고정단계, ㉠은 관련한 관절을 모두 활용하므로 자유도의 풀림단계, ㉡은 숙련된 동작으로 이어지므로 반작용의 활용 단계로 이해할 수 있음   **정답** ①

Q. 뉴웰(K. Newell)이 제시한 움직임 제한(constraints) 요소의 유형이 다른 것은? 기출 23

① 운동능력이 움직임을 제한한다.
② 인지, 동기, 정서상태가 움직임을 제한한다.
③ 신장, 몸무게, 근육형태가 움직임을 제한한다.
④ 과제목표와 특성, 규칙, 장비가 움직임을 제한한다.

해설 뉴웰(Newell)은 환경, 유기체, 과제를 인간 운동의 제한요소로 간주하고 협응단계, 제어단계, 기술단계를 통해 학습단계이론을 설명함. 협응단계는 학습자가 과제의 목표를 달성하기 위해 필요한 기본적인 협응동작을 형성하는 과정, 제어단계는 협응 형태를 형성하고 다양한 변화에 따른 협응 형태의 변화하는 과정, 기술단계는 움직임과 협응에 필요한 변화를 기술적으로 대응하는 단계임. 운동능력, 정서, 몸과 직접적인 연관이 없는 장비, 규칙 등에 관한 ④번 설명은 거리가 멂   **정답** ④

Q. 다이내믹 시스템 관점에서의 협응구조 형성에 대한 설명으로 옳지 않은 것은? 기출 20

① 협응구조는 하나의 기능적 단위로 자기조직의 원리에 따라 형성된다.
② 제어변수는 질서변수를 변화시키는 원인이 되는 것으로, 동작을 변화시키는 속도나 무게 등이 있다.
③ 상변이는 협응구조의 형태가 변화하는 현상이며 선형의 원리를 따른다.
④ 협응구조의 안정성은 상대적 위상의 표준편차로 측정할 수 있다.

기출 FOCUS

✓ **학습의 전이**: 이전에 학습했던 내용이 후속내용에 영향
16 기출

✓ 전이검사 20 기출

> 해설) 번스타인(Bernstein)이 제기한 다이내믹 시스템 이론은 하나의 기능적인 단위로 작용하는 여러 관절에 걸쳐 있는 근육의 집합체(협응구조)를 통해 몸을 움직임. 협응구조의 안정성은 외부로부터 어떤 물리적 방해 작용이 가해질지라도 자신의 동작형태를 유지하려는 저항력이고, 안정성의 변화로 협응구조의 형태가 변화하는 현상을 상변이 현상이라고 함. 다이내믹 관점에서의 운동 협응은 특정한 현상이 저절로 발생하는 자기조직의 원리와 시간에 따른 협응의 변화가 선형적인 경향을 보이지 않는 비선형성의 원리를 지님. 즉, 질서변수는 제어변수(속도, 무게 등 질서변수를 변화시키는 원인)의 체계적인 변화에 의해 영향을 받음
> 정답) ③

4. 운동학습에 영향을 미치는 요인

(1) 학습동기

① 인간의 행동을 일으키게 하는 근원적인 힘, **동기부여**(motivation)
② 학습동기는 학습능률에 영향을 미침
  ㉠ 학습속도 결정: 동기가 강하면 학습속도가 빨라짐
  ㉡ 학습으로 도달할 수 있는 한계 결정: 목표가 크면 달성 정도 큼
  ㉢ 동기가 강하면 오류가 적음

(2) 학습전이

이전에 학습했던 내용이 **후속내용에 영향**을 주는 것(transfer)

긍정적 전이	• 사전학습이 후속학습에 긍정적으로 작용
부정적 전이	• 사전학습이 후속학습을 방해
수평적 전이	• 특수 분야의 학습내용이 다른 분야에서 이용
수직적 전이	• 한 행동수준의 학습이 그보다 차원이 높은 행동 수준의 학습을 촉진

(3) 기억과 망각

① 기억: 학습경험의 사실, 내용을 저장하여 간직했다가 필요할 때 재생, 인출해내는 과정

기명	• 자극을 지각하거나 정보를 받아들이는 과정(memorizing)
파지	• 기명된 것을 일정기간 동안 기억흔적으로 간직(retention)
재생	• 파지하고 있는 내용을 생각해내어 의식화(reproduction)
재인	• 기명된 내용과 재생된 내용이 일치하는지 의식(recognition)

OX 퀴즈

학습동기가 강할수록 학습속도가 빨라지고 오류가 적어진다.
ⓞⓧ

정답) O

② 기억을 강화하는 방법

심상	• 기억할 내용이나 정보를 자기가 알고 있는 장소, 거리, 대상에 관련시켜 기억하고 재생(imagery)
조직화, 정교화	• 알고 있는 지식 동원하여 내용 첨가, 수정 후 의미있게 조직화함
시연	• 단기기억에 있는 정보를 잃어버리지 않으려고 되풀이해서 단기기억 속으로 집어넣음(rehearsal)
의미화	• 기억해야 할 정보를 그 정보와 관련된 의미와 연결시켜서 기억함
주의집중	• 주어지는 자극, 정보에 대해 그 색상, 형태, 크기, 특징 등에 주의를 집중하여 기억하면 장기 기억화에 도움을 줌

개념 PLUS

기억의 종류
- 감각 기억(sensory memory): 오감으로 표현되는 인간의 감각영역의 기억으로 극히 제한적인 용량을 지니고, 새로운 정보가 유입되면 쉽게 손실됨
- 단기 기억(short-term memory): 작업 기억(working memory)으로도 불리고(수초~1분까지 유지), 기억용량이 제한적이며 반복되거나 시연하지 않으면 사라짐
- 장기 기억(long-term memory): 용량과 유지기한에 한계가 없는 기억으로 기억용량이 무제한이고, 반복과 시연을 통해 강화됨
  예 운동기술과 같이 특정기술과 습관을 수행하는 방법에 대한 정보를 저장하는 절차적 기억
- 이 외에도 특성에 따라 명시적 기억과 암묵적 기억으로 분류
  - 명시적 기억(explicit memory): 에피소드 및 의미를 기억
  - 암묵적 기억(implicit memory): 절차 기억, 정서 기억

③ 망각: 기억한 정보가 시간이 경과하거나 사용하지 않아서 약화 혹은 소멸되어 다시 재생되지 않는 현상

소멸이론	• 기억흔적이 시간 경과와 더불어 보다 좋은 형태로 재조직되지 않으면 망각이 촉진됨(decay theory)
간섭이론	• 선 학습 또는 후 학습에 의해 입력된 새로운 정보가 이전 정보의 인출을 더 어렵게 만듦(Interference theory)
형태주의이론	• 기억과정은 시간이 지나면서 질적으로 수정·왜곡됨

(4) 자기충족 예언(self-fulfilling prophecy)

어떤 기대가 실현될 것이라는 믿음을 갖고 그것을 실현시키기 위해 노력하여 현실로 실현시키는 것

기출 FOCUS

- ✅ 연습 24 기출
  - 전습법과 분습법 21 기출
  - 구획연습 및 무선연습 18 기출
  - 집중연습 및 분산연습 16 기출

(5) 연습

① 새로운 경험, 행동 획득을 목표로 정하고 끊임없이 반복적으로 운동하는 전체 과정임

② 전습법과 분습법

전습법	• 학습할 범위를 한꺼번에 학습하는 방법(whole-task practice) • 운동의 요소들이 서로 긴밀하게 상호작용 • 비교적 단시간 동안 운동수행 기술연습에 효과적 • 망각, 시간과 노력이 적게 들어 반복이 적음	
분습법	• 학습할 범위를 몇 개의 단위로 나누어 학습(part-task practice) • 학습 초기에 유리 • 연속적으로 이어지거나 상대적으로 긴 시간 동안 수행해야하는 기술을 연습할 때 효과적 • 학습효과가 빠름, 주의와 집중력의 범위를 좁힘	
	순수 분습법	• 각 학습내용의 범위를 일정한 기준에 도달할 때까지 각각 학습, 그 후 각 학습내용의 범위를 동시에 학습하여 일정 기준까지 학습하는 방법
	점진적 분습법	• 학습내용의 범위 1과 2를 학습하고, 다시 1, 2를 동시 학습
	반복적 분습법	• 학습내용의 범위 1을 학습하고, 다음 학습 내용의 범위 2를 동시에 학습

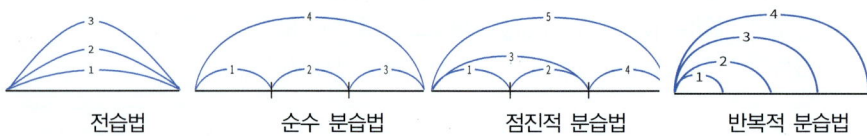

전습법   순수 분습법   점진적 분습법   반복적 분습법

③ 구획연습과 무선연습

구획연습	• 운동기술의 하위요소들을 순차적으로 연습(분단연습, blocked practice) • 학습자가 특정한 문제를 수정 • 한 번에 한 가지 기술씩 차례로 수정 • 정확한 동작 습관이 필요한 운동기술인 경우에 연습 초기에 실시하면 효과적 • 다른 과제로 넘어가기 전에 첫 번째 과제를 숙달하기 위한 전략
무선연습	• 운동기술의 하위요소들을 임의대로 연습(random practice) • 높은 인지처리와 문제해결 능력이 요구 • 학습자가 어떤 운동기술에 숙련된 후 효과적 • 주어진 과제를 무작위 연습, 하나의 과제를 2번 연속적으로 반복되지 않도록 함 • 다양한 과제를 돌아가며 연습할 수 있음 • 무작위 연습이므로 다양한 과제를 구분 가능 • 과제 사이에 유사한 점과 연관성을 생각

④ 집중연습과 분산연습

집중연습	• massed practice • 연습과 연습 사이에 쉬는 시간이 상대적으로 짧다. • 연습 시간이 쉬는 시간보다 길다.
분산연습	• distributed practice • 연습 시간에 비해 쉬는 시간이 상대적으로 길다. • 쉬는 시간이 연습 시간과 같거나 더 길다.

⑤ 신체적 훈련과 정신적 훈련

신체적 훈련	• physical practice • 운동 과제를 직접 수행하는 것 • 운동의 인지단계와 운동 초기에 기술을 빠르게 습득
정신적 훈련	• mental practice • 운동 과제를 수행하기 전에 어떻게 수행할 것인지 인지적으로 연습하는 것 • 움직임을 상상하는 것 • 이미지 트레이닝을 한 후에 수행을 하면 신체적 훈련만 한 것보다 효과적

기출 Q

Q. 〈보기〉에서 연습방법에 관한 설명으로 옳은 것만을 모두 고른 것은? 〔기출 24〕

> ㄱ. 집중연습은 연습구간 사이의 휴식시간이 연습시간보다 짧게 이루어진 연습방법이다.
> ㄴ. 무선연습은 선택된 연습과제들을 순서에 상관없이 무작위로 연습하는 방법이다.
> ㄷ. 분산연습은 특정 운동기술과제를 여러 개의 하위 단위로 나누어 연습하는 방법이다.
> ㄹ. 전습법은 한 가지 운동기술과제를 구분 동작 없이 전체적으로 연습하는 방법이다.

① ㄱ, ㄴ ② ㄷ, ㄹ
③ ㄱ, ㄴ, ㄹ ④ ㄱ, ㄷ, ㄹ

해설 집중연습(massed practice)은 연습과 연습 사이에 쉬는 시간이 상대적으로 짧고, 무선연습은 운동기술의 하위요소들을 임의대로 연습하는 것임. 또한 전습법은 학습할 범위를 한꺼번에 학습하는 방법임. ㄷ의 설명은 구획연습으로서 운동기술의 하위요소들을 순차적으로 연습하는 것을 말함. 분산연습(distributed practice)은 연습 시간에 비해 쉬는 시간이 상대적으로 긴 특성이 있음 정답 ③

(6) 피드백

① 기술을 습득하는 과정에서 동작을 조절하기 위해 감각정보를 사용하는 것, 학습자는 오류를 수정
② 신경계통은 수정을 통해 운동수행능력을 향상시켜 나가는 것

OX 퀴즈

연습이란 지속적이고 반복적으로 운동하는 전체과정을 의미하고 분산연습이 집중연습에 비해 쉬는 시간이 상대적으로 짧다.
O|X

정답 ×
해설 집중연습이 분산연습에 비해 쉬는 시간이 짧음

기출 FOCUS

- **피드백의 기능**
  - 정보, 강화   15. 기출
  - 내재적 및 외재적 피드백(보강피드백)   18·23 기출
  - 자기통제 피드백   16 기출
- **맥락간섭효과**   17·18 기출
  - 여러 가지 과제를 함께 학습하거나 연습할 때 기능적 간섭의 정도
  - 배움에 있어서 기억의 증대를 간섭하는 것
  - 맥락간섭효과가 높은 구획연습은 무선연습에 비해 연습 수행에 효과가 높음
  - 맥락간섭효과가 높은 무선연습은 구획연습에 비해 파지-전이 효과가 높음
- **보강 피드백**   20·21 기출

③ 피드백 기능
  ㉠ 정보기능: 학습자의 불필요한 행동을 줄여주고, 무엇을 수정해야 하는지에 대한 정보를 제시
  ㉡ 강화기능: 현재의 수행을 유지하며 성공적인 자신의 운동수행에 대해 자신감을 갖도록 제시

④ 피드백 정보

내재적 피드백	• 근육, 관절, 피부 등에 있는 고유수용기에서 오는 피드백으로 '고유 피드백(inherent feedback)' 혹은 감각피드백(sensory feedback)이라고도 함 • 운동을 수행함으로써 자동적으로 생기는 정보수행의 지식(intrinsic feedback) • 내 자신의 감각기관으로부터 받는 정보
외재적 피드백	• 시각, 청각 등과 같이 외부 수용기(특수 감각기관)을 통해 들어오는 피드백으로 보강 피드백(augmented feedback)이라고도 함 - 결과의 지식(KR; Knowledge of result), 수행의 지식(KP; Knowledge of performance)을 전달함 • 운동수행이 끝난 다음에 다른 사람 또는 어떤 도구에 의해 학습자에게 제공되는 정보(extrinsic feedback) • 자신의 감각정보가 아닌 외부에서 주어지는 정보 • 학습자에게 더 유용한 경우가 많아 보강 피드백이라고 함

⑤ 자기통제 피드백: 자기통제는 환경과 자신을 통제할 수 있다는 사실을 깨닫게 해주고 행동 수정을 통하여 운동 수행이나 학습 상황에 있어서 중요한 요인임

⑥ 부가적 피드백
  ㉠ 부가적 피드백 정보는 결과의 지식(KR; Knowledge of result), 수행의 지식(KP; Knowledge of performance)으로 구분
    - 결과지식: 학습자에게 운동의 움직임 결과에 대해 제공하는 지식
    - 수행지식: 학습자에게 운동 동작 유형에 대한 정보를 제공하는 지식(운동학적 피드백)
  ㉡ 부가적 피드백을 주는 방법

시기	• 동시(concurrent) 피드백, 사후(terminal) 피드백
지연시간	• 즉시(immediate) 피드백, 지연(delay) 피드백
횟수	• 개별(distinct) 피드백, 누적(accumulated) 피드백
빈도	• 요약(summary) 피드백, 점감(faded) 피드백
정확도	• 평균(average) 피드백, 대역(bandwidth) 피드백, 에러(erroneous) 피드백
매체	• 언어(verbal) 피드백
선택권	• 자기제어(self-control) 피드백
기능	• 정보적 기능, 동기부여 기능, 연합적 기능

OX 퀴즈

자기통제 피드백은 환경과 자신을 통제할 수 있다는 사실을 인식하게끔 한다.   Ⓞ Ⓧ

정답 O

(7) 파지

① 운동연습으로 향상된 운동수행 능력을 오랫동안 유지할 수 있는 능력
② 파지에 영향을 미치는 요인

운동과제의 특성	• 운동기술의 학습과 파지에 가장 큰 영향을 미치는 것이 운동과제의 특성
환경의 특성	• 환경적 제한요소가 운동기술의 학습에 영향을 미침 • 환경적 제한요소에 대한 적응이 운동기술의 파지에 영향을 미침
학습자의 특성	• 개개인의 특성에 따라 운동기술의 파지에 차이가 나타남
연습량	• 연습량은 운동기술의 학습과 파지에 영향을 미침

기출 FOCUS

◆ 파지검사   20 · 23 기출

개념 PLUS

① 전이검사: 연습한 기술이 다른 수행상황에서도 발휘될 수 있는지를 평가하는 검사
 • 과제 내 전이검사: 다른 수행환경에서 같은 기술을 구사하도록 요구하는 검사
 • 과제 간 전이검사: 처음 습득한 기술과 전혀 다른 움직임을 수행하도록 하는 검사
② 파지검사: 학습자가 새로운 기술을 연습한 후 특정시간이 지난 후 연습한 기술의 수행력을 평가하는 검사
 ※ 절대파지 점수는 높을수록, 상대파지 점수는 낮을수록 파지 능력이 좋은 것임
 • 절대파지 점수: 연습시행에 끝나고 파지 기간이 지난 후 실시되는 파지검사 점수
 • 상대파지 점수: 차이점수, 백분율 점수, 저장 점수

기출 Q

Q. 아래의 사례에 적합한 피드백은?   기출 16

> 농구수업에서 김 코치는 학습자가 자유투 동작과 관련된 피드백을 원할 때 정보를 제공하기로 하고, 각자 연습을 시작하였다. 김 코치는 연습 중 학습자가 피드백을 요구할 때마다 정확한 자유투 동작에 대해 알려주었다.

① 뉴로 피드백   ② 내재적 피드백
③ 자기통제 피드백 ④ 바이오 피드백

해설 자기통제는 환경과 자신을 통제할 수 있다는 사실을 깨닫게 해주고 행동 수정을 통하여 운동수행이나 학습 상황에 있어서 중요한 요인임   정답 ③

Q. 운동기술 연습에서 발생하는 맥락간섭효과에 대한 설명으로 옳은 것은? 기출 17

① 집중연습과 분산연습에 의해 맥락간섭효과의 크기는 달라진다.
② 높은 맥락간섭은 연습수행에서 효과가 높다.
③ 낮은 맥락간섭은 파지에 효과가 높다.
④ 무선연습은 분단연습에 비해 파지 및 전이에 효과가 높다.

해설 맥락간섭효과란 '배움에 있어서 기억의 증대를 간섭하는 것'으로 운동기술을 연습할 때 다양한 방해요인으로 인해 연습효과가 줄어드는 것   정답 ④

Q. 〈보기〉의 ㉠, ㉡에 해당하는 것은? 기출 20

- (㉠): 학습자가 새로운 기술을 연습한 후, 특정한 시간이 지난 후 연습한 기술의 수행력을 평가하는 검사
- (㉡): 연습한 기술이 다른 수행상황에서도 발휘될 수 있는지를 평가하는 검사

	㉠	㉡
①	전이검사	파지검사
②	파지검사	전이검사
③	망각검사	파지검사
④	파지검사	방각검사

해설 파지(retention)란 운동연습으로 향상된 운동수행 능력을 오랫동안 유지할 수 있는 능력임. 파지검사는 학습자가 새로운 기술을 연습한 후 특정시간이 지난 후 연습한 기술의 수행력을 평가하는 검사이고, 절대파지 점수는 높을수록, 상대파지 점수는 낮을수록 파지 능력이 좋은 것임. 전이(transfer)란 이전에 학습했던 내용이 후속내용에 영향을 주는 것임. 전이검사란 연습한 기술이 다른 수행상황에서도 발휘될 수 있는지를 평가하는 검사임   정답 ②

03 운동발달

1. 운동발달의 개념

(1) 발달=성장+성숙 → 운동발달(Motor Development)
① 성장: 시간 흐름에 따른 움직임의 변화과정과 그 과정에 영향을 주는 유전적, 환경적 요인을 양적 증가의 측면을 말함(growth)
② 성숙: 질적 변화의 측면을 말함(maturation)

(2) 운동발달의 기본가정과 원리

운동발달의 기본가정	운동발달의 원리
• 개인차가 존재 • 민감기 또는 결정적 시기가 존재 • 환경적 맥락의 영향을 받음	• 분화와 통합의 과정을 거침 • 일정한 순서와 방향성을 가짐 • 유전과 환경의 상호작용을 통해 발달함

(3) 운동발달을 통해 다른 분야의 발달에도 영향을 미침

인지발달, 생활기술발달, 소통능력발달, 사회성발달, 감성발달 등

2. 운동발달에 영향을 미치는 요인

개인적인 요인	유전과 영향	• 성장과 성숙에 영향을 미침
	사회적 지지자	• 부모, 가족, 은사 등 사회적 지지자의 영향
	심리적인 요인	• 신체적 자긍심, 참여 동기 등의 영향
사회·문화적인 요인	성역할	• 남자와 여자 역할에 따라 운동발달에 영향을 미침
	대중매체	• 운동에 관한 정보를 가장 많이 전달해주는 정보원
	문화적 배경	• 개인이 속해 있는 사회의 문화가 영향을 미침

3. 운동발달의 이론

(1) 운동발달의 순서성

① 유아의 운동발달

㉠ 시간에 따라 비가역적으로 변화하는 순서, 운동발달의 순서성, 지각-운동 협응의 발달(쉬얼리 Shirley, 1933)

㉡ 운동발달은 몸통에서 먼 쪽으로(팔이 손가락으로 먼저), 머리 쪽에서 꼬리 쪽으로(머리가 발보다 먼저) 발달함

㉢ 발달 방향의 원리(A. Gesell 게셀의 성숙이론)

- **발달 방향의 원리**: 정해진 방향과 순서대로 발달함(머리→꼬리, 중심→말초)
- **상호교류의 원리**: 대칭되는 두 부분이 서로 한 부분씩 발달한 후 통합하며 균형적 발달(내향적→외향적→통합)
- **기능적 비대칭의 원리**: 약간의 불균형이 기능적일 수 있게 발달(양쪽 손 중에 선천적으로 한쪽 손이 더 잘 기능함)
- **자기조절의 원리**: 유아 스스로 자신의 수준에 맞게 성장을 조절(신생아에게 너무 많은 것을 보여주면 고개를 돌리며 많은 자극을 조절함)
- **개별성의 원리**: 성숙 속도에는 개인차가 존재(영아마다 걷기와 말하기의 시기가 차이가 있음)

기출 FOCUS

- 운동발달 개념   22 기출
- 게셀의 성숙이론   23 기출
- 운동발달의 **기본가정**   17 기출
  - 개인차 존재
  - 결정적 시기
  - 환경적 영향
- 운동발달의 **원리**   16 기출
  - 분화와 통합 과정
  - 일정한 순서와 방향성
  - 유전과 환경 상호작용

기출 FOCUS

◆ **역동적 체계이론** 18 기출
- 복잡한 행동체계 수립
- 서로 협력 체계

◆ **갤라휴의 운동발달의 단계별 특징** 18·21·22·24 기출
- 반사적 움직임 단계
- 초보적 움직임 단계
- 기초적 움직임 단계
- 전문화 움직임 단계
- 성장과 세련 단계
- 최고 수행 단계
- 퇴보 단계

② 운동발달의 개인차: 유전적(자연적) 요인 + 환경적(보육적) 요인

③ 위크스트롬(Wickstrom, 1975)의 던지기 동작과 치기 동작 설명

1	팔우위(arm domination) 단계	팔로만 친다.
2	단체동작(unitary action) 단계	몸통과 팔이 동시에 회전한다.
3	개방패턴(opening pattern) 단계	몸통이 먼저 돌고, 팔이 뒤따라 회전한다.

↓

1	발생기(nascent)	각 요소가 따로따로 떨어져 있음
2	동화(assimilative)	두 개 이상의 요소가 연합, 분기, 상호작용함
3	통합(integrative)	새로운 요소를 학습할 수 있음
4	협응화(coordinating)	복잡한 행동이 나타남
5	협력(synergic)	여러 요소가 통합되어 하나의 행동으로 구현됨

(2) 역학계 이론

웨딩톤(Waddington, 1957) 이론

1	항류성(homeorhesis)	유동적인 운동패턴의 의미
2	과정(process)	현재의 운동패턴을 계속 유지하려는 경향
3	유기적 선택(organic selection) + 유전적인 동화(genetic assimilation) → 후천적 지형(epigenetic landscape)	

(3) 역동적 체계 이론(dynamic systems theory)

① 발달 학계의 유명한 이론으로 새로운 운동기술을 익히는 것은 복잡한 행동체계를 습득하는 것임

② 환경을 탐색, 통제하는 능력은 각 능력들이 서로 협력하는 일종의 체계(system)로 볼 수 있음

(4) 갤라휴(Gallahue)**의 운동발달 단계**

① 반사적 움직임 단계: 출생 후 1년 이내 본인의지보다 반사적 움직임

② 초보적 움직임 단계: 약 2세까지 수의적 움직임. 대근육에서 소근육으로 발달

③ 기초적 움직임 단계: 만 2~6세로 운동능력이 빠르게 발달하는 시기. 감각기관 능력 향상

④ 전문화 움직임 단계: 초등학교 시기로서 스포츠기술 적극 참여 가능

⑤ 성장과 세련단계: 청소년기로 운동발달이 가장 급격히 나타나는 시기

⑥ 최고 수행 단계: 만 20~30세에 해당하며 최상의 운동수행을 나타내는 시기

⑦ 퇴보 단계: 만 30세 이상으로 운동발달이 쇠퇴하는 시기

OX 퀴즈

운동발달은 환경적인 맥락에 영향을 받으며 일정한 순서와 방향성을 갖는다. O X

정답 O

> **개념 PLUS**
>
> **운동발달의 단계별 특징**
> (1) 반사적 움직임 단계
>   ① 1세 미만(영아기)
>   ② 정보해독 단계, 정보암호화 단계
> (2) 초보적 움직임 단계
>   ① 1~2세 미만(유아기)
>   ② 통제 전 단계, 반사억제 단계
>
> | | | |
> |---|---|---|
> | 이동 운동 | 기초운동 | 걷기, 달리기, 뛰어넘기, 뛰어오르기 |
> | | 조합운동 | 기어오르기, 한발로 뛰어가기, 미끄러지기, 줄넘기하듯이 뛰기 |
> | 조작 운동 | 투사운동 | 공굴리기, 던지기, 차기, 펀트, 때리기, 발리 |
> | | 수동운동 | 받기, 트래핑 |
> | 안정성 운동 | 축운동 | 굽히기, 펴기, 돌기, 흔들기 |
> | | 정적·동적 운동 | 균형잡기, 구르기, 출발하기, 정지하기, 피하기 |
>
> (3) 기초적 움직임 단계
>   ① 2~6세 미만(미취학기)
>   ② 도입단계, 기본단계, 숙달단계
> (4) 전문화 움직임 단계
>   ① 6~12세 미만(학동기)
>   ② 전이단계, 응용단계, 생활활용 단계
> (5) 성장과 세련 단계
>   ① 12~18세 미만(청소년기)
>   ② 성호르몬 분비 증가, 근육과 골격 급격히 성장
> (6) 최고 수행 단계
>   ① 18~30세 전후
>   ② 근력, 심폐능력, 신경활동 능력 등이 최고
> (7) 퇴보 단계
>   ① 30세 이후
>   ② 심혈관계통의 기능, 폐호흡 기능, 근육기능, 신경기능, 유연성 등이 점차 감소, 체지방이 증가하기 시작

OX 퀴즈

운동발달은 새로운 운동기술을 익히는 것은 복잡한 행동체계를 습득하는 것이라는 역동적 체계 이론이 있다. Ⓞ Ⓧ

정답 ○

청소년기에는 성호르몬 분비가 증가하고 근육과 골격이 커지는 성장과 세련 단계이다. Ⓞ Ⓧ

정답 ○

기출 Q

Q. 인간 발달의 특징에 관한 설명으로 옳지 않은 것은? 〔기출 22〕

① 개인적 측면은 발달에 영향을 미치는 요인이 개인마다 달라서 나타나는 현상이다.
② 다차원적 측면은 개인의 신체적·정서적 특성과 같은 내적 요인 그리고 사회 환경과 같은 외적 요인으로 나눌 수 있다.
③ 계열적 측면은 기기와 서기의 단계를 거친 후에야 자신의 힘으로 스스로 걸을 수 있게 되는 것이다.
④ 질적 측면은 현재 나타나고 있는 움직임 양식이 과거 움직임의 경험이 축적되어 나타나는 것이다.

(해설) 발달은 성장과 성숙의 조합을 의미함. 성장은 시간 흐름에 따른 움직임의 변화과정과 그 과정에 영향을 주는 유전적, 환경적 요인을 양적 증가의 측면(growth)을 말하고, 성숙은 질적 변화의 측면(maturation)을 의미함
(정답) ④

Q. 운동발달의 단계가 순서대로 바르게 제시된 것은? 〔기출 24〕

① 반사단계 – 기초단계 – 기본움직임단계 – 성장과 세련단계 – 스포츠기술단계 – 최고수행단계 – 퇴보단계
② 기초단계 – 기본움직임단계 – 반사단계 – 스포츠기술단계 – 성장과 세련단계 – 최고수행단계 – 퇴보단계
③ 반사단계 – 기초단계 – 기본움직임단계 – 스포츠기술단계 – 성장과 세련단계 – 최고수행단계 – 퇴보단계
④ 기초단계 – 기본움직임단계 – 반사단계 – 성장과 세련단계 – 스포츠기술단계 – 최고수행단계 – 퇴보단계

(해설) 갤라휴에 따르면 운동발달 단계는 반사적 움직임, 초보적 움직임, 기초적 움직임, 전문화 움직임, 성장과 세련, 최고수행, 퇴보단계로 이어짐. 참고로 전문화 움직임 단계에서는 초등학교 시기로서 스포츠 기술에 대해 적극적인 참여가 가능하고, 성장과 세련단계는 청소년기로 운동발달이 급격하게 나타나는 시기임
(정답) ③

Q. 〈보기〉에서 설명하는 게셀(A. Gesell)과 에임스(L. Ames)의 운동발달의 원리가 아닌 것은? 〔기출 23〕

- 머리에서 발 방향으로 발달한다.
- 운동발달은 일련의 방향성을 갖는다.
- 운동협응의 발달순서가 있다.
  양측: 상지 혹은 하지의 양측을 동시에 움직이는 형태를 보인다.
  동측: 상하지를 동시에 움직이는 형태를 보인다.
  교차: 상하지를 동시에 움직이는 형태를 보인다.
- 운동기술의 습득 과정에서 몸통이나 어깨 근육을 조절하는 능력을 먼저 갖추고, 이후에 팔, 손목, 손, 그리고 손가락 근육을 조절하는 능력을 갖춘다.

① 머리-꼬리 원리(cephalocaudal principle)
② 중앙-말초 원리(proximodistal principle)
③ 개체발생적 발달 원리(ontogenetic development principle)
④ 양측-동측-교차 운동협응의 원리(bilateral-unilateral(ipsilateral)-cross-lateral principle)

해설) 발달 방향의 원리로 대표적인 게셀(A. Gesell)의 성숙이론은 발달 방향의 원리로서 정해진 방향과 순서대로 발달하고(머리→꼬리, 중심→말초), 상호교류의 원리로서 대칭되는 두 부분이 서로 한 부분씩 발달한 후 통합하며 균형적으로 발달(내항적→외항적→통합)함. ③번은 거리가 멂   정답 ③

CHAPTER 03 스포츠수행의 심리적 요인

01 성격

1. 성격의 개념 및 구조

(1) 개념

개인을 특징짓는 지속적이며 일관된 행동양식을 말함

(2) 학자들의 정의

학자	내용
올포트(Allport, 1937)	• 개인이 환경에 독특하게 적응하도록 결정지어주는 심리·물리적 체계의 역동적 조직
에이젠크(Eysenck, 1960)	• 환경에 독특하게 적응하도록 하는 한 개인의 성품, 기질, 지성 등의 안정성 있는 조직
홀랜더(Hollander, 1967)	• 한 개인을 유일하고 독특하게 하는 특징의 총합
미셸(Mischel, 1976)	• 개인이 접하는 생활 상황에 대해 독특한 적응을 나타내는 사고와 감정을 포함한 구별되는 행동 패턴
크래티(Cratty, 1989)	• 선수의 경기력 향상에 중점을 두는 심리학의 하위 영역
와인버그(Weinberg, 1995)	• 다른 사람과 구별되어 독특한 존재로 변별하여 주는 여러 특성들의 총합
버저(Burger, 2000)	• 일관된 행동 패턴 또는 개인의 내부에서 일어나는 내적 정신 과정

암기 TIP

성격독일향 성격은 독일에 가서 향기나 나죠. 이렇게 암기해보세요.

개념 PLUS

성격의 특성
- 독특성(uniqueness): 같은 환경이라도 개인에 따라 사고하고 느끼고 행동하는 것이 다름
- 일관성(consistency): 시간이나 상황이 바뀌어도 비교적 일관성이 있음
- 경향성(tendency): 생각하고, 느끼고, 행동하는 중에 나타나는 어떤 것

OX 퀴즈

성격은 개인을 특징짓는 지속적이고 일관된 행동양식이다. (O/X)

정답 O

(3) 성격의 구조(홀랜더 E. P. Hollander, 1967)

심리적 핵 (psychological core)	• 성격의 구조 중에서 가장 안쪽에 위치 • 가장 안정된 부분, 일관성 유지 • 사람의 태도, 가치관, 적성, 신념, 동기 등	성격의 구조
전형적 반응 (typical response)	• 환경에 적응하는 학습된 양식을 의미 • 개인의 가장 심층에 자리하고 있는 심리적 핵의 객관적인 척도 • 한 개인의 역경, 좌절, 행동, 불안 등	
역할 관련 행동 (role-related behavior)	• 자신의 사회적 지위, 역할을 감안하여 취하는 행동 • 역할에 따라 행동이 달라짐	

기출 FOCUS
✓ 성격의 구조 – 심리적 핵, 전형적 반응, 역할 관련 행동
15 · 18 기출

2. 성격의 이론과 측정

(1) 성격의 이론

① 심리(정신)역동 이론(psycho-dynamics theory)
  ㉠ 인간행동의 독특한 성격을 설명하기 위한 **최초의 이론**
  ㉡ 행동을 지배하는 **무의식적인 동기**를 밝히려고 했음
  ㉢ **프로이트**(S. Freud)의 **성격구조**

이드(id)	• 원초적인 나 • 배고픔, 성, 공격성, 배설 등 1차적인 욕구
에고(ego)	• 자아 • 의식적, 논리적, 현실적 차원의 심리적 욕구
슈퍼에고 (super ego)	• 초자아 • 도덕적, 윤리적, 이성적 차원의 욕구

② **현상학적 이론**(phenomenological theory)
  ㉠ 개인의 동기, 행동을 예언하는 것이 아님
  ㉡ 개인이 **어떻게 지각하고 해석**하는가에 관심을 둠
  ㉢ **매슬로우**(A. Maslow)의 **욕구위계 이론** ◈ 동기 부분에도 등장

생리적 욕구	• 성, 공격성, 배고픔 등
안전 욕구	• 위험으로부터 보호 욕구
사회적 욕구	• 사회적 관계 욕구
존중 욕구	• 존중받고 싶은 욕구
자아실현 욕구	• 자아를 실현하고자 하는 욕구

암기 TIP
생안사존자 키워드 위주로 암기해보세요.

OX 퀴즈
성격의 구조 중에서 가장 안쪽에 위치한 전형적 반응에 사람의 태도와 가치관을 갖는다. ⓞⓧ

정답 ✕
해설 심리적 핵

기출 FOCUS

✅ **성격**
- 사회학습이론 24 기출

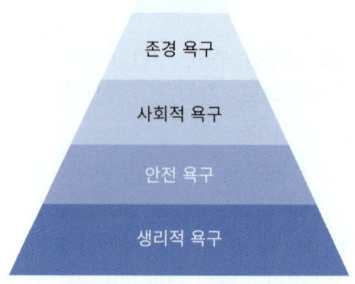

매슬로우의 욕구단계 이론

③ **체형 이론**(body type theory)
  ㉠ 체격이론(constitutional theory)이라고도 함
  ㉡ 셀돈(W. H. Seldon), 크레치머(E. Kretschmer)가 제시
  ㉢ 셀돈의 체형과 성격 분류

체형		성격형	
세장형	키가 크고 마른 체격	외배엽형	긴장, 사회적 제재, 사회적 고립
근육형	발달된 근육 체격	중배엽형	강한 모험심, 격렬한 신체활동 추구
비만형	뚱뚱하고 둥근 체격	내배엽형	사교적, 위안감, 애정

④ **특성 이론**(trait theory)
  ㉠ 개인 내에 존재하고 있는 일관적이고 안정된 특성에 의해 결정
  ㉡ 올포트(Allport)의 성격특성: 기본성향, 중심성향, 이차성향
  ㉢ 카텔(R. B. Cattel)의 성격특성: 표면특성, 근원특성, 16개 성격 지표 제시 (16PF), R=f(S·P)로 R은 반응, S는 상황, P는 성격
  ㉣ 노먼(W. Norman)은 5개의 성격 특성 요소 제시
  ㉤ 에이젠크(Eysenck)의 성격특성: 내향성과 외향성, 안정성과 불안정성

⑤ **사회학습 이론**(social learning theory)
  ㉠ 특성 이론과 상반된 개념의 이론
  ㉡ 각 개인이 처한 상황과 학습에 의해 결정
  ㉢ 반두라(A. Bandura)는 인간의 행동을 관찰학습과 사회적 강화로 설명

⑥ **상호작용 모델**(interactionist model)
  ㉠ 각 개인의 성격과 상황을 행동의 상호 결정체로 바라봄: 인지변인(특성이론)＋상황적인 변인(사회학습 이론)
  ㉡ 보웨어스(Boweres)는 인간 행동의 12%가 개인적 성격 특성, 10%는 상황적 요인, 개인특성과 상황의 상호작용은 인간의 행동을 21% 가량으로 설명할 수 있다고 주장

OX 퀴즈

매슬로우는 가장 최상위의 욕구 단계는 자아실현 욕구라고 제시했다. Ⓞ Ⓧ

정답 O

(2) 성격의 측정

면접법	• 평정 성격 척도법 • 조사자가 측정 대상자와의 인터뷰 후 관찰, 평정(점수를 매김)
질문지법	• 구성적 성격 척도법 • 구조화된 질문지를 대상자에게 배포, 대상자가 자신에게 맞는 응답을 하면 채점해서 성격을 판단 • 미네소타 다면적 인성 검사(MMPI), 카텔(Cattel)의 성격요인 검사(16PF), 에이젠크(Eysenck) 성격 검사(EPI), 노먼(Norman)의 성격 5요인 검사(Big Five), 마이어 브릭스 유형(MBTI: Myers-Briggs Type Indicator) 등
투사법	• 대상자에게 애매한 자극을 제시, 반응 분석하여 성격 진단 • 로르샤하검사(Rorschach Test), 주제통각검사(TAT), 문장완성검사 등

✓ 성격검사 시 주의할 점
- 검사의 원리와 측정오류를 이해해야 함
- 검사자 자신의 한계를 이해해야 함
- 검사자는 응답자에게 사전 설명을 해주어야 함
- 응답자의 비밀을 보장함
- 타 피험자와의 비교를 금지해야 함

3. 성격과 경기력의 관계

운동선수와 비운동선수의 성격	• 운동선수가 비운동선수에 비해 외향적이고 불안수준이 낮음(슈르, 애쉴리, 조이 Schurr, Ashley, & Joy, 1977; 모건 Morgan, 1980) • 운동선수가 비운동선수에 비해 자신감 높고, 경쟁적, 사회성 탁월(쿠퍼 Cooper, 1969) • 운동선수가 비운동선수보다 지적임(하드맨 Hardman, 1973) • 스포츠 참여를 통해 성격이 변화했다기 보다는 어떤 특정한 성격의 소유자가 특정한 스포츠를 선택(와인버그, 굴드 Weinberg & Gould, 1995)
운동종목별 성격	• 단체경기 선수는 개인선수 경기에 비해 불안이 높고, 의존심이 강하며 외향적, 직접스포츠 종목의 선수는 평행스포츠 종목보다 독립적이고 이기심이 적음(슈르, 애쉴리, 조이 Schurr, Ashley, & Joy, 1977) - 직접스포츠(direct sports) 종목: 개인경기(레슬링, 복싱), 단체경기(농구 등) - 평행스포츠(parallel sports) 종목: 개인경기(체조, 수영/골프, 테니스 등), 단체경기(배구, 야구)
남자선수와 여자선수의 성격	• 우수 여자선수들이 비선수들에 비해 성취지향적, 독립적, 공격적, 정서적으로 안정, 완강한 성격(윌리엄스 Williams, 1980) • 우수 남자선수들도 동일한 결과, 즉 우수한 스포츠선수는 성별에 관계없이 비슷한 성격 특성을 나타냄
포지션별 성격	• 배구, 럭비, 핸드볼 종목에서 공격선수는 수비선수보다 더 정서적으로 불안정하고 외향적임(커콜디 Kirkcaldy, 1982) • 배구 종목에선 센터가 다른 포지션 선수보다 넓은 내적(broad-internal) 주의 집중 형태를 갖춤(콕스 Cox, 1987) • 미식축구 종목에선 라인맨이 백필드에 비해 더 조직적이고 실제적임. 공격과 방어역할을 하는 백필드는 유연하고 적응적임(슈르, 루블, 니스벳, 왈라스 Shurr, Ruble, Nisbet, Wallace, 1984)

OX 퀴즈

성격의 측정으로 구조화된 질문지를 대상자에 배포하여 응답을 얻는 면접법이 있다. Ⓞ Ⓧ

정답 ×
해설 질문지법

기출 FOCUS

- 스포츠 재미의 영향요인 22 기출
  - 숙달과 성취
  - 사회적 소속
  - 동작의 감각체험
- 몰입 23 기출

기술수준별 성격	• 윌리엄스와 파킨스(Williams & Parkins, 1980)의 연구 −세계적 선수와 클럽 선수 간에는 성격의 차이가 있음 −세계적 선수와 국가대표급 선수 간에는 성격의 차이가 없음 −국가대표급 선수와 클럽 선수 간에는 성격의 차이가 없음
우수선수의 성격	• 세계적 수준의 엘리트 선수들은 냉정하고 아주 안정된 성격(모건 Morgan, 1979)

개념 PLUS

스포츠 성격 연구의 문제점
- 개념적인 문제: 기초 이론의 논리근거가 미약하다는 평가
- 방법론적 문제: 선수, 집단, 능력 등 다양한 변인의 조작적 정의가 어렵다는 평가
- 해석상의 문제: 인과관계 간의 추론과 해석상 오류가 있다는 평가

기출 Q

Q. 〈보기〉가 설명하는 성격 이론은? 기출 24

> 자기가 좋아하는 국가대표선수가 무더위에서 진행된 올림픽 마라톤 경기에서 불굴의 정신력으로 완주하는 모습을 보고, 자기도 포기하지 않는 정신력으로 10km 마라톤을 완주하였다.

① 특성이론   ② 사회학습이론
③ 욕구위계이론   ④ 정신역동이론

해설 〈보기〉에서 설명하는 사회학습이론은 각 개인이 관찰과 모방을 통해 새로운 행동을 배우고, 이를 통해 사회적 경험을 습득한다는 이론임
① 특성이론: 개인 내에 존재하고 있는 일관적이고 안정된 특성으로 성격을 설명하는 이론임
③ 욕구위계이론: 매슬로우가 제시한 현상학적 이론으로 욕구의 위계는 생리적 욕구, 안전욕구, 사회적 욕구, 존중욕구, 자아실현 욕구 단계로 나누어짐
④ 심리(정신)역동이론: 인간의 성격과 행동은 무의식적 욕구, 갈등, 경험에 의해 결정된다고 본 이론임

정답 ②

02 정서

1. 정서와 유사개념

(1) 재미: 과제활동 시 느끼는 긍정적 심리상태

(2) 몰입

① 개인이 주관적으로 경험하는 최상의 수행상태(flow)로서 기술과 도전이 균형을 이루는 상황임(기술이 높고 도전이 낮으면 이완이 되고, 기술이 낮고 도전이 높으면 불안한 상황)

② 칙센트미하이(M. Csikszentmihalyi): 몰입은 '물 흐르는 것처럼 편안한 느낌'

2. 정서의 이론과 측정

(1) 정서의 개념

① 개인이 현재 갖고 있는 감정상태로 신체적인 변화를 수반한 정신적·생리적 상태(emotion)
② 톰킨스(Tomkins): 기쁨, 슬픔, 분노, 놀람, 공포, 혐오, 흥미, 수치심 등 8가지 기본정서
③ 플루칙(R. Plutchik): 기본정서가 이웃한 정서와 합하여 새로운 혼합 정서를 만들어 낸다고 주장

(2) 정서의 이론(모형)

색상환 모형	• 빨강, 파랑, 노랑 3가지 물감의 비율 배합에 따라 다양한 색깔 나옴 • 인간도 6가지 또는 8가지 기본정서가 있고, 혼합되는 강도에 따라 여러 가지 정서가 나타남(플루칙 R. Plutchik)
2차원 모델	• 인간의 정서는 각성과 비각성, 쾌와 불쾌의 2차원 구조임(메라비언 A. Mehrabian)

(3) 정서의 측정

질문지법	• 자신의 정서상태를 보고하는 것(자기보고)
관찰법	• 다른 사람의 행동을 관찰하고 추론하는 것(행동측정) - 얼굴표정, 행동변화 등
생리적 측정법	• 정서를 경험할 때 나타나는 생리적 변화를 정서지표로 활용(바이오피드백) - 땀, 맥박, 피부저항, 뇌전도 등

03 불안

1. 불안과 유사개념

(1) 각성

① 강력하고 활발한 활동을 하기 위해 신체적 자원을 동원하여 활력을 돋우는 기능(랜더스, 보우쳐 Landers & Boutcher, 1986)
② 동기 구성 개념 또는 행동의 강도차원(랜더스 Landers, 1980)
③ 깊은 수면 상태에서부터 강렬한 흥분상태에 이르는 연속선상에서 변화하는 유기체의 일반적인 생리적, 심리적 활성화 상태(더피, 말모 Duffy & Malmo, 1959)

OX 퀴즈

정서는 개인이 현재 갖고 있는 감정상태로 신체적인 변화를 수반한 정신적이고 생리적인 상태를 의미한다. O X

정답 O

기출 FOCUS

- 불안과 유사개념
  - 탈진 　　　17 기출
  - 스트레스 　15 기출
- 선수 탈진 설문지(Athlete Burnout Questionnaire, ABQ) 척도　22 기출
  - 정서적/신체적 피로(emotional/physical exhaustion)
  - 성취감 감소(reduced sense of accomplishment)
  - 스포츠 평가절하(sport devaluation)

(2) 스트레스

① 내·외적 압력에 의해 유기체 내에서 일어나는 모든 불특정한 반응의 총화 (셀리에 Selye, 1956)

② 환경의 요구에 대응하지 못할 때 중대한 결과가 초래되는 상황에서 환경의 요구와 개인의 반응 능력 간의 실제적인 불균형(맥그래스 McGrath, 1970)

③ 스트레스 측정: 심박수, 피부반응, 호르몬 변화 등

④ 스트레스 과정(맥그래스 McGrath, 1970)

1단계	상황적 요구
2단계	개인의 상황지각(상황적 요구와 개인의 반응능력 간의 불균형)
3단계	반응(생리적 반응-의사결정)
4단계	행동(수행이나 결과)

(3) 탈진

① 불쾌한 스트레스가 오랫동안 누적돼 심리적·생리적으로 완전히 지쳐버린 상태

② 탈진이 되면 신체적·정신적 피로감, 성취의욕 저하, 자기비하, 타인과의 괴리감, 정서 고갈 수반

③ 탈진의 원인: 지나친 훈련과 목표성향 동기, 완벽주의 등

④ 탈진극복 방안: 건강과 에너지 투입, 긍정적 신념, 문제해결 기술 습득, 물질적 자원, 사회적 기술, 사회적 지지 등

2. 불안의 종류와 측정

(1) 불안의 개념

자신의 힘으로 통제할 수 없는 좋지 않은 일들이 예측할 수 없어 일어날 것이라는 근심과 걱정을 동반하는 정서(맥닐, 터크, 리스 McNeil, Turk, & Ries, 1994)

(2) 불안의 종류

① 특성불안(trait anxiety)
　㉠ 어떤 사람의 성격의 한 측면으로서 개인적 특성 및 기질
　㉡ 객관적 위협 정도와 상관없이 상태불안 반응을 나타내는 행동경향(스필버거 Spielberger, 1966)
　㉢ 사람들의 상태불안의 강도 및 빈도와 관계가 있음

② 상태불안(state anxiety)
　㉠ 자율신경계의 각성을 수반하는 불유쾌한 정서적 반응과 같은 부적응 상태(랜더스 Landers, 1980; 랜더스, 보우쳐 Lander & Boutcher, 1986)
　㉡ 개인에 의해 위협적인 것으로 해석된 객관적인 환경적 요구로부터 일어난 것(마튼스 Martens, 1977)

ⓒ 선수가 경기 중 앞에서 시범을 보인 선수가 월등하게 잘 했을 때 상태불안이 생길 수 있음

③ 경쟁불안(competitive anxiety)

ⓐ 시합상황에서 느끼는 선수의 불안정한 심리상태

ⓑ 종류

경쟁특성불안	• 경쟁적인 상황(시합)을 위협적인 것으로 지각 • 우려와 긴장의 감정으로 반응하려는 경향
경쟁상태불안	• 특별한 경쟁상황에 의해 유발되는 불안 반응 • 일반 상태불안과 동일한 의미

ⓒ 원인: 경기도구가 신체에 맞지 않는 부적감(feeling of inadequacy), 실패에 대한 공포, 통제 상실, 신체적 불만, 죄의식 등(크롤 Kroll, 1979; 스캔랜 Scanlan, 1984)

(3) 경쟁불안의 측정

행동적 측정	• 시합 전후에 나타나는 선수의 행동적 특징을 관찰, 기록, 분석 • 불안해졌을 때의 두근거림, 근육 긴장, 빠른 호흡, 심박 수 증가 등

생리·생화학적 측정	• 생리적 측정
	  −근전도(EMG, 근육활동 유형 측정), 뇌전도(EEG, 뇌 활동 측정), 피부전기저항(GSR) 등
	• 생화학적 측정
	  −호르몬 변화, 혈당, 소변측정 등

심리적 측정	• 선수 자신이 질문지에 답한 것을 보고 불안을 측정하는 방법
	• 개발된 질문지
	  −테일러(J. Taylor)의 표출불안척도(Manifest Anxiety Scale, MAS)
	  −스필버거(C. D. Spielberger)의 상태불안검사지(State Trait Anxiety Inventory, STAI)
	  −마튼스(R. S. Martens)의 스포츠경쟁불안검사지(Sport Competition Anxiety Test, SCAT): 경쟁특성불안 측정
	  −마튼스 등(Martens et al.)의 경쟁상태불안검사지(competitive State Anxiety Inventory, CSAI)와 CSAI−2 개발: 경쟁상태불안 측정

기출 FOCUS

◆ 불안의 종류
- 특성불안   17 기출
- 상태불안   18·20 기출
- 경쟁불안   18 기출

◆ 불안의 원인
① 경기 중 외적인 것으로부터의 상황을 위협하는 요인(상황적 요인)
② 부모·가족·친구 등으로부터 능력을 입증받아야 한다는 생각(인지적 요인)
③ 비합리적 생각에 따라 자율신경계의 각성을 유발하고, 신체적 긴장을 유발하는 요인(생리적 요인)

◆ 불안 측정도구
- SCAT   21 기출
- CSAI−2

OX 퀴즈

시합상황에 느끼는 선수의 불안정한 심리상태를 경쟁불안이라고 한다. Ⓞ Ⓧ

정답 O

기출 FOCUS

- 경쟁불안 이론
  - 욕구이론　　　　　17 기출
  - 역-U자 이론　　　　15 기출
  - 적정기능구역이론 15·21 기출
  - 다차원적 이론　　　17 기출
  - 반전이론　　　　19·22 기출
  - 카타스트로피 이론　16 기출
  - 심리에너지 이론　　18 기출
- 지각협소화　　　　20·22 기출

3. 경쟁불안의 이론과 관리

(1) 경쟁불안의 이론

욕구 이론 (drive theory)	• 헐(Hull, 1943), 스펜스(Spence, 1956)가 초창기 제시 • 파블로 반사와 유사한 자극-반응(S-R)의 결합 • 복잡한 인간행동에 적용하기에는 미흡하다는 의견 • 운동수행 결과는 불안정도의 각성수준과 비례하여 증가(추동이론) (손스트롬 Sonstroem, 1984) • 운동수행=f(욕구 × 습관강도 × 유인동기)
역-U자 이론 (inverted-U theory)	• 각성수준이 높아질수록 수행수준도 점차 향상되고, 각성수준이 너무 높아지면 수행수준도 낮아짐(적정수준 이론) • 불안이 증가할수록 수행은 증진되나, 적정수준의 각성상태에서 운동수행이 극대화됨. 단, 각성수준이 더 증가하면 과각성상태(overarousal)가 되어 수행은 저하됨 • 주창자 이름을 따서 여키스와 도슨(Yerkes & Dodson, 1980) 법칙이라고도 함
적정기능구역이론 (ZOF: zone of optimal functional theory)	• 스포츠 참가자가 적정의 운동수행을 할 것으로 예측할 수 있는 불안의 수준 범위를 명시(하닌 Hanin, 1980) • 사람들은 개인차로 인해 자신의 적정 각성수준이 다름. 즉, 최적의 각성수준은 없음 • 선수 개개인의 최상의 수행을 발휘하는 범위를 당시의 각성수준을 측정하여 산출 • 최적수행지역이론이라고도 함

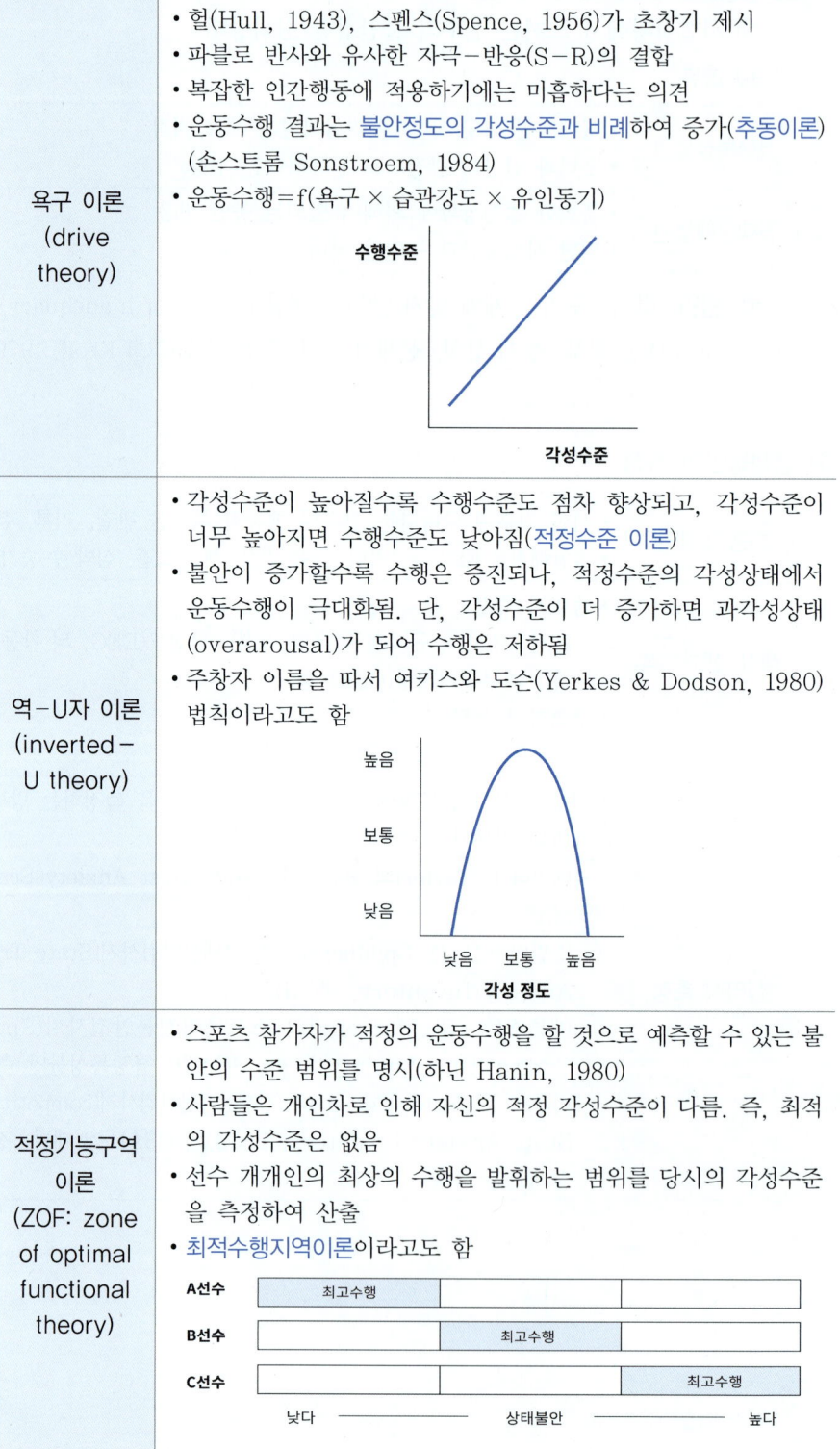

다차원적 이론 (multidimensional theory)	• 역-U자 이론(적정수준이론)의 대안으로 제시 • 불안은 일차적 현상이 아니라 2개의 구성요소로 이루어짐(데이비슨, 슈와타 Davidson & Schwarta, 1976; 버튼 Burton, 1988; 콕스 Cox, 1990) • 종류 　- 인지불안: 불유쾌한 감정의식과 수행력에 영향을 주는 초조함과 걱정과 같은 부정적 기대 　- 신체불안: 생리적 각성인식과 경쟁 상황에 대한 조건화된 반응으로 적정수준이면 긍정적인 영향을 줌 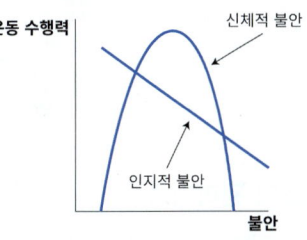
반전 이론 (reversal theory)	• 높은 각성수준을 유쾌한 흥분으로 지각하거나 불안으로 해석(스미스, 앱터 Smith & Apter, 1975; 앱터 M. J. Apter, 1982) • 동일한 각성수준을 정반대로 받아들인 원인은 개인의 동기, 성향의 차이 • 각성과 정서를 어떻게 해석하느냐의 개인의 성격과 동기를 설명 • 높은 각성은 해석에 따라 흥분이나 불안으로 해석(전환이론) 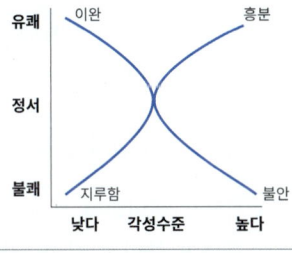
카타스트로피 이론 (catastrophe theory)	• 역-U 가설(적정수준이론)의 대안으로 급격한 변화를 의미하는 카타스트로피 이론을 제시(하디, 파지 Hardy & Fazey, 1987) • 각성의 증가가 수행을 최적수준까지 가속화시키지만 각성이 적정수준을 넘어 이후 거기에 따른 운동수행은 급격히 저하(격변이론)

OX 퀴즈

각성의 증가가 수행을 최적수준까지 가속화되다가 각성이 적정수준을 넘어 급격히 저하되는 이론을 역-U자 이론이라고 한다.
O X

정답 ✗
해설 카타스트로피 이론(격변이론)

심리 에너지 이론 (mental energy 또는 psychic energy theory)	• 각성을 긍정적으로 해석하면 긍정적 심리 에너지가 발생해서 운동수행에 긍정적인 영향을 미침 • 각성을 부정적으로 해석하면 부정적 심리 에너지가 발생해서 운동수행에 부정적인 영향을 미침 • 선수는 긍정적인 심리 에너지가 높고 부정적인 심리 에너지가 낮을 때 최고의 경기력을 발휘함(마튼스 Martens) 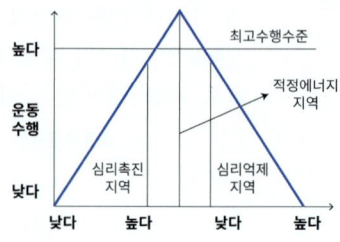

(2) 불안과 스트레스의 관리기법

① 일반적인 관리기법: 균형 잡힌 식사, 카페인과 알코올 소비량 조절, 충분한 수면, 규칙적인 운동, 취미활동 등

② 훈련을 통한 관리기법

바이오피드백 훈련	• 생체신호 측정, 긴장을 완화할 수 있는 훈련 - 근전도, 뇌전도, 피부온도, 피부저항, 심박 수, 호흡 수, 혈압 등
명상	• 심신을 이완시키고 마음을 통제할 수 있도록 훈련
자생훈련법	• 자기 스스로 최면상태에 도달해서 신체 무게를 느끼고 체온의 상승을 유도하는 훈련
점진적 이완기법	• 신체 각 부위의 근육을 한 근육씩 차례로 이완시키는 훈련
인지재구성법	• 시합을 대비하여 부정적인 생각을 버리고, 긍정적인 생각으로 전환하여 불안감 감소, 자신감을 증대시키는 훈련
호흡조절법	• 복식호흡(숨을 배로 쉼)을 통해 불안, 긴장을 해소하는 훈련
자화법	• 경기 전이나 경기 중에 선수들이 긍정적인 자화(혼잣말)를 통한 훈련
체계적 둔감화	• 불안과 스트레스를 유발하는 자극에 대해 이완반응을 보임으로써 둔감해지도록 하는 훈련

> **개념 PLUS**
>
> **지각 협소화(perceptual narrowing)**
> • 스트레스 상황에서 지각의 범위가 줄어드는 현상
> • 각성수준이 높을 때: 지각 협소화로 중요한 정보를 놓칠 수 있음
> • 각성수준이 낮을 때: 지각의 범위가 상대적으로 넓지만 운동수행에 유용한 정보는 적을 수 있음

기출 Q

Q. 아래에서 설명하는 이론은? 기출 19

- 각성 수준에 대한 개인의 인지적 해석에 따라 정서 경험이 다를 수 있다.
- 각성 수준이 높은 상태를 기분 좋은 흥분상태나 불쾌한 정서로 해석할 수 있다.
- 결정적 순간에 발생하는 심판의 오심은 선수의 정서상태를 순간적으로 변화시킬 수 있다.

① 반전 이론(reversal theory)
② 카타스트로피 이론(catastrophe theory)
③ 다차원불안 이론(multidimensional anxiety theory)
④ 최적수행지역 이론(zone of optimal functioning theory)

해설) 반전 이론은 높은 각성수준을 유쾌한 흥분으로 지각하거나 불안으로 해석하는 것임 정답) ①

Q. <보기>에 제시된 불안과 운동수행의 관계를 설명하는 이론은? 기출 22

- 선수가 불안을 어떻게 '해석'하느냐에 따라 운동수행이 달라질 수 있다.
- 선수는 각성이 높은 상태를 기분 좋은 흥분상태로 해석할 수도 있지만 불쾌한 불안으로 해석할 수도 있다.

① 역U가설(inverted-U hypothesis)
② 전환이론(reversal theory)
③ 격변이론(catastrophe theory)
④ 적성기능지역이론(zone of optimal functioning theory)

해설) 전환이론(반전이론)은 높은 각성수준을 유쾌한 흥분으로 지각하거나 불안으로 해석함

정답) ②

Q. 아래의 대화 내용 중 지도자의 설명과 관련된 불안이론은? 기출 18

선 수: 감독님! 시합이 다가오니 초조하고 긴장이 되어 잠이 오질 않습니다.
지도자: 영운아! 시합이 다가오면 누구나 불안을 느끼지만, 불안을 어떻게 해석하느냐에 따라 경기수행이 달라지는 거야! 시합을 좀 더 긍정적이고 희망적인 것으로 해석하도록 노력하렴! 나는 너를 믿는다.

① 추동(욕구)이론(drive theory)
② 카타스트로피(catastrophe theory)
③ 심리 에너지 이론(mental energy theory)
④ 최적수행지역 이론(zone of optimal functioning theory)

해설) 심리 에너지 이론은 각성을 긍정적으로 해석하면 긍정적 심리 에너지가 발생해서 운동수행에 긍정적인 영향을 미치고, 부정적으로 해석하면 운동수행에 부정적인 영향을 미침 정답) ③

기출 FOCUS
- 동기 개념-매슬로우 욕구단계이론   18 기출

암기 TIP
생안사존자 키워드 위수로 암기 해보세요.

04 동기

1. 동기의 개념과 관점

(1) 동기의 개념

매슬로우 (Maslow, 1943)	• 생리적 욕구 → 안전 욕구 → 사회적 욕구 → 존경 욕구 → 자아실현 욕구(※ 성격의 현상학적 이론에도 명시)
모건 (Morgan, 1976)	• 어떤 목적을 향하여 특정한 행동을 취하도록 유도하는 상태
세이지 (Sage, 1977)	• 노력의 방향과 강도
길(Gill, 1999)	• 인간의 행동은 개인과 환경 모두의 영향을 받아 결정되는 것
빌리 (Vealey, 2005)	• 특정한 방식으로 행동하도록 하는 내적인 힘과 외적인 힘이 복잡하게 얽혀있는 상태

> **개념 PLUS**
>
> 노력의 방향과 노력의 강도를 결정해주는 것
> - 노력의 방향: 특정상황이나 행동을 선택하여 추구하기 위해 다가가는 것
> - 노력의 강도: 개인이 목표행동을 실현하기 위해 설정한 특정한 상황을 위해 얼마만큼 많은 노력을 기울이는가에 관한 것

(2) 동기를 이해하는 관점(와인버그, 굴드 Weinberg & Gould, 1995)

특성지향적 관점	• 참가자 중심의 관점 • 인간의 행동은 개인의 특성에 의해 결정됨 • 행동의 주체가 되는 개인의 특성적 요인인 성격, 목표성향, 태도 등이 행동에 영향을 미치는 중요한 의미를 가짐
상황지향적 관점	• 특성지향적 관점과 반대되는 개념 • 환경이 달라짐에 따라 개인의 동기수준은 차이가 있음
상호작용적 관점	• 개인의 특성적 요인과 환경적 요인이 복합적으로 이루어지는 결정체임(개인의 특성적 요인+환경적 요인) • 개인의 동기는 여러 요인의 복합적 결정체라는 관점으로 폭넓게 지지를 받음

2. 동기의 이론

(1) 내적동기 이론

① 내적욕구를 만족시키려고 동기가 생긴다고 주장하는 이론
② 스포츠 자체가 좋아서 운동을 하는 경우는 내적동기가 높음

③ 외적보상(외적동기)을 제공하면 재미있는 활동이 오히려 내적동기가 떨어짐 (데시, 라이언 Deci & Ryan, 1985)
④ 운동참가자에게 자신들이 운동을 선택하고 목표를 스스로 설정하게 했을 경우 내적동기가 높아짐(톰슨, 웬켈 Thompson & Wankel, 1980)
⑤ 내적동기를 높이는 방법
  ㉠ 성공경험을 갖게 함
  ㉡ 칭찬을 위한 말과 행동을 자주 함
  ㉢ 연습내용과 절차에 변화를 줌
  ㉣ 목표설정과 의사결정에 참여하게 함
  ㉤ 결과보다는 과제성취에 기초한 목표를 설정함
⑥ 내적동기와 관련한 이론

인지평가 이론 (cognitive evaluation theory)	• 인간은 유능성(competence)과 자결성(self-determination)을 느끼려는 본능적인 욕구를 가짐(데시, 라이언 Deci & Ryan, 1985) - 개인 유능성, 자결성을 높여주는 활동은 개인의 내적동기를 증가시킴 - 운동을 하는 개인이 스스로 유능하지 못하다고 느끼거나 남에 의해 통제받는다고 느끼면 내적동기는 감소
자기결정 이론 (self-determination theory)	• 인지평가이론의 확장(라이언, 데시 Ryan & Deci, 2001) - 인지평가이론(유능성, 자결성) + 관계성의 욕구 포함 • 자기결정성의 정도(크게 3가지로 분류): 자기결정성 연속체 (self-determination continuum) 무동기 → 외적동기(외적규제 extrinsic regulation / 의무감 규제 introjected regulation / 확인규제 identified regulation / 통합규제 integrated regulation) → 내적동기 - 어떤 유형의 동기를 갖게 되느냐 하는 것은 개인의 결정 • 외적규제: 보수, 강제성으로 인한 규제 • 의무감규제: 죄책감, 의무감으로 인한 규제(내적규제) • 확인규제: 중요성, 효과로 인한 규제

(2) 외적동기 이론

① 외적욕구를 만족시키려고 동기가 생긴다고 주장하는 이론(유인동기 이론)
② 다른 사람의 인정, 상벌, 강제성 등에 따라 동기가 부여되는 것
③ 스포츠 외적인 목적을 달성하기 위한 수단으로 스포츠를 함

기출 FOCUS

◆ 동기유발의 효과(기능)
- **활성화기능**: 어떤 행동을 유발시키는 시발기능으로 한 개인을 스포츠에 참가하도록 함
- **지향기능**: 행동의 방향을 설정, 목표 달성을 위해 해야 할 행동의 방향을 결정
- **선택기능**: 목표 달성을 위해 특정행동을 선택하게 하는 조절기능
- **강화기능**: 행동결과가 좋으면 정적강화, 행동결과가 나쁘면 부적강화를 제공

◆ 효과적인 동기유발 방법
- 선수에게 스포츠 활동, 연습 프로그램의 명확하고 구체적인 목표를 제시
- 계획에 따른 단계별 목표를 수립하고 기록
- 개인차를 고려하여 목표를 설정
- 적절한 강화를 부여하고, 과제지향적인 목표를 강조
- 피드백은 수행 후 바로 제공

OX 퀴즈

선수에게 명확하고 구체적인 목표를 제시하는 것은 동기를 유도하는 방법이다. Ⓞ/Ⓧ

정답 O

기출 FOCUS

- 인지 재구성(cognitive restructuring) **20 기출**
  - 기존의 인식된 상황을 재구성하여 사고의 방식을 변경
  - 선수가 경기상황 중 스트레스 요인에 직면했을 때 긍정적인 사고로 전환
- 동기 이론
  15·16·18·19·21·23·24 기출
  - 내적동기이론
  - 외적동기이론
  - 성취목표 성향이론

(3) 성취동기 이론(성취목표성향 이론)

① 인간의 행동은 개인적 요인과 환경적 요인의 상호작용에 의해 만들어진다는 성취동기 이론(맥클레랜드 McClelland, 1953)의 연장선으로 다수의 학자 주장 (애임스 Ames, 1992; 두다 Duda, 1993; 드웩 Dweck, 1986; 니콜스 Nicholls, 1989; 로버츠 Roberts, 1993)

개인적 요인	• 성공성취동기(MAS): 자신감, 내적동기(성취동기가 높은 선수) • 실패회피동기(MAF): 실패공포, 불안(성취동기가 낮은 선수)
환경적 요인	• 성공의 유인가치(IS) • 성공할 가능성(PS)

② 과제목표와 자아목표

과제지향성	• 연습, 노력 중요시, 기술 향상 및 습득 목표(성취동기가 높은 선수)
자아지향성	• 능력 중요시, 타인보다 우수하다고 과시, 높은 평가를 받는 것을 목표, 남과의 비교(성취동기가 낮은 선수)

※ 두다(Duda, 1992)의 과제-자아 지향성 측정 질문지(Task & Ego Orientation in Sport Questionnaire; TEOSQ)

③ 집단의 성취목표에 초점을 둔 이론

동기분위기 이론 (motivation climate theory)	• 개인의 성취목표 성향도 중요하지만, 학급(class), 팀(team) 등의 동기분위기도 중요 　- 동기분위기: 자신이 속해 있는 집단의 환경을 어떻게 인식하고 있느냐 하는 것(숙달 중시 분위기, 수행 중시 분위기) • 월링 등(Walling et al., 1993)의 팀 동기 분위기 질문지(Perceived Motivation Climate in Sport Questionnaire; PMCSQ)

개념 PLUS

- 성취동기가 높은 선수
  ① 외적보상 < 성취 자체를 목적으로 추구하는 과제 지향적
  ② 성공욕구가 큼(성공성취 동기)
- 성취동기가 낮은 선수
  ① 승리를 목적 → 남과의 비교 → 자기(자아) 지향적
  ② 실패회피 동기가 큼

OX 퀴즈

자기결정성의 정도는 무동기, 외적동기, 내적동기로 분류할 수 있다. Ⓞ Ⓧ

정답 O

기출 Q

Q. 데시(E. Deci)와 라이언(R. Ryan)이 제시한 자기결정이론(self-determination theory)에서 외적동기 유형으로 분류되지 않는 것은? 기출 23

① 무동기(amotivation)
② 확인규제(identified regulation)
③ 통합규제(integrated regulation)
④ 의무감규제(introjected regulation)

(해설) 자기결정성 연속체로서 자기결정성의 정도를 크게 3가지로 분류함. 즉, 무동기 → 외적동기(외적규제 extrinsic regulation/ 의무감 규제 introjected regulation/ 확인규제 identified regulation/ 통합규제 integrated regulation) → 내적동기임
(정답) ①

Q. 인지평가이론(cognitive evaluation theory)에서 내적 동기를 높일 수 있는 방법으로 옳지 않은 것은? 기출 21

① 타인과의 관계성을 높여준다.
② 자신의 능력에 대해 유능감을 높여준다.
③ 행동을 결정하는데 있어 자율성을 갖게 한다.
④ 행동결과에 대한 보상의 연관성을 강조한다.

(해설) 인간은 유능성(competence)과 자결성(self-determination)을 느끼려는 본능적인 욕구를 갖기 때문에 이를 높여주는 활동은 개인의 내적동기를 높이고, 남에 의해 통제받는다고 느끼면 내적동기는 낮아짐
(정답) ④

Q. 〈보기〉의 ㉠~㉢에 들어갈 개념을 바르게 나열한 것은? 기출 24

- (㉠): 노력의 방향과 강도로 설명된다.
- (㉡): 스포츠 자체가 좋아서 참여한다.
- (㉢): 보상을 받거나 처벌을 피하고자 스포츠에 참여한다.

	㉠	㉡	㉢
①	동기	외적동기	내적동기
②	동기	내적동기	외적동기
③	귀인	내적동기	외적동기
④	귀인	외적동기	내적동기

(해설) 〈보기〉는 동기와 관련한 내용임. 내적동기는 내적욕구를 만족시키려고 동기가 생긴다고 주장하는 이론으로서 스포츠 자체가 좋아서 운동을 하는 경우는 내적동기가 높음. 또한 외적동기(유인동기이론)는 외적욕구를 만족시키려고 동기가 생긴다고 주장하는 이론으로 다른 사람의 인정, 상벌, 강제성 등에 따라 동기가 부여됨
(정답) ②

기출 FOCUS

- ✓ 와이너의 귀인이론
  17·19·20·22 기출
  - 내적요인
  - 외적요인
  - 안정적 요인
  - 불안정적 요인
- ✓ 귀인 재훈련   23 기출

05 귀인

1. 귀인의 개념

(1) 자신 또는 다른 사람이 어떤 행동을 했을 때 원인을 찾고 그 행동에 귀속시켜야 할지를 추론하는 과정(歸因, attribution)

(2) 스포츠 상황에서 그 특성상 경기력을 결정짓는 요인들이 심리적, 생리적인 부분 등 다양한 요소들 중에서 경기의 승패에 대한 원인을 찾는 형태를 스포츠 귀인이라고 함

2. 귀인모형

(1) **하이더**(Heider, 1958)
① 귀인이론의 기본가정 성립
② 두 가지 방향으로 귀인을 시킨다고 주장

내부귀인	성격, 능력, 동기, 기분 등
외부귀인	외부적 특성, 상황적 특성, 타인의 영향, 날씨, 돌발적 사고 등

(2) **와이너**(Weiner, 1972)
① 성취 귀인이론으로 발전시키며 동기이론으로 체계화시킴
② 개인은 성취상황에서 성공과 실패의 경험에 대한 원인 분석, 이때 분석한 원인은 그 사람의 미래 행동을 결정짓는 것
③ 성취상황에서 원인으로 인식할 수 있는 4가지 요인을 재분류

원인의 소재 차원 (locus of causality dimension)	• 내적 요인(능력, 노력) • 외적 요인(과제난이도, 운)	• 통제가능: 노력 • 통제 불가능: 능력, 운, 과제난이도
안정성 차원 (stability dimension)	• 안정적 요인(능력, 과제난이도) • 불안정적 요인(노력, 운)	

(3) **귀인 재훈련 모형**

귀인 재훈련은 개인에게 인지적, 정서적, 행동적으로 부정적인 영향을 끼칠 수 있는 실패에 대한 부적절한 귀인을 변화시켜 보다 긍정적인 귀인패턴으로 발전시키는 것임

OX 퀴즈

스포츠 귀인이란 스포츠 상황에서 경기의 승패 원인을 찾는 형태를 의미한다.   (O/X)

정답 O

바람직한 귀인	성공	통제 가능한 요인 • 능력 충만 등 내적요인으로의 귀인 • 자신감, 긍정적인 정서	성공기대가 높음/ 적극적인 과제 행동, 높은 수행능력
	실패	통제 가능한 요인 • 노력부족, 전략부족 등 내적요인으로의 귀인 • 노력, 분발, 수행능력 개선	무기력함 없이 과제에 접근/ 성공기대
바람직하지 못한 귀인	실패	통제 불가능한 요인 • 능력부족 등 내적, 안정적, 총체적인 요인으로의 귀인 • 부정적인 정서	성공기대가 낮음/ 무력감, 포기, 저조한 수행능력

기출 Q

Q. 〈보기〉의 참가자를 위한 와이너(B. Weiner)의 귀인 이론에 기반한 지도 방법으로 옳은 것은?
기출 20

> 수영 교실에 참가하는 A씨는 다른 참가자들보다 수영에 재능이 없어 기술 습득이 늦다고 생각한다. 이로 인해 결석이 잦고 운동 중단이 예상된다.

① 외적이며 안정적이고 통제 불가능한 개인의 노력에 귀인할 수 있도록 지도한다.
② 내적이며 불안정적이고 통제 가능한 개인의 노력에 귀인할 수 있도록 지도한다.
③ 외적이며 안정적이고 통제 불가능한 개인의 능력에 귀인할 수 있도록 지도한다.
④ 내적이며 안정적이고 통제 가능한 개인의 능력에 귀인할 수 있도록 지도한다.

해설 와이너(Weiner)의 귀인이론이란 개인은 성취상황에서 성공과 실패의 경험에 대한 원인을 분석, 그 원인은 그 사람의 미래 행동을 결정짓는 것임. 성취상황에서 원인으로 인식할 수 있는 네 가지 요인(내적, 외적, 안정적, 불안정적 요인)을 분류함. 재능이 없다고 여기는 학습자에 대해 내적요인을 갖고 불안정한 요인을 갖고 있다고 판단하여 지도함 **정답** ②

06 목표설정

1. 목표설정의 개념

(1) 목표는 내용(content)과 강도(intensity)의 속성이 있음

(2) 구체적인 시간적 제한 내에서 어떤 과제에 대한 구체적인 수행능력의 수준을 의미(로크 Locke, 1981)

기출 FOCUS

◎ 목표설정 속성: 피드백, 경쟁, 수용성

암기 TIP

백경수 구참곤 백경수와 구참곤이가 목표에 강해요. 이렇게 암기해봅시다. **구**체성, **참**여, **곤**란성

개념 PLUS

스티어스(R. M. Steers)

① 목표의 5가지 기능 수행
- 설정된 목표는 행동이나 방향을 결정해주는 기능
- 목표는 조직이나 개인의 실적을 평가하는 표준
- 목표는 여러 활동과 목표 추구에 필요한 자원을 활용할 수 있도록 해줌으로써 합법적인 근거를 제공
- 조직의 측면에서 볼 때 조직의 구조, 즉 의사소통 형태, 권위나 권력관계, 지위의 배정 등에 직접 영향을 미침
- 목표를 연구함으로써 다른 방법으로는 알아낼 수 없었던 조직 구성원이나 조직의 감추어진 동기, 성격, 행동 등에 대한 통찰력을 얻을 수 있음

② 과업목표 6가지 속성

노력에 대한 피드**백**	노력에 대한 피드백이 주어질 때 성과향상을 시킴
목표달성에 대한 동료들 간의 **경쟁**	동료들 간의 경쟁이 성과향상을 시킴
목표의 **수용**성	구성원의 자발적 수용목표가 더 큰 동기유발을 시킴
목표의 **구체**성	구체적인 목표가 중요함
목표설정에의 **참**여	구성원들의 목표설정 과정에 참여함으로써 성과 향상을 시킴
목표의 **곤란**성	쉬운 목표보다 다소 어려운 목표가 동기유발을 시킴

목표설정 원리에 관한 10가지 가설(록, 래섬 Lock & Latham, 1985)

① 구체적 목표는 행동을 더욱 정확하게 하도록 조절할 것이다.
② 목표가 높으면 높을수록 수행은 향상될 것이다.
③ "최선을 다하라"와 같은 구호가 있는 경우가 없을 때보다 수행을 향상시킬 것이다.
④ 장기목표와 단기목표를 병행하는 것이 수행 향상에 효과적일 것이다.
⑤ 목표는 동기유발 기능에 의해 수행이 될 때 긍정적 영향을 미칠 것이다.
⑥ 목표설정은 피드백이 부여될 때 가장 효과적일 것이다.
⑦ 목표에 대한 개입의 수준이 높으면 높을수록 수행은 증가할 것이다.
⑧ 목표수행에 대한 지지, 목표설정에 참여, 유인·보상이 따를 때 영향을 받을 수 있다.
⑨ 목표달성은 과제가 복잡하거나 장기간의 시간을 요할 경우, 적절한 행동계획이 필요하다.
⑩ 경쟁은 높은 목표를 설정할 때 수행을 향상시킬 것이다.

2. 목표설정 이론 및 방법

(1) 목표설정 이론

기계론적 관점	목표설정 이론 (로크 Locke, 1968)	• 목표를 설정하고 행동하는 것이 동기에 영향을 미침 − 목표는 수행자의 주의집중에 영향을 미침 − 목표는 수행자에게 노력을 증가시킴 − 목표는 수행자의 노력을 지속시켜 중간에 포기하지 않게 동기화시킴 − 목표를 달성하기 위해 수행자는 새로운 과제 해결 책략을 개발하여 향상시킴
인지론적 관점	인지매개 이론 (갈랜드 Garland, 1985)	• 인지적 구성요소 − 수행기대(performance expectancy) − 수행유인가(performance valence)
	경쟁적 목표설정 모형이론 (버튼 Burton, 1992)	• 수행지향적 목표설정 유형 • 성공지향적 목표설정 유형 • 실패지향적 목표설정 유형

기출 FOCUS

◉ **목표설정 방법** 15·16·23 기출
- 구체적 목표를 수량적으로 설정
- 어려우면서도 실현가능한 목표 설정
- 장기적 목표와 단기적 목표를 병행해서 설정
- 수행목표를 설정
- 연습목표를 설정
- 부정적 목표가 아닌 긍정적 목표를 설정
- 성취목표 전략을 개발
- 설정한 목표를 기록
- 목표를 평가

◉ **목표설정** 20 기출

◉ **목표유형** 23 기출
- 결과목표: 상대방과의 경쟁적 결과에 초점을 두는 목표
- 수행목표: 자신이 과거에 수행한 결과와 비교한 규준설정 후 수행과정을 통해 성취하는 목표
- 개인목표: 본인 스스로 객관적으로 설정하는 목표
- 할당목표: 지도자가 일방적으로 특정 시합에서 설정해 주는 목표

기출 Q

Q. 〈보기〉에서 연구 결과를 통해 확인할 수 있는 목표설정에 관한 설명으로 옳은 것을 고른 것은? 기출 23

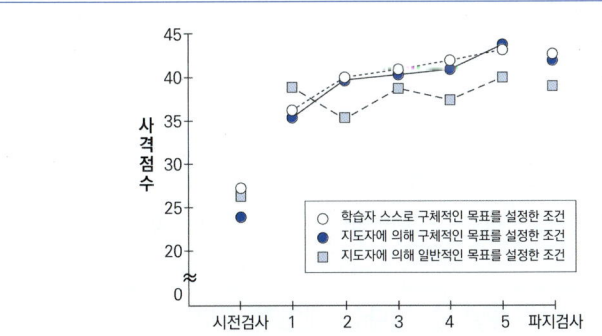

▲ Test(from B. Boyce, 1992)

㉠ 목표설정이 운동의 수행과 학습에 효과적이다.
㉡ 학습자에게 어려운 목표를 설정하도록 조언해야 한다.
㉢ 구체적인 목표를 설정했던 집단에서 더 높은 학습 효과가 나타났다.
㉣ 구체적이고 도전적인 목표를 향해 전념하도록 격려하는 것은 운동의 수행과 학습의 효과를 감소시킨다.

① ㉠, ㉡   ② ㉠, ㉢   ③ ㉡, ㉢   ④ ㉡, ㉣

해설 목표는 내용(content)과 강도(intensity)의 속성이 있고 목표가 높으면 높을수록 수행은 향상됨. 〈보기〉를 보면 지도자에 의해 설정된 일반적인 목표보다 학습자 혹은 지도자에 의해 설정된 구체적인 목표를 설정했을 때 수행능력이 향상됐음을 알 수 있음   **정답** ②

OX 퀴즈

목표설정이론은 목표를 정하고 행동하는 것이 동기에 영향을 미치는 것이다. Ⓞ Ⓧ

정답 O

기출 FOCUS

✓ 자신감 이론
  • 자기효능감 이론
    15·18·19·24 기출
  • 유능성 동기 이론 23 기출

07 자신감

1. 자신감과 유사개념

자기효능감 (self-efficacy)	• 특정한 문제를 자신의 능력으로 해결할 수 있다는 신념 혹은 기대감(반두라 Bandura, 1977)
낙관주의	• 미래에 자신에게 좋은 일이 생길 것이라고 긍정적으로 기대하는 성격(사상)
유능감 (competency)	• 자신의 능력으로 주어진 환경을 자신이 원하는 방향으로 바꾸어 놓을 수 있다고 믿는 것(하터 Harter, 1982)

2. 자신감의 이론

(1) 자신감(confidence)

① 자신의 능력이나 가치에 대한 신념 또는 의지

② 스포츠 자신감(sports confidence)
  ㉠ 스포츠 상황에서 어떤 운동을 성공적으로 수행할 수 있다는 믿음 혹은 확신(빌리 Vealey, 1986)
  ㉡ 자기효능감 이론과 유능성 동기 이론과 달리 경쟁지향성(competitive orientation)을 포함함(경쟁지향성: 경쟁상황에서 목표의 성취가 자신의 능력과 성공을 반영한다는 믿음)

(2) 자기효능감 이론(self-efficacy)

① 반두라(A. Bandura, 1977) 제시
② 인간이란 감정, 사고, 행동을 통제할 수 있는 자기반영적인 능력을 지니고 있다고 보았음
③ 자신이 어떤 일을 잘해낼 수 있다는 개인적 신념
④ 4가지 요인을 통해 형성

성취경험 (성공경험)	• 어떤 사람이 목표를 달성하기 위해 시도한 결과 성공과 실패 여부(수행완수)
대리경험 (간접경험)	• 타인의 성공과 실패 여부
언어적 설득 (사회적 설득)	• 타인으로부터 무엇인가를 잘 해낼 수 있다는 말을 얼마나 자주 듣느냐의 여부
정서적 각성	• 인간은 불안, 좌절 등과 같은 정서적 반응 등 조절능력

암기 TIP

성대설정 자신감을 갖기 위해선 목소리 잘 나오게 성대를 설정해야 합니다. 이렇게 암기해보세요.

OX 퀴즈

자기효능감 이론이란 자신이 어떤 일을 잘해낼 수 있다는 개인적 신념과 관련돼 있다. O|X

정답 O

(3) 유능성 동기 이론

① 와이트(White, 1959), 하터(Harter, 1978) 등이 제시
② 인간은 자신이 유능하다는 것을 남에게 보여주고 싶어 하는 유능성 동기가 있음
③ 스포츠 분야에서 숙련되려는 시도가 성공하면 유능성 동기가 높아지고, 실패하면 유능성 동기가 낮아짐
④ 유능성 동기 요인: 동기 지향성, 지각된 유능성, 통제감

기출 Q

Q. 〈보기〉에서 하터(S. Harter)의 유능성 동기이론 모형에 관한 설명으로 옳은 것을 고른 것은? 〔기출 23〕

> ⊙ 심리적 요인과 관련된 단일차원의 구성개념이다.
> ⓒ 실패 경험은 부정적 정서를 갖게 하여 유능성 동기를 낮추고, 결국에는 운동을 중도 포기하게 한다.
> ⓒ 성공 경험은 자기효능감과 긍정적 정서를 갖게 하여 유능성 동기를 높이고, 숙달(mastery)을 경험하게 한다.
> ⓔ 스포츠 상황에서 성공하기 위한 능력이 있다는 확신의 정도나 신념으로 특성 스포츠 자신감과 상태 스포츠 자신감으로 구분한다.

① ⊙, ⓒ
② ⊙, ⓔ
③ ⓒ, ⓒ
④ ⓒ, ⓔ

해설 유능성 동기 이론은 와이트(White, 1959), 하터(Harter, 1978) 등이 제시한 이론으로 인간에게는 자신이 유능하다는 것을 남에게 보여주고 싶어 하는 유능성 동기가 있음. 즉, 자신의 능력으로 주어진 환경을 자신이 원하는 방향으로 바꾸어 놓을 수 있다고 믿으므로 숙련되려는 시도를 다시 해서 성공하면 유능성 동기는 회복될 수 있음. 스포츠 분야에서 숙련되려는 시도가 성공하면 유능성 동기가 높아지고, 실패하면 유능성 동기가 낮아짐. 유능성 동기 요인으로 동기 지향성, 지각된 유능성, 통제감이 있음. ⓒ, ⓒ이 정답이고, ⓔ은 자신감 이론을 설명함 **정답** ③

Q. 반두라(A. Bandura)가 제시한 4가지 정보원에서 자기효능감에 가장 큰 영향력을 미치는 것은? 〔기출 24〕

① 대리경험
② 성취경험
③ 언어적 설득
④ 정서적/신체적 상태

해설 성취경험(성공경험)은 어떤 사람이 목표를 달성하기 위해 시도한 결과의 성공과 실패 여부(수행완수)로서 자기효능감에 가장 큰 영향을 미침 **정답** ②

기출 FOCUS

- **심상의 개념**   16 기출
  - 내적심상
  - 외적심상
- **심상의 요인**   20 기출
  - 선명도
  - 조절력
- **심상의 효과**
  - 자신감을 향상시킬 수 있음
  - 동기유발을 시킬 수 있음
  - 자신의 에너지 수준을 관리할 수 있음
  - 기술을 학습하고 완성할 수 있음
  - 주의가 산만해졌을 때 재집중할 수 있음
  - 시합에 들어가기 전에 마음의 준비를 할 수 있음
- **심상 이론**   22 기출
  - 심리신경근 이론 15·18 기출
  - 상징학습 이론
  - 생체정보 이론
  - 각성활성화 이론
- **심상의 활용**   17 기출
  - 스포츠기술 연습
  - 스포츠전략 연습
  - 집중력 향상
  - 자신감 향상
  - 감정조절
  - 스트레스 해소
  - 부상회복의 촉진
- **심상훈련 프로그램**
  - 1단계: 교육단계 – 심상훈련에 관한 오리엔테이션
  - 2단계: 측정단계 – 선수의 심상능력 측정
  - 3단계: 습득단계 – 감각지각 능력, 선명도, 조절력 향상
  - 4단계: 연습단계 – 개인차에 따른 체계적 연습
  - 5단계: 심리훈련 프로그램의 평가 및 보완

08 심상

1. 심상의 개념과 효과

(1) 심상의 개념

내적심상	• 수행자 관점에서 수행장면을 상상
외적심상	• 관찰자 관점에서 수행장면을 상상

① 마음(心)에 그려지는 상(象), 이미지(image)
② 이전에 경험한 것이 마음속에서 시각적으로 나타나는 상
③ 모든 감각을 활용하여 마음속으로 어떤 경험을 재현하거나 창조하는 것

(2) 심상의 효과에 영향을 미치는 요인

심상의 종류	• 내적심상, 외적심상
심상의 선명도	• 떠올리는 이미지가 뚜렷할수록 심상의 효과가 좋음(vividness) • 시합에서 느꼈던 자신감, 흥분, 행복감, 만족감 등을 실제처럼 시각화함 • 가능한 한 세밀하고 선명하게 실질적 경험을 만듦
심상의 조절력	• 원하는 이미지를 떠올릴 수 있어야 함(controllability) • 부정적인 수행 장면을 성공적인 수행 이미지로 바꿈 • 자신이 원하는 대로 심상이 되도록 수행
기술수준	• 개인의 기술수준이 높을수록 심상의 효과가 큼

2. 심상의 이론과 측정

(1) 심상의 이론

심리신경근 이론	• 심상연습을 통해 실제운동과 유사한 자극을 근육, 신경에 전달함
상징학습 이론	• 운동을 하면 그 운동의 요소들이 뇌에 상징(부호)으로 기록됨
생체정보 이론	• 뇌의 장기기억 속에 미리 저장되어 있는 것(preposition, 전제), 생물정보 이론
각성활성화 이론	• 심상훈련을 하면 운동하기에 적합할 정도로 각성수준 활성화

(2) 심상능력(기술)의 측정(마튼스 Martens)

① 혼자서 연습하는 상황
② 타인이 보고 있는 상황

③ 동료선수를 관찰하는 상황
④ 시합출전 상황

기출 Q

Q. 아래에서 심상의 활용으로 적절한 것은? 〔기출 17〕

> 가. 각성 수준을 높인 상태에서 진행한다.
> 나. 시각만을 활용해 진행한다.
> 다. 성공하는 장면을 선명하게 그린다.
> 라. 운동의 동작을 구체적으로 포함한다.

① 가, 나 ② 가, 라 ③ 나, 다 ④ 다, 라

해설 각성이 너무 높은 상태에서는 긴장이나 불안으로 인해 심상 훈련에 집중하기 어려우므로 적절한 각성 수준에서 심상 훈련을 하는 것이 효과적임(가). 심상 훈련에서는 시각뿐만 아니라 다른 감각도 활용하는 것이 더 효과적임(나) **정답** ④

Q. 〈보기〉의 ㉠에 들어갈 용어는? 〔기출 24〕

> • 복싱선수가 상대의 펀치를 맞고 실점하는 장면이 계속해서 떠오른다.
> • 이 선수는 (㉠)을/를 높이는 훈련이 필요하다.

① 내적 심상 ② 외적 심상 ③ 심상 조절력 ④ 심상 선명도

해설 심상의 조절력은 개인이 자신의 마음속에서 특정한 이미지나 상상(심상)을 의도적으로 생성하고, 그 이미지를 조작하거나 조정할 수 있는 능력을 의미함. 심상의 효과에 영향을 미치는 요인은 내적 심상, 외적심상, 심상의 선명도, 기술수준 등이 있음 **정답** ③

09 주의집중

1. 주의의 개념

(1) 마음에 새겨두고 조심함(注意, attention)

(2) 관심을 기울일 대상을 선정하는 것 또는 능력

개념 PLUS

주의의 특성(모건 W. P. Morgan)
- 용량성: 정보의 양에는 한계가 있음
- 선택성: 어떤 특정 대상을 선택해서 관심의 초점을 맞출 수 있음
- 배분성: 몇 가지 대상에 관심을 나누어서 기울일 수 있음
- 경계성: 예고 없이 일어나는 자극에 순간적으로 반응할 준비가 되어 있음(준비성)

암기 TIP

용택배경 용택이가 배경이 좋으니 주의하세요. 이렇게 암기해보세요.

OX 퀴즈

심상이란 이전에 경험한 것이 마음속에서 시각적으로 나타는 상으로 시합에 들어가기 전에 마음의 준비를 할 수 있다. Ⓞ Ⓧ

정답 O

심상을 활용하면 자신감은 향상되지만 스트레스는 증가할 수 있다. Ⓞ Ⓧ

정답 ✕
해설 스트레스 해소됨

기출 FOCUS

✓ **주의집중과 경기력 관계**
- 선수의 정서상태와 주의집중 능력 사이에는 깊은 관계가 있음
- 과제수행에 필요한 주의형태와 선수가 잘하는 주의유형에 따라서 수행능력에 차이가 생김
- 수행자의 주의초점 능력과 주의전환 능력에 따라 수행에 차이가 생김
- 오랫동안 주의를 집중할 수 있는 능력에 따라 수행에 차이가 생김

✓ **주의 개념 및 방법**
17·20 기출

✓ **니드퍼의 주의집중 유형**
17·18·21 기출
- 좁음-외적
- 넓음-외적
- 넓음-내적
- 좁음-내적

✓ **주의집중 향상기법**
15·18 기출
- 모의훈련
- 격자판 연습
- 과제지향 목표설정
- 수행 전 루틴개발 연습

OX 퀴즈

관심을 기울일 대상을 선정하는 것을 심상이라고 한다. O/X
정답 X
해설 주의집중

주의집중을 위해서는 격자판 연습과 모의훈련을 하면 효과가 있다. O/X
정답 O

2. 주의집중의 유형과 측정

(1) 로빈슨(K. Robinson, 1995)이 제시한 주의집중의 특성

선택적 특성	• 주의집중은 모든 정보를 기억하고 저장하는 것이 아님 • 특별한 정보만 선택하는 과정임
제한적 특성	• 인간은 여러 가지 정보를 모두 동시에 집중할 수 없음 • 개인이 가지는 특별한 정보에만 집중할 수 있음
개인의 부분적 통제	• 인간은 특별한 정보를 선택하여 집중함 • 주의집중에 대한 부분적인 통제로 주의를 집중함

(2) 니드퍼(Nideffer, 1976)가 제시한 주의집중의 유형

		도식도
① 좁음-외적 (한정적-외적)	• 한두 가지 목표에만 주의를 집중할 수 있음(야구 타격, 테니스 서비스, 골프 퍼팅, 양궁 과녁, 사격)	외적 (2) 상황신속판단 | (1) 목표주의집중 넓음 ——————— 좁음 (3) 많은 양 분석 | (4) 하나단서집중 내적
② 넓음-외적 (포괄적-외적)	• 상황을 빠르게 판단할 수 있음(미식축구 쿼터백, 축구 최종 수비수)	
③ 넓음-내적 (포괄적-내적)	• 한번에 많은 양의 정보를 분석할 수 있음(작전계획을 수립하는 코치)	
④ 좁음-내적 (한정적-내적)	• 하나의 단서에만 주의의 초점을 맞춤(바벨을 들어 올리는 역도선수)	

3. 주의집중 향상기법

모의훈련	• 경쟁상황에서 예견할 수 없는 일을 대비하기 위해 실시(simulation training)
격자판 연습	• 가로, 세로 각 10줄의 총 100개 칸에 0부터 99까지 숫자가 임의로 적혀있는 정사각형의 숫자판 활용(주의집중 프로그램) • 코치가 지시한 특정 숫자들을 1분 동안 찾아내는 훈련
과제지향 목표설정	• 선수가 설정한 목표를 달성하기 위해 계획을 세움(process oriented goal)
기타 훈련 및 방법	• 초점 맞추기, 신뢰훈련, 시계바늘 움직이기, 참선훈련 • 주의산만 요인에 노출, 주의초점 전환 연습, 주의 재집중 훈련 • 현재 수행하고 있는 일에 전념, 적정 각성수준 유지 • 조절할 수 있는 것에 집중, 수행 전 루틴을 개발하여 연습

기출 FOCUS

✓ 루틴 개념 16·17·19 기출
- 선수가 자신만의 독특한 동작, 절차를 습관적으로 행하는 것

기출 Q

Q. 아래의 상황에 해당하는 니드퍼(R. M. Nideffer)의 주의유형으로 가장 적절한 것은? 기출 18

> 사격선수인 효운이는 시합에서 오로지 표적을 바라보며 조준하고 있다.

① 넓은-내적 ② 좁은-내적
③ 넓은-외적 ④ 좁은-외적

(해설) '좁은-외적'의 주의집중 유형은 한두 가지 목표에만 주의를 집중할 수 있음 (정답) ④

Q. 나이데퍼(R. Nideffer)의 주의초점모형을 근거로, 〈보기〉의 내용에 해당하는 주의의 폭과 방향은? 기출 21

> 배구 선수가 서브를 준비하면서 상대 진영을 살핀 후, 빈 곳을 확인하여 그곳으로 공을 서브하였다.

① 광의 외적에서 협의 외적으로
② 광의 내적에서 광의 외적으로
③ 협의 내적에서 광의 외적으로
④ 협의 외적에서 협의 외적으로

(해설) 니드퍼(Nideffer)의 주의집중의 유형 중에서 상황을 빠르게 판단해야 하는 영역(넓음-외적)에서 한두 가지 목표에 주의를 집중해야 하는 영역(좁음-외적)의 이동임 (정답) ①

---

10 루틴

1. 루틴의 개념

(1) 선수들이 시합도중에 걱정, 주의분산과 같은 부정적 환경상황에 노출됐을 때 그것을 모면하기 위해 **선수가 자신만의 독특한 동작, 절차를 습관적으로 행하는 것**(routine)

(2) 경기력의 일관성을 위해 개발된 습관화된 동작, 최상수행을 위한 선수들 자신만의 고유한 동작이나 절차를 의미하고, 경기력 향상에 도움을 줌

2. 루틴의 유형

수행 전 루틴	• 신체적이고 기술적인 준비운동 • 필수적인 전술에 대한 재점검 • 장비의 준비 • 동료와의 대화 • 심리적 준비(마음의 준비)
수행 간 루틴	• 휴식: 이전의 운동수행에서 온 피로를 회복 • 재정비: 경기 중에 느끼는 혼란, 분노, 우울 등과 같은 감정을 재정비 • 재집중: 경기 중 느끼는 압박감을 해소하기 위해 재집중
수행 후 루틴	• 운동수행(경기) 후에 실시하는 루틴 • 성공, 실패와 상관없이 경험을 바탕으로 더 성장할 수 있는 토대를 만드는 것
미니 루틴	• 특정한 동작 직전에 실시하는 루틴 - 농구의 자유투, 축구의 프리킥, 테니스의 서브 등

기출 Q

Q. 루틴(routine)에 대한 설명으로 옳지 않은 것은? 기출 16

① 경기력 향상에 도움을 준다.
② 경기력의 일관성을 위해 개발된 습관화된 동작이다.
③ 자신이 조절할 수 없는 요인에 주의를 기울이게 한다.
④ 최상수행을 위한 선수들 자신만의 고유한 동작이나 절차이다.

해설 루틴이란 선수들이 시합도중에 걱정, 주의분산과 같은 부정적 환경상황에 노출됐을 때 그것을 모면하기 위해 선수가 자신만의 독특한 동작, 절차를 습관적으로 행하는 것으로 경기력의 일관성을 위해 개발된 습관화된 동작, 최상수행을 위한 선수들 자신만의 고유한 동작이나 절차를 의미하고, 경기력 향상에 도움을 줌

정답 ③

OX 퀴즈

루틴은 선수가 자신만의 독특한 동작과 절차를 습관적으로 행하는 것을 뜻한다. ⓞⓧ

정답 O

CHAPTER 04 스포츠수행의 사회 심리적 요인

01 집단 응집력

1. 집단 응집력의 개념

(1) 집단이 갖는 특징, 즉 집단의 통일과 화합 등을 의미하는 것
(2) 유사개념은 단결(group association), 팀정신(team spirit), 팀워크(team work) 등이 있음

페스팅어, 스캐쳐, 백 (Festinger, Schachter, & Back, 1950)	• 집단에 구성원들을 머무르게 할 수 있는 심리적인 힘
로트와 로트 (A. J. Lott, & B. E. Lott, 1965)	• 집단 구성원 사이의 상호 긍정적 태도의 강도
밀(Mill, 1967)	• 집단의 구성원 사이에 정서적으로 친밀하다고 느끼고 집단에 애착을 공유하는 정도
카트라이트(Cartwright, 1968)	• 집단 구성원이 집단 내에 남아 있고 싶어하는 정도
세레스카임 (Sehreischeim, 1980)	• 집단 구성원들이 서로를 좋아하고 집단의 일원으로 존재하고 싶어 하는 정도
던캔(Duncan, 1981)	• 공동목적을 달성하기 위해 단일 단위로서 사고하고 행동하는 집단의 힘
캐론(Carron, 1982)	• 구성원들이 집단의 목적과 목표를 얻기 위하여 뭉치려는 경향

기출 FOCUS

◎ 집단 응집력 이론
 • **캐론의 응집력 이론적 모형**(환경적, 개인적, 팀, 리더십)
  15·19·21 기출
 • **스타이너의 집단생산성 이론**(실제 생산성, 잠재적 생산성, 잘못된 과정으로 인한 손실)
  16·17 기출

2. 집단 응집력의 이론

(1) **캐론**(A. V. Carron, 1982)**과 길**(Gill, 1986) **응집력 이론적 모형**

환경적 요인	• 주변의 상황이 선수들을 하나의 집단 구성원으로 묶어놓은 힘
개인적 요인	• 선수들의 개인적 특징, 성향 등
팀 요인	• 팀의 과제, 승리 열망, 집단 지향 목표, 팀 능력, 팀 안정성 등
리더십 요인	• 지도자 행동, 선수와 소통, 리더십 스타일 등

기출 FOCUS

● **링겔만 효과(사회적 태만현상)의 원인** 17 기출
- 할당전략
- 최소화전략
- 무임승차전략
- 반무임승차전략

● **동기손실** 20 기출

● **과정손실 원인**
- 개인이 집단에서 일을 하면 사회적 영향력을 덜 받게 됨
- 개인이 집단에서 일을 하면 각성수준이 낮아짐
- 개인이 집단에서 일을 하면 집단의 성과를 높이기 위해선 자신의 노력이 꼭 필요한 것은 아니라고 생각하게 됨. 결과적으로 개인의 노력이 줄어듦

● **사회적 태만 방지방법** 21 기출
- 각 선수마다 노력 정도 확인
- 팀 내의 상호작용을 통해 개인의 책임감 높임
- 팀 목표와 함께 개인 목표 설정
- 선수 간, 선수와 지도자 간의 대화
- 개인의 독특성과 창의성을 발휘하여 팀에 공헌 여부 강조
- 일시적으로 동기 저하되는 것은 누구나 일어날 수 있음을 인지
- 서로 다른 포지션 연습, 사회적 태만이 팀 전체에 미치는 영향을 인지
- 강도 높은 훈련 뒤에는 휴식시간을 통해 재충전
- 사회적 태만의 허용상황을 규정
- 소집단으로 구성

암기 TIP

당최무반 태만은 당최 무임승차하는 것이므로 반대해야 합니다. 이렇게 암기해보세요.

(2) 스타이너(I. D. Steiner, 1972)의 집단 생산성 이론

실제 생산성 = 잠재적 생산성 − 잘못된 과정으로 인한 손실

실제 생산성	• 승률과 같은 객관적인 척도로서 스포츠 집단의 성취 정도
잠재적 생산성	• 팀의 모든 자원을 최적수준으로 활용했을 때 성취할 수 있는 것으로 가정

잘못된 과정으로 인한 손실	• 사회적 태만(링겔만 효과, Ringelmann effect)으로 발생
	  − 집단의 과제수행에서 발생하는 개인의 노력이 줄어든 현상 즉, 개인의 동기손실을 링겔만 효과(사회적 태만현상)라고 함
	• 발생원인
	  − 할당전략: 혼자일 때 최대의 노력을 발휘하기 위해 집단 속에 에너지를 절약하는 전략
	  − 최소화전략: 가능한 최소의 노력을 통해 성취하려는 전략
	  − 무임승차전략: 집단 속에 개인이 자신의 노력을 줄이고, 타인의 노력에 편승하여 혜택을 받기 위한 전략
	  − 반무임승차전략: 무임승차를 원하지도 않고 열심히 노력하지도 않는 개인이 자신의 노력을 줄이고 혜택을 얻으려는 전략

기출 Q

Q. 스포츠 상황에서 집단 응집력 모형(Gill)의 4가지 요소에 해당하지 않는 것은?
기출 15

① 환경적 요인　　　　② 개인적 요인
③ 심리사회적 요인　　④ 리더십 요인

(해설) 집단 응집력 모형의 4가지는 환경적 요인, 개인적 요인, 팀 요인, 리더십 요인임　　정답 ③

Q. 캐론(A. V. Carron)의 응집력 모형에서 응집력과 관련이 있는 팀 요소가 아닌 것은?
기출 19

① 팀의 능력　　　　② 팀의 규모
③ 팀의 목표　　　　④ 팀의 승부욕

(해설) 캐론은 집단의 승리를 위한 강한 열망과 적당한 수준으로 함께 생활해온 팀의 응집력이 높다고 주장함. 팀의 요인으로 팀 과제, 승리의 열망 정도, 지향하는 목표, 팀 능력, 팀 안정성을 제시함
정답 ②

기출 FOCUS

✓ **집단응집력과 운동수행의 관계**
- 팀이 승리하면 팀의 응집력은 더 좋아짐
- 상호의존적인 스포츠에서는 팀의 응집력이 좋으면 팀의 성적도 좋아짐
- 독립적인 스포츠에서는 팀의 응집력과 팀의 성적 사이에는 관계가 없음
- 팀의 응집력과 팀의 성적이 정적 관계 혹은 부적 관계가 나타남

✓ **팀 구축**
- 팀의 개념, 팀 구축 중재 전략과 요인(환경, 구조, 과정)

16 기출

Q. 〈보기〉의 ⊙, ⓒ에 해당하는 것은? 기출 20

줄다리기에서 집단이 내는 힘의 총합이 개인의 힘을 모두 합친 것보다 적게 나타나는 현상은 (⊙)이며, 집단의 인원수가 증가할 때 발생하는 개인의 수행 감소는 (ⓒ) 때문이다.

	⊙	ⓒ
①	링겔만 효과(Ringelmann effect)	유능감 손실
②	관중 효과(audience effect)	동기 손실
③	링겔만 효과(Ringelmann effect)	동기 손실
④	관중 효과(audience effect)	유능감 손실

해설 스타이너(Steiner)의 집단 생산성 이론(실제 생산성=잠재적 생산성-잘못된 과정으로 인한 손실)에서 잘못된 과정으로 인한 손실은 집단의 과제수행에서 발생하는 개인의 노력이 줄어든 현상 즉, 개인의 동기 손실을 링겔만 효과(사회적 태만현상)라고 함

정답 ③

Q. 사회적 태만(social loafing) 현상을 극복하기 위한 지도전략으로 옳지 않은 것은? 기출 21

① 사회적 태만 허용상황을 미리 설정하지 않게 한다.
② 대집단보다는 소집단(포지션별)을 구성하여 훈련한다.
③ 지도자는 선수 개개인의 노력을 확인하고 이를 인정한다.
④ 선수들이 자신의 포지션뿐만 아니라 다른 역할도 경험하게 한다.

해설 사회적 태만을 극복하는 방법(Weinberg & Gould, 2015)으로는 개인의 노력을 확인, 개인의 공헌을 강조, 사회적 태만의 허용상황을 규정, 선수와의 대화, 소집단으로 구성, 포지션의 변경, 긍정적으로 귀인하는 것 등의 방법이 있음

정답 ①

3. 팀 구축(team building)

(1) 개념

① 팀을 재정비하여 팀 응집력이 있는 팀다운 팀으로 변모시키는 것
② 팀의 경기력을 향상시킬 목적으로 팀에 개입하는 것(축구 등 종목)

(2) 팀 구축을 위한 4가지 방법

목표 설정, 임무 분담, 문제 해결, 팀원 간의 관계 개선

OX 퀴즈

링겔만 효과라고 불리는 사회적 태만을 방지하기 위해서는 선수 간 혹은 선수와 지도자 간의 대화를 지속적으로 이어나가야 한다. Ⓞ/Ⓧ

정답 O

팀을 재정비하여 팀 응집력이 있는 팀다운 팀으로 변모시키는 것을 팀 구축이라고 한다. Ⓞ/Ⓧ

정답 O

CHAPTER 04 스포츠수행의 사회 심리적 요인

기출 FOCUS

팀 구축 프로그램(집단구조, 집단환경, 집단과정, 집단응집력)
17 기출

(3) 팀 구축 중재 전략과 요인

환경 요인	• 팀 구성원이 동일한 유니폼을 입는다.
구조 요인	• 매주 한 번씩 팀 미팅을 열어 각자의 역할과 책임을 논한다.
과정 요인	• 팀 구성원 간 상호작용과 의사소통의 기회를 충분히 갖는다.

(4) 팀 응집력을 향상시킬 수 있는 방법

① 팀이 다른 팀과 구별되게 만들고, 구성원들이 가깝게 지낼 수 있는 기회를 증가시킴
② 팀의 구성원들이 각자의 역할을 명확하게 이해하고, 수용함
③ 달성 가능한 목표를 설정, 목표설정 또는 의사결정 과정에 구성원들을 참여시킴
④ 팀 구성원들의 상호작용을 증가시킴
⑤ 팀의 규범에 순응시킴

암기 TIP

구경정집 팀 단합을 위해 구경할 정코치 집에 가라고 했어요. 이렇게 암기해보세요.

(5) 팀 구축 프로그램

집단**구조**	• 역할 명료성, 리더십
집단**환경**	• 근접성, 독특성
집단**과정**	• 희생, 협동, 소통
집단응**집**력	• 과제응집력, 사회응집력

기출 Q

Q. 아래의 팀 구축(team building) 중재 전략과 요인을 바르게 연결한 것은?

기출 16

> 가. 팀 구성원이 동일한 유니폼을 입는다.
> 나. 매주 한 번씩 팀 미팅을 열어 각자의 역할과 책임에 대해 논의한다.
> 다. 팀 구성원 간 상호작용과 의사소통의 기회를 충분히 갖는다.

① 가: 환경 요인 나: 구조 요인 다: 과정 요인
② 가: 환경 요인 나: 과정 요인 다: 구조 요인
③ 가: 과정 요인 나: 환경 요인 다: 구조 요인
④ 가: 과정 요인 나: 구조 요인 다: 환경 요인

해설 팀 구축은 팀을 재정비하여 팀 응집력이 있는 팀다운 팀으로 변모시키는 것으로 환경요인(동일한 팀 유니폼), 구조요인(각자의 역할과 책임), 과정요인(상호작용과 의사소통)이 있음   정답 ①

Q. 아래의 팀 구축 프로그램을 위한 개념 모형에서 괄호 안에 적절한 변인은? 기출 17

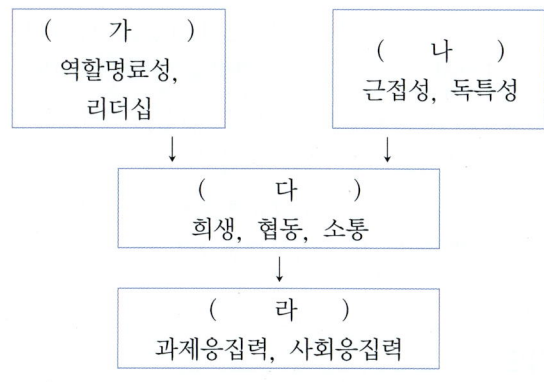

① 가: 집단구조 나: 집단환경
   다: 집단응집력 라: 집단과정
② 가: 집단구조 나: 집단환경
   다: 집단과정 라: 집단응집력
③ 가: 집단환경 나: 집단구조
   다: 집단응집력 라: 집단과정
④ 가: 집단환경 나: 집단구조
   다: 집단과정 라: 집단응집력

해설 운동실천 영향 요인은 개인요인, 집단요인, 환경요인이 있음. 집단요인은 집단구조(역할명료성, 리더십), 집단환경(근접성, 독특성), 집단과정(희생, 협동, 소통)을 포함하고, 환경요인은 집단응집력(과제응집력, 사회응집력)을 포함함

정답 ②

02 리더십

1. 리더십의 개념

(1) 집단의 공통목표를 효과적으로 달성할 수 있는 방향으로 유도하는 것(leadership)

(2) 유사개념으로 사회적 통제(social control), 지도적 지위(headship) 등이 있음

피고스 (Pigors, 1953)	• 특정한 성격의 소유자가 공통의 문제를 추구할 때 자신의 의지, 감정, 통솔력 등으로 다른 사람을 이끌고 다스리는 특성
햄필과 쿤 (Hemphill & Coons, 1957)	• 집단이 공동으로 지향하는 목적을 달성하기 위해 집단 구성원들의 활동을 선도하는 지도자의 행동

기출 FOCUS

✓ 리더십 개요 및 이론
　　　　　　　　18·20 기출
　• **특성이론**
　• **행동이론**
　• **상황이론**　　24 기출
　• **다차원적 리더십 모델**
　　　　　　　　18·22 기출

카트라이트 (Cartwright, 1968)	• 집단목표를 선정하는 활동, 집단목표를 실현시키는 활동, **구성원 간의 상호작용의 질을 높이는 활동**임
플레시맨 (Fleishman, 1973)	• 목표나 목표군의 달성을 위해 의사소통과정을 통한 개인 간의 영향력을 행사하는 시도
스톡딜 (Stogdill, 1974)	• 목표설정과 목표달성을 향하도록 집단행위에 영향력을 행사하는 과정
바로우 (Barrow, 1977)	• 설정한 목표를 향해 나아가도록 개인, 집단에 영향력을 발휘하는 행동과정

2. 리더십의 이론

(1) 특성이론

① 지도자에게 필요한 인성, 특성은 타고났다고 주장하는 이론
② 스톡딜(Stogdill, 1948)은 성공적인 리더 5가지 성격특성 주장 : **지능, 성취동기, 책임감, 참여, 사회적 지위**

(2) 행동이론

① 보편적인 행동특성이 집단을 효율적으로 이끌기 위해서 필요하고, **학습에 의해 성취되는 것**이라는 이론
② **아이오와**(Iowa) **대학의 연구**: 권위적 리더, 민주적 리더, 자유방임적 리더로 분류(와이트와 리핏 White & Lippitt, 1968)
③ **오하이오**(Ohio) **대학의 연구**: 지도자 행동을 배려성, 구조화 주도 행동, 생산성 강조, 감수성 또는 사회적 인지로 분류(햄필, 쿤스 Hemphill & Coons (1957) 최초 제시/ 핼핀과 위너 Halpin & Winer, 1957)
④ **미시건**(Michigan) **대학의 연구**: 생산 지향성, 피고용자 지향성 제시(카츠와 칸 Katz & Kahn, 1953)
⑤ **관리격자 이론**: 블레이크, 머튼(Blake & Mouton, 1964)의 과업지향(생산성), 구성원 지향(인간관계성)

개념 PLUS

맥그레거(McGregor, 1960)의 X-Y 이론
㉠ X 유형 지도자: 부하직원들이 게으르고, 외재적으로 동기화되고, 자아통제를 할 수 없고, 그들의 일에 책임감을 가지지 않는다고 가정
㉡ Y 유형 지도자: 부하직원들이 내재적으로 동기화되고, 자아를 통제할 수 있으며, 책임감을 가지며 조직에 헌신한다고 가정

(3) 상황이론

① 지도자의 특성, 행동보다는 추종자의 능력과 태도, 리더십이 발휘되는 조직 내의 상황 등이 리더십을 결정

② 피들러(Fiedler, 1964)의 상황-유관 이론(상황적합성, 상황부합 이론)
　㉠ 지도자의 특성뿐만 아니라 리더십을 발휘하는 상황 강조
　㉡ 리더·구성원 관계, 직위 권력, 과업 구조

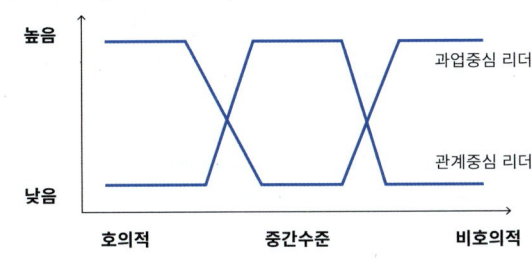

피들러의 상황적합성 리더십 이론

(4) 다차원적 리더십모델

① 첼라두라이(Chelladurai, 1978)는 상황이론에 기초하여 스포츠 상황에서 지도자 행동이 선수의 만족도와 수행능력에 영향을 미침
　㉠ 선행조건: 상황특성, 리더특성, 구성원 특성
　㉡ 지도자 행동: 규정행동, 실제행동, 선호행동
　㉢ 결과: 수행결과, 선수만족

② 스포츠 리더십 척도의 지도자 행동(첼라두라이와 살레 Chelladurai & Saleh, 1980)
훈련과 지시행동, 권위적 행동, 민주적 행동, 사회적 지지 행동, 긍정적 피드백 행동

암기 TIP

상들더력업 산(상)들 바람이 더러(력)워(업)요. 상황이론에서 피들러는 리더-구성원 관계, 직위 권력, 과업 구조를 제시함. 이렇게 암기해보세요.

OX 퀴즈

맥그레거의 X-Y이론은 리더십을 학습에 의해 성취되는 개념인 행동이론에 포함된다. ⓞⓧ

정답 ✕
해설 상황이론

기출 Q

Q. 〈보기〉는 피들러(F. Fiedler)의 상황부합 리더십 모형이다. 〈보기〉의 ㉠, ㉡에 들어갈 내용을 바르게 나열한 것은?   기출 24

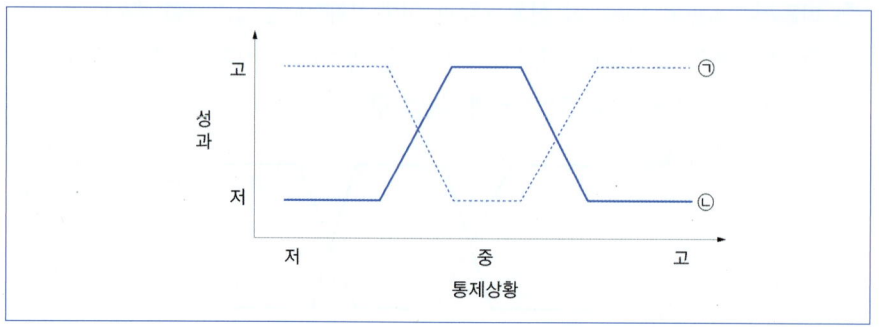

	㉠	㉡
①	관계지향리더	과제지향리더
②	과제지향리더	관계지향리더
③	관계지향리더	민주주의리더
④	과제지향리더	권위주의리더

해설 피들러의 상황·유관 이론(상황적합성, 상황부합 이론)은 지도자의 특성뿐만 아니라 리더십을 발휘하는 상황을 강조함으로써 지도자의 특성 및 행동보다는 추종자의 능력, 태도 및 리더십이 발휘되는 조직 내의 상황 등이 리더십을 결정한다고 제시함. ㉠은 과제지향리더(과업중심리더)이고, ㉡은 관계지향리더(관계중심리더)를 뜻함   **정답** ②

3. 강화와 처벌

(1) 개념

① 강화: 원하는 행동이 나타난 다음에 자극을 줌으로써 미래에 그러한 반응이 나타날 가능성을 증가시키는 것(reinforcement)

② 처벌: 원하지 않는 행동이 나타났을 때 자극을 줌으로써 그러한 행동을 회피하게 만드는 것

③ 행동조형: 강화물들을 사용하여 선수들의 행동을 점차적으로 가꾸고 다듬어 나가는 것

(2) 강화의 종류

정적 강화	• 어떤 반응의 빈도를 높이기 위해 강화하는 것(↔부적 강화)
부적 강화	• 불쾌하거나 고통스러운 자극을 제거함으로써 바람직한 반응의 확률을 높이는 것(↔정적 강화)
1차적 강화	• 물질, 물건으로 강화하는 것(↔2차적 강화)
2차적 강화	• 칭찬, 미소 등 코치와 선수의 사회적 관계를 통해 강화하는 것(↔1차적 강화)
연속 강화	• 바람직한 행동을 할 때마다 연속적으로 강화하는 것(↔간헐 강화)
간헐 강화	• 바람직한 행동이 있더라도 강화를 하는 때도 있고, 하지 않을 때도 있는 것(↔연속 강화)

기출 FOCUS

◎ 효과적인 강화 지침: 바람직한 행동을 지속하기 위함
17 기출

(3) 효과적인 강화 및 처벌의 지침

효과적인 강화 지침	효과적인 처벌 지침
• 즉각적으로 강화	• 처벌의 효과보다 부정적인 영향에 대해 주의
• 일관성 유지	• 동일한 규칙 위반에 대해서도 누구나 똑같이 처벌
• 성취결과뿐만 아니라 노력, 행동에도 반응	• 사람이 아니라 행동을 처벌
• 배우는 것이 모두 숙석되는 것은 아님	• 규칙 위반에 관한 규정은 지도자와 구성원이 협동해서 작성
• 바람직한 행동을 지속하기 위한 강화를 반드시 함	• 신체활동을 처벌 방법으로 이용하지 말 것

기출 Q

Q. 와인버그(R.S. Weinberg)와 굴드(D. Gould)의 바람직한 처벌 행동 지침에 관한 내용으로 옳지 않은 것은? 　기출 21

① 사람이 아니라 행동을 처벌한다.
② 동일한 규칙위반에 대해서는 동일하게 처벌한다.
③ 연습 중에 실수한 것에 대해서는 가볍게 처벌한다.
④ 규칙위반에 관한 처벌규정을 만들 때 선수의 의견을 반영한다.

(해설) 처벌지침(Weinberg & Gould, 2015)으로는 동일한 규칙을 위반했을 때 누구든 동일한 처벌의 일관성, 사람이 아니라 행동을 처벌, 규칙위반의 처벌규정을 만들 때 선수의견 반영, 신체활동 처벌 사용금지, 보상의 일종이나 관심을 끌기 위한 처벌금지, 개인적 감정의 처벌금지, 연습 중 실수의 처벌금지, 전체 선수들 앞에서 처벌금지, 불가피할 때 단호한 처벌, 나이를 고려한 처벌, 처벌이 필요한 선수에게 처벌이유 설명, 개인 잘못을 집단 전체로 돌리지 않기 등이 있음　　(정답) ③

OX 퀴즈

효과적인 강화를 위해서는 즉각적으로 조치하고 일관되게 유지해야 한다. Ⓞ Ⓧ

(정답) ○

기출 FOCUS
- 사회적 촉진 24 기출

03 사회적 촉진

1. 사회적 촉진의 개념
타인의 존재가 운동수행에 영향을 미치는 것
(1) 타인의 존재가 수행을 향상시키면 우세반응
(2) 타인의 존재가 수행을 손상시키면 열세반응

2. 사회적 촉진의 이론
(1) 초창기 이론

① 트리플렛(Triplett, 1897)의 이론: 사이클 선수는 관중이 존재할 때가 혼자 달릴 때보다 우수한 결과를 보임

② 알포트(Allport, 1924)의 이론
  ㉠ '사회적 촉진'이란 용어를 처음 사용
  ㉡ 공행자가 있을 경우 문제 해결과제, 판단력, 검사과제, 운동수행과제 등에 수행의 증가

  * 공행(coaction): 여러 사람들이 같이 일을 하지만, 서로의 상호작용이 없는 것

> **개념 PLUS**
>
> **초기 연구**
> ① 공행 패러다임: 단순히 상대방이 자신과 같은 일을 수행하는 것은 알지만, 상대의 수행 과정 결과에 대해 의식하지 않고 수행함
> ② 관중 패러다임: 운동상황에서 관중이나 경쟁자가 선수의 수행에 영향을 미침
>
> **사회적 촉진에 영향을 미치는 요인**
> - 개인적 요인
> - 과제 요인
> - 상황적 요인

(2) 단순존재 이론

① 자욘스(Zajonc, 1965)가 제시
② 타인의 존재는 욕구, 각성수준을 증가함. 즉, 단순한 관중이든 공행자이든 타인 존재 자체는 각성과 추동을 유발함
③ 수행할 기능을 단순화하거나 잘 학습되면 수행은 향상됨

(3) 평가우려 이론

① 코트렐(Cottrell, 1968)이 제시

② 타인의 존재만으로 수행을 촉진하는 충분조건이 되지 못하고 타인이 자신의 수행을 관찰하고 평가한다는 것에 대해 개인이 갖는 평가 우려가 각성의 직접적인 선행요인임

(4) 주의분산·갈등 이론

① 샌더스, 배런(Sanders & Barron, 1975), 샌더스(Sanders, G. S., 1981)가 제시
② 과제수행 중 타인의 존재는 수행자의 주의를 분산시킴

(5) 자아 이론

① 본드(C. F. Bond, 1982)가 제시
② 타인이 존재할 때 수행자는 타인으로부터 인정받으려는 욕구가 증대되어 동기가 촉진됨

기출 FOCUS

- 공격성의 개념   17 기출
  - 상대에게 피해나 상해를 입히기 위한 목적으로 가해하는 행동
- 공격성의 이론   15·23 기출
  - 본능이론
  - 좌절-공격 가설
  - 수정된 가설-공격 가설
  - 사회학습이론
  - 사회-인지이론

04 사회성 발달

1. 공격성의 개념

(1) 피해나 부상을 피하려고 하는 사람에게 피해나 상해를 입히기 위한 목적으로 가해하는 행동(적대적 공격행위, 수단적 공격행위)

(2) 학자별 정의

돌라드(Dollard, 1939)	• 다른 사람을 해치려는 목적으로 하는 일련의 행동
반두라(Bandura, 1973)	• 수행자보다 평가자가 공격적이라고 여기는 가학적이며 파괴적인 행동
배런(Baron, 1977)	• 상대방에게 해를 입히거나 상해를 입히려는 의도적인 행위로 살아있는 유기체에만 해당됨
칼슨(Calson, 1987)	• 침묵도 공격행동이기 때문에 공격성을 신체적인 해를 입히는 행동으로 제한할 필요가 없음

2. 공격성의 이론

본능 이론
(instinct theory)
	• 사람에게는 신체적, 언어적으로 본능적 공격성이 있음
	• 공격적 충동은 공격을 단순히 표현함으로써 감소될 수 있다고 주장함(프로이트는 '공격적 감정의 정화'라고 부름)
	  -정신역동이론(프로이트 Freud, 1948)
	  -동물행동학적 이론(로렌츠 Lorenz, 1966)
	• 모순된 사례: 복싱선수는 시즌 동안 공격성이 오히려 증가, 관중도 증가하는 현상

좌절-공격 가설
(frustration-aggression hypothesis)
	• 어떤 목표를 달성하고자 할 때 방해 받으면 좌절하고, 좌절하면 공격하게 됨(돌라드 Dollard, 1939)
	• 디킨슨 Dickenson(1979)이 제시한 사례
	  − 농구경기의 파울을 통해 공격 행동의 억제는 그 행위 표출에 따른 처벌강도에 따라 변함
	  − 좌절의 정도가 클수록 공격성이 커짐
	  − 처벌의 강도가 클수록 공격행위를 기피함
	  − 반론으로 좌절의 강도, 빈도가 일치한다는 이론은 근거가 없음

수정된 좌절-공격 가설	• 좌절-공격 가설의 타당성을 인정하지만, 공격성은 학습된다는 것을 주장(베르코위츠 Berkowitz, 1965)
사회학습 이론 (social learning theory)	• 공격적인 행동을 포함해서 인간의 모든 행동은 모방과 보상에 의해서 학습되어짐(반두라 Bandura, 1977) • 공격적인 감정이 없어도 공격적으로 행동할 수 있음(과거의 학습+외부환경 → 공격행동을 결정짓는 기제)
사회-인지 이론 (social cognitive theory)	• 인간은 행동적 반응을 이끄는 일련의 정보처리단계 과정을 거치게 됨(닷지 Dodge, 1980)

기출 Q

Q. 〈보기〉에 제시된 공격성에 관한 설명과 이론(가설)이 바르게 연결된 것은? 기출 23

- (㉠) 환경에서 관찰과 강화로 공격행위를 학습한다.
- (㉡) 인간의 내부에는 공격성을 유발하는 에너지가 존재한다.
- (㉢) 좌절(예 목표를 추구하는 행위가 방해받는 경험)이 공격 행동을 유발한다.
- (㉣) 좌절이 무조건 공격행동을 유발하지 않고, 공격행동이 적절하다는 외부적 단서가 있을 때 나타난다.

	㉠	㉡	㉢	㉣
①	사회학습이론	본능이론	좌절-공격 가설	수정된 좌절-공격 가설
②	사회학습이론	본능이론	수정된 좌절-공격 가설	좌절-공격 가설
③	본능이론	사회학습이론	좌절-공격 가설	수정된 좌절-공격 가설
④	본능이론	사회학습이론	수정된 좌절-공격 가설	좌절-공격 가설

(해설) 사회학습이론(㉠)은 공격적인 행동을 포함해서 인간의 모든 행동은 모방과 보상에 의해서 학습됨. 본능이론(㉡)은 사람에게는 신체적, 언어적으로 본능적 공격성이 있음. 좌절-공격이론(㉢)은 어떤 목표를 달성하고자 할 때 방해받으면 좌절하고, 좌절하면 공격하게 됨. 수정된 좌절-공격이론(㉣)은 좌절-공격 가설의 타당성을 인정하지만, 공격성은 학습된다는 것을 주장한 것임

(정답) ①

OX 퀴즈

인간의 모든 행동은 모방과 보상에 의해 학습될 수 있다는 사회학습 이론이 있다. OX

(정답) O

CHAPTER 05 운동심리학

01 운동의 심리적 효과

1. 심리·생리적 효과

운동이 불안에 미치는 영향	• 운동→체력 향상→자신감 증대→불안 감소, 수면의 질 향상
운동이 우울증에 미치는 영향	• 운동→낙담, 비애, 자존심 결여, 자포자기, 결단력 부족, 피로감, 성급함 등 감소 ※ 유·무산소성 운동은 우울증 감소에 효과적임 ※ 운동빈도는 우울증 치료효과가 크지만, 운동강도는 상관없음 ※ 장기간 운동이 단기간 운동보다 우울증 개선효과가 있음
운동이 자긍심에 미치는 영향	• 운동→체력 향상→자긍심 증대
운동이 스트레스에 미치는 영향	• 운동→스트레스 감소 ※ 유산소 운동을 한 사람들이 스트레스에 대해 덜 민감, 장기간 운동이 회복이 빠름

2. 운동의 심리적 효과에 관한 이론 및 측정

열발생 가설	• 운동→체온 상승→뇌에서 근육이완 명령
주의분리 가설	• 운동→일상생활 패턴의 일시적 주의 분리
모노아민 가설	• 운동→신경전달물질의 분리 증가→정서 변화
뇌변화 가설	• 운동→뇌의 혈관 많아짐→인지능력 향상
생리적 강인함 가설	• 운동→스트레스를 대처하는 능력 향상
사회·심리적 가설	• 운동→기분이 좋아질 것을 기대→위약효과

기출 FOCUS

◉ 신체활동의 심리 측정
  • 운동정서의 심리적 측정: 기분상태 검사지(맥네어 McNair, 1971)
  • 신체활동 양(量)의 심리적 측정: 여가활동 질문지(고딘, 쉐퍼드 Godin & Shepard, 1985)
  • 운동강도의 심리적 측정: 주관적인 운동강도 측정 척도 (보그 Borg, 1988)

◉ 운동심리학 – 심리·생리적 효과(운동이 우울증에 미치는 영향)   16·18 기출

◉ 운동의 심리적 효과 이론 및 측정 – 모노아민   18 기출

암기 TIP

모신정 모노아민은 운동, 신경전달물질 분리 증가, 정서변화로 이어집니다. 이렇게 암기해보세요.

OX 퀴즈

운동을 하게 되면 체온이 상승하고 뇌에서 근육을 이완하라는 명령을 내린다는 열발생 가설이 있다.   O X

정답 O

02 운동심리 이론

1. 합리적 행동 이론(reasoned action)

(1) 피시바인, 아젠(Fishbein & Ajzen, 1975)이 제시(TRA, Theory of Reasoned Action)

(2) 개인이 운동을 하려는 의도가 있으면 운동을 실천, 의도가 없으면 운동을 하지 않음

(3) 주요변인: 행동에 대한 태도, 주관적 규범, 의도

2. 계획적 행동 이론(planned action)

(1) 아이젠(Ajzen, 1986)이 제시(TPB, Theory of Planned Behavior)

(2) 지각된 행동통제감이란 개념 추가
  운동행동을 방해하는 요인을 자신이 통제할 수 있다는 자신감

(3) 의도를 결정하는 요인
  행위에 대한 태도, 주관적 규범, 인지(지각)된 행위 통제

3. 운동 변화단계 이론

(1) 프로차스카(J. O. Prochaska) 제시

(2) 인간의 행동은 시간을 두고 천천히 단계적으로 변화함. 즉, 운동의도가 생겼다고 바로 운동을 실천하는 것은 아님

(3) 5단계: 무관심 → 관심 → 준비 → 실천 → 유지

무관심 단계	• 고려 전 단계(pro-contemplation stage) • 현재 운동을 하고 있지 않음 • 앞으로 6개월 내에도 운동 할 의도가 없는 단계 • 운동으로 얻는 혜택보다 손실이 더 크다고 생각 • 자기효능감이 가장 낮음	혜택 < 손실
관심 단계	• 심사숙고 단계(고려 단계, contemplation stage) • 현재 운동을 하고 있지 않지만, 6개월 내에 운동을 할 의도를 갖는 단계 • 운동을 하면 어떤 혜택이 있는지 생각	혜택 ≤ 손실

준비 단계	• preparation stage • 규칙적으로 운동을 하고 있지 않으나, 1개월 내에 운동을 할 의도를 갖는 단계 • 운동할 준비는 됐지만, 제대로 못 할 것이라는 생각(자기효능감 낮음)	
실천 단계	• 실행단계, 행동단계(action stage) • 현재 운동을 규칙적으로 하고 있으나, 그 기간이 6개월이 지나지 않은 단계 • 운동을 실천하고 있지만, 이전 단계로 후퇴하지 않도록 조심하는 불안정한 단계	혜택 > 손실
유지 단계	• maintenance stage • 현재 운동을 규칙적으로 하고 있고, 시작한지 6개월이 지난 단계 • 6개월 이상 지속적인 운동을 해 와서 하위단계로 갈 가능성이 낮음 • 자기효능감의 가장 높음	

(4) 행동을 변화시키는 3가지 요인

자기효능감	• 무관심 단계일 때 가장 낮고, 유지단계에서 가장 높음
의사결정 균형 (decisional balance)	• 원하는 행동을 했을 때 기대되는 혜택, 손실을 평가하는 것
변화과정 (process of change)	• 한 단계에서 다른 단계로 이동하기 위해 사용하는 전략 －체험적 과정: 운동에 대한 개인태도, 생각, 느낌을 바꾸는 것 －행동적 과정: 행동수준에서 환경변화를 유도하는 것

4. 건강신념 모형

질병이 발생할 가능성이 있다는 인식, 질병에 걸리면 심각한 문제가 생긴다는 인식이 건강행동 실천에 영향을 미침

5. 자기효능감 이론

(1) 특정 상황에서 자기에게 주어진 과제를 성공적으로 수행할 수 있다는 신념(반두라 Bandura, 1986)

(2) 자기효능감이 높을수록 운동행동을 실천에 옮길 가능성 높다는 이론

(3) 자기효능감을 높이는 방법

① 목표를 작게 나누어 비교적 쉬운 과제 수행

기출 FOCUS
- 신체적 자기개념 22 기출

② 비슷한 또래친구가 잘하는 것을 관찰
③ 목표를 달성하면 칭찬, 격려
④ 운동을 처음 시작한 후 느끼는 피로, 통증 등을 받아들임

6. 사회생태학 이론

인간과 환경은 분리될 수 없고 지속적인 상호작용과 교환을 통해 서로에게 영향을 미침 예 지역사회가 여성전용 스포츠센터 건립, 정부가 운동참여 인센티브 부여 등

> **개념 PLUS**
>
> **신체적 자기개념**
> - 학문적, 사회적, 감정적 자기개념과 함께 자기개념을 구성하는 요소
> - 자신의 신체에 대해 느끼는 정도
> - 위계적 구조모형은 신체적 자기개념과 자기개념이 하나의 단계를 거친다는 이론으로 신체적 자기개념이 전체적인 자기개념에 영향을 미치는 중요한 요인
> - 대학생이 신체에 대해 지각하는 정도를 스포츠 유능감, 신체적 컨디션, 매력적 몸매, 체력으로 지각하여 전체적인 자기개념을 느낄 수 있다고 제시(Fox & Cobin, 1989)

> **기출 Q**
>
> **Q.** 〈보기〉는 아이젠(I. Ajxen)의 계획행동이론이다. 〈보기〉의 ㉠~㉣에 들어갈 개념을 바르게 나열한 것은? 기출 24
>
> (㉠)는 행동을 수행하는 것에 대한 개인의 정서적이고 평가적인 요소를 반영한다. (㉡)은/는 어떤 행동을 할 것인지 또는 안 할 것인지에 대해 개인이 느끼는 사회적 압력을 말한다. 어떠한 행동은 개인의 (㉢)에 따라 그 행동 여부가 결정된다. (㉣)은/는 어떤 행동을 하기가 쉽거나 어려운 정도에 대한 인식 정도를 의미한다.
>
> | | ㉠ | ㉡ | ㉢ | ㉣ |
> |---|---|---|---|---|
> | ① | 태도 | 의도 | 주관적 규범 | 행동통제인식 |
> | ② | 의도 | 주관적 규범 | 행동통제인식 | 태도 |
> | ③ | 태도 | 주관적 규범 | 의도 | 행동통제인식 |
> | ④ | 의도 | 태도 | 행동통제인식 | 주관적 규범 |
>
> **해설** 아이젠이 제시한 계획적 행동이론(TPB, Theory of Planned Behavior)은 지각된 행동통제감이란 개념을 추가하여 운동행동을 방해하는 요인을 자신이 통제할 수 있다는 자신감을 얻게 하고, 의도(㉢)를 결정하는 요인으로 행위에 대한 태도(㉠), 주관적 규범(㉡), 인지(지각)된 행위의 통제(㉣)를 하게 함
>
> **정답** ③

Q. 프로차스카(J. Prochaska)의 운동변화단계 이론(transtheoretical model)에 대한 설명으로 옳지 않은 것은? 기출 20

① 준비단계는 현재 운동에 참여하지 않지만, 6개월 이내에 운동을 시작할 의도가 있는 것을 의미한다.
② 의사결정 균형이란 운동을 할 때 기대할 수 있는 혜택과 손실을 평가하는 것을 의미한다.
③ 인지 과정과 행동 과정과 같은 변화과정을 통해 이전 단계에서 다음 단계로 이동하게 된다.
④ 자기효능감은 관심단계보다 유지단계에서 더 높다.

해설 준비단계는 규칙적으로 운동을 하고 있지 않으나, 1개월 내에 운동을 할 의도를 갖는 단계임
정답 ①

기출 FOCUS

- 운동특성 요인
  - 운동강도
  - 인지된 노력
  - 단체 프로그램
  - 지도자 수준
- 운동실천에 영향을 미치는 요인   16·18·24 기출
  - 개인적 요인
  - 환경적 요인
- 운동실천 중재전략의 지도자 영향   15 기출

03 운동실천 중재전략

1. 운동실천에 영향을 미치는 요인(와인버그, 굴드 Weinberg & Gould, 2007)

(1) 개인적인 요인
① 개인특성(나이, 직업, 교육수준, 성, 소득, 과체중 및 비만 등)
② 인지성격(태도, 운동방해요인, 운동의도, 건강 및 운동지식, 운동 자기효능감 등)
③ 행동(다이어트, 신체활동, 흡연 등)

(2) 환경적인 요인
① 사회적 환경요인: 집단 응집력, 사회적지지(배우자, 가족, 친지, 지도자) 등
② 물리적 환경요인: 기후, 계절, 시설, 루틴의 변동 등

개념 PLUS

사회적 지지
사회로부터 도움이나 정보를 얻는 것

동반자적 지지	운동을 함께하면서 동반자 역할을 하는 것
정보적 지지	운동방법, 시설 등에 대한 안내, 조언을 받는 것
정서적 지지	가족, 친지, 지도자로부터 칭찬, 격려를 받는 것
도구적 지지	운동을 할 때 보조자 역할처럼 실질적인 행동으로 도움을 받는 것

OX 퀴즈

개인의 특성과 건강 및 운동지식과 같은 인지성격은 운동실천에 영향을 미친다. O X
정답 O

응집력이 높은 집단은 낮은 집단에 비해 운동을 계속 실천할 확률이 높다. O X
정답 O

기출 FOCUS

- 내적동기 전략: 즐거움, 몰입
  17 기출
- 인지전략: 목표설정 전략, 의사결정 전략, 동기유발 전략
  18 기출
- 행동수정 전략 21 기출

2. 지도자, 집단, 문화의 영향

지도자의 영향	• 운동을 지도해주는 지도자 자질, 수준을 통해 운동을 지속하는 데 큰 영향을 미침 • 리더십 유형: 권위주의적 스타일, 민주주의적 스타일 • 코칭 행동에 영향을 미치는 선행요인: 리더의 특성, 구성원의 특성, 상황요인
집단의 영향	• 응집력이 높은 집단 > 응집력이 낮은 집단 → 운동을 지속적으로 실천, 중도에 포기하는 회원의 비율이 낮음
문화의 영향	• 사회 구성원이 공통적으로 지니는 가치, 관습, 규범, 규칙, 신념을 의미

3. 행동수정 및 인지전략

행동수정 전략	프롬프트(prompt)	• 뭔가를 보거나 들으면 운동을 해야 된다는 생각 예 운동용품을 생활동선 주변에 놓음으로써 운동을 유도하게 함
	계약하기	• 운동지도자와 서면계약을 통해 운동 목표 수립
	출석부 게시	• 출석상황 작성
	보상 제공	• 우수회원 선정, 공개칭찬, 격려 등
인지전략	목표설정 전략	• 객관적인 목표설정
	의사결정 전략	• 운동을 하지 않는 사람에게 운동 권유 등
	동기유발 전략	• 운동에 참여하는 이유 제시

기출 Q

Q. 〈보기〉에서 운동 실천을 위한 환경적 영향요인을 모두 고른 것은?? 　　기출 24

ㄱ. 지도자	ㄴ. 교육수준
ㄷ. 운동집단	ㄹ. 사회적 지지

① ㄱ, ㄴ　　　　　　　　　② ㄷ, ㄹ
③ ㄱ, ㄴ, ㄹ　　　　　　　④ ㄱ, ㄷ, ㄹ

해설 운동실천에 영향을 미치는 요인으로 개인적인 요인과 환경적인 요인이 있음. 개인적 요인은 개인특성(나이, 직업, 교육수준, 성, 소득, 과체중 및 비만 등), 인지성격(태도, 운동방해요인, 운동의도, 건강 및 운동지식, 운동 자기효능감 등), 행동(다이어트, 신체활동, 흡연 등)이 있고, 환경적인 요인은 사회적 환경요인(집단 응집력, 사회적지지 등), 물리적 환경요인(기후, 계절, 시설, 루틴의 변동 등)이 있음. 교육수준은 개인적인 요인에 해당됨

정답 ④

Q. 운동실천을 위한 중재전략 중 내적동기 전략에 해당하는 것은? 기출 17

① 매월 운동참여율이 70% 이상인 회원에게 경품을 제공한다.
② 헬스클럽에서 출석상황과 운동수행 정도를 그래프로 게시한다.
③ 에스컬레이터 대신 계단이용을 권장하는 포스터를 부착한다.
④ 운동목표를 재미에 두어 즐거움과 몰입을 체험하게 한다.

해설 내적동기를 높이는 방법으로는 성공경험, 칭찬, 연습내용과 절차의 변화, 목표설정과 의사결정에 참여, 결과보다는 과제 성취에 기초한 목표 설정 등이 있음

정답 ④

CHAPTER 06 스포츠심리상담

기출 FOCUS

☑ 스포츠심리상담
- 스포츠 상황에서 참여자(선수, 코치, 관중)를 대상으로 경기력을 향상시키거나 인간적인 성장에 도움을 주기 위해 심리기술 훈련 및 상담을 적용하여 중재하는 과정 17·20 기출
- 인지 재구성 24 기출

☑ 스포츠심리의 상담윤리: 일반원칙, 일반윤리 15·19·21·22 기출

☑ 스포츠심리상담사
- 1급: 심리학 분야의 박사학위 소지자로 2급 자격을 취득한 자
- 2급: 스포츠 심리 분야의 석사학위 소지자로 3급 자격을 취득한 자
- 3급: 학력제한은 없으며 스포츠와 운동 관련 현장에서 2년 이상 근무경험자, 체육 및 건강 관련 자격증 소지자, 체육 관련 학과 재학생 이상

01 스포츠심리상담의 개념

1. 스포츠심리상담의 이론

(1) 인지재구성 모형

선수의 비합리적 생각, 신념으로 경기에 방해가 된다고 판단할 때 사용하는 모형 (불안을 긍정적으로 해석)

(2) 교육적 모형: 피상담자와 왔을 때 적용모델

1단계	선수가 할 수 있는 기능이 어느 수준인지 파악
2단계	선수의 심리상태를 알아보기 위한 심리검사 단계
3단계	선수에게 최선의 운동을 위한 동기 부여
4단계	심리기술 개발 단계

(3) 멘탈플랜 모형

① 스포츠수행의 심리적 요인의 심상과 루틴에서 배운 것을 활용
② 최상의 수행을 할 때의 상태를 유도하는 심리기법을 선정

2. 스포츠심리의 상담윤리

일반원칙	• 전문성, 정직성, 책무성, 인권존중, 사회적 책임
일반윤리	• 권력남용과 위협 방지, 의뢰와 위임, 합리적인 상담비용 책정, 물품 및 금품 보상 방지, 부적절한 관계 방지, 비밀보장

※ 한국스포츠심리학회 제시

개념 PLUS

상담의 기본원리
① 개별화의 원리: 내담자들의 개성과 개인차를 고려해야 함
② 감정표현의 원리: 내담자의 감정을 솔직하게 표현하도록 모든 노력을 기울여야 함
③ 정서관여의 원리: 내담자가 표현한 감정에 민감하고 의도적으로 적절하게 반응해야 함
④ 수용의 원리: 내담자의 장단점, 성격, 정서, 태도 등을 있는 그대로 존중해야 함

OX 퀴즈

스포츠심리상담을 위해서는 선수가 할 수 있는 기능이 어느 수준인지 우선 파악해야 한다. Ⓞ Ⓧ

정답 ○

⑤ 비심판적 태도의 원리: 내담자의 행위에 대해 판단이나 비판을 하지 않아야 함
⑥ 자기결정의 원리: 내담자가 선택하고 결정하게끔 유도해야 함
⑦ 비밀보장의 원리: 내담자와의 상담내용을 제3자가 알지 못하게 해야 함

02 스포츠심리상담의 적용

1. 스포츠심리상담의 절차

초기 접촉	• 내담자(선수)가 상담 가능 여부, 상담방법, 상담내용 등
접수 상담	• 상담신청서 작성, 제출
심리 상담	• 현재 심리상태를 파악하기 위해 심리검사
상담 결정	• 심리검사 결과를 상담자와 선수가 함께 검토 • 상담내용, 심리기술훈련방법, 주기, 시간, 횟수, 비용 등 계약 내용 확정
상담 초기	• 탐색단계, 상담시간, 상담장소, 상담횟수 등
상담 중기	• 통찰단계
상담 말기	• 생활에서 변화 확인, 상담종료 및 연장, 재계약 등

2. 스포츠심리상담의 기본조건 및 상담기법

기본조건	상담기법
• 신뢰 • 수용 • 관심집중 • 경청 • 공감적 이해 • 긍정적 존중 • 일치	• 상담관계를 수립하고 이끌어가는 단계 • 내담자의 마음을 읽어주는 단계 • 내담자의 현재 상태와 미래의 꿈을 밝혀주는 단계 • 내담자의 문제점을 풀어가는 단계 • 내담자의 발전과 변화로 인도하는 단계 • 상담단계를 마무리하는 단계

> **개념 PLUS**
>
> 집단상담
> - 제1단계: 모집, 집단의 유형, 목적, 시간, 장소, 배경, 가입비 등 결정
> - 제2단계: 주의사항, 기본적 규칙 공지
> - 제3단계: 도입(시작), 집단원 상호 간의 신뢰 구축, 집단을 구조화, 분위기 조성
> - 제4단계: 과도기, 집단원들이 상담자에게 의존하는 성향
> - 제5단계: 작업, 집단상담에서 가장 핵심적인 부분
> - 제6단계: 종결, 집단상담의 종결단계는 새로운 출발

기출 Q

Q. 미국 응용스포츠심리학회(AAASP)의 스포츠심리상담 윤리 규정이 아닌 것은?

기출 24

① 스포츠에 참여하는 모든 사람과 전문적인 상담을 진행한다.
② 직무수행상 자신의 한계를 인식하고 한계를 넘는 주장과 행동은 하지 않는다.
③ 회원 스스로 윤리적인 행동을 실천하고 남에게 윤리적 행동을 하도록 적극적으로 권장한다.
④ 다른 전문가에 의한 서비스 수행 촉진, 책무성 확보, 기관이나 법적 의무 완수 등의 목적을 위해 상담이나 연구 결과를 기록으로 남긴다.

(해설) 스포츠에 참여하는 모든 사람과 전문적인 상담을 진행한다는 것은 AAASP의 스포츠심리상담 윤리규정에 부합하지 않으며 개인의 특성, 전문성의 한계, 자발적인 참여, 적절한 상담 관계를 고려한 상담이 요구됨

(정답) ①

Q. 스포츠심리상담에서 상담자가 활용할 수 있는 기법에 관한 설명으로 옳지 않은 것은?

기출 21

① 적극적 경청: 내담자의 말에 적절하게 행동으로 반응한다.
② 관심집중: 내담자의 말이 끝날 때까지 내담자를 계속 관찰한다.
③ 신뢰형성: 내담자 개인의 정신적 고민이나 감정적 호소에 귀 기울인다.
④ 공감적 이해: 내담자에게는 생각할 시간을 충분히 주고, 상담자는 반응을 짧게 한다.

(해설) 스포츠심리상담의 기본조건으로는 '신뢰, 수용, 관심집중, 경청, 공감적 이해, 긍정적 존중, 일치' 등이 있음. 상담자는 내담자가 표현한 감정에 민감하고 의도적으로 적절하게 반응을 해야 하며 내담자의 말이 끝날 때까지 관찰만 유지하는 것은 적절하지 않음

(정답) ②

PART 03 스포츠심리학 Self Check

01 스포츠심리학의 주요 연구과제에 해당되지 <u>않는</u> 것은?

① 동기유발전략
② 상담기술 및 방법
③ 체육행정 정책수립
④ 불안감소전략

> **01** 스포츠심리학은 스포츠 상황에서 인간의 생각, 감정, 행동을 연구하는 응용과학임
> 정답 ③

02 아래의 운동수행에 관한 예시를 가장 잘 설명하고 있는 이론은?

> 테니스 서비스는 공을 서비스 코트에 떨어뜨려야 한다. 퍼스트 서비스가 너무 길어 폴트가 된 것을 본 후, 손목 조절을 위해 시각 및 운동감각적 피드백을 이용하여 세컨드 서비스에서 공이 서비스 코트를 이탈하지 않도록 한다.

① 폐쇄회로 이론(closed loop theory)
② 개방회로 이론(open loop theory)
③ 다이나믹 시스템 이론(dynamic systems theory)
④ 생태학적 이론(ecological theory)

> **02** 정보처리 이론은 폐쇄회로 제어를 함. 운동 → 피드백 → 수정(제어) → 운동 → 피드백 → 수정, 이 패턴을 반복함
> 정답 ①

03 정보처리단계 중 '반응실행 단계'에 해당하는 내용으로 적절한 것은?

① 실제 움직임을 생성하기 위하여 움직임을 조직화한다.
② 받아들인 정보의 내용을 분석하여 의미를 부여한다.
③ 자극을 확인한 후, 환경특성에 맞는 반응을 선택한다.
④ 환경정보 자극에 대한 확인과 자극의 유형에 대해 인식한다.

> **03** 정보처리단계는 감각지각, 반응선택, 반응실행 단계가 있음. 반응실행 단계는 반응을 실제행동으로 옮기기 위해 운동체계를 조직하는 단계임
> 정답 ①

04 기억체계에 대한 설명으로 바르지 <u>않은</u> 것은?

① 기억의 과정은 지각, 저장, 인출의 단계를 거친다.
② 장기기억은 무제한의 용량을 가진다.
③ 단기기억은 활동기억이라고도 불린다.
④ 단기기억은 무제한의 용량을 가진다.

> **04** 행동적 접근에 따른 운동제어 이론 중에서 생태학적 이론으로 인간은 생물이므로 한 번 했던 행동을 기억하게 됨. 기억은 한계가 있음
> 정답 ④

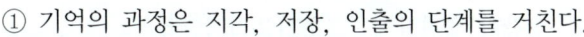

05 운동학습은 인간은 운동을 어떻게 배우고, 습득하는지를 규명하는 분야이고, 운동발달은 인간의 운동능력을 어떻게 발달하고, 쇠퇴하는지를 규명하는 분야임 정답 ①

05 괄호 안에 들어갈 용어가 바르게 연결된 것은?

> (가)은 숙련된 운동수행을 위한 개인능력의 (나) 변화를 유도하는 일련의 (다) 과정으로 직접적으로 관찰할 수 없으며 연습과 경험에 의해 나타난다.

① 가: 운동학습 나: 영구적 다: 내적
② 가: 운동학습 나: 일시적 다: 외적
③ 가: 운동발달 나: 영구적 다: 내적
④ 가: 운동발달 나: 일시적 다: 외적

06 신경가소성(neural plasticity)이란 인간의 두뇌가 경험에 의해 변화되는 능력을 뜻함. 운동학습은 경험 또는 연습에 의해 어떤 자극에 대한 반응이 변화하는 것임 정답 ①

06 운동학습의 정의 및 특성에 대한 설명으로 옳지 않은 것은?

① 학습 과정 그 자체를 직접 관찰할 수 있다.
② 신경가소성(neural plasticity)의 특성을 나타낸다.
③ 비교적 영구적인 운동 수행의 향상으로 나타나는 일련의 내적 과정이다.
④ 연습과 경험에 의해서 나타나는 현상이며 성숙이나 동기 또는 훈련 등에 의해 일시적으로 변화하는 것은 포함하지 않는다.

07 '운동발달의 원리는 분화와 통합의 과정, 일정한 순서와 방향성, 유전과 환경의 상호작용을 통해 발달함 정답 ③

07 운동발달의 원리에 대한 설명으로 옳지 않은 것은?

① 분화와 통합의 과정을 거친다.
② 일정한 순서와 방향성을 가진다.
③ 발달속도는 연령에 상관없이 일정하다.
④ 유전과 환경의 상호작용을 통해 발달한다.

08 갤라휴가 제시한 운동발달 단계는 반사적 움직임(출생 후 1년 이내), 초보적 움직임(약 2세까지), 기초적 움직임(만2~6세), 전문화 움직임(초등학교 시기), 성장과 세련(청소년기), 최고 수행(만20~30세), 퇴보(만30세 이상)의 단계로 구분함 정답 ②

08 〈보기〉의 ㉠~㉢에 들어갈 운동발달의 단계를 바르게 나열한 것은?

> 반사운동단계 → (㉠) → (㉡) → 스포츠기술단계 → (㉢) → 최고수행단계 → 퇴보단계

	㉠	㉡	㉢
①	초기움직임단계	성장과 세련단계	기본움직임단계
②	초기움직임단계	기본움직임단계	성장과 세련단계
③	기본움직임단계	성장과 세련단계	초기움직임단계
④	기본움직임단계	초기움직임단계	성장과 세련단계

09 아래에서 설명하는 홀랜더(E. P. Hollander)의 성격구조는?

- 깊숙이 내재되어 있는 실제 이미지를 의미한다.
- 자아, 태도, 가치, 흥미, 동기 등을 포함한다.
- 일관성이 가장 높다.

① 심리적 핵
② 전형적 역할
③ 역할행동
④ 전형적 반응

09 성격구조는 심리적 핵, 전형적 반응, 역할 관련 행동으로 구분됨. 심리적 핵은 성격의 구조 중에서 가장 안쪽에 위치, 가장 안정된 부분이고, 일관성을 유지하는 성격의 구조로서 사람의 태도, 가치관, 적성, 신념, 동기 등을 포함함 정답 ①

10 목표설정에서 수행목표로 적절한 것은?

① 한국시리즈에서 우승한다.
② 올림픽에서 메달을 획득한다.
③ 20km 단축 마라톤에서 1위를 한다.
④ 서브에서 팔꿈치를 완전히 펴서 스윙한다.

10 어려우면서도 실현가능한 목표를 설정해야 함. ④번은 수행의 과정을 중시했지만, 나머지는 결과에 초점을 맞춤 정답 ④

11 아래에 제시된 내용과 관련된 반두라(A. Bandura)의 자기효능감 향상 요인은?

- 자신이 판단하기에 기술적으로 과거보다 향상되었음을 느꼈다.
- 시합 전 우승 장면을 자주 떠올린다.
- 결승골을 넣어 이겼던 적이 많다.

① 성공경험
② 간접경험
③ 언어적 설득
④ 신체·정서 상태 향상

11 반두라의 자기효능감 이론의 4가지 요인은 성취경험, 대리경험, 언어적 설득, 정서적 각성으로 분류함. 성취경험(성공경험)은 어떤 사람이 목표를 달성하기 위해 시도한 결과의 성공과 실패 여부를 의미함 정답 ①

12 스포츠 상황에서 루틴(routine)에 대한 설명으로 적절하지 않은 것은?

① 시합 당일에 수정한다.
② 불안을 감소시키고 집중력을 증대시킨다.
③ 심상과 혼잣말이 포함될 수 있다.
④ 상황이 달라져도 편안함을 유지시킨다.

12 루틴은 경기력의 일관성을 위해 개발된 습관화된 동작이므로 시합 당일 수정하는 것은 맞지 않음 정답 ①

13 인간이 본능적으로 신체적, 언어적 공격을 한다는 이론은?

① 본능이론
② 좌절-공격 이론
③ 사회학습 이론
④ 인지행동 이론

13 본능이론은 사람에게는 신체적, 언어적으로 본능적 공격성이 있다는 내용임. 정신역동 이론(Freud, 1948), 동물행동학적 이론(Lorenz, 1966) 등이 있음 정답 ①

14 운동실천에 영향을 미치는 요인은 개인특성, 인지성격, 행동, 집단응집력, 사회적지지(배우자, 가족, 친지, 지도자), 기후, 계절 등 다양함 **정답** ②

15 운동의 심리적 효과에 관한 이론 중 모노아민 가설은 운동 → 신경전달물질의 분리 증가 → 정서 변화 **정답** ②

14 운동실천에 영향을 주는 요인에 대한 설명으로 옳지 <u>않은</u> 것은?

① 운동시설 근접성이 좋을수록 운동 참여율이 높아진다.
② 지도자의 지도방식은 운동실천에 영향을 주지 않는다.
② 운동참여의 즐거움이 클수록 운동 참여율이 높아진다.
③ 가족, 친구, 동료의 사회적 지지는 운동실천에 영향을 준다.

15 아래에서 설명하는 가설은?

> 운동이 우울증에 긍정적 효과가 있는 이유는 세로토닌, 노르에피네프린, 도파민과 같은 뇌의 신경전달물질의 변화 때문이다. 즉, 운동을 하면 신경원에 의한 신경전달 물질의 분비와 수용이 촉진되어 신경원 간의 의사소통이 향상된다.

① 생리적 강인함 가설 ② 모노아민 가설
③ 사회심리적 가설 ④ 열발생 가설

MEMO

필기 4주 완성 한권 완전정복

M 스포츠지도사

PART 04
한국체육사

CHAPTER 01
체육사의 의미

CHAPTER 02
선사 및 삼국시대의 체육

CHAPTER 03
고려시대의 체육

CHAPTER 04
조선시대의 체육

CHAPTER 05
한국 근대의 체육

CHAPTER 06
한국 현대의 체육

CHAPTER 01 체육사의 의미

기출 FOCUS

- 체육사의 개념
  15·16·17·18·22·23·24 기출
- 한국체육사 의미 – 광복 이후 연구 활발   15 기출
- 한국체육사 시대구분
  21·23 기출
- 사료의 분류 방식 21·22 기출
  - 물적사료
  - 기록사료
    - 문헌사료: 고문헌, 고문서, 금석문 등
    - 구전사료: 민요, 전설, 시가, 회고담 등

01 체육사 연구 분야

1. 체육사의 개념

(1) 과거의 체육적 사실에 대하여 정확하게 설명하고 해석하려고 노력하는 것임

(2) 체육과 스포츠를 역사적인 방법으로 연구하는 것임

 ① 분야: 스포츠사상사, 스포츠문화사, 스포츠종목사 등의 연구내용 포함
 ② 연구영역: 통사적·세계사적, 시대적·지역적, 개별적·특수적 연구영역

(3) 스포츠를 통해 시대별로 파생된 여러 문화 현상을 다룸

(4) 체육사 연구에서 사관(史觀)은 역사가의 가치관에 따라 체육의 역사를 해석한다는 의미를 지님

(5) 신체활동 자체와 신체운동과 관련이 있는 문제들을 거시적으로 고찰하는 학문을 뜻함

2. 한국체육사의 의미

(1) 우리 민족은 전통문화와 더불어 새로운 체육문화를 창조해온 문화민족임

(2) 그간 서양체육에 의해 외면됐던 한국체육의 역사적 정통성을 승계해야 함

(3) 고대부터 이어져온 체육이념과 전통을 찾아서 체육교육의 체계를 확립해야 함

(4) 오늘날 우리나라 체육의 현실을 명확하게 인식, 앞날의 체육을 통찰하기 위해 한국체육사 연구가 필수적임

(5) 광복 이후 한국체육사의 연구가 활발해짐

3. 전통체육과 근대체육

(1) **서양체육**: 고대체육(그리스 로마 시대), 중세체육(중세 봉건주의 사회), 근대체육

OX 퀴즈

체육사는 스포츠를 통해 시대별로 파생된 여러 문화 현상을 다룬다. Ⓞ Ⓧ

정답 O

(2) 우리나라 체육(나현성, 1995)

전통체육	• 갑오개혁(1894년) 이전의 체육 • 무술, 제례행사, 수렵, 유희오락, 세시풍속 놀이
근대체육	• 갑오개혁(1894년) 이후의 체육 • 체조(도수체조, 병식체조, 위생체조), 스포츠

기출 Q

Q. 체육사에 관한 설명으로 옳지 않은 것은? 〔기출 22〕

① 연구대상은 시간, 인간, 공간 등이 고려된다.
② 체육과 스포츠를 역사적 방법으로 연구하는 학문이다.
③ 연구내용은 스포츠문화사, 전통스포츠사 등을 포함한다.
④ 체육과 스포츠의 도덕적 가치판단에 대한 근거를 탐구한다.

(해설) 체육사는 과거의 체육적 사실에 대해 정확하게 설명하고 해석하려고 노력하는 것으로 체육과 스포츠를 역사적인 방법으로 연구하는 것임. 분야로는 스포츠사상사, 스포츠문화사, 스포츠종목사 등의 연구내용이 포함되고, 연구영역으로는 통사적·세계사적, 시대적·지역적, 개별적·특수적 연구영역이 있음. 즉, 도덕적 가치판단을 근거로 한다는 내용은 틀림   (정답) ④

Q. 〈보기〉에서 한국체육사에 관한 설명으로 옳은 것만을 모두 고른 것은? 〔기출 24〕

> ㄱ. 한국 체육과 스포츠의 시대별 양상을 연구한다.
> ㄴ. 한국 체육과 스포츠를 역사학적 방법으로 연구한다.
> ㄷ. 한국 체육과 스포츠에 관한 역사 기술은 사실 확인보다 가치 평가가 우선한다.
> ㄹ. 한국 체육과 스포츠의 과거를 살펴보고, 이를 통해 현재를 직시하고 미래를 조망한다.

① ㄱ, ㄴ, ㄷ
② ㄱ, ㄴ, ㄹ
③ ㄱ, ㄷ, ㄹ
④ ㄴ, ㄷ, ㄹ

(해설) 체육사를 연구하는 것은 과거의 체육적 사실에 대해 정확하게 설명하고 해석하려고 노력하는 것이라 할 수 있음. 즉, 사실 확인에 주안점을 두어야 함   (정답) ②

Q. 한국체육사의 시대구분에 관한 내용으로 적절하지 않은 것은? 〔기출 21〕

① 고대체육은 부족국가 및 삼국시대로 구분할 수 있다.
② 광복을 전후로 고대체육과 전통체육으로 구분할 수 있다.
③ 갑오경장을 전후로 전통체육과 근대체육으로 구분할 수 있다.
④ 고대체육, 중세체육, 근대체육, 전통체육으로 구분할 수 있다.

(해설) 한국사의 시대구분에는 여러 가지 방법이 있음. 통상 고대(선사, 고조선, 부여, 옥저, 동예, 삼한, 고구려, 백제, 신라, 발해), 중세(고려), 근세(개항 이전의 조선), 근대(개항 이후, 일제강점기), 현대(해방 이후)로 구분함. 한국체육사도 이와 같이 분류해 볼 수 있고, 나현성(1995)에 의해 갑오개혁(1895년) 이전을 전통체육으로 이후를 근대체육으로 구분되었음   (정답) ②

CHAPTER 02 선사 및 삼국시대의 체육

기출 FOCUS

- 부족국가 시대의 신체활동
  - 제천행사, 민속놀이, 사냥활동   17 기출
  - 부족국가별 제천행사: 동맹(고구려), 가배(신라), 영고(부여), 무천(동예)   19·22 기출
- 제천행사: 각저(씨름), 수박, 기마, 사예(활쏘기), 격검, 저포(윷놀이)   15·18·21 기출
- 성년의식   20 기출

01 선사 및 부족국가시대의 체육

1. 선사·부족국가 시대의 체육

(1) **선사시대 체육의 목적**: 식량 획득의 수단, 몸을 지키는 전투기술

(2) **부족방위 목적**
① 신체능력 발달, 집단의식 강화
② 부족 간 전쟁 대비
    ㉠ 제가(귀족, 호족)는 출전(말 타고 전투), 장수는 보전(걸어 다니면서 전투)
    ㉡ 하호(군량을 부담하는 사람), 성년의식을 마친 사람(부족을 위해 봉사하는 사람, 큰사람)

(3) **평생교육**: 소년들이 성인될 때까지 필요한 기술로서 인식하고 가르침

2. 부족국가 시대의 신체활동 및 제천행사

(1) **부족국가 시대의 신체활동**
① 제천행사, 민속놀이, 사냥활동(생존과 연관)
② 반구대의 암각화: 수렵, 어로, 제천행사 등의 기록
③ 주술: 샤머니즘에 따라 무당(단골, 당골, 샤먼)에 의해 집단적 기원, 치병(병 치료), 해원(원한 풀어줌), 천도기원(죽은 자를 좋은 곳으로 인도)
④ 성년의식: 일정한 나이에 도달한 젊은이에게 그 사회의 일원으로서 필요한 규범과 가치, 생활에 필요한 기술과 지식 등을 가르치고 성인이 되었음을 축하하기 위해 행하던 일종의 통과의례(삼국지, 위지동이전에 '큰사람'으로 부름)

암기 TIP
고동신배 부영예천 키워드 위주로 암기해보세요.

OX 퀴즈
선사시대의 체육은 교육을 목적으로 하고 있다.   O/X
정답 X
해설 식량획득, 몸을 지키는 전투기술 등의 생존수단이었음

(2) **부족국가 별 제천행사 이름**

고구려의 동맹	매년 10월 국중대회를 열고 가진 제천의식
신라의 가배	음력 8월(가을)에 열린 명절(남자 활쏘기, 여자 길쌈내기), 오늘날 한가위
부여의 영고	매년 12월 하늘에 지낸 제천의식, 국중대회
동예의 무천	매년 음력 10월에 행하던 제천의식

(3) 부족국가의 민속놀이

| 각저(씨름) | • 두 사람이 맨손으로 허리의 띠를 맞잡고 기를 겨루어 넘어뜨리는 경기, 현재 국가무형문화재 제131호로 지정 |

수박(주먹으로 싸우기), 기마(말 타기), 사예(활쏘기), 격검(칼싸움), 저포(윷놀이)

> **주의**
> 부족국가시대부터 기록을 통해 유래된 민속놀이는 이후 삼국시대를 거쳐 지속됨(유사 혹은 중복용어가 나올 때마다 동시에 살펴보길 권합니다. 즉, 한자어를 차용한 용어와 우리말 용어를 잘 일치시켜야 합니다.)

▲ 제천행사 – 각저(씨름)

기출 Q

Q. 아래에서 설명하는 부족국가시대의 신체활동은? 　　기출 18

- 두 사람이 맨손으로 허리의 띠를 맞잡고 힘과 기를 겨루어 넘어뜨리는 경기이다.
- 현재 국가무형문화재 제131호로 지정되었다.

① 수박(手搏)　　② 각저(角觝)
③ 격검(擊劍)　　④ 사예(射藝)

(해설) 각저는 오늘날의 씨름임　　(정답) ②

Q. 〈보기〉에서 신체활동이 행해진 제천의식과 부족국가가 바르게 연결된 것만을 모두 고른 것은?　　기출 24

ㄱ. 무천 – 신라　　ㄴ. 가배 – 동예
ㄷ. 영고 – 부여　　ㄹ. 동맹 – 고구려

① ㄱ, ㄴ　　② ㄷ, ㄹ
③ ㄱ, ㄴ, ㄹ　　④ ㄴ, ㄷ, ㄹ

(해설) 부족국가별 제천행사는 고구려의 동맹, 신라의 가배, 부여의 영고, 동예의 무천임　(정답) ②

> **OX 퀴즈**
> 매년 10월에 고구려에는 동맹, 동예는 무천이란 제천행사가 있었다. (O|X)
>
> 정답 O

기출 FOCUS

- 삼국시대 민속놀이: 저포(사희, 윷놀이), 각저(씨름), 도판희(추판희, 널뛰기)
  15·16·18·21·23 기출
- 삼국시대 무예체육
  - 마상재　　　17 기출
  - 방응　　　　19 기출

Q. 부족국가시대의 저포(樗蒲)에 관한 설명으로 옳은 것은?　기출 21

① 위기(圍棋)라는 용어로 불리기도 하였다.
② 제천의식과 관련된 대표적인 민속놀이였다.
③ 두 사람이 서로 맞잡고 힘을 겨루는 경기였다.
④ 달리는 말 위에서 여러 가지 동작을 행하는 경기였다.

해설　저포는 오늘날 윷놀이로서 부족국가 때부터 내려온 대표적인 민속놀이임. ①번의 위기(圍棋)는 삼국시대의 민속놀이인 바둑이고, ③번은 부족국가 시대부터 존재한 씨름, ④번은 고려시대부터 내려온 무예체육으로 기마술인 마상재를 뜻함　　정답 ②

02 삼국 및 통일신라시대의 체육

1. 삼국시대의 체육

(1) 민속놀이

저포(樗蒲)	• 나무로 만든 막대기(주사위)를 던져서 승부를 겨루는 놀이(=사희(柶戱), 윷놀이)
각저(角觝)	• 각력, 각희, 상박, 쟁교, 솔교/씨름 • 두 사람이 맨손으로 허리의 띠를 맞잡고 기를 겨루어 넘어뜨리는 경기
축국(蹴鞠)	• 농주, 기구/오늘날의 축구와 유사하며 가죽주머니로 공을 만듦
석전(石戰)	• 변전, 편전, 편싸움/돌팔매 싸움
투호(投壺)	• 화살을 항아리에 던져 넣기
쌍륙	• 2벌의 윷과 30개의 말을 가지고 하는 놀이
도판희 (跳板戲)	• 추판희/널뛰기

추천희(鞦韆戲, 그네뛰기), 격구(擊毬, 폴로 또는 필드하키), 위기(바둑), 줄다리기, 줄타기, 술래잡기, 제기차기, 설마(雪馬, 썰매), 죽마(竹馬, 나무다리 걷기), 농주(弄珠, 여러 개의 구슬을 갖고 행하는 놀이), 악삭(握槊, 주사위를 던져 그 수만큼 이동)

(2) 삼국시대의 무예체육

마상재(馬上才)	• 곡마, 말놀음, 말광대 • 말 위에서 여러 동작을 보이는 것

방응(放鷹, 매사냥), 수박(手搏, 주먹으로 싸우기), 기사(말을 타고 달리면서 활을 쏘는 것)

기출 Q

Q. <보기>에서 설명하는 민속놀이는? 　기출 23

- 사희(柶戲)라고도 불리었다.
- 부여의 사출도(四出道)라는 관직명에서 유래되었다.
- 남녀노소 누구나 즐길 수 있으며, 장소에 크게 구애받지 않은 놀이였다.

① 바둑　　② 장기　　③ 윷놀이　　④ 주사위

해설　윷놀이를 사희(柶戲), 저포(樗蒲)로 불렸음　　정답 ③

Q. 삼국시대 민속놀이에 대한 설명으로 옳은 것은? 　기출 18

① 윷놀이는 두 사람이 맞잡고 힘을 겨루는 경기이다.
② 장기는 나무 막대로 만든 주사위를 던져서 승부를 겨루는 놀이이다.
③ 마상재는 화살 같은 막대기를 일정한 거리에서 항아리나 병 안에 넣는 놀이이다.
④ 방응은 사나운 매를 길러 꿩이나 새를 사냥하는 일종의 수렵활동이다.

해설　삼국시대 민속놀이로는 저포(윷놀이), 각저(씨름) 등이 있고, 무예체육으로 마상재(말 위에서 여러 동작을 보이는 것), 방응(매사냥), 수박(주먹으로 싸우기) 등이 있음　　정답 ④

기출 FOCUS

✓ 삼국시대 교육　15 기출
- **고구려**: 태학, 경당 22 기출
- **백제**: 고흥박사, 왕인박사, 모시박사, 의박사, 역박사, 오경박사 등
- **신라**: 화랑도, 국학, 궁전법
24 기출

---

(3) 삼국시대의 교육

① 고구려
　㉠ 태학: 상류층 자제 대상, 국가의 관리를 양성
　㉡ 경당: 평민층 자제 대상, 경전과 활쏘기를 교육

② 백제
　㉠ 고흥박사: 한자로 역사기록
　㉡ 왕인박사: 일본에 천자문과 논어 전수
　㉢ 모시박사, 의박사, 역박사, 오경박사 등

③ 신라
　㉠ 화랑도: 국선도, 풍류도, 원화도, 주행천하를 통해서 군사적인 수련과 심신의 수련
　㉡ 국학: 유학의 교수 및 연구, 귀족의 자제를 대상으로 관리를 양성
　㉢ 궁전법: 궁술을 가르치고 인재를 등용함

2. 신라 화랑도

(1) 특성

① 왕과 귀족자제를 중심으로 단체생활을 통해 심신을 연마 (진흥왕 때 정식 제정)
② 심신일원론적 사상에 기반한 전인교육 지향
③ 풍류도(風流徒), 국선도(國仙徒), 원화도(源花徒)라고도 함

OX 퀴즈

삼국시대의 대표적인 무예체육으로 방응은 주먹으로 싸우는 기술이다. OX

정답 ×
해설 수박

삼국시대에는 널뛰기인 도판희와 씨름인 각저를 즐겼다. OX

정답 O

기출 FOCUS

✓ **신라 화랑도**
　　15·17·21·22·23 기출
• 체육활동: 편력 16·17·18 기출,
　불국토 사상　　　　16 기출
• 세속오계: **사군이충, 사친이효, 교우이신, 임전무퇴, 살생유택**
　　15·16·18·20 기출

(2) 체육활동

① 편력(遍歷)
　㉠ 산 속에 들어가 신체적 고행을 통해 신체와 정신을 강화하고, 영적인 힘을 얻고자 했던 수련활동
　㉡ 명산대천(名山大川)을 두루 돌아다니며 야외활동의 과정에서 시(時)와 음악을 비롯한 각종 신체 수련 활동을 함
② 주행천하(周行天下): 명산대천을 순례하며 군사적인 수련과 심신수련을 하는 것
③ 불국토 사상: 국토를 신성하고 존엄하게 생각하며 목숨을 걸고 국토를 지켜내야 한다는 사상

(3) 세속 5계

사군이충(事君以忠)	• 임금을 충성으로 모심
사친이효(事親以孝)	• 부모님을 효로 모심
교우이신(交友以信)	• 친구를 믿음으로 사귐
임전무퇴(臨戰無退)	• 전장에서는 물러남이 없음
살생유택(殺生有擇)	• 산 것을 죽일 때는 가림이 있어야 함

기출 Q

Q. 화랑도에 관한 설명으로 옳지 않은 것은?　　기출 23

① 진흥왕 때에 조직이 체계화되었다.
② 세속오계는 도의교육(道義敎育)의 핵심이었다.
③ 신체미 숭배 사상, 국가주의 사상, 불국토 사상이 중시되었다.
④ 서민층만을 대상으로 한 청소년단체로서 문무겸전(文武兼全)을 추구하였다.

(해설) 화랑도는 왕과 귀족자제를 중심으로 단체생활을 통해 심신을 연마(진흥왕 때 정식 제정)함

정답 ④

Q. 아래에서 설명하는 화랑도의 신체활동은?　　기출 18

신라 화랑들은 명산대천(名山大川)을 두루 돌아다니며 야외활동의 과정에서 시(詩)와 음악을 비롯한 각종 신체 수련 활동을 하였다.

① 기마술(騎馬術)　　　② 궁술(弓術)
③ 편력(遍歷)　　　　　④ 수렵(狩獵)

(해설) 편력은 산 속에 들어가 신체적 고행을 통해 신체, 정신을 강화하는 수련활동임. 유사한 개념은 화랑도의 주행천하로서 산수를 돌아다니며 군사적 수련과 심신수련을 했음

정답 ③

OX 퀴즈

화랑도의 체육활동으로 산 속에 들어가 신체적 고행을 겪는 편력이 있었다. ⓞⓧ
　　　　　　　　정답 ○

세속 5계 중에서 친구를 믿음으로 사귄다는 사친이효가 있다. ⓞⓧ
　　　　　　　　정답 ✕
　　　　　해설 교우이신

Q. 화랑도의 교육방법에 관한 설명으로 옳지 <u>않은</u> 것은? 〔기출 21〕

① 입산수행은 화랑도 교육활동의 하나였다.
② 심신일체론적 사상을 바탕으로 전인 교육을 지향하였다.
③ 편력(遍歷)은 명산대천을 돌아다니며 수련하는 야외활동이었다.
④ 삼강오륜(三綱五倫)의 붕우유신(朋友有信)을 바탕으로 도의 교육을 실시하였다.

해설 화랑도는 세속 5계(사군이충, 사친이효, 교우이신, 임전무퇴, 살생유택)를 실천함. 삼강오륜(부자유친, 군신유의, 부부유별, 장유유서, 붕우유신)은 공자의 가르침에 따른 유교의 기본이 되는 도덕지침으로 고려와 조선시대의 지배사상임   정답 ④

CHAPTER 03 고려시대의 체육

기출 FOCUS

- 고려시대 교육
  - 국자감 21·22·24 기출
  - 향학 15 기출
    - 지방에 두었던 교육 기관을 중앙의 국학 또는 국자감에 상대하여 이르는 말
    - 궁사와 음악 교육 등이 이루어짐
- 고려시대 민속놀이 15·16·17·18·19·20·22·23 기출
  - 왕실, 귀족사회
    격구, 방응, 투호
  - 서민놀이
    축국, 각저, 추천, 석전

1. 고려시대 교육기관 및 제도

(1) 교육기관

국자감	• 최고의 교육기관으로 개경이 있었고, 7재를 가르쳤음(7개의 전문강좌) • 1재에서 6재까지는 유학이고 7재인 강예재는 무예·병학의 전문 강좌임
향교	• 지방 교육기관, 군 단위까지 향교 설치 • 유학의 전파와 지방민의 교화가 목적 • 향학: 궁사와 음악 교육 등이 이루어짐
학당	• 국자감의 부속학교, 문묘를 설치하지 않았음 • 개경에는 동부학당과 서부학당이 있었고, 향교와 같은 수준의 교육기관
12도	• 관직에 있던 사람들이 은퇴한 후에 후학 양성을 위해 사비로 설립한 학교 • 전국 12개의 도에 설치(사립학교)
서당	• 고구려의 지방 사립학교였던 경당이 이어진 것으로 추정 • 서민의 자손이 공부함(사립학교)
문묘	• 중국의 유교학자(공자, 맹자 등)와 우리나라 유교학자들의 위폐를 모심

(2) 고려의 과거제도

① 시험을 보아서 관리를 뽑는 제도로서 우리나라와 중국에만 있었음
② 과거시험 종류

제술업	• 고급관리 선발시험/시, 글쓰기 시험	활쏘기, 말 타기 시험 병행
명경업	• 중급관리 선발시험/유교의 경전내용을 시험	
잡업	• 기술관 선발시험	

암기 TIP

왕격방투 왕실과 귀족사회는 격구, 방응, 투호를 즐겼습니다. 키워드 위주로 암기해보세요.

2. 고려시대의 민속놀이

왕실과 귀족사회 놀이	격구	• 말 타기, 기창, 기검, 기사의 능력 향상을 위한 군사훈련 수단 • 무인집권기에 격구의 사치성이 최고조에 이르는 등의 폐단 발생
	방응	• 매사냥
	투호	• 손으로 화살을 던져서 항아리에 넣는 경기

서민놀이	축국	• 발로 공을 차는 경기, 오늘날의 축구와 유사
	각저	• 씨름(삼국시대 이전부터 유래)
	추천	• 그네뛰기(추천희), 단오절에 시행
	풍연	• 연날리기(삼국시대부터 군사목적, 놀이로 유래)
	석전	• 돌팔매 싸움, 군사훈련으로 활동, 관람스포츠 형태를 지님 • 척석희라고도 함
	쌍륙	• 2벌의 윷과 30개의 말을 가지고 하는 놀이

기출 Q

Q. 고려시대 지방 교육기관으로서 궁사와 음악 교육 등이 이루어졌던 곳은? 기출 15

① 향학
② 7재
③ 학당
④ 국학

(해설) 향학은 고려시대에 지방에 두었던 교육기관을 중앙의 국학 또는 국자감에 상대하여 이르는 말로 성종 6년(987)에는 12목(牧)에 경학박사, 의학박사 한 명씩을 파견하여 교육을 전담시켰음
(정답) ①

Q. 고려시대의 신체활동에 관한 설명으로 옳지 않은 것은? 기출 24

① 기격구(騎擊毬): 서민층이 유희로 즐겼다.
② 궁술(弓術): 국난을 대비하여 장려되었다.
③ 마술(馬術): 무인의 덕목 중 하나로 장려되었다.
④ 수박(手搏): 무관이나 무에 인재의 선발에 활용되었다.

(해설) 격구는 말타기, 기창, 기검, 기사의 능력 향상을 위한 군사훈련 수단으로 왕실과 귀족사회에서 행해짐
(정답) ①

Q. <보기>에서 민속놀이와 주요 활동 계층이 바르게 연결된 것으로만 묶인 것은? 기출 23

㉠ 풍연(風鳶) – 귀족	㉡ 격구(擊毬) – 서민
㉢ 방응(放鷹) – 귀족	㉣ 추천(鞦韆) – 서민

① ㉠, ㉡
② ㉢, ㉣
③ ㉠, ㉣
④ ㉡, ㉢

(해설) 고려시대의 민속놀이는 왕실과 귀족사회 놀이로 격구, 방응, 투호 등이 있고, 서민놀이로는 축국, 각저, 추천(그네뛰기), 풍연(연날리기), 석전 등이 있음
(정답) ②

OX 퀴즈

고려시대의 최고의 교육기관은 국자감이다. O X

(정답) O

고려시대의 서민들은 격구를 즐겼다. O X

(정답) X

(해설) 격구는 왕실과 귀족사회 놀이임

기출 FOCUS

✓ 고려시대 **무예체육**
- 교육행사: 강예재 16·18· 21·24 기출, 향사례
- 무예체육: 수박 17·18·19· 21·22·23 기출, 궁술, 마상재 16·21·22 기출

Q. 아래에서 설명하는 고려시대의 민속놀이는? 기출 19

- 단오절 행사에서 여성들의 놀이로 인기가 있었다.
- 두 줄을 붙잡고 온몸을 흔들고 발의 탄력을 이용해 온몸을 마음껏 날려 보내는 놀이이다.

① 저포(樗蒲)   ② 축국(蹴鞠)
③ 추천(鞦韆)   ④ 풍연(風鳶)

해설 단오절에 시행했던 그네뛰기는 추천임   정답 ③

3. 고려시대의 무예체육

(1) 교육행사

① 강예재: 국자감에서 무예를 가르쳐서 장수로 등용하기 위한 전문강좌로 알려짐
② 향사례: 지방에 있는 향교에서 그 지방사람 중에서 효(孝), 제(悌), 충(忠), 신(信)한 사람을 모시고 행사를 치름

(2) 무예체육

① 수박
  ㉠ 일종의 격투기로 관람을 위한 경기
  ㉡ 무인 인재선발의 기준(무인정신: 충, 효, 의)
  ㉢ 수박희는 무신정변의 주요 원인 중 하나
② 궁술: 삼국시대부터 이어져 온 전통으로 무인, 문인의 심신 수양
③ 마상재: 말을 타고 여러 가지 자세, 재주를 보여주는 것(기마술)

▲ 수박

TIP

무신정변 1170년 고려 의종 때 무신들이 주도로 일으킨 정변으로 무신의 난, 경인의 난(경인년 발생), 정중부의 난(주도자 이름)으로도 불리고, 1270년에 무신 정권은 마감됨

기출 Q

Q. 고려시대의 무학(武學) 전문 강좌인 강예재(講藝齋)가 개설된 교육기관은? 기출 22

① 국자감(國子監)   ② 성균관(成均館)
③ 응방도감(鷹坊都監)   ④ 오부학당(五部學堂)

해설 고려시대의 국자감은 최고의 교육기관으로 7재(7개의 전문 강좌)를 가르쳤음. 1재에서 6재까지는 유학이고, 7재인 강예재는 무예와 병학의 전문 강좌였음   정답 ①

Q. 아래에서 설명하는 고려시대의 무예는? 　　　　　　　　　　　　기출 19

- 무인집권시대에 인재 선발의 중요한 수단이었다.
- 맨손으로 치기, 주먹지르기 등의 기술을 사용하는 일종의 격투기였다.

① 궁술(弓術)　　　　　　　② 각저(角觝)
③ 수박(手搏)　　　　　　　④ 격구(擊毬)

해설　수박은 일종의 격투기로 관람을 위한 경기임. 수박희는 무신정변의 주요 원인 중 하나임

정답 ③

Q. 〈보기〉의 ㉠, ㉡에 해당하는 고려시대 무예의 명칭이 바르게 연결된 것은? 기출 21

- (㉠)은/는 고려시대 무인들에게 적극 권장되었으며, 명종(明宗, 1170~1197) 때에는 이 무예를 겨루게 하여 승자에게 벼슬을 주었다.
- (㉡)은/는 유교를 치국의 도(道)로 삼았던 고려시대에도 6예의 어(御)에 속하는 것으로 군자의 중요한 덕목 중 하나였다.

	㉠	㉡
①	격구(擊毬)	수박(手搏)
②	수박(手搏)	궁술(弓術)
③	마술(馬術)	마술(馬術)
④	궁술(弓術)	방응(放鷹)

해설　고려시대의 무예체육인 수박(手搏)은 무인 인재 선발의 기준이 됐고, 마술(馬術, 기마술)은 말을 타고 여러 가지 자세와 재주를 보여주는 마상재임. 백성을 가르치기 위한 기본원칙에서 육예(六藝)는 예禮·악樂·사射(활쏘기)·어御(말타기)·서書·수數임

정답 ②

OX 퀴즈

고려시대의 무예체육으로 궁술은 삼국시대로부터 이어져 온 전통이다.　Ⓞ Ⓧ

정답 O

CHAPTER 04 조선시대의 체육

기출 FOCUS

◆ 조선시대 교육제도
- 유학교육: 성균관 17 기출, 4부 학당, 향교, 서당, 서원
- 무학교육: 훈련원 20·21·23 기출, 사정(활쏘기 연습한 곳)
- 기술교육: 역과, 율과, 이과, 음양과 등

◆ 조선시대 과거제도
- 문과: 소과, 대과
- 무과: 식년무과 15·18·20·22 기출, 비정기적 실시

1. 조선시대의 교육기관 및 제도

(1) 교육제도

유학교육	성균관	• 고려시대의 국자감처럼 사서오경 등 경전을 가르침 • 덕의 함양을 위해 활쏘기를 실시 • 육일각(六一閣)에서 대사례(大射禮)를 거행
	4부 학당	• 서울에 설치한 중등교육기관, 고려시대의 5부학당과 유사함
	향교	• 지방에 설치한 중등교육기관
	서당	• 지방에 설치한 초등교육기관
	서원	• 고려의 12도와 비슷한 사립교육기관
무학교육	훈련원	• 병사들을 훈련
	무과시험	• 장졸(장교), 졸병 선발
	사정	• 활쏘기를 연습한 곳 - 관설사정: 춘당대, 중일각, 장대, 연무대, 관덕정 등 - 민간사정: 오운정, 천양정, 덕유정, 등룡정 등
기술교육(잡과교육)		• 역과(통역), 율과(법률), 이과(의학), 음양과(천문학) 등

(2) 조선시대의 과거제도

문과	소과	• 생원과(사서오경 시험), 진사과(문장 시험) • 초시(학당, 향교) 합격 후, 서울에서 복시를 치름 • 복시에 합격하면 생원, 진사라고 하고, 성균관 입학시험 응시자격 부여
	대과	• 성균관에서 공부를 마친 자에게 대과시험 응시자격 부여 • 3단계: 초시 → 복시 → 전시
무과	식년무과	• 3년마다 정기적으로 실시 • 초시, 복시, 전시 - 초시: 무예시험(활쏘기, 말타기 등 실기시험) - 복시: 강서시험(필기), 무예시험(실기) / 병조와 훈련원에서 주관 - 전시: 기격구(騎擊毬), 보격구(步擊毬)를 시행 • 초시, 복시, 전시의 각각 다른 인원을 선발 • 무관의 자손, 향리 등이 응시 ※ 수박희: 군인을 선발하는 시험과목
		• 비정기적 실시: 증광시, 별시, 정시 등

암기 TIP

초무복강 전기보 초시(무예시험), 복시(강서시험, 무예시험), 전시(기격구, 보격구). 키워드 위주로 암기해보세요.

기출 Q

Q. 〈보기〉에서 설명하는 조선시대의 고등교육기관은? 　　　기출 17

- 교육목표 중 덕의 함양을 위해 활쏘기를 실시하였다.
- 육일각(六一閣)에서 대사례를 거행하였다.
- 대사례에서 사용된 궁은 예궁(禮弓) 또는 각궁(角弓)이었다.

① 향교(鄕校)　　② 성균관(成均館)　　③ 대학(大學)　　④ 국학(國學)

해설　성균관은 고려시대의 국자감처럼 사서오경 등 경전을 가르쳤던 조선시대의 대표적인 교육기관임

정답 ②

Q. 〈보기〉에서 조선시대의 훈련원에 관한 설명으로 옳은 것을 모두 고른 것은? 　　　기출 23

㉠ 성리학 교육을 담당하였다.
㉡ 활쏘기, 마상무예 등의 훈련을 실시하였다.
㉢ 무인 양성과 관련된 공식적인 교육기관이었다.
㉣ 〈무경칠서(武經七書)〉, 〈병장설(兵將說)〉 등의 병서 습득을 장려하였다.

① ㉠, ㉡　　② ㉢, ㉣　　③ ㉡, ㉢, ㉣　　④ ㉠, ㉡, ㉢, ㉣

해설　조선시대 때 성리학 교육을 담당했던 곳은 성균관임

정답 ③

Q. 〈보기〉에서 설명하는 조선시대의 기관은? 　　　기출 20

- 무예의 수련을 담당하였다.
- 병서의 습독을 장려하였다.
- 군사의 시재(試才)를 담당하였다.

① 사정(射亭)　　② 성균관(成均館)　　③ 사역원(司譯院)　　④ 훈련원(訓鍊院)

해설　조선시대 무학교육으로 병사들을 훈련시켰던 훈련원, 무과시험, 활쏘기를 연습했던 사정이 있음

정답 ④

Q. 조선시대 사정(射亭)에 관한 설명으로 옳지 않은 것은? 　　　기출 21

① 전국에 사정(射亭)을 설치하고 습사(習射)를 장려하였다.
② 관설사정(官設射亭)과 민간사정(民間射亭)이 있었다.
③ 병서(兵書) 강습과 마상(馬上) 무예 훈련을 주로 하였다.
④ 민간사정(民間射亭)으로 오운정(五雲亭), 등룡정(登龍亭) 등이 있었다.

해설　조선시대의 활쏘기는 무과과목의 하나로 인재선발의 기준이 됨. 활터에는 활을 쏘는 사대(射臺)와 활쏘는 사람들이 머무는 정자인 사정(射亭)이 있음. 사정은 관설사정(춘당대, 중일각, 장대, 연무대, 관덕정 등)과 민간사정(오운정, 천양정, 덕유정, 등룡정 등)이 있음

정답 ③

OX 퀴즈

조선시대의 최고의 교육기관은 성균관으로 고려시대의 국자감과 유사했다. 　O X

정답 O

조선시대의 무과제도는 초시, 복시, 전시가 있다. 　O X

정답 O

기출 FOCUS

✓ 조선시대 양반사회 오락: 궁도, 봉희, 방응, 투호
✓ 조선시대 민속놀이: 봉희, 씨름, 석전, 줄다리기, 장치기, 종정도놀이, 고누 등

17·21·22·24 기출

2. 조선시대의 민속놀이

(1) 세시풍속: 농경문화를 반영하고 있어 농경의례라고도 함

봉희	• 골프와 유사한 유희의 한 종류로서 궁정에서 실시
씨름	• 서민들이 즐김. 군사훈련 용도로 활용
석전	• 돌팔매질을 통해 승부를 겨룸. 관람스포츠처럼 구경거리가 됨
줄다리기	• 정초 새해 길흉을 점치기 위한 놀이(삭전, 갈전, 조리지희)
장치기	• 긴 막대로 나무를 깎아 만든 공을 쳐서 상대편 문 안에 넣는 경기 (=격방)
종정도놀이	• 승정도, 종경도, 승경도 • 관직명을 종이로 만든 발판에 기재, 5각으로 만든 알을 던져서 넣는 경기
고누	• 땅바닥이나 널판에 여러 가지 모양의 판을 그려 돌 등을 말로 삼아 승부를 결정짓는 놀이
삭전 (索戰)	• 갈전(葛戰) • 농경사회의 대표적인 민속놀이로서 농사의 풍흉(豊凶)을 점치는 의미

널뛰기, 그네뛰기, 윷놀이, 차전놀이, 바둑, 장기, 제기차기, 팽이 돌리기, 썰매, 줄 넘기, 연날리기 등

기출 Q

Q. 조선시대의 민속놀이와 오락에 대한 설명으로 옳은 것은? 기출 17

① 기풍의례(祈豊儀禮)로써 장치기, 바둑, 장기 등을 행하였다.
② 세시풍속은 농경문화를 반영하고 있어 농경의례라고도 한다.
③ 정초 새해 길흉을 점치기 위한 놀이로 줄다리기를 행하였다.
④ 도판희(跳板戲)와 추천(鞦韆)은 남성주의의 민속놀이였다.

해설 도판희(널뛰기), 추천(그네뛰기)은 삼국시대부터 전해져 오는 여성이 주로 했던 민속놀이임. 중복답안임

정답 ②, ③

Q. 조선시대 서민층이 주로 행했던 민속놀이와 설명으로 옳지 않은 것은? 기출 24

① 추천(鞦韆): 단오절이나 한가위에 즐겼다.
② 각저(角觝), 각력(角力): 마을 간의 겨룸이 있었는데, 풍년 기원의 의미도 있었다.
③ 종정도(從政圖), 승경도(陞卿圖): 관직 체계의 이해와 출세 동기 부여의 뜻이 담겨 있었다.
④ 삭전(索戰), 갈전(葛戰): 농경사회의 대표적인 민속놀이로서 농사의 풍흉(豊凶)을 점치는 의미도 있었다.

해설 종정도 놀이(승정도, 종경도, 승경도)는 조선시대 양반 자제들이 하던 민속놀이로 단순한 오락이 아니라, 관료 체계와 관련된 승진과정을 모방한 것으로, 조선 시대의 사회적 출세를 상징적으로 담고 있음

정답 ③

OX 퀴즈

조선시대의 민속놀이로 봉희는 오늘날 골프와 유사한 유희로 양반사회의 오락이었다. Ⓞ Ⓧ

정답 ○

3. 조선시대의 무예체육

(1) **활쏘기**(궁술)
   ① 삼국시대 때부터 기마술과 함께 가장 중요시 됨
   ② 군사훈련 수단으로 활용
   ③ 심신훈련의 중요한 교육활동
   ④ 무과 시험에서 인재를 선발하는 실기과목
   ⑤ 활쏘기 대회인 편사(便射)에 참가하는 궁수는 5인 이상

(2) **격방**: 격구의 일종으로 편을 갈라 골문을 만들고 나무 막대기로 공을 쳐 구멍에 넣는 경기 (오늘날 골프, 게이트볼)=민속놀이 '장치기'

(3) **방응**: 매로 사냥하는 일

(4) **투호**: 옛날 궁중이나 양반집에서 항아리에 화살을 던져 넣던 놀이

(5) **수박희**: 조선 말기에 전국 민속경기로 보급

4. 조선시대 무예지

(1) **무예제보**(1598): 임진왜란 이후 명나라 척계광의 '기효신서'를 토대로 만든 우리나라에게 가장 오래된 무예서

(2) **무예신보**(1759): 영조 때 전쟁을 대비해서 12가지 기예를 더 넣어 편찬한 무예서로 일러지고 있으나 현재 발견되지 않음(사도세자가 편찬에 참여)

(3) **무예도보통지**(1790)
   ① 조선 정조 때 이덕무(李德懋)·박제가(朴齊家)·백동수 등이 왕명에 따라 편찬
   ② 한국, 중국, 일본의 서적 145종 참고, 총 24가지 무예 소개
   ③ 무예(武藝)란 무에 관한 기예를 의미

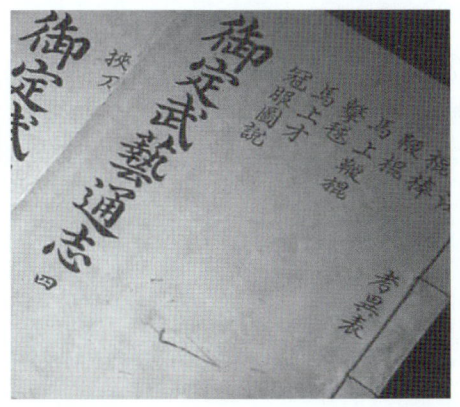

▲ 무예도보통지

기출 FOCUS

- 조선시대 무예체육: 활쏘기(궁술)
  15·16·17·19·23·24 기출
- 조선시대 무예지
  15·16·23·24 기출

무예제보 → 무예신보 → 무예도보통지

- 영조의 육덕, 육행, 육예를 통한 백성을 가르치는 기본원칙
  • 육덕(六德): 지知·인仁·성聖·의義·충忠·화和
  • 육행(六行): 효孝·우友·목睦·姻·임任·휼恤
  • 육예(六藝): 예禮·악樂·사射(활쏘기)·어御(말타기)·서書·수數   15 기출

- 활인심방(活人心方)은 퇴계 이황이 도학자들의 체조 내용을 자필(自筆)과 자화(自畵)로 기록한 저서로 제18첩으로 구성돼 있음. 자신의 건강을 다스림   15·20 기출

- 조선시대의 사상 18·22 기출
  • 숭문천무(崇文賤武): 유교의 영향으로 글을 숭상하고, 무력을 천시함을 의미
  • 문무겸전(文武兼全): 정조는 문식과 무략을 다 갖춰야 국가를 부강하게 한다고 생각

암기 TIP

제신도 무예를 저의(제) 신도들에게만 가르칩니다. 이렇게 암기해보세요.

OX 퀴즈

조선시대 때 기마술과 함께 가장 중요시됐던 무예체육은 삼국시대 때부터 이어져 온 방응이었다.
O X

정답 ×
해설 궁술(활쏘기)

우리나라에서 가장 오래된 무예지는 무예제보이다. O X

정답 O

기출 Q

Q. 〈보기〉에서 조선시대의 궁술에 관한 설명으로 옳은 것만을 모두 고른 것은?

기출 24

> ㄱ. 군사 훈련의 수단이었다.
> ㄴ. 무과(武科) 시험의 필수 과목이었다.
> ㄷ. 심신 수련을 위한 학사사상(學射思想)이 강조되었다.
> ㄹ. 불국토사상(佛國土思想)을 토대로 훈련이 이루어졌다.

① ㄱ, ㄴ
② ㄷ, ㄹ
③ ㄱ, ㄴ, ㄷ
④ ㄴ, ㄷ, ㄹ

(해설) 불국토 사상은 신라 때 국토를 신성하고 존엄하게 생각하며 목숨을 걸고 국토를 지켜내야 한다는 사상임. 학사사상(學士思想)은 문무겸비라는 이상을 바탕으로, 문신과 무신 모두가 궁술과 같은 무예를 익히는 것을 중요하게 여김

(정답) ③

Q. 조선시대의 무예서에 관한 설명으로 옳지 않은 것은?

기출 24

① 『무예도보통지(武藝圖譜通志)』: 정조의 명에 따라 24기의 무예가 수록, 간행되었다.
② 『무예신보(武藝新譜)』: 사도세자의 주도 하에 18기의 무예가 수록, 간행되었다.
③ 『권보(權譜)』: 광해군의 명에 따라 『무예제보』에 수록되지 않은 4기의 무예가 수록, 간행되었다.
④ 『무예제보(武藝諸譜)』: 선조의 명에 따라 전란 중에 긴급하게 필요했던 단병기 6기가 수록, 간행되었다.

(해설) 조선시대 무예지는 무예제보(1598, 명나라 청계광의 기효신서 참조) → 무예신보(1759, 영조 때 전쟁대비, 사도세자 편찬 참여, 현재 전해지지 않음) → 무예도보통지(1790, 정조의 명으로 이덕무, 박제가, 백동수 등이 편찬)의 순으로 편찬함

(정답) ③

Q. 조선시대 체육활동에 대한 설명으로 옳은 것은?

기출 17

① 방응(放鷹) – 타구, 방희 등으로 혼용하여 사용되었다.
② 편사(便射) – 단체전으로 경기적인 궁술대회를 의미한다.
③ 석전(石戰) – 오늘날 폴로(Polo)와 유사한 형태이다.
④ 활인심방(活人心方) – 중국의 주권이 저술한 책을 율곡 이이가 도입하였다.

(해설) 편사는 활쏘기 대회로서 5인 이상의 궁수가 참가, 이황이 활인심방을 필사하여 자신의 건강을 다스림

(정답) ②

Q. 아래에서 설명하는 조선시대의 무예는? 기출 19

- 무과 시험 과목의 하나였다.
- 각 사정을 대표하는 궁수 5인 이상이 편을 나누어 활을 쏘는 단체경기였다.

① 편사(便射) ② 기창(騎槍)
③ 기사(騎射) ④ 본국검(本國劍)

해설 조선시대의 무과 시험에서 인재를 선발하는 실기과목으로 활쏘기 대회인 편사(便射)에 참가하는 궁수는 5인 이상임 정답 ①

Q. 『활인심방(活人心方)』에 대한 설명으로 적절하지 <u>않은</u> 것은? 기출 20

① 이이(李珥)가 『활인심방』이라는 책을 펴냈다.
② 도인법(導引法)은 목 돌리기, 마찰, 다리의 굴신 등의 보건체조이다.
③ 사계양생가(四季養生歌)는 춘하추동으로 나누어 호흡하는 방법이다.
④ 활인심서(活人心序)는 기를 조절하고, 식욕을 줄이며, 욕망을 절제하는 방법이다.

해설 활인심방(活人心方)은 퇴계 이황(李滉, 1502~1571)이 도학자들의 체조 내용을 자필(自筆)과 자화(自畵)로 기록한 저서로 제18첩으로 구성돼 있음. 자신의 건강을 다스림 정답 ①

CHAPTER 05 한국 근대의 체육

기출 FOCUS

- 교육입국조서: 지양, 덕양, 체양을 중점을 둔 1895년 고종이 발표 16·17·23·24 기출
- 개화기 체육
  - 서구식 체육 편성, 신식학교 체조 포함, 근대적 체육문화 창출 시기 16 기출
  - 개화기 운동기: 화류회(우리나라 최초의 운동회, 1896년) 17·19·21 기출

암기 TIP

지덕체 키워드 위주로 암기해보세요.

01 개화기의 체육

1. 교육입국조서

(1) 1895년 고종이 새로운 교육제도의 필요성을 인식하고 발표함

(2) 망해가는 국가를 중흥시키는 길이 교육밖에 없다는 생각을 함

(3) 교육의 기회를 확대함(기존 양반 → 모든 국민)

(4) 유교 중심 교육을 탈피하고, 실용교육을 강화함

　① 지양, 덕양, 체양에 중점
　② 체육을 중요한 교육의 영역으로 인정

2. 개화기의 체육발달 양상

(1) 체육의 개념 및 가치에 대한 근대적 각성이 이루어지고, 근대적 체육문화가 창출됨

(2) 전통적인 무예체육의 일부가 학교체육으로 편입됨(1883년, 원산학사)

(3) 서구식 체육이 학교체육의 주된 교육과정 또는 과외활동으로 편성됨

(4) 일본의 영향으로 체조 중심의 체육이 교육과정에 편입됨

(5) 배재학당, 이화학당 등의 신식학교에서는 체조를 교육과정에 포함시킴

(6) 다양한 개화기 운동회가 열림

　① 우리나라 최초의 운동회는 화류회(花柳會)로 1896년 개최함
　② 영어학교나 기독교계 학교를 중심으로 운동회가 확산됨
　③ 학생 대항, 마을 대항과 같은 단체전 중심으로 이루어짐
　④ 근대체육 보급, 신지식 계몽, 민족의식 고취, 애국심 고취, 공동체 의식을 강화함

OX 퀴즈

교육입국조서는 고종이 새로운 교육제도의 필요성을 인식하고 지양, 덕양, 체양을 중점으로 한 실용교육을 발표한 것이다. O/X

정답 O

개념 PLUS

- 독립운동가이자 체육사상가 문일평의 체육론(1908)
  - 민족의 체육발전을 위해 최초로 체육학교를 설치할 것
  - 체육교사 양성
  - 체육연구를 위해 해외에 유학생을 파견할 것
- 일제강점기 교육자 조원희의 신편체조법(1910)
  - 교육입국조서(고종, 1895) 공포에 따라 모든 학교가 체조를 정식 교과목으로 채택
  - 병식체조 중심의 교육을 탈피하고자 아이들의 신체발육을 돕는 부드러운 체조법 강조
  - 몸의 균형을 꾀하고 교정효과까지 있는 신편체조법을 많은 학교에서 채택됨

기출 FOCUS

- 독립운동가이자 체육사상가 문일평의 체육론(1908) — 18 기출
  - 민족의 체육발전을 위해 최초로 체육학교를 설치할 것
  - 체육교사 양성
  - 체육연구를 위해 해외에 유학생을 파견할 것
- 조원희의 신편체조법(1910) — 20 기출

기출 Q

Q. 고종(高宗)의 교육입국조서(敎育立國詔書)에서 삼양(三養)이 표기된 순서는?   기출 24

① 덕양(德養), 체양(體養), 지양(智養)
② 덕양(德養), 지양(智養), 체양(體養)
③ 체양(體養), 지양(智養), 덕양(德養)
④ 체양(體養), 덕양(德養), 지양(智養)

(해설) 1895년(고종) 발표된 교육입국조서(敎育立國詔書)에서 덕양(德養), 체양(體養), 지양(智養)은 각각 도덕성, 신체적 건강, 지적 성장을 의미하며, 이 세 가지 요소를 균형 있게 발전시키는 것이 교육의 목표로 설정됨   (정답) ①

Q. 개화기 체육사상가인 문일평이 체육발전을 위하여 제안한 내용으로 옳지 않은 것은?   기출 18

① 체육학교를 설치하고, 체육교사를 양성하자.
② 과목에 체조, 승마 등을 개설하자.
③ 체육에 관한 학술을 연구하기 위하여 청년을 해외에 파견하자.
④ 체육활동을 통괄할 단체를 설립하자.

(해설) 독립운동가 호암(湖巖) 문일평(1888~1939)의 체육론은 대표적으로 체육학교 설립, 체육교사 양성, 해외에 유학생 파견 등이 있음   (정답) ④

3. 개화기 학교체육 및 체육단체

(1) 시기별 학교체육

① 제1기(1876~1884년, 근대체육의 태동기): 무예학교, 원산학사의 무예체육 포함, 교육내용을 병서와 사격으로 구성
② 제2기(1885~1904년, 근대체육의 수용기): 고종의 교육입국조서 발표(1895), 기독교계 사립학교 및 관립학교 정규과정에 체조 과목 편성, 1903년 YMCA 조직, 소학교 및 고등과에서 체육을 정식 교과목으로 채택

기출 FOCUS

◉ 근대학교
- **원산학사(1883)**: 민간에 의해 세워진 한국 최초 근대 교육기관
  16·17·19·20 기출
- **배재학당(1885)**: 선교사 설립학교, 아펜젤러가 설립한 학교로 서구 스포츠 보급
  19 기출
- **이화학당(1886)**: 한국 최초 여성교육기관, 정규수업에 체조 실시 19·21 기출
- **언더우드 학당(1886)**: 구제학교로 불렸던 중등교육기관, 1905년 경신학교로 개명 19 기출
- **대성학교(1907)**: 국권회복운동의 일환으로 도산 안창호 설립 18 기출
- **오산학교(1907)**: 대운동회를 실시하고 체육은 주로 군사훈련을 함(이승훈 설립) 23 기출

◉ 체육단체
- **황성기독교청년회(1903)**: 한국 YMCA 전신, 스포츠 종목 지도자 배출
  15·16·17·18·19·23 기출
- **대한체육구락부(1904)**: 우리나라 최초 체육단체 15·18 기출
- **대동체육구락부(1908)**: 체육학 연구 15 기출

③ 제3기(1905~1910년, 근대체육의 정립기): 학교체육, 병식체조, 유희 등 필수교과로 지정, 1906년 대한제국의 교육제도를 개편

(2) 근대적인 학교

동래무예학교(1878)	• 부산 동래지역 설립
원산학사(1883)	• 민간에 의해 함남 원산에 세워진 한국 최초의 근대적 교육기관 • 동래 무예학교의 영향을 받고 무사 양성 교육에 힘씀 • 교육과정에 전통무예를 포함시킴(문예반 + 무예반) • 근대체육의 태동기
언더우드 학당(1886)	• 구세학교로 불림. 선교 및 청년교육을 목적으로 한 중등교육기관 • 1905년에 경신학교로 개명
대성학교(1907)	• 국권회복운동의 일환으로 도산 안창호 설립 • 구 한국군 출신이 체육교사로 부임 • 일반 체조를 포함해 군대식 조련을 실시

- 선교사 설립 학교: 광혜원(1885, 알렌, 세브란스 의학전문학교), 배재학당(1885, 아펜젤러), 이화학당(1886, 스크랜턴), 경신학교(1886, 언더우드), 숭실학교(1897, 베어드)

- 선각자 설립 학교: 홍화학교(1895, 민영환), 중교의숙(1896, 민영기), 점진학교(1899, 안창호), 낙연의숙(1901, 서광세), 우산학교(1902, 양재세), 청년학교(1904, 진덕기), 양정의숙(1905, 엄주익), 보성학교(1905, 이용익), 휘문의숙(1906, 민영휘), 진명여학교, 숙명여학교(1906, 엄귀비), 오산학교(1907, 이승훈) 등

기출 Q

Q. 〈보기〉에서 설명하는 개화기의 기독교계 학교는?   기출 24

- 헐벗(H.B. Hulbert)이 도수체조를 지도하였다.
- 1885년 아펜젤러(H.G. Appenzeller)가 설립하였다.
- 과외활동으로 야구, 축구, 농구 등의 스포츠를 실시하였다.

① 경신학당 ② 이화학당
③ 숭실학교 ④ 배재학당

(해설) 1885년에 선교사 아펜젤러는 배재학당을 설립함
① 경신학당은 1886년 아펜젤러(Appenzeller)에 의해 설립된 남성 교육기관임
② 이화학당은 1886년 스크랜튼(Scranton)에 의해 설립된 여성 교육기관임
③ 숭실학교는 1897년 베어드(Baird)에 의해 평양에서 설립된 기독교 남성 교육기관임

(정답) ④

OX 퀴즈

원산학사는 우리나라 최초로 민간이 세운 근대학교이다. Ⓞ Ⓧ

(정답) O

> **Q.** 개화기 이화학당에 관한 설명으로 옳은 것은? `기출 21`
>
> ① 스크랜턴(M. Scranton)이 설립한 학교로 체조를 교과목으로 편성했다.
> ② 아펜젤러(H. Appenzeller)가 설립한 학교로 각종 서구 스포츠를 도입했다.
> ③ 이승훈이 설립한 학교로 민족정신의 고취와 체력단련을 위해 체육을 강조했다.
> ④ 개화파 관리들이 중심이 되어 설립한 학교로 무사양성을 위한 무예반을 설치했다.
>
> (해설) 이화학당(1886)은 스크랜턴에 의해 설립된 한국 최초의 여성교육기관으로 정규수업에서 체조를 실시함. 아펜젤러는 배재학당 설립(1885), 이승훈은 오산학교를 설립(1907)함 (정답) ①

(3) 개화기에 설립된 우리나라 체육단체

① 회동구락부(1902)
  ㉠ 탁지부(재경부) 관리들이 일본관리와의 친목 도모
  ㉡ 우리나라 최초의 직장체육클럽

② 황성기독교청년회(1903)
  ㉠ 한국 YMCA의 전신임
  ㉡ 개화기 선교사(필립 질레트)에 의해 국내에 야구와 농구가 보급됨
  ㉢ 이후 배구, 스케이트, 유도, 검도, 덤블링, 곤봉, 권투 등이 전수됨
  ㉣ 1916년에 우리나라 최초의 체육관을 개관
  ㉤ 다양한 스포츠 종목의 지도자를 배출
  ※ 야구 도입 원년을 대한야구협회(KBA)에서 1905년에서 1904년으로 정정함. 이는 1932년 발간된 조선야구사(오시마 가쓰타로)를 기초로 함. 단, 현재도 한국 야구 기원에 대한 논쟁이 있음

③ 대한체육구락부(1906)
  ㉠ 우리나라 최초의 체육단체
  ㉡ 청년의 기개 함양, 오락을 막힘없이 베풀며 국민의 부패한 원기 진작

④ 대한국민체육회(1907): 체육의 올바른 이념 정립과 체육정책 개혁 목표

⑤ 대동체육구락부(1908): 체육학 연구, 강건한 체력 육성 목표

⑥ 무도기계체육부(1908): 우리나라 최초의 기계체조 단체(윤치오, 이희두 설립)

⑦ 대한흥학보(1909): 일본에서 유학생들이 몇 개 단체를 통합해 설립

⑧ 청강체육부(1910): 학생이나 일반시민을 대상으로 체육활동 보급

> **개념 PLUS**
>
> **근대스포츠 도입연도와 종목**
> 1882 축구(군인들에 의해 최초 소개, 1886 외국어학교에서 운동종목 채택, 최초 축구팀은 대한척구구락부)
> 1884 정구(미국인 푸트에 의해 소개, 1883 김옥균이 일본에서 도입했다는 설도 있음, 1916 정구구락부 조직, 1919 전조선정구선수권 대회 개최, 1919 경식정구가 조선 철도국에 의해 소개)

기출 FOCUS

✓ 체육단체
- **황성기독교청년회(1903):** 한국 YMCA 전신, 스포츠 종목 지도자 배출
  15·16·17·18·19·21 기출
- **대한체육구락부(1906):** 우리나라 최초 체육단체
  15·18 기출
- **대한국민체육회(1907)**
  22 기출
- **대동체육구락부(1908):** 체육학 연구 15 기출
- **무도기계체육부(1908):** 우리나라 최초의 기계체조 단체 23 기출

OX 퀴즈

한국 YMCA의 전신은 대한체육구락부이다. (O X)

(정답) ×
(해설) 황성기독교청년회(1903년 설립)

기출 FOCUS

✓ 근대스포츠 도입
20·21·22 기출

1895 체조(한성사범학교 정식 교과목 채택)
1896 육상(우리나라 최초 운동회인 화류회에서 경기)
1896 검도(경무청의 경찰훈련과 육군연무학교의 군사훈련 과목으로 채택)
1896 승마(친어기병대 창설)
1898 씨름(관립 및 사립학교 운동회에서 정식종목 채택)
1898 수영(무관학교칙령으로 도입)
1900 골프(영국인 원산세관 구내에서 골프코스 개설로 시작)
1904 사격(육군연성학교에서 정규 교과목 선정)
1904 야구(황성기독교청년회의 질레트에 의해 소개, 1905 도입논쟁이 있음)
1905 빙상(황성기독교청년회의 질레트에 의해 소개)
1906 사이클(첫 사이클 경기 개최)
1906 유도(일본인 우치다 료헤이 소개)
1907 농구(황성기독교청년회의 질레트에 의해 소개)
1908 테니스(탁지부체육종목 채택)
1909 경마(근위 기병대 군사들이 경마회 개최)
1912 권투(단성사 주인 박승필이 유각권구락부 조직)
1914 탁구(경성구락부 원유회 최초 실시, 1921 YMCA 소년부탁구대회 개최)
1914 배구(YMCA 체육부 소개, 1917 YMCA 최초 배구경기)
1923 럭비(럭비 구락부)
1926 역도(일본 체조학교를 졸업한 서상천이 귀국하면서 소개)

기출 Q

Q. 일제강점기에 설립된 체육 단체가 아닌 것은? 기출 22

① 대한국민체육회(大韓國民體育會) ② 관서체육회(關西體育會)
③ 조선체육협회(朝鮮體育協會) ④ 조선체육회(朝鮮體育會)

해설 대한국민체육회(1907)는 노백린의 발기로 설립된 체육단체임. 일제강점기에는 조선체육협회(1919, 일본인 중심으로 설립), 조선체육회(1920, 조선인 중심 설립, 전조선야구대회 개최를 시작으로 오늘날 전국체육대회로 발전), 관서체육회(1925, 조만식이 평양을 근거지로 설립, 전조선축구대회 개최)가 있었음

정답 ①

Q. 다음 중 개화기에 설립된 체육단체가 아닌 것은? 기출 24

① 대한체육구락부 ② 조선체육진흥회
③ 대동체육구락부 ④ 황성기독교청년회운동부

해설 대한체육구락부(1904)는 우리나라 최초의 체육단체이고, 대동체육구락부(1908)는 체육학을 연구했던 단체임. 또한 황성기독교청년회운동부(1903)은 한국 YMCA 전신으로 선교사 질레트에 의해 국내에 야구와 농구 등을 보급함
조선체육진흥회는 1920년대에 일본의 통치 아래 체육과 스포츠를 통한 국민 통제와 체력 단련을 강조하면서 설립됨. 일제강점기 때 결성된 체육단체는 조선체육협회(1919, 일본인 중심 결성), 조선체육회(1920, 조선인 중심 결성), 관서체육회(1925, 조만식 주도로 결성)가 있음

정답 ②

Q. 개화기 교육입국조서(敎育立國詔書)가 반포된 이후의 체육사적 사실이 아닌 것은?

기출 19

① 한국 YMCA가 설립되어 서구 스포츠가 본격적으로 도입되었다.
② 한국 최초의 운동회가 화류회(花柳會)라는 이름으로 개최되었다.
③ 우리나라 최초의 근대적인 체육 단체인 대한체육구락부가 결성되었다.
④ 언더우드(H. G. Underwood)학당이 설립되어 체조가 정식교과목에 편성되었다.

해설 1895년 고종이 교육입국조서 발표(지양, 덕양, 체양 중심), 화류회(1896), 황성기독교청년회는 YMCA 전신(1903), 대한체육구락부(1904)가 설립됨. 언더우드 학당은 중등교육기관으로 1886년 설립되고, 1905년에 경신학교로 개명됨

정답 ④

Q. 아래에서 설명하는 인물은?

기출 19

- 1903년 황성기독교청년회 초대 총무를 역임하였다.
- 우리나라 최초로 야구와 농구를 소개하였다.
- 개화기 YMCA를 통해서 우리나라 근대스포츠의 발달에 큰 역할을 담당했다.

① 푸트(L. M. Foote)   ② 반하트(B. P. Barnhart)
③ 허치슨(W. D. Hutchinson)   ④ 질레트(P. L. Gillett)

해설 질레트가 초대 총무를 역임한 황성기독교청년회는 서울 YMCA 전신으로 1904년에 국내에 야구를 소개했고, 1916년에 우리나라 최초의 체육관을 개관했음. 다양한 스포츠 종목 지도자를 배출함

정답 ④

기출FOCUS

- 일제강점기 체육활동: 민족의식 고취   16 기출
- 일제강점기 교육정책: 1차 조선교육령(학교체조교수요목) 18 기출, 3차 조선교육령(황국신민체조)   17 기출

02 일제강점기의 체육

1. 일제강점기 체육활동

(1) 체육, 스포츠 활동을 통해 민족의식을 고취함

(2) 유도, 검도 같은 무도가 급속하게 전파됨

(3) 손기정(마라톤), 엄복동(사이클) 등의 국제적인 스포츠 선수 등장함

2. 일제강점기의 교육정책

(1) **1차 조선교육령**(1911)

　① 각급 학교 교육연한 단축, 일본어 보급(전통문화 말살)
　② 병식체조를 스웨덴 체조로 변경(국권회복 의지 말살)

기출 FOCUS

✓ 일제강점기 때 결성한 체육단체
- 조선체육협회(1919): 조선신궁대회 개최 23 기출
- 조선체육회(1920): 제1회 조선야구대회로 시작해 오늘날 전국체육대회로 발전 16·18·19·21·24 기출
- 관서체육회(1925): 전조선축구대회 19 기출

개념 PLUS

학교체조교수요목(1914)
- 식민지통치하의 학교체육을 본격적 궤도에 올려놓음
- 일본식 유희가 도입
- 체조과 교수기간 이외에 여러 가지 운동을 실시함

(2) 2차 조선교육령(1922)
① 3·1운동에 따른 통치정책 변경(무단통치정책 → 문화통치정책)
② 사범학교, 대학 설립, 학교 대항 경기(육상 등)

(3) 3차 조선교육령(1938)
① 민족말살기에 내린 교육명령
② 국체명징, 대동아번영, 내선일체, 인고단련 등 강요
③ 일본에 의해 황국신민체조가 도입됨

(4) 4차 조선교육령(1943)
① 모든 교육기관 수업연한 단축
② 조선어, 조선역사 교육 전면 중단

개념 PLUS

일제강점기의 체조정책
- 라디오 체조: 황국신민체조를 공영 라디오 방송을 통해 전파시킴
- 스웨덴 체조: 스웨덴 교육자 링(Ling)이 창안한 체조로서 교육, 의료, 병식, 미적 부분으로 구분

애국지사의 체조정책
- 보건체조: 1930년대 체육 대중화를 위해 조선인 체육지도자들이 보급함
- 병식체조: 부강한 나라를 이룩하기 위해 학생들에게 군대식 훈련을 실시함

3. 일제강점기 때 결성한 체육단체

(1) 조선체육협회(1919)
① 조선 대 체육단체 관리를 위해 일본인 중심으로 설립 운영
② 조선신궁대회 개최, 근대스포츠 보급 역할

(2) 조선체육회(1920)
① 일본체육단체에 대한 대응으로 조선인 중심으로 창립(고려구락부를 전신으로 함)
② 제1회 조선야구대회를 시작으로 현재 전국체육대회로 발전
③ 1921년 전조선축구대회 창설(관서체육회의 대회와 다른 대회임)

OX 퀴즈

학교체조교수요목은 일제강점기 1차 조선교육령 때 실시했다. OX
정답 O

2019년 서울에서 개최한 100회째 전국체육대회의 효시는 조선체육회가 1920년 개최한 제1회 조선야구대회이다. OX
정답 O

(3) 관서체육회(1925)

① 평양을 근거지로 조만식 주도로 결성
② 전조선축구대회로 큰 자취를 남김

▲ 조선체육회(제1회 조선야구대회)

기출 FOCUS

◎ **일장기 말소사건**
　　　　　　　15·16·18 기출
- 1936년 베를린올림픽에서 우승한 손기정의 사진에 일장기를 지움
- 이 일을 주도한 동아일보는 무기 정간, 이길용 기자 등은 징역형을 받음
- 체육을 통해 일제에 항거하는 민족주의적 투쟁정신을 표출
- 이 일로 1938년 조선체육회는 일제에 의해 강제 해산되고 조선체육협회로 통합 흡수됨

◎ **베를린 하계올림픽** 22 기출
- 1936년 제11회 대회
- 히틀러의 스포츠 정치화
- 마라톤 손기정 선수 1위, 남승룡 선수 3위

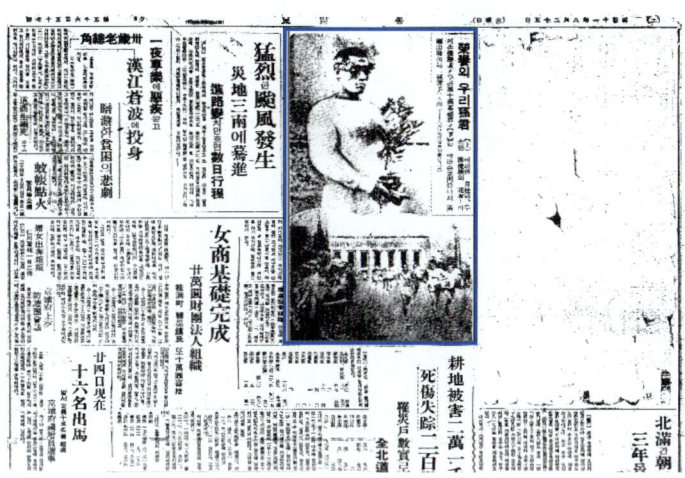
▲ 일장기 말소사건

기출 Q

Q. 1936년 베를린올림픽대회 참가와 관련하여 옳은 것은? 　기출 16

① 함기용, 송길윤, 최윤칠 선수가 마라톤에서 모두 입상하였다.
② 최초로 코리아(KOREA)라는 국가 명칭을 사용하였다.
③ 김성집 선수가 역도에서 동메달을 획득하였다.
④ 동아일보 이길용 기자에 의해 일장기 말살사건이 발생하였다.

해설　일장기 말살사건은 1936년 베를린올림픽에서 우승한 손기정의 사진에 일장기를 지움으로써 동아일보는 무기 정간, 이길용 기자 등은 징역형을 받은 사건임. 체육을 통해 일제에 항거하는 민족주의적 투쟁정신을 표출함　정답 ④

Q. 민족말살기(1931~1945) 학교체육에 대한 내용으로 옳은 것은? 　기출 17

① 보통체조와 병식체조 중심에서 스웨덴 체조로 전환되었다.
② 경쟁유희, 발표동작유희, 행진유희 등 일본식 유희가 도입되었다.
③ 일본에 의해 황국신민체조가 도입되었다.
④ 제2차 조선교육령을 통해 스포츠와 유희를 중심으로 전개되었다.

해설　일제강점기 때 민족말살기에 내린 교육명령인 3차 조선교육령(1938) 이후 도입됨　정답 ③

Q. <보기>에서 일제강점기의 조선체육회에 관한 설명으로 옳은 것만을 모두 고른 것은?

기출 24

> ㄱ. '전조선축구대회'를 창설하였다.
> ㄴ. 조선체육협회에 강제로 흡수되었다.
> ㄷ. 국내 운동가, 일본 유학 출신자 등이 설립하였다.
> ㄹ. 종합체육대회 성격의 전조선종합경기대회를 개최하였다.

① ㄱ, ㄴ ② ㄷ, ㄹ ③ ㄴ, ㄷ, ㄹ ④ ㄱ, ㄴ, ㄷ, ㄹ

해설 전조선축구대회는 1921년에 조선체육회(1920년 설립)에서 창설함. 평양을 주축으로 한 관서체육회(1925년 설립)가 큰 자취를 남긴 전조선축구대회는 이름을 같지만 다른 대회임 **정답** ④

Q. 개화기에 발생한 체육사적 사실이 아닌 것은?

기출 19

① 관서체육회(關西體育會)가 결성되어 전조선빙상대회가 개최되었다.
② 최초의 근대 학교인 원산학사에서는 무사 양성을 위한 무예반을 개설했다.
③ 선교사들이 미션 스쿨을 설립하고, 서구의 체조 및 근대 스포츠를 도입하였다.
④ 한국 최초의 여성교육기관인 이화학당이 설립되고, 정규 수업에 체조 수업을 실시하였다.

해설 평양의 관서체육회(1925년 발족)는 서울의 조선체육회(1920년 발족)와 쌍벽을 이루며 일제강점기 때 조선의 스포츠 발달에 공헌함. 특히 전조선축구대회로 큰 자취를 남김 **정답** ①

Q. <보기>의 괄호 안에 들어갈 일제강점기의 체육사상가는?

기출 24

> (   )은/는 '체육 조선의 건설'이라는 글에서 사회를 강하게 하는 것은 구성원들의 힘을 강하게 하는 것이며, 그 방법은 교육이며, 여러 교육의 기초는 체육이라고 강조하였다.

① 박은식 ② 조원희 ③ 여운형 ④ 이기

해설 몽향 여운형(1886~1947)은 체육을 통해 민족 자강과 독립운동을 추구한 인물로, 조선체육회를 창립하고 체육 활동을 민족운동의 중요한 수단으로 삼음 **정답** ③

Q. 일제강점기 체육에 관한 사실로 옳지 않은 것은?

기출 23

① 박승필은 1912년에 유각권구락부를 설립해 권투를 지도하였다.
② 조선체육협회는 1920년에 동아일보사 후원으로 설립되었다.
③ 서상천은 1926년에 일본체육회 체조학교를 졸업하고, 역도를 소개하였다.
④ 손기정은 1936년에 베를린올림픽경기대회 마라톤 종목에서 우승하였다.

해설 조선체육협회는 1919년 일본인 중심으로 설립, 조선체육회는 1920년에 일본체육단체에 대한 대응으로 조선인 중심으로 창립됐고, 같은 해에 제1회 조선야구대회를 개최하여 오늘날 전국체육대회로 발전시킴. 참고로 1936년 베를린 올림픽 때 손기정 선수가 마라톤 우승을 차지하고, 동아일보 이길용 기자가 일장기를 지워 신문에 게재함. 이를 빌미로 조선체육회를 해체하고 조선체육협회에 병합을 시킴. 서상천은 1923년에 일본체육회 체조학교를 졸업하고, 1926년에 역도를 소개함. 중복답안임 **정답** ②, ③

CHAPTER 06 한국 현대의 체육

01 광복 이후 체육발전

1. 광복 이후 변화

(1) 엘리트 스포츠 육성을 통한 스포츠 민족주의가 함양됨
(2) 체육진흥운동을 통해 강건한 국민성을 함양하는 건민체육사상이 발전함
(3) 국민 모두의 생활체육을 강조한 대중스포츠 운동으로 발전함

2. 광복 이후 체육사

연도	내용
1962년	• 국민체육진흥법 제정 　- 정부가 체육정책의 운영에 있어 법적근거를 마련한 최초의 체육관련법
1966년	• 태릉선수촌 건립(서울 노원구), 이후 진천선수촌으로 이전 계획 • 2011년 진천선수촌(충북)에 입소를 시작으로 2017년 완전 이전함
1971년	• 체력장 제도 첫 실시 　- 국민체력검사표준위원회에서 기준과 종목 선정 　- 체력증진이라는 교육 목적으로 전국적으로 실시 　- 1973년부터 대학입시에 체력장 평가 포함, 입시과열 현상 등 부작용 발생 　- 달리기, 뛰기, 던지기, 매달리기, 나르기 등 기본기능종목 중심
1981년	• 서독 바덴바덴에서 1988년 서울하계올림픽 유치 확정(일본과 경합)
1982년	• 체육부 신설 • 프로야구 출범(6개 구단)
1983년	• 프로축구 출범(프로 2팀, 실업 3팀) • 프로씨름 출범(해체되어 2006년부터는 지자체, 실업팀으로 운영)
1986년	• 서울아시아경기 대회
1988년	• 서울하계올림픽 대회 　- 동서 진영이 모두 참가한 대회 　- 생활체육 활성화의 계기를 마련 　- 엘리트 스포츠 발전의 획기적인 역할
1989년	• 서울올림픽기념 국민체육진흥공단 설립 • 체육시설의 설치·이용에 관한 법률 제정

기출 FOCUS

- 광복 이후 체육발전: 엘리트 스포츠 육성, 건민체육사상, 생활체육 강조　16 기출
- 광복 이후 체육사
  - 국민체육진흥법 제정(1962)　15·16·18·19 기출
  - 태릉선수촌 건립(1966)　18·19 기출
  - 체력장 제도 첫 실시(1971)　17·18·21 기출
  - 체육부 신설, 프로야구 출범(1982)　15·17 기출
  - 서울하계올림픽 개최(1988)　15·16·19 기출
  - 국민체육진흥공단 설립(1989)　15 기출
  - 문화체육관광부 개편(2008)　15 기출
- 대한체육회 변천　20 기출
- 체육정책 담당 부처 변천　24 기출
- 아시아경기대회　22 기출
  - 서울(1986)
  - 부산(2002)
  - 인천(2014)

연도	내용
1991년	• 국민생활체육협의회 설립(이후 국민생활체육회로 개칭, 2016년 대한체육회와 통합), 호돌이 계획
1993년	• 제1차 국민체육진흥5개년계획(1993~1997)
1997년	• 프로농구 출범
1998년	• 제2차 국민체육진흥5개년계획(1998~2002) • 프로농구(여자) 출범
2002년	• 한·일 월드컵 대회, 부산아시아경기 대회
2003년	• 참여정부 국민체육진흥5개년계획(2003~2007) • 대구하계유니버시아드 대회
2005년	• 프로배구 출범, 장애인체육회 출범
2007년	• 스포츠산업진흥법 제정 • 태권도 진흥 및 태권도 공원 조성 등에 관한 법률 제정
2008년	• 문화관광부에서 문화체육관광부로 개편 • 제1차 스포츠산업중장기계획(2009~2013)
2011년	• 대구세계육상선수권 대회
2014년	• 인천아시아경기 대회 • 제2차 스포츠산업중장기 발전계획(2014~2018)
2015년	• 광주하계유니버시아드 대회
2016년	• 대한체육회는 국민생활체육회와 통합
2017년	• FIFA U-20 월드컵 대회, 무주 세계태권도 대회, 진천선수촌 완전 이전 (2011~)
2018년	• 평창동계올림픽 대회
2019년	• 제3차 스포츠산업 중장기 발전계획(2019~2023)

> **개념 PLUS**
>
> • 최고 체육행정기관의 변천
>   문교부 문화국 체육과(1946) → 문교부 체육국(1961) → 문예체육국 체육과(1963) → 문교부 사회교육국(1968) → 체육국(1970) → 체육부(1982) → 체육청소년부(1991) → 문화체육부(1993) → 문화관광부(1998) → 문화체육관광부(2008~현재)
>
> • 대한체육회 변천
>   조선체육회(1920) → 대한체육회 개칭(1948) → 태릉선수촌 건립(1966) → 국민생활체육회와 통합(2016) → 진천선수촌 완전 이전(2017)

OX 퀴즈

국민체육진흥법은 1962년에 제정되어 정부의 체육정책의 법적 근거를 마련한 최초의 체육 관련 법이다. ⓞⓧ

정답 ○

국내 프로야구는 1983년에 처음으로 출범했다. ⓞⓧ

정답 ✕
해설 1982년

기출 Q

Q. 아래에서 설명하는 정부가 시행한 체육 정책에 해당하지 않는 것은? 기출 19

> 이 정부는 '체력은 국력'이란 슬로건을 채택했으며, '국민재건체조'를 제정하고 대한체육회의 예산을 정부가 지원하기로 결정했다. 그 외 국민체육진흥법공포(1961), 체육진흥법 시행령 공포(1963), 체육의 날 제정(1962), 매월 마지막 주의 '체육주간' 제정 등과 같은 조치가 이루어졌다.

① 태릉선수촌의 건립
② 국군체육부대의 창설
③ 우수선수 병역면제 시행
④ 메달리스트 체육연금제도 도입

(해설) 국민체육진흥법 제정(1962)을 통해 체육연금제도를 도입하고, 태릉선수촌 건립(1966), 체력장 제도(1971) 등의 시기의 정부정책임. 국군체육부대령(2017)의 설치와 임무는 국군장병의 체력 향상을 위한 교리를 연구·발전시키고, 체육특기자를 발굴·육성함으로써 군 전력 강화에 이바지하기 위하여 국방부장관소속하에 국군체육부대를 두게 됨 (정답) ②

Q. 대한민국 정부의 체육정책 담당 부처의 변천 순서가 옳은 것은? 기출 24

① 체육부 – 문화체육관광부 – 문화체육부
② 체육부 – 문화체육부 – 문화체육관광부
③ 문화체육부 – 체육부 – 문화체육관광부
④ 문화체육부 – 문화체육관광부 – 체육부

(해설) [우리나라 최고 체육행정기관의 변천] 문교부 문화국 체육과(1946) → 문교부 체육국(1961) → 문예체육국 체육과(1963) → 문교부 사회교육국(1968) → 체육국(1970) → 체육부(1982) → 체육청소년부(1991) → 문화체육부(1993) → 문화관광부(1998) → 문화체육관광부(2008~현재) (정답) ②

Q. 〈보기〉에서 대한체육회에 대한 옳은 설명을 모두 고른 것은? 기출 20

> ㉠ 1920년 – 조선체육회가 창립되었다.
> ㉡ 1948년 – 대한체육회로 개칭되었다.
> ㉢ 1966년 – 태릉선수촌을 건립하였다.
> ㉣ 2016년 – 국민생활체육회와 통합되었다.

① ㉡, ㉢
② ㉡, ㉣
③ ㉠, ㉡, ㉢
④ ㉠, ㉡, ㉢, ㉣

(해설) 대한체육회 변천: 조선체육회(1920) → 대한체육회 개칭(1948) → 태릉선수촌 건립(1966) → 국민생활체육회와 통합(2016) → 진천선수촌 완전 이전(2017) (정답) ④

기출 FOCUS

✓ **국제대회 참가사**
- 베를린올림픽 손기정 마라톤 선수 우승(1936)
  19·21 기출
- 스위스 생모리츠 동계올림픽-최초로 태극기 들고 참가한 동계올림픽(1948)
  15·19·21 기출
- 사라예보 세계선수권대회 여자탁구팀 금메달(1973)
  24 기출
- 몬트리올올림픽에서 양정모 선수(레슬링) 최초 올림픽 우승(1976) 17·21 기출
- 몬트리올 올림픽에서 구기종목 여자배구 첫 동메달(1976) 24 기출
- 서울 올림픽에서 여자 핸드볼 금메달(1988) 24 기출

02 체육대회 교류역사

1. 역사적인 국제대회 참가사

1936년	• 손기정 선수가 일제강점기 때 베를린올림픽에서 마라톤 우승(남승룡 선수 3위)
1947년	• 서윤복 선수가 보스턴 마라톤 대회 우승
1948년	• 최초로 태극기(KOREA 정식 국호)를 들고 참가한 동계올림픽은 스위스의 생모리츠 동계올림픽(2월) • 최초로 태극기를 들고 참가한 하계올림픽인 영국의 런던 하계올림픽(7월)에서 김성집 역도 선수 동메달('KOREA'란 대한민국 국적의 최초 메달), 한수안 복싱 선수 동메달
1950년	• 함기용, 송길윤, 최윤칠 선수가 보스톤마라톤 대회에서 1~3위 차지
1951년	• 뉴델리 하계아시안게임(우리나라를 비롯해 6개국이 합의해 아시안게임의 첫 대회를 개최했으나 우리나라는 전쟁으로 불참)
1952년	• 핀란드의 헬싱키 올림픽, 한국전쟁 중 참가한 대회임
1954년	• 필리핀의 마닐라에서 2회 아시안게임이 개최되고, 우리나라는 첫 출전함
1973년	• 사라예보 탁구세계선수권 단체전 우승 달성
1976년	• 몬트리올올림픽, 양정모 선수(레슬링)가 올림픽 대회 첫 우승자(최초 금메달) • 구기종목 첫 동메달(여자 배구)
1983년	• FIFA 세계청소년축구 대회 4위(※ 2006년부터 FIFA U-20 월드컵 대회로 불림)
1986년	• 삿포로에서 동계아시안게임을 최초로 개최하여 우리나라도 참가
1988년	• 서울올림픽 개최(4위, 스포츠 외교를 통해 동서국가가 참여한 대회, 생활체육 활성화 계기, 엘리트스포츠의 비약적 발전)/여자 핸드볼 금메달(구 소련 상대)
1992년	• 스페인 바르셀로나 하계올림픽에서 마라톤 황영조 선수 우승
2001년	• 이봉주 선수가 보스톤마라톤 대회에서 우승
2002년	• 한일 월드컵 대회 개최(4위)
2019년	• FIFA U-20 월드컵 대회(2위)

2. 남북체육교류사

연도	내용
1990년	• 남북통일축구대회(평양, 서울)
1991년	• 세계탁구선수권 대회 최초 단일팀 출전(일본 지바), 여자 단체전 우승 • 세계청소년축구대회 단일팀 출전(포르투갈), 8강 진출
1999년	• 남북통일농구대회(평양, 서울) • 남북노동자축구대회(평양)
2000년	• 시드니올림픽 개회식 남북한 공동 입장 • 남북통일탁구대회(평양) • 태권도 정식종목 채택
2001년	• 남한 공연단의 태권도 시범경기(평양) • 북한 공연단의 태권도 시범경기(서울)
2002년	• 부산아시안게임 남북한 개폐회식 공동 입장 • 남북통일축구대회(서울)
2005년	• 남북통일축구대회(서울)
2007년	• 남북노동자축구대회(서울)
2017년	• 북한 공연단의 태권도 시범경기(무주세계태권도 대회)
2018년	• 평창 동계올림픽 개회식 공동 입장 • 여자아이스하키팀 단일팀 출전(평창) • 남북통일농구대회(평양) • 인도네시아 자카르타-팔렘방 아시아경기대회 단일팀(농구, 카누, 조정) 출전 • 공동 하계올림픽 유치의사 발표(2018.9.19. 평양공동선언)

기출 FOCUS

◎ 남북체육교류사
- 일본 지바 세계탁구선수권 대회 최초 단일팀(1991)
  15·16·18·21·23 기출
- 시드니올림픽 개회식 남북한 공동입장(2000)
  15·19·21 기출
- 부산아시안게임 개폐회식 남북한 공동입장(2002)
  15 기출
- 평창 동계올림픽 개회식 남북한 공동입장, 여자아이스하키 단일팀(2018)

3. 체육정책 변천사

정부	주요내용
미군정기/ 제1·2공화국 (1945~1961)	• 최초의 체육에 관한 행정조치(1945 신조선을 위한 교육 방침)
제3·4공화국 (박정희 1961~1979)	• 1962 국민체육진흥법 제정(체력은 곧 국력) • 1966 태릉선수촌 건립(2017 충북진천으로 완전 이전) • 1971 체력장 제도 실시
제5공화국 (전두환 1980~1987)	• 1981 서울하계올림픽 확정(서독 바덴바덴) • 스포츠공화국(1982 프로야구, 1983 프로축구, 1983 프로씨름, 1984 농구대잔치, 1986 서울아시아경기대회)

OX 퀴즈

우리나라 최초로 태극기를 들고 KOREA란 국호로 참여한 대회는 1948년 생모리츠 동계올림픽이다. Ⓞ Ⓧ

정답 O

2018년 평창 동계올림픽 개회식 때 남북한이 공동으로 입장했고, 여자아이스하키 남북 단일팀을 구성했다. Ⓞ Ⓧ

정답 O

제6공화국 (노태우 1988~1992)	• 1988 서울하계올림픽 성공적 개최 • 1989 체육시설의 설치·이용에 관한 법률 제정 • 국민생활체육진흥종합계획(호돌이 계획) 수립(sports for all 전세계적 운동에 동참) • 국민생활체육협의회(1991) 설립(2016 대한체육회와 통합)
문민정부 (김영삼 1993~1997)	• 제1차 국민체육진흥 5개년 계획(1993~1997) 수립 • 모두를 위한 스포츠(sports for all) 운동 확산에 동참 • 국민체육진흥기금 마련 일환으로 사행산업 경륜(1994) 출범 • 1997 프로농구 출범
국민의 정부 (김대중 1998~2002)	• 제2차 국민체육진흥 5개년 계획(1998~2002) 수립 • 모두를 위한 스포츠(sports for all) 또는 라이프타임을 위한 스포츠(sports for lifetime) 운동 확산에 동참 • 2002 한·일 월드컵 성공 개최 • 국민체육진흥기금 마련 확대로 사행산업 체육진흥투표권(2000), 경정(2002) 출범
참여정부 (노무현 2003~2007)	• 참여정부 국민체육진흥 5개년 계획(2003~2007) 수립 • 2005 대한장애인체육회 출범, 프로배구 출범 • 2006 한국도핑방지위원회 설립 • 2007 스포츠산업진흥법 제정
이명박 정부 (2008~2012)	• 문화비전 2008~2012를 통해 체육정책 기조 제시 • 문화체육관광부로 개칭(기 문화관광부), 제2차관 제도 도입 • 스포츠산업 전담부서 설립, 지역스포츠클럽 활성화 • 제1차 스포츠산업중장기 계획(2009~2013) 수립
박근혜 정부 (2013~2017)	• 생애주기별 생활체육 개념 도입, 국민체력 100의 제도화 • 국민체육진흥법 개정(스포츠지도사 개편) • 제2차 스포츠산업중장기 계획(2013~2018) 수립
문재인 정부 (2017~2022)	• 국민체육진흥 기본계획(2018~2022) 수립 • 제3차 스포츠산업중장기 계획(2019~2023) 수립 • 2018 평창동계올림픽 성공적 개최 • 스포츠 유산과 신설 • 2021 스포츠기본법, 스포츠클럽법 제정

기출 Q

Q. 남북체육교류협력 내용 중 바르게 연결되지 않은 것은? 기출 15

① 1991년: 세계 탁구 및 남북한 단일팀 구성 참가
② 2000년: 시드니올림픽 개회식 남북한 공동 입장
③ 2002년: 부산아시안게임 남북한 개폐회식 공동 입장
④ 2008년: 베이징올림픽 남북한 개폐회식 공동 입장

(해설) 1991년 일본 지바에서 개최된 세계탁구선수권 대회는 최초 단일팀 출전임. 개폐회식 공동입장 대회는 부산아시안게임(2002)임   (정답) ④

Q. 1988년 서울올림픽대회의 역사적 의의에 대한 설명으로 옳지 않은 것은? 기출 16

① 스포츠외교를 통해 공산국가들이 대거 참가한 대회였다.
② 생활체육을 활성화하는 계기를 마련하였다.
③ 북한이 참가하여 남북화합의 신기원을 이룩하였다.
④ 엘리트스포츠 발전에 획기적인 역할을 하였다.

(해설) 1980년 모스크바 올림픽 때 미국을 필두로 서구권이 불참, 1984년 LA올림픽 때는 구 소련을 필두로 동구권이 불참하여 반쪽자리 대회였으나 1988년 서울올림픽은 동서가 참여한 대회로 의미가 있음. 단, 북한은 참여하지 않음   (정답) ③

Q. 아래의 (가), (나)에 알맞은 용어로 바르게 묶인 것은? 기출 18

- (가) 경기대회는 한국전쟁 중 우리나라가 참가한 대회로, 올림픽에 대한 한국의 열정을 극명하게 보여주었다.
- (나) 경기대회는 우리나라가 최초로 금메달을 획득한 대회로, 금 1개, 은 1개, 동 4개로 종합순위 19위를 차지하였다.

① 가: 헬싱키올림픽   나: 동경올림픽
② 가: 헬싱키올림픽   나: 몬트리올올림픽
③ 가: 뮌헨올림픽   나: 동경올림픽
④ 가: 뮌헨올림픽   나: 몬트리올올림픽

(해설) 핀란드 헬싱키올림픽 1952년에 참가했고, 양정모 선수(레슬링)는 1976년 몬트리올올림픽에 참가해 우리나라 최초의 금메달리스트가 됨   (정답) ②

Q. 우리나라가 대한민국 국호를 걸고 최초로 참가한 동계올림픽 경기대회는? 기출 19

① 1948년 제5회 생모리츠올림픽경기대회
② 1992년 제16회 알베르빌올림픽경기대회
③ 2002년 제19회 솔트레이크시티올림픽경기대회
④ 2018년 제23회 평창 동계올림픽경기대회

(해설) 스위스의 생모리츠 동계올림픽이 최초 참가 올림픽임   (정답) ①

기출 FOCUS

✓ **여성 스포츠인**   22 기출
- 박봉식: 1948 런던하계올림픽 때 원반던지기 선수(올림픽에서 한국최초 여성선수로 참여)
- 박신자: 1967 세계여자농구선수권 대회 MVP(한국 2위)
- 서향순: 1984 LA하계올림픽 때 양궁 1위(올림픽에서 한국최초 여성 금메달)
- 김연아: 2010 벤쿠버동계올림픽 때 피겨스케이팅 1위

Q. 〈보기〉는 국제대회에서 한국 여자 대표팀이 거둔 성과를 나타낸 것이다. 〈보기〉의 ㉠~㉢에 들어갈 종목이 바르게 제시된 것은?   기출 24

- (㉠): 1973년 사라예보 세계선수권대회에서 단체전 우승 달성
- (㉡): 1976년 몬트리올 올림픽대회에서 구기 종목 사상 최초의 동메달 획득
- (㉢): 1988년 서울 올림픽대회에서 당시 최강국을 이기고 금메달 획득

	㉠	㉡	㉢
①	배구	핸드볼	농구
②	배구	농구	핸드볼
③	탁구	핸드볼	배구
④	탁구	배구	핸드볼

해설 1973년 제32회 세계탁구선수권 대회(유고슬라비아 사라예보)에서 여자탁구팀(이에리사, 정현숙 선수 등)이 중국과 일본상대로 금메달 획득, 1976년 몬트리올 하계올림픽에서 레슬링 양정모 선수가 우승(올림픽 사상 첫 금메달), 구기종목 여자배구 첫 동메달 획득, 1988년 여자 핸드볼팀이 구 소련을 상대로 우승을 획득함   **정답** ④

PART 04 한국체육사 Self Check

01 체육사에 대한 설명으로 옳지 <u>않은</u> 것은?

① 스포츠를 통해 시대별로 파생된 여러 문화 현상을 다룬다.
② 스포츠 경쟁의 도덕적 조건과 가치 있는 승리의 의미를 다룬다.
③ 스포츠의 기원 또는 발달 과정을 다룬다.
④ 스포츠 종목의 발생원인 및 조건을 다룬다.

> **01** 체육사는 과거의 체육적 사실에 대해 정확하게 설명하고 해석하려고 노력하는 과정임. ②번은 스포츠 윤리에 관한 내용임
> **정답** ②

02 삼국시대의 민속놀이에 대한 설명으로 옳은 것은?

① 저포(樗蒲)는 나무로 만든 막대기(주사위)를 던져서 승부를 겨루는 놀이이다.
② 축국(蹴鞠)은 말 위에서 여러 동작을 보이는 것이다.
③ 추천(鞦韆)은 화살 같은 막대기를 일정한 거리에서 항아리나 병 안에 넣는 놀이이다.
④ 투호(投壺)는 동편과 서편으로 나누어 돌팔매질 방법으로 승부를 겨루는 놀이이다.

> **02** 축국은 오늘날의 축구와 유사, 추천은 그네뛰기, 투호는 화살을 항아리에 던져 넣기임
> **정답** ①

03 고려시대 귀족의 민속놀이를 모두 고른 것은?

| 가. 격구(擊毬) | 나. 투호(投壺) |
| 다. 방응(放鷹) | 라. 풍연(風鳶) |

① 가
② 가, 나
③ 가, 나, 다
④ 가, 나, 다, 라

> **03** '왕격방투' 기억나시죠? 풍연은 연날리기로 서민의 놀이였음
> **정답** ③

04 고려시대의 대표적인 국립교육기관으로 7재에 강예재에 두어 무예를 실시하였던 기관은?

① 국자감
② 서당
③ 서원
④ 성균관

> **04** 강예재는 국자감에서 무예를 가르쳐서 장수를 등용하기 위한 전문강좌임
> **정답** ①

05 육예는 중국 주대에 행해지는 교육과목으로 조선시대에 이어짐. 즉, 예禮·악樂·사射·어御·서書·수數 중에서 사(射, 궁시, 활쏘기), 어(御, 말타기)가 신체활동과 관련됨 정답 ③

06 기효신서는 명나라 척계광이 쓴 무예서로 이를 발전시켜 우리나라에서 가장 오랜된 무예서인 무예제보(1598)를 편찬함 정답 ①

07 유교중심교육을 탈피하고 덕양, 체양, 지양에 힘쓰라는 명령으로 체육을 중요한 교육영역으로 인정하는 계기가 됨 정답 ④

08 원산학사는 1883년 민간에 의해 함남 원산에 세워진 한국 최초의 근대적 교육기관임 정답 ③

09 황성기독교청년회는 서울 YMCA의 전신으로 개화기 선교사(필립 질레트)에 의해 1904년 국내에 야구, 농구를 보급했고, 이후 배구, 스케이트, 유도, 검도, 덤블링, 곤봉, 권투 등이 전수됨 정답 ①

10 대한올림픽위원회는 국제올림픽위원회올림픽헌장의 규정에 의해 설립된 국가올림픽위원회로서 1947년 6월 20일에 제41차 국제올림픽위원회 총회에서 정식 회원국으로 가입했음 정답 ④

05 조선시대의 육예(六藝) 중 신체활동과 관련된 것은?

① 서(書) ② 예(禮)
③ 사(射) ④ 수(數)

06 임진왜란 이후 조선에서 무예를 체계화하고 발전시키기 위해 편찬된 무예서적이 아닌 것은?

① 기효신서 ② 무예제보
③ 무예신보 ④ 무예도보통지

07 고종(高宗)이 반포한 교육입국조서(敎育立國詔書)와 관련된 내용으로 옳지 않은 것은?

① 교육입국조서는 1895년에 반포되었다.
② 소학교 및 고등과정에 체조가 정식과목으로 채택되는 데 영향을 주었다.
③ 교육의 기회가 전 국민적으로 확대되는데 기여하였다.
④ 덕양(德養), 지양(智養)보다 체양(體養)을 강조하였다.

08 〈보기〉에서 설명하는 개화기 사립학교는?

- 무비자강(武備自强)을 강조하였다.
- 문예반 50명, 무예반 200명을 선발하였다.
- 1883년에 설립된 최초의 근대식 학교이다.

① 대성학교(大成學校) ② 오산학교(五山學校)
③ 원산학사(元山學舍) ④ 동래무예학교(東萊武藝學校)

09 개화기 선교사에 의해 조직되어 국내에 야구, 농구 등을 보급한 체육단체는?

① 황성기독교청년회 ② 대동체육구락부
③ 회동구락부 ④ 체조연구회

10 다음 중 개화기 체육단체가 아닌 것은?

① 대한체육구락부 ② 황성기독교청년회운동부
③ 대동체육구락부 ④ 대한올림픽위원회

11 아래에서 설명하는 장소는?

- 대한체육회가 1966년 우수선수의 육성을 위해 건립했다.
- 스포츠를 통한 국위선양 및 국민통합 실현의 목적이 있다.
- 국가대표선수들을 과학적으로 육성하는 기반이 되었다

① 장충체육관 ② 태릉선수촌
③ 동대문운동장 ④ 효창운동장

11 1966년 태릉선수촌 건립(서울 노원구), 이후 진천선수촌으로 이전 계획하여 2011년 진천선수촌(충북)에 입소를 시작으로 2017년 완전 이전함
정답 ②

12 체육 관련 사료 중 문헌사료가 아닌 것은?

① 고구려 무용총 수렵도(狩獵圖)
② 무예도보통지(武藝圖譜通志)
③ 조선체육계(朝鮮體育界)
④ 손기정 회고록(回顧錄)

12 사료의 전통적 분류방식은 물적 자료와 기록 사료가 있음. 기록 사료는 문헌 사료(고문헌, 고문서, 금석문 등)와 구전 사료(민요, 전설, 시가, 회고담 등)가 있는데, ①번은 물적 사료에 해당됨
정답 ①

13 화랑도의 교육방법에 관한 설명으로 옳지 않은 것은?

① 입산수행은 화랑도 교육활동의 하나였다.
② 심신일체론적 사상을 바탕으로 전인 교육을 지향하였다.
③ 편력(遍歷)은 명산대천을 돌아다니며 수련하는 야외활동이었다.
④ 삼강오륜(三綱五倫)의 붕우유신(朋友有信)을 바탕으로 도의 교육을 실시하였다.

13 화랑도는 세속 5계(사군이충, 사친이효, 교우이신, 임전무퇴, 살생유택)를 실천함. 삼강오륜(부자유친, 군신유의, 부부유별, 장유유서, 붕우유신)은 공자의 가르침에 따른 유교의 기본이 되는 도덕지침으로 고려와 조선시대의 지배사상임
정답 ④

14 개화기 이화학당에 관한 설명으로 옳은 것은?

① 스크랜턴(M. Scranton)이 설립한 학교로 체조를 교과목으로 편성했다.
② 아펜젤러(H. Appenzeller)가 설립한 학교로 각종 서구 스포츠를 도입했다.
③ 이승훈이 설립한 학교로 민족정신의 고취와 체력단련을 위해 체육을 강조했다.
④ 개화파 관리들이 중심이 되어 설립한 학교로 무사 양성을 위한 무예반을 설치했다.

14 ② 배제학당, ③ 오산학교, ④ 원산학사에 대한 설명임
정답 ①

15 일제강점기에 발생한 체육사적 사실이 아닌 것은?

① 경성운동장이 설립되어 각종 스포츠대회가 개최되었다.
② 덴마크의 닐스 북(Neils Bukh)이 체조강습회를 개최했다.
③ 남승룡이 베를린 올림픽경기대회에서 동메달을 획득했다.
④ 영어학교에서 한국 최초의 운동회인 화류회가 개최되었다.

15 화류회는 황성기독청년회(황성YMCA)에서 1896년 개최한 우리나라 최초의 운동회임. 1936년 베를린 올림픽 때 손기정 선수가 금메달, 남승룡 선수가 동메달을 획득함
정답 ④

필기 4주 완성 한권 완전정복

M 스포츠지도사

PART 05
운동생리학

CHAPTER 01
운동생리학의 개관

CHAPTER 02
에너지 대사와 운동

CHAPTER 03
신경조절과 운동

CHAPTER 04
골격근과 운동

CHAPTER 05
내분비계와 운동

CHAPTER 06
호흡 · 순환계와 운동

CHAPTER 07
환경과 운동

CHAPTER 01 운동생리학의 개관

기출 FOCUS
- 체력: 방위체력, 행동체력
  16, · 22 기출

01 주요 용어

1. 운동
건강과 체력을 유지 혹은 증진시키기 위한 계획적이고 규칙적인 신체활동을 의미함(exercise)

2. 신체활동
(1) 대근을 움직이는 신체적인 움직임을 의미함
(2) 운동을 포함한 인체의 모든 움직임을 의미함(physical activity)

3. 체력
(1) 신체활동을 수행할 수 있는 능력을 의미함(skill-related fitness)
(2) 분류

방위체력	• 자극을 이겨내 생명을 유지, 발전시키는 능력 - 환경적 스트레스에 저항: 기후, 수질 등 - 생물학적 스트레스에 저항: 바이러스, 세균 등 - 생리적 스트레스에 저항: 피로감, 갈증, 불면 등 - 심리적 스트레스에 저항: 긴장, 불쾌감, 슬픔 등
행동체력	• 육체적 활동을 통해 행동을 일으키는 능력 - 운동체력: 순발력, 민첩성, 평형성, 협응성, 스피드 등 - 건강체력: 근력, 근지구력, 심폐지구력, 유연성 등

암기 TIP
행운건강 건강은 곧 행운이죠. 행동체력은 운동체력과 건강체력입니다. 이렇게 암기해보세요.

02 운동생리학의 개념

OX 퀴즈
사람에겐 날씨, 바이러스, 피로 등을 극복하고 생명을 유지, 발전시키는 방위체력이 있다. O X
정답 O

1. 운동생리학의 정의
(1) 일정기간 동안 운동 형태로 가해진 자극에 대해 인체가 적절하게 '반응'하고 '적응'하는 과정 속에서 나타나는 생리학적 변화를 연구하는 학문

(2) 운동 시 신체의 기능이 어떻게 변화하는지를 연구하는 학문

(3) 운동능력을 향상시키기 위한 훈련 과정에 적용하는 학문

(4) 장기간 운동에 대한 신체적 효과 및 적응에 대해 연구하는 학문

2. 운동생리학의 역사

(1) **유럽**

① 1920년 덴마크의 아우구스트 크로흐(August Krogh)가 노벨 생리, 의학상 수상

② 1922년 영국의 아치볼드 힐(Archivold V. Hill)과 독일의 오토 마이어호프(Otto Meyerhof)가 노벨 생리, 의학상 공동수상

(2) **미국**

1927년 미국의 로렌스 핸더슨(Lawrence J. Henderson)이 경영대 내에 설립하고, 데이비드 딜(David B. Dill)이 연구책임자로 있던 하버드피로연구소(The Harvard Fatigue Laboratory)가 인간의 운동과 관련된 환경 및 생리적 현상을 연구한 최초 연구소임

3. 운동생리학의 필요성

(1) 체계적인 훈련과 지도방법을 통해 인체의 기능적 변화 원인을 발굴함

(2) 인체 발육, 운동 영향, 운동 기술의 습득에 도움이 됨

(3) 운동 중에 일어나는 인체의 기능적 변화의 원인을 파악할 수 있음

(4) 인간의 건강욕구에 부흥하기 위한 건강관련 지식이 요구됨

4. 운동생리학의 파생 학문

(1) **운동처방**: 운동수행의 과학적 측면을 연구

(2) **스포츠의학**: 운동수행의 의학적 측면을 연구

(3) **트레이닝 방법론**: 운동능력 향상을 위해 적합한 트레이닝 방법을 연구

(4) **스포츠영양학**: 경기력 향상을 위해 스포츠에 영양학적 원리를 적용하는 학문
   (= 운동영양학)

(5) **인체해부학**: 인체 전반의 구조와 기능

(6) **생체역학**: 역학적 분석방법

기출 FOCUS

- 운동생리학 정의와 역사
  16·17·18 기출
- 운동생리학의 파생 학문
  15 기출
  - 운동처방
  - 스포츠의학
  - 트레이닝 방법론
  - 스포츠영양학
  - 인체해부학
  - 생체역학

OX 퀴즈

운동생리학을 통해 스포츠 수행에 직접, 간접적으로 영향을 미치는 자신감을 얻을 수 있다.
O X

정답 X
해설 스포츠심리학의 설명임

기출 FOCUS

- 운동과 항상성 23 기출

개념 PLUS

운동과 항상성

인체 조절체계는 안정성을 유지하기 위해 내부환경이 지속적인 유지를 함
- 항상성은 음성 피드백(체온조절)과 양성 피드백(호르몬 분비)을 통해 이루어짐
- 항상성 조절: 자극을 받음 → 감지하고 수용함 → 정보를 통합함 → 적절한 신호를 보내 효과기로 보냄 → 장애요인을 수정하고 자극을 제거함

(순서)	체온조절의 음성 피드백	혈중 CO_2 조절을 위한 음성 피드백
항상성의 혼란	체온 상승	혈중 과잉 CO_2
↓	↓	↓
감지기(Sensor)	온도수용기, 피부, 시상하부	화학수용기: 목동맥토리(경동맥체), 숨뇌(연수)
↓	↓	↓
통합기(Integrator)	체온조절중추, 시상하부	호흡조절중추: 숨뇌(연수)
↓	↓	↓
효과기 (표적기관, Target Organ)	땀샘, 피부혈관	호흡근육: 가로막(횡격막), 갈비사이근(늑간근)
↓	↓	↓
정상회복	체온의 정상회복	혈중 CO_2 수준

* 음성 피드백=부적 피드백=음성되먹이기 기전

기출 Q

Q. 운동생리학 관련 연구에 대한 설명 중 옳지 <u>않은</u> 것은? 기출 17

① 운동 시 신체의 기능이 어떻게 변화하는지를 연구한다.
② 운동능력을 향상시키기 위한 훈련 과정에 적용하는 학문이다.
③ 장기간 운동에 대한 신체적 효과 및 적응에 대해 연구한다.
④ 운동손상에 대한 수술방법을 연구하는 학문이다.

(해설) 일정기간 동안 운동 형태로 가해진 자극에 대해 인체가 적절하게 '반응'하고 '적응'하는 과정 속에서 나타나는 생리학적 변화를 연구하는 학문임 (정답) ④

Q. 항상성 유지를 위한 신체 조절 중 부적피드백(negative feedback)이 <u>아닌</u> 것은? 기출 23

① 세포외액의 CO_2 조절
② 체온 상승에 따른 땀 분비 증가
③ 혈당 유지를 위한 호르몬 조절
④ 출산 시 자궁 수축 활성화 증가

(해설) 인체 조절체계는 안정성을 유지하기 위해 내부환경이 지속적인 유지를 함. 항상성은 음성 피드백(체온조절)과 양성 피드백(호르몬 분비)을 통해 이루어짐. 단, 항상성을 유지하기 위해 인체가 사용하는 주된 방법은 음성 피드백임. 즉, 결과의 방향과 원인의 방향이 서로 반대로 나타는 경우(혈당량 조절, 체온 조절, 삼투압 조절, 무기염류 조절 등)에서 찾아볼 수 있음. ④번은 거리가 멂 (정답) ④

CHAPTER 02 에너지 대사와 운동

01 에너지의 개념과 대사 작용

1. 대사 작용

(1) 체내에서 일어나는 물질과 에너지의 모든 화학적 작용을 의미함

(2) **대사과정**(Metabolism) **분류**

동화작용	• 외부의 영양물질이 화학변화를 통해 고분자 화합물로 합성되는 과정 • 에너지를 흡수·저장하는 과정
이화작용	• 체내의 복잡한 물질이 간단한 물질로 분해되는 과정 • 에너지를 방출·소비하는 과정

2. 에너지 전환법칙

(1) '화학적 에너지'를 '기계적 에너지'로 전환시키는 생체 에너지 과정은 연속적인 화학작용에 의해 조절됨

(2) 에너지 전환법칙은 음식물 섭취를 통해 축적된 화학적 에너지를 신체활동을 위한 기계적 에너지로 변환, 신경활동을 위한 전기 에너지로 변환, 체온유지를 위한 열에너지로 변환함

3. 에너지 보존법칙

(1) 어떤 형태 에너지가 다른 형태 에너지로 변환되어도 에너지 총량은 변하지 않음(열역학 제1법칙)

(2) 즉, 외부의 영향을 차단했을 때 물리적·화학적 변화가 일어나도 총량은 변하지 않는다는 물리적 법칙을 의미함

기출 FOCUS

- 대사과정: 동화작용, 이화작용 16 기출
- 에너지 전환법칙 15 기출
- 인체 에너지 대사량 측정 21 기출
  - 직접열량측정법
  - 간접열량측정법
  - 이중표식수법

암기 TIP

동수이방 동수가 이방이 됐대요. 이렇게 암기해보세요.

OX 퀴즈

에너지를 내보내고 소비하는 과정을 이화작용이라고 한다. O X

정답 O

> **기출 Q**
>
> **Q. 아래 괄호에 들어갈 용어로 바르게 묶인 것은?** 기출 16
>
> > 체내의 대사과정(metabolism)은 물질을 합성하여 에너지를 저장하는 (　　)과 물질을 분해하여 에너지를 소비하는 (　　)으로 구분된다.
>
> ① 화학작용 – 물리작용　　② 물리작용 – 화학작용
> ③ 동화작용 – 이화작용　　④ 이화작용 – 동화작용
>
> (해설) 동화작용은 외부의 영양물질이 화학변화를 통해 고분자 화합물로 합성되는 과정(에너지를 흡수)이고, 이화작용은 체내의 복잡한 물질이 간단한 물질로 분해되는 과정(에너지를 방출)임　(정답) ③
>
> **Q. 안정 시와 운동 중 에너지 소비량 측정 및 추정에 관한 설명으로 옳지 않은 것은?** 기출 21
>
> ① 직접 열량 측정법은 열 생산을 측정함으로써 에너지 소비량을 측정한다.
> ② 간접 열량 측정법은 산소 소비량과 이산화탄소 배출량을 이용하여 에너지 소비량을 추정한다.
> ③ 호흡교환율은 질소 배출량과 산소 소비량의 비율을 의미하며, 체내 지방과 단백질의 대사 이용 비율을 추정한다.
> ④ 이중표식수(doubly labeled water) 검사법은 동위원소 기법을 사용해 에너지 소비량을 추정한다.
>
> (해설) 호흡교환율(RER)은 분당 소비된 산소량(O_2)과 분당 배출된 이산화탄소량(CO_2)의 비율을 의미함(CO_2 생산량/O_2 생산량). RER의 범위는 0.7에서 1.0 사이로 운동강도가 올라가면 증가하고, 운동강도가 낮아지면 RER도 낮아짐　(정답) ③

02 인체의 에너지 대사

1. 아데노신 3인산(ATP)

(1) 신체가 사용하는 에너지의 형태를 ATP라고 함. ATP는 아데노신 3인산(ATP; Adenosine Triphosphate)이라고 하며 1개의 아데노신과 Pi라 불리는 3개의 무기인산(Pi; Inorganic Phosphate)으로 구성됨

(2) ATP에서 아데노신 2인산(ADP)과 무기인산(Pi)으로 분해될 때 에너지가 발생함

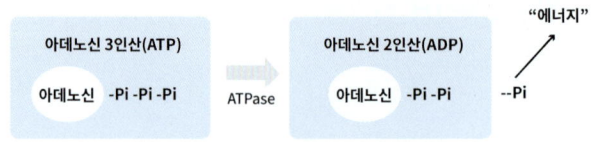

▲ ATP 분해와 에너지 발생

※ ATPase: 아데노신 삼인산 분해요소

(3) 세포의 에너지원으로 직접 쓰일 수 있는 물질인 ATP(아데노신 3인산)는 인체에 섭취된 탄수화물, 지방, 단백질을 통해 생성됨

(4) ATP 합성은 산소를 사용하지 않고 ATP 합성을 하는 무산소성 과정(세포의 원형질에서 반응)과 산소를 사용하여 ATP를 합성하는 유산소성 합성(크렙스 회로와 전자전달계를 통한 복합적인 작용으로 미토콘드리아에서 반응)으로 구분함

(5) 고에너지인 ATP가 분해되면서 방출되는 에너지만이 인체의 세포가 자신의 특정한 생리적 일을 수행하는 데 이용됨. 즉, 인체세포가 직접적으로 사용하는 에너지원이 ATP로서 에너지의 현금이라고도 할 수 있음

(6) 에너지 공급 시스템(ATP의 산소이용 유무에 따른 분류)

무산소성 과정	① ATP-PCr 시스템 • 인원질 과정 시스템이라고도 함 • 가장 빠르고 쉽게 ATP를 생성함 • 10초 이내 고강도 근수축에 필요한 에너지를 공급, 단시간 운동수행 시 주로 사용함(100m 달리기, 높이뛰기, 역도, 다이빙 등) • ATP는 PCr이 크레아틴(Cr)과 무기인산(Pi)으로 분해될 때 발생되는 에너지를 이용하여 재합성됨(결합반응) • ATP는 운동을 시작하면 속도조절효소인 크레아틴키나아제(creatine kinase)에 의해 생성됨 ② 해당작용 시스템 • 글루코스(포도당)의 옛 이름인 글리코스(glycose)와 분해를 의미하는 (-lysis)의 합성어로 글리코시스(Glycolysis) 시스템이라고 함 • 해당과정 최대속도 결정하는 주효소: 인산 분해효소(phosphorylase), 인산과당 분해효소(phosphfructokinase: PFK) • 피루브산으로부터 젖산을 형성하는 과정은 젖산탈수효소(lactate dehydrogenase, LDH)에 의해 조절 • 탄수화물에 의한 에너지 공급이 해당과정으로부터 시작함 • 400m 달리기에 필요함 • 세포 내 산소공급이 없을 때 에너지를 얻는 방법으로 2가지 발생
	무산소성 해당작용 (젖산과정)
	• 근육 속 글루코스(포도당)가 피루브산(pyruvate, 초성포도산)으로 분해됨 • 피루브산이 젖산으로 전환되어 축적됨 • 젖산은 피로를 초래하는 물질 • 특정 농도 이상이면 근육에 비축돼 근수축이 제한됨 • 간에서 코리 사이클(Cori cycle) 과정을 거쳐 글루코스(포도당)으로 전환돼 에너지원으로 재사용 • 젖산 변화축적 과정이 반복되어 결국 젖산축적이 점차적으로 증가, 이 현상이 뚜렷하게 나타나는 시점을 '젖산역치'라고 함(훈련을 통해 운동강도를 높임으로써 젖산역치 시점을 지연할 수 있음)

기출 FOCUS

◎ ATP 23 기출
◎ 에너지 공급 시스템
  • 무산소성 과정
    16·17·18·19·21·24 기출
    - 산소를 이용하지 않고 ATP를 합성하는 과정으로 세포질 내에서 이루어짐
    - ATP-PCr 시스템: 단기간 운동 수행(100m 달리기, 높이뛰기, 역도, 다이빙 등)
    - 해당작용 시스템: 무산소성 해당작용(피루브산 분해), 젖산 시스템(피루브산이 젖산으로 축적), 400m 달리기
  • 유산소성 과정
    15·16·20·21·23·24 기출
    - 산소를 이용해 ATP를 합성하는 과정으로 미토콘드리아(사립체) 내에서 이루어짐
    - 크렙스 회로: 글루코스와 유리 지방산, 장기간 운동 수행 시 사용(800m 수영, 마라톤 등)
    - 전자전달계

◎ 코리 사이클
  • 근육에서 생성된 젖산이 혈액 → 간 → 혈액 → 근육 경로를 거쳐 에너지원으로 재사용되는 주기적인 경로
  • 젖산제거 촉진, 근육의 지속적인 에너지 공급

◎ 속도조절효소 24 기출

OX 퀴즈

아데노신 3인산(ATP)은 아데노신 2인산(ADP)과 무기인산(Pi)으로 분해될 때 에너지를 발생한다. O|X

정답 O

유산소성 과정	① **크렙스 회로(TCA 회로＝시트르산 회로＝구연산 회로)** • **피루브산이 미토콘드리아 내로 유입되어 유산소시스템을 통해 완전히 분해됨** • 속도조절효소: 이소시트르산탈수소효소(isocitrate dehydrogenase) • 산소가 충분히 공급되는 상태에서 글리코겐 또는 포도당이 분해되는 과정임 • 에너지 공급원은 글루코스(포도당)와 유리 지방산임 • 유산소성 해당과정에서 형성된 피루브산이 아세틸로 전환, 이산화탄소가 빠지고 수소이온과 전자가 분리됨 • ATP－PCr과 Glycolysis와 비교했을 때 에너지 공급 속도가 가장 느림 • **미토콘드리아** 내 산소를 사용하여 ATP가 생성됨 • **시트르산(구연산)** 탈수효소에 의해 조절됨 • 장기간 운동수행 시 사용(**800m 수영, 마라톤** 등) ② **전자전달계(ETS)** • 글리코시스(Glycolysis)와 크렙스(TCA) 회로에서 방출된 전자와 수소이온을 물로 산화, 형성하는 화학작용임 • 호흡체인(Respiratory chain), 산화적인 산화 과정 • 속도조절효소: 사이토크롬산화효소(cytochrome oxidase)

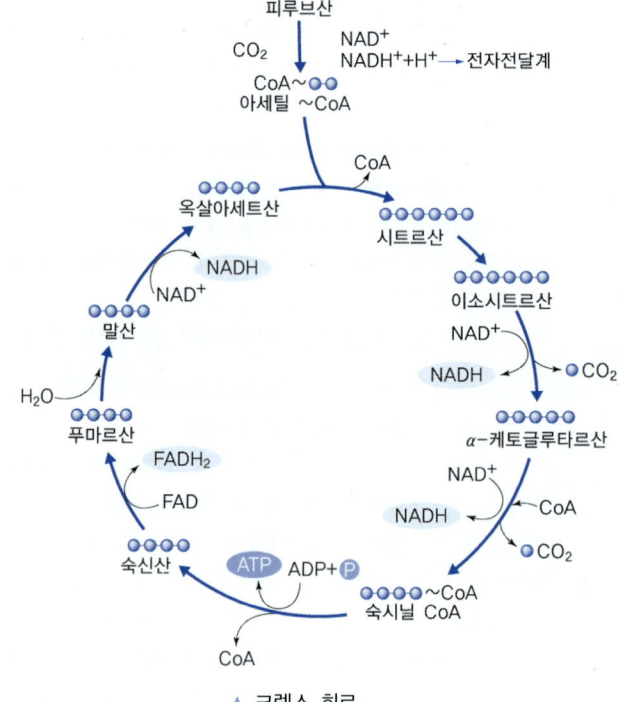

▲ 크렙스 회로

OX 퀴즈

유산소성 과정은 인원질 과정 시스템(ATP－PCr)이 포함돼 있어 100m 달리기와 같이 단시간 운동을 수행할 때 사용한다.

○ⓧ

정답 ✗

해설 무산소성 과정

> **개념 PLUS**
>
> - ATP는 3가지 에너지 시스템을 통해서 생산됨
>   - ATP-PCr 시스템: 인원질 과정 시스템(ADP와 Pi로 분해될 때 에너지 발생)
>   - 젖산 시스템: 무산소성 해당작용(산소가 사용되지 않으면서 해당작용이 진행되면 피루브산은 젖산으로 전환)
>   - 산화 시스템: 유산소성 해당작용(산소유무에 상관없이 해당작용은 진행, 산소가 있을 때는 젖산이 아니라 아세틸 코엔자임으로 전환), 크렙스 회로(TCA 회로)

> **기출 Q**

Q. 에너지 대사 과정과 속도조절효소의 연결이 옳지 않은 것은?   〔기출 24〕

	에너지 대사 과정	속도조절효소
①	ATP-PCr 시스템	크레아틴 키나아제 (creatine kinase)
②	해당작용	젖산 탈수소효소 (lactate dehydrogenase)
③	크렙스회로	이소시트르산탈수소효소 (isocitrate dehydrogenase)
④	전자전달체계	사이토크롬산화효소 (cytochrome oxidase)

(해설) 해당과정 최대속도 결정하는 주효소는 인산 분해효소(phosphorylase), 인산과당 분해효소(phosphfructokinase: PFK)임. 젖산 탈수소효소(lactate dehydrogenase, LDH)는 피루브산(초성포도산)으로부터 젖산을 형성하는 과정에서 조절하는 효소임   (정답) ②

Q. 아래에서 설명하는 에너지 시스템은?   〔기출 19〕

> - 순간적인 고강도 운동을 위한 주요 에너지 시스템
> - 운동 시작 시기에 가장 빠르게 에너지를 생산하는 방법
> - 역도, 높이뛰기, 20m 달리기 등에 사용되는 주요 에너지 시스템

① ATP-PCr 시스템
② 무산소성 해당과정(glycolysis)
③ 젖산 시스템(lactic acid system)
④ 산화적 인산화(oxidative phosphorylation)

(해설) ATP-PCr 시스템은 인원질 과정 시스템이라고 하고, 100m 달리기, 높이뛰기, 역도, 다이빙 등 10초 이내 고강도 근수축에 필요한 에너지를 공급, 단시간 운동수행 시 주로 사용함   (정답) ①

기출 FOCUS

- 생체에너지원
  - 탄수화물　17·19 기출
  - 지방　17·19 기출
  - 단백질　18 기출
- 글리코겐(글로코젠, glycogen)　20 기출
  - 근육조직과 간에서 자주 발견되는 포도당으로 만들어진 다당류임. 근육 글리코겐은 근축의 에너지원으로 작용함

Q. 〈보기〉의 에너지 대사 과정에 관한 설명 중 옳은 것만을 모두 고른 것은? 　기출 24

> ㄱ. 해당과정 중 NADH는 생성되지 않는다.
> ㄴ. 크렙스 회로와 베타산화는 미토콘드리아에서 관찰되는 에너지 대사 과정이다.
> ㄷ. 포도당 한 분자의 해당과정의 최종산물은 ATP 2분자와 피루브산염 2분자(또는 젖산염 2분자)이다.
> ㄹ. 낮은 운동강도(예: VO_2 max 40%)로 30분 이상 운동 시 점진적으로 호흡교환율이 감소하고 지방 대사 비중은 높아진다.

① ㄱ, ㄴ　　② ㄱ, ㄹ　　③ ㄴ, ㄷ　　④ ㄴ, ㄷ, ㄹ

해설
ㄱ. 무산소성 해당과정에서 피루브산(초성포도산)이 NADH로부터 수소 2개를 넘겨받아 젖산으로 환원됨
ㄴ. 800m 수영, 마라톤 등 장기간 운동수행 시 사용되는 크렙스 회로에서 일어나는 유산소성 과정은 산소를 이용해 ATP를 합성하는 과정으로 미토콘드리아(사립체) 내에서 이루어짐
ㄷ. 무산소성 해당과정에 의한 APT 합성을 할 때 혈중글루코스 한 분자가 무산소성 해당과정을 거쳐 2분자의 젖산으로 분해될 때 최종적으로 2ATP가 생성됨
ㄹ. 호흡교환율(RER)은 분당 소비된 산소량(VO_2)에 대해 분당 배출된 이산화탄소량(VCO_2)의 비율로서 운동을 하면 증가함
중복답안임. ㄴ, ㄷ, ㄹ이 정답임　　정답 ④

암기 TIP

무에당유렙전　무산소성 과정은 ATP-PCr, 해당작용 시스템이고, 유산소성 과정은 크렙스 회로와 전자전달계입니다. 키워드 위주로 암기해보세요.

2. ATP 생성 에너지 시스템 비교

구분	무산소성 과정		유산소성 과정
	ATP-PCr (인원질 과정)	해당작용 (젖산시스템)	크렙스 회로, 전자전달계
에너지(E) 생성 =ATP 합성	PCr(크레아틴인산) → 크레아틴 + 인 + E	글루코스(포도당) → 젖산 + E	글루코스(포도당) 또는 지방산 + O_2 → CO_2 + H_2O + E
반응속도	가장 빠름	빠름	느림
상대적 ATP 생성량	극히 매우 적음	매우 적음	많음
운동수행 분야	100m 달리기, 높이뛰기, 역도, 다이빙	400m 달리기	800m 수영, 마라톤

3. 생체에너지원

(1) 탄수화물

① 신체에서 가장 신속하게 에너지를 공급하는 연료(산소 없이 에너지 생성 가능)
② 고강도 운동 시 선호되는 에너지원, 휴식 상태에서 인체 내로 흡수된 탄수화물은 근육과 간에서 글리코겐으로 저장되고, 글리코겐은 세포가 ATP를 만들기 위해 사용할 때까지 근육세포의 세포질에 저장

OX 퀴즈

생체에너지원에는 탄수화물, 지방, 단백질로 구성돼 있다.
　OX
　정답 O

③ 탄수화물 1g당 약 4kcal 에너지가 방출
④ 운동 시 근육세포와 간의 당 분해과정으로 근 수축 에너지 형성
⑤ 단당류, 이당류, 다당류의 형태

(2) 지방
① 저강도(장시간) 운동에 적합한 에너지원(반드시 산소 공급 필요)
② 지방 1g당 약 9kcal 에너지가 방출
③ 중성지방, 지방산, 글리세롤, 인지질, 스테로이드의 형태

> **개념 PLUS**
>
> 리파아제(lipase)는 중성지방을 글리세롤 1개와 유리지방산 3개로 분해시킴
>
> **베타(β)산화**
> - 지방은 강도가 다소 낮은 운동 동안 상당한 양의 에너지를 제공
> - 중성지방(트라이글리세라이드, triglyceride)에서 글리세롤(glycerol)과 유리지방산(free fatty acids)으로 분리
> - 유리지방이 에너지 생산에 사용되려면 미토콘드리아에서 아세틸 조효소-A(아세틸 코엔자임 Acetyl CoA)로 바뀌는 과정

(3) 단백질
① 저강도(장시간 운동) 선호, 세포 및 신체조직을 합성
② 단백질 1g당 약 4kcal 에너지가 방출
③ 근육세포 내에서 내사 매개물질로 전환
④ 세포활동을 위한 에너지 대상과정으로는 거의 사용하지 않고, 인체조직의 재생 원료로 사용됨

4. 신체활동의 에너지 소비 측정

(1) MET(Metabolic Equivalent Task, 대사당량)는 휴식할 때 필요한 에너지와 몸에서 필요한 산소의 양을 의미함

(2) 1MET란 1분당 체중 1kg이 산소 3.5ml의 섭취량을 의미함(1MET=3.5ml/kg/min)

(3) 운동소비 칼로리(kcal)를 환산하면 아래와 같은 공식이 됨

$$1kal = \frac{METs \times 3.5 \times 1kg}{200} \times 1분$$

기출 FOCUS

◎ 신체활동의 에너지 소비 측정
15 기출

◎ 운동소비 칼로리 15·23 기출
- 체중이 80kg인 사람이 10 MET 강도로 10분간 조깅했을 때 운동소비 칼로리는?

$$\frac{10METs \times 3.5 \times 80kg}{200}$$
$$\times 10분 = 140kal$$

기출 Q

Q. 체내 주요 영양소의 에너지 대사에 대한 설명으로 옳지 않은 것은? 〔기출 18〕

① 포도당은 근육 및 간에서 글리코겐의 형태로 저장될 수 있다.
② 지방산은 베타산화(β-oxidation)를 거쳐 ATP 생성에 사용된다.
③ 단백질은 근육의 구성물질로서 에너지 대사과정에 주로 사용된다.
④ 포도당과 지방은 서로 전환되어 에너지원으로 사용되기도 한다.

(해설) 단백질은 세포 및 신체조직을 합성, 1g당 약 4kcal 에너지가 방출, 근육세포 내에서 대사 매개물질로 전환하며 세포활동을 위한 에너지 대사과정으로는 거의 사용하지 않고, 인체조직의 재생 원료로 사용됨 (정답) ③

Q. 아래의 지방(fat)에 대한 설명 중 옳은 것으로만 묶인 것은? 〔기출 19〕

ⓐ 지방은 유리지방산의 형태로 지방조직과 골격근 등에 저장된다.
ⓑ 중성지방은 탄수화물이 고갈되더라도 에너지원으로 사용되지 않는다.
ⓒ 중성지방은 리파아제(lipase)에 의해 지방산과 글리세롤(glycerol)로 분해된다.
ⓓ 운동강도가 증가함에 따라 에너지 생산을 위한 주 연료는 지방에서 탄수화물로 전환된다.

① ⓐ, ⓑ ② ⓐ, ⓓ
③ ⓑ, ⓒ ④ ⓒ, ⓓ

(해설) 지방은 오랜 시간 운동에 적합한 에너지원으로 중성지방, 지방산, 글리세롤, 인지질, 스테로이드의 형태이고, 리파아제(lipase)는 중성지방을 글리세롤 1개와 유리지방산 3개로 분해시킴 (정답) ④

Q. 고강도 운동 시 ATP 합성에 사용되는 주요 기질(substrate)로 적절한 것은? 〔기출 20〕

① 젖산 ② 지방
③ 근육 단백질 ④ 근육 글리코겐

(해설) 글리코겐(글로코젠, glycogen)은 근육조직과 간에서 자주 발견되는 포도당으로 만들어진 다당류임. 근육 글리코겐은 근육의 에너지원으로 작용함. 생체에너지원 중에서 탄수화물은 신체에서 가장 신속하게 에너지를 공급하는 연료로서 고강도 운동 시 필요한 에너지원임. 휴식 상태에서 인체 내로 흡수된 탄수화물은 근육과 간에서 글리코겐으로 저장되고, 글리코겐은 세포가 ATP를 만들기 위해 사용할 때까지 근육세포의 세포질에 저장됨 (정답) ④

03 트레이닝에 의한 대사적 적응

1. 호흡교환율

(1) RER(Respiratory Exchange Ratio)은 분당 소비된 산소량(O_2)과 분당 배출된 이산화탄소량(CO_2)의 비율을 의미하는 호흡교환율임(CO_2 생산량/O_2 생산량)

(2) RER의 범위는 0.7에서 1.0 사이로 운동강도가 올라가면 증가하고, 운동강도가 낮아지면 RER도 낮아짐

(3) RER이 1인 경우

① 주 에너지 대사연료로 탄수화물을 사용하고, 지방은 거의 사용 안 함(단, 지방만 산화할 때 RER은 0.7이 됨)

② 혈중 젖산 농도가 안정 시보다 높음

※ 안정 시 RER은 0.8로서 지방과 탄수화물을 약 7:3의 비율로 사용함

> **개념 PLUS**
>
> **호흡교환율**
> 사람은 산소를 마시고 이산화탄소를 몸 밖으로 뺌. 호흡교환율(RER)이란 소비되는 산소(O_2)의 양과 배출되는 이산화탄소(CO_2)의 양 사이의 비율(CO_2 생산량/O_2 생산량)을 뜻함. 이는 신진대사를 하기 위함임. 신진대사(metabolism)란 물질대사라고도 하는데 생명을 유지하기 위해 영양분을 섭취하고, 필요 없는 물질을 배출하는 작용을 말함. 운동강도가 상승하면 그 만큼 RER도 높아지고, 강도가 낮아질수록 RER도 낮아짐. 즉, 운동을 하게 되면 호흡교환율을 통해 소비되는 칼로리를 측정할 수 있음. 0.7일 때는 지방으로부터 소비되는 칼로리가 100%이고, 1.0일 때는 탄수화물로부터 소비되는 칼로리가 100%에 이름. 여기서 기억할 점은 지방만 산화할 때는 0.7, 탄수화물만 산화할 때는 1.0임

기출 FOCUS

◉ 호흡교환율(Respiratory Exchange Ratio)
17·18·19·21 기출

2. 무산소 및 유산소 트레이닝

(1) 무산소 트레이닝(저항성)

① ATP-PCr 시스템

㉠ ATP 재합성 효율 증가

㉡ 젖산 의존도가 낮아져 효율적 운동 수행

② 젖산 시스템

㉠ ATP 합성 효율 증가

㉡ 해당능력(글루코시스 Glycolysis)과 젖산 능력 향상

(2) 유산소 트레이닝(지구성)

① 모세혈관 증가, 미토콘드리아 증가, 미오글로빈 증가

② 지구성 트레이닝을 통해 지구력 증가시킬 수 있음

③ 남녀 지구력 선수의 차이는 남자가 여자보다 최대 산소섭취량이 10% 정도 높음

④ 심폐지구력 트레이닝을 통해 경기력을 향상시킬 수 있음

OX 퀴즈

호흡교환율이란 분당 소비된 산소량과 분당 배출된 이산화탄소량을 비율을 의미한다. Ⓞ Ⓧ

정답 O

기출 FOCUS

- 무산소 및 유산소 트레이닝
  - 무산소 트레이닝
  - 유산소 트레이닝
  15·20 기출
- 저항성 트레이닝 20·21 기출

개념 PLUS

- **무산소 트레이닝** 때는 속근섬유(Type II) 비율 증가, 근육량과 근력 증가, 근섬유당 모세혈관 밀도 증가, 미토콘드리아 수와 크기 증가 등의 대사적 적응
  - **저항성 트레이닝**
- 흔히 웨이트트레이닝(헬스)라 함. 신경근육계의 적응현상을 통해 근력과 파워를 기를 수 있어 성, 연령, 운동종목에 상관없이 거의 모든 사람들에게 도움을 줌
- 근력이란 개인이 한 번에 들어 올릴 수 있는 최대 무게를 의미, 1회 최대반복 혹은 1RM(one-repetition maximal)로 나타냄
- **유산소 트레이닝** 때는 지근섬유(Type I) 비율 증가, 최대산소섭취량 증가, 1회 박출량 증가(심장이 1회 수축할 때 나오는 혈액량), 미토콘드리아 수와 크기 증가, 모세혈관 밀도 등의 대사적 적응

기출 Q

Q. 지구성 트레이닝 후 최대 동-정맥 산소차(maximal arterial-venous oxygen difference) 증가에 기여하는 요인으로 적절하지 <u>않은</u> 것은? 기출 22

① 미토콘드리아 크기 증가
② 미토콘드리아 수 증가
③ 모세혈관 밀도 감소
④ 총 혈액량 증가

(해설) 동·정맥 산소차는 동맥과 정맥의 산소 차이로 조직(근육)에 전달되고 사용된 산소량의 척도를 의미함. 고강도 운동을 하면 골격근의 모세혈관 분포가 증가하게 되면서 동·정맥 산소차를 증가시킴
정답 ③

Q. 호흡교환율(Respiratory Exchange Ratio: RER)이 아래와 같을 때의 생리적 현상에 대한 설명으로 가장 적절한 것은? 기출 19

호흡교환율(RER)=0.8

① 이산화탄소 생성량이 산소 소비량보다 많다.
② 에너지 대사의 주연료로 지방을 사용하고 있다.
③ VO_2max 80% 이상의 고강도 운동을 수행하고 있다.
④ 에너지 대사의 연료로 탄수화물은 전혀 사용되지 않고 있다.

(해설) 신진대사를 위해 산소를 마시고 이산화탄소를 몸 밖으로 뺌. 신진대사(metabolism)란 물질대사라고도 하는데 생명을 유지하기 위해 영양분을 섭취하고, 필요 없는 물질을 배출하는 작용을 말함. 호흡교환율(RER)이란 소비되는 산소(O_2)의 양과 배출되는 이산화탄소(CO_2)의 양 사이의 비율(CO_2 생산량/O_2 생산량)로서 운동강도가 상승하면 그만큼 RER도 높아지고, 강도가 낮아질수록 RER도 낮아짐. 즉, 운동을 하게 되면 호흡교환율을 통해 소비되는 칼로리를 측정할 수 있음. 0.7일 때는 지방으로부터 소비되는 칼로리가 100%이고, 1.0일 때는 탄수화물로부터 소비되는 칼로리가 100%에 이르게 됨. 즉, 지방만 산화할 때는 0.7, 탄수화물만 산화할 때는 1.0이 됨. 통상 안정 시 RER 수치는 0.8로서 지방과 탄수화물을 약 7:3의 비율로 사용하므로 주연료로 지방을 사용하는 것임
정답 ②

OX 퀴즈

무산소 트레이닝 방법을 통해 속근섬유 비율이 증가한다.
O X

정답 O

Q. 유산소성 트레이닝을 통한 근육 내 미토콘드리아 변화와 관련된 설명으로 옳지 않은 것은?

기출 24

① 근원섬유 사이의 미토콘드리아 밀도 증가
② 근육 내 젖산과 수소 이온(H^+) 생성 감소
③ 손상된 미토콘드리아 분해 및 제거율 감소
④ 근육 내 크레아틴인산(phosphocreatine) 소모량 감소

해설 유산소 트레이닝을 하면 모세혈관, 미토콘드리아, 미오글리로빈이 증가함. 유산소성 트레이닝은 미토콘드리아의 수, 크기, 효율성에 긍정적인 변화를 주어, 근육의 에너지 생산 능력을 크게 향상시킴. 이는 장시간 운동을 지속할 수 있도록 도와주며, 지구력 향상과 운동 후 회복력을 강화하는 데 중요한 역할을 함

정답 ③

CHAPTER 03 신경조절과 운동

기출 FOCUS
- 신경계통
  - 중추 신경계: 뇌, 척수
    16·22·23 기출
  - 말초 신경계(체성신경): 감각신경 15·17·23 기출, 운동신경 17·18·19·21 기출

암기 TIP
중뇌척말자동 중간에 뇌를 세척하면 모든 말이 자동으로 다가와요. 이렇게 암기해보세요.

01 신경계의 구조와 기능

1. 신경계통의 구조

(1) 신경계에서 신체활동에 포함되는 인간의 사고, 감정, 행동 조절을 담당함

(2) 신경계 종류

① 중추신경계(CNS)
   ㉠ 신경계의 종합사령부 역할을 함
   ㉡ 종류

뇌	• 대뇌: 운동기능, 지적기능, 감각기능 • 소뇌: 골격근 조절(평형유지), 근육 운동 협응(복잡한 운동 수행) • 간뇌(사이뇌) 　－시상: 시상에서 모든 감각정보를 대뇌겉질로 전달함 　－시상하부: 자율신경 중추(체온조절, 갈증중추, 식욕중추 등) 　－뇌하수체: 시상하부와 연결된 호르몬 분비샘 • 뇌간(뇌줄기): 운동조절, 심혈계와 호흡계 기능 조절 　－중뇌(중간뇌), 뇌교(다리뇌), 연수(숨뇌)
척수	• 뇌와 말초신경 사이에서 자극과 명령을 전달하는 통로 • 무조건 반사의 중추

② 말초신경계(PNS)
   ㉠ 외부자극을 감각수용기를 통해 받아들여 감각신경계를 통해 척수를 거쳐 뇌로 전달함
   ㉡ 종류

자율 신경계	• 내장의 근, 평활근, 심장근, 내분비선 등 운동 조절(원심성) 　－교감신경계: 맥박증가, 혈압상승, 소화억제(흥분성) 　－부교감신경계: 맥박감소, 혈압 감소, 소화촉진(억제성)
운동신경	중추신경계에서 얻은 정보를 근섬유나 내장기관으로 전달, 골격근의 수의적 움직임 조절 ① 감각신경 　• 감각수용기에서 신체 상태에 대한 감각정보를 받아들여 중추신경계로 전달(구심성) 　• 척수의 뒤뿔(후각)로 들어감, 시냅스를 형성하지 않음

OX 퀴즈
뇌와 척수는 말초신경이다.
　　　　　　　　　　(O X)
　　　　　정답 X
　　　　　해설 중추신경

운동신경	• 고유감각수용기
	   − 근방추: 근육 길이 변화감지를 통해 근수축을 촉진시킴
	   − 건방추: 근육 수축으로 생기는 장력변화 인지함(골지건기관)
	• 관절수용기: 움직임 제어에 필요한 역학적 정보 제공
	• 피부감각수용기: 피부의 고통, 압박, 온도 등의 자극 제공
	• 특수감각수용기: 미각, 촉각, 후각, 청각, 시각 정보 제공
	• 전정기관: 몸의 균형과 평형 담당
	• 내부기관수용기: 혈관, 림프관
	② 운동신경
	• 뼈에 붙어 있는 신경(원심성)
	• 척수의 앞뿔(전각)로 빠져나옴, 반드시 시냅스를 형성함 즉, 신경절 이전과 이후 섬유로 구분됨

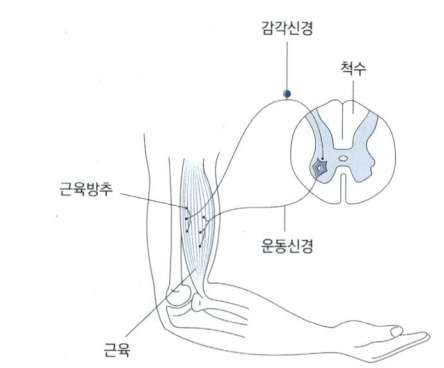

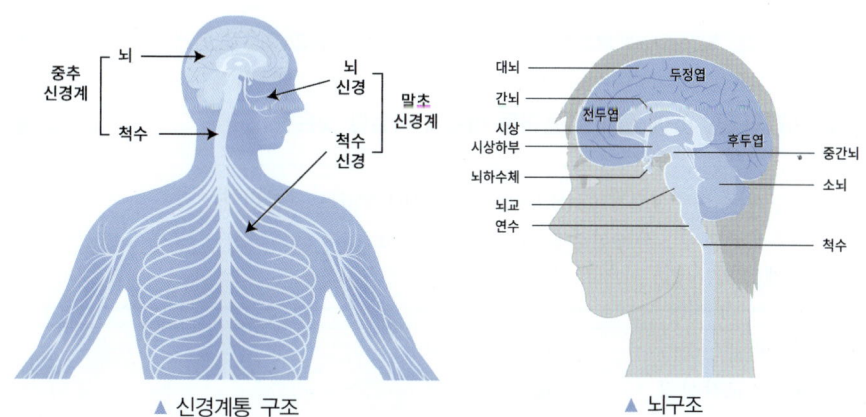

▲ 신경계통 구조   ▲ 뇌구조

개념 PLUS

신경계의 운동기능 조절

중추 신경계	뇌	• 대뇌: 운동기능(의식적 운동 지배), 고등정신 및 학습된 경험 저장(기억, 사고, 판단, 추리, 감정, 정서 등), 지각정보(시각, 청각, 촉각, 온각 등) • 중뇌: 안구운동, 홍채 조절 • 소뇌: 운동근육, 신체균형 • 간뇌: 체온 유지, 음식섭취 조절, 생식기능 조절, 삼투압 유지 등 항상성 조절 • 뇌교: 호흡조절, 얼굴과 머리의 감각기능, 평형감각과 청각 • 연수: 호흡, 순환, 소화 등 생명과 직결되는 자율신경기능 조절

중추 신경계	척수	• 방광 조절, 항문조임, 무릎 반사 같은 무조건 반사 및 통각 자극회피 등 반사작용
말초 신경계	자율 신경	• 교감신경: 몸의 변화를 대처하기 위한 반응, 동공 확대, 침 분비 억제, 호흡 운동 촉진, 심장박동 촉진, 기관지 이완, 땀 발생, 소화액 분비 억제, 방광 확장, 혈당량 증가 • 부교감신경: 안정화된 상태로 교감신경의 반대 작용, 동공 축소, 침 분비 촉진, 호흡 운동 억제, 심장박동 억제, 기관지 수축, 땀샘 없음, 소화액 분비 촉진, 방광 수축, 혈당량 감소
	체성 신경	• 감각신경: 감각기관에서의 자극을 중추신경계로 전달 • 운동신경: 중추신경계의 명령을 운동기관으로 전달

기출 Q

Q. 운동 중 소뇌의 기능에 대한 설명으로 옳은 것을 모두 고른 것은?   기출 23

㉠ 골격근 운동 조절의 최종 단계 역할
㉡ 빠른 동작의 정확한 수행을 위한 통합 조절
㉢ 고유수용기로부터 유입되는 정보를 활용하여 동작 수정

① ㉠, ㉡   ② ㉠, ㉢
③ ㉡, ㉢   ④ ㉠, ㉡, ㉢

해설 소뇌는 평형유지와 복잡한 운동 수행을 위한 근육운동의 협응을 하게 함   정답 ③

Q. 아래의 ⓐ, ⓑ에 들어갈 용어를 바르게 나열한 것은?   기출 19

• 신경계는 중추신경계(CNS)와 말초신경계(PNS)로 구분된다.
• 말초신경계 중, 자율신경계(autonomic nervous system)는 '흥분성'의 (ⓐ)과 '억제성'의 (ⓑ)으로 구분된다.

① ⓐ: 교감신경   ⓑ: 부교감신경
② ⓐ: 부교감신경   ⓑ: 교감신경
③ ⓐ: 원심성신경   ⓑ: 구심성신경
④ ⓐ: 구심성신경   ⓑ: 원심성신경

해설 자율신경계는 내장의 근, 평활근, 심장근, 내분비선 등의 운동을 조절하고, 교감신경계(맥박 증가, 혈압 상승, 소화 억제), 부교감신경계(맥박 감소, 혈압 감소, 소화 촉진)이 있음   정답 ①

2. 신경세포의 구조

(1) 뉴런(Neuron)은 세포체, 수상돌기, 축삭으로 구성됨

　① 세포체(Cell Body): 신경세포 대사의 중심을 담당하고 핵을 가짐, 신경세포체에는 체세포와 같이 핵, 미토콘드리아, 세포막이 있음
　② 수상돌기(Dendrites): 전기적 자극을 세포체로 전달함(가지돌기)
　③ 축삭(Axon): 전기적 자극을 세포체에서 축삭종말 방향으로 전달함

(2) 다른 세포와 달리 전기신호를 통해 전달함(인접한 신경세포와 시냅스라는 구조를 통해 신호 교환)

(3) 전기적 전달 순서: 신경자극 → 수상돌기 → 세포체 → 축삭 → 축삭종말(말단)

(4) 미엘린(myelin) 수초(말이집)는 뉴런을 여러 겹으로 둘러싸고 있는 절연체로서 뉴런을 통해 전달되는 전기신호가 누출되거나 흩어지지 않게 보호함. 미엘린으로 인해 전기 자극 전달 속도가 빨라짐

(5) 축삭돌기의 지름이 클수록 전기적 저항을 적게 받으므로 전도 속도가 빠름

기출 FOCUS

◉ 신경세포
　• 뉴런 세포체, 수상돌기, 축삭
　　　　　　　　　　15 기출
　• 전기적 전달　　16 기출
　　신경자극 → 수상돌기 →
　　세포체 → 축삭 → 축삭종말

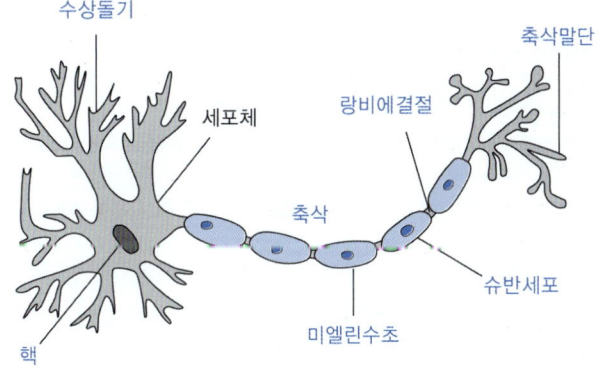

3. 신경계의 특성

(1) 신경계통은 흥분성(감응성), 전달성(전도성), 통합성의 특성을 지님

　① 흥분성: 뉴런의 정보는 시냅스(신경과 신경 사이의 틈새)를 통해 한쪽 방향으로 전달, 흥분성이면 전달받은 쪽인 시냅스 후막을 탈분극 시켜서 정보가 전달됨
　② 전달성: 뉴런과 다른 세포 사이에 정보를 전달
　③ 통합성: 흥분성 시냅스와 억제성 시냅스의 상호작용 효과를 의미

암기 TIP

흥달통　각별히 흥달통 챙기는 것을 신경쓰세요. 이렇게 암기해 보세요.

개념 PLUS

신경계통과 호르몬은 인체 기능과 운동을 조절함
① 신경계통은 짧은 시간 내에 신체 기능을 조절
② 호르몬은 오랜 시간 동안 신체 기능을 조절

OX 퀴즈

신경세포인 뉴런은 세포체, 수상돌기, 축삭으로 구성돼 있다.
　　　　　　　　　　　 O|X

정답 　O

기출 FOCUS

✓ 뉴런의 전기적 활동 20 기출
- 안정막 전위   23 기출
- 활동 전위   17 기출
- 탈분극   17·18 기출
- 재분극
- 과분극   17 기출

암기 TIP

안정활탈재과 안정환이 아니고 안정활이 제과를 섭취하는 것을 벗어났어요(탈재과). 이렇게 암기해보세요.

(2) 뉴런의 전기적 활동(흥분의 전도)

안정막 전위 → 활동전위 → 탈분극 → 재분극 → 과분극

안정막 전위 (resting potential)	• 신경세포를 포함한 모든 세포는 안정 시 세포 내 음(−) 전하 상태임 • 세포막 밖에는 Na^+(나트륨) 이온이 많고, 세포 안에는 K^+(칼륨) 이온이 많음 • 세포 내부가 세포 외부보다 −70mV(밀리볼트)가 작은 상태임
활동 전위 (action potential)	• 뉴런에 자극이 가해지면 이온 통로가 열리고, 이온이 세포 안으로 들어와 막전위가 변화되어 활동 전위가 생성됨 • 세포막의 자극이 역치를 넘어서지 않으면 생성되지 않음
탈분극 (depolarization)	• Na^+이 세포 밖에서 안으로 유입되면서 양(+) 전하가 세포 내에서 증가하는 현상
재분극 (repolarization)	• 활동 전위 형성 부분의 나트륨 이온 통로가 닫히고, 칼륨 이온 통로가 열려 안정 시 막전위를 회복하는 과정
과분극 (hyperpolarization)	• K^+ 통로가 열린 상태로 유지돼 추가적으로 K^+이 세포 밖으로 나가는 현상

※ 분극(polarization): 세포막을 기준으로 내부와 외부가 분리
※ 차등위 전위(graded potential): 막전위에서 일어나는 탈분극 또는 과분극과 같은 현상의 국소적 변화
※ 역치(threshold): 안정막 전위를 거쳐 세포막의 차등성전위가 활동전위로 바뀌는 시점

(3) 시냅스에서의 흥분전달

한 뉴런에서 다른 세포로 신호를 전달하는 연결지점(시냅스)에서 신경전달물질(아세틸콜린, ACh)이 방출되고, 방출된 신경전달물질이 세포막의 수용체와 결합됨(근육 수축 및 이완: ACh 방출과 수용체에서 결합 → 미세한 전기형태로 가로세관(T)으로 전달 → 칼슘(Ca^{++}) 분비 → 액틴을 구성하는 트로포닌이란 곳에서 결합 → 미오신 머리가 액틴과 결합하며 수축 → 근육이 짧아지는 근활주 → 액틴과 미오신 머리 분리 → 이완)

OX 퀴즈

신경계통은 흥분성, 전달성, 통합성의 특성이 있다. ⓞⓧ

정답 O

<시냅스 이전 뉴런 말단>

Ca²⁺

시냅스 소포
촉진 작용
신경 전달 물질의 확산
융합
재흡수(대부분)
수용체
Na⁺

<시냅스 이후 뉴런>

▲ 신경연접부의 구조

기출 FOCUS
- 신경근연접   21 기출

기출 Q

Q. 〈보기〉에서 설명하는 용어는?   기출 21

- 운동뉴런의 말단과 근섬유가 접합되어 있는 기능적 연결부위
- 신경전달물질이 분비되는 공간
- 시냅스 전 축삭말단, 시냅스 간극, 근섬유 원형질막의 운동종판으로 구성

① 시냅스(synapse, 연접)
② 운동단위(motor unit)
③ 랑비에르 결절(node of Ranvier)
④ 신경근 접합부(neuromuscular junction)

(해설) 시냅스는 두 신경섬유 간의 연접을 말하고, 신경자극의 전달을 시냅스를 통해서 함. 〈보기〉는 신경근 접합부(neuromuscular junction)에 대한 설명으로 신경이 근육과 연접하는 부위임

(정답) ④

Q. 신경자극에 대한 설명으로 옳지 않은 것은?   기출 17

① 탈분극은 Na^+이 세포 밖에서 안으로 유입되면서 양전하가 세포 내에 증가하는 현상이다.
② 과분극은 K^+ 통로의 열린 상태가 유지되어 추가적으로 K^+이 세포 밖으로 나가는 현상이다.
③ 세포막의 자극이 역치를 넘어서지 않으면 활동전위(action potential)가 생성되지 않는다.
④ 안정막전위는 세포 밖은 K^+, 세포 안은 Na^+이 많은 상태로 분리되어 있다.

(해설) 세포막 밖에는 Na^+ 이온이 많고, 세포 안에는 K^+ 이온이 많은 상태가 안정막 전위임

(정답) ④

Q. 〈보기〉의 신경세포 구조 및 전기적 활동에 관한 적절한 설명을 고른 것은?

기출 20

> ㉠ 안정 시 신경세포 막의 안쪽은 Na^+의 농도가 높고, 바깥쪽은 K^+의 농도가 높다.
> ㉡ 역치(threshold)는 신경세포 막의 차등성전위(graded potential)가 안정막전위(resting membrane potential)로 바뀌는 시점을 말한다.
> ㉢ 활동전위(action potential)는 신경세포 막의 탈분극(depolarization)을 유도한다.
> ㉣ 신경세포는 신경-근접합부(neuromuscular junction)를 통해 근섬유와 상호신호전달을 한다.

① ㉠, ㉡
② ㉠, ㉣
③ ㉡, ㉢
④ ㉢, ㉣

해설 뉴런의 전기적 활동은 안정막 전위 → 활동전위 → 탈분극 → 재분극 → 과분극. 안정막 전위 때는 세포막 밖의 Na^+(나트륨) 이온이 많고, 세포 안에는 K^+(칼륨) 이온이 많음. 차등위 전위(graded potential)란 막전위에서 일어나는 탈분극 또는 과분극과 같은 현상의 국소적 변화임. 역치(threshold)란 안정막 전위를 거쳐 세포막의 차등성전위가 활동전위로 바뀌는 시점임

정답 ④

CHAPTER 04 골격근과 운동

01 골격근의 구조와 기능

1. 근육의 분류

(1) 근육의 모양: 횡문근(골격근, 심장근), 평활근(내장근)
　① 골격근은 인체의 수의적 조절이 가능한 수의근
　② 심장근과 내장근은 불수의근으로 자율신경계에 의해 지배되어 의지대로 조절되지 않음
　※ 횡문근＝가로무늬근, 평활근＝민무늬근

(2) 근육의 기능: 수의근(근육운동 가능), 불수의근(근육운동 불가능)

2. 골격근의 구조와 기능

(1) 골격근은 근육의 모양상 횡문근이고, 기능상 수의근임

(2) 체성신경계의 지배를 통해 수의적(voluntary)으로 수축 및 이완할 수 있는 근육임

(3) 운동과 호흡기능, 자세 유지 기능, 체온 유지 기능, 인체 운동의 수의적 조절 기능을 함

(4) 근육 조직: 근다발 ＞ 근섬유 ＞ 근원섬유 ＞ 미세섬유(필라멘트(극세사)) ＞ 굵은 미세섬유(마이오신 혹은 미오신) ＞ 가는 미세섬유(액틴)

(5) 운동강도 증가에 따라 동원되는 근섬유 유형의 순서: 지근(ST) → 중간근(FTa) → 속근(FTx)

(6) 근육 구조
　① 근섬유(muscle fiber)
　　㉠ 근원섬유(myofibril)와 근형질(sarcoplasm)로 구성돼 있어 근섬유막이라고도 함
　　㉡ 하나의 근섬유가 100만 개의 미세섬유로 구성됨
　　㉢ 개개의 근섬유는 근내막(endomysium) 아래에서 근초(sarcolemma)라는 얇은 탄성막에 의해 독립된 세포로 외부와 경계를 이룸

기출 FOCUS

◉ 골격근
- 골격근 구조: 체성신경계의 지배를 통해 수의적으로 수축·이완 근육　18·21 기출
- 근육조작 근다발 ＞ 근섬유 ＞ 근원섬유 ＞ 필라멘트(근세사) ＞ 액틴/마이오신　15 기출
- 근섬유 유형 순서: 지근(ST) → 중간근(FTa) → 속근(FTx)　15 기출
- 근육구조: 근섬유의 구조와 기능　16·21 기출

기출 FOCUS

✓ **근수축 기전과 근이완 기전**
　　　　　　　　17·18 기출
- 근수축 기전: 액틴에 있는 트로포닌과 트로포미오신 단백질이 근수축 과정을 조절함
- 근이완 기전: 트로포닌과 결합한 칼슘은 근형질세망으로 다시 저장

✓ **지근섬유와 속근섬유**
　16·17·19·21·22·23·24 기출
- 지근섬유: 장기간 운동 에너지 생성 유리, 피로 내성이 큼(Type I - 걷기)
- 속근섬유: 쉽게 피로해지고 에너지 생성속도 빠르고 젖산 분해. 단시간 활동에 적합(Type IIa - 달리기, Type IIx / IIb - 전력질주)

✓ **미오글로빈(마이오글로빈, Myoglobin)**　　20 기출
- 미오글로빈(마이오글로빈, myoglobin)은 근육 조직에서 발견되는 단백질로 혈액 속의 헤모글로빈과 역할이 비슷함. 즉, 산소를 운반하고 필요한 세포에 전달함

✓ **운동단위(motor unit)**
　　　　　　　　　20 기출

✓ **특이장력 = 근력/근횡단면적**
　　　　　　　　　24 기출

✓ **근파워 = 힘×수축속도**
　　　　　　　　　24 기출

암기 TIP

지유저구 속무고근 지근섬유(유산소, 저강도, 지구력), 속근섬유(무산소, 고강도, 근수축). 지구력같이 지속적인 지근섬유와 전력질주같이 속도를 내는 속근섬유. 키워드 위주로 이해하며 이렇게 암기해보세요.

ⓔ 근섬유와 근섬유막 사이엔 미토콘드리아(세포질 내 소기관으로 에너지를 생산하는 곳, 사립체), 글리코겐, 리보솜(세포질 내 소기관으로 단백질이 합성되는 장소), 지방구, 수용성 단백질, 대사산물, 효소 등이 있음

ⓜ 근섬유의 구조와 기능

근형질세망	칼슘(Ca^{2+}) 저장, sarcoplasm reticulum(SR) (=근소포체, 근세포질세망)
가로세관	신경자극 전달, 횡근관(T관), 그물모양의 세포 내 물질이동 통로
근형질	글리코겐과 미오글로빈 저장, sarcoplasm
근초	뼈에 부착된 건과 융합

ⓗ **지근섬유**: 미오글로빈(산소 저장 역할) 함량이 높아 **적근(red muscle)**이라 함. **장기간 운동** 에너지 생성 유리, 피로 내성이 큼, 흥분역치 낮음

ⓢ **속근섬유**: **백근(white muscle)**, 속도가 빠른 대신 쉽게 피로해짐(피로에 대한 저항이 낮음). 에너지 생성속도 빠르고 젖산 분해. **단시간 운동에 적합**함, 흥분역치 높음. 지근섬유에 비해 ATPase가 높음

ⓞ 지근섬유와 속근섬유 비교

구분	지근섬유	속근섬유	
	Type I	Type IIa(중간근섬유)	Type IIx / IIb
특성	유산소 대사 활성	ATPase 활성,	무산소 대사
운동강도	저강도 운동(걷기)	중강도 운동(달리기)	고강도 운동(전력질주)
운동력	지구력	빠른 근수축	빠른 근수축
산화능력	강함		약함
해당능력	낮음	높음	

개념 PLUS

- **에이티피아제(ATPase)**: 아데노신 삼인산(ATP)을 아데노신 이인산(ADP)과 인산(Pi)으로 분해하는 효소

운동단위(motor unit)
- 하나의 알파(α)운동뉴런(신경세포체)은 여러 개의 근섬유와 연결되어 있는 것
- 알파운동뉴런이 근섬유가 Type I인지 Type II인지를 결정
- Type I 섬유운동 단위의 알파운동뉴런은 작은 세포체(300개 이하의 근섬유들을 지배), Type II는 더 큰 세포체(300개 이상 근섬유들을 지배)이고 더 많은 축삭이 있음. 즉, Type II가 Type I보다 근섬유를 더 빠르게 최대 긴장에 이르고 더 큰 힘을 생성
- 골격근이 수축하는 과정에서 Type I이 먼저 동원되고 점차적으로 Type II가 동원됨(순차적인 동원의 원리 principle of orderly recruitment)

② **근원섬유**: 400~2,500개의 평행한 미세섬유로 구성됨
③ **미세섬유**: 굵은 필라멘트(세사)인 미오신, 가는 필라멘트인 액틴, 트로포미오신, 트로포닌 등 구성

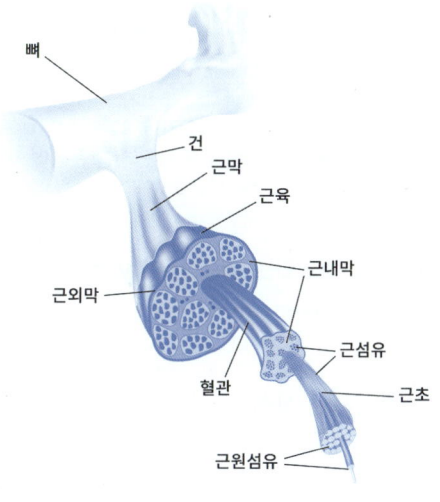

▲ 골격근 구조

기출 Q

Q. 동강도 증가에 따라 동원되는 근섬유 순서로 옳은 것은? 기출 23

① Type Ⅱa섬유 → Type Ⅱx섬유 → Type Ⅰ섬유
② Type Ⅱx섬유 → Type Ⅱa섬유 → Type Ⅰ섬유
③ Type Ⅰ섬유 → Type Ⅱa섬유 → Type Ⅱx섬유
④ Type Ⅰ섬유 → Type Ⅱx섬유 → Type Ⅱa섬유

해설 지근섬유는 장기간 운동 에너지의 생성에 유리하고 피로 내성이 큼(Type Ⅰ-걷기), 속근섬유는 쉽게 피로해지고 에너지 생성속도가 빠르고 젖산을 분해함에 따라 단시간 활동에 적합함(Type Ⅱa-달리기, Type Ⅱx/Ⅱb-전력질주). 이에 Type Ⅰ→Type Ⅱa→Type Ⅱx/Ⅱb로 운동강도 증가에 따른 근섬유 순서로 이해할 수 있음
정답 ③

Q. 지구성 훈련에 의한 지근섬유(Type 1)의 생리적 변화로 옳지 않은 것은? 기출 24

① 모세혈관 밀도 증가
② 마이오글로빈 함유량 감소
③ 미토콘드리아의 수와 크기 증가
④ 절대 운동강도에서의 젖산 농도 감소

해설 지구성 훈련은 지근섬유와 미오글로빈이 중요한 역할을 함. 지근섬유는 산소를 효율적으로 사용하여 장시간 운동을 가능하게 하고, 미오글로빈은 근육에 필요한 산소를 저장하고 전달하는 역할을 함. 이들은 모두 지구력 향상에 중요한 요소로 작용하며, 장시간 운동 시 근육의 피로 저항력을 높이고 효율적인 에너지 사용을 가능하게 함
정답 ②

OX 퀴즈

지근섬유는 오랜 기간 동안 에너지를 생성하는 데 유리하여 지구력을 발휘하게 한다. OX

정답 O

기출 FOCUS

✓ 근육수축
- **정적 수축**(등척성), **동적 수축**(등장성, 등속성)
  15·18·20·21·22·23·24 기출
- 근육수축 단계 18·19 기출
- 근육 및 골격근 운동: **순발력, 지구력, 근력 운동**
  15·19 기출

Q. 스프린트 트레이닝 후 나타나는 생리적 적응이 바르게 나열된 것은? 기출 22

① 속근 섬유 비대 - 해당과정을 통한 ATP 생산능력 향상
② 지근 섬유 비대 - 해당과정을 통한 ATP 생산능력 향상
③ 속근 섬유 비대 - 해당과정을 통한 ATP 생산능력 저하
④ 지근 섬유 비대 - 해당과정을 통한 ATP 생산능력 저하

해설 '지유저구 속무고근' 기억나시나요? 지근섬유(유산소 대사 활성, 저강도 운동, 지구력)과 속근섬유(무산소 대사, 고강도 운동, 빠른 근수축) 중에서 단시간 운동에 적합한 속근섬유(백근)를 통해 가장 빠르게 ATP를 생성함 정답 ①

Q. 지근섬유(Type I)와 비교되는 속근섬유(Type II)의 특성으로 옳은 것은? 기출 24

① 높은 피로 저항력
② 근형질세망의 발달
③ 마이오신 ATPase의 느린 활성
④ 운동신경세포(뉴런)의 작은 직경

해설 속근섬유는 백근(white muscle)이라고도 하며 속도가 빠른 대신 쉽게 피로해짐. 에너지 생성 속도 빨라 단시간 운동에 적합함. 근형질세망(SR)의 주요 기능은 칼슘 이온(Ca^{2+})을 안에 저장하고 농도를 조절하는 것으로 지근섬유에 비해 속근섬유에서 발달함 정답 ②

02 골격근과 운동

1. 근육 수축 형태

정적 수축	등척성 수축 (isometric contraction)		· 근섬유 길이 변화 없음 · 관절각의 변화 없이 힘 발생 · 정적인 신체 위치 유지 · 시간소비가 적고 특별한 장비 필요 없음 예 자세 유지, 플랭크 운동
동적 수축	등장성 수축 (isotonic contraction)	단축성 수축 (concentric contraction)	· 구심성(=동심성) 수축으로 저항의 중력을 극복하여 장력 발휘 · 근내 장력이 일정하고, 근 길이가 감소함 예 턱걸이 올라갈 때, 덤벨 올리기, 윗몸 일으키기
		신장성 수축 (eccentric contraction)	· 원심성(=편심성) 수축으로 저항의 중력을 극복하지 못하여 근 길이가 증가하고 장력 발휘 · 근내 장력은 일정하고, 근 길이가 늘어남. 즉, 근육의 길이가 길어지면서도 힘을 발휘 · 부상과 근 염증의 주 원인으로 통증과 부종 유발 · 수축속도가 빠를수록 힘이 더 증가함

동적 수축	등장성 수축 (isotonic contraction)	신장성 수축 (eccentric contraction)	• 동일 근육에서 단축성 수축보다 같은 속도에서 더 큰 힘을 발휘 예 턱걸이 내려갈 때, 덤벨 내리기, 윗몸 일으키기 중 내릴 때
	등속성 수축 (isokinetic contraction)		• 관절각이 일정한 속도로 수축 • 속도가 일정한 상태에서 최대의 장력 발휘 • 재활치료에 효과적임 예 재활치료

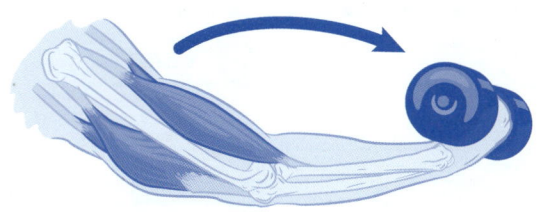
▲ 신장성 수축(원심성. 편심성)

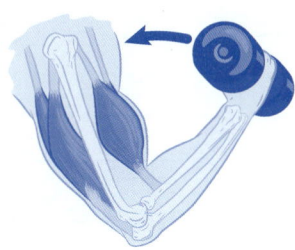
▲ 단축성 수축(구심성. 동심성)

2. 근육 수축 단계

안정단계	• 액틴과 미오신의 결속이 약한 상태 • 결속되지 않은 안정된 상태 • 칼슘은 근형질세망(SR, 근소포체)에 저장된 상태
자극 · 결합 단계	• 신경자극에 의해 축삭 종말에서 아세틸콜린(ACh) 방출 • 근육세포의 활동전위(action potential) 발생 • 활동전위는 가로세관(T관)을 통해 내려가 근섬유 내부에 전달 • 근형질세망(SR)에서 칼슘이온(Ca^{2+}) 분비
수축 단계	• 액틴과 결합한 미오신 머리(myosin head)에서 아데노신2인산(ADP), 무기인산(Pi) 방출(파워스트로크 power stroke 발생) • ATP $\xrightarrow{\text{미오신ATPase}}$ ADP+Pi+근수축에너지 • 액틴이 미오신으로 미끄러져 들어가 근육이 짧아지고 근수축 발생 • 근형질세망에서 방출된 칼슘이온(Ca^{2+})을 근형질(sarcoplasm) 내로 유입시킴 • 칼슘이온(Ca^{2+})은 액틴 세사와 트로포닌(troponin)과 결합하고, 트로포닌은 트로포미오신(tropomyosin)을 이동시켜 미오신 머리가 액틴과 결합할 수 있게 함 • 근육 세포 산성화의 영향 - 칼슘과 트로포닌의 결합을 방해해 근수축 활동을 저하시킴 • 근육이 수축하게 되면 근섬유가 짧아지는데 이를 근세활주설(sliding filament theory, 잔섬유미끄러짐가설)이라 부름

기출 FOCUS

◎ **근육 내 수용체(골격근의 감각수용기)** 17 기출
- 화학수용기: 근육 내 pH(수소이온농도로 산성과 알칼리성 정도를 나타내는 수치), 세포와 칼슘 농도, 산소와 이산화탄소의 압력변화에 반응하고 중추신경에 정보 전달
- 근방추: 근육 내에서 근육이 늘어나는 것을 감지하고 적절한 근육길이 유지
- 골지건기관: 근수축할 때 발생하는 장력을 감지하고 근육수축을 예방하는 안전장치 역할

◎ **운동원리**: 특이성, 과부하, 가역성 19·22 기출

◎ **신경세포와 근육의 흥분·수축 결합 단계**
축삭종말에 활동전위 도달 → 아세틸콜린 방출 → 근형질세망에서 분리된 칼슘이온(Ca^{2+})과 트로포닌이 결합 → 액틴세사와 결합한 마이오신 머리 결합 → 근수축 운동

◎ **근수축** 19·20 기출
- 근세사활주설(sliding filament theory)
- 수축단계 22 기출
- 칼슘이온(Ca^{2+}) 23 기출

◎ **운동유발성 근육경직** 22 기출

재충전 단계	• 미오신 머리에 ATP가 재충전되며 더 큰 수축을 위해 액틴과 미오신이 분리 • ATP가 다시 ADP, Pi로 다시 분해하며 에너지 공급
이완 단계	• 신경자극이 중지되며 트로포닌으로부터 칼슘이온(Ca^{2+})이 근형질세망에 다시 이동 • 트로포미오신이 액틴분자의 결합부위를 덮어 근육이 안정상태로 돌아감

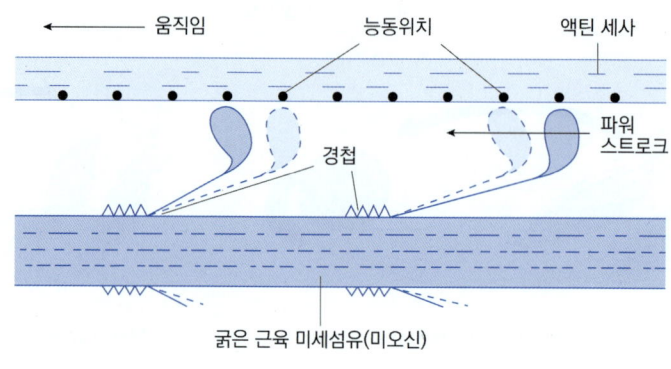

▲ 근세사활주(Sliding Filament)

3. 근육 운동과 골격근 운동 효과

(1) 순발력 운동

힘을 폭발적으로 발휘할 수 있는 능력(파워), 속근섬유 비율이 높음

(2) 지구력 운동

힘을 일정한 속도와 강도로 지속할 수 있는 능력, 지근섬유 비율이 높음

(3) 근력 운동

① 근육이 발휘할 수 있는 최대의 힘
② 트레이닝 초기에 근력이 증가했을 때 근신경계통이 발달됨

(4) 골격근 운동을 통해 근육의 크기 증가, 대사능력 향상, 해당능력 향상

> **개념 PLUS**
>
> **운동유발성 근육경직**
> • 원인: 과부하에 의한 경직, 몸의 부정렬에 의한 경직, 젖산역치에 빨리 도달하는 경우, 심리적 원인
> • 해소: 중력, 복원력, 자각실천능력 제고
> • 방지: 스트레칭, 운동강도와 지속시간 감소, 수분과 전해질의 균형 유지

OX 퀴즈

힘을 폭발적으로 발휘할 수 있는 능력을 순발력이라고 하는데 속근섬유의 비율이 높은 근육운동이다. Ⓞ Ⓧ

정답 O

4. 운동원리

(1) 특이성의 원리
훈련효과는 사용된 근육에만 영향을 미치는 것

(2) 과부하의 원리
훈련효과를 얻기 위해 운동강도, 시간, 빈도 등을 일정한 수준 이상으로 증가시키는 것

(3) 가역성의 원리
과부하가 이루어지지 않거나 운동이 중지됐을 때 운동능력이 빠르게 감소되는 것

기출 Q

Q. 〈보기〉의 ㉠~㉢에 들어갈 용어가 바르게 나열된 것은?   기출 22

[근육수축 과정]
- 골격근막의 활동전위는 가로세관(T-tubule)을 타고 이동하여 근형질세망(sarcoplasmic reticulum)으로부터 (㉠) 유리를 자극한다.
- 유리된 (㉠)은 액틴(actin) 세사의 (㉡)에 결합하고, (㉡)은 (㉢)을 이동시켜 마이오신(myosin) 머리가 액틴과 결합할 수 있도록 한다.

	㉠	㉡	㉢
①	칼륨	트로포닌	트로포마이오신
②	칼슘	트로포마이오신	트로포닌
③	칼륨	트로포마이오신	트로포닌
④	칼슘	트로포닌	트로포마이오신

해설 근수축단계는 안정단계 → 자극·결합단계 → 수축단계 → 재충전 단계 → 이완단계로 구분됨. 근형질망에서 방출된 칼슘이온은 근형질 내로 유입되고, 칼슘이온은 액틴 세사와 트로포닌과 결합하고, 트로포닌은 트로포마이신을 이동시켜 마이오신 머리가 액틴과 결합할 수 있게 함   **정답** ④

Q. 골격근 섬유에 관한 설명으로 옳은 것은?   기출 24

① 근수축에 필요한 칼슘(Ca^{2+})은 근형질세망에 저장되어 있다.
② 운동단위(motor unit)는 감각뉴런과 그것이 지배하는 근섬유의 결합이다.
③ 신경근 접합부(neuromuscular junction)에서 분비되는 근수축 신경전달물질은 에피네프린이다.
④ 지연성 근통증은 골격근의 신장성(eccentric) 수축보다 단축성(concentric) 수축 시 더 쉽게 발생한다.

해설 ① 칼슘은 근형질세망(근소포체)에 저장된 상태(안정)에서 자극·결합 단계에서 분비됨. ② 운동단위는 하나의 알파(α)운동뉴런(신경세포체)은 여러 개의 근섬유와 연결되어 있는 것임. ③ 신경근 접합부에서 분비되는 신경전달물질은 아세틸콜린으로 한 뉴런에서 다른 세포로 신호를 전달하는 연결지점에서 방출됨. ④ 지연성 근통증은 과도한 운동 등에 따라 중강도 혹은 고강도 운동 후에 즉시 발생하지 않고 서서히 나타나는 근통증으로 저항의 중력을 극복하지 못하여 근길이가 증가하고 장력을 발휘해야 하는 신장성 수축 때 더 쉽게 발생함   정답 ①

Q. 근세사 활주설(sliding filament theory)에 관한 설명으로 적절하지 않은 것은?

기출 20

① 액틴(actin)은 근절(sarcomere)의 중앙부위로 마이오신(myosin)을 잡아당긴다.
② 마이오신 머리 (myosin head)에 있는 인산기(PI)가 방출되면서 파워 스트로크 (power stroke)가 일어난다.
③ 활동전위는 근형질세망(sarcoplasmic reticulum)으로부터 나온 Ca^{2+}을 근형질(sarcoplasm) 내로 유입하게 한다.
④ Ca^{2+}은 액틴 세사의 트로포닌(troponin)과 결합하고 트로포닌은 트로포마이오신(tropomyosin)을 이동시켜 마이오신 머리가 액틴과 결합할 수 있도록 한다.

해설 근수축 과정은 안정단계(액틴과 마이오신 결속이 약한 상태) → 자극결합단계(신경자극에 의해 아세틸콜린이 분비되면 근형질세망에서 칼슘이온 방출) → 수축단계(액틴과 결합한 마이오신 머리에서 ADP, Pi 방출) → 재충전단계(마이오신 머리에 ATP 재충전, ATP가 ADP, Pi로 다시 분해하며 에너지 공급) → 이완단계(신경자극 중지되면 트로포닌으로부터 칼슘이온이 근형질세망에 다시 이동)가 있음. 근육 수축단계에서는 근섬유가 짧아지는데 이 현상을 근활주설(sliding filament theory)이라 부름. ②, ③, ④번은 근육 수축단계를 설명한 것임   정답 ①

CHAPTER 05 내분비계와 운동

01 내분비계

1. 호르몬의 정의와 분류

(1) 호르몬이란 내분비계에서 생산되는 화학물질의 총칭을 일컬음
(2) 체액을 매개로 운반되며 미량에도 반응함
(3) 표적기관이나 표적세포에만 작용하고, 세포의 움직임을 조절하는 역할을 함
(4) 신경분비의 세포체는 시상하부에 존재함
(5) 세포막에서 물질 운반속도를 조절, 세포의 핵 내에서 DNA 활성화, 세포 내에서 2차 전령(second messenger)을 조절
(6) 호르몬의 분류

생성기관에 따른 분류	• 뇌하수체 호르몬, 갑상선 호르몬, 부신 호르몬 등
화학적 구조에 따른 분류	• 단백질 펩타이드 호르몬, 스테로이드 호르몬, 아미노산 호르몬, 유도체 호르몬 등

(7) 내분비와 외분비

내분비	• 도관이 없는 세포에서 혈액 내로 직접 화학물질을 분비함
외분비	• 타액선 등과 같은 도관을 통해 화학물질을 방출함

2. 내분비선과 호르몬

(1) 시상하부 호르몬
① 시상하부에는 내분비기능이 있는 신경분비세포(세포군)가 있으며 이 세포들이 신경계(중추신경계)와 내분비계(뇌하수체)를 형태적·기능적으로 연결함
② 시상하부의 신경분비세포에서 생성·분비되는 호르몬 중 뇌하수체 전엽으로 분비를 촉진 혹은 억제하는 호르몬을 의미함

(2) 뇌하수체 호르몬

기출 FOCUS

✓ 성장호르몬 17·21·22 기출
- 근육 성장, 단백질, 지방, 탄수화물 성장 영향
- 인슐린 활성 억제
- 포도당 합성 증가
- 지방산 동원을 증가

✓ 항이뇨호르몬 18·22 기출
- 신장에서 수분 재흡수 촉진
- 이뇨량, 체내 수분량 조절

✓ 몸속 혈압 조절 기능: 레닌-안지오텐신-알도스테론 체계 16 기출

✓ 부신수질 호르몬 15·17·20·24 기출
- 부신수질은 〈에피네프린〉, 〈노르에피네프린〉, 〈도파민〉으로 구성 = 〈카테콜아민〉
- 에피네프린(아드레날린)은 부신수질 호르몬의 80% 구성, 심혈관계와 호흡계에 영향

✓ 부신피질 호르몬 17 기출
- 〈알도스테론〉은 표적기관은 신장으로 운동 중 탈수 방지
- 〈코르티졸〉은 간에서 글리코겐 합성, 운동 시 혈당을 유지

뇌하수체 전엽 (앞엽)	성장호르몬	• 근육을 성장, 단백질·지방·탄수화물 대사와 모든 조직의 성장에 영향 • 혈중 포도당 이용을 감소시켜서 인슐린 활성을 억제 • 간에서 글루코스(포도당) 합성이 증가 • 지방조직으로부터 지방산 동원을 증가시킴 • 성장 호르몬은 인체의 모든 조직세포에 영향을 주고, 특별히 간에서는 소마토메딘(somatomedin)이라고 하는 2차 호르몬을 만듦. 이는 IGF(insulin-like growth factor)로서 인슐린과 비슷한 인자임 ※ 성장호르몬은 기능 호르몬이자 조절 호르몬의 역할을 함
	엔도르핀	• 진통효과, 베타 엔도르핀(운동 내성변화, 통증감각, runner's high, 운동중독, 면역기능)
	난포자극 호르몬 (FSH)	• 난소에 작용하여 난소의 발육성숙을 촉진 ※ 조절 호르몬(다른 호르몬에 2차적 영향을 줌)
	황체형성 호르몬	• 남성과 여성의 생식선을 자극하는 호르몬 • 여성의 난소에서 황체를 형성하도록 함
	갑상선자극 호르몬 (TSH)	• 갑상선에 작용하여 갑상선 호르몬의 합성과 분비를 유도함 • 트라이아이오도타이로닌(T3)과 타이록신(티록신, T4) 호르몬의 분비 조절 ※ 조절 호르몬(다른 호르몬에 2차적 영향을 줌)
	부신피질자극 호르몬 (ACTH)	• 부신피질에 작용, 선세포 증식, 호르몬의 합성과 분비를 촉진함 ※ 조절 호르몬(다른 호르몬에 2차적 영향을 줌)
뇌하수체 후엽 (뒤엽)	항이뇨 호르몬 (ADH)	• 신장에서 수분의 재흡수를 촉진시킴 • 이뇨량, 체내 수분량 조절
	옥시토신	• 분만 시 자궁근육 수축, 모유 분비 촉진
갑상선	티록신 (T4)	• 체내 물질대사를 촉진, 포도당 분해, 체온 증가시킴
	칼시토닌	• 혈액 속의 칼슘 농도가 많을 시 그 농도를 감소시킴 (혈중칼슘 → 뼈)
	부갑상선	• 혈액 속의 칼슘의 농도가 적을 시 그 양을 증가시킴 (뼈 → 혈중칼슘, 콩팥, 창자 칼슘 흡수)

OX 퀴즈

부신수질 호르몬에서 에피네프린(아드레날린)은 80%를 차지한다. Ⓞ Ⓧ

정답 O

부신	부신수질 (속질) 호르몬	• 부신수질은 〈에피네프린〉, 〈노르에피네프린〉, 〈도파민〉을 합성함. 이 세 호르몬을 〈카테콜아민〉이라고 하고, 운동 중에 활발하게 분비됨(심장활동 촉진, 심장동맥 확장, 기관지 확장, 근육혈관 확장, 내장혈관 수축, 당원분해, 지질분해) • 에피네프린(아드레날린)은 부신수질 분비 호르몬의 80% 차지, 나머지가 노르에피네프린, 도파민은 소량 분비 • 에피네프린은 심혈관계와 호흡계에 영향을 미침 • 빠르게 작용, 교감신경계의 신경자극에 의해 분비 • 심박출량 증가, 근육 및 간에서 글리코겐이 글루코스(포도당) 분해 촉진 • 혈장 글루코스(혈당) 및 혈중 유리지방산 농도 상승 • 혈관 수축 및 확장, 혈압 상승
	부신피질 (겉질) 호르몬	• 〈알도스테론〉은 운동 시에 수분손실에 자극되며 Na^+이 재흡수되면 삼투압이 발생하고, 물을 흡수하여 수분 손실 억제, 반면 칼륨의 배출은 증가시킴. 표적기관은 신장으로 운동 중 탈수 방지 • 〈코티졸〉은 간에서 글리코겐 합성, 지방세포에서 지방분해 촉진, 염증 완화, 운동 시 혈당 유지를 위하여 유리지방산(FFA)의 혈액유입을 촉진
췌장	인슐린	• 혈당량이 높아지면 글루코스(포도당)을 세포로 유입시켜 글리코겐으로 저장시키며 혈당량을 낮추는 기능(간 당원분해 감소, 근육 혈당유입 증가, 지방조직 지질분해 억제) • 췌장 베타세포에서 분비됨
	글루카곤	• 인슐린과 반대 작용을 하는 호르몬, 췌장 알파세포에서 분비됨 • 간에 저장된 글리코겐을 글루코스(포도당)로 분해시켜 혈당량을 높임(간 당원분해 촉진, 지방조직 지질분해 촉진) • 글루카곤은 단독으로 작용하는 것이 아니라 코티졸, 에피네프린 등의 호르몬과 상호 협력하여 작용함
성선 호르몬	남성 호르몬	• 테스토스테론 분비, 남성의 2차 성징 발달, 정자 형성
	여성 호르몬	• 에스트로겐(여성의 2차 성징 발달), 프로게스테론(임신 유지, 배란 억제)

기출 FOCUS

- **인슐린** 15·18·22·23 기출
  - 췌장 베타세포에서 분비
  - 혈당량을 낮추는 기능
- **글루카곤** 16·17 기출
  - 췌장 알파세포에서 분비
  - 간에서 저장된 글리코겐을 글루코스(포도당)로 분해
  - 혈당량 높임
- **갑상선, 부갑상선** 21 기출

OX 퀴즈

췌장에서는 혈당량을 낮추는 인슐린과 간에 저장된 글리코겐을 분해시켜 혈당량을 높이는 글루카곤이 있다. O|X

정답 O

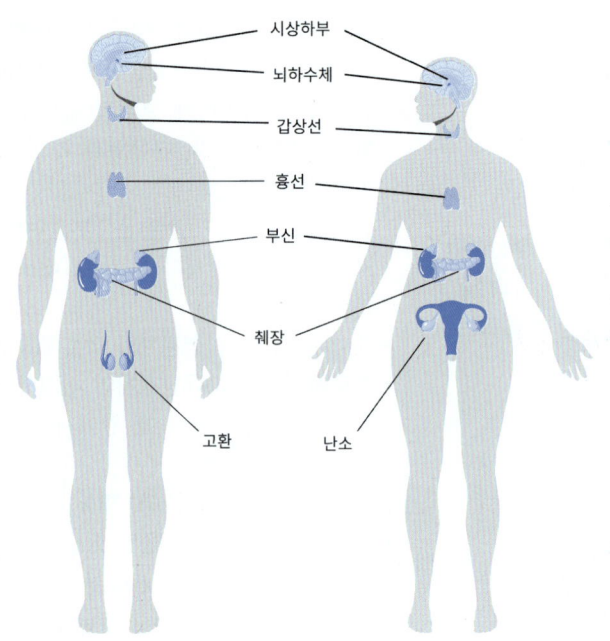

▲ 내분비샘

> **개념 PLUS**
>
> - **부신수질**: 에피네프린, 노르에피네프린 분비로 단기적 스트레스 반응
> - **부신피질**: 알도스테론, 코르티졸 분비로 장기적 스트레스 반응
> - 에피네프린과 노르에피네프린의 작용
>   - 심장의 박동수와 수축력 증가, 신진대사 증가, 간과 근육의 글리코겐 분해(글리코겐을 글루코스로 분해) 증가, 혈액 속으로의 글루코스(포도당)와 유리지방산(FFA) 방출 증가, 골격근으로의 혈액 재분배, 혈압 및 호흡 증가
> - 운동 중 대표적인 단백동화작용 호르몬: 성장호르몬, 소마토메딘, 테스토스테론
>   - 근육을 비대할 수 있게 함(근세포 하나하나의 크기가 커짐, hypertrophy)
> - 레닌-안지오텐신-알도스테론계(RAAS)
>   - 혈장량 감소 시 레닌과 안지오텐신 작용으로 신장(콩팥)은 특수세포를 자극하며 레닌을 분비함
>   - 레닌은 혈장으로 들어가서 간에서 생성된 안지오텐신을 안지오텐신-1로 전환/ 안지오텐신-2는 다시 폐(허파)로 들어가 안지오텐신-2로 전환되며 부신피질에서 알도스테론 분비를 통해 수분 재흡수를 거쳐 혈장량을 상승시킴
>   - 안지오텐신-2: 혈관 수축(혈압 상승작용), 알도스테론 분비 증가 및 항이뇨호르몬(ADH) 분비 증가(신장에서 Na^+과 수분 재흡수 촉진), 갈증 증가(수분섭취를 통한 혈액량 증가)

기출 Q

Q. 〈보기〉 중 적절한 것으로만 나열된 것은? 〔기출 22〕

> ㉠ 인슐린(insulin)은 혈당을 증가시킨다.
> ㉡ 성장호르몬(growth hormone)은 단백질 합성을 감소시킨다.
> ㉢ 에리스로포이에틴(erythropoietin)은 적혈구 생산을 촉진시킨다.
> ㉣ 항이뇨호르몬(antidiuretic hormone)은 수분손실을 감소시킨다.

① ㉠, ㉡
② ㉠, ㉢
③ ㉡, ㉣
④ ㉢, ㉣

(해설) 인슐린은 혈액 속에 순환하는 글루코스 양을 감소시킴으로써 혈당량을 낮추는 기능을 함. 성장호르몬은 근육을 성장, 단백질·지방·탄수화물 대사와 모든 조직의 성장에 영향을 미침. 에리스로포이에틴은 주요 내분비 기관은 아니지만 신장에서 분비되는 호르몬으로 골수세포(bone marrow cell)를 자극함으로써 적혈구 생산을 조절하고, 항이뇨호르몬(ADH)은 신장에 작용하여 신장 집합관의 수분 투과성을 증가시킴으로써 수분 재흡수 증가를 불러옴 (정답) ④

Q. 운동 중 지방분해를 촉진하는 요인으로 옳지 않은 것은? 〔기출 24〕

① 인슐린 증가
② 글루카곤 증가
③ 에피네프린 증가
④ 순환성(cyclic) AMP 증가

(해설) 근육의 당원분해는 에피네프린-순환성 AMP와 칼슘이온 등의 복합적 조절에 의해 발생함. 에피네프린은 운동 후에도 일정 기간 동안 계속해서 지방 분해를 유지하게 하여 운동 후 지방 연소 효과를 증가시킴. 이 외에도 지방분해에 영향을 미치는 호르몬으로 글루카곤, 노르에피네프린, 성장호르몬, 코티졸 등이 있음. 인슐린은 지방분해를 조절하는 가장 중요한 호르몬이지만 인슐린의 작용이 가장 낮은 수준까지 떨어져야만 발생하는 것임 (정답) ①

Q. 운동 중 혈중 포도당 농도를 유지하기 위한 호르몬에 대한 설명으로 옳지 않은 것은? 〔기출 24〕

① 성장호르몬 – 간에서 포도당신생합성 증가
② 코티솔 – 중성지방으로부터 유리지방산으로 분해 촉진
③ 노르에피네프린 – 골격근 조직 내 유리지방산 산화 억제
④ 에피네프린 – 간에서 글리코겐 분해 촉진 및 조직의 혈중 포도당 사용 억제

(해설) 노르에피네프린은 에피네프린과 도파민과 함께 합성하여 부신수질 호르몬을 만듦. 이 세 호르몬을 카테콜아민이라고 하는데 운동 중에 활발하게 분비되고 심장활동 촉진, 심장동맥 확장, 기관지 확장, 근육혈관 확장, 내장혈관 수축, 당원분해, 지질분해 등의 역할을 함. 노르에피네프린은 골격근 조직 내 유리지방산의 산화를 억제하는 것이 아니라, 오히려 촉진하는 역할을 함 (정답) ③

Q. 〈보기〉의 ㉠, ㉡에 들어갈 호르몬이 바르게 연결된 것은? 기출 21

> 규칙적인 신체활동을 통해 골형성을 자극하거나 활동부족으로 골손실을 자극하는 칼슘(Ca^{2+}) 조절 호르몬의 역할에 대한 설명이다.
> - (㉠)은 혈중 칼슘 농도가 증가하면 뼈의 칼슘 방출을 감소시킨다.
> - (㉡)은 혈중 칼슘 농도가 감소하면 뼈의 칼슘 방출을 증가시킨다.

	㉠	㉡
①	인슐린	부갑상선호르몬
②	안드로겐	티록신
③	칼시토닌	부갑상선호르몬
④	글루카곤	티록신

해설 뇌하수체 호르몬 중에서 갑상선은 체내 물질대사를 촉진시키는 티록신과 혈액 속의 칼슘 농도가 많을 시 그 농도를 감소시키는 칼시토닌이 있고, 부갑상선은 반대로 혈액 속의 칼슘의 농도가 적을 시 그 양을 증가시킴 **정답** ③

02 운동과 호르몬 조절

1. 글루코스 대사 조절

(1) 근육 글루코스
① 인슐린에 의해 글루코스(포도당)를 세포에 운반하고, 흡수를 촉진시킴
② 운동을 통해 인슐린의 양을 감소시킴

(2) 혈장 글루코스(혈당)
① 간 글리코겐으로부터 글루코스(포도당)를 동원함
② 아미노산, 젖산, 글리세롤로부터 간에서 글루코스가 합성됨

2. 운동과 호르몬 관계

운동 전 단계	• 운동 전 생리적 준비정도는 개인에 따라 다름 • 혈당량 상승, 간에서 글루코스 신생의 항진 발생 • 심박수 상승 발생, 심근수축력 증대, 혈압 상승 발생
운동 초기	• 에피네프린(아드레날린), 노르에피네프린(노르아드레날린)의 분비량 증가 • 글루코스 생성, 글리코겐 분해에 의한 혈당량 상승 • 근세포에 대한 아드레날린 영향에 의한 말초저항 저하

적응기	• 에피네프린(아드레날린), 노르에피네프린(노르아드레날린) 분비 지속 • 혈당량 하락, 성장호르몬 증가, 혈액농축 발생
피로탈진기	• 부신수질의 호르몬 분비 저하, 코르티졸 분비의 저하로 인한 피로 발생 • 뇌하수체와 부신의 기능 하락으로 에너지원의 물질공급 감소
회복기	• 안정 시 항상성을 회복하기 위한 생체 반응 • 호르몬의 분비량은 운동 후 감소 • 교감신경자극 저하, 심박수 감소, 혈압 저하

CHAPTER 06 호흡·순환계와 운동

기출 FOCUS

✓ 호흡계
 기도 → 허파꽈리 → 가슴우리
 15 기출

✓ 호흡기계 21 기출
 • 전도영역: 코에서 종말세기관까지 공기통로
 • 호흡영역: 호흡세관지에서 허파꽈리까지 공기통로

01 호흡계의 구조와 기능

1. 호흡계

(1) 호흡계 이동 경로: 기도 → 허파꽈리(폐포) → 가슴우리

> **개념 PLUS**
>
> 호흡의 기능
> • 흡기(inspiration, 흡식): 대기산소를 인체 내로 들여옴
> • 호기(expiration, 호식): 인체(세포)에서 생산된 이산화탄소를 대기로 내보냄

(2) 구조적 및 기능적 호흡기

구조적 호흡기		• 호흡기는 폐와 기도로 이루어짐
기능적 호흡기	전도영역	• 상기도에서부터 종말모세기관지까지 영역 • 가스교환이 일어나지 않음 • 기관지동맥으로부터 혈액을 공급받음
	호흡영역	• 3억 개 이상 폐포, 모세혈관망으로 둘러싸여 폐포와 모세혈관 사이에 가스 교환이 이루어짐 • 폐포의 전 표면적은 신체표면의 약 40배 해당

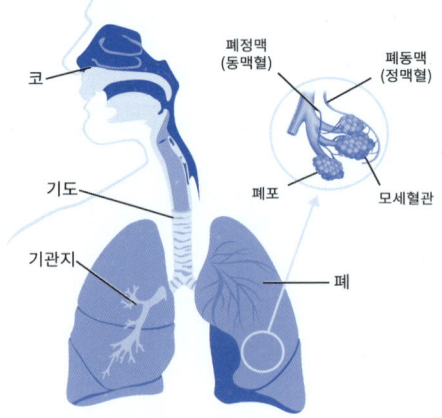

▲ 호흡계 구조

(3) 외호흡과 내호흡

① 외호흡(폐호흡), external respiration
  ㉠ 호흡기관에서 이루어지는 기체 교환
  ㉡ 폐 환기, 폐포공기와 모세혈관 사이의 가스 교환, 혈액에 의한 산소 및 이산화탄소의 운반이 이루어짐

② 내호흡(세포호흡), internal respiration
  ㉠ 혈액이 세포에 산소를 공급, 대사결과 생성된 이산화탄소를 혈액으로 받아들이는 작용
  ㉡ 혈액과 조직세포 사이의 가스교환, 조직세포의 산소 이용, 이산화탄소 생산과정이 이루어짐

> **기출 FOCUS**
>
> ● 운동에 따른 환기량 변화
>   21·23 기출
>
> ● 산소확산능력   22 기출
>   • 폐포로부터 산소가 혈액 속으로 들어가는 속도
>   • 최대 운동 중에는 불포화된 상태의 혈액이 폐에 들어와 폐포와 혈액 사이의 분압차가 커지므로 안정 시에 비해 산소확산능력이 커짐

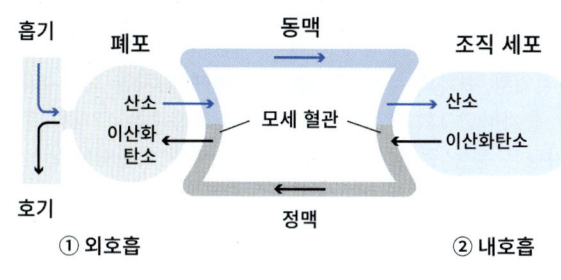

▲ 외호흡과 내호흡

> **개념 PLUS**
> • 동맥: 심장에서 조직으로 혈액을 수송하는 역할
> • 정맥: 조직에서 심장으로 혈액을 수송하는 역할
> • 혈액수송: 심장 → 동맥 → 모세혈관 → 정맥 → 심장

2. 운동에 따른 환기량 변화

(1) **안정 시**: 환기량의 변화가 없음

(2) **운동 전**: 대뇌피질 예측으로 환기량이 어느 정도 증가함

(3) **운동 중**
  ① 초기: 운동피질의 자극으로 환기량이 급격히 증가함
  ② 중기: 환기량 안정되어 느리게 증가함
  ③ 후기: 최대하 운동 시 환기량은 유지 상태가 됨

(4) **운동 후**: 운동피질 영향으로 환기량이 급격히 감소함
  ※ 환기: 폐에 공기가 드나드는 과정

기출 FOCUS

- 단련자와 비단련자의 차이
  - 단련자가 비단련자보다 심박수가 낮음. 이는 심박출량이 크다는 것을 의미
  15·17 기출
- 호흡의 원리: 흡기(들숨) 18 기출, 호기(날숨)

3. 단련자와 비단련자의 차이

(1) 단련자가 비단련자보다 산소 추출 능력이 높음

(2) 단련자가 비단련자보다 동·정맥산소차가 크게 나타남

(3) 단련자가 비단련자보다 운동 시와 안정 시에 심박수가 낮음

(4) 단련자가 비단련자보다 활동근 정맥혈에서의 산소 분압이 낮음

(5) 단련자와 비단련자와 비교해 동맥혈산소함량에 큰 차이가 없음

기출 Q

Q. 운동에 따른 환기량의 변화로 옳은 것을 모두 고른 것은? 기출 23

> ㉠ 운동 시작 직전에는 운동 수행에 대한 기대감으로 환기량이 증가할 수 있다.
> ㉡ 운동 초기 환기량 변화의 주된 요인은 경동맥에 위치한 화학수용기 반응이다.
> ㉢ 운동강도가 증가하면 1회 호흡량은 감소하고 호흡수는 현저히 증가한다.
> ㉣ 회복기 환기량은 운동 중 생성된 체내 수소이온 및 이산화탄소 농도와 관련 있다.

① ㉠, ㉡　　② ㉠, ㉢
③ ㉠, ㉣　　④ ㉡, ㉢, ㉣

해설) 운동에 따른 환기량 변화는 안정 시에는 환기량의 변화가 없고, 운동 전에는 대뇌피질 예측으로 환기량이 어느 정도 증가함. 운동 중에는 초기에 운동피질의 자극으로 환기량이 급격히 증가하고, 중기에는 환기량이 안정되어 느리게 증가하며, 후기에는 최대하 운동 시 환기량은 유지 상태가 됨. 운동 후에는 운동피질 영향으로 환기량이 급격히 감소함. 회복기의 환기량은 운동 중에 생성된 체내 수소이온과 이산화탄소 농도와 관련이 있음

정답 ③

Q. <보기>에서 운동 중 호흡계 전도영역의 기능으로만 묶인 것은? 기출 21

> ㉠ 호흡하는 공기에 습기를 제공한다.
> ㉡ 폐포의 표면장력을 감소시키는 표면활성제(surfactant)를 제공한다.
> ㉢ 공기를 여과하는 역할을 한다.
> ㉣ 호흡가스 확산을 증가시킨다.

① ㉠, ㉡　　② ㉠, ㉢
③ ㉡, ㉢　　④ ㉢, ㉣

해설) 호흡기의 전도영역은 코로부터 종말 세기관지까지 공기를 전달하는 통로임. 흡입하는 공기의 가습, 가온, 점막 섬모에 의해 공기 중의 이물질을 여과하게 함에 따라 호흡기계의 감염을 예방함. 반면, 호흡영역은 호흡세기관지에서 허파꽈리까지의 공기를 전달하는 통로로서 가스교환이 이루어짐. 표면활성제(계면활성제, surfactant)란 폐포상피세포가 생산하는 지단백질, 칼슘이온, 단백질의 혼합물로서 흡기 시에 흉강이나 폐포가 확장되는 데 따른 저항은 표면장력 때문에 점차 증가하게 됨

정답 ②

OX 퀴즈

운동 단련자는 비단련자에 비해 심박수가 낮으므로 심박출량이 크다. (O/X)

정답 O

02 운동에 따른 호흡계의 반응과 적응

1. 운동에 따른 호흡계 반응

(1) 호흡의 원리

① 흡기 작용(들숨)
  ㉠ 공기가 폐로 들어오는 작용
  ㉡ 안정 시 외늑간근과 횡경막 수축에 의해 이루어짐
② 호기 작용(날숨)
  ㉠ 폐에 있던 공기를 밖으로 내보내는 작용
  ㉡ 안정 시 외늑간근과 횡경막 이완에 의해 이루어짐

(2) 환기량

① 분당 환기량
  ㉠ 1분 동안 흡기와 호기되는 공기의 양(1분간 허파를 거쳐나가는 공기량)
  ㉡ 분당 환기량=1회 호흡량 × 호흡 수
② 사강 환기량: 매 호흡마다 일정량의 공기가 공기전달 통로(기관, 기관지 등)에 머물러 가스 교환에 참여하지 않는 환기량 ※ 사강=죽은 공간
③ 폐포(허파꽈리) 환기량
  ㉠ 폐포에 도달하는 공기로서 폐의 모세혈관에 산소를 공급, 이산화탄소 제거
  ㉡ 폐포 환기량=(1회 호흡량−사강 환기량) × 호흡 수

(3) 폐용적과 폐용량

폐용적	1회 호흡량(TV, Tidal Volume)	안정 시 1회 흡기와 호기량
	잔기량(RV, Residual Volume)	최대 호기 후 폐의 잔기량
폐용량	기능적 잔기량(FRC, Functional Residual Volume)	안정 시 호기 후 폐의 잔기량
	폐활량(VC, Vital Capacity)	최대 흡기 후 최대 호기량
	총폐용량(TLC, Total Lung Capacity)	최대 흡기 시 폐내 총 공기량

• 폐용적: 폐의 일정시점에서의 부피
• 폐용량: 두 개 이상의 용적이 나타내는 부피

기출 FOCUS

◉ 폐용적과 폐용량 16·22 기출

◉ 사점과 세컨드 윈드
• 사점(dead point): 운동 초기에 느끼는 극단적인 고통의 순간(무산소 에너지 고갈, 심장 부담, 근육자극)
• 세컨드 윈드(second wind): 사점에서 고통이 줄어드는 상태(호흡, 순환 기능, 산소 섭취. 근육통 감소)

OX 퀴즈

1분 동안 흡기(들숨)와 호기(날숨)가 되는 공기의 양을 사강 환기량이라고 한다. Ⓞ Ⓧ

정답 ✕
해설 분당 환기량

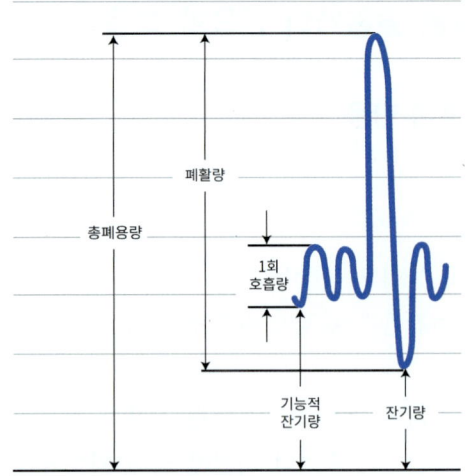

기출 Q

Q. 〈표〉는 참가자의 폐환기 검사 결과이다. 〈보기〉에서 옳은 것만을 모두 고른 것은?

기출 24

ㄱ. 세 참가자의 분당환기량은 동일하다.
ㄴ. 다영의 폐포 환기량은 분당 6L/min이다.
ㄷ. 주은의 폐포 환기량이 가장 크다.

참가자	1회 호흡량 (mL)	호흡률 (회/min)	분당환기량 (mL/min)	사강량 (mL)	폐포 환기량 (mL/min)
주은	375	20	( )	150	( )
민재	500	15	( )	150	( )
다영	750	10	( )	150	( )

① ㄱ, ㄴ
② ㄱ, ㄷ
③ ㄴ, ㄷ
④ ㄱ, ㄴ, ㄷ

해설 분당 환기량이란 1분 동안 흡기와 호기되는 공기의 양으로서 1분간 허파를 거쳐가는 공기량 (1회 호흡량×호흡 수)을 의미함. 주은(375×20=7,500), 민재(500×15=7,500), 다영(750×10=7,500)으로 분당 환기량은 동일함. 폐포 환기량은 폐포에 도달하는 공기로서 폐의 모세혈관에 산소를 공급하고 이산화탄소 제거[(1회 호흡량-사강 환기량)×호흡 수]를 의미함. 다영의 폐포 환기량은 (750-150)×10=6,000mL/min=6L/min

정답 ①

Q. 〈그림〉은 폐활량계를 활용하여 측정한 폐용적(량)을 나타낸 것이다. ㉠~㉣에서 안정 시와 비교하여 운동 시 변화에 대한 설명으로 적절한 것은?

기출 22

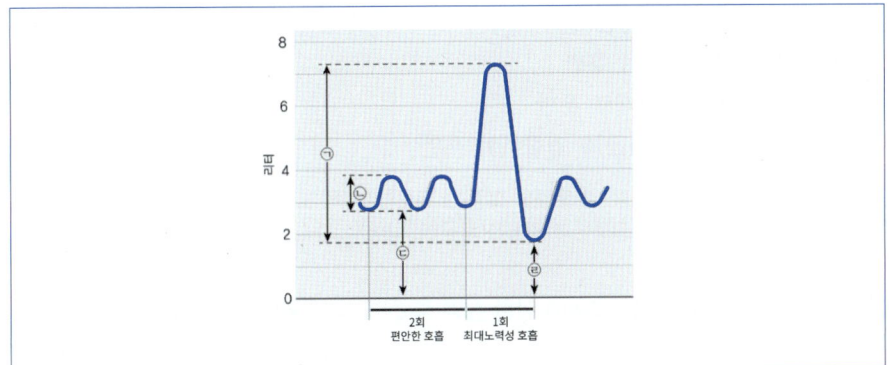

① ㉠: 증가
② ㉡: 감소
③ ㉢: 감소
④ ㉣: 증가

〔해설〕 ㉠은 폐활량(최대 흡기 후에 호기할 수 있는 최대의 공기량), ㉡은 1회 호흡량(폐에 1회 호흡 시 들어갔다가 나온 공기의 양), ㉢은 기능적 잔기량(호기 후 폐에 남아 있는 용량), ㉣은 잔기량(최대 호기 후에 폐에 남아 있는 공기의 양)을 의미함. 운동 시에는 안정 시와 비교했을 시 기능적 잔기량은 감소함

〔정답〕 ③

기출 FOCUS

◆ **중탄산염**　15·17·18 기출
- 인체 내에서 가장 중요한 완충시스템 역할을 함
- 혈중 중탄산염이 증가되면 운동수행능력 향상시킴
- 호흡에 의한 인체 내 산-염기 균형 조절은 점증부하 운동 시 증가된 혈중 수소이온 농도가 중탄산염의 완충 작용과 폐환기량의 증가에 의해 감소되는 것을 의미

◆ **초과산소섭취량(EPOC)**
　　　　　　　　23 기출
- 운동 후 초과산소소비량
- 운동강도가 높을수록 회복하는 데 많은 에너지 소모

2. 운동에 따른 호흡계 적응

(1) 가스교환의 원리

① 산소(O_2) 운반
　㉠ 폐포 내와 혈액 내의 가스 분압 차는 호흡막을 사이에 두고 압력의 차이를 형성하게 되고 가스교환을 위한 기초로 형성
　㉡ 산소 압력의 균형을 맞추기 위해 폐포로부터 혈액 속으로 산소를 밀어내게 됨
　㉢ 산소는 혈장에 용해된 상태로 모세혈관을 따르면서 운반, 적혈구 내 헤모글로빈에 의해 운반
　㉣ 〈산화헤모글로빈〉 형태로 혈액 내 산소의 운반형태 중에서 97% 이상 차지

② 이산화탄소(CO_2) 운반
　㉠ 대사활동 결과 생성된 이산화탄소는 모세혈관에 확산돼 정맥혈이 됨
　㉡ 〈중탄산염〉 형태로 혈액 내 이산화탄소의 운반형태 중에서 70% 차지
　㉢ 혈중 이산화탄소 20%는 헤모글로빈과 결합하여 운반되고, 10%는 용해 상태로 운반됨
　㉣ 이산화탄소도 산소와 마찬가지로 분압 차에 의해 이동함. 단, 이산화탄소 교환을 위한 분압차는 산소보다 훨씬 작아 큰 분압차가 없이도 쉽게 막을 통과할 수 있음

OX 퀴즈

산소는 적혈구 내에 있는 헤모글로빈에 의해 운반된다. ◯Ⅹ

〔정답〕 ◯

기출 FOCUS

- 심혈관계: **산소운반, 체액균형 조절, 대사노폐물 제거**   16·24 기출
- 심장구조: **심방과 심실, 심장의 판막**   18 기출
- 심장자극 전도체계: **동방결절, 방실결절, 방실다발, 퍼킨제섬유**   17 기출
- 심전도   21 기출

기출 Q

Q. 호흡 시 혈액 내의 이산화탄소를 폐로 운반하는 방법이 아닌 것은?   기출 17

① 혈장 내에 용해되어 운반
② 헤모글로빈과 결합하여 운반
③ 중탄산염(HCO_3^-) 형태로 운반
④ 미오글로빈(myoglobin)과 결합하여 운반

해설 이산화탄소 운반은 '중탄산염' 형태로 혈액 내 이산화탄소의 운반형태 중에서 70%를 차지하고, 혈중 이산화탄소 20%는 헤모글로빈과 결합하여 운반, 나머지 10%는 용해 상태로 운반됨   **정답** ④

Q. 〈보기〉에서 인체 내 가스교환에 관한 설명 중 ⊙과 ⓒ에 들어갈 용어를 바르게 나열한 것은?   기출 20

- 운동 시 폐포로 유입된 (⊙)는 폐 모세혈관으로 확산된다.
- 운동 시 근육에서 생성된 (ⓒ)는 모세혈관으로 확산된다.

	⊙	ⓒ
①	산소	산소
②	산소	이산화탄소
③	이산화탄소	이산화탄소
④	이산화탄소	산소

해설 폐포 내와 혈액 내의 가스 분압차는 호흡막을 사이에 두고 압력의 차이를 형성하게 되고 가스교환을 위한 기초로 형성됨. 산소 압력의 균형을 맞추기 위해 폐포로부터 혈액 속으로 산소를 밀어내게 됨. 이 때 혈액이 모세혈관을 따라 흐르면서 가스 교환이 이루어짐. 이산화탄소도 산소와 마찬가지로 분압차에 의해 이동함. 단, 이산화탄소 교환을 위한 분압차는 산소보다 훨씬 작아 큰 분압차가 없이도 쉽게 막을 통과할 수 있음   **정답** ②

03 순환계의 구조와 기능

1. 순환계

(1) 인체 순환계는 물질대사에 필요한 영양분과 산소를 공급함

(2) 이산화탄소(CO_2)와 노폐물을 폐와 신장을 통해 체외로 배설작용을 담당하는 기관임

OX 퀴즈

심장은 심방과 심실로 구분돼 있다. OIX

정답 O

2. 심혈관계

(1) 심혈관계 기능

① 제거기능(removal): 대사노폐물을 제거함

② 방어기능(prevention): 기관의 감염을 방지함
③ 운송기능(delivery): 산소와 영양분을 운송함
④ 운반기능(transport): 호르몬을 체내의 필요한 부분까지 운반함
⑤ 유지기능(maintenance): 체온과 체내의 pH(수소이온농도지수)를 유지함

> **암기 TIP**
> 제방송반지 재(제)방송으로 반지를 찾아가라고 해서 심장이 편해요. 이렇게 암기해보세요.

(2) 심장 구조

심방과 심실	• 2개의 방과 2개의 실로 구성 − 심방(우심방, 좌심방)은 혈액의 펌프 역할을 함 − 심실(우심실, 좌심실)은 혈액의 혼합을 방지하는 역할을 함 • 심실중격은 좌·우심실 간 혈액의 혼합을 방지함
심장의 판막	• 혈액의 역류를 방지하기 위해 4개의 판막이 있음 − 반월판: 대동맥과 좌심실에 있는 대동맥(반월)판, 폐동맥과 우심실 사이에 폐동맥(반월)판이 있음 − 이첨판: 좌심방과 좌심실 사이에 있음 − 삼첨판: 우심방과 우심실 사이에 있음

심장구조

(3) 심장자극 전도체계

① 심장에서는 주기적인 수축과 이완을 반복하는 심장박동이 일어남
  ㉠ 수축기: 심실로 들어온 혈액을 신체의 각 부위와 폐로 뿜어내는 단계
  ㉡ 이완기: 폐와 신체의 각 부위로부터 심방과 심실로 혈액이 유입되는 단계
② 심장의 자극이 동방결절로부터 시작되어 퍼킨제섬유까지 자극이 퍼져가는 경로를 자극전도계(impulse conducting system)라고 함

동방결절(SA node) =동굴심방결절	• 동방결절은 우심방과 상대정맥의 경계에 있음 • 규칙적인 전기 자극을 만들어냄(페이스메이커)
방실결절(AV node)	• 심장근육 섬유의 작은 덩어리, 심장의 우심방 벽에 위치 • 방실 속에 있는 방실다발로 빠르게 전달
방실다발(AV bundle)	• 심실벽에 있는 퍼킨제 섬유로 전달(bundle of his)
퍼킨제섬유(Purkinje fibers) =푸르킨예섬유	• 심실 전체로 전달, 자극에 의해 심실 전체가 동시에 수축 • 폐동맥과 대동맥을 통해 혈액을 내보냄

> **암기 TIP**
> 동실다퍼 '동실다퍼' 동시(실)에 다 퍼야 자극이 됩니다. 이렇게 암기해보세요.

> **개념 PLUS**
>
> 심전도(ECG, electrocardiogram)
> ㉠ 심장에서 일어나는 전기적 활동을 피부 표면에서 유도해낸 것으로 심장의 흥분상태의 변화를 알려줌
> ㉡ 정상적인 심전도는 3가지 파로 구성
> - P파(심방의 탈분극): P파가 시작되자마자 심방수축 발생(P wave)
> - QRS파(심실 탈분극): 심실근 전체로 흥분 확산(QRS complex)
> - T파(심실의 재분극): 심실이완기 동안에 발생(T wave)
> ㉢ 심전도는 2개의 간격과 1분절 발생
> - P-R 간격(혹은 P-Q 간격): 방실결절에 도달한 흥분이 심실로 전도되기까지의 시간적인 지연으로 P파 시작부터 Q파 시작까지의 간격, 방실 결절을 통한 전도속도에 좌우됨(PR interval)
> - Q-T 간격: Q파 시작부터 T파 종결까지의 간격으로 심실의 탈분극에서 재분극까지의 과정임(Q-T interval)
> - S-T 분절: S파의 끝부터 T파 시작까지를 의미하고, ST 분절의 상승 혹은 함몰 현상은 심근허혈, 심장비대, 전도차단, 약물투여 등에 따라 발생함(S-T segment)

> **기출 Q**
>
> **Q. 아래의 심장 자극 전도체계 순서를 바르게 나열한 것은?** 〔기출 17〕
>
> 가. 방실다발(AV bundle)   나. 동방결절(SA node)
> 다. 퍼킨제섬유(Purkinje fibers)   라. 방실결절(AV node)
>
> ① 나-가-라-다   ② 나-라-가-다
> ③ 라-나-다-가   ④ 라-가-나-다
>
> (해설) 동방결절(규칙적 전기자극) → 방실결절 → 방실다발 → 퍼킨제섬유 → 폐동맥과 대동맥을 통해 혈액을 내보냄
> (정답) ②
>
> **Q. 운동에 대한 심혈관 반응에 관한 설명으로 옳은 것은?** 〔기출 24〕
>
> ① 점증 부하 운동 시 심근산소소비량 감소
> ② 고강도 운동 시 내장 기관으로의 혈류 분배 비율 증가
> ③ 일정한 부하의 장시간 운동 시 시간 경과에 따른 심박수 감소
> ④ 고강도 운동 시 활동근의 세동맥(arterioles) 확장을 통한 혈류량 증가
>
> (해설) 심혈관계는 조직으로 산소를 운반하고 노폐물을 제거, 조직으로 영양소 운반 및 체온조절 등의 역할을 함. 고강도 운동을 할 때 산소요구량이 15~25배 증가함. 운동초기에 심혈관 적응이 빠르고 근수축 시작 후에 심장으로의 미주신경 자극의 감소와 교감신경 자극의 증가로 이어지고, 활동근의 세동맥 혈관이 확장됨
> ① 점증 부하 운동 중에는 운동 강도가 증가함에 따라 심근산소소비량(MVO₂)도 증가함. 이는 심박수, 심장 수축력, 혈압 등의 변화에 따라 심장이 더 많은 산소를 필요로 하기 때문임
> ② 고강도 운동 시, 내장기관으로의 혈류 분배 비율은 크게 감소함. 이는 신체가 고강도 운동을 할 때 근육에 필요한 산소와 영양분을 공급하기 위해 혈류를 재분배하기 때문임
> ③ 일정 부하의 장시간 운동 동안 심박수는 초기 운동 시 안정된 수준으로 증가하지만, 시간이 지남에 따라 점차 상승하는 경향을 보임
> (정답) ④

(4) 혈액순환

① 폐순환(=허파순환, 소순환): 이산화탄소 농도가 높은 혈액이 폐를 순환하면서 이산화탄소를 배출하고 산소를 받아들이는 과정(우심실 → 폐동맥 → 폐 → 폐정맥 → 좌심방)

② 체순환(=온몸순환, 대순환): 산소 농도가 높은 혈액이 몸 전체를 순환하면서 산소를 전달하는 과정(좌심실 → 대동맥 → 소동맥 → 모세혈관 → 소정맥 → 대정맥 → 우심방)

기출 FOCUS

- 혈관직경
  - 동맥 > 정맥 18 기출 > 모세혈관
  - 대동맥 > 소동맥 > 세동맥 > 모세혈관 15 기출
- 혈액 이동 순서: 심장에서 나온 피는 대동맥 → 동맥 → 소동맥 → 세동맥 → 모세혈관을 흘러 세정맥 → 소정맥 → 정맥 → 상하대정맥을 통과해 심장으로 들어감
- 관상동맥 21 기출
  - 심장의 근육(심근)에 혈류를 공급하는 동맥
- 세동맥 22 기출
  - 혈압의 감소가 가장 크게 발생
- 적혈구 20 기출

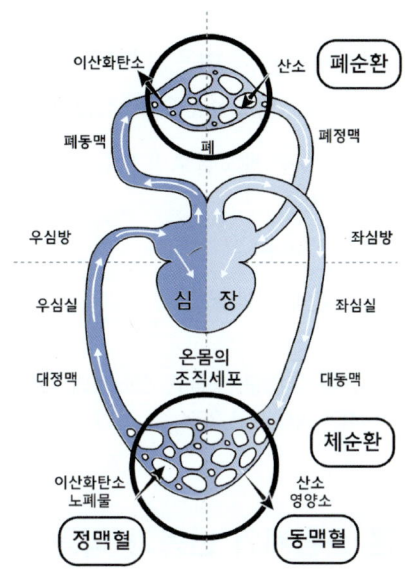

▲ 혈액순환

암기 TIP

폐우동 폐정좌 폐우동은 폐정좌하고 먹어야 됩니다. 이렇게 암기해보세요.

(5) 혈관의 구조

① 동맥
  ㉠ 심장에서 조직으로 혈액을 수송하는 역할
  ㉡ 정맥보다 두꺼움(3개 층 – 외막, 중막, 내막)
  ㉢ 탄력성, 신전성이 좋음

② 정맥
  ㉠ 조직에서 심장으로 혈액을 수송하는 역할
  ㉡ 정맥판막이 정맥혈 순환의 회귀를 도움
    ※ 정맥혈 회귀(venous return)를 조절하는 요인
  ㉢ 근육펌프, 호흡펌프, 정맥수축, 모세혈관 확장

③ 모세혈관
  ㉠ 동맥과 정맥을 연결하는 혈관
  ㉡ 조직세포로 산소와 영양물질 등을 공급

OX 퀴즈

이산화탄소 농도가 높은 혈액이 폐를 순환하면서 이산화탄소를 배출하고 산소를 받아들이는 과정을 체순환이라고 한다. O X

정답 X
해설 폐순환

기출 FOCUS

- **운동과 심박출량**
  16·17·18 기출
- **1회 박출량**
  19·22·23·24 기출
  - 심장이 1회 수축할 때 나오는 혈액량
- **건강한 혈관** 16 기출
  - 탄성도가 높음. 혈액량이 많아도 이완이 충분히 돼 혈압 유지
- **장기간 유산소 운동(지구성 트레이닝)** 16·18 기출
  - 운동 전과 비교하여 안정 시 심박수 감소, 안정 시 1회 박출량 증가
  - 운동 전과 비교하여 최대하 운동 시 심박수 감소, 1회 박출량 증가, 산소섭취량 증가 (동일한 절대적 운동강도)
- **비만** 16 기출
  - 혈관에 지질단백질이 쌓이고, 혈중 콜레스테롤 수치가 높아짐
  → 유산소 트레이닝을 통해 혈중 중성지방 감소, 혈중 저밀도 지단백(Low Density Lipoprotein: LDL) 콜레스테롤 감소, 혈중 총 콜레스테롤이 감소되고, 혈중 고밀도 지단백(High Density Lipoprotein: HDL) 콜레스테롤이 증가됨
- **동·정맥산소차**
  17·20·22·23 기출
  - 동맥과 정맥의 산소 차이로 조직(근육)에 전달되고 사용된 산소량의 척도
  - 근육세포의 산소 소비량에 비례함
  - 고강도 운동을 하게 되면 동정맥산소차가 증가함
  - 골격근의 모세혈관 분포 증가는 동정맥산소차를 증가시킴
  - 지구력을 증가시키면 동정맥산소차도 증가
- **심근산소소비량(RPP)**
  24 기출

기출 Q

Q. 운동 중 정맥혈 회귀(venous return)를 조절하는 요인이 아닌 것은? 기출 18

① 근육 펌프   ② 호흡 펌프
③ 정맥 수축   ④ 모세혈관 수축

해설 정맥은 조직에서 심장으로 혈액을 수송하는 역할을 함. 정맥혈 회귀를 조절하는 요인은 근육 펌프, 호흡 펌프, 정맥 수축, 모세혈관 확장이 있음   **정답** ④

(6) 혈액의 구조(혈장, 혈구)

① 혈장(50~60%): 액체성분으로 이온, 단백질, 호르몬 구성
② 혈구(유형성분, 40~45%): 세포성분으로 적혈구, 혈소판, 백혈구 구성

적혈구	산소전달을 위한 헤모글로빈 함유, 산소와 이산화탄소 운반, 혈구 중 99% 이상 차지
혈소판	혈액의 응고 작용
백혈구	병원균 감염에 대한 방지

※ 적혈구 용적률(hematocrit, Hct)
 - 전체 혈액량에 대한 유형성분(적혈구, 백혈구, 혈소판)의 비율
 - 성인 남성 평균 42%, 성인 여성 평균 38%

04 운동에 따른 순환계의 반응과 적응

1. 운동과 심박출량

(1) 심박출량(CO, Cardiac Output, ℓ/분)

① 분당 심박수와 1회 박출량(심장이 1회 수축할 때 나오는 혈액량)을 곱한 값, 1분 동안 심장이 뿜어내는 혈액량
② 심박출량=심박수(HR, Heart Rate, 회/분)×1회 박출량(SV, Stroke Volume, mℓ/회)

(2) 1회 박출량을 결정하는 요인

① 심장으로 되돌아오는 정맥혈의 양(정맥환류량=정맥회귀량, venous return)
② 심장의 수축력
③ 대동맥 및 폐동맥의 혈압

※ 산소섭취량=1회 박출량 × 심박수 × (동·정맥 산소차: 동맥혈 산소함량 – 정맥혈 산소함량)
※ 심근산소소비량(RPP, rate-pressure product)=수축기 혈압×심박수

2. 최대산소섭취량(VO₂max, ℓ/분, mℓ/kg/분)

최대산소섭취량 = 최대 심박출량(ℓ/분) × 최대 동·정맥 산소차

(1) 결정요인

① **최대심박출량(COmax, ℓ/분)**: 심장의 펌프기능, 최대의 운동 중 단위 시간(분) 동안 심장이 수축할 있는 최대의 혈액량

② **최대 동·정맥 산소차(Maximal a-v O₂ diff.)**: 근육의 산소이용 능력, 동맥 혈액에서 산소를 최대로 추출하는 능력(모세혈관 밀도, 근미토콘드리아 밀도 등)

(2) 제한요인

허파기능 이상, 혈액의 이상, 적혈구 수 감소, 헤모글로빈 함량 감소 등

3. 최대/최대하 운동에 따른 순환계의 적응

구분	1회 박출량	심박출량	심박수	동정맥산소차
안정상태	증가	변화 없음	감소	증가
최대하(submaximal) 운동 상태	증가	변화 없음	감소	증가
최대 운동 상태	증가	증가	변화 없거나 증가	증가

> **개념 PLUS**
>
> **EPOC(운동 후 초과산소 소비량, Excess Post-exercise Oxygen Consumption)**
> - 운동 후 안정 시 수준 이상을 초과하여 소비하는 산소 소비량
> - 운동 중에 부족한 산소(산소결핍)를 회복기에 갚아줌(산소부채, Oxygen Debt)

> **기출 Q**
>
> **Q.** 〈보기〉의 ㉠, ㉡에 들어갈 용어가 바르게 나열된 것은? [기출 24]
>
> - 심장의 부담을 나타내는 심근산소소비량은 심박수와 (㉠)을 곱하여 산출한다.
> - 산소섭취량이 동일한 운동 시 다리 운동이 팔 운동에 비해 심근산소소비량이 더 (㉡) 나타난다.
>
> | | ㉠ | ㉡ |
> |---|---|---|
> | ① | 1회 박출량 | 높게 |
> | ② | 1회 박출량 | 낮게 |
> | ③ | 수축기 혈압 | 높게 |
> | ④ | 수축기 혈압 | 낮게 |

OX 퀴즈

동맥과 정맥의 산소 차이로 근육에 전달되고 사용된 산소량의 척도를 동·정맥 산소차라고 한다. O X

정답 O

> **해설** 어떤 주어진 산소섭취량에서 팔운동이 다리운동보다 심박수와 혈압이 높게 나타남. 이유는 심장으로부터 더 큰 교감신경 자극과 연관돼 있음
> - 심박출량＝심박수(HR, Heart Rate, 회/분)×1회 박출량(SV, Stroke Volume, ㎖/회)
> - 산소섭취량＝심박수×1회 박출량×(동·정맥 산소차: 동맥혈 산소함량－정맥혈 산소함량)
> - 심근산소소비량(RPP, rate-pressure product)＝심박수×수축기 혈압
>
> **정답** ④

Q. 기간 규칙적 유산소 훈련의 결과로 최대 운동 시 나타나는 심폐기능의 적응으로 옳은 것을 모두 고른 것은? 　　　　　　　　　　　　　　　　　　　　　　　　 기출 23

> ㉠ 최대산소섭취량 증가
> ㉡ 심장용적과 심근수축력 증가
> ㉢ 심박출량 증가

① ㉠, ㉡　　　　　　　　　　② ㉠, ㉢
③ ㉡, ㉢　　　　　　　　　　④ ㉠, ㉡, ㉢

> **해설** 장기간에 걸쳐 규칙적인 유산소 훈련을 하면, 최대산소섭취량(운동강도가 최대에 이르렀을 때 단위시간당 섭취한 산소량), 심장용적, 심근수축력과 심박출량(분 단위 측정에 따른 심장의 2개의 심실에 의해 펌프질되는 혈액의 양)이 증가함. 심근수축이 좋으면 심박출량이 좋아짐
>
> **정답** ④

Q. 〈보기〉의 ㉠과 ㉡에 들어갈 용어를 바르게 나열한 것은?　　　　　 기출 20

> 지구성 트레이닝에 대한 적응으로 최대 동·정맥산소차는 (㉠)하고, 최대 1회 박출량(stroke volume)은 (㉡)한다.

	㉠	㉡
①	증가	증가
②	증가	감소
③	감소	감소
④	감소	증가

> **해설** 동·정맥산소차란 동맥과 정맥의 산소 차이로 근육세포의 산소 소비량에 비례함. 고강도 운동을 하거나 지구력을 높이게 되면 동·정맥산소차는 증가함. 심박출량은 1분 동안 심장이 뿜어내는 혈액량을 말하고, 1회 박출량은 심장이 1회 수축할 때 나오는 혈액량으로서 운동을 하면 증가함
>
> **정답** ①

Q. 1회 박출량(stroke volume) 증가 요인으로 옳지 않은 것은?　　 기출 24

① 심박수 증가
② 심실 수축력 증가
③ 평균 동맥혈압(MAP) 감소
④ 심실 이완기말 혈액량(EDV) 증가

> **해설** 1분 동안 심장이 뿜어내는 심박출량에서 1회 박출량은 심박수와 반비례 관계임
> - 심박출량(CO, Cardiac Output, ℓ/분)＝심박수(HR, Heart Rate, 회/분)×1회 박출량(SV, Stroke Volume, ㎖/회)
>
> **정답** ①

CHAPTER 07 환경과 운동

01 체온조절과 운동

1. 운동 시 체온조절

(1) 체온조절의 기전
① 말초온도수용기와 심부온도수용기가 있음
② 중추신경계인 간뇌에서 기온이 올라갈 때에는 땀샘을 자극하여 발한량을 증가시킴

> **개념 PLUS**
>
> 인간은 항온동물로서 체온조절 능력이 있고, 일정한 체온을 유지해야 함
>
> 사람체온
> • 심부온도(core temperature): 두개골, 흉부, 복부온도(37°)
> • 외층온도(shell temperature): 피부, 피하조직, 근육온도

(2) 열손실의 기전
① 피부혈관의 확장과 발한을 통해 체열을 발산함
② 복사, 전도, 대류, 증발 등을 통해 열을 발산함

2. 환경에 따른 체온조절

(1) 고온 환경
① 고온에선 심부운동 상승, 땀 분비가 촉진돼 고체온증 유발
② 교감 신경계 자극 증가, 심박수 증가, 피부혈류량 증가
③ 근육의 글리코겐 이용률 증가, 젖산 생산량 증가
④ 혈장량의 감소로 1회 박출량과 혈압 감소하며 순환기능이 저하됨
⑤ 장기간 최대하운동은 서늘한 환경에서보다 1회 박출량을 감소시킴
⑥ 정맥혈 환류 감소 → 1회 박출량 감소 → 심박수 증가
⑦ 열순응 반응: 발한시점 조기화, 발한율 증가, 전해질 손실 감소, 피부 혈류량 감소, 열충격 단백질 생성 증가

기출 FOCUS

- 운동 시 체온조절　17 기출
- 환경에 따른 체온조절: 고온 환경 15·17·18·24 기출, 저온 환경 22 기출
- 탈수현상(dehydration)　20 기출
  - 운동 중에 체내 온도가 올라가면 과열을 예방하기 위해 발한량을 증가시킬 때 땀을 생성하고 증발을 통해 심한 발한으로 발생
  - 수분손실은 혈장량, 혈압, 근육과 피부로의 혈류를 감소시킴. 이를 극복하려고 심박수가 증가하게 됨
- 열 관련 질환　21 기출
  - 열탈진
  - 열사병
  - 열경련

(2) 저온 환경
① 신경전달 비율 감소, 피부 열손실 차단
② **저온순응 반응**: 오한이 시작되는 평균 피부온도가 감소, 대사관련 호르몬 분비 증가로 대사적 열생성 증가, 열생성 능력 증가, 말초혈관 확장

기출 Q

Q. 〈보기〉에서 설명하는 열손실 기전은? 〔기출 21〕

- 피부의 땀이나 호흡을 통하여 체열을 손실시킨다.
- 실내 트레드밀 달리기 중 열손실의 가장 주된 기전이다.
- 대기조건(습도, 온도)과 노출된 피부 표면적의 영향을 받는다.

① 복사 ② 대류
③ 증발 ④ 전도

해설 인체는 지속적으로 외부의 환경과 에너지를 교환하고자 복사(radiation), 대류(convection), 증발(evaporation), 전도(conduction)를 함. 복사는 인체와 다른 물체 사이의 공간을 통해 열을 교환하는 현상으로 피부와 외부 물체의 온도차가 클수록 복사에 의한 열 교환이 활발함. 대류는 피부에 접해있는 공기나 물 사이에 열을 전달하는 현상임. 증발은 인체표면에 수분이 기화돼 날아갈 때 열손실을 발생하는 현상이고, 전도는 서로 다른 온도를 갖는 두 표면이 접촉했을 때 열이 이동하는 현상임. 〈보기〉의 설명은 증발 현상임
정답 ③

Q. 고온 환경에서 운동 시 생리적 반응으로 옳지 않은 것은? 〔기출 17〕

① 심부운동 증가
② 교감신경계 자극 증가
③ 심박수 감소
④ 피부혈류량 증가

해설 고온 환경에서 운동을 하게 되면 심부운동 상승, 땀 분비가 촉진돼 고체온증 유발, 교감 신경계 자극 증가, 심박수 증가, 피부혈류량 증가, 근육의 글리코겐 이용률 증가, 젖산 생산량이 증가함
정답 ③

Q. 운동 시 체온조절에 관한 설명으로 옳은 것은? 〔기출 17〕

① 체온조절은 뇌의 전두엽이 담당한다.
② 인체의 열생성을 위한 방법으로는 수의적인 운동이 유일하다.
③ 격렬한 운동으로 증가된 체온은 주로 땀의 증발을 통해 조절된다.
④ 운동강도의 증가는 대류와 복사에 의한 열손실을 증가시킨다.

해설 간뇌의 시상하부에 위치한 체온조절중추를 통해 발한량을 증가시키고, 복사, 전도, 대류, 증발 등을 통해 열을 발산함
정답 ③

OX 퀴즈

저온 환경에서는 교감 신경계의 자극이 커져 심박수와 피부혈류량이 증가한다. O X

정답 ×
해설 고온환경

02 인체 운동에 대한 환경의 영향

기출 FOCUS
- 고지환경 특성   15·18 기출
- 고지환경에 노출됐을 때 생리적 반응   21 기출
  - 단기간 노출   16 기출
  - 장기간 노출   19 기출

1. 고지환경의 특성과 영향

(1) 고도가 올라갈수록 산소분압 감소, 신체조직들이 산소를 공급받지 못함. 즉, 마라톤과 같은 종목은 경기력의 저하가 두드러짐

(2) 단기간 노출되었을 때 생리적 반응
  ① 최대산소섭취량 감소, 유산소 능력 저하, 지구성 운동능력 저하, 최대 심박수 감소, 최대심박출량 감소, 혈장량 감소
  ② 호흡수 증가, 최대하운동 심박수 증가, 젖산 생성 증가, 적혈구 증가

(3) 장기간 노출되었을 때 생리적 반응
  ① 최대 심박수 감소, 최대심박출량 감소
  ② 환기량 증가, 혈중 적혈구 증가, 산소이용 능력 증대, 근육조직의 모세혈관과 미토콘드리아 밀도 증가

2. 수중환경의 특성과 영향

(1) 수심이 깊어질수록 사람이 받는 압력 증가

(2) 생리적 반응
  ① 호흡 및 순환계에 대한 부담 감소
  ② 정맥의 혈액 보유량, 심박출량, 최대 심박수 감소
  ③ 심장으로의 환류 혈액량 증가

3. 대기환경의 특성과 영향

(1) 1차 오염물질(일산화탄소, 분진, 산화질소)과 2차 오염물질(오존, 연무)에 따라 대기오염이 이루어지고, 운동을 자제해야 함

(2) 오염공기 환경과 운동반응
  ① 일산화탄소: 산소운반능력 제한, 산소 대신 헤모글로빈과 결합하여 산소량 감소
  ② 이산화황: 운동 중에서 가장 큰 영향을 초래, 기도수축현상, 천식증상 유발
  ③ 이산화질소: 질소산화물질 중에서 운동을 할 때 인체에 영향을 미치는 유일한 오염물질
  ④ 오존: 호흡할 때 큰 영향을 미침. 폐기능 저하, 눈이 따갑고, 구토 유발

OX 퀴즈
고지환경일수록 산소분압이 감소하여 호흡수, 심박수, 심박출량, 젖산 생성이 증가하게 된다.   O | X

정답 O

기출 Q

Q. 고지대에서 지구성 운동능력이 저하되는 원인은? 기출 18

① 동정맥산소차 증가
② 산소분압 감소
③ 최대산소섭취량 증가
④ 호흡빈도와 호흡량 감소

해설) 고도가 올라갈수록 산소분압이 감소되어 신체조직들이 산소를 공급받지 못함   정답) ②

Q. 고지대에서 장기간 노출 시 나타나는 생리적 적응 현상으로 적절하지 않은 것은? 기출 19

① 적혈구 수 증가
② 혈액의 산소운반능력 향상
③ 근육의 모세혈관 밀도 감소
④ 주어진 절대강도 운동 시 폐환기량 증가

해설) 고지환경에 장기간 노출됐을 때 환기량 증가, 혈중 적혈구 증가, 산소이용 능력 증대, 근육조직의 모세혈관과 미토콘드리아 밀도가 증가함   정답) ③

PART 05 운동생리학 Self Check

01 운동생리학의 기본 영역에서 파생된 학문으로 관련성이 가장 적은 것은?

① 운동처방
② 트레이닝 방법론
③ 운동역학
④ 운동영양학

> **01** 운동생리학 파생학문 혹은 인접학문은 운동처방, 스포츠의학, 트레이닝 방법론, 운동영양학, 스포츠영양학 등이 있음
> 정답 ③

02 아래에서 에너지 공급 시스템에 관한 옳은 설명만으로 묶은 것은?

ⓐ 유산소 대사는 주 에너지 공급원으로 글루코스 외에도 유리 지방산이 많이 이용되며 장시간의 운동을 수행할 때 주로 사용된다.
ⓑ 유산소 대사는 미트콘드리아에서 크렙스 회로(Krebs cycle)와 전자전달계(Electron Transport Chain)를 통해 이루어진다.
ⓒ ATP-PCr 시스템은 빠르게 에너지를 공급하며 마라톤과 같은 장시간 지속되는 운동의 주 에너지 시스템이다.
ⓓ 피루브산은 무산소성 해당과정에서 생성되는 물질이다.

① ⓐ, ⓑ, ⓒ
② ⓑ, ⓒ, ⓓ
③ ⓐ, ⓒ, ⓓ
④ ⓐ, ⓑ, ⓓ

> **02** ATP-PCr 시스템은 10초 이내 고강도 근수축에 필요한 에너지를 공급, 단시간 운동 수행 시 주로 사용함(100m 달리기, 높이뛰기, 역도, 다이빙 등)
> 정답 ④

03 자율신경계의 기능에 대한 설명으로 옳은 것은?

① 교감신경계 활성은 심박수를 안정시킨다.
② 수의적인 신경조절로 운동수행력을 향상시킨다.
③ 심장근, 내분비선, 평활근을 자극한다.
④ 부교감신경의 말단에서 에피네프린(epinephrine)을 분비한다.

> **03** 자율신경계는 말초 신경계에서 운동신경에 속하며 내장의 근, 평활근, 심장근, 내분비선 등을 통해 교감신경계와 부교감신경계에 따라 맥박, 혈압, 소화 등을 조절함
> 정답 ③

04 Na⁺이 세포 밖에서 안으로 유입되면서 양(+) 전하가 세포 내에서 증가하는 현상은 탈분극임 정답 ①

04 근섬유 수축을 위한 신경 활동전위(action potential)의 단계 중 〈보기〉가 설명하는 것은?

> 신경 뉴런(neuron)의 활동전위(action potential)가 생성되는 첫 번째 단계로서 나트륨 이온(Na⁺)의 세포막 투과성을 높여 세포 내 양(+) 전하를 만들고 활동전위를 역치수준에 이르게 된다.

① 탈분극(depolarization)
② 재분극(repolarization)
③ 과분극(hyperpolarization)
④ 불응기(refractory period)

05 ATP-PCr 시스템은 100m 달리기, 높이뛰기, 역도, 다이빙 등 10초 이내 고강도 근수축에 필요한 에너지를 공급, 단시간 운동 수행 시 주로 사용함. ATP는 운동을 시작하면 크레아틴키나아제에 의해 생성됨. 근섬유는 지근섬유(Type I)와 속근섬유(Type IIa, IIx/IIb)가 있음. 지근섬유는 장기간 운동에 적합하고, 속근섬유는 단시간 운동에 적합함 정답 ①

05 운동종목에 따른 근섬유 유형 및 에너지 대사에 관한 설명으로 옳은 것은?

① 장대높이뛰기 선수는 경기 시 ATP-PCr 시스템을 주로 사용한다.
② 100m 달리기 선수는 VO₂max의 약 50% 수준으로 훈련해야 한다.
③ 마라톤 선수는 Type IIx의 근섬유를 많이 가지고 있다.
④ 10,000m 달리기 선수는 크레아틴 키나아제(creatine kinase)의 활성도가 높다.

06 지근은 미오글로빈 함량이 높아 적근(red muscle)이라고 하며 장기간 운동의 에너지 생성에 유리하고, 속근은 백근(white muscle)이라고 하며 속도가 빠른 대신 쉽게 피로해짐 정답 ④

06 근섬유의 형태에 따른 특성으로 적절하지 <u>않은</u> 것은?

① 지근은 속근에 비해 모세혈관의 밀도가 높다.
② 지근은 속근에 비해 미토콘드리아 수가 많다.
③ 속근은 지근에 비해 ATPase의 활성도가 높다.
④ 속근은 지근에 비해 피로에 대한 저항성이 높다.

07 근육 수축 형태는 정적수축(등척성 수축)과 동적수축(등장성 수축, 등속성 수축)이 있음. 등장성 수축은 다시 단축성 수축(근내 장력 일정, 근 길이 감소)과 신장성 수축(근내 장력 일정, 근 길이 확장)이 있음 정답 ③

07 근육의 길이가 길어지면서도 힘을 발휘할 수 있는 수축은?

① 단축성 수축
② 영적 수축
③ 신장성 수축
④ 정적 수축

08 아래에서 설명하는 운동훈련의 원리는?

- 운동훈련에 의한 효과는 운동량이 일상생활 수준보다 높을 때 일어난다.
- 운동량은 운동의 빈도, 강도 또는 지속시간을 증가시킴으로써 늘릴 수 있다.

① 가역성의 원리 ② 개별성의 원리
③ 과부하의 원리 ④ 특이성의 원리

08 과부하의 원리(the overload principle)는 신체의 운동능력을 증가시키기 위해 이미 신체에 적응된 부하보다 많은 양의 부하를 늘리는 것임 **정답** ③

09 부신수질에서 분비되는 호르몬의 80%를 차지하는 것은?

① 에피네프린 ② 무기질 코티코이드
③ 당질 코티코이드 ④ 성 스테로이드

09 에피네프린, 즉 아드레날린은 심혈관계와 호흡계에 영향을 주며 부신수질 분비 호르몬의 80%를 차지함 **정답** ①

10 아래에서 설명하는 호르몬은?

- 운동 시 부신수질로부터 분비가 증가된다.
- 간과 근육의 글리코겐 분해를 촉진시킨다.
- 심박수와 심근의 수축력을 증가시킨다.

① 에스트로겐(estrogen)
② 에피네프린(epinephrine)
③ 성장호르몬(growth hormone)
④ 갑상선자극호르몬(thyroid stimulating hormone)

10 에피네프린(아드레날린)은 부신수질 분비 호르몬의 80%를 차지하고, 심혈관계와 호흡계의 영향을 미침 **정답** ②

11 인체 운동에 따른 신체적응에 대한 설명으로 올바른 것은?

① 단련자는 비단련자보다 최대 심박출량이 높게 나타난다.
② 단련자는 비단련자보다 동일조건의 운동에서 심박수가 높게 나타난다.
③ 단련자는 비단련자보다 안정 시 심박수가 높게 나타난다.
④ 단련자는 비단련자보다 최대 심박수가 낮게 나타난다.

11 심박출량(CO, cardiac output)은 1분 동안에 좌심실이 박출해 낸 혈액의 총량으로 심박수(HR, heart rate)에 1회 박출량을 곱하여 산출함. 통상 최대 심박출량은 20(좌식 생활을 하는 사람)~40(엘리트 선수)L/분으로 최대 심박출량과 운동 강도는 비례함. 심박수(HR, heart rate)는 심혈관계에 가해지는 부하를 보여주는 가장 측정이 간단한 생리적 반응임. 통상 일반인의 안정 시 심박수(resting heart rate, RHR)은 평균 60~80회/분이고, 훈련을 거친 선수들은 평균 28~40회/분으로 나타남. 이는 지구력 트레이닝에 따른 부교감 신경계 긴장(vagal tone, 심장박동과 호흡측정의 긴장도로서 미주신경 긴장도라고 부름)의 증가 때문임 **정답** ①

12 췌장에는 인슐린과 글루카곤이 분비됨. 글루카곤은 인슐린과 반대 작용을 하는 호르몬으로 췌장 알파세포에서 분비되며 간에 저장된 글리코겐을 글루코스(포도당)로 분해시켜 혈당량을 높이는 역할을 함 **정답** ④

13 심박출량을 결정하는 요인은 정맥회귀량, 심장 수축력, 대동맥 및 폐동맥의 혈압임. 안정시보다 운동 시 4배까지 증가하지만, 계속 증가하진 않음 **정답** ②

14 1회박출량은 심장이 1회 수축할 때 나오는 혈액량으로 심장으로 되돌아오는 정맥혈의 양(정맥환류량 = 정맥회귀량, venous return), 심장의 수축력, 대동맥 및 폐동맥의 혈압에 따라 1회박출량이 결정됨 **정답** ②

15 유산소 트레이닝 때는 지근섬유(Type I)의 비율이 증가하고, 최대 산소섭취량 증가, 1회 심장 박출량 증가, 미토콘드리아 수와 크기 증가, 미오글로빈 증가, 모세혈관 밀도 등의 대사적 적응을 하게 됨 **정답** ②

---

12 아래는 췌장에서 분비되는 혈당조절 호르몬에 대한 설명이다. ⓐ, ⓑ에 들어갈 용어를 바르게 나열한 것은?

- (ⓐ)은 혈당 저하 시 글리코겐과 중성지방의 분해를 증가시켜 혈당을 높여주는 역할을 한다.
- (ⓑ)은 혈당 증가 시 세포 안으로 포도당 흡수를 촉진하여 혈당을 낮추는 역할을 한다.

① ⓐ: 인슐린 ⓑ: 글루카곤
② ⓐ: 인슐린 ⓑ: 알도스테론
③ ⓐ: 글루카곤 ⓑ: 알도스테론
④ ⓐ: 글루카곤 ⓑ: 인슐린

13 심박출량(cardiac output)에 대한 설명 중 옳지 <u>않은</u> 것은?

① 1회 박출량과 심박수의 곱으로 산출한다.
② 심박출량은 운동 강도의 증가에 따라 직선적으로 계속 증가한다.
③ 1분당 심장에서 박출되는 총 혈액량이다.
④ 정맥회귀(venous return)량은 심박출량에 영향을 준다.

14 아래에서 설명하는 용어는?

- 심실이 수축할 때 배출되는 혈액의 양
- 확장기 말 혈액량(EDV)과 수축기 말 혈액량(ESV)의 차이

① 심박수 ② 1회박출량
③ 분당 환기량 ④ 최대산소섭취량

15 유산소 트레이닝에 의한 골격근의 적응 현상으로 옳지 <u>않은</u> 것은?

① 모세혈관의 밀도 증가
② TypeⅡ 섬유의 현저한 크기 증가
③ 마이오글로빈의 함유량 증가
④ 미토콘드리아의 수와 크기 증가

MEMO

필기 4주 완성 한권 완전정복

M 스포츠지도사

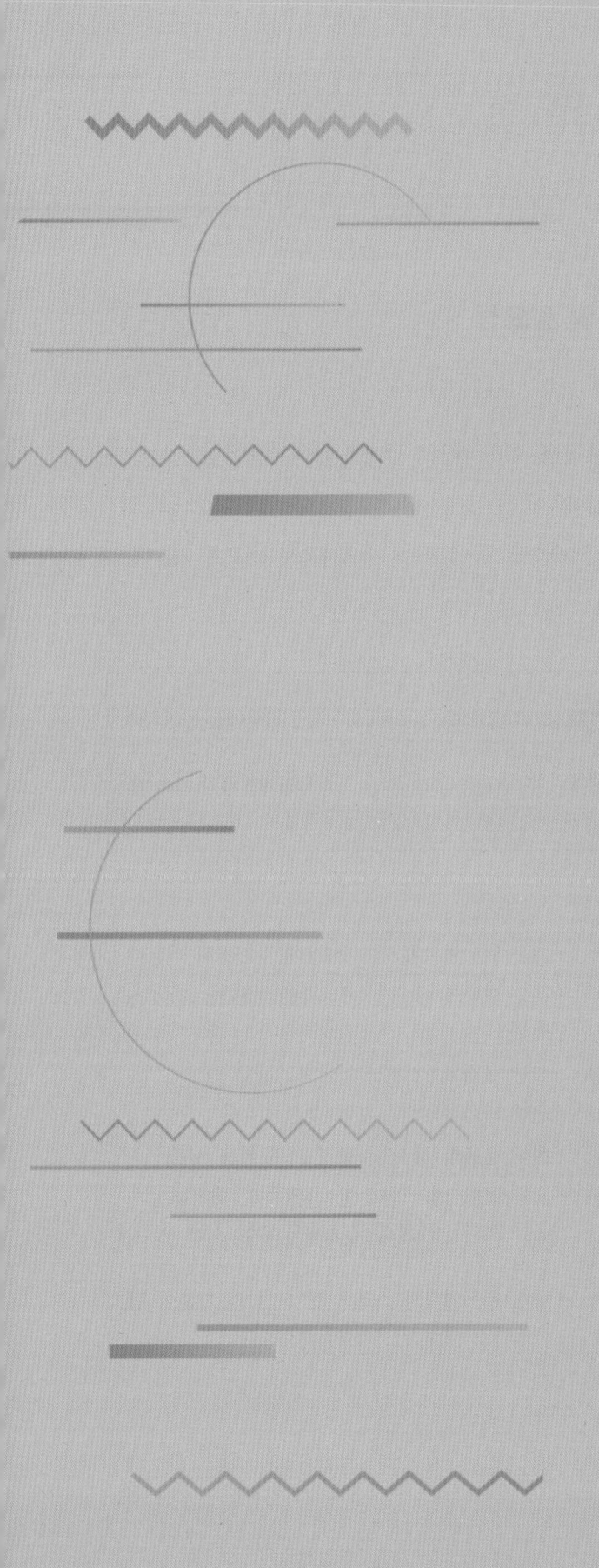

PART 06
운동역학

CHAPTER 01
운동역학의 개요

CHAPTER 02
운동역학의 이해

CHAPTER 03
인체역학

CHAPTER 04
운동학의 스포츠 적용

CHAPTER 05
운동역학의 스포츠 적용

CHAPTER 06
일과 에너지

CHAPTER 07
다양한 운동기술의 분석

CHAPTER 01 운동역학의 개요

기출 FOCUS

- **운동역학**: 스포츠 상황에서 인체 힘의 원인과 결과를 다루는 학문   18·22·23 기출
  - 스포츠심리학 영역 15·16 기출: 선수의 심리 조절, 재활치료 중 운동수행의 중단 효과를 감소시키는 이미지 트레이닝 방법 등
  - 운동생리학 영역   17 기출
  - 심폐지구력 향상 훈련법 개발
- **뉴턴**   15 기출
  - 관성법칙
  - 가속도법칙
  - 작용·반작용 법칙

01 운동역학의 정의 및 필요성

1. 운동역학의 정의와 역사

(1) 운동역학은 스포츠 상황에서 인체 힘의 원인과 결과를 다루는 학문임

(2) 스포츠 기술을 수행할 때 신체의 근육, 관절, 뼈대의 활동을 연구대상으로 함

(3) 운동수행, 재활, 부상예방, 기술숙달 등에 매우 중요하므로 스포츠 기술에 대한 역학적 이해를 하는 것임

> **개념 PLUS**
> - 원래 교과목 명칭이 스포츠생체역학(sports biomechanics)이지만 국내에선 운동역학으로 사용함
> - 운동기능학(kinesiology) → 생체역학(biomechanics) → 스포츠생체역학(sports biomechanics)

(4) 역사

그리스 시대	히포크라테스	• 겨울에는 빠르게 걷고 여름에는 천천히 걷는다.
	아리스토텔레스	• 운동 역학의 아버지, 키니시올로지(Kinesiology) 탄생
르네상스 시대	레오나르도 다빈치	• 근육 움직임, 인체구조 균형 연구
	갈릴레오 갈릴레이	• 근대 과학 아버지, 부력 발견
	보렐리	• 현대 운동학 창시자, 측정 기구 이용 시작
	뉴턴	• 3대 발견: 빛의 입자설, 만유인력, 미적분법 • 운동 3법칙: 관성 법칙, 가속도 법칙, 작용·반작용 법칙 • 현대 운동역학과 스포츠 생체역학의 기본이 됨 ◆ 05. 운동역학의 스포츠 적용에서 구체적 설명

19세기	웨버 형제	• 정치, 이동 중의 신체역학 연구, 신체중심측정 방법 개선
	머레이	• 영화촬영, 힘의 측정, 지면반력 측정, 자동묘사법 등 연구
	뮤브리지	• 동작분석을 위해 연속 사진 촬영 이용
20세기	힐	• 운동 중 신체 내의 생리적 변화 연구
	크리톤	• 육상경기, 수영 동작을 물리적 분석
	헤르바르트	• 자세 생리, 중심의 움직임, 직립자세 중 에너지 연구

기출 FOCUS

◉ 운동역학의 필요성 및 목적
   15·17·19·21 기출

◉ 경기력 향상을 위한 운동역학
   스포츠 경기력(sports performance)=체력(physical fitness)+경기기술(skill)+환경요인

2. 운동역학의 필요성

(1) 스포츠지도자는 운동역학적 지식을 토대로 운동학습 효과를 극대화시킴

(2) 스포츠과학자는 운동역학적 지식을 현장에 적용시키기 위해 스포츠지도자와 협업관계를 유지하고, 운동역학적 이론을 현장에 적용해 경기력 향상에 기여함

(3) 운동동작을 가르칠 때의 방법, 이유 등을 이론적으로 설명하여 효과적인 학습효과를 제고함

(4) 인체 움직임의 원리를 이해하여 효과적인 실기 지도 방법을 제공함

기출 Q

Q. 운동역학 연구의 주된 목적이 아닌 것은?   기출 19

① 운동기술의 향상
② 운동용 기구의 개발 및 평가
③ 멘탈 및 인지 강화 프로그램의 구성
④ 운동수행 안전성의 향상 및 손상의 예방

해설 ③은 스포츠심리학 영역임   정답 ③

---

02 운동역학의 목적과 내용

1. 운동역학의 목적

(1) 운동기술의 분석, 개발 및 운동 상해 예방

(2) 운동 기구의 개발 및 평가

(3) 운동역학의 연구방법 개발, 측정방법 및 기구 개발

OX 퀴즈

운동역학을 통해 스포츠 동작의 새로운 기술을 개발하고 상해원인을 분석할 수 있다.

정답 O

기출 FOCUS

✓ 운동역학의 영역
  16·17·18·19·20·24 기출
  • 운동학
  • 운동역학
  • 정역학
  • 동역학

(4) 스포츠 동작 신기술 개발을 통한 경기력 향상, 역학적 이해를 통한 스포츠 동작의 효율 극대화, 스포츠 상황에서 역학적으로 발생하는 상해 원인 분석

  예) 무릎 관절의 상해 기전 연구, 드라이버 비거리를 향상시키기 위한 손목 동작, 태권도 시합 중 발생할 수 있는 뇌진탕 방지의 헤드기어 연구 등

2. 운동역학의 학문영역

(1) **운동학**(Kinematics = 운동형상학)
  ① 시·공간을 고려하여 움직임을 연구하는 학문
  ② 운동의 형태에 관한 분석방법, 힘과는 관계없이 인체운동을 보고 측정, 분석함
  ③ 운동의 결과와 운동의 형태에 관한 변위, 속도, 가속도, 각속도 등이 연구대상임(즉, 힘이나 토크와 관련된 역학적 요인을 제외)
  ④ 골프 드라이빙 스윙 시 클럽헤드의 최대속도 계산
  ⑤ 축구에서 드리블하는 동안의 이동 거리 측정
  ⑥ 100m 달리기 시 신체중심의 구간별 속도 측정
  ⑦ 멀리뛰기 발구름 시 발목관절의 각도 측정
  ⑧ 자유투 시 농구공이 날아가는 궤적 측정
  ⑨ 야구 스윙 시 배트의 각속도 측정
  ⑩ 테니스 스트로크 동작 시 팔꿈치 각도 측정

(2) **운동역학**(Kinetics)
  ① 교과목 명칭인 운동역학(스포츠생체역학, sports biomechanics)과 헷갈릴 수 있으나 키네틱스(Kinetics)는 힘과 토크에 관련된 요인들로 취급(운동학+힘, 토크)
  ② 힘의 작용을 연구하는 학문
  ③ 운동을 유발하는 힘을 측정, 분석함
  ④ 운동의 원인이 되는 힘과 무게중심, 관절각 등에 초점을 두어 인체와 주변 환경 사이의 작용 등이 연구대상임
  ⑤ 테니스 포핸드 스트로크에서 그립(Grip) 압력 크기 측정
  ⑥ 스쿼트 동작에서 대퇴사두근의 근활성도 측정
  ⑦ 축구 헤딩 후 착지 시 무릎관절의 모멘트 계산
  ⑧ 보행 시 지면반력 측정

OX 퀴즈

운동역학적 지식을 통해 효과적인 실기 지도 방법을 구성하고 경기력 향상에 기여한다. ⓞⓧ

정답 O

(3) 정역학(Statics)
① 정지하고 있는 물체의 역학
② 힘의 평형을 연구하는 학문

(4) 동역학(Dynamics)
① 운동하는 물체의 역학
② 가속에 영향을 받는 시스템을 연구하는 학문

기출 Q

Q. 운동역학을 스포츠 현장에 적용한 사례로 적절하지 않은 것은? 〔기출 24〕

① 멀리뛰기에서 도약력 측정을 위한 지면반력 분석
② 다이빙에서 각운동량 산출을 위한 3차원 영상분석
③ 축구에서 운동량 측정을 위한 웨어러블 센서(wearable sensor)의 활용
④ 경기장 적응을 위해 가상현실을 활용한 양궁 심상훈련 지원

(해설) 운동역학은 힘의 작용을 연구하는 학문으로서 운동을 유발하는 힘을 측정하고 분석하는 영역임. ④번은 스포츠심리학 영역임   (정답) ④

Q. 정역학(statics)의 범주에 해당하지 않는 것은? 〔기출 19〕

① 물체에 작용하는 모든 힘이 평형을 이루고 있고 회전이 발생하지 않을 때
② 물체가 일정한 속도로 움직일 때
③ 물체가 정지하고 있을 때
④ 물체가 가속할 때

(해설) 정역학의 원리는 정적 평형 상태에 있는 계를 다루는 분야로 정지하여 있거나 그 질량중심이 일정한 속도로 움직임   (정답) ④

Q. 골프에 관한 운동학(kinematics)적 또는 운동역학(kinetics)적 개념에 관한 설명으로 옳은 것은? (단, 샤프트(shaft)는 휘어지지 않는다고 가정함) 〔기출 20〕

① 드라이버 스윙 시 헤드(head)와 샤프트의 각속도는 다르다.
② 골프공의 반발계수를 작게 하면 더 멀리 보낼 수 있다.
③ 샤프트의 길이가 길어지면 샤프트의 관성모멘트는 작아진다.
④ 7번 아이언 헤드의 선속도는 헤드의 각속도와 샤프트의 길이에 비례한다.

(해설) 운동학(kinematics)은 힘과는 관계없이 변위, 속도, 가속도, 각속도 등의 영역, 운동역학(kinetics)은 힘이나 토크와 관련한 역학적 요인의 영역임. 헤드의 각속도와 샤프트의 길이에 비례한다는 것은 운동의 결과와 형태를 분석하는 운동학과 운동의 원인이 되는 힘을 분석하는 운동역학 영역을 얘기함   (정답) ④

CHAPTER 02 운동역학의 이해

기출 FOCUS
- 해부학적 자세와 용어(상부, 하부, 전부, 후부, 내측, 외측, 몸쪽, 먼쪽) 18·19·21 기출
- 해부학적 축과 운동면: 인체의 축, 운동면 15·16·23 기출

01 해부학적 기초

1. 인체의 근골격계

(1) **근골격계**: 근육과 골격을 총칭하는 단어로 골격을 서로 연결하여 운동에 도움

(2) **근육**: 골격이 움직일 수 있게 하는 관절을 유기적으로 움직이게 도움

2. 해부학적 자세와 축(Axis)

(1) **해부학적 자세**
  ① 시선은 전방을 향하고, 인체를 곧게 세운 직립자세임
  ② 각 분절의 운동축과 운동면은 해부학적 자세를 기준으로 함

(2) **방향** 용어
  ① 상부(superior, 머리 방향), 하부(inferior, 발 방향)
  ② 전부(anterior, 인체 앞 방향), 후부(posterior, 인체 뒤 방향)
  ③ 내측(medial, 인체 중심선 방향), 외측(lateral, 인체 중심선과 먼 방향)
  ④ 몸쪽(proximal, 팔다리가 몸통에 붙어있을 때 몸통에 가까운 방향), 먼쪽(distal)

(3) **해부학적 축과 운동면**

인체의 축 (Axis)	• 전후축: 인체의 전후를 지나는 축(sagittal axis) • 좌우축: 인체의 좌우를 지나는 축(frontal axis) • 수직축: 인체 꼭대기에서 바닥까지 지나는 축(longitudinal axis)
운동면 (Plane)	• 시상면: 인체를 전·후방으로 통과, 좌우로 나누는 면(정중면, 시상면, sagittal plane) • 이마면: 인체를 측면으로 통과, 전후로 나누는 면(관상면, 전두면, frontal plane) • 수평면: 인체를 상하로 나누는 면(가로면, 횡단면, transverse plane)

OX 퀴즈
인체의 전·후방으로 통과하는 면을 관상면 혹은 전두면이라고 한다. O X

정답 ×
해설 시상면(정중면, sagittal plane)

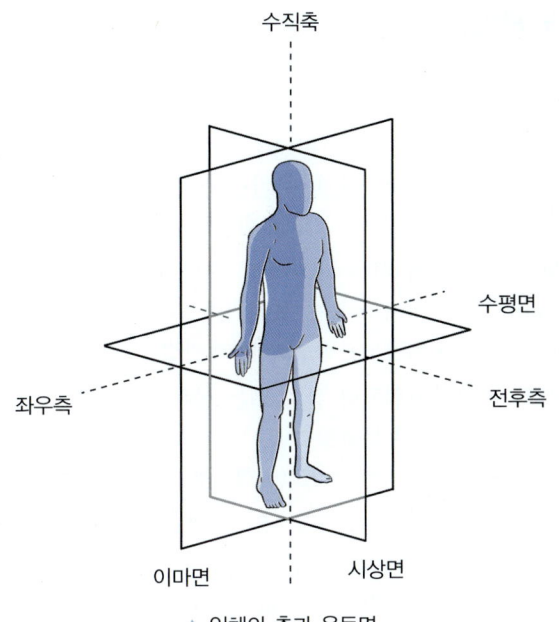

▲ 인체의 축과 운동면

> **기출 Q**
>
> **Q.** 인체의 시상(전후)면(sagittal plane)에서 수행되는 움직임이 아닌 것은? 기출 23
>
> ① 인체의 수직축(종축)을 중심으로 회전하는 피겨스케이팅 선수의 몸통분절 움직임
> ② 페달링하는 사이클 선수의 무릎관절 굴곡/신전 움직임
> ③ 100m 달리기를 하는 육상 선수의 발목관절 저측/배측굴곡 움직임
> ④ 앞구르기를 하는 체조 선수의 몸통분절 움직임
>
> (해설) ①번은 인체의 꼭대기에서 바닥까지 지나는 수직축(longitudinal axis)에 관한 설명임
> (정답) ①
>
> **Q.** 해부학적 방향을 나타내는 용어와 의미가 바르게 묶이지 않은 것은? 기출 19
>
> ① 앞쪽(anterior, 전) – 인체의 정면 쪽
> ② 아래쪽(inferior, 하) – 머리로부터 먼 쪽
> ③ 안쪽(medial, 내측) – 인체의 중심 쪽
> ④ 얕은(superficial, 표층) – 인체의 안쪽
>
> (해설) 해부학적 방향의 용어는 상부(superior, 머리 방향), 하부(inferior, 발 방향), 전부(anterior, 인체 앞 방향), 후부(posterior, 인체 뒤 방향), 내측(medial, 인체 중심선 방향), 외측(lateral, 인체 중심선과 먼 방향), 몸쪽(proximal, 팔다리가 몸통에 붙어있을 때 몸통에 가까운 방향), 먼쪽(distal)으로 구분함
> (정답) ④

기출 FOCUS

- 자유도　　　20 기출
- 움직관절
  - 경첩관절
  - 회전관절
  - 안장관절
  - 타원관절
  - 절구관절　15 기출
  - 평면관절

3. 움직관절과 관절운동

(1) 움직관절

경첩관절 (hinge joint)	• 문의 경첩(hinge)처럼 한 방향으로만 회전이 가능 • 위팔자관절, 손가락(발가락) 뼈사이 관절 ※ 자유도 1도(굽힘-폄)
회전관절 (pivot joint, 중쇠관절)	• 뼈 위에 다른 뼈의 구멍이 끼워져 있어 회전이 가능 • 첫째와 둘째 목뼈끼리 연결돼 있어 머리가 회전 • 위팔노관절, 고리중쇠관절
타원관절 (ellipsoidal joint)	• 타원처럼 한쪽 뼈는 볼록, 다른 뼈는 움푹하게 패어 있음 • 노손목관절 ※ 자유도 2도(굽힘-폄, 벌림-모음)
절구관절 (ball-and- socket joint)	• 한 뼈의 관절면은 공(전구) 모양, 다른 뼈는 절구(소켓) 모양 • 오목위팔관절, 엉덩넙다리(엉덩)관절 • 구관절(spheroid joint)이라고도 함 ※ 자유도 3도(굽힘-폄, 벌림-모음, 안쪽돌림-가쪽돌림)
평면관절 (plane joint)	• 두 관절면이 거의 평면 • 손목뼈사이관절과 발목뼈사이관절, 둘째~다섯째 손가락의 손목허리관절(수정된 평면관절) • 축이 없는 관절(non-axial joint), 미끄럼관절(gliding joint)이라고도 함
안장관절 (saddle joint)	• 관절면이 말안장같이 생김 • 관절하고 있는 뼈가 앞뒤 이동, 좌우로 회전 가능 • 엄지의 손목손허리관절, 복장빗장관절 ※ 자유도 2도(양축관절)
융기관절 (condyloid joint)	• 절구관절과 매우 유사함 • 손허리손가락관절, 정강넙다리(무릎)관절 ※ 자유도 2도(굽힘-폄, 벌림-모음 또는 안쪽돌림-가쪽돌림)

> **개념 PLUS**
>
> **관절에서의 자유도(degree of freedom)**
> 관절에서 허용되는 독립적인 움직임 방향의 수임. 팔꿈관절은 자유도 1, 손목관절은 자유도 2, 어깨관절은 자유도 3을 가짐

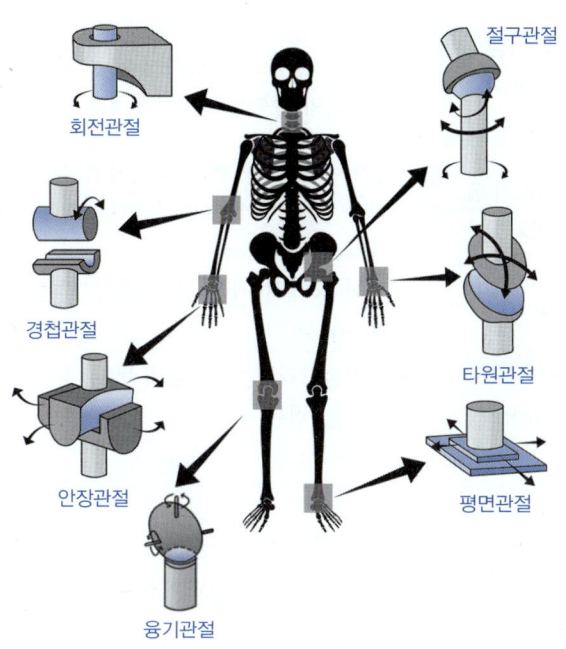

▲ 인체의 움직관절 종류

기출 FOCUS

✓ 관절운동
- 굽힘 & 폄　　　　16 기출
- 발등쪽굽힘 & 발바닥쪽굽힘
　　　　　　　　　17 기출
- 벌림 & 모음
　　　　　　18·19·22 기출

(2) 관절운동

굽힘 & 폄 (Flexion & Extension)	• 관절각도가 줄어드는 굽히기(굴곡, Flexion), 커지는 펴기(신전, Extension)임 • 팔꿈치관절(주관절)을 축으로 시행하는 암컬(arm-curl) 동작 ※ 시상면에서 나타남
발등쪽굽힘 & 발바닥쪽굽힘 (Dorsiflexion & Plantar flexion)	• 발등쪽굽힘(배측굴곡, Dorsiflexion)은 발을 발등면으로 들어 올리는 운동 • 발바닥쪽굽힘(저측굴곡, 족저굴곡, Plantar flexion)은 발가락 끝은 향하여 발을 내리 누르는 운동 ※ 시상면에서 나타남
벌림 & 모음 (abduction & adduction)	• 좌우면상에서 팔다리를 정중선에 멀어지게 하는 동작을 벌리기(외전, abduction), 가까워지게 하는 동작은 모으기(내전, adduction)임 ※ 이마면에서 나타남
가쪽들림 & 안쪽들림 (eversion & inversion)	• 발목에서만 일어나는 동작 • 발바닥이 몸 바깥쪽(가쪽뒤집기, 외번, eversion), 몸 안쪽(안쪽뒤집기, 내번, inversion)으로 향하게 하는 동작 ※ 이마면에서 나타남
안쪽돌림 & 가쪽돌림 (internal rotation & external rotation)	• 외측에 있던 엄지손가락이 내측으로 가도록 장축을 축으로 팔을 회전시키는 것을 내측회전(안쪽, 회내, 엎치기, internal rotation), 반대는 외측회전(가쪽, 회외, 뒤치기, external rotation)임 ※ 이마면에서 나타남

OX 퀴즈

좌우면상에서 팔다리를 정중선에 멀어지게 하는 동작에는 굴곡(굽히기)와 신전(펴기)가 있다.
　　　　　　　　　Ⓞ Ⓧ

　　　　　　　정답 ✕
해설 외전(벌림)과 내전(모음)

엎침 & 뒤침 (pronation & supination)	• 손등이 앞쪽으로 향하게 하는 운동(회내, pronation) • 손바닥이 앞쪽으로 향하게 하는 운동(회외, supination)
부채꼴 돌리기 & 휘돌리기 (circumduction & rotation)	• 팔이나 다리를 뻗은 상태에서 손가락 혹은 발가락 끝이 작은 원을 그리도록 돌리는 것을 회선(부채꼴 돌리기, circumduction) • 회선 중에서 가장 큰 원을 그리는 것은 회전(휘돌리기, rotation)
맞서기 (opposing)	• 엄지손가락과 다른 손가락을 마주 대는 것(opposing) • 물건을 집는 동작

(3) 가동범위

① 관절에서 뼈가 움직일 수 있는 범위를 각도로 측정한 것
② 엉덩관절의 가동범위는 약 90도, 무릎관절의 가동범위는 약 130도임
③ **능동적 가동범위**: 자기 스스로 움직일 수 있는 범위
④ **수동적 가동범위**: 다른 사람이 힘을 주어서 도와줄 때의 범위로 능동적 가동범위보다 넓음

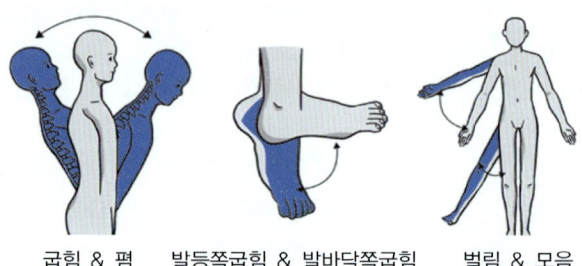

굽힘 & 폄   발등쪽굽힘 & 발바닥쪽굽힘   벌림 & 모음

안쪽돌림 & 가쪽돌림   가쪽들림 & 안쪽들림   부채꼴 돌리기 & 휘돌리기

▲ 인체의 관절운동

기출 Q

Q. 인체의 움직임을 표현하는 용어로 옳지 않은 것은? 기출 22

① 굽힘(굴곡, flexion)은 관절을 형성하는 뼈들이 이루는 각이 작아지는 움직임이다.
② 폄(신전, extension)은 관절을 형성하는 뼈들이 이루는 각이 커지는 움직임이다.
③ 벌림(외전, abduction)은 뼈의 세로축이 신체의 중심선으로 가까워지는 움직임이다.
④ 발등굽힘(배측굴곡, dorsi flexion)은 발등이 정강이뼈(경골, tibia) 앞쪽으로 향하는 움직임이다.

해설 외전은 좌우면상에서 팔다리를 정중선에 멀어지게 하는 동작임. ③번은 내전(다리 모음)을 설명한 것임
정답 ③

Q. 인체의 좌우축을 중심으로 전후면(시상면)에서 발생하는 관절운동이 아닌 것은? 기출 19

① 굽힘(flexion, 굴곡)
② 폄(extension, 신전)
③ 벌림(abduction, 외전)
④ 발바닥굽힘(plantar flexion, 저측굴곡)

해설 다리벌림(외전)과 모으기(내전) 동작은 좌우면(관상면)에서 이루어짐
정답 ③

Q. 신체 관절의 움직임 자유도(degree of freedom)에 관한 설명으로 옳은 것은? 기출 20

① 절구관절(ball and socket joint)의 움직임 자유도는 3이다.
② 타원관절(ellipsoid joint)의 움직임 자유도는 3이다.
③ 경첩관절(hinge joint)의 움직임 자유도는 2이다.
④ 중쇠관절(pivot joint)의 움직임 자유도는 2이다.

해설 관절에서의 자유도(degree of freedom)란 관절에서 허용되는 독립적인 움직임 방향의 수임. 팔꿈관절은 자유도 1, 손목관절은 자유도 2, 어깨관절은 자유도 3을 가짐. 절구관절은 어깨관절, 엉덩관절이 있으며 운동할 수 있는 축으로 자유도가 3임
정답 ①

02 운동의 정의와 종류

1. 운동의 정의

(1) 정지해 있는 어떤 기준점에 대한 물체의 위치가 시간의 경과에 따라 변하는 현상임
(2) 속도, 가속도, 각속도, 각가속도, 진동수, 힘 등으로 표현됨

기출 FOCUS

✓ 운동
- 선운동(병진운동): 직선운동, 곡선운동 16·20 기출
- 각운동(회전운동) 16 기출

✓ 복합운동 21·23 기출

2. 운동의 종류

(1) 선운동(병진운동, 선형운동, linear motion, translational motion)
① 직선운동: 인체나 물체의 각 점이 직선을 따라 움직이는 운동
② 곡선운동: 각 점의 경로가 평행하게 곡선을 이루는 운동
③ 스키점프 비행구간에서 신체중심의 이동궤적
④ 선수의 손을 떠난 투포환 질량중심의 투사궤적
⑤ 100m 달리기 시 신체중심의 이동궤적

(2) 각운동(회전운동, 돌림운동, rotational motion)
① 물체나 신체가 고정된 축을 중심으로 일정 기간 동안 회전하는 운동 형태
② 체조의 대차돌기 시 신체중심의 이동궤적

(3) 복합운동(complex motion)
① 병진운동과 회전운동이 혼합된 운동형태
② 대부분의 스포츠 현장(야구 투수의 투구 등)

기출 Q

Q. 선운동에 해당되지 않는 것은? 기출 16

① 스키점프 비행구간에서 신체중심의 이동궤적
② 선수의 손을 떠난 투포환 질량중심의 투사궤적
③ 100m 달리기 시 신체중심의 이동궤적
④ 체조의 대차돌기 시 신체중심의 이동궤적

(해설) 선운동(병진운동)은 인체나 물체의 각 점이 직선을 따라 움직이는 직선운동과 각 점의 경로가 평행하게 곡선을 이루는 운동임. ④번은 물체나 신체가 고정된 축을 중심으로 일정 기간 동안 회전하는 각운동(회전운동)에 해당됨 (정답) ④

Q. 〈보기〉에서 복합운동(general motion)에 해당하는 것을 모두 고른 것은? 기출 23

> ㉠ 커브볼로 던져진 야구공의 움직임
> ㉡ 페달링하면서 직선구간을 질주하는 사이클 선수의 대퇴(넙다리) 분절 움직임
> ㉢ 공중회전하면서 낙하하는 다이빙 선수의 몸통 움직임

① ㉠
② ㉠, ㉢
③ ㉡, ㉢
④ ㉠, ㉡, ㉢

(해설) 복합운동은 병진운동(선운동)과 회전운동(각운동)이 혼합된 운동형태로서 대부분의 스포츠 현장에서 이루어짐 (정답) ④

OX 퀴즈

선수의 손을 떠난 투포환이 궤적을 그리며 날아가는 운동은 회전운동에 속한다. OX

(정답) ×
(해설) 선운동(병진운동)

CHAPTER 03 인체역학

01 인체의 물리적 특성

1. 질량과 무게

(1) 질량(mass)
① 인체뿐만 아니라 모든 물체에 존재하고 있는 **불변의 물리량**임(스칼라 scalar)
② **질량중심점**(COM, Center of Mass)은 모든 물체의 질량이 한 곳에 집중되어 있는 점

(2) 무게(weight)
① 물체에 작용하는 중력의 크기로 장소에 따라 **달라지는 상대적인 값**(벡터 vector)
② **무게중심점**(COG, Center of Gravity)은 모든 물체가 중력에 의해 작용하는 회전력의 합이 0(zero)이 되는 지점

기출 Q

Q. 경기력 향상을 위해 무게중심을 효과적으로 활용하는 상황이 <u>아닌</u> 것은? 기출 16
① 높이뛰기 선수가 바를 효과적으로 넘기 위해 배면뛰기 기술을 구사한다.
② 레슬링 선수가 안정성 증가를 위해 무게중심을 낮춘다.
③ 단거리 크라우칭 스타트(crouching start) 시 빠른 출발을 위해 무게중심을 낮춘다.
④ 배구 스파이크 시 타점을 높이기 위해 무게중심을 높인다.

(해설) 무게중심점(COG, Center of Gravity)은 모든 물체가 중력에 의해 작용하는 회전력의 합이 0(zero)이 되는 지점임. ③번은 작용·반작용의 원리임   (정답) ③

Q. 인체의 무게중심에 관한 설명으로 옳지 <u>않은</u> 것은? 기출 22
① 무게중심의 높이는 안정성에 영향을 준다.
② 무게중심은 인체를 벗어나 위치할 수 없다.
③ 무게중심은 토크(torque)의 합이 '0'인 지점이다.
④ 무게중심의 위치는 자세의 변화에 따라 달라진다.

(해설) 자유롭게 움직이는 분절은 인체 전체의 무게중심점의 위치를 수시로 변하게 됨   (정답) ②

기출 FOCUS

◉ 국제표준 MKS 단위계
 • 길이 = 미터(M)
 • 질량 = 킬로미터(kg)
 • 시간 = 초(sec, s)

◉ 질량과 무게   17·21 기출

◉ 무게중심
  15·19·20·22·23 기출
 • 여자는 남자보다 골반이 넓고 어깨 폭이 좁으므로 무게중심이 남자보다 낮음
 • 서양인은 동양인에 비해 하지 장의 길이가 길기 때문에 무게중심이 동양인보다 높음
 • 인체의 무게중심이 높으면 불안정해짐
 • 자유롭게 움직이는 분절은 인체 전체의 무게중심점의 위치를 수시로 변하게 함

◉ 경기력 향상을 위한 무게중심 활용   16·23 기출
 • 높이뛰기 선수가 바를 효과적으로 넘기 위해 배면뛰기 기술을 구사함
 • 레슬링 선수가 안정성 증가를 위해 무게중심을 낮춤
 • 배구 스파이크 시 타점을 높이기 위해 무게중심을 높임

OX 퀴즈

물체에 작용하는 중력의 크기로 장소에 따라 달라지는 상대적인 값은 질량이다.   O X

(정답) ×
(해설) 무게

기출 FOCUS

✅ **안정성 향상 조건**
15·16·17·18·21·23·24 기출
- 기저면이 넓을수록
- 무게중심이 낮을수록
- 수직중심선이 기저면 중앙에 가까울수록
- 몸무게가 무거울수록 안정성 향상

✅ **기저면**: 모든 물체가 지면과 접촉하는 각 점들로 이루어진 전체 면적 24 기출

✅ **무게중심과 안정성**: 안정성은 인체나 물체의 무게 중심 높이와 반비례함
- 무게중심이 낮으면 안정성이 높아짐
- 무게중심이 높으면 안정성이 떨어짐

✅ **수직중심선**: 무게중심을 지나는 수직선이 기저면의 어디에 위치하느냐에 따라 안정성은 달라짐
- 수직중심선의 위치가 기저면 중앙에 가까울수록 안정성이 높아짐
- 수직중심선의 위치가 기저면 바깥으로 나갈수록 안정성이 떨어짐

✅ **운동 예시(기저면이 좁은 자세에서 넓은 자세 순서)**
평균대 위에서 한 발 서기-차렷 자세-태권도 주춤 서기 자세-레슬링에서 옆굴리기 저항 자세

2. 인체의 무게중심법

(1) 분절법

인체 분절의 질량과 무게중심점의 위치 등은 선행연구의 사체(Cadaver) 자료를 이용

(2) 균형법

날카로운 모서리 위에 물체를 올려놓을 때 균형을 잡는 면에 중심이 있음

(3) 반작용판법

저울과 반작용판을 이용함

02 인체평형과 안정성

1. 안정성

(1) 인체와 물체가 정적 또는 동적자세의 균형을 잃지 않으려는 상태임

(2) 운동성과 상반된 개념으로 운동 상태가 변할 때의 저항성을 뜻함

2. 안정성의 향상 조건

기저면이 넓을수록, 무게중심이 낮을수록, 수직중심선이 기저면 중앙에 가까울수록, 몸무게가 무거울수록 안정성 향상

기출 Q

Q. 인체의 안정성에 대한 설명으로 옳은 것은? 기출 17

① 기저면이 넓을수록 안정성은 향상된다.
② 100m 크라우칭스타트 자세는 안정성과 기동성을 모두 향상시킨다.
③ 몸무게가 무거울수록 안정성은 나빠진다.
④ 무게중심이 높을수록 안정성은 향상된다.

(해설) 안정성은 기저면이 넓을수록, 무게중심높이가 낮을수록, 수직중심선이 기저면 중앙에 가까울수록, 몸무게가 무거울수록 향상됨 (정답) ①

OX 퀴즈

무게중심이 낮으면 안정성이 높아진다. O X

(정답) O

03 인체의 구조적 특성

1. 지레의 원리

(1) 인체의 동작은 지레의 원리를 주로 이용함

(2) 1종 지레는 기본적인 시소 원리, 2종 지레는 사람 몸에서 드묾(단, 힘에 유리함). 3종 지레는 우리 몸에서 가장 흔함(대다수 관절에서 나타남)

2. 지레의 종류

(1) 1종 지레

① 힘점(F)·받침점(A)·작용점(R): 받침점이 힘점과 작용점 사이에 위치

② 시소, 저울, 장도리, 삽질(땅 속 흙을 파 낼 때), 가위

③ 목관절 신전(목뼈 1번 관절에서 위쪽등세모근의 근력과 머리 하중이 형성), 브이(V)자 윗몸 일으키기

(2) 2종 지레

① 받침점(A)·작용점(R)·힘점(F): 받침점이 있고 그 다음에 작용점, 힘점 위치

② 외발 손수레, 병따개, 작두, 손톱깎이(덮개부분)

③ 발뒤꿈치 들고 서기, 팔굽혀펴기

(3) 3종 지레

① 받침점(A)·힘점(F)·작용점(R): 받침점, 힘점, 작용점(저항) 순서로 위치

② 핀셋, 젓가락, 손톱깎이(손톱이 깎이는 부분), 삽질(흙을 퍼서 들어 올리는 동작), 낚시

③ 팔꿈치 굴곡, 윗몸 일으키기

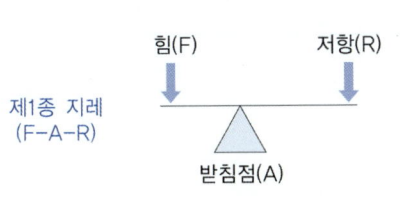
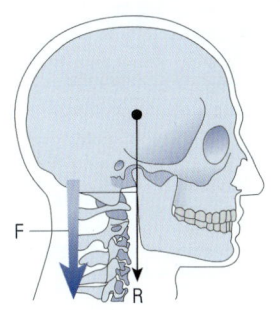

기출 FOCUS

◉ 100J(줄)의 일을 공급하는 도르래가 회전하면서 40J 에너지를 마찰로 잃었고, 60J 에너지가 출력이 된다면 이 도르래의 효율은 60%임
  15 기출

• 지레는 힘점, 작용점(저항점), 받침점(축)의 3요소가 있음
  - 힘점(Force, F): 근육 부착점
  - 작용점(Resistance, R): 저항점, 무게
  - 받침점(Axis, A): 관절 축
  - 지렛대: 뼈

◉ 인체의 지레원리와 종류
  17·18·19·20·21·22, 23·24 기출

• 3요소: 힘점(F), 받침점(축, A), 작용점(저항점, R)

• 종류
  - 1종 지레(F-A-R, 목뼈 1번 관절)
  - 2종 지레(A-R-F, 발뒤꿈치 들고 서기)
  - 3종 지레(A-F-R, 팔꿈치 굴곡)

◉ 위팔두갈래근(상완이두근)
  15 기출

아령을 손에 들고 굴곡(굽힙) 운동을 할 때 아령과 아래팔(전완)의 무게는 저항이고, 팔꿈치 관절(주관절)은 축이라고 할 때 작용하는 힘의 근육

OX 퀴즈

지레의 3요소는 힘점, 작용점, 받침점이 있다. (O/X)

정답 O

발뒤꿈치 들고 서기 동작은 3종 지레의 원리이다. (O/X)

정답 X
해설 2종 지레

암기 TIP

일파이알삼앞 1종 FAR, 2종 ARF, 3종 AFR. 이렇게 암기해 봅시다.

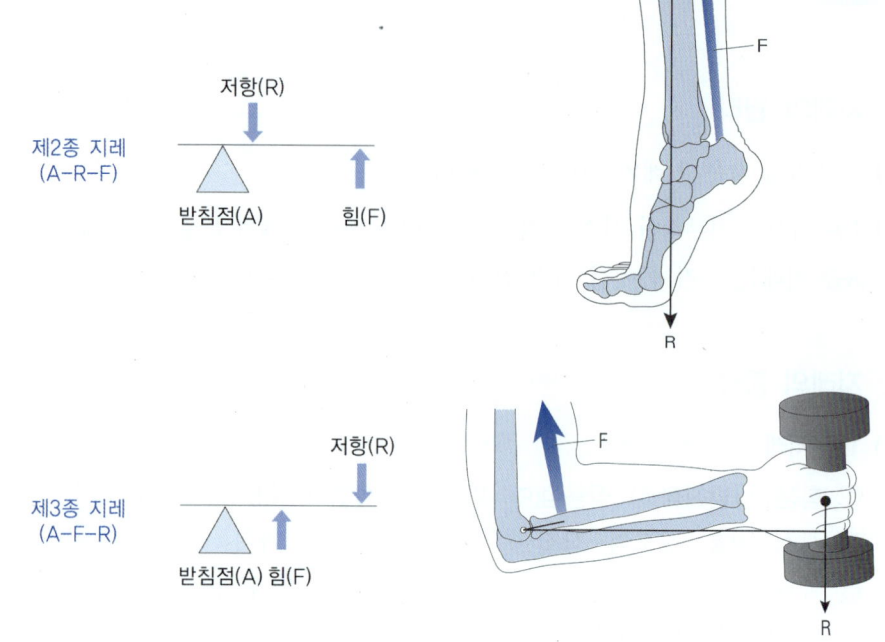

제2종 지레
(A-R-F)

제3종 지레
(A-F-R)

1종, 2종, 3종 지레

개념 PLUS

인체 지레의 대부분은 3종 지레임
- 팔꿈치에서 인대까지 거리는 3cm 정도이지만, 손바닥까지 거리는 30cm임
- 즉, 받침점(A)에서 작용점(R)까지 길이가 힘점(F)까지 길이보다 10배이므로 물체를 들어 올리려면 10배의 힘이 필요함
- 이 구조(3종 지레)는 일을 하는 데 더 큰 힘이 필요하지만, 근육이 조금만 움직여도 팔다리는 많은 거리를 움직일 수 있는 특성을 가짐

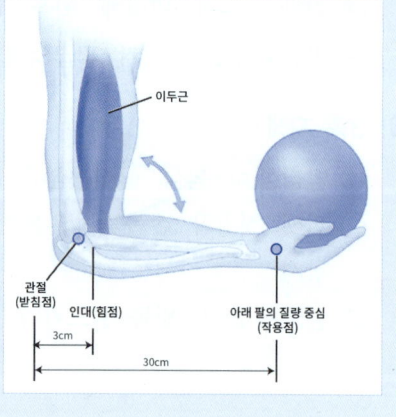

기출 Q

Q. 인체에 적용되는 지레(levers)의 원리에 관한 설명으로 옳지 않은 것은? 기출 24

① 1종 지레에서 축(받침점)은 힘점과 저항점(작용점) 사이에 위치하고 역학적 이점이 1보다 크거나 작을 수 있다.
② 2종 지레는 저항점이 힘점과 축 사이에 위치하고 역학적 이점이 1보다 크다.
③ 3종 지레에서 힘점은 축과 저항점 사이에 위치하고 역학적 이점이 1보다 크다.
④ 지면에서 수직 방향으로 발뒤꿈치를 들고 서는 동작(calf raise)은 2종 지레이다.

해설 3종 지레는 받침점(A), 힘(F), 저항(R) 순서로 위치하고 있고, 팔꿈치 굴곡과 윗몸 일으키기 동작에서 나타남
정답 ③

Q. 그림에서 카누선수가 보트 위에서 오른손으로 패들의 끝을 잡고, 왼손으로 패들을 잡고 당기는 순간에 적용되는 지레는? 기출 19

① 1종 지레
② 2종 지레
③ 3종 지레
④ 1종과 2종 지레의 혼합

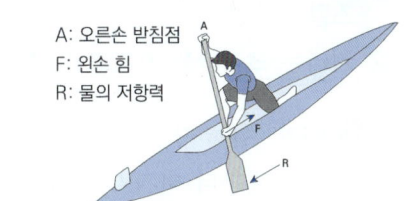

A: 오른손 받침점
F: 왼손 힘
R: 물의 저항력

해설 3종 지레는 받침점(A), 힘점(F), 작용점(R) 순서로 위치하고 팔꿈치 굴곡에 의해 작용함
정답 ③

CHAPTER 04 운동학의 스포츠 적용

기출 FOCUS

- **거리와 변위** 15·16·18 기출
  - 거리: 출발에서 도착까지 꼬불꼬불한 길이, 스칼라 양, 크기만을 가짐
  - 변위: 출발에서 도착까지 직선거리, 벡터 양, 크기와 방향을 가짐
- **스칼라와 벡터** 22·23 기출

01 선운동의 운동학적 분석

1. 거리와 변위

(1) 거리(distance 또는 길이 length)
① 물체의 처음 위치부터 마지막 위치까지의 운동경로에 따른 길이를 나타내는 스칼라의 양
② 거리는 크기만을 가지고 있음

(2) 변위(displacement)
① 처음 위치부터 마지막 위치로의 방향과 직선거리를 나타내는 벡터의 양
② 변위는 크기와 방향을 모두 가지고 있음

스칼라	벡터
크기만 있음	크기와 방향이 있음
거리, 속력(speed), 질량	변위, 속도(velocity), 무게, 힘, 토크

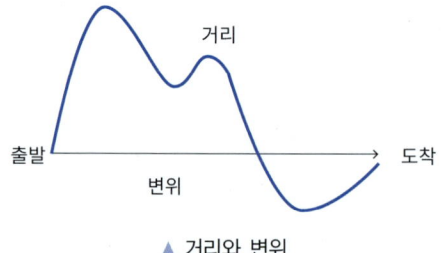

▲ 거리와 변위

개념 PLUS

선운동
- 직선운동: 인체나 물체의 각 점이 직선을 따라 움직이는 운동(100m 달리기 시 신체중심의 이동궤적)
- 곡선운동: 각 점의 경로가 평행하게 곡선을 이루는 운동(선수의 손을 떠난 투포환 질량중심의 투사궤적)

OX 퀴즈

거리는 출발에서 도착까지의 직선거리로 크기와 방향을 가진 벡터의 양이다. O X

정답 X
해설 변위

기출 Q

Q. 다음 중 거리와 변위를 설명한 것 중 바른 것은? 기출 15

① 거리와 변위는 똑같이 스칼라양이다.
② 400m 곡선 트랙을 달릴 경우 거리와 변위는 모두 400m이다.
③ 거리는 벡터양이고 변위는 스칼라양이다.
④ 거리는 단지 크기만을 가지고 있고, 변위는 크기와 방향을 모두 가지고 있다.

해설 거리는 물체의 처음 위치부터 마지막 위치까지의 운동경로에 따른 길이를 나타내는 스칼라의 양이고, 크기만을 가지고 있음. 변위는 처음 위치부터 마지막 위치로의 방향과 직선거리를 나타내는 벡터의 양이고, 크기와 방향을 모두 가지고 있음. 400m 곡선 트랙을 달릴 경우 거리는 400m임

정답 ④

기출 FOCUS

◎ 속력, 속도, 가속도
  15·17·18·19·21·23 기출
  • 속력(m/s): 크기, 스칼라양
  • 속도(m/s): 크기와 방향, 벡터양
  • 가속도(m/s^2): 크기와 방향, 벡터양
◎ 속력과 속도의 단위는 같음

2. 속력, 속도 및 가속도

속력	• 크기만을 가지며 단위시간에 움직인 거리를 나타내는 스칼라양 $-$ 속력$(m/s) = \dfrac{\text{이동한 거리}}{\text{걸린 시간}}$ • 평균속력: 물체의 이동방향에 구애받지 않고 물체의 빠르기를 나타내는 물리량
속도	• 크기와 방향을 가지며 단위시간에 움직인 변위를 나타내는 벡터양 $-$ 속도$(m/s) = \dfrac{\text{이동한 변위}}{\text{걸린 시간}}$ • 평균속도: 일정한 시간 동안 물체의 이동방향과 함께 물체의 빠르기를 나타내는 물리량
가속도	• 단위 시간에 따른 속도의 변화율(m/s^2) $-$ 가속도$(m/s^2) = \dfrac{\text{나중 속도} - \text{처음 속도}}{\text{걸린 시간}} = \dfrac{\Delta v(\text{속도의 변화량})}{t(\text{시간})}$ 즉, 가속도란 속도가 증가하는 것이 아니라 속도가 변화한다는 뜻임 • 단위 시간동안 이동한 거리와 방향을 고려한 벡터양 • 힘의 방향과 가속도의 방향은 같음 • 평균가속도 $-$ 물체의 최종 속도와 처음 속도의 차이를 운동시간으로 나눈 값 $-$ 속도 변화량을 시간 변화량으로 나눈 것으로 속도의 변화율을 나타냄

OX 퀴즈

속력은 크기만을 가진 스칼라양이다. Ⓞ Ⓧ

정답 O

기출 Q

Q. 선운동(linear motion)에 대한 설명으로 옳은 것은?   기출 18

① 거리(distance)는 두 지점을 잇는 최단 경로이다.
② 변위(displacement)는 시작점에서 끝점까지의 누적된 이동궤적의 총합이다.
③ 속력(speed)은 스칼라양으로 방향만 가지고 있다.
④ 속도(velocity)는 벡터양으로 크기와 방향을 가지며 변위를 경과시간으로 나눈 것을 말한다.

해설 거리는 물체의 처음 위치부터 마지막 위치까지의 운동경로에 따른 길이를 나타내는 스칼라의 양이고, 크기만을 가지고 있음. 변위는 처음 위치부터 마지막 위치로의 방향과 직선거리를 나타내는 벡터의 양이고, 크기와 방향을 모두 가지고 있음. 속력은 크기만을 가지며 단위시간에 움직인 거리를 나타내는 스칼라양임   정답 ④

Q. 길이 50m 수영장에서 자유형 100m 경기기록이 100초였을 때 평균속력과 평균속도는? (단, 출발과 도착 지점이 동일하다고 가정)   기출 21

① 평균속력: 1m/s, 평균속도: 1m/s
② 평균속력: 0m/s, 평균속도: 0m/s
③ 평균속력: 1m/s, 평균속도: 0m/s
④ 평균속력: 0m/s, 평균속도: 1m/s

해설 속력(m/s)은 크기만을 갖는 스칼라양(이동한 거리/걸린 시간)으로 평균속력은 물체의 이동방향에 구애받지 않고 물체의 빠르기를 나타내는 물리량임. 속도(m/s)는 크기와 방향을 갖는 벡터양(이동한 변위/걸린 시간)으로 평균속도는 일정한 시간 동안 물체의 이동방향과 함께 물체의 빠르기를 나타내는 물리량임
• 평균속력=100m/100초=1m/s
• 평균속도=0m/100초=0m/s(출발과 도착지점이 같으므로 변위는 0m)   정답 ③

Q. 〈보기〉의 그래프에 대한 설명으로 옳은 것은?   기출 20

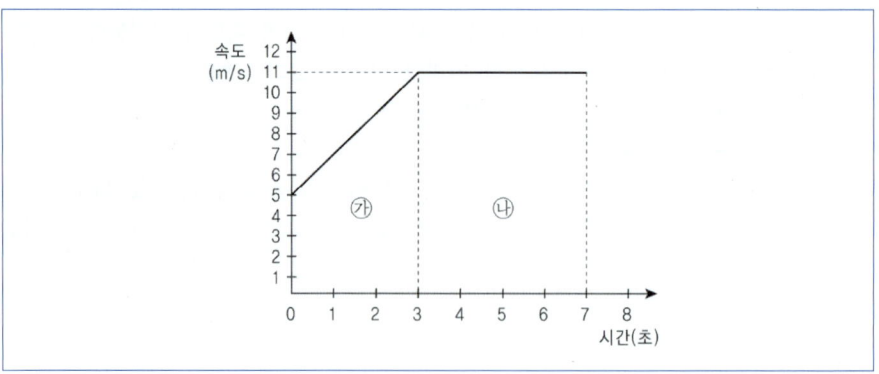

① ㉮구간의 가속도는 증가한다.
② ㉯구간의 가속도는 1m/s²이다.
③ ㉮구간의 가속도가 ㉯구간의 가속도보다 크다.
④ ㉯구간은 정지한 상태이다.

해설) 가속도란 속도가 증가하는 것이 아니라 속도가 변화한다는 뜻으로 지녔고 단위 시간 동안 이동한 거리와 방향을 고려한 벡터양임. 가속도(m/s²)=(나중속도−처음속도)/걸린 시간
㉮ (11−5)/3=2m/s²
㉯ (11−11)/4=0m/s²

정답 ③

기출 FOCUS

- 투사거리 영향요인
  15·18 기출
  • 투사속도
  • 투사각도
  • 투사높이
- 투사체 22 기출
  • 농구공 예시 17·23 기출
    − 농구공 무게중심의 가속도는 수직하방으로 작용하는 중력가속도임
    − 농구공의 수평방향은 외력이 없으므로 가속도가 0(zero)인 등속도 운동임
    − 농구공 무게중심의 속력은 일정하지 않음
    − 농구공 무게중심의 수직속도는 최고점에서 0(zero)이고, 수평속도는 일정함

3. 포물선 운동

(1) 공간에 던져진 물체가 공기 저항 없이 중력의 작용으로 포물선을 이루며 떨어지는 운동으로 **투사체 운동**이라고 함(parabolic motion)

(2) 선운동의 가장 대표적 형태로 투사 높이와 착지 높이가 같다면 좌우 대칭모형이 됨

(3) 처음에는 빠르게 올라가다가 시간이 지날수록 속도가 느려지면서 최고 높이에선 0(zero)이 됨

(4) 등속도 운동(수평방향)과 등가속도 운동(수직방향)이 있음

(5) **공기저항**을 무시할 때 투사거리에 영향을 미치는 3요인

① 투사속도
② 투사각도
③ 투사높이

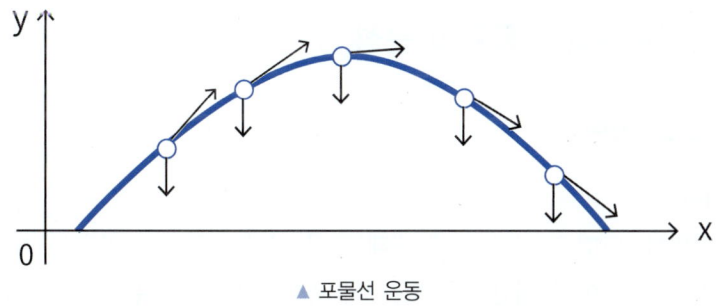

▲ 포물선 운동

※ 투사각도가 45도일 때(수평성분과 수직성분의 크기가 같을 때) 공이 가장 멀리 날아감

OX 퀴즈

골키퍼가 찬 축구공이 날아가 최고점에 도달했을 때 무게중심의 수직속도는 0(zero)이 된다.

O|X

정답 O

> **기출 Q**
>
> **Q.** 투사체 운동에 대한 설명으로 옳은 것은? (단, 공기저항은 고려하지 않음) `기출 22`
>
> ① 투사체에 작용하는 외력은 존재하지 않는다.
> ② 투사체의 수평속도는 초기속도의 수평성분과 크기가 같다.
> ③ 투사체의 수직속도는 9.8m/s로 일정하다.
> ④ 투사높이와 착지높이가 같을 경우, 38.5°의 투사각도로 던질 때 최대의 수평거리를 얻을 수 있다.
>
> (해설) 투사체는 중력과 공기의 마찰력으로 속도가 변하고, 만약 공기의 마찰력이 없다고 가정해도 중력에서 의해서만 속도가 변하기 때문에 1초에 9.8m/s씩 아래로 커짐. 공을 던지는 시점과 떨어진 지점의 높이가 같으면 45도 각도로 던져야 가장 멀리 날아감 (정답) ②
>
> **Q.** 공의 포물선 운동에 대한 설명으로 옳지 <u>않은</u> 것은? (단, 공기저항은 무시함) `기출 19`
>
> ① 공의 속력은 항상 일정하다.
> ② 공의 수평가속도는 0m/s²이다.
> ③ 공의 수직가속도는 중력가속도와 같다.
> ④ 공의 투사각도는 투사거리에 영향을 미친다.
>
> (해설) 처음에는 빠르게 올라가다가 시간이 지날수록 속도가 느려지면서 최고 높이에선 0(zero)이 됨 (정답) ①

02 각운동의 운동학적 분석

1. 각거리와 각변위

(1) **각거리**
  ① 각위치: 어떤 고정된 축에 대해 특정 시점에 물체가 만드는 각
  ② 각거리: 주어진 시간 동안의 각의 변화량을 나타내는 것

(2) **각변위**: 회전하는 물체에 대한 각위치의 변화

> **개념 PLUS**
>
> • 각운동(회전운동): 예 체조의 대차돌기 시 신체중심의 이동궤적

2. 각속력, 각속도 및 각가속도

(1) **각속력**: 각속도의 절댓값으로 항상 양의 값을 가짐

$$각속력(도/초) = \frac{회전한\ 각거리}{걸린\ 시간}$$

> **개념 PLUS**
> - 각도의 단위: 도(degree), 라디안(radian), 회전(revolution)
> - 1rad = 호의 길이(d)/반경(r) = 57.3°
> - 1° = 1도(degree) = 0.0175rad
> - 1회전 = 360° = 2πrad

(2) **각속도**
  ① 벡터양으로 어떤 순간에서 각변위의 변화율을 의미함
  ② 평균 각속도: 일정시간 동안 각 변위의 변화율로 방향과 함께 나타내는 물리량

$$각속도(도/초) = \frac{회전한\ 각변위}{걸린\ 시간}$$

(3) **각가속도**
  ① 원운동을 하는 물체에 힘의 모멘트가 작용하여 속도나 방향을 변화시킬 때 생기는 물리량(angular acceleration)
  ② 각속도가 변하는 것을 <u>각가속도가 있다</u>라고 함. 단, 운동역학에서는 각가속도가 있는 운동은 취급하지 않음. 즉, 운동역학에서는 <u>각가속도 = 0인 운동(각속도가 일정한 운동)</u>만 취급함
  ③ 평균 각가속도: 일정시간 동안 각속도의 변화율

$$각가속도(m/r^2) = \frac{나중\ 각속도 - 처음\ 각속도}{걸린\ 시간} = \frac{\Delta\omega(각속도의\ 변화량)}{t(시간)}$$

3. 선속도와 각속도 관계

(1) 회전하는 물체가 돌아가는 속도
  ① 선속도: 몇 초에 몇 미터씩 이동함
  ② 각속도: 몇 초에 몇 도씩 혹은 몇 라디안(rad)씩 돌아감

(2) 선속도는 각속도가 일정할 때 회전반경에 비례함(선속도 = 반지름 × 각속도)

(3) 각속도는 선속도가 일정할 때 회전반경에 반비례함

기출 FOCUS

- ✓ 각속력, 각속도 및 각가속도
  22 기출
- ✓ 선속도와 각속도 관계
  17·20·22 기출
- ✓ 각도 20 기출
- ✓ 선속도 운동 예시
  - 테니스 선수가 팔꿈치를 펴면 회전반경(반지름)이 커지므로 라켓(물체)의 선속도가 증가함
  - 투수의 팔 길이가 길수록 공(물체)의 선속도가 증가함
- ✓ 각속도 운동 예시
  - 야구타자는 스윙 시 각속도를 증가시키기 위해 회전반경을 최소화시킴
    - 반지름을 줄이기 위해, 걸린 시간을 최소화해야 하므로 회전반경을 최소화시킴
  - 축구선수는 공을 멀리 차려고 다리의 각속도를 증가시키기 위해 무릎을 구부렸다가 펴는 동작을 함
    - 회전한 각 변위를 최대화해야 하므로 각속도를 증가시킴

기출 Q

Q. 골프 스윙 동작에서 임팩트 시 클럽헤드의 선속도를 증가시키는 방법으로 옳지 않은 것은? *기출 22*

① 스윙 탑에서부터 어깨관절을 축으로 회전반지름을 최대한 크게 해서 빠른 몸통회전을 유도한다.
② 임팩트 전까지 손목 코킹(cocking)을 최대한 유지하여 빠른 몸통회전을 유도한다.
③ 임팩트 시점에는 팔꿈치를 펴서 회전반지름을 증가시킨다.
④ 임팩트 시점에는 언코킹(uncocking)을 통해 회전반지름을 증가시킨다.

해설 회전하는 물체가 돌아가는 속도로 선속도와 각속도가 발생함. 선속도는 몇 초에 몇 미터씩 이동하는 개념(=반지름×각속도), 각속도는 몇 도씩 돌아가는 개념임. 선속도를 증가시키기 위해선 각속도와 회전반경을 증가시켜야 함. 즉, 골프 스윙 시 관절을 굽혀 질량을 회전축에 가깝게 함으로써 각속도를 증가시킬 수 있고(관성모멘트를 감소시키는 개념임), 임팩트 직전에 관절을 늘려 회전반경을 늘림으로써 선속도를 증가시킬 수 있음   **정답** ①

Q. 각운동에 관한 내용으로 옳은 것은? *기출 20*

① "접선속도(선속도)=반지름×각속도"에서 각속도의 단위는 도(degree)이다.
② 반지름(회전반경)의 크기가 커지면 1라디안(radian)의 크기는 커진다.
③ 라디안은 반지름과 호의 길이의 비율로 계산한다.
④ 360도는 2라디안이다.

해설 각운동은 체조의 대차돌기 시 신체중심의 이동궤적과 같은 회전운동을 의미함. 라디안(radian)은 원의 중심에서 반지름의 길이와 호(arc)의 길이가 이루는 각도임
1rad=호의 길이(d)/반경(r)   **정답** ③

Q. 〈보기〉에서 각운동에 관한 설명으로 옳은 것만 고른 것은? *기출 24*

> ㄱ. 각속력은 벡터이고, 각속도(angular velocity)는 스칼라이다.
> ㄴ. 각속력(angular speed)은 시간당 각거리(angular distance)이다.
> ㄷ. 각가속도(angular acceleration)는 시간당 각속도의 변화량이다.
> ㄹ. 각거리는 물체의 처음과 마지막 각위치의 변화량이다.

① ㄱ, ㄴ   ② ㄱ, ㄹ
③ ㄴ, ㄷ   ④ ㄷ, ㄹ

해설 각속력은 각속도의 절댓값으로 항상 양의 값을 가짐

- 각속력(도/초) = $\dfrac{회전한 각거리}{걸린 시간}$

각가속도는 원운동을 하는 물체에 힘의 모멘트가 작용하여 속도나 방향을 변화시킬 때 생기는 물리량(angular acceleration)임

각가속도(m/r^2) = $\dfrac{나중 각속도 - 처음 각속도}{걸린 시간}$ = $\dfrac{\Delta\omega(각속도의 변화량)}{t(시간)}$ **정답** ③

OX 퀴즈

야구 투수선수의 팔 길이가 길수록 회전반경이 커지므로 공의 선속도가 증가하게 된다. O│X

정답 O

CHAPTER 05 운동역학의 스포츠 적용

01 선운동의 운동역학적 분석

1. 힘의 정의와 종류

(1) 힘(Force)이란 움직임을 일으키는 원인으로 **크기와 방향**이 모두 있는 **벡터 물리량**이고, 단위는 **뉴턴(N)**으로 표시함 ※ F=질량(m)×가속도(a)

(2) 힘의 3요소는 방향, 크기, 작용점임

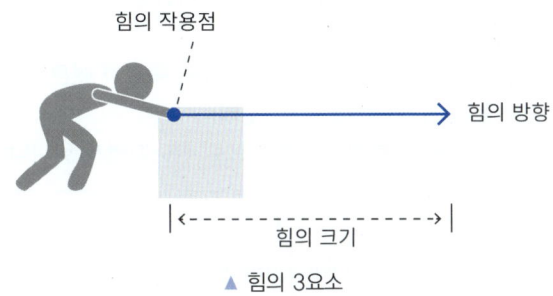

▲ 힘의 3요소

(3) 힘의 크기와 방향이 같으면 동일한 힘이고, 다르면 물체에 미치는 영향도 달라짐

(4) 힘의 종류

내력	• 어떤 물체의 외부에 힘을 가했을 때 형상을 유지하기 위해 내부에서 버티는 힘
외력	• 외부에서 물체에 가하는 힘
마찰력	• 물체가 다른 물체의 접촉면에 생기는 **운동을 방해하는 반대방향의 힘** • 접촉면이 거칠수록 마찰력이 큼 • 접촉면의 형태와 성분(재질)은 마찰계수에 영향을 미침
중력	• 인체나 물체를 지구 중심방향으로 끌어당기는 힘 • 물체의 질량과 중력가속도의 곱 • 물체의 **질량에 비례, 거리의 제곱에 반비례** • 중력이 가장 큰 곳은 지구표면(지각)이고, 여기서 멀어질수록 중력은 거리의 제곱에 비례하여 줄어듦

기출 FOCUS

◉ 뉴턴(N): 힘이란 움직임을 일으키는 원인, 크기와 방향이 모두 있는 벡터 물리량
17·19·20 기출

◉ 베르누이의 정리
• 유체의 흐름이 빠른 곳이 유체의 흐름이 느린 곳보다 상대적으로 압력이 낮아지는 현상
• 비행기 날개 윗부분이 아랫부분보다 굴곡이 있어서 날개 윗부분의 공기흐름이 아랫부분보다 더 빠르고 압력이 더 낮아 양력이 발생해 날아오르게 된다.

◉ 마그누스 효과 18·21·23 기출
• 회전하며 이동하는 공의 윗부분과 아랫부분의 압력차이로 경로가 굽어서 날아가는 현상
• 야구 커브볼, 축구 코너킥, 테니스 백스핀 등

◉ 선운동의 운동역학
• 힘: 벡터양, 단위 N, 3요소 (크기, 방향, 작용점)
• 마찰력: 작용력의 반대방향 (운동을 방해하는 방향)
18·21·22 기출
• 중력: 질량에 비례, 거리의 제곱에 반비례 18 기출
• 압력: 중력에 비례, 접촉면적(바닥면적)에 반비례
15·22 기출
• 양력: 압력이 높은 속도가 느린 쪽에서 압력이 낮은 속도가 빠른 쪽으로 미는 효과
18·22 기출

기출 FOCUS

- ✓ 항력 24 기출
- ✓ 단축성 수축 21 기출
- ✓ 신장성 수축 23 기출

압력	• 물체가 누르는 힘으로 중력에 비례, 접촉면적에 반비례함 ※ 운동 예시 – 복싱 글러브는 맨주먹보다 접촉면적이 넓기 때문에 상해를 줄일 수 있음
부력	• 물속에 잠긴 물체에 중력 반대방향인 위로 작용하는 힘
항력	• 공기나 물속을 움직이는 물체운동의 반대방향으로 작용하는 저항력
양력	• 유체 속의 물체에 운동방향의 수직방향으로 작용하는 힘 ※ 운동 예시 • 공이 백스핀으로 날아가는 경우(야구 커브볼, 테니스, 골프, 축구 등) – 공이 날아가는 방향과 반대방향의 회전을 하는 경우 정상적인 포물선 궤도보다 상향으로 감 – 공의 위쪽은 바람방향과 공 회전방향이 일치하여 속도가 빨라지고 압력이 낮아짐 – 공의 아래쪽은 바람방향과 공 회전방향이 반대가 되어 속도가 느려지고 압력이 높아짐 – 즉, 속도가 느린 쪽(압력 高)에서 속도가 빠른 쪽(압력 低)으로 미는 힘이 발생함(베르누이 정리) – 이는 공이 회전하는 방향으로 휘어지면서 날아감(마그누스 효과) 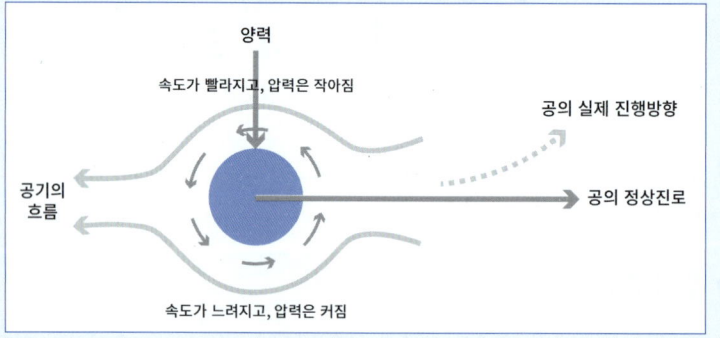

개념 PLUS

근육수축형태 ◆ 운동생리학 04. '골격근과 운동'에도 등장
- 등척성 수축: 근육의 길이가 변하지 않음 예 자세유지 동작
- 등장성 수축: 근육의 길이가 변함
 – 단축성 수축: 구심성 수축, 저항의 중력을 극복하여 장력 발휘, 발휘 근력이 외력보다 커서 근육의 길이가 짧아짐 예 턱걸이에서 올라가는 동작
 – 신장성 수축: 원심성 수축, 저항의 중력을 극복하지 못하여 근 길이가 증가하고 장력 발휘, 발휘 근력이 외력보다 작아서 근육의 길이가 길어짐 예 턱걸이에서 내려가는 동작

OX 퀴즈

운동을 방해하는 반대방향의 힘을 중력이라 한다. Ⓞ Ⓧ

정답 ×
해설 마찰력

기출 Q

Q. 〈그림〉의 야구 투구에서 공의 회전방향과 마그누스 힘(Magunus force)의 방향이 바르게 연결된 것은?
기출 21

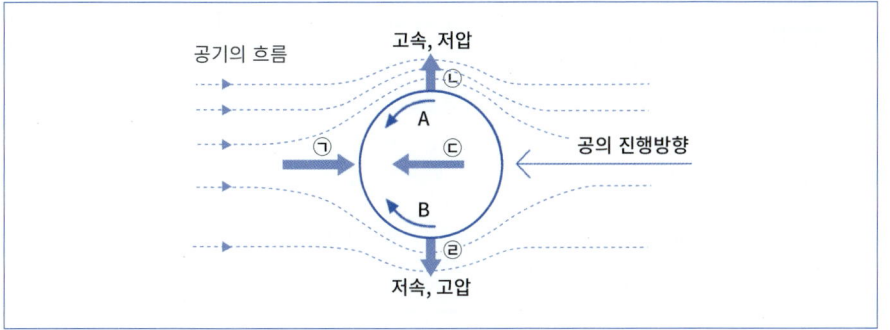

	공의 회전방향	마그누스 힘의 방향
①	A	㉠
②	B	㉡
③	A	㉢
④	B	㉣

해설 힘의 종류 중 양력에는 야구, 테니스, 골프, 축구 등과 같이 구기 종목에서 공이 날아가면서 생기는 마그누스 효과가 있음. 즉, 공이 회전하는 방향으로 휘어지면서 날아감
정답 ②

Q. 근의 신장(원심)성 수축(eccentric contraction)이 아닌 것은?
기출 23

① 스쿼트의 다리를 굽히는 동작에서 큰볼기근(대둔근, gluteus maximus)의 수축
② 팔굽혀펴기의 팔을 펴는 동작에서 위팔세갈래근(상완삼두근, triceps brachii)의 수축
③ 턱걸이의 팔을 펴는 동작에서 넓은등근(광배근, latissimus dorsi)의 수축
④ 윗몸일으키기의 뒤로 몸통을 펴는 동작에서 배곧은근(복직근, rectus abdominis)의 수축

해설 신장성 수축은 원심성 수축으로 저항의 중력을 극복하지 못하여 근 길이가 증가하고 장력을 발휘함. 근내 장력은 일정하고, 근 길이가 늘어남. 즉, 턱걸이의 내려가는 동작과 같이 근육의 길이가 길어지면서도 힘을 발휘함. ②번의 팔굽혀펴기에서 팔을 펼 때 위팔세갈래근은 근육이 짧아지므로 단축성 수축을 하게 됨
정답 ②

기출 FOCUS

✓ 뉴턴의 선운동 법칙 24 기출
  • 관성의 법칙   18 기출
  • 가속도의 법칙   21 기출
  • 작용·반작용의 법칙

Q. 〈보기〉에서 힘(force)에 관한 설명으로 옳은 것을 모두 고른 것은?   기출 24

> ㄱ. 움직임을 일으키는 원인으로 에너지이다.
> ㄴ. 질량과 가속도의 곱으로 결정된다.
> ㄷ. 단위는 N(Newton)이다.
> ㄹ. 크기를 갖는 스칼라(scalar)이다.

① ㄱ, ㄴ   ② ㄱ, ㄹ
③ ㄴ, ㄷ   ④ ㄷ, ㄹ

(해설) 힘(Force)이란 움직임을 일으키는 원인으로 크기와 방향이 모두 있는 벡터 물리량이고, 단위는 뉴턴(N)으로 표시함, F=질량(m)×가속도(a)   (정답) ③

2. 뉴턴의 선운동 법칙

암기 TIP
일성이속삼반 일성이와 이속이는 삼반에 배치됩니다. 이렇게 암기해보세요.

관성의 법칙	• 제1법칙 • 물체는 외부로부터 받는 힘의 합이 0(zero)이면 현재 운동 상태 유지 • 물체가 외부로부터 힘을 받지 않을 경우 운동을 진행하는 동안 물체가 지닌 운동량은 유지됨(운동량 보존의 법칙) 　예) 버스가 급출발 혹은 급정거할 때 뒤로 혹은 앞으로 쏠림
가속도의 법칙 * 가장 중요함	• 제2법칙 • 물체가 외부로부터 힘을 받으면 물체는 힘의 방향으로 가속됨 • 가속도의 크기는 힘에 비례하고 질량에 반비례함(F=ma) 　예) 자전거를 타고 페달을 강하게 밟을수록 외력이 커져 가속됨
작용·반작용의 법칙	• 제3법칙 • 물체에 힘이 작용하면 항상 크기가 같고, 방향이 정반대인 반작용의 힘이 동시에 작용 　예) 보트를 타고 노를 뒤로 저으면 앞으로 감 　　　라켓으로 공을 치는 것, 사람이 땅을 발로 밟고 달리는 것

개념 PLUS

관성: 물체가 자신의 운동 상태를 유지하려는 특성
– 외부에서 힘이 작용하지 않으면 정지한 물체는 계속 정지하려고 함
– 운동하던 물체는 계속 운동하려고 함

운동량 보존의 법칙
예) 야구공과 배트의 총 운동량은 충돌 전과 충돌 후에도 동일하게 운동량이 보존되는 경우

OX 퀴즈
버스의 갑자기 출발할 때 뒤로 쏠리는 현상을 뉴턴의 제1법칙인 관성의 법칙으로 설명할 수 있다.   O/X

(정답) O

기출 Q

Q. 뉴턴(I. Newto)의 3가지 법칙과 관련이 없는 것은? 기출 24

① 외력이 가해지지 않으면, 정지하고 있는 물체는 계속 정지하려 한다.
② 가속도는 물체에 가해진 힘에 비례한다.
③ 수직 점프를 할 때, 지면을 강하게 눌러야 높게 올라갈 수 있다.
④ 외력이 가해지지 않으면, 물체가 가진 각운동량은 변하지 않는다.

(해설) 본 문제의 보기 ①, ②, ③번은 뉴턴의 선운동 1, 2, 3법칙을 설명하면서 다소 오류가 있는 문장에 해당되고, ④번은 뉴턴의 각운동 제1법칙을 설명하면서 틀리게 제시된 문장임. 즉, 모든 문항이 답안으로 처리됨

① 제1법칙은 물체가 외부로부터 받는 힘의 합이 0(zero)이면 현재 운동 상태가 유지되고 운동량이 보존됨. 즉, 물체가 계속 정지하려 한다는 표현은 제1법칙의 설명과는 거리가 멂
② 가속도는 단위 시간당 속력의 변화를 의미함. 제2법칙은 물체가 외부로부터 힘을 받으면 물체는 힘의 방향으로 가속됨. 즉, 힘차게 밀수록 속도가 점점 더 빨라짐. 다시 말해 본 문장을 좀 더 명확하게 표현하자면, 물체에 힘이 작용할 때 생기는 가속도는 작용한 힘의 크기에 비례한다라고 대상과 방향을 언급하면 좋았을 법함
③ 제3법칙은 물체에 힘이 작용하면 항상 크기가 같고, 방향이 정반대인 반작용의 힘이 동시에 작용함. 단, 고정되어 있는 지면을 누르는 힘과 수직 점프할 때 작용하는 힘이 같다고 할 수 없으므로 제3법칙의 설명과는 거리가 멂
④ 뉴턴의 각운동량 보존의 법칙(제1법칙)은 외부에서 힘의 모멘트(토크)가 작용하지 않으면 각운동량은 변하지 않고 일정함. 토크란 어떤 축에 대하여 물체를 회전시키고자 하는 힘의 능률을 뜻하므로, 문항에 표기된 외력(외부에서 물체에 가하는 힘)이 가해지지 않으면, 물체가 가진 각운동량은 변하지 않는다는 것은 정확한 표현이 아님
결론적으로 다소 정제되지 않은 문제라고 판단됨

(정답) ①, ②, ③, ④

Q. 100m 달리기 경기에서 80kg인 선수가 출발 3초 후 12m/s의 속도가 되었다면 달리는 방향으로 발휘한 평균 힘의 크기는? 기출 20

① 240N ② 320N
③ 800N ④ 960N

(해설) 뉴턴의 가속도의 법칙에서 가속도의 크기는 힘에 비례하고 질량에 반비례함
∴ F = 질량(m) × 가속도(a) = 질량 × [(나중 속도 − 처음 속도)/걸린 시간]
= 80 × (12 / 3) = 320N

(정답) ②

기출 FOCUS

- **선운동량과 충격량**
  17·18·19·21·24 기출
- **공의 무게에 따른 운동량**
  16 기출
  - 같은 속도로 날아오는 무거운 공과 가벼운 공의 운동량은 다름
  - 무게가 같은 공으로 속도를 다르게 던지면 운동량은 다름

3. 선운동량과 충격량

선운동의 공식	충격량 = 운동량 힘(F) × t(시간) = 질량(m) × 속도의 변화량(△v)

(1) 선운동량

① 일정한 질량을 가진 어떤 물체의 운동량 변화는 속도의 변화를 의미함
② 즉, 물체의 질량과 속도의 함수로서 더 큰 질량을 지닌 물체, 더 빠른 속도의 물체일수록 운동량이 큼

기출 FOCUS

✅ **운동량과 충격량**
- 운동량(질량×속도): 질량이 클수록, 속도가 빠를수록 큼. 단위 N·s 또는 kg·m/s
- 충격량(충격력×작용시간): 작용시간을 늘릴수록 충격량 감소. 단위 N·s 또는 kg·/s

✅ **운동량을 크게 하기 위한 예시**
- 야구선수는 배트 스윙 시 운동량을 최대로 높이기 위해 빠르게 휘두름
- 권투선수는 주먹을 빠르게 뻗어 상대를 가격함

✅ **충격력을 크게 하기 위한 예시**
- 종합 격투기 선수가 충격력(힘)을 최대로 높이기 위해 작용시간을 단축하며 강력한 타격을 함

③ 충돌 전후의 운동량은 일정함. 즉, 선운동량이 보존됨
④ 선운동량 공식: 질량(m) × 속도(v)
⑤ 운동량과 충격량의 단위는 같음(N·s 또는 kg·m/s)

(2) 선운동 충격량

① 물체에 힘을 작용하여 운동 상태를 바꿀 때 가한 충격의 정도인 물리량을 의미함
　㉠ 물체가 받는 힘의 효과를 나타내는 물리량
　㉡ 물체가 받는 힘과 시간을 곱한 값(힘=충격력)
② 질량이 변하지 않을 때 속도의 변화량에 비례함
③ 질량(스칼라양)과 속도(벡터양)의 곱인 운동량(벡터양)에 대한 변화량임
④ 선운동 충격량 = 힘(F)×시간(t) = 충격력×작용시간
　　　　　　　　＝질량(m)×속도의 변화량(△v)
　　　　　　　　＝충돌 후 운동량－충돌 전 운동량
　　　　　　　　＝운동의 변화량
⑤ 동일한 충격량 생성조건에서 작용시간(접촉시간, 충격시간)을 늘리면 충격력은 감소하고, 작용시간을 줄이면 충격력(힘)은 증가함 예 태권도 격파, 권투선수 타격
⑥ 충격량은 운동량의 변화량이므로 운동량과 물리량이 같음. 즉, 단위가 운동량과 같음(N·s 또는 kg·m/s)

기출 Q

Q. 선운동량 또는 충격량에 관한 설명으로 옳은 것은? 　기출 24

① 충격량은 질량이 변하지 않을 때 속도의 변화량에 비례한다.
② 동일한 충격량 생성 조건에서 접촉시간을 늘리면 충격력은 증가한다.
③ 운동량은 스칼라(scalar)양이다.
④ 운동량과 충격량의 단위는 다르다.

해설 정확히 표현하면 '선운동 충격량'은 물체에 힘을 작용하여 운동 상태를 바꿀 때 가한 충격의 정도인 물리량을 말함
- 선운동 충격량 = 힘(F)×시간(t) = 충격력×작용시간
　　　　　　　＝질량(m)×속도의 변화량(△v)
　　　　　　　＝충돌 후 운동량－충돌 전 운동량

정답 ①

OX 퀴즈

충격량은 질량이 변하지 않을 때 속도의 변화량에 비례하지 않음
　O X

정답 X
해설 비례함

Q. 〈보기〉의 ㉠, ㉡에 들어갈 용어가 바르게 연결한 것은? 기출 23

> 농구선수는 양손 체스트패스 캐치 동작에서 공을 몸쪽으로 당겨 받는다. 그 과정에서 공을 받는 (㉠)은 늘리고 (㉡)은 줄일 수 있다.

	㉠	㉡
①	시간	충격력(impact force)
②	충격력	시간
③	충격량(impulse)	시간
④	충격력	충격량

해설 충격량은 물체에 힘을 작용하여 운동 상태를 바꿀 때 가한 충격의 정도인 물리량을 의미함(충격량＝힘×시간＝충격력×작용시간). 〈보기〉 설명과 같이 동일한 충격량 생성조건에서 선수가 공을 받는 작용시간(접촉시간, 충격시간)을 늘리면 충격력은 감소하고, 작용시간을 줄이면 충격력(힘)은 증가함

정답 ①

기출 FOCUS
- 탄성(반발)계수
  20·22·23 기출

4. 충돌

(1) 탄성력
① 외력에 의해 일시적으로 변형된 물체가 원래의 모양으로 돌아가려는 힘
② 충돌 시 두 개의 물체 속도의 변화는 각각의 질량에 반비례함

> **개념 PLUS**
>
> 탄성력 활용 예시
> - 추진력: 양궁, 장대높이뛰기, 다이빙 등
> - 저항: 근력 트레이닝 등
> - 완충: 매트, 테니스 라켓 등

(2) 탄성계수(반발계수, 복원계수)
① 공식

$$탄성계수 = \frac{충돌\ 후의\ 속력}{충돌\ 전의\ 속력}$$

※ 공이 바닥에 충돌했을 때 튀어 오르는 정도로 '반발계수'라고도 함

② 탄성계수 영향 요인: 표면(충돌체)의 재질, 충격 강도, 충격 속도, 온도(낮을수록 낮음)

완전 탄성 충돌	• 충돌 전과 후의 속력이 같음(탄성계수＝1) • 당구 등
불완전 탄성 충돌 (＝비탄성 충돌)	• 충돌로 물체가 일시적 변형 후 다시 복원됨(0 < 탄성계수 < 1) • 농구 리바운드, 야구 배팅, 축구 킥, 테니스, 복싱 등 대부분의 종목
완전 비탄성 충돌	• 충돌 후 서로 분리되지 않음(탄성계수＝0) • 양궁, 사격, 구기 종목의 포구 동작 등

암기 TIP

완당 불농 비양 완전탄성(당구), 불완전탄성(농구, 야구, 축구), 완전비탄성(양궁, 사격). 키워드 위주로 암기해보세요.

OX 퀴즈

외력에 의해 일시적으로 변형된 물체가 다시 원래대로 돌아가려는 힘을 탄성력이라고 한다.
O X

정답 O

(3) 충돌 후 공의 속도가 클 경우

① 도구의 질량이 무거울수록, 공의 질량이 가벼울수록
② 도구의 충돌 전 속도가 클수록, 공의 충돌 전 속도가 클수록
③ 정면으로 충돌할수록, 즉 충돌각도가 작을수록
④ 탄성계수가 클수록

> **기출 Q**
>
> **Q.** 반발계수(coefficient of restitution)에 관한 설명으로 적절하지 않은 것은?
>
> 기출 20
>
> ① 0부터 1 사이의 값이다.
> ② 두 물체 간의 충돌 전후의 상대속도의 비율로 측정한다.
> ③ 완전탄성충돌(perfectly elastic collision)의 반발계수는 1이다.
> ④ 공을 떨어뜨린(drop) 높이와 공이 지면에서 튀어 오른(bounce) 높이의 차이 값이다.
>
> 해설 반발계수(탄성계수)란 공이 바닥에 충돌했을 때 튀어 오르는 정도를 말함. 충돌체의 표면 재질, 충격 강도, 충격 속도, 온도(낮을수록 낮음) 등으로부터 영향을 받음. 탄성계수=충돌 후의 속력 / 충돌 전의 속력
>
> 정답 ④

기출 FOCUS

- 토크(힘의 모멘트)
  16·18 기출
- 토크 활용의 예시 16·19 기출
  - 볼트를 쉽게 돌리기 위해 렌치를 이용
  - 테니스 서브를 강하게 하기 위해 신체를 최대한 폄(신전, extension)
  - 역도에서 바벨을 몸의 중심에 가까이 유지하며 들어올림
- 시소 중심으로부터 1.50m 지점에 몸무게가 500N의 사람이 있고, 몸무게가 600N인 사람이 반대편에 앉아 시소의 평형을 유지하기 위해서는 시소의 중심으로부터 1.25m에 있어야 함   16 기출
  - 1.50m×500N=1.25m×600N

02 각운동의 운동역학적 분석

1. 토크와 관성모멘트

(1) 토크(힘의 모멘트, 회전효과)

① 돌림힘이라고도 하고, 회전력을 의미함(torque, moment of force)
② 가해진 힘과 축에서 힘의 작용선까지 수직거리의 곱. 즉, 힘의 토크(T, 힘의 모멘트, 힘의 회전능률)=힘의 크기×받침점에서 힘점까지의 거리 = 작용하는 힘(F)×모멘트암(d, 힘의 작용선부터 회전축까지의 거리)
③ 힘의 작용하는 방향이 다르면 토크가 달라짐
④ 토크의 2가지 요소: 작용하는 힘, 모멘트 암(arm, 팔)

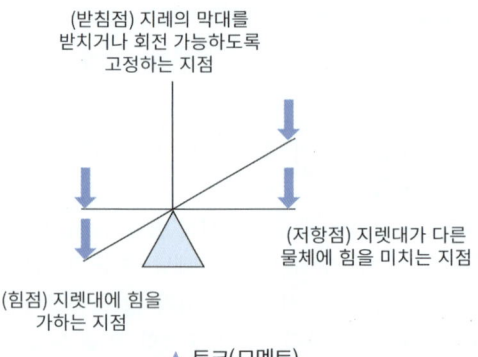

▲ 토크(모멘트)

개념 PLUS

토크
- 물체의 질점(중앙점)에 힘을 가하면 직선운동 발생
- 질점을 벗어나면 곡선운동과 회전운동이 동시에 발생
- 물체의 질점을 벗어난 방향으로 작용하는 힘을 이심력(eccentric force)이라고 함
- 이심력이 물체에 작용할 때 물체 내에 고정된 점이 있으면 회전운동만 발생
- 예 시소, 자전거에서 바퀴에 이심력이 작용하면서 바퀴가 회전하는 성질을 의미함

(2) 관성모멘트(=질량관성모멘트, mass moment of inertia)

① 회전하는 물체는 계속 회전하려고 하고, 회전하지 않는 물체는 계속 그 상태로 있으려고 함. 회전운동에서 외부에 가해진 회전력에 대해 물체의 운동 상태를 변화시키지 않으려는 저항 특성, 즉 물체의 한 점을 축으로 삼아 그 물체를 회전시키려 할 때 잘 회전되지 않으려는 성질(각운동의 관성, 회전관성, moment of inertia).

② <u>질량이 회전축으로부터 멀리 분포될수록 커짐</u>
  - 예 피겨 스케이트 선수가 회전할 때 양팔을 벌리고 있으면 관성모멘트(회전관성)가 커지는 반면, 양팔을 최대한 모으면 관성모멘트(회전관성)가 작아져서 회전속도가 빨라짐

③ 어떤 물체를 회전시키려 할 때 잘 돌아가지 않으려는 속성. 즉, <u>관성모멘트를 줄여야 회전력을 키울 수 있고, 회전속도도 빨라짐</u>

④ 관성모멘트 <u>크기는 물체의 질량과 회전반경이 클수록 증가함</u>

⑤ 관성모멘트(I) = 질량(m) × 회전반경^2(r^2)

기출 Q

Q. 종종 야구 배트를 효과적으로 가속시키기 위해 배트의 위쪽을 원통 모양으로 잘라내고 그 안에 코르크와 같은 가벼운 소재로 채워 넣는다. 배트의 무엇을 줄이기 위한 것인가?

기출 15

① 관성모멘트 ② 배트의 회전 속도
③ 탄성에너지 ④ 마찰력

해설 관성모멘트는 회전운동에서 외부에 가해진 회전력에 대해 물체의 운동상태를 변화시키지 않으려는 저항 특성임. 질량이 커질수록 관성모멘트는 커짐 정답 ①

Q. 한 축에서 발생하는 토크(torque, moment of force)에 대한 설명 중 틀린 것은?

기출 18

① 토크는 회전력을 말한다.
② 토크는 가해진 힘과 축에서 힘의 작용선까지 수직거리의 곱이다.
③ 힘이 작용하는 방향이 다르면 토크가 달라진다.
④ 힘의 작용선이 물체의 회전축을 통과할 때 토크가 발생한다.

해설 토크는 돌림힘으로서 중심축이 고정돼 있고 축과 거리가 떨어진 곳에 힘이 작용할 때 생김 정답 ④

기출 FOCUS

- **관성모멘트** 18·21·24 기출
- **관성모멘트 활용의 예시** 15·16·17·18·22·23 기출
  - 다이빙 선수가 전방으로 공중 회전하는 동작에서 사지를 쭉 편 레이아웃(layout) 자세보다 사지를 웅크린 턱(tuck) 자세가 관성모멘트를 줄임으로써 회전속도와 회전수를 증가시킴
  - 야구배트를 효과적으로 가속시키기 위해 배트의 위쪽을 원통 모양으로 잘라내고 그 안에 코르크와 같은 가벼운 소재를 채워 넣음으로써 관성모멘트를 줄임
  - 유도의 업어치기 시 상대와 자신의 신체중심 거리를 최대한 좁히며 관성모멘트를 감소시킴으로써 신체가 빠르게 회전됨

- **토크와 관성모멘트**
  - 토크(힘의 크기 × 받침점에서 힘점까지의 거리): 모멘트, 2요소(작용하는 힘, 모멘트 암)
  - 관성모멘트: 질량이 클수록, 회전반경이 클수록 증가

OX 퀴즈

다이빙 선수가 공중 회전할 때 몸을 최대한 웅크리는 자세는 관성모멘트를 줄이기 위한 것이다.

O X

정답 O

기출 FOCUS

✓ 뉴턴의 각운동 법칙
- 각운동량 보존의 법칙
  16·19 기출
- 각가속도의 법칙
- 각반작용의 법칙

Q. 다이빙선수의 공중동작에서 발생할 수 있는 회전운동에 관한 설명으로 옳은 것은?

기출 21

① 질량분포가 회전축에서 멀수록 관성모멘트는 작아진다.
② 관성모멘트는 각운동량에 비례하고 각속도에 반비례한다.
③ 회전반경의 길이는 관성모멘트의 크기에 영향을 주지 않는다.
④ 공중자세에서 관성모멘트가 달라져도 각속도는 변하지 않는다.

해설 관성모멘트는 물체의 한 점을 축으로 삼아 그 물체를 회전하려고 할 때 잘 회전되지 않으려는 성질임. 선수의 공중동작에서 양팔을 벌리고 있으면 관성모멘트(회전관성)가 커지지만, 양팔을 최대한 몸 쪽으로 모으면 작아지면서 회전속도가 빨라짐. 즉, 각운동량에 비례하고 각속도에 반비례함

정답 ②

2. 뉴턴의 각운동 법칙

(1) 각운동량 보존의 법칙(제1법칙)

① 외부에서 토크(힘의 모멘트)가 작용하지 않으면 각운동량은 변하지 않고 일정함
② 각관성의 법칙이라고도 함

> 예 다이빙 동작에서 입수 시 수면과 수직방향으로 몸을 최대로 신전시켜서 관성모멘트를 최대화하고, 각속도를 최소화하는 경우

(2) 각가속도의 법칙(제2법칙)

① 토크(힘의 모멘트)가 작용하면 각운동량은 토크의 방향과 일치함
② 토크의 크기와 비례, 관성모멘트와 반비례함
③ 토크(T) = 관성모멘트(I) × 각가속도(α)

(3) 각반작용의 법칙(제3법칙)

토크(힘의 모멘트)가 작용하면 토크와 반대방향으로 크기가 같고, 방향이 반대인 반작용 토크가 발생함

기출 Q

Q. 다이빙 공중 동작을 할 때 신체의 좌우축에 대한 회전속도(각속도)의 크기가 가장 큰 동작으로 적절한 것은? (단, 각운동량(angular momentum)은 같음)   기출 19

① 두 팔과 두 다리 모두 편 자세를 취할 때
② 두 팔과 두 다리를 동시에 몸통 쪽으로 모으는 자세를 취할 때
③ 두 다리는 편 상태에서 두 팔만 몸통 쪽으로 모으는 자세를 취할 때
④ 두 팔은 편 상태에서 두 다리만 몸통 쪽으로 모으는 자세를 취할 때

해설 위 예시는 몸을 웅크릴수록 관성모멘트(회전관성)가 작아져서 회전속도가 커지는 경우임. 또 다른 예로는 피겨 스케이트 선수가 회전할 때 양팔을 벌리고 있으면 관성모멘트(회전관성)가 커지는 반면, 양팔을 최대 모으면 관성모멘트(회전관성)가 작아져서 회전속도가 빨라짐

정답 ②

OX 퀴즈

외부에서 모멘트가 작용하지 않으면 각운동량은 변하지 않는다.
O | X

정답 O

Q. 각운동량의 보존과 전이에 관한 운동 동작의 예시로 적절하지 <u>않은</u> 것은? 기출 20

① 배구에서 공중 스파이크를 하기 전에 팔과 다리를 함께 뒤로 굽히는 동작
② 높이뛰기에서 발 구름을 할 때 지지하는 다리를 최대한 구부리는 동작
③ 멀리뛰기에서 착지하기 전에 팔과 다리를 함께 앞으로 당기는 동작
④ 다이빙에서 공중회전을 할 때 팔을 몸통 쪽으로 모으는 동작

<u>해설</u> 각운동량의 보존의 법칙(뉴턴의 각운동 제1법칙)은 외부에서 토크(힘의 모멘트)가 작용하지 않으면 각운동량은 변하지 않고 일정한 것을 의미함. 다이빙 동작에서 입수할 때 수면과 수직방향으로 몸을 최대로 신전시켜서 관성모멘트(물체의 한 점을 축으로 삼아 그 물체를 회전시키려 할 때 잘 회전되지 않으려는 성질)을 최대화하고, 각속도를 최소화하는 경우를 통해 이해할 수 있음. 높이뛰기를 할 때 지지하는 다리를 최대로 펴야 하는 경우와 유사함. 정답 ②

기출 FOCUS

✓ **각운동량의 전이(운동 예시)**
- 전체 운동량이 변하지 않은 상태에서 일부 동작으로 각운동량을 만듦
- 나머지 동작으로 각운동량이 선운동량으로 전환되는 원리
- 투창 경기 중 도움닫기의 선운동량이 던지는 동작의 각운동량으로 전이됨
- 높이뛰기, 멀리뛰기, 체조, 다이빙에서의 공중동작 중 팔다리의 각운동량은 전신 또는 다른 신체부위의 각운동량으로 전이됨 17 기출

✓ **운동량의 보존과 전이(공기저항 무시)에 대한 운동 예시** 17 기출
- 다이빙의 공중 동작에서 각운동량이 보존됨
- 축구의 인프론트킥에서 발끝 속도는 몸통의 각운동량이 하지로 전이되어 발생함
- 높이뛰기에서 이륙 후 인체의 총 각 운동량은 일정함
- 체조 도마의 제2비약에서 상·하체 각운동량의 합은 일정함

3. 각운동량과 회전충격량

각운동의 공식	충격량=운동량 $T \times t = I \times \triangle\omega$ * $I = m \times r^2$

(1) 각운동량

① 물체의 관성모멘트와 각속도의 함수(관성모멘트 × 각속도), 즉, 각운동량이란 회전하는 물체의 운동을 나타내는 물리량으로 관성모멘트(회전관성)가 줄어들면 회전속도가 빨라지고, 관성모멘트(회전관성)가 커지면 회전속도는 느려짐
② 각운동량이 클 경우는 <u>큰 관성모멘트를 지닌 물체일수록, 너 빠른 각속도로 움직이는 물체일수록 큼</u>
③ 회전하고 있는 물체를 정지시키기 어려운 정도, 즉 <u>회전하는 물체가 가진 운동량</u>(angular momentum)
④ 각운동량 공식: 관성모멘트(I)×각속도의 변화량($\triangle\omega$)
   ※ (질량)관성모멘트(I) = 질량(m) × 회전반경(돌림축거리, r^2)

(2) 각운동 충격량

① 주어진 시간 동안 가해진 회전력의 총량(회전충격량)
② 각운동량의 변화, 즉 공전적 각운동량과 자전적 각운동량 변화의 원인임
③ 각운동 충격량 공식: 토크(T) × 시간(t)
   ※ 토크(T) = 힘(F) × 모멘트암(d)

OX 퀴즈

멀리뛰기 선수가 도약을 하는 동작에서 팔다리의 각운동량은 온몸으로 전이된다. ⓞⓧ

정답 ○

기출 FOCUS

◎ **원심력, 구심력** 20·24 기출

◎ **구심력과 원심력 운동 예시**
　　　　　　　　　　17 기출
- 해머던지기 선수는 원심력에 저항하기 위해 투척할 때 후경 자세(뒤로 기울어진 자세)를 취함
- 쇼트트랙 선수는 곡선주로에서 원심력을 줄이기 위해 왼손으로 빙판을 짚음
- 육상 선수는 곡선주로에서 원심력을 줄이기 위해 속도를 줄임
- 사이클 선수는 벨로드롬 곡선주로에서 지면마찰력이 구심력으로 작용함

◎ **각운동량, 구심력 및 원심력**
- 각운동량(관성모멘트 × 각속도): 큰 관성모멘트의 물체일수록, 빠른 각속도로 움직이는 물체일수록 큼
- 구심력: 질량이 클수록, 속력이 클수록, 회전 반지름이 클수록 힘이 더 들어감

기출 Q

Q. 운동 상황에서 운동량 보존과 전이에 대한 설명으로 옳지 <u>않은</u> 것은? (단, 공기저항을 무시함)　　　　　　　　기출 17

① 다이빙의 공중 동작에서 각운동량은 보존된다.
② 체조 도마의 제 2비약(도마이륙 후 착지 전까지 동작)에서 상·하체 각운동량의 합은 일정하지 않다.
③ 축구의 인프론트킥에서 발끝 속도는 몸통의 각운동량이 하지로 전이되어 발생한다.
④ 높이뛰기에서 이륙 후 인체의 총 각운동량은 일정하다.

해설 체조 도마의 제 2비약에서 상·하체 각운동량의 합은 일정함　　　**정답** ②

4. 구심력과 원심력

(1) 구심력

① 원운동을 발생시키는 원인으로 원의 중심을 향하는 힘
② 물체의 질량이 클수록, 빠르게 회전할수록, 회전반지름이 클수록 힘이 많이 듦
③ $F = mv^2/r$　※ m=질량, v=속도, r=반지름

(2) 원심력

원운동을 하는 물체가 바깥쪽으로 벗어나려고 하는 경향을 나타내는 힘

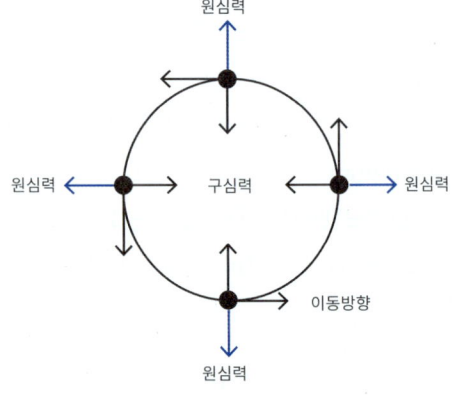

▲ 구심력과 원심력

OX 퀴즈

쇼트트랙 선수가 왼손으로 빙판을 짚는 행위는 구심력을 줄이기 위한 것이다.　　OX

　　　　　　　　정답 ×
　　　　　　　해설 원심력

기출 Q

Q. 운동 상황에서 구심력과 원심력에 대한 설명으로 옳지 않은 것은? `기출 17`

① 해머던지기 선수는 원심력에 저항하기 위해 투척할 때 후경 자세를 취한다.
② 쇼트트랙 선수는 곡선주로에서 원심력을 줄이려고 왼손으로 빙판을 짚는 동작을 취한다.
③ 육상 선수는 곡선주로에서 원심력을 줄이기 위해 질주속도를 증가시킨다.
④ 벨로드롬 사이클 곡선주로에서 지면마찰력이 구심력으로 작용한다.

(해설) 육상 선수는 곡선주로에서 원심력을 줄이기 위해 속도를 줄임. 원심력을 줄이기 위해선 회전반경을 크게, 질량을 작게, 속도를 줄여야 함
(정답) ③

Q. 해머던지기에서 구심력과 원심력에 관한 설명으로 옳지 않은 것은? `기출 20`

① 7kg의 해머와 비교하여 14kg의 해머를 동일한 각속도로 회전시키려면 선수는 구심력을 두 배로 증가시켜야 한다.
② 직선으로 운동하려는 해머의 관성을 이겨내고 원형경로를 유지하려면 안쪽으로 당기는 힘이 요구된다.
③ 해머의 각속도를 두 배로 증가시키려면, 선수는 두 배의 힘으로 해머를 안쪽으로 당겨야 한다.
④ 선수가 해머를 안쪽으로 당기는 힘을 증가시키면 해머도 선수를 당기는 힘을 증가시킨다.

(해설) 구심력은 원운동을 발생시키는 원인으로 원의 중심으로 향하는 힘이고, 원심력은 물체가 바깥으로 벗어나려는 힘을 말함. 구심력(F)=(질량×속도^2)/반지름
즉, 질량과 속도에는 비례하고, 반지름에는 반비례함. 구심성 각속도의 크기를 크게 하려면 질량과 속도를 크게 하거나, 반지름이 짧아져야 함
(정답) ③

개념 PLUS

뉴턴 제2법칙(가속도의 법칙)의 선운동과 각운동 비교 정리

구분	선운동 (= 선형운동, linear motion)	각운동 (= 돌림운동, rotary motion)
개념	• 가속도에 유발하는 힘에 비례 • 힘의 작용방향과 같은 방향 • 질량에 반비례	• 각가속도에 유발하는 토크에 비례 • 힘의 작용방향과 같은 돌림방향 • (질량)관성모멘트에 반비례
단위	N(kg·m/s^2)	N·m(kg·m^2·radian/s^2)
공식	F=m×a (힘=질량×가속도)	T=I×α (토크=관성모멘트×각가속도) * I=m×r^2=질량×회전반경^2

운동량과 충격량 관계		$F = m \times \triangle v / t$ (힘 = 질량 × 속도변화량/시간)	$T = I \times \triangle \omega / t$ (토크 = 관성모멘트 × 각속도변화량/시간)
	공식	충격량 = 운동량 $F \times t = m \times \triangle v$	충격량 = 운동량 $T \times t = I \times \triangle \omega$ * $I = m \times r^2$
	충격력 (힘F) 감소 방법	질량(m), 속도(△v)를 바꿀 수 없으므로 시간(t)을 늘려야 충격력을 감소시킬 수 있음	• 시간(t)을 늘려야 함 • 질량(m)을 바꿀 수 없지만, 회전반경(돌림축거리, r)을 짧게 함으로써 충격력을 감소시킬 수 있음
		[사례] 야구 포수가 공을 잡을 때 팔을 쭉 펴지 않고, 팔을 몸 안쪽으로 살짝 구부리며 시간을 늘림	[사례] 메디신공을 받을 때 관절을 신장하여(eccentric) 시간을 늘리고, 몸에 가까이 붙이며 회전반경(r)을 짧게 함

CHAPTER 06 일과 에너지

01 일과 일률

1. 일(Work)

(1) 물체에 힘을 작용하여 작용된 힘의 방향으로 물체가 이동했을 때의 작용된 힘

(2) 단위: J(줄, joule)

(3) 선운동과 각운동의 일(W)

선운동	• F×선변위 • 1m에 대해 적용된 1N(=1J)
각운동	• T×각변위 • 1라디안(radian)에 대해 적용된 1N·m(=1J)

기출 Q

Q. 역학적 일(work)을 하지 않은 것은? 기출 23

① 역도 선수가 바닥에 있던 100kg의 바벨을 1m 높이로 들어 올렸다.
② 레슬링 선수가 상대방을 굴려서 1m 옆으로 이동시켰다.
③ 체조 선수가 철봉에 매달려 10초 동안 정지해 있었다.
④ 육상 선수가 달려서 100m를 이동했다.

해설 일(work)이란 물체에 힘이 작용하는 동안에 물체에 작용한 힘을 의미함(역학적 일(N·m)=작용하는 힘×힘 방향의 변위). 정지해 있는 동작의 ③은 해당되지 않음 정답 ③

2. 일률(Power)

(1) 단위시간에 수행한 일의 양(일의 시간비율)

$$평균일률(p) = \frac{W(일, work)}{t(시간)} = \frac{F(힘) \times d(거리)}{t(시간)} = F(힘) \times v(속도)$$

(2) 얼마나 빠르게 일을 수행하였는지를 의미함

기출 FOCUS

- 역학적 일(N·m)=작용하는 힘×힘 방향의 변위
  16·17·21·23 기출
- 농구선수가 20N의 힘으로 농구공을 수직으로 2m 들어 올렸을 때 역학적 일(work)의 크기
  • 20N×2m=40N·m(J)
- Joule 단위로 나타내는 운동 예시 17 기출
  • 야구에서 투수가 던진 공의 에너지
  • 높이뛰기에서 지면반력이 인체에 가하는 역학적인 일
  • 장대높이뛰기에서 장대에 저장되는 탄성 에너지
- 일률(P)=작용하는 힘×힘 방향의 속도
  15·17·21·22·24 기출
- Power 단위로 나타내는 운동 예시 17 기출
  • 역도 인상에서 선수가 바벨을 들어 올린 힘
- 줄(J)과 와트(Watt)
  • 줄(J): 일(work), 운동에너지, 탄성 에너지의 단위
  • 와트(Watt): 일률(power), 마력(Horse Power, HP)의 단위(1HP = 735W)

OX 퀴즈

일(work)은 힘과 거리를 곱한 역학적인 일을 뜻하며 단위는 Joule 혹은 N·m이다. ⓞⓧ

정답 O

일률(power)은 야구에서 투수가 던진 공의 에너지에 해당된다. ⓞⓧ

정답 X
해설 일(W)

기출 FOCUS

◉ 에너지: 운동, 위치, 탄성 에
  너지   16·20·21·23 기출
  • 장대높이뛰기   22 기출

(3) 선운동과 각운동의 순간적인 일률(P)

선운동	• F×v(속도)
각운동	• T×ω(각속도)

기출 Q

Q. 역학적 일(work)과 일률(power)의 개념을 바르게 설명한 것은?   기출 24

① 일의 단위는 watt 또는 joule/sec이다.
② 일률은 힘과 속도의 곱으로 산출한다.
③ 일률은 이동한 거리를 고려하지 않는다.
④ 일은 가해진 힘의 크기에 반비례한다.

해설 일은 물체에 힘을 작용하여 작용된 힘의 방향으로 물체가 이동했을 때의 작용된 힘으로 단위는 J(줄, joule)임. 일률은 단위시간에 수행한 일의 양(일의 시간비율)임

평균일률$(p) = \dfrac{W(일, work)}{t(시간)} = \dfrac{F(힘) \times d(거리)}{t(시간)} = F(힘) \times v(속도)$

정답 ②

Q. 어떤 물체에 200N의 힘을 가해 물체를 10초 동안 5m 이동시켰을 때 일률(power)은? (단, 힘의 작용방향과 이동방향은 일치함)   기출 21

① 100Watt   ② 400Watt
③ 1,000Watt   ④ 10,000Watt

해설 일률(power)은 단위시간에 수행한 일의 양(일/시간)임
(200N×5m)/10s=100Watt

정답 ①

02 에너지

1. 에너지의 정의와 종류

(1) 에너지(Energy)란 일을 할 수 있는 능력을 말하고, 일의 단위처럼 J을 씀

(2) 역학적 에너지는 운동, 위치, 탄성 에너지로 분류됨: 이 3가지 모두 작용하는 종목은 장대높이뛰기가 있음

(3) 종류

운동에너지	• 운동하고 있는 물체가 갖고 있는 에너지(KE, Kinetic Energy)	
	선운동	$\dfrac{1}{2}mv^2$
	각운동	$\dfrac{1}{2}Iw^2$

운동에너지	• 질량(m)이 크고 속도(v)가 빠르게 움직이는 물체일수록 커짐 • (질량)관성모멘트($I=mr^2$)이 크고 각속도(ω)가 빠르게 움직이는 물체일수록 커짐 • 운동 중인 물체가 충돌할 때의 힘은 운동에너지에 비례하고, 힘이 작용된 거리에 반비례함, 최저점에서 가장 큼 ※ 운동 예시 • 날아가는 활과 창, 스윙하는 골프채
위치에너지	• 높은 곳에 있는 물체가 높이에 따라 갖게 되는 에너지 (PE, Potential Energy=mgh) • 질량(m)과 높이(h)에 비례함, 최고점에서 가장 큼
탄성에너지	• 늘어나거나 오므라든 탄성체가 변형이 없어지는 동안에 탄성력이 하는 일의 양을 탄성에 의한 힘(Strain Energy)이라고 함

기출 FOCUS

◎ 역학적 일   15 기출
• 바닥에 있는 바벨을 일정한 높이까지 들어 올리고 내리면 역학적 일과 관련됨
• 바벨을 머리 위에서 올려놓고 버티고 있으면 역학적 일과 관련이 없음

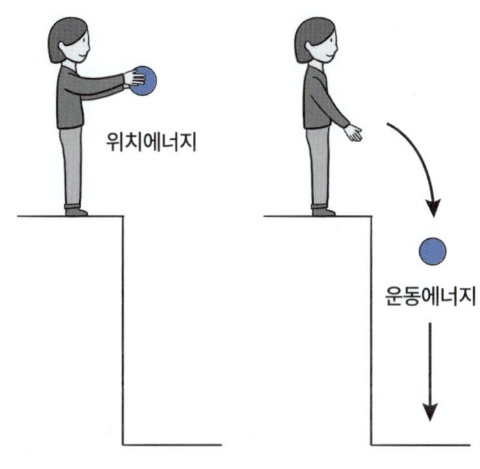

▲ 운동과 위치에너지

2. 역학적 에너지

(1) 역학적 에너지

역학적 에너지=운동에너지+위치에너지

$$=\frac{1}{2}mv^2+mgh=일정$$

※ m: 질량, v: 속도, g: 중력 가속도, h: 높이

(2) 에너지 보존법칙: 총 에너지(운동에너지+위치에너지)는 변하지 않고 일정함

(3) 인체 에너지의 효율은 인체가 소모한 에너지량에 대해 역학적으로 한 일의 비율임

$$효율=\frac{역학적으로\ 한\ 일}{인체가\ 소모한\ 에너지량}$$

OX 퀴즈

에너지는 운동에너지, 위치에너지, 탄성에너지가 있다. Ⓞⓧ

정답 O

기출 Q

Q. 트램펄린 위에서 점프 동작을 할 때 신체의 위치에너지에 대한 설명으로 옳은 것은? (단, 공기 저항은 무시함) 기출 19

① 위치에너지는 신체의 점프 높이에 상관없이 일정하다.
② 위치에너지는 신체가 트램펄린에 닿을 때 최대가 된다.
③ 위치에너지는 신체가 트램펄린에 근접할 때 최대가 된다.
④ 위치에너지는 신체가 수직으로 가장 높이 올라갔을 때 최대가 된다.

해설) 위치에너지란 높은 곳에 있는 물체가 높이에 따라 갖게 되는 에너지(PE, Potential Energy)로서 질량과 높이에 비례하고, 최고점에서 가장 큼. 최저점에서는 위치에너지가 운동에너지로 바뀌며 운동에너지가 가장 크게 됨
정답) ④

Q. 〈보기〉의 다이빙 선수가 가지는 에너지의 변화에 관한 설명에서 ㉠, ㉡, ㉢에 들어갈 용어로 적절한 것은? 기출 20

플랫폼에서 정지하고 있는 선수의 (㉠)에너지는 0이고, 낙하할수록 (㉡)에너지는 감소하고, (㉢) 에너지는 증가하게 된다.

	㉠	㉡	㉢
①	운동	운동	역학적
②	운동	위치	운동
③	역학적	위치	운동
④	운동	위치	역학적

해설) 운동에너지는 운동하고 있는 물체가 갖고 있는 에너지이고, 위치에너지는 높은 곳에 있는 물체가 높이에 따라 갖게 되는 에너지로서 최고점에서 가장 큼
정답) ②

CHAPTER 07 다양한 운동기술의 분석

01 인체의 운동 분석

1. 운동학적 분석

(1) 힘과는 관계없이 인체운동을 보고 측정하여 분석하는 방법(Kinematics)

(2) **양적 변화**: 운동의 변위, 속도, 가속도, 관절각, 방향, 위치 등

> 운동 예시
> - 골프 드라이버 스윙 시 클럽헤드의 최대속도 계산
> - 100m 달리기 시 신체중심의 구간별 속도 측정
> - 멀리뛰기 발 구르기 시 발목관절의 각도 측정
> - 자유투 시 농구공이 날아가는 궤적을 측정
> - 테니스 스트로크 동작 시 팔꿈치 각도를 측정

2. 운동역학적 분석

(1) 운동의 원인이 되는 힘을 중심으로 분석하는 방법(Kinetics)

(2) **질적 변화**

외력(중력, 마찰력, 지면반력), 내력(근모멘트, 근육 및 인대활동), 역학적 힘 에너지 등

> 운동 예시
> - 보행 시 지면반력 측정
> - 테니스 포핸드 스트로크에서 그립 압력의 크기 측정
> - 스쿼트 동작에서 대퇴사두근의 근활성도 측정
> - 축구 헤딩 후 착지 시 무릎관절의 모멘트 계산

기출 FOCUS

- ✓ 운동학적 분석방법 21 기출
  - 영상분석
  - 고니오미터(goniometer) 분석
- ✓ 운동역학적 분석방법 24 기출
  - 지면반력 분석
  - 스트레인게이지 분석
  - 마찰력 분석

02 운동기술 분석 방법

1. 동작 분석

(1) 다양한 매체와 방법을 통해 인체 운동을 분석하는 것을 통칭한 분석방법

기출 FOCUS

- 지면반력 개념
  20·22·23 기출
- 힘이나 근력의 분석 장비: 지면반력기, 스트레인 게이지, 근전도기
- 영상분석 추출 변인: 가속도, 각도, 속도 16·22 기출
- 동작 분석의 종류: 2차원, 3차원 영상분석
  15·17·19·24 기출
- 운동 시 힘을 측정하는 방법
  16·17·19 기출
  • 지면반력
  • 스트레인 게이지
  • 마찰력 측정방법
- 정량적 분석과 정성적 분석
  22 기출

(2) **영상 분석**으로 추출할 수 있는 변인: 가속도, 각도(자세), 속도

(3) 종류

2차원 영상 분석 활용	• 1대의 카메라 사용, 2차원 상에서의 평면 운동을 분석하는 것 • 운동이 단일평면 내에서 이루어진다고 가정, 운동체에 대한 정보를 얻는 방법 **운동 예시** • 철봉의 대차륜, 자전거 페달링 시의 다리 동작, 걷는 동작 등
3차원 영상 분석 활용	• 2대 이상의 카메라를 사용, 인체운동을 공간(3차원)적으로 분석하는 것 • 2차 분석법에서 발생하는 투시오차 해결 • 하나의 인체 분절 정의에 필요한 최소 반사마커 수는 3개

개념 PLUS

정량적 분석과 정성적 분석
- 정량적 분석: 장비를 통해 산출된 정보의 객관적 수치화
- 정성적 분석: 지도자 경험을 토대로 분석. 현장에서 적용이 빠르나 객관성이 떨어짐

3차원 영상분석 순서
- 설계 → 촬영 → 디지털 파일 변환 → 분석 → 피드백

2. 힘 분석

(1) 인체의 내·외부에 작용하는 힘을 측정하는 것

(2) **힘의 측정 방법**: 지면반력기(Force Plate), 족저압력분포 시스템(Pedar System)

(3) **운동 상황에서 힘을 직접 측정하는 방법**: 지면반력 측정 방법, 스트레인 게이지 측정 방법, 마찰력 측정 방법

(4) **지면반력 측정**
① 지면반력이란 물체가 지구에 가해진 힘에 대한 반작용을 의미함. 즉, 지구에 의해 발생하는 크기는 동일하고 방향이 반대인 힘을 뜻함
② 직육면체의 네 모서리에 힘센서가 내장된 로드셀을 장착된 지면반력기를 통해 측정함
③ 전후, 좌우, 상하의 세 방향 힘과 회전력을 측정함
④ 인체는 중력이 작용하므로 수직으로 누르는 지면반력과 수평으로의 지면마찰에 영향을 받음
⑤ 인체가 수평 정지 상태에 있으면 수직 지면반력의 크기는 몸무게와 항상 같음

OX 퀴즈

영상분석을 통해 가속도, 각도, 속도를 분석할 수 있다. OX

정답 O

3. 근전도 분석

(1) 근육의 수축을 유발하는 전기적 신호를 측정하는 방법(EMG, Electromyography)

(2) 운동 시 각각의 근육에 대한 수축 및 활성도 정보를 얻을 수 있는 분석방법

(3) 근전도의 측정
① 표면전극: 근육의 인접한 피부에 부착하여 실험 과정이 간편함(실제 경기상황에서 유리)
② 삽입전극: 심층 근육, 미세 근육의 활동을 분석할 때 사용하며 종류로는 침전극과 극세선전극(혹은 미세선전극)이 있음(실제 경기 중 사용하기 힘듦)

(4) 근전도 분석 활용
근육 동원 양상, 최대 근파워, 근육질환의 진단, 골격근 상해 후 재활을 위한 근력평가

기출 FOCUS

◉ 근전도 분석
  15·18·19·21·22 기출

◉ 역학실험 장비와 분석변인
  17 기출
  • 동작분석기: 인체 움직임에 해당되는 **무릎관절각, 엉덩관절각**
  • 지면반력기: 육안으로 측정할 수 없는 **압력중심궤적**
  • 근전도장비: 근육의 수축과 활성도 정보를 측정하는 **넙다리네갈래근**

기출 Q

Q. 지면반력기(force plate)를 통해 얻을 수 있는 변인이 아닌 것은? 〔기출 23〕

① 걷기 동작에서 디딤발에 가해지는 힘의 방향
② 외발서기 동작에서 디딤발 압력중심(center of pressure)의 이동거리
③ 서전트 점프 동작에서 발로 지면에 힘을 가한 시간
④ 달리기 동작의 체공기(non-supporting phase)에서 발에 작용하는 힘의 크기

〔해설〕 지면반력이란 물체가 지구에 가해진 힘에 대한 반작용을 의미함. 즉, 지구에 의해 발생하는 크기는 동일하고 방향이 반대인 힘을 뜻하므로 공중에 떠 있는 ④번의 동작과는 거리가 멂 〔정답〕 ④

Q. 달리기 동작의 2차원 영상분석에 대한 설명으로 옳은 것은? 〔기출 19〕

① 지면반력기를 사용한다.
② 반드시 2대의 카메라가 필요하다.
③ 2차원 상의 평면운동을 분석하는 것이다.
④ 움직임의 원인이 되는 힘을 직접 측정하는 방법이다.

〔해설〕 2차원 영상분석은 2차원 상에서의 평면운동을 분석하는 것으로 운동이 단일평면 내에서 이루어진다고 가정, 운동체에 대한 정보를 얻는 방법임 〔정답〕 ③

Q. 운동학적(kinematic) 분석과 운동역학적(kinetic) 분석에 관한 설명으로 옳지 않은 것은? 〔기출 24〕

① 일률, 속도, 힘은 운동역학적 분석요인이다.
② 운동학적 분석은 움직임을 공간적·시간적으로 분석한다.
③ 근전도 분석, 지면반력 분석은 운동역학적 분석방법이다.
④ 신체중심점의 위치변화, 관절각의 변화는 운동학적 분석요인이다.

OX 퀴즈

근육의 수축을 유발하는 전기적 신호를 측정하는 근전도 분석을 통해 근육의 질환을 진단할 수 있다. 〔O｜X〕

〔정답〕 O

해설 운동학적 분석은 힘과는 관계없이 인체운동을 보고 측정하여 분석하는 방법(Kinematics)으로 양적 변화(운동의 변위, 속도, 가속도, 관절각, 방향, 위치 등)를 분석함. 운동역학적 분석은 운동의 원인이 되는 힘을 중심으로 분석하는 방법(Kinetics)으로 질적 변화의 영역으로 외력(중력, 마찰력, 지면반력), 내력(근모멘트, 근육 및 인대활동), 역학적 힘 에너지 등을 분석함 정답 ①

Q. 달리기 출발구간 분석에서 〈표〉의 ㉠, ㉡, ㉢에 들어갈 측정장비가 바르게 나열된 것은?

기출 22

측정장비	분석 변인
㉠	넙다리곧은근(대퇴직근, rectus femoris)의 활성도
㉡	압력중심의 위치
㉢	무릎 관절 각속도

	㉠	㉡	㉢
①	동작분석기	GPS 시스템	지면반력기
②	동작분석기	지면반력기	지면반력기
③	근전도분석기	GPS 시스템	동작분석기
④	근전도분석기	지면반력기	동작분석기

해설 운동기술 분석방법으로 근전도 분석, 힘 분석, 동작 분석이 있음. 근전도 분석(㉠ 설명)은 운동 시 각각의 근육에 대한 수축 및 활성화 정보를 얻는 분석방법이고, 힘 분석(㉡ 설명)은 지면반력기, 족저압력분포시스템 등을 통해 인체의 내·외부에 작용하는 힘을 측정하는 것이며, 동작 분석(㉢ 설명)은 영상분석을 추출할 수 있는 변인(가속도, 각도 등)을 통해 분석하는 것임 정답 ④

PART 06 운동역학 Self Check

01 인체의 측면을 통과하여 인체를 전후로 나누는 해부학적 운동면은?

① 횡단면(수평면)
② 전후면(정중면)
③ 좌우면(관상면)
④ 시상면

> **01** 운동면(plane)은 전후면, 좌우면, 수평면으로 구분함. 전후면(정중면, 시상면)은 인체를 전·후방으로 통과하여 좌우로 나누는 면, 좌우면(관상면, 전두면)은 인체를 측면으로 통과하여 전후로 나누는 면, 수평면(가로면, 횡단면)은 인체를 상하로 나누는 면임   **정답** ③

02 팔꿉관절(주관절)을 축으로 시행하는 암컬(arm-curl) 동작은 어떻게 이루어지는가?

① 벌림과 모음(외전과 내전)
② 굽힘과 폄(굴곡과 신전)
③ 휘돌림과 돌림(회선과 회전)
④ 손바닥 안쪽돌림과 바깥쪽돌림(회내와 회외)

> **02** 관절각도가 줄어드는 굽히기(굴곡, Flexion)와 관절각도가 커지는 펴기(신전, Extension)의 동작임   **정답** ②

03 목뼈(경추, cervical vertebrae) 1번 관절에서 위쪽등세모근(상부승모근, upper trapezius muscle)의 근력과 머리 하중이 형성하는 지레의 종류는?

① 1종 지레
② 2종 지레
③ 3종 지레
④ 해당사항 없음

> **03** 1종 지레는 받침점(축)이 힘점과 작용점(저항점) 사이에 위치, 목관절 신전(extension)에서 해당됨   **정답** ①

04 원반던지기의 투사거리에 중요한 영향을 미치는 3가지 요소는?

① 투사각도-투사속도-투사높이
② 투사속도-조파항력-부력
③ 투사높이-부력-투사속도
④ 조파항력-투사각도-투사속도

> **04** 투사체 운동은 공간에 던져진 물체가 공기 저항 없이 중력의 작용으로 포물선을 이루며 떨어지는 운동임. 공기저항을 무시할 때 투사거리에 영향을 미치는 3요인은 투사각도, 투사속도, 투사높이임   **정답** ①

05 각속도가 일정할 때 물체의 선속도는 회전반경에 비례, 선속도가 일정할 때 물체의 각속도는 회전반경에 반비례함. 테니스 선수가 팔꿈치를 펴면 회전반경이 커지므로 라켓(물체)의 선속도가 증가함   **정답** ③

05 운동 상황에서 선속도와 각속도에 대한 설명으로 옳은 것은?

① 야구 배트 헤드의 선속도는 배트의 각속도에 반비례한다.
② 테니스 라켓의 선속도 방향은 각속도 방향과 같다.
③ 팔꿈치를 펴면 배드민턴 라켓 헤드의 선속도가 증가한다(동일한 팔회전 각속도 조건).
④ 팔 길이가 짧을수록 야구공 릴리스 선속도가 크다(동일한 팔회전 각속도 조건).

06 중력은 인체나 물체를 지구 중심방향으로 끌어당기는 힘으로 지각(지표면)에서 중력이 가장 크고, 여기서 멀어질수록 중력은 거리의 제곱에 비례하여 줄어듦   **정답** ①

06 중력에 대한 설명으로 틀린 것은?

① 지구의 모든 지역에서 동일하게 작용된다.
② 물체의 질량과 중력가속도의 곱이다.
③ 물체의 질량에 비례한다.
④ 인체나 물체를 지구 중심으로 향해 끌어당기는 힘이다.

07 뉴턴의 운동 3법칙은 관성의 법칙, 가속도의 법칙, 작용·반작용의 법칙임. 제시된 설명은 관성의 법칙임   **정답** ②

07 아래에 설명하는 뉴턴의 운동법칙은?

> 물체는 외부로부터 외력이 가해지지 않는 한 정지 또는 운동 상태를 계속 유지한다.

① 작용·반작용의 법칙
② 관성의 법칙
③ 가속도의 법칙
④ 훅의 법칙

08 마찰력이란 물체가 다른 물체의 접촉면에 생기는 운동을 방해하는 반대방향의 힘을 말함   **정답** ④

08 '마찰'에 대한 설명으로 옳지 않은 것은?

① 마찰력은 저항력 또는 추진력으로 작용할 수 있다.
② 마찰계수는 접촉면의 형태와 성분에 따라 달라진다.
③ 마찰력의 크기는 접촉면에 가한 수직 힘의 크기에 비례한다.
④ 마찰력은 접촉면과 평행하게 작용하며 물체의 운동방향으로 작용한다.

09 충격량이란 외력이 작용할 때 받는 힘(F)에 충격이 가해지고 있는 시간(t)을 곱한 것임. 즉, 운동량의 변화량을 뜻함. ④번은 80N·s, 나머지는 60N·s   **정답** ④

09 물체에 힘을 가할 때 충격량(impulse)의 크기가 다른 것은?

① 한 사람이 2초 동안 30N의 일정한 힘을 발생시켰을 때
② 한 사람이 3초 동안 20N의 일정한 힘을 발생시켰을 때
③ 한 사람이 4초 동안 15N의 일정한 힘을 발생시켰을 때
④ 한 사람이 2초 동안 40N의 일정한 힘을 발생시켰을 때

10 관성모멘트(moment of inertia)에 대한 설명 중 <u>틀린</u> 것은?

① 단위는 $kg \cdot m^2$이다.
② 질량이 회전축으로부터 멀리 분포될수록 커진다.
③ 어떤 물체를 회전시키려 할 때 잘 돌아가지 않으려는 속성이다.
④ 물체의 크기, 형태, 밀도가 변해도 동일하다.

10 관성모멘트 크기는 물체의 질량과 회전반경이 클수록 증가함
정답 ④

11 역학적 일을 강도에 대한 가장 좋은 지표이며 시간당 한 일을 나타내고, 순발력이라고 표현하기도 한다. 이것은 무엇을 설명하는가?

① 힘
② 모멘트
③ 운동에너지
④ 파워

11 일률(power)이란 단위시간에 수행한 일의 양(작용하는 힘×힘 방향의 속도)으로 운동 수행 중에선 순발력을 뜻함
정답 ④

12 일(work)과 일률(power)을 계산하는 공식 중 옳지 <u>않은</u> 것은?

① 일=(작용한 힘)×(힘 방향의 변위)
② 일률=일/시간
③ 일=(작용한 힘)/(힘 방향의 변위)
④ 일률=(작용한 힘)×(힘 방향의 속도)

12 일(Work)이란 물체에 힘이 작용하는 동안에 물체에 작용한 힘(작용하는 힘×힘 방향의 변위)이고, 일률(Power)이란 단위시간에 수행한 일의 양(작용하는 힘×힘 방향의 속도)
정답 ③

13 파워(power)에 대한 설명으로 옳지 <u>않은</u> 것은?

① 단위 시간당 수행한 일(work)의 양이다.
② 일의 빠르기를 나타내는 물리량이다.
③ 단위는 watt 혹은 Joule/s이다.
④ 단위는 에너지의 단위와 같다.

13 일(work)은 물체에 힘이 작용하는 동안에 물체에 작용한 힘(힘과 거리를 곱한 값, 1Nm=1Joule), 일률(power)은 단위시간에 수행한 일의 양(일/시간)을 뜻함. 줄(J)은 일(work)을 뜻하는 운동에너지로서 탄성 에너지의 단위이고, 와트(Watt)는 마력(Horse Power, HP)의 단위임
정답 ④

14 걷기 동작에서 측정되는 지면반력(ground reaction force)에 대한 설명으로 옳지 <u>않은</u> 것은?

① 지면반력기로 측정할 수 있다.
② 발이 지면에 가하는 근력을 측정한 값이다.
③ 지면이 신체에 가하는 반력을 측정한 값이다.
④ 뉴턴의 작용-반작용 법칙으로 설명할 수 있다.

14 지면반력이란 물체가 지구에 가해진 힘에 대한 반작용을 의미함
정답 ②

15 안정성이란 인체와 물체가 정적 또는 동적자세의 균형을 잃지 않으려는 상태로서 기저면이 넓을수록, 무게중심이 낮을수록, 수직중심선이 기저면 중앙에 가까울수록, 몸무게가 무거울수록 안정성이 향상됨

정답 ③

15 인체의 안정성에 관한 설명으로 옳지 <u>않은</u> 것은?

① 기저면의 크기는 안정성에 영향을 미친다.
② 기저면의 형태는 안정성에 영향을 미친다.
③ 무게중심의 높이는 안정성에 영향을 미치지 않는다.
④ 무게중심을 통과하는 수직선(중심선)이 기저면의 중앙에 가까울수록 안정성은 높아진다.

MEMO

필기 4주 완성 한권 완전정복

M스포츠지도사

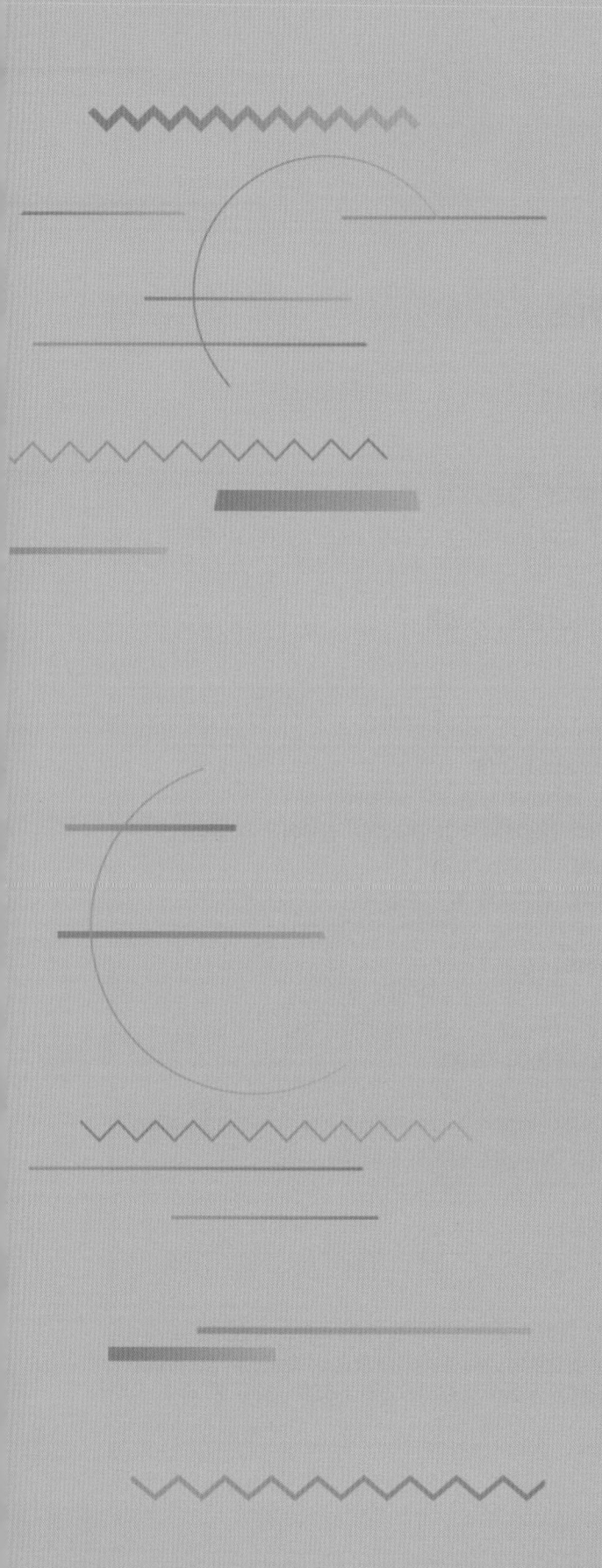

PART 07
스포츠윤리

CHAPTER 01
스포츠와 윤리

CHAPTER 02
경쟁과 페어플레이

CHAPTER 03
스포츠와 불평등

CHAPTER 04
스포츠에서 환경과 동물윤리

CHAPTER 05
스포츠와 폭력

CHAPTER 06
경기력 향상과 공정성

CHAPTER 07
스포츠와 인권

CHAPTER 08
스포츠 조직과 윤리

CHAPTER 01 스포츠와 윤리

기출 FOCUS
- 도덕교육 21·22 기출
- 레스트의 도덕적 행동 19·21·22 기출
- 도덕, 윤리, 선, 법의 개념 15·18·19·23·24 기출

01 스포츠의 윤리적 기초

1. 도덕, 윤리, 선, 법의 개념

(1) 도덕(道德, moral)
① 모든 인간이 지켜야 할 공통적인 규범과 도리임(당위의 규범)
② 도(道)는 인간이 지켜야 할 도리, 덕(德)은 도리를 스스로 깨닫고 행동으로 옮기는 것임
③ 도덕적인 문제가 발생하면 비난받을 수 있음

> **개념 PLUS**
>
> **도덕 교육론**
> ㉠ 뒤르켐(E. Durkheim)의 도덕적 사회화 이론
>   • 개인은 사회의 가치체계 습득, 내면화를 통해 공동체 일원이 됨
>   • 도덕적 행동은 집단 이익을 위해 행동하는 것임(규율정신, 집단애착, 자율성)
> ㉡ 베닛(W. Benneitt)의 인성교육론
>   • 고전, 인문학 중점을 둔 전통적인 인격교육 회귀 주장
>   • 학생에게 존중, 애국심, 희생, 용기, 정직, 신뢰 등의 가치를 제시
> ㉢ 위인(E. A. Wynne)의 도덕교육론
>   • 도덕적 습관과 도덕적 행동에 기초를 둔 인격교육 필요 주장
>   • 도덕교육은 선을 아는 것, 선을 사랑하는 것, 선을 행동하는 것임
> ㉣ 콜버그(L. Kohlberg)의 인지발달론(인지구조론)
>   • 도덕교육의 목적이 도덕적 추론의 단계를 발전시켜야 함
>   • 도덕교육의 단계를 중시(10세 이전-벌과 복종, 개인적 보상/ 11~15세-대인관계조화, 법과 질서/ 16세 이후-사회 계약정신, 보편적 도덕원리 지향)

> **개념 PLUS**
>
> **스포츠도덕 교육의 영역**
> ① 인지적 영역: 스포츠가 문화로서 가지는 교육적 가치를 실천(피터스 R.S. Peters)
> ② 정의적 영역: 인지적으로 습득된 스포츠의 도덕적 가치를 명료화(멕페일 P. McPhail)
> ③ 행동적 영역: 스포츠 도덕 교육의 궁극적인 목적으로 도덕적으로 행위할 수 있는 사람 육성(피터스 R.S. Peters)

OX 퀴즈
도덕은 모든 인간이 지켜야 할 당위의 규범이다. O X
정답 O

> **리코나(T. Lickona)의 통합적 인격 교육론**
> ① 도덕적 지식: 도덕적 인식, 도덕적 가치들에 대한 지식, 관점채택, 도덕적 추론, 의사결정, 자기자신에 대한 지식
> ② 도덕적 감성: 양심, 자기존중, 감정이입, 선을 사랑하는 것, 자기 통제, 겸양
> ③ 도덕적 행동: 능력, 의지, 습관
>
> **레스트(J. Rest)는 한 개인의 도덕적 행동을 4구성 요소로 분류함**
> ① 도덕민감성(moral sensitivity): 도덕적 상황의 인식 및 해석(감수성)
> ② 도덕추론 혹은 판단(moral judgement): 바람직한 해결방안에 대한 추론
> ③ 도덕동기화(moral motivation): 도덕적 가치를 다른 가치에 둘 수 있는 것
> ④ 도덕적 품성화(moral character): 인내, 용기, 품성 등 도덕적 행동의 표출(자아강도 ego strength)

암기 TIP
민추동품 민추동품 자세로 쉬어라(rest). 이렇게 암기해보세요.

(2) 윤리(倫理, ethics)
① 특정한 사람이 지켜야 할 도리, 즉 한 인간이 집단 안에서 조화로운 생활을 영위하기 위해 서로 지켜야 할 도리임
② 윤(倫)은 무리와 질서, 리(理)는 이치와 도리
③ 윤리적인 문제가 발생하면 처벌받을 수 있음
④ 개념 및 유래

동양	• 부자유친(父子有親), 군신유의(君臣有義), 부부유별(夫婦有別), 장유유서(長幼有序), 붕우유신(朋友有信)의 오륜을 통해 인간관계(윤리)를 강조
서양	• 습속, 성격의 의미가 있는 '에토스(Ethos)'에서 유래

⑤ 유사 혹은 구별

도덕과 윤리를 유사한 의미로 사용하는 경우	• 사회 구성원의 양심, 여론, 관습 등에 따라 스스로 지켜야 할 행동준칙과 규범(내면적 원리로서 작용) • 내면적 원리로 작용(↔ 법률의 외적 강제력) • 인간 상호 간의 관계(↔ 종교의 신과 인간 간의 관계)
도덕과 윤리를 구별하여 사용하는 경우	• 윤리는 인간관계의 이치(↔ 물리(物理)는 사물의 이치) • 윤리는 사람에 따라 다르게 나타남 • 도덕은 개인적·내면적 / 윤리는 사회적·외면적

(3) 선(善)
① 사람이 사람으로서의 도리를 해주는 것임
② 진리가 인식의 참 가치이면 선은 실천행위의 참 가치임

(4) 법
① 사회정의를 구현하는 수단, 도덕을 실현시키는 수단임
② 법의 구속력의 근거는 도덕에 있다는 생각이 남아 있음

기출 FOCUS

✓ 사실판단과 가치판단
  16·17·18·21·22 기출

✓ 셸러의 가치서열 기준
  22 기출

2. 사실판단과 가치판단

(1) 도덕적 갈등을 해결하기 위해 올바른 판단과정을 거쳐야 함

(2) 이를 위해 사실판단과 가치판단을 구분할 수 있음

① 사실판단
  ㉠ 올바른 도덕적 판단을 하기 위해 우선 필요(진위를 가림)
  ㉡ 관찰이나 과학적 혹은 역사적 탐구 등과 같이 객관적인 사실에 근거한 판단
  ㉢ 참과 거짓의 측정을 통해 파악할 수 있는 사실
  ㉣ 갈등 해결의 실마리를 제공

  예 2018 아시아경기대회에서 한국 축구대표팀이 금메달을 취득했다. 우사인 볼트는 100m 달리기 세계기록(9.58초) 보유자이다.

② 가치판단
  ㉠ 좋고 나쁨, 옳고 그름, 아름다움과 추함, 고귀함과 저속함 등 주관적 가치에 근거한 판단(당위에 근거)
  ㉡ 보편적 가치, 공공의 가치
  ㉢ 사리 분별적 가치판단, 미적인 가치판단, 도덕적 가치판단 등

  예 손흥민 선수가 넘어진 상대선수를 일으켜 준 행동을 스포츠맨십의 좋은 예로 생각한다. 우사인 볼트는 좋은 선수이다.

개념 PLUS

셸러(M. Scheler)의 가치서열 기준
① 지속성: 지속적인 것이 일시적인 것보다 추구하는 가치의 서열이 높음
② 근거성: 어떤 가치의 근거가 되는 것일수록 추구하는 가치의 서열이 높음(목적가치〉수단가치)
③ 만족의 깊이: 만족이 깊은 것이 일시적 쾌락보다 추구하는 가치의 서열이 높음(정신적 만족이 최고의 가치)
④ 분할 향유 가능성: 보다 많은 사람이 가지면서 각자 몫이 감소하지 않는 것일수록 추구하는 가치의 서열이 높음

기출 Q

Q. 아래는 레스트(J. Rest)의 도덕성 4구성 요소 모형을 스포츠윤리 교육에 적용한 내용이다. ⓐ, ⓑ에 해당하는 것으로 바르게 연결된 것은? 기출 19

1. 도덕적 민감성(moral sensitivity): 스포츠 상황에서 도덕적 딜레마를 지각하게 하는 것
2. 도덕적 판단력(moral judgement): 스포츠 상황에서 옳고 그름을 판단하게 하는 것
3. (ⓐ): (ⓑ),
4. 도덕적 품성화(moral character): 스포츠 상황에서 장애요인을 극복하여 실천할 수 있는 강한 의지, 용기, 인내 등의 품성을 갖게 하는 것

OX 퀴즈

우리나라 축구 국가대표팀 선수가 공격을 멈추고 상대선수를 일으켜 준 행동에 대해 스포츠맨십의 사례로서 사실판단에 근거한 것이다. Ⓞ Ⓧ

정답 ✕
해설 가치판단

① ⓐ: 도덕적 추론화(moral reasoning)
   ⓑ: 상대 선수와 팀을 존중하게 하는 것
② ⓐ: 도덕적 동기화(moral motivation)
   ⓑ: 상대 선수의 의도적 반칙에 반응하게 하는 것
③ ⓐ: 도덕적 추론화(moral reasoning)
   ⓑ: 감독의 부당한 지시를 도덕적 문제 상황으로 감지하게 하는 것
④ ⓐ: 도덕적 동기화(moral motivation)
   ⓑ: 다른 가치보다 정정당당하게 경기하는 것에 가치를 두게 하는 것

해설 도덕적 동기화(moral motivation)는 도덕적 가치를 다른 가치에 둘 수 있는 것임   정답 ④

Q. 가치판단의 사례로 적절하지 <u>않은</u> 것은? 기출 20

① 2020년 제32회 도쿄올림픽이 1년 연기되었다.
② 선수들에게 폭력을 행사하면 안 된다.
③ 피겨스케이팅 선수들의 연기는 매우 아름답다.
④ 스포츠 선수들의 기부는 사회적으로 긍정적인 영향을 준다.

해설 ①번은 사실판단으로서 참과 거짓의 측정을 통해 파악할 수 있는 사실임. 가치판단은 도덕적이고 보편적 가치와 같은 판단임. 예를 들어 쓰러진 상대선수를 위해 부축해 준 선수에 대해 스포츠맨십의 좋은 예라고 가치판단을 함   정답 ①

Q. 〈보기〉에서 ㉠, ㉡에 들어갈 용어가 바르게 연결된 것은? 기출 21

> 스포츠에서 일어나는 사건이나 현상에 대한 사유작용을 판단이라고 한다. 판단은 크게 사실판단과 가치판단으로 구분된다. 사실판단은 실제 스포츠에서 일어난 사건과 현상에 대한 진술을 말한다. 따라서 (㉠)을/를 가릴 수 있다. 이에 비해 가치판단은 옳고 그름 혹은 바람직하거나 그렇지 못한 것 등 가치에 대한 진술로 이루어진다. 가치판단은 주로 (㉡)에 근거한다.

	㉠	㉡
①	진위	당위
②	진위	허위
③	진리	상상
④	진리	선택

해설 사실판단은 올바른 도덕적 판단을 하기 위해 우선적으로 필요한 것이며 객관적인 사실에 근거한 판단임. 가치판단은 보편적인 가치와 공공의 가치에 관련한 주제로 사리 분별적 가치판단 등 주관적인 가치에 근거한 판단임   정답 ①

기출 FOCUS

✓ 스포츠윤리
　　15·19·20·21 기출

> **Q.** 사상가와 스포츠를 통한 도덕교육 방법이 바르게 연결되지 <u>않은</u> 것은?　기출 21
>
> ① 루소(J. Rousseau) – 어린 시절부터 다양한 신체활동을 통해 성평등, 동료애, 공동체에서의 협력과 책임을 지는 습관을 길러준다.
> ② 베닛(W. Benneitt) – 스포츠 상황에서 발생하는 다양한 사건에 대한 논리적 추론과 가치명료화 등을 통해 도덕적 판단 능력을 길러준다.
> ③ 위인(E. Wynne) – 스포츠 경기의 전통을 이해하고, 규칙 준수 등의 바람직한 행동을 습관화할 수 있도록 가르친다.
> ④ 콜버그(L. Kohlberg) – 스포츠에서 발생하는 도덕적 딜레마에 대한 토론을 통해 도덕적 갈등상황을 이해하고, 자율적으로 대처할 수 있도록 가르친다.
>
> (해설) 베닛(W. Benneitt)의 인성교육론은 고전과 인문학에 중점을 둔 전통적인 인격교육으로 돌아가자는 주장을 담음. 즉, 학생에게 존중, 애국심, 희생, 용기, 정직, 신뢰 등의 가치를 제시해야 한다고 주장함　(정답) ②

02 스포츠윤리의 이해

1. 일반윤리와 스포츠윤리

(1) 일반윤리: 어떤 사회의 구성원들이 공유하는 도덕적 이상들의 집합

(2) 스포츠윤리

① 스포츠경기라고 하는 특수한 상황에서 요구되는 규범이나 도덕적 기준을 다룬다는 점이 다름
② 스포츠세계에서 역사적·문화적으로 형성되어온 기풍이나 정신
③ 스포츠윤리가 구체적으로 표현된 것이 페어플레이나 스포츠맨십으로 계승되어 오고 있는 것
④ 스포츠 규칙을 떠받치는 정신으로서 매우 중요한 역할
⑤ 스포츠윤리 교육을 통해 도덕적 자율성을 함양함. 즉, 도덕적 문제에 대한 비판적, 독립적인 사고를 바탕으로 스포츠 상황에 적응하는 능력을 중시함

경기장 안에서의 스포츠윤리 문제	• 의도적 반칙, 심판판정의 오류
경기장 밖에서의 스포츠윤리 문제	• 스포츠를 악용(정치, 사회, 경제, 교육 등) – 테러, 도핑, 승부조작, 성, 환경, 인종차별, 동물윤리 문제

OX 퀴즈

스포츠를 실천하면서 얻는 성취감은 내재적 가치에 해당된다.　O X

(정답) O

2. 스포츠의 가치

(1) 내재적 가치
① 스포츠를 실천하는 것 자체에서 얻어지는 가치
② 만족감, 성취감, 쾌감 등이 있음

(2) 외재적 가치
① 스포츠를 실천한 결과로 얻어지는 가치
② 건강, 체력, 돈, 명예 등이 있음
③ 외재적 가치의 악용
　㉠ 국제스포츠이벤트를 이용한 테러행위
　㉡ 도핑금지 규정을 어기고 개인 혹은 국가이익 극대화
　㉢ 스포츠도박, 승부조작에 따른 공정성 훼손

기출 Q

Q. '도덕적 선(善)'의 의미를 내포한 것은?　　　기출 22

① 축구 경기에서 득점과 연결되는 '좋은' 패스
② 피겨스케이팅 경기에서 고난도의 '좋은' 연기
③ 농구 경기에서 상대 속공을 차단하는 수비수의 '좋은' 반칙
④ 경기에 패배했음에도 불구하고 상대팀에게 박수를 보내는 '좋은' 매너

(해설) 도덕이란 모든 인간이 지켜야 할 공통적인 규범과 도리인 당위의 규범임. 도덕적 문제가 발생하면 비난을 받을 수 있음. 즉, 경기에 패배한 팀에게 조롱하는 행위를 한다면 도덕적 비난을 받을 수 있음
(정답) ④

Q. 스포츠윤리의 개념에 대한 설명으로 적절하지 <u>않은</u> 것은?　　　기출 19

① 윤리는 실천의 자율성을 중시한다.
② 도덕은 양심, 자율성 등 개인의 내면성 문제를 주로 다룬다.
③ 절묘한 기술로서 '좋은 패스'는 도덕적 선(善)으로 해석된다.
④ 스포츠맨십은 합규칙성을 넘는 적극적인 도덕적 마음가짐이다.

(해설) 윤리는 특정한 사람이 지켜야 할 도리, 즉 한 인간이 집단 안에서 조화로운 생활을 영위하기 위해 서로 지켜야 할 도리임. 스포츠윤리가 구체적으로 표현된 것이 페어플레이나 스포츠맨십으로 계승되어오고 있는 것이므로 좋은 패스와 도덕적 선과는 무관함
(정답) ③

기출 FOCUS

- 목적론적 윤리=공리주의=결과 17·22·23·24 기출
- 의무론적 윤리=칸트주의=동기 16·18·19·20·22·23·24 기출

03 윤리이론

1. 윤리이론의 개념

(1) 윤리적 판단을 해야 할 경우 의사결정을 하는 절차에 관한 이론임

(2) 윤리적으로 옳은 행위가 무엇인가라는 철학적인 문제에 대한 해답을 찾는 시도까지 포함함

(3) 도덕적, 경제적, 법적, 사회적 문제들에 대한 철학적 분석과 통찰을 포함함

(4) **윤리적 질문**: 무엇을 해야 하는가? / 어떻게 해야 하는가? / 왜 해야 하는가?

2. 목적론적 윤리와 의무론적 윤리

(1) 경험주의

① 귀납법 중시(경험적 추리를 통한 과학적 방법, 감각, 실험, 관찰 등)

② 주요 학자와 내용

베이컨(F. Bacon)	• 우상론(4대 우상=종족, 동굴, 시장, 극장) • 실험, 관찰을 통한 귀납법 제시
홉스(T. Hobbes)	• 사회계약 • 리바이어던(만인의 만인에 대한 투쟁)
로크(J. Locke)	• 사회계약은 자유권, 재산권 확보 목적 • 성무선악설(경험)
흄(D. Hume)	• 경험과 관찰을 통한 인간 이해 • 사회적 차원의 공감을 중시("이성은 감정의 노예")

(2) 공리주의

① 사조: 경험주의

② 주요 학자: 벤담(J. Bentham), 밀(J. S. Mill)

③ 주요내용

㉠ 공리성, 효용성, 유용성 강조

㉡ 양적 공리주의(벤담): 쾌락의 총량 증대, '최대 다수의 최대 행복'

㉢ 질적 공리주의(밀): 정신적 쾌락 추구, 쾌락의 질적 차이 인정

개념 PLUS

목적론적 윤리(teleological ethics) = 결과주의
- 행위의 잘잘못을 그 행위가 초래하는 결과에 기초해서 판단
- 좋은 결과를 목적으로 삼고, 그에 맞게 행동할 것을 강조
- 모두에게 좋은 결과를 목적으로 추구

OX 퀴즈

공리주의는 경험주의로부터 유래한 것으로 행위의 잘잘못을 그 행위가 초래한 결과에 기초해서 판단한다. Ⓞ Ⓧ

정답 ○

축구 패널티킥을 얻은 선수가 오히려 자신의 반칙이라고 주장하는 경우는 결과주의(목적론적 윤리)에 입각한 것이다. Ⓞ Ⓧ

정답 ✗

해설 동기주의(의무론적 윤리)

ⓔ 스포츠 예시: 상대선수에게 의도적 반칙을 가해 좋은 결과를 갖고 오자는 감독의 지시를 이행함. 결과적으로 팀 승리로 이어짐. 목적론적 윤리이론의 사례로서 결과를 중요시 함

> **개념 PLUS**
>
> **현대의 공리주의**
> ① 시즈위크(H. Sidgwick)의 직관적 공리주의: 인간은 직관에 의해 도덕적 행위를 하는 존재(보편적 행복추구)
> ② 싱어(P. Singer)의 이익동등고려의 원칙: 모든 이익은 동등하고, 동일하게 취급(동물해방론 주장)

기출 FOCUS

● 칸트주의
- 선의지   23 기출
  - 옳은 행위는 마땅히 해야 할 의무
  - 동기, 의도로 인해 선한 것임
- 정언명령   24 기출
  - 행위자체가 선하므로 절대적, 의무적으로 행해야 함

(3) 이성주의

① 연역법 중시(수학적인 형식적 추리방법, 이성적)
② 주요 학자와 내용

데카르트 (R. Descartes)	• "나는 생각한다. 고로 나는 존재한다." • 실체 이원론 주장(몸과 정신/연장과 사유)
스피노자 (B. D. Spinoza)	• 범신론("자연이 곧 신") • 이성을 통해 자연 법칙의 인식 중시

(4) 칸트주의

① 사조: 이성주의(합리주의)
② 주요 학자: 칸트(I. Kant), 루소(J. J. Rousseau)
③ 주요내용
  ㉠ 선의지, 인간의 자율성 강조
  ㉡ 정언 명령, 보편주의, 인격주의

암기 TIP

경납목공결 성역무칸동   경(격)납고에서 목공이 나무결을 내는 것은 성역이 없는(무) 칸트의 행동이다. 핵심 키워드별로 암기하세요.
- 경험-귀납-목적-공리-결과
- 이성-연역-의무-칸트-동기

> **개념 PLUS**
>
> **의무론적 윤리(deontological ethics) = 동기주의**
> - 행위의 결과와는 무관하게 행위에 대한 도덕적 책무, 의무 중시
> - 올바른 동기 혹은 의무에 따르는 행위
> - 선의지 자체에 대한 의무를 강조

ⓒ 스포츠 예시: 축구심판의 잘못된 판단으로 패널티킥을 얻었지만, 선수는 오히려 자기 스스로 넘어진 것이므로 판정의 번복을 요청함. 의무론적 윤리이론의 사례로서 동기를 중요시 함

기출 Q

Q. 〈보기〉에서 의무론적 도덕 추론에 해당하는 것만을 모두 고른 것은? [기출 22]

> ㉠ 의무론적 도덕 추론은 가언적 도덕 추론이라고도 한다.
> ㉡ 스포츠지도자, 선수 등의 행위 주체에 초점을 맞추고 있다.
> ㉢ 행위의 결과에 상관없이 절대적인 도덕규칙에 따라 판단을 내린다.
> ㉣ 선의지는 도덕적인 선수가 갖추어야 할 내적인 태도이자 도덕적 행위의 필요충분조건이다.
> ㉤ 정정당당하게 경기에 임하려는 선수의 착한 의지는 경기결과에 상관없이 그 자체로 선한 것이다.

① ㉠, ㉡, ㉢
② ㉠, ㉢, ㉣
③ ㉡, ㉣, ㉤
④ ㉢, ㉣, ㉤

[해설] '경납목공결 성역무칸동' 기억나시나요? 경험-귀납-목적-공리-결과를 뜻하고, 이성-연역-의무-칸트-동기를 뜻함. 즉, 의무론적 윤리는 행위의 결과와는 무관하게 행위에 대한 도덕적 책무, 의무를 중시함으로써 선의지와 인간의 자율성을 강조함 **[정답]** ④

Q. 〈보기〉의 축구 경기 비디오 판독(VAR)에서 심판 B의 판정 견해를 지지하는 윤리 이론에 가장 부합하는 것은? [기출 24]

> 심판 A: 상대 선수가 부상을 입었지만 퇴장은 가혹하다.
> 심판 B: 그 선수가 충돌을 피할 수 있는 시간은 충분했다. 그러나 그는 피하려 하지 않았다. 따라서 퇴장의 처벌은 당연하다.

① 최대다수의 최대행복
② 의무주의
③ 쾌락주의
④ 좋음은 옳음의 근거

[해설] 의무론적 윤리(deontological ethics)는 동기주의로서 행위의 결과와는 무관하게 행위에 대한 도덕적 책무와 의무를 중시함. 즉, 심판 B의 견해는 올바른 동기 혹은 의무에 따른 행위를 강조하는 것임 **[정답]** ②

Q. 〈보기〉의 (   ) 안에 들어갈 용어와 대표적인 사상가가 바르게 연결된 것은? [기출 21]

> 스포츠에서 도덕법칙은 "승리를 원한다면 열심히 훈련하라.", "위대한 선수가 되기 위해서는 스포츠맨십에 충실하라." 등과 같이 가언적으로 주어지지 않고, 어떠한 경우에도 선수의 의무로서 반드시 행하라는 (   ) 명령의 형태로 존재한다.

① 공리적-칸트(I. Kant)
② 공리적-벤담(J. Bentham)
③ 정언적-칸트(I. Kant)
④ 정언적-벤담(J. Bentham)

[해설] 경험주의는 귀납, 목적, 공리, 결과이고, 이성주의는 연역, 의무, 칸트, 동기와 연관 지어 생각할 수 있음. 칸트는 이성주의(합리주의) 사조로 정언 명령에 따라 선의지와 인간의 자율성을 강조함 **[정답]** ③

3. 덕론적 윤리(德倫理學, virtue ethics)

(1) 기원
① 고대 그리스 철학(아리스토텔레스)
② 에우다이모니아(eudaimonia): 인간 존재를 위한 최선의 삶(행복)

(2) 행위자의 덕 또는 훌륭한 성격을 강조하는 접근법
행위의 결과를 중시하는 접근법(목적론적 윤리, 결과주의)과 의무를 중시하는 접근법(의무론적 윤리, 동기주의)과는 다름

(3) 앤스콤(G. E. Anscombe)의 논문 "Modern Moral Philosophy(1958)"를 시작으로 공리주의와 칸트주의를 대체할 제3의 윤리로 다시 주목

(4) 매킨타이어(A. MacIntyre, 1968)는 아리스토텔레스의 형이상학적 생물학을 거부, '사회적 실천', '전통', '삶의 서사적 통일성'의 개념을 중심으로 덕론을 제시

(5) 장점과 한계

장점	• 도덕적으로 이상적인 인격 모델을 제시하고, 도덕적 탁월성이 실현 가능하다는 것을 보여줌 • 윤리의 실천 가능성을 높여줌 • 자발적으로 도덕적 행동을 하도록 고무함 • 도덕 공동체를 지향할 수 있게 함
한계	• 상대주의적 위험성 • 판단이 불확정성 • 주관적 요소 • 우연적 요소

4. 배려윤리

(1) 개념
① 기존의 남성 중심적이고 정의 중심적인 윤리를 보완하기 위해 등장
② 정의윤리(남성적 윤리)와 배려윤리(여성적 윤리)
 ㉠ 정의윤리: 정의, 공정성, 보편성, 이성 등을 강조
 ㉡ 배려윤리: 배려, 공감, 유대감, 책임 등을 강조

(2) 길리건(C. Gilligan)은 여성과 남성의 도덕적 지향이 동일하지 않으므로 두 가지의 조화를 지향함

(3) 나딩스(N. Naddings)는 여성의 도덕적 특징인 타인배려, 유대감, 책임 등을 중시하고, 자연적 배려에서 윤리적인 배려로 확대해야 한다고 주장함

기출 FOCUS
- 덕론적 윤리　17·18·23·24 기출
- 배려윤리　21 기출

OX 퀴즈
이론적 윤리는 선수의 실력뿐만 아니라 항상 동료를 배려하는 성격을 강조하는 접근법이다. ⓞⅩ

정답 ○

기출 FOCUS

- 윤리적 상대주의　24 기출

개념 PLUS

- **윤리적 상대주의**: 절대적, 보편적 윤리규범 대신 시대와 장소에 따라 상대적이라고 보는 관점으로 개인 가치에 관련하여 옳다고 여기는 신념에 주목함
- **윤리적 절대주의**: 정해진 도덕규칙을 가장 중요하게 여기고 보편타당한 도덕적 규범이 존재한다고 바라봄

기출 Q

Q. 〈보기〉의 사례에서 나타나는 윤리적 태도와 가장 밀접한 관련이 있는 것은?

기출 24

> 선수는 윤리적 갈등을 겪을 때면, 우리 사회에서 오랫동안 본보기가 되어온 위인들을 떠올린다. 그리고 그 위인들처럼 행동하려고 노력한다.

① 맥킨타이어(A. MacIntyre)　② 의무주의(deontology)
③ 쾌락주의(hedonism)　④ 메타윤리(metaethics)

해설 매킨타이어(A. MacIntyre, 1968)는 아리스토텔레스의 형이상학적 생물학을 거부, '사회적 실천', '전통', '삶의 서사적 통일성'의 개념을 중심으로 덕론을 제시함　**정답** ①

Q. 〈보기〉에서 설명하는 윤리 이론으로 적절한 것은?

기출 22

> - 모든 스포츠인의 권리는 동등하게 보장되어야 한다.
> - 스포츠 규칙 제정은 공평성과 평등의 원칙에 근거해야 한다.
> - 선수의 행동이 좋은 결과를 얻었다면 도덕적으로 옳은 것이다.

① 공리주의　② 의무주의　③ 덕윤리　④ 배려윤리

해설 '경납목공결 성역무칸동' 기억나시나요? 경험-귀납-목적-공리-결과를 뜻하고, 이성-연역-의무-칸트-동기를 뜻함. 〈보기〉 설명은 공리주의에 해당함. 즉, 공리주의는 행위의 잘잘못을 그 행위가 초래하는 결과에 기초해서 판단하므로 좋은 결과를 목적으로 삼고 그에 맞게 행동할 것을 강조함　**정답** ①

Q. 스포츠윤리 이론 중 덕윤리의 특징으로 적절하지 않은 것은?

기출 23

① 스포츠 상황에서의 행위의 정당성보다 개인의 인성을 강조한다.
② 비윤리적 행위는 궁극적으로 스포츠인의 올바르지 못한 품성에서 비롯된다.
③ '어떠한 행위를 하는 선수가 되어야 하는가'보다 '무엇이 올바른 행위인지'를 판단하는 데 더 주목한다.
④ 스포츠인의 미덕을 드러내는 행동은 옳은 것이며, 악덕을 드러내는 행동은 그릇된 것으로 간주한다.

해설 덕론적 윤리(德倫理學, virtue ethics)는 행위의 결과를 중시하는 접근법(목적론적 윤리, 결과주의)과 의무를 중시하는 접근법(의무론적 윤리, 동기주의)과는 다름. 즉, 행위자의 덕 또는 훌륭한 성격을 강조함. ③번의 설명은 의무론적 관점임　**정답** ③

CHAPTER 02 경쟁과 페어플레이

01 스포츠경기의 목적

1. 아리스토텔레스의 상대방을 설득하는 요소

(1) **로고스**(logos): 이성적·과학적인 것을 가리키는 것으로 사고능력, 이성 등을 의미

(2) **파토스**(pathos): 감각적·신체적·예술적인 것으로 격정, 정념, 충동 등을 의미(↔로고스)

(3) **에토스**(ethos)
  ① 성격과 관습을 의미
  ② 사람이 도덕적으로 옳고 그름을 판단하는 원동력
    예 축구 경기 중 상대선수가 넘어져 경기를 치를 수 없을 때 공을 밖으로 걷어내어 부상자를 살피는 행위

> **개념 PLUS**
> 아리스토텔레스가 분류한 지식
> - 테크네(teche): 테크닉, 테크놀로지, 예술 등에 해당하는 용어(창조 능력에 필요한 노하우 등)
> - 에피스테메(episteme): 보편적인 진리, 객관적인 지식
> - 프로네시스(phronesis): 진실을 포착하는 결정적인 마음의 습관(지적 미덕)

2. 아곤과 아레테

(1) **아곤**(agon)
  ① 경쟁과 승리추구를 의미
  ② 스포츠경기는 자유로운 경쟁을 의미
  ③ 경쟁하는 상대의 성과와 비교함으로써 가치 평가
  ④ 일반적인 경쟁스포츠에 해당

(2) **아레테**(arete)
  ① 탁월성을 추구하는 노력과 과정을 의미

기출 FOCUS

- 아리스토텔레스의 설득요소 17·24 기출
  - 로고스
  - 파토스
  - 에토스
- 아리스토텔레스의 지식 24 기출
  - 테크네
  - 에피스테메
  - 프로네시스
- 아곤과 아레테 16·17·18·20·22 기출
- 호네트(A. Honneth)의 인정이론 22 기출
  - 남으로부터 인정받기 위해 인간은 투쟁을 이어옴
  - 인정받기 위해 스포츠에서 승리를 얻으려 함

OX 퀴즈

아곤(agon)은 탁월성을 갖는 노력의 과정을 의미한다. O|X

정답 ×
해설 아레테(arete)

기출 FOCUS

- 카유아의 놀이
  - 아곤   17 기출
  - 알레아   15 기출
  - 미미크리
  - 일링크스

암기 TIP

아레미일 우리 아레(래)에 미국과 일본이 있죠. 이렇게 암기해봅시다

② 타인과의 경쟁이나 비교없이도 추구
③ 극기스포츠, 미적 스포츠에 해당
④ 아레테가 아곤보다 더 포괄적인 개념
⑤ 승리 지상주의의 병폐를 막기 위해서라도 아레테를 더 중시하는 경향

3. 로제 카유아(Roger Caillois)의 놀이 ◆ 스포츠사회학(01. 스포츠사회학의 이해)에도 등장

아곤 (Agon)	• (경쟁놀이) 시합, 경기를 의미(경쟁하는 스포츠, 체스, 바둑 등)
알레아 (Alea)	• (우연성 놀이) 우연, 요행을 의미(내기, 제비뽑기, 주사위 놀이, 룰렛, 복권, 슬롯머신 등의 도박)
미미크리 (Mimicry)	• (역할놀이) 모방, 흉내를 의미(가면극, 연극, 영화, 소꿉놀이 등)
일링크스 (Ilinx)	• (몰입놀이) 현기증, 소용돌이를 의미(공중서커스, 롤러코스터, 번지점프 등)

기출 Q

Q. 아곤(agon)과 아레테(arete)에 관한 설명으로 옳지 않은 것은? 기출 22

① 아곤은 경쟁과 승리를 추구한다.
② 아곤은 타인과의 비교를 전제하지 않는다.
③ 아레테는 아곤보다 더 포괄적인 개념이다.
④ 아레테는 신체적·도덕적 탁월성을 추구한다.

(해설) 아곤은 경쟁과 승리추구를 의미하며 경쟁하는 상대의 성과와 비교함으로써 가치를 평가함. 아레테는 탁월성을 추구하는 노력과 과정으로 타인과의 경쟁이나 비교가 없어도 추구할 수 있어 아곤보다 포괄적인 개념임   (정답) ②

Q. 〈보기〉의 사례로 나타나는 품성으로 스포츠인에게 권장하지 않는 것은? 기출 24

> • 경기 규칙의 위반은 옳지 않음을 알면서도 불공정한 파울을 행하기도 한다.
> • 도핑이 그릇된 일이라는 점을 알고 있지만, 기록갱신과 승리를 위해 도핑을 강행한다.

① 테크네(techne)   ② 아크라시아(akrasia)
③ 에피스테메(episteme)   ④ 프로네시스(phronesis)

(해설) 아리스토텔레스가 분류한 지식으로 테크네(teche)은 테크닉, 테크놀로지, 예술 등에 해당하고, 에피스테메(episteme)는 보편적인 진리, 객관적인 지식을 뜻하며, 프로네시스(phronesis)는 진실을 포착하는 결정적인 마음의 습관(지적 미덕)을 의미함. 참고로 아크라시아(akrasia)는 자제력이 부족하거나 자신의 더 나은 판단에 반하는 행동을 뜻함   (정답) ②

OX 퀴즈

야구와 같은 경쟁스포츠는 아곤(Agon)에 해당된다.   O|X

(정답) O

02 스포츠맨십과 페어플레이

기출 FOCUS
✓ 스포츠맨십＝스포츠퍼슨십 16·17·18·22·23 기출, 페어플레이 18·24 기출

1. 스포츠맨십

(1) 스포츠맨십의 개념

① 스포츠인이라면 당연히 따라야 할 준칙과 태도(＝스포츠도덕), 스포츠의 가장 포괄적인 도덕규범
② 놀이에서의 스포츠도덕: 규칙의 자발적 준수, 공정하게 경기에 임하려는 의지와 태도
③ 경쟁에서의 스포츠도덕: 극단적인 경쟁상황에서도 스포츠 자체를 존중하고, 경쟁상대를 인격체로 대하고자 하는 의지와 태도

(2) 스포츠 규칙 구조의 요소

조리적 행위규범	• 구체적인 형태는 없지만, 스포츠에선 인정한 행위규범 • 스포츠맨십, 페어플레이 등
행정법적 행위규범	• 과학적 법칙, 윤리규범 등에서 유추할 것을 허락하지 않음 • 농구의 바이얼레이션, 배구의 네트터치 등
형법적 행위규범	• 불법적인 행위의 규제 • 승부조작, 구타, 약물복용 등
조직규범	• 선수 측의 위반이 있을 수 없는 규범 • 득점기록법, 승패의 우열을 결정하고 경기조건의 설정방식

2. 페어플레이

(1) 페어플레이의 개념

① 경기할 때 공정하게 하는 것
② 구성적 규칙의 범위 내에서 행해지는 경쟁
③ IOC와 협력관계에 있는 국제스포츠·체육협의회(ICSSPE)에서 페어플레이에 관한 선언(Declaration on Fair Play): "페어플레이가 없는 스포츠는 더 이상 스포츠가 아니다."

> **개념 PLUS**
>
> **스포츠맨십과 페어플레이 차이**
> 예 이기는 팀이 축구경기를 5분 남기고, 근육경련을 이유로 그라운드에 누워서 고의적으로 경기를 지연시키는 경우
> ① 스포츠윤리에선 바람직하지 않는 행위로 규정
> ② 의도적인 경기지연, 비순수성 혹은 반규범성으로 스포츠맨십에 위배

OX 퀴즈
스포츠맨십은 스포츠 현장에서 가장 포괄적인 도덕규범이다.
Ⓞ Ⓧ

정답 ○

기출 FOCUS

✓ 스포츠와 정의
- 분배적 정의
- 절차적 정의
- 평균적 정의

20·21·22·23·24 기출

③ 정정당당하게 경기에 임해야 할 의무, 즉 페어플레이에 저촉됨. 다시 말해 페어플레이는 유·불리에 상관없이 경기의 공정성을 끝까지 유지해야 하는 것임

④ 결론적으로 위 사례는 스포츠맨십과 페어플레이 모두에 위배된 것임. 또한 스포츠맨십이 지닌 명예, 성실, 용기, 정의 등의 가치가 훼손된 것이므로 페어플레이에 비해 보다 일반적이고, 보편적인 윤리규범을 의미함

스포츠와 정의

- **분배적 정의**
  - 공정성(fairness)과 관련한 개념으로 분배기준을 세울 때 모든 관련자가 수긍해야 함
  - 김연아 선수의 피겨스케이팅 종목은 난이도에 따라 점수에 차등이 있음
  - 이 외에도 리듬체조, 다이빙 등의 종목도 기술의 난이도에 따라 차등적 점수를 부여하는 것은 모든 참가자의 동의에 따름
- **절차적 정의**
  - 롤스(J. Rawls)의 정의론에서 제시된 것으로 일정한 조건과 공정한 절차에 따라 합의가 이루어져야 함
  - 각자의 몫을 정하는 기준을 절차와 과정을 통해서 정함
  - 축구, 테니스 경기 전에 동전을 던져 앞뒷면에 따라 코트를 정함
- **평균적 정의**
  - 스포츠 종목 규칙의 동일한 적용과 동등한 참가 조건으로 경쟁에 임함
  - 홈어웨이 경기 방식, 응원문화의 차이, 유리한 경기시간, 고지대 경기 등 다양한 조건의 발생으로 지속적으로 공감이 가는 평균적 정의에 부합하기 위한 노력을 함

기출 Q

Q. 〈그림〉은 스포츠윤리규범의 구조이다. ⊙~ⓒ에 해당하는 용어가 바르게 연결된 것은?

기출 23

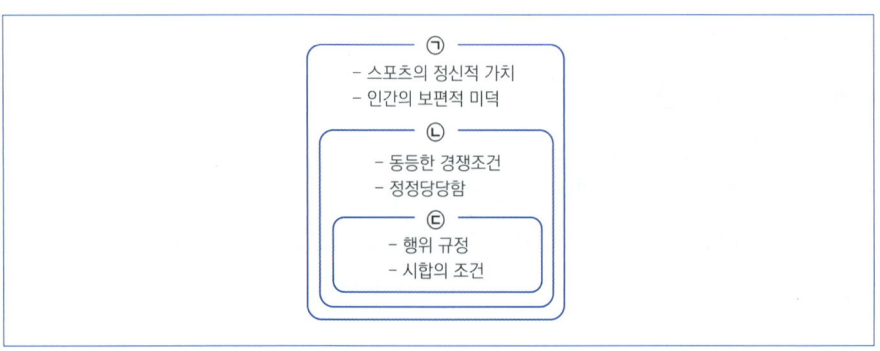

	⊙	ⓒ	ⓒ
①	규칙준수	스포츠맨십	페어플레이
②	스포츠맨십	페어플레이	규칙준수
③	페어플레이	규칙준수	스포츠맨십
④	스포츠맨십	규칙준수	페어플레이

해설 스포츠의 가장 포괄적인 도덕규범은 스포츠맨십이고, 스포츠인이 지켜야 할 정정당당한 행위는 페어플레이이며, 각 종목마다 규정하여 선수들이 지켜야 할 시합의 조건은 규칙준수임   **정답** ②

Q. 〈보기〉의 설명에 해당하는 스포츠에서의 정의(justice)는? 기출 24

> 정의는 공정과 준법을 요구한다. 모든 선수에게 동등한 기회를 보장해야 한다는 공정의 원칙은 지켜지지 않을 때가 있다. 스포츠에서는 완전한 통제가 어려운 불평등을 줄이기 위해 공수 교대, 전후반 진영 교체, 홈·원정 경기, 출발 위치 제비뽑기 등을 한다.

① 자연적 정의 ② 평균적 정의
③ 분배적 정의 ④ 절차적 정의

[해설] 절차적 정의란 롤스(J. Rawls)의 정의론에서 제시된 것으로 일정한 조건과 공정한 절차에 따라 합의가 이루어져야 함을 의미, 축구와 테니스 경기 전에 동전을 던져 앞뒷면에 따라 코트를 정하는 것과 같이 각자의 몫을 정하는 기준을 절차와 과정을 통해서 정함 [정답] ④

(2) 스포츠 규칙

① **구성적 규칙**(constitutive rule)
   ㉠ 특정 스포츠 경기를 진행하는 방법(경기방법)을 규정하는 것
   ㉡ 어떤 스포츠를 행하는 목적, 수단, 공간, 시간, 용구, 용품, 평가방법, 벌칙 등
   ㉢ 경기를 하는 방법을 정한 것(게임의 규칙)

② **규제적 규칙**(regulative rule)
   ㉠ 사전에 혹은 독립적으로 존재하는 형태의 행위들을 규제하는 것
      [예] 에티켓
   ㉡ 참가자격을 정해놓은 것
      [예] 올림픽헌장의 아마추어 규정, 도핑금지 규정, 성별 검사 등
   ㉢ 스포츠 세계의 질서를 유지하기 위하여 정한 것

기출 Q

Q. 〈보기〉의 설명에 해당하는 반칙의 유형은? 기출 24

> • 동기, 목표가 뚜렷하다.
> • 스포츠의 본질적인 성격을 부정하는 의미로 해석할 수 있다.
> • 실격, 몰수패, 출전 정지, 영구 제명 등의 처벌이 따른다.

① 의도적 구성 반칙 ② 비의도적 구성 반칙
③ 의도적 규제 반칙 ④ 비의도적 규제 반칙

[해설] 스포츠 규칙은 구성적 규칙과 규제적 규칙으로 분류함. 구성적 규칙은 특정 스포츠 경기를 진행하는 방법을 규정하는 것으로 어떤 스포츠를 행하는 목적, 수단, 공간, 시간, 용구, 용품, 평가방법, 벌칙 등에 해당됨. 위 〈보기〉는 의도성을 갖고 구성적인 규칙을 벗어나는 행위와 그에 따라 취해지는 내용임. 참고로 규제적 규칙은 도핑금지 규정, 성별 검사 등과 같이 참가자격을 정해놓은 것을 의미함. 의도적 구성 반칙은 전략적인 목적을 가지고 경기에서 규칙을 위반하는 행위로, 단기적으로 이익을 얻을 수 있지만, 장기적으로는 스포츠의 공정성을 훼손하는 요소로 간주될 수 있음 [정답] ①

기출 FOCUS

✓ 스포츠 규칙: 구성적 규칙, 규제적 규칙 17·18·19·21·24 기출

✓ 스포츠맨십과 페어플레이 차이 19·23 기출
  • 스포츠맨십: 스포츠인이 지켜야 할 준칙과 태도, 페어플레이보다 일반적이고 보편적 윤리규범
  • 페어플레이: 스포츠인이 지켜야 할 정정당당한 행위

✓ 승부조작(match fixing): 경기 외적 이득을 목적으로 경기결과를 사전에 정해놓고 경기과정을 왜곡시키는 행위
  • 내적통제를 통한 최소화 방안: 윤리교육 강화 15 기출
  • 외적통제를 통한 최소화 방안: 법적처벌 강화, 비디오 판독 시스템 구축, 심판숫자 확대

OX 퀴즈

경기를 하는 방법 즉, 스포츠경기의 시간과 공간을 정하는 규칙은 규제적 규칙에 해당된다.
[O] [X]

[정답] ×
[해설] 구성적 규칙

CHAPTER 02 경쟁과 페어플레이

기출 FOCUS

- **공정시합 견해 차이** 23 기출
  - **형식주의**: 형식적 공정은 구성적 규칙과 규제적 규칙 범위 내에서 행해지는 경쟁
    15·16·17 기출
  - **비형식주의**: 비형식적 공정은 스포츠 참여자 간 존중, 태도, 관습을 지키며 행해지는 경쟁
    18 기출

- **의도적 반칙(스포츠 사례)**
  19 기출
  축구경기에서 수비수가 상대 공격수에게 의도적 반칙을 이끌어냄으로써 불리한 경기의 흐름을 제지함. 이를 통해 경기주도권을 다시 갖고 옴에 따라 수비수에게 칭찬을 하게 됨. 또한 팀원뿐만 아니라 팀을 위해 응원하는 관중에게 보답하고자 하는 행동이 될 수 있음

Q. 페어플레이에 대한 설명으로 적절하지 않은 것은? 〔기출 19〕

① 선수 개인의 의도나 목적에 따라 변화하는 도덕적 행위이다.
② 규칙 준수, 상대 존중 등 근대적 시민의 도덕규범과 일치한다.
③ 규칙의 준수로서 페어플레이는 행위에 대한 요구와 제재를 의미한다.
④ 패자 앞에서 과도한 승리 세리머니를 하는 것은 규범으로서의 페어플레이를 위반한 것이다.

(해설) 페어플레이란 스포츠인이 지켜야 할 정정당당한 행위임. ①은 스포츠인이 지켜야 할 준칙과 태도, 페어플레이보다 일반적이고 보편적 윤리규범인 스포츠맨십에 가까움 (정답) ①

Q. 〈보기〉의 내용에 해당하는 반칙은? 〔기출 21〕

> A팀과 B팀의 농구 경기는 종료까지 12초가 남았다. A팀은 4점 차로 지고 있고 팀 파울에 걸렸다. B팀이 공을 잡자 A팀의 한 선수가 B팀 선수에게 반칙을 해서 자유투를 유도한 후, 공격권을 가져오려고 한다.

① 의도적 구성 반칙
② 비의도적 구성 반칙
③ 의도적 규제 반칙
④ 비의도적 규제 반칙

(해설) 〈보기〉 설명은 선수의 의도적인 반칙에 해당하는데, 에티켓, 참가 자격과 관련한 규제적 규칙을 의도적으로 위반한 것임 (정답) ③

---

(3) 공정시합에 대한 견해 차이

① **형식주의**
  ㉠ 정해져 있는 규칙을 어기지 않고 경기를 하면 페어플레이로 바라봄
  ㉡ 규칙이란 스포츠에서 형식적 공정 유지를 위해 필요한 것임
  ㉢ 구성적 규칙(경기방법)과 규제적 규칙(참가자격)을 모두 준수하면 실현됨
② **비형식주의**: 경기종목마다 경기를 실천하는 규칙과 관습이 있고, 관습은 윤리적인 면도 포함하므로 관습을 잘 지키면 페어플레이로 바라봄

기출 Q

Q. 형식적 공정에 위배되는 선수의 행위는? 〔기출 16〕

① 실수로 파울을 범한 상대선수를 화난 표정을 지으며 노려보는 행위
② 이기고 있는 팀이 시합종료까지 시간을 끌기 위해 공을 돌리는 행위
③ 경기력 향상을 위해 금지약물을 은밀하게 복용하는 행위
④ 자신의 이익을 위해 심판의 오심을 알고도 묵인하는 행위

(해설) 형식적 공정은 구성적 규칙과 규제적 규칙 범위 내에서 행해지는 경쟁이고, 비형식적 공정은 스포츠 참여자 간의 존중, 태도, 관습을 지키며 행해지는 경쟁을 의미함. ①, ②, ④번은 태도 혹은 도의적 문제는 있을 수 있으나, 심판이 휘슬을 불기 전까지는 구성적 규칙(경기방법)에 어긋나는 행위로 볼 수 없음 (정답) ③

OX 퀴즈

부상당한 선수를 보호하고자 의도적으로 반칙을 유도해서 공정한 시합의 견해를 얻어낸 경우는 비형식주의의 페어플레이인 경우이다. O|X

(정답) O

Q. 스포츠의 공정성을 실현하는 방법 중 형식주의(formalism)에 관한 설명으로 옳은 것은? 기출 17

① 공정성은 스포츠 경기의 공유된 관습을 지키는 것이다.
② 공정성은 구성적 규칙과 규제적 규칙을 모두 준수하면 실현된다.
③ 경기규칙의 준수보다 더 포괄적인 적용과 정당화가 가능한 견해이다.
④ 경기의 관습 뿐만 아니라 문서화된 경기규칙을 지켜야 한다.

해설 형식주의는 정해져 있는 규칙을 어기지 않고 경기를 하면 페어플레이로 바라본 것임

정답 ②

Q. 아래에서 (가)의 상황과 동일한 윤리적 입장으로 볼 수 있는 내용을 (나)에서 찾아 바르게 묶은 것은? 기출 19

(가) 블루팀과 레드팀의 농구경기는 종료까지 2분 남았다. 블루팀은 1점 차이로 뒤지고 있고, 팀 파울에 걸려 있다. 그때부터 블루팀은 의도적인 반칙을 통해 시간 단축과 더불어 공격기회를 한 번이라도 더 얻기 위해 노력했다.

(나) ⓐ 팀 승리 및 사기 진작을 위해서는 스포츠에서 용인될 수 있는 행동이다.
ⓑ 상대에게 고의적으로 반칙을 하는 행동은 목적 자체가 그릇된 행동이다.
ⓒ 팀원뿐 아니라 팀을 위해 응원하는 관중에게 보답하고자 하는 행동이다.
ⓓ 형식주의 관점에서 규칙을 위반했기 때문에 정당화될 수 없는 행동이다.

① ⓐ, ⓒ
② ⓐ, ⓓ
③ ⓑ, ⓒ
④ ⓑ, ⓓ

해설 축구경기에서도 수비수가 상대 공격수에게 의도적 반칙을 이끌어냄으로써 불리한 경기의 흐름을 제지하여 경기주도권을 갖고 옴에 따라 수비수에게 칭찬을 하게 됨

정답 ①

> **개념 PLUS**
>
> 도덕원리의 검사
> ① 포섭 검사: 상위의 도덕 원리에 포함시켜 정당화하는 방법
> ② 반증 사례 검사: 상대방이 제시한 원리의 근거와 맞지 않는 사례를 찾아 제시하는 방법
> ③ 보편화 검사: 도덕 판단의 근거가 되는 원리를 모든 사람에게 적용해봄으로써 바람직한지의 여부를 파악하는 방법
> ④ 역할 교환 검사: 상대방의 입장에서 생각해보는 방법

기출 Q

Q. 〈보기〉의 ㉠, ㉡에 해당하는 도덕 원리의 검토 방법이 바르게 묶인 것은? 기출 21

> ㉠ '나 혼자 의도적 파울을 하는 것은 괜찮겠지'라는 판단은 '모든 선수가 의도적 파울을 한다면'이라는 원리에 비추어 검토한다.
> ㉡ '부상당한 선수를 무시하고 경기를 진행하라'는 주장의 지시에 '자신이 부상당한 경우를 가정하여 판단해보라'고 이야기한다.

	㉠	㉡
①	포섭 검토	보편화 결과의 검토
②	반증 사례의 검토	포섭 검토
③	역할 교환의 검토	반증 사례의 검토
④	보편화 결과의 검토	역할 교환의 검토

해설 도덕원리의 검사 중에서 '포섭 검사'는 상위의 도덕 원리에 포함시켜 정당화하는 방법이고, '반증 사례 검사'는 상대방이 제시한 원리의 근거와 맞지 않는 사례를 찾아 제시하는 방법임. '보편화 검사'는 도덕 판단의 근거가 되는 원리를 모든 사람에게 적용해봄으로써 바람직한지의 여부를 파악하는 것이고, '역할 교환 검사'는 상대방의 입장에서 생각해보는 것임. 〈보기〉의 설명은 보편화 검사와 역할 교환 검사에 해당됨

정답 ④

CHAPTER 03 스포츠와 불평등

01 성차별

1. 스포츠 성차별의 정의와 원인

(1) **정의**: 성별에 따라 스포츠 참여기회와 권리를 제한하거나 불이익을 주는 행위를 의미함

(2) **원인**
① 성에 따라 스포츠 능력이 차별적으로 배분됐다고 생각, 즉 남성은 여성에 비해 선천적으로 우월하다는 인식에서 비롯됨(생물학적 환원주의)
② 과격한 신체활동이 여성에게 생리적 측면에서 해롭다는 인식을 가짐
③ 남성이 여성에 비해 공격적, 능동적인 성향이라는 편향된 문화적 전통을 믿음
④ 대중매체의 편향적 보도에 따라 은연중에 성차별 의식을 갖게 됨

> **개념 PLUS**
>
> - **생물학적 환원주의**: 사회적인 것의 자율성을 거부하고, 모든 인간행동과 사회현상을 자연적인 것으로 환원시켜 설명하려는 이론임. 즉, 인간들 간의 차이를 문화와 사회현상보다는 유전자의 차이에서 찾고자 했던 생물학적 결정론에 근거하여 아직도 이에 대해 논쟁이 있음. 신체의 탁월성만을 겨루는 스포츠란 인식은 성에 따라 스포츠 능력이 차별적으로 배분됐다고 생각하게 함으로써 생물학적 환원주의와 연관지을 수 있음
> - **자유주의적 여성주의(liberal feminism)**: 여성 스스로 결정과 행동을 통해 여성의 능력에 집중하고 평등을 유지하기 위한 여성주의 이론임
> - **사회주의적 여성주의(socialist feminism)**: 여성의 경제적, 문화적 억압을 탈피하기 위해 여성 삶의 공공 및 민간 분야에 초점을 맞추는 여성주의 이론임

2. 스포츠에서 성차별 극복방안

(1) 전통적인 여성상에서 탈피하려는 노력이 필요함
(2) 남성 선수와의 연봉 불균형에 대해 개선을 해야 함
(3) 능력에 대한 공정한 평가를 해야 함

기출 FOCUS
- 스포츠 성차별의 정의와 원인 16·23 기출
- 스포츠 성차별 극복방안과 예시 16·17 기출
- 성차별적 인식 20 기출

OX 퀴즈
대중매체의 편향된 보도에 따라 남성이 여성보다 스포츠에 유리하다는 성차별이 이루어지기도 한다. (O X)

정답 O

기출 FOCUS

✓ 스포츠 인종차별 개념과 예시
  18·19·21·22·23·24 기출

✓ 스포츠 인종차별 극복방안
  15 기출

> **개념 PLUS**
>
> **고대 그리스 올림픽에서는 여성이 참가할 수 없었음**
> – 현재 올림픽 경기에서 리듬체조, 싱크로나이즈드 스위밍 등은 여성만 참가하는 정식 종목임
>
> **최초의 여성 출전 올림픽**
> – 1900년 제2회 파리올림픽으로 골프, 테니스 종목에 22명 참여
> – 1896년 최초의 아테네 올림픽을 구상한 쿠베트탱은 여성차별 인식이 있었음
>
> **1972년 미국에서 타이틀 나인(Title IX)이란 성차별 금지 법안이 제정됨**
> – 여성의 스포츠 참여를 활성화하게 됨
>
> **스포츠 성평등의 문제**
> – IOC는 2016년 외과적인 성전환 수술을 받지 않은 성전환자들도 선수 출전을 허용함

> **기출 Q**
>
> **Q.** 스포츠에서 여성에 대한 차별이 발생하거나 심화되는 원인으로 볼 수 없는 것은?
>
> 기출 24
>
> ① 생물학적 환원주의   ② 남녀의 운동 능력 차이
> ③ 남성 문화에 기반한 근대스포츠   ④ 여성참정권
>
> (해설) 생물학적 환원주의는 사회적인 것의 자율성을 거부하고, 모든 인간행동과 사회현상을 자연적인 것으로 환원시켜 설명하려는 이론으로 남성은 여성에 비해 선천적으로 우월하다는 인식에서 비롯됨. ④번은 여성권익을 높이는 데 기여함
>
> (정답) ④

02 인종차별

1. 스포츠 인종차별의 정의와 원인

(1) **정의**: 스포츠 현장에서 특정 인종에 불이익을 주는 행위를 의미함

(2) **원인**
  ① 문화적 차이에서 오는 갈등에서 비롯됨
  ② 사회 경제적 장벽을 통한 제한에서도 원인을 찾을 수 있음(흑인선수들은 경비 지출이 적고, 개인 기량에 좌우되는 종목의 참여가 많음)
  ③ 대중매체의 편향적 보도에 따라 은연중에 인종차별 의식을 갖게 됨

OX 퀴즈

흑인선수는 치열한 노력과정을 거치는 게 아니라 타고날 때부터 운동을 잘한다는 시각은 스포츠 인종차별에 해당된다. (O/X)

(정답) O

> **개념 PLUS**
>
> **스포츠 인종차별 예시**
> - 남아프리카공화국에서는 1960년까지 백인선수만 올림픽에 참가했음
> - 흑인선수의 경기력은 발생학적이고, 백인선수는 후천적 노력의 결과란 인식의 확산
> - 미디어에서 흑인선수는 수영종목에 적합하지 않은 신체조건을 갖고 있다고 설명함
>
> **스포츠 인종차별 항의표시(예시)**
> - 1968년 멕시코 올림픽 200m 육상경기의 흑인선수인 토미 스미스(1위), 존 카를로스(3위)는 맨발로 검은 장갑을 낀 한 손을 치켜세우며 시상대에 오름. 2위를 한 백인선수 피터 노먼도 두 흑인선수와의 연대의미로 인권배지를 달고 시상대에 오름

기출 FOCUS

✓ 스포츠 인종차별 극복방안
15 기출

2. 인종차별 극복 방안

(1) 1965년 12월 제20차 국제연합총회에서 인종차별철폐국제조약이 채택됨

(2) 인종을 초월한 실력으로 경쟁해야 한다는 인식이 확산돼야 함

(3) 인종에 대한 편견을 해소하고자 노력해야 함

(4) 차별철폐의 이념과 방법론을 제시함

(5) 다문화 사회의 다양성과 가치를 존중해야 함(스포츠는 사회통합의 기능을 함)

> **기출 Q**
>
> **Q.** 〈보기〉의 대화에서 나타나는 스포츠 차별은? 　　　기출 22
>
> > 영은: 저 백인 선수는 성공하기 위해서 얼마나 많은 노력과 땀을 흘렸을까.
> > 상현: 자기를 희생하면서도 끝없는 자기관리와 투지의 결과일 거야.
> > 영은: 그에 비해 저 흑인 선수가 구사하는 기술은 누구도 가르칠 수 없는 묘기이지.
> > 상현: 아마도 타고나지 않으면 할 수 없는 거지. 천부적인 재능이야.
>
> ① 성차별　　　　　　　② 스포츠 종목 차별
> ③ 인종차별　　　　　　④ 장애차별
>
> (해설) 흑인선수 경기력은 발생학적이고, 백인선수 경기력은 후천적 노력의 결과란 인식은 인종차별에 해당됨
> (정답) ③

기출 FOCUS

✓ **스포츠 장애차별** 정의와 원인
16·18·23 기출

Q. 〈보기〉의 ㉠~㉢에 들어갈 용어로 바르게 묶인 것은? 〔기출 24〕

- (㉠): 생물학적, 형태학적 특징에 따라 분류된 인간 집단
- (㉡): 특정 종목에 유리하거나 불리한 인종이 실제로 존재한다는 사고방식
- (㉢): 선수의 능력 차이를 특정 인종의 우월이나 열등으로 과장하여 차등을 조장하는 것

	㉠	㉡	㉢
①	인종	인종주의	인종 차별
②	인종	인종 차별	젠더화 과정
③	젠더	인종주의	인종 차별
④	젠더	인종 차별	젠더화 과정

해설 스포츠 현장에서 특정 인종에 불이익을 주는 행위는 문화적 차이에서 오는 갈등, 대중매체의 편향적 보도 등에 따라 인종차별이 만연하게 됨. 위 〈보기〉는 각각 인종, 인종주의, 인종차별에 대한 정의임   **정답** ①

Q. 스포츠에서 발생하는 인종차별에 해당하는 것은? 〔기출 21〕

① 생물학적 환원주의　　② 지속가능한 발전
③ 게발트(Gewalt)　　④ 아파르트헤이트(Apartheid)

해설 아파르트헤이트(Apartheid)는 과거 남아프리카공화국의 백인정권에 의해 1948년에 법률로 공식화된 인종분리 정책임. 27년간 투옥됐다가 풀려난 넬슨 만델라가 1994년에 대통령으로 선출된 후 같은 해에 아파르트헤이트의 완전 폐지를 선언함   **정답** ④

03 장애차별

1. 스포츠 장애차별의 정의와 원인

(1) 정의

① 장애로 인해 스포츠 참여의 권리와 기회를 비장애인과 동등하게 누리지 못하는 불평등을 의미함
② 스포츠 참여를 원하는 장애인에 대한 제한, 배제, 분리, 거부는 기본권 침해에 해당
③ 체육시설 이용의 차별, 체육용·기구의 차별, 체육지도자의 차별, 이용 프로그램의 차별, 신체적·생리적 능력의 차별, 경기 참가의 차별 등이 있음

(2) 원인

① 장애인의 접근이 어려운 스포츠 시설

② 장애인에 대한 편견과 이해 부족
③ 장애인 체육활동의 교수방법을 숙지한 지도자 부족

2. 국내 장애인체육 발전과정

1961	군사원호청 창설
1965	최초의 국제대회 참가(국제척수장애인경기대회)
1968	이스라엘의 텔아비브장애인올림픽대회에 처음 참가
1972	하이델베르그장애인올림픽대회 탁구 휠체어부분(TT1) - 송신남 선수(국내 최초 장애인올림픽 금메달리스트)
1975	한국소아마비협회 설립
1981	제1회 전국장애인체육대회
1987	미국 인디에나 하계스페셜올림픽대회에 처음 참가
1988	서울장애인올림픽 이후부터 크게 발달(종합7위)
1989	한국장애인복지체육회 설립
1997	캐나다 토론토 동계스페셜올림픽대회에 처음 참가
1999	한국장애인복지진흥회로 개편(← 한국장애인복지체육회)
2000	전국장애인체육대회 순회개최 시작
2005	문화관광부로의 장애인체육 이관 / 장애인체육의 법적·제도적 기반인 국민체육진흥법을 개정 공포 / 대한장애인체육회 설립
2006	대한장애인올림픽위원회(IPC) 설립(국세체육업무 전담)
2008	16개 시도지부 설립 / 전국장애청소년체육대회 개최

기출 FOCUS
◎ 국내 **장애인체육** 발전과정
　　　　　　　　　17 기출
◎ **스포츠 장애차별** 극복 방안
　　　　　　　　　20·21 기출

3. 스포츠 장애차별 극복방안

(1) 장애인이 이용하는 데 어려움이 없도록 공공체육시설을 리모델링함
(2) 장애인체육 지도자의 양성과 배치를 해야 함
(3) 장애인 생활체육 동호인클럽을 지원함
(4) 장애인 생활체육 프로그램을 확대해야 함

OX 퀴즈
2000년에 대한장애인체육회가 설립됐다. O/X

정답 X
해설 2005년

기출 Q

Q. 아래에서 (가), (나), (다), (라)에 알맞은 용어로 바르게 묶인 것은? 〔기출 18〕

> 스포츠에서의 장애차별이란 장애로 인해 스포츠 참여의 권리와 기회를 비장애인과 동등하게 누리지 못하는 불평등을 말한다. 장애를 이유로 스포츠 참여를 원하는 장애인에 대한 (가), (나), (다), (라)는 기본권의 침해에 해당한다.

① (가) 제한　　(나) 배제　　(다) 분리　　(라) 거부
② (가) 권리　　(나) 의무　　(다) 추구　　(라) 자유
③ (가) 노동　　(나) 배제　　(다) 차별　　(라) 분리
④ (가) 감금　　(나) 체벌　　(다) 구속　　(라) 착취

(해설) 장애인차별금지법에 따라 정당한 사유 없이 제한, 배제, 분리, 거부를 하게 됐을 시 차별로 간주하고 있음
(정답) ①

Q. 장애차별 없는 스포츠의 조건에 해당하지 않는 것은? 〔기출 21〕

① 장애인이 원하는 장소와 시간을 확보해야 한다.
② 대회의 참여와 종목의 선택은 감독에게 맡긴다.
③ 활동에 필요한 장비 및 기구의 재정적인 지원이 확보되어야 한다.
④ 다양한 사람과의 관계를 통해 사회성 함양의 기회를 주어야 한다.

(해설) 스포츠 장애차별을 극복하기 위해선 장애인이 이용하는 데 어려움이 없도록 공공체육시설 구축, 장애인체육 지도자의 양성과 배치, 장애인 생활체육 동호인 활성, 장애인 생활체육 프로그램 확대 등을 해야 함
(정답) ②

CHAPTER 04 스포츠에서 환경과 동물윤리

01 스포츠와 환경윤리

1. 스포츠와 환경과의 관계

(1) 환경윤리
① 동물보호, 자연보호, 환경보호의 원칙을 세우고, 환경 도덕적 의사결정의 토대 마련함
② 환경 친화적, 생태지향적인 규범을 설정하고 가능성과 타당성을 연구함(환경윤리학, 생태윤리학)

(2) 스포츠 환경의 분류
① 순수환경: 자연보전구역, 공원, 야생지 등
② 개발환경: 야외 스포츠 공간
③ 시설환경: 실내 스포츠 시설 환경

(3) 스포츠가 환경에 미치는 영향
① 스포츠 시설물의 건설, 교통 이용 증가, 자연을 이용한 스포츠 종목의 확대 등에 따라 환경을 위협하는 문제가 발생함
② 오염된 환경은 스포츠 활동에 지장을 미침(물 오염, 대기 오염)

2. 지속가능한 스포츠 발전

(1) 지속가능한 윤리적 전제

필요성의 계율	• 새로운 시설을 건립할 때는 필요성을 파악해야 함
역사성의 계율	• 인간뿐 아니라 자연도 역사를 가지고 있음
다양성의 계율	• 인간과 자연의 공존을 위해서 자연의 다양성이 보존될 수 있게 노력해야 함

기출 FOCUS

✓ 스포츠 환경윤리 19·20 기출

✓ 지속가능한 스포츠 발전을 위한 노력 16 기출
  • 스포츠참가자 중심주의에서 탈피해야 함
  • 자연환경을 파괴하는 시설을 사용하지 않고, 건설을 반대해야 함
  • 스포츠용품의 재활용화를 적극 추진해야 함
  • 스포츠교양을 몸에 익힘
  • 자연의 다양성을 보존해야 함

OX 퀴즈

스포츠 환경에서 공원과 야생지는 개발환경에 속한다. Ⓞ Ⓧ

정답 ×
해설 순수환경

기출 FOCUS

- 환경윤리학
  - 베르크　　　　20 기출
  - 테일러　　　22·24 기출
- 싱어(P. Singer)의 동물 해방론
  - 동물 객체 각각의 고통을 해방해야 함
  - 고통을 느낄 수 있는 존재는 모두 도덕적 고려의 대상이 되어야 함
- 레건(T. Regan)의 동물 권리론
  - 본래의 가치를 가지고 있는 개체의 권리를 존중해야 함

(2) 스포츠에 적용 가능한 환경윤리학

① **인간 중심주의 환경윤리**
 ㉠ 베이컨(F. Bacon), 데카르트(L. Descartes): 인간을 자연의 주인으로 생각
 ㉡ 패스모어(J. Passmore): 도덕원리만으로도 생태계를 해결할 수 있다고 주장을 했음. 즉, 인간은 다른 생명체를 보호해야 함
 ㉢ 베르크(A. Berque): 인간의 거처란 뜻의 '에쿠멘(ecoumen)'이란 개념을 도출하여 지구는 인간이 살기 좋은 환경이 돼야 한다고 주장함

② **동물 중심주의 환경윤리**
 ㉠ 싱어(P. Singer): 고통을 느낄 수 있는 존재는 모두 도덕적 고려의 대상이 되어야 함(동물 해방론)
 ㉡ 레건(T. Regan): 본래의 가치를 가지고 있는 개체의 권리를 존중해야 함(동물 권리론)

③ **자연 중심주의 환경윤리**
 ㉠ 슈바이처(A. Schweitzer): 생명에 대한 외경을 기초로 한 생명 중심주의를 강조
 ㉡ 테일러(P. Taylor): 슈바이처(A. Schweitzer)의 생명외경사상을 발전시킨 생물 중심적(bio-centric) 환경윤리 제시(생명중심주의), 도덕적 행위자는 생명에게 도덕적 배려를 실천해야 함

암기 TIP

침간신보 테일러는 침간신보란 신문만 보네요. 이렇게 암기해보세요.

> **개념 PLUS**
>
> **테일러의 4가지 의무: 불침해, 불간섭, 신뢰, 보상적 정의**
> ① 불침해의 의무: 다른 생명체에 해를 끼쳐서는 안 됨
> ② 불간섭의 의무: 개별 생명체의 자유와 생태계에 간섭해서는 안 됨
> ③ 신뢰의 의무: 동물을 기만하는 행위(낚시, 덫 등)를 해서는 안 됨
> ④ 보상적 정의의 의무: 부득이하게 해를 끼친 경우 피해를 보상해야 함
>
> **요나스(H. Jonas)**
> 순환주의를 표방했고, 환경문제 해결을 위해 새로운 책임개념 도입 필요 주장(책임의 원칙)

 ㉢ 레오폴트(A. Leopold): 생태중심주의를 표방했고 토지이용을 경제적 측면 외에 윤리적, 미적관점 고려 주장(대지윤리)
 ㉣ 네스(A. Naess): 피상적 생태주의(자원고갈, 환경오염 등을 막기 위한 환경운동)에서 심층적 생태주의(세계관, 생활양식 자체를 바꿈)로 전환해야 한다고 주장

기출 Q

Q. 〈보기〉에서 (가)의 문제를 해결하기 위해 생명중심주의 입장에서 (나)를 제시한 학자는?   기출 24

> (가)
> 스포츠에서 환경문제가 발생하는 근본 원인은 스포츠의 사회 문화적 가치와 환경 혹은 자연의 보전 가치 사이의 충돌이다.
> (나)
> • 불침해의 의무: 다른 생명체에 해를 끼쳐서는 안 된다.
> • 불간섭의 의무: 생태계에 간섭해서는 안 된다.
> • 신뢰의 의무: 낚시나 덫처럼 동물을 기만하는 행위를 해서는 안 된다.
> • 보상적 정의의 의무: 부득이하게 해를 끼친 경우 피해를 보상해야 한다.

① 테일러(P. Taylor)
② 베르크(A. Berque)
③ 콜버그(L. Kohlberg)
④ 패스모어(J. Passmore)

해설) 테일러(P. Taylor)는 슈바이처(A. Schweitzer)의 생명외경사상을 발전시킨 생물 중심적(bio-centric) 환경윤리를 제시(생명중심주의), 도덕적 행위자는 생명에게 도덕적 배려를 실천해야 한다고 주장함   정답 ①

Q. 〈보기〉의 내용과 연관된 학자의 이론으로 적절하지 않은 것은?   기출 20

> 자연 중심주의 환경윤리는 환경에 있어서 도덕적 고려의 대상을 자연의 생명체를 포함한 생태계 전체로 확대할 것을 주문한다. 이런 점에서 보면 동물 스포츠라 불리는 스페인의 투우, 한국의 전통 민속놀이인 소싸움 등은 동물을 인간의 오락 대상으로 삼았다는 점에서 윤리적으로 허용되기 어렵다.

① 베르크(A. Berque)의 환경윤리
② 레오폴트(A. Leopold)의 대지윤리
③ 네스(A. Naess)의 심층적 생태주의
④ 슈바이처(A. Schweitzer)의 생명중심주의

해설) 베르크(A. Berque)의 환경윤리는 인간 중심주의 환경윤리를 주장함. 인간의 거처란 뜻의 '에쿠멘(ecoumen)'이란 개념을 도출하여 지구는 인간이 살기 좋은 환경이 돼야 한다고 주장함. 나머지는 자연 중심주의 환경윤리를 주장했음   정답 ①

기출 FOCUS

- 스포츠와 동물윤리
  15 · 17 기출
- 스포츠 종차별주의
  18 · 19 · 24 기출

02 스포츠와 동물윤리

1. 종차별주의와 반종차별주의

종차별주의	• 자신이 속한 종은 옹호하고, 다른 종은 배척하는 편견이나 왜곡된 태도 – 도덕적 지위(칸트)
반종차별주의	• 인간이 서로 간에 차이가 있듯이 이 세상의 모든 존재들은 저마다의 차이가 있으므로 서로의 차이를 인정하고, 그 차이에 알맞은 대우를 받아야 함 – 이익평등(동등) 고려의 원칙(P. Singer, 피터싱어)

개념 PLUS

도덕적 지위(칸트)
– 인간은 도덕적 지위를 갖고 있으므로 어느 누구도 인간에게 피해를 주어선 안 됨
– 동식물이나 돌과 같은 무생물은 도덕적 지위가 없으므로 죽이든 살리든 인간이 마음대로 해도 됨
– 인간의 소유물인 동물, 식물은 도덕적 지위를 가지고 있는 인간이 주인이므로 보호받아야 함

이익평등(동등) 고려의 원칙(P. Singer, 피터싱어)
– 감가능력이 있는 존재들은 이익을 배분하는 대상이 됨
– 이익을 배분할 때에는 감가능력에 따라 평등하게 배분해야 함

2. 스포츠 분야의 종차별주의

(1) 동물의 경작·운반도구화(소, 말, 사슴, 나귀 등)는 스포츠 분야의 종차별주의와 관련 없음

(2) 동물의 경쟁도구화, 교감도구화, 유희도구화, 연구도구화는 종차별주의에 해당됨

동물의 경쟁도구화	• 전쟁, 경마, 동물 간의 싸움(소싸움, 투견 등)
동물의 교감도구화	• 승마, 마장마술, 장애물 비월 경기 등
동물의 유희도구화	• 수렵, 낚시, 서커스, 투우 등
동물의 연구도구화	• 흰쥐, 원숭이, 고양이 등

OX 퀴즈

경북 청도의 소싸움 경기는 동물의 경쟁도구화의 사례이다.
O X

정답 O

3. 동물실험 윤리 3R

대체의 원리 (replace)	• 실험재료를 인간 대신 고등동물로 대체 • 고등동물 대신 하등동물로 대체 • 하등동물 대신 식물로 대체 • 식물 대신 무생물로 대체할 것을 권장
축소의 원리 (reduce)	• 실험에 동원되는 동물의 숫자를 실험결과의 신뢰도를 확보할 수 있는 최소한으로 감축할 것으로 권장
순화의 원칙 (refinement)	• 실험에 동원되는 동물들에게 최대한의 복지와 도덕적 지위에 맞는 대우를 해 줄 것을 권장

기출 Q

Q. 스포츠와 관련하여 종차별주의로 희생되고 있는 동물윤리의 문제로 볼 수 <u>없는</u> 것은?   기출 18

① 경쟁을 위한 수단
② 유희를 위한 수단
③ 연구를 위한 수단
④ 이동을 위한 수단

해설 동물의 경쟁도구화(전쟁, 경마 등), 교감도구화(승마, 마장마술 등), 유희도구화(투우, 서커스 등), 연구도구화(흰쥐, 원숭이 대상 등)가 있음   정답 ④

Q. 〈보기〉의 대화에서 '윤성'의 윤리적 관점은?   기출 24

> 진서: 나 어젯밤에 투우 중계방송 봤는데, 스페인에서 엄청 인기더라구! 그런데 동물을 인간 오락의 대상으로 삼는 것은 윤리적으로 허용될 수 없는 거 아니야?
> 윤성: 난 다르게 생각해! 스포츠 활동은 인간의 이상을 추구하기 위한 것이고, 그 이상의 실현을 위해 동물은 수단으로 활용될 수 있는 것 아닐까? 승마의 경우 인간과 말이 훈련을 통해 기량을 향상시키고 결국 사람 간의 경쟁에 동물을 도구로 활용한다고 볼 수 있잖아.

① 동물해방론
② 동물권리론
③ 종차별주의
④ 종평등주의

해설 종차별주의는 자신이 속한 종은 옹호하고, 다른 종은 배척하는 편견이나 왜곡된 태도(칸트의 도덕적 지위)라 할 수 있음. 동물해방론은 고통을 느낄 수 있는 존재는 모두 도덕적 고려의 대상이 되어야 한다고 싱어(P. Singer)가 주창하고, 동물권리론은 레건(T. Regan)에 의해 본래의 가치를 가지고 있는 개체의 권리를 존중해야 함을 설파함   정답 ③

CHAPTER 05 스포츠와 폭력

기출 FOCUS
- **스포츠 폭력**의 정의 및 원인
  17·18·22·23·24 기출

01 스포츠 폭력

1. 스포츠 폭력의 정의와 원인

(1) 정의

① 운동선수, 감독, 심판, 단체임원, 흥행주 등과 같은 스포츠 관계자, 관중 등과 같은 일반인이 운동경기 또는 훈련과정 중에 스포츠와 관련하여 고의나 과실로 신체적, 언어적, 성적 폭력행위를 의미함

② 스포츠 경기나 스포츠와 관련해서 남에게 상해를 입히거나 파괴적인 행동을 보이는 것임

③ 스포츠 폭력의 의미

용인된 폭력, 자기 목적적 폭력	• 스포츠에서 통제된 힘의 사용은 정당한 폭력이라는 개념
특수성, 이중성	• 스포츠는 폭력적인 성향의 분출을 자극하면서 동시에 감시하고 제어하는 개념

(2) 스포츠 폭력성의 원인

① 스포츠는 인간의 근원적 욕구인 폭력성을 발산하는 도구의 역할을 함
② 모의적인 폭력으로서 사회적으로 인정받는 영역이 스포츠임
③ 스포츠에서는 자기통제를 요구하는 제도와 규범을 통해서 폭력성을 제한함

> **개념 PLUS**
>
> **폭력에 대한 정의**
> - **플라톤의 폭력론**: 폭력은 그 자체로 존재하는 것이 아니라 존재의 결핍을 통해 무질서를 초래하는 근원이므로 예측 불가능한 것임
> - **아리스토텔레스의 분노**: 인간 내면의 분노로부터 시작된 폭력은 악순환을 통해 반복되는 것임
> - **토마스 홉스**(T. Hobbes)의 폭력론: 인간의 폭력적인 속성을 자연 상태와 욕망의 체계에서 비롯된 것이므로 인간은 통제되지 않는 폭력을 행사하는 존재임
> - **르네 지라르**(R. Girard)의 폭력론: 인간 폭력의 원인은 공격본능이나 자연 상태가 아닌 모방적 경쟁관계이므로 자신이 좋아하는 사람의 폭력행위를 무의식적으로 따라 할 수 있음

OX 퀴즈

인간의 근원적인 욕구인 폭력성을 발산하는 도구로 스포츠 폭력성의 원인을 찾을 수 있다.
O│X

정답 O

- **한나 아렌트**의 악의 평범성(banality of evil): 아무런 생각 없이 시키는 대로 하거나, 이전에 하던 대로 하는 것으로 잘못된 관행에 복종할 수 있음
- **미셸 푸코**의 규율과 권력: 위계질서와 같은 규율을 가장하여 권력이 생산되고, 그 권력의 행사가 폭력으로 변질됨

> 기출 FOCUS
> - 한나 아렌트   18·21 기출
> - 스포츠의 공격성   21 기출

2. 스포츠의 공격성과 폭력성

(1) 공격성
① 사람, 동물을 정복 혹은 경쟁에서 이기기 위해 언어와 행동으로 표현되는 분노
② 경쟁에서 승리를 목적으로 하는 스포츠에는 본질적으로 공격성이 내재

> **개념 PLUS**
>
> **스포츠에서 공격성이 나타나는 원인**
> - 자신의 한계를 넘어서고자 하는 도전정신에서 비롯
> - 자신의 탁월성을 드러내고자 하는 시도에서 비롯
> - 인간의 원초적인 욕망과 살아온 환경에서 습득

(2) 폭력성
폭력이란 신체적인 손상, 정신적·심리적인 압박을 가하는 물리적인 강제력

개인적 폭력	• 상대방으로부터 공격을 당하거나 좌절 때문에 분노했을 때 충동적으로 표출되는 폭력행위
도구적 폭력	• 개인적 감정과 무관하게 팀의 승리를 위한 수단으로 행사하는 폭력행위 • 승리, 금전, 위광(위엄과 권위) 등의 다른 외적 보상이나 목표를 획득 • 농구의 리바운드 반칙, 야구에서 유격수에게 과감한 슬라이딩을 감행해 더블플레이 방해 행위 등
적대적 폭력	• 승리보다 상대선수의 부상을 목적으로 공격하는 경우 • 야구에서 투수가 타자 안쪽에 위협적인 공을 던지는 행위, 오심에 따른 불만을 선수나 지도자에 의해 심판에게 폭력을 행사하는 행위 등

3. 격투스포츠의 윤리적 논쟁

(1) 찬성의견
① 경기장 안에서 이루어지는 합법적인 폭력
② 인간의 공격성을 정화시키는 역할을 함
③ 폭력적이었던 사람을 스포츠맨으로 교화하는 역할을 수행하기도 함

기출 FOCUS

✓ **격투스포츠** 윤리적 논쟁: 찬성의견, 반대의견   15 기출

(2) 반대의견

① 청소년이 폭력적 행동에 노출되고 모방할 가능성이 있음
② 선수뿐만 아니라 관중들의 폭력성도 증가시킬 수 있음
③ 폭력이 일반화되는 사회를 조장할 가능성이 있음
④ 폭력에 대한 무감각 및 중독을 초래할 수 있음

기출 Q

Q. 〈보기〉의 대화에서 '가', '나'에 들어갈 용어는?   기출 17

> 재형: 스포츠에서 통제된 힘의 사용은 정당한 폭력이며, 스포츠에서는 이런 폭력을 (가)이라고 불러.
> 해리: 난 스포츠에서 일어나는 폭력은 근본적으로 (나)이 있는 것 같아. 왜냐하면 스포츠는 폭력적인 성향의 분출을 자극하면서 동시에 감시하고 제어하잖아.

① 가: 용인된 폭력   나: 특수성
② 가: 본질적 폭력   나: 이중성
③ 가: 자기 목적적 폭력   나: 특수성
④ 가: 자기 목적적 폭력   나: 이중성

(해설) 스포츠에서 정당한 폭력이란 개념은 용인된 폭력과 자기 목적적 폭력이고, 스포츠에서 근본적인 폭력적 성향을 분출함과 동시에 감시, 제어하는 개념은 특수성, 이중성에 해당됨. 중복답안임
(정답) ①, ③, ④

Q. 〈보기〉의 폭력에 관한 설명과 관계 깊은 사상가는?   기출 21

> • 학교 스포츠에서 선수에게 폭력을 가하는 감독도 한 가정의 평범한 가장이다.
> • 운동 중 체벌을 가하는 것은 좋은 성적을 거두어야 하는 감독의 직업적 행동이다.
> • 후배들에게 체벌을 가한 것은 감독의 지시에 따른 행동으로 나의 책임이 아니다.
> • 폭력은 괴물이나 악마처럼 괴이한 존재가 아니라 평범한 일상 속에 함께 있다.
> • 악(폭력)을 멈추게 할 유일한 방법은 생각과 반성이다.

① 뒤르켐(E. Durkheim)   ② 홉스(T. Hobbes)
③ 지라르(R. Girard)   ④ 아렌트(H. Arendt)

(해설) 한나 아렌트는 악의 평범성(banality of evil)이란 개념을 도출함. 이 개념은 아무런 생각 없이 시키는 대로 하거나, 이전에 하던 대로 하는 것으로 잘못된 관행에 복종할 수 있다는 것임 (정답) ④

Q. 스포츠에서 공격이 윤리적이어야 하는 이유의 근거로 적절하지 <u>않은</u> 것은?

기출 21

① 타인의 탁월성 발휘를 침해하지 않아야 하기 때문이다.
② 파괴적인 것이 아니라 합리적인 방법과 전술의 개발 등 생산적이어야 하기 때문이다.
③ 공격 당사자의 본능, 감정, 의지를 폭력적인 수단에 의해 관철해야 하기 때문이다.
④ 규칙의 범위 내에서 공격과 방어의 교환이라는 소통의 구조를 가져야 하기 때문이다.

해설 스포츠에서 공격성이 발생하는 이유는 자신의 한계를 극복할 때, 자신의 탁월성을 드러내고자 할 때, 인간의 원초적인 욕망과 살아온 환경에서 습득함에 따라 발생함. 스포츠 공격이 윤리적이어야 하는 이유가 폭력적인 수단에 의해 관철해야 하는 것이 아니라, 경쟁에서 승리 목적으로 하는 스포츠에는 본질적으로 공격성이 내재돼 있음을 인정하고 규성적·규제적 규칙을 준수하게 해야 함 정답 ③

> **기출 FOCUS**
> - 스포츠 **성폭력** 방지 방안 및 근절대책   15·20 기출
> - 스포츠인권센터에서 규정하는 **선수 폭력: 감금, 협박, 따돌림**

02 선수 폭력

1. 선수 폭력의 정의와 원인

(1) **정의**: 스포츠지도자 및 선수 간의 구타, 가혹행위, 심리적 폭력을 의미함

(2) **원인**
① 폭력이 세습되면서 폭력의 피해자가 가해자가 되는 악순환이 있음
② 폭력문제가 발생했을 때 소극적인 대처에 따라 다시 발생하는 여지를 남김
③ 경기성과만으로 평가받는 지도자의 불안정한 신분에 따른 성과지상주의에서 발생함

(3) **선수 폭력 종류**

선수들 간의 폭력	• 개인적 폭력과 도구적 폭력으로 구분
선수나 지도자의 심판 폭력	• 오심에 대한 불만
일상생활에서의 선수 폭력	• 선수 간 폭력, 지도자 폭력, 성폭력 등

2. 스포츠 성폭력 방지 방안

(1) 체육지도자와 청소년들의 성별융합 학습교육을 실시함에 따라 의식을 고취시켜야 함
(2) 체육단체들의 의무적인 예방교육을 통해 성폭력 방지에 대한 의식을 제고해야 함
(3) 스포츠성폭력 전문상담원을 배치하여 피해자의 고충을 듣고 즉각적 조치를 취하게 해야 함

> **OX 퀴즈**
> 문화체육관광부(2013)는 스포츠 폭력 근절대책으로 피해선수 보호·지원 강화, 공정·투명한 처리시스템 구축, 폭력 예방활동 강화를 제시했다. Ⓞ Ⓧ
> 정답 ○

3. 스포츠 폭력 근절대책(3대 방향·10대 과제, 2013년 문화체육관광부)

(1) 피해선수 보호 및 지원 강화
① 스포츠인 권익센터 상담·신고 기능 보강
② 각종 대회 및 훈련 현장, 학교 등을 직접 찾아가는 교육 및 상담 확대
③ 선수생활 지속 여부, 신분노출 등에 대한 염려로 피해자 또는 목격자가 적극적으로 신고하지 못했던 점 보완

(2) 공정하고 투명한 처리시스템 구축
① 체육단체별 '징계양형기준'을 새롭게 마련해 '무관용원칙' 적용
② 조사권과 징계권을 분리하고 각 단체별 조사단을 구성해 사전조사 기능을 강화. 조사 및 징계 과정에 대해 외부 전문가 참여 제도화
③ 각 단체의 폭력근절 노력 및 성과 등을 종합적으로 평가할 수 있도록 조직운영평가 '윤리성' 지표를 세분화하고 가중치 확대

(3) 폭력 예방활동 강화
① 지도자 등록시스템을 구축하고 취업지원시스템과 연계해 채용 시 활용할 수 있도록 제공
② 지도자 리더십 우수모델 발굴·홍보, 리더십 우수지도자 시상
③ 실적 위주의 지도자 평가시스템 개선, 학생선수 참여 대회 시상제도 개선 등 운동부의 민주적 운영에 대한 인센티브 확대
④ 학교 스포츠지도자 인성 교육을 체계화하고 선수, 학부모, 지도자를 대상으로 연중 폭력 예방 교육 실시

기출 Q

Q. 스포츠 성폭력 방지책으로 적당하지 않은 것은? 　기출 15
① 체육지도자와 청소년들의 성별융합 학습교육 실시
② 주변사람의 묵인과 사회적 관심도 저하
③ 체육단체들의 의무적 예방교육의 필요성
④ 스포츠성폭력 전문상담원 배치

해설) 주변사람들의 적극적인 관심이 필요함　　정답) ②

03 관중 폭력

1. 관중 폭력의 원인 ◆ 스포츠사회학(08.스포츠와 일탈)에도 등장

(1) 한 개인이 군중의 일원이 되었을 때 군중의 익명성을 통해 표출하게 됨. 즉, 군중 속에서는 개별성과 책임성이 없어짐

(2) 선수들의 폭력이 관중들의 동조의식을 불러일으킴

(3) 선수 간에 또는 반대편을 응원하는 관중 간에 신체접촉이 일어나기 쉬운 환경에서 관중 폭력이 빈번하게 나타남

(4) 응원하는 팀에 대한 승리지상주의 열망이 과도할 때 나타남

> **개념 PLUS**
>
> 훌리거니즘(Hooliganism)
> - '군중'과 '팬의 무질서'를 합해서 만든 단어임
> - 스포츠 팀 응원을 빌미로 폭력적 행동을 일삼는 무리를 가리킴

2. 관중 폭력의 예방 방안

(1) 폭력예방에 관한 제도를 개선해야 함

(2) 관중 폭력은 경기에서 스포츠 참여의 관여를 항상 사람들의 태도와 스포츠에 대한 지역 사회 지지에 중요한 영향을 미치므로 '윤리적 가치관'을 고취시켜야 함

(3) 관중도 스포츠 참가자의 일부이므로 스포츠맨십을 준수할 의무가 있음을 인지시킴

(4) 스포츠 팀도 자기 팀을 응원하는 관중들에게 건전한 응원문화를 정착시켜야 하는 의무를 인지시킴

> **기출 Q**
>
> **Q.** 관중 폭력에 대한 설명으로 적절하지 않은 것은? 기출 19
>
> ① 선수나 심판에 대한 욕설이나 비방도 넓은 의미에서 관중 폭력에 해당한다.
> ② 신체적 폭행이 아닌 경기 시설물을 파괴하는 행위도 관중 폭력에 해당한다.
> ③ 군중으로 있을 때보다 선수와 단둘이 있을 때 상대적으로 발생하기 쉽다.
> ④ 축구팬의 훌리거니즘(hooliganism)은 관중 폭력의 실제 사례 중 하나이다.
>
> (해설) 관중 폭력은 한 개인이 군중의 일원이 되었을 때 군중의 익명성을 통해 표출하게 됨. 즉, 군중 속에서는 개별성과 책임성이 없어지므로 군중으로 있을 때 발생하기 쉬움
>
> (정답) ③

기출 FOCUS

◎ 관중 폭력의 원인
16·19 기출
- 군중의 익명성을 통해 표출하게 됨
- 관중들의 동조의식
- 신체접촉이 일어나기 쉬운 환경
- 승리지상주의

◎ 관중 폭력의 예방방안 15 기출

OX 퀴즈

스포츠 관중이 많을 때가 적을 때보다 관중 폭력이 일어날 확률이 커진다. O X

(정답) O

CHAPTER 06 경기력 향상과 공정성

기출 FOCUS

- 도핑의 정의와 원인
  15·16·20 기출
- 도핑금지 이유   23 기출
  - 공정성 훼손
  - 건강상의 부작용
  - 비윤리, 비인도덕 행위
  - 도핑을 하게 되는 원인 방지
    - 강요에 의한 도핑 18 기출
    - 부정적 역할 모형 16 기출
- 도핑금지 방안   16·17 기출
  - 윤리·도덕교육 강화
  - 도핑검사 강화
  - 적발 시 강력한 처벌
- 도핑에 관한 선수의 역할
  20 기출
- 세계반도핑규약(WADC)
  19 기출
  - 물리적 조작 금지
  - 화학적 조작 금지
  - 유전자 도핑 금지

01 도핑

1. 도핑의 정의와 역사

(1) 정의

① 선수가 운동경기에서 성적을 향상시킬 목적으로 약물을 사용하거나 특수한 이학적 처리를 하는 일을 뜻함

② 상시 금지약물, 경기기간 중 금지약물, 특정스포츠 금지약물을 의미함

   예) 아나볼릭 스테로이드 투여, 적혈구생성촉진인자 투여 등

(2) 역사

① 1964년: 동경대회에서 도핑국제회의 개최, IOC 의무분과위원회 발족

② 1968년: 멕시코시티에서 개최된 국제올림픽위원회(IOC)에서 반도핑 활동을 전개, 그레노블 동계대회에서 첫 도핑 검사 실시

③ 1988년: 서울올림픽에서 벤 존슨 선수가 도핑검사에 발견돼 금메달 박탈

④ 1999년: 세계반도핑기구(WADA) 창설하여 금지약물을 구분

※ 우리나라도 2006년에 한국도핑방지위원회(KADA) 설립

2. 도핑을 금지하는 이유

(1) 공정성 훼손: 페어플레이 정신에 위배됨(윤리적, 도덕적인 문제)

(2) 건강상의 부작용: 선수의 건강이 손상됨(의학적, 건강상의 문제)

(3) 비윤리적이고, 비인도적인 행위임

(4) 도핑을 하게 되는 원인의 원천적 봉쇄

① 강요에 의한 도핑

   예) 2014년 소치 동계올림픽 때 러시아는 국가가 주도적으로 자국의 선수들에게 원치 않는 금지약물을 사용함

② 부정적 역할 모형

   예) 우상선수 흉내에 따른 부작용

OX 퀴즈

도핑을 금지하는 이유는 선수의 건강이 손상되고 페어플레이 정신에 위배되기 때문이다. O X

정답 O

기출 Q

Q. <보기>에서 스포츠 선수의 유전자 도핑을 반대해야 하는 이유로 적절한 것을 모두 고른 것은? 기출 23

㉠ 선수의 신체를 실험 대상화하여 기계나 물질로 이해하도록 만들기 때문
㉡ 유전자조작 인간과 자연적 인간 사이에 갈등을 초래하기 때문
㉢ 생명체로서 인간의 본질을 훼손하고 존엄성을 부정하기 때문
㉣ 선수를 우생학적 개량의 대상으로 만들기 때문

① ㉠, ㉢
② ㉡, ㉢
③ ㉠, ㉡, ㉣
④ ㉠, ㉡, ㉢, ㉣

해설 도핑은 선수가 운동경기에서 성적을 향상시킬 목적으로 약물을 사용하거나 특수한 이학적 처리를 하는 일을 뜻함. 도핑은 비윤리적이고, 비인도적인 행위로서 공정성 훼손(페어플레이 정신에 위배)과 건강상의 부작용(의학적, 건강상의 문제)으로 인해 금지하므로 <보기> 내용 모두에 해당됨 **정답** ④

Q. 도핑을 방지하기 위한 방안으로 옳지 않은 것은? 기출 17

① 윤리교육을 통한 의식 변화
② 도핑 검사의 강화
③ 적발 시 강력한 처벌
④ 승리에 대한 보상 강화

해설 승리지상주의가 도핑에 대한 유혹을 부추김 **정답** ④

02 유전자 조작

1. 유전자 조작의 정의와 문제점

(1) 정의
① 경기력을 높이는 방법으로 유전자를 조작함
② 운동선수의 유전자 조작은 인간의 존엄성을 무시하고, 스포츠 정신에 반하는 행위임
③ 도핑보다 더 심각한 문제로 인식함(IOC 의무분과위원회)

(2) 문제점
① 부작용으로 선수생명을 위협할 수 있음
② 기록 지상주의에 따라 인간의 상품화 문제가 발생함
③ 스포츠 가치와 페어플레이의 스포츠 정신에 위배됨

2. 유전자 조작의 반대 이유

(1) 안전성이 검증되지 않음

OX 퀴즈

스포츠 경기력을 향상시키기 위해 유전자 조작을 허용하고 있다.
O X

정답 X
해설 IOC 의무분과위원회는 도핑보다 더 심각한 문제로 인식함

기출 FOCUS
- 용기구 기술 발달의 문제   23 기출
- 기술 도핑   24 기출

(2) 인간의 존엄성이 침해될 수 있음

(3) 생태적 및 진화적 변이를 통해 종의 정체성에 혼란을 일으킴

(4) 스포츠의 본질적인 의미가 사라짐

03 용기구와 생체공학 기술 활용

1. 스포츠 분야의 과학기술

안전을 위한 기술	• 매트류, 신발류, 모자류, 호구류
감시를 위한 기술	• 시간계측 장비, 사진 판독, 도핑검사 장비, 비디오 판독 (VAR)

수행능력 향상을 위한 기술	• 디스크 자전거, 전신 수영복, 유리섬유 장대, 탄소봉 창
	• 전신수영복 착용 금지 이유
	  – 스포츠 공정성 훼손
	  – 스포츠는 신체적 경쟁을 우선시 함(장비가 아님)

2. 스포츠와 과학기술 결합에 따른 윤리문제

(1) 스포츠가 첨단기술의 경연장으로 변질될 수 있음

   ① 긍정적 과학기술의 관점: 스포츠 과학

   ② 부정적 과학기술의 관점: 기술 도핑

(2) 스포츠에서 인간 경쟁보다 기술 경쟁으로 치달아 기록에 대한 가치가 하락될 수 있음

(3) 인간의 순수한 노력이라는 정신적 측면의 스포츠 가치에 소홀하게 됨

(4) 스포츠의 공정성과 형평성의 문제가 도래하게 됨

기출 Q

Q. 〈보기〉의 대화에서 논란이 되고 있는 도핑의 종류는?   기출 24

> 지원: 스포츠 뉴스 봤어? 케냐의 마라톤 선수 킵초게가 1시간 59분 40초의 기록을 세웠대!
> 사영: 우와! 2시간의 벽이 드디어 깨졌네요! 인간의 한계는 끝이 없나요?
> 성현: 그런데 이번 기록은 특수 제작된 신발을 신고 달렸으니 킵초게 선수의 능력만으로 달성했다고 볼 수 없는 거 아니야? 스포츠에 과학기술의 도입은 필요하지만, 이러다가 스포츠에서 탁월성의 근거가 인간에서 기술로 넘어가는 거 아니야?
> 혜름: 맞아! 수영의 전신 수영복, 야구의 압축 배트가 금지된 사례도 있잖아!

① 약물도핑(drug doping)　　② 기술도핑(technology doping)
③ 브레인도핑(brain doping)　　④ 유전자도핑(gene doping)

해설　스포츠 분야의 과학기술로서 수행능력 향상을 위한 기술(예: 성적을 올리는 전신수영복)은 스포츠가 첨단기술의 경연장으로 변질됨에 따라 기술도핑이라는 부정적 관점을 낳을 수 있음　**정답** ②

기출 FOCUS

● 스포츠 공정성의 개념
　　17·18·20·23 기출

Q. 〈보기〉에서 국제육상경기연맹(IFFA)이 출전금지를 판단한 이유는?　기출 23

> 2011년 대구세계육상선수권대회에서 남아프리카공화국의 의족 스프린터 피스토리우스(O. Pistorius)는 비장애인육상경기에 참가신청을 했으나, 국제육상경기연맹은 경기에 사용되는 의족의 탄성이 피스토리우스에게 유리하다는 이유로 출전을 허용하지 않았다고 한다.

① 인종적 불공정　　② 성(性)적 불공정
③ 기술적 불공정　　④ 계급적 불공정

해설　스포츠에서 인간 경쟁보다 기술 경쟁의 우려가 있음. 경기수행능력 향상을 위한 기술을 통해 공정성과 형평성의 문제가 존재함　**정답** ③

04 스포츠 공정성

1. 공정한 스포츠 및 사회정의

(1) 공정한 스포츠는 스포츠인의 <u>도덕적 자율성</u>과 <u>제도적 강제성</u>의 조화에서 이루어짐. 단, <u>제도적 강제성</u>이 집중되면 조직의 감시, 통제, 억압, 착취를 받을 가능성이 높아짐

(2) <u>사회정의</u>에 대한 관점　◆ 02.경쟁과 페어플레이에도 등장

형식적 정의	• 모든 사건이나 사람에 대해 형식상 공정하게 적용하는 제도
실질적 정의	• 사람들 간의 차이를 고려하여 합리적인 처분을 내려 각자에게 몫을 부여(체급을 고려한 권투 경기)
결과적 정의	• 결과에 초점을 두고 제시된 기준을 객관적으로 측정, 상호 비교(능력, 성과, 노력, 사회적 효용 등)
절차적 정의	• 절차나 과정에 초점을 맞춤
분배적 정의	• 각자에게 각자의 정당한 몫을 돌려줌으로써 아무도 불만을 제기하지 않는 방식으로 분배하는 것(기술의 난이도에 따라 차등적으로 점수)

암기 TIP

형질과 차분　사회정의는 깨끗한 형질과 차분에서 비롯됩니다. 이렇게 암기해봅시다.

2. 스포츠 공정과 관련한 지침

(1) 스포츠공정위원회 (대한체육회, 2016)

① 단체 및 대회운영과 관련된 금품수수 비위 및 횡령·배임
② 단체 및 대회운영과 관련된 직권 남용, 직무태만 등 비위의 사건
③ 승부조작, 편파판정
④ 체육 관련 입학 비리
⑤ 폭력
⑥ 강간, 유사강간 및 이에 준하는 성폭력
⑦ 성추행, 성희롱 등 행위
⑧ 선거와 관련하여 부당한 영향력을 행사하거나 기타 선거결과에 영향을 미치는 행위를 한 경우
⑨ 사회적 물의를 일으켜 체육인의 품위를 훼손하는 경우 등

(2) 클린스포츠센터 운영 (대한체육회, 2017)

① 조직, 경기, 회계, 입학, (성)폭력 등과 관련한 위법 또는 부정·불공정행위에 대한 신고의 접수
② 스포츠 관련 위법 및 부정·불공정행위에 대한 인지에 의한 조사

기출 FOCUS
- 스포츠 공정성의 사회정의에 대한 관점
  - 형식적, 실질적, 결과적, 절차적   17 기출
  - 분배적   18 기출

기출 Q

Q. 아래에서 설명하는 정의의 유형은?   기출 18

> 다이빙, 리듬체조, 피겨스케이팅 등의 종목은 기술의 난이도에 따라 차등적으로 점수를 받는다. 경기 수행이 어려울수록 더 많은 점수(가산점)를 받는 것이다. 다만 이 경우 모든 참가자가 동의할 수 있는 절차가 마련되어 있어야 한다.

① 자연적 정의   ② 평균적 정의
③ 절차적 정의   ④ 분배적 정의

해설 분배적 정의는 각자에게 각자의 정당한 몫을 돌려줌으로써 아무도 불만을 제기하지 않는 방식으로 분배하는 것임   정답 ④

OX 퀴즈

체급을 고려한 복싱 경기는 사람들 간의 차이를 고려하여 합리적으로 각자의 몫을 부여하는 절차적 정의에 해당된다.   O X

정답 X
해설 실질적 정의

Q. 〈보기〉의 (가)에서 A팀의 행동을 지지하는 이론의 제한점을 (나)에서 모두 고른 것은?

기출 20

(가)	A팀과 B팀의 축구 경기가 진행 중이다. 경기 종료 20분을 남기고 A팀이 1대0으로 이기고 있으나 A팀 선수들의 체력은 이미 고갈되었고, B팀은 무섭게 공격을 이어가고 있다. 이때 A팀 감독은 이대로 경기가 진행될 경우 역전당할 위험이 있다는 판단하에 선수들에게 시간을 끌 것을 지시하였다. A팀 선수들은 부상당한 척 시간을 지연시키는 이른바 침대축구를 하였고, 결과적으로 A팀이 승리하게 되었다.
(나)	㉠ 결과로 행위를 평가하기 때문에 정의의 문제가 소홀해질 수 있다. ㉡ 도덕규칙 간의 충돌 문제가 발생했을 때 실질적인 도움을 주지 못할 수 있다. ㉢ 일반적인 사실로부터 도덕적인 당위를 추론하지 못할 수 있다. ㉣ 사회 전체의 이익을 제대로 고려하지 못하는 경우가 있다. ㉤ 개인의 이익과 공공의 이익이 충돌할 때 사익(私益)의 희생을 당연시한다.

① ㉠, ㉡, ㉤
② ㉠, ㉢, ㉤
③ ㉡, ㉢, ㉣
④ ㉡, ㉣, ㉤

해설 축구 경기에서 이기는 팀이 일부러 지연시키는 소위 침대축구는 경기의 공정성을 끝까지 유지해야 하는 페어플레이 정신과 보다 포괄적인 윤리규범인 스포츠맨십 모두 위배되는 사안임. 아무리 경쟁을 통해 승패를 가리는 것이 중요한 스포츠이지만 공정한 과정보다 합법을 가장한 페어플레이, 스포츠맨십에 위배되는 행위를 통해 스포츠 정신의 본질을 훼손하고, 도덕적인 명분을 수립하기가 어려우며, 공공의 이익만을 추구하는 사례가 있음

정답 ②

Q. 〈보기〉에서 국제수영연맹(FINA)이 기술도핑을 금지한 이유는?

기출 23

2008년 베이징올림픽 수영종목에서는 25개의 세계신기록이 쏟아져 나왔다. 주목할만한 것이 23개의 세계신기록이 소위 최첨단 수영복이라 불리는 엘지알 레이서(LZR Racer)를 착용한 선수들에 의해 수립되었다는 것이다. 그러나 이 같은 수영복을 하나의 기술도핑으로 간주한 국제수영연맹은 2010년부터 최첨단 수영복의 착용을 금지하였다.

① 효율성 추구
② 유희성 추구
③ 공정성 추구
④ 도전성 추구

해설 공정한 스포츠는 스포츠인의 도덕적 자율성과 제도적 강제성의 조화에서 이루어짐. 스포츠와 과학기술의 결합을 통해 스포츠가 첨단기술의 경연장으로 변질될 수 있음. 즉, 긍정적인 과학기술의 관점으로 바라보면 스포츠 과학 영역이지만, 부정적인 관점으로 바라보면 기술도핑이란 우려가 있음

정답 ③

CHAPTER 07 스포츠와 인권

01 학생선수의 인권

1. 스포츠 인권

(1) 스포츠에서 가져야 할 인간의 존엄성

(2) 스포츠에서 가져야 할 인간의 자유에 대한 권리

(3) 인종, 성별에 관계없이 누구나 스포츠를 동등하게 누릴 수 있는 권리

(4) 스포츠의 종목, 대상에 따라 차별 없이 동등하게 보장되는 권리

(5) 대한체육회의 '스포츠인권센터'

　① 스포츠 인권: 스포츠 인권이란 모든 스포츠人이 인간 존재의 보편적 가치로서 지니게 되는 기본적인 자유와 동등한 권리

　② 스포츠 폭력: 스포츠 영역에서 스포츠人(선수, 지도자, 학부모, 관계자 등)을 대상으로 구타하거나 상처가 나게 하는 것, 어느 장소에 가두어 두는 것, 겁을 먹게 하는 것, 강요하는 것, 물건이나 돈을 빼앗는 것, 사실 또는 사실이 아닌 일로 인격이나 마음에 상처를 주는 것, 남들 앞에서 창피를 주는 것, 계속해서 반복하여 따돌림 하는 것 등

> **개념 PLUS**
>
> **폭력이란?**
> 상해, 폭행, 감금, 협박, 약취, 유인, 명예훼손, 모욕, 공갈, 강요, 강제적인 심부름 및 성폭력, 따돌림, 정보통신망을 이용한 음란·폭력 정보 등에 의한 신체, 정신 또는 재산상의 피해를 수반하는 행위

　③ 스포츠 성폭력: 성폭력이란 상대방의 의사에 반하여 이루어지는 성적 언동으로 상대의 *성적자기결정권을 침해하는 모든 행위

> **개념 PLUS**
>
> **성적자기결정권이란?**
> 자신의 성적인 행동을 스스로 결정할 권리를 의미하며, 따라서 동의되지 않은 일방적인 모든 성적인 언동은 성폭력에 해당됨(자기결정권: 헌법 제10조가 보장하고 있는 개인의 인격권과 행복추구권에 전제된 개인의 자기운명결정권을 의미함)

OX 퀴즈
대한체육회는 스포츠인권센터를 운영하여 스포츠 인권을 보호하고, 스포츠 폭력, 스포츠 성폭력을 방지하기 위한 노력을 하고 있다. (O/X)

정답 O

(6) 대한체육회의 '**대한체육회선수위원회 규정**(2013 전면개정)'

구분	폭력행위를 한 선수 또는 지도자	성추행, 성희롱 등을 한 선수 또는 지도자
극히 경미한 경우	6개월 미만의 자격정지 또는 경고	1년 미만의 자격정지
경미한 경우	6개월 이상 3년 미만의 자격정지	1년 이상 5년 미만의 자격정지
중대한 경우	영구제명	5년 이상의 자격정지 또는 영구제명

※ 강간한 선수 또는 지도자: 영구제명

기출 FOCUS
- 스포츠 인권 및 학습권 보장
  15·18·19·22 기출
- 최저학력제도   22 기출

2. 학생선수의 인권문제

(1) 선배와 지도자에 의한 폭력과 성폭력 등에 노출되기도 함
(2) 팀의 승리를 위한 도구로 전락하기도 함
(3) 학습권이 상실되기도 함
(4) 부상을 당해도 고통을 무릅쓰고 운동을 지속해야 하는 경우가 있음
(5) 운동과정에서 주체성이 상실되고 자율성이 억압되기도 함
(6) 상급학교, 실업팀, 프로팀 등에 판매하기 위한 상품으로 이용됨

3. 학생선수의 생활권과 학습권

(1) 학생선수의 학습권이 보장돼야 하는 이유

   ① 기본적인 교양 또는 상식이 부족하게 됨
   ② 상대적으로 학생선수의 성공 확률이 낮아 진로의 다양성 모색이 필요함
   ③ 지도자의 지시에 의해서만 행동하게 돼 맹목적인 추종자가 될 수 있음

(2) 학습권 문제를 해결하기 위해 도입된 제도

최저학력 제도	• 특별학습을 통해 최소한의 학력에 도달하기 위한 목적 • 최저학력제도 시행대상 과목 및 도달수준 ◈ 스포츠교육학(02. 스포츠교육의 정책과 제도)에도 등장		
	초등학교	국어, 영어, 수학, 과학, 사회	50% 미만
	중학교		40% 미만
	고등학교	국어, 영어, 수학	30% 미만

암기 TIP

초백오 중백사 고백삼 초, 중, 고의 기준성적 백분율을 이렇게 암기해보세요.

기출 FOCUS

- **체육특기자 진학과 입시제도 문제**
  - 입시비리 발생 가능성
  - 다른 학생들의 진학 기회를 박탈할 수 있음
  - 학업성취도가 낮은 학생들이 선호하는 진학과정
- **체육특기자제도 개선방향**
  - 선발자격 개선, 선정과정 투명, 학교성적과 성적일수 반영
- **학교체육 역할** ◆스포츠 교육학(02. 스포츠교육의 정책과 제도)에도 등장 15 기출
  - 사회적 이탈행위에 대한 정화적 역할
  - 사회적 존재로서의 공동체 의식 고취
  - 학교 환경적응과 갈등 해소 기회 제공

최저학력 제도	• 최저학력제도 시행 의의 　- 운동과 공부를 병행하게 만드는 효과 　- 학생선수들에게 다양한 진로를 찾게 하기 위함 　- 중도탈락, 은퇴 후에 사회에 적응하는데 필요한 기초적인 교양 • 문제점 　- 최저학력 도달 수준이 낮게 책정 　- 지도자들은 경기성적에 주안점을 두게 되어 소극적 수용 　- 학부모들은 운동선수로의 성공을 방해하는 요인으로 인식 　- 학생들은 공부에 대한 두려움, 실효적인 지배력이 없음 ※ 미국에선 전미 대학 체육 협회(National Collegiate Athletic Association, NCAA)에서 최저학력제를 관리 감독함
주말리그 제도	• 학교 운동부들이 주말 경기를 통해 경기경험도 쌓고, 주중엔 학업을 할 수 있게 하자는 취지 • 가까운 지역 안에 같은 학교운동부가 상당수가 있지 않으면 실효성이 낮음

기출 Q

Q. 스포츠 인권에 대한 설명으로 옳지 <u>않은</u> 것은? 　기출 18

① 스포츠에서 가져야 할 인간의 존엄성을 말한다.
② 스포츠에서 가져야 할 인간의 자유에 대한 권리이다.
③ 스포츠의 종목이나 대상에 따라 상대적으로 보장되는 권리이다.
④ 인종이나 성별에 관계없이 누구나 스포츠를 동등하게 누릴 수 있는 권리이다.

(해설) 스포츠의 종목, 대상에 따라 차별 없이 동등하게 보장되는 권리임　(정답) ③

Q. 〈보기〉에서 학생운동선수의 학습권 보호와 관련된 것으로 옳은 것만 모두 고른 것은?　기출 24

ㄱ. 최적 학력 제도	ㄴ. 리그 승강 제도
ㄷ. 주말 리그 제도	ㄹ. 학사 관리 지원 제도

① ㄱ, ㄴ, ㄷ　　② ㄱ, ㄴ, ㄹ
③ ㄱ, ㄷ, ㄹ　　④ ㄴ, ㄷ, ㄹ

(해설) 선수의 학습권 문제를 해결하기 위해 도입된 대표적인 제도는 최저학력제도와 주말리그제도임. 덧붙여 학사관리 지원제도는 포괄적인 개념에서 학습권 보호제도라 할 수 있음　(정답) ③

OX 퀴즈

학습권 문제를 해결하기 위해 최저학력제도와 주말리그제도를 운영하고 있다. (O|X)

(정답) O

02 스포츠지도자 윤리

1. 지도자에 의한 선수폭력의 원인과 대책

(1) 지도자 선수폭력 원인

① 지도자는 최고결정권자의 권한을 갖고 있음
② 팀의 전략, 전술을 지휘하는 최고의 위치에 있음
③ 선수들의 진로를 결정하고 연봉에 영향력을 행사할 수 있음
④ 감시와 통제를 받지 않음
⑤ 경기 출전권의 전권을 행사할 수 있음

(2) 선수대상 폭력방지 대책

① 지도자의 인식을 개선해야 함
② 학교 운동부 감독의 권한과 권위의 견제장치를 마련해야 함(위원회 구성 및 운영)
③ 체벌해야 성적을 낼 수 있다는 지도자와 학부모 등의 그릇된 인식에서 탈피해야 함
④ 지도자의 자격제도를 강화하고 지도자의 신분을 보장해야 함
⑤ 스포츠인권센터와 같은 제도를 적극적으로 활용해야 함

2. 교육자로서의 책임과 권한

(1) 승리 지상주의에서 탈피하기 위해 노력해야 함
(2) 교육을 빙자한 신체적, 언어적 폭력을 추방시켜야 함
(3) 선수들의 민주적인 의사결정 과정을 중시해야 함
(4) 책임감, 창의적 사고, 스포츠맨십을 강조해야 함

3. 스포츠윤리센터(국민체육진흥법 제18조의3)

(1) 체육계 인권침해 및 스포츠비리 등에 대한 신고 접수와 조사

① 선수에 대한 체육지도자 등의 성폭력 등 폭력에 관한 사항
② 승부조작 또는 편파판정 등 불공정에 관한 사항
③ 체육 관련 입시비리에 관한 사항
④ 체육단체·경기단체 및 그 임직원의 횡령·배임 및 뇌물수수 및 보조금, 지방보조금의 용도 외 사용 금지 위반에 관한 사항
⑤ 그 밖에 체육계 인권침해 및 스포츠비리에 해당된다고 인정되는 사항

(2) 신고자 및 피해자에 대한 치료 및 상담, 법률 지원, 임시보호 및 연계

기출 FOCUS

✓ **체벌방지 이유** 16 기출
- 인권 침해 행위
- 과도한 스트레스 원인
- 수동적 태도를 길러주기 때문에 방지해야 함

✓ 교육자로서의 **책임과 권한** 15 기출
- 책임감
- 창의적 사고
- 스포츠맨십 강조

✓ **스포츠계의 4대 악습**(문화체육관광부, 2015) 16 기출
- **승부조작 및 편파 판정**
- **폭력 및 성폭력**: 운동선수·감독·심판·단체임원·흥행주 등과 같은 스포츠관계인이나 관중 등과 같은 일반인이 단독 또는 합동으로, 운동 경기나 훈련과정 중에, 고의나 과실로, 신체적·언어적·성적 폭력 행위를 저지르는 것
- **입시 비리**
- **조직의 사유화**

✓ 스포츠윤리센터 21·22·23 기출

✓ 국민체육진흥법 시행령(제18조의2 스포츠윤리센터의 정관)으로 다음 사항 포함
1. 목적
2. 명칭
3. 임원 및 이사회에 관한 사항
4. 재산 및 회계에 관한 사항
5. 스포츠윤리센터의 조직 및 운영에 관한 사항
6. 정관의 변경에 관한 사항

OX 퀴즈

문체부(2015)는 승부조작·편파판정, 폭력·성폭력, 입시비리, 조직의 사유화를 스포츠계의 4대 악습으로 규정했다.

O X

정답 O

(3) 긴급보호가 필요한 신고자 및 피해자를 위한 임시보호시설 운영
(4) 체육계 현장의 인권침해 조사·조치 상황 등을 상시 점검할 수 있는 인권감시관 운영
(5) 스포츠비리 및 체육계 인권침해에 대한 실태조사
(6) 스포츠비리 및 체육계 인권침해 방지를 위한 예방교육
(7) 그 밖에 체육의 공정성 확보 및 체육인의 인권보호를 위하여 필요한 사업

> **기출 Q**
>
> **Q.** 문화체육관광부가 지목하고 있는 '스포츠 4대 악'에 해당되지 않는 것은? 기출 16
> ① 조직 사유화 ② 승부조작
> ③ 스포츠 도박 ④ (성)폭력
>
> 해설 문체부가 규정한 스포츠 4대 악은 승부조작·편파판정, 폭력·성폭력, 입시 비리, 조직의 사유화임
>
> 정답 ③

03 스포츠와 인성교육

1. 어린이 운동선수 보호방안

(1) 성장발달에 지장이 있을 정도로 무리한 운동을 금지해야 함
(2) 승리를 지나치게 강조하기 보다는 기초기술과 기초체력 위주의 훈련을 하도록 함
(3) 평생 동안 운동을 생활화할 수 있는 기반을 조성해야 함
(4) 공부와 운동을 병행할 수 있는 환경을 마련해야 함
(5) 체벌을 금지해야 함
(6) 다양한 진로의 가능성을 교육해야 함

2. 학교체육의 인성 교육적 가치

(1) 반사회적 행위를 순화시키고, 구체화시켜 근원적인 경향의 제어가 됨
(2) 스포츠 활동은 부정적인 정서를 감소시키고, 긍정적인 정서를 증진시킴
(3) 타인에 대한 정서적 공감능력을 향상시킴
(4) 집중력, 주의력 등 지적기능 발달의 토대가 됨
(5) 창의적인 사고기술과 비판적 판단능력을 향상시킴

(6) 일탈 방지, 친사회적인 행동, 생활기술을 향상시킴

(7) 스포츠맨십, 페어플레이 정신을 통해 사회성과 도덕성을 함양시킴

기출 Q

Q. 〈보기〉의 ㉠, ㉡과 관련된 맹자(孟子)의 사상이 바르게 연결된 것은? 기출 23

> ㉠ 농구 경기에서 자신과 부딪쳐서 부상을 당해 병원으로 이송되는 상대 선수를 걱정해 주는 마음
> ㉡ 배구 경기에서 자신의 손에 맞고 터치 아웃된 공을 심판이 보지 못해서 자기 팀이 득점을 했을 때 스스로 부끄러워하는 마음

	㉠	㉡
①	수오지심(羞惡之心)	측은지심(惻隱之心)
②	측은지심(惻隱之心)	수오지심(羞惡之心)
③	사양지심(辭讓之心)	시비지심(是非之心)
④	측은지심(惻隱之心)	사양지심(辭讓之心)

해설 ㉠은 상대 선수를 걱정하는 마음의 측은지심이고, ㉡은 스스로 부끄러워하는 마음의 수오지심을 나타냄

정답 ②

Q. 〈보기〉의 ㉠~㉢에 해당하는 용어가 바르게 제시된 것은? 기출 24

> 공자의 사상은 (㉠)(으)로 설명할 수 있다. (㉡)은/는 마음이 중심을 잡아 한쪽으로 치우치지 않는 상태를 의미하고, (㉢)은/는 나와 다인의 마음이 서로 다르지 않다는 뜻으로 배려와 관용을 나타낸다. 공자는 (㉢)에 대해 "내가 원하지 않은 일을 남에게 하지 말라(己所不慾 勿施於人)"는 정언명령으로 규정한다. 이는 스포츠맨십과 상통한다.

	㉠	㉡	㉢
①	충효(忠孝)	충(忠)	효(孝)
②	정의(正義)	정(正)	의(義)
③	정명(正名)	정(正)	명(名)
④	충서(忠恕)	충(忠)	서(恕)

해설 공자(孔子)의 사상체계에서 충서사상(忠恕思想)은 인(仁), 예(禮) 등과 같은 사상과 밀접한 관련성을 지니며 매우 중요한 지위를 갖춤. '충'이란 모두 각종 인간관계 가운데 주체가 마땅히 갖추어야 하는 태도이고, '서'란 일종의 사람과 사람이 교제하는 관계상의 원칙을 뜻함. 논어 위령공(衛靈公)에 나오는 문구로 자공이 '유일언이가이종신행지자호?(有一言而可以終身行之者乎?)'라고 공자에게 물음. 즉, '일언으로 종신토록 행할 만한 것이 과연 있겠나이까?' 공자가 말하기를, '기서호! 기소불욕, 물시어인(其恕乎! 己所不欲, 勿施於人)'이라고 답함. 즉, '서(恕), 그 한마디이다. 내가 원하지 않는 것은 남에게도 베풀지 말라.'라고 함

정답 ④

기출 FOCUS

◉ 맹자가 제시한 인간의 4가지 본성인 사단(四端)
 16·19·20·23 기출
 • **수오지심**(羞惡之心): 의롭지 못함을 부끄러워하고, 착하지 못함을 미워하는 마음
 • **사양지심**(辭讓之心): 겸손하여 남에게 사양할 줄 아는 마음
 • **시비지심**(是非之心): 옳고 그름을 판단할 줄 아는 마음
 • **측은지심**(惻隱之心): 어려움에 처한 사람을 애처롭게 여기는 마음

◉ 학교체육의 인성 교육적 가치
 15 기출

◉ 공자 사상 21 기출
 • 서(恕)
 • 정명(正名)

OX 퀴즈

노자는 수오지심, 사양지심, 시비지심, 측은지심의 인간의 본성을 제시했다. O X

정답 X
해설 맹자

CHAPTER 08 스포츠 조직과 윤리

01 스포츠와 정책윤리

1. 스포츠와 정치의 유사성

(1) 스포츠 참여자는 학교, 지역사회, 회사 등 조직을 대표함
(2) 스포츠 조직은 정치조직처럼 고도로 조직화돼 있음
(3) 정치는 스포츠를 이용, 스포츠도 정치를 이용해야 이득이 생김
(4) 스포츠경기를 시작하기 전 또는 후의 의식이 정치의식과 유사함

2. 스포츠가 정치에 미치는 영향 ◈ 스포츠사회학(02. 스포츠와 정치)에도 등장

순기능	역기능
• 국민의 화합과 협력	• 정치선전 및 체제 강화
• 외교적 승인과 국위 선양	• 사회통제
• 국민의 건강과 행복 증진	• 정치적 시위
• 국가 간의 화해와 협력	• 국가 간의 분쟁

3. 스포츠정책과 윤리성 문제

(1) **정책**: 정부기관이 공식적으로 결정한 미래지향적인 기본방침
(2) **정책 수립과정**: 정책분석 → 정책결정 → 정책집행 → 정책평가
(3) 스포츠정책의 관점
   ① 미시적 관점: 스포츠정책을 입안, 정책하는 과정에서 부정부패를 방지하거나 어떤 행동을 하면 안 된다는 식의 규제로 도입함
   ② 거시적 관점: 스포츠정책의 공익성과 봉사정신을 강조하는 것이 되고 스포츠 발전을 위해서는 스포츠정책의 윤리성이 반드시 확립돼야 함

02 심판의 윤리

1. 심판이 갖추어야 할 윤리기준

(1) 공평무사, 공명정대, 청렴결백해야 함
(2) 편견과 차별성을 탈피해야 함

2. 심판의 사회적 역할과 과제

심판의 순기능	심판의 역기능
• 심판행위는 기술적 판단행위이므로 윤리적 가치를 따름	• 심판의 오심
• 심판의 판정은 보편타당성이 있고, 객관적 필연성이 있음	• 심판의 편파판정
• 심판의 판정행위는 심판의 절제 있는 자세임	–

개념 PLUS

VAR(Video Assistant Referee)
국제축구연맹(FIFA)이 비디오 보조 심판제도를 판정 정확도를 높이기 위해 2018년 러시아월드컵 때부터 공식적으로 사용했으며 경기영상을 통해 판정을 하는 행위를 의미함

기출 Q

Q. 스포츠경기에서 오심이나 편파 판정을 최소화하여 공정성을 향상시켜 주는 공학기술은?   기출 16

① 안전을 위한 기술
② 건강을 위한 기술
③ 감시를 위한 기술
④ 수행 증가를 위한 기술

(해설) 심판의 역기능(오심, 편파 판정) 최소화 방안으로 비디오 판독기술 도입, 심판 징계 강화, 정기적 심판보수 교육, 심판 윤리교육 강화 등이 있음   (정답) ③

Q. 심판의 도덕적 조건 중 개인윤리 측면이 아닌 것은?   기출 17

① 외부의 지시나 간섭을 단호히 뿌리칠 수 있는 자율성을 지녀야 한다.
② 심판평가제를 도입하여 오심 누적 시 자격을 박탈하는 등 엄격히 대처해야 한다.
③ 성품과 행실이 바르고 탐욕이 없는 청렴성을 지녀야 한다.
④ 심판의 도덕신념이 본인의 이익을 위한 것이라면 도덕적이라 할 수 없다.

(해설) ②번은 제도적 강제성과 관련한 내용임   (정답) ②

기출 FOCUS

◉ **심판윤리**   23 기출
• 개인윤리: 심판 개인의 공정성, 청렴성 등의 인격적 도덕성을 의미   17 기출
• 사회윤리: 협회나 기구의 도덕성과 밀접한 연관
  17·18 기출

◉ **심판의 역기능 최소화 방안**
  15 기출
• 심판의 징계강화
• 비디오 판독 등 객관적인 심판제도의 도입(감시를 위한 기술)
• 정기적인 심판보수 교육(판정능력 강화 반복훈련)
• 심판 윤리교육 강화

OX 퀴즈

심판윤리는 개인의 청렴성과 공정성에 관련한 도덕성으로 사회윤리가 있다.   O X
(정답) X
(해설) 개인윤리

심판의 정기적인 심판보수를 강화하여 오심과 편파판정을 줄여야 한다.   O X
(정답) O

기출 FOCUS

- **스포츠 윤리의 실천과제 및 행동수칙** 15 기출
- **조직윤리**
  - 조직의 구성원이 업무수행을 할 때 조직의 공통적인 목적 달성을 위해 행동규범으로서 지켜야 할 윤리
  - 다른 하나는 조직이 하나의 공동체로서 활동을 할 때 상대가 되는 단체(조직) 또는 개인에게 지켜 주어야 할 윤리와 도덕
- **스포츠 조직의 비윤리 유형**
  - 조직의 사유화
  - 승부조작
  - 편파판정
  - 폭력
  - 파벌형성
  - 공금횡령
  - 부정회계
  - 불공정 심판 등
- **윤리경영** 22 기출
  - 경영자의 윤리적 실천의지
  - 경영의 투명성 확보

03 스포츠조직의 윤리경영

1. 스포츠조직의 비윤리적 행동 원인과 스포츠 윤리의 실천과제

(1) 비윤리적 행동원인
① 개인윤리의 소멸로 인해 스포츠 조직에서 비윤리적 행동이 발생함
② 자기관심만을 추구하는 문화에서 나타남
③ 외부압력은 비윤리적 행동의 원인이 됨

(2) 스포츠 윤리의 실천과제
① 스포츠 윤리 의식의 패러다임을 전환해야 함
② 스포츠행위자에 대한 법적인 과제를 실천해야 함
③ 스포츠 윤리강령을 제정하고 조정시스템을 구축해야 함

2. 스포츠조직의 윤리적 문화조성에 필요한 행동수칙

(1) 수칙은 애매모호하지 않아야 함

(2) 수칙은 그 수칙이 적용될 사람들에게 확실히 명시돼야 함

(3) 수칙은 위반의 결과를 명확히 해야 함

(4) 기업 활동에서 윤리를 최우선 가치로 바라봄

(5) 스포츠 산업 경영자가 갖춰야 할 윤리적 리더십
① 능률 향상을 위해 노동을 강화하지 말 것
② 인사배치에 공정을 기할 것
③ 공과 사를 구분할 것
④ 인간성을 존중하고, 개인의 존엄을 중시할 것
⑤ 공해 등의 사회적 비용을 고려할 것
⑥ 과대선전 등으로 소비자를 기만하지 말 것
⑦ 품질의 부당표시, 강매 등 불공정 거래를 하지 말 것
⑧ 분식회계 등으로 이해관계자를 기만하지 말 것
⑨ 사회복지에 공헌할 것

OX 퀴즈

조직 구성원이 공통된 목적을 달성하기 위해 행동규범으로 지켜야 할 도리를 조직윤리라고 한다. Ⓞ Ⓧ

정답 O

PART 07 스포츠윤리 Self Check

01 스포츠윤리에 관한 설명으로 바르지 않은 것은?

① 스포츠행위 중 가장 기본적이고 상식적인 것
② 스포츠를 어떻게 해야 할 것인가에 대한 올바른 목적과 행위
③ 승리를 위한 의도적 파울(foul) 전략
④ 스포츠 현장에 요구하는 규칙과 기본적 원리 준수

> **01** 스포츠윤리가 구체적으로 표현된 것이 페어플레이나 스포츠맨십으로 계승되어 오고 있는 것이므로 의도적 파울과는 관련이 없음
> 정답 ③

02 아래 내용에서 B선수의 판단과정에 영향을 준 윤리이론은?

> 강등위기에 처한 프로축구팀 감독은 상대팀 주전 공격수인 A 선수를 거칠게 수비하라는 지시를 B 선수에게 내렸다. B 선수는 자신의 파울로 인한 결과가 유용하고 A 선수 한 사람에게 주는 피해보다 소속팀 전체에게 이익을 줄 수 있다면 자신의 행동은 옳을 것이라고 생각했다.

① 덕윤리
② 사회계약론
③ 의무론
④ 공리주의

> **02** 공리주의는 귀납법을 중시하는 경험주의의 사조로 행위의 잘잘못을 그 행위가 초래하는 결과에 기초해서 판단하는 목적론적 윤리(결과주의)와 연관됨
> 정답 ④

03 아래에서 A 선수의 행위를 판단하는 윤리적 관점으로 옳은 것은?

> 프로야구 A 선수는 매 경기마다 더위에 고생하고 있는 어린 볼보이들을 위해 시원한 음료를 제공했다.

① 의무론적 관점에서 A 선수의 행위는 선수로서 긍정적인 이미지를 구축하기 위한 행동으로 볼 수 있다.
② 덕론적 관점에서 A 선수의 행위는 유덕한 품성으로부터 나온 선한 행동으로 볼 수 있다.
③ 결과론적 관점에서 A 선수의 행위는 어린 볼보이들을 안쓰럽게 여겼기 때문에 나온 행동이라고 볼 수 있다.
④ 상대론적 관점에서 A 선수의 행위는 도덕법칙에 따라 행동한 것이라고 볼 수 있다.

> **03** 덕론적 윤리는 행위자의 덕 또는 훌륭한 성격을 강조하는 접근법임
> 정답 ②

04 알레아는 내기, 제비뽑기, 주사위 놀이 등과 같이 요행과 우연을 의미함 정답 ③

04 스포츠 또는 스포츠윤리와 가장 거리가 먼 것은?

① 아곤(agon)
② 아레테(arete)
③ 알레아(alea)
④ 에토스(ethos)

05 스포츠맨이라면 당연히 따라야 할 준칙과 태도로서 가장 포괄적인 도덕규범임 정답 ②

05 스포츠의 가장 포괄적인 도덕규범으로 볼 수 있는 것은?

① 규칙의 준수
② 스포츠맨십
③ 아마추어리즘
④ 상대선수의 존중

06 1965년 12월 제20차 국제연합총회에서 인종차별철폐국제조약이 채택됨 정답 ④

06 스포츠에서 인종차별 극복 방안이 아닌 것은?

① 인종을 초월한 실력으로 경쟁
② 인종에 대한 편견 해소
③ 차별철폐의 이념과 방법론
④ 국수주의적 이념으로 전환

07 지속가능한 스포츠발달을 위한 윤리적 전제는 새로운 시설 건립의 필요성, 인간뿐 아니라 자연의 역사성, 인간과 자연의 공존을 위한 다양성의 보존 등을 검토해야 함 정답 ④

07 지속가능한 스포츠발전을 위한 노력으로 옳지 않은 것은?

① 스포츠행사에서 쓰레기를 줄이기 위한 각종 대책의 마련
② 생태계에 미치는 영향을 최소화한 레저시설의 건립
③ 에너지 소비의 최소화를 통한 스포츠시설의 효율적 운영
④ 오염되지 않은 자연환경을 스포츠 공간으로 활용

08 우상선수 흉내에 따른 부작용을 의미함 정답 ①

08 아래에 해당하는 도핑 금지 이유는?

> 청소년 선수들은 유명 선수의 도핑을 모방할 가능성이 크며, 그렇게 될 경우 약물 오남용이 사회적으로 크게 확산될 위험성이 있다.

① 부정적 역할모형 ② 자연성의 훼손
③ 타자 피해의 발생 ④ 건강상의 부작용

09 스포츠에 도입된 과학기술의 긍정적인 효과로 적절하지 않은 것은?

① 운동선수의 인격 형성에 기여한다.
② 기록의 객관성과 신뢰성을 높인다.
③ 운동선수의 안전과 부상 방지에 도움을 준다.
④ 오심과 편파판정을 최소화하여 경기의 공정성을 향상시킨다.

09 스포츠 분야의 과학기술은 안전, 감시, 수행능력 향상을 위한 기술로 쓰이고 있음. 단, 기술도핑으로 변질되는 것을 경계해야 함 정답 ①

10 마라톤 경기 중 넘어진 경쟁자를 부축해주는 선수의 마음은?

① 수오지심(羞惡之心)
② 사양지심(辭讓之心)
③ 시비지심(是非之心)
④ 측은지심(惻隱之心)

10 맹자가 제시한 인간의 4가지 본성인 사단(四端)은 수오지심(의롭지 못함을 부끄러워 하고, 착하지 못함을 미워하는 마음), 사양지심(겸손하여 남에게 사양할 줄 아는 마음), 시비지심(옳고 그름을 판단할 줄 아는 마음), 측은지심(어려움에 처한 사람을 애처롭게 여기는 마음)임 정답 ④

11 아래의 (가), (나)에 알맞은 용어는?

- (가)은/는 스포츠인이 마땅히 지켜야 할 준칙과 갖추어야 할 태도를 의미한다.
- (나)은/는 스포츠인이 지켜야 할 정정당당한 행위로서 경쟁자에 대한 배려를 포함한다.
- 이처럼 (가)은/는 (나)에 비해 보다 일반적이고, 보편적인 윤리규범이라 할 수 있다.

① 가: 페어플레이 나: 스포츠맨십
② 가: 스포츠맨십 나: 페어플레이
③ 가: 규칙준수 나: 페어플레이
④ 가: 규칙준수 나: 스포츠맨십

11 스포츠맨십은 스포츠맨이라면 당연히 따라야 할 준칙과 태도(스포츠 도덕)이고, 페어플레이는 경기할 때 공정하게 하는 것임 정답 ②

12 아래 괄호 안에 들어갈 용어는?

스포츠 선수의 (   )은/는 자신에게 주어진 모든 가능성을 최대한 활용하여 최고의 실력을 정당하게 발휘하고자 하는 마음가짐과 태도라고 할 수 있다.

① 로고스(logos)
② 에토스(ethos)
③ 아곤(agon)
④ 아레테(arete)

12 로고스(logos)는 이성적·과학적인 것을 가리키는 사고능력과 이성을 의미, 에토스(ethos)는 성격과 관습을 의미, 아곤(agon)은 경쟁과 승리추구를 의미함 정답 ④

13 페어플레이는 경기할 때 공정하게 하는 것으로 구성적 규칙의 범위 내에서 행해지는 경쟁을 의미함 정답 ④

13 〈보기〉에서 설명하는 스포츠윤리 규범은?

> 스포츠의 규범은 근대스포츠의 탄생과 밀접한 연관을 갖는다. 규칙의 준수가 근대 시민 계급의 도덕성 함양에 기여할 수 있다고 여겨지면서 하나의 윤리 규범으로 정착하였다. 특히 진실과 성실의 정신(spirit of truth and honesty)을 바탕으로 경기에 임하는 도덕적 태도와 같은 의미로 쓰이면서 오늘날 스포츠의 보편적인 윤리 규범이 되었다.

① 유틸리티(utility) ② 테크네(techne)
③ 젠틀맨십(gentlemanship) ④ 페어플레이(fairplay)

14 배려윤리는 기존의 남성 중심적(정의, 공정성, 보편성, 이성 등을 강조) 윤리를 보완하기 위해서 등장함. 즉, 여성 중심적(배려, 공감, 유대감, 책임 등을 강조) 윤리임 정답 ③

14 〈보기〉에서 설명하는 윤리 이론은?

> • 윤리적 가치의 근거를 페미니즘에서 찾음
> • 이성의 윤리가 아닌 감성의 윤리
> • 경기에 처음 출전하는 후배를 격려하는 선배의 친절
> • 근육 경련을 일으킨 상대 선수를 걱정하고 보살피는 행위
> • 타자의 요구와 정서에 공감하고 대응하는 것이 도덕의 출발임

① 공리주의 ② 의무주의
③ 배려윤리 ④ 대지윤리

15 〈보기〉 설명은 선수의 의도적인 반칙에 해당하는데, 에티켓, 참가자격과 관련한 규제적 규칙을 의도적으로 위반한 것임 정답 ③

15 〈보기〉의 내용에 해당하는 반칙은?

> A팀과 B팀의 농구 경기는 종료까지 12초가 남았다. A팀은 4점 차로 지고 있고 팀 파울에 걸렸다. B팀이 공을 잡자 A팀의 한 선수가 B팀 선수에게 반칙을 해서 자유투를 유도한 후, 공격권을 가져오려고 한다.

① 의도적 구성 반칙
② 비의도적 구성 반칙
③ 의도적 규제 반칙
④ 비의도적 규제 반칙

MEMO

필기 4주 완성 한권 완전정복

M 스포츠지도사

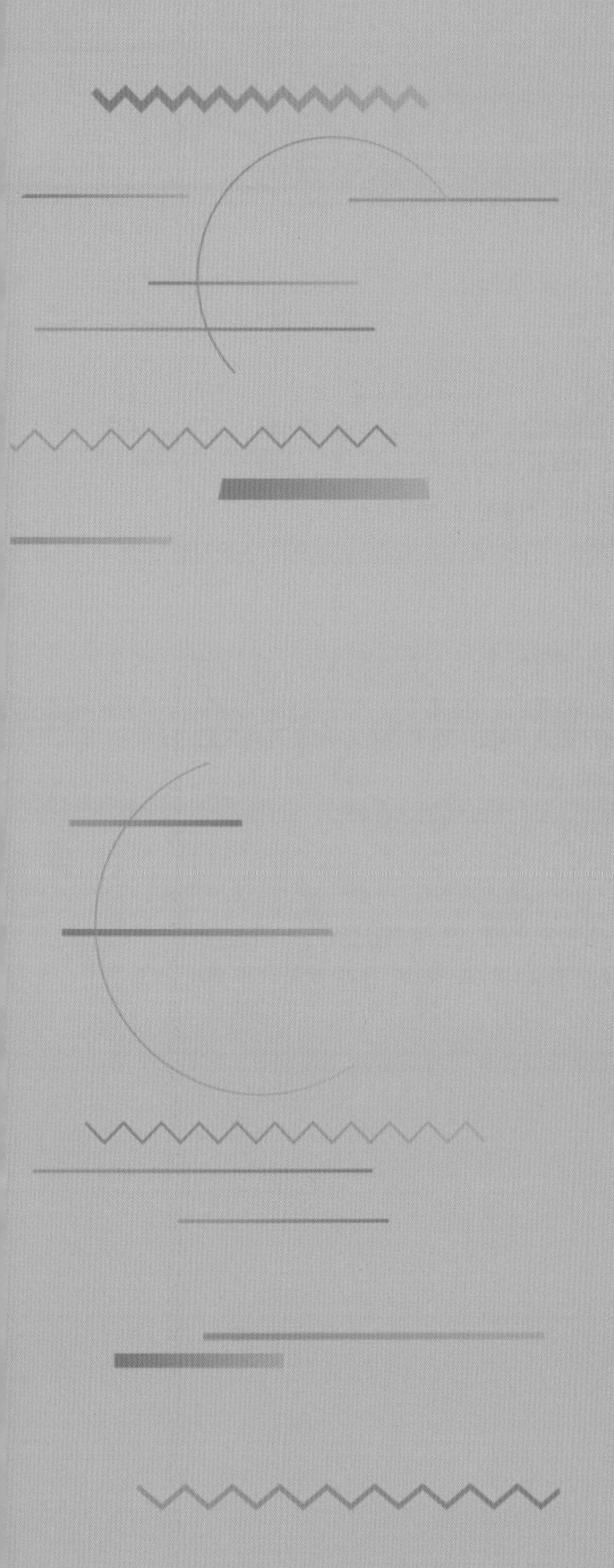

PART 08
특수체육론

CHAPTER 01
특수체육의 개요

CHAPTER 02
장애유형별 체육지도 전략 Ⅰ

CHAPTER 03
장애유형별 체육지도 전략 Ⅱ

CHAPTER 01 특수체육의 개요

기출 FOCUS
- 특수체육의 개념　20 기출
- 특수체육의 정의와 목표　15·16·21 기출
- 재활운동 프로그램: 장애인 건강권 및 의료접근성 보장에 관한 법률(2015)　15 기출
- 교육의 영역　23 기출
  - 심동적
  - 인지적
  - 정의적

암기 TIP

심인정 특수체육 전문은 심상정이 아니고 심인정이죠. 이렇게 암기해보세요.

01 특수체육의 의미

(1) 심리·운동적 영역(심동적)

　① 운동기술과 양식: 기본적 운동기술을 배우고 소근운동 및 대근운동에 필요한 협응력 향상
　② 체력: 근력, 근지구력, 유연성, 심혈관계 향상시킴
　③ 여가활동에 필요한 기술: 체육시간에 학습한 것을 습관으로 전이시킴

(2) 인지적 영역

　① 놀이와 게임 행동: 기본적인 게임의 형식과 놀이에 필요한 정신조작 능력을 학습함
　② 인지·운동 기능과 감각통합: 시각, 청각, 촉각, 전정기관 감각, 운동감각 기능 향상시킴
　③ 창조적 표현: 움직임과 사고의 창조성을 향상시킴

(3) 정의적 영역

　① 긍정적 자아: 신체활동의 참여를 통해 자아실현을 위한 노력을 함
　② 사회적 능력: 사회적 고립을 감소시키고 정상인들과 생활하기 위해 필요한 기술을 배움
　③ 즐거움과 긴장 이완: 신체활동과 운동을 통해 즐겁고 행복하다는 것을 알게 함

OX 퀴즈

특수체육은 기본운동기술과 운동양식을 습득하고 발달시키는 심동적 목표를 지녔다.　Ⓞ Ⓧ

정답 O

기출 Q

Q. 아래의 가, 나, 다에 해당하는 특수체육의 교육목표 영역이 바르게 나열된 것은?

기출 19

(가) 영역: 새로운 것을 시도하고 적절한 게임 전략을 고안한다.
(나) 영역: 게임, 스포츠, 댄스, 수영에 필요한 운동기술을 숙달한다.
(다) 영역: 건강하고 사회적으로 받아들여지는 방법으로 긴장을 이완시키는 것을 배운다.

① 가. 심동적 나. 정의적 다. 인지적
② 가. 심동적 나. 인지적 다. 정의적
③ 가. 인지적 나. 정의적 다. 심동적
④ 가. 인지적 나. 심동적 다. 정의적

[해설] 심동적(운동기술), 인지적(신체운동에 관한 지식습득), 정의적(자아개념 정립)   [정답] ④

기출 FOCUS

- **3대 장애인스포츠**
  - 데플림픽(Deaflympic): International Silent Games(1924) → Deaflympic(2001), 청각장애인 참가
  - 패럴림픽(Paralympic): 1964년 시작, 1988년 공식 대회 명칭 사용, 척수손상, 절단 및 기타장애, 뇌성마비, 시각장애, 지적장애인 참가
  - 스페셜올림픽(Special Olympic): 1968년 시작, 지적장애인 참가   19 기출
- **스포츠 통합 연속체**   19·22 기출
- **ICF**   21·23 기출

(4) 장애학생들에게 일반체육 프로그램을 흥미와 능력을 고려하여 안전하고 성공적으로 참여할 수 있게 함

(5) 특수체육과 장애인체육

① 미국체육학회 특수체육위원회(1952)에서 Adapted Physical Education으로 정의하며 adapted를 사용함
② 미국 저서 Special Physical Education(Fiat & Hillman, 1966)에서 special을 사용함
③ 특수체육과 장애인체육을 같이 사용함

개념 PLUS

특수체육 명칭의 변화
- 1840년(스웨덴): medical gymnastics(의료체조)
- 1900~1920년대: correctives gymnastics(교정체조)
- 1928년: correctives physical education(교정체육)
- 1952년(미국): adapted physical education(특수체육)
- 1966년: special physical education(특별체육)
- 1973~1989년: adapted physical activity(특수신체활동)

(6) WHO(세계보건기구)**의 기능, 장애, 건강에 대한 국제 분류**(ICF, International Classification of Functioning, Disability and Health)

구성요소	기능수행과 장애		배경요인	
	신체 기능과 구조	활동과 참여	환경요인	개인요인
영역	신체 기능 신체 구조	삶의 영역 (과제, 행위)	기능수행과 장애에 대한 외적 영향	기능수행과 장애에 대한 내적 영향
구성	신체 기능의 변화 (생리학적) 신체 구조의 변화 (해부학적)	• 표준 환경에서 과제를 실행하는 능력 • 현재 환경에서 과제를 실행하는 수행력	물리적, 사회적 및 태도적 측면에서 촉진하거나 저해하는 영향력	개인의 태도에 대한 영향력
긍정적 측면	기능과 구조의 통합	활동, 참여	촉진요인	적용 안 됨
	기능수행			
부정적 측면	손상	활동 제한, 참여 제약	장해요인/저해요인	적용 안 됨
	장애			

> **개념 PLUS**
>
> **스포츠 통합 연속체(위닉 J. P. Winnick, 2011)**
> ① 1단계(일반 스포츠 Regular Sport)
>   장애인이 일반선수와 동등한 자격조건을 갖고 참여할 수 있는 스포츠
> ② 2단계(조정한 혹은 편의를 제공한 일반 스포츠 Regular Sport with Accommodation)
>   장애인에게 경기 수행력에 직접적인 영향을 미치지 않는 한 합리적인 적응방법을 제공한 스포츠
> ③ 3단계(일반 스포츠와 장애인 스포츠 Regular & Adapted Sport)
>   부분 통합 혹은 완전 통합 스포츠 환경에서 행해지고 있는 일반 스포츠 및 장애인 스포츠
> ④ 4단계(통합 환경의 장애인 스포츠 Adapted Sport Integrated)
>   장애가 있는 선수와 일반 선수가 장애인 스포츠 종목에 함께 참가할 수 있는 스포츠
> ⑤ 5단계(분리 환경의 장애인 스포츠 Adapted Sport Segregated)
>   장애가 있는 선수들만이 참가하는 스포츠
>
> **통합 체육·스포츠 스펙트럼(Inclusion Spectrum)**
> 열린 활동(open activity), 수정된 활동(modified activity), 병행 활동(parallel activity), 분리 활동(separate activity), 장애인 스포츠 활동(disability sport activity)

운동참여 전 건강검사 과정(미국스포츠의학회, ACSM)
(1) 기초
  ① 개인의 현재 신체활동 수준
  ② 징후·증상 및 알려져 있는 심혈관/대사 또는 신장질환의 존재
  ③ 바람직한 운동 강도
(2) 알고리즘(의료적 허가가 필요 없는 경우)
  ① 규칙적인 운동에 참여하지 않을 때
    • 심혈관, 대사성, 신장질환이 없거나 암시하는 증상이나 징후가 없을 때(저강도에서 중강도 운동을 권장)
  ② 규칙적인 운동에 참여할 때
    • 심혈관, 대사성, 신장질환이 없거나 암시하는 증상이나 징후가 없을 때(중강도 또는 고강도 운동을 권장)
    • 기저 심혈관, 대사성, 신장질환, 무증상일 때(중강도 운동을 지속)

기출 FOCUS
◉ 사정(assessment)의 개념
  16 기출

기출 Q

Q. 〈보기〉는 국제 기능·장애·건강분류(International Classification of Functioning, Disability, and Health: ICF)에서 어떤 영역에 해당하는가? 기출 21

A는 스포츠에 독립적으로 참여하는데 어려움이 있으나 적절한 지원을 받을 경우 문제없이 참여할 수 있다.

① 신체기능과 구조   ② 참여
③ 활동   ④ 장애

해설 WHO의 기능, 장애, 건강에 대한 국제분류(ICF)는 신체기능과 구조, 활동과 참여, 환경요인, 개인요인이 있음. 〈보기〉는 참여에 관한 설명임. 정답 ②

02 특수체육의 사정과 측정도구

1. 공식적 사정과 비공식적 사정

(1) 사정(assessment)
  ① 교육적 의사결정에 필요한 자료(양적 자료, 질적 자료)를 수집하고 해석하는 과정
  ② 장애인의 요구를 파악하여 적합한 프로그램을 계획하고 진행을 통해 성과를 확인하는 과정
  ③ 교육 전반에 걸쳐 반복되는 중요한 활동임
  ④ 개인과 환경에 대한 검사(testing), 측정(measuring), 평가(evaluating)로 구성되는 과정
  ⑤ 측정을 통하여 대상의 수준을 파악하는 것임

OX 퀴즈
교육적 의사결정에 필요한 자료를 수집하고 해석하는 과정을 사정이라고 한다. O X
정답 O

기출 FOCUS

✓ 특수체육의 측정평가
　　　　　15·17 기출

(2) 공식적 사정과 비공식적 사정

① 공식적 사정: 특정 목적을 갖고 선택한 표준화된 검사를 사용함
② 비공식적 사정: 행동관찰이 포함된 비표준화된 절차에 따라 이루어짐

2. 특수체육의 측정(measurement) 평가

(1) 검사도구나 방법을 선택할 때 타당도와 신뢰도를 고려함

(2) 성장, 발달, 교과지도에 관한 기록을 만듦

(3) 실행해야 할 교과내용과 보조 자료를 파악함

(4) 수행하고자 하는 특정 프로그램의 타당성을 제고함

(5) 표준화 검사

① 장애인 개개인의 운동수행능력을 측정하기 위함
② 규준지향검사와 준거지향검사로 구분함

규준지향검사	• 개개인의 운동수행능력을 특정한 집단의 기록과 비교할 수 있도록 만든 것 • 시간, 횟수, 거리 등 객관적 수치를 파악할 수 있음 • 대상자의 상대적 위치를 파악할 수 있어 결과 중심임
준거지향검사	• 개인의 수행을 사전에 결정된 준거, 특정행동에 대한 수행기준과 비교하는 것 • 숙련도 검사라고도 함 • 대상자의 점수를 준거에 비교하는 과정 중심임

기출 Q

Q. 특수체육의 측정평가에 관한 설명으로 틀린 것은?　　　기출 17

① 검사(test) 도구나 방법을 선택할 때 타당도과 신뢰도를 고려한다.
② 표준화검사(standardized test)에는 측정 순서, 형식, 대상자, 해석방법 등이 정해져 있다.
③ 규준지향검사(norm-referenced test)는 운동수행 능력을 시간, 횟수, 거리 등과 같은 객관적인 수치로 나타낸다.
④ 준거지향검사(criterion-referenced test)는 장애인의 운동수행 능력을 준거집단의 능력과 비교한다.

(해설) 준거지향검사는 사전에 설정된 숙달수준(실패/성공, 우수/보통/미흡)에 비교하는 것임

정답 ④

3. 특수체육의 검사(test) 도구

(1) 검사영역

① **운동기술 영역**: 장애유형 수준 및 참여자의 욕구에 따라 검사대상과 기본 운동기술 영역이 중시됨(감각·지각 운동, 기본운동기술, 게임운동기술, 스포츠 및 전문 여가운동기술)

② **체력 영역**: 체력 향상, 유지 및 경기력 향상 측면에 따라 체력 영역이 중시됨(건강체력, 기술체력)

(2) 검사도구

대근운동 발달검사 (TGMD)	① Test of Gross Motor Development(울리치 Ulrich, 1985) ② TGMD-2(Ulrich, 1999)가 개발됨. 대근운동발달검사-II(TGMD-II)는 대근운동발달 중 기본운동기술에 해당하는 이동기술과 조작기술 검사 항목으로 구성되어 있음 　• 이동기술검사: 달리기, 갤럽(Gallop), 홉, 립, 제자리멀리뛰기, 슬라이딩, 스키핑 동작 　• 조작기술검사: 치기, 튀기기, 받기, 차기, 던지기, 굴리기 동작 ③ 규준지향검사(등수, 기록에 대한 순위정도 파악)과 준거지향검사(동작의 수행여부, 동작의 정확성 문제)를 병행하여 적용함 ④ TGMD-3 대근육 운동능력평가도구: 가장 최신 데이터 반영, 3~11세의 대동작 능력이 뒤처지는 아동들을 대상으로 함. 소요시간 15~20분 　• Locomotor: 어린이가 한 방향으로 움직일 때 신체의 유연한 협조운동이 필요한 운동능력 측정(달리기, 질주하기, 뛰어오르기, 한 발로 뛰기, 수직점프, 슬라이딩) 　• Ball Skills: 효율적인 던지기, 타격, 잡기운동을 보여주는 운동능력(정지한 공차기, 드리블, 차기, 붙잡기, 던지기, 굴리기)
BPFT	① Brockport Physical Fitness Test(위닉, 쇼트 Winnick & Short, 1999) ② 건강관련 체력 검사(심폐지구력, 근력·근지구력, 유연성, 신체조성) ③ 순서: 대상 아동에 대한 장애유형과 능력 수준 파악 → 적절한 검사종목 선정 → 선정된 검사 종목 측정 → 건강관련 체력 평가
PAPS-D	① Physical Activity Promotion System for Students with Disabilities ② 우리나라에서 장애학생들의 건강체력 수준 파악, 관리하기 위해 개발(국립특수교육원, 2013) ③ 일반학생 대상의 PAPS와 동일하게 건강관련 체력 요인 중심의 검사 항목을 포함, 6개 장애유형에 따라 수정(규준참고검사)

기출 FOCUS

- 운동기술 및 자세 관련 검사도구: TGMD, PDMC, MDC, PDM-2　　17·23 기출
- **대근운동발달검사-II (TGMD-II, Test of Gross Motor Development)**　18 기출
  - 3~10세 아동대상(장애, 비장애)으로 검사를 실시함
  - 조작운동기술 점수는 남녀의 발달 차이를 고려하고 각각 다른 규준을 적용함
  - 각 과제마다 2회를 시행하고 점수를 합산하여 항목별 점수를 산출함
  - 규준지향검사와 준거지향검사 방식을 모두 적용함
- TGMD-III　　24 기출
- 갤럽(Gallop)　　16 기출
- BPFT　　17 기출
- PAPS-D　　15·17·21·23 기출

기출 FOCUS
- 생태학적 접근 20 기출
- 비형식적 검사 20·21 기출

생태학적 접근	① 특수체육 분야별 지도상황의 구조적인 측면을 파악(광범위한 환경) ② 산만한 분위기보다 과제 집중할 수 있는 장소와 시간 선정 ③ 엄격한 분위기보다 즐겁게 참여할 수 있는 상황 조성
PDMS-2	① PDMS를 수정한 버전(폴리오, 페웰 Folio & Fewell, 2000) ② 큰 운동척도: 반사행동, 균형, 이동 및 비이동운동, 사물에 대한 상용 능력 ③ 작은 운동척도: 움켜쥐기, 손 기능, 눈-손 협응, 손 기민성 ④ 6개의 하부항목: 반사행동, 정지동작(균형), 사물조작 능력, 손에 쥐는 압력, 시각/근육의 협응력

(3) 비형식적 검사
① 과제분석
  ㉠ 운동기술, 움직임의 부분별 구성요소, 각 부분의 연속적 과정을 분리하는 절차 포함
  ㉡ 단순한 것에서 복잡한 것 순서, 연령대별 등 연속적 과정을 분리
② 생태학적 과제분석
  ㉠ 운동기술, 움직임뿐만 아니라 학생의 특성, 선호도 고려
  ㉡ 운동기술, 움직임에 영향을 줄 수 있는 환경 요소도 고려
  ㉢ 장애학생을 중심에 두고 체육 현장에서 실제적으로 평가
③ 생태역학적 과제분석
  ㉠ 장애학생의 개개인과 환경 요소를 포함해서 확장
  ㉡ 각 절차마다 특정학생에게 적절하게 수정

> **개념 PLUS**
>
> **갤럽(Gallop)**
> ① 앞발을 내디딘 후 뒷발을 앞발 뒤꿈치에 가깝게 내딛음
> ② 어느 쪽 발로 시작해도 무방함
> ③ 두 발이 동시에 땅에서 떨어지는 순간이 있음
> ④ 양팔을 구부려 허리 높이로 들어 올림
>
> **홉(Hop)**
> ① 한 발을 들고 다른 발로 제자리에서 뛰는 기술임
> ② 추진력이 발생하지 않도록 팔을 구부려 앞으로 흔듦
>
> **립(Leap)**
> ① 한 발로 의지하여 반대발로 착지하는 기술로 도약하는 동작임
> ② 추진력을 내는 발의 반대팔이 앞쪽으로 향함

OX 퀴즈
앞발을 내디딘 후 뒷발을 앞발 뒤꿈치에 가깝게 내딛는 동작을 홉(hop)이라고 한다. O X

정답 ×
해설 갤럽(Gallop)

기출 FOCUS

✓ 개별화교육 프로그램(IEP)
   15 · 22 · 23 기출

기출 Q

Q. 국내에서 개발된 장애인 건강체력 검사 도구는?   기출 15

① BPFT
② TGMD-2
③ PAPS-D
④ Fitnessgram

해설 PAPS-D(Physical Activity Promotion System for Students with Disabilities)는 우리나라에서 장애학생들의 건강체력 수준을 파악, 관리하기 위해 개발(국립특수교육원, 2013)됐고, 일반학생 대상의 PASS와 동일하게 건강 관련 체력 요인 중심의 검사 항목을 포함, 6개 장애유형에 따라 수정됐음

정답 ③

Q. 〈보기〉의 세부내용을 설명하는 용어는?   기출 20

프로그램	휠체어 테니스 교실	대상	지체장애인
내용	백 핸드 스트로크		
세부내용	1. 수행이 이루어지는 동안 계속해서 공을 본다. 2. 풋워크를 통해 재빨리 공에 접근한다. 3. 라켓을 몸 중심에서 뒤로 가져간다(백스윙). 4. 엉덩이와 어깨를 네트와 수직으로 위치시킨다. 5. 공을 칠 때 엉덩이와 어깨를 회전시키면서 무게중심을 앞발로 옮긴다. 6. 공이 엉덩이 앞쪽에 올 때 공을 친다. 7. 공을 칠 때 손목을 고정시킨다. 8. 반대쪽 팔은 중심을 잡기 위해 몸 바깥쪽으로 뻗는다. 9. 팔로우 스루를 어깨높이나 그 이상에서 계속 해서 유지한다.		

① 준거참조평가
② 과제분석
③ 근거기반실무
④ 과정중심평가

해설 과제분석은 비형식적 검사로서 운동기술과 움직임의 부분별 구성요소, 각 부분의 연속적인 과정을 분리하는 절차를 포함함. 단순한 것에서 복잡한 순서, 연령대별 등의 연속적 과정을 분리함. 보기는 엄밀히 말하면 휠체어 테니스 교실의 백 핸드 스트로크 기술을 각 절마다 수행한 생태역학적 과제분석에 해당됨

정답 ②

03 특수체육 지도전략

1. 개별화교육 프로그램

(1) IEP의 개요

① 개별화교육 프로그램(IEP; Individual Education Program)은 학습자의 능력과 수준을 고려하여 적절한 교육목표와 방법을 선택한 후 교육을 시행하는 것임

OX 퀴즈

개별화교육 프로그램은 학습자의 능력과 수준을 고려하는 것이다.
OX

정답 O

기출 FOCUS
- ITP　　　　　　　23 기출
- 쉐릴(Sherrill)의 적응이론
  　　　　　　　16 · 23 기출

② 장애인의 신체기능, 학습능력 등의 개인차를 고려하여 학습계획을 세움
③ 지도와 상담을 통해 학습자와 라포(rapport, 상담이나 교육을 위한 전제로 신뢰와 친근감으로 이루어진 인간관계)를 형성하면서 정보를 수집함
④ 평가를 통해 프로그램의 효과와 학습자의 성취도를 판단함
⑤ 1997년 개정된 미국 장애인 교육법(IDEA)은 아동이 14세가 되면 개별화 교육 프로그램(IEP)에 의무적으로 개별화 **전환교육 계획**(Individualized Transition Plan: ITP)을 포함하도록 규정
  - 법적으로 14세로 규정하고 있지만 그 이전에 공식적 · 개별화된 전환교육 계획서 개발 중요
  - 구체적인 직업기술 훈련, 장애학생의 지역사회 내의 서비스 이용 및 사회적 응기술 교육, 직업과 가정, 지역사회의 활동에서 요구되는 기술들을 중심

개념 PLUS

과제분석
- 특정 과제를 지도하기 위해 과제를 세부적으로 나누는 활동
- 지도할 내용을 순서와 절차에 따라 세부적으로 계획하는 것임

장애인 대상 체육스포츠 프로그램 과제분석 방법
① **유사활동 중심 과제분석**: 특정한 목표와 관련된 활동을 병렬식으로 분류하여 목록화 함
② **생태학적 과제분석**: 환경자체를 변화시킴으로써 부적절한 행동을 중재 · 분석함
  - **쉐릴(C. Sherrill)의 적응이론**: 적응과정은 직접지도 과정으로 지도자가 주도하고, 개인의 요구에 따라 다양한 변인을 조정하고 변경하므로 **개별화 과정임**
③ **영역중심 과제분석**: 과제활동(경기, 게임 등)에 대해 광범위하게 분류 · 분석함
④ **동작중심 과제분석**: 질적 수행을 향상시키기 위한 목적으로 단계별로 지도 · 분석함

(2) IEP의 기능
① 개별학생이 필요로 하는 교육과 서비스를 받을 수 있도록 하는 기능
② 장애학생의 발전과정을 알게 하는 기능
③ 개별 교육 필요성과 서비스에 관한 교사 간, 교사-부모 간의 의사소통을 가능하게 하는 기능

(3) IEP 계획 시 고려사항
① **학생의 현행수준을 평가**: 개별 학생에게 적합한 교육 프로그램을 제공하기 위해 필요함
② **연간교육목표**: 단기적, 장기적 교육목표 수립을 통해 개별 학생에게 실질적 성취도를 제공함
③ **교육 서비스**: 학생요구를 파악하여 교재, 교구 지원, 부모상담, 치료서비스 등을 연계함
④ **교육 기간**: 교육시작 날짜와 기간을 설정함

개념 PLUS

IEP 목적
① 개인 능력과 특성에 따른 적절한 지도
② 학교, 가정, 체육 센터 등 기관 관의 의사소통을 위한 연대, 협력, 지도

IEP 개발절차
의뢰 → 진단 및 평가 → 사정 → 통보 → 실행 → 재검토

IEP 실행과정
① 진단평가
② 우선순위 결정
③ 목표설정
④ 개별적 목표와 일과 내 삽입교수
⑤ 평가

IEP의 교육목표 진술방법
① 조건: 기구, 도구, 시설 등, 5W1H(누가, 언제, 어디서, 무엇을, 왜, 어떻게)
② 기준: 행동의 지속과 정확성을 규정(동작수행의 질 결정)
③ 행동: 신체적인 움직임(수행의 최종결과, 객관적인 측정·관찰)

기출 Q

Q. 〈보기〉에서 ㉠~㉢에 들어갈 장애인스포츠 프로그램 서비스 전달 단계가 바르게 묶인 것은?

기출 22

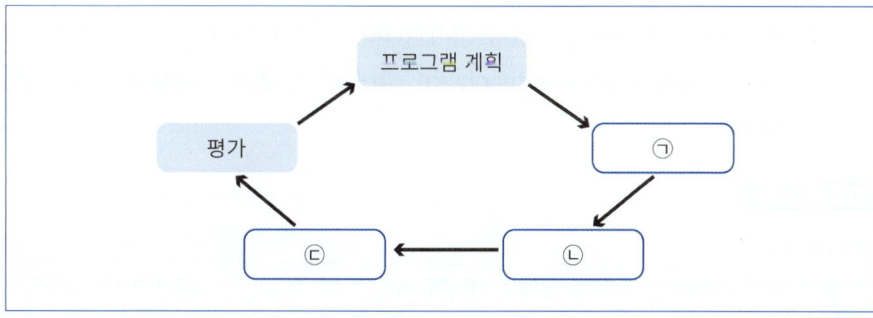

	㉠	㉡	㉢
①	사정	개별화교육계획	교수·코칭·상담
②	개별화교육계획	교수·코칭·상담	사정
③	개별화교육계획	사정	교수·코칭·상담
④	교수·코칭·상담	개별화교육계획	사정

해설 순서는 프로그램 계획 → 사정 → 프로그램 → 교수·코칭·상담 → 평가로 이어짐. 즉, 계획이 수립되면 교육적 의사결정에 필요한 자료를 수집하고 해석하는 과정(사정, assessment)을 거친 후, 교육 프로그램 과정으로 넘어감. 개별화교육 프로그램(IEP; Individual Education Program)은 학습자의 능력과 수준을 고려하여 적절한 교육목표와 방법을 선택한 후 교육을 시행하는 것임

정답 ①

기출 FOCUS

- **발달적 접근법(development approach)** 18 기출
  - 세부동작으로 먼저 가르치고 전체동작으로 가르침(하위수준의 기술을 우선적으로 습득하게 함)
  - 예) 장애학생에 축구를 지도할 때: 기초 기능 → 응용 기능 → 수비·공격 전술 → 간이 게임

- **기능적 접근법(functional approach)**: 전체동작으로 먼저 가르치고 세부동작으로 나중에 가르침

- **소프트볼을 장애인에게 용구 변경 적용**
  - 시각장애인: 소리 나는 공과 베이스를 사용함
  - 지적장애인: 활동에 필요한 규칙을 좀 더 단순화함
  - 근력이 부족한 장애인: 가벼운 배트와 공을 사용함

- **특수체육 지도자의 효과적인 보조도구 사용** 15 기출
- **스테이션 교수** 18 기출
- **또래 교수** 20 기출

2. 장애학생 대상 효과적인 운동기술 지도방법

(1) 운동발달에 적합한 환경 준비
① 장애학생이 스스로 행동하고 자극을 받을 수 있는 환경을 마련함
② 적절한 환경을 통해 개인행동과 기술습득에 도움이 되도록 함

(2) 발달에 적절한 지도와 교수
① 장애 학생의 현재의 발달단계를 알고, 무엇을 효과적으로 가르칠지 결정함
② 스테이션 교수(station teaching)
   ⊙ 2가지 이상의 과제가 각기 다른 장소에서 동시에 진행할 수 있게 학습환경을 마련함
   ⊙ 학습자들을 소집단으로 분류해 협동학습을 하게 함
   ⊙ 실제학습시간(ALT, Academic Learning Time)을 증가시킬 수 있음
③ 증거기반 교수(evidence-based practice)
   ⊙ 특수체육 지도의 효과를 증진시키기 위해 증거를 기반한 교수법을 마련함
   ⊙ 임상적, 학문적으로 검증된 프로그램을 적용함
④ 불연속 교수(discrete teaching): 주로 자폐성 장애아동들을 대상으로 한 교수법으로 일대일 방식으로 이루어짐(비연속적 시행)
⑤ 팀 교수(team teaching): 두 명 이상의 지도자가 체육활동을 동시에 지도(협력교수)함
⑥ 또래교수(peer teaching): 한 참여자가 또래교사가 되어 다른 참여자를 지도
⑦ 개별화 교수(individualized teaching): 학습자 개개인의 특성에 맞게 수업하는 방식임

> **개념 PLUS**
>
> **지도방식 접근**
> 일대일 방식(지적장애인, 자폐성 장애인, 중증장애인 등에 적용), 소그룹 방식(2~10명), 대그룹 방식(전체 참여자 팀), 혼합 방식(같은 수업시간 안에서 다양한 방법으로 지도)
>
> **특수체육 지도자의 효과적인 보조도구 사용**
> ① 개인과 장애특성에 대한 충분한 이해가 필요함
> ② 보조도구를 통해 장애학생의 독립성을 촉진시킬 수 있음
> ③ 보조보다는 활동과제에 집중하도록 함
> ④ 장애학생 스스로 수행할 수 있는 물리적 환경을 구성함

OX 퀴즈

2가지 이상의 과제가 각기 다른 장소에서 동시에 진행하는 교수법을 증거기반 교수법이라고 한다. (O/X)

정답 X
해설 스테이션 교수(station teaching)

> **기출 Q**
>
> **Q.** 〈보기〉에서 설명하는 특수체육 수업방식은? 〔기출 24〕
>
> > 지도자는 효과적인 농구 수업을 위해 체육관의 각기 다른 구역에 여러 가지의 과제를 준비했다. 한 가지 과제에서 시작하여 주어진 활동을 마치거나 지도자기 신호하면 학습자들은 다음 과제의 수행장소로 이동한다. 지도자는 각각의 과제를 수행하는 곳을 돎 도움이 필요한 학습자를 지도한다.
>
> ① 스테이션 수업 ② 대그룹 수업
> ③ 협력학습 수업 ④ 또래교수 수업
>
> (해설) 스테이션 교수(station teaching)는 2가지 이상의 과제가 각기 다른 장소에서 동시에 진행할 수 있게 학습환경을 마련하고, 학습자들을 소집단으로 분류해 협동학습을 하게 함. 이는 실제학습시간(ATL, Academic Learning Time)을 증가시킬 수 있음 (정답) ①
>
> **Q.** 〈보기〉에서 설명하는 수업 스타일은? 〔기출 20〕
>
> | 프로그램 | 생활체육 통합농구교실 | | |
> |---|---|---|---|
> | 목표 | 2점 슛을 성공할 수 있다. | 내용 | 자유투 라인에서 슛을 한다. |
> | 대상 | 발달장애인 | 장소 | 실내체육관 |
> | 수업 스타일 | | | |
> | • 경험 많은 참여자가 보조지도자로서 신규 참여자를 지도한다.
• 지도자에 대한 참여자의 비율을 줄이는 효과가 있다. | | | |
>
> ① 팀 교수(team teaching)
> ② 또래 교수(peer tutoring)
> ③ 협동 학습(cooperative learning)
> ④ 역주류화 수업(reverse mainstreaming)
>
> (해설) 또래교수 방식은 한 참여자가 또래교사가 되어 다른 참여자를 지도함 (정답) ②

3. 체육활동 변형

(1) 장애학생의 체육환경

효율성	• 활동 공간 크기, 냉난방 시설, 촬영기기, 음향시설 등을 고려해야 함
흥미성	• 흥미를 유발할 수 있는 환경을 조성(창문, 벽 색상 등)해야 함
접근성	• 장애학생의 접근성을 고려해야 함(편의성)
안전성	• 안전장치, 미끄럽지 않은 통로, 긴급 상황을 알리는 시스템을 갖춰야 함

암기 TIP

효미접안 효미 부두에 접안을 잘 해야 합니다. 이렇게 암기해보세요.

기출 FOCUS

- 촉각적 추구성향을 보이는 발달 장애인의 행동 특성 17 기출
- 규칙의 변형 최소화 18 기출

(2) 운동용구·기구의 변형

① 장애학생을 위해 체육활동 목표와 내용에 맞게 운동용구와 기구를 변경할 수 있음 예 촉각적 추구성향을 보이는 발달 장애인의 행동 특성을 파악하고 변경
  - 부드럽고 편안한 촉각적 경험 선호, 손톱을 물어뜯거나 극단적인 매운 음식 선호, 허리띠나 넥타이를 조여 매는 성향 등을 파악하고 운동용구와 기구를 변경함

② 무게, 크기, 모양, 높이, 속도, 거리, 소리, 색깔, 투사각, 방향, 접촉표면, 재질, 길이, 탄력 등을 개인별 특성에 맞게 변형시킴

(3) 규칙의 변형

① 장애학생을 위해 성공적인 체육활동을 위해 규칙을 변경할 수 있음
② 경기장, 용·기구, 참여인원의 조정, 활동유형의 조정, 교수 유형의 변형 등

> **개념 PLUS**
>
> **활동유형별 활용 가능한 기구**
> ① 감각운동: 모래주머니, 평균대, 거울, 리본, 구슬 등
> ② 이완운동: 음악, 리듬
> ③ 체력운동: 줄넘기, 훌라후프, 튜브, 철봉 등
> ④ 리듬, 표현운동: 리본, 곤봉, 고무볼, 음악 테이프 등
> ⑤ 수중운동: 수구, 스틱, 튜브 등
> ⑥ 야외활동 및 게임: 줄다리기 줄, 풍선, 자전거, 공 등
>
> **장애인의 야구 활동에 필요한 용구 및 기구 변형**
> - 촉각효과 공, 소리 나는 공, 베이스 위 공, 청각효과 공, 밝은 색 공, 너프 볼, 위플 볼
> - 평평한 베이스, 베이스 위 부저, 팬, 라디오, 가벼운 배트, 큰 베이스, 베팅 티, 안전한 베이스

4. 체육활동 지도 시 고려사항

(1) 장애인을 위한 스포츠지도 전략

① 장애인의 신체적 자기개념과 활동참여의 동기부족에 대해 이해해야 함
② 산만함, 과잉행동, 공격성, 의사소통의 어려움을 이해해야 함
③ 불필요한 자극의 최소화에 따른 지도전략을 구사해야 함
④ 지도환경을 구조화하고 일관성을 유지해야 함

OX 퀴즈

장애학생의 체육환경에서 장애학생의 접근성을 고려하는 것은 중요하다. ⓞⓧ

정답 ○

(2) 고려사항

① 언어적 지도: 시각장애 학생, 지적장애 학생 등을 대상으로 수정된 지도방법 사용함

② 시범: 시범을 보이며 지도, 반복학습을 통해 지도, 다양한 감각적 단서를 제공하며 지도함
③ 주의산만 요소의 제거: 주의력 집중 과잉행동, 지적장애 학생 등의 주의가 산만할 만한 요소가 없는 교육환경을 마련함
④ 난이도 수준: 장애학생의 운동능력 개인차를 고려하여 난이도 수준을 고려함
⑤ 동기유발 수준: 교사의 칭찬, 자유놀이, 강화와 같은 방법으로 동기유발을 고려함
⑥ 응급처치: 안전사고를 사전에 예방하는 조치와 응급처치 과정을 숙지함

개념 PLUS

장애인의 임파워먼트(empowerment)에 대한 정의
① 자결성: 적극적으로 개인적 삶의 의사결정, 운동과 재활참여 선택 등
② 사회적 참여: 다른 장애인에 대한 지지, 불공정에 대한 정당한 분노 경험 등
③ 개인적 유능감: 긍정적인 자기존중감, 심동적 장애 수용 등

장애인스포츠지도사
① 자격정의: 장애유형에 따른 운동방법 등에 대한 지식을 갖추고 해당 자격종목에 대하여 장애인을 대상으로 전문체육이나 생활체육을 지도하는 사람
② 실기·구술 및 연수
   • 연수과정(일반): 스포츠 윤리(6시간), 장애특성의 이해(14시간), 지도역량(32시간), 스포츠매니지먼트(8시간)

특수체육 전공자 책무
장애인에 대해 긍정적인 사회적 태도 형성을 위한 4L(Jansma & French, 1994)
① 연구(Literature): 장애인에 대한 새로운 지식 연구
② 행동력(Leverage/Lobbying): 목표를 성취하기 위한 행동력(특수이익집단, 단체 등)
③ 소송(Litigation): 장애인 차별 극복 및 권리주장을 위한 법정투쟁
④ 입법(Legislation): 장애인에 대한 인식변화 및 실행을 보장하기 위한 법률 제정

5. 특수체육 지도 시 행동관리

(1) 행동관리

① 쉬운 것부터 어려운 순서로 학생을 지도하기 위한 단서 및 결과를 체계적으로 적용함(behavioral management)
② 지적장애인, 자폐성장애인의 운동기술과 체력 등을 지도하는 데 중요한 지도전략임
③ ABC 행동 접근법
   ㉠ 행동 전후에 발생하는 선행 사건과 후속 결과가 행동에 영향을 미침
   ㉡ 행동 전후의 선행 사건과 후속 결과를 수정·조절함

기출 FOCUS

☑ 장애인을 위한 **스포츠 지도전략**
　　　　　　　　　　18·20 기출
☑ 장애인을 위한 체력운동의 일반적인 원칙　　18 기출
　• 규칙적으로 반복하여 실시
　• 개인의 특성과 능력에 맞게 구성
　• 흥미를 잃지 않도록 운동과 휴식을 조화롭게 구성
☑ 최소제한환경(LRE)　17 기출
　• 장애인의 개인적 요구에 따라 서비스를 제공함
☑ 발작이 일어난 경우 응급처치 요령　　　　15, 18 기출
　• 발작이 일어날 조짐이 보이면 눕히고 쿠션을 허리 아래에 대어 줌
　• 발작이 일어나면 천천히 눕히고 주변 물건을 제거함
　• 발작시간을 기록하고, 물을 흘려서 입에 고인 침이나 타액을 흘러나오게 함
☑ 임파워먼트　　20·21 기출
☑ RICE 처치법　　22 기출
　• 안정을 취하게 함(Rest)
　• 얼음찜질을 실시함(Ice)
　• 환부를 압박함(Compression)
　• 환부를 높이 올려두게 함(Elevation)
☑ 장애인스포츠지도사 22 기출

기출 FOCUS

- 행동관리 절차 20 기출
- 행동관리 강화 기법
  16·17·18·21·24 기출

개념 PLUS

행동관리 전략 A - B - C
① 선행사건(Antecedent): 행동(B) 이전의 행동, 배구 토스를 연습하도록 지시함
② 행동(Behavior): 관찰과 설명이 가능, 스테이션에서 홀로 연습하게 함
③ 후속결과(Consequence): 행동의 결과, 혼자서 연습한 사람이 모두 게임에 참여하게 함

행동의 형성과정
① 행동형성법(shaping): 새로운 행동을 가르칠 때 처음 도입하는 방법
② 행동연쇄법(chaining): 목표행동의 성취를 위해 행동을 단계별로 나누어 지도하는 방법
③ 일반화(generalization): 반복을 통하여 학습한 행동을 일상생활에서 자연스럽게 수행할 수 있게 일반화를 촉진하는 방법

(2) 행동관리 방법

① 교사의 행동은 일관성이 있어야 함
② 처벌을 하게 됐을 시 공평하고 일관성 있게 해야 함
③ 사람에 대한 비난이 아니라 잘못된 행동에 대해 지적한 후 벌을 제공해야 함
④ 작은 잘못을 지나치게 확대하지 말아야 함

(3) 행동관리 절차

문제행동 파악 → 문제행동 발생빈도, 기간, 유형 등 파악 → 적절한 행동관리법 선정 → 효과적인 강화물 조사 및 선정 → 행동관리 시작 → 효과 관찰 및 기록 → 행동변화 확인 및 평가 → 행동관리법에 사용된 강화물의 점진적 축소

개념 PLUS

강화기법(reinforcement): 바람직한 행동이 발생했을 때 따라오는 결과 혹은 보상

(1) 행동의 유지 및 증가기법(정적 강화)
  ① 칭찬(praise): 격려, 지시를 보내는 것으로 효과적인 강화방법
  ② 프리맥 원리(Premack principle): 바람직한 행동을 했을 때 좋아하는 행동을 하게끔 하는 방법
  ③ 용암(fading): 도움 및 촉진을 줄이면서 학생 스스로 문제를 해결하게 하고, 반응의 빈도를 증가시키게 하는 방법
  ④ 토큰 강화(token reinforcement): 미리 결정된 행동기준에 도달하면 보상물을 통해 교환가치를 얻게 하는 방법(토큰 수집 token economy으로도 불림)

(2) 행동의 제거 및 감소기법(부적 강화)
  ① 과잉교정(overcorrection): 문제행동을 발생했을 때 반복적으로 강제성을 통해 원상태로 복귀시키도록 하는 방법
  ② 타임아웃(time-out): 물리적 행동 없이 제외, 고립, 차단하여 문제행동을 관리
  ③ 반응대가(response cost): 어떤 행동을 통해 정적강화를 중단하거나 벌칙이 가해지는 방법(소거, 벌, 박탈, 포화)

OX 퀴즈

바람직한 행동을 했을 때 좋아하는 행동을 하게끔 하는 방법은 반응대가 행동관리방법이다. OIX

정답 X
해설 프리맥 원리의 행동관리방법

6. 특수체육 지도전략

(1) 성취기반 교육과정(ABC 모형)

① 성취-기반 교육과정(Achieve-Based Curriculum) ABC 모델은 교육실행과정에서 제기될 수 있는 문제를 해결하는 과정임

② 5단계: 프로그램 계획 → 사정 → 실행 → 교수 → 평가

(2) 지식구조 모형(KS 모형)

① 지식구조 모형(Knowledge Structure Model, KS)은 체육·스포츠에 관한 지식 전반을 내용 요소별로 모아 지도계획을 구성하는 과정임

② 신체활동 지식의 구조=개념 지식+수행 지식+관계 지식

기출 FOCUS

✓ 특수체육 지도전략 22 기출
- 프로그램 계획 → 사정 → 프로그램 → 교수·코칭·상담 → 평가

기출 Q

Q. 〈표〉의 ㉠~㉢에 해당하는 행동관리 기법을 바르게 나열한 것은? 기출 24

성별(나이)	남자(14세)	장소	수영장
장애유형	지적장애	프로그램	수영하기
문제행동	멈춰 서서 친구 방해하기		
상황	• 지도자A: 한국(가명)이는 수영할 때 반복적으로 멈춰 서서 친구들을 방해해요. 그때마다 잘못된 행동이라고 지적을 해도 계속하네요. • 지도자B: 우선 ㉠ 문제행동이 발생하면 바로 일정 시간동안 물 밖에 있도록 하세요. 물과 좀 멀리요. • 지도자A: 알겠습니다. 한국(가명)이는 수중 활동을 좋아하고 물에 있으면 행복해하거든요. • 지도자B: 다른 기법도 있어요. ㉡ 문제행동을 했을 때 한국이에게 이미 주어진 정적강화물을 상실하게 하는 방법도 있어요. ㉠과 ㉡기법으로 문제행동의 빈도가 감소한다면, 큰 틀에서 (㉢)이 됩니다.		

	㉠	㉡	㉢
①	타임아웃	반응대가	부적 벌
②	타임아웃	용암	정적 벌
③	소거	반응대가	정적 벌
④	소거	용암	부적 벌

해설 행동의 제거 및 감소기법으로 타임아웃(time-out)은 물리적 행동 없이 제외, 고립, 차단하여 문제행동을 관리하는 것이고, 반응대가(response cost)는 어떤 행동을 통해 정적강화를 중단하거나 벌칙이 가해지는 방법(소거, 벌, 박탈, 포화)임. 이를 포괄적으로 부적 벌이라 할 수 있음 **정답** ①

기출 FOCUS

- 장애인교육법 21·22 기출

Q. 〈보기〉에서 괄호 안에 해당하는 문제행동 관리의 절차는?   기출 20

> 1. 문제행동이 무엇인지 파악한다.
> 2. (   )
> 3. 적절한 행동 관리법을 선정한다.
> 4. 효과적인 강화물을 조사하고 선정한다.

① 행동 관리를 시작한다.
② 행동 변화를 파악한다.
③ 행동 관리의 효과를 파악한다.
④ 문제행동이 발생하는 빈도, 기간, 유형 등을 파악한다.

(해설) 특수체육 지도에서의 행동관리 절차는 문제행동 파악 → 문제행동 발생빈도, 기간, 유형 등 파악 → 적절한 행동관리법 선정 → 효과적인 강화물 조사 및 선정 → 행동관리 시작 → 효과 관찰 및 기록 → 행동변화 확인 및 평가 → 행동관리법에 사용된 강화물의 점진적 축소   (정답) ④

개념 PLUS

장애인교육법(IDEA, Individuals with Disabilities Education Acts)
① 1975년 통과된 전장애아교육법(Education for All Handicapped Children Act)에서 1990년 장애보다 사람을 지칭하는 용어를 먼저 사용한 장애인교육법(Individuals with Disabilities Education Acts)으로 변경
② 주요원칙: 입학거부불가(Zero Reject), 비편견적 평가(Nondiscriminatory evaluation), 개별화된 적절한 교육(Individualized and appropriate education), 최소제한환경(Least Restrictive Environment: LRE), 적법한 절차에 의한 안전장치(Due Process Safeguards), 부모와 학생의 참여(Parental and student participation)

기출 Q

Q. 〈보기〉는 미국장애인교육법에서 명시한 정의이다. 밑줄 친 '독특한 요구'를 충족시켜 주기 위한 지도방법으로 옳지 <u>않은</u> 것은? 　　　　　기출 21

> 특수체육은 장애인의 '독특한 요구(unique needs)'를 충족시키기 위해 고안된 체력과 운동체력; 기본운동기술과 양식; 수중, 무용, 개인 및 집단 게임, 스포츠에서의 기술의 발달을 위한 개별화된 프로그램이다.

① 개인별 목표 성취를 위해 신체활동의 방법을 변형한다.
② 휠체어 사용자를 위해 체육시설의 접근성을 높인다.
③ 동선 상의 위험요인을 제거한다.
④ 변형을 위해 활동의 본질을 바꾼다.

해설 Winnick, J. P(2011) 또한 특수체육은 사람들이 소유한 독특한 요구(unique needs)를 충족시키기 위해 계획된 개별화 프로그램이라고 정의함. 그 내용에는 체력, 기본운동기술, 수중활동과 무용, 개인과 단체 게임 및 스포츠 기능 등이 포함됨. 즉, 특수체육은 체육의 하위 영역으로서 능력에 차이가 있는 학생들이 안전하게 참여하게 하고, 만족감을 높이면서 성공적으로 체육을 경험하게 하는 것이 중요함. 활동의 본질을 유지하는 원칙을 지키면서 개별화된 프로그램으로 이어나가야 함

정답 ④

CHAPTER 02 장애유형별 체육지도 전략 I

기출 FOCUS
- AAIDD 기준 20·22 기출

01 지적장애

1. 지적장애의 개념

(1) 지적(知的) 영역에 결함이 있는 상태임
(2) 어떤 대상을 이해하고 이를 바탕으로 새롭게 분별하고 판단하여 아는 것이 어려운 상태임
(3) **미국지적장애 및 발달장애학회**(AAIDD)는 지적기능, 적응행동, 만18세 미만의 세 가지 관점에서 조작적 정의를 함. 지적장애 진단은 세 가지가 모두 충족돼야 함
    ① 지적기능: IQ 평균 70 미만
    ② 적응행동: 동년배 집단 비교
        - 개념적 영역: 언어, 읽기와 쓰기, 시간, 수 개념 등
        - 사회적 영역: 대인관계기술, 사회적 문제 해결, 자존감 등
        - 실제적 영역: 일상생활 활동, 작업 기술, 정규 활동 등
    ③ 만 18세 미만: 지적장애 발생 시기가 학령기 동안으로 한정

> **개념 PLUS**
> 장애인복지법 시행령에 명시된 정의
> 정신 발육이 항구적으로 지체되어 지적 능력의 발달이 불충분하거나 불완전하고 자신의 일을 처리하는 것과 사회 생활에 적응하는 것이 상당히 곤란한 사람

2. 지적장애의 원인

(1) **생의학적 요인**: 유전자 장애, 출산 전후 뇌손상, 영양실조, 질환 등
(2) **사회적 요인**: 산모 영양실조, 가정 폭력, 출산 관리 등
(3) **행동적 요인**: 약물 복용, 흡연, 음주, 아동 학대, 안전 미흡 등
(4) **교육적 요인**: 출산 교육, 양육 지원, 조기 중재 등

3. 지적장애의 분류

(1) 지원강도의 정의 (미국지적장애 학회, AAMR, 2002)

간헐적 지원(intermittent)	• 필요한 때에 적절한 지원이 필요
제한적 지원(limited)	• 일정한 시간 동안 일관성 있게 지원이 필요
확장적 지원(extensive)	• 일부환경에서 시간제한 없이 정기적으로 제공
전반적 지원(pervasive)	• 많은 인력 등 고강도의 지원으로 전반적인 모든 환경에서 제공

AAMR은 2007년에 AAIDD(American Association on Intellectual and Development Disabilities)로 개칭됨

(2) 우리나라의 지적장애 판정 기준 (장애인복지법)

1급	• 지능 지수 35 미만인 사람, 일생동안 타인의 도움 필요
2급	• 지능 지수 35 이상 50 미만인 사람, 일상생활의 단순한 행동을 훈련시킬 수 있음
3급	• 지능 지수 50 이상 70 이하인 사람, 교육을 통한 사회적, 직업적 재활이 가능

> **개념 PLUS**
>
> **유전자 변이에 의한 지적장애 청소년의 행동특성**
> ① 다운증후군: 언어, 청각적 과제보다 시·공간 수행력 좋음. 지능에 비해 적응행동이 강함
> ② 윌리엄스 증후군: 언어, 청각적 기억, 얼굴 인지력 좋음. 사회적 지능장애에 비해 붙임성 있음
> ③ 약체 엑스(X) 증후군: 시·공간 기술보다 언어기술이 좋음. 부주의, 과잉행동, 자폐 성향 있음
> ④ 프레더-윌리: 포만감 불인식, 식탐, 비만 증상과 강박 장애, 충동조절 장애가 있음

4. 지적장애의 특성

학습 특성	• 일반인에 비해 두드러지게 나타나는 영역으로 인지 행동(cognitive behavior) 분야의 특성이 있음 • 지적장애가 심할수록 인지 수준이 낮고, 주의 집중시간이 짧음
사회적·행동적 특성	• 일반인과 비슷한 사회적 행동을 보이기도 함 • 대부분 사회적, 감정적 상황에 대해 부적절한 반응을 보임
체력·운동 특성	• 근력, 지구력, 민첩성, 평형성, 스피드, 유연성, 반응시간 등 일반인보다 낮은 점수를 보임

기출 FOCUS

◆ 다운증후군 지적장애인의 신체적 특성 18 기출
- 환축추 불안정(다운증후군의 12~22%, 여아에서 더 많이 발생)
- 새가슴(흉골이 솟아나와 돌출된 가슴)
- 내반족(발바닥 안쪽을 향한 위치에서 굳음)
- 이 외에도 휜 척추, 고관절 탈구, 선천적 심장 결손(30~50%), 청각장애와 근시(70%), 위장계통의 이상(8~12%) 등이 나타남

◆ 다운증후군 지적장애인의 신체활동 지도전략 17·20 기출
- 고관절의 과신전에 의한 부상에 주의해야 함
- 다른 지적장애보다 상대적으로 유연성이 좋으나, 관절과 근육기능이 낮기 때문에 스트레칭을 추천하면 안 됨

◆ 지원강도 21 기출

OX 퀴즈

우리나라의 장애인복지법에서는 지적장애 판정기준을 1급, 2급, 3급으로 분류했다. O X

정답 O

기출 FOCUS

✓ 지적장애인의 **스포츠 지도전략 및 방법**
16·17·18·20·21·22·23 기출

5. 지적장애인을 위한 체육·스포츠 지도

(1) 지적장애인의 스포츠 지도전략

① 지적장애인의 개인별 선호도와 선택권을 존중해야 함
② 장애 정도에 따라 규칙, 기술을 변형할 수 있음
③ 시범을 통해 이해하기 쉽게 해야 함
④ 학습동기가 감소할 경우 활동내용에 변화를 줌

(2) 지적장애인의 스포츠 지도방법

① 간단명료한 단어를 사용함으로써 이해를 유도함
② 주의집중에 어려움이 있으므로 관련성 있는 단서에만 집중함
③ 종목, 선수를 이해하고, 기능적 능력의 사정(assessment), 안전 지도를 해야 함
④ 피아제(J. Piaget)의 인지발달 단계에서 전조작기에 해당하는 지적장애인을 인지발달 수준에 적합한 내용을 가르침

(3) 지적장애인의 운동기술 지도전략

① 활동을 단순화시키고, 정적강화를 제공함(인지적 영역)
② 익숙한 과제에서 새로운 과제의 순서로 지도함
③ 운동기술의 습득, 파지, 전이를 잘 이행하는지 점검해야 함
④ 지적장애인의 운동수행 능력은 비장애인보다 현저하게 낮기 때문에 상황에 따라 통합 스포츠 참여를 통해 활동의 확장을 유도함

기출 Q

Q. 지적장애인을 위한 신체활동 지도전략으로 적절하지 않은 것은? 〔기출 20〕

① 활동을 단순화시키고 강화를 제공한다.
② 참여자의 활동을 지도자가 결정해준다.
③ 학습 동기가 감소할 경우 활동내용에 변화를 준다.
④ 운동기술의 습득과 전이가 이루어지고 있는지 수시로 점검한다.

(해설) 지적장애인의 신체활동 지도 시 학습동기가 감소할 경우 활동내용의 변화, 간단명료한 단어 사용, 활동의 단순화, 정적강화 제공, 익숙한 과제에서 새로운 과제의 순서로 지도, 운동기술의 습득, 파지, 전이를 잘 이행하는지 점검해야 함. 지적장애인 개별 선호도와 선택권을 존중하고, 장애 정도에 따라 규칙과 기술을 변형할 수 있어야 하므로 지도자가 일방적으로 결정하는 것은 적절하지 않음

(정답) ②

OX 퀴즈

복잡한 언어를 통해 지적장애인에게 체육지도 활동을 해야 효과적이다. O|X

(정답) X
(해설) 간단명료한 단어 사용

> **Q** 표는 피아제(J. Piaget)가 제시한 인지발달단계에 따른 지도 목표를 기술한 것이다. 지도 목표가 적절한 것을 모두 고른 것은?　기출 23
>
> | 프로그램 | 축구 교실 | 장애 유형 | 지적장애 | 장애 정도 | 1~3급 |
> |---|---|---|---|---|---|
> | 목 적 | 슛과 패스 기술 익히기 ||||||
>
> | 인지발달단계 | 지도 목표 |
> |---|---|
> | 감각운동기 | ㉠ 다양한 종류의 공을 다루면서 공에 대한 도식이 형성되도록 한다. |
> | 전 조작기 | ㉡ 공을 세워놓고 차기 기술을 지도한다. |
> | 구체적 조작기 | ㉢ 공 차기를 슛과 패스로 구분하여 지도한다. |
> | 형식적 조작기 | ㉣ 전략과 전술을 지도한다. |
>
> ① ㉠
> ② ㉠, ㉡
> ③ ㉠, ㉡, ㉢
> ④ ㉠, ㉡, ㉢, ㉣
>
> **해설** 지적장애인의 스포츠 지도방법은 피아제(J. Piaget)의 인지발달 단계에서 전 조작기에 해당하는 지적장애인을 인지발달 수준에 적합한 내용을 가르침. 간단명료한 단어를 사용함으로써 이해를 유도하고, 주의집중에 어려움이 있으므로 관련성 있는 단서에만 집중함. 또한 종목과 선수를 이해하고, 기능적 능력의 사정(assessment) 및 안전 지도를 해야 함　**정답** ④

02 정서장애

1. 정서장애의 정의

(1) 정서장애와 행동장애를 묶어 **정서·행동장애**로 규정하고 있음

(2) 지적·감각적·건강상의 이유로 설명할 수 없는 학습상의 어려움을 지닌 사람에게서 나타남

(3) 불행감, 우울증을 나타내어 학습에 어려움이 있는 사람에게서 나타남

2. 정서장애의 원인

(1) **생물학적 원인**: 유전자 이상, 신체적 질병, 영양 결핍 등

(2) **가족 원인**: 병리적 가족관계는 행동장애의 주된 원인으로 작용

(3) **문화적 원인**: 가족, 이웃, 민족, 사회적 계층, 대인관계 등

(4) **학교 요인**: 학업스트레스, 시험성적에 대한 서열화 등 행동장애의 원인으로 발생

기출 FOCUS

- 정서장애의 행동 특성 15·23 기출
- 정서 및 행동장애 유형 ADHD, CD 18 기출

3. 정서장애의 분류

(1) 교육적·심리학 측면에서 분류: 행동장애, 품행장애, 성격장애

(2) 미국정신의학회 분류: 정신지체, 기질성 뇌증후군 및 다양한 기능장애

(3) 소아정신과적 분류: 정서장애(자폐성 장애, 정신분열), 신경장애(우울증, 불안증), 정동장애(조울증, 조증)

> **개념 PLUS**
>
> **정서장애의 행동 특성**
> ① 인지행동: 품행장애, 사회화된 공격, 불안, 주의력 문제
> ② 사회적·감정적 행동: 과민성, 불안, 우울감, 어색한 표현
> ③ 신체적 행동: 운동과잉
>
> **정서 및 행동장애 유형**
> ① 주의력 결핍 과잉행동장애(ADHD, Attention Deficit Hyperactivity Disorder)
>   • 주의력을 조절하지 못하는 유형으로 주로 학령기에 나타나고, 성인들에게도 나타남
>   • 여아보다 남아에게서 과잉행동, 부주의, 충동성이 있음
>   • 부적절한 대인관계, 규칙위반, 불가능한 행동 예측, 무표정, 의사소통 부족, 독립과제 처리의 어려움, 지시불응, 독특한 행동습관 등의 특징으로 나타남
> ② 품행장애(CD, Conduct Disorder)
>   • 여자보다 남자에게서 많이 발생함
>   • 사람과 동물에 공격성향을 보이고, 재산을 파괴하거나 사기, 도둑질 등 반사회적 행동을 함

4. 정서장애인을 위한 체육·스포츠 지도

(1) 구조화된 체육활동 프로그램을 기획하고 적용해야 함

(2) 정서장애인의 기분상태를 파악하고 긍정적인 피드백을 제시하면서 환경을 마련해야 함

(3) 안정적이고 편안한 호흡운동을 위주로 스포츠 활동 환경을 조성해야 함

(4) 비경쟁적인 자기향상 활동에 우선적으로 참여를 유도하고, 스포츠를 통한 성공 경험을 할 수 있는 환경을 조성해야 함

OX 퀴즈

정서장애인의 기분상태를 파악하고 긍정적인 피드백을 통한 체육활동을 할 수 있게 한다. ⓞⓧ

정답 O

기출 Q

Q. 주의력결핍 과잉행동장애(Attention Defict Hyperactivity Disorder: ADHD)의 일반적인 특징으로 옳지 <u>않은</u> 것은? <small>기출 18</small>

① 동작이 서투르고 운동발달이 느리다.
② 낮은 지능과 미숙한 적응행동으로 인해 지적장애로 분류된다.
③ 정확한 운동 조절과 타이밍에 결함이 나타난다.
④ 뇌 전두엽 및 그 연결망의 이상으로 억제력, 작업기억, 실행기능 등에 어려움을 보인다.

(해설) ADHD는 주의력을 조절하지 못하는 유형으로 주로 학령기에 나타나고, 성인들에게도 나타남. 여아보다 남아에게서 과잉행동, 부주의, 충동성이 있음. 이 외에도 부적절한 대인관계, 규칙위반, 불가능한 행동 예측, 무표정, 의사소통 부족, 독립과제 처리의 어려움, 지시불응, 독특한 행동습관 등의 특징으로 나타남. ADHD는 지적장애가 아니고 정서 및 행동장애임 (정답) ②

기출 FOCUS

- ✓ 자폐성 장애 특징 23 기출
- ✓ 상동행동: 자폐성 장애인의 특정 행동이나 동작을 습관적으로 반복하는 행동
  16 기출
- ✓ 아스퍼거증후군 22 기출

03 자폐성 장애

1. 자폐성 장애의 정의 및 원인

(1) 자폐장애(자폐증)는 의사소통, 사회적 상호작용, 놀이 활동 등에서 어려움을 나타내는 발달장애의 일종임

(2) 소아의 자폐증, 비전형적 자폐 등에 따라 언어, 표현능력, 사회적응 등에 대한 장애를 가진 사람을 의미함

(3) 자폐성 장애의 원인은 유전적 요인과 신경계 손상이 있음

개념 PLUS

자폐성 장애의 행동 특성
① 인지행동: 지적장애와 유사, 언어발달의 문제
② 사회적·감정적 행동: 상호작용능력의 발달지체, 수면·음식섭취 곤란, 주변 환경 무관심
③ 신체적 행동: 체력수준과 운동수행능력이 낮음

자폐성 장애의 유형별 진단 기준
① 아스퍼거증후군: 만성 신경정신 질환으로 언어발달과 사회적응의 발달이 지연됨
② 레트장애: 머리 둘레 성장의 속도 더디고 걸음걸이 조정이 어려우며 여아에게만 나타남

2. 자폐성 장애인을 위한 체육·스포츠 지도

기출 FOCUS
◆ 자폐성 장애인을 위한 체육 스포츠 지도전략   17·21 기출

(1) 소음과 활동에 방해되는 환경을 관리하고, 이용하기 쉬운 스포츠를 선정해야 함

(2) 수영, 사이클과 같은 연속된 동작의 스포츠가 적합함

(3) 학습자의 행동을 언어로 사용하고, 같은 스포츠 종목으로 지도할 때 동일한 환경과 장비로 구성해야 함

(4) 언어적 단서를 이해하기 어려운 자폐성장애인에겐 환경적 단서(시각, 청각, 촉각 등)를 제공함으로써 효과를 제고할 수 있음

개념 PLUS

타임아웃
① 정해진 시간동안 정적강화의 환경에서 문제행동을 보이는 학습자를 퇴출하여 제외시키는 방법을 적절히 사용함
② 부적행동의 제거 혹은 감소방법을 타임아웃, 벌, 박탈, 소거 등이 있고 부적강화라고 함
③ 물리적 충격 없이 문제행동을 관리할 수 있음
　예) 농구를 너무 좋아하는 자폐성 장애를 가진 학생이 농구 수업 중 동료학생들을 지속적으로 방해할 때 특수체육지도자는 타임아웃 조치를 취함

기출 Q

Q. 자폐성장애인의 스포츠 지도전략으로 틀린 것은?   기출 17

① 언어적 지도와 비언어적 지도를 병행한다.
② 지도자가 학습자의 행동을 말로 표현해 준다.
③ 사회적 관계형성을 익히도록 한다.
④ 환경적 단서(cue)보다 언어적 단서가 효과적이다.

(해설) 언어적 단서를 이해하기 어려운 자폐성장애인에겐 환경적 단서(시각, 청각, 촉각 등)를 제공함으로써 효과를 제고할 수 있음　(정답) ④

OX 퀴즈

자폐성 장애인은 언어적 단서를 이해하기 힘들므로 소음이 있는 공간도 무방하다. ⓞ ⓧ

(정답) ✕
(해설) 소음과 활동에 방해되는 환경을 관리해야 함

CHAPTER 03 장애유형별 체육지도 전략 II

01 시각장애

기출 FOCUS
- 시각장애 발생원인 23 기출

1. 시각장애의 정의
(1) 시각경로에 병변이 생겨 시각을 이용하여 과제를 수행하는 데 제한을 받는 상태임
(2) 정상 시력을 갖는 사람과 정상 시력을 갖지 못한 사람이 시각을 사용하여 수행할 수 있는 능력의 차이를 나타냄
(3) 시력은 시각 조직(눈의 모든 부분)과 지각 조직(시각 신경과 뇌)이 작용하는 복잡한 과정임
(4) 빛을 받아들여 뇌에서 인지하는 시각의 전달과정경로의 특정 부분에 생긴 질병으로 발생할 수 있음

2. 시각장애의 원인
(1) 백내장
　① 수정체를 통과하면서 굴절되는 빛이 망막에 정상적으로 맺지 못함
　② 어떤 원인에 의해 뿌옇게 혼탁해져 빛을 제대로 통과시키지 못하게 됨

(2) 녹내장
　① 안압이 높아 시신경으로 가는 혈류에 압박이 가해지며 시신경이 손상되며 시야가 좁아짐
　② 눈으로 받아들인 빛을 뇌로 전달하는 시신경이 손상되며 주변부 시야부터 좁아지다가 결국 실명하게 됨

(3) 망막 박리
　① 눈으로 받아들인 빛을 모아 상을 맺히게 해주는 시각정보를 전기신호로 바꾸어 뇌로 보내는 망막이 여러 이유로 여러 층이 떨어지는 현상임
　② 시야에 검은 구름, 그림자, 커튼으로 가린 것처럼 급격히 시력이 저하됨

(4) 망막 색소 변성

① 빛을 감지하고 전기신호로 바꾸어 시신경에 전달하는 망막의 세포기능이 망가져 명암을 구별하지 못함
② 초기 증세는 야맹증으로 나타나고 시야가 좁아져 가운데만 보이는 시야 협착이 발생함

(5) 황반 변성

① 눈의 안쪽을 덮고 있는 얇고 투명한 신경조직인 망막의 중심에 물체의 상이 맺히는 증상임
② 노화독성, 염증 등에 의해 시력장애를 일으키는 질환으로 사물형태가 찌그러져 보임

3. 시각장애의 분류 및 특성

(1) 법과 경기규정에 따른 시각장애 기준

시각장애인의 기준 (장애인복지법 시행령)	① 나쁜 눈의 시력이 0.02 이하인 사람 ② 좋은 눈의 시력이 0.2 이하인 사람 ③ 두 눈의 시야가 각각 주시점에서 10도 이하로 남은 사람 ④ 두 눈의 시야 2분의 1 이상을 잃은 사람
시각장애 선수 등급분류 (IBSA, 국제시각장애인 경기연맹)	① B1: 두 눈이 빛을 느끼지 못하는 상태 ② B2: 시력 2/60, 시야 5° 이하 ③ B3: 시력 2/60~6/60이거나 시야가 5°~20° 범위인 경우

(2) 시각장애의 특성

학습 특성	• 시각장애인은 자신의 환경에서 우연히 배울 수 있는 능력이 제한됨 • 어린 시기의 실명 혹은 중증 시각장애는 심동적(신체 기능과 움직임 기능), 인지적(물체와 공간 구성의 개념과 지식 체계), 정서적(정서, 사회성, 인성 발달)의 영역발달 학습에 영향을 미침
운동 능력	• 어린 시절 시각장애가 생긴 아동은 던지기, 호핑, 제자리멀리뛰기, 점핑, 차기 등 많은 기능에서 한계를 가짐 • 시각장애인은 평형성, 운동발달 등에 낮은 수준을 보임

OX 퀴즈

시각장애 선수 등급을 B1, B2, B3로 분류한다. Ⓞ Ⓧ

정답 O

> **개념 PLUS**
>
> **시각장애인의 운동 특성**
> - 비정상적인 자세를 갖고 있는 경우가 많음
> - 비장애인보다 감각운동과 협응력이 떨어짐
>
> **시각장애인의 심동적 특성**
> - 수시로 상황이 변하는 운동과제의 수행의 어려움을 보임
> - 불필요한 동작을 하게 되어 일반인에 비해 많은 에너지를 소비함

4. 시각장애인을 위한 체육·스포츠 지도

(1) 의사소통 행동 지침

① 장애인이라도 모든 대상에게 동일한 훈육방법을 적용해야 함
② 시각장애인에게 다가갈 때 이름을 먼저 부름
③ 그룹 활동을 할 때는 호명한 사람이 답변할 수 있도록 지도함
④ 체육관 장비에 대해 미리 설명해 줌
⑤ 과잉보호는 피하고 독립성을 가질 수 있게 함

> **개념 PLUS**
>
> **방향정위**
> **5인제 시각장애인 축구:** 골대의 위치, 경기장 밖의 구조물을 파악하며 자신의 위치를 알아가는 과정
>
> **버디 시스템(buddy system)**
> 시각장애가 없거나 장애 정도가 심하지 않은 보조자를 동반시켜 시각장애인의 눈이 되어 보조를 맞추게 함

(2) 체육·스포츠 지도

① 시각장애인에게 말로 설명하는 원칙은 대단히 중요함
② 과제의 전체 동작과 부분 동작으로 순서대로 시범을 보임. 장애 유무에 상관없이 지도자의 시범은 매우 중요함
③ 전맹인 사람을 지도할 때는 시범자의 몸을 만져서 자세를 이해하게끔 함(단, 지도자와 성별이 다른 경우에는 신체 접촉에 주의를 기울여야 함)
④ 손으로 자세를 만드는 방법(brailing)을 통해 활동을 익힐 수 있도록 함
⑤ 시각장애인이 놀라지 않도록 신체적 가이던스(physical guidance)를 제공하기 전에 미리 알려줌(단, 신체적 가이던스의 강도를 점진적으로 축소)
　예 시각장애인에게 농구를 지도하는 전략(백내장으로 인한 양안의 교정시력이 0.02인 시각장애인 대상): 바닥의 색과 대비되도록 시각 자료는 확대, 촉각 자료 활용
⑥ 사전에 시력 상실의 원인, 시력 상실의 시기, 잔존시력의 정도 등 기본적인 시각장애 정보를 파악함

기출 FOCUS

- 시각, 시력, 시야　20 기출
- 장애조건에 따라 장애인을 분류하여 지도하는 접근방법
  - 범주적 접근방법(categorical approach): 집단을 유목화하여 내리는 접근 방법으로 증상과 행동 특성에 따라 분류하고 질적인 차이를 강조함　17 기출
- 시각장애인의 **심동적 특성**　18 기출
- 시각장애인의 **운동 특성**　15 기출
- 시각장애인의 **스포츠 지도 방법**　16·19·21 기출
- 시각장애인의 농구 지도: 바닥의 색과 대비되도록 **시각자료, 촉각자료** 활용　17 기출
- **방향정위:** 시각장애인의 경기를 할 때 자신의 위치, 구조물 등을 파악하는 과정　15·23 기출

OX 퀴즈

시각장애인에게는 지도자의 시범보다는 말로 설명한다. O X

정답 X
해설 말로 설명하되 지도자의 시범이 매우 중요함

기출 FOCUS

✓ **시각장애인 종목**: 쇼다운, 골볼, 탠덤 사이클 19 기출

기출 Q

Q. 시각장애인의 지도전략으로 옳지 <u>않은</u> 것은? 기출 24

① 스포츠 참여는 안전을 위해 개인 종목만 지도한다.
② 시범은 잔존시력 범위에서 보이면서 언어적 설명을 병행하는 것이 효과적이다.
③ 지도자는 지도할 때 시각장애인에게 신체 접촉의 형태, 방법, 이유 등을 구체적으로 안내한다.
④ 전맹의 경우 스포츠 동작에 대한 이해도를 높이기 위해 관절이 굽어지는 인체 모형을 사용할 수 있다.

(해설) 시각장애인도 5인제 축구, 2인용 자전거 타기 등 팀 스포츠를 할 수 있음 (정답) ①

(3) 시각장애인의 스포츠 활동

① 레슬링: 서로 떨어지지 않고 상대선수를 붙잡은 상태로 경기함
② 볼링: 핸드 가이드 레일을 이용할 수 있음
③ 양궁: 음향신호, 점자방향 지시기, 발 위치 표시기 등을 사용할 수 있음
④ 줄잡고 달리기: 가이드 와이어 시스템을 통해 육상의 레인처럼 줄을 설치하고 10cm PVC 파이프를 끼워서 이를 잡고 달리는 방식임
⑤ 자전거 타기: 2인용 자전거를 통해 비장애인은 앞에 타고 시각장애인은 뒤에 타는 탠덤 사이클링을 할 수 있음
⑥ 수영: 시각장애 수영에서 멈추거나 턴 혹은 플립 턴을 할 때 신호를 보내는 방법을 사용함
⑦ 축구: 5인제 대회로 운영되며 팀은 4명의 시각장애인 필드 선수와 1명의 비장애인 골키퍼로 구성함
⑧ 쇼다운(showdown): 탁구대와 비슷한 경기대에 판으로 둘레를 쳐 공이 벽에 맞고 튕기도록 하고, 양쪽 끝에 포켓구멍을 만들어 공이 들어갈 수 있도록 함

개념 PLUS

국제 시각장애 스포츠의 발달
① 국제시각장애인경기연맹(IBSA): 1981년 파리에서 처음 설립
② 세계시각장애인경기대회(WBSC): 1998년 마드리드에서 제1회 대회 개최

국제시각장애인경기연맹(IBSA) 종목
① 하계종목: 양궁, 육상, 체스, 축구(5인제), 골볼(goalball), 유도, 나인핀 볼링, 역도, 사격, 쇼다운(showdown), 수영, 탠덤 사이클링, 텐핀 볼링, 토볼(torball), 야구, 승마, 골프, 조정, 요트, 크리켓 등
② 동계종목: 알파인 스키, 노르딕 스키

OX 퀴즈

시각장애인의 스포츠 활동에서 7인제 축구가 있다. O X

(정답) ✕
(해설) 5인제 축구임. 7인제 축구는 뇌성마비 장애인 대상 종목임

02 청각장애

1. 청각장애의 개념 및 원인

(1) '장애인 등에 대한 특수교육법'에 따른 정의
① 두 귀의 청력 손실이 각각 60데시벨(dB) 이상인 사람
② 한 귀의 청력 손실이 80dB 이상인 사람, 다른 귀의 청력 손실이 40dB 이상인 사람
③ 두 귀에 들리는 보통 말소리의 명료도가 50% 이하인 사람
④ 평형 기능에 상당한 장애가 있는 사람

(2) 청각장애의 원인: 유전적(선천적) 요인, 환경적 요인

> **개념 PLUS**
>
> **청각장애의 정도**
> ① 경도(26~40dB): 약간의 소리 인지, 언어발달에 약간 지체
> ② 중등도(41~55dB): 사람 입술 모양을 읽는 훈련 필요, 언어습득과 발달 지체
> ③ 중도(56~70dB): 일반학교 수업 어렵고, 또래 도움 학습 필요
> ④ 고도(71~90dB): 특수교육 학습지원 필요, 보청기 의존이 어려움
> ⑤ 농(91dB): 특수한 의사소통 필요, 음의 수용 어려움
>
> **청각장애의 유형**
> ① 전음성
> - 소리가 진달되지 못하는 청력 손실 상태로 선천성보다 후천성이 많음
> - 70dB 미만으로 외과적 수술과 보청기 착용이 필요하고 구화로 의사소통이 가능함
> ② 감음신경성
> - 청각과 관련된 신경손상에 의한 손실 상태임
> - 90dB 이상으로 영구적 청력이 상실된 상태로 의사소통 시 수화 및 구화 모두 어려움
> ③ 혼합성
> - 전음성과 감음신경성이 혼합된 상태임
> - 뇌로 소리를 전달하는 과정에 문제가 있어 인공와우 시술을 해도 청력 회복이 어려움
>
> **청각장애인의 영역별 특성**
> ① 심동적 영역: 출생 후 기본운동 습득 여부에 따라 심동적 영역의 완성도가 다름
> ② 인지적 영역: 언어 발달 미흡, 의사소통 부족, 표현능력 부족
> ③ 정의적 영역: 수화사용 위주의 청각장애인 간 교류가 많지만, 사회성이 결여됨
>
> **청각장애인 스포츠(데플림픽 경기 종목)**
> - 하계 대회: 육상, 배드민턴, 농구, 비치발리볼, 볼링, 도로 경주 사이클링, 축구, 핸드볼, 유도, 가라테, 산악자전거, 오리엔티어링, 사격, 수영, 탁구, 태권도, 테니스, 배구, 자유형 레슬링, 그레코로만형 레슬링
> - 동계 대회: 알파인 스키, 크로스컨트리 스키, 컬링, 아이스하키

기출 FOCUS
- 청각장애의 정의(장애인복지법) 17 기출
- 청각장애의 유형: 전음성, 감음신경성, 혼합성 18·23 기출
- 청각장애인의 영역별 특성 및 지도전략 15·16·21 기출

기출 FOCUS

✓ 스포츠 활동 수화
- 축구　　　　　22 기출
- 농구　　　　　23 기출
- 수영, 운동(체육), 스케이트
　　　　　　　　24 기출

2. 청각장애인을 위한 체육·스포츠 지도

(1) 시각적 자료를 적극 활용하고, 수화 및 구화 사용 유도를 해야 함

(2) 또래와 함께 참여를 권장하고, 메시지 전달 시에는 필요한 단어와 동작을 사용해야 함

(3) 활동 전 시설 및 기구를 충분히 숙지할 수 있게끔 제공해야 함

(4) 가까운 거리에서 얼굴을 마주보고 설명해야 함

(5) 심한 소음이나 시각적 자극이 많은 곳을 피하는 것이 좋음

(6) 정확한 입모양으로 큰소리로 상황을 설명해야 함

(7) 익숙한 프로그램부터 시작함

(8) 인공와우 수술을 받은 청각장애 경우 정전기 유발 기구를 사용하지 않고, 축구와 레슬링 같은 활동을 피하는 것이 좋음

개념 PLUS

스포츠 활동 수화

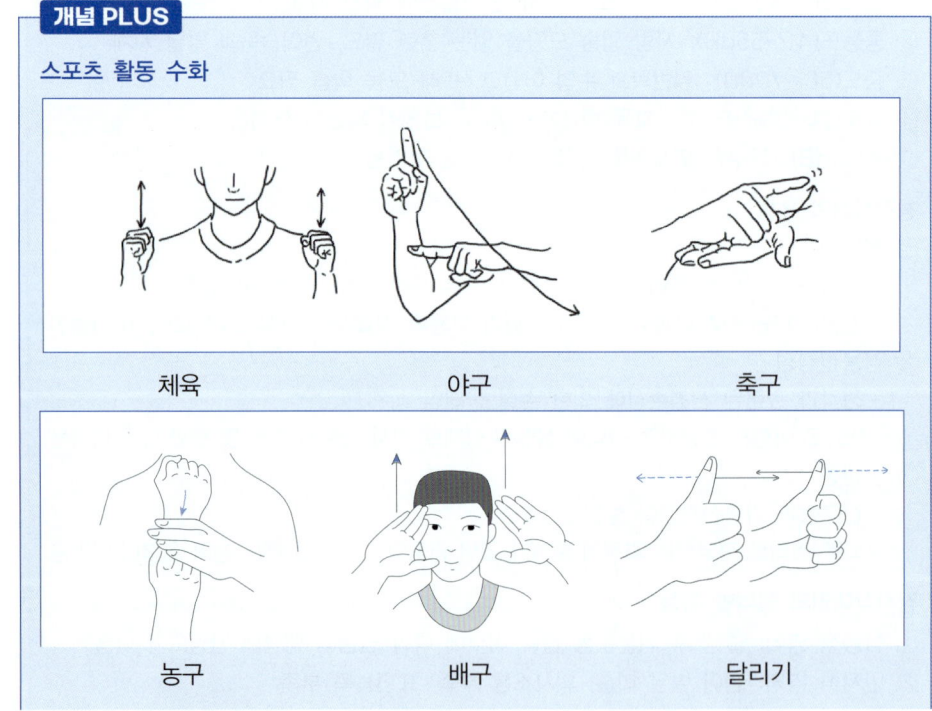

체육　　　　야구　　　　축구
농구　　　　배구　　　　달리기

OX 퀴즈

청각장애인의 스포츠 활동을 위해 정확한 입모양으로 설명해야 한다. Ⓞ Ⓧ

정답 O

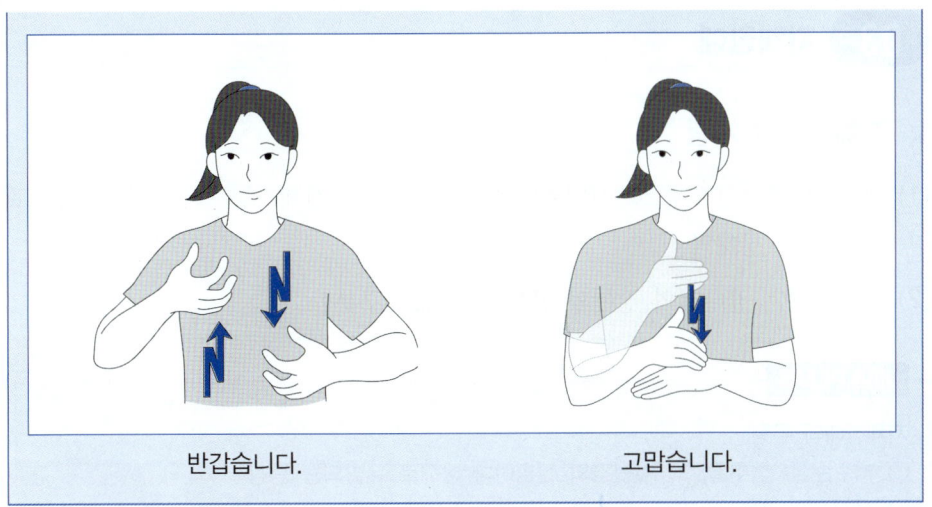

반갑습니다.   고맙습니다.

기출 Q

Q. 제시어와 〈보기〉의 수어 ㉠~㉢을 바르게 나열한 것은?   기출 24

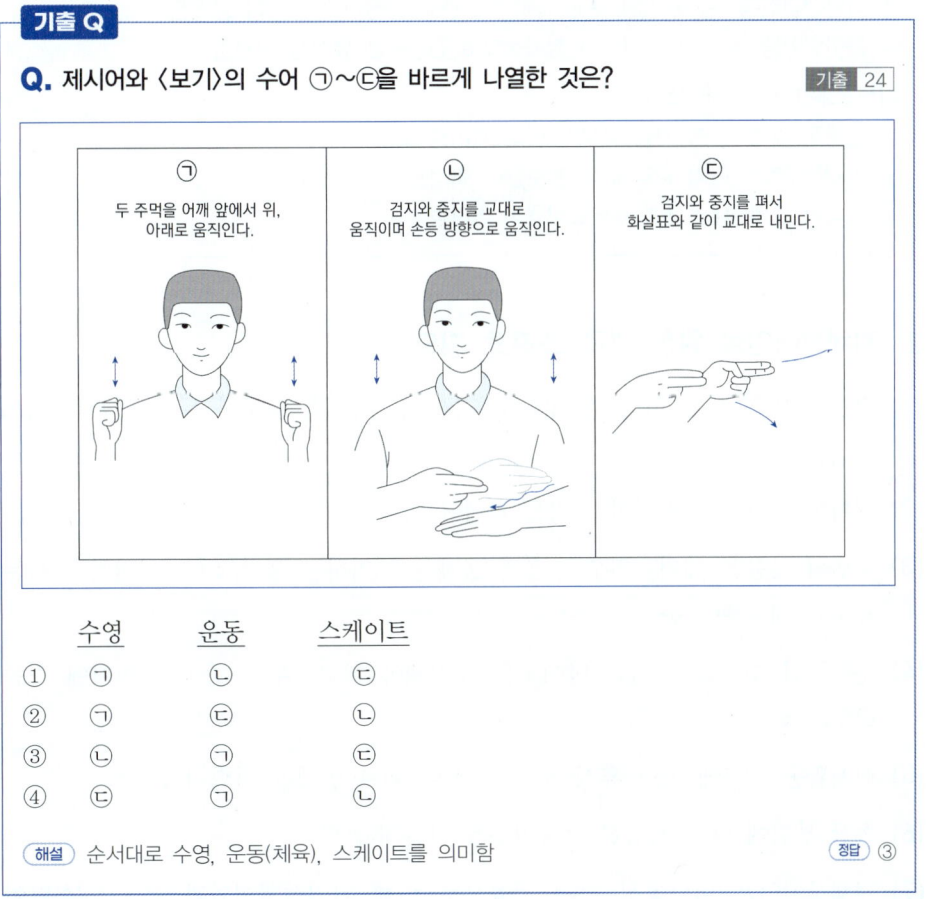

	수영	운동	스케이트
①	㉠	㉡	㉢
②	㉠	㉢	㉡
③	㉡	㉠	㉢
④	㉢	㉠	㉡

해설   순서대로 수영, 운동(체육), 스케이트를 의미함   정답 ③

기출 FOCUS

- 지체장애 개념 및 유형
  20·21·22 기출
- 절단장애인 신체활동 지도
  20 기출
- **척수장애인이 활용할 수 있는 심폐지구력 운동장비**: 핸드 사이클, 암 에르고미터, 휠체어 트레드밀   19 기출
- 대표적인 **척수장애인 스포츠**: 휠체어 농구, 휠체어 럭비, 휠체어 테니스, 핸드 사이클링, 휠체어 컬링
- 척수장애인 운동지침
  22·24 기출
- 운동프로그램 구성요소(FITT)
  23 기출
  - 운동빈도(Frequency)
  - 운동강도(Intensity)
  - 운동시간(Time)
  - 운동종류(Type)

03 지체장애

1. 지체장애의 개념

(1) 골격, 근육, 신경계 중 질병이나 외상으로 인한 신체기능 장애가 영구적으로 남아 있는 상태임

(2) 지체장애는 팔다리의 장애와 몸통의 장애로 구분함

> **개념 PLUS**
>
> **지체장애의 유형**
> ① **척수손상**: 척추골, 척추 신경의 질환이나 상해로 유발되는 증상
> ② **절단장애**: 사지의 일부, 전체가 제거되거나 잃은 상태로 선천성과 후천성으로 구분함
> ③ **다발성경화증**: 몸의 여러 곳에 다발적 염증이 발생하고 근육이 굳어짐
> ④ **근이영양증**: 근육군의 퇴화가 점차적으로 진행되는 유전성 질환임
>
> **지체장애인의 영역별 특성**
> ① **심동적 영역**: 보행 가능 유무에 따라 차이를 보임
> ② **인지적 영역**: 여러 감각에 대한 수용이 어려움
> ③ **정의적 영역**: 대인관계와 상호작용이 어려움

2. 지체장애인을 위한 체육·스포츠 지도

(1) 간단한 언어사용, 시범 및 구두로 지시 후 시범과 보조하기 등 언어적 지도 방법을 고려함

(2) 정확한 동작으로 천천히 시범을 보여야 함

(3) 주변의 잡음을 제거, 외부 소음과 물체를 제거하는 등 주의를 산만하게 하는 요소를 제거해야 함

(4) 운동능력 수준을 고려한 난이도를 조절해야 하고, 무게 중심의 변화에 적응하도록 함

(5) 신체활동 강도에 따라 휴식 시간을 조절, 피로 발생을 완화시킴

(6) 손상 부위에 따라 적합한 운동기구를 사용해야 함

(7) 지체장애인은 비활동성 하지 근육으로 인해 기립성저혈압과 운동 저혈압이 발생할 수 있음. 이는 상지 근육근과 뇌로 혈류량이 감소하기 때문으로 운동강도와 시간을 천천히 증가시키면서 혈압의 변동 상태를 적응하게 해야 함

(8) 절단장애 경우 염증, 감염을 방지하기 위해 절단 부위 관리함

개념 PLUS

휠체어농구 종목의 스포츠 등급별 신체기능의 특징

등급	특징
1.0	• 신체의 기능이 가장 떨어짐 • 자세의 안정성이 떨어져 무릎을 올려 상체를 지지한 모습 • 상체의 움직임이 가장 제한적이며 불안정함 • 느린 가속을 나타내며, 안정적인 드리블을 위해 범퍼 앞에서 드리블을 진행함
2.0	• 몸통의 전후 움직임은 가능하나, 제한적인 움직임을 나타냄 • 좌우 움직임이 미비하고 신체의 균형이 종종 불안정함 • 상체를 뒤로 기대는 경향이 있음
3.0	• 몸통의 전후 움직임은 완벽하지만, 측면 안정성이 떨어져 제한적인 움직임을 나타냄
4.0	• 자연스럽게 바퀴를 앞으로 밀 수 있음 • 상반신의 균형이 잡힌 상태에서 신속한 방향전환과 가속 등이 가능함 • 좌·우 측면 중 한쪽의 측면 안정성이 떨어짐
4.5	• 모든 면에서 몸통 움직임이 가능하고, 자연스러운 형태를 나타냄

기출 Q

Q. 척수장애인의 운동지도 지침이 아닌 것은? `기출 22`

① 자율신경 반사 이상의 위험을 줄이기 위해 운동 전에 장과 방광을 비우게 한다.
② 유산소성 운동 후 체온을 낮추어 주기 위해 시원한 압박붕대를 사용한다.
③ T6 이상에 손상을 입은 경우, 유산소성 훈련 효과를 극대화하기 위해 최대심박수를 150회/분까지 증가시킨다.
④ 심장으로 들어가는 혈액량의 감소로 인한 저혈압의 위험을 줄이기 위해, 충분한 준비운동을 하게 하고 운동부하를 점진적으로 증가시킨다.

해설 척수장애는 지체장애의 유형으로 골격, 근육, 신경계 중 질병이나 외상으로 인한 신체기능 장애가 영구적으로 남아있는 상태이므로 비활동성 근육에 대한 운동 강도와 시간을 천천히 증가시키면서 혈압의 변동 상태를 적응하게 해야 함   **정답** ③

Q. 절단 장애인에게 신체활동을 지도할 때 고려사항으로 적절하지 않은 것은? `기출 20`

① 염증이나 감염을 방지하기 위해 절단 부위를 관리한다.
② 신체활동 강도에 따라 휴식 시간을 조절하여 피로 발생을 완화한다.
③ 운동역학적 효율성을 고려하여 무게중심의 변화에 적응하도록 한다.
④ 자율신경계 반사 부전증을 일으키는 요인을 인식하여 문제 발생을 예방한다.

해설 지체장애(척수손상, 절단장애, 다발성경화증, 근이영양증)은 골격, 근육, 신경계중 질병이나 외상으로 인한 신체기능 장애가 영구적으로 남아있는 상태임. 신체활동 지도 시 간단한 언어사용, 정확한 동작의 시범, 주변의 잡음을 제거, 운동능력 수준을 고려한 난이도를 조절, 몸의 무게 중심 변화 주의, 신체활동 강도에 따라 휴식 시간을 조절, 피로 발생을 완화시킴. ④번과 같이 생리학적 지식을 동원하는 것은 부차적인 문제임   **정답** ④

OX 퀴즈

척수장애인은 비활동성 하지 근육으로 저혈압(기립성, 운동)이 발생할 수 있다.   Ⓞ Ⓧ

정답 O

기출 FOCUS

- 뇌병변장애의 개념 15 기출
- 뇌성마비 분류
  20·21·22·24 기출
- 무정위형 뇌성마비: 대뇌 기저핵의 손상으로 인해 발생, 사지의 불수의적 움직임
  17·24 기출

04 뇌병변 장애

1. 뇌병변 장애의 개념 및 분류

(1) 뇌성마비, 외상성 뇌손상, 뇌졸중 등 뇌의 기질적 병변으로 발생하여 보행과 일상생활의 동작에 상당한 제약을 받는 사람임

(2) **뇌병변의 분류**
  ① **뇌성마비**: 출생 시 또는 출생 이후 2년 이내에 뇌 손상, 결함으로 움직임에 만성적 장애를 갖는 상태임
  ② **외상성 뇌손상**: 외부의 물리적인 힘에 의해 손상을 입어 나타나는 장애를 뜻함
  ③ **뇌졸중**: 성인기 뇌혈관 내의 벽이 막혀 혈관에 손상을 입거나 혈액순환이 원활하지 못해 신경계통에 문제가 생기는 상태임(중풍)

개념 PLUS

뇌성마비 분류
① **임상적 분류**: 경련성, 무정위운동성(기저핵 손상), 운동실조성(소뇌 손상), 강직성(운동피질 손상), 진전성, 혼합형
② **기능적 분류**: 국제뇌성마비 스포츠레크리에이션 협회(CP-ISRA)가 8등급으로 분류 (1~4등급은 휠체어 사용, 5~8등급은 보행 가능한 상태)

뇌병변 장애인의 영역별 특성
① **심동적 영역**: 신체적 움직임이 어렵고 유연성과 관절의 가동범위가 적음
② **인지적 영역**: 주의력, 기억력 수준, 판단력, 언어문제가 부족함
③ **정의적 영역**: 동기유발이 낮고 대인관계, 상호작용이 어려움

뇌병변 장애인 스포츠(CPISRA, 국제뇌성마비인경기연맹)
- 하계종목: 보치아, 7인제 축구, 육상, 사이클링, 휠체어 슬라롬, 탁구, 양궁, 요트, 펜싱, 사격, 휠체어 핸드볼, 수영, 역도, 레이스러닝
- 동계종목: 알파인 스키, 노르딕 스키, 아이스하키, 휠체어 컬링

2. 뇌병변 장애인을 위한 체육·스포츠 지도

(1) 근력운동을 위한 중량 들기, 유연한 튜브를 이용함

(2) 동작에 대한 정확한 이해를 제공하고 반복적 학습을 제공해야 함

(3) 성공적인 운동 경험을 제공하고, 힘으로 운동참여를 유도해야 함

(4) 원시반사의 영향과 적절한 운동신경의 조절 능력을 확인할 필요가 있음

기출 Q

Q. 〈표〉는 운동기능에 따른 뇌성마비의 분류체계이다. 〈표〉의 ㉠~㉢에 들어갈 내용을 바르게 나열한 것은?

기출 24

구분	경직성 (spastic)	운동실조형 (ataxia)	무정위운동형 (athetoid)
손상 부위	• 운동피질	• (㉠)	• (㉡)
근 긴장도	• 과긴장성	• 저긴장성	• 근 긴장의 급격한 변화
운동 특성	• 관절가동 범위의 제한 • 가위보행	• 평형성 부족 • 협응력 부족	• (㉢)움직임 • 머리 조절의 어려움

	㉠	㉡	㉢
①	소뇌	기저핵	불수의적
②	기저핵	중뇌	수의적
③	소뇌	연수	불수의적
④	기저핵	소뇌	수의적

해설 뇌성마비 분류로서 임상적 분류와 기능적 분류로 구분함. 임상적 분류는 경련성, 무정위운동성(기저핵 손상), 운동실조성(소뇌 손상), 강직성(운동피질 손상), 진전성, 혼합형이 있고, 기능적 분류는 국제뇌성마비 스포츠레크리에이션 협회(CP-ISRA)가 8등급으로 분류(1~4등급은 휠체어 사용, 5~8등급은 보행 가능한 상태)함

정답 ①

개념 PLUS

보치아 종목의 스포츠 등급별 신체기능의 특징

등급	특징
BC1	• 선수의 다리, 팔 및 상체의 움직임이 어려움 • 몸통의 운동가동범위의 심한 제한이 있음
BC2	• BC1보다 몸통 제어 및 팔 기능이 뛰어남 • 하체 운동이 좋기에 경기 보조자의 도움을 받을 수 없음 • 공을 오버핸드와 언더핸드 등 다양한 잡기가 가능함
BC3	• 사지의 운동 능력이 상당히 제한되어 있음 • 상체를 통제할 수 있는 능력이 현저히 떨어짐
BC4	• 뇌성마비 외 다른 장애 유형으로 구성됨 • 근육량 손실, 척추 손상 또는 절단 장애를 가진 선수들이기에 공을 잡을 수 있도록 다양한 보조 장치를 사용함

기출 FOCUS

✓ **뇌성마비 장애인 스포츠 등급**
16 기출
- 국제장애인경기연맹(ISOD)은 1978년 공식적으로 국제뇌성마비 스포츠레크리에이션 협회(CP-ISRA)를 공식적 스포츠기구로 인정함
- CP-ISRA는 1988년 서울장애인올림픽에서 처음으로 주도권을 행사하여 뇌성마비 장애인 스포츠등급을 8개로 분류함

✓ **뇌병변 장애인의 수중활동**
15·19 기출

✓ **뇌병변 장애인 스포츠: 보치아**
19 기출
- 보치아 규칙 23 기출
  - 공세트(적6, 청6, 백 표적구1)
  - 휠체어착석(스쿠터, 침대 형태 장비도 사용 가능)
  - 개인전, 2인조, 단체전
  - 공을 던지거나 굴리거나 발로 차서 보냄

OX 퀴즈

뇌병변장애인시각장애인 스포츠로 보치아와 7인제 축구 등이 있다. Ⓞ Ⓧ

정답 ○

PART 08 특수체육론 Self Check

해설 PLUS

01 개별화교육 프로그램(IEP; Individual Education Program)은 학습자의 능력과 수준을 고려하여 적절한 교육목표와 방법을 선택한 후 교육을 시행하는 것으로 언제든지 수정과 보완이 가능해야 함
정답 ④

02 과교정(overcorrection)은 문제행동이 발생했을 때 반복적으로 강제성을 통해 원상태로 복귀시키도록 하는 방법임
정답 ④

03 지적장애인은 인지발달, 기억력, 주의력이 낮기 때문에 운동기술 지도 시 간단명료한 단어를 사용하고, 시범을 통해 이해하기 쉽게 해야 함
정답 ③

04 시각장애인의 스포츠지도 전략으로 말로 설명하기, 시범, 손으로 자세 확인하기, 손으로 자세 만들어 주기, 버디 시스템 등 다양한 방식을 동원할 수 있음
정답 ①

---

01 개별화 교육계획에 대한 설명으로 가장 적절한 것은?

① 개별화 교육계획은 쉽게 말해서 집단을 모둠화하여 지도하는 것만을 의미한다.
② 개별화 교육계획은 교육목표를 제시할 뿐 평가도구의 역할은 못한다.
③ 개별화 교육계획 작성 시 학부모의 의견은 포함시키지 않는다.
④ 개별화 프로그램은 필요에 따라 언제든지 수정, 보완할 수 있다.

02 아래에서 적용한 행동관리 방법으로 가장 적절한 것은?

> 셔틀콕을 계속 바닥에 던지는 학생에게 자신이 던진 셔틀콕을 반복적으로 가져오게 하거나 친구들이 사용한 셔틀콕까지 정리하게 한다.

① 행동형성(shaping)
② 반응대가(response cost)
③ 프리맥 원리(Premack principle)
④ 과교정(overcorrection)

03 지적장애인에게 운동기술을 지도할 때 필요한 전략으로 적절하지 <u>않은</u> 것은?

① 활동을 단순화시키고 정적 강화를 제공한다.
② 익숙한 과제에서 새로운 과제의 순서로 지도한다.
③ 언어적 피드백과 시범은 복잡하고 추상적으로 제시한다.
④ 운동기술의 습득, 파지, 전이가 이루어지고 있는지 수시로 점검한다.

04 시각장애인을 위한 스포츠지도 전략으로 적절하지 <u>않은</u> 것은?

① 저시력일 경우에는 청각과 촉각에만 의존하여 학습하도록 한다.
② 지도자와 성별이 다른 경우에는 신체 접촉에 대한 주의를 기울여야 한다.
③ 시각장애인이 놀라지 않도록 신체적 가이던스(physical guidance)를 제공하기 전에 미리 알려준다.
④ 전맹일 경우에는 시범을 보이는 지도자의 자세를 자신의 손으로 확인하도록 한다.

05 척수장애인의 체육활동 시 고려요인으로 옳지 않은 것은?

① 수영을 포함한 모든 활동에서 안전을 위해 브레이스를 착용하게 한다.
② 자세를 자주 바꾸고 수분 흡수가 가능한 의복을 착용하게 하여 욕창에 대처한다.
③ 너무 춥거나 더운 환경에서 운동을 하지 않도록 하여 온도변화에 대처한다.
④ 손가락 테이핑이나 보호용 커버를 사용(휠체어 사용자)하게 하여 물집에 대처한다.

05 브레이스(신체 움직임 유지해주는 장치)는 척수장애인에게 격렬한 운동을 할 때에는 필요한 장치이지만, 수중종목에서는 적합하지 않음. 이는 수영과 같은 수중종목은 물에서 부력을 이용해 유연성, 평형성을 향상시키기 위한 운동이기 때문임
정답 ①

06 뇌성마비 장애인의 체력프로그램에서 고려할 사항이 아닌 것은?

① 근육의 긴장이 높은 경우에는 운동 시간을 길게 설정한다.
② 원시 반사의 영향과 적절한 운동신경의 조절 능력을 확인한다.
③ 스포츠 기술의 수행능력 향상을 위해서 스피드 훈련을 실시한다.
④ 매우 낮은 운동강도에서도 에너지 소비가 높기 때문에 강도 조절에 유의한다.

06 뇌병변 장애(뇌성마비, 외상성 뇌손상, 뇌졸중)는 뇌의 기질적 병변으로 보행과 일상생활의 동작에 상당한 제약이 있는 상태임. 신체활동 지도 시 안전한 바닥을 갖춘 매트가 필요하고, 보행운동에서부터 시작해야 함. 신체의 일부 기능을 제어하기 어려울 수 있으므로 원시반사의 영향과 적절한 운동신경의 조절 능력을 확인할 필요가 있음. 중복답안임 **정답** ①, ③, ④

07 특수체육(adapted physical activity)에 관한 설명 중 옳지 않은 것은?

① 참여촉진의 수단으로 변형을 활용한다.
② 학교체육 및 평생체육을 포함한다.
③ 개인의 장애를 치료하는 데 주목적이 있다.
④ 정상화를 실현하기 위해 통합체육을 강조한다.

07 특수체육은 심리와 운동적 문제를 발견하고 해결할 목적으로 개인뿐만 아니라 환경문제를 개선하기 위해 고안된 서비스 전달체계 혹은 학문적 지식체계임
정답 ③

08 〈보기〉에서 설명하는 양호도는?

> 새롭게 개발된 대근 운동발달 수준 측정 도구의 타당도를 확보하기 위해 TGMD-2와 비교 검증하였다.

① 준거타당도(criterion-referenced validity)
② 구성타당도(construct validity)
③ 내용타당도(content validity)
④ 안면타당도(face validity)

08 타당도(validity)란 측정하고자 하는 개념이나 속성을 얼마나 실제에 가깝게 측정하고 있는가를 나타내는 정도를 뜻함. 〈보기〉 설명은 어떤 심리검사가 특정 준거와 어느 정도 관련성이 있는지의 정도를 나타내는 준거타당도임. 참고로 구성타당도는 특정한 검사가 해당 이론적 구성 개념이나 특성을 잘 측정하는지의 정도, 내용타당도는 검사의 문항들이 그 검사가 측정하고자 하는 내용영역을 얼마나 잘 반영하고 있는지의 정도를 나타냄
정답 ①

09 근거기반 프로그램은 지속적으로 실행했을 때 장애아의 목표행동을 변화시킬 수 있는 효과가 있음. 행동 중재, 불연속 시행 훈련, 인지행동 중재, 사회성 중재, 언어 중재 등이 있음
정답 ①

09 〈보기〉에서 설명하는 것은?

- 과학적으로 반복 검증된 프로그램을 사용한다.
- 프로그램 효과에 대한 예측을 가능하게 한다.
- 프로그램 표준화에 대한 기초자료가 된다.

① 근거기반 프로그램(evidence-based program)
② 사례기반 프로그램(case-based program)
③ 과제지향 프로그램(task-oriented program)
④ 위기관리 프로그램(risk-management program)

10 척수손상은 지체장애로서 척추골, 척추 신경의 질환이나 상해로 유발되는 증상임. 자율신경 반사 이상은 상해 신경 이하의 자극에 대한 교감 신경계의 병적인 반응으로 가슴 신경 상부와 목신경에 이상이 있을 때 발생함. 피부가 심하게 자극받고 방광이 팽창하며 혈압이 급격하게 증가하게 됨. 응급 처치로 머리를 높이고 방광을 비워야 함. 운동 전에는 배변을 함으로써 사전에 예방할 수 있음
정답 ①

10 척수손상 장애인의 자율신경 반사 이상(autonomic dysreflexia)에 관한 내용으로 옳지 않은 것은?

① 자율신경 반사 이상은 예방할 수 없다.
② 운동 전 방광과 장을 비움으로써 예방할 수 있다.
③ 자율신경 이상이 증가하면 운동을 중단한다.
④ 경추 6번 및 윗 부위의 손상 장애인에게서 발생 가능성이 높다.

MEMO

필기 4주 완성 한권 완전정복

M 스포츠지도사

PART 09
유아체육론

CHAPTER 01
유아체육의 이해

CHAPTER 02
유아기 운동발달 프로그램의 구성

CHAPTER 03
유아체육 프로그램 교수·학습법

CHAPTER 01 유아체육의 이해

기출 FOCUS

- 국민체육진흥법에 따른 유소년 (만 3세~중학교 취학 전) 18·22 기출
- 영유아보육법에 따른 영유아 (6세 미만의 취학 전) 20 기출
- 유아체육 프로그램의 목표 17 기출
- 유아체육을 통해 형성되는 심리적 특성 '사회화' 17 기출
  - 팀원 간의 관계를 형성하는 역동적인 과정
  - 팀에게 자신에게 부여된 역할과 팀의 규범에 부합하는 가치관을 내재화하는 과정

01 유아기의 특징

1. 유아체육의 개념

(1) 신체활동을 통해 유아(1세~만 6세)의 성장발달을 도와 신체적·정서적·사회적으로 완전한 전인적 인간을 만들기 위한 교육

(2) 유아교육

① 유아란 발육기 구분의 하나로 만 1세부터 만 6세까지를 가리킴(영유아보육법에 따르면 만 6세 미만의 아동을 영유아라고 지칭)

② 유아교육이란 독일의 프뢰벨(F. Frobel, 1781~1852)이 블랑켄부르크(Blankenburg)에 설립한 유치원에서 비롯됨

③ 유아교육은 출생부터 초등학교 입학까지 인간적 삶을 영위하면서 성장하고 발달하도록 유아의 생활 전체를 조력하는 형식적, 비형식적인 바람직한 교육 과정의 총체를 의미함

④ 유소년에 해당하는 시기는 만 3세부터 중학교 취학 전까지로 국민체육진흥법 시행령(제2조 제9호)에 근거

2. 유아체육의 목표

(1) 유아체육 목표 및 중요성

목표	중요성
신체발달	교육인식의 변화
건강증진	사회의 변화
안전생활	지능개발의 촉진시기
운동능력 및 인지능력 발달	행동의 결정시기
사회성 및 정서 발달	유아교육의 미래

OX 퀴즈

국민체육진흥법에는 유소년의 시기가 만 3세부터 중학교 취학 전까지로 명시돼 있다. O|X

정답 O

(2) 유아체육 프로그램의 목표

① 다양한 신체활동을 통해 기본 운동 기술의 이해

② 자신의 감정을 표현할 수 있는 기회를 제공

③ 지각과 동작 간 협응 과정을 통해 지각운동기술의 발전
④ 신체 움직임의 개념 학습(유아체육 프로그램의 인지적 목표)

02 유아기 운동발달

1. 신체적 발달

(1) 신생아 및 영아기(출생~4주 전후/4주~2세)

① 신생아 및 영아기 특징은 반사(reflex)로서 출생 이후 나타나는 기본적인 움직임 중의 하나임
  ㉠ 반사는 영아의 의지와 상관없이 나타나는 불수의적 움직임
  ㉡ 영아가 성장하는 데 있어 가장 기본적인 역할을 함

② 신생아기(출생~4주 전후)
  ㉠ 머리가 신체 길이의 1/4을 차지하고 미성숙한 단계임
  ㉡ 신생아는 근육세포가 모두 발달된 상태로 태어남

③ 영아기(4주~2세)
  ㉠ 출생 후 1년 동안 영아의 체중과 신체길이, 피하조직이 급속히 증가
  ㉡ 생후 약 12개월이면 걸음마를 시작할 정도로 발달, 균형을 쉽게 잃음. 보폭이 짧음. 발바닥 전체로 바닥과 접촉하며 걸음
  ㉢ 뇌는 24개월까지 오감각이 발달하고 뉴런을 연결하는 시냅스가 급격히 발달하며, 48개월까지 종합적인 사고와 관계를 통한 학습으로 전두엽과 변연계(대뇌피질과 간뇌 사이의 경계)가 활발하게 발달함

> **개념 PLUS**
>
> **원시반사**
> - 신생아기에 자극으로 나타나는 반응으로 운동발달의 기초가 됨
> - 영아의 중추신경계 장애를 진단할 수 있음
> - 반사는 불수의적 움직임을 함
> - 반사는 생존과 관련이 있음
>
> **원시반사의 종류**
> - 모로반사(moro): 놀라면 팔을 뻗어 껴안으려고 함
> - 놀람반사(startle): 큰 소리에 놀라면서 팔을 벌림
> - 포유반사/찾기반사(rooting / search): 입 주위를 건드리면 입을 벌리고 고개를 돌림
> - 흡입반사/빨기반사(sucking): 입에 닿는 것을 빨려고 함
> - 인형눈 반사/깜박임 반사(doll-eye): 불빛을 비추면 양쪽 눈을 감음
> - 바빈스키 반사(babinski): 발바닥을 자극하면 발가락이 부채처럼 펴짐

기출 FOCUS

- 영유아기 특징
  15·17·21·23 기출
- 유아기 신체발달 방향성
  16·17·21 기출
- 아동청소년기 특징
  15·18 기출
- 신체활동 지도   20 기출
- 원시반사   20·21·23 기출
- 운동반사   22 기출

> - 목강직 반사(tonic neck reflex, 목경직 반사): 머리를 한쪽으로 돌려놓으면 얼굴을 향하는 쪽의 팔을 뻗으면서 반대쪽 팔을 구부림(비대칭성 긴장성 목반사, 대칭성 긴장성 목반사)
>
> **자세반사의 종류**
> - 직립반사(labyrinthine righting): 머리를 직립으로 유지하려는 반사 움직임
> - 당김반사(pull-up): 앉아있는 상태에서 손을 잡아주면 팔을 구부려 일어서려고 함
>
> **운동반사의 종류**
> - 걷기반사(stepping): 아기를 잡아주면 걷는 것처럼 발을 교대로 움직임
> - 기기반사(crawling): 엎드린 상태에서 발바닥을 자극하면 앞으로 가려고 함
>
> **시지각(visual perception)**
> - 시각 수용기를 통해 본 자극을 인식하고 행동반응을 만들어내는 과정
>
> **시각 시스템(visual system)**
> - 시각집중(visual attention): 시각적 입력을 선택하는 능력(각성상태, 선택적 집중, 시각적 경계, 분리된 집중)
> - 시각기억(visual memory): 과거의 경험(기억)에 시각적 정보를 통합하는 것(장기기억, 단기기억)
> - 시각분별(visual discrimination): 자극의 특성을 탐지하는 능력
>   - 형태(물체)지각: 형태항상성, 시각차단, 전경배경
>   - 공간지각: 공간 내 위치, 깊이지각, 지리적 방향감

(2) **유아기**(3~6세)

　① 유아기 신체발달의 방향성

　　㉠ 두미의 법칙: 머리 → 발가락

　　㉡ 근말식의 법칙: 중심(몸통) → 말초(사지)

　　㉢ 대근육 → 소근육

　② 3~4세 유아

　　㉠ 대근육 운동조절 능력 증진

　　㉡ 소근육 활동이 세련되지 못하지만 조절 가능

　③ 5~6세 유아

　　㉠ 근육발달, 균형감각을 요구하는 동작 가능

　　㉡ 신체와 운동기능 간의 협응력과 소근육 발달

(3) **아동기**(7~12세)

　① 아동청소년기 신체적 발달의 특징

　　㉠ 안정 시 분당 호흡수는 출생 후 점차 줄어듦

　　㉡ 남성의 유연성은 사춘기 전후에 여성보다 빠르게 감소함

　　㉢ 안정 시 분당 심박수는 평균적으로 신생아가 4~5세 아동들보다 높음

OX 퀴즈

유아기의 신체발달의 방향성은 말초에서 중심으로 발전한다.

정답 ✕

해설 중심(몸통)에서 말초(사지)로 발전함

ⓒ 신체부위 간의 협응력, 운동기능 간의 협응력, 대근육과 소근육을 동시 활용하는 전신운동이 가능함
ⓓ 구기운동 등 다양한 스포츠 활동이 가능함

> **기출 Q**
>
> **Q. 유아기 신체발달의 방향성에 관한 설명으로 옳은 것은?** 〔기출 17〕
>
> ① 머리부터 발달한다.
> ② 말초부위부터 발달한다.
> ③ 소근육과 대근육은 동시에 발달한다.
> ④ 일정한 순서 없이 발달한다.
>
> (해설) 유아기(3~6세)의 신체발달은 머리에서 발가락으로, 중심(몸통)에서 말초(사지)로, 대근육에서 소근육으로 발달함 (정답) ①
>
> **Q. 미국 질병통제예방센터(CDC)가 제시한 연령별 신체활동 가이드라인으로 옳지 않은 것은?** 〔기출 22〕
>
> ① 미취학 아동에게 성장과 발달을 위해 일정 시간 이상의 신체활동이 권장된다.
> ② 미취학 아동의 보호자는 제한적인 활동유형의 소근육 위주 놀이를 장려해야 한다.
> ③ 어린이와 청소년에게 매일 60분 이상의 중강도 신체활동을 장려해야 한다.
> ④ 어린이와 청소년들의 연령에 적합하며, 즐겁고 다양한 신체활동에 참여할 수 있는 기회와 격려의 제공이 권장된다.
>
> (해설) 국제 신체활동 권고기준의 변화로서 심폐기능의 향상을 위한 고강도 신체활동을 예전엔 강조했지만, 최근에는 다양한 건강상의 이득을 위한 중강도 이상 신체활동을 권고하고 있음. 즉, 미국스포츠의학회(ACSM), 미국질병통제예방센터(CDC), 미국심장협회(AHA), 미국국립보건원(NIH), 세계보건기구(WHO) 등은 공통적으로 신체활동이 부족한 사람들에게 규칙적인 중강도 이상의 신체활동을 추천하고 있음. 유아기의 신체발달의 방향성은 대근육에서 소근육으로 바뀌고, 3~4세 유아는 대근육 운동 조절 능력을 증진시켜야 하며, 5~6세 유아에게는 근육발달과 균형감각을 요구하는 동작이 가능하므로 신체와 운동기능 간의 협응력과 소근육 발달로 이어질 수 있도록 함. 즉, 미취학 아동은 제한적인 소근육 위주의 놀이만을 장려하면 안 됨 (정답) ②
>
> **Q. 비대칭목경직반사(Asymmetric Tonic Neck Reflexes: ATNR)에 관한 설명으로 옳지 않은 것은?** 〔기출 21〕
>
> ① 생후 6개월에 나타난다.
> ② 원시반사의 한 유형이다.
> ③ 눈과 손의 협응력 발달에 중요하다.
> ④ 머리를 오른쪽으로 돌리면 오른쪽 팔과 다리가 펴진다.
>
> (해설) 영아의 반사역할은 영아의 생존을 도움(빨기, 잡기 등), 미래의 움직임을 예측(걷기 등), 영아의 운동행동 진단 등을 할 수 있음. 특히 운동행동 진단에서 신경학적 장애를 추측할 수 있는 모로 반사와 비대칭목경직 반사를 잘 살펴봐야 함. 머리를 한쪽으로 돌려놓으면 마치 펜싱을 하듯 얼굴이 향하는 쪽의 팔을 뻗으면서 반대편으로 팔을 구부리는 비대칭목경직반사(혹은 비대칭성 긴장성 목반사)는 출생 전 6개월경에 출현해서 출생 후 2개월경에 소멸됨 (정답) ①

2. 인지적 발달

(1) 단계별 특성

① 신생아 및 영아기(출생~4주 전후/4주~2세)
  ㉠ 만 1세 미만
    - 눈으로 사물을 추적하고 소리 나는 방향으로 몸을 돌림
    - 단순한 움직임 모방, 음악과 소리에 몸을 반응
  ㉡ 만 1세~2세 미만
    - 비슷한 사물끼리 짝을 지을 수 있음
    - 구체적 사물과의 상호작용을 통해 개념 이해

② 유아기(3~6세)
  ㉠ 주의집중시간이 짧고 실제와 상상을 구별하지 못함
  ㉡ 구체적이고 감각적인 사고를 함

③ 아동기(7~12세)
  ㉠ 기억력, 사고력의 현저한 발달
  ㉡ 사물의 속성, 기능의 유사함과 차이점에 대한 분류 정교화
  ㉢ 사물의 겉모양이 변해도 길이, 양, 무게, 면적, 부피 등은 변하지 않는다는 보존개념을 가짐
  ㉣ 수 개념을 이해하고 조작하는 능력 발달

(2) 피아제(J. Piaget, 1954)의 인지발달 단계

① 인간이 지식을 어떻게 학습하는지에 관심을 가짐
② 인식 주체인 인간이 인식대상인 사물, 지식을 학습할 때 생기는 새로운 구조(scheme)가 형성되는 과정을 탐구(발생적 인식론의 과제)
③ 도식은 동화(assimilation), 조절(accommodation), 평형화(equilibriun)의 과정으로 이루어짐
④ 인지발달 4단계

감각운동기 (0~2세)	• 감각경험과 운동을 조합하는 것을 배우는 시기임 • 반복놀이, 까꿍놀이
전조작기 (2~7세)	• 언어를 사용, 상상적 사고, 자기중심적 사고 등의 지각운동시기임 • 상징놀이, 이야기 놀이
구체적 조작기 (7~11세)	• 동일성, 보상성, 가역성의 특징, 논리적으로 생각하기 시작하는 시기임 • 규칙이 있는 게임
형식적 조작기 (청소년~성인)	• 가설적, 연역적 사고가 가능하고 논리적 사고에 의해 문제를 해결하는 시기임 • 사회극 놀이

기출 FOCUS

✓ 유아의 학습행동 발달 유형: **인지 → 탐색 → 탐구 → 활용**
15 기출

✓ 피아제의 **인지발달 단계**: 감각운동기, 전조작기, 구체적 조작기, 형식적 조작기
15·16·17·19·24 기출

✓ 피아제의 인지발달이론 및 사례 18·20·21·22 기출
• 동화(assimilation), 조절(accommodation), 평형화(equilibrium)

암기 TIP

감전구형 감전시키면 피아제는 구형됩니다. 이렇게 암기해보세요.

3. 사회성 및 정서 발달

(1) 단계별 특성

① 신생아 및 영아기(출생~4주 전후/4주~2세)
  ㉠ 사람의 얼굴에 관심을 보이고 목소리에 반응(까꿍 놀이)
  ㉡ 자기중심적, 비사회화

② 유아기(3~6세)
  ㉠ 자기개념 형성, 자기중심적 사고
  ㉡ 유아기의 정서: 분노, 애정, 기쁨
  ㉢ 유아의 사회적 발달 특징
    – 친구와 놀이하는 것을 좋아하지만 싸우기도 많이 함
    – 타인에 대한 이해력이 부족하고 자기중심적임
  ㉣ 유아의 사회성 놀이 발달 단계
    – 단독놀이 단계 → 평행놀이 단계 → 연합놀이 단계 → 협동놀이 단계

③ 아동기(7~12세)
  ㉠ 후기 아동기 정서 발달 특징은 자아중심적임
  ㉡ 소집단활동에서는 잘 놀지만, 장시간 이어지는 대집단 놀이에는 서투른 편임
  ㉢ 때로 공격적, 자아비판적, 과잉반응으로 행동함
  ㉣ 남아, 여아의 관심사가 비슷하다가 달라지는 시기임

(2) 훗트(C. Hutt)의 놀이와 탐색

① 놀이와 탐색을 별개의 행동으로 구분하고 놀이와 탐색은 발생하게 되는 동기가 다르다고 제시함
② 탐색은 정보를 수집하는 일종의 모험이고, 놀이는 그 과정에서 자연스럽게 연습이 이루어지는 것임. 즉, 놀이는 정보수집과 같은 결과에 관심을 두는 것이 아님

(3) 파튼(M. Parten, 1932)의 사회적 놀이유형 6단계

비참여 행동 (만 0~1.5세)	• 놀이에 참여하지 않으며 목적을 가지고 있지 않은 듯이 보이는 단계임
방관자적 행동 (만 1.5~2세)	• 다른 아이들에게 말을 걸지만 놀이 자체에 참여하지 않는 단계임(지켜보기)
단독놀이 (만 2~2.5세)	• 독립적으로 놀이를 하면서 다른 아이를 놀이에 참여시키지 않는 단계임(혼자놀이)
평행놀이 (만 2.5~3.5세)	• 다른 아이들 주변이나 가까이에서 동일한 놀이를 하지만 함께 놀지는 않는 단계임(병행놀이)

암기 TIP

비방단행 합동 비방에 대해 단절 행위를 안 하면 파튼이 합동으로 비난받아요. 이렇게 암기해 보세요.

OX 퀴즈

피아제는 2~7세까지를 전조작기라고 제시했다. Ⓞ Ⓧ

정답 ○

연합놀이 (만 3.5~4.5세)	• 서로 유사한 활동을 하며 또래 영유아들과 놀이하는 단계임
협동놀이 (만 4.5세 이후)	• 공동의 목적을 가지고 복잡한 사회적 관계에 참여하는 단계임

(4) 케파트(Kephart)의 지각-운동 이론

① 대근육/소근육 운동 단계: 자세, 균형유지, 이동, 접촉과 방면, 수용과 추진 등의 기초적 운동을 하는 단계
② 운동-지각 단계: 대근육 운동에 의한 탐색과정, 눈과 손의 협응이 나타나는 단계
③ 지각-운동 단계: 지각 기능이 발달, 지각과 운동과의 상호작용 단계
④ 지각 단계: 운동에 의한 정보 도움 없이 지각에 의해 환경을 이해하는 단계
⑤ 기각-개념 단계: 지각적 기반 위에 지각한 유사성이나 차이를 변별하는 단계
⑥ 개념 단계: 추상작용, 지각된 내용을 추상화, 개념화하여 의미를 이해하는 단계

기출 Q

Q. 〈보기〉에 들어갈 인지발달 이론의 요소가 바르게 나열된 것은? 기출 22

- (㉠): 새로운 경험과 자극이 유입되었을 때, 기존에 가지고 있는 도식을 사용하여 해석한다.
- (㉡): 기존의 도식으로는 새로운 사물이나 사건을 이해할 수 없을 때, 새로운 사물이나 대상에 맞도록 기존의 도식을 변경한다.
- (㉢): 현재의 조직들이 서로 상호작용하며 효율적인 체계로 결합하여 더 복잡한 수준의 지적 구조를 이루는 과정이다.

	㉠	㉡	㉢
①	조절(accommodation)	동화(assimilation)	적응(adaptation)
②	적응(adaptation)	조절(accommodation)	조직화(organization)
③	동화(assimilation)	조절(accommodation)	조직화(organization)
④	동화(assimilation)	조직화(organization)	적응(adaptation)

해설 피아제의 인지발달 단계는 동화(assimilation), 조절(accommodation), 평형화(equilibrium)의 과정으로 이루어짐. 〈보기〉에선 ㉠ 동화(흡수)는 새로운 경험과 자극이 유입됐을 때 기존의 도식을 사용해 해석함. ㉡ 조절(협상)은 기존 도식으로 새로운 사물과 사건을 이해할 수 없을 때 기존 도식을 변경함. ㉢ 조직화는 효율적인 체계로 결합하여 복잡한 수준의 지적구조를 이루는 과정임 **정답** ③

OX 퀴즈

파튼은 다른 아이들과 동일한 놀이를 하지만 함께 놀지는 않는 연합놀이 단계가 있다. ○Ⅹ

정답 Ⅹ
해설 평행놀이(병행놀이)

Q. <보기>의 훗트(C. Hutt)가 제시한 놀이 관련 행동에 대한 설명에서 ㉠, ㉡에 들어갈 용어는?

기출 20

구 분	(㉠)	(㉡)
맥락	새로운 물체	익숙한 물체
목적	정보 획득	자극 생성
행동	정형화됨	다양함
기분	심각함	행복함
심장박동 변화	낮은 변화성	높은 변화성

	㉠	㉡
①	모방	놀이
②	모방	과제 관련 행동
③	탐색	놀이
④	탐색	과제 관련 행동

해설 훗트(C. Hutt)는 놀이와 탐색을 별개의 행동으로 구분하고 놀이와 탐색은 발생하게 되는 동기가 다르다고 제시함. 탐색은 정보를 수집하는 일종의 모험이고, 놀이는 그 과정에서 자연스럽게 연습이 이루어지는 것임. 즉, 놀이는 정보수집과 같은 결과에 관심을 두는 것이 아님. 정답 ③

기출 FOCUS

◉ **사회학습 이론**(반두라, Bandura)
18 · 22 기출
- 인간은 다른 사람의 행동을 관찰, 모방하면서 발달함. 관찰학습의 과정을 강조하는 이론임
- 아동은 주변 친구들의 운동기술을 관찰하여 자신의 운동기술을 개발함

◉ 운동발달 단계: 반사 → 초보 → 기본 → 전문화
15 · 16 · 22 기출

◉ 영아기 원시 반사: 반사는 영아의 생존을 위한 활동
18 기출

◉ **갤라휴의 이론**
- 운동발달단계
15 · 16 · 24 기출
- 모로 반사   17 기출

4. 갤라휴(D. Gallahue, 1995)의 운동발달단계

반사적 동작	• 정보부호화 단계(태아~1세) • 정보해독 단계(4개월~1세) • 신생아 반사 운동 　-빨기반사: 입에 닿는 것을 빨려고 함 　-모로반사: 놀라면 팔을 뻗어 안으려고 함 　-바빈스키 반사: 발바닥을 간질이면 발가락이 부채처럼 퍼짐 　-파악 반사: 무언가를 손에 대어주면 꽉 잡고 놓지 않음
초보적 동작	• 반사억제 단계(출생~1세) • 전제어 단계(1~2세) • 기어가기, 걷기, 앉고서기 등

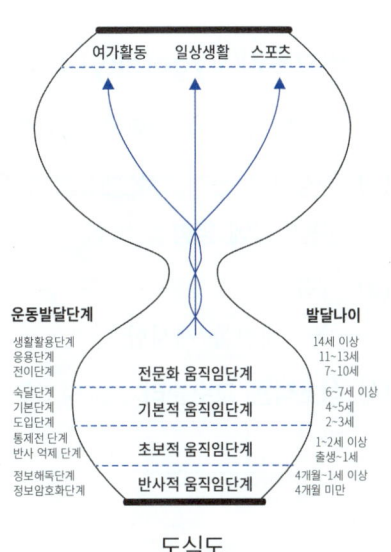

도식도

암기 TIP

빈초기진 갤라휴는 피전이 아니라 반초기전을 좋아합니다. 이렇게 암기해보세요.

OX 퀴즈

갤라휴는 모로반사 운동을 하는 시기를 초보적 동작의 운동발달단계로 제시했다. ⓞⓧ

정답 ×
해설 반사적 동작

기출 FOCUS
- 브론펜브레너(U. Bronfenbrenner)의 생태체계(ecological system) 이론 19 기출
- 상호작용/사회문화적 이론 (비고츠키, Vygotsky) 17·24 기출

기본적 동작	• 입문단계(2~3세) • 초보단계(4~5세) • 성숙단계(6~7세)
전문화된 동작	• 전환단계(7~10세) • 적용단계(11~13세) • 전 생애로 걸친 사용 단계(14세 이상)

5. 브론펜브레너(U. Bronfenbrenner)의 생태체계(ecological system) 이론

(1) **미시체계**(microsystem): 아동 중심의 가장 안쪽에 위치한 환경(가족, 학교, 또래집단, 종교)

(2) **중간체계**(mesosystem): 아동의 미시체계들 간의 연결이나 상호관계(가정과 학교 관계, 가정과 동료집단 관계 등의 대인관계)

(3) **외부체계**(exosystem): 대중매체, 사회복지서비스, 법적 서비스 등 개인과 직접연관이 없으나 영향을 미치는 사회적 구조(아동이 직접 접촉하지 않지만, 영향을 주는 환경요소)

(4) **거시체계**(macrosystem): 규범, 규칙, 기대, 가치, 역사, 성역할 등 개인이 속한 사회나 하위문화의 이념 및 제도의 유형

6. 비고츠키(Vygotsky)의 상호작용 이론

(1) 인간의 발달은 사회적, 문화적 환경의 영향을 받는다는 이론임

(2) 환경에 능동적으로 대응하며 운동기능을 발달시키고, 지도사·부모·또래집단은 운동발달에 영향을 미침

(3) 사회적 상호작용을 도울 수 있는 효과적인 교수 전략을 '스캐폴딩(scaffolding)'이란 개념을 제시함

(4) **상호작용 교수원리**: ① 자기통제와 자기조절 ② 지지 ③ 공동학습 ④ 상호 주관성

> **개념 PLUS**
>
> 비고츠키의 사회문화적 발달 이론
> ① 의식과 심리는 가장 최후에 만들어지는 것임
> ② 내면화(internalization): 사회적 언어 → 혼잣말 → 내적 언어
> ③ 근접발달영역(Zone Proximal Development): 아동이 혼자 해결할 수 없는 과제를 유능한 사람의 도움을 받아 해결(학습 → 발달)
> ④ 비계설정(Scaffolding) 또는 발판: 아동이 새로운 능력을 구축하도록 지원하는 체계

기출 FOCUS
- 게셀(Gesell)의 성숙주의 이론　19 기출
- 에릭슨의 심리사회적 발달 단계　20·21·23 기출

7. 게셀(A. Gesell)의 성숙주의 이론

(1) 아동발달이 유전적으로 규정돼 있어 성숙(maturation)이란 특별한 프로그램에 따라 이루어진다고 주장

　① 인간발달 원리: 발달방향의 원리, 상호적 교류의 원리, 기능적 비대칭의 원리, 개별적 성숙의 원리, 자기규제의 원리
　② 발달 스케줄: 운동기능, 적응행동, 언어행동, 사회적 행동의 4가지 영역에서 발달지수(DQ) 사용

(2) 성숙주의 입장에서 근거해서 유아 발달에 도움을 주기 위해선 성인의 개입을 최소화해야 한다고 주장함

8. 콜버그(L. Kohlberg)의 도덕발달 이론

(1) **제1수준**(인습 이전): 1단계(처벌과 복종 지향), 2단계(욕구충족 지향)
(2) **제2수준**(인습 수준): 3단계(대인관계에서의 조화 지향), 4단계(법과 질서 지향)
(3) **제3수준**(후인습 또는 자율적 수준): 5단계(사회계약적 법률 지향), 6단계(보편적 도덕원리 지향)

9. 에릭슨(Erikson)의 심리사회적 단계 이론(자아통합 단계 이론)

단계	긍정적 결과	부정적 결과
1. 신뢰 대 불신 (0~1세)	• 사람들에게 신뢰를 가짐 • 자기 요구를 해결할 것으로 믿음	• 다른 사람을 믿지 못함 • 자기 요구는 충족되지 않음
2. 자율 대 수치 (1~3세)	• 기본적인 일들을 독자적 수행 • 자기 능력에 대한 자신감	• 자신감 결여

기출 FOCUS

✓ 스키너의 행동주의 이론
21 · 22 기출

3. 주도 대 죄책감 (3~5세)	• 새로운 것 시도	• 새로운 것의 시도 두려움 • 실패 또는 비난 두려움
4. 역량 대 열등감 (6~12세)	• 보편적으로 기대되는 작업의 수행에 대한 자부심	• 다른 어린이가 쉽게 하는 것을 자신이 못하면 열등감
5. 독자성 대 역할혼동 (13~18세)	• 자신이 누구인지, 어떻게 삶을 살기를 원하는지를 느낌	• 어린이는 독자성을 확립하거나 부정적인 독자성 수용
6. 친분 대 고독 (젊은 성인층)	• 친구 및 연인과 밀접한 관계를 형성	• 친밀한 관계 형성과 유지의 어려움
7. 생산적 대 정체 (중년 성인층)	• 가족부양 또는 어떤 형태의 일을 통해 생산적이 됨	• 생산적이지 못함
8. 자아 주체성 대 절망 (노년기)	• 자부심과 만족을 느끼면서 자신의 삶을 되돌아봄 • 죽음을 위엄있게 받아들임	• 삶에서 달성해야 하는 것들을 달성하지 못했다고 느낌 • 삶의 종말이 다가오는 것에 대한 좌절감

10. 손다이크(Thorndike)와 스키너(Skinner)의 행동주의 이론

(1) 손다이크의 자극-반응 이론

① 학습은 시행과 착오의 과정을 통해 특정한 자극과 반응이 결합된 것임
② 되풀이되는 행동에서 우연한 성공으로 이어짐

(2) 스키너의 조작적 조건화 이론

① 자극에 반응한 결과를 강조, 행동의 발생 빈도를 높이기 위해 자극요인을 조건화함
② S(자극)-R(반응)-SR(강화자극: 정적강화, 부적강화)

기출 FOCUS

✓ 유아기의 규칙적인 운동 효과: 체지방률 감소, 심폐지구력 발달, 운동기능 발달
16 기출

기출 Q

Q. 〈보기〉에 들어갈 유아의 기본움직임 발달단계가 바르게 나열된 것은? 기출 22

- (㉠): 기본적인 움직임을 보이지만, 협응이 원활하지 않아 움직임이 매끄럽지 못하다.
- (㉡): 기본 움직임에 대한 제어와 협응이 향상되지만, 신체사용이 비효율적이다.
- (㉢): 움직임의 수행이 역학적으로 효율성을 갖게 되어 협응과 제어가 향상된다.

	㉠	㉡	㉢
①	시작 단계	전환 단계	전문화 단계
②	초보 단계	성숙 단계	전문화 단계
③	시작 단계	초보 단계	성숙 단계
④	초보 단계	적용 단계	성숙 단계

해설 '반초기전' 기억나시나요? 갤라휴의 운동발달단계는 반사적 동작, 초보적 동작, 기본적 동작, 전문화된 동작으로 분류함. 〈보기〉에 제시된 기본적 동작은 입문(시작)단계(2~3세로 신체사용이 제한되거나 과장된 움직임으로 협응이 제대로 되지 않음), 초보단계(4~5세로 제어와 협응이 향상되지만 다소 제한됨), 성숙단계(6~7세로 협응성과 제어 측면에서 향상됨)로 재분류됨   **정답** ③

Q. 에릭슨(E. Erikson)의 심리사회발달 단계 중 주도성 대 죄책감에 관한 설명으로 옳지 않은 것은? 기출 21

① 자기개념 형성이 시작되는 시기이다.
② 놀이를 스스로 시도할 수 있는 시기이다.
③ 취학 전 연령기(만 3세~6세)에 해당된다.
④ 놀이를 통한 성공경험은 수도성 형성에 도움이 된다.

해설 에릭슨(Erikson)이 제시한 심리사회적 단계 이론의 8단계에서 자기개념 형성이 시작되는 시기는 1단계의 0~1세로 신뢰 대 불신 단계임   **정답** ①

03 유아기의 건강과 운동

1. 유아기의 건강

(1) 유아기의 건강이란 외부로부터의 위협을 받지 않고 올바른 환경에서 유아 심신의 조화로운 발육발달이 이루어지는 상태를 의미함

(2) 유아기의 신체건강 3요인
① **영양**: 신체와 정신발달에 영향을 줌. 부모의 영양지도가 매우 중요. 편식 습관 배제

기출 FOCUS
- 미국스포츠/체육교육협회 (NASPE)　20 기출
- 유아운동 권장지침: 3대 중심 지침, 미국스포츠교육협회 지침　15 기출

② **수면**: 건강과 매우 밀접한 관계. 키와 연관성이 큼. 하루 최소 6시간 수면시간 확보
③ **운동**: 신체활동의 욕구가 어느 시기보다 큼. 깊은 잠을 잘 수 있는 환경

2. 유아기의 운동

(1) 유아기 건강지도의 3대 중심 지침
① 건강한 생활에 필요한 습관과 태도를 길러줘야 함
② 여러 가지 신체활동과 운동에 흥미를 유발할 수 있도록 진행해야 함
③ 안전한 생활에 필요한 습관과 태도를 습득하게 해야 함

(2) 미국스포츠/체육교육협회(NASPE)의 유아 신체활동 지침
① 하루 최소 60분 정도의 구조화된 신체활동을 해야 함
② 하루 최소 60분 이상 구조화되지 않은 신체활동(비구조화)을 해야 함
③ 수면을 제외하고 60분 이상 앉아 있지 말아야 함
④ 블록 쌓기와 같은 보다 복잡한 운동 작업을 필요로 하는 운동기술을 발달시켜야 함
⑤ 대근육 활동을 위해 권장 안전기준에 적합한 실내공간과 실외공간에 있어야 함
⑥ 개개인의 신체활동에 대한 중요성을 인식하고 유아의 운동기술을 쉽게 해야 함

(3) 세계보건기구(WHO, 2020)의 유아·청소년기(만 5~17세) 신체활동 지침
① 1주일 동안 최소 평균 하루 60분 이상의 고·중강도 신체활동 권장
② 이는 1주일에 최소 3일 동안 고강도의 근력, 뼈 강화 및 유산소 신체활동을 포함

기출 Q

Q. 세계보건기구(WHO, 2020)가 권장한 유아·청소년기 신체활동 지침으로 옳은 것은?
　기출 21

① 만 1세 이전: 신체활동을 권장하지 않는다.
② 만 1~2세: 하루 180분 이상의 저·중강도 신체활동을 권장한다.
③ 만 3~4세: 최소 60분 이상의 중·고강도 신체활동을 포함한 하루 180분 이상의 신체활동을 권장한다.
④ 만 5~17세: 최소 주 5회 이상의 고강도 근력 운동을 포함한 하루 60분 이상의 중·고강도 신체활동을 권장한다.

해설 세계보건기구(WHO, 2020)의 유아·청소년기(만 5~17세) 신체활동 지침은 1주일 동안 최소 평균 하루 60분 이상의 고·중강도 신체활동 권장을 함. 이는 1주일에 최소 3일 동안 고강도의 근력, 뼈 강화 및 유산소 신체활동을 포함함   **정답** ③

CHAPTER 02 유아기 운동발달 프로그램의 구성

01 운동발달 프로그램의 기본원리

기출 FOCUS

◆ 유아체육프로그램 기본 원리: **적합성, 방향성, 안전성, 특이성, 연계성, 다양성**
15 · 16 · 17 · 18 · 19 · 21 · 23 · 24 기출

1. 운동발달 프로그램 구성의 기본원리

(1) 적합성 원리

① 유아기는 발달단계에 따라 가장 많은 영향을 주는 '민감기'가 있음
　㉠ 만 1세: 걷기
　㉡ 만 2.5~4세: 운동 협응력과 자기조절능력
　㉢ 만 3~4세: 자기표현력과 창의력
② 연령에 맞는 프로그램
　㉠ 영아: 환경자극, 엄마와의 접촉이 필수요건
　㉡ 2~3세: 엄마와 함께 사지 발달을 위한 운동프로그램
　㉢ 3~4세: 혼자 하면서 자립심을 키울 수 있는 운동프로그램
　㉣ 5~6세: 또래와의 사교, 학습능력에 도움을 줄 수 있는 운동프로그램
③ 유아개인별 발달상태, 움직임 활동에 대한 이전의 경험, 기술, 수준, 체력, 연령 등 고려함

(2) 방향성 원리

영아기의 운동발달에는 방향성이 존재함
① 두미의 법칙: 머리에서 발가락을 따라 발달함
② 중심-말초 원리: 신체중심에서 손가락, 발가락 등의 말초부위로 발달(몸통 → 사지)
③ 대근육에서 소근육으로 발달: 팔, 다리 등의 큰 근육이 먼저 발달되고, 손가락, 발가락의 발달이 이루어짐
④ 수평동작에서 수직동작으로 발달함

(3) 안전성 원리

① 유아체육 현장에서 가장 중요한 요인임
② 안전을 위해 사고예방 방법
　㉠ 사고가 일어날 수 있는 환경적 요인을 개선함
　㉡ 사고를 일으킬 수 있는 유아의 행동교육을 통해 변화시킴

기출 FOCUS
✓ 유아체육프로그램 지도 원리: **표현성, 사회화, 흥미성, 개별화** 18 기출

암기 TIP
적방전 특계다 운동발달은 전쟁에서 적방전처럼 특계다. 이렇게 암기해보세요.

(4) 특이성 원리
① 개개인의 유전과 환경 요인과 같은 개인차를 고려해야 함
② 유아 간 연령별 체력의 차이, 성별의 차이, 운동 소질 및 적성의 차이가 다름

(5) 연계성 원리
① 신체적, 사회적, 정서적 발달을 함께 고려해야 함
② 쉬운 과제에서 어려운 과제 순서로 구성해야 함

(6) 다양성 원리
① 유아의 기술적 능력에서 개인별 차이를 고려해야 함
② 쉽게 흥미를 잃거나 집중력이 많이 떨어지는 경향을 고려함

개념 PLUS
유아체육프로그램 지도 원리
- 표현성: 음악 리듬에 따라 효과적인 표현 지도
- 사회화: 소규모 집단으로 구성하여 지도
- 흥미성: 흥미를 존중, 학습능력을 높이도록 지도
- 개별화: 연령, 건강, 체력 등의 특성을 고려하여 지도

기출 Q
Q. 〈보기〉의 ㉠~㉢에 해당하는 설명과 유아체육 프로그램의 구성원리가 올바르게 제시된 것은? 기출 24

㉠ 차기(kicking)의 개념 학습 후, 정지된 공에서 빠르게 움직이는 공의 순으로 수업을 설계한다.
㉡ 대근육 운동에서 소근육 운동으로 확장된 움직임 수업을 설계한다.
㉢ 발달 단계에 따른 민감기를 고려한 움직임 수업을 설계한다.

	㉠	㉡	㉢
①	연계성	전면성	특이성
②	다양성	방향성	적합성
③	연계성	방향성	적합성
④	다양성	전면성	개별성

해설 ㉠ 연계성 원리: 신체적, 사회적, 정서적 발달을 함께 고려하고, 쉬운 과제에서 어려운 과제 순서로 구성해야 함
㉡ 방향성 원리: 영아기의 운동발달로서 두미의 법칙(머리에서 발가락을 따라 발달), 중심-말초 원리(신체중심에서 손가락, 발가락 등의 말초부위로 발달), 대근육에서 소근육으로 발달(팔, 다리 등의 큰 근육이 먼저 발달되고, 손가락, 발가락의 발달), 수평동작에서 수직동작으로 발달함
㉢ 적합성 원리: 유아기는 발달단계에 따라 가장 많은 영향을 주는 '민감기'가 있음(만 1세-걷기, 만 2.5~4세-운동 협응력과 자기조절능력, 만 3~4세-자기표현력과 창의력) **정답** ③

OX 퀴즈
영아기의 운동발달은 대근육에서 소근육으로 발달한다. Ⓞ Ⓧ
정답 O

유아기의 운동발달 프로그램에서 개인차를 고려한 특이성의 원리가 있다. Ⓞ Ⓧ
정답 O

2. 유아체육프로그램 구성 시 고려사항

(1) 운동단계별 고려사항

① 운동 전 고려사항: 신체상태 점검, 준비운동, 적절한 복장, 식후 1시간 경과 여부
② 운동 중 고려사항: 가벼운 운동, 통증유발 즉시 조치(휴식, 얼음찜질, 압박), 응급사항 조치
③ 운동 후 고려사항: 정리운동, 운동 후 씻기, 청결사항, 수면

> **개념 PLUS**
>
> **응급상황 시 대처**
> 응급상황 인지 → 도움유무 판단 → 구급차 호출 → 부상자 진단 → 응급처치 실시

기출 FOCUS

- 응급상황 시 대처방법
  16 기출
- 유아체육프로그램 구성 방법: 주 3~4회, 1회 수업 시 20~40분 편성
  15·17 기출
- 유아체육프로그램 고려사항
  22 기출

(2) 영역별 고려사항

① 정서적 영역: 자신감, 자기존중, 독립성, 사회성, 협동심, 안전수칙 실천
② 인지적 영역: 의사소통, 규칙인지, 지시수행, 사물·모양·색 인지, 몸으로 익히기, 움직임
③ 신체적 영역: 이동기술(걷기, 달리기, 뛰기 등), 비이동기술(비틀기, 돌리기, 구부리기 등), 사물조절, 안정성, 심폐지구력, 유연성, 근력, 순발력, 민첩성, 협응력 개발

> **개념 PLUS**
>
> **유아체육프로그램 계획 시 고려사항**
> ① 연령(1세, 2세, 3세, 4세, 5~6세)별 발달단계와 운동능력 향상방법 고려
> ② 정서적, 인지적, 신체적 영역을 충분히 고려
> ③ 팀운동과 개인운동의 조화를 통해 협동심과 독립성을 끌어올릴 수 있도록 고려
> ④ 충분한 시간을 안배하고, 안전을 최우선시 하도록 고려
> ⑤ 흥미를 유도하고 재미를 부여할 수 있도록 고려
> ⑥ 평가와 피드백을 통해 운동능력을 향상시킬 수 있도록 체계적인 준비 고려
>
> **유아체육프로그램 구성 방법**
> ① 활동적인 유아를 위해 3~4회 운동시간 편성하고, 1회 수업 시 20~40분 정도 편성함
> ② 흥미를 잃지 않도록 발달수준을 고려하여 구성함

기출 FOCUS

- 유아체육프로그램 구성절차: 자료수집 → 적용대상선정 → 프로그램작성 → 프로그램지도 → 프로그램 평가 → 피드백 16 기출
- 2~3세 유아의 체육프로그램 고려사항 18 기출
  - 성별의 차이를 미 고려, 발육발달 상태 평가, 놀이방법 이해하는지 확인
- 3~5세 연령별 누리과정 지도원리와 목표
  16·19·20 기출
- 3세 유아의 신체조절능력을 향상시키기 위한 누리과정 프로그램 16·18 기출
- 기술수준에 따른 추구사항
  - 기술수준의 초급단계: 인식, 탐색, 발견 16 기출
  - 기술수준의 중급단계: 결합, 응용
  - 기술수준의 상급단계: 세련, 개별화

기출 Q

Q. 유아 운동프로그램의 구성방법으로 적절하지 <u>않은</u> 것은? 기출 21

① 체력을 고려한 신체활동으로 구성한다.
② 연령과 운동발달 수준을 고려한 신체활동으로 구성한다.
③ 눈과 손의 협응력 향상에 필요한 다양한 활동을 포함한다.
④ 남아와 여아의 흥미가 다르기 때문에 분리활동이 필요하다.

해설 유아체육프로그램은 성별로 구분하는 것보다 연령(1세, 2세, 3세, 4세, 5~6세)별 발달단계와 운동능력을 고려하여 계획해야 함 **정답** ④

02 운동프로그램의 구성요소

1. 연령별 특성과 운동능력 향상 방법

(1) 1세

① 운동놀이의 시작시기: 걷기(생후 12개월), 달리기(생후 18개월)
② 초기의 운동놀이 형태: 사물을 밀고 끌고 다니기
③ 보행연습 기구를 통해 균형감각 배양, 계단 기어오르기 등을 통해 외부 세계에 대한 적응 시도, 주위 환경에 대한 인지도가 낮으므로 안전에 유의

(2) 2세

① 신체적 독립기: 운동기능이 활발히 발달하고 마음대로 돌아다님
② 계단의 오르내림, 매달리기, 구르기 등 다양한 신체활동을 통해 평형감각, 신체발달의 기회를 제공해야 함

(3) 3세

① 급속한 성장과 일종의 완성기: 생활습관, 운동기능이 위태로운 단계를 넘어서는 시기
② 친구와 노는 놀이 활동을 좋아함에 따라 사회성이 발달함
③ 기어 올라가기, 그네타기 등을 통해 대근육 발달을 유도하고, 손가락으로 그림 그리기, 점토놀이, 블록 연결하기 등을 통해 손근육 발달을 유도해야 함

(4) 4세

① 유아기 중 가장 왕성한 시기: 대뇌가 성인의 80% 수준으로 발달하고 지능과 신체기능의 발달이 활발함
② 공 던지기, 미끄럼타기, 철봉, 그네타기, 달리기, 뛰어오르기, 율동적 동작 등을 통해 신체 활동을 활발하게 해야 함

(5) 5~6세

① 심신발달이 안정되는 시기: 유아기의 마무리 단계

② 자전거, 스케이트, 썰매, 줄넘기, 공놀이 등을 할 수 있도록 지도해야 함

③ 어른의 역할을 모방하는 놀이를 통해 사회규칙, 질서, 역할에 대한 인식을 할 수 있게 함

> **개념 PLUS**
>
> **누리과정(교육부, 2019년 개정)**
> - 의미: 유아가 중심이 되고 놀이가 살아나는 3~5세 공통 교육과정
> - 인간상: 건강한 사람, 자주적인 사람, 창의적인 사람, 감성이 풍부한 사람, 더불어 사는 사람
> - 목표
>   ① 자신의 소중함을 알고, 건강하고 안전한 생활 습관을 기른다.
>   ② 자신의 일을 스스로 해결하는 기초능력을 기른다.
>   ③ 호기심과 탐구심을 가지고 상상력과 창의력을 기른다.
>   ④ 일상에서 아름다움을 느끼고 문화적 감수성을 기른다.
>   ⑤ 사람과 자연을 존중하고 배려하며 소통하는 태도를 기른다.
> - 주요 특징
>   ① 유아중심·놀이중심 교육과정
>   ② 국가수준 교육과정으로서 구성 체계 확립
>   ③ 내용구성의 간략화를 통한 현장 자율성 확대(5개 영역: 신체운동·건강, 의사소통, 사회관계, 예술경험, 자연탐구)
>   ④ 교사의 누리과정 실행력 지원
>
> **5개 영역**
>
> | | |
> |---|---|
> | 신체운동·건강 | 신체활동 즐기기, 건강하게 생활하기, 안전하게 생활하기 |
> | 의사소통 | 듣기와 말하기, 읽기와 쓰기에 관심 가지기, 책과 이야기 즐기기 |
> | 사회관계 | 나를 알고 존중하기, 더불어 생활하기, 사회에 관심 가지기 |
> | 예술경험 | 아름다움 찾아보기, 창의적으로 표현하기, 예술 감상하기 |
> | 자연탐구 | 탐구과정 즐기기, 생활 속에서 탐구하기, 자연과 더불어 살기 |

2. 유아체육프로그램 구성요소

(1) **라벤**(R. V. Laban, 1947)**의 동작분석**

① 라벤동작분석(Laban Movement Analysis, LMA)에 따르면 동작의 4가지 요소 제시

㉠ 시간: 신체나 신체 각 부분이 여러 가지 속도로 움직일 수 있게 하는 것
(빠르고 갑작스러운 시간/느리고 지속되는 시간)

기출 FOCUS

- 지각운동발달프로그램: 신체지각, 공간지각, 무게지각, 시간지각, 관계지각 16 기출
- 공간지각 15·17·21·23 기출
- 시간지각 18·21 기출
- 방향지각 20·21 기출
- 누리과정 21 기출
- 퍼셀(Purcell)과 피카(Pica)의 동작요소 23·24 기출

ⓒ 무게 또는 힘: 신체의 움직임에 위치의 변화나 평형상태를 유지할 때 필요한 근육의 수축정도(강한 무게 혹은 힘/가벼운 무게 혹은 힘)
ⓒ 공간: 신체를 수용하여 움직임이 이루어지도록 시간적으로 마련된 장소로서 공간 속에서 신체가 어떻게 공간을 사용하는가를 의미(직접적인 공간/간접적인 공간)
ⓔ 흐름: 움직임의 연속성 정도를 나타내는 요소로 구속을 받는 흐름과 자유로운 흐름의 특징으로 구분(통제된 흐름/자유로운 흐름)

② 라벤은 동작의 네 구성요소를 작용하게 하는 것을 에포트(Effort)라고 명명
  ㉠ 에포트는 움직임에 관련된 질적인 면으로 정의
  ㉡ 아동의 수준에 적합한 변형이 선택되어야 한다고 주장함
③ 바티니에프(Bartenief)는 LMA를 미국으로 가져가서 무용치료, 물리치료에 적용함

> **개념 PLUS**
>
> **동작요소**
> - Purcell(1994)
>   - 동작요소를 신체인식(전신의 움직임, 신체 부분의 움직임, 신체모양), 공간인식(넓이 범위, 수준 및 높낮이, 방향, 경로), 노력(무게 혹은 힘, 시간, 공간, 흐름), 관계(신체 부분, 파트너와 그룹, 물체)로 나누어 제시함
> - Pica(1995)
>   - 자기표현과 몸짓언어로서의 동작교육의 중요성을 강조함
>   - 공간(space), 형태(shape), 시간(time), 힘(force), 흐름(flow), 리듬(rhythm)으로 제시함
>   - 동작기술, 비이동 동작기술, 조작적 동작기술, 체육 동작기술의 네 가지 유형으로 제시함

암기 TIP
신공무시관 매일 지각하는 신공을 무시하게 되는 생각(관)을 갖네요. 이렇게 암기해보세요.

(2) 지각운동발달 구성요소

신체지각운동 (body perceptual–motor)	• 신체의 어느 부분이 어떻게 움직일 수 있는가를 지각하며 움직임 • 신체의 움직임과 형태, 위치 등을 지각하면서 수행하는 운동 • 신체 각 부분, 모양, 위치, 신체를 통한 표현
공간지각운동 (space perceptual–motor)	• 운동이 일어나는 공간적 요소를 활용한 운동 • 위, 아래, 오른쪽, 왼쪽, 멀리, 가까이 등 대상의 위치, 방향, 거리 등을 정확하게 이해하는 능력
무게지각운동 (weight perceptual–motor)	• 무겁고 힘든 동작과 가볍고 쉬운 동작을 대조시키는 움직임 • 관찰, 비교, 분류, 서열화를 측정하는 동작활동

OX 퀴즈
유아체육프로그램의 지각운동발달 구성요소에서 운동이 일어나는 공간적 요소를 활용한 관계지각운동이 있다. Ⓞ Ⓧ

정답 ✕
해설 공간지각운동

시간지각운동 (time perceptual-motor)	• 박자를 맞추거나 공을 정확히 받는 시간을 지각하는 능력 • 눈과 손, 발, 전신의 시간적 동시성, 리듬 연속성 등 효율적인 협응 동작이 가능해짐 • 빠르거나 느린 리듬(속도), 리듬에 맞춘 동작
관계지각운동 (relationship perceptual-motor)	• 자신의 신체관계, 사물과 다른 사람 관계, 혼자 혹은 여러 명이 어떤 관계를 가지는 것에 대한 움직임

개념 PLUS

- **방향지각**: 서로 다른 방향을 인지, 어떻게 방향을 전환하는지 익힘(상하, 전후, 좌우). 똑바로 이동, 커브로 이동, 지그재그 이동 등
- **움직임의 질**: 균형, 시간, 힘, 흐름 등 움직임에 포함되어 있는 각 요소의 질적인 측면을 이해

기출 Q

Q. 〈보기〉는 퍼셀(M. Purcell)이 제시한 동작교육과정에 관한 내용이다. ㉠~㉢에 해당하는 용어가 바르게 연결된 것은? 　　　　　　　　　　　　　　　기출 24

- (㉠): 전신의 움직임, 신체 부분의 움직임
- (㉡): 수준, 방향
- (㉢): 시간, 힘
- (관계): 파트너/그룹, 기구·교수 자료

	㉠	㉡	㉢
①	공간 인식	노력	신체 인식
②	신체 인식	공간 인식	노력
③	노력	신체 인식	공간 인식
④	신체 인식	노력	공간 인식

해설 Purcell(1994)은 동작요소를 ㉠에 해당하는 신체인식(전신의 움직임, 신체 부분의 움직임, 신체모양), ㉡에 해당하는 공간인식(넓이 범위, 수준 및 높낮이, 방향, 경로), ㉢에 해당하는 노력(무게 혹은 힘, 시간, 공간, 흐름), 또한 관계(신체 부분, 파트너와 그룹, 물체)로 나누어 제시함　　**정답** ②

기출 FOCUS

- 안정성 운동 향상 프로그램
  15·16·17·18·21·22 기출
- 이동운동 능력 출현순서
  15 기출
- 이동운동 중 **복합운동기술**: 기어오르기, 슬라이딩, 스키핑, 갤로핑, 리핑 17·20 기출
- 구르기 동작 22 기출
- 조작운동
  16·17·18·20·21·23 기출
- 대근운동 발달검사(TGMD)
  23·24 기출
  - 이동기술검사: 달리기, 갤럽(Gallop), 홉, 립, 제자리 멀리뛰기, 슬라이딩, 스키핑 동작
  - 조작기술검사: 치기, 튀기기, 받기, 차기, 던지기, 굴리기 동작
- 유아기 기본 움직임 기술: 안정성, 이동, 조작
  15·22·23 기출

Q. 스포츠 기술에 반영된 조작운동과 지각운동 구성요소의 연결이 옳은 것은? 기출 23

	스포츠 기술	조작운동	지각운동 구성요소
①	골프공 때리기, 축구공 차기	추진	안정
②	농구패스 잡기, 핸드볼패스 잡기	추진	공간
③	티볼 펀팅, 탁구공 되받아치기	흡수	시간
④	축구패스공 멈추기, 야구 공중볼 받기	흡수	공간

해설 ④번의 흡수운동은 외부에서 몸을 향해 들어오는 기구를 받는 움직임(받기, 잡기, 볼 멈추기)을 의미하고, 이는 공간지각운동으로 운동이 일어나는 공간적 요소를 활용한 운동임   정답 ④

(3) 기본운동 발달 구성요소(갈라휴 D. Gallahue, 1996)

① **안정성 운동**(stability) 프로그램: 이동하지 않고 서거나 앉아서 균형감각을 기르는 운동(비이동 운동)
  ㉠ 축 이용 기술: 굽히기, 늘리기, 비틀기, 돌기, 흔들기
  ㉡ 정적 운동: 직립 균형, 거꾸로 균형(물구나무 서기)
  ㉢ 동적 운동: 구르기, 시작하기, 멈추기, 재빨리 피하기

② **이동운동**(locomotion) 프로그램: 위치를 이동하는 운동
  ㉠ 기초운동: 기기, 걷기, 달리기, 뜀뛰기, 멀리뛰기, 리핑(leaping, 도약하는 동작), 점핑, 호핑(hopping, 한 발로 뛰기)
  ㉡ 복합운동: 오르기, 기어오르기, 슬라이딩(sliding, 미끄러지는 동작), 스키핑(skipping, 한 발짝 앞으로 걷고, 가볍고 빠르게 뛰는 동작), 갤로핑(galloping, 한 발이 먼저 앞으로 가면 나머지 다리를 바로 붙이면서 걷는 말뛰기 형식의 동작)

개념 PLUS

이동운동 능력 출현
서서 도움 없이 초보적 걷기 → 처음으로 달리기 → 위로 점프하기(약 30cm) → 숙련된 갤로핑, 성숙된 형태

OX 퀴즈

갤로핑은 축 이용 기술에 해당된다. O X

정답 ×
해설 복합운동

③ **조작운동**(manipulation) 프로그램: 기구를 다루는 능력을 기르는 운동
  ㉠ 추진운동: 기구를 몸 안쪽에서 바깥쪽으로 내보내는 움직임(투사적 운동)
    • 굴리기, 던지기, 때리기, 차기, 튀기기, 펀팅, 되받아치기

ⓒ 흡수운동: 외부에서 몸을 향해 들어오는 기구를 받는 움직임(수동적 운동)
• 받기, 잡기, 볼 멈추기

기출 Q

Q. 〈보기〉는 대근운동발달검사-II(Test of Gross Motor Development-II: TGMD-II)의 영역별 검사항목이다. ㉠, ㉡에 들어갈 항목이 바르게 연결된 것은?

기출 24

구분	영역	세부 검사항목
대근운동 기술	이동 기술	달리기, 제자리멀리뛰기, 외발뛰기(hop), (㉡), 립(leap), 슬라이드(slide)
	(㉠)기술	공 던지기(over-hand throw), 공 받기, 공 치기(striking), 공 차기, 공 굴리기, 공 튕기기(dribble)

	㉠	㉡
①	안정성	갤롭(gallop)
②	물체 조작	피하기(dodging)
③	안정성	피하기(dodging)
④	물체 조작	갤롭(gallop)

해설 대근운동 발달검사(TGMD)는 이동 기술 검사(달리기, 갤롭(Gallop), 홉, 립, 제자리멀리뛰기, 슬라이딩, 스키핑 동작)와 물체 조작 기술 검사(치기, 튕기기, 받기, 차기, 던지기, 굴리기 동작)가 있음

정답 ④

Q. 〈보기〉의 ㉠, ㉡에 들어갈 기본 운동발달의 요소는?

기출 20

(㉠)	• 배트로 치기 연습하기(striking) • 날아오는 공을 발로 잡기(trapping)
(㉡)	• 철봉 잡고 앞뒤로 흔들기(swinging) • 몸통을 굽히거나 접기(bending)

	㉠	㉡
①	이동운동	조작운동
②	조작운동	안정성운동
③	안정성운동	조작운동
④	조작운동	이동운동

해설 갤라휴(Gallaue)의 기본운동 발달 구성요소로서 조작운동 프로그램은 기구를 다루는 능력을 기르는 운동이고, 안정성 운동(비이동 운동)은 이동하지 않고 서거나 앉아서 균형감각을 기르는 운동임

정답 ②

OX 퀴즈

높이뛰기, 공 던지기를 통해 순발력을 기를 수 있다. O|X

정답 O

기출 FOCUS

✓ 건강·운동신경 관련 체력
  16·18·20·23 기출

(4) 체력운동발달 구성요소

① 건강 관련 체력
  ㉠ 유연성: 근육과 관절의 가동범위로서 부드럽고 자연스럽게 움직일 수 있는 능력(스트레칭, 손목과 발목 수축이완운동, 다리 벌리기 등)
  ㉡ 심폐지구력: 심장, 폐, 혈관 기능과 관계가 있는 전신활동을 오래할 수 있는 능력(오래달리기, 계단 오르기, 자전거 타기, 수영, 걷다가 달리기, 줄넘기, 연속으로 뛰기 등)
  ㉢ 근력: 근육이 무게나 힘 등의 자극에 대해 최대한 힘을 발산할 수 있는 능력(밀기, 턱걸이, 팔씨름, 팔굽혀펴기, 앉아서 등 밀기, 벽 밀기 등)
  ㉣ 근지구력: 근육을 오래 움직일 수 있는 능력(매달리기, 잡아당기기 등)

② 운동신경 관련 체력(수행 관련 체력요소)
  ㉠ 평형성: 움직이거나 정지한 상태에서 몸의 균형을 유지시킬 수 있는 능력(평균대 걷기, 한발로 서기, 회전하여 중심잡기, 줄 따라 걷기 등)
  ㉡ 민첩성: 일정한 방향으로 움직이는 몸을 신속하게 다른 방향으로 바꿀 수 있는 능력(왕복 달리기, 신호 따라 방향 바꾸기, 장애물 빠져나가 달리기, 가위바위보, 소리 듣고 움직이기, 얼음놀이 등)
  ㉢ 순발력: 순간적으로 최대한의 힘을 발사할 수 있는 능력(높이뛰기, 높이 뛰어 회전하기, 단거리 빨리 달리기, 공 던지기, 무릎과 가슴 닿기 등)
  ㉣ 협응성: 감각기관과 신체부분이 조화를 이루어 움직임의 상호조정 능력(그림자놀이, 박수치며 걷기, 몸으로 숫자 만들기, 따라하기 등)

암기 TIP

유폐근근 평민순응 건강이 유폐(배)가서 근근이 버티고, 운동하며 평민으로 순응하고 살지요. 이렇게 암기해보세요.

기출 Q

Q. 아래에서 운동기술체력 요소와 운동능력이 적절한 것으로 바르게 묶인 것은? 기출 19

  가. 협응력 - 상대방에게 공을 던지고 받는 능력
  나. 유연성 - 무릎을 펴고 몸을 앞으로 굽히는 능력
  다. 순발력 - 제자리에서 모둠발로 점프하여 멀리 뛰는 능력
  라. 민첩성 - 오래달리기를 하며 속도를 오랫동안 유지하는 능력

① 가, 나   ② 나, 라
③ 가, 다   ④ 다, 라

해설 건강관련 체력(유연성, 심폐지구력, 근력, 근지구력)과 운동신경 체력(평형성, 민첩성, 순발력, 협응성)이 있음

정답 ③

Q. 유아의 체력 요인과 검사 방법으로 적절한 것은? 기출 21

① 순발력: 모둠발로 멀리 뛴 거리의 측정
② 근지구력: 왕복달리기(2m) 시간의 측정
③ 평형성: 1분 간 앉았다 일어나기 동작 횟수의 측정
④ 민첩성: 평균대 위에서 한 발로 서있는 시간의 측정

해설 유아에 필요한 체력 요소로서 유연성(스트레칭, 앉아서 윗몸 굽히기 등), 순발력(제자리 멀리 뛰기, 높이뛰기 등), 민첩성(왕복 달리기, 신호 따라 방향 바꾸기 등), 지구력(브이(V)자로 앉기), 평형성(한 발로 중심잡기, 평균대 걷기 등) 등이 있음

정답 ①

CHAPTER 03 유아체육 프로그램 교수·학습법

기출 FOCUS
- 유아운동프로그램 구성 시 고려사항 15·18 기출
- 직접-교사 주도적 교수방법 17 기출
- 간접-유아 주도적 교수방법 22·23·24 기출
- 유아-교사 상호주도적 통합 교수방법 15·19 기출

01 유아체육 지도 방법

1. 직접-교사 주도적 교수방법

(1) 전통적인 교수방법으로 유아가 언제, 무엇을, 어떻게 할 것인지를 교사가 모두 결정함

(2) 직접 교수법 방법
  ① 지시적 방법
    ㉠ 모든 결정권한을 갖는 주체는 교사(지도자)임
    ㉡ 시범 보이기, 연습해 보기, 활동에 대해 언급해 주기, 필요한 부분에 대해 보충 설명하기
  ② 과제제시 방법
    ㉠ 유아가 활동하는 방법을 교사(지도자)가 결정하지만, 어느 정도 유아에게 의사결정을 하도록 허용함
    ㉡ 유아의 개별적 선택기회를 부여하고 과제수행 유아는 높은 수준의 체육활동을 함

2. 간접-유아 주도적 교수방법

(1) **유아 주도적 교수방법**이라고도 하며 활동이나 선택의 기회를 유아에게 주는 방법임

(2) 유아 개개인의 흥미와 능력 차이를 인정하고, 체육활동과 운동선택의 기회를 제공함

(3) 간접 교수방법
  ① 탐색적 방법
    ㉠ 교사(지도자)는 유아 스스로 신체동작의 가능성을 탐색하게 할 수 있게 운동과제를 제공함(탐구적 방법)
    ㉡ 학습의 결과보다 과정에 중점을 두기 위해 시범이나 설명 없이 유아가 원하는 활동과제를 수행하게 함

OX 퀴즈
간접-유아 주도적 교수방법은 활동이나 선택의 기회를 유아에게 주는 방법이다. OX
정답 O

② 안내 – 발견적 방법
  ㉠ 유아에게 과제수행의 방법을 이해시키기 위해 교사(지도자) 동작을 관찰하게 함
  ㉡ 구체적인 동작을 경험할 수 있게 함

3. 유아 – 교사 상호주도적 · 통합적 교수방법

(1) 교사(지도자) 주도의 교수방법과 유아의 흥미를 체계적으로 접근시키기 위한 균형적인 방법임

(2) 슬래터(Slater, 1993)의 4단계 모형
  ① 도입단계
  ② 동작습득단계: 안내 – 발견적 교수방법
  ③ 창의적 표현단계
  ④ 평가단계

> **개념 PLUS**
>
> **유아운동프로그램 구성 시 고려사항**
> ① 시간 안배를 잘하면서 과정에 대해 진행과정을 예측함
> ② 유아(학습자)가 과제를 인식할 수 있도록 신호와 자극을 전달함
> ③ 유아(학습자)와 교사(지도자) 간의 충분한 의사소통을 통해 과제설명을 함
> ④ 유아체육수업을 할 때 장비와 기구를 충분히 비치함
>
> **효과적인 교수법**
> ① 수업내용을 미리 알려줘 수업 효과를 높임
> ② 정해진 시간을 준수하고, 실제학습시간(ATL, Academic Learning Time)을 많이 할애함
> ③ 칭찬을 많이 하고, 주의집중을 위한 방법을 개발 · 적용함
> ④ 다양한 수업활동을 진행함

기출 FOCUS

- 실제학습시간(ATL) 증가시키는 전략 20 · 21 기출
  - 수업내용을 미리 알려주고 수업 시작 전 교구를 효율적으로 배치함
  - 간결하고 명확하게 설명함
  - 주의집중을 위해 상호 간 약속된 신호를 만듦

암기 TIP

입동창가 입동 때 창가에 가지 마세요. 이렇게 암기해보세요.

기출 Q

Q. 〈보기〉의 대화에서 ㉠, ㉡에 들어갈 유아체육 프로그램 기본원리와 교수방법은?

기출 23

- A 지도자: 저는 수업에서 유아 간에 체력이나 소질 같은 개인차가 발생하는 부분이 늘 고민이었어요. 운동프로그램 구성을 위한 원리 같은 것이 있을까요?
- B 지도자: (㉠)의 원리 같은 경우가 적용될 수 있을 것 같아요. 이 원리는 일반화된 특성뿐만 아니라 유전과 환경요인 같은 개인차를 고려하는 것을 말해요.
- A 지도자: 그렇다면 유아가 창의성 있게 자발적으로 참여하게 하는 지도방법은 어떤 것이 있을까요?
- B 지도자: (㉡) 방법이 효과적일 것 같아요. 이 방법은 유아 스스로의 실험과 문제해결, 자기 발견을 통해 학습이 일어나는 과정을 강조하는 방법이에요.

	㉠	㉡
①	특이성	탐색적(exploratory)
②	특이성	과제 중심 접근(task-oriented)
③	연계성	탐색적(exploratory)
④	연계성	과제 중심 접근(task-oriented)

해설 운동발달 프로그램 구성의 기본원리는 적합성, 방향성, 안전성, 특이성, 연계성, 다양성 원리가 있음. ㉠의 설명은 특이성 원리로서 개개인의 유전과 환경요인과 같은 개인차를 고려하고 유아 간 연령별 체력의 차이, 성별의 차이, 운동소질 및 적성의 차이가 다름을 이해해야 함. ㉡의 설명은 간접·유아주도적 교수방법으로 유아 스스로 신체동작의 가능성을 탐색하게 할 수 있게 운동과제를 제공하는 탐색적 방법임

정답 ①

Q. 신체활동 프로그램에서 실제학습시간(Academic Learning Time: ALT)을 증가시키는 전략으로 적절하지 <u>않은</u> 것은?

기출 20

① 설명은 간결하고 명확하게 한다.
② 주의집중을 위해 상호 간에 약속된 신호를 만든다.
③ 수업 시작 전 교구를 효율적으로 배치한다.
④ 동작에 대한 시범을 위해 오랜 시간을 할애한다.

해설 실제학습시간(ATL)을 증가시키기 위해선 수업내용을 미리 알려주고 수업 시작 전 교구를 효율적으로 배치하고, 간결하고 명확하게 설명, 주의집중을 위해 상호 간 약속된 신호를 만들면 효과적

정답 ④

02 유아체육프로그램 지도방법, 지도원리 및 지도원칙

(1) 지도방법

기초체력 향상 운동프로그램	① 근지구력 향상: 한 발로 오래 뛰기, 윗몸 일으키기 ② 유연성 향상: 다리 뻗고 앉아서 앞으로 굽히기 ③ 평형성 향상: 눈감고 한 발로 서기, 평균대 위에 한 발로 오래 있기 ④ 순발력 향상: 제자리 멀리 뛰기, 서전트 점프 ⑤ 민첩성 향상: 왕복달리기, 지그재그 달리기
지각발달 운동프로그램	① 신체지각: 신체 각 부위의 위치, 명칭, 중요성, 기본 움직임 학습 ② 공간지각: 신체가 공간에서 차지하는 비중, 거리, 깊이, 높이 판단능력 ③ 방향지각: 기초적인 운동능력 향상 ④ 감각지각: 형태를 재생, 인식, 분별하는 능력

> **기출 FOCUS**
> - 유아체육의 지도원리: 생활중심, 놀이중심, 융통성, 통합, 개별화, 탐구학습, 반복학습 15·18·19·22 기출
> - 창의적 동작표현력을 향상시키기 위한 동작교수법: 신체적, 리듬적, 통합적 접근방법 16 기출

(2) 지도원리

생활중심의 원리	• 일상생활과 관련한 체험을 통해 체육활동을 유도해서 유아가 학습할 수 있도록 함
놀이중심의 원리	• 흥미를 고려하고 지속적인 운동참여를 유도해서 유아가 즐겁게 참여하도록 함
융통성의 원리	• 유아 스스로 시간을 결정할 수 있도록 함
통합의 원리	• 기초운동기술(안전, 이동), 운동능력(협응, 균형, 힘, 속도), 지각-운동능력(공간, 신체, 방향, 시간)의 통합적 발달이 이루어지도록 함
개별화의 원리	• 유아의 운동능력과 발달속도에 따른 체육활동을 유도해야 함
탐구학습의 원리	• 유아 스스로 움직임의 개념을 탐색하고 발견하면서 학습을 하도록 함
반복학습의 원리	• 안정, 이동, 조작운동의 3가지 기초운동을 반복 학습하게 함

> **암기 TIP**
> 생이 융합 개탐복 생(生)이 융합되면 개(정말) 탐복입니다. 이렇게 암기해보세요.

> **OX 퀴즈**
> 유아체육프로그램 지도의 개별화 원리란 유아 스스로 시간을 결정할 수 있도록 하는 것이다.
> 정답 ×
> 해설 융통성 원리

기출 FOCUS

- 유아체육 지도원칙
  21·23·24 기출
- 교구배치 방법　22 기출
  - 공간 활용성을 높인 교구배치로 안전사고 예방
  - 순환식 교구배치로 대기시간 단축(실제학습시간 보장)
  - 병렬식 교구배치로 반복적 교구사용 유도(자신감 상승)
- FITT　24 기출

기출 Q

Q. 유아 운동프로그램의 지도 원리로 적절하지 않은 것은?　기출 22

① 추상적인 것에서 시작하여 구체적인 것으로 운동을 지도한다.
② 유아 간 연령별 체력의 차이, 운동소질 및 적성의 차이를 고려하여 지도한다.
③ 기초체력, 기본운동기술과 지각운동의 발달이 통합적으로 이루어지도록 지도한다.
④ 다양한 감각을 통해 구체적 경험이 형성되도록 프로그램을 구성하여 지도한다.

해설 '생이융합개탐복' 기억나시나요? 유아체육프로그램의 지도원리로서 생활중심, 놀이중심, 융통성, 통합, 개별화, 탐구학습, 반복학습의 원리가 있음. 생활중심의 원리는 일상생활과 관련한 체험을 통해 체육활동을 유도하는 것으로 추상적인 것에서부터의 교육은 맞지 않음　**정답** ①

(3) 지도원칙

① 유아 개개인의 교육 배려를 위해 개인차가 심한 유아를 면밀하게 파악해야 함
② 가정과의 긴밀한 연락을 통해 교육적인 효과를 얻을 수 있도록 해야 함
③ 유아 개인의 특성과 생활환경을 관찰하여 발달단계에 적합한 지도를 해야 함
④ 유아의 지적능력, 정서적·사회적 능력, 사회적·신체적 능력을 높일 수 있도록 해야 함
⑤ 다양한 신체활동을 통해 상상력과 창의력을 높여줄 수 있도록 해야 함
⑥ 유아 개개인에 따라 다른 발육상태를 파악하고 적절한 운동 강도를 결정해야 함
⑦ 놀이시설, 운동장 등 유아의 신체활동 환경을 항상 점검하고 안전관리에 유의해야 함
⑧ 난이도가 높은 과제에는 신체적 가이던스(physical guidance)를 적극 활용함

(4) 미국스포츠의학회(ACSM)의 어린이와 청소년을 위한 FITT 권고사항

구분	유산소 운동	저항 운동	뼈 강화 운동
빈도	• 매일: 고강도 운동을 최소 3일/주 이상 포함	• 3일/주 이상	• 3일/주 이상
강도	• 중강도에서 고강도	• 체중을 저항으로 사용하거나 8~15회 최대하 반복	• 충격 또는 근력 발현을 통해 중등도에서 강하게 뼈에 부하를 줌
시간	• 60분/일 이상의 운동시간	• 60분/일 이상의 운동시간	• 60분/일 이상의 운동시간

형태	술래잡기, 달리기, 하이킹, 활기차게 걷기, 뛰기, 뛰어넘기, 줄넘기, 수영, 춤, 자전거 타기, 축구, 농구, 테니스 등	근육강화 신체활동 - 구조화되지 않은 활동(놀이터 기구에서 놀기, 나무 오르기, 줄다리기) - 구조화된 활동(팔굽혀펴기, 윗몸일으키기, 중량들기, 저항밴드 이용 운동)	달리기, 줄넘기, 농구, 테니스, 저항 트레이닝, 돌차기 놀이 등

기출 FOCUS

- 유아체육지도자의 역할: 지도자 열정, 경쟁의식 지양, 유아 반응 관심 18·19 기출
- 유아체육지도자가 유의해야 할 사항: 사전준비, 예방책, 유아 흥미 유도 17 기출
- 유소년스포츠지도사 전문적 자질 향상: 국가자격증 취득, 연수과정 충실, 안전사고 지식 습득 18·22 기출
- 자아개념 23 기출

03 유아체육지도자의 역할과 자세

(1) 유아체육지도자의 역할

① 활발한 신체활동을 포함한 놀이를 다양한 경험으로 유도할 수 있도록 해야 함
② 지도자의 열정을 보여줄 수 있도록 해야 함
③ 지나친 경쟁의식을 갖지 않도록 지도해야 함
④ 유아들의 반응에 관심을 가지고 신체발달을 촉진하도록 지도해야 함
⑤ 서로 다투는 유아를 중재하고, 보조기구를 무서워하는 유아를 위해 보조자 역할을 함
⑥ 언어적 지식을 이해하지 못하는 유아에게 시범을 보여주는 안내자 역할을 해야 함

개념 PLUS

유아체육지도자가 수행해야 할 유의점
① 안전사고에 대한 사전준비를 철저히 해야 하고, 예방책을 충실히 마련해야 함
② 유아의 생리적, 심리적, 사회적 특성을 고려하고 운동지도를 해야 함
③ 수업에 임하는 집단의 크기와 유아의 발달수준에 맞게 단계적으로 계획하고 지도해야 함
④ 음악이나 도구를 활용하여 유아의 흥미를 고려한 지도를 해야 함

자아개념(self-concept, 자기개념)
① 자기이미지, 자기존중, 자기만족' 등과 유사한 개념(자기 자신의 개인적 가치를 평가하는 의식)
② 신체적 자아개념은 신체의 실체로서 자신의 신체에 대한 개인적인 자각의 결과로 인식
③ 유아는 자신의 신체를 움직임으로써 얻게 되는 경험을 통해 자신감을 가짐
④ 합리적인 수행목표를 세울 수 있도록 도움을 줌

OX 퀴즈

유아체육지도자는 지나친 경쟁의식을 갖지 않도록 지도해야 한다. Ⓞ Ⓧ
정답 O

유아체육지도자는 안전사고에 대한 충분한 지식을 습득해야 한다. Ⓞ Ⓧ
정답 O

기출 FOCUS

- **유아체육프로그램의 안전지도**: 두 가지 접근방법 고려(환경적 요인변화, 유아의 행동변화), 수업교구 사용법, 운동방법 설명, 놀이시설 설명, 발달수준 적합한 운동기구 사용, 준비운동과 정리운동
  15 · 16 · 17 기출
- **유아체육프로그램의 수업운영지침** 17 기출
- **아동의 신체적 유능감을 높이기 위한 지도전략**: 운동기술 수준, 노력에 연계된 격려, 개개인의 발달 수준을 고려한 개별 프로그램 제공 18 기출
- **신체활동 시간을 증가시키기 위한 지도전략**: 발육발달 수준에 맞는 신체활동 프로그램, 활동적으로 참여하는 것에 대해 긍정적인 피드백, 유아들의 흥미를 유발할 수 있는 다양한 활동 제공 16 기출
- **교재 및 교구 선정 원칙**: 안전성, 적합성, 확장성 16 기출
- **운동기구 배치 유형**: 병렬식 배치, 순환식 배치, 시각적 효과의 배치, 운동기구 유지와 관리 15 기출

기출 Q

Q. 3~4세 유아의 체육활동에서 진행 통제가 어려운 경우 지도자의 역할로 적절하지 않은 것은? 기출 19

① 경쟁과 결과를 강조하는 진행자 역할
② 서로 다투는 유아를 위한 중재자 역할
③ 뜀틀을 무서워하는 유아의 수행을 위한 보조자 역할
④ 언어적 지식을 이해하지 못하는 유아에게 시범을 보여주는 안내자 역할

해설 지나친 경쟁의식을 갖지 않도록 지도해야 함   정답 ①

(2) 유아체육지도자의 자세

인성적 측면	• 유아에 대한 사랑과 이해 • 봉사정신, 성실성, 도덕성, 인내심, 공평함 등을 가져야 함
건강적 측면	• 신체적 건강, 정신적 건강 • 단정한 외모, 명확한 언어전달 기술 등의 자세를 가져야 함
전문적 자질	• 유아에 대한 전문적 지식, 일반 교양지식 • 유치원의 교육과정에 대한 지식, 교수방법과 평가에 대한 지식 • 유소년스포츠지도사 국가자격증을 취득해야 함 • 유아의 안전사고에 대해 충분한 지식을 습득해야 함

04 유아체육프로그램의 안전지도, 수업운영지침 및 안전한 지도

(1) 유아체육프로그램의 안전지도

① 유아의 우발적 사고를 예방하기 위해 환경적 요인 변화와 유아의 행동변화의 접근방법을 적용해야 함
② 수업 교구 사용법과 운동방법을 먼저 설명해 주어야 함
③ 놀이시설의 위험성을 미리 설명하고, 체육활동 후 운동기구 정리를 함께 할 수 있도록 함
④ 신체활동을 위한 넓은 공간을 확보하고, 발달수준에 적합한 운동기구를 사용할 수 있게 함
⑤ 운동 전·후에 올바른 준비운동과 정리운동을 실시하게 함

OX 퀴즈

유아의 활동 폭을 고려하여 좁은 공간에서 체육프로그램을 구성한다. O|X

정답 ×
해설 넓은 공간 확보

(2) 유아체육프로그램의 수업운영지침

① 유아의 일상생활과 관련한 체육활동프로그램을 개발하고 적용해야 함
② 실제 신체활동의 참여시간을 증대시키는 방향으로 계획해야 함

③ 기초운동기술 발달뿐 아니라 인지적, 정서적 영역을 고려하여 통합적인 프로그램을 운영함

(3) 안전한 운동프로그램 지도 환경
① 흥미를 유발하기 위해 다양한 교구를 사용해야 함
② 대근육운동 시 충격 흡수를 위해 안전매트를 설치해야 함
③ 유아 놀이기구의 안전점검을 철저히 해야 함
④ 필요한 경우 음향시설을 사용할 수 있음

(4) 부상, 응급상황 시 조치
① 문진: 부상 및 응급상황 시 사고발생 시점부터 경과 및 현재 상황까지 파악 (history)
② 고열: 질병으로부터 몸을 보호하기 위한 방어기전이므로 몸의 이상으로 나타나는 증상으로 파악하고 조치
③ 발열 기전: 38℃ 이상이면 몸에 이상이 있는 것으로 판단하고 조치, 해열제 과다복용 금물
④ 열성경련(경기): 6개월에서 4세 사이에서 주로 발생, 뇌 발달 미성숙, 체온조절 기능 미숙 등에 따라 고열 지속, 심하면 전신경련이 발생할 수 있으므로 조치
⑤ 복통: 복통 호소 시 통증부위 파악, 식은땀, 구토 동반 시 병원에서 치료 조치
⑥ 구토: 구토할 시 토사물이 기도로 들어가지 않도록 환자를 앉히거나 머리를 옆으로 돌리게 함
⑦ 외상: 출혈이 심하지 않은 경우 환자 손을 비누로 씻게 하고 수돗물로 깨끗이 씻긴 후 가제를 사용해 출혈 부위를 압박함
⑧ 골절: 발을 삔 경우엔 얼음찜질(3~4일) 후 온찜질을 함, 목뼈 손상 시 병원치료, 이가 부러진 경우 부러진 이를 보존하여 치과 치료
⑨ 근육경련: 발에 쥐가 난 경우 손으로 가볍게 발을 주무르거나 발을 발등 쪽으로 꺾어줌. 장딴지에 쥐가 난 경우 무릎을 펴게 하고 근육 마사지함. 허벅지에 쥐가 난 경우 무릎을 펴게 하고 완화시킴
⑩ 열사병: 땀을 발생시키는 중추기관에 문제로 40℃ 이상으로 체온이 상승하고 헛소리, 혼수상태에 빠지기도 함. 땀이 배출되지 않아 피부가 뜨겁고 건조함. 발작, 의식 소실, 경련, 환각상태 등의 증상이 나타남
⑪ 일사병: 장기간 더위에 노출됐을 시 두통, 어지러움, 땀을 많이 흘리며 의식을 잃지는 않음

기출 FOCUS

- 부상·응급처치   20 기출
- 기도폐쇄 시 응급처치   23 기출
- 열사병   24 기출

개념 PLUS

영아 기도폐쇄 응급처치(하임리히법 실시)
(1) 영아가 앉아 있거나 누워있으면 영아를 안아서 머리가 어깨보다 아래쪽으로 향하도록 위치시킴
(2) 양쪽 날개뼈(견갑골) 사이의 등 두드리기를 손바닥 전체가 아니라 손꿈치만 이용하여 강하게 1초에 한 번씩 5회 실시함(영아의 허리와 머리를 치지 않도록 유의)
(3) 영아를 돌리고 중지를 포함한 2개의 손가락으로 1초에 한 번씩 5회 가슴밀기를 시행함
(4) 처치 후 상황을 대처함(이물질 빠져나왔는지 확인)

기출 Q

Q. 〈보기〉가 설명하는 것은? 기출 24

- 체온이 40℃ 이상으로 오른다.
- 땀을 전혀 흘리지 않거나 과도하게 많이 흘린다.
- 신체 내 열을 외부로 발산하지 못해 고체온 발생 및 중추신경계의 이상을 보인다.
- 신속한 체온 감소 조치와 병원 후송이 필요하다.

① 일사병 ② 열사병
③ 고체온증 ④ 열경련

해설 〈보기〉는 열사병에 대한 설명으로 열사병은 일사병보다 더 심한 증세임. 땀을 발생시키는 중추 기관의 문제로 40도 이상으로 체온이 상승하고 헛소리, 혼수상태에 빠지기도 함. 땀이 배출되지 않아 피부가 뜨겁고 건조해지며, 발작, 의식소실, 경련, 환각상태 등의 증상이 나타남. 반면, 일사병은 장기간 더위에 노출됐을 시 두통, 어지러움, 땀을 많이 흘리며 의식을 잃지는 않음   정답 ②

PART 09 유아체육론 Self Check

01 <보기>에서 운동 발달과 관련성이 높은 감각체계들을 바르게 고른 것은?

㉠ 시각(visual) 체계
㉡ 운동감각(kinesthetic) 체계
㉢ 미각(gustatory) 체계
㉣ 후각(olfactory) 체계

① ㉠, ㉡
② ㉠, ㉣
③ ㉠, ㉢
④ ㉡, ㉢

> **해설 PLUS**
> **01** 운동발달 과정은 주로 움직임 행동의 변화를 통해 나타남. 신생아 및 영아기에 자극으로 나타나는 시각을 기초로 한 원시반사를 통해 불수의적 움직임에서부터 파악함 **정답** ①

02 유아의 사회성 놀이 발달 단계 순서로 옳은 것은?

① 단독놀이 단계 → 평행놀이 단계 → 연합놀이 단계 → 협동놀이 단계
② 평행놀이 단계 → 단독놀이 단계 → 연합놀이 단계 → 협동놀이 단계
③ 연합놀이 단계 → 평행놀이 단계 → 단독놀이 단계 → 협동놀이 단계
④ 단독놀이 단계 → 연합놀이 단계 → 평행놀이 단계 → 협동놀이 단계

> **02** 파튼(Parten)은 사회적 놀이유형으로 비참여, 방관자적, 단독놀이, 평행놀이, 연합놀이, 협동놀이로 발달한다고 제시함 **정답** ①

03 아래에서 설명하는 갤라휴(D. Gallahue)의 운동발달 단계는?

- 초보 움직임의 습득으로 전문화된 움직임을 위한 준비 기간이다.
- 걷기, 달리기, 던지기 등의 기본동작을 적절하게 발달시켜야 한다.
- 육체·정신적으로 발달이 왕성한 시기이므로 놀이 위주의 신체활동이 필요하다.

① 기본 움직임 단계
② 전문화된 움직임 단계
③ 초보 움직임 단계
④ 반사 움직임 단계

> **03** 기본적 동작이 가능한 입문단계(2~3세)로부터 초보단계(4~5세), 성숙단계(6~7세)에 이르는 시기의 운동발달 단계임  ①

04 안정성 원리는 유아체육 현장에서 가장 중요한 요인으로 안전을 위해 사고예방을 해야 함
정답 ③

04 아래에서 설명하는 유아체육 프로그램의 기본원리는?

> - 신체조정능력과 판단력이 완전히 발달되지 않은 유아에게 우선적으로 고려해야 할 원리이다.
> - 자신의 능력을 과대평가하는 아동의 성향을 고려한 운동환경을 마련한다.
> - 우발적 사고에 대한 부모나 지도자의 올바른 인식이 중요하다.

① 연계성의 원리 ② 방향성의 원리
③ 안전성의 원리 ④ 주도성의 원리

05 시간지각운동은 박자를 맞추거나 공을 정확히 받는 시간을 지각하는 능력임
정답 ③

05 아래를 가장 잘 설명하는 지각운동은?

> - 음악에 맞추어 동작을 학습한다.
> - 다양한 속도로 날아오는 공을 받는다.
> - 악기의 연주 빠르기에 따라 다양한 속도로 이동기술을 연습한다.

① 관계지각운동 ② 공간지각운동
③ 시간지각운동 ④ 환경지각운동

06 갤라휴가 제시한 추진운동은 기구를 몸 안쪽에서 바깥쪽으로 내보내는 공던지기, 공 치기, 공 차기, 공 튀기기가 있고, 흡수운동은 외부에서 몸을 향해 들어오는 기구를 받는 공 멈추기, 공 받기, 공 받기가 있음
정답 ③

06 아래에서 갤라휴(D. L. Gallahue)가 제시한 조작운동 기술 중 추진운동에 해당되는 것은?

> 가. 공 던지기(throwing) 나. 공 멈추기(trapping)
> 다. 공 치기(striking)   라. 공 차기(kicking)
> 마. 공 받기(catching)   바. 공 튀기기(bouncing)

① 가, 나, 마, 바
② 가, 나, 라, 바
③ 가, 다, 라, 바
④ 가, 다, 마, 바

07 과제제시 방법은 유아가 활동하는 방법을 교사(지도자)가 결정하지만, 어느 정도 유아에게 의사결정을 하도록 허용함
정답 ③

07 직접-교사 주도적 교수방법에 관한 설명으로 옳지 않은 것은?

① 지시적 방법과 과제제시 방법으로 나뉜다.
② 지시적 방법은 지도사의 시범과 설명이 주로 이루어진다.
③ 과제제시 방법은 유아에게 의사결정을 허용하지 않는다.
④ 대그룹 활동을 지도할 때 효과적이다.

08 유아체육 지도의 원리 중 옳지 않은 것은?

① 놀이 중심의 원리: 유아 흥미를 고려하여 다양한 운동도구를 활용한 프로그램에 참여
② 개별화의 원리: 유아의 운동능력과 발달 속도에 따라 체육활동을 경험
③ 반복의 원리: 안정, 이동, 조작운동의 3가지 기초운동 반복학습
④ 융통성의 원리: 기초운동기술, 운동능력, 지각−운동능력의 발달이 통합적으로 이루어지게 함

09 〈보기〉가 설명하는 질환은?

- 주로 생후 6개월~5세 사이의 영유아에게서 발생한다.
- 갑자기 올라간 고열과 함께 경련을 일으킨다.
- 주된 원인으로 고열, 뇌 손상, 유전적인 요인 등이 거론된다.

① 독감　　　　　　② 근육경련
③ 2도 화상　　　　④ 열성경련

10 피아제(J. Piaget)의 도식(schema) 형성과정이 아닌 것은?

① 동화과정(assimilation)
② 조절과정(accommodation)
③ 평형과정(equilibrium)
④ 가역과정(reversibility)

08 융통성의 원리란 유아 스스로 시간을 결정할 수 있도록 하는 것임. ④번의 설명은 통합의 원리임 　정답 ④

09 열성경련(경기)은 6개월에서 4세 사이에서 주로 발생, 뇌 발달 미성숙, 체온조절 기능 미숙 등에 따라 고열 지속됨. 심하면 전신경련이 발생할 수 있으므로 조치를 취해야 함 　정답 ④

10 '감전구형' 기억나시나요? 피아제의 인지발달 4단계는 감각운동기(0~2세), 전조작기(2~7세), 구체적 조작기(7~11세), 형식적 조작기(청소년~성인)임. 이 도식은 동화(accommodation), 조절(assimilation), 평형화(equilibrium)의 과정으로 이루어짐 　정답 ④

필기 4주 완성 한권 완전정복

M 스포츠지도사

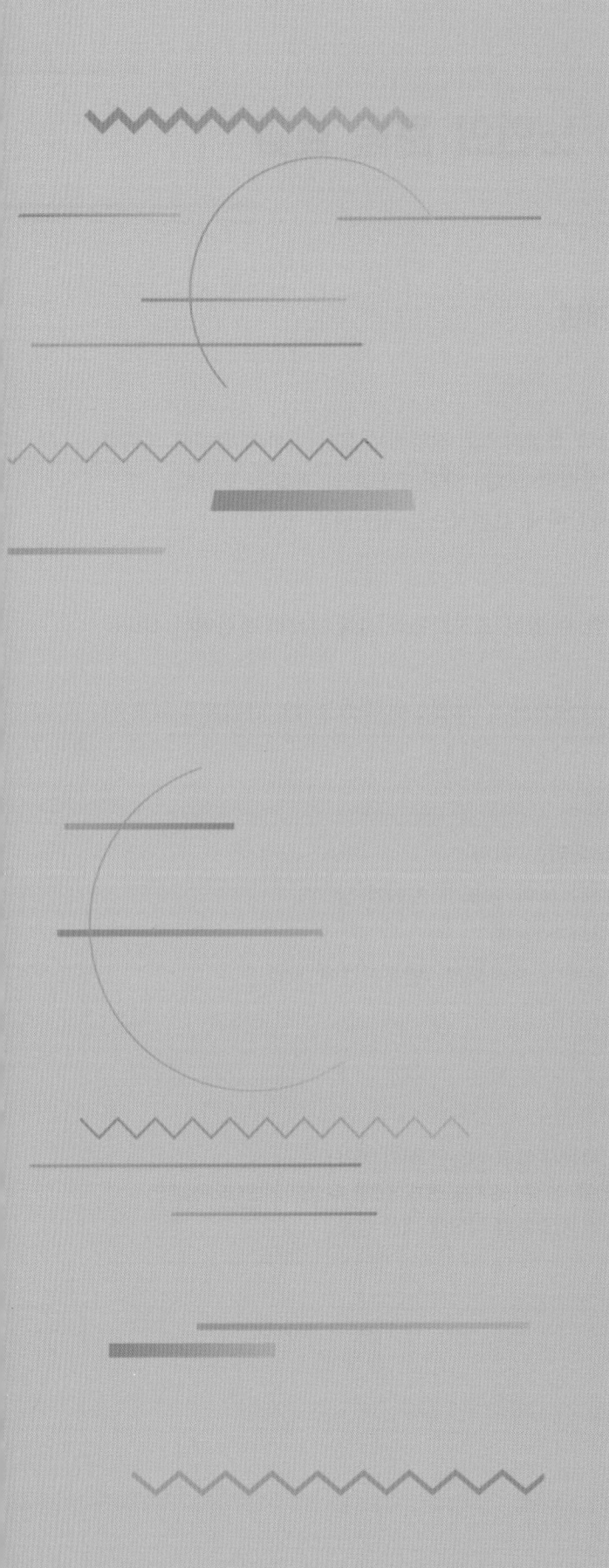

PART 10
노인체육론

CHAPTER 01
노화와 노화의 특성, 노인의 운동 효과

CHAPTER 02
노인 운동프로그램의 설계

CHAPTER 03
질환별 프로그램의 설계

CHAPTER 04
지도자의 효과적인 지도

CHAPTER 01 노화와 노화의 특성, 노인의 운동 효과

기출 FOCUS

- 연령의 구분 16·18·22 기출
  - 연대기적 연령: 출생연도를 기준으로 측정하는 나이
  - 기능적 연령: 개인의 신체적, 심리적, 사회적 기능의 정도에 따라 규정하는 나이
- 노화의 특성 17·19 기출
- 노화의 분류: 연소노인, 중고령노인, 고령노인, 초고령노인 15·16·18 기출
- 고령화 사회 기준(65세 이상 인구 비율) 16 기출
- 기대수명 23 기출

01 노화 및 노인의 개념

(1) 노화의 의미
① 노화란 시간의 흐름에 따라 정상적으로 진행되는 모든 변화의 총체를 의미함
② 노화는 생물학적 노화, 심리적 노화, 사회적 노화의 과정을 포함함
③ 생물학적 노화는 모든 사람에게 보편적으로 일어나는 것임

(2) 노인의 의미
① 환경변화에 적절히 반응할 수 있는 조직기능과 신체 자체의 통합력이 쇠퇴하고 있는 사람
② 인체의 기관, 조직, 기능이 쇠퇴하고, 생활상의 적응능력이 감퇴하고 있는 사람

(3) 노화의 특성
① 모든 생명체와 세포가 노화되는 것임
② 개인과 신체의 능력에 따라 노화 속도가 차이가 남
③ 체내의 화학적 조성의 변화가 있음
④ 신체기능, 기억력, 인지능력이 저하되고, 반응시간이 느려짐
⑤ 환경에 대한 적응력이 감소함

> **개념 PLUS**
>
> **수명종류**
> ① **건강수명**: 심각한 질병이나 신체장애 없이 생존한 삶의 기간
> ② **기대수명**: 성별·연령별로 몇 년을 더 살아갈지를 통계적으로 추정한 기대치의 생존연수
> ③ **평균수명**: 특정기간 동안 사망한 사람들의 나이에 대한 평균

OX 퀴즈

노화는 생물학적 노화, 심리적 노화, 사회적 노화의 과정을 포함한 것이다. Ⓞ Ⓧ

정답 O

기출 Q

Q. 노화의 특성으로 적절하지 <u>않은</u> 것은? 〔기출 19〕

① 노화는 생물학적 노화, 심리적 노화, 사회적 노화의 과정을 포함한다.
② 생물학적 노화는 모든 사람에게 보편적으로 일어나는 것이다.
③ 노화의 속도와 기능 저하의 정도는 개인차가 존재한다.
④ 신체적, 심리적, 사회적인 발달과정이 종료된다.

해설 노화가 되면 신체적, 심리적, 사회적 발달이 점차 쇠퇴하게 됨 정답 ④

Q. 〈보기〉의 ㉠, ㉡, ㉢, ㉣에 들어갈 용어로 알맞은 것은? 〔기출 20〕

> 노인은 연령이 높아질수록 근육량은 (㉠)하고, 최대심박수는 (㉡)하고, 혈관 경직도는 (㉢)하고, 최대산소섭취량은 (㉣)한다.

	㉠	㉡	㉢	㉣
①	증가	증가	감소	증가
②	감소	감소	증가	감소
③	감소	증가	감소	감소
④	증가	감소	증가	증가

해설 근육량 감소는 노쇠 발생의 가장 중요한 원인임. 심박수는 1분간의 심장 박동수이고 개인이 달성할 수 있는 최대의 심박수의 1분 동안의 값을 최대 심박수는 연령이 높아질수록 감소함. 혈관은 혈액을 온몸으로 순환시키는 통로인데 나이가 들수록 경직도가 증가함. 개인의 운동강도를 높여 달성할 수 있는 최대한의 산소섭취능력을 최대산소섭취량이라 부르는데 노인일수록 감소함 정답 ②

02 노화의 분류와 유형

1. 노화의 분류

연소노인	• 65~74세로 사회에서 일을 하고 있고 삶의 절정기에 있음
중고령노인	• 75~84세로 퇴직한 상태이고 풍부한 시간을 두고 취미생활을 할 수 있음
고령노인	• 85~99세로 일을 계속 하기 어렵고 신체적으로 노쇠하여 질병이 걸린 경우가 많음
초고령노인	• 100세 이상으로 신체의 움직임이 거의 없고, 인체 기관과 조직이 더 이상 기능을 하지 않음

기출 FOCUS
- 스피르두소의 신체기능구분 18 기출
- 생물적 노화 24 기출

> **개념 PLUS**
> 65세 이상인구를 통한 고령사회 분류기준
> - 고령화 사회: 7% 이상 비중을 차지한 사회로 늙어가는 사회를 의미(aging society)
> - 고령 사회: 14% 이상 비중을 차지한 사회로 늙은 사회를 의미(aged society)
> - 초고령 사회: 20% 이상의 비중을 차지한 사회로 매우 늙은 사회를 의미(super aged society)

2. 노화의 유형

(1) **병적 노화**: 흡연, 음주 등 특정질병에 신체장애와 죽음까지 유발할 수 있는 부정적인 생활 방식을 지속하는 노화

암기 TIP
진보내쇠 노화는 진정으로 보내세(쇠)요. 이렇게 암기해보세요.

(2) **생물적 노화**: 신체적 손상, 기능적 능력 감소, 적응력 상실 등에 따라 최종적으로 죽음을 가져오는 인체 내의 과정(보편적 노화)
① **점진성**(progressive): 연령이 증가하게 되면 회복을 할 수 없게 되는 것이 노화임
② **보편성**(universal): 어느 누구나 노화가 일어남
③ **내인성**(intrinsic): 내적인 변화로 인해 노화가 일어남
④ **쇠퇴성**(deleterious): 궁극적으로 사망을 유발하는 것이 노화임

03 신체 기능 구분(스피르두소 W. Spirduso, 1995)

신체적 우수 (Physically elite)	• 고위험, 파워 스포츠(역도, 행글라이더) • 시니어 올림픽 선수 수준의 신체능력 • 신체적으로 아주 잘 단련된 수준
신체적 적정 (Physically fit)	• 중등도의 신체활동 가능(신체적 건강) • 모든 지구성 스포츠와 게임, 대부분 취미활동 가능 • 신체적으로 단련된 수준
신체적 독립 (Physically independent)	• 매우 가벼운 신체활동 가능(걷기, 정원일, 골프, 사교댄스, 여행, 운전) • 모든 일상생활의 도구적 활동(IADLs, Instrumental Activity of Daily Living)이 가능한 수준(신체적 자립)
신체적 허약 (Physically frail)	• 가벼운 집안일, 요리가능, 식료품 쇼핑 가능(대부분 활동영역이 집안) • 일부 일상생활의 도구적 활동(IADLs, Instrumental Activity of Daily Living)이 가능한 수준 • 모든 일상생활의 기본적 활동(BADLs, Basic Activity of Daily Living)이 가능한 수준

OX 퀴즈
스피르두소는 신체기능 구분에서 대부분 취미활동이 가능한 수준을 신체적 독립이라고 제시했다. Ⓞ Ⓧ
정답 ✕
해설 신체적 적정(혹은 건강)

신체적 의존 (Physically dependent)	• 일부 기본적 일상 신체활동이 불가능(걷기, 목욕, 옷 입기, 식사, 이동 등) • 가정이나 기관의 도움이 필요한 상태
신체적 장애 (Disability)	• 신체적 장애상태로 거의 모든 신체활동이 불가능한 상태

기출 FOCUS

✓ 하비거스트의 발달과업
　　　　　　　　20 기출

04 발달과업(하비거스트 R. J. Havighurst)

영아 및 유아기 과업 (0~5세)	• 걸음마, 고체 음식물 먹기, 말 배우기, 배설 통제, 성차이 인지, 생리적 안정, 사회적·물리적 현실의 간단한 개념 형성, 부모·형제자매·타인들과의 긍정적 관계 형성, 선악 구별
아동기 과업 (6~12세)	• 경기에 필요한 신체적 기능 습득, 자신에 대한 건전한 태도 발달, 친구 사귀기, 성의 사회적 역할, 읽기·쓰기·셈하기 기초 기능 발달, 일상생활에 필요한 개념 발달, 양심·도덕성·가치척도 발달, 인격적 독립성 성취, 사회적 집단과 사회제도 태도 발달
청년기 과업 (13~22세)	• 남녀 간 성숙한 관계, 성별 역할 감당, 신체의 효과적 구사, 정서적 독립, 경제적 독립 확신, 직업선택 준비, 결혼·가정생활 준비, 민주 시민 가치관, 사회생활 준비, 자아가치관 형성
성인 초기 과업 (22~30세)	• 배우자 선정, 가정생활 준비, 아이 기르기, 가정관리, 직업 적용, 시민적 책임 수행, 적합한 사회집단 발견
중년기 과업 (30~55세)	• 시민적·사회적 책임 수행, 경제적 표준 확립 및 유지, 10대에게 조력, 여가생활, 배우자와 건전한 관계, 중년기의 생리적 변화 인정, 연로한 부모에 대해 적용
노년기 과업 (56세 이후~)	• 약해지는 체력과 건강 적용, 은퇴와 수입 감소 적용, 배우자 사망 적용, 동년배와의 친밀한 관계, 사회적·시민적 책임 이행, 만족스러운 생활조건 구비

기출 Q

Q. 노인의 생활 기능 분류에서 도구적 일상생활 활동(Instrumental Activities of Daily Living: IADLs)에 해당하는 것은? 　기출 24

① 요리　　　　　　　　② 목욕
③ 옷 입기　　　　　　 ④ 화장실 사용

해설　스피르두소에 의해 분류된 신체기능 구분으로 신체적 우수, 신체적 적정, 신체적 독립, 신체적 허약, 신체적 의존, 신체적 장애가 있음. IADLs가 가능한 단계는 신체적 독립 단계(Physically independent)로 매우 가벼운 신체활동이 가능하여 걷기, 정원일, 골프, 사교댄스, 여행, 운전 등이 가능하거나, 신체적 허약 단계(Physically frail)로서 가벼운 집안일, 요리, 식료품 쇼핑 등이 가능함

정답 ①

기출 FOCUS

✅ 생물학적 노화이론: 유전적, 손상, 점진적 불균형 이론, 교차결합이론, 사용마모이론, 면역반응이론
15·16·17·19·21·24 기출

✅ 노화의 신체적 특성
17·18·22 기출

05 노화의 이론

1. 생물학적 노화이론

(1) **유전적 이론**: 인체 내의 노화 속도를 결정함

(2) **손상이론**: 누적된 세포 손상으로 기능장애와 괴사가 됨

(3) **점진적 불균형 이론**: 중추신경계와 내분비계의 불균형으로 다른 속도로 노화가 진행됨

(4) **교차결합이론**: 분자들이 서로 엉켜서 조직이 탄력성을 잃고 세포 내·외부로의 영양소와 화학적 전달물질 교환을 방해하는 현상이 나타남

(5) **사용마모이론**: 신체기관도 기계처럼 오래 사용하면 기능이 약화되고 정지되는 것처럼 점진적으로 퇴화되는 현상이 나타남

(6) **면역반응이론**: 생물이 외부의 침입자를 막기 위해 일으키는 반응으로 고령일수록 항체의 이물질에 대한 식별능력이 저하됨

기출 Q

Q. 〈보기〉가 설명하는 노화이론은?   기출 24

> 항체의 이물질에 대한 식별능력이 저하되어 이물질이 계속 체내에 있으면서 부작용을 일으켜 노화 촉진

① 유전적노화이론   ② 교차연결이론
③ 사용마모이론   ④ 면역반응이론

해설 면역반응(immune response)은 생물이 외부의 침입자를 막기 위해 일으키는 반응으로 고령일수록 항체의 이물질에 대한 식별능력이 저하됨
① 유전적노화이론: 노화가 유전자에 의해 프로그램된 과정이라고 봄
② 교차연결이론: 체내 단백질과 DNA 분자의 교차 연결(cross-linking)이 세포 기능을 저하시켜 노화를 촉진한다는 이론임
③ 사용마모이론: 노화가 세포와 조직의 반복적인 손상과 과다 사용에 의해 발생한다고 봄   **정답** ④

개념 PLUS

노화의 특성
- **신체성 특성**: 신체구조 및 기능의 저하, 외면상의 신체변화, 만성질환 유병률의 증가
- **심리적 특성**: 우울증, 소극성, 의존성, 조심성, 소외감, 고독감 증가
- **사회적 특성**: 역할 변화, 타인에 대한 의존성 증가, 대인관계 감소

OX 퀴즈

인체 내의 노화속도를 결정한다는 이론은 유전적 이론이다.
ⓞⓧ

정답 O

2. 심리학적 노화이론

(1) 매슬로우(A. Maslow)의 욕구위계 이론

생리적 욕구	• 성, 공격성, 배고픔 등
안전 욕구	• 위험으로부터 보호 욕구
사회적 욕구	• 사회적 관계 욕구
존중 욕구	• 존중받고 싶은 욕구
자아실현 욕구	• 자아를 실현하고자 하는 욕구

(2) 에릭슨(E. Erikson)의 심리사회적 단계 이론(자아통합 단계 이론, 1963)

단계	긍정적 결과	부정적 결과
1. 신뢰 대 불신 (0~1세)	• 사람들에게 신뢰를 가짐 • 자기 요구를 해결할 것으로 믿음	• 다른 사람을 믿지 못함 • 자기 요구는 충족되지 않음
2. 자율 대 수치 (1~3세)	• 기본적인 일들을 독자적 수행 • 자기 능력에 대한 자신감	• 자신감 결여
3. 주도 대 죄책감 (3~5세)	• 새로운 것 시도	• 새로운 것의 시도 두려움 • 실패 또는 비난 두려움
4. 역량 대 열등감 (6~12세)	• 보편적으로 기대되는 작업의 수행에 대한 자부심	• 다른 어린이가 쉽게 하는 것을 자신이 못하면 열등감
5. 독자성 대 역할혼동 (13~18세)	• 자신이 누구인지, 어떻게 삶을 살기를 원하는지를 느낌	• 어린이는 독자성을 확립하거나 부정적인 독자성 수용
6. 친분 대 고독 (젊은 성인층)	• 친구 및 연인과 밀접한 관계를 형성	• 친밀한 관계 형성과 유지의 어려움
7. 생산적 대 정체 (중년 성인층)	• 가족부양 또는 어떤 형태의 일을 통해 생산적이 됨	• 생산적이지 못함
8. 자아 주체성 대 절망 (노년기)	• 자부심과 만족을 느끼면서 자신의 삶을 되돌아봄 • 죽음을 위엄있게 받아들임	• 삶에서 달성해야 하는 것들을 달성하지 못했다고 느낌 • 삶의 종말이 다가오는 것에 대한 좌절감

기출 FOCUS

◎ 심리학적 노화이론
 • 에릭슨의 심리사회적 단계
  17·21·22·24 기출
 • 발테스의 선택적 적정화 이론   21·22·23 기출

암기 TIP

생안사존자 키워드 위주로 암기해보세요.

기출 Q

Q. 에릭슨(Erikson, 1986)의 심리사회적 단계가 옳게 나열된 것은?   기출 24

연령 증가 →

① 생산적 대 정체 → 자아 주체성 대 절망 → 친분 대 고독
② 친분 대 고독 → 생산적 대 정체 → 자아 주체성 대 절망
③ 자아 주체성 대 절망 → 생산적 대 정체 → 친분 대 고독
④ 생산적 대 정체 → 친분 대 고독 → 자아 주체성 대 절망

해설 친분 대 고독(젊은 성인층) → 생산적 대 정체(중년 성인층) → 자아 주체성 대 절망(노년기)

정답 ②

(3) 발테스(Baltes)의 선택적 적정화 이론(1990)

① 노인의 신체적, 정신적, 사회적 손실에 적응하는 노인의 능력과 연관됨
② 지능, 인지적 능력, 자기 효능감 등의 성공적 노화의 중요한 결정요인임
③ 노인의 기능적 독립성 유지를 위한 3가지 행동전략
 - 선택(selection): 삶의 최우선 영역에 초점
 - 적정화(optimization): 삶을 풍요롭게 하고 삶의 질을 향상시키는 기술과 재능의 최적화
 - 보상(compensation): 목표달성을 위해 신체·정신적 손실을 보상

(4) 로우, 칸(Rowe & Kahn, 1998)의 성공적 노화 이론

① 성공적인 노화란 높은 수준의 인지적, 신체적 기능을 유지하고 인간관계와 생산적 활동을 적극적으로 참여하는 것임
② 5가지 영역 연구: 건강상태, 사회관계, 심리적 특성, 신체적 및 인지적 기능, 생산 활동

기출 Q

Q. 〈보기〉의 ㉠, ㉡에 해당하는 노화와 관련된 심리학적 이론이 바르게 나열된 것은?   기출 22

㉠	• 자부심과 만족을 느끼면서 자신의 삶을 되돌아볼 수 있으며 죽음을 위엄있게 받아들인다. • 삶에서 달성해야 하는 것들을 달성하지 못했다고 느끼며, 삶의 종말이 다가오는 것에 대해 좌절감을 느낀다.
㉡	• 성공적 노화는 신체적·정신적·사회적 손실에 적응하는 노인의 능력과 관련이 있다. • 기능적 능력을 향상함으로써 노화로 인한 손실을 보완하도록 도움을 준다.

	㉠	㉡
①	하비거스트(R. Havighust)의 발달과업 이론	로우(J. Rowe)와 칸(R. Kahn)의 성공적 노화 이론
②	하비거스트(R. Havighust)의 발달과업 이론	펙(R. Peck)의 발달과업 이론
③	에릭슨(E. Erikson)의 심리사회발달단계 이론	로우(J. Rowe)와 칸(R. Kahn)의 성공적 노화 이론
④	에릭슨(E. Erikson)의 심리사회발달단계 이론	발테스와 발테스(M. Baltes & P. Baltes)의 보상이 수반된 선택적 적정화 이론

해설 ㉠은 에릭슨의 심리사회적 단계이론(자아통합 단계이론)으로서 1~8단계에서 8단계인 노년기에 대한 긍정적 및 부정적 결과를 설명한 것임. ㉡은 발테스의 선택적 적정화 이론으로서 노인의 기능적 독립성 유지를 위한 3가지 행동전략(선택, 적정화, 보상)을 제시함 **정답** ④

3. 사회학적 노화이론

(1) **활동이론**: 지속적으로 정신적, 신체적 활동을 하는 사람이 건강하고 행복하게 늙음(activity theory)

(2) **연속성이론**: 긍정적인 습관, 선택, 생활방식, 인간관계를 중년에서부터 노년까지 지속하는 사람이 가장 성공한 삶을 보냄(지속성 이론)

(3) **분리이론**: 사회적 역할 감소, 사회와 분리돼 스스로 소극적인 노후생활에 만족하는 과정을 의미함(disengagement theory)

(4) **하위문화이론**: 지역과 계층별로 나타나는 생활양식의 차이로 문화가 구분되고, 사회집단에 따라 차이가 나는 생활양식과 행동양식(subculture theory)으로 상호작용을 통해 형성됨

(5) **현대화이론**(modernization theory): 현대화 정도가 높아질수록 노인의 지위가 낮아짐에 따라 현대사회의 노인문제가 발생함

기출 Q

Q. 아래에서 설명하는 노화와 관련된 사회학적 이론은? 기출 18

> 공통된 특성을 가진 노인들이 집단을 형성하고 빈번한 상호작용을 통해 그들 특유의 행동양식을 만든다.

① 분리이론(disengagement theory) ② 하위문화이론(subculture theory)
③ 활동이론(activity theory) ④ 현대화이론(modernization theory)

해설 하위문화이론은 사회집단의 특수한 영역에서 다른 것과 구분을 지을 수 있는 특이한 생활 및 행동양식이 발생한다는 이론임 **정답** ②

기출 FOCUS

● 사회학적 노화이론: 활동, 연속성, 분리, 하위문화 이론
  15·16·17·18·22 기출

● 노화의 신체적 특성
  17·18 기출

OX 퀴즈

사회와 분리돼 스스로 소극적인 노후생활에 만족하는 과정을 분리이론으로 설명할 수 있다.
OIX

정답 O

기출 FOCUS

✓ 노인의 행동변화 이론
  18·23 기출

개념 PLUS

노인의 행동변화 이론

- **학습이론**(learning theory): 학습자료와 학습자 간의 개념으로 행동의 원인을 설명함(강화, 계시, 조성)
- **계획행동이론**(planned behavior theory): 지각된 행동 통제와 행동에 대한 태도가 개인의 행동을 형성함을 설명함(행동을 향한 태도, 주관적 규범들, 인지된 행동제어)
- **건강신념모형**(health belief model): 신체활동의 효과를 인식하고 6가지 요소(지각된 개연성, 지각된 심각성, 지각된 이익, 지각된 장애, 행동의 계기, 자기효능감)를 통해 행동으로 옮길 수 있음을 설명함
- **사회인지이론**: 상호결정론(개인, 행동, 환경), 자아효능감을 통해 인지과정, 개개인의 성격과 사회적 관계를 분석함(반두라 A. Bandura)
- **범이론적 모형**(transtheoretical model): 개인의 행동변화를 5단계(계획이전단계, 계획단계, 준비단계, 행동단계, 유지단계) 과정을 통해 설명함(프로차스카 J. Prochaska 운동행동변화단계)

무관심 단계 (계획이전)	• 현재 운동을 하고 있지 않음 • 앞으로 6개월 내에도 운동 할 의도가 없는 단계	혜택 < 손실
관심 단계 (계획)	• 현재 운동을 하고 있지 않지만, 6개월 내에 운동을 할 의도를 갖는 단계 • 운동을 하면 어떤 혜택이 있는지 생각	혜택 ≤ 손실
준비 단계	• 규칙적으로 운동을 하고 있지 않으나, 1개월 내에 운동을 할 의도를 갖는 단계 • 운동할 준비는 됐지만, 제대로 못할 것이라는 생각	
실천 단계 (행동)	• 현재 운동을 규칙적으로 하고 있으나, 그 기간이 6개월이 지나지 않은 단계 • 운동을 실천하고 있지만, 이전 단계로 후퇴하지 않도록 조심하는 불안정한 단계	혜택 > 손실
유지 단계	• 현재 운동을 규칙적으로 하고 있고, 시작한지 6개월이 지난 단계 • 6개월 이상 지속적인 운동을 해 와서 하위단계로 갈 가능성이 낮음	

기출 Q

Q. 〈보기〉에서 설명하는 노인의 행동 변화 이론은? 　　기출 24

> • 인간의 행동 변화는 환경의 영향, 개인의 내적 요인, 행동 요인에 영향을 받는다.
> • 자아효능감은 행동 변화와 밀접한 관련이 있다.
> • 운동지도자의 격려를 통해 지속적으로 운동프로그램에 참여한다.

① 지속성이론(continuity theory)
② 건강신념모형(health bellief theory)
③ 사회인지이론(social cognitive theory)
④ 계획행동이론(planned behavior theory)

해설 사회인지이론은 상호결정론(개인, 행동, 환경)으로서 자아효능감을 통해 인지과정, 개개인의 성격과 사회적 관계를 분석함(반두라 Bandura, A.)　　**정답** ③

기출 FOCUS

✅ 운동의 정의　　17 기출

06 노인의 운동효과

1. 운동의 정의

(1) 체력, 운동수행력, 건강, 사회적 관계를 개선하기 위해 계획된 신체활동
(2) 건강과 체력을 유지 혹은 증진시키기 위한 계획적이고 규칙적인 신체활동을 의미함(exercise)

2. 체력

(1) 신체활동을 수행할 수 있는 능력을 의미함(skill-related fitness)

(2) 분류

방위체력	• 자극을 이겨내 생명을 유지, 발전시키는 능력 －환경적 스트레스에 저항: 기후, 수질 등 －생물학적 스트레스에 저항: 바이러스, 세균 등 －생리적 스트레스에 저항: 피로감, 갈증, 불면 등 －심리적 스트레스에 저항: 긴장, 불쾌감, 슬픔 등
행동체력	• 육체적 활동을 통해 행동을 일으키는 능력 －운동체력: 순발력, 민첩성, 평형성, 협응성, 스피드 등 －건강체력: 근력, 근지구력, 심폐지구력, 유연성 등

암기 TIP

행운건강 건강은 곧 행운이죠. 행동체력은 운동체력과 건강체력입니다. 이렇게 암기해보세요.

3. 운동의 효과

(1) 운동의 신체적(생리적) 효과
① 심장 및 혈관기능 개선, 최대산소섭취량의 증가에 도움이 되는 등 순환계에 긍정적인 효과가 있음
② 폐활량이 증가하는 등의 호흡계에 긍정적인 효과가 있음
③ 근육조직과 뼈를 발달시키는 근육계에 긍정적인 효과가 있음
④ 뼈의 성장과 발달을 촉진하는 골격계에 긍정적인 효과가 있음
⑤ 운동학습을 통해 운동기술을 습득하는 데 효과가 있음

(2) 운동의 심리적 효과
① 스트레스와 긴장완화에 도움을 줌
② 불안을 감소시키고 고독감과 같은 부정적인 감정을 해소함
③ 우울증, 불안, 신경증 등의 질병치료에 도움을 줌
④ 긍정적인 기분전환에 도움이 됨

(3) 운동의 사회적 효과
① 신체활동을 통해 새로운 인간관계를 맺을 수 있음
② 세대 간의 교류가 촉진되고 사회적으로 새로운 역할을 맡을 수 있음
③ 사회적 환경에 적극적으로 참여함으로써 사회통합에 기여할 수 있음

개념 PLUS

건강증진 이론
① 건강신념모델
- 인간의 행동은 주관적인 지각세계에 의존
- 지각된 민감성, 지각된 심각성, 지각된 위협, 지각된 이익, 지각된 장애, 자기 효능감, 행동의 계기
② 건강증진모형
- 건강증진행위를 설명
- 개인적 특성과 경험: 이전의 관련 행위, 개인적 요인
- 행위별 인지와 정서: 행동에 대한 지각된 이익, 행동에 대한 지각된 장애, 행동과 관련된 정서, 지각된 자기 효능감, 대인관계 영향, 상황적 영향

기출 FOCUS
- 운동의 신체적(생리적) 효과   15·18·19·22 기출
- 운동의 심리적 효과   22 기출
- 운동의 사회적 효과   15·16·18 기출
- 건강신념모델   22 기출

OX 퀴즈
노인은 운동을 통해 스트레스를 감소시키는 사회적 효과를 기대할 수 있다.   O X
정답 ×
해설 심리적 효과

기출 Q

Q. 건강신념모형에서 건강신념행동을 구성하는 요소로 옳지 않은 것은? 기출 22

① 지각된 장애
② 지각된 이익
③ 지각된 심각성
④ 지각된 자기 인식

해설 건강신념모형(HBM, health belief model)은 건강 관련 행동을 설명하고 예측하기 위해 개발된 사회적 심리적 건강 행동 변화 모델로서 인간의 행동은 주관적인 지각세계에 의존한다고 가정한 것임. 주요 개념으로 지각된 민감성, 지각된 심각성, 지각된 위협, 지각된 이익, 지각된 장애, 자기 효능감, 행동의 계기가 있음

정답 ④

Q. 노인의 지속적인 운동참여를 위한 동기유발 방법으로 적절하지 않은 것은? 기출 20

① 모험적인 목표를 세워 동기를 유발한다.
② 운동 시설에 대한 접근성을 높인다.
③ 동료의 성공적인 경험을 공유하게 한다.
④ 체력 수준에 맞게 운동 목표를 구체적으로 설정한다.

해설 노인에게 모험적인 목표를 자칫 낙상이나 기타 위험에 처하게 할 수 있으므로 개인별로 적정한 목표를 세워 동기를 유발하게 하는 것이 좋음

정답 ①

CHAPTER 02 노인 운동프로그램의 설계

기출 FOCUS

- 운동프로그램 구성요소: 운동형태, 운동강도, 운동시간, 운동빈도 15·16·17 기출
- 운동프로그램 기본원리: 점진성, 과부하, 특정성, 개별성, 특수성, 가역성 15·16·18 기출

암기 TIP

형도시빈 운동에 대해서는 형도씨의 시선이 빈약하네요. 이렇게 암기해보세요. 순서는 영어 이니셜을 차용해 FITT(빈도, 강도, 시간, 종류)라 부름

01 운동프로그램

1. 운동프로그램의 구성요소

운동 형태(종류) (exercise type)	• 신체 조성, 뼈 건강, 스트레스 수준 등의 변화를 촉진시키기 위한 노력이 필요함 • 유산소 운동을 통해 체지방 감소를 유도하고, 트레이닝을 통해 근육과 뼈를 강화하기 위한 노력이 필요함
운동 강도 (exercise intensity)	• 운동하는 동안 인체에서 특정한 생리적, 대사적 변화가 나타나도록 해야 함 • 노인 개인에 따라 목표, 연령, 선호도, 능력, 수준 등을 고려하여 프로그램을 설정해야 함
운동 시간 (exercise time)	• 운동 지속시간과 운동 강도는 역의 상관관계임 • 노인의 건강상태, 체력상태, 기능적 능력 등에 따라 시간을 조절해야 함
운동 빈도 (exercise frequency)	• 지속시간, 운동 강도와 관련됨 • 프로그램 목표, 선호도, 시간적 제약, 기능적 능력에 따라 차이가 있음

2. 운동프로그램 기본원리

암기 TIP

점과수가개 점과수를 파는 가게(게)가 있어요. 이렇게 암기해보세요.

점진성	• 트레이닝의 양을 점진적으로 늘림
과부하	• 평상시 신체활동 보다 더 많은 부하에 의해 자극을 받음
특수성	• 종목별로 요구하는 능력이 다르기 때문에 운동을 통해 얻을 수 있는 효과는 운동유형 및 관련 근육들과 관련이 있음
가역성	• 운동이 중지됐거나 과부하가 발생하지 않을 경우 운동능력이 급속도로 감소하게 됨
개별성	• 연령, 초기 체력수준, 건강 상태 등에 따라 운동프로그램을 설계함

> **기출 Q**
>
> **Q.** 운동프로그램의 원리 중 '특수성의 원리(specificity principle)'에 대한 설명으로 옳은 것은? 　　기출 23
> ① 훈련 자극 및 강도를 지속적으로 증가시켜야 한다.
> ② 신체의 기능 향상을 위해서는 더 강한 부하를 주어야 한다.
> ③ 운동의 효과는 운동 중 사용한 특정 근육 및 부위에서 나타난다.
> ④ 노인의 개인 특성과 운동능력 및 체력 수준을 고려하여 운동 형태를 결정해야 한다.
>
> 해설　특수성 원리란 종목별로 요구하는 능력이 다르기 때문에 운동을 통해 얻을 수 있는 효과는 운동 유형 및 관련 근육들과 관련이 있음　　정답 ③

02 운동참여를 위한 동기유발

1. 행동변화 이론

(1) **계획 이전 단계**: 인지유도 전략을 통해 문제를 인식하게끔 함

(2) **계획 단계**: 인지유도 전략을 통해 구체적인 계획을 갖고, 미래의 변화를 유도함

(3) **준비 단계**: 전략행동실천교육을 통해 행동변화를 유도함

(4) **행동 단계**: 중재전략을 통해 현재의 문제를 극복하고, 지속적으로 행동하게끔 유도함

(5) **유지 단계**: 지지하는 전략을 통해 새로운 운동습관을 유지하게끔 함

2. 동기유발과 목표설정

(1) 노인운동의 동기유발 요소

　① **신체적 건강**: 건강증진을 통해 삶의 질을 향상한다는 인식을 높여줌
　② **정신적 건강**: 정신건강이 높아지면 스트레스와 불안이 감소하고 기분이 좋아진다는 인식을 높여줌
　③ **사회적 건강**: 세대 간의 소통이 잘 되고, 새로운 역할을 맡을 수 있다는 인식을 높여줌

기출 FOCUS

- 반두라의 자기효능감
  15·16·21·22 기출
- 목표설정: 측정가능성, 구체성, 현실성, 행동성
  15·16·18·19 기출

암기 TIP

성대설정 자신감을 갖기 위해선 성대를 설정해야 합니다.

개념 PLUS

자기효능감 이론(self - efficacy)
① 반두라(A. Bandura, 1977) 제시
② 인간이란 감정, 사고, 행동을 통제할 수 있는 자기반영적인 능력을 지니고 있다고 보았음
③ 자신이 어떤 일을 잘해낼 수 있다는 개인적 신념
④ 4가지 요인을 통해 형성

성취경험 (성공경험)	• 어떤 사람이 목표를 달성하기 위해 시도한 결과 성공과 실패여부(수행 완수)
대리경험 (간접경험)	• 타인의 성공과 실패여부
언어적 설득 (사회적 설득)	• 타인으로부터 무엇인가를 잘 해낼 수 있다는 말을 얼마나 자주 듣느냐의 여부
정서적 각성	• 인간은 불안, 좌절 등과 같은 정서적 반응 등 조절능력

암기 TIP

측구실행 노인들께서 측(축)구를 진짜로 실행하시네요. 이렇게 암기해보세요.

(2) 목표 설정

측정 가능성	• 노인이 목표에 달성할 수 있도록 가능한 범위에서 설정함
구체성	• 운동형태, 강도, 시간, 빈도 등을 노인이 쉽게 알 수 있도록 설정함
현실성	• 노인 개개인이 달성할 수 있는 현실적 목표를 설정함
행동성	• 직접 행동에 옮길 수 있는 수준으로 설정함

기출 Q

Q. 노인 운동참여자들의 목표설정에 대한 설명으로 바르지 않은 것은? 기출 15

① 측정 가능함: 참여자는 목표가 달성되었는지를 판단할 수 있어야 함
② 구체적임: 참여자가 운동하는 시간을 구체적으로 명시해야 함
③ 현실적임: 참여자 스스로가 달성할 수 있다고 확신하는 목표를 통해 자아효능감을 높여야 함
④ 행동적임: 참여자는 결과 행동적 목표보다는 결과 지향적 목표를 통해 자아 효능감을 높여야 함

(해설) 목표설정의 기준은 측정 가능성, 구체성, 현실성, 행동성이 있음. ④번의 행동성은 직접 행동을 옮길 수 있는 수준으로 설정함을 의미하는 것으로 행동지향적인 목표를 가짐 (정답) ④

OX 퀴즈

운동프로그램의 구성요소는 운동형태, 운동강도, 운동시간, 운동빈도가 있다. OX

(정답) O

평상시 보다 더 많은 신체활동 부하에 의해 자극을 받는 가역성의 원리가 있다. OX

(정답) X
(해설) 과부하의 원리

03 운동방안 및 지침

1. 노인 대상의 운동 원리

기능 관련성	• 수업과 일상생활에서 수행하는 활동들 간의 연관성을 잘 인식함
난이도	• 노인 개인에 따른 고유의 능력과 난이도를 고려함
수용	• 노인에게 나타나는 신체기능의 변화를 수용하고 수준에 맞는 운동을 함

2. 노인 대상의 운동지침

(1) 규칙적인 신체활동과 운동을 통해 노인의 건강을 향상시키고 삶의 질을 높여줌

(2) **고령자를 위한 기능체력검사**(SFT)**의 항목**(리클리, 존스 Rikli & Jones)

① 체성분 검사: 신체질량지수 및 비만도 평가
② 근육량 검사: 신체질량지수
③ 전신지구력 검사: 6분 걷기, 2분 제자리 걷기
④ 상지근지구력 검사: 30초 동안 덤벨 들기 횟수
⑤ 하지근지구력 검사: 30초 동안 의자에 앉았다 일어서기
⑥ 상체 유연성 검사: 등 뒤로 손닿기
⑦ 하체 유연성 검사: 의자에 앉아 윗몸 앞으로 굽히기
⑧ 민첩성 검사: 의자에서 일어나 장애물(244cm, 8ft) 돌아오기
⑨ 평형성 검사: 눈감고 외발 서기

개념 PLUS

SFT(미국형 노인체력검사)와 국민체력 100(한국형 노인체력검사) 비교

측정항목	SFT(Senior Fitness Test)	국민체력 100	비고
근기능(상지)	덤벨(회)	상대악력(%)	차이
근기능(하지)	의자에서 앉았다 일어서기(회)	좌동	
심폐지구력	6분 걷기(m) 또는 2분 제자리 걷기(회)	좌동	
유연성(상체)	등 뒤로 두 손 모으기	앉아 윗몸 앞으로 굽히기(cm)	유사
유연성(하체)	의자에 앉아 손 뻗기		
민첩성, 평형성	일어서서 2.44m 왕복하기(초)	의자에 앉아 3m 표적 돌아오기(초)	유사
협응력	–	8자 보행(초)	차이

기출 FOCUS

- 노인 대상 운동원리 기능 관련성, 난이도, 수용
  15 · 16 · 23 기출
- 고령자를 위한 SFT 검사항목
  16 · 17 · 19 · 20 · 21 · 22 기출
- WHO가 제시한 65세 이상 노인의 신체활동 권장지침
  18 · 24 기출

OX 퀴즈

노인운동 프로그램의 목표는 측정이 가능해야 한다. O/X

정답 O

기출 FOCUS

- 국민체력 100 23·24 기출

국민체력 100 요약

체력인증프로그램	어르신(만 65세 이상) (2013년 시작)	
국민체력100 NFA(National Fitness Award)	1등급: 5개 체력검사항목이 모두 인증기준 상위 30% 이내 2등급: 5개 체력검사항목이 모두 인증기준 상위 50% 이내 3등급: 5개 체력검사항목이 모두 인증기준 상위 70% 이내	
신체조성 권장범위	적용되지 않음(단, 청소년과 성인은 성별·연령별 신체질량지수 BMI, 체지방률 측정)	
인증기준	건강체력 항목	근기능(상지, 하지) −상대악력(%) −30초 의자 앉았다 일어서기(회) 심폐지구력(택 1) −2분 제자리 걷기(회) −6분 걷기(m) 유연성 −앉아 윗몸 앞으로 굽히기(cm)
	운동체력 항목	평형성 −의자 앉아 3m 표적 돌아오기(초) 협응성 −8자 보행(초)

기출 Q

Q. 한국형 노인체력검사(국민체력 100)의 측정항목과 측정방법의 연결이 옳지 않은 것은?

기출 24

	측정항목	측정방법
①	협응력	8자 보행
②	심폐지구력	6분 걷기
③	상지 근 기능	덤벨 들기
④	유연성	앉아 윗몸 앞으로 굽히기

해설 국민체력 100의 상지 근 기능 측정은 상대악력(%)으로 하고, 덤벨 들기는 미국형 노인체력검사 측정 종목임

정답 ③

(3) 세계보건기구(WHO, 2020)**의 노인**(만 65세 이상) **신체활동 지침**

① 최소 150~300분 중등도의 유산소 운동 또는 75~100분 고강도의 유산소 운동 권장

② 1주일에 주2회 이상의 주요 근육을 단련하는 근력운동 권장(건강상의 이점)

③ 낙상을 예방하기 위해 주3일 이상 중강도 이상의 기능 균형과 근력운동을 포함한 다양한 복합적 신체활동 권장(균형감각 초점)

OX 퀴즈

고령자를 위한 기능체력검사(SFT)에서 2분 제자리 걷기를 통해 민첩성을 검사할 수 있다.

O X

정답 ×
해설 전신지구력 검사

CHAPTER 03 질환별 프로그램의 설계

01 호흡·순환계 질환 운동프로그램

1. 고혈압

(1) 개요

① 최고혈압이나 최저혈압이 평균치보다 높은 상태를 의미함
  ㉠ 1단계(경증): 수축기 혈압 140~159mmHg 혹은 이완기 혈압 90~99mmHg
  ㉡ 2단계(중등): 수축기 혈압 160~179mmHg 혹은 이완기 혈압 100~109mmHg
  ㉢ 3단계(중증): 수축기 혈압 180mmHg 이상 혹은 이완기 혈압 110mmHg 이상
② 고혈압은 성인에서 수축기 혈압이 140mmHg 이상이거나 이완기 혈압이 90mmHg 이상일 때를 말함

(2) 운동프로그램

① 혈압의 비정상적인 변동을 초래하지 않도록 유의해야 함
② 운동훈련이 강도가 높은 운동만큼 혈압을 낮추기 위해서는 보다 약한 강도의 운동훈련이 효과적임
③ 보다 낮은 강도의 운동이 안전할 수 있고 동시에 혈압을 낮춰 줌
④ 주 3회 이상 근력운동, 유연성 운동을 권장함

2. 당뇨병

(1) 개요

① 인슐린의 분비량이 부족하거나 정상적인 기능이 이루어지지 않는 등의 대사질환 일종임
② 신진대사의 장애로서 심하면 심장병, 수족절단, 뇌졸중, 신장질환 등을 유발할 수 있음
③ 노인에게 흔한 질병으로 II형 당뇨병을 앓는 전체 인구의 약 50%가 65세 이상임

기출 FOCUS
- 고혈압　　　18·22 기출
- 당뇨병　　　16·18·23 기출
- 고지혈증　　　20 기출
- 천식: 기도폐쇄, 기도 염증 등 기도의 반응성이 높아지는 호흡기 질병

OX 퀴즈
고혈압은 성인에서 수축기 혈압이 140mmHg 이상이거나 이완기 혈압이 90mmHg 이상일 때를 말한다. ⓞⓧ

정답 ○

④ 공복(8시간 금식 후) 혈당수치가 126(mg/dl) 이상, 당화혈색소 6.5% 이상이면 당뇨병으로 분류됨(정상 공복 혈당은 110 이하)

> **개념 PLUS**
>
> **당뇨병의 원인**
> - I형 당뇨병: 신체의 인슐린을 생성하는 췌장의 베타세포의 파괴로 인슐린이 절대 부족(소아, 사춘기 무렵 발생)
> - II형 당뇨병: 췌장에서 인슐린이 분비가 되지만 체내에서 제대로 작용하지 못함(성인, 전체 당뇨병의 90~95% 이상 차지)

(2) 운동프로그램

① 식후의 혈당치가 250 혹은 300mg/dl 이하, 공복혈당(FGB)은 160mg/dl 이하, 당화혈색소(HbAIC)가 10% 이하일 때 운동을 권장함
② 노인 개인별로 운동 강도, 빈도, 시간에 맞게 프로그램을 적용함
③ 식단과 인슐린의 균형을 유지해야 함
④ 소근육보다 대근육 위주로 운동을 해야 함
⑤ 식후 30분~1시간 이후에 운동을 하는 것이 좋음
⑥ 저강도에서 중강도로, 유산소와 저항운동을 병행함

> **기출 Q**
>
> **Q.** 〈보기〉에서 노인 당뇨병 환자의 운동 효과로 옳은 것만을 모두 고른 것은? [기출 24]
>
> > ㄱ. 인슐린 저항성 증가
> > ㄴ. 체지방 감소
> > ㄷ. 죽상동맥경화 합병증 위험 감소
> > ㄹ. 인슐린 민감성 감소
> > ㅁ. 골격근의 포도당 수송 능력 감소
> > ㅂ. 당뇨병 전단계에서 제2형 당뇨병으로의 진행 예방
>
> ① ㄱ, ㄴ, ㅂ   ② ㄴ, ㄷ, ㄹ   ③ ㄴ, ㄷ, ㅂ   ④ ㄹ, ㅁ, ㅂ
>
> **해설** 당뇨병은 인슐린의 분비량이 부족하거나 정상적인 기능이 이루어지지 않는 등의 대사질환 일종임. 노인 개인별로 운동 강도, 빈도, 시간에 맞게 프로그램을 적용하고, 식단과 인슐린의 균형을 유지함으로써 체지방 감소 등의 효과를 기대할 수 있음. 노인 당뇨병 환자의 운동 효과로 인슐린 저항성은 감소하고, 인슐린 민감성은 증가하며, 골격근의 포도당 수송 능력도 증가함. 운동은 당뇨병 관리에 중요한 역할을 하며, 혈당 조절과 인슐린 작용 개선에 긍정적인 영향을 미침 **정답** ③

3. 뇌졸중

(1) 개요

① 뇌기능에 부분적 또는 전체적으로 급속하게 발생하게 되는 장애를 말함

OX 퀴즈

당뇨병을 앓는 노인의 운동은 대근육보다 소근육 위주로 해야 한다.
O X

정답 ×
해설 대근육 위주

② 뇌혈관이 막혀서 발생하는 뇌경색, 뇌혈관 파열로 인해 뇌 조직 내부로 혈액이 유출되어 발생하는 뇌출혈을 포함하는 개념임

기출 FOCUS

✓ 폐질환　　24 기출

(2) 운동프로그램
① 건강상태와 기동성을 유지하고 개선시키는 데 운동훈련을 목적으로 함
② 지구력 운동, 유연성 운동, 평형성 등을 포함한 모든 종류의 활동을 포함해야 함
③ 뇌졸중으로 인해 마비된 부위와 그렇지 않은 부위를 함께 운동하게 한다.
④ 상지는 어깨관절부터 팔꿈치, 손목, 손가락 순으로 운동하게 한다.
⑤ 하지는 허벅지, 무릎, 발 순으로 운동하게 한다.
⑥ 개인에 따라 여러 번 반복을 통해 운동을 하게 한다.

4. 폐질환

(1) 개요
① 천식은 호흡곤란, 거친 숨소리 등의 증상이 반복적이고, 발작적으로 나타나는 질환으로 다양한 자극에 대해 기도의 반응성이 높아지는 특성이 있는 호흡기 질병임
② 만성폐쇄형 폐질환은 호흡된 공기의 흐름에 만성적으로 폐쇄를 가져오는 폐질환임

(2) 운동프로그램
① 노인 개인별로 적절한 강도를 정하고 유산소 운동을 수행하는 데 겪는 어려움의 정도를 고려함
② 낮은 강도의 준비운동으로 천식 발병의 위험을 줄이는 데 도움을 줌
③ 노인 대상으로 산소 소비량에 변화가 크지 않은 유산소성 지구력을 개선시키기 위한 운동을 시켜야 함
④ 운동 지구력을 키우는 것에 중점을 둠으로써 호흡기능을 개선시켜야 함

5. 관상동맥성 심장질환

(1) 개요
① 관상동맥 중 하나 이상이 혈관경련으로 좁아진 상태를 의미함
② 가슴통증, 현기증, 호흡곤란 등을 느낌
③ **협심증**: 관상동맥이 좁아지고, 동맥 내 혈전이 생기거나 동맥이 수축하면서 가슴에 통증을 느낌
④ **심근경색**: 관상동맥이 막혀 심근에 괴사가 일어나는 질환

(2) 운동프로그램
① 가벼운 걷기, 가볍게 실내 자전거 타기 등 낮은 운동을 실행함
② 저항 트레이닝은 관상동맥성 심장질환이 있는 노인들에게 유용함

6. 고지혈증(이상지질혈증)

(1) 개요
① 혈청 속에서 지방성분이 너무 많아 혈청이 뿌옇게 흐려진 상태
② 동맥경화증을 촉진시키는 요인으로 심혈관 질환, 당뇨, 고혈압 등 만성질환 동반 가능

(2) 운동프로그램
① 걷기, 수영, 자전거 타기 등을 통해 운동에너지 소비량을 증대시키기 위한 비교적 큰 근육(둔부, 대퇴부 등)들을 이용, 지속적이고 리드미컬한 형태의 운동 권장
② 최대산소섭취량의 50~60% 수준 지속, 1일 운동시간 30~60분 적당, 주3회에서 6회 미만의 운동 목표로 함

> **기출 Q**
>
> **Q.** 이상지질혈증이 있는 노인을 위한 운동 방법으로 적절하지 <u>않은</u> 것은? 　기출 20
>
> ① 하루 30~60분의 운동이 적당하다.
> ② 유연성 운동, 저항운동 및 유산소 운동을 실시한다.
> ③ 대근육을 이용한 지속적이고 리드미컬한 형태의 운동을 한다.
> ④ 에너지 소비를 최대로 증가시키기 위해 고강도 운동을 한다.
>
> **해설** 이상지질형증(고지혈증)은 혈청 속에서 지방성분이 너무 많아 혈청이 뿌옇게 흐려진 상태로 동맥경화증을 촉진시키는 요인임. 걷기, 수영, 자전거 타기 등을 통해 운동에너지 소비량을 증대시키기 위한 비교적 큰 근육(둔부, 대퇴부 등)들을 이용, 지속적이고 리드미컬한 형태의 운동을 권장함
>
> **정답** ④

02 근골격계 질환 운동프로그램

1. 골다공증

(1) 개요
① 뼈의 강도가 약해져서 쉽게 골절되는 골격계의 질환임
② 뼈의 양이 감소하고 질적인 변화로 인해 뼈의 강도가 약해진 상태임

(2) 운동프로그램
① 단기간 동안 다양한 근육군을 사용해 서킷 트레이닝, 인터벌 트레이닝 운동을 하면 좋음
② 체중이 실리는 운동프로그램을 적용한다면 가벼운 중량으로 운동을 실시해야 함
③ 골다공증이 심할 경우 체중부하운동을 하게 하는 대신 수영, 아쿠아로빅 등과 같은 수중운동을 시행함
④ 운동 시 낙상에 주의해야 함

기출 FOCUS

- 골다공증
  17 · 18 · 20 · 22 · 24 기출
- 관절염   19 · 23 기출
- 파킨슨   16 · 17 기출
- 류머티스 관절염: 세균, 바이러스로 인해 몸의 면역체계가 공격을 받아 환부에 염증, 통증 유발

2. 관절염

(1) 개요
① 골관절염은 가동관절에 있는 뼈 바깥부분의 연골조직이 얇아지는 결과임
② 류머티스염 관절염은 환부에 만성적인 염증으로 여성에게 많이 발생함

(2) 운동프로그램
① 충격이 적고 체중을 받지 않는 운동프로그램을 적용함
② 사지를 동시에 모두 사용하도록 하는 운동기구를 활용함
③ 운동 강도는 통증 정도를 고려하여 설정함

3. 파킨슨병

(1) 개요
① 신경퇴행성 질환으로 신경 세포들의 어떤 원인에 의해 소멸하게 되어 뇌 기능의 이상을 일으키는 질병임(운동능력 감퇴)
② 도파민 신경세포의 소실로 인해 발생하는 신경계의 만성 진행성 퇴행성 질환임
③ 체형변화로 인한 부작용을 근력운동으로 지연시킬 수 있음

(2) 운동프로그램
① 느리고 절도 있는 운동을 포함해야 함
② 실내 자전거 타기, 암 사이클 운동처럼 앉은 자세에서 수행하는 유산소 운동이 좋음
③ 만성적인 진행성 질환이기 때문에 규칙적인 운동이 필요함

기출 FOCUS

◆ 알츠하이머병
16·17·24 기출

4. 알츠하이머병

(1) 개요
   ① 치매를 일으키는 퇴행성 뇌질환으로 서서히 발병하여 기억력을 포함한 인지기능의 약화가 점진적으로 진행되는 병임(기억력 감퇴)
   ② 노인성 치매를 유발하는 병임

(2) 운동프로그램
   ① 지도자나 보호자를 동반하여 운동을 실시해야 함
   ② 운동프로그램과 운동 환경에 흥분할 수도 있는 행동변화를 고려해야 함
   ③ 인내심을 가지고 운동프로그램에 대한 흥미를 지속할 수 있도록 해야 함
   ④ 병이 진행됨에 따라 보호자가 환자를 운동 프로그램에 데려오고 싶지 않은 것에 대처해야 함
   ⑤ 노인환자의 신체 및 정신적 건강이 쇠퇴하면서 생기는 문제에 대처해야 함

기출 Q

Q. 치매 노인의 신체활동 효과 및 운동지침으로 가장 적절한 것은? 　기출 19

① 중증 치매 노인의 경우, 그룹운동이 개별운동보다 더 효과적이다.
② 단순하고 반복적인 운동보다는 복잡하고 새로운 운동을 권장한다.
③ 뇌에 산소공급량을 감소시키고 신경세포 활성에 도움을 준다.
④ 지도자나 보호자를 동반하여 운동을 실시한다.

해설 알츠하이머와 같이 치매를 일으키는 퇴행성 뇌질환은 서서히 발병하여 기억력을 포함한 인지기능의 약화가 점진적으로 진행되는 병이므로 지도자나 보호자 동반이 필수임　정답 ④

Q. 골다공증이 있는 노인의 운동에 관한 설명으로 적절하지 <u>않은</u> 것은? 　기출 20

① 심각한 골다공증이 있는 노인에게는 최대근력검사를 권장하지 않는다.
② 통증을 유발하지 않는 중강도 운동을 권장한다.
③ 체중 지지 운동은 권장하지 않는다.
④ 평형성 향상을 위한 운동을 권장한다.

해설 골다공증은 뼈의 강도가 약해져서 쉽게 골절되는 골격계의 질환임. 골다공증이 심할 경우 체중부하운동을 하게 하는 대신 수영, 아쿠아로빅 등과 같은 수중운동을 시행해야 하나, 체중이 실리는 운동프로그램을 적용한다면 가벼운 중량으로 운동을 통해 적정수준의 체중지지 운동을 권장하기도 함

정답 ③

OX 퀴즈

노인성 치매환자의 운동 환경을 스스로 이겨나갈 수 있게 조성해야 한다. Ⓞ Ⓧ

정답 ×
해설 지도자나 보호자를 동반해야 함

개념 PLUS

노인 대상 스트레칭
- 정적 스트레칭: 일정하게 느린 속도로 스트레칭 동작을 수행
- 탄성 스트레칭: 스트레칭 동작의 마지막 범위에서 탄성을 이용하여 동작에 반동을 주는 스트레칭 동작을 수행
- 동적 스트레칭: 빠른 동작으로 스트레칭 동작을 수행

비만노인 운동방법
- 비만을 측정하는 가장 대표적인 방법은 목표심박수계산법이 있음
- 운동강도 설정방법으로 최대심박수(HRmax)보다 운동자각도(RPE)를 권장함
- 유산소 운동과 근력운동을 병행함
- 체중부하운동보다 비체중부하운동(스트레칭, 유연성 등)을 권장함

목표심박수(THR)계산법
- 최대 심박수(HRmax)를 이용해 구하는 방법으로 최대 심박수에 목표 운동강도의 백분율을 곱해 구함
- 안전하게 얻어지는 최대의 운동부하 강도를 설정하기 위해 목표가 되는 심박수를 설정하는 것으로 연령별 최대 심박수 표로부터 연령에 대응한 수치의 80~90%의 설정하지만 중년층 이상일수록 낮게 설정해야 함
  - 운동자각도(자각인지도, Rating of Perceived Exertion: RPE)
- 운동 시 변화하는 느낌을 생리학적 반응에 맞추어 등급을 매긴 척도로 심리학자 보그(G. Borg)에 의해 개발돼 Borg 척도(scale)라고 함
- 운동을 할 때 느끼는 주관적인 감정으로 스스로 운동이 얼마나 힘든지를 주관적으로 측정할 수 있는 지표임
- 6에서 20까지의 숫자 척도로 나타낸 운동 강도로서 6은 최대로 편안한 느낌에 해당하는 최솟값, 20은 최대의 힘을 발휘할 때를 의미함(6~9는 준비운동, 10~12는 가벼운 근력운동, 13~14는 유산소 운동, 15~16는 무산소 운동, 17~20은 최대산소섭취가 필요한 운동임)

목표심박수
① 최대 심박수 이용
   (공식) 목표 심박수 = (220 - 연령) × 운동강도(%)
② Karvornen 공식 이용
   (공식) 목표 심박수 = (최대 심박수 - 안정 시 심박수) × 운동강도(%) + 안정 시 심박수
   - 최대 심박수(HRmax) = 220 - 나이
   - 여유 심박수(HRR) = 최대 심박수(HRmax) - 안정 시 심박수(HRrest)
   - 목표 심박수(THR) = 여유 심박수(HRR) × 운동강도 + 안정 시 심박수(HRest)

METs(metabolic equivalent, 대사당량) 활용법
- 휴식할 때 필요한 에너지와 몸에서 필요한 산소의 양
- 1MET란 1분당 체중 1kg이 산소 3.5ml의 섭취량을 의미(1MET = 3.5ml/kg/min)
- 3MET 미만(저강도; 서있기, 천천히 걷기), 3~6MET(중강도; 조금 빠르게 걷기), 6MET 초과(고강도: 조깅, 달리기, 자전거 타기, 수영 등)
- 운동소비 칼로리(kcal)를 환산하면 아래와 같은 공식이 됨

$$1kal = \frac{NET_s \times 3.5 \times 1kg}{200} \times 1분$$

기출 FOCUS
- 노인 대상 스트레칭 18 기출
- 비만노인 운동방법 15·19 기출
- 심박수 계산 20·22 기출

OX 퀴즈
운동자각도란 운동을 할 때 느끼는 주관적인 감정으로 스스로 운동이 얼마나 힘든지를 주관적으로 측정할 수 있는 지표이다. O / X

정답 O

기출 FOCUS

✓ **낙상위험** 노인 운동방법
15 · 19 기출

낙상위험 노인 운동방법
- 낙상을 미연에 방지하기 위해선 저항운동(근력운동)과 유연성 운동을 병행해야 함
- 사회적 지원, 자기효능과 같은 행동전략을 활용함
- 발끝서기와 같은 자세유지 근육운동을 권장함
- 신경근 운동과 함께 평형성 운동을 권장함
- 저강도 운동 위주로 진행해야 함

기출 Q

Q. 〈보기〉의 ㉠, ㉡에 들어갈 목표심박수 범위가 바르게 나열된 것은? 기출 22

- 나이: 70세
- 성별: 남성
- 안정시 심박수: 80회/분
- 최대심박수: 150회/분
- 의사는 심폐지구력 운동 시 목표심박수 40~50% 강도를 권고
- 카보넨(Karvonen) 공식을 활용한 목표심박수의 범위는 (㉠)%HRR에서 (㉡)%HRR 이다.

	㉠	㉡
①	108	115
②	115	122
③	122	129
④	129	136

해설 카보넨 공식을 이용한 목표심박수=(최대 심박수−안정 시 심박수)×운동강도(%)+안정 시 심박수=(150−80)×(40~50%)+80=108~115   **정답** ①

CHAPTER 04 지도자의 효과적인 지도

01 노인스포츠지도자의 지도 요소

(1) 수업장소에 일찍 도착하여 상황을 미리 파악해야 함
(2) 운동프로그램을 시작하기 전에 분위기를 조성함
(3) 언어적, 비언어적, 자기주장 기술 등을 동원해서 효과적인 의사소통을 해야 함
(4) 내용을 명확하고 간결하게 전달해야 함
(5) 전문용어 대신 쉬운 용어로 바꾸고 참여자와 눈을 마주치며 수행함

02 노인교육방법

(1) **자발성의 원리**
　① 강압적, 타율적으로 이루어져서는 안 되며 노인들의 흥미에 입각한 자발성에 기초함
　② 노인 중심의 발표, 토론, 수강, 평가 등 자발적인 활동방식이 중요함

(2) **경로의 원리**
　① 교사는 누구보다도 경로사상에 투철한 자질을 요구함
　② 따뜻한 경로사상으로 교육의 효과를 얻을 수 있음

(3) **사제동행의 원리**
　① 학습계획은 노인과 협동적으로 계획을 세우는 것이 바람직함
　② 노인들의 풍부한 경험을 활용하는 것임

(4) **생활의 원리**
　① 교육내용과 방법은 노인의 생활과 밀접한 관련이 있어야 함
　② 노인들의 일상생활 속에서 나타나는 문제를 중심으로 실시함

(5) **다양성의 원리**
　① 강의와 병행하여 다양한 활동이 전개되는 것이 좋음
　② 견학, 토론, 영화감상, 슬라이드, 발표하기 등과 같이 다양한 학습 활동이 전개되면 좋음

기출 FOCUS

◉ 노인스포츠 지도 요소
　21 기출

◉ 노인체육수업의 단계
　18 기출
　• 도입단계: 지난 수업내용을 다시 설명, 수업시간에 진행될 사항을 설명
　• 전개단계: 긍정적인 피드백을 제공
　• 정리단계: 참여자들이 성취한 것을 정리

◉ 노인교육방법　22 기출
　• 개별화의 원리
　• 사제동행의 원리

OX 퀴즈

노인스포츠지도사는 복잡한 내용을 전문용어를 통해 상세하게 설명할 준비가 돼 있어야 한다.
　　O X

정답 ×
해설 쉬운 용어로 내용을 명확하고 간결하게 전달

기출 FOCUS

◆ RICE 처치법
　　16 · 19 · 22 · 23 기출
(1) 안정을 취하게 함(Rest)
(2) 얼음찜질을 실시함(Ice)
(3) 환부를 압박함
　　(Compression)
(4) 환부를 높이 올려두게 함
　　(Elevation)

---

(6) 직관의 원리

① 사진, 그림, 표본, 도표, 그래프, 슬라이드, 영화, 라디오, 텔레비전, 비디오 등과 같은 시청각 교재를 활용함
② 학습이 구체적으로 되어 흥미를 유발하게 함

(7) 개별화의 원리

① 노인의 개인경험, 연령, 교육 등을 고려하여 교육함
② 개개인의 학습 욕구를 충족시켜줄 수 있는 방법을 찾음

기출 Q

Q. 〈표〉는 노인이 운동할 때 응급상황에 대한 응급처치 방법과 목적을 제시한 것이다. ㉠~㉢에 들어갈 용어를 바르게 연결한 것은? 　　기출 23

방법	목적
(㉠)	추가적 손상 방지
Rest(휴식)	심리적 안정
Ice(냉찜질)	(㉡)
Compression(압박)	부종 감소
Elevation(거상)	부종 감소
Stabilization(고정)	(㉢)

	㉠	㉡	㉢
①	Posture(자세)	근 경련 감소	마비 예방
②	Posture(자세)	통증, 부종, 염증 감소	마비 예방
③	Protection(보호)	통증, 부종, 염증 감소	근 경련 감소
④	Protection(보호)	마비 예방	근 경련 감소

해설 응급상황 처치법으로 보호(protection) → RICE(rest 휴식, ice 냉찜질, compression 압박, elevation 거상) → 고정(stabilization)임　　**정답** ③

03 노인운동 시 위기관리

1. 건강과 체력 시설의 기준과 지침

(1) 미국스포츠의학회(ACSM, 2022)**의 노인 신체활동의 권고 지침**

① 건강체력시설 기준 및 지침
　㉠ 어떠한 응급상황에서도 신속하게 반응하고, 모든 직원들에게 계획을 공유, 정기적인 응급 대처 훈련을 실시해야 함

ⓒ 프로그램의 안전을 위해 신체활동 시작 이전에 각 참가자들을 선별해야 함
ⓒ 지도자는 응급처치 자격증을 포함해서 전문능력을 갖추어야 함
ⓔ 장비 사용방법, 장비 사용과 관련된 위험에 대한 경고를 게시해야 함
ⓜ 모든 관련된 법률, 규정, 알려져 있는 규범을 준수해야 함

② 노인을 위한 FITT 권장사항

구분	유산소 운동	저항 운동	유연성 운동
빈도	• 중강도 신체활동: 5일/주 이상 • 고강도 신체활동: 3일/주 이상 • 중·고강도 신체활동: 3~5일/주	• 2일/주 이상	• 2일/주 이상
강도	• 중강도 신체활동: 5~6 운동자각도 • 고강도 신체활동: 7~8 운동자각도 ※ 운동자각도 척도는 0~10	[점진적 웨이트 트레이닝] • 저강도 신체활동: 1RM 40~50%(처음 운동 시작 노인) • 중강도 신체활동: 1RM 60~70% 또는 5~6 운동자각도 • 고강도 신체활동: 7~8 운동 자각도 [파워트레이닝] • 저강도에서 중강도 (1RM 30~60%)	• 근육의 긴장감과 약간의 불편감이 느껴질 정도까지 스트레칭하기
시간	• 중강도 신체활동: 최소 30~60분/일 • 고강도 신체활동: 최소 20~30분/일	[점진적 웨이트 트레이닝] • 대근육근으로 8~10 종류의 운동: 각각 8~12회 반복으로 1~3세트 실시 [파워트레이닝] • 빠른 속도로 6~10회 반복	• 30~60초 동안 스트레칭하기
형태	• 과도한 정형외과적 스트레스를 유발시키지 않는 운동: 걷기, 수중 운동, 고정식 자전거 타기	• 점진적 웨이트 트레이닝 프로그램 또는 체중부하 유연체조 실시, 계단 오르기, 근력강화 (대근육군 사용)	• 느린 움직임으로 유연성 증진 또는 유지시키는 동작 형태: 정적 스트레칭

※ 근력이란 개인이 한 번에 들어 올릴 수 있는 최대 무게를 의미하고, 1회 최대반복 혹은 1RM(one-repetition maximal)로 나타냄
※ 노인의 운동자각도: 0(앉아 있을 때 강도), 5~6(중강도 신체활동), 7 이상(고강도 신체활동), 10(탈진상태)

기출 FOCUS

✓ ACSM 지침 및 노인을 위한 FITT 권장사항
  20·21·22 기출
• 유산소 운동 22 기출

> **개념 PLUS**
>
> **ACSM(2022)에 제시한 노인 대상 운동검사**
> - **운동능력**: 낮은 운동능력의 예상노인은 초기부하가 낮아야 하고(3METs 이하), 부하 증가량도 작은(0.5~1.0METs) 노턴(Naughton) 트레드밀 사용
> - **자전거 에르고미터 활용**: 평형성, 신경근 협응력 저조, 시력 손상, 보행실조, 체중부하 제한, 발의 문제가 있는 노인(트레드밀검사 보다 더 적합)
> - **트레드밀 활용**: 평형성과 근력이 낮거나 신경근 협응력이 저조하면 트레드밀의 양측 손잡이를 잡고 검사 실시, 트레드밀 부하는 속도보다는 경사도를 증가시키면서 보행능력에 따라 조정
> - **최대운동검사**: 예측된 최대심박수(HRmax)를 초과하기 때문에 검사 종료기준을 설정할 때 사전에 고려(최대심박수=220-나이)
> - **약물처치**: 심전도 및 혈역학 반응에 영향을 미칠 수 있음을 감안

③ 노인을 위한 특별 고려사항
  ㉠ 만성질환이 있는 노인인 경우 초기 운동 프로그램 참가 시 가벼운 강도와 시간 설정
  ㉡ 운동 선호도와 적응능력에 맞춰 개별화(건강이 좋지 않은 경우 신중한 접근)
  ㉢ 웨이트 장비 사용 시 초기 트레이닝은 노인의 요구에 즉각적 대처할 수 있는 환경 마련
  ㉣ 건강한 노년층의 파워트레이닝 시 저·중강도 부하(30~60%) 사용, 빠른 속도로 6~10회 반복하는 단일 및 다관절 운동(1~3세트) 실시
  ㉤ 근육 감소증이 있는 노인의 유산소 트레이닝은 실시 전에 근력증가가 필요
  ㉥ 만성질환이 있는 노인의 최소 권장운동량 수행을 위해 좌업생활 습관 지양, 신체활동의 내성을 함양
  ㉦ 인지능력 감퇴한 노인들은 중강도 신체활동을 통해 인지능력 향상 유도
  ㉧ 심각한 인지장애 노인의 신체적 활동을 위해 개인적인 지원 필수
  ㉨ 심혈관 질환이 있는 노인들은 정규 신체활동 프로그램 마무리 때는 반드시 적절한 정리운동을 실시
  ㉩ 사회적 지원, 자기효능감, 건강 선택 능력, 안전 인식과 같은 행동전략의 융합을 통해 규칙적인 운동 프로그램 참여를 강화

2. 노인 대상의 응급처치 순서

(1) **1단계**: 응급상황을 인식함
(2) **2단계**: 도움을 요청해야 하는지 결정함
(3) **3단계**: 응급의료서비스기관인 119를 호출함
(4) **4단계**: 전문적인 치료가 이루어지기 전까지 응급처치를 실시함

> **OX 퀴즈**
>
> ACSM에서는 허약노인을 위해 저강도 운동만을 권장한다.
> O X
> 정답 ×
> 해설 저·중강도의 근력운동을 포함할 것을 권장

기출 Q

Q. 미국스포츠의학회(ACSM, 2022)가 제시한 노인의 운동지침으로 옳지 <u>않은</u> 것은?

기출 24

① 유연성 운동: 약간의 불편감이 느껴질 정도로 30~60초 동안의 정적 스트레칭
② 유산소 운동: 중강도로 주 5일 이상 또는 고강도로 주 3일 이상의 대근육 운동
③ 파워 운동: 빠른 속도로 1RM의 60% 이상의 고강도 근력운동을 10~14회 반복
④ 저항 운동: 8~10종의 대근육군 운동, 초보자는 1RM의 40~50% 강조의 체중부하운동

(해설) 점진적 웨이트 트레이닝으로 대근육근으로 8~10종류의 운동을 함. 즉, 각각 8~12회 반복으로 1~3세트 실시함. 또한 파워트레이닝은 빠른 속도로 6~10회 반복운동을 권장함 (정답) ③

Q. 〈보기〉의 ㉠, ㉡에 해당하는 노인운동 교육의 원리와 설명이 바르게 나열된 것은?

기출 22

- (㉠) – 지적 능력, 학력, 흥미, 성격, 경험, 건강상태 등 개개인의 학습 욕구를 충족시켜줄 수 있는 방법을 모색한다.
- (㉡) – 지도자와 학습자 간의 동등한 관계에서 출발하여 교육활동 전반에서 상호 간의 합의를 이루도록 한다.

	㉠	㉡
①	다양화의 원리	사회화의 원리
②	개별화의 원리	사제동행의 원리
③	개별화의 원리	사회화의 원리
④	다양화의 원리	사제동행의 원리

(해설) 노인교육방법은 자발성의 원리, 경로의 원리, 사제동행의 원리, 생활의 원리, 다양성의 원리, 직관의 원리, 개별화의 원리 등이 있음. ㉠은 노인의 개인경험, 연령, 교육 등을 고려하여 교육하는 개별화의 원리이고, ㉡은 노인들의 풍부한 경험을 활용하는 사제동행의 원리임 (정답) ②

PART 10 노인체육론 Self Check

해설 PLUS

01 세포와 조직의 노화에 따른 손상으로 이어짐. 활성산소라고도 불리는 자유기(free radical)는 세포 구성성분을 산화하거나 공격하여 세포의 손상을 통해 죽게 함 정답 ②

01 아래에서 설명하는 노화이론은?

- 자유기(free radical)에 의한 세포훼손이 일어난다.
- 결합조직의 엘라스틴과 콜라겐의 교차결합(cross linkage)이 폐, 신장, 혈관, 소화계, 근육 등의 탄력성을 감소시킨다.

① 유전적 이론　　② 손상 이론
③ 연속성 이론　　④ 점진적 불균형 이론

02 에릭슨의 심리사회적 이론으로 0~1세에 속한 1단계는 신뢰 대 불신단계임 정답 ①

02 에릭슨(E. Erickson)의 심리사회적 이론에서 기술한 각 연령대의 발달과업으로 옳은 것은?

① 0~1세: 신뢰-불신
② 13~18세: 역량-열등감
③ 중년 성인기: 친분-고독
④ 노년기: 죄책감-역할혼동

03 〈보기〉의 설명은 범이론적 모형임 정답 ②

03 아래가 설명하는 행동변화이론 및 모형은?

- 행동이 변화되는 과정과 전략을 제시한다.
- 개개인의 행동변화를 고려 전, 고려, 준비, 행동, 유지의 5단계로 구분한다.
- 목표설정, 피드백, 보상시스템과 같은 행동전략들이 신체활동 참여를 유지하는 데 도움이 된다.

① 건강신념 모형　　② 범이론적 모형
③ 사회인지 이론　　④ 계획된 행동 이론

04 노인의 운동참여에 대한 사회적 효과는 인간관계와 역할수행 등이 있음 정답 ③

04 노인의 신체활동을 통한 사회성 발달에 대한 설명으로 가장 바른 것은?

① 규칙적으로 신체활동에 참가하면 사회활동에서 은퇴하고자 하는 욕구가 커진다.
② 신체활동이 소규모 집단에서 이루어질 때만 사회적, 문화적 교류가 증진된다.
③ 집단 신체활동은 새로운 우정과 교류를 촉진시킨다.
④ 신체활동은 노화와 노인의 부정적인 고정관념을 강화시킨다.

05 아래에서 제시하는 트레이닝 원리는?

> 노인의 하체 근육을 강화시키기 위해서 걷기와 계단 오르기를 실시한다.

① 과부하(overload)의 원리
② 가역성(reversibility)의 원리
③ 특수성(specificity)의 원리
④ 개별성(individuality)의 원리

05 운동프로그램 기본원리는 점진성, 과부하, 특수성, 개별성, 가역성임. 특수성은 종목별로 요구하는 능력이 다르기 때문에 운동을 통해 얻을 수 있는 효과는 운동유형 및 관련 근육들과 관련이 있음 정답 ③

06 당뇨병이 있는 노인의 운동 시 주의사항으로 옳은 것은?

① 저항운동과 유산소운동을 병행하여 실시한다.
② 공복 시 혈당치가 20mg/dl 이상인 경우에 운동을 금지한다.
③ 운동 중 에너지 유지를 위해 식후에 바로 운동을 실시한다.
④ 대근육보다 소근육 운동을 위주로 실시한다.

06 당뇨병 노인환자에겐 저강도에서 중강도로 점차 운동강도를 향상시켜야 하고, 유산소와 저항운동(근력운동)을 병행함으로써 대근육 위주의 운동을 하게 함 정답 ①

07 미국스포츠의학회(ACSM)가 제시한 노인 신체활동 프로그램으로 옳지 않은 것은?

① 고강도로 주 3일 이상 또는 중강도로 주 5일 이상의 유산소운동
② 체중부하 유연체조와 계단 오르기를 제외한 근력강화 운동
③ 근육의 긴장과 약간의 불편감이 느껴질 정도의 유연성 운동
④ 저·중강도로 주 2회 이상의 대근육군을 이용한 저항운동

07 점진적 웨이트 트레이닝 프로그램 또는 체중부하 유연체조 실시, 계단 오르기, 근력강화(대근육군 사용)은 권장하는 프로그램 형태임 정답 ②

08 노화로 인한 생리적 변화가 <u>아닌</u> 것은?

① 최대산소섭취량의 감소
② 폐의 탄력성과 호흡기 근력의 저하
③ 수축기 및 이완기 혈압수치의 감소
④ 동정맥산소차의 감소

08 노화와 관련한 생리적 변화로 대표적인 심혈관계 변화를 살펴보면 최대 심박출량 감소, 최대 1회 박출량 감소, 최대 심박수 감소, 심장근육의 수축 시간 연장, 수축기혈압의 점진적 증가, 동정맥 산소차 감소, 근육의 산화능력 감소 등이 있음 정답 ③

09 운동(exercise)의 정의는 신체활동의 한 부분으로 계획된 반복적인 신체 움직임을 뜻하고 한 가지 이상의 체력의 구성요소를 향상시키거나 유지하는 것을 의미함. 체력구성 요소는 심혈관계 지구력, 근력, 평형성, 유연성 등을 말함 정답 ②

10 코로나19로 인해 사회적 거리와 모임이 금지됨으로써 노인의 고립감이 증대됨 정답 ③

09 노인체육 관련 용어의 의미가 옳지 <u>않은</u> 것은?

① 신체활동(physical activity): 골격근에 의해 에너지 소비가 이루어지는 신체의 움직임
② 운동(exercise): 관찰 가능한 외형적인 움직임
③ 체력(physical fitness): 신체활동을 수행할 수 있는 기능적 특성
④ 건강(health): 질병이 없거나 허약하지 않을 뿐만 아니라 신체적, 심리적, 사회적으로 안녕한 상태

10 〈보기〉의 대화에서 노인에게 나타날 수 있는 증상이 <u>아닌</u> 것은?

> A: 코로나19로 경로당 운영이 중단돼서 운동도 못하고, 친구들도 못 만나니 너무 두렵고 슬퍼. 예전에 친구들과 함께 운동하던 때가 그립구만…….
> B: 나도 그래. 최근 옆집에 혼자 사는 최 씨가 안보여 찾아가보니 술로 잠을 자려고 하던데 정말 걱정이야. 밖으로 나가 운동도 하고 친구도 만나야 하는데……. 저러다 치매에 걸릴까 겁이 나네.

① 수면 장애　　　　　　　　② 불안감 고조
③ 고립감 약화　　　　　　　④ 사고력 약화

MEMO

필기 4주 완성 한권 완전정복

M 스포츠지도사

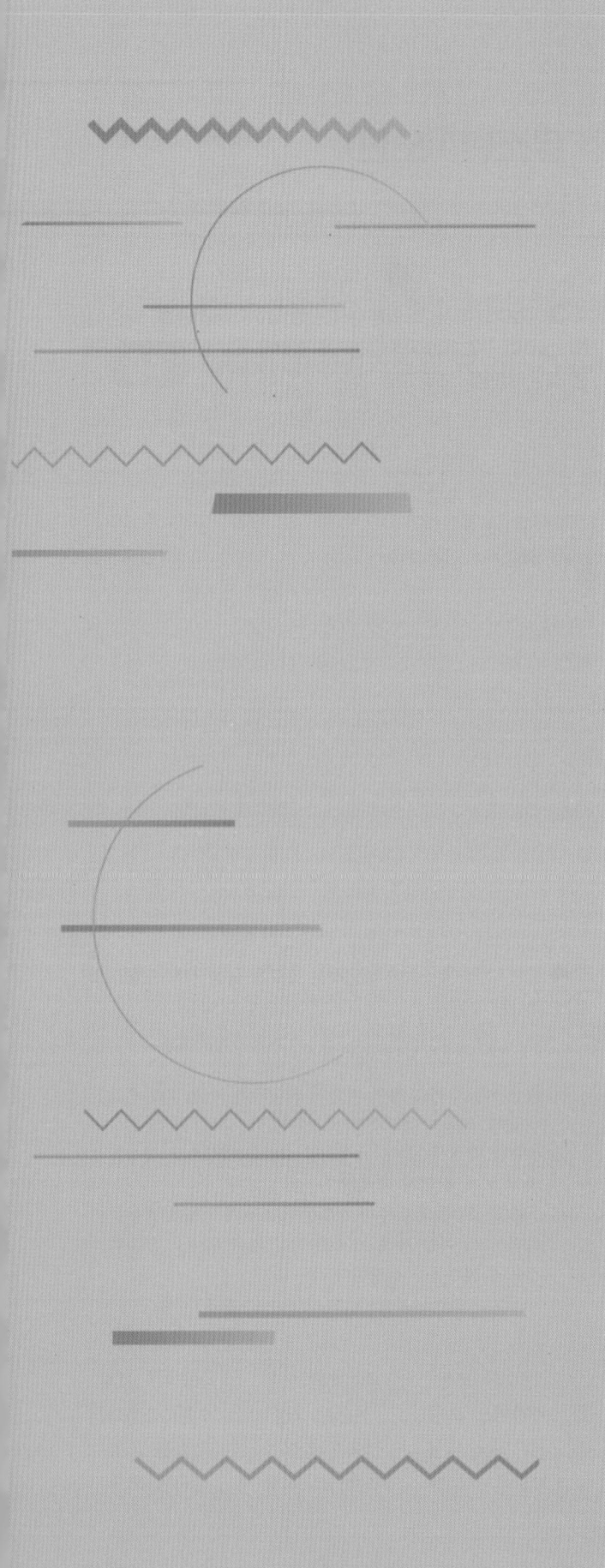

2024~2022
스포츠지도사 기출문제 완전정복
2급(전문·생활·장애인) | 유소년 | 노인

선택과목
스포츠사회학 | 스포츠교육학 | 스포츠심리학
한국체육사 | 운동생리학 | 운동역학 | 스포츠윤리

3개년 최신기출
2024년
2023년
2022년

2024 2급(전문·생활·장애인) | 유소년 | 노인

스포츠사회학

01 〈보기〉에서 훌리한(B. Houlihan)이 제시한 '정부(정치)의 스포츠 개입 목적'에 관한 사례인 것을 모두 고른 것은?

〈보기〉
㉠ 시민들의 건강 및 체력유지를 위해 체육단체에 재원을 지원한다.
㉡ 체육을 포함한 교육 현장의 양성 평등을 위해 Title IX을 제정했다.
㉢ 공공질서를 보호하기 위해 공원에서 스케이트보드 금지, 헬멧 착용 등의 도시 조례가 제정되었다.

① ㉠
② ㉠, ㉡
③ ㉡, ㉢
④ ㉠, ㉡, ㉢

02 스포츠클럽법(시행 2022. 6. 16.)의 내용으로 옳지 않은 것은?

① 지정스포츠클럽은 전문선수 육성 프로그램을 운영할 수 없다.
② 스포츠클럽의 지원과 진흥에 필요한 사항을 규정하고 있다.
③ 국민체육진흥과 스포츠 복지 향상 및 지역사회 체육발전에 기여함을 목적으로 한다.
④ 국가 및 지방자치 단체는 스포츠클럽의 지원 및 진흥에 필요한 시책을 수립·시행하여야 한다.

03 〈보기〉에서 스티븐슨(C. Stevenson)과 닉슨(J. Nixon)이 구조기능주의 관점으로 설명한 스포츠의 사회적 기능 중 옳은 것만을 모두 고른 것은?

〈보기〉
㉠ 사회·정서적 기능
㉡ 사회갈등 유발 기능
㉢ 사회 통합 기능
㉣ 사회계층 이동 기능

① ㉠, ㉡
② ㉠, ㉢
③ ㉡, ㉣
④ ㉠, ㉢, ㉣

04 〈보기〉의 ㉠~㉢에 해당하는 스포츠 육성 정책 모형이 바르게 제시된 것은?

〈보기〉
㉠ 학생들의 스포츠 참여 저변이 확대되면, 이를 기반으로 기량이 좋은 학생선수가 배출된다.
㉡ 우수한 학생선수들을 육성하면 그들의 영향으로 학생들의 스포츠 참여가 확대된다.
㉢ 스포츠 선수들의 우수한 성과는 청소년의 스포츠 참여를 촉진하고, 이를 통해 스포츠 참여 저변 위에서 우수한 스포츠 선수들이 성장한다.

	㉠	㉡	㉢
①	선순환 모형	낙수효과 모형	피라미드 모형
②	피라미드 모형	선순환 모형	낙수효과 모형
③	피라미드 모형	낙수효과 모형	선순환 모형
④	낙수효과 모형	피라미드 모형	선순환 모형

05 〈보기〉에서 스포츠 세계화의 동인으로 옳은 것만을 모두 고른 것은?

─── 보기 ───
ㄱ. 민족주의　　　ㄴ. 제국주의 확대
ㄷ. 종교 전파　　　ㄹ. 과학기술의 발전
ㅁ. 인종차별의 심화

① ㄱ, ㄴ, ㄷ
② ㄴ, ㄷ, ㅁ
③ ㄱ, ㄴ, ㄷ, ㄹ
④ ㄱ, ㄷ, ㄹ, ㅁ

06 투민(M. Tumin)이 제시한 사회계층의 특성을 스포츠에 적용한 설명으로 옳은 것은?

① 보편성: 대부분의 스포츠 현상에는 계층 불평등이 나타난다.
② 역사성: 현대 스포츠에서 계층은 종목 내, 종목 간에서 나타난다.
③ 영향성: 스포츠에서 계층 불평등은 역사발전 과정을 거치며 변천해 왔다.
④ 다양성: 스포츠 참여에서 나타나는 사회적 불평등은 일상생활에도 유사하게 나타난다.

07 스포츠에서 나타나는 사회계층 이동에 대한 설명으로 옳지 않은 것은?

① 스포츠는 계층 이동을 위한 수단으로 활용된다.
② 사회계층의 이동은 사회적 상황과 개인적 상황을 반영한다.
③ 사회 지위나 보상 체계에 차이가 뚜렷하게 발생하는 계층 이동은 '수직 이동'이다.
④ 사회계층의 이동 유형은 이동 방향에 따라 '세대 내 이동', '세대 간 이동'으로 구분한다.

08 〈보기〉에서 설명하는 스포츠 일탈과 관련된 이론은?

─── 보기 ───
• 스포츠 일탈을 상호작용론 관점으로 설명한다.
• 일탈 규범을 내면화하는 사회화 과정이 존재한다.
• 다른 사람과 상호작용을 통해 스포츠 일탈 행동을 학습한다.

① 문화규범 이론
② 차별교제 이론
③ 개인차 이론
④ 아노미 이론

09 스미스(M. Smith)가 제시한 경기장 내 신체 폭력 유형 중 〈보기〉의 설명에 해당하는 것은?

─── 보기 ───
• 경기의 규칙을 위반하는 행위지만, 대부분의 선수나 지도자들이 용인하는 폭력 행위 유형이다.
• 이 폭력 유형은 경기 전략의 하나로 활용되며, 상대방의 보복 행위를 유발할 수 있다.

① 경계 폭력
② 범죄 폭력
③ 유사 범죄 폭력
④ 격렬한 신체 접촉

10 코클리(J. Coakley)가 제시한 상업주의와 관련된 스포츠 규칙 변화에 따른 결과로 옳지 않은 것은?

① 극적인 요소가 늘어났다.
② 득점이 감소하게 되었다.
③ 상업 광고 시간이 늘어났다.
④ 경기의 진행 속도가 빨라졌다.

11 파슨즈(T. Parsons)의 AGIL이론에 관한 설명으로 옳지 않은 것은?

① 상징적 상호작용론 관점의 이론이다.
② 스포츠는 체제 유지 및 긴장 처리 기능을 한다.
③ 스포츠는 사회구성원을 통합시키는 기능을 한다.
④ 스포츠는 사회구성원이 사회체제에 적응하게 하는 기능을 한다.

12 에티즌(D. Eitzen)과 세이지(G. Sage)가 제시한 스포츠의 정치적 속성 중 〈보기〉의 설명에 해당하는 것은?

〈보기〉
- 국가대표 선수는 스포츠를 통해 국위를 선양하고 국가는 선수에게 혜택을 준다.
- 국가대표 선수가 올림픽에 출전하여 메달을 획득하면 군 복무 면제의 혜택을 준다.

① 보수성　　　　② 대표성
③ 상호의존성　　④ 권력투쟁

13 〈보기〉의 ㉠~㉣에 들어갈 스트랭크(A. Strenk)의 '국제정치 관계에서 스포츠 기능'을 바르게 제시한 것은?

〈보기〉
- (㉠): 1936년 베를린 올림픽
- (㉡): 1971년 미국 탁구팀의 중화인민공화국 방문
- (㉢): 1972년 뮌헨올림픽에서의 검은구월단 사건
- (㉣): 남아프리카공화국의 아파르트헤이트에 대한 국제사회의 대응

	㉠	㉡	㉢	㉣
①	외교적 도구	외교적 항의	정치이념 선전	갈등 및 적대감의 표출
②	정치이념 선전	외교적 도구	갈등 및 적대감의 표출	외교적 항의
③	갈등 및 적대감의 표출	정치이념 선전	외교적 항의	외교적 도구
④	외교적 항의	갈등 및 적대감의 표출	외교적 도구	정치이념 선전

14 베일(J. Bale)이 제시한 스포츠 세계화의 특징에 관한 설명으로 옳지 않은 것은?

① IOC, FIFA 등 국제스포츠 기구가 성장하였다.
② 다국적 기업의 국제적 스폰서십 및 마케팅이 증가하였다.
③ 글로벌 미디어 기업의 스포츠에 관한 개입이 증가하였다.
④ 외국인 선수 증가로 팀, 스폰서보다 국가의 정체성이 강화되었다.

15 스포츠의 교육적 역기능에 해당하는 것은?

① 정서 순화　　② 사회 선도
③ 사회화 촉진　④ 승리지상주의

16 스포츠미디어가 생산하는 성차별 이데올로기에 관한 설명으로 옳지 않은 것은?

① 경기의 내용보다는 성(性)적인 측면을 강조한다.
② 여성 선수를 불안하고 취약한 존재로 묘사한다.
③ 여성들이 참여하는 경기를 '여성 경기'로 부른다.
④ 여성성보다 그들의 성과에 더 많은 관심을 보인다.

17 <보기>의 사례에 관한 스포츠 일탈 유형과 휴즈(R. Hughes)와 코클리(J. Coakely)가 제시한 윤리 규범이 바르게 연결된 것은?

─── 보기 ───
- 2002년 한일월드컵 당시 황선홍 선수, 김태영 선수의 부상 투혼
- 2022년 카타르 월드컵에서 손흥민 선수의 마스크 투혼

	스포츠 일탈 유형	스포츠 윤리 규범
①	과소동조	한계를 이겨내고 끊임없이 도전해야 한다.
②	과소동조	경기에 헌신해야 한다.
③	과잉동조	위험을 감수하고 고통을 인내해야 한다.
④	과잉동조	탁월성을 추구해야 한다.

18 레오나르드(W. Leonard)의 사회학습이론에서 <보기>의 설명과 관련된 사회화 기제는?

─── 보기 ───
- 새로운 운동기능과 반응이 학습된다.
- 학습자에게 동기를 부여할 수 있게 된다.
- 지도자가 적합하다고 생각하는 새로운 지식을 알게 된다.

① 강화 ② 코칭
③ 보상 ④ 관찰학습

19 스포츠로부터의 탈사회화에 관한 설명으로 옳은 것은?

① 부상, 방출 등의 자발적 은퇴로 탈사회화를 경험한다.
② 스포츠 참여를 통한 행동의 변화를 스포츠로부터의 탈사회화라고 한다.
③ 개인의 심리상태, 태도에 의해 참여가 제한되는 것을 내재적 제약이라고 한다.
④ 재정, 시간, 환경적 상황에 의해 참여가 제한되는 것을 대인적 제약이라고 한다.

20 과학기술의 발전에 따른 스포츠의 변화에 관한 설명으로 옳지 않은 것은?

① IoT, 웨어러블 디바이스 발전으로 경기력 측정의 혁신을 가져왔다.
② 프로야구 경기에서 VAR 시스템 적용은 인간심판의 역할을 강화시켰다.
③ 4차 산업혁명에 따른 초지능, 초연결은 스포츠 빅데이터의 활용을 확대시켰다.
④ VR, XR 디바이스의 발전으로 가상현실 공간을 활용한 트레이닝이 가능해졌다.

스포츠교육학

01 슐만(L. Shulman)의 '교사 지식 유형' 중 가르칠 교과목 내용에 관한 지식에 해당하는 것은?

① 내용 지식(content knowledge)
② 내용교수법 지식(pedagogical content knowledge)
③ 교육환경 지식(knowledge of educational contexts)
④ 학습자와 학습자 특성 지식(knowledge of learntners and their characteristics)

02 동료 평가(peer assessment)에 관한 설명으로 적절하지 않은 것은?

① 학생들의 비평 능력이 향상될 수 있다.
② 교사는 학생에게 평가의 정확한 방법을 숙지시킨다.
③ 학생은 교사에게 받은 점검표를 통해 서로 평가한다.
④ 교사와 학생 간 대화를 통해 심층적인 정보를 수집한다.

03 〈보기〉에서 설명하는 박 코치의 '스포츠 지도 활동'에 해당하는 용어는?

〈보기〉
박 코치는 관리시간을 줄이기 위해서 다음과 같이 지도 활동을 반복한다. 출석 점검은 수업 전에 회원들이 스스로 출석부에 표시하게 한다. 이후 건강에 이상이 있는 회원들을 파악한다. 수업 중에는 대기시간을 최소화하기 위해 모둠별로 학습 활동 구역을 미리 지정한다. 수업 후에는 일지를 회수한다.

① 성찰적 활동   ② 적극적 활동
③ 상규적 활동   ④ 잠재적 활동

04 글로버(D. Glover)와 앤더슨(L. Anderson)이 인성을 강조한 수업 모형 중 〈보기〉의 ㉠, ㉡에 해당하는 것을 바르게 제시한 것은?

〈보기〉
㉠ '서로를 위해 서로 함께 배우기'를 통해 팀원 간 긍정적 상호의존, 개인의 책임감 수준 증가, 인간관계 기술 및 팀 반성 등을 강조한 수업
㉡ '통합, 전이, 권한 위임, 교사와 학생의 관계'를 통해 타인의 권리와 감정 존중, 자기 목표 설정 가능, 훌륭한 역할 본보기 되기 등을 강조한 수업

	㉠	㉡
①	스포츠교육 모형	협동학습 모형
②	협동학습 모형	개인적·사회적 책임감 지도 모형
③	협동학습 모형	스포츠교육 모형
④	개인적·사회적 책임감 지도 모형	협동학습 모형

05 〈보기〉의 ㉠~㉢에 들어갈 교사 행동에 관한 용어가 바르게 제시된 것은?

〈보기〉
• (㉠)은 안전한 학습 환경, 피드백 제공
• (㉡)은 학습 지도 중에 소방 연습과 전달 방송 실시
• (㉢)은 학생의 부상, 용변과 물 마시는 활동의 관리

	㉠	㉡	㉢
①	직접기여 행동	간접기여 행동	비기여 행동
②	직접기여 행동	비기여 행동	간접기여 행동
③	비기여 행동	직접기여 행동	간접기여 행동
④	간접기여 행동	비기여 행동	직접기여 행동

06 <보기>의 ㉠~㉢에 들어갈 기본 움직임 기술을 바르게 제시한 것은?

― 보기 ―

기본 움직임	예시
(㉠)	걷기, 달리기, 뛰기, 피하기 등
(㉡)	서기, 앉기, 구부리기, 비틀기 등
(㉢)	치기, 잡기, 베팅하기 등

	㉠	㉡	㉢
①	이동 움직임	비이동 움직임	표현 움직임
②	전략적 움직임	이동 움직임	표현 움직임
③	전략적 움직임	이동 움직임	조작 움직임
④	이동 움직임	비이동 움직임	조작 움직임

07 학교체육진흥법(시행 2024. 3. 24.) 제10조 '학교스포츠클럽 운영'의 내용에 해당하지 않는 것은?

① 학교스포츠클럽을 운영하는 경우 전담교사를 지정해야 한다.
② 전담교사에게 학교 예산의 범위에서 소정의 지도수당을 지급한다.
③ 활동 내용은 학교생활기록부에 기록하지만, 상급학교 진학 자료로 활용할 수 없다.
④ 학교의 장은 학교스포츠클럽을 운영하여 학생들의 체육활동 참여 기회를 확대해야 한다.

08 다음 중 모스턴(M. Moston) '상호학습형 교수 스타일'에 관한 설명으로 적절하지 않은 것은?

① 학습자는 교과내용을 선정한다.
② 학습자는 수행자나 관찰자의 역할을 수행한다.
③ 관찰자는 지도자가 제시한 수행 기준에 따라 피드백을 제공한다.
④ 지도자는 관찰자의 질문에 답하고, 관찰자에게 피드백을 제공한다.

09 <보기>에서 '학교체육 전문인 자질'로 ㉠~㉢에 들어갈 용어를 바르게 제시한 것은?

― 보기 ―

(㉠)	(㉡)	(㉢)
학습자 이해 교과지식	교육과정 운영 및 개발 수업 계획 및 운영 학습 모니터 및 평가 협력관계 구축	교직 인성 사명감 전문성 개발

	㉠	㉡	㉢
①	교수	기능	태도
②	지식	수행	태도
③	지식	기능	학습
④	교수	수행	학습

10 <보기>에서 설명하는 모스턴(M. Moston)의 교수 스타일의 '인지(사고)과정' 단계는?

― 보기 ―

- 학습자가 해답을 찾고자 하는 욕구가 있는 단계이다.
- 학습자에 대한 자극(질문)이 흥미, 욕구, 지식 수준과 적합할 때 이 단계가 발생한다.
- 학습자에게 알고자 하는 욕구를 실행에 옮기도록 동기화시키는 단계이다.

① 자극(stimulus)
② 반응(response)
③ 사색(mediation)
④ 인지적 불일치(dissonance)

11 〈보기〉에서 국민체육진흥법(시행 2024. 3. 15.) 제11조의 '스포츠윤리 교육 과정'에 관한 내용으로 옳은 것만을 모두 고른 것은?

〈보기〉
㉠ 도핑 방지 교육
㉡ 성폭력 등 폭력 예방 교육
㉢ 교육부장관령으로 청하는 교육
㉣ 스포츠 비리 및 체육계 인권침해 방지를 위한 예방 교육

① ㉠, ㉡
② ㉡, ㉢, ㉣
③ ㉠, ㉡, ㉣
④ ㉠, ㉡, ㉢, ㉣

12 〈보기〉의 '수업 주도성 프로파일'에 해당하는 체육수업 모형은?

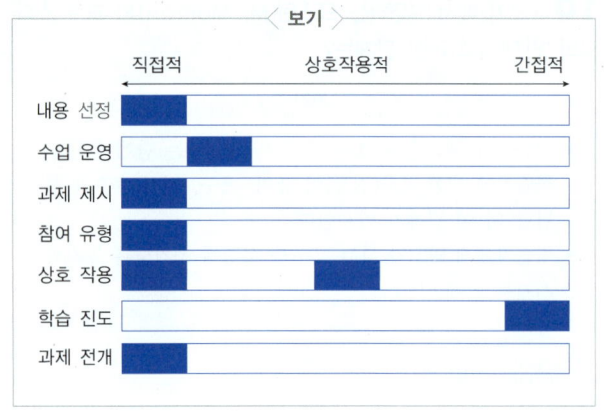

① 동료교수 모형
② 직접교수 모형
③ 개별화지도 모형
④ 협동학습 모형

13 〈보기〉에서 설명하는 시덴탑(D. Siedentop)의 교수(teaching) 기능 연습법에 해당하는 용어는?

〈보기〉
김 교사는 교수 기능의 향상을 위해 다음과 같은 절차로 연습을 했다.
• 학생 6~8명의 소집단을 대상으로 학습 목표와 평가 방법을 설명한 후, 수업을 진행한다.
• 수업에 참여한 학생들의 질문지 자료를 토대로 김 교사와 학생, 다른 관찰자들이 모여 김 교사의 교수법에 대해 '토의'를 한다.
• 객관적인 자료를 근거로 교수 기능 효과를 살핀다.

① 동료 교수
② 축소 수업
③ 실제 교수
④ 반성적 교수

14 스포츠강사의 자격조건에 관한 설명으로 옳은 것은?

① 『초·중등교육법』 제2조 제2호에 따른 초등학교에 스포츠강사를 배치할 수 없다.
② 『국민체육진흥법』 제2조 제6호에 따른 체육지도자 중에서 스포츠강사를 임용할 수 있다.
③ 『학교체육진흥법』 제2조 제6항 학교에 소속되어 학교운동부를 지도·감독하는 사람을 말한다.
④ 『학교체육진흥법』 제4조 재임용 여부는 강사로서의 자질, 복무 태도, 학생의 만족도, 경기 결과에 따라 결정하여야 한다.

15 메츨러(M. Metzler)가 제시한 '체육학습 활동' 중 정식 게임을 단순화하고 몇 가지 기능에 초점을 두며 진행하는 것은?

① 역할 수행(role-playing)
② 스크리미지(scrimmage)
③ 리드-업 게임(lead-up game)
④ 학습 센터(learning centers)

16 〈보기〉는 시덴탑(D. Siedentop)이 제시한 '스포츠 교육 모형'의 특징을 설명한 것이다. ㉠~㉢에 들어갈 용어가 바르게 제시된 것은?

― 보기 ―
- 이 모형의 주제 중에 (㉠)은 스포츠를 참여하는 태도와 관련된 정의적 영역이다.
- 시즌 중 심판으로서 역할을 할 때 학습영역 중 우선하는 것은 (㉡)영역이다.
- 학습자 수준에 적합하게 경기 방식을 (㉢)해서 참여를 유도한다.

	㉠	㉡	㉢
①	박식	정의적	고정
②	열정	인지적	변형
③	열정	정의적	변형
④	박식	인지적	고정

17 〈보기〉에서 설명하는 체육수업 연구 방법으로 적절한 것은?

― 보기 ―
- 연구의 특징은 집단적(협동적), 역동적, 연속적으로 이루어짐
- 연구의 절차는 문제 파악-개선계획-실행-관찰-반성 등으로 순환하는 과정임
- 연구의 주체는 지도자가 동료나 연구자의 도움을 받아 자신의 수업을 탐구함

① 문헌(literature) 연구
② 실험(experiment) 연구
③ 현장 개선(action) 연구
④ 근거이론(grounded theory) 연구

18 학습자 비과제 행동을 예방하고 과제 지향적인 수업을 유지하기 위한 교수 기능 중 쿠닌(J. Kounin)이 제시한 '동시처리(overlapping)'에 해당하는 것은?

① 수업의 흐름을 유지하면서 수업 이탈 행동 학생을 제지하는 것이다.
② 학생들의 행동을 항상 인지하고 있다는 것을 알리는 것이다.
③ 학생의 학습 활동을 중단시키고 잠시 퇴장시키는 것이다.
④ 모든 학생에게 과제에 몰입하도록 경각심을 주는 것이다.

19 〈그림〉은 '국민체력100'의 운영체계이다. 체력인증센터가 이용자에게 제공하는 서비스가 아닌 것은?

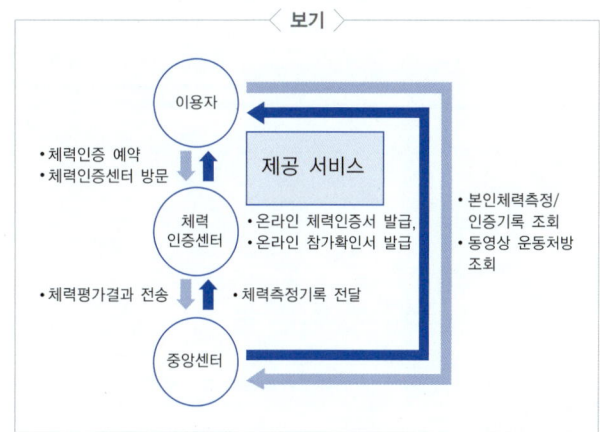

① 체력측정 서비스
② 맞춤형 운동처방
③ 국민체력 인증서 발급
④ 스포츠클럽 등록 및 운영지원

20 〈보기〉에서 해당하는 평가기법으로 적절한 것은?

> 〈보기〉
> - 운동 수행을 평가하는 데 자주 사용하는 평가 방법이다.
> - 운동 수행의 질적인 면을 파악하여 수준이나 숫자를 부여하는 평가 방법이다.

① 평정척도 ② 사건기록법
③ 학생저널 ④ 체크리스트

스포츠심리학

01 〈보기〉가 설명하는 성격 이론은?

> 〈보기〉
> 자기가 좋아하는 국가대표선수가 무더위에서 진행된 올림픽 마라톤 경기에서 불굴의 정신력으로 완주하는 모습을 보고, 자기도 포기하지 않는 정신력으로 10km 마라톤 완주하였다.

① 특성이론 ② 사회학습이론
③ 욕구위계이론 ④ 정신역동이론

02 개방운동기술(open motor skills)에 해당하지 <u>않는</u> 것은?

① 농구 경기에서 자유투하기
② 야구 경기에서 투수가 던진 공을 타격하기
③ 자동차 경주에서 드라이버가 경쟁하면서 운전하기
④ 미식축구 경기에서 쿼터백이 같은 팀 선수에게 패스하기

03 〈보기〉의 ㉠~㉢에 들어갈 개념을 바르게 나열한 것은?

> 〈보기〉
> - (㉠): 노력의 방향과 강도로 설명된다.
> - (㉡): 스포츠 자체가 좋아서 참여한다.
> - (㉢): 보상을 받거나 처벌을 피하고자 스포츠에 참여한다.

	㉠	㉡	㉢
①	동기	외적 동기	내적 동기
②	동기	내적 동기	외적 동기
③	귀인	내적 동기	외적 동기
④	귀인	외적 동기	내적 동기

04 ⟨보기⟩의 ㉠, ㉡에 들어갈 정보처리 단계를 바르게 나열한 것은?

─── 보기 ───
- (㉠): 테니스 선수가 상대 코트에서 넘어오는 공의 궤적, 방향, 속도에 관한 환경정보를 탐지한다.
- (㉡): 환경정보를 토대로 어떤 종류의 기술로 어떻게 받아쳐야 할지 결정한다.

	㉠	㉡
①	반응 선택	자극 확인
②	자극 확인	반응 선택
③	반응/운동 프로그래밍	반응 선택
④	반응/운동 프로그래밍	자극 확인

05 ⟨보기⟩에서 설명하는 심리기술훈련 기법은?

─── 보기 ───
- 멀리뛰기의 도움닫기에서 파울을 할 것 같은 부정적인 생각이 든다.
- 부정적인 생각은 그만하고 연습한 대로 구름판을 강하게 밟자고 생각한다.
- 스스로 통제할 수 있는 것에 집중하자고 다짐한다.

① 명상 ② 자생 훈련
③ 인지 재구성 ④ 인지적 왜곡

06 운동발달의 단계가 순서대로 바르게 제시된 것은?

① 반사단계-기초단계-기본움직임단계-성장과 세련단계-스포츠기술단계-최고수행단계-퇴보단계
② 기초단계-기본움직임단계-반사단계-스포츠기술단계-성장과 세련단계-최고수행단계-퇴보단계
③ 반사단계-기초단계-기본움직임단계-스포츠기술단계-성장과 세련단계-최고수행단계-퇴보단계
④ 기초단계-기본움직임단계-반사단계-성장과 세련단계-스포츠기술단계-최고수행단계-퇴보단계

07 반두라(A. Bandura)가 제시한 4가지 정보원에서 자기효능감에 가장 큰 영향력을 미치는 것은?

① 대리경험 ② 성취경험
③ 언어적 설득 ④ 정서적/신체적 상태

08 ⟨보기⟩에서 연습방법에 관한 설명으로 옳은 것만을 모두 고른 것은?

─── 보기 ───
㉠ 집중연습은 연습구간 사이의 휴식시간이 연습시간보다 짧게 이루어진 연습방법이다.
㉡ 무선연습은 선택된 연습과제들을 순서에 상관없이 무작위로 연습하는 방법이다.
㉢ 분산연습은 특정 운동기술과제를 여러 개의 하위 단위로 나누어 연습하는 방법이다.
㉣ 전습법은 한 가지 운동기술과제를 구분 동작 없이 전체적으로 연습하는 방법이다.

① ㉠, ㉡ ② ㉢, ㉣
③ ㉠, ㉡, ㉣ ④ ㉠, ㉢, ㉣

09 미국 응용스포츠심리학회(AAASP)의 스포츠심리상담 윤리 규정이 아닌 것은?

① 스포츠에 참여하는 모든 사람과 전문적인 상담을 진행한다.
② 직무수행상 자신의 한계를 인식하고 한계를 넘는 주장과 행동은 하지 않는다.
③ 회원 스스로 윤리적인 행동을 실천하고 남에게 윤리적 행동을 하도록 적극적으로 권장한다.
④ 다른 전문가에 의한 서비스 수행 촉진, 책무성 확보, 기관이나 법적 의무 완수 등의 목적을 위해 상담이나 연구 결과를 기록으로 남긴다.

10 〈보기〉가 설명하는 기억의 유형은?

〈 보기 〉
- 학창 시절 자전거를 타고 학교에 등하교 했던 A는 오랜 기간 자전거를 타지 않았음에도 불구하고 여전히 자전거를 탈 수 있다.
- 어린 시절 축구선수로 활동했던 B는 축구의 슛 기술을 어떻게 수행하는지 시범 보일 수 있다.

① 감각 기억(sensory memory)
② 일회적 기억(episodic memory)
③ 의미적 기억(semantic memory)
④ 절차적 기억(procedural memory)

11 〈보기〉는 피들러(F. Fiedler)의 상황부합 리더십 모형이다. 〈보기〉의 ㉠, ㉡에 들어갈 내용을 바르게 나열한 것은?

〈 보기 〉

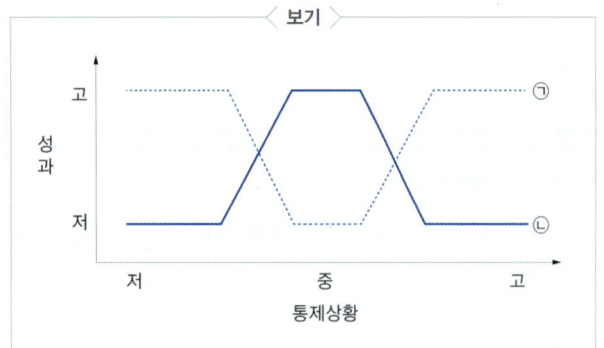

	㉠	㉡
①	관계지향리더	과제지향리더
②	과제지향리더	관계지향리더
③	관계지향리더	민주주의리더
④	과제지향리더	권위주의리더

12 운동학습에 의한 인지역량의 변화에 관한 설명으로 옳지 않은 것은?

① 정보를 처리하는 속도가 빨라진다.
② 주의집중 역량을 활용하는 주의 체계의 역량이 좋아진다.
③ 운동과제 수행의 수준과 환경의 요구에 대한 근골격계의 기능이 효율적으로 좋아진다.
④ 새로운 정보와 기존의 정보를 연결하여 정보를 쉽게 보유할 수 있는 기억체계 역량이 좋아진다.

13 〈보기〉는 아이젠(I. Ajxen)의 계획행동이론이다. 〈보기〉의 ㉠~㉣에 들어갈 개념을 바르게 나열한 것은?

〈 보기 〉
- (㉠)는 행동을 수행하는 것에 대한 개인의 정서적이고 평가적인 요소를 반영한다. (㉡)은/는 어떤 행동을 할 것인지 또는 안 할 것인지에 대해 개인이 느끼는 사회적 압력을 말한다. 어떠한 행동은 개인의 (㉢)에 따라 그 행동 여부가 결정된다. (㉣)은/는 어떤 행동을 하기가 쉽거나 어려운 정도에 대한 인식 정도를 의미한다.

	㉠	㉡	㉢	㉣
①	태도	의도	주관적 규범	행동통제인식
②	의도	주관적 규범	행동통제인식	태도
③	태도	주관적 규범	의도	행동통제인식
④	의도	태도	행동통제인식	주관적 규범

14 〈보기〉에서 정보처리이론에 관한 설명으로 옳은 것만을 모두 고른 것은?

---- 보기 ----
㉠ 정보처리이론은 인간을 능동적인 정보처리자로 설명한다.
㉡ 도식이론은 기억흔적과 지각흔적의 작용으로 움직임을 생성하고 제어한다고 설명한다.
㉢ 개방회로이론은 대뇌피질에 저장된 운동프로그램을 통해 움직임을 생성하고 제어한다고 설명한다.
㉣ 폐쇄회로이론은 정확한 동작에 관한 기억을 수행 중인 움직임과 비교한 피드백 정보를 활용하여 움직임을 생성하고 제어한다고 설명한다.

① ㉠, ㉡
② ㉢, ㉣
③ ㉠, ㉡, ㉣
④ ㉠, ㉢, ㉣

15 〈보기〉의 ㉠~㉢에 들어갈 개념을 바르게 나열한 것은?

---- 보기 ----
• (㉠): 타인의 존재가 과제수행에 미치는 영향을 말한다.
• (㉡): 타인의 존재만으로도 각성과 욕구가 생긴다.
• (㉢): 타인의 존재가 운동과제에 대한 집중을 방해하기도 하지만, 수행자의 욕구 수준을 증가시키기도 한다.

	㉠	㉡	㉢
①	사회적 촉진	단순존재가설	주의 분산/갈등 가설
②	사회적 촉진	단순존재가설	평가우려가설
③	단순존재가설	관중효과	주의 분산/갈등 가설
④	단순존재가설	관중효과	평가우려가설

16 힉스의 법칙(W. Hick's Law)에 관한 설명으로 옳은 것은?

① 자극-반응 대안의 수가 증가할수록 반응시간은 길어진다.
② 근수축을 통해 생성한 힘의 양에 따라 움직임의 정확성이 달라진다.
③ 두 개의 목표물 간의 거리와 목표물의 크기에 따라 움직임 시간이 달라진다.
④ 움직임의 속력이 증가하면 정확도가 떨어지는 속력-정확성 상쇄(speed-accuracy trade-off) 현상이 나타난다.

17 〈보기〉의 ㉠에 들어갈 용어는?

---- 보기 ----
• 복싱선수가 성대의 펀치를 맞고 실점하는 장면이 계속해서 떠오른다.
• 이 선수는 (㉠)을/를 높이는 훈련이 필요하다.

① 내적 심상
② 외적 심상
③ 심상 조절력
④ 심상 선명도

18 〈보기〉의 ㉠, ㉡에 들어갈 운동수행에 관한 개념이 바르게 제시된 것은?

---- 보기 ----
• 운동 기술 과제가 너무 쉬울 때 (㉠)가 나타난다.
• 운동 기술 과제가 너무 어려울 때 (㉡)가 나타난다.

	㉠	㉡
①	학습 고원 (learning plateau)	슬럼프 (slump)
②	천장 효과 (ceiling effect)	바닥 효과 (floor effect)
③	웜업 감소 (warm-up decrement)	수행 감소 (performance decrement)
④	맥락 간섭 효과 (contextual-interference effect)	부적 전이 (negative transfer)

19 〈보기〉에서 운동 실천을 위한 환경적 영향요인을 모두 고른 것은?

---- 보기 ----
㉠ 지도자   ㉡ 교육수준
㉢ 운동집단 ㉣ 사회적 지지

① ㉠, ㉡
② ㉢, ㉣
③ ㉠, ㉡, ㉣
④ ㉠, ㉢, ㉣

20 〈보기〉가 설명하는 개념은?

〈보기〉
농구 경기에서 수비수가 공격수의 첫 번째 페이크 슛 동작에 반응하면서, 바로 이어지는 두 번째 실제 슛 동작에 제대로 반응하지 못하는 현상이 발생한다.

① 스트룹 효과(stroop effect)
② 무주의 맹시(inattention blindness)
③ 지각 협소화(perceptual narrowing)
④ 심리적 불응기(psychological-refractory period)

한국체육사

01 〈보기〉에서 한국체육사에 관한 설명으로 옳은 것만을 모두 고른 것은?

〈보기〉
㉠ 한국 체육과 스포츠의 시대별 양상을 연구한다.
㉡ 한국 체육과 스포츠를 역사학적 방법으로 연구한다.
㉢ 한국 체육과 스포츠에 관한 역사 기술은 사실 확인보다 가치 평가가 우선한다.
㉣ 한국 체육과 스포츠의 과거를 살펴보고, 이를 통해 현재를 직시하고 미래를 조망한다.

① ㉠, ㉡, ㉢
② ㉠, ㉡, ㉣
③ ㉠, ㉢, ㉣
④ ㉡, ㉢, ㉣

02 〈보기〉에서 신체활동이 행해진 제천의식과 부족국가가 바르게 연결된 것만을 모두 고른 것은?

〈보기〉
㉠ 무천-신라   ㉡ 가배-동예
㉢ 영고-부여   ㉣ 동맹-고구려

① ㉠, ㉡
② ㉢, ㉣
③ ㉠, ㉡, ㉣
④ ㉡, ㉢, ㉣

03 〈보기〉에 해당하는 부족국가시대 신체활동의 목적은?

〈보기〉
중국 역사 자료인 『위지·동이전(魏志·東夷傳)』에 따르면, "나이 어리고 씩씩한 청년들의 등가죽을 뚫고 굵은 줄로 그곳을 꿰었다. 그리고 한 장(一丈) 남짓의 나무를 그곳에 매달고 온종일 소리를 지르며 일을 하는데도 아프다고 하지 않고, 착실하게 일을 한다. 이를 큰사람이라 부른다."

① 주술의식   ② 농경의식
③ 성년의식   ④ 제천의식

04 〈보기〉에서 삼국시대의 무예에 관한 설명으로 옳은 것만을 모두 고른 것은?

〈보기〉
㉠ 신라: 궁전법(弓箭法)을 통해 인재를 등용하였다.
㉡ 고구려: 경당(扃堂)에서 활쏘기 교육이 이루어졌다.
㉢ 백제: 훈련원(訓練院)에서 무예 시험과 훈련이 행해졌다.

① ㉠, ㉡
② ㉠, ㉢
③ ㉡, ㉢
④ ㉠, ㉡, ㉢

05 고려시대 최고 교육기관과 무학(武學) 교육이 바르게 연결된 것은?

① 성균관(成均館) – 대빙재(待聘齋)
② 성균관(成均館) – 강예재(講藝齋)
③ 국자감(國子監) – 대빙재(待聘齋)
④ 국자감(國子監) – 강예재(講藝齋)

06 고려시대의 신체활동에 관한 설명으로 옳지 않은 것은?

① 기격구(騎擊毬): 서민층이 유희로 즐겼다.
② 궁술(弓術): 국난을 대비하여 장려되었다.
③ 마술(馬術): 무인의 덕목 중 하나로 장려되었다.
④ 수박(手搏): 무관이나 무예 인재의 선발에 활용되었다.

07 석전(石戰)의 성격에 관한 설명으로 옳지 않은 것은?

① 관료 선발에 활용되었다.
② 명절에 종종 행해지던 민속놀이였다.
③ 전쟁에 대비한 군사훈련에 활용되었다.
④ 실전 부대인 석투군(石投軍)과 관련이 있었다.

08 조선시대 서민층이 주로 행했던 민속놀이와 설명으로 옳지 않은 것은?

① 추천(鞦韆): 단오절이나 한가위에 즐겼다.
② 각저(角觝), 각력(角力): 마을 간의 겨룸이 있었는데, 풍년 기원의 의미도 있었다.
③ 종정도(從政圖), 승경도(陞卿圖): 관직 체계의 이해와 출세 동기 부여의 뜻이 담겨 있었다.
④ 삭전(索戰), 갈전(葛戰): 농경사회의 대표적인 민속놀이로서 농사의 풍흉(豊凶)을 점치는 의미도 있었다.

09 조선시대의 무예서에 관한 설명으로 옳지 않은 것은?

① 『무예도보통지(武藝圖譜通志)』: 정조의 명에 따라 24기의 무예가 수록, 간행되었다.
② 『무예신보(武藝新譜)』: 사도세자의 주도 하에 18기의 무예가 수록, 간행되었다.
③ 『권보(拳譜)』: 광해군의 명에 따라 『무예제보』에 수록되지 않은 4기의 무예가 수록, 간행되었다.
④ 『무예제보(武藝諸譜)』: 선조의 명에 따라 전란 중에 긴급하게 필요했던 단병기 6기가 수록, 간행되었다.

10 〈보기〉에서 조선시대의 궁술에 관한 설명으로 옳은 것만을 모두 고른 것은?

〈보기〉
㉠ 군사 훈련의 수단이었다.
㉡ 무과(武科) 시험의 필수 과목이었다.
㉢ 심신 수련을 위한 학사사상(學射思想)이 강조되었다.
㉣ 불국토사상(佛國土思想)을 토대로 훈련이 이루어졌다.

① ㉠, ㉡
② ㉢, ㉣
③ ㉠, ㉡, ㉢
④ ㉡, ㉢, ㉣

11 고종(高宗)의 교육입국조서(敎育立國詔書)에서 삼양(三養)이 표기된 순서는?

① 덕양(德養), 체양(體養), 지양(智養)
② 덕양(德養), 지양(智養), 체양(體養)
③ 체양(體養), 지양(智養), 덕양(德養)
④ 체양(體養), 덕양(德養), 지양(智養)

12 〈보기〉에서 설명하는 개화기의 기독교계 학교는?

〈보기〉
- 헐벗(H.B. Hulbert)이 도수체조를 지도하였다.
- 1885년 아펜젤러(H.G. Appenzeller)가 설립하였다.
- 과외활동으로 야구, 축구, 농구 등의 스포츠를 실시하였다.

① 경신학당　　② 이화학당
③ 숭실학교　　④ 배재학당

13 개화기 학교 운동회에 관한 설명으로 옳지 않은 것은?

① 민족의식을 고취하는 역할을 하였다.
② 초기에는 구기 종목이 주로 이루어졌다.
③ 사회체육 발달의 촉진제 역할을 하였다.
④ 근대스포츠의 도입과 확산에 기여하였다.

14 다음 중 개화기에 설립된 체육단체가 아닌 것은?

① 대한체육구락부
② 조선체육진흥회
③ 대동체육구락부
④ 황성기독교청년회운동부

15 〈보기〉의 활동을 주도한 체육사상가는?

〈보기〉
- 체조 강습회 개최
- 체육 활동의 저변 확대를 위해 대한국민체육회 창립
- 체육 활동을 통한 애국심 고취를 위해 광무학당 설립

① 서재필　　② 문일평
③ 김종상　　④ 노백린

16 일제강점기의 체육사적 사실에 관한 설명으로 옳지 않은 것은?

① 원산학사가 설립되었다.
② 체조교수서가 편찬되었다.
③ 학교에서 체조가 필수 과목이 되었다.
④ 황국신민체조가 학교체육에 포함되었다.

17 〈보기〉에서 일제강점기의 조선체육회에 관한 설명으로 옳은 것만을 모두 고른 것은?

〈보기〉
㉠ '전조선축구대회'를 창설하였다.
㉡ 조선체육협회에 강제로 흡수되었다.
㉢ 국내 운동가, 일본 유학 출신자 등이 설립하였다.
㉣ 종합체육대회 성격의 전조선종합경기대회를 개최하였다.

① ㉠, ㉡　　② ㉢, ㉣
③ ㉡, ㉢, ㉣　　④ ㉠, ㉡, ㉢, ㉣

18 〈보기〉의 괄호 안에 들어갈 일제강점기의 체육사상가는?

〈보기〉
( )은/는 '체육 조선의 건설'이라는 글에서 사회를 강하게 하는 것은 구성원들의 힘을 강하게 하는 것이며, 그 방법은 교육이며, 여러 교육의 기초는 체육이라고 강조하였다.

① 박은식　　② 조원희
③ 여운형　　④ 이기

19 대한민국 정부의 체육정책 담당 부처의 변천 순서가 옳은 것은?

① 체육부-문화체육관광부-문화체육부
② 체육부-문화체육부-문화체육관광부
③ 문화체육부-체육부-문화체육관광부
④ 문화체육부-문화체육관광부-체육부

20 〈보기〉는 국제대회에서 한국 여자 대표팀이 거둔 성과를 나타낸 것이다. 〈보기〉의 ㉠~㉢에 들어갈 종목이 바르게 제시된 것은?

〈보기〉
- (㉠): 1973년 사라예보 세계선수권대회에서 단체전 우승 달성
- (㉡): 1976년 몬트리올 올림픽대회에서 구기 종목 사상 최초의 동메달 획득
- (㉢): 1988년 서울 올림픽대회에서 당시 최강국을 이기고 금메달 획득

	㉠	㉡	㉢
①	배구	핸드볼	농구
②	배구	농구	핸드볼
③	탁구	핸드볼	배구
④	탁구	배구	핸드볼

운동생리학

01 지구성 훈련에 의한 지근섬유(Type 1)의 생리적 변화로 옳지 않은 것은?

① 모세혈관 밀도 증가
② 마이오글로빈 함유량 감소
③ 미토콘드리아의 수와 크기 증가
④ 절대 운동강도에서의 젖산 농도 감소

02 유산소성 트레이닝을 통한 근육 내 미토콘드리아 변화와 관련된 설명으로 옳지 않은 것은?

① 근원섬유 사이의 미토콘드리아 밀도 증가
② 근육 내 젖산과 수소 이온(H^+) 생성 감소
③ 손상된 미토콘드리아 분해 및 제거율 감소
④ 근육 내 크레아틴인산(phosphocreatine) 소모량 감소

03 운동 중 지방분해를 촉진하는 요인으로 옳지 않은 것은?

① 인슐린 증가
② 글루카곤 증가
③ 에피네프린 증가
④ 순환성(cyclic) AMP 증가

04 운동에 대한 심혈관 반응에 관한 설명으로 옳은 것은?

① 점증 부하 운동 시 심근산소소비량 감소
② 고강도 운동 시 내장 기관으로의 혈류 분배 비율 증가
③ 일정한 부하의 장시간 운동 시 시간 경과에 따른 심박수 감소
④ 고강도 운동 시 활동근의 세동맥(arterioles) 확장을 통한 혈류량 증가

05 〈보기〉의 ㉠, ㉡에 들어갈 용어가 바르게 나열된 것은?

──〈 보기 〉──
- 심장의 부담을 나타내는 심근산소소비량은 심박수와 (㉠)을 곱하여 산출한다.
- 산소섭취량이 동일한 운동 시 다리 운동이 팔 운동에 비해 심근산소소비량이 더 (㉡) 나타난다.

	㉠	㉡
①	1회 박출량	높게
②	1회 박출량	낮게
③	수축기 혈압	높게
④	수축기 혈압	낮게

06 골격근의 수축 특성을 결정하는 요인에 대한 설명 중 〈보기〉의 ㉠, ㉡에 들어갈 용어가 바르게 연결된 것은?

──〈 보기 〉──
- 특이장력=근력/(㉠)
- 근파워=힘×(㉡)

	㉠	㉡
①	근횡단면적	수축속도
②	근횡단면적	수축시간
③	근파워	수축속도
④	근파워	수축시간

07 〈보기〉의 ㉠~㉢에 들어갈 용어가 바르게 나열된 것은?

──〈 보기 〉──

수용기	역할
근방추	(㉠) 정보 전달
골지건기관	(㉡) 정보 전달
근육의 화학수용기	(㉢) 정보 전달

	㉠	㉡	㉢
①	근육의 길이	근육 대사량	힘 생성량
②	근육 대사량	힘 생성량	근육의 길이
③	근육 대사량	근육의 길이	힘 생성량
④	근육의 길이	힘 생성량	근육 대사량

08 〈그림〉은 도피반사(withdrawal reflex)와 교차신전반사(crossed-extensor reflex)를 나타낸 것이다. 이에 관한 설명으로 옳지 않은 것은?

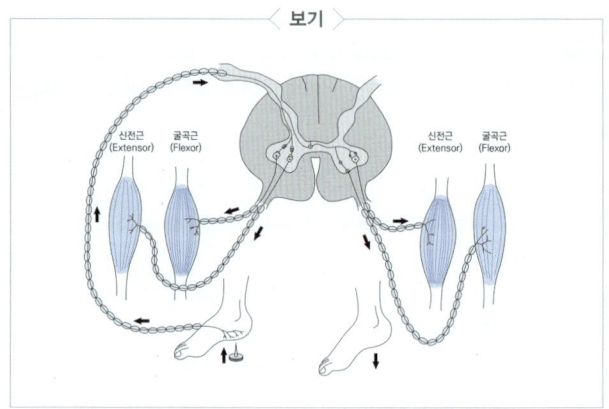

① 반사궁 경로를 통해 통증 자극에 대한 빠른 반사가 일어난다.
② 통증 수용기로부터 활동 전위가 발생하여 척수로 전달된다.
③ 신체 균형을 유지하기 위해 반대편 대퇴의 굴곡근 수축이 억제된다.
④ 통증을 회피하기 위해 통증 부위 대퇴의 굴곡근과 신전근이 동시에 수축된다.

09 〈보기〉에서 고온 환경의 장시간 최대하 운동 시 운동수행 능력을 저하시키는 요인으로 옳은 것만을 모두 고른 것은? (단, 심각한 탈수 현상은 발생하지 않는 환경)

―〈 보기 〉―
㉠ 글리코겐 고갈 가속   ㉡ 근혈류량 감소
㉢ 1회 박출량 감소   ㉣ 운동단위 활성 감소

① ㉠, ㉢
② ㉠, ㉡, ㉣
③ ㉡, ㉢, ㉣
④ ㉠, ㉡, ㉢, ㉣

10 〈보기〉의 조건으로 트레드밀 운동 시 운동량은?

―〈 보기 〉―
• 체중=50kg
• 트레드밀 속도=12km/h
• 운동시간=10분(단, 운동량(일)=힘×거리)
• 트레드밀 경사도=5%

① 300kpm
② 500kpm
③ 5,000kpm
④ 30,000kpm

11 에너지 대사 과정과 속도조절효소의 연결이 옳지 않은 것은?

에너지 대사 과정	속도조절효소
① ATP-PCr 시스템	크레아틴 키나아제 (creatine kinase)
② 해당작용	젖산 탈수소효소 (lactate dehydrogenase)
③ 크렙스회로	이소시트르산탈수소효소 (isocitrate dehydrogenase)
④ 전자전달체계	사이토크롬산화효소 (cytochrome oxidase)

12 〈보기〉에서 근육의 힘, 파워, 속도의 관계에 대한 설명 중 옳은 것만을 모두 고른 것은?

―〈 보기 〉―
㉠ 단축성(concentric) 수축 시 수축 속도가 빨라짐에 따라 힘(장력) 생성은 감소한다.
㉡ 신장성(eccentric) 수축 시 신장 속도가 빨라짐에 따라 힘(장력) 생성은 증가한다.
㉢ 근육이 발현할 수 있는 최대 근파워는 등척성(isometric) 수축 시에 나타난다.
㉣ 단축성 수축 속도가 동일할 때 속근섬유가 많을수록 큰 힘을 발휘한다.

① ㉠, ㉡, ㉢
② ㉠, ㉡, ㉣
③ ㉠, ㉢, ㉣
④ ㉡, ㉢, ㉣

13 카테콜라민에 대한 설명으로 옳지 않은 것은?
① 부신피질에서 분비
② 교감신경의 말단에서 분비
③ $\alpha 1$ 수용체 결합 시 기관지 수축
④ $\beta 1$ 수용체 결합 시 심박수 증가

14 〈보기〉의 에너지 대사 과정에 관한 설명 중 옳은 것만을 모두 고른 것은?

―〈 보기 〉―
㉠ 해당과정 중 NADH는 생성되지 않는다.
㉡ 크렙스 회로와 베타산화는 미토콘드리아에서 관찰되는 에너지 대사 과정이다.
㉢ 포도당 한 분자의 해당과정의 최종산물은 ATP 2분자와 피루브산염 2분자(또는 젖산염 2분자)이다.
㉣ 낮은 운동강도(예 VO_2max 40%)로 30분 이상 운동 시 점진적으로 호흡교환율이 감소하고 지방 대사 비중은 높아진다.

① ㉠, ㉡
② ㉠, ㉣
③ ㉡, ㉢
④ ㉡, ㉢, ㉣

15 운동 중 혈중 포도당 농도를 유지하기 위한 호르몬에 대한 설명으로 옳지 않은 것은?

① 성장호르몬 – 간에서 포도당신생합성 증가
② 코티솔 – 중성지방으로부터 유리지방산으로 분해 촉진
③ 노르에피네프린 – 골격근 조직 내 유리지방산 산화 억제
④ 에피네프린 – 간에서 글리코겐 분해 촉진 및 조직의 혈중 포도당 사용 억제

16 운동 중 수분과 전해질 균형에 관한 설명으로 옳은 것만을 모두 고른 것은?

〈 보기 〉

㉠ 장시간의 중강도 운동 시 혈장량과 알도스테론 분비는 감소한다.
㉡ 땀 분비로 인한 혈장량 감소는 뇌하수체 후엽의 항이뇨호르몬 분비를 유도한다.
㉢ 충분한 수분 섭취 없이 장시간 운동 시 체내 수분 재흡수를 위해 레닌-안지오텐신 Ⅱ 호르몬이 분비된다.
㉣ 운동에 의한 땀 분비는 수분 상실을 초래하며 혈중 삼투질 농도를 감소시킨다.

① ㉠, ㉢   ② ㉠, ㉣
③ ㉡, ㉢   ④ ㉡, ㉣

17 〈표〉는 참가자의 폐환기 검사 결과이다. 〈보기〉에서 옳은 것만을 모두 고른 것은?

〈 보기 〉

㉠ 세 참가자의 분당환기량은 동일하다.
㉡ 다영의 폐포 환기량은 분당 6L/min이다.
㉢ 주은의 폐포 환기량이 가장 크다.

참가자	1회 호흡량 (mL)	호흡률 (회/min)	분당 환기량 (mL/min)	사강량 (mL)	폐포 환기량 (mL/min)
주은	375	20	( )	150	( )
민재	500	15	( )	150	( )
다영	750	10	( )	150	( )

① ㉠, ㉡   ② ㉠, ㉢
③ ㉡, ㉢   ④ ㉠, ㉡, ㉢

18 1회 박출량(stroke volume) 증가 요인으로 옳지 않은 것은?

① 심박수 증가
② 심실 수축력 증가
③ 평균 동맥혈압(MAP) 감소
④ 심실 이완기말 혈액량(EDV) 증가

19 골격근 섬유에 관한 설명으로 옳은 것은?

① 근수축에 필요한 칼슘(Ca^{2+})은 근형질세망에 저장되어 있다.
② 운동단위(motor unit)는 감각뉴런과 그것이 지배하는 근섬유의 결합이다.
③ 신경근 접합부(neuromuscular junction)에서 분비되는 근수축 신경전달물질은 에피네프린이다.
④ 지연성 근통증은 골격근의 신장성(eccentric) 수축보다 단축성(concentric) 수축 시 더 쉽게 발생한다.

20 지근섬유(Type I)와 비교되는 속근섬유(Type II)의 특성으로 옳은 것은?

① 높은 피로 저항력
② 근형질세망의 발달
③ 마이오신 ATPase의 느린 활성
④ 운동신경세포(뉴런)의 작은 직경

운동역학

01 뉴턴(I. Newton)의 3가지 법칙과 관련이 없는 것은?

① 외력이 가해지지 않으면, 정지하고 있는 물체는 계속 정지하려 한다.
② 가속도는 물체에 가해진 힘에 비례한다.
③ 수직 점프를 할 때, 지면을 강하게 눌러야 높게 올라갈 수 있다.
④ 외력이 가해지지 않으면, 물체가 가진 각운동량은 변하지 않는다.

02 〈보기〉에서 힘(force)에 관한 설명으로 옳은 것을 모두 고른 것은?

〈 보기 〉

㉠ 움직임을 일으키는 원인으로 에너지이다.
㉡ 질량과 가속도의 곱으로 결정된다.
㉢ 단위는 N(Newton)이다.
㉣ 크기를 갖는 스칼라(scalar)이다

① ㉠, ㉡ ② ㉠, ㉣
③ ㉡, ㉢ ④ ㉢, ㉣

03 쇼트트랙 경기에서 원운동을 할 때 원심력과 구심력에 관한 설명으로 옳은 것은?

① 원심력과 구심력은 크기가 같고, 방향이 반대이다.
② 원심력은 원운동을 하는 선수의 질량과 관계가 없다.
③ 원심력을 극복하는 방법으로 반지름을 작게 하여 원운동을 한다.
④ 신체를 원운동 중심의 방향으로 기울이는 것은 접선속도를 크게 만들기 위함이다.

04 선운동량 또는 충격량에 관한 설명으로 옳은 것은?

① 선운동량은 질량과 속도를 더하여 결정되는 물리량이다.
② 충격량은 충격력과 충돌이 가해진 시간의 곱으로 결정되는 물리량이다.
③ 시간에 따른 힘 그래프에서 접선의 기울기는 충격량을 의미한다.
④ 충격량이 선운동량으로 전환되기 위해서는 먼저 충격량이 토크로 전환되어야 한다.

05 운동학적(kinematic) 분석과 운동역학적(kinetic) 분석에 관한 설명으로 옳지 않은 것은?

① 일률, 속도, 힘은 운동역학적 분석요인이다.
② 운동학적 분석은 움직임을 공간적·시간적으로 분석한다.
③ 근전도 분석, 지면반력 분석은 운동역학적 분석방법이다.
④ 신체중심점의 위치변화, 관절각의 변화는 운동학적 분석요인이다.

06 〈보기〉에서 물리량에 대한 설명으로 옳은 것만 고른 것은?

― 보기 ―
㉠ 압력은 단위면적당 가해지는 힘이며 벡터이다.
㉡ 일은 단위시간당 에너지의 변화율이며 벡터이다.
㉢ 마찰력은 두 물체의 마찰로 발생하는 힘이며 스칼라이다.
㉣ 토크는 회전을 일으키는 효과이며 벡터이다.

① ㉠, ㉡   ② ㉠, ㉣
③ ㉡, ㉢   ④ ㉢, ㉣

07 〈보기〉에서 항력과 관련된 설명으로 옳은 것만 고른 것은?

― 보기 ―
㉠ 육상의 원반 투사 시, 최적의 공격각(attack angle)은 $\frac{항력}{양력}$이 최대일 때의 각도이다.
㉡ 야구에서 투구 시 공에 회전을 넣어 커브 구질을 만든다.
㉢ 파도와 같이 물과 공기의 접촉면에서 형성된 난류에 의하여 발생하기도 한다.
㉣ 날아가는 골프공의 단면적(유체의 흐름방향에 수직인 물체의 면적)에 비례한다.

① ㉠, ㉡   ② ㉠, ㉣
③ ㉡, ㉢   ④ ㉢, ㉣

08 2차원 영상분석에서 배율법(multiplier method)에 관한 설명으로 옳지 않은 것은?

① 동작이 수행되는 평면에 직교하게 카메라를 설치한다.
② 분석대상이 운동평면에서 벗어나면 투시오차(perspective error)가 발생할 수 있다.
③ 체조의 공중회전(somersault)과 트위스트(twist)와 같은 운동 동작을 분석하는 데 주로 활용된다.
④ 기준자(reference ruler)는 영상평면에서의 분석대상 크기를 실제 운동 평면에서의 크기로 조정하기 위해 사용된다.

09 〈보기〉에서 각운동에 관한 설명으로 옳은 것만 고른 것은?

― 보기 ―
㉠ 각속력은 벡터이고, 각속도(angular velocity)는 스칼라이다.
㉡ 각속력(angular speed)은 시간당 각거리(angular distance)이다.
㉢ 각가속도(angular acceleration)는 시간당 각속도의 변화량이다.
㉣ 각거리는 물체의 처음과 마지막 각위치의 변화량이다.

① ㉠, ㉡   ② ㉠, ㉣
③ ㉡, ㉢   ④ ㉢, ㉣

10 〈보기〉의 ㉠~㉣에 들어갈 내용이 바르게 제시된 것은?

──〈 보기 〉──
- (㉠)가 커질수록 부력도 커진다.
- (㉡)가 올라갈수록 부력은 작아진다.
- (㉢)는 수중에서의 자세 변화에 따라 달라진다.
- (㉣)은 물에 잠긴 신체의 부피에 비례하여 수직으로 밀어 올리는 힘이다.

	㉠	㉡	㉢	㉣
①	신체의 밀도	신체의 온도	무게중심의 위치	부력
②	유체의 밀도	신체의 온도	무게중심의 위치	항력
③	신체의 밀도	물의 온도	부력중심의 위치	항력
④	유체의 밀도	물의 온도	부력중심의 위치	부력

11 〈보기〉와 같이 조건을 (A)에서 (B)로 변경하였을 때, ㉠~㉢에 들어갈 내용으로 바르게 나열한 것은? (단, 각운동량 그리고 줄과 공의 질량은 변화가 없는 것으로 가정)

──〈 보기 〉──

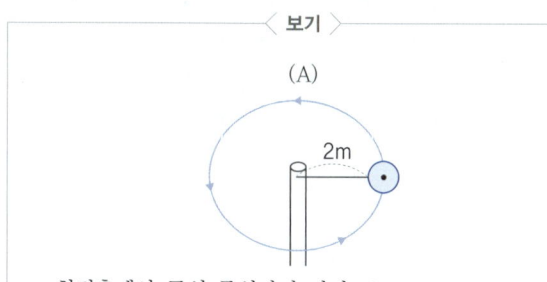

- 회전축에서 공의 중심까지 거리: 2m
- 회전속도: 1회전/sec

↓

(B)

회전축에서 공까지의 거리를 1m로 줄이면, 회전반경이 (㉠)로 줄어들고 관성모멘트가 (㉡)로 감소하기 때문에 공의 회전속도는 (㉢)로 증가한다.

	㉠	㉡	㉢
①	$\frac{1}{2}$	$\frac{1}{2}$	2회전/sec
②	$\frac{1}{2}$	$\frac{1}{4}$	2회전/sec
③	$\frac{1}{4}$	$\frac{1}{2}$	4회전/sec
④	$\frac{1}{2}$	$\frac{1}{4}$	4회전/sec

12 인체에 적용되는 지레(levers)의 원리에 관한 설명으로 옳지 않은 것은?

① 1종 지레에서 축(받침점)은 힘점과 저항점(작용점) 사이에 위치하고 역학적 이점이 1보다 크거나 작을 수 있다.
② 2종 지레는 저항점이 힘점과 축 사이에 위치하고 역학적 이점이 1보다 크다.
③ 3종 지레에서 힘점은 축과 저항점 사이에 위치하고 역학적 이점이 1보다 크다.
④ 지면에서 수직 방향으로 발뒤꿈치를 들고 서는 동작(calf raise)은 2종 지레이다.

13 〈그림〉의 수직점프(vertical jump) 동작에 관한 운동역학적 특성을 바르게 설명한 것은? (단, 외력과 공기 저항은 작용하지 않는 것으로 가정)

──〈 보기 〉──

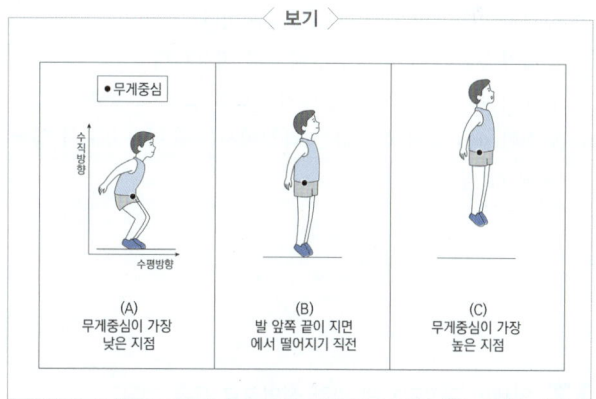

① (A)부터 (B)까지 한 일(work)은 위치에너지의 변화량과 같다.
② (A)부터 (B)까지 넙다리네갈래근(대퇴사두근, quadriceps)은 신장성 수축(eccentric contraction)을 한다.
③ (B)부터 (C)까지 무게중심의 수직가속도는 증가한다.
④ (C) 지점에서 인체 무게중심의 수직속도는 0m/sec이다.

14 회전운동에 관한 설명으로 옳지 않은 것은?

① 회전하는 물체의 접선속도는 각속도와 반지름의 곱으로 구한다.
② 회전하는 물체의 각속도는 호의 길이를 소요시간으로 나누어 구한다.
③ 인체의 관성모멘트(moment of inertia)는 회전축의 방향에 따라 변한다.
④ 토크는 힘의 연장선이 물체의 중심에서 벗어난 지점에 작용할 때 발생한다.

15 인체의 무게중심에 관한 설명으로 옳지 않은 것은?

① 무게중심은 인체 외부에 위치할 수 있다.
② 무게중심의 위치는 안정성에 영향을 준다.
③ 무게중심은 토크의 합이 '0'인 지점이다.
④ 무게중심의 위치는 동작의 변화와 관계없이 일정하다.

16 중력가속도의 개념에 관한 설명으로 옳지 않은 것은?

① 중력가속도의 크기는 $9.8m/sec^2$이다.
② 중력가속도는 지구 중심방향으로 작용한다.
③ 인체의 무게는 질량과 중력가속도의 곱으로 산출한다.
④ 토스한 배구공이 상승하는 과정에서는 중력가속도의 영향을 받지 않는다.

17 인체의 근골격계에 관한 설명으로 옳은 것은?

① 골격근의 수축은 관절에서 회전운동을 일으키지 못한다.
② 인대(ligament)는 골격근을 뼈에 부착시키는 역할을 한다.
③ 작용근(주동근, agonist)은 의도한 운동을 발생시키는 근육이다.
④ 팔꿈치관절에서 굽힘근(굴근, flexor)의 수축은 관절의 각도를 커지게 한다.

18 기저면의 변화를 통해 안정성을 증가시킨 동작으로 옳지 않은 것은?

① 산에서 내려오며 산악용 스틱을 사용하여 지면을 지지하기
② 씨름에서 상대방이 옆으로 당기자 다리를 좌우로 벌리기
③ 평균대 외발서기 동작에서 양팔을 좌우로 벌리기
④ 스키점프 착지 동작에서 다리를 앞뒤로 교차하여 벌리기

19 역학적 일(work)과 일률(power)의 개념을 바르게 설명한 것은?

① 일의 단위는 watt 또는 joule/sec이다.
② 일률은 힘과 속도의 곱으로 산출한다.
③ 일률은 이동한 거리를 고려하지 않는다.
④ 일은 가해진 힘의 크기에 반비례한다.

20 운동역학을 스포츠 현장에 적용한 사례로 적절하지 않은 것은?

① 멀리뛰기에서 도약력 측정을 위한 지면반력 분석
② 다이빙에서 각운동량 산출을 위한 3차원 영상분석
③ 축구에서 운동량 측정을 위한 웨어러블 센서(wearable sensor)의 활용
④ 경기장 적응을 위해 가상현실을 활용한 양궁 심상훈련 지원

스포츠윤리

01 〈보기〉에서 설명하는 법령은?

〈보기〉

이 법은 국민 모두가 스포츠 및 신체활동에 자유롭고 평등하게 참여하여 건강하고 행복한 삶을 영위할 수 있도록 스포츠의 가치가 교육, 문화, 환경, 인권, 복지, 정치, 경제, 여가 등 우리 사회 영역 전반에 확산될 수 있게 국가와 지방자치단체가 그 역할을 다하며, 개인이 스포츠 활동에서 차별받지 아니하고, 스포츠의 다양성, 자율성과 민주성의 원리가 조화롭게 실현되도록 하는 것을 기본 이념으로 한다.

① 스포츠클럽법 ② 스포츠기본법
③ 국민체육진흥법 ④ 학교체육진흥법

02 〈보기〉에서 스포츠에서 발생하는 폭력의 유형과 특징으로 옳은 것만을 모두 고른 것은?

〈보기〉

㉠ 직접적 폭력은 가시적, 파괴적이다.
㉡ 직접적 폭력은 상해를 입히려는 의도가 있는 행위이다.
㉢ 구조적 폭력은 비가시적이며 장기간 이루어진다.
㉣ 구조적 폭력은 의도가 노골적이지 않지만 관습처럼 반복된다.
㉤ 문화적 폭력은 언어, 행동양식 등의 상징적 행위를 통해 가해진다.
㉥ 문화적 폭력은 위해를 '옳은 것'이라 정당화하여 '문제가 되지 않게' 만들기도 한다.

① ㉠, ㉢, ㉤
② ㉠, ㉢, ㉣, ㉥
③ ㉠, ㉡, ㉢, ㉣, ㉤
④ ㉠, ㉡, ㉢, ㉣, ㉤, ㉥

03 스포츠에서 여성에 대한 차별이 발생하거나 심화되는 원인으로 볼 수 없는 것은?

① 생물학적 환원주의
② 남녀의 운동 능력 차이
③ 남성 문화에 기반한 근대스포츠
④ 여성참정권

04 〈보기〉에서 (가)의 문제를 해결하기 위해 생명중심주의 입장에서 (나)를 제시한 학자는?

〈보기〉

(가)
스포츠에서 환경문제가 발생하는 근본 원인은 스포츠의 사회 문화적 가치와 환경 혹은 자연의 보전 가치 사이의 충돌이다.

(나)
• 불침해의 의무: 다른 생명체에 해를 끼쳐서는 안 된다.
• 불간섭의 의무: 생태계에 간섭해서는 안 된다.
• 신뢰의 의무: 낚시나 덫처럼 동물을 기만하는 행위를 해서는 안 된다.
• 보상적 정의의 의무: 부득이하게 해를 끼친 경우 피해를 보상해야 한다.

① 테일러(P. Taylor) ② 베르크(A. Berque)
③ 콜버그(L. Kohlberg) ④ 패스모어(J. Passmore)

05 〈보기〉의 ㉠~㉢에 들어갈 용어로 바르게 묶인 것은?

〈보기〉

• (㉠): 생물학적, 형태학적 특징에 따라 분류된 인간 집단
• (㉡): 특정 종목에 유리하거나 불리한 인종이 실제로 존재한다는 사고 방식
• (㉢): 선수의 능력 차이를 특정 인종의 우월이나 열등으로 과장하여 차등을 조장하는 것

	㉠	㉡	㉢
①	인종	인종주의	인종 차별
②	인종	인종 차별	젠더화 과정
③	젠더	인종주의	인종 차별
④	젠더	인종 차별	젠더화 과정

06 〈보기〉의 축구 경기 비디오 판독(VAR)에서 심판 B의 판정 견해를 지지하는 윤리 이론에 가장 부합하는 것은?

〈 보기 〉
- 심판 A: 상대 선수가 부상을 입었지만 퇴장은 가혹하다.
- 심판 B: 그 선수가 충돌을 피할 수 있는 시간은 충분했다. 그러나 그는 피하려 하지 않았다. 따라서 퇴장의 처벌은 당연하다.

① 최대다수의 최대행복
② 의무주의
③ 쾌락주의
④ 좋음은 옳음의 근거

07 〈보기〉에 담긴 윤리적 규범과 관련이 없는 것은?

〈 보기 〉
나는 운동선수로서 경기의 규칙을 숙지하고 준수하여 공정하게 시합을 한다.

① 페어플레이(fair play)
② 스포츠딜레마(sport dilemma)
③ 스포츠에토스(sport ethos)
④ 스포츠퍼슨십(sportpersonship)

08 〈보기〉의 사례로 나타나는 품성으로 스포츠인에게 권장하지 않는 것은?

〈 보기 〉
- 경기 규칙의 위반은 옳지 않음을 알면서도 불공정한 파울을 행하기도 한다.
- 도핑이 그릇된 일이라는 점을 알고 있지만, 기록갱신과 승리를 위해 도핑을 강행한다.

① 테크네(techne)
② 아크라시아(akrasia)
③ 에피스테메(episteme)
④ 프로네시스(phronesis)

09 〈보기〉의 내용과 가장 밀접한 것은?

〈 보기 〉
- 정정당당하게 경기에 임하라.
- 어떠한 경우에도 최선을 다해라.
- 운동선수는 페어플레이를 해야 한다.

① 모방욕구
② 가언명령
③ 정언명령
④ 배려윤리

10 〈보기〉의 내용에 해당하는 윤리적 태도는?

〈 보기 〉
나는 경기에 참여할 때마다, 나의 행동 하나하나가 가능한 많은 사람이 만족하는데 기여할 수 있도록 노력한다.

① 행위 공리주의
② 규칙 공리주의
③ 제도적 공리주의
④ 직관적 공리주의

11 〈보기〉의 설명에 해당하는 스포츠에서의 정의(justice)는?

〈 보기 〉
정의는 공정과 준법을 요구한다. 모든 선수에게 동등한 기회를 보장해야 한다는 공정의 원칙은 지켜지지 않을 때가 있다. 스포츠에서는 완전한 통제가 어려운 불평등을 줄이기 위해 공수 교대. 전후반 진영 교체, 홈·원정 경기, 출발 위치 제비뽑기 등을 한다.

① 자연적 정의
② 평균적 정의
③ 분배적 정의
④ 절차적 정의

12 〈보기〉의 ㉠~㉢에 해당하는 용어가 바르게 제시된 것은?

〈보기〉

공자의 사상은 (㉠)(으)로 설명할 수 있다. (㉡)은/는 마음이 중심을 잡아 한쪽으로 치우치지 않는 상태를 의미하고, (㉢)은/는 나와 타인의 마음이 서로 다르지 않다는 뜻으로 배려와 관용을 나타낸다. 공자는 (㉢)에 대해 "내가 원하지 않은 일을 남에게 하지 말라(己所不慾 勿施於人)"는 정언명령으로 규정한다. 이는 스포츠맨십과 상통한다.

	㉠	㉡	㉢
①	충효(忠孝)	충(忠)	효(孝)
②	정의(正義)	정(正)	의(義)
③	정명(正名)	정(正)	명(名)
④	충서(忠恕)	충(忠)	서(恕)

13 〈보기〉의 주장과 가장 밀접한 관련이 있는 것은?

〈보기〉

스포츠 경기에서 승자의 만족도는 '1'이고, 패자의 만족도는 '0'이라고 말하는 사람이 있다. 그러나 스포츠 경기에서 양자의 만족도 합은 '0'에 가까울 수 있고, '2'에 가까울 수도 있다. 승자와 패자의 만족도가 각각 '1'에 가까울 수 있기 때문이다.

① 칸트 ② 정언명령
③ 공정시합 ④ 공리주의

14 〈보기〉의 설명에 해당하는 반칙의 유형은?

〈보기〉

- 동기, 목표가 뚜렷하다.
- 스포츠의 본질적인 성격을 부정하는 의미로 해석할 수 있다.
- 실격, 몰수패, 출전 정지, 영구 제명 등의 처벌이 따른다.

① 의도적 구성 반칙 ② 비의도적 구성 반칙
③ 의도적 규제 반칙 ④ 비의도적 규제 반칙

15 〈보기〉의 대화에서 '윤성'의 윤리적 관점은?

〈보기〉

진서: 나 어젯밤에 투우 중계방송 봤는데, 스페인에서 엄청 인기더라구! 그런데 동물을 인간 오락의 대상으로 삼는 것은 윤리적으로 허용될 수 없는 거 아니야?

윤성: 난 다르게 생각해! 스포츠 활동은 인간의 이상을 추구하기 위한 것이고, 그 이상의 실현을 위해 동물은 수단으로 활용될 수 있는 것 아닐까? 승마의 경우 인간과 말이 훈련을 통해 기량을 향상시키고 결국 사람 간의 경쟁에 동물을 도구로 활용한다고 볼 수 있잖아.

① 동물해방론 ② 동물권리론
③ 종차별주의 ④ 종평등주의

16 〈보기〉의 사례에서 나타나는 윤리적 태도와 가장 밀접한 관련이 있는 것은?

〈보기〉

선수는 윤리적 갈등을 겪을 때면, 우리 사회에서 오랫동안 본보기가 되어온 위인들을 떠올린다. 그리고 그 위인들처럼 행동하려고 노력한다.

① 맥킨타이어(A. MacIntyre)
② 의무주의(deontology)
③ 쾌락주의(hedonism)
④ 메타윤리(metaethics)

17 스포츠윤리의 특징으로 적절하지 않은 것은?

① 스포츠 경쟁의 윤리적 기준이다.
② 올바른 스포츠 경기의 방향이 된다.
③ 보편적 윤리로는 다룰 수 없는 독자성이 있다.
④ 스포츠인의 행위, 실천의 기준이다.

18 〈보기〉에서 학생운동선수의 학습권 보호와 관련된 것으로 옳은 것만 모두 고른 것은?

〈보기〉
㉠ 최적 학력 제도 ㉡ 리그 승강 제도
㉢ 주말 리그 제도 ㉣ 학사 관리 지원 제도

① ㉠, ㉡, ㉢
② ㉠, ㉡, ㉣
③ ㉠, ㉢, ㉣
④ ㉡, ㉢, ㉣

19 〈보기〉의 주장에 나타난 윤리적 관점은?

〈보기〉
스포츠 행위의 도덕적 가치는 사회에 따라, 또는 사람에 따라 다를 수 있다. 물론 도덕적 준거가 없는 것은 아니다.

① 윤리적 절대주의
② 윤리적 회의주의
③ 윤리적 상대주의
④ 윤리적 객관주의

20 〈보기〉의 대화에서 논란이 되고 있는 도핑의 종류는?

〈보기〉
지원: 스포츠 뉴스 봤어? 케냐의 마라톤 선수 킵초게가 1시간 59분 40초의 기록을 세웠대!
사영: 우와! 2시간의 벽이 드디어 깨졌네요! 인간의 한계는 끝이 없나요?
성현: 그런데 이번 기록은 특수 제작된 신발을 신고 달렸으니 킵초게 선수의 능력만으로 달성했다고 볼 수 없는 거 아니야? 스포츠에 과학기술의 도입은 필요하지만, 이러다가 스포츠에서 탁월성의 근거가 인간에서 기술로 넘어가는 거 아니야?
혜름: 맞아! 수영의 전신 수영복, 야구의 압축 배트가 금지된 사례도 있잖아!

① 약물도핑(drug doping)
② 기술도핑(technology doping)
③ 브레인도핑(brain doping)
④ 유전자도핑(gene doping)

스포츠사회학

01 〈보기〉에서 스포츠의 교육적 순기능으로만 묶인 것은?

〈보기〉
⊙ 학교와 지역사회의 통합
ⓒ 평생체육의 연계
ⓒ 스포츠의 상업화
② 학업활동의 격려
⑩ 참여기회의 제한
ⓑ 승리지상주의

① ㉠, ㉡, ㉢
② ㉠, ㉢, ㉤
③ ㉡, ㉢, ㉣
④ ㉡, ㉤, ㉥

02 〈보기〉에서 코클리(J. Coakley)의 상업주의에 따른 스포츠의 변화에 관한 설명으로 옳은 것을 모두 고른 것은?

〈보기〉
㉠ 스포츠 조직의 변화: 스포츠 조직은 경품 추첨, 연예인의 시구와 같은 의전행사에 관심을 갖게 되었다.
㉡ 스포츠 구조의 변화: 스포츠의 심미적 가치보다 영웅적 가치를 중시하게 되었다.
㉢ 스포츠 목적의 변화: 아마추어리즘보다 흥행에 입각한 프로페셔널리즘을 추구하게 되었다.
㉣ 스포츠 내용의 변화: 프로 농구의 경우, 전·후반제에서 쿼터제로 변경되었다.

① ㉠, ㉡
② ㉠, ㉢
③ ㉡, ㉢, ㉣
④ ㉠, ㉢, ㉣

03 〈보기〉에서 설명하는 스포츠 세계화의 원인은?

〈보기〉
'코먼웰스 게임(commonwealth games)'은 영연방국가들이 참가하는 스포츠 메가 이벤트로, 영연방국가의 통합에 기여하는 측면이 있다. 영국의 스포츠로 알려진 크리켓과 럭비는 대부분 영국의 식민지였던 영연방국가에서 인기가 있다.

① 제국주의
② 민족주의
③ 다문화주의
④ 문화적 상대주의

04 〈보기〉에 해당하는 케년(G. Kenyon)의 스포츠 참가유형은?

〈보기〉
• 특정 선수의 사인볼 수집
• 특정 스포츠 관련 SNS 활동
• 특정 스포츠 물품에 대한 애착

① 일탈적 참가
② 행동적 참가
③ 정의적 참가
④ 인지적 참가

05 〈보기〉의 ㉠, ㉡에 해당하는 거트만(A. Guttmann)의 근대스포츠 특징은?

〈보기〉
- (㉠): 국제스포츠조직은 규칙의 제정, 대회의 운영, 종목 진흥 등의 역할을 담당한다.
- (㉡): 투수라는 같은 포지션 내에서도 선발, 중간, 마무리 등으로 구분된다.

	㉠	㉡
①	관료화	평등성
②	합리화	평등성
③	관료화	전문화
④	합리화	전문화

06 스나이더(E. Snyder)가 제시한 스포츠 사회화의 전이 조건이 아닌 것은?

① 참가의 가치
② 참가의 정도
③ 참가의 자발성 여부
④ 사회화 주관자의 위신과 위력

07 〈보기〉는 버렐(S. Birrell)과 로이(J. Loy)의 스포츠 미디어를 통해 충족할 수 있는 욕구에 관한 설명이다. ㉠~㉢에 해당하는 용어가 바르게 연결된 것은?

〈보기〉
- (㉠) 욕구: 스포츠 경기의 결과, 선수와 팀에 대한 통계적 지식을 제공해 준다.
- (㉡) 욕구: 스포츠에 대한 흥미와 흥분을 제공해 준다.
- (㉢) 욕구: 다른 사회집단과 경험을 공유하게 하며 공동체 의식을 갖게 한다.

	㉠	㉡	㉢
①	정의적	인지적	통합적
②	인지적	통합적	정의적
③	정의적	통합적	인지적
④	인지적	정의적	통합적

08 〈보기〉의 ㉠, ㉡에 해당하는 용어가 바르게 연결된 것은?

〈보기〉
- (㉠): 국민의 관심이 높은 스포츠 경기를 무료 혹은 저렴한 비용으로 시청할 수 있는 권리를 말한다.
- (㉡): 선수 개인의 사생활을 중심으로 대중을 자극하고 호기심에 호소하는 흥미 위주의 스포츠 관련 보도를 지칭한다.

	㉠	㉡
①	독점 중계권	뉴 저널리즘(new journalism)
②	보편적 접근권	옐로 저널리즘(yellow journalism)
③	독점 중계권	옐로 저널리즘(yellow journalism)
④	보편적 접근권	뉴 저널리즘(new journalism)

09 〈보기〉에서 설명하는 프로스포츠의 제도는?

〈보기〉
- 프로스포츠 구단이 소속 선수와의 계약을 해지하고 다른 구단에게 해당 선수를 양도받을 의향이 있는지 공개적으로 묻는 제도이다.
- 기량이 떨어지거나 심각한 부상을 당한 선수를 방출하는 수단으로 이용하고 있다.

① 보류 조항(reserve clause)
② 웨이버 조항(waiver rule)
③ 선수대리인(agent)
④ 자유계약(free agent)

10 스포츠 일탈의 순기능에 관한 사례로 적절하지 않은 것은?

① 승부조작 사례를 보고 많은 선수들이 경각심을 갖는다.
② 아이스하키 경기에서 허용된 주먹다짐은 잠재된 공격성을 해소시켜 준다.
③ 스포츠에서 선수들의 약물복용이 지속되면 경기의 공정성이 훼손된다.
④ 높이뛰기에서 배면뛰기 기술의 창안은 기록경신에 기여하고 있다.

11 〈보기〉는 스트렌크(A. Strenk)가 제시한 국제정치에서 스포츠의 기능에 관한 설명이다. ㉠~㉢에 해당하는 내용이 바르게 연결된 것은?

〈 보기 〉

- (㉠): 2002년 한일 월드컵 4강 진출로 대한민국이 축구 강국으로 인식
- (㉡): 1980년 모스크바 올림픽에서 서방 국가들의 보이콧 선언
- (㉢): 1936년 베를린 올림픽에서 나치즘의 정당성과 우월성 과시

	㉠	㉡	㉢
①	외교적 도구	정치이념 선전	국위선양
②	국위선양	외교적 항의	정치이념 선전
③	국위선양	외교적 도구	외교적 항의
④	외교적 도구	외교적 항의	정치이념 선전

12 〈보기〉에서 설명하는 부르디외(P. Bourdieu)의 문화자본 유형은?

〈 보기 〉

- 테니스의 경기 기술뿐만 아니라 경기 매너도 습득하게 된다.
- 스포츠 활동처럼 몸으로 체득하게 되는 성향을 의미한다.
- 획득하는데 시간이 오래 걸리고, 타인에게 양도나 전이, 교환이 어렵다.

① 체화된(embodied) 문화자본
② 객체화된(objectified) 문화자본
③ 제도화된(institutionalized) 문화자본
④ 주체화된(subjectified) 문화자본

13 〈보기〉에서 투민(M. Tumin)이 제시한 스포츠계층의 특성 중 보편성(편재성)에 해당하는 것으로만 묶인 것은?

〈 보기 〉

㉠ 스포츠는 인기종목과 비인기종목으로 구분된다.
㉡ 과거에 비해 운동선수들의 지위가 향상되고 있다.
㉢ 종합격투기는 체급에 따라 대전료와 중계권료 등에 차등이 있다.
㉣ 계층에 따라 스포츠 참여 빈도, 유형, 종목이 달라지며, 이러한 차이는 개인의 삶에 영향을 미친다.

① ㉠, ㉡
② ㉠, ㉢
③ ㉡, ㉣
④ ㉢, ㉣

14 〈보기〉의 밑줄 친 ㉠, ㉡을 설명하는 집합행동 이론이 바르게 연결된 것은?

〈 보기 〉

이 코치: 어제 축구 봤어? 경기 도중 관중폭력이 발생했잖아.
김 코치: ㉠ 나는 그 경기를 경기장에서 직접 봤는데 관중들의 야유 소리가 점점 커지면서 관중폭력이 일어났어.
이 코치: ㉡ 맞아! 그 경기 이전에 이미 관중의 인종차별 사건이 있었잖아. 만약 인종차별이 먼저 발생하지 않았다면, 어제 경기에서 그런 관중폭력은 없었을 거야.

	㉠	㉡
①	전염이론	규범생성이론
②	수렴이론	부가가치이론
③	전염이론	부가가치이론
④	수렴이론	규범생성이론

15 메기(J. Magee)와 서덴(J. Sugden)이 제시한 스포츠 노동이주의 유형에 관한 설명 중 적절하지 않은 것은?

① 개척자형: 스포츠 보급을 통해 금전적 보상을 추구하는 유형
② 정착민형: 영구적으로 정착할 수 있는 곳을 찾는 유형
③ 귀향민형: 해외에서의 스포츠 경험을 바탕으로 자국으로 복귀하는 유형
④ 유목민형: 개인의 취향대로 흥미로운 장소를 돌아다니면서 스포츠에 참여하는 유형

16 <보기>는 코클리(J. Coakley)가 제시한 스포츠 일탈에 관한 설명이다. ㉠, ㉡에 해당하는 용어가 바르게 연결된 것은?

<보기>
- (㉠)에 따르면 스포츠 일탈이 용인되는 범위는 사회적으로 타협하는 과정을 통해 구성된다.
- (㉡)는 과훈련(over-training), 부상 투혼 등을 거부감 없이 무비판적으로 수용하는 것이다.

	㉠	㉡
①	상대론적 접근	과소동조
②	절대론적 접근	과잉동조
③	절대론적 접근	과소동조
④	상대론적 접근	과잉동조

17 스포츠사회화를 이해하기 위한 사회학습이론의 관점으로 적절하지 않은 것은?

① 상과 벌을 통해 행동이 변화한다.
② 다른 사람의 행동을 관찰하여 모방이 일어난다.
③ 사회화 주관자의 가르침을 통해 행동이 변화한다.
④ 개인은 자신이 처해있는 상황을 스스로 학습하고 변화한다.

18 <보기>에서 설명하는 스포츠의 정치적 속성은?

<보기>
에티즌(D. Eitzen)과 세이지(G. Sage)에 의하면 다양한 팀, 리그, 선수단체 및 행정기구는 각각의 특성에 따라 불평등하게 배분된 자원과 권한을 갖게 되고, 더 많은 권한을 갖기 위해 대립적 갈등을 겪게 된다.

① 보수성   ② 긴장관계
③ 권력투쟁   ④ 상호의존성

19 <보기>에서 설명하는 맥퍼슨(B. McPherson)의 스포츠 미디어 이론은?

<보기>
- 대중매체를 통한 개인의 스포츠 소비 형태는 중요타자의 가치와 소비행동에 의해 영향을 받는다.
- 스포츠 수용자 역할로의 사회화는 스포츠에 참여하는 가족 구성원으로부터 받은 스포츠 소비에 대한 승인 정도가 중요하게 작용한다.

① 개인차 이론   ② 사회범주 이론
③ 문화규범 이론 ④ 사회관계 이론

20 <보기>에서 설명하는 스포츠사회학 이론은?

<보기>
- 일상에서 특정 물건을 소비하는 것은 자신의 계급 위치를 상징화하는 행위이다.
- 자원과 시간의 소비가 요구되는 스포츠에 참여하는 것은 계급 표식 행위이다.
- 고가의 스포츠용품, 골프 회원권 등의 과시적 소비 양상이 나타난다.

① 갈등이론   ② 구조기능이론
③ 비판이론   ④ 상징적 상호작용론

스포츠교육학

01 〈보기〉에서 설명하는 스포츠 교육 평가의 신뢰도 검사 방법은?

〈 보기 〉

- 동일한 검사에 대해 시간 차이를 두고 2회 측정해서 측정값을 비교해 차이가 작으면 신뢰도가 높고, 크면 신뢰도가 낮은 것으로 판단한다.
- 첫 번째와 두 번째 측정 사이의 시간 차이가 너무 길거나 짧으면 신뢰도가 낮게 나올 수 있다.

① 검사-재검사
② 동형 검사
③ 반분 신뢰도 검사
④ 내적 일관성 검사

02 〈보기〉의 수업 장면에서 활용한 모스턴(M. Mosston)의 교수 스타일에 관한 설명으로 적절하지 않은 것은?

〈 보기 〉

신체활동	축구
학습목표	인프런트킥으로 상대방 수비수를 넘겨 동료에게 패스할 수 있다.
수업 장면	

지도자: 네 앞에 상대방 수비수가 있을 때, 수비수를 넘겨 동료에게 패스하려면 어떻게 공을 차야 할까?
학습자: 상대방 수비수를 넘길 수 있을 정도의 높이로 공을 띄워야 해요.
지도자: 그럼, 발의 어느 부분으로 공의 밑 부분을 차면 수비수를 넘길 수 있을까?
학습자: 발등과 발 안쪽의 중간 지점이요. (손가락으로 엄지발가락을 가리킨다)
지도자: 좋은 대답이야. 그럼, 우리 한 번 상대방 수비수를 넘기는 킥을 연습해볼까?

① 지도자는 논리적이며 계열적인 질문을 설계해야 한다.
② 지도자는 질문에 대한 학습자의 해답을 검토하고 확인한다.
③ 지도자는 학습자에게 예정된 해답을 즉시 알려준다.
④ 지도자는 학습자와 지속적으로 상호작용하며 의사결정을 한다.

03 로젠샤인(B. Rosenshine)과 퍼스트(N. Furst)가 제시한 학습성취와 관련된 지도자 변인에 해당하지 않는 것은?

① 지도자의 경력
② 명확한 과제제시
③ 지도자의 열의
④ 프로그램의 다양화

04 링크(J. Rink)가 제시한 교수 전략(teaching strategy) 중 한 명의 지도자가 수업에서 공간을 나누어 두 가지 이상의 과제를 동시에 진행하는 것은?

① 자기 교수(self teaching)
② 팀 티칭(team teaching)
③ 상호 교수(interactive teaching)
④ 스테이션 교수(station teaching)

05 〈보기〉는 국민체육진흥법(시행 2022.8.11.) 제18조의3 '스포츠윤리센터의 설립'에 관한 내용이다. ㉠, ㉡에 들어갈 용어가 바르게 연결된 것은?

〈 보기 〉

- 체육의 (㉠) 확보와 체육인의 (㉡)를 위하여 스포츠윤리센터를 설립한다.

	㉠	㉡
①	정당성	권리 강화
②	정당성	인권 보호
③	공정성	권리 강화
④	공정성	인권 보호

06 스포츠 교육 프로그램의 지도 원리에 관한 설명이 적절하지 <u>않은</u> 것은?

① 개별성의 원리: 개인차를 고려한 다양한 수준별 지도
② 효율성의 원리: 학습자 스스로 내용을 파악하고 문제해결
③ 적합성의 원리: 지도자의 창의적인 지도 활동의 선정과 활용
④ 통합성의 원리: 교수·학습 내용의 다양화와 신체활동의 총체적 체험

07 직접교수모형에 관한 설명으로 적절하지 <u>않은</u> 것은?

① 학습 영역의 우선순위는 심동적 영역이다.
② 스키너(B. Skinner)의 조작적 조건화 이론에 근거한다.
③ 지도자 중심으로 의사결정이 이루어져 학습자의 과제참여 비율이 감소한다.
④ 수업의 단계는 전시과제 복습, 새 과제 제시, 초기과제 연습, 피드백과 교정, 독자적 연습, 본시 복습의 순으로 진행된다.

08 스포츠기본법(시행 2022.6.16.) 제7조 '스포츠 정책 수립·시행의 기본원칙' 중 국가와 지방자치단체의 스포츠 정책에 관한 고려사항에 해당하지 <u>않는</u> 것은?

① 스포츠 활동을 존중하고 사회 전반에 확산되도록 할 것
② 스포츠 대회 참가 목적을 국위선양에 두어 지원할 것
③ 스포츠 활동 참여와 스포츠 교육의 기회가 확대되도록 할 것
④ 스포츠의 가치를 존중하고 스포츠의 역동성을 높일 수 있을 것

09 모스턴(M. Mosston)의 포괄형(inclusion) 교수 스타일에 관한 설명으로 적절하지 <u>않은</u> 것은?

① 지도자는 발견 역치(discovery threshold)를 넘어 창조의 단계로 학습자를 유도한다.
② 지도자는 기술 수준이 다양한 학습자들의 개인차를 수용한다.
③ 학습자가 성취 가능한 과제를 선택하고 자신의 수행을 점검한다.
④ 과제 활동 전, 중, 후 의사결정의 주체는 각각 지도자, 학습자, 학습자 순서이다.

10 〈보기〉에서 설명하는 링크(J. Rink)의 학습 과제 연습 방법은?

〈보기〉
- 복잡한 운동 기술의 경우, 기술의 주요 동작이나 마지막 동작을 초기 동작보다 먼저 연습하게 한다.
- 테니스 서브 과제에서 공을 토스하는 동작을 연습하기 전에 공을 라켓에 맞추는 동작을 먼저 연습한다.

① 규칙 변형　　② 역순 연쇄
③ 반응 확대　　④ 운동수행의 목적 전환

11 〈보기〉에 해당하는 쿠닌(J. Kounin)의 교수 기능은?

〈보기〉
- 지도자가 자신의 머리 뒤에도 눈이 있다는 듯이 학습자들의 행동을 파악하는 것
- 지도자가 학습자들 간에 발생하는 사건을 인지하는 것

① 접근통제(proximity control)
② 긴장 완화(tension release)
③ 상황이해(with-it-ness)
④ 타임아웃(time-out)

12 〈보기〉에서 활용된 스포츠 지도 행동의 관찰기법은?

보기

- 지도자: 강 감독
- 관찰자: 김 코치
- 수업내용: 농구 수비전략
- 시간: 19:00~19:50

	피드백의 유형	표기(빈도)	비율
대상	전체	∨∨∨∨∨ (5회)	50%
	소집단	∨∨∨ (3회)	30%
	개인	∨∨ (2회)	20%
성격	긍정	∨∨∨∨∨∨∨∨ (8회)	80%
	부정	∨∨ (2회)	20%
구체성	일반적	∨∨∨ (3회)	30%
	구체적	∨∨∨∨∨∨∨ (7회)	70%

① 사건 기록법(event recording)
② 평정 척도법(rating scale)
③ 일화 기록법(anecdotal recording)
④ 지속시간 기록법(duration recording)

13 배구 수업에서 운동기능이 낮은 학습자의 참여 증진을 위한 스포츠 지도 방법으로 적절하지 않은 것은?

① 네트 높이를 낮춘다.
② 소프트한 배구공을 사용한다.
③ 서비스 라인을 네트와 가깝게 위치시킨다.
④ 정식 게임(full-sided game)으로 운영한다.

14 메이거(R. Mager)가 제시한 학습 목표 설정의 요소가 아닌 것은?

① 설정된 운동수행 기준
② 운동수행에 필요한 상황과 조건
③ 학습자에게 기대되는 성취행위
④ 목표 달성이 불가능할 경우의 대처방안

15 〈보기〉에서 메츨러(M. Metzler)의 탐구수업모형에 관한 설명으로 옳은 것을 모두 고른 것은?

보기

㉠ 모형의 주제는 '문제해결자로서의 학습자'이다.
㉡ 학습 영역의 우선순위는 심동적, 인지적, 정의적 순이다.
㉢ 지도자는 학습자가 '생각하고 움직이기'를 할 수 있도록 과제를 제시한다.
㉣ 지도자의 질문에 학습자가 바로 대답하지 못하는 경우 즉시 답을 알려준다.

① ㉠, ㉢
② ㉡, ㉢
③ ㉠, ㉡, ㉢
④ ㉠, ㉡, ㉣

16 스포츠 참여자 평가에서 심동적(psychomotor) 영역에 해당하는 것은?

① 몰입
② 심폐지구력
③ 협동심
④ 경기 규칙 이해

17 〈보기〉에 해당하는 운동기능의 학습 전이(transfer) 유형은?

보기

- 야구에서 배운 오버핸드 공 던지기가 핸드볼에서 오버핸드 공 던지기 기능으로 전이되는 경우이다.

① 대칭적 전이
② 과제 내 전이
③ 과제 간 전이
④ 일상으로의 전이

18 스포츠 교육 프로그램의 구성요소에 관한 설명으로 적절하지 않은 것은?

① 평가: 프로그램을 개선하는 데 도움을 준다.
② 내용: 스포츠 지도의 철학, 이념 또는 비전이다.
③ 지도법: 프로그램을 체계적으로 전달하는 방법이다.
④ 목적 및 목표: 일반적인 목표와 구체적인 목표로 구분할 수 있다.

19 메츨러(M. Metzler)의 개별화지도모형의 주제로 적절한 것은?

① 지도자가 수업 리더 역할을 한다.
② 나는 너를, 너는 나를 가르친다.
③ 유능하고, 박식하며, 열정적인 스포츠인으로 성장한다.
④ 학습자가 가능한 한 빨리, 필요한 만큼 천천히 학습 속도를 조절한다.

20 학교체육진흥법 시행령(시행 2021.4.21.) 제3조 '학교운동부지도자의 자격기준 등'에서 제시한 학교운동부지도자 재임용의 평가 내용이 아닌 것은?

① 복무 태도
② 학교운동부 운영 성과
③ 인권교육 연 1회 이상 이수 여부
④ 학생선수의 학습권 및 인권 침해 여부

스포츠심리학

01 스포츠심리학의 주된 연구의 동향과 영역에 포함되지 않는 것은?

① 인지적 접근과 현장 연구
② 경험주의에 기초한 성격 연구
③ 생리학적 항상성에 관한 연구
④ 사회적 촉진 및 각성과 운동수행의 관계 연구

02 데시(E. Deci)와 라이언(R. Ryan)이 제시한 자기결정이론(self-determination theory)에서 외적동기 유형으로 분류되지 않는 것은?

① 무동기(amotivation)
② 확인규제(identified regulation)
③ 통합규제(integrated regulation)
④ 의무감규제(introjected regulation)

03 〈보기〉에서 설명하는 개념은?

〈보기〉
체육관에서 관중의 함성과 응원 소리에도 불구하고, 작전타임에서 코치와 선수는 서로 의사소통이 가능하다.

① 스트룹 효과(Stroop effect)
② 지각협소화(perceptual narrowing)
③ 무주의 맹시(inattention blindness)
④ 칵테일파티 효과(cocktail party effect)

04 〈표〉는 젠타일(A. Gentile)의 이차원적 운동기술분류이다. 야구 유격수가 타구된 공을 잡아서 1루로 송구하는 움직임이 해당하는 곳은?

구 분		동작의 요구(기능)			
		신체 이동 없음 (신체의 안정성)		신체 이동 있음 (신체의 불안정성)	
		물체 조작 없음	물체 조작 있음	물체 조작 없음	물체 조작 있음
환경적 맥락	안정적인 조절 조건				
	동작 시도 간 환경 변이성 없음				
	동작 시도 간 환경 변이성				
	비안정적 조절 조건				
	동작 시도 간 환경 변이성 없음	①		③	
	동작 시도 간 환경 변이성		②		④

05 뉴웰(K. Newell)이 제시한 움직임 제한(constraints) 요소의 유형이 다른 것은?

① 운동능력이 움직임을 제한한다.
② 인지, 동기, 정서상태가 움직임을 제한한다.
③ 신장, 몸무게, 근육형태가 움직임을 제한한다.
④ 과제목표와 특성, 규칙, 장비가 움직임을 제한한다.

06 〈보기〉에서 설명하는 게셀(A. Gesell)과 에임스(L. Ames)의 운동발달의 원리가 아닌 것은?

〈보기〉
- 머리에서 발 방향으로 발달한다.
- 운동발달은 일련의 방향성을 갖는다.
- 운동협응의 발달순서가 있다.
  양측: 상지 혹은 하지의 양측을 동시에 움직이는 형태를 보인다.
  동측: 상하지를 동시에 움직이는 형태를 보인다.
  교차: 상하지를 동시에 움직이는 형태를 보인다.
- 운동기술의 습득 과정에서 몸통이나 어깨 근육을 조절하는 능력을 먼저 갖추고, 이후에 팔, 손목, 손, 그리고 손가락 근육을 조절하는 능력을 갖춘다.

① 머리-꼬리 원리(cephalocaudal principle)
② 중앙-말초 원리(proximodistal principle)
③ 개체발생적 발달 원리(ontogenetic development principle)
④ 양측-동측-교차 운동협응의 원리(bilateral-unilateral(ipsilateral)-crosslateral principle)

07 스포츠를 통한 인성 발달 전략에 대한 설명으로 옳지 않은 것은?

① 상황에 맞는 바람직한 행동을 설명한다.
② 도덕적으로 적절한 행동에 대하여 설명한다.
③ 바람직한 행동을 강화하고, 적대적 공격행동은 처벌한다.
④ 격한 상황에서 자신의 감정을 공격적으로 표출하도록 격려한다.

08 〈보기〉에서 설명하는 목표의 유형은?

> 보기
> - 운동기술을 잘 수행하기 위해서 필요한 핵심 행동에 중점을 둔다.
> - 자기효능감과 자신감을 높이고 인지 불안을 낮추는 데 도움이 된다.
> - 자신의 운동수행에 대한 목표를 달성하는데 중점을 두는 목표로 달성의 기준점이 자신의 과거 기록이 된다.

① 과정목표와 결과목표
② 수행목표와 과정목표
③ 수행목표와 객관적목표
④ 객관적목표와 주관적목표

09 스미스(R. Smith)와 스몰(F. Smol)이 개발한 유소년 지도자 훈련 프로그램인 CET(Coach Effectiveness Training)의 핵심 원칙이 <u>아닌</u> 것은?

① 자기관찰 ② 운동도식
③ 상호지원 ④ 발달모델

10 균형유지와 사지협응 및 자세제어에 주된 역할을 하는 뇌 구조(영역)는?

① 소뇌(cerebellum)
② 중심고랑(central sulcus)
③ 대뇌피질의 후두엽(occipital lobe of cerebrum)
④ 대뇌피질의 측두엽(temporal lobe of cerebrum)

11 골프 퍼팅 과제를 100회 연습한 뒤, 24시간 후에 동일 과제에 대해 수행하는 검사는?

① 속도검사(speed test)
② 파지검사(retention test)
③ 전이검사(transfer test)
④ 지능검사(intelligence test)

12 〈보기〉에서 설명하는 일반화된 운동프로그램(generalized motor program)의 불변 특성(invariant feature) 개념은?

> 보기
>
> | A 움직임 시간(movement time) = 500ms | | | |
> |---|---|---|---|
> | 하위 움직임 1 = 25% | 하위 움직임 2 = 25% | 하위 움직임 3 = 25% | 하위 움직임 4 = 25% |
>
>
>
> | B 움직임 시간(movement time) = 900ms | | | |
> |---|---|---|---|
> | 하위 움직임 1 = 25% | 하위 움직임 2 = 25% | 하위 움직임 3 = 25% | 하위 움직임 4 = 25% |
>
> - A 움직임 시간은 500ms, B 움직임 시간은 900ms로 서로 다르다.
> - 4개의 하위 움직임 구간의 시간적 구조 비율은 변하지 않는다.
> - 단, A와 B 움직임은 모두 동일인이 수행한 동작이며, 하위움직임 구성도 4개로 동일함

① 어트랙터(attractor)
② 동작유도성(affordance)
③ 상대적 타이밍(relative timing)
④ 절대적 타이밍(absolute timing)

13 ⟨보기⟩에서 구스리(E. Guthrie)가 제시한 '운동기술 학습으로 인한 변화'에 관한 설명으로 옳은 것을 모두 고른 것은?

─── 보기 ───
㉠ 최대의 확실성(maximum certainty)으로 운동과제를 수행할 수 있다.
㉡ 최소의 인지적 노력(minimum cognitive effect)으로 운동과제를 수행할 수 있다.
㉢ 최소의 움직임 시간(minimum movement time)으로 운동과제를 수행할 수 있다.
㉣ 최소의 에너지 소비(minimum energy expenditure)로 운동과제를 수행할 수 있다.

① ㉠, ㉡, ㉢
② ㉠, ㉢, ㉣
③ ㉡, ㉢, ㉣
④ ㉠, ㉡, ㉢, ㉣

14 ⟨보기⟩에 제시된 공격성에 관한 설명과 이론(가설)이 바르게 연결된 것은?

─── 보기 ───
• (㉠) 환경에서 관찰과 강화로 공격행위를 학습한다.
• (㉡) 인간의 내부에는 공격성을 유발하는 에너지가 존재한다.
• (㉢) 좌절(예 목표를 추구하는 행위가 방해받는 경험)이 공격 행동을 유발한다.
• (㉣) 좌절이 무조건 공격행동을 유발하지 않고, 공격행동이 적절하다는 외부적 단서가 있을 때 나타난다.

	㉠	㉡	㉢	㉣
①	사회학습이론	본능이론	좌절-공격 가설	수정된 좌절-공격 가설
②	사회학습이론	본능이론	수정된 좌절-공격 가설	좌절-공격 가설
③	본능이론	사회학습이론	좌절-공격 가설	수정된 좌절-공격 가설
④	본능이론	사회학습이론	수정된 좌절-공격 가설	좌절-공격 가설

15 ⟨보기⟩에서 하터(S. Harter)의 유능성 동기이론 모형에 관한 설명으로 옳은 것을 고른 것은?

─── 보기 ───
㉠ 심리적 요인과 관련된 단일차원의 구성개념이다.
㉡ 실패 경험은 부정적 정서를 갖게 하여 유능성 동기를 낮추고, 결국에는 운동을 중도 포기하게 한다.
㉢ 성공 경험은 자기효능감과 긍정적 정서를 갖게 하여 유능성 동기를 높이고, 숙달(mastery)을 경험하게 한다.
㉣ 스포츠 상황에서 성공하기 위한 능력이 있다는 확신의 정도나 신념으로 특성 스포츠 자신감과 상태 스포츠 자신감으로 구분한다.

① ㉠, ㉡
② ㉠, ㉣
③ ㉡, ㉢
④ ㉢, ㉣

16 ⟨보기⟩에서 설명하는 용어는?

─── 보기 ───
번스타인(N. Bernstein)은 움직임의 효율적 제어를 위해 중추신경계가 자유도를 개별적으로 제어하지 않고, 의미 있는 단위로 묶어서 조절한다고 설명하였다.

① 공동작용(synergy)
② 상변이(phase transition)
③ 임계요동(critical fluctuation)
④ 속도-정확성 상쇄 현상(speed-accuracy trade-off)

17 〈보기〉에서 연구 결과를 통해 확인할 수 있는 목표설정에 관한 설명으로 옳은 것을 고른 것은?

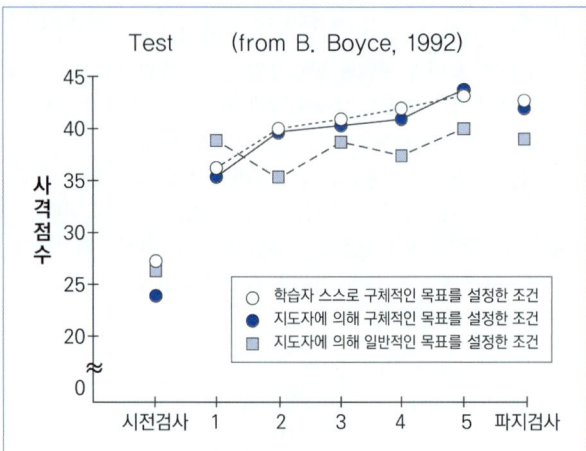

〈보기〉

㉠ 목표설정이 운동의 수행과 학습에 효과적이다.
㉡ 학습자에게 어려운 목표를 설정하도록 조언해야 한다.
㉢ 구체적인 목표를 설정했던 집단에서 더 높은 학습 효과가 나타났다.
㉣ 구체적이고 도전적인 목표를 향해 전념하도록 격려하는 것은 운동의 수행과 학습의 효과를 감소시킨다.

① ㉠, ㉡
② ㉠, ㉢
③ ㉡, ㉢
④ ㉡, ㉣

18 〈보기〉에서 설명하는 피드백 유형은?

〈보기〉

높이뛰기 도약 스텝 기술을 연습하게 한 후에 지도자는 학습자의 정확한 도약 기술 습득을 위해 각 발의 스텝번호(지점)을 바닥에 표시해주었다.

① 내적 피드백(intrinsic feedback)
② 부적 피드백(negative feedback)
③ 보강 피드백(augmented feedback)
④ 부적합 피드백(incongruent feedback)

19 〈보기〉는 칙센트미하이(M. Csikszentmihalyi)가 주장한 몰입의 개념이다. ㉠~㉣에 들어갈 개념이 바르게 연결된 것은?

〈보기〉

• (㉠)과 (㉡)이 균형을 이루는 상황에서 운동 수행에 완벽히 집중하는 것을 몰입(flow)이라 한다.
• (㉡)이 높고, (㉠)이 낮으면 (㉢)을 느낀다.
• (㉡)이 낮고, (㉠)이 높으면 (㉣)을 느낀다.

	㉠	㉡	㉢	㉣
①	기술	도전	불안	이완
②	도전	기술	각성	무관심
③	기술	도전	각성	불안
④	도전	기술	이완	지루함

20 학습된 무기력(learned helplessness) 상태에 있는 학습자에게 귀인 재훈련(attribution retraining)을 위한 적절한 전략은?

① 실패의 원인을 외적 요인에서 찾게 한다.
② 능력의 부족을 긍정적으로 받아들이게 한다.
③ 운이 따라 준다면 다음에 성공할 수 있다고 지도한다.
④ 실패의 원인을 노력 부족이나 전략의 미흡으로 받아들이게 한다.

한국체육사

01 체육사 연구에서 사관(史觀)에 관한 설명으로 적절하지 않은 것은?

① 유물사관, 관념사관, 진보사관, 순환사관 등이 있다.
② 체육 역사에 대한 견해, 해석, 관념, 사상 등을 의미한다.
③ 체육 역사가의 관점으로 다양한 과거의 역사적 사실을 해석한다.
④ 과거 체육과 관련된 사실을 담고 있는 역사 자료를 의미한다.

02 〈보기〉의 ㉠~㉢에 들어갈 용어가 바르게 연결된 것은? (단, 시대구분은 나현성의 방식을 따름)

── 보기 ──
- (㉠) 이전은 무예를 중심으로 한 무사 체육 등의 (㉡) 체육을 강조하였다.
- (㉠) 이후는 「교육입국조서(教育立國詔書)」를 통한 학교 교육에 기반을 둔 (㉢) 체육을 강조하였다.

	㉠	㉡	㉢
①	갑오경장(1894)	전통	근대
②	갑오경장(1894)	근대	전통
③	을사늑약(1905)	전통	근대
④	을사늑약(1905)	근대	전통

03 〈보기〉에서 설명하는 민속놀이는?

── 보기 ──
- 사희(柶戲)라고도 불리었다.
- 부여의 사출도(四出道)라는 관직명에서 유래되었다.
- 남녀노소 누구나 즐길 수 있으며, 장소에 크게 구애받지 않은 놀이였다.

① 바둑 ② 장기
③ 윷놀이 ④ 주사위

04 화랑도에 관한 설명으로 옳지 않은 것은?

① 진흥왕 때에 조직이 체계화되었다.
② 세속오계는 도의교육(道義教育)의 핵심이었다.
③ 신체미 숭배 사상, 국가주의 사상, 불국토 사상이 중시되었다.
④ 서민층만을 대상으로 한 청소년단체로서 문무겸전(文武兼全)을 추구하였다.

05 〈보기〉에서 설명하는 신체활동은?

── 보기 ──
- 가죽 주머니로 공을 만들어 발로 차는 놀이였다.
- 한 명, 두 명, 열 명 등 다양한 형식으로 실시되었다.
- 〈삼국사기(三國史記)〉와 〈삼국유사(三國遺事)〉에 따르면 김유신과 김춘추가 이 신체활동을 하였다.

① 석전(石戰) ② 축국(蹴鞠)
③ 각저(角抵) ④ 도판희(跳板戲)

06 〈보기〉에서 민속놀이와 주요 활동 계층이 바르게 연결된 것으로만 묶인 것은?

── 보기 ──
㉠ 풍연(風鳶) – 귀족
㉡ 격구(擊毬) – 서민
㉢ 방응(放鷹) – 귀족
㉣ 추천(鞦韆) – 서민

① ㉠, ㉡ ② ㉢, ㉣
③ ㉠, ㉣ ④ ㉡, ㉢

07 고려시대 수박(手搏)에 관한 설명으로 옳지 않은 것은?

① 관람형 무예 경기로 성행되었다.
② 응방도감(鷹坊都監)에서 관장하였다.
③ 무인 선발의 기준과 수단이 되었다.
④ 무예 수련과 군사훈련 등의 목적으로 활용되었다.

08 〈보기〉에서 조선시대의 훈련원에 관한 설명으로 옳은 것을 모두 고른 것은?

〈 보기 〉

㉠ 성리학 교육을 담당하였다.
㉡ 활쏘기, 마상무예 등의 훈련을 실시하였다.
㉢ 무인 양성과 관련된 공식적인 교육기관이었다.
㉣ 〈무경칠서(武經七書)〉, 〈병장설(兵將說)〉 등의 병서 습득을 장려하였다.

① ㉠, ㉡
② ㉢, ㉣
③ ㉡, ㉢, ㉣
④ ㉠, ㉡, ㉢, ㉣

09 조선시대 궁술(弓術)에 관한 설명으로 옳지 않은 것은?

① 육예(六藝) 중 어(御)에 해당하였다.
② 무관 선발을 위한 무과 시험의 한 과목이었다.
③ 대사례(大射禮), 향사례(鄕射禮) 등으로 행해졌다.
④ 왕, 무관, 유학자 등 다양한 계층에서 실시하였다.

10 〈보기〉에서 설명하는 조선시대의 무예서는?

〈 보기 〉

• 24종류의 무예가 기록되어 있다.
• 정조의 명령하에 국가사업으로 간행되었다.
• 한국, 중국, 일본의 관련 문헌 145권이 참조되었다.

① 무예제보(武藝諸譜)
② 무예신보(武藝新譜)
③ 무예도보통지(武藝圖譜通志)
④ 무예제보번역속집(武藝諸譜翻譯續集)

11 〈보기〉에서 설명하는 개화기 민족사립학교는?

〈 보기 〉

• 1907년에 이승훈이 설립하였다.
• 대운동회를 매년 1회 실시하였다.
• 체육은 주로 군사훈련의 성격을 띠었다.

① 오산학교
② 대성학교
③ 원산학사
④ 숭실학교

12 개화기의 체육사적 사실에 관한 설명으로 옳은 것은?

① 동래무예학교는 문예반 50명, 무예반 200명을 선발하였다.
② 개화기 최초의 운동회는 일본인 학교에서 주관한 화류회(花柳會)였다.
③ 양반들이 주도하여 배재학당, 이화학당, 경신학당 등 미션스쿨을 설립하였다.
④ 고종은 「교육입국조서(敎育立國詔書)」를 반포하고, 덕양, 체양, 지양을 강조하였다.

13 개화기의 체육단체에 관한 설명으로 옳은 것은?

① 청강체육부: 탁지부 관리들이 친목 도모를 위해 1902년에 조직하였고, 최초로 연식정구를 도입하였다.
② 회동구락부: 최성희, 신완식 등이 1910년에 조직하였고, 정례적으로 축구 시합을 하였다.
③ 무도기계체육부: 우리나라 최초 기계체조 단체로서 이희두와 윤치오가 1908년에 조직하였다.
④ 대동체육구락부: 체조 교사인 조원희, 김성집, 이기동 등이 주축이 되어 보성중학교에서 1909년에 조직하였고, 병식체조를 강조하였다.

14 일제강점기 체육에 관한 사실로 옳지 <u>않은</u> 것은?

① 박승필은 1912년에 유각권구락부를 설립해 권투를 지도하였다.
② 조선체육협회는 1920년에 동아일보사 후원으로 설립되었다.
③ 서상천은 1926년에 일본체육회 체조학교를 졸업하고, 역도를 소개하였다.
④ 손기정은 1936년에 베를린올림픽경기대회 마라톤 종목에서 우승하였다.

15 〈보기〉에서 설명하는 단체는?

〈 보기 〉
- 외국인 선교사가 근대스포츠인 야구, 농구, 배구를 도입하였다.
- 1916년에 실내체육관을 준공하여, 다양한 실내스포츠를 활성화하였다.

① 황성기독교청년회 ② 대한체육구락부
③ 조선체육회   ④ 조선체육협회

16 〈보기〉에서 박정희 정부 때 실시한 체력장 제도에 관한 설명으로 옳은 것을 모두 고른 것은?

〈 보기 〉
㉠ 1971년부터 실시되었다.
㉡ 1973년부터는 대학입시에 체력장 평가가 포함되었다.
㉢ 국제체력검사표준화위원회에서 정한 기준과 종목을 대상으로 하였다.
㉣ 시행 종목에는 100m 달리기, 제자리멀리뛰기, 팔굽혀매달리기(여자), 턱걸이(남자), 윗몸일으키기, 던지기가 있었다.

① ㉠, ㉡   ② ㉢, ㉣
③ ㉠, ㉡, ㉢   ④ ㉠, ㉡, ㉢, ㉣

17 〈보기〉에서 설명하는 스포츠 경기 종목은?

〈 보기 〉
- 1988년 제24회 서울올림픽경기대회에서 시범 종목으로 채택되었다.
- 2000년 제27회 시드니올림픽경기대회에서 정식 종목으로 채택되었다.
- 2007년에 정부는 이 종목을 진흥하기 위한 법률을 제정하였다.

① 유도   ② 복싱
③ 태권도   ④ 레슬링

18 1948년 제5회 동계올림픽경기대회에 관한 설명으로 옳지 <u>않은</u> 것은?

① 개최지는 스위스 생모리츠였다.
② 제2차세계대전을 일으킨 독일과 일본도 출전하였다.
③ 광복 이후 최초로 태극기를 단 선수단이 파견되었다.
④ 이효창, 문동성, 이종국 선수는 스피드스케이팅 종목에 출전하였다.

19 대한민국에서 개최된 하계아시아경기대회가 아닌 것은?

① 1986년 제10회 서울아시아경기대회
② 2002년 제14회 부산아시아경기대회
③ 2014년 제17회 인천아시아경기대회
④ 2018년 제18회 평창아시아경기대회

20 1991년에 남한과 북한이 단일팀으로 탁구 종목에 참가한 국제경기 대회는?

① 제41회 지바세계선수권대회
② 제27회 시드니올림픽경기대회
③ 제28회 아테네올림픽경기대회
④ 제6회 포르투갈세계청소년선수권대회

운동생리학

01 ATP를 합성하는 데 사용되는 에너지원이 아닌 것은?

① 근중성지방 ② 비타민C
③ 글루코스 ④ 젖산

02 근수축에 필수적인 Ca^{2+} 이온을 저장, 분비하는 근육 세포 내 소기관은?

① 근형질세망(sarcoplasmic reticulum)
② 위성세포(satellite cell)
③ 미토콘드리아(mitochondria)
④ 근핵(myonuclear)

03 운동 후 초과산소섭취량(EPOC)에 영향을 미치는 요인으로 적절하지 않은 것은?

① 운동 중 증가한 체온
② 운동 중 증가한 젖산
③ 운동 중 증가한 호르몬(에피네프린, 노르에피네프린)
④ 운동 중 증가한 크레아틴인산(phosphocreatine, PC)

04 수중 운동 시 체온유지를 위한 요인으로 옳지 않은 것은?

① 폐활량 ② 체지방량
③ 운동강도 ④ 물의 온도

05 운동강도 증가에 따라 동원되는 근섬유 순서로 옳은 것은?

① Type Ⅱa섬유 → Type Ⅱx섬유 → TypeⅠ섬유
② Type Ⅱx섬유 → Type Ⅱa섬유 → TypeⅠ섬유
③ TypeⅠ섬유 → Type Ⅱa섬유 → Type Ⅱx섬유
④ TypeⅠ섬유 → Type Ⅱx섬유 → Type Ⅱa섬유

06 장기간 규칙적 유산소 훈련의 결과로 최대 운동 시 나타나는 심폐기능의 적응으로 옳은 것을 모두 고른 것은?

─── 보기 ───
㉠ 최대산소섭취량 증가
㉡ 심장용적과 심근수축력 증가
㉢ 심박출량 증가

① ㉠, ㉡
② ㉠, ㉢
③ ㉡, ㉢
④ ㉠, ㉡, ㉢

07 항상성 유지를 위한 신체 조절 중 부적피드백(negative feed back)이 <u>아닌</u> 것은?

① 세포외액의 CO_2 조절
② 체온 상승에 따른 땀 분비 증가
③ 혈당 유지를 위한 호르몬 조절
④ 출산 시 자궁 수축 활성화 증가

08 운동 중 1회 박출량(stroke volume) 증가 원인으로 옳지 <u>않은</u> 것은?

① 대동맥압 증가에 따른 후부하(after load) 증가
② 호흡펌프작용에 의한 정맥회귀(venous return) 증가
③ 골격근 수축에 의한 근육펌프작용 증가
④ 교감신경 자극에 의한 심근 수축력 증가

09 〈보기〉의 ㉠, ㉡에 들어갈 내용이 바르게 연결된 것은?

─── 보기 ───
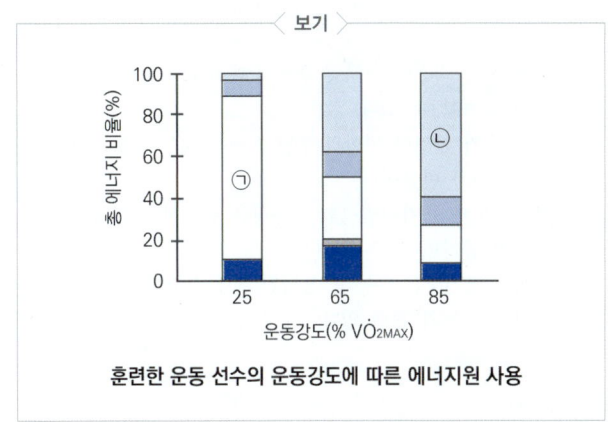
훈련한 운동 선수의 운동강도에 따른 에너지원 사용

	㉠	㉡
①	혈중 포도당	근중성지방
②	혈중 유리지방산	근글리코겐
③	근글리코겐	혈중 포도당
④	근중성지방	혈중유리지방산

10 운동 중 소뇌의 기능에 대한 설명으로 옳은 것을 모두 고른 것은?

─── 보기 ───
㉠ 골격근 운동 조절의 최종 단계 역할
㉡ 빠른 동작의 정확한 수행을 위한 통합 조절
㉢ 고유수용기로부터 유입되는 정보를 활용하여 동작 수정

① ㉠, ㉡
② ㉠, ㉢
③ ㉡, ㉢
④ ㉠, ㉡, ㉢

11 운동에 따른 환기량의 변화로 옳은 것을 모두 고른 것은?

〈보기〉

㉠ 운동 시작 직전에는 운동 수행에 대한 기대감으로 환기량이 증가할 수 있다.
㉡ 운동 초기 환기량 변화의 주된 요인은 경동맥에 위치한 화학수용기 반응이다.
㉢ 운동강도가 증가하면 1회 호흡량은 감소하고 호흡수는 현저히 증가한다.
㉣ 회복기 환기량은 운동 중 생성된 체내 수소이온 및 이산화탄소 농도와 관련 있다.

① ㉠, ㉡
② ㉠, ㉢
③ ㉠, ㉣
④ ㉡, ㉢, ㉣

12 〈보기〉의 ㉠, ㉡에 들어갈 내용이 바르게 연결된 것은?

〈보기〉

1개의 포도당 분해에 따른 유산소성 ATP 생성		
대사적 과정	고에너지 생산	ATP 누계
해당작용	2 ATP	2
	2 NADH	7
피루브산에서 아세틸조효소A 까지	2 NADH	12
㉠	2 ATP	14
	6 NADH	29
	2 FADH$_2$	㉡
합계		㉡ ATP

	㉠	㉡
①	크랩스회로	32
②	β 산화	32
③	크랩스회로	35
④	β 산화	35

13 체중이 80kg인 사람이 10METs로 10분간 달리기 했을 때 소비 칼로리는? (단, 1MET=3.5㎖·kg^{-1}·min^{-1}, O$_2$ 1L 당 5Kcal 생성)

① 130Kcal
② 140Kcal
③ 150Kcal
④ 160Kcal

14 〈보기〉는 신경 세포의 안정 시 막전위에 영향을 주는 Na$^+$과 K$^+$에 대한 그림이다. ㉠~㉣에 들어갈 내용이 바르게 연결된 것은?

〈보기〉

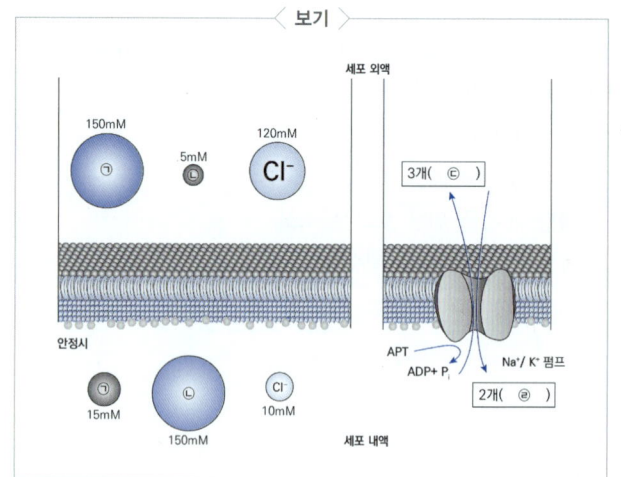

	㉠	㉡	㉢	㉣
①	K$^+$	Na$^+$	Na$^+$	K$^+$
②	Na$^+$	K$^+$	Na$^+$	K$^+$
③	K$^+$	Na$^+$	K$^+$	Na$^+$
④	Na$^+$	K$^+$	K$^+$	Na$^+$

15 〈보기〉의 최대산소섭취량 공식에서 장기간 지구성 훈련에 의해 증가되는 요소를 모두 고른 것은?

〈 보기 〉
최대산소섭취량=㉠ 최대 1회 박출량×㉡ 최대심박수×
㉢ 최대동정맥산소차

① ㉠　　　　　　　② ㉠, ㉡
③ ㉠, ㉢　　　　　④ ㉡, ㉢

16 〈보기〉의 내용이 모두 증가되었을 때 향상되는 건강체력 요소는?

〈 보기 〉
• 모세혈관의 밀도
• 미토콘드리아의 수와 크기
• 동정맥 산소차(arterial-venous oxygen difference)

① 유연성　　　　　② 순발력
③ 심폐지구력　　　④ 근력

17 1시간 이내의 중강도 운동 시 시간 경과에 따라 혈중 농도가 점차 감소하는 호르몬은?

① 에피네프린(epinephrine)
② 인슐린(insulin)
③ 성장호르몬(growth hormone)
④ 코르티솔(cortisol)

18 〈보기〉에서 설명하는 고유수용기는?

〈 보기 〉
• 감각 및 운동신경의 말단이 연결되어 있다.
• 감마운동뉴런을 통해 조절된다.
• 근육의 길이 정보를 중추신경계로 보낸다.

① 근방추(muscle spindle)
② 골지건기관(Golgi tendon organ)
③ 자유신경종말(free nerve ending)
④ 파치니안 소체(Pacinian corpuscle)

19 근력 결정요인으로 옳지 않은 것은?

① 근육 횡단면적　　② 근절의 적정 길이
③ 근섬유 구성비　　④ 근섬유막 두께

20 상완이두근의 움직임에 대한 근육 수축 형태로 옳지 않은 것은?

① 자세를 유지할 때-등척성 수축
② 턱걸이 올라갈 때-단축성 수축
③ 턱걸이 내려갈 때-신장성 수축
④ 공을 던질 때-등속성 수축

운동역학

01 운동역학(sports biomechanics)의 내용으로 적절한 것은?

① 스포츠 현상을 사회학적 연구 이론과 방법으로 설명하는 학문이다.
② 운동에 의한 생리적·기능적 변화를 기술하고 설명하는 학문이다.
③ 스포츠 수행에 영향을 주는 심리적 요인을 설명하는 학문이다.
④ 스포츠 상황에서 인체에 발생하는 힘과 그 효과를 설명하는 학문이다.

02 근육의 신장(원심)성 수축(eccentric contraction)이 아닌 것은?

① 스쿼트의 다리를 굽히는 동작에서 큰볼기근(대둔근, gluteus maximus)의 수축
② 팔굽혀펴기의 팔을 펴는 동작에서 위팔세갈래근(상완삼두근, triceps brachii)의 수축
③ 턱걸이의 팔을 펴는 동작에서 넓은등근(광배근, latissimus dorsi)의 수축
④ 윗몸일으키기의 뒤로 몸통을 펴는 동작에서 배곧은근(복직근, rectus abdominis)의 수축

03 단위 시간당 이동한 변위(displacement)를 나타내는 벡터량은?

① 속도(velocity)
② 거리(distance)
③ 가속도(acceleration)
④ 각속도(angular velocity)

04 지면반력기(force plate)를 통해 얻을 수 있는 변인이 아닌 것은?

① 걷기 동작에서 디딤발에 가해지는 힘의 방향
② 외발서기 동작에서 디딤발 압력중심(center of pressure)의 이동거리
③ 서전트 점프 동작에서 발로 지면에 힘을 가한 시간
④ 달리기 동작의 체공기(non-supporting phase)에서 발에 작용하는 힘의 크기

05 인체의 시상(전후)면(sagittal plane)에서 수행되는 움직임이 아닌 것은?

① 인체의 수직축(종축)을 중심으로 회전하는 피겨스케이팅 선수의 몸통분절 움직임
② 페달링하는 사이클 선수의 무릎관절 굴곡/신전 움직임
③ 100m 달리기를 하는 육상 선수의 발목관절 저측/배측굴곡 움직임
④ 앞구르기를 하는 체조 선수의 몸통분절 움직임

06 〈보기〉에서 복합운동(general motion)에 해당하는 것을 모두 고른 것은?

〈보기〉
㉠ 커브볼로 던져진 야구공의 움직임
㉡ 페달링하면서 직선구간을 질주하는 사이클 선수의 대퇴(넙다리) 분절 움직임
㉢ 공중회전하면서 낙하하는 다이빙 선수의 몸통 움직임

① ㉠
② ㉠, ㉢
③ ㉡, ㉢
④ ㉠, ㉡, ㉢

07 인체 무게중심에 대한 설명으로 옳은 것은? (단, 공기저항은 무시함)

① 무게중심은 항상 신체 내부에 위치한다.
② 체조 선수는 공중회전하는 동안 무게중심을 지나는 축을 중심으로 회전하게 된다.
③ 지면에 선 상태로 팔을 위로 올리면 무게중심은 아래로 이동한다.
④ 서전트 점프 이지(take-off) 후, 공중에서 팔을 위로 올리면 무게중심은 위로 이동한다.

08 농구 자유투에서 투사된 농구공의 운동에 대한 설명으로 옳은 것은? (단, 공기저항은 무시함)

① 농구공 질량중심의 수직속도는 일정하다.
② 최고점에서 농구공 질량중심의 수평속도는 0m/s가 된다.
③ 최고점에서 농구공 질량중심은 수평방향으로 등속도 운동을 한다.
④ 최고점에서 농구공 질량중심은 수직방향으로 등속도 운동을 한다.

09 〈그림〉과 같이 공이 지면(수평 고정면)에 충돌하는 상황에 관한 설명으로 옳은 것은? (단, 공의 충돌 전 수평속도 및 수직속도는 같음)

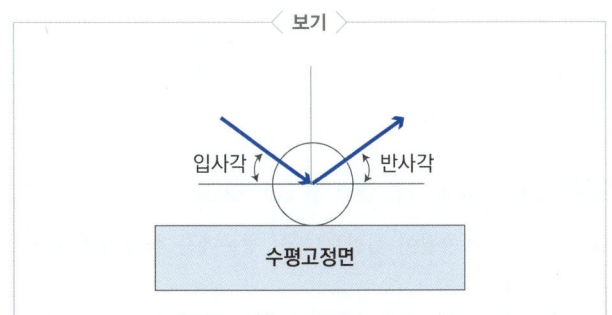

① 충돌 후, 무회전에 비해 백스핀된 공의 수평속도가 크다.
② 충돌 후, 무회전에 비해 톱스핀된 공의 수직속도가 크다.
③ 충돌 후, 무회전에 비해 톱스핀된 공의 반사각이 크다.
④ 충돌 후, 무회전된 공과 백스핀된 공의 리바운드 높이는 같다.

10 〈그림〉에서 달리기 선수의 질량은 60kg이며 오른발 착지 시 무게중심의 수평속도는 2m/s이다. A와 B의 면적이 각각 80N·s와 20N·s일 때, 오른발 이지(take-off) 순간 무게중심의 수평속도는?

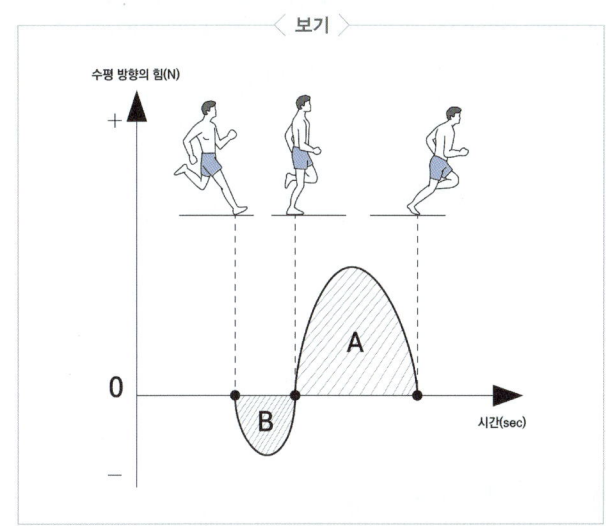

① 3m/s ② 4m/s
③ 5m/s ④ 6m/s

11 〈보기〉의 ㉠, ㉡에 들어갈 용어가 바르게 연결한 것은?

〈보기〉

농구선수는 양손 체스트패스 캐치 동작에서 공을 몸쪽으로 당겨 받는다. 그 과정에서 공을 받는 (㉠)은 늘리고 (㉡)은 줄일 수 있다.

	㉠	㉡
①	시간	충격력(impact force)
②	충격력	시간
③	충격량(impulse)	시간
④	충격력	충격량

12 역학적 일(work)을 하지 않은 것은?

① 역도 선수가 바닥에 있던 100kg의 바벨을 1m 높이로 들어 올렸다.
② 레슬링 선수가 상대방을 굴려서 1m 옆으로 이동시켰다.
③ 체조 선수가 철봉에 매달려 10초 동안 정지해 있었다.
④ 육상 선수가 달려서 100m를 이동했다.

13 마그누스 효과(Magnus effect)에 관한 내용이 아닌 것은?

① 레인에서 회전하는 볼링공의 경로가 휘어지는 현상
② 커브볼로 투구된 야구공의 경로가 휘어지는 현상
③ 사이드스핀이 가해진 탁구공의 경로가 휘어지는 현상
④ 회전(탑스핀)이 걸린 테니스공이 아래로 빠르게 떨어지는 현상

14 스키점프 동작의 역학적 에너지에 대한 설명으로 옳지 않은 것은? (단, 공기저항은 무시함)

① 운동에너지는 지면 착지 직전에 가장 크다.
② 위치에너지는 수직 최고점에서 가장 크다.
③ 운동에너지는 스키점프대 이륙 직후부터 지면 착지 직전까지 동일하다.
④ 역학적 에너지는 스키점프대 이륙 직후부터 지면 착지 직전까지 보존된다.

15 〈보기〉의 그림에 제시된 덤벨 컬(dumbbell curl) 운동에서 팔꿈치관절 각도(θ)와 팔꿈치관절에 발생되는 회전력(torque)의 관계를 옳게 나타낸 그래프는? (단, 덤벨 컬 운동은 등각속도 운동임)

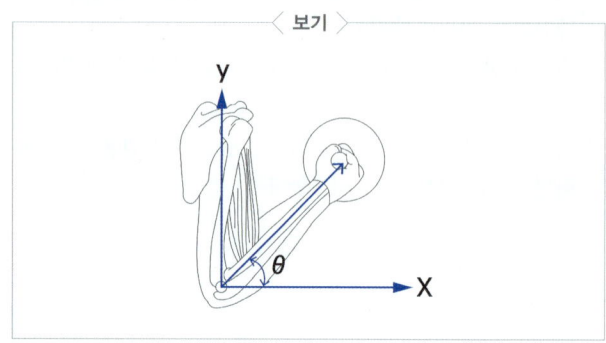

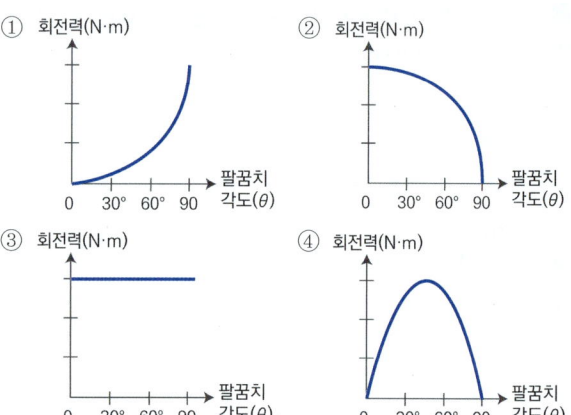

16 인체 지레에 대한 설명 중 옳은 것은?

① 지레에서 저항팔이 힘팔보다 긴 경우에는 힘에 있어서 이득이 있다.
② 1종지레는 저항점이 받침점과 힘점 사이에 있는 형태로, 팔굽혀펴기 동작이 이에 속한다.
③ 2종지레는 받침점이 힘점과 저항점 사이에 있는 형태로, 힘에 있어서 이득이 있다.
④ 3종지레는 힘점이 받침점과 저항점 사이에 있는 형태로, 운동의 범위와 속도에 있어서 이득이 있다.

17 〈보기〉의 ㉠~㉣에 들어갈 내용을 바르게 연결한 것은?

> 〈보기〉
> 다이빙 선수의 공중회전 동작에서는 다이빙 플랫폼 이지(take-off) 직후에 다리와 팔을 회전축 가까이 위치시켜 관성모멘트를 (㉠)시킴으로써 각속도를 (㉡)시켜야 한다. 입수 동작에서는 팔과 다리를 최대한 펴서 관성모멘트를 (㉢)시킴으로써 각속도를 (㉣)시켜야 한다.

	㉠	㉡	㉢	㉣
①	증가	감소	증가	감소
②	감소	증가	증가	감소
③	감소	감소	증가	증가
④	증가	증가	감소	감소

18 30m/s의 수평투사속도로 야구공을 던질 때, 야구공의 체공시간이 2초라면 투사거리는? (단, 공기저항은 무시함)

① 15m ② 30m
③ 60m ④ 90m

19 일률(power)의 단위가 아닌 것은?

① N·m/s ② kg·m/s²
③ Joule/s ④ Watt

20 〈보기〉의 ㉠~㉢에 들어갈 내용을 바르게 연결한 것은?

> 〈보기〉
> 신체의 정적 안정성을 높이기 위해서는 기저면(base of support)을 (㉠), 무게중심을 (㉡), 수직 무게중심선을 기저면의 중앙과 (㉢) 위치시키는 것이 효과적이다.

	㉠	㉡	㉢
①	좁히고	높이고	가깝게
②	좁히고	높이고	멀게
③	넓히고	낮추고	가깝게
④	넓히고	낮추고	멀게

스포츠윤리

01 스포츠맨십(sportsmanship) 행위가 아닌 것은?

① 패자에게 승리의 우월성 과시
② 악의없는 순수한 경쟁
③ 패배에 대한 겸허한 수용
④ 승자에 대한 아낌없는 박수

02 〈보기〉에서 스포츠에 관한 결과론적 윤리관에 해당하는 것으로만 고른 것은?

> 〈보기〉
> ㉠ 경기에서 지더라도 경기규칙은 반드시 준수해야 한다.
> ㉡ 개인의 최우수선수상 수상보다 팀의 우승이 더 중요하다.
> ㉢ 운동선수는 훈련과정보다 경기에서 승리하는 것이 더 중요하다.
> ㉣ 스포츠 경기는 페어플레이를 중시하기 때문에 승리를 위한 불공정한 행위를 해서는 안 된다.

① ㉠, ㉢ ② ㉠, ㉣
③ ㉡, ㉢ ④ ㉢, ㉣

03 스포츠에서 나타나는 인종차별에 관한 설명으로 적절하지 않은 것은?

① 경기실적 향상을 위해 우수한 외국 선수를 귀화시키기도 한다.
② 개인의 운동기량을 인종 전체로 일반화시켜 편견과 차별이 심화되기도 한다.
③ 스포츠미디어는 인종에 대한 편견과 차별을 재생산하기도 한다.
④ 일부 관중들은 노골적으로 특정 인종을 비하하는 모욕 행위를 표출하기도 한다.

04 스포츠윤리 이론 중 덕윤리의 특징으로 적절하지 <u>않은</u> 것은?

① 스포츠 상황에서의 행위의 정당성보다 개인의 인성을 강조한다.
② 비윤리적 행위는 궁극적으로 스포츠인의 올바르지 못한 품성에서 비롯된다.
③ '어떠한 행위를 하는 선수가 되어야 하는가'보다 '무엇이 올바른 행위인지'를 판단하는 데 더 주목한다.
④ 스포츠인의 미덕을 드러내는 행동은 옳은 것이며, 악덕을 드러내는 행동은 그릇된 것으로 간주한다.

05 〈보기〉에서 스포츠윤리의 역할로 적절한 것으로만 고른 것은?

〈 보기 〉
㉠ 스포츠 상황에서 행동의 옳고 그름을 판단할 수 있는 원리 탐구
㉡ 스포츠 현상을 사실적으로 기술하는 방법 탐구
㉢ 스포츠 현상의 미학적 탐구
㉣ 윤리적 원리와 도덕적 덕목에 기초하여 스포츠인에게 요구되는 행위 탐구

① ㉠, ㉡ ② ㉠, ㉣
③ ㉡, ㉢ ④ ㉡, ㉣

06 〈보기〉의 괄호 안에 공통으로 들어갈 용어는?

〈 보기 〉
• 칸트(I. Kant)에게 도덕성의 기준은 (　　)이다.
• 칸트에 의하면, 페어플레이도 (　　)이/가 없으면 도덕적이라 볼 수 없다.
• (　　)은/는 도덕적인 선수가 갖추어야 할 내적인 태도이자 도덕적 행위의 필요충분 조건이다.

① 행복 ② 선의지
③ 가언명령 ④ 실천

07 〈보기〉에서 스포츠 선수의 유전자 도핑을 반대해야 하는 이유로 적절한 것을 모두 고른 것은?

〈 보기 〉
㉠ 선수의 신체를 실험 대상화하여 기계나 물질로 이해하도록 만들기 때문
㉡ 유전자조작 인간과 자연적 인간 사이에 갈등을 초래하기 때문
㉢ 생명체로서 인간의 본질을 훼손하고 존엄성을 부정하기 때문
㉣ 선수를 우생학적 개량의 대상으로 만들기 때문

① ㉠, ㉢ ② ㉡, ㉢
③ ㉠, ㉡, ㉣ ④ ㉠, ㉡, ㉢, ㉣

08 〈보기〉의 괄호 안에 들어갈 정의(justice)의 유형은?

〈 보기 〉
운동선수의 신체는 훈련으로 만들어지기도 하지만 유전적 요인으로 결정되는 경우가 많다. 농구와 배구선수의 키는 타고난 우연성에 해당한다. 일반적으로 스포츠 경기에서는 이러한 불평등 문제에 (　　) 정의를 적용하지 않는다. 왜냐하면 스포츠는 전적으로 개인의 자발적인 선택의 문제이기 때문이다.

① 자연적 ② 절차적
③ 분배적 ④ 평균적

09 〈보기〉에서 A선수의 판단 근거가 되는 윤리이론의 난점에 관한 설명으로 적절한 것은?

〈 보기 〉

농구경기 4쿼터 종료 3분 전, 감독에게 의도적 파울을 지시 받은 A선수는 의도적 파울이 팀 승리에 기여할 수 있지만, 상대 선수에게 위협을 가하거나 자칫 부상을 입힐 수 있기 때문에 도덕적으로 옳지 않다고 판단했다.

① 사회 전체의 이익을 고려하지 않는 경우가 발생한다.
② 상식적이고 보편적인 도덕직관과 충돌하는 판단을 내릴 수 있다.
③ 행위의 결과를 즉각 산출하기 어려울 경우에 명료한 지침을 제시하지 못할 수 있다.
④ 도덕을 수단적으로 인식한다는 점에서 근본적인 도덕개념들과 양립하기 어렵다.

10 〈보기〉의 괄호 안에 공통으로 들어갈 용어는?

〈 보기 〉

예진: 스포츠에는 규칙으로 통제된 (   )이 존재해. 대표적으로 복싱과 태권도와 같은 투기종목은 최소한의 안전장치가 마련되고, 그 속에서 힘의 우열이 가려지는 것이지. 따라서 스포츠 내에서 폭력은 용인된 폭력과 그렇지 않은 폭력으로 구분할 수 있어!
승현: 아니, 내 생각은 달라! 스포츠 내에서의 폭력과 일상생활에서의 폭력은 본질적으로 동일하지. 그래서 (   )은 존재할 수 없어.

① 합법적 폭력
② 부당한 폭력
③ 비목적적 폭력
④ 반사회적 폭력

11 〈보기〉에서 국제수영연맹(FINA)이 기술도핑을 금지한 이유는?

〈 보기 〉

2008년 베이징올림픽 수영종목에서는 25개의 세계신기록이 쏟아져 나왔다. 주목할만한 것이 23개의 세계신기록이 소위 최첨단 수영복이라 불리는 엘지알 레이서(LZR Racer)를 착용한 선수들에 의해 수립되었다는 것이다. 그러나 이 같은 수영복을 하나의 기술도핑으로 간주한 국제수영연맹은 2010년부터 최첨단 수영복의 착용을 금지하였다.

① 효율성 추구
② 유희성 추구
③ 공정성 추구
④ 도전성 추구

12 〈보기〉에서 나타난 현준과 수연의 공정시합에 관한 관점이 바르게 연결된 것은?

〈 보기 〉

현준: 승부조작은 경쟁적 스포츠의 본래적 가치를 훼손시키는 행위지만, 경기규칙을 위반하지 않았다면 윤리적으로 문제없는 것이 아닌가?
수연: 나는 경기규칙을 위반하지 않았다 하더라도, 스포츠의 역사적·사회적 보편성과 정당성 속에서 형성되고 공유된 에토스(shared ethos)에 충실해야 한다고 생각해! 그래서 스포츠의 가치를 근본적으로 훼손시키는 승부조작은 추구해서도, 용인되어서도 절대 안돼!

	현준	수연
①	물질만능주의	인간중심주의
②	형식주의	비형식주의
③	비형식주의	형식주의
④	인간중심주의	물질만능주의

13 〈보기〉의 ㉠, ㉡과 관련된 맹자(孟子)의 사상이 바르게 연결된 것은?

〈 보기 〉

㉠ 농구 경기에서 자신과 부딪쳐서 부상을 당해 병원으로 이송되는 상대 선수를 걱정해 주는 마음
㉡ 배구 경기에서 자신의 손에 맞고 터치 아웃된 공을 심판이 보지 못해서 자기 팀이 득점을 했을 때 스스로 부끄러워하는 마음

	㉠	㉡
①	수오지심(羞惡之心)	측은지심(惻隱之心)
②	측은지심(惻隱之心)	수오지심(羞惡之心)
③	사양지심(辭讓之心)	시비지심(是非之心)
④	측은지심(惻隱之心)	사양지심(辭讓之心)

14 장애인의 스포츠 참여를 지원하는 방법으로 적절하지 않은 것은?

① 장애인이 접근 가능한 장소의 확보
② 활동에 필요한 장비 및 기구의 안정적 지원
③ 비장애인과의 통합수업보다 분리수업 지향
④ 일회성 체험이 아닌 지속적인 클럽활동 보장

15 스포츠의 지속 가능한 발전에 관한 설명으로 적절하지 않은 것은?

① 새로운 스포츠 시설의 개발 금지
② 스포츠 시설의 개발과 자연환경의 공존
③ 건강한 인간과 건강한 자연환경의 공존
④ 스포츠만의 환경 운동이 아닌 국가적, 국제적 협력과 공조

16 〈그림〉은 스포츠윤리규범의 구조이다. ㉠~㉢에 해당하는 용어가 바르게 연결된 것은?

	㉠	㉡	㉢
①	규칙준수	스포츠맨십	페어플레이
②	스포츠맨십	페어플레이	규칙준수
③	페어플레이	규칙준수	스포츠맨십
④	스포츠맨십	규칙준수	페어플레이

17 국민체육진흥법(시행 2022.8.11.) 제18조의3 '스포츠윤리센터의 설립'에 관한 사항으로 옳지 않은 것은?

① 스포츠윤리센터는 문화체육관광부 장관이 감독한다.
② 스포츠윤리센터의 정관에 기재할 사항은 국무총리령으로 정한다.
③ 스포츠윤리센터가 아닌 자는 스포츠윤리센터 또는 이와 비슷한 명칭을 사용하지 못한다.
④ 스포츠윤리센터의 장은 문화체육관광부 장관의 승인을 받아 관계 행정 기관 소속 임직원의 파견 또는 지원을 요청할 수 있다.

18 〈보기〉에서 국제육상경기연맹(IFFA)이 출전금지를 판단한 이유는?

〈 보기 〉

2011년 대구세계육상선수권대회에서 남아프리카공화국의 의족 스프린터 피스토리우스(O. Pistorius)는 비장애인육상경기에 참가신청을 했으나, 국제육상경기연맹은 경기에 사용되는 의족의 탄성이 피스토리우스에게 유리하다는 이유로 출전을 허용하지 않았다고 한다.

① 인종적 불공정
② 성(性)적 불공정
③ 기술적 불공정
④ 계급적 불공정

19 스포츠에서 나타나는 성차별의 원인이 아닌 것은?

① 사회적 성 역할의 고착화
② 차이를 차별로 정당화하는 논리
③ 신체구조와 운동능력에 대한 편견
④ 여성성을 해치는 스포츠에의 여성 참가 옹호

20 스포츠에서 심판윤리에 관한 설명으로 옳지 않은 것은?

① 심판의 사회윤리는 협회나 종목단체의 도덕성과 밀접한 관련이 있다.
② 심판은 공정하고 엄격한 도덕적 원칙을 적용해야 한다.
③ 심판의 개인윤리는 청렴성, 투명성 등의 인격적 도덕성을 의미한다.
④ 심판은 '이익동등 고려의 원칙'에 따라 전력이 약한 팀에게 유리한 판정을 할 수 있다.

스포츠사회학

01 〈보기〉에서 스포츠의 사회적 기능을 설명한 파슨즈(T. Parsons) AGIL 모형의 구성요소는?

〈보기〉
- 스포츠는 사회구성원에게 현실에 적합한 사고, 감정, 행동양식 등을 학습할 수 있는 장을 마련해준다.
- 스포츠는 개인의 체력 및 건강증진을 도모하여 효율적으로 사회활동에 참여할 수 있게 한다.

① 적응 ② 목표성취
③ 사회통합 ④ 체제유지 및 관리

02 에티즌(D. Eitzen)과 세이지(G. Sage)가 제시한 스포츠의 정치적 속성이 아닌 것은?

① 보수성 ② 대표성
③ 권력투쟁 ④ 상호배타성

03 〈보기〉에서 설명하는 사회학습이론의 구성요소는?

〈보기〉
상과 벌은 행동의 학습과 수행에 긍정적·부정적 영향을 미친다. 스포츠 현장에서 스포츠에 내재된 가치, 태도, 규범에 그릇된 행위는 벌을 통해 중단되거나 회피된다.

① 강화 ② 코칭
③ 관찰학습 ④ 역할학습

04 〈보기〉에 해당하는 스포츠사회화 과정이 바르게 연결된 것은?

〈보기〉
- (㉠): 손목수술 후유증으로 인해 골프선수를 그만두게 되었다.
- (㉡): 골프의 매력에 빠져 골프선수가 되어 사회성, 체력, 준법정신이 함양되었다.
- (㉢): 아빠와 함께 골프연습장에 자주 가면서 골프를 배우게 되었다.
- (㉣): 골프선수 은퇴 후 골프아카데미 원장으로 부임하면서 골프꿈나무를 양성하게 되었다.

	㉠	㉡	㉢	㉣
①	스포츠로의 재사회화	스포츠를 통한 사회화	스포츠로의 사회화	스포츠 탈사회화
②	스포츠로의 재사회화	스포츠로의 사회화	스포츠를 통한 사회화	스포츠 탈사회화
③	스포츠 탈사회화	스포츠를 통한 사회화	스포츠로의 사회화	스포츠로의 재사회화
④	스포츠 탈사회화	스포츠로의 사회화	스포츠를 통한 사회화	스포츠로의 재사회화

05 학원엘리트스포츠를 지지하는 입장이 아닌 것은?

① 애교심을 강화시킬 수 있다.
② 학교의 자원 및 교육시설을 독점할 수 있다.
③ 지위 창출의 수단, 사회이동의 기제로 작용할 수 있다.
④ 사회에서 요구되는 책임감, 성취감, 적응력 등을 배양시킬 수 있다.

06 〈보기〉의 내용과 관련이 깊은 사회학 이론은?

〈 보기 〉
- 미시적 관점의 이론이다.
- 인간은 사회제도나 규칙에 대해 능동적으로 사고하고 의미를 부여하며 행동한다.
- 스포츠 팀의 주장은 리더십이 필요하기 때문에 점차 그 역할에 맞는 리더십을 발휘한다.

① 갈등이론
② 교환이론
③ 상징적 상호작용론
④ 기능주의이론

07 정치의 스포츠 이용 방법에 관한 설명 중 옳은 것은?

① 태권도를 보면 대한민국 국기(國技)라는 동일화가 일어난다.
② 정부의 3S(sports, screen, sex) 정책은 스포츠를 이용하는 상징의 대표적인 방법이다.
③ 스포츠 이벤트에서 국가 연주, 선수 복장, 국기에 대한 의례 등은 상징의식에 해당한다.
④ 올림픽에서 금메달 수상 장면을 보면서 내가 획득한 것처럼 눈물을 흘리는 것은 상징화에 해당한다.

08 〈보기〉에서 설명하는 투민(M. Tumin)의 스포츠계층 형성 과정은?

〈 보기 〉
- 스포츠 종목에서 요구되는 우수한 운동수행능력을 갖추어야 한다.
- 뛰어난 경기력뿐만 아니라 탁월한 개인적 특성을 갖추어야 한다.
- 스포츠 팀 구성원으로 자신의 능력이 팀 승리에 미치는 영향력이 커야 한다.

① 평가
② 지위의 분화
③ 보수부여
④ 지위의 서열화

09 〈보기〉의 내용과 관련 있는 용어는?

〈 보기 〉
- 로버트슨(R. Roberston)이 제시한 용어이다.
- LA 다저스팀이 박찬호 선수를 영입하여 좋은 경기력을 펼치면서 메이저리그 경기가 한국에서 인기가 높아졌다.
- 맨체스터 유나이티드팀이 박지성 선수를 영입하면서 프리미어리그 경기가 한국에서 인기가 높아졌다.

① 세방화(Glocalization)
② 스포츠화(Sportization)
③ 미국화(Americanization)
④ 세계표준화(Global Standardization)

10 국제사회에서 발생한 스포츠 사건에 관한 설명으로 옳은 것은?

① 남아프리카 공화국은 아파르트헤이트(apartheid)로 인해 국제대회 참여가 거부되었다.
② 구 소련의 아프가니스탄 침공을 이유로 1984년 LA올림픽경기대회에 많은 자유 진영 국가가 불참하였다.
③ 2018년 평창동계올림픽경기대회에서 메달 획득을 위해 여자 아이스하키 남북 단일팀이 결성되었다.
④ 1936년 베를린올림픽경기대회에서 검은구월단 무장단체가 선수촌에 침입하여 이스라엘 선수를 살해하였다.

11 〈보기〉의 설명은 머튼(R. Merton)의 아노미(anomie) 이론에 대한 것이다. ㉠~㉢에 해당하는 적응유형이 바르게 연결된 것은?

〈보기〉
- 도피주의 - 스포츠에 내재된 비인간성, 승리지상주의, 상업주의, 학업 결손 등에 염증을 느껴 스포츠 참가 포기
- (㉠) - 승패에 집착하지 않고 참가에 의의를 두는 것, 결과보다는 경기 내용 중시
- (㉡) - 불법 스카우트, 금지 약물 복용, 경기장 폭력, 승부조작 등
- (㉢) - 전략적 시간 끌기 작전, 경기규칙이 허용하는 범위 내에서의 파울 행위 등

	㉠	㉡	㉢
①	혁신주의	동조주의	의례주의
②	의례주의	혁신주의	동조주의
③	의례주의	동조주의	혁신주의
④	혁신주의	의례주의	동조주의

12 〈보기〉의 내용을 기든스(A. Giddens)의 사회계층 이동 준거와 유형으로 바르게 묶은 것은?

〈보기〉
- K는 가난한 가정에서 태어나 끊임없는 훈련을 통해 축구 월드스타가 되었다.
- 월드스타가 되고 난 후, 축구장학재단을 만들어 개발도상국에 축구학교를 설립하여 후진양성에 큰 역할을 하고 있다.

	이동 주체	이동 방향	시간적 거리
①	개인	수직이동	세대내이동
②	개인	수평이동	세대간이동
③	집단	수직이동	세대간이동
④	집단	수평이동	세대내이동

13 〈보기〉에서 설명하는 스포츠 미디어 이론은?

〈보기〉
대중들은 능동적 수용자로서 특수한 심리적 욕구를 만족시키기 위해 매스미디어를 적극 이용한다. 이에 미디어 수용자는 인지적, 정의적, 도피적, 통합적 욕구를 충족시키기 위해 스포츠를 주제로 다루는 매스미디어를 이용한다.

① 사회범주이론 ② 개인차이론
③ 사회관계이론 ④ 문화규범이론

14 〈보기〉에서 코클리(J. Coakley)가 제시한 상업주의와 관련된 스포츠 규칙 변화의 충족 조건으로 옳은 것만을 모두 고른 것은?

〈보기〉
㉠ 경기의 속도감 향상
㉡ 관중의 흥미 극대화
㉢ 득점 방법의 단일화
㉣ 상업적인 광고 시간 할애

① ㉠, ㉡ ② ㉢, ㉣
③ ㉠, ㉡, ㉢ ④ ㉠, ㉡, ㉣

15 〈보기〉에서 설명하는 프로스포츠의 제도는?

〈보기〉
- 프로스포츠리그의 신인선수 선발 방식 중 하나이다.
- 신인선수 쟁탈에 따른 폐단을 막기 위해 도입되었다.
- 계약금 인상 경쟁을 막기 위한 방법으로 고안되었다.

① FA(free agent)
② 샐러리 캡(salary cap)
③ 드래프트(draft)
④ 최저연봉(minimum salary)

16 〈보기〉에서 대중매체가 스포츠에 미치는 영향에 해당되는 것만을 모두 고른 것은?

〈 보기 〉

㉠ 대중매체의 기술이 발전한다.
㉡ 스포츠 인구가 증가한다.
㉢ 새로운 스포츠 종목이 창출된다.
㉣ 미디어 콘텐츠를 제공한다.
㉤ 경기규칙과 경기일정이 변경된다.
㉥ 스포츠 용구가 변화한다.

① ㉠, ㉡, ㉢
② ㉠, ㉢, ㉣
③ ㉡, ㉢, ㉣, ㉤
④ ㉡, ㉢, ㉤, ㉥

17 스포츠의 교육적 순기능 중 사회선도 기능이 아닌 것은?

① 여권신장
② 학교 내 통합
③ 평생체육과의 연계
④ 장애인의 삶의 질 향상

18 다음 ㉠~㉣에서 코클리(J. Coakley)가 제시한 일탈적 과잉동조를 유발하는 스포츠 윤리규범의 유형과 특징으로 옳은 것만을 모두 고른 것은?

	유형	특징
㉠	구분짓기 규범	다른 선수와 구별되기 위해 탁월성을 추구해야 한다.
㉡	인내규범	위험을 받아들이고 고통 속에서도 경기에 참여해야 한다.
㉢	몰입규범	경기에 헌신해야 하며 이를 그들의 삶에서 우선순위에 두어야 한다.
㉣	도전규범	스포츠에서 성공을 위해 장애를 극복하고 역경을 헤쳐 나가야 한다.

① ㉠, ㉡
② ㉡, ㉢
③ ㉠, ㉢, ㉣
④ ㉠, ㉡, ㉢, ㉣

19 맥루한(M. McLuhan)의 매체이론에 관한 설명으로 옳지 않은 것은?

① 핫(hot)미디어 스포츠는 관람자의 감각 참여성이 낮다.
② 쿨(cool)미디어 스포츠는 관람자의 감각 몰입성이 높다.
③ 핫(hot)미디어 스포츠는 경기 진행 속도가 빠르다.
④ 쿨(cool)미디어 스포츠는 메시지의 정의성이 낮다.

20 스포츠 세계화의 특징으로 옳지 않은 것은?

① 스포츠 시장의 경계가 국경을 초월해 전 세계로 확대되었다.
② 모든 나라의 전통스포츠(folk sports)가 세계적으로 확대되었다.
③ 세계인이 표준화된 스포츠 상품과 스포츠 문화를 소비하게 되었다.
④ 프로스포츠 시장의 이윤 극대화로 빈익빈 부익부 현상이 심화되었다.

스포츠교육학

01 스포츠기본법(시행 2022.2.11.)의 용어 정의에 관한 설명으로 옳지 않은 것은?

① '학교스포츠'란 건강과 체력 증진을 위하여 행하는 자발적이고 일상적인 스포츠 활동을 말한다.
② '스포츠산업'이란 스포츠와 관련된 재화와 서비스를 통하여 부가가치를 창출하는 산업을 말한다.
③ '장애인스포츠'란 장애인이 참여하는 스포츠 활동(생활스포츠와 전문스포츠를 포함한다)을 말한다.
④ '전문스포츠'란 「국민체육진흥법」 제2조 제4호에 따른 선수가 행하는 스포츠 활동을 말한다.

02 〈보기〉의 ㉠, ㉡에 해당하는 취약계층 생활스포츠 지원사업이 바르게 연결된 것은?

〈보기〉

㉠ 스포츠복지 사회 구현의 일환으로 저소득층 유·청소년(만5세~18세)과 장애인(만12세~23세)에게 스포츠강좌 혜택을 받을 수 있는 일정금액의 이용권을 제공하는 사업이다.
㉡ 소외계층 청소년을 대상으로 다양한 체육활동 참여기회를 제공함으로써 참여 형평성을 높이고 사회 적응력을 배양하는 것을 목적으로 시행되는 사업이다.

	㉠	㉡
①	여성체육활동 지원	국민체력100
②	국민체력100	스포츠강좌이용권 지원
③	스포츠강좌이용권 지원	행복나눔스포츠교실 운영
④	행복나눔스포츠교실 운영	여성체육활동 지원

03 〈보기〉의 발달특성을 가진 대상을 위한 스포츠 프로그램 구성 시 고려사항으로 적절하지 않은 것은?

〈보기〉

- 신체적·정서적·사회적 발달이 뚜렷하다.
- 개인의 요구와 흥미가 뚜렷하게 나타난다.
- 2차 성징이 나타난다.

① 생활패턴 고려
② 개인의 요구와 흥미 고려
③ 정적운동 위주의 프로그램 구성
④ 스포츠 프로그램의 지속적 참여 고려

04 〈보기〉에서 생활스포츠 프로그램의 교육목표 진술에 관한 설명으로 옳은 것만을 모두 고른 것은?

〈보기〉

㉠ 프로그램의 목표는 추상적으로 진술한다.
㉡ 학습 내용과 기대되는 행동을 동시에 진술한다.
㉢ 스포츠 참여자에게 기대하는 행동의 변화에 따라 동사를 다르게 진술한다.
㉣ 해당 스포츠 활동이 끝났을 때 참여자에게 나타난 최종 행동 변화 용어로 진술한다.

① ㉠, ㉡
② ㉢, ㉣
③ ㉠, ㉡, ㉢
④ ㉡, ㉢, ㉣

05 〈보기〉의 교수 전략을 포함하는 체육수업모형은?

〈보기〉

- 모든 팀원은 자신의 팀에 할당된 과제를 익힌 후, 교사가 되어 다른 팀에게 자신이 학습한 내용을 지도한다.
- 각 팀원들이 서로 다른 내용을 배운 다음, 동일한 내용을 배운 사람끼리 모여 전문가 집단을 구성한다. 이들은 자신이 배운 내용을 공유하며, 원래 자신의 집단으로 돌아가 배운 것을 다른 팀원들에게 지도한다.

① 직접 교수 모형
② 개별화 지도 모형
③ 협동학습 모형
④ 전술게임 모형

06 메츨러(M. Metzler)의 교수·학습 과정안(수업계획안) 작성 시 고려해야 할 구성요소 중 〈보기〉의 설명과 관련 있는 것은?

〈 보기 〉
- 학생의 흥미를 유발시킬 수 있는 수업 도입
- 과제 제시에 적합한 모형과 단서 사용
- 학생에게 방향을 제시할 과제 구조 설명
- 다양한 과제의 계열성과 진도(차시별)

① 학습 목표
② 수업 맥락의 간단한 기술
③ 시간과 공간의 배정
④ 과제 제시와 과제 구조

07 〈보기〉에서 안전한 학습환경 유지에 관한 설명으로 옳은 것만을 모두 고른 것은?

〈 보기 〉
㉠ 위험한 상황이 예측되더라도 시작한 과제는 끝까지 수행한다.
㉡ 안전한 수업운영에 필요한 절차를 분명히 전달하고 상기시켜야 한다.
㉢ 사전에 안전 문제를 예측하고 교구·공간·학생 등을 학습에 도움이 되는 방향으로 배열 또는 배치한다.
㉣ 새로운 연습과제나 게임을 시작할 때 지도자는 학생들의 활동을 주시하고 적극적으로 감독한다.

① ㉠, ㉡
② ㉡, ㉢
③ ㉠, ㉢, ㉣
④ ㉡, ㉢, ㉣

08 헬리슨(D. Hellison)이 제시한 개인적·사회적 책임감 수준과 사례가 적절하지 않은 것은?

	수준	사례
①	타인의 권리와 감정 존중	타인에 대해 상호 협력적이고 다른 학생들을 돕고자 한다.
②	참여와 노력	새로운 과제에 도전하며 노력하면 성공할 수 있다고 여긴다.
③	자기 방향 설정	지도자가 없는 상황에서도 자신이 수립한 목표를 달성한다.
④	일상생활로의 전이	체육 수업을 통해 학습한 배려를 일상생활에 실천한다.

09 〈보기〉의 ㉠, ㉡에 해당하는 평가 방법을 바르게 연결한 것은?

〈 보기 〉
㉠ 수업 전 학습목표에 따른 참여자 수준을 결정하고, 학습 과정에서 참여자가 계속적인 오류 상황을 발생시킬 때 적절한 의사결정을 하도록 한다.
㉡ 학생들에게 자신의 높이뛰기 목표와 운동계획을 수립하게 한 다음 육상 단원이 끝나는 시점에서 종합적 목표 달성여부 확인을 위해 평가를 실시한다.

	㉠	㉡
①	진단평가	형성평가
②	진단평가	총괄평가
③	형성평가	총괄평가
④	총괄평가	형성평가

10 다음에 해당하는 평가기법에 대한 설명으로 옳지 <u>않은</u> 것은?

테니스 포핸드 스트로크 과정	운동수행
• 두 발이 멈춘 상태에서 스트로크를 시도하는가?	Y/N
• 몸통 회전을 충분히 활용하는가?	Y/N
• 임팩트까지 시선을 공에 고정하는가?	Y/N
• 팔로우스로우를 끝까지 유지하는가?	Y/N

① 쉽게 제작이 가능하며 사용이 편리하다.
② 운동수행과정의 질적 평가가 불가하다.
③ 어떤 사건이나 행동의 발생 여부를 신속히 확인할 때 주로 사용한다.
④ 관찰행동을 구체적으로 정의하고 그 행동의 발생 시점을 확인할 수 있다.

11 학교체육진흥법(시행 2021.6.24.)의 제10조에서 규정하고 있는 학교장의 역할에 관한 내용으로 옳지 <u>않은</u> 것은?

① 학생들이 신체활동 프로그램에 참여할 수 있도록 학교스포츠클럽을 운영하여 학생들의 체육활동 참여기회를 확대하여야 한다.
② 학교스포츠클럽을 운영하는 경우 전문코치를 지정하여야 한다.
③ 학교스포츠클럽 활동 내용을 학교생활기록부에 기록하여 상급학교 진학자료로 활용할 수 있도록 하여야 한다.
④ 교육부령으로 정하는 바에 따라 일정 비율 이상의 학교스포츠클럽을 해당 학교의 여학생들이 선호하는 종목으로 운영하여야 한다.

12 다음 ㉠~㉤에서 체육시설법 시행규칙(시행 2021.7.1.) 제22조 '체육지도자 배치기준'에 부합되는 것을 모두 고른 것은?

체육시설업의 종류	규모	배치인원
㉠ 스키장업	- 슬로프 10면 이하 - 슬로프 10면 초과	1명 이상 2명 이상
㉡ 승마장업	- 말 20마리 이하 - 말 20마리 초과	1명 이상 2명 이상
㉢ 수영장업	- 수영조 바닥면적이 400㎡ 이하인 실내 수영장 - 수영조 바닥면적이 400㎡를 초과하는 실내 수영장	1명 이상 2명 이상
㉣ 골프 연습장업	- 20타석 이상 50타석 이하 - 50타석 초과	1명 이상 2명 이상
㉤ 체력 단련장업	- 운동전용면적 200㎡ 이하 - 운동전용면적 200㎡ 초과	1명 이상 2명 이상

① ㉠, ㉡, ㉢, ㉣
② ㉠, ㉡, ㉣, ㉤
③ ㉠, ㉢, ㉣, ㉤
④ ㉡, ㉢, ㉣, ㉤

13 국민체육진흥법(시행 2021.6.9.)에서 규정하는 생활스포츠지도사의 자격으로 옳지 <u>않은</u> 것은?

① 체육지도자의 자격은 19세 이상인 사람에게 부여한다.
② 생활스포츠지도사는 1급, 2급으로 구분한다.
③ 2급 생활스포츠지도사는 2급 생활스포츠지도사 자격검정에 합격하고, 연수과정을 이수한 사람으로 한다.
④ 1급 생활스포츠지도사는 자격 종목의 2급 생활스포츠지도사 자격을 취득한 후 3년 이상 해당 자격 종목의 지도경력이 있는 사람으로 한다.

14 〈보기〉의 ㉠, ㉡에 해당하는 단계가 바르게 연결된 것은?

〈 보기 〉

마튼스(R. Martens)가 제시한 전문체육 프로그램 개발 6단계는
㉠ 선수 이해, 상황 분석, 우선순위 결정 및 목표 설정,
㉡ 연습계획 수립이다.

	㉠	㉡
①	스포츠에 대한 이해	공간적 맥락 고려
②	선수 발달 단계에 대한 이해	전술 선택
③	선수단(훈련) 규모 설정	체력상태의 이해
④	선수에게 필요한 기술 파악	지도 방법 선택

15 ㉠, ㉡에 해당하는 용어가 바르게 연결된 것은?

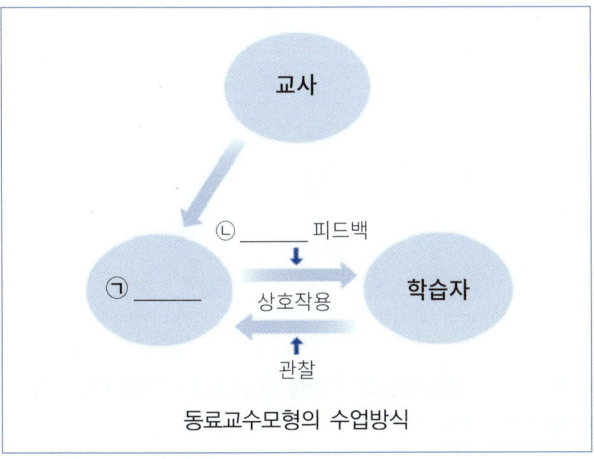

동료교수모형의 수업방식

	㉠	㉡
①	관찰자	교정적
②	개인교사	중립적
③	개인교사	교정적
④	교사	가치적

16 그리핀(L. Griffin), 미첼(S. Mitchell), 오슬린(J. Oslin)의 이해중심게임 모형에서 변형게임 구성 시 반영해야 할 2가지 핵심 개념은?

① 전술과 난이도
② 연계성과 위계성
③ 공간의 특성과 학습자
④ 대표성과 과장성

17 〈보기〉의 ㉠, ㉡에 해당하는 젠틸(A. Gentile)의 스포츠 기술이 바르게 연결된 것은?

〈 보기 〉

(㉠)은 환경의 변화나 상태에 의해 변화되는 기술을 말한다. (㉡)은 상대적으로 환경적 조건이 안정적이며 외부 조건이 대부분 변하지 않는 속성이 있다.

	㉠	㉡
①	개별기술	복합기술
②	개방기술	폐쇄기술
③	시작형 기술	세련형 기술
④	부분기술	전체기술

18 〈보기〉와 같이 종목을 구분하는 근거로 적합한 것은?

〈 보기 〉

- 영역형: 농구, 축구, 하키, 풋볼
- 네트형: 배드민턴, 배구, 탁구
- 필드형: 야구, 소프트볼, 킥볼
- 표적형: 당구, 볼링, 골프

① 포지션의 수
② 게임전술의 전이 가능성
③ 기술(skill)의 특성
④ 선수의 수

19 <보기>의 설명에 해당하는 피드백 유형은?

― 보기 ―
- 모스턴(M. Mosston)이 제시한 피드백 유형이며, 사실적으로 행동을 기술한다.
- 판단이나 수정 지시를 하지 않으나, 피드백 진술의 의미를 변경할 수 있다.
- 다른 피드백 형태로 옮겨가는 특징을 가지고 있다.

① 교정적 피드백(corrective statements)
② 가치적 피드백(value statements)
③ 중립적 피드백(neutral statements)
④ 불분명한 피드백(ambiguous statements)

20 링크(J. Rink)의 내용발달 단계가 순서대로 연결된 것은?

① 시작과제-확대과제-세련과제-적용과제
② 적용과제-시작과제-확대과제-세련과제
③ 세련과제-적용과제-시작과제-확대과제
④ 확대과제-세련과제-적용과제-시작과제

스포츠심리학

01 <보기>는 레빈(K. Lewin, 1935)이 주장한 내용이다. ㉠, ㉡에 들어갈 개념으로 바르게 묶인 것은?

― 보기 ―
- 인간의 행동은 (㉠)과 (㉡)에 의해 결정된다.
- (㉠)과 (㉡)의 상호작용으로 행동은 변화한다.

	㉠	㉡
①	개인(person)	환경(environment)
②	인지(cognition)	감정(affect)
③	감정(affect)	환경(environment)
④	개인(person)	인지(cognition)

02 아동의 운동 발달을 평가할 때 심리적 안정을 도모하기 위한 평가 방법으로 옳은 것은?

① 평가장소에 도착하면 환경에 대한 탐색 시간을 주지 말고 평가를 바로 진행한다.
② 아동의 평가 민감성을 높이기 위해 평가라는 단어를 강조한다.
③ 운동 도구를 사용하여 평가할 때 탐색할 기회를 제공한다.
④ 아동과 공감대를 형성하지 않는다.

03 〈보기〉에 제시된 일반화된 운동프로그램(Generalized Motor Program: GMP)에 관한 설명으로 바르게 묶인 것은?

〈보기〉
㉠ 인간의 운동은 자기조직(self-organization)과 비선형성(nonlinear)의 원리에 의해 생성되고 변화한다.
㉡ 불변매개변수(invariant parameter)에는 요소의 순서(order of element), 시상(phasing), 상대적인 힘(relative force)이 포함된다.
㉢ 가변매개변수(variant parameter)에는 전체 동작지속시간(overall duration), 힘의 총량(overall force), 선택된 근육군(selected muscles)이 포함된다.
㉣ 환경정보에 대한 지각 그리고 동작의 관계(perception-action coupling)를 강조한다.

① ㉠, ㉡
② ㉠, ㉢
③ ㉡, ㉢
④ ㉢, ㉣

04 〈보기〉에서 설명하는 개념은?

〈보기〉
• 자극반응 대안 수가 증가할수록 선택반응시간도 증가한다.
• 투수가 직구와 슬라이더 구종에 커브 구종을 추가하여 무작위로 섞어 던졌을 때 타자의 반응시간이 길어졌다.

① 피츠의 법칙(Fitts' law)
② 파워 법칙(power law)
③ 임펄스 가변성 이론(impulse variability theory)
④ 힉스의 법칙(Hick's law)

05 〈보기〉에 제시된 번스타인(N. Bernstein)의 운동학습 단계에 대한 설명으로 바르게 묶인 것은?

〈보기〉
㉠ 스케이트를 탈 때 고관절, 슬관절, 발목관절을 활용하여 추진력을 갖게 한다.
㉡ 체중 이동을 통해 추진력을 확보하며 숙련된 동작을 실행하게 한다.
㉢ 스케이트를 신고 고관절, 슬관절, 발목관절을 하나의 단위체로 걷게 한다.

	㉠	㉡	㉢
①	자유도 풀림	반작용 활용	자유도 고정
②	반작용 활용	자유도 풀림	자유도 고정
③	자유도 풀림	자유도 고정	반작용 활용
④	반작용 활용	자유도 고정	자유도 풀림

06 레이데크와 스미스(T. Raedeke & A. Smith, 2001)의 운동선수 탈진 질문지(Athlete Burnout Questionnaire: ABQ)의 세 가지 측정 요인이 아닌 것은?

① 성취감 저하(reduced sense of accomplishment)
② 스포츠 평가절하(sport devaluation)
③ 경쟁상태불안(competitive state anxiety)
④ 신체적/정서적 고갈(physical, emotional exhaustion)

07 웨이스와 아모로스(M. Weiss & A. Amorose, 2008)가 제시한 스포츠 재미(sport enjoyment)의 영향 요인으로 옳지 않은 것은?

① 인지능력
② 사회적 소속
③ 동작 자체의 감각 체험
④ 숙달과 성취

08 〈보기〉에 제시된 도식이론(schema theory)에 관하여 옳은 설명으로 묶인 것은?

> **보기**
> ㉠ 빠른 움직임과 느린 움직임을 구분하여 설명한다.
> ㉡ 재인도식은 피드백 정보가 없는 빠른 운동을 조절하는 역할을 한다.
> ㉢ 회상도식은 과거의 실제결과, 감각귀결, 초기조건의 관계를 바탕으로 형성된다.
> ㉣ 200ms 이상의 시간이 필요한 느린 운동 과제의 제어에는 회상도식과 재인도식이 모두 동원된다.

① ㉠, ㉡
② ㉡, ㉢
③ ㉠, ㉣
④ ㉢, ㉣

09 〈보기〉에 제시된 심리적 불응기(Psychological Refractory Period: PRP)에 관하여 옳은 설명으로 묶인 것은?

> **보기**
> ㉠ 1차 자극에 대한 반응을 수행하고 있을 때 2차 자극을 제시할 경우, 2차 자극에 대해 반응시간이 느려지는 현상이다.
> ㉡ 1차 자극과 2차 자극 간의 시간차가 10ms 이하로 매우 짧을 때 나타난다.
> ㉢ 페이크(fake) 동작의 사용 빈도를 높일 때 효과적이다.
> ㉣ 1차와 2차 자극을 하나의 자극으로 간주하는 현상을 집단화라고 한다.

① ㉠, ㉡
② ㉡, ㉢
③ ㉢, ㉣
④ ㉠, ㉣

10 인간 발달의 특징에 관한 설명으로 옳지 <u>않은</u> 것은?

① 개인적 측면은 발달에 영향을 미치는 요인이 개인마다 달라서 나타나는 현상이다.
② 다차원적 측면은 개인의 신체적·정서적 특성과 같은 내적 요인 그리고 사회 환경과 같은 외적 요인으로 나눌 수 있다.
③ 계열적 측면은 기기와 서기의 단계를 거친 후에야 자신의 힘으로 스스로 걸을 수 있게 되는 것이다.
④ 질적 측면은 현재 나타나고 있는 움직임 양식이 과거 움직임의 경험이 축적되어 나타나는 것이다.

11 시각탐색에 사용되는 안구 움직임의 형태로 옳지 <u>않은</u> 것은?

① 지각의 협소화(perceptual narrowing)
② 부드러운 추적 움직임(smooth pursuit movement)
③ 전정안구반사(vestibulo-ocular reflex)
④ 빠른 움직임(saccadic movement)

12 〈보기〉에 제시된 불안과 운동수행의 관계를 설명하는 이론은?

> **보기**
> • 선수가 불안을 어떻게 '해석'하느냐에 따라 운동수행이 달라질 수 있다.
> • 선수는 각성이 높은 상태를 기분 좋은 흥분상태로 해석할 수도 있지만 불쾌한 불안으로 해석할 수도 있다.

① 역U가설(inverted-U hypothesis)
② 전환이론(reversal theory)
③ 격변이론(catastrophe theory)
④ 적정기능지역이론(zone of optimal functioning theory)

13 〈보기〉의 ㉠과 ㉡에 들어갈 알맞은 용어는?

〈보기〉
- (㉠)은 불안을 감소시키기 위해 자기최면을 사용하여 무거움과 따뜻함을 실제처럼 느끼도록 유도하는 방법이다.
- (㉡)은/는 불안을 유발하는 자극의 목록을 작성한 후, 하나씩 차례로 적용하여 유발 감각 자극에 대한 민감도를 줄여 불안 수준을 감소시키는 방법이다.

	㉠	㉡
①	바이오피드백 (biofeedback)	체계적 둔감화 (systematic desensitization)
②	자생훈련 (autogenic training)	바이오피드백 (biofeedback)
③	점진적 이완 (progressive relexation)	바이오피드백 (biofeedback)
④	자생훈련 (autogenic training)	체계적 둔감화 (systematic desensitization)

14 와이너(B. Weiner)의 경기 승패에 대한 귀인이론에 관한 설명으로 옳지 않은 것은?

① 노력은 내적이고 불안정하며 통제 가능한 요인이다.
② 능력은 내적이고 안정적이며 통제 불가능한 요인이다.
③ 운은 외적이고 불안정하며 통제 불가능한 요인이다.
④ 과제난이도는 외적이고 불안정하며 통제할 수 있는 요인이다.

15 〈보기〉에 제시된 심상에 대한 이론과 설명이 바르게 묶인 것은?

〈보기〉
㉠ 심리신경근 이론에 따르면 심상을 하는 동안에 실제 동작에서 발생하는 근육의 전기 반응과 유사한 전기 반응이 근육에서 발생한다.
㉡ 상징학습 이론에 따르면 심상은 인지 과제(바둑)보다 운동과제(역도)에서 더 효과적이다.
㉢ 생물정보 이론에 따르면 심상은 상상해야 할 상황 조건인 자극 전제와 심상의 결과로 일어나는 반응 전제로 구성된다.
㉣ 상징학습 이론에 따르면 생리적 반응과 심리 반응을 함께하면 심상의 효과는 낮아진다.

① ㉠, ㉡   ② ㉠, ㉢
③ ㉡, ㉢   ④ ㉢, ㉣

16 〈보기〉에 제시된 첼라드라이(P. Chelladerai)의 다차원리더십 모델에 관한 설명으로 옳게 묶인 것은?

〈보기〉
㉠ 리더의 특성은 리더의 실제 행동에 영향을 준다.
㉡ 규정 행동은 선수에게 규정된 행동을 말한다.
㉢ 선호 행동은 리더가 선호하거나 바라는 선수의 행동을 말한다.
㉣ 리더의 실제 행동과 선수의 선호 행동이 다르면 선수의 만족도가 낮아진다.

① ㉠, ㉡   ② ㉠, ㉣
③ ㉡, ㉢   ④ ㉢, ㉣

17 〈보기〉에서 설명하는 운동심리 이론(모형)은?

〈보기〉
- 지역사회가 여성 전용 스포츠 센터를 확충한다.
- 정부가 운동 참여에 대한 인센티브 정책을 수립한다.
- 가정과 학교에서 운동 참여를 지지해주는 분위기를 만든다.

① 사회생태모형(social ecological model)
② 합리적행동이론(theory of reasoned action)
③ 자기효능감이론(self-efficacy theory)
④ 자결성이론(self-determination theory)

18 프로차스카(J. O. Prochaska)의 운동변화단계 모형 (Trans-theoretical Model)에 관한 설명으로 옳은 것은?

① 변화 단계와 자기효능감과의 관계는 U자 형태다.
② 인지적·행동적 변화과정을 통해 운동 단계가 변화한다.
③ 변화 단계가 높아짐에 따라 운동에 대해 기대할 수 있는 혜택은 점진적으로 감소한다.
④ 무관심 단계는 현재 운동에 참여하지 않지만, 6개월 이내에 운동을 시작할 의도가 있다.

19 한국스포츠심리학회가 제시한 스포츠 심리상담사 상담윤리에 대한 설명으로 옳지 않은 것은?

① 스포츠심리상담사는 자신의 전문영역과 한계영역을 명확하게 인식해야 한다.
② 스포츠심리상담사는 상담 과정에서 얻은 정보를 이용할 때 고객과 미리 상의해야 한다.
③ 스포츠심리상담사는 상담 효과를 알리기 위해 상담에 참여한 사람으로부터 좋은 평가나 소감을 요구해야 한다.
④ 스포츠심리상담사는 타인에게 역할을 위임할 때는 전문성이 있는 사람에게만 위임하여야 하며 그 타인의 전문성을 확인해야 한다.

20 〈보기〉에 제시된 폭스(K. Fox)의 위계적 신체적 자기개념 가설(hypothesized hierarchical organization of physical self-perception)에 관한 설명으로 바르게 묶인 것은?

〈보기〉
㉠ 신체적 컨디션은 매력적 신체를 유지하는 능력이다.
㉡ 신체적 자기 가치는 전반적 자기존중감의 상위영역에 속한다.
㉢ 신체 매력과 신체적 컨디션은 신체적 자기가치의 하위영역에 속한다.
㉣ 스포츠 유능감은 스포츠 능력과 스포츠 기술 학습 능력에 대한 자신감이다.

① ㉠, ㉡
② ㉠, ㉢
③ ㉡, ㉣
④ ㉢, ㉣

한국체육사

01 체육사에 관한 설명으로 옳지 않은 것은?

① 연구대상은 시간, 인간, 공간 등이 고려된다.
② 체육과 스포츠를 역사적 방법으로 연구하는 학문이다.
③ 연구내용은 스포츠문화사, 전통스포츠사 등을 포함한다.
④ 체육과 스포츠의 도덕적 가치판단에 대한 근거를 탐구한다.

02 〈보기〉에서 체육사 연구의 사료(史料)에 관한 설명으로 옳은 것만을 모두 고른 것은?

〈보기〉
㉠ 기록 사료는 문헌 사료와 구전 사료가 있다.
㉡ 물적 사료는 물질적 유산인 유물과 유적이 있다.
㉢ 기록 사료 중 민요, 전설, 시가, 회고담 등은 문헌 사료이다.
㉣ 전통적인 분류 방식에 따르면, 물적 사료와 기록 사료로 구분된다.

① ㉠, ㉡
② ㉡, ㉢
③ ㉠, ㉡, ㉣
④ ㉡, ㉢, ㉣

03 부족국가와 삼국시대의 신체활동이 포함된 제천의식에 관한 설명으로 옳지 않은 것은?

① 신라 – 가배
② 부여 – 동맹
③ 동예 – 무천
④ 마한 – 10월제

04 〈보기〉에서 화랑도에 관한 설명으로 옳은 것만을 모두 고른 것은?

― 보기 ―
㉠ 법흥왕 때에 종래 화랑도 제도를 개편하여 체계화되었다.
㉡ 한국의 전통사상과 세속오계(世俗五戒)를 근간으로 두었다.
㉢ 국선도(國仙徒), 풍류도(風流徒), 원화도(源花徒)라고도 불리었다.
㉣ 편력(遍歷), 입산수행(入山修行), 주행천하(周行天下) 등의 활동을 했다.

① ㉠, ㉡
② ㉡, ㉢
③ ㉠, ㉡, ㉣
④ ㉡, ㉢, ㉣

05 〈보기〉의 ㉠에 해당하는 용어는?

― 보기 ―
『구당서(舊唐書)』에 따르면, "고구려의 풍속은 책 읽기를 좋아하며, 허름한 서민의 집에 이르기까지 거리에 큰 집을 지어 이를 (㉠)이라고 하고, 미혼의 자제들이 여기에서 밤낮으로 독서하고 활쏘기를 익힌다."라고 되어 있다.

① 태학
② 경당
③ 향교
④ 학당

06 고려시대의 무학(武學) 전문 강좌인 강예재(講藝齋)가 개설된 교육기관은?

① 국자감(國子監)
② 성균관(成均館)
③ 응방도감(鷹坊都監)
④ 오부학당(五部學堂)

07 〈보기〉에서 고려시대 무예의 특징으로 옳은 것만을 모두 고른 것은?

― 보기 ―
㉠ 격구(擊毬)는 군사훈련의 수단이었다.
㉡ 수박희(手搏戲)는 무인 인재 선발의 중요한 방법이었다.
㉢ 마술(馬術)은 육예(六藝) 중 어(御)에 속하며, 군자의 중요한 덕목 중 하나였다.
㉣ 궁술(弓術)은 문인과 무인의 심신 수양과 인격도야의 방법으로 중시되었다.

① ㉠
② ㉡, ㉢
③ ㉡, ㉢, ㉣
④ ㉠, ㉡, ㉢, ㉣

08 조선시대 무과제도에 관한 설명으로 옳지 않은 것은?

① 초시, 복시, 전시 3단계로 실시되었다.
② 무과는 강서와 무예 시험으로 구성되었다.
③ 증광시, 별시, 정시는 비정규적으로 실시되었다.
④ 선발 정원은 제한이 없었으며, 누구나 응시할 수 있었다.

09 〈보기〉에 해당하는 신체활동은?

― 보기 ―
- 군사훈련의 성격을 지니고 실시된 무예 활동
- 조선시대 왕이나 양반 또는 대중에게 볼거리 제공
- 나라의 풍속으로 단오절이나 명절에 행해졌던 활동
- 승부를 결정짓는 놀이로서 신체적 탁월성을 추구하는 경쟁적 활동

① 투호(投壺)
② 저포(樗蒲)
③ 석전(石戰)
④ 위기(圍碁)

10 〈보기〉에서 조선시대 체육사상에 관한 설명으로 옳은 것만을 모두 고른 것은?

> 〈보기〉
> ㉠ 유교의 영향으로 숭문천무(崇文賤武) 사상이 만연했다.
> ㉡ 심신 수련으로 활쏘기가 중시되었고, 학사사상(學射思想)이 강조되었다.
> ㉢ 활쏘기를 통해서 문무겸전(文武兼全) 혹은 문무겸일(文武兼一)에 도달하고자 했다.
> ㉣ 국토 순례를 통해 조선에 대한 애국심을 가지게 하는 불국토사상(佛國土思想)이 중시되었다.

① ㉠, ㉡
② ㉡, ㉢
③ ㉠, ㉡, ㉢
④ ㉡, ㉢, ㉣

11 일제강점기에 설립된 체육 단체가 아닌 것은?

① 대한국민체육회(大韓國民體育會)
② 관서체육회(關西體育會)
③ 조선체육협회(朝鮮體育協會)
④ 조선체육회(朝鮮體育會)

12 〈보기〉의 ㉠, ㉡에 해당하는 여성 스포츠인이 바르게 연결된 것은?

> 〈보기〉
> • 박봉식은 1948년 런던올림픽경기대회에 출전한 첫 여성 원반던지기 선수
> • (㉠)은/는 1967년 세계여자농구선수권대회에 출전해 최우수 선수로 선정
> • (㉡)은/는 2010년 밴쿠버동계올림픽경기대회에 출전해 피겨스케이팅 금메달 획득

	㉠	㉡
①	박신자	김연아
②	김옥자	김연아
③	박신자	김옥자
④	김옥자	박신자

13 〈보기〉의 ㉠, ㉡에 해당하는 개최지가 바르게 연결된 것은?

> 〈보기〉
> 우리나라는 1986년 서울아시아경기대회, 2002년 (㉠) 아시아경기대회, 2014년 (㉡) 아시아경기대회를 성공적으로 개최했다.

	㉠	㉡
①	인천	부산
②	부산	인천
③	평창	충북
④	충북	평창

14 〈보기〉에 해당하는 인물은?

> 〈보기〉
> • 제6회, 제7회 아시아경기대회에서 수영 종목 400M, 1,500M 2관왕 2연패
> • 2008년 독도 33바퀴 회영(回泳)
> • 2020년 스포츠영웅으로 선정되어 2021년 국립묘지에 안장

① 조오련
② 민관식
③ 김 일
④ 김성집

15 개화기에 도입된 근대스포츠 종목으로 옳지 않은 것은?

① 농구
② 역도
③ 야구
④ 육상

16 광복 이전 조선체육회에 관한 설명으로 옳지 <u>않은</u> 것은?

① 조선체육협회보다 먼저 창립되었다.
② 조선의 체육을 지도, 장려하는 것이 목적이었다.
③ 첫 사업인 제1회 전조선야구대회는 전국체육대회의 효시이다.
④ 고려구락부를 모태로 하였고, 조선체육협회에 강제 통합되었다.

17 〈보기〉에서 설명하는 올림픽경기대회는?

── 보기 ──
- 우리 민족이 일장기를 달고 출전한 대회
- 마라톤의 손기정이 금메달, 남승룡이 동메달을 획득한 대회

① 1924년 제8회 파리올림픽경기대회
② 1928년 제9회 암스테르담올림픽경기대회
③ 1932년 제10회 로스앤젤레스올림픽경기대회
④ 1936년 제11회 베를린올림픽경기대회

18 〈보기〉의 ㉠, ㉡에 들어갈 알맞은 용어로 바르게 연결된 것은?

── 보기 ──
- (㉠)경기대회는 우리나라 여성이 최초로 금메달을 획득한 대회로, 서향순이 양궁 개인전에서 금메달을 획득했다.
- (㉡)경기대회는 우리나라가 광복 후 최초로 마라톤에서 금메달을 획득한 대회로, 황영조가 마라톤에서 금메달을 획득했다.

	㉠	㉡
①	1984년 로스앤젤레스올림픽	1988년 서울올림픽
②	1984년 로스앤젤레스올림픽	1992년 바르셀로나올림픽
③	1988년 서울올림픽	1988년 서울올림픽
④	1988년 서울올림픽	1992년 바르셀로나올림픽

19 〈보기〉의 설명과 관련 있는 정권은?

── 보기 ──
- 호돌이 계획 시행
- 국민생활체육회(구 국민생활체육협의회) 창설
- 1988년 서울올림픽경기대회의 성공적인 개최
- 제41회 지바 세계탁구선수권대회 남북단일팀 출전

① 박정희 정권   ② 전두환 정권
③ 노태우 정권   ④ 김영삼 정권

20 2002년 제17회 월드컵축구대회에 관한 설명으로 옳지 <u>않은</u> 것은?

① 한국은 4강에 진출했다.
② 한국과 일본이 공동으로 개최했다.
③ 한국과 북한이 단일팀을 구성하여 출전했다.
④ 한국의 길거리 응원은 온 국민 문화축제의 장이었다.

운동생리학

01 〈보기〉에서 설명하는 트레이닝의 원리는?

― 보기 ―
- 트레이닝의 효과는 운동에 동원된 근육에서만 발생한다.
- 근력 향상을 위해서는 저항성 트레이닝이 적합하다.

① 특이성의 원리 ② 가역성의 원리
③ 과부하의 원리 ④ 다양성의 원리

02 체온 저하 시 생리적 반응으로 적절한 것은?

① 심박수 증가
② 피부혈관 확장
③ 땀샘의 땀 분비 증가
④ 골격근 떨림(shivering) 증가

03 지구성 트레이닝 후 최대 동-정맥 산소차(maximal arterial-venous oxygen difference) 증가에 기여하는 요인으로 적절하지 않은 것은?

① 미토콘드리아 크기 증가 ② 미토콘드리아 수 증가
③ 모세혈관 밀도 감소 ④ 총 혈액량 증가

04 〈보기〉에서 운동유발성 근육경직(exercise-associated muscle cramps)을 방지하기 위한 방법으로 적절한 것을 모두 고른 것은?

― 보기 ―
㉠ 발생하기 쉬운 근육을 규칙적으로 스트레칭 한다.
㉡ 필요시 운동강도와 지속 시간을 감소시킨다.
㉢ 수분과 전해질의 균형을 유지한다.
㉣ 탄수화물 저장량을 낮춘다.

① ㉠
② ㉠, ㉡
③ ㉠, ㉡, ㉢
④ ㉠, ㉡, ㉢, ㉣

05 1회 박출량(stroke volume)에 관한 설명으로 적절하지 않은 것은?

① 심실 수축력이 증가하면 1회 박출량은 증가한다.
② 평균 동맥혈압이 감소하면 1회 박출량은 증가한다.
③ 심장으로 돌아오는 정맥혈 회귀(venous return)가 감소하면 1회 박출량은 감소한다.
④ 수축기말 용적(end-systolic volume)에서 확장기말 용적(end-diastolic volume)을 뺀 값이다.

06 〈보기〉에서 설명하는 중추신경계 기관은?

― 보기 ―
- 시상과 시상하부로 구성된다.
- 시상은 감각을 통합·조절한다.
- 시상하부는 심박수와 심장 수축, 호흡, 소화, 체온, 식욕 및 음식 섭취를 조절한다.

① 간뇌(diencephalon) ② 대뇌(cerebrum)
③ 소뇌(cerebellum) ④ 척수(spinal cord)

07 직립 상태에서 폐-혈액 간 산소확산 능력은 안정 시와 비교하여 운동 시 증가한다. 이에 기여하는 요인으로 적절한 것은?

① 폐포와 모세혈관 사이의 호흡막(respiratory membrane) 두께 증가
② 증가한 혈압으로 인한 폐 윗부분(상층부)으로의 혈류량 증가
③ 폐정맥 혈액 내 높은 산소분압
④ 폐동맥 혈액 내 높은 산소분압

08 건강체력 요소 측정으로만 나열되지 않은 것은?

① 오래달리기 측정, 생체전기저항분석(bioelectric impedance analysis)
② 앉아윗몸앞으로굽히기 측정, 윗몸일으키기 측정
③ 배근력 측정, 제자리높이뛰기 측정
④ 팔굽혀펴기 측정, 악력 측정

09 운동하는 근육으로의 혈류량을 증가시키는 국소적 내인성(intrinsic)자율조절 요소로 적절하지 않은 것은?

① 수소이온, 이산화탄소, 젖산 등 대사 부산물
② 부신수질로부터 분비된 카테콜아민(catecholamine)
③ 혈관 벽에 작용하는 압력에 따른 근원성(myogenic) 반응
④ 혈관내피세포(endothelial cell)에서 생성된 산화질소, 프로스타글랜딘(prostaglandin), 과분극인자(hyperp-olarizing factor)

10 〈보기〉의 ㉠~㉢에 들어갈 용어가 바르게 나열된 것은?

──〈 보기 〉──
[근육수축 과정]
• 골격근막의 활동전위는 가로세관(T-tubule)을 타고 이동하여 근형질세망(sarcoplasmic reticulum)으로부터 (㉠) 유리를 자극한다.
• 유리된 (㉠)은 액틴(actin) 세사의 (㉡)에 결합하고, (㉡)은 (㉢)을 이동시켜 마이오신(myosin) 머리가 액틴과 결합할 수 있도록 한다.

	㉠	㉡	㉢
①	칼륨	트로포닌	트로포마이오신
②	칼슘	트로포마이오신	트로포닌
③	칼륨	트로포마이오신	트로포닌
④	칼슘	트로포닌	트로포마이오신

11 〈그림〉은 폐활량계를 활용하여 측정한 폐용적(량)을 나타낸 것이다. ㉠~㉣에서 안정 시와 비교하여 운동 시 변화에 대한 설명으로 적절한 것은?

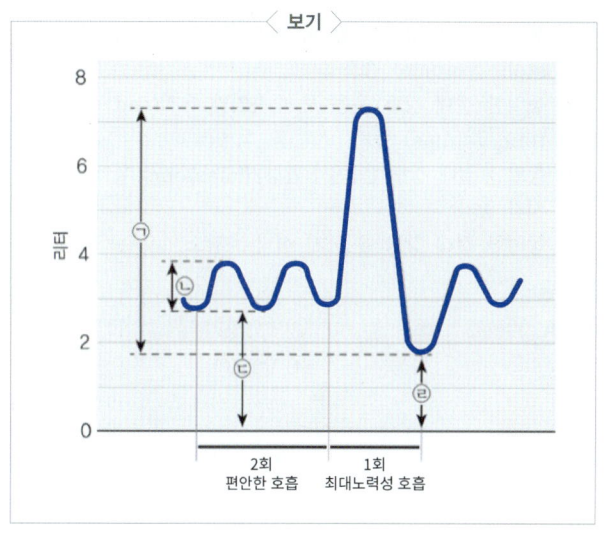

① ㉠: 증가   ② ㉡: 감소
③ ㉢: 감소   ④ ㉣: 증가

12 〈보기〉 중 저항성 트레이닝 후 생리적 적응으로 적절한 것을 모두 고른 것은?

──〈 보기 〉──
㉠ 골 무기질 함량 증가
㉡ 액틴(actin) 단백질 양 증가
㉢ 시냅스(synapse) 소포 수 감소
㉣ 신경근접합부(neuromuscular junction) 크기 감소

① ㉠
② ㉠, ㉡
③ ㉠, ㉡, ㉢
④ ㉠, ㉡, ㉢, ㉣

13 〈보기〉 중 지구성 트레이닝 후 1회 박출량(stroke volume) 증가에 기여하는 요인으로 적절한 것만 나열된 것은?

〈 보기 〉

㉠ 동일한 절대 강도 운동 시 확장기말 용적(end-diastolic volume) 감소
㉡ 동일한 절대 강도 운동 시 수축기말 용적(end-systolic volume) 증가
㉢ 동일한 절대 강도 운동 시 확장기(diastolic) 혈액 충만 시간 증가
㉣ 동일한 절대 강도 운동 시 심박수 감소

① ㉠, ㉡
② ㉠, ㉢
③ ㉡, ㉢
④ ㉢, ㉣

14 〈보기〉의 ㉠, ㉡에 들어갈 내용이 바르게 나열된 것은?

〈 보기 〉

• 골격근의 신장성 수축은 수축 속도가 (㉠) 더 큰 힘이 생성된다.
• 동일 골격근에서 단축성 수축은 신장성 수축에 비해 같은 속도에서 더 (㉡) 힘이 생성된다.

	㉠	㉡
①	빠를수록	작은
②	느릴수록	작은
③	느릴수록	큰
④	빠를수록	큰

15 혈액순환 시 혈압의 감소가 가장 크게 발생하는 혈관은?

① 모세혈관(capillary)
② 세동맥(arteriole)
③ 세정맥(venule)
④ 대동맥(aorta)

16 스프린트 트레이닝 후 나타나는 생리적 적응이 바르게 나열된 것은?

① 속근 섬유 비대-해당과정을 통한 ATP 생산능력 향상
② 지근 섬유 비대-해당과정을 통한 ATP 생산능력 향상
③ 속근 섬유 비대-해당과정을 통한 ATP 생산능력 저하
④ 지근 섬유 비대-해당과정을 통한 ATP 생산능력 저하

17 〈보기〉의 ㉠, ㉡에 들어갈 용어가 바르게 나열된 것은?

〈 보기 〉

지방의 베타(β) 산화는 중성지방으로부터 분리된 (㉠)이 미토콘드리아 내에서 여러 단계를 거쳐 (㉡)(으)로 전환되는 과정을 뜻한다.

	㉠	㉡
①	유리지방산 (free fatty acid)	아세틸 조효소-A (Acetyl CoA)
②	유리지방산 (free fatty acid)	젖산 (lactic acid)
③	글리세롤 (glycerol)	아세틸 조효소-A (Acetyl CoA)
④	글리세롤 (glycerol)	젖산 (lactic acid)

18 〈보기〉의 ㉠, ㉡에 들어갈 용어가 바르게 나열된 것은?

〈 보기 〉

운동 시 교감신경계가 활성화되면, 골격근으로의 혈류량은 (㉠)하고 내장기관으로의 혈류량은 (㉡)한다.

	㉠	㉡
①	감소	증가
②	감소	감소
③	증가	감소
④	증가	증가

19 〈보기〉 중 적절한 것으로만 나열된 것은?

〈보기〉
- ㉠ 인슐린(insulin)은 혈당을 증가시킨다.
- ㉡ 성장호르몬(growth hormone)은 단백질 합성을 감소시킨다.
- ㉢ 에리스로포이에틴(erythropoietin)은 적혈구 생산을 촉진시킨다.
- ㉣ 항이뇨호르몬(antidiuretic hormone)은 수분손실을 감소시킨다.

① ㉠, ㉡
② ㉠, ㉢
③ ㉡, ㉣
④ ㉢, ㉣

20 〈그림〉은 막 전위의 변화를 나타낸 것이다. ㉠~㉣ 중 탈분극(depolarization)에 해당하는 시점은?

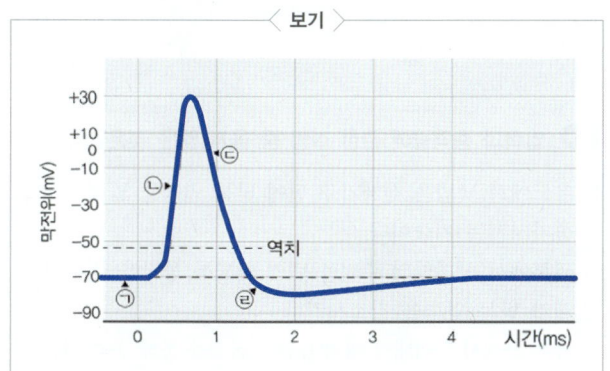

① ㉠
② ㉡
③ ㉢
④ ㉣

운동역학

01 운동역학(Sports Biomechanics) 연구의 목적과 내용이 아닌 것은?

① 동작분석
② 운동장비 개발
③ 부상 기전 규명
④ 운동 유전자 검사

02 인체의 움직임을 표현하는 용어로 옳지 않은 것은?

① 굽힘(굴곡, flexion)은 관절을 형성하는 뼈들이 이루는 각이 작아지는 움직임이다.
② 폄(신전, extension)은 관절을 형성하는 뼈들이 이루는 각이 커지는 움직임이다.
③ 벌림(외전, abduction)은 뼈의 세로축이 신체의 중심선으로 가까워지는 움직임이다.
④ 발등굽힘(배측굴곡, dorsi flexion)은 발등이 정강이뼈(경골, tibia) 앞쪽으로 향하는 움직임이다.

03 인체의 무게중심에 관한 설명으로 옳지 않은 것은?

① 무게중심의 높이는 안정성에 영향을 준다.
② 무게중심은 인체를 벗어나 위치할 수 없다.
③ 무게중심은 토크(torque)의 합이 '0'인 지점이다.
④ 무게중심의 위치는 자세의 변화에 따라 달라진다.

04 〈그림〉에서 인체 지레의 구성으로 바르게 묶인 것은?

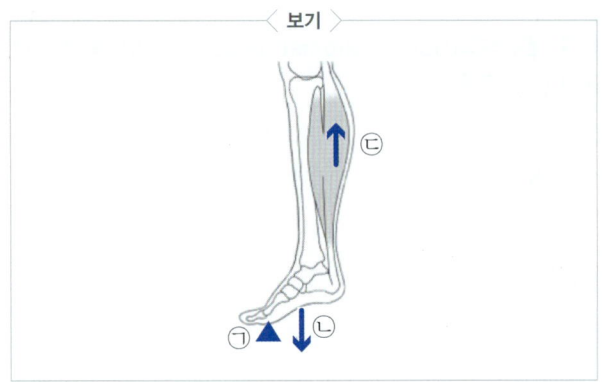

	㉠	㉡	㉢
①	받침점	힘점	저항점
②	저항점	받침점	힘점
③	받침점	저항점	힘점
④	힘점	저항점	받침점

05 운동학적(kinematic) 및 운동역학적(kinetic) 변인에 대한 설명으로 옳지 않은 것은?

① 질량(mass)은 크기만을 갖는 물리량이다.
② 시간(time)은 크기만을 갖는 물리량이다.
③ 힘(force)은 크기만을 갖는 물리량이다.
④ 거리(distance)는 시작점에서 끝점까지 이동한 궤적의 총합으로 크기만을 갖는 물리량이다.

06 각운동에 대한 설명으로 옳지 않은 것은?

① 각속도(angular velocity)는 각변위를 소요시간으로 나눈 값이다.
② 각가속도(angular acceleration)는 각속도의 변화를 소요시간으로 나눈 값이다.
③ 1라디안(radian)은 원(circle)에서 반지름과 호의 길이가 같을 때의 각으로 57.3°이다.
④ 시계 방향으로 회전된 각변위(angular displacement)는 양(+)의 값으로 나타내고, 반시계 방향으로 회전된 각변위는 음(-)의 값으로 나타낸다.

07 투사체 운동에 대한 설명으로 옳은 것은? (단, 공기저항은 고려하지 않음)

① 투사체에 작용하는 외력은 존재하지 않는다.
② 투사체의 수평속도는 초기속도의 수평성분과 크기가 같다.
③ 투사체의 수직속도는 9.8m/s로 일정하다.
④ 투사높이와 착지높이가 같을 경우, 38.5°의 투사각도로 던질 때 최대의 수평거리를 얻을 수 있다.

08 골프 스윙 동작에서 임팩트 시 클럽헤드의 선속도를 증가시키는 방법으로 옳지 않은 것은?

① 스윙 탑에서부터 어깨관절을 축으로 회전반지름을 최대한 크게 해서 빠른 몸통회전을 유도한다.
② 임팩트 전까지 손목 코킹(cocking)을 최대한 유지하여 빠른 몸통회전을 유도한다.
③ 임팩트 시점에는 팔꿈치를 펴서 회전반지름을 증가시킨다.
④ 임팩트 시점에는 언코킹(uncocking)을 통해 회전반지름을 증가시킨다.

09 힘(force)의 개념에 대한 설명으로 옳지 않은 것은?

① 힘의 단위는 N(Newton)이다.
② 힘은 합성과 분해가 가능하다.
③ 힘이 작용한 반대 방향으로 가속도가 발생한다.
④ 힘의 크기가 증가하면 그 힘을 받는 물체의 가속도가 증가한다.

10 압력과 충격량에 관한 설명 중 옳지 않은 것은?

① 유도에서 낙법은 신체가 지면에 닿는 면적을 넓혀 압력을 증가시키는 기술이다.
② 권투에서 상대방의 주먹을 비켜 맞도록 동작을 취하여 신체가 받는 압력을 감소시킨다.
③ 높은 곳에서 뛰어내릴 때 무릎관절 굽힘을 통해 충격 받는 시간을 늘리면 신체에 가해지는 충격력의 크기는 감소된다.
④ 골프 클럽헤드와 볼의 접촉구간에서 충격력을 유지하면서 접촉시간을 증가시키면 충격량은 증가하게 된다.

11 마찰력(Ff)에 대한 설명으로 옳은 것은?

① 아스팔트 도로에서 마찰계수는 구름 운동보다 미끄럼 운동일 때 더 작다.
② 마찰력은 물체 표면에 수직으로 작용하는 힘과 관계가 있다.
③ 최대정지마찰력은 운동마찰력보다 작다.
④ 마찰력은 물체의 이동 방향과 같은 방향으로 작용한다.

12 양력에 대한 설명으로 옳지 않은 것은?

① 양력은 물체가 이동하는 방향의 반대 방향으로 작용한다.
② 양력은 베르누이 원리(Bernoulli principle)로 설명된다.
③ 양력은 형태의 비대칭성, 회전(spin) 등에 의해 발생한다.
④ 양력은 물체의 중심선과 진행하는 방향이 이루는 공격각(angle of attack)에 의해 발생한다.

13 충돌에 관한 설명으로 옳지 않은 것은?

① 탄성(elasticity)은 충돌하는 물체의 재질, 온도, 충돌 강도 등에 따라 그 정도가 달라진다.
② 탄성은 어떠한 물체에 힘이 가해졌을 때, 그 물체가 변형되었다가 원래 상태로 되돌아가려는 성질을 말한다.
③ 복원계수(반발계수, coefficient of restitution)는 단위가 없고 0에서 1 사이의 값을 갖는다.
④ 농구공을 1m 높이에서 떨어뜨려 지면으로부터 64cm 높이까지 튀어 올랐을 때의 복원계수는 0.64이다.

14 다이빙 공중회전 동작을 수행할 때 신체 좌우축(mediolateral axis)을 기준으로 회전속도를 가장 크게 만드는 동작으로 적절한 것은? (단, 해부학적 자세를 기준으로)

① 두 팔을 머리 위로 올리고, 머리를 뒤로 최대한 젖힌다.
② 신체를 최대한 좌우축에 가깝게 모으는 자세를 취한다.
③ 상체와 두 다리를 최대한 폄 시킨다.
④ 두 팔을 머리 위로 올리고, 두 다리는 최대한 곧게 뻗는 자세를 취한다.

15 일률(파워, power)에 대한 설명으로 옳은 것은?

① 단위는 J(Joule)이다.
② 힘과 속도의 곱으로 구한다.
③ 이동거리는 고려하지 않는다.
④ 소요시간을 길게 하면 증가한다.

16 〈그림〉의 장대높이뛰기에서 역학적 에너지의 변화 과정을 순서대로 나열한 것은?

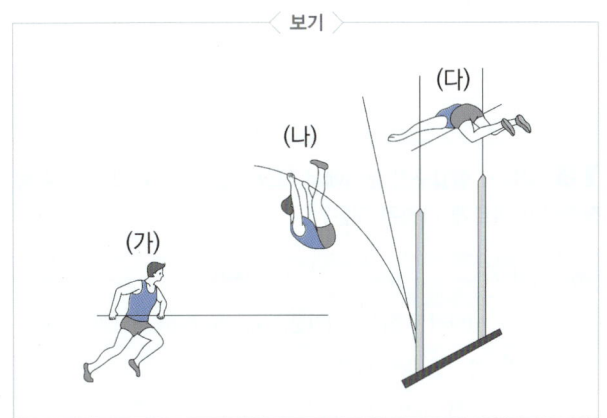

	(가)	(나)	(다)
①	탄성에너지 →	운동에너지 →	위치에너지
②	탄성에너지 →	위치에너지 →	운동에너지
③	위치에너지 →	운동에너지 →	탄성에너지
④	운동에너지 →	탄성에너지 →	위치에너지

17 <보기>의 ㉠, ㉡ 안에 들어갈 내용이 바르게 묶인 것은?

─── 보기 ───
(㉠)은 다양한 장비를 활용하여 동작 및 힘 정보를 수치화하고 분석하는 방법이다. (㉡)을 통해 객관적이고 정확한 정보를 획득할 수 있으며, 주관적인 판단을 배제할 수 있다.

	㉠	㉡
①	정성적 분석	정량적 분석
②	정량적 분석	정성적 분석
③	정성적 분석	정성적 분석
④	정량적 분석	정량적 분석

18 달리기 출발구간 분석에서 <표>의 ㉠, ㉡, ㉢에 들어갈 측정장비가 바르게 나열된 것은?

측정장비	분석 변인
㉠	넙다리곧은근(대퇴직근, rectus femoris)의 활성도
㉡	압력중심의 위치
㉢	무릎 관절 각속도

	㉠	㉡	㉢
①	동작분석기	GPS 시스템	지면반력기
②	동작분석기	지면반력기	지면반력기
③	근전도분석기	GPS 시스템	동작분석기
④	근전도분석기	지면반력기	동작분석기

19 지면반력의 측정과 활용에 관한 설명으로 옳은 것은?

① 지면반력기는 수직 방향으로 작용하는 힘만 측정할 수 있다.
② 지면반력기에서 산출된 힘은 인체의 근력으로 지면에 가하는 작용력이다.
③ 높이뛰기 도약 동작분석 시 지면반력기에 작용한 힘의 소요시간을 측정할 수 있다.
④ 보행 분석에서 발이 지면에 착지하면서 앞으로 미는 힘은 추진력, 발 앞꿈치가 지면으로부터 떨어지기 전에 뒤로 미는 힘은 제동력을 의미한다.

20 <그림>과 같이 팔꿈치 관절을 축으로 쇠공을 들고 정적(static) 동작을 유지하기 위해서 위팔두갈래근(상완이두근, biceps brachii)이 발생시켜야 할 힘(F_B)의 크기는?

─── 보기 ───
- 손, 아래팔(전완), 쇠공을 합한 무게는 50N이다.
- 팔꿈치 관절점(EJ)에서 위팔두갈래근의 부착점까지의 거리는 2cm이다.
- 팔꿈치 관절점에서 손, 아래팔, 쇠공을 합한 무게중심(CG)까지의 거리는 20cm이다.
- 위팔두갈래근은 아래팔에 90°로 부착되었다고 가정한다.

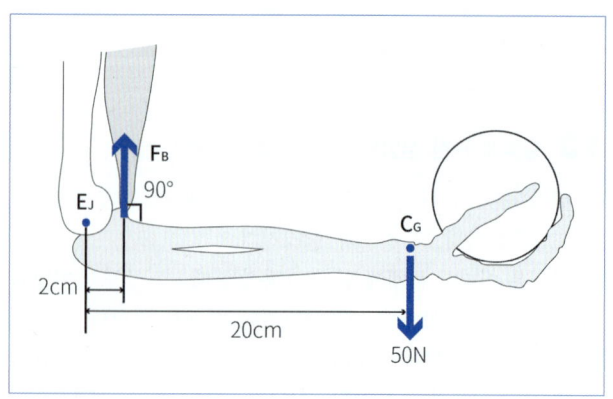

① 100N ② 400N
③ 500N ④ 1,000N

스포츠윤리

01 '도덕적 선(善)'의 의미를 내포한 것은?

① 축구 경기에서 득점과 연결되는 '좋은' 패스
② 피겨스케이팅 경기에서 고난도의 '좋은' 연기
③ 농구 경기에서 상대 속공을 차단하는 수비수의 '좋은' 반칙
④ 경기에 패배했음에도 불구하고 상대팀에게 박수를 보내는 '좋은' 매너

02 〈보기〉에서 ㉠, ㉡에 들어갈 용어가 바르게 연결된 것은?

〈 보기 〉

롤스(J. Rawls)는 (㉠)이 인간 발전의 조건이며, 모든 이의 관점에서 선이 된다고 하였다. 스포츠는 신체적 (㉡)을 훈련과 노력으로 극복하며, 기회의 균등이 정의로 작용하고 있음을 보여준다. 즉 인간이 갖는 신체적 능력의 (㉡)은 오히려 (㉠)을 개발할 기회를 마련해주며, 이를 통해 스포츠 전체의 선(善)이 강화된다.

	㉠	㉡
①	탁월성	평등
②	규범성	조건
③	탁월성	불평등
④	규범성	불평등

03 〈보기〉에서 가치판단에 해당하는 것만을 모두 고른 것은?

〈 보기 〉

㉠ 체조경기에서 선수들의 연기는 아름답다.
㉡ 건강을 위해서는 고지방 음식을 피해야 한다.
㉢ 시합이 끝난 후 상대방에게 인사를 하는 것은 옳은 행위이다.
㉣ 이상화는 2010년 밴쿠버동계올림픽경기대회에서 금메달을 획득하였다.

① ㉠, ㉢
② ㉡, ㉢
③ ㉠, ㉡, ㉢
④ ㉠, ㉡, ㉢, ㉣

04 〈보기〉에서 설명하는 윤리 이론으로 적절한 것은?

〈 보기 〉

• 모든 스포츠인의 권리는 동등하게 보장되어야 한다.
• 스포츠 규칙 제정은 공평성과 평등의 원칙에 근거해야 한다.
• 선수의 행동이 좋은 결과를 얻었다면 도덕적으로 옳은 것이다.

① 공리주의
② 의무주의
③ 덕윤리
④ 배려윤리

05 아곤(agon)과 아레테(arete)에 관한 설명으로 옳지 않은 것은?

① 아곤은 경쟁과 승리를 추구한다.
② 아곤은 타인과의 비교를 전제하지 않는다.
③ 아레테는 아곤보다 더 포괄적인 개념이다.
④ 아레테는 신체적·도덕적 탁월성을 추구한다.

06 스포츠 경기에 적용되는 과학기술에 관한 설명으로 옳지 않은 것은?

① 유전자 치료를 통한 스포츠 수행력의 향상은 일종의 도핑에 해당한다.
② 야구의 압축배트, 최첨단 전신수영복 등은 경기의 공정성 확보에 기여한다.
③ 도핑 시스템은 선수의 불공정한 행위를 감시하고 적발하는 데 도움이 된다.
④ 태권도의 전자호구, 축구의 비디오 보조 심판(VAR: Video Assistant Referees)은 기록의 객관성과 신뢰성을 높인다.

07 〈보기〉에서 ㉠, ㉡에 들어갈 용어가 바르게 연결된 것은?

─〈 보기 〉─
독일의 철학자 (㉠)는 인간의 행위에 대한 탐구를 통해 성공적인 삶을 실현하는 사회적 조건으로 (㉡)을 들고 있다. 인간은 누구나 타인에게 (㉡)을 받고 싶은 욕구가 있다. 스포츠에서 승리에 대한 욕구는 가장 원초적인 (㉡)투쟁이라고 할 수 있다.

	㉠	㉡
①	호네트(A. Honneth)	인정
②	호네트(A. Honneth)	보상
③	아렌트(H. Arendt)	인정
④	아렌트(H. Arendt)	보상

08 〈보기〉에서 의무론적 도덕 추론에 해당하는 것만을 모두 고른 것은?

─〈 보기 〉─
㉠ 의무론적 도덕 추론은 가언적 도덕 추론이라고도 한다.
㉡ 스포츠지도자, 선수 등의 행위 주체에 초점을 맞추고 있다.
㉢ 행위의 결과에 상관없이 절대적인 도덕규칙에 따라 판단을 내린다.
㉣ 선의지는 도덕적인 선수가 갖추어야 할 내적인 태도이자 도덕적 행위의 필요충분조건이다.
㉤ 정정당당하게 경기에 임하려는 선수의 착한 의지는 경기 결과에 상관없이 그 자체로 선한 것이다.

① ㉠, ㉡, ㉢
② ㉠, ㉢, ㉣
③ ㉡, ㉣, ㉤
④ ㉢, ㉣, ㉤

09 〈보기〉의 ㉠~㉢에 해당하는 정의의 유형이 바르게 연결된 것은?

─〈 보기 〉─
㉠ 소년 축구 생활체육지도자 A는 남녀학생 구분없이 경기에 참여하도록 했다. 또한 장애 학생에게도 비장애 학생과 동일한 참여 시간을 보장했다.
㉡ 테니스 경기에서는 공정한 경기를 위해 코트를 바꿔가며 게임을 하도록 규칙을 적용한다.
㉢ 지역 체육회는 당해 연도에 소속 선수의 경기실적에 따라 연봉을 차등 지급하기로 결정했다.

	㉠	㉡	㉢
①	평균적	절차적	분배적
②	평균적	분배적	절차적
③	절차적	평균적	분배적
④	분배적	절차적	평균적

10 셸러(M. Scheler)의 가치 서열 기준과 이를 스포츠에 적용한 사례로 연결이 적절하지 않은 것은?

① 지속성 – 도핑으로 메달을 획득하는 것보다 지속적으로 훈련을 하여 경기에 참여하는 것이 가치가 더 높다.
② 만족의 깊이 – 자신의 실수를 인정하여 패배하는 것이 속임수를 쓰고 승리하여 메달을 획득하는 것보다 가치가 더 높다.
③ 근거성 – 올림픽 경기에서 메달 획득으로 병역 혜택을 받는 것보다 올림픽 정신을 토대로 세계적인 선수들과 정정당당하게 겨루는 것이 가치가 더 높다.
④ 분할 향유 가능성 – 상위 팀이 상금(몫)을 독점하는 것보다는 적더라도 보다 많은 팀이 상금(몫)을 받도록 하는 것이 가치가 더 높다.

11 〈보기〉의 ㉠에 해당하는 레스트(J. Rest)의 도덕성 구성 요소는?

〈보기〉

(㉠)은/는 스포츠 현장에서 발생하는 특정 상황 속에 내포된 도덕적 이슈들을 감지하고 그 상황에서 어떠한 행동을 할 수 있으며 그 행동들이 관련된 사람들에게 어떤 영향을 미칠 수 있는가를 상상하는 것을 말한다.

① 도덕적 감수성(moral sensitivity)
② 도덕적 판단력(moral judgement)
③ 도덕적 동기화(moral motivation)
④ 도덕적 품성화(moral character)

12 〈보기〉의 설명과 관계있는 자연중심주의 사상가는?

〈보기〉

- 생태윤리에 대한 규칙: 불침해, 불간섭, 신뢰, 보상적 정의
- 스포츠에 의한 환경오염 발생 시 스포츠 폐지 권고
- 인간의 욕구를 위해 동물의 생존권을 유린하는 스포츠 금지

① 베르크(A. Berque)
② 테일러(P. Taylor)
③ 슈바이처(A. Schweitzer)
④ 하이젠베르크(W. Heisenberg)

13 〈보기〉에서 설명하는 사건과 거리가 먼 것은?

〈보기〉

- 1964년 리마에서 개최된 페루·아르헨티나의 축구 경기에서 경기장 내 폭력으로 300여 명 사망
- 1969년 온두라스와 엘살바도르의 축구 전쟁
- 1985년 벨기에 헤이젤 경기장에서 열린 리버풀과 유벤투스의 경기에서 응원단이 충돌하여 39명 사망

① 경기 중 관중의 폭력
② 아파르트헤이트(Apartheid)
③ 위협적 응원문화
④ 훌리거니즘(hooliganism)

14 폭력을 설명한 학자의 개념과 그에 대한 설명이 바르게 연결된 것은?

① 푸코(M. Foucault)의 '분노' - 스포츠 현장에서 인간 내면의 분노로 시작된 폭력은 전용되고 악순환을 반복하는 경향이 있다.
② 아리스토텔레스(Aristotle)의 '규율과 권력' - 스포츠계에서 위계적 권력 관계는 폭력으로 변질되어 표출된다.
③ 홉스(T. Hobbes)의 '악의 평범성' - 폭력이 관행화 된 스포츠계에서는 폭력에 대한 죄책감이 없어진다.
④ 지라르(R. Girard)의 '모방적 경쟁' - 자신이 닮고자 하는 운동선수를 모방하게 되듯이 인간 폭력의 원인을 공격 본능이 아닌 모방적 경쟁 관계에서 찾는다.

15 〈보기〉의 ㉠~㉢에 해당하는 용어로 바르게 연결된 것은?

〈보기〉

스포츠 조직에서 (㉠)은/는 기업의 가치경영을 넘어 정성적 규범기준까지 확장된 스포츠 사회·윤리적 가치체계를 의미한다. 이러한 체계가 실효성 있게 작동되기 위해서는 경영자의 윤리적 (㉡)와 경영의 (㉢) 확보가 선행되어야 한다.

	㉠	㉡	㉢
①	기업윤리	공동체	투명성
②	윤리경영	실천의지	투명성
③	기업윤리	실천의지	공정성
④	윤리경영	공동체	공정성

16 체육의 공정성 확보와 체육인의 인권보호를 위해 설립된 스포츠윤리센터의 역할로 적절하지 않은 것은?

① 스포츠비리 및 체육계 인권침해에 대한 실태조사
② 스포츠비리 및 체육계 인권침해 방지를 위한 예방교육
③ 신고자 및 가해자에 대한 치료와 상담, 법률 지원, 임시보호 연계
④ 체육계 인권침해 및 스포츠비리 등에 대한 신고 접수와 조사

17 〈보기〉의 내용과 관련 있는 용어는?

━━━< 보기 >━━━
- 상대 존중, 최선, 공정성 등을 포함
- 경쟁이 갖는 잠재적 부도덕성의 제어
- 스포츠 참가자가 마땅히 따라야 할 준칙과 태도
- 스포츠의 긍정적 가치를 유지하려는 도덕적 기제

① 테크네(techne)
② 젠틀맨십(gentlemanship)
③ 스포츠맨십(sportsmanship)
④ 리더십(leadership)

18 〈보기〉의 대화에서 나타나는 스포츠 차별은?

━━━< 보기 >━━━
영은: 저 백인 선수는 성공하기 위해서 얼마나 많은 노력과 땀을 흘렸을까.
상현: 자기를 희생하면서도 끝없는 자기관리와 투지의 결과일 거야.
영은: 그에 비해 저 흑인 선수가 구사하는 기술은 누구도 가르칠 수 없는 묘기이지.
상현: 아마도 타고나지 않으면 할 수 없는 거지. 천부적인 재능이야.

① 성차별　　　　② 스포츠 종목 차별
③ 인종차별　　　④ 장애차별

19 〈보기〉의 설명과 관련 있는 제도는?

━━━< 보기 >━━━
학생선수가 일정 수준의 학력기준에 도달하지 못한 경우에는 별도의 기초학력보장 프로그램을 운영한다. 학교의 장은 필요한 경우 학생선수의 경기대회 출전을 제한할 수 있다.

① 최저학력제
② 체육특기자 제도
③ 운동부의 인권보장제
④ 학생선수의 생활권 보장제도

20 〈보기〉에서 스포츠 인권에 대한 내용을 모두 고른 것은?

━━━< 보기 >━━━
㉠ 모든 사람은 평등하게 스포츠와 신체활동에 참여할 권리를 가진다.
㉡ 국가 차원에서 체계적인 스포츠 인권 정책을 마련해야 한다.
㉢ 스포츠의 종목이나 대상에 따라 권리가 상대적으로 보장되어야 한다.
㉣ 국가는 장애인이 스포츠 활동 참여의 권리를 동등하게 보장받도록 노력해야 한다.

① ㉠, ㉢　　　　② ㉠, ㉣
③ ㉠, ㉡, ㉢　　④ ㉠, ㉡, ㉣

MEMO

필기 **4주 완성 한권 완전정복**

M 스포츠지도사

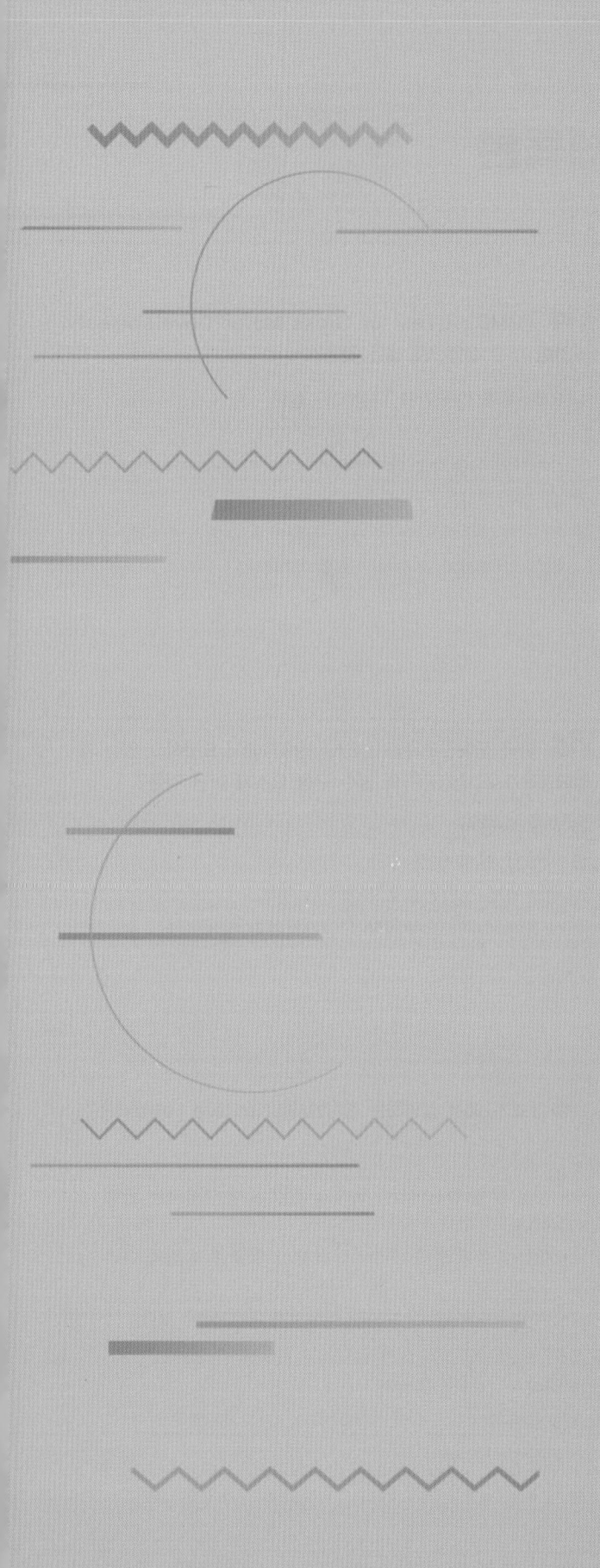

2024~2022
스포츠지도사 기출문제 완전정복

필수과목
2급 장애인 | 유소년 | 노인

CHAPTER 01
특수체육론(2024~2022) 기출문제

CHAPTER 02
유아체육론(2024~2022) 기출문제

CHAPTER 03
노인체육론(2024~2022) 기출문제

CHAPTER 01 2급 장애인 - 특수체육론

2024 기출문제

01 장애인복지법(1989)에 근거하여 최초로 설립된 장애인체육 행정 조직은?

① 대한장애인체육회
② 대한민국상이군경회
③ 한국장애인복지체육회
④ 한국소아마비아동특수보육협회

02 장애인스포츠지도사의 역할로 옳지 <u>않은</u> 것은?

① 장애인의 독특한 요구(unique needs)를 확인한다.
② 장애인의 기능 회복을 위한 치료 서비스를 제공한다.
③ 장애인에게 적합한 지도환경과 지도내용을 결정한다.
④ 스포츠와 관련된 과제, 환경 등을 장애인의 요구에 맞게 변형한다.

03 〈보기〉의 ㉠~㉣에 들어갈 용어를 옳게 나열한 것은?

〈보기〉
- (㉠): 개인의 행동특성을 다양한 형태의 증거를 근거로 종합적으로 판단(예 배치)하는 과정
- (㉡): 수집된 자료에 근거하여 가치 판단을 내리는 과정
- (㉢): 행동특성을 수량화하는 과정
- (㉣): 운동기술과 지식 등을 측정하기 위한 도구

	㉠	㉡	㉢	㉣
①	사정	평가	검사	측정
②	평가	사정	측정	검사
③	사정	평가	측정	검사
④	평가	사정	검사	측정

04 TGMD-3(Test of Gross Motor Development-3)에 대한 설명으로 옳은 것은?

① 3세~6세 아동만을 대상으로 한다.
② 규준참조평가도구로 사용할 수 없다.
③ 6가지의 이동기술 검사항목과 5가지의 공(ball) 기술 항목을 검사한다.
④ 각 검사항목의 수행 준거를 정확하게 수행하면 1점, 정확하게 수행하지 못하면 0점을 부여한다.

05 미국 장애인교육법(IDEA, 1997)에서 요구하고 있는 개별화교육프로그램(IEP)의 필수 구성 요소가 아닌 것은?

① 부모의 동의
② 학생의 현재 수행 수준
③ 학생에게 정기적으로 통지하는 방법
④ 측정할 수 있고 구체적인 연간계획과 장기목표

06 〈보기〉에서 설명하는 원시반사(primitive reflex)는?

〈보기〉
- 누운 자세에서 머리를 좌우로 돌렸을 때 나타나는 반응이다.
- 뒤통수 쪽의 팔과 다리는 굽혀지고, 얼굴 쪽의 팔과 다리는 펴진다.
- 뇌성마비장애인은 반사가 사라지지 않고 남아 있다.

① 비대칭 긴장성 목반사
② 모로반사
③ 긴장성 미로반사
④ 대칭성 긴장성 목반사

07 〈보기〉에서 설명하는 특수체육 수업방식은?

> 보기
> 지도자는 효과적인 농구 수업을 위해 체육관의 각기 다른 구역에 여러 가지의 과제를 준비했다. 한 가지 과제에서 시작하여 주어진 활동을 마치거나 지도자기 신호하면 학습자들은 다음 과제의 수행장소로 이동한다. 지도자는 각각의 과제를 수행하는 곳을 돌며 도움이 필요한 학습자를 지도한다.

① 스테이션 수업　② 대그룹 수업
③ 협력학습 수업　④ 또래교수 수업

08 〈보기〉는 D. Ulrich(1985)이 제시한 대근운동발달 단계이다. ㉠에 들어갈 내용으로 옳은 것은?

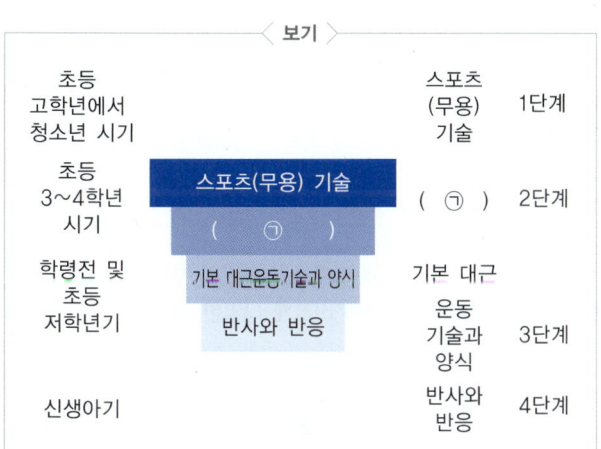

① 자세조절기술　② 물체조작기술
③ 감각지각운동기술　④ 리드-업 게임과 기술

09 운동발달의 관점에서 조작성 운동양식에 관한 설명으로 옳지 않은 것은?

① 3세에는 몸으로 끌어안으며 공을 받는다.
② 2~3세에는 다리를 펴고 제자리에 서서 공을 찬다.
③ 2~3세에는 앞을 보고 상하 방향으로 공을 친다.
④ 4~5세에는 던지는 팔과 반대쪽 발을 앞으로 내밀며 공을 던진다.

10 T6(흉추 6번)이상의 손상이 있는 선수의 체력운동 시 고려사항으로 옳지 않은 것은?

① 근육량이 적은 선수는 유산소 운동보다는 무산소 운동이 적절하다.
② 유산소 운동 중 젖산이 급격히 생성되므로 긴 휴식시간과 에너지원 보충이 필요하다.
③ 땀을 흘리는 피부 면적이 좁아 더위에서 운동하면 체온이 급격히 올라가는 것을 고려해야 한다.
④ 교감신경에 손상이 있는 경우, 심박수를 운동과정과 회복과정 그리고 운동처방에 사용한다.

11 〈표〉의 ㉠~㉢에 해당하는 행동관리 기법을 바르게 나열한 것은?

> 보기

성별(나이)	남자(14세)	장소	수영장
장애유형	지적장애	프로그램	수영하기
문제행동	멈춰 서서 친구 방해하기		
상황	지도자A: 한국(가명)이는 수영할 때 반복적으로 멈춰 서서 친구들을 방해해요. 그때마다 잘못된 행동이라고 지적을 해도 계속하네요. 지도자B: 우선 ㉠ 문제행동이 발생하면 바로 일정 시간동안 물 밖에 있도록 하세요. 물과 좀 멀리요. 지도자A: 알겠습니다. 한국(가명)이는 수중 활동을 좋아하고 물에 있으면 행복해하거든요. 지도자B: 다른 기법도 있어요. ㉡ 문제행동을 했을 때 한국이에게 이미 주어진 정적강화물을 상실하게 하는 방법도 있어요. ㉠과 ㉡기법으로 문제행동의 빈도가 감소한다면, 큰 틀에서 (㉢)이 됩니다.		

	㉠	㉡	㉢
①	타임아웃	반응대가	부적 벌
②	타임아웃	용암	정적 벌
③	소거	반응대가	정적 벌
④	소거	용암	부적 벌

12 미국지적장애및발달장애협회(AAIDD, 2021)의 지적장애 정의에 근거하여 〈보기〉의 ㉠~㉢에 들어갈 내용이 바르게 나열된 것은?

〈보기〉
- 표준화 검사를 통해 산출된 지능지수 점수가 (㉠)표준편차 이하이다.
- 적은 행동의 (㉡)기술은 식사, 옷 입기, 작업 기술, 건강과 안전, 일과 계획, 전화사용 등이 포함된다.
- (㉢) 이전에 발생한다.

	㉠	㉡	㉢
①	-2	실제적	20세
②	-2	개념적	20세
③	-2	실제적	22세
④	-2	개념적	22세

13 〈보기〉가 설명하는 장애유형에 관한 설명으로 옳지 <u>않은</u> 것은?

〈보기〉
- 21번 염색체가 삼염색체(trisomy 21)이다.
- 의학적 문제(선천성 심장질환, 근시 등)가 있을 수 있다.
- 인종, 국적, 종교, 사회적 지위 등과 관계없이 발생하는 보편성을 지니고 있다.

① 염색체 중 상염색체(autosome chromosome)에 문제가 있다.
② 대부분 포만 중추의 문제로 저체중 발생 빈도가 매우 높다.
③ 근육의 저긴장성 때문에 지도자의 관리하에 근력 운동이 필요하다.
④ 경추 정렬(atiantoaxial instability)의 문제 때문에 운동 참여시 척수손상에 대해 특히 주의한다.

14 〈보기〉가 설명하는 스페셜올림픽의 종목은?

〈보기〉
- 경기장은 3.66m×18.29m 크기의 직사각형이다.
- 공식 경기는 단식 경기, 복식경기, 팀 경기 등이 있다.
- 한 팀당 4개의 공을 소유하고, 표적구에 가까이 던진 팀이 점수를 획득하는 경기이다.

① 보체(bocce)
② 플로어볼(floorball)
③ 보치아(boccia)
④ 넷볼(netball)

15 〈표〉는 운동기능에 따른 뇌성마비의 분류체계이다. 〈표〉의 ㉠~㉢에 들어갈 내용을 바르게 나열한 것은?

〈보기〉

구분	경직성 (spastic)	운동실조형 (ataxia)	무정위운동형 (athetoid)
손상 부위	• 운동피질	• (㉠)	• (㉡)
근 긴장도	• 과긴장성	• 저긴장성	• 근 긴장의 급격한 변화
운동 특성	• 관절가동 범위의 제한 • 가위보행	• 평형성 부족 • 협응력 부족	• (㉢)움직임 • 머리 조절의 어려움

	㉠	㉡	㉢
①	소뇌	기저핵	불수의적
②	기저핵	중뇌	수의적
③	소뇌	연수	불수의적
④	기저핵	소뇌	수의적

16 〈보기〉에 근거하여 밑줄 친 ㉠에 대한 지도전략으로 옳지 않은 것은?

― 보기 ―
- 틀에 박힌 일이나 의례적인 행동에 집착한다.
- 발달 수준에 맞게 친구 관계를 형성하지 못한다.
- 지도자가 "공을 던져라"라고 지시하면, "공을 던져라"라는 말을 반복한다.
- ㉠ 정해진 경로를 이동하지 않거나 시간이나 장소의 갑작스러운 변화에 저항한다.

① 체육활동에 대한 시각적 일과표를 제공한다.
② 체육활동을 일정한 규칙과 순서로 진행한다.
③ 지도할 때 그림 카드, 의사소통 보드 등을 활용한다.
④ 참여자의 선호도보다는 지도자의 의도대로 진행한다.

17 척수손상 장애인의 특성에 관한 지도자의 대처로 옳지 않은 것은?

① 욕창이 생기지 않도록 자세를 자주 바꾸게 한다.
② 기립성 저혈압이 경우 암바 스타킹을 착용하도록 한다.
③ 자율신경 반사이상(autonomic dysreflexia)이 발생할 때 고강도 순환 운동으로 전환한다.
④ 운동 중에 과도하게 체온이 상승하는 것을 예방하기 위해 물을 분무해 주면서 휴식을 취하도록 한다.

18 시각장애인의 지도전략으로 옳지 않은 것은?

① 스포츠 참여는 안전을 위해 개인 종목만 지도한다.
② 시범은 잔존시력 범위에서 보이면서 언어적 설명을 병행하는 것이 효과적이다.
③ 지도자는 지도할 때 시각장애인에게 신체 접촉의 형태, 방법, 이유 등을 구체적으로 안내한다.
④ 전맹의 경우 스포츠 동작에 대한 이해도를 높이기 위해 관절이 굽어지는 인체 모형을 사용할 수 있다.

19 진행성 근이영양증(Muscular Dystropohy: MD)에 관한 설명으로 옳지 않은 것은?

① 디스트로핀(dystrophin) 단백질 결손과 관련된 유전질환이다.
② 근위축은 규칙적인 근력 및 근지구력 운동으로 예방할 수 있다.
③ 듀센형(Duchenne MD) 장애인은 대부분 평균 이상의 지적 능력을 보인다.
④ 듀센형 장애인은 종아리 근육에 가성비대(pseudohypertrophy)가 나타난다.

20 제시어와 〈보기〉의 수어 ㉠~㉢을 바르게 나열한 것은?

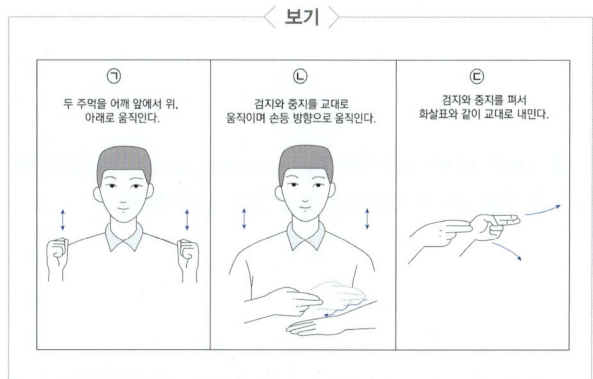

	수영	운동	스케이트
①	㉠	㉡	㉢
②	㉠	㉢	㉡
③	㉡	㉠	㉢
④	㉢	㉠	㉡

2023 기출문제

01 국제 기능·장애·건강 분류(International Classification Functioning, Disability and Health: ICF)에 제시된 장애에 대한 개념적 특징이 아닌 것은?

① 환경적 요인에 의하여 누구나가 장애인이 될 수 있음을 강조한다.
② 유형과 정도가 같은 장애인들이 동일한 활동에 참여하도록 한다.
③ 기능과 장애는 건강 상태와 개인적·환경적 요인들의 상호작용이다.
④ 장애는 개인, 주변의 태도, 환경적 장벽 사이 상호작용의 결과이다.

02 〈보기〉에서 미국 관보(Federal Register, 1977)가 체육을 정의한 내용에 해당하는 것을 모두 고른 것은?

〈보기〉
㉠ 건강과 운동 체력의 발달
㉡ 특수체육, 적응체육, 움직임교육, 운동발달을 포함
㉢ 수중활동, 무용, 개인과 집단의 게임과 스포츠에서의 기술 발달
㉣ 기본운동기술과 양식(fundamental motor skills and patterns)의 발달

① ㉠, ㉡
② ㉡, ㉢
③ ㉠, ㉢, ㉣
④ ㉠, ㉡, ㉢, ㉣

03 블룸(B. Bloom)이 분류한 교육 목표 영역에 따라 장기목표를 제시하고자 한다. 〈보기〉의 요인과 교육 목표 영역이 바르게 연결된 것은?

〈보기〉
㉠ 긍정적 자아, 사회적 능력, 즐거움과 긴장 이완
㉡ 운동의 기술과 양식, 체력, 여가활동에 필요한 기술
㉢ 놀이와 게임 행동, 창조적 표현, 인지-운동기능과 감각 통합

	수영	운동	스케이트
①	인지적 영역	정의적 영역	심동적 영역
②	인지적 영역	심동적 영역	정의적 영역
③	정의적 영역	심동적 영역	인지적 영역
④	정의적 영역	인지적 영역	심동적 영역

04 개별화전환계획(Individualized Tansition Plan: ITP)에 관한 설명으로 적절하지 않은 것은?

① 장애학생과의 인터뷰를 통해 신체활동 선호도를 알아본다.
② 지역사회 체육시설을 활용하여 사회적응기술을 가르친다.
③ 장애학생을 위한 신체활동 프로그램이 지역사회에도 있는지를 확인한다.
④ 장애학생의 현재 및 미래의 기대치를 논하기보다는 과거의 활동에 주안점을 둔다.

05 〈보기〉에서 설명하는 장애학생건강체력평가(Physical Activity Promotion System for Student with Disabilities: PAPS-D)에 해당하는 것은?

〈보기〉
장애학생건강체력평가는 개인의 건강 체력이 동일 장애조건을 가진 사람들 중 어느 정도인지에 대한 정보를 제공한다.

① 비형식적 검사
② 비표준화 검사
③ 규준 참조 검사
④ 준거 참조 검사

06 〈보기〉는 피바디 운동 발달 검사-2(Peabody Development Motor Scales-2: PDMS-2)의 평가영역이다. ㉠에 해당하는 것은?

〈보기〉
㉠ (   )   ㉡ 움켜쥐기
㉢ 시각-운동 통합   ㉣ 비이동 운동
㉤ 이동 운동   ㉥ 물체적 조작

① 반사   ② 손-발 협응
③ 달리기   ④ 블록 쌓기

07 갤러휴(D. Gallahue)와 오즈먼(J. Ozmun)이 제시한 운동 발달의 단계가 아닌 것은?

① 지각운동   ② 기본운동
③ 기초운동   ④ 전문화된 운동

08 쉐릴(C. Sherrill)이 제시한 특수체육 서비스 전달체계의 실천요소에 대한 설명이 아닌 것은?

① 계획: 개인의 요구는 물론 학교와 지역사회의 철학에 따라 적절한 체육의 목적을 설정하는 것을 의미한다.
② 사정: 개인과 환경에 대한 검사, 측정, 평가로 구성되는 과정이다.
③ 교수/상담/지도: 최적의 운동 수행을 도모하기 위해 심리·운동적 요소들을 변화시키는 과정이다.
④ 평가: 장애인의 학습 정도와 프로그램의 효과를 확인하는 비연속적인 과정이다.

09 개별화교육계획(Individualized Education Program: IEP)의 기능 중 〈보기〉의 설명에 해당하는 것은?

〈보기〉
계획된 목표와 학생의 진보가 어느 정도 일치하고 있는가를 확인하기 위한 기능

① 의사소통 기능   ② 통합 기능
③ 평가 기능   ④ 관리 기능

10 〈보기〉의 ㉠~㉣을 블룸(B. Bloom)의 교육 목표 영역과 바르게 연결한 것은?

〈보기〉
㉠ 지각(perception)
㉡ 가치화(valuing)
㉢ 반사적 운동(reflex movement)
㉣ 적용(application)

① 정의적 영역: ㉠, ㉣   ② 신동적 영역: ㉠, ㉢
③ 인지적 영역: ㉠, ㉡   ④ 정의적 영역: ㉢, ㉣

11 〈보기〉에서 설명하는 장애 유형은?

〈보기〉
㉠ 또래 친구와 인사를 하거나 함께 놀지 않는다.
㉡ 출석을 불러도 반응하지 않거나 눈을 맞추지 않는다.
㉢ 비닐과 같은 특정 물건을 반복적으로 만지거나 냄새를 맡는 행동을 한다.
㉣ '공을 차'라고 지시했지만, 지시를 이해하지 못하고 '공을 차'라는 말만 반복한다.

① 청각장애   ② 지적장애
③ 뇌병변장애   ④ 자폐성장애

12 〈표〉에서 제시된 수업목표가 추구하는 지각운동 영역은?

프로그램	골볼 교실	장애 유형	시각장애	장애 정도	1급
내용	참여를 위한 사전 교육					
목표	• 자신의 포지션을 찾아갈 수 있다. • 팀 벤치 에어리어를 찾아갈 수 있다. • 상대 팀 골라인의 위치를 찾을 수 있다.					

① 신체상(body image)
② 방향정위(orientation)
③ 신체 정렬(physical alignment)
④ 동측협응(ipsilateral coordination)

13 〈보기〉에서 설명하는 청각장애의 유형은?

〈보기〉
㉠ 청력 손실이 60~70dB을 넘지 않는다.
㉡ 소리를 외이에서 내이로 전달하는 과정에서 문제가 생긴다.
㉢ 중이염, 고막 손상, 외이도 염증 등에 의해서 발생하기도 한다.
㉣ 후천적인 원인에 의해 발생하는 경우가 많으며, 보청기 착용의 효과가 좋다.

① 혼합성 난청(mixed hearing loss)
② 감소성 난청(reductive hearing loss)
③ 전음성 난청(conductive hearing loss)
④ 감각신경성 난청(sensorineural hearing loss)

14 〈표〉는 피아제(J. Piaget)가 제시한 인지발달단계에 따른 지도 목표를 기술한 것이다. 지도 목표가 적절한 것을 모두 고른 것은?

프로그램	축구 교실	장애 유형	지적 장애	장애 정도	1~3급
목적	슛과 패스 기술 익히기					
인지발달단계	지도 목표				
감각운동기	㉠ 다양한 종류의 공을 다루면서 공에 대한 도식이 형성되도록 한다.				
전 조작기	㉡ 공을 세워놓고 차기 기술을 지도한다.				
구체적 조작기	㉢ 공 차기를 슛과 패스로 구분하여 지도한다.				
형식적 조작기	㉣ 전략과 전술을 지도한다.				

① ㉠
② ㉠, ㉡
③ ㉠, ㉡, ㉢
④ ㉠, ㉡, ㉢, ㉣

15 〈표〉는 동호회 야구선수를 관찰한 기록이다. 관찰내용에서 나타나는 장애 유형의 설명으로 옳지 않은 것은?

이름	홍길동	나이	만 42세	성별	남
날짜	2023년 4월 29일(토)	장소	잠실야구장		
관찰 내용	손과 발을 가만히 두지 못하고 여기저기 돌아다닌다. 대기타석에서 안절부절못하며 뛰어다닌다. 옆 선수에게 끊임없이 말을 한다. 코치의 질문이 끝나기도 전에 불쑥 말을 한다. 자신의 타격순서를 기다리지 못한다. 다른 선수의 연습 스윙을 방해하거나 참견한다.				

① 장애인복지법에서는 지적장애로 분류된다.
② 다양한 상황에서도 동일한 문제행동이 나타난다.
③ 주의력 결핍, 과잉행동 또는 충동성이 7세 이전에 나타난다.
④ 주의력 결핍, 과잉행동 또는 충동성의 평가항목 중에서 6개 이상의 항목이 최소 6개월 이상 지속된다.

16 〈보기〉에서 설명하는 시각장애 발생의 원인은?

───〈 보기 〉───
ㄱ. 두통, 눈의 통증, 구토 등의 증상이 나타날 수 있다.
ㄴ. 시야가 좁아져서 주변 상황에 대한 정보 습득이 어렵다.
ㄷ. 안압이 높아지면서 시신경이 눌리거나, 혈액 공급이 원활하지 않아서 발생할 수 있다.

① 백내장　　　　② 녹내장
③ 황내장　　　　④ 황반변성

17 제시어와 〈보기〉의 수어 ㉠~㉢을 바르게 연결한 것은?

───〈 보기 〉───

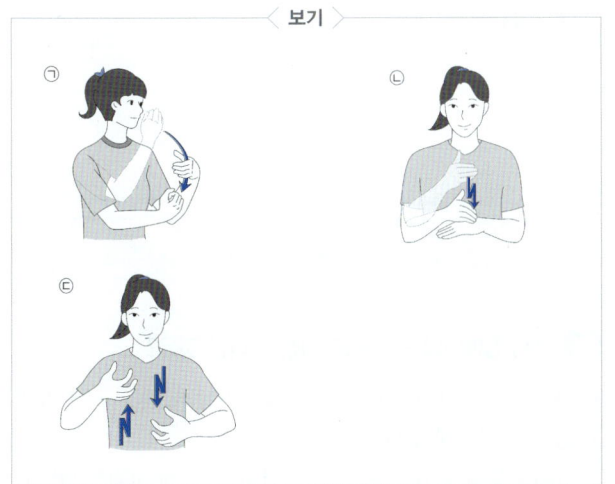

	반갑습니다	농구	고맙습니다
①	㉡	㉠	㉢
②	㉡	㉢	㉠
③	㉢	㉠	㉡
④	㉠	㉢	㉡

18 〈표〉의 FITT 구분에 따른 운동 계획 중에서 틀린 것은?

프로그램	건강관리 교실	장애 유형	지체장애	장애 정도	3급
운동 참여 경험	최근 3개월 동안 주 3회, 회당 30분씩 운동했다.					
의료적 문제	최근 종합검진에서 심혈관질환을 비롯한 의료적 문제가 없다고 진단받았다.					

FITT 구분	운동 계획
① 빈도(Frequency)	운동을 주 3회(월, 수, 금) 실시한다.
② 강도(Intensity)	최대산소섭취량의 50% 수준으로 달리기한다.
③ 시간(Time)	준비운동 10분, 본운동 20분, 정리운동 5분으로 구성한다.
④ 시도(Trial)	본운동을 5회 반복한다.

19 〈표〉는 척수손상 위치에 따라 휠체어농구 교실 참여가 가능한지를 결정한 내용이다. ㉠~㉣ 중에서 참여 가능 여부의 결정이 옳지 <u>않은</u> 것은?

프로그램	장애 유형	장애 정도
휠체어농구 교실	척수장애	1~3급
손상 위치	잠재적 능력을 고려한 참여 가능 여부	
	가능	불가능
㉠ 흉추 1번~2번 사이		○
㉡ 흉추 2번~3번 사이	○	
㉢ 흉추 11번~12번 사이	○	
㉣ 흉추 12번~13번 사이	○	

① ㉠　　　　② ㉡
③ ㉢　　　　④ ㉣

20 〈보기〉에서 보치아 경기규칙으로 옳은 것만을 모두 고른 것은?

〈 보기 〉

㉠ 보치아의 세부 경기종목으로는 개인전, 2인조(페어), 단체전이 있다.
㉡ 공 1세트는 적색 구 6개, 청색 구 6개, 흰색 표적구 1개로 구성된다.
㉢ 경기에 참여하기 위해서는 반드시 휠체어를 사용해야 한다.
㉣ 보조자의 도움을 받아서 투구할 수 있다.

① ㉠
② ㉠, ㉡
③ ㉠, ㉡, ㉢
④ ㉠, ㉡, ㉢, ㉣

2022년 기출문제

01 축구 경기에서 발목을 삔 지적장애인에게 응급처치하였다. RICE 절차와 내용의 연결이 옳지 않은 것은?

① 휴식(rest) – 즉각적으로 부상 부위를 움직이지 않게 한다.
② 냉찜질(ice) – 얼음으로 부상 부위를 차게 해준다.
③ 압박(compression) – 붕대로 부상 부위를 감아서 혈액응고 및 부종을 예방한다.
④ 올림(elevation) – 부상 부위를 잡아당겨서 고정한다.

02 절단장애인의 환상통증(phantom pain)에 대한 설명이 아닌 것은?

① 궤양과 같은 고통스러운 통증을 느낄 수 있다.
② 절단 후 남아 있는 부위에서는 근육 경련이 일어나지 않는다.
③ 절단된 부위가 아직 남아 있는 것처럼 생각하고 그 부위에서 통증을 느낀다.
④ 인공 의지(prosthesis)나 보조기를 착용해도 통증을 느낄 수 있다.

03 척수장애인의 운동지도 지침이 아닌 것은?

① 자율신경 반사 이상의 위험을 줄이기 위해 운동 전에 장과 방광을 비우게 한다.
② 유산소성 운동 후 체온을 낮추어 주기 위해 시원한 압박붕대를 사용한다.
③ T6 이상에 손상을 입은 경우, 유산소성 훈련 효과를 극대화하기 위해 최대심박수를 150회/분까지 증가시킨다.
④ 심장으로 들어가는 혈액량의 감소로 인한 저혈압의 위험을 줄이기 위해, 충분한 준비운동을 하게 하고 운동부하를 점진적으로 증가시킨다.

04 〈보기〉에서 설명하는 장애유형은?

〈 보기 〉
- 의사소통: 유창한 말하기와 풍부한 어휘 능력을 가지고 있다.
- 사회적 상호작용: 대화 중에 눈을 마주치거나 고개를 끄덕이는 행동을 어려워한다.
- 관심사와 특이행동: 특정한 사물에 강한 관심을 나타내는 경향이 있다.
- 관계 형성: 가족과의 애착이 형성될 수는 있으나 또래와의 관계 형성은 어려울 수 있다.

① 아스퍼거증후군   ② 뇌병변장애
③ 지체장애   ④ 시각장애

05 〈보기〉에서 ㉠~㉢에 들어갈 장애인스포츠 프로그램 서비스 전달 단계가 바르게 묶인 것은?

〈 보기 〉

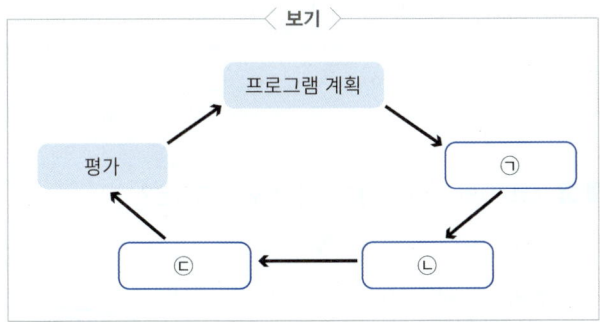

	㉠	㉡	㉢
①	사정	개별화교육계획	교수·코칭·상담
②	개별화교육계획	교수·코칭·상담	사정
③	개별화교육계획	사정	교수·코칭·상담
④	교수·코칭·상담	개별화교육계획	사정

06 〈보기〉에서 설명하는 장애인스키 장비는?

〈 보기 〉
- 절단 등의 장애 때문에 균형 유지가 어려운 장애인이 사용한다.
- 스키 폴(pole) 하단에 짧은 플레이트를 붙여서 만든 보조 장치이다.

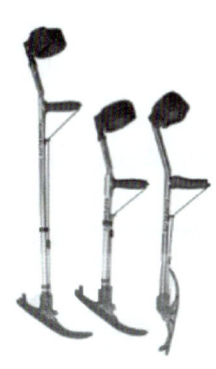

① 아웃리거(outriggers)
② 듀얼리거(dualriggers)
③ 바이리거(biriggers)
④ 인리거(inriggers)

07 장애인스포츠와 관련된 긍정적인 변화를 위한 사회적 노력으로 잔스마와 프랜치(P. Jansma와 R. French,1994)가 제시한 "4L"의 방법이 아닌 것은?

① 장애인스포츠와 관련된 지식의 창출과 보급(Literature)
② 장애인스포츠 관련 단체 등의 목표를 성취하기 위한 집단 행동(Leverage)
③ 장애인스포츠에 대한 법률관계 확정을 위한 소송(Litigation)
④ 장애인스포츠에 대한 장애인의 학습(Learning)

08 위닉스(J. Winnick, 1987)의 장애인스포츠 통합 연속체에서 〈보기〉의 내용에 해당하는 단계는?

〈보기〉
- 시각장애 볼링선수가 가이드 레일(guide rail)의 도움을 받아 비장애선수와 함께 경쟁하였다.
- 희귀성 다리순환장애 골프선수가 카트를 타고 비장애선수와 함께 경쟁하였다.

① 일반스포츠(regular sport)
② 편의를 제공한 일반스포츠(regular sport with accommodation)
③ 일반스포츠와 장애인스포츠(regular sport & adapted sport)
④ 분리된 장애인스포츠(adapted sport segregated)

09 미국스포츠의학회(ACSM)의 '운동 참여 전 건강검진 알고리즘'을 적용할 때, 〈보기〉에서 의료적 허가가 필요하지 않은 시각장애인은?

〈보기〉
대한장애인체육회에서는 생활체육 골볼교실에 참가하는 시각장애인에게 운동참여 전 건강 문진을 통해서 다음의 결과를 얻었다.

시각장애인 문항	㉠	㉡	㉢	㉣
현재 규칙적으로 운동에 참여하는가?	예	예	아니오	예
심혈관 질환, 대사 질환, 또는 신장 질환이 있는가?	예	아니오	예	아니오
질병을 암시하는 징후 또는 증상이 있는가?	아니오	예	아니오	아니오
원하는 운동강도가 있는가?	고강도	중강도	고강도	고강도

① ㉠
② ㉡
③ ㉢
④ ㉣

10 미국 장애인교육법(Individuals with Disabilities Education Act: IDEA, 2004)에서 명시한 통합교육과 관련된 용어는?

① 통합(inclusion)
② 정상화(nomalization)
③ 주류화(mainstreaming)
④ 최소한으로 제한된 환경(least restrictive environment)

11 〈보기〉에서 설명하는 모스톤과 애쉬워스(M. Mosston & S. Ashworth, 2002)의 교수 스타일은?

〈보기〉
- 장애인스포츠지도자가 수업 운영과 관련된 모든 사항을 결정한다.
- 지도자는 장애인에게 운동과제에 대한 설명과 시범을 보이고, 연습하게 하고 피드백을 제공한다.
- 수업에서 장애인의 안전을 확보하는데 효과적인 교수 스타일이다.

① 지시형 스타일(command style)
② 연습형 스타일(practice style)
③ 상호학습형 스타일(reciprocal style)
④ 유도발견형 스타일(guided discovery style)

12 〈보기〉의 수어가 나타내는 스포츠 종목은?

〈보기〉
왼 손바닥을 위로 향하게 펴고, 오른 주먹의 손등이 위로 향하게 하여 왼 손바닥 위에 올려놓고, 오른손의 검지를 튕기며 편다.

① 휠체어농구
② 권투
③ 탁구
④ 축구

13 국제 뇌성마비 스포츠 레크리에이션 협회(Cerebral Palsy – International Sports and Recreation Association. CPISRA)의 등급 분류 체계에 관한 설명이 아닌 것은?

① 5등급은 다시 5-A와 5-B로 세분화된다.
② 뇌성마비뿐만 아니라 뇌병변 장애인을 포함하고 있다.
③ 1~4등급은 보행이 가능한 등급이며, 5~8등급은 휠체어로 이동하는 등급이다.
④ 경기의 승패가 손상이 아니라 노력의 정도에 의해 결정되도록 하는 것을 목적으로 한다.

14 미국 지적 및 발달장애협회(AAIDD, 2010)의 지적장애 정의에 대한 설명 중 옳지 않은 것은?

① 만 20세 이후에 시작된다.
② 적응행동에서의 명백한 제한이 나타난다.
③ 지능 지수가 평균에서 2 표준편차 이하이다.
④ 적응행동은 개념적, 사회적, 실제적 적응기술에서 명백한 제한이 나타난다.

15 데이비스와 버튼(W. Davis & A. Burton, 1991)이 제시한 생태학적 과제분석의 실행과정을 순서대로 나열한 것은?

① 변인 선택-관련 변인 조작-과제 목표-지도
② 과제 목표-관련 변인 조작-변인 선택-지도
③ 변인 선택-과제 목표-관련 변인 조작-지도
④ 과제 목표-변인 선택-관련 변인 조작-지도

16 〈보기〉의 ㉠~㉣에 들어갈 개념이 바르게 묶인 것은?

〈보기〉

		절차의 형태	
		후속자극(consequence) 제시	후속자극(consequence) 제거
목표	바람직한 행동의 증가	㉠	㉡
	바람직하지 않은 행동의 감소	㉢	㉣

	㉠	㉡	㉢	㉣
①	정적강화	부적강화	정적처벌	부적처벌
②	부적강화	정적강화	부적처벌	정적처벌
③	정적강화	정적처벌	부적강화	부적처벌
④	부적강화	부적처벌	정적처벌	정적강화

17 척수장애의 장애정도가 가장 심한 것은?

① 목뼈(경추, cervical vertebrae) 1번과 2번 사이 손상
② 목뼈(경추, cervical vertebrae) 6번과 7번 사이 손상
③ 등뼈(흉추, thoracic vertebrae) 1번과 2번 사이 손상
④ 등뼈(흉추, thoracic vertebrae) 11번과 12번 사이 손상

18 개별화교육프로그램(IEP)의 목표 진술 3요소가 아닌 것은?

① 조건(condition) ② 기준(criterion)
③ 행동(action)   ④ 비용(cost)

19 〈보기〉에서 국민체육진흥법 시행령의 '장애인스포츠지도사 2급 연수과정'이 아닌 것으로 묶인 것은?

〈 보기 〉
㉠ 스포츠 윤리　㉡ 선수 관리
㉢ 지도역량　　㉣ 스포츠 매니지먼트
㉤ 장애특성 이해　㉥ 코칭 실무

① ㉠, ㉤　　　　② ㉢, ㉣
③ ㉡, ㉥　　　　④ ㉤, ㉥

20 스포츠를 처음 배우는 중도(重度) 지적장애인을 위한 지도전략으로 옳지 않은 것은?

① 배구에서 배구공을 가볍고 큰 공으로 변형한다.
② 기본운동기술을 높은 수준의 스포츠 기술로 변형한다.
③ 골프에서 골프공을 가볍고 큰 공으로 변형한다.
④ 평균대 위 걷기에서 안전바(safety bar)를 잡고 걷게 한다.

CHAPTER 02 유소년-유아체육론

2024 기출문제

01 효과적 학습경험 설계를 위한 유아체육 지도자의 교수전략으로 옳지 않은 것은?

① 각 유아에게 적합한 수준에서 연습할 수 있도록 개별화된 학습경험을 제공해야 한다.
② 유아의 실제학습시간(ALT)을 증가시킬 수 있는 환경을 조성해야 한다.
③ 유아의 능력 수준을 고려한 학습과제를 제공하고, 연습 시간을 최대한 확보해준다.
④ 새로운 기능 학습 시에는 수업 초반에 제시한 과제 수준을 일관되게 유지한다.

02 유아의 운동기술 연습 시 지도자의 적합한 시범으로 옳지 않은 것은?

① 시범에서 언어적 표현을 보다 많이 활용할 때 더 효과적이다.
② 시범은 추가적 학습단서(learning cue)와 함께 제공될 때 더 효과적이다.
③ 다양한 각도에서 이루어진 시범을 통해 정확한 정보를 제공한다.
④ 자주 실수하는 동작에 대해 반복적인 시범을 보여준다.

03 유아 신체활동의 내적 참여동기를 증진시키는 효과적 교수전략으로 옳지 않은 것은?

① 유아의 능력과 과제 난이도를 고려한 프로그램 제공을 통해 몰입을 돕는다.
② 학습과제 범위 내에서 유아에게 자율적 선택권을 부여한다.
③ 활동적으로 참여하는 유아를 격려하고 칭찬한다.
④ 프로그램 내 과제 수준을 동일하게 제공한다.

04 유아의 지각-운동 발달에 관한 설명으로 옳지 않은 것은?

① 유아기는 지각-운동 발달의 최적기이다.
② 지각이란 감각수용세포가 자극으로 들어온 정보를 뇌로 전달하는 것을 뜻한다.
③ 지각-운동 발달은 아동의 운동능력을 나타내는 중요 요소 중 하나이다.
④ 유아기의 지각-운동 학습경험이 많을수록 다양한 운동상황에 반응하는 적응력이 발달된다.

05 〈보기〉가 설명하는 것은?

― 보기 ―
- 체온이 40℃ 이상으로 오른다.
- 땀을 전혀 흘리지 않거나 과도하게 많이 흘린다.
- 신체 내 열을 외부로 발산하지 못해 고체온 발생 및 중추신경계의 이상을 보인다.
- 신속한 체온감소 조치와 병원 후송이 필요하다.

① 일사병 ② 열사병
③ 고체온증 ④ 열경련

06 〈보기〉의 ㉠~㉢에 해당하는 설명과 유아체육 프로그램의 구성원리가 올바르게 제시된 것은?

〈보기〉
- ㉠ 차기(kicking)의 개념 학습 후, 정지된 공에서 빠르게 움직이는 공의 순으로 수업을 설계한다.
- ㉡ 대근육 운동에서 소근육 운동으로 확장된 움직임 수업을 설계한다.
- ㉢ 발달 단계에 따른 민감기를 고려한 움직임 수업을 설계한다.

	㉠	㉡	㉢
①	연계성	전면성	특이성
②	다양성	방향성	적합성
③	연계성	방향성	적합성
④	다양성	전면성	개별성

07 〈보기〉의 ㉠~㉢에 들어갈 용어가 바르게 제시된 것은?

〈보기〉

㉠	• 일정 시기가 되면 자연히 발생되는 양적인 변화 과정이다. • 신장, 체중, 신경조직, 세포증식의 확대에 의한 증가를 뜻한다.
㉡	• 신체, 운동, 심리적 측면에서 전 생애에 걸쳐 일어나는 체계적이고 연속적인 변화를 뜻한다. • 변화하는 속도에는 개인차가 있으며, 상승적 변화 뿐 아니라 하강적 변화도 포함한다.
㉢	• 기능을 더 높은 수준으로 발전할 수 있도록 하는 질적변화를 뜻한다. • 신체적, 생리적 변화뿐 아니라 행동 변화까지 포함한다.

	㉠	㉡	㉢
①	성숙	발달	성장
②	발달	성숙	성장
③	성장	발달	성숙
④	발달	성장	성숙

08 〈보기〉는 대근운동발달검사-Ⅱ(Test of Gross Motor Development-Ⅱ:TGMD-Ⅱ)의 영역별 검사항목이다. ㉠, ㉡에 들어갈 항목이 바르게 연결된 것은?

〈보기〉

구분	영역	세부 검사항목
대근운동 기술	이동 기술	달리기, 제자리멀리뛰기, 외발뛰기(hop), (㉡), 립(leap), 슬라이드(slide)
	(㉠) 기술	공 던지기(over-hand throw), 공 받기, 공 치기(striking), 공 차기, 공 굴리기, 공 튕기기(dribble)

	㉠	㉡
①	안정성	갤롭(gallop)
②	물체 조작	피하기(dodging)
③	안정성	피하기(dodging)
④	물체 조작	갤롭(gallop)

09 〈보기〉는 인지발달 관점에 따른 주요 이론의 내용이다. ㉠~㉣에 들어갈 용어가 바르게 제시된 것은?

〈보기〉

이론	발달단계	주요 개념	인지발달의 방향
인지발달 단계 이론	감각운동기 전조작기 구체적 조작기 (㉡)	(㉢) 동화 조절	내부 → 외부
(㉠)	연속적 발달단계	내면화 (㉣) 비계설정	외부 → 내부

	㉠	㉡	㉢	㉣
①	정보처리 이론	형식적 조작기	부호화	기억기술
②	사회문화적 이론	형식적 조작기	평형화	근접발달영역
③	정보처리 이론	성숙적 조작기	부호화	근접발달영역
④	사회문화적 이론	성숙적 조작기	평형화	기억기술

10 반사 움직임 시기의 '정보 부호화 단계(information encoding stage)'에 대한 설명으로 옳지 않은 것은?

① 피질의 발달과 특정 환경적 억제 요인의 감소 현상이 일어난다.
② 태아기를 거쳐 생후 약 4개월까지 관찰될 수 있는 불수의적 움직임의 특징을 보인다.
③ 뇌 중추는 다양한 강도와 지속시간을 가진 여러 자극에 대해 불수의적 반응을 유발할 수 있다.
④ 뇌하부 중추는 운동 피질보다 더 많이 발달하며 태아와 신생아의 움직임을 제어하는데 필수적이다.

11 체육과 교육과정(2022)에서 추구하는 핵심적인 신체활동 역량의 내용이 아닌 것은?

① 움직임 수행 역량: 운동, 스포츠, 표현 활동 과정에서 동작에 필요한 지식, 기능 태도를 다양한 상황에 적용하며 발달한다.
② 건강관리 역량: 체육과 내용 영역에서 학습한 신체활동을 일상생활에서 실천하며 함양한다.
③ 신체활동 문화 향유 역량: 각 신체활동 형식의 특성을 이해하고 인류가 측적한 문화적 소양을 내면화하여 공동체 속에서 실천하면서 길러진다.
④ 자기 주도성 역량: 신체적으로 활동적인 삶을 사는 데 필요한 움직임을 다양한 환경에서 수행하고 적용함으로써 길러진다.

12 〈보기〉의 지도자별 교수 방법이 바르게 연결된 것은?

〈 보기 〉

A지도자: 콘을 지그재그로 통과하면서 드리블하는 시범을 보이고 따라 하게 유도한다. 실수하거나 느린 아이들은 지적하면서 동작을 수정해준다.
B지도자: 아이들이 개별적으로 볼을 가지고 놀면서 자유롭게 드리블을 하게 한다. 모든 공간을 쓸 수 있게 허용한다. 어떠한 신체 부위를 사용하든지 관여하지 않는다.
C지도자: 인사이드 드리블, 아웃사이드 드리블 등 다양한 유형의 기술을 시범 보인다. 이후에 아이들이 자신이 좋아하거나 잘하는 기술 위주로 자유롭게 선택하여 연습할 수 있도록 유도한다.
D지도자: 활동 전 아이들에게 어떻게 하면 콘을 건드리지 않고 드리블해 나갈 수 있을지를 질문한 후 실제 활동을 하게 한다. 이후 다양한 수준을 가진 아이들의 수행을 관찰하게 한다.

① A지도자: 탐색적(exploratory)방법
② B지도자: 과제 중심 접근(task-oriented)방법
③ C지도자: 지시적 교수법(command style teaching)방법
④ D지도자: 안내-발견적(guide-discovery)방법

13 〈보기〉는 퍼셀(M. Purcell)이 제시한 동작교육과정에 관한 내용이다. ㉠~㉢에 해당하는 용어가 바르게 연결된 것은?

〈 보기 〉

- (㉠): 전신의 움직임, 신체 부분의 움직임
- (㉡): 수준, 방향
- (㉢): 시간, 힘
- (관계): 파트너/그룹, 기구·교수 자료

	㉠	㉡	㉢
①	공간 인식	노력	신체 인식
②	신체 인식	공간 인식	노력
③	노력	신체 인식	공간 인식
④	신체 인식	노력	공간 인식

14 〈보기〉는 인간행동의 '역학적 요인'이다. ㉠~㉢에 들어갈 용어가 바르게 연결된 것은?

〈 보기 〉
- 안정성 요인: 중력 중심, 중력선, (㉠)
- 힘을 가하는 요인: 관성, (㉡), 작용/반작용
- 힘을 받는 요인: 표면적, (㉢)

	㉠	㉡	㉢
①	지지면	가속도	거리
②	가속도	거리	지지면
③	지지면	거리	가속도
④	거리	가속도	지지면

15 〈표〉는 미국스포츠의학회(ACSM, 2022)의 '어린이와 청소년을 위한 FITT(빈도, 강도, 시간, 형태) 권고사항'이다. ㉠~㉢에 들어갈 용어가 바르게 연결된 것은?

〈 보기 〉

구분	유산소 운동	저항 운동	뼈 강화 운동
형태	여러 가지 스포츠를 포함한 즐겁고 (㉠)에 적절한 활동	신체활동은 (㉡)되지 않은 활동이나 (㉡)되고 적절하게 감독할 수 있는 활동으로 구성	달리기, 줄넘기, 농구, 테니스 등과 같은 활동
시간	하루 (㉢) 이상의 운동시간이 포함되도록 함		

	㉠	㉡	㉢
①	기술 향상	분절화	60분
②	성장 발달	분절화	40분
③	성장 발달	구조화	60분
④	기술 향상	구조화	40분

16 기본 움직임 과제들의 '기술 내 발달 순서(intraskill sequences)'에 관한 설명으로 옳지 않은 것은?

① 기본 움직임 패턴에서 신체 부위들의 발달 속도는 서로 다를 수 있다.
② 기본 움직임 기술의 습득 및 성숙은 과제·개인·환경 요인들에 영향을 받는다.
③ 움직임 기술의 발달 단계 구분은 움직임 패턴의 특수성이나 관찰자의 정교함에 영향을 받지 않는다.
④ 갤러휴(D. Gallahhue)와 클렌랜드(F. Cleland)는 운동기술의 발달 순서에 대해 시작, 초보, 성숙으로 분류하였다.

17 '국민체력100'에서 제시하는 유아기 체력측정에 관한 설명으로 옳은 것만을 모두 고른 것은?

〈 보기 〉
㉠ 체력측정은 건강체력과 운동체력 항목으로 나뉜다.
㉡ 건강체력 측정의 세부항목으로는 10m 왕복 오래달리기, 상대악력, 윗몸말아올리기, 앉아윗몸앞으로굽히기 등이 있다.
㉢ 운동체력 측정의 세부항목으로는 5m×4 왕복달리기, 제자리멀리뛰기, 3×3 버튼누르기 등이 있다.

① ㉠, ㉡ ② ㉠, ㉢
③ ㉡, ㉢ ④ ㉠, ㉡, ㉢

18 유소년 운동프로그램 구성의 기본원리에 대한 설명으로 옳은 것만을 모두 고른 것은?

〈 보기 〉
㉠ 가역성의 원리: 운동을 중단하면 운동의 효과가 없어지므로 꾸준히 지속하는 것이 중요하다.
㉡ 전면성의 원리: 운동을 부상 없이 효과적으로 수행하기 위해서는 운동강도 및 운동량을 점차적으로 증가시켜야 한다.
㉢ 점진성의 원리: 신체의 특정 부위에 치중하지 않고, 전신 운동을 통해 신체를 균형 있게 발달시킨다.
㉣ 과부하의 원리: 운동 강도가 일상적인 활동보다 높아야 체력이 증진된다.

① ㉠, ㉣ ② ㉡, ㉢
③ ㉠, ㉢, ㉣ ④ ㉡, ㉢, ㉣

19 〈표〉는 갤러휴(D. Gallahue)의 운동에 대한 2차원 모델이다. ㉠~㉢에 들어갈 내용이 바르게 연결된 것은?

〈 보기 〉

운동발달 단계	움직임 과제의 의도된 기능		
	안정성	이동	조작
반사 움직임 단계	직립 반사	걷기반사	(㉢)
초보 움직임 단계	(㉠)	포복하기	잡기
기본 움직임 단계	한발로 균형잡기	걷기	던지기
전문화 움직임 단계	축구 페널티킥 막기	(㉡)	야구 공치기

	㉠	㉡	㉢
①	포복하기	축구 골킥하기	손바닥 파악반사
②	머리와 목 제어	육상 허들 넘기	손바닥 파악반사
③	포복하기	육상 허들 넘기	목 가누기 반사
④	머리와 목 제어	축구 골킥하기	목 가누기 반사

20 〈보기〉의 동작에서 성숙단계로 발달하도록 지도하는 방법으로 적절하지 <u>않은</u> 것은?

〈 보기 〉

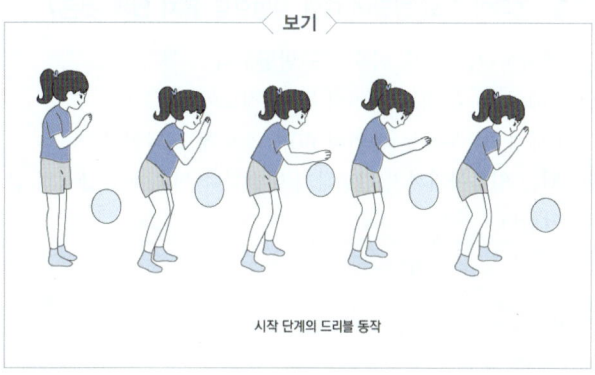

시작 단계의 드리블 동작

① 두 발을 벌리고, 내민 발의 반대편 손을 앞으로 내밀어 드리블하도록 지도한다.
② 허리 높이에서 몸통을 약간 앞으로 기울여 드리블하도록 지도한다.
③ 공을 튀길 때 손목 스냅을 이용하여 공을 바닥 쪽으로 밀어내도록 지도한다.
④ 공을 튀길 때 손바닥으로 공을 때리도록 지도한다.

2023 기출문제

01 영유아기 뇌 발달에 대한 설명으로 옳지 않은 것은?

① 대뇌피질은 출생 이후에도 발달한다.
② 3세의 뇌 무게는 성인의 75% 정도이다.
③ 6세경 뇌 무게는 성인의 90% 정도에 도달한다.
④ 뇌는 영유아기까지 완만하게 발달하다 이후에는 급격히 발달한다.

02 영유아의 시지각(visual perception)에서 '형태(form) 지각'에 대한 설명으로 옳지 않은 것은?

① 신생아는 형태를 지각할 수 있으며, 직선보다 곡선을 더 선호하는 것으로 알려졌다.
② 모양을 구별하고 여러 가지 양식들을 분간할 수 있는 능력이다.
③ 자신으로부터 대상이 떨어져 있는 거리를 판단하는 능력이다.
④ 생후 6개월경에 급속히 발달한 후에 정교해진다.

03 기본움직임기술(fundamental movement skills: FMS)과 움직임 양식과의 연결이 옳지 않은 것은?

① 조작 운동: 굽히기(bending), 늘리기(stretching), 직립균형(upright balance)
② 조작 운동: 때리기(striking), 튀기기(bouncing), 되받아치기(volleying)
③ 이동 운동: 걷기(walking), 호핑(hopping), 스키핑(skipping)
④ 이동 운동: 점핑(jumping), 갤로핑(galloping), 슬라이딩(sliding)

04 유아체육 지도환경 조성 원칙에 따른 내용이 옳지 않은 것은?

	원칙	내용
①	흥미성	호기심, 모험심 등을 표현할 수 있는 지도환경 조성
②	안전성	부드러운 마감재나 바닥 재질, 공간의 벽 등을 고려한 지도환경 조성
③	필요성	음향시설, 냉난방시설, 활동공간의 크기 등을 고려한 지도환경 조성
④	경제성	설비나 용구로 인한 건강 저해나 활동의 위험성이 없도록 지도환경 조성

05 전문화된(specialized) 움직임 시기의 '적용(application) 단계'에 대한 설명으로 옳지 않은 것은?

① 특정 활동을 찾거나 기피하기 시작한다.
② 움직임 수행의 정확성과 더불어 양적 측면이 강조된다.
③ 다양한 과제, 개인, 환경 요인 등을 토대로 어떤 활동에 참여할 것인지를 결정한다.
④ 인지능력이 저하되고 경험 토대가 축소되면서 많은 것을 학습하기가 어려워진다.

06 〈보기〉에서 유소년 신체활동을 통한 자기개념(self-concept) 발달에 대한 설명으로 옳은 것을 모두 고른 것은?

〈 보기 〉

㉠ 움직임은 긍정적인 자기개념을 촉진시킬 수 있는 최상의 방법이다.
㉡ 유소년에게 용기를 북돋아 주고, 생활에 모험활동이 포함되도록 한다.
㉢ 자신들의 한계 내에서 합리적인 수행목표를 세울 수 있도록 도와준다.
㉣ 실패의 가능성을 높이고, 실패와 실패지향적 경험들을 많이 제공한다.

① ㉠
② ㉠, ㉣
③ ㉡, ㉢
④ ㉡, ㉢, ㉣

07 〈보기〉의 ㉠~㉢에 들어갈 용어를 옳게 나열한 것은?

─〈 보기 〉─
- 피카(R. Pica)는 동작요소를 (㉠), 형태, (㉡), 힘, 흐름, 리듬으로 구성된다고 하였다.
- 퍼셀(M. Purcell)은 (㉠) 인식, 신체 인식, 노력, (㉢) 같은 동작요소에 대한 이해를 바탕으로 이를 응용영역에 적용시킬 수 있어야 한다고 하였다.

	㉠	㉡	㉢
①	공간	시간	관계
②	저항	속도	무게
③	공간	관계	시간
④	무게	속도	저항

08 〈표〉의 ㉠, ㉡에 들어갈 기본움직임기술의 발달 단계를 바르게 제시한 것은?

단계	(㉠)	(㉡)
움직임 기술	물구나무서기	공 차기
설명	• 삼각지지를 통한 물구나무서기 가능 • 일정하지 않은 균형점을 보이고, 간헐적으로 자세를 오랫동안 유지함 • 감각적으로 사지의 위치를 살피려고 노력함	• 차기동작 동안 양팔 흔들기가 나타남 • 팔로우 스로우가 이루어지는 동안 몸통이 허리까지 굽혀짐 • 다리 스윙이 길어지고, 달리거나 껑충 뛰어서 공에 다가감

	㉠	㉡
①	시작	시작
②	시작	성숙
③	초보	초보
④	초보	성숙

09 에릭슨(E. Erikson)이 제시한 심리사회발달 단계에 대한 내용의 연결이 적절하지 <u>않은</u> 것은?

	단계	내용
①	신뢰감 대 불신감	정체감을 확립하지 못한 경우 자신감을 가지지 못함
②	자율성 대 수치·회의	근육 발달을 조절할 수 있으며 자기 주위를 탐색함
③	주도성 대 죄의식	목표나 계획을 세워 성공하고자 노력함
④	근면성 대 열등감	기초적인 인지 기술과 사회적 기술을 습득함

10 〈보기〉에서 동일한 유형의 반사(reflex)나 반응(reaction)인 것을 고른 것은?

─〈 보기 〉─
㉠ 모로(Moro)
㉡ 당김(pull-up)
㉢ 목가누기(neck righting)
㉣ 바빈스키(Babinski)
㉤ 비대칭목경직(asymmetrical tonix neck)
㉥ 낙하산(parachute)

① ㉠, ㉡, ㉥　　② ㉠, ㉣, ㉤
③ ㉡, ㉢, ㉣　　④ ㉡, ㉢, ㉤

11 〈보기〉에서 '영유아 기도폐쇄' 응급처치에 관한 설명으로 옳은 것을 모두 고른 것은?

─〈 보기 〉─
㉠ 1세 미만의 경우 등 두드리기 및 흉부압박이 권장된다.
㉡ 의식이 없는 경우 혀에 의한 기도폐쇄가 있는지 확인한다.
㉢ 등 두드리기를 할 때 머리를 가슴보다 낮게 하고, 안은 팔을 허벅지에 고정시킨다.
㉣ 흉부를 압박할 때 등을 받치고 머리를 가슴보다 낮게 하여, 안은 팔을 무릎 위에 놓는다.

① ㉠, ㉡　　② ㉠, ㉢
③ ㉡, ㉢, ㉣　　④ ㉠, ㉡, ㉢, ㉣

12 〈표〉에서 체력의 구분 및 요소, 검사방법의 연결이 옳은 것을 고른 것은?

	구분	체력요소	검사방법
㉠	건강체력	순발력	모둠 발로 멀리뛰기
㉡	건강체력	심폐지구력	셔틀런(페이서, PACER)
㉢	운동체력	평형성	평균대 위에서 한발로 서기
㉣	건강체력	유연성	1분간 앉았다 일어나기

① ㉠, ㉢ ② ㉠, ㉣
③ ㉡, ㉢ ④ ㉡, ㉣

13 초등체육 교육과정의 3~4학년군 성취기준에 대한 내용으로 옳지 않은 것은?

① 체력운동이나 스포츠활동보다 신체를 인식하고 움직이는 기초적인 이동운동을 한다.
② 기본 체력운동의 방법과 절차를 익히며 자신의 수준에 맞는 운동을 시도한다.
③ 기본 움직임 기술의 의미와 종류를 이해하고 스포츠와의 관계를 파악한다.
④ 움직임의 심미적 표현에 대한 호기심과 감수성을 나타낸다.

14 스포츠 기술에 반영된 조작 운동과 지각운동 구성요소의 연결이 옳은 것은?

	스포츠 기술	조작운동	지각운동 구성요소
①	골프공 때리기, 축구공 차기	추진	안정
②	농구패스잡기, 핸드볼패스 잡기	추진	공간
③	티볼 펀팅, 탁구공 되받아치기	흡수	시간
④	축구패스공 멈추기, 야구 공중볼 받기	흡수	공간

15 〈보기〉의 대화에서 ㉠, ㉡에 들어갈 유아체육 프로그램 기본원리와 교수방법은?

〈 보기 〉

A 지도자: 저는 수업에서 유아 간에 체력이나 소질 같은 개인차가 발생하는 부분이 늘 고민이었어요. 운동프로그램 구성을 위한 원리 같은 것이 있을까요?
B 지도자: (㉠)의 원리 같은 경우가 적용될 수 있을 것 같아요. 이 원리는 일반화된 특성뿐만 아니라 유전과 환경요인 같은 개인차를 고려하는 것을 말해요.
A 지도자: 그렇다면 유아가 창의성 있게 자발적으로 참여하게 하는 지도방법은 어떤 것이 있을까요?
B 지도자: (㉡) 방법이 효과적일 것 같아요. 이 방법은 유아 스스로의 실험과 문제해결, 자기 발견을 통해 학습이 일어나는 과정을 강조하는 방법이에요.

	㉠	㉡
①	특이성	탐색적(exploratory)
②	특이성	과제 중심 접근(task-oriented)
③	연계성	탐색적(exploratory)
④	연계성	과제 중심 접근(task-oriented)

16 기본 움직임 기술에 대한 대근운동발달검사(TGMD)에서 검사항목과 수행기준이 적절하지 않은 것은?

	기본움직임기술	검사항목	수행기준
①	이동운동	달리기(15m)	팔꿈치를 구부리고 팔과 다리는 엇갈려 움직인다.
②	이동운동	제자리 멀리뛰기	던지는 팔의 반대쪽 발을 내딛으며 무게를 이동시킨다.
③	조작 운동	던지기(overhand throw)	엉덩이와 어깨를 목표지점을 향하여 회전시킨다.
④	조작 운동	공 차기	디딤발로 외발 뛰기를 하면서 차는 발을 길게 뻗는다.

17 미국 질병통제예방센터(CDC)가 제시한 연령별 신체활동 가이드라인으로 옳지 <u>않은</u> 것은?

① 미취학 아동에게 성장과 발달을 위해 일정 시간 이상의 신체활동이 권장된다.
② 미취학 아동의 보호자는 제한적인 활동유형의 소근육 위주 놀이를 장려해야 한다.
③ 어린이와 청소년에게 매일 60분 이상의 중강도 신체활동을 장려해야 한다.
④ 어린이와 청소년들에게 연령에 적합하며, 즐겁고 다양한 신체활동에 참여할 수 있는 기회와 격려의 제공이 권장된다.

18 유치원 체육수업에서 실제학습시간(ALT)을 증가시킬 수 있는 공간 구성 전략으로 옳지 <u>않은</u> 것은?

① 유아의 호기심 및 모험심 등을 표현할 수 있는 환경 조성을 추구한다.
② 유아의 주의 집중을 위해 체육시설이나 기구를 효율적으로 배치한다.
③ 운동이 익숙해지는 시기에는 순환식보다 병렬식 위주로 기구를 배치한다.
④ 수업 중인 신체활동과 관련 없는 놀잇감 배치를 지양한다.

19 〈표〉는 미국스포츠의학회(ACSM)의 '어린이와 청소년을 위한 FITT(빈도, 강도, 시간, 형태) 권고사항'이다. ㉠~㉢에 들어갈 용어를 바르게 연결한 것은?

구 분	(㉠) 운동	(㉡) 운동	(㉢) 운동
빈도	고강도 운동을 최소 주 3일 이상 포함되도록 함	주 3일 이상	주 3일 이상
강도	중강도에서 고강도	체중 또는 8~15회 반복 가능한 무게	충격이나 기계적 부하와 같이 부하를 주는 신체활동이나 운동자극

	㉠	㉡	㉢
①	무산소	심폐체력	평형성
②	유산소	저항	평형성
③	유산소	저항	뼈 강화
④	유산소	뼈 강화	저항

20 유소년 체육활동에서 체온조절과 관련된 내용으로 지도자가 고려해야 할 사항으로 옳지 <u>않은</u> 것은?

① 적당한 온도 및 습도가 유지된 환경을 조성해야 한다.
② 체온조절을 위해 가능한 더운 공간에서의 활동을 장려한다.
③ 더운 여름철의 체육 활동에는 적절한 수분 보충을 장려한다.
④ 유소년은 체육활동 시 성인에 비해 열을 빨리 획득하게 된다는 것을 인지한다.

2022년 기출문제

01 영·유아기의 발달에 대한 설명으로 적절하지 않은 것은?

① 말초신경이 먼저 발달한 다음 중추신경이 발달한다.
② 특정 능력이나 행동의 발달에 최적인 시기가 존재한다.
③ 발달은 일정한 순서로 이루어지지만, 발달속도에는 개인차가 있다.
④ 소근육 운동의 발달은 눈과 손이 협응하여 손기술을 정확하게 구사하는 능력으로, 중추신경계통의 성숙을 의미한다.

02 유아기의 운동프로그램 구성을 위해 고려해야 할 사항으로 적절하지 않은 것은?

① 다양한 기본움직임 경험보다 복합적이고 정교한 동작수행에 중점을 두어 구성한다.
② 협응성 운동 시, 속도나 민첩성의 요소가 연계되지 않도록 한다.
③ 운동수행의 성공 빈도를 높일 수 있도록 프로그램을 구성한다.
④ 간단한 움직임에서 복잡한 움직임으로 진행되도록 구성한다.

03 발달단계에 따른 유소년체육 프로그램 구성 시, 고려해야 할 사항으로 적절하지 않은 것은?

① 대근육에서 소근육으로의 발달단계를 고려하여 구성한다.
② 기본움직임 단계에서는 다양한 안정성, 이동 및 조작 움직임을 습득하도록 구성한다.
③ 기본움직임 단계는 협응력이 발달되는 중요한 시기이므로, 다양한 움직임 경험을 갖도록 구성한다.
④ 기본움직임에서 전문화된 움직임으로의 전환(tran-sition) 단계에서는 움직임 수행의 형태, 기술, 정확성과 더불어 양적 측면을 강조하여 구성한다.

04 〈보기〉에 들어갈 인지발달 이론의 요소가 바르게 나열된 것은?

〈보기〉

- (㉠): 새로운 경험과 자극이 유입되었을 때, 기존에 가지고 있는 도식을 사용하여 해석한다.
- (㉡): 기존의 도식으로는 새로운 사물이나 사건을 이해할 수 없을 때, 새로운 사물이나 대상에 맞도록 기존의 도식을 변경한다.
- (㉢): 현재의 조직들이 서로 상호작용하며 효율적인 체계로 결합하여 더 복잡한 수준의 지적 구조를 이루는 과정이다.

	㉠	㉡	㉢
①	조절 (accommodation)	동화 (assimilation)	적응 (adaptation)
②	적응 (adaptation)	조절 (accommodation)	조직화 (organization)
③	동화 (assimilation)	조절 (accommodation)	조직화 (organization)
④	동화 (assimilation)	조직화 (organization)	적응 (adaptation)

05 〈보기〉에서 유소년의 전문화된 운동기술 연습 시, 인지단계(cognitive stage)의 지도전략에 해당하는 것으로 가장 적절한 것은?

〈보기〉

㉠ 스스로 자신의 운동수행을 평가할 기회를 제공한다.
㉡ 복잡한 운동기술은 여러 단계로 구분하여 지도한다.
㉢ 운동의 목적과 요구되는 기술을 명확히 설명해준다.
㉣ 다양한 기술과 연계지어 동작의 형태를 바꾸는 전략을 찾게 한다.

① ㉡, ㉢ ② ㉠, ㉣
③ ㉡, ㉣ ④ ㉠, ㉢

06 〈보기〉에 들어갈 유아의 기본움직임 발달단계가 바르게 나열된 것은?

> 〈 보기 〉
> - (㉠): 기본적인 움직임을 보이지만, 협응이 원활하지 않아 움직임이 매끄럽지 못하다.
> - (㉡): 기본 움직임에 대한 제어와 협응이 향상되지만, 신체사용이 비효율적이다.
> - (㉢): 움직임의 수행이 역학적으로 효율성을 갖게 되어 협응과 제어가 향상된다.

	㉠	㉡	㉢
①	시작 단계	전환 단계	전문화 단계
②	초보 단계	성숙 단계	전문화 단계
③	시작 단계	초보 단계	성숙 단계
④	초보 단계	적용 단계	성숙 단계

07 안정성(stability) 운동기술 중 축성(axial) 움직임만으로 나열된 것은?

① 구르기(rolling), 늘리기(stretching), 흔들기(swinging)
② 늘리기(stretching), 비틀기(twisting), 흔들기(swinging)
③ 구르기(rolling), 비틀기(twisting), 거꾸로 균형(inversed balance)
④ 비틀기(twisting), 흔들기(swinging), 거꾸로 균형(inversed balance)

08 운동발달에 대한 검사와 평가에 관한 설명으로 적절하지 않은 것은?

① 운동발달 검사는 전반적인 운동발달 상황을 확인할 수 있는 유용하고 객관적인 지표를 제공한다.
② 평가는 내용에 따라 규준지향 평가와 준거지향 평가로 나뉘고, 기준에 따라 결과지향 평가와 과정지향 평가로 나뉜다.
③ 평가 결과는 특정 기술수행에서 결여된 부분을 확인하고 그 원인을 파악해 프로그램의 구체적인 목표를 설정할 수 있게 한다.
④ 대근운동발달검사(Test of Gross Motor Development)는 만 3~10세 아동을 대상으로 한 이동 및 조작 운동기술에 대한 검사도구이다.

09 국립중앙의료원(2010)이 제시한 어린이·청소년 신체활동 권장사항이 아닌 것은?

① 인터넷, TV, 게임 등을 위해 앉아서 보내는 시간은 하루 2시간 이내로 한다.
② 일주일에 3일 이상 유산소운동, 근육강화운동, 뼈 강화운동을 한다.
③ 운동강도 조절을 위해 놀이공간의 안전성은 고려하지 않는다.
④ 매일 1시간 이상 운동을 한다.

10 유아 운동프로그램의 지도 원리로 적절하지 않은 것은?

① 추상적인 것에서 시작하여 구체적인 것으로 운동을 지도한다.
② 유아 간 연령별 체력의 차이, 운동소질 및 적성의 차이를 고려하여 지도한다.
③ 기초체력, 기본운동기술과 지각운동의 발달이 통합적으로 이루어지도록 지도한다.
④ 다양한 감각을 통해 구체적 경험이 형성되도록 프로그램을 구성하여 지도한다.

11 유아운동 지도 시 교구배치 방법과 그 효과에 대한 설명으로 적절하지 않은 것은?

① 공간 활용성을 높인 교구배치로 안전사고를 예방한다.
② 시각적 효과를 높인 교구배치로 학습자의 시선을 분산한다.
③ 순환식 교구배치로 대기시간을 줄여 실제학습시간을 늘려준다.
④ 병렬식 교구배치로 교구 사용을 반복하여 자신감을 갖도록 유도한다.

12 〈보기〉에 해당하는 발달이론이 바르게 나열된 것은?

〈보기〉

	발달이론
㉠	• 인간의 발달은 환경에 따른 훈련으로 이루어진다. • 학습에 의한 긍정적 행동의 촉진을 강조한다.
㉡	• 유아의 다양한 경험을 토대로 동화, 조절, 평형화의 과정을 통해 도식이 발달된다. • 조직화와 적응을 강조한다.
㉢	• 타인을 관찰하는 것만으로 새로운 행동을 획득할 수 있다. • 모방학습의 중요성을 강조한다.

	㉠	㉡	㉢
①	스키너 (B. Skinner)의 행동주의 이론	게셀 (A. Gesell)의 성숙주의 이론	에릭슨 (E. Erickson)의 심리사회발달 이론
②	반두라 (A. Bandura)의 사회학습 이론	피아제 (J. Piaget)의 인지발달 이론	비고스키 (L. Vygotsky)의 상호작용 이론
③	에릭슨 (E. Erickson)의 심리사회발달 이론	게셀 (A. Gesell)의 성숙주의 이론	반두라 (A. Bandura)의 사회학습 이론
④	스키너 (B. Skinner)의 행동주의 이론	피아제 (J. Piaget)의 인지발달 이론	반두라 (A. Bandura)의 사회학습 이론

13 성인체육과 비교 시 유아체육의 특징으로 적절하지 <u>않은</u> 것은?

① 집중력 저하를 고려한 놀이 중심의 신체활동과 지적 활동을 병행한다.
② 신체활동에 의한 성장과 발달을 통해 전인적 인간 육성을 지향한다.
③ 스포츠 활동에 필요한 전문화된 기술 습득을 강조한다.
④ 발육과 발달에 중점을 둔다.

14 〈보기〉의 ㉠, ㉡에 들어갈 가장 적절한 용어로만 나열된 것은?

〈보기〉

• 유아교육 교사: 유아는 다양한 기본움직임 기술이나 기초체력 향상에 관한 활동을 스스로 익히기 어렵습니다. 유아가 이와 같은 요소들을 자연스럽게 익히려면 어떻게 해야 할까요?
• 스포츠지도사: 네. 유아는 징검다리 걷기, 네발로 걷기 등의 놀이 중심 신체활동 프로그램을 통해 기본움직임기술과 기초체력 요소를 향상시킬 수 있어요.

구분	징검다리 걷기	네발로 걷기
기본움직임기술 요소	(㉠) 운동	이동 운동
기초체력 요소	평형성	(㉡)

	㉠	㉡
①	안정성	민첩성
②	안정성	근력/근지구력
③	조작	근력/근지구력
④	조작	민첩성

15 〈보기〉에서 국민체육진흥법(2014)의 유소년스포츠지도사 자격제도에 관한 설명으로 옳은 것을 모두 고른 것은?

〈보기〉

㉠ 유소년은 만 3세부터 중학교 취학 전까지를 말한다.
㉡ '유소년스포츠지도사'란 유소년을 대상으로 체육을 지도하는 사람을 말한다.
㉢ 유소년스포츠지도사는 유소년의 행동양식, 신체 발달 등에 대한 지식을 갖춘다.

① ㉠, ㉡ ② ㉠, ㉢
③ ㉡, ㉢ ④ ㉠, ㉡, ㉢

16 영아의 반사에 관한 설명으로 적절하지 <u>않은</u> 것은?

① 비대칭목경직반사(Asymmetric Tonic Neck Reflex) 검사로 눈·손의 협응과 좌·우측 인식의 발달 수준을 추측할 수 있다.
② 신경적 장애 진단을 위한 반사의 출현과 소멸 간의 관계 검사는 전문가의 도움이 필요하다.
③ 걷기반사(Stepping Reflex) 검사로 불수의적 운동행동의 발달을 추측할 수 있다.
④ 모로반사(Moro Reflex) 검사로 신경적인 변이나 손상을 추측할 수 있다.

17 〈그림〉의 동작에서 성숙 단계로 발달하도록 지도하는 방법이 적절하지 <u>않은</u> 것은?

시작단계의 구르기(rolling) 동작

① 이마가 지면에 닿게 지도한다.
② 머리가 동작을 리드할 수 있도록 지도한다.
③ 구르는 힘을 생성할 수 있도록 양팔의 움직임을 지도한다.
④ 몸이 구르는 내내 압축된 C자 모양을 유지할 수 있도록 지도한다.

18 유아체육 지도 방법 중 '탐구적 방법'에 해당되는 내용으로 적절한 것은?

① 도입, 동작 습득, 창의적 표현, 평가의 단계별 활동 전개하기
② 학습환경에 자유와 융통성을 도입하여 더 많은 책임 부여하기
③ 시범 보이기, 연습해보기, 언급해주기, 보충 설명하기, 시범 다시 보이기
④ 동작 과제나 질문을 제시하고 유아들이 제안한 다양한 해결방법을 인정하고 받아들이기

19 고강도 운동 시 성인과 비교하여 유소년에게 나타나는 생리적 반응으로 적절하지 <u>않은</u> 것은?

① 1회박출량: (성인에 비하여) 낮음
② 호흡 수: (성인에 비하여) 높음
③ 수축기 혈압: (성인에 비하여) 낮음
④ 심박수: (성인에 비하여) 낮음

20 〈보기〉의 ㉠, ㉡에 들어갈 용어가 바르게 나열된 것은?

〈 보기 〉

• 특정 능력이나 행동의 발달에 최적인 시기를 (㉠)라고 한다.
• 각 시기에 따른 유아의 발달은 특정 시기에 도달해야 할 (㉡)를 갖기 때문에 시기를 놓쳐버리면 올바른 성장이 저해될 수 있다.

	㉠	㉡
①	민감기	통합성
②	민감기	발달과업
③	감각운동기	발달과업
④	전조작기	병변현상

CHAPTER 03 노인 - 노인체육론

2024 기출문제

01 노화에 따른 생리적 변화로 옳은 것은?

① 1회 박출량 증가
② 동·정맥산소차 감소
③ 근육의 산화능력 증가
④ 심장근육의 수축시간 감소

02 〈보기〉가 설명하는 노화이론은?

― 보기 ―
항체의 이물질에 대한 식별능력이 저하되어 이물질이 계속 체내에 있으면서 부작용을 일으켜 노화 촉진

① 유전적노화이론　② 교차연결이론
③ 사용마모이론　　④ 면역반응이론

03 〈보기〉가 설명하는 노화의 특징은?

― 보기 ―
• 노화는 신체기능에 부정적 영향을 미쳐 사망을 초래한다.
• 나이가 들면서 신체기능이 더 좋아지면 노화가 아니다.

① 보편성　② 내인성
③ 점진성　④ 쇠퇴성

04 〈보기〉에서 설명하는 노인의 행동 변화 이론은?

― 보기 ―
• 인간의 행동 변화는 환경의 영향, 개인의 내적 요인, 행동 요인에 영향을 받는다.
• 자아효능감은 행동 변화와 밀접한 관련이 있다.
• 운동지도자의 격려를 통해 지속적으로 운동프로그램에 참여한다.

① 지속성이론(continuity theory)
② 건강신념모형(health belief theory)
③ 사회인지이론(social cognitive theory)
④ 계획행동이론(planned behavior theory)

05 노인 폐질환에 관한 설명으로 옳지 않은 것은?

① 천식의 증상은 운동으로 악화되지 않는다.
② 만성폐쇄성폐질환자의 기도저항은 호흡근 약화를 초래한다.
③ 만성폐쇄성폐질환의 주요 증상은 호흡곤란, 가래, 만성적인 기침이다.
④ 천식 환자의 운동유발성기관지수축은 추운 환경, 대기오염, 스트레스에 의해 촉발된다.

06 한국형 노인체력검사(국민체력 100)의 측정항목과 측정방법의 연결이 옳지 않은 것은?

	측정항목	측정방법
①	협응력	8자 보행
②	심폐지구력	6분 걷기
③	상지 근 기능	덤벨 들기
④	유연성	앉아 윗몸 앞으로 굽히기

07 노인의 생활 기능 분류에서 도구적 일상생활 활동(Instrumental Activities of Daily Living: IADLs)에 해당하는 것은?

① 요리
② 목욕
③ 옷 입기
④ 화장실 사용

08 미국스포츠의학회(ACSM, 2022)가 제시한 노인의 운동 지침으로 옳지 <u>않은</u> 것은?

① 유연성 운동: 약간의 불편감이 느껴질 정도로 30~60초 동안의 정적 스트레칭
② 유산소 운동: 중강도로 주 5일 이상 또는 고강도로 주 3일 이상의 대근육 운동
③ 파워 운동: 빠른 속도로 1RM의 60% 이상의 고강도 근력 운동을 10~14회 반복
④ 저항 운동: 8~10종의 대근육군 운동, 초보자는 1RM의 40~50% 강조의 체중부하운동

09 노인의 신체기능검사에 관한 설명으로 옳지 <u>않은</u> 것은?

① 6분 걷기 검사는 6분 동안 걸을 수 있는 최대거리(m)로 심폐지구력을 평가하고, 장거리 보행이나 계단 오르기 등의 일상생활 동작과 관련이 있다.
② 기능적 팔 뻗기 검사(FRT)는 균형을 잃지 않고 팔이 닿을 수 있는 최대거리를 측정 하여 동적 평형성을 평가하고, 노인의 낙상 위험도 범주 분류에 사용된다.
③ 노인체력검사(SFT)의 어깨 유연성을 평가하는 '등 뒤에서 손잡기' 검사는 머리 위로 옷을 벗거나, 자동차에서 안전벨트를 매는 동작과 관련된 항목이다.
④ 단기신체기능검사(SPPB)는 보행 속도, 균형 능력 및 의자 앉았다 일어나기 시간의 점수를 합산하여 평가하고 점수가 높을수록 더 낮은 기능을 의미한다.

10 <보기>에서 <표>의 특성을 가진 노인의 운동처방에 관한 설명으로 옳은 것만을 모두 고른 것은? (단, ACSM, 2022 기준)

<보기>

나이: 68세	성별: 남	측정방법
신장: 170cm	체중: 65kg	BMI: 225kg/m²

혈압: SBP 129mmHg, DBP 88mmHg
LDL-C: 123mg/dL, HDL-C: 41mg/dL

공복 시 혈당: 98mg/dL	근력 운동의 경험 없음

지난 3개월 동안 주 2회, 20분 정도의 천천히 걷기 운동

걷기 운동 시 별다른 신체적 증상 없으나 가끔 종아리 통증이 느껴짐.

<보기>

㉠ 심혈관질환 위험요인의 양성 위험요인은 1개이다.
㉡ 선별알고리즘에 따라 중강도 운동 시 의료적 허가가 권장되지 않는다.
㉢ 운동자각도(10점 척도)5~6의 빠르게 걷는 유산소 운동을 한다.
㉣ 1RM의 40~50%의 강도로 대근육군을 활용한 근력 강화 운동을 한다.
㉤ 과체중이므로 체중감량을 위한 운동처방을 해야 한다.

① ㉠, ㉡, ㉢
② ㉠, ㉣, ㉤
③ ㉡, ㉢, ㉣
④ ㉢, ㉣, ㉤

11 페르브뤼헌과 예터(L. Verbrugge & A. Jette. 1994)의 장애과정 모델에서 장애에 이르는 과정을 옳게 나열한 것은?

① 손상 → 기능적 제한 → 병 → 장애
② 병 → 손상 → 기능적 제한 → 장애
③ 손상 → 병 → 기능적 제한 → 장애
④ 병 → 기능적 제한 → 손상 → 장애

12 에릭슨(Erikson, 1986)의 심리사회적 단계가 옳게 나열된 것은?

연령 증가 →

① 생산적 대 정체 → 자아 주체성 대 절망 → 친분 대 고독
② 친분 대 고독 → 생산적 대 정체 → 자아 주체성 대 절망
③ 자아 주체성 대 절망 → 생산적 대 정체 → 친분 대 고독
④ 생산적 대 정체 → 친분 대 고독 → 자아 주체성 대 절망

13 〈보기〉에서 설명하는 것은?

〈보기〉
- 죽상동맥경화 병변이 특징인 질환이다.
- 위험요인은 연령, 흡연, 고혈압, 당뇨병, 이상지질혈증이다.
- 주요 증상은 체중부하 움직임 시 하지의 간헐적 파행이다.

① 뇌졸중(stroke)
② 근감소증(sarcopenia)
③ 신장질환(kidney disease)
④ 말초동맥질환(peripheal arterial disease)

14 노화에 따른 호흡계 변화로 옳은 것은?

① 잔기량의 감소
② 흉곽의 경직성 감소
③ 생리학적 사강의 감소
④ 호흡기 중추신경 활동에 대한 민감성 감소

15 〈보기〉에서 노인 당뇨병 환자의 운동 효과로 옳은 것만을 모두 고른 것은?

〈보기〉
㉠ 인슐린 저항성 증가
㉡ 체지방 감소
㉢ 죽상동맥경화 합병증 위험 감소
㉣ 인슐린 민감성 감소
㉤ 골격근의 포도당 수송 능력 감소
㉥ 당뇨병 전단계에서 제2형 당뇨병으로의 진행 예방

① ㉠, ㉡, ㉥
② ㉡, ㉢, ㉣
③ ㉡, ㉢, ㉥
④ ㉣, ㉤, ㉥

16 세계보건기구(World Health Organization)가 제시한 노인의 신체활동에 대한 심리적 단기 효과는?

① 이완(relaxation)
② 기술 획득(skill acquisition)
③ 인지 향상(cognitive improvement)
④ 운동제어와 수행(motor control and performance)

17 노화에 따른 인지기능 변화로 옳지 않은 것은?

① 유동성 지능의 감소
② 결정성 지능의 감소
③ 단기 기억력의 감소
④ 인지 처리 속도의 지연

18 노인의 근·골격계 질환에 관한 권장 운동으로 옳지 않은 것은?

① 골다공증: 골밀도 증가를 위한 수영
② 관절염: 관절 부담을 적게 주는 자전거 운동
③ 척추질환: 단축된 결합조직을 이완시키는 유연성 운동
④ 근감소증: 넘어짐을 예방하기 위한 체중부하 근력 운동

19 〈보기〉에서 치매 노인에게 적합한 운동 형태로 옳은 것만을 모두 고른 것은?

───〈 보기 〉───
㉠ 계단 오르내리기
㉡ 밴드를 이용한 저항 운동
㉢ 물건 들고 안전하게 보행하기
㉣ 대근육군을 사용하는 자전거 타기

① ㉠, ㉡, ㉢, ㉣   ② ㉡, ㉢, ㉣
③ ㉢, ㉣   ④ ㉣

20 노인 운동 시 위험관리에 관한 지침으로 옳은 것만을 모두 고른 것은?

───〈 보기 〉───
㉠ 신체활동 프로그램 시작 전에 신체적 기능에 따라 참여자들을 선별한다.
㉡ 심정지 노인의 심폐소생술 시행 중에는 자동심장충격기를 사용하지 않는다.
㉢ 시각적 문제가 있는 경우 적절한 조명과 거울로 된 벽, 방향 표시를 한다.
㉣ 청각적 문제가 있는 경우 잘 들리지 않는 귀 쪽으로 큰 소리로 이야기하며 지도한다.
㉤ 심장질환의 징후인 가슴통증, 호흡곤란, 불규칙한 심박수가 나타나면 운동을 바로 중단한다.

① ㉠, ㉡, ㉣   ② ㉠, ㉢, ㉤
③ ㉡, ㉢, ㉤   ④ ㉢, ㉣, ㉤

2023 기출문제

01 기대수명(life expectancy)에 대한 설명으로 옳지 않은 것은?

① 나이가 증가함에 따라 변화한다.
② 기대수명과 평균수명은 동일한 개념이다.
③ 대부분의 나라에서 꾸준히 증가하고 있다.
④ 평균적으로 여성의 기대수명이 남성의 기대수명보다 높다.

02 무릎골관절염 노인의 운동을 지도할 때 고려사항으로 옳지 않은 것은?

① 저항성 운동할 때 통증을 유발하는 운동은 등척성 운동으로 대체할 수 있다.
② 불편함을 느끼기 시작하는 강도보다 낮은 강도로 운동을 시작한다.
③ 수중운동의 경우 물의 온도는 약 29~32°C를 권장한다.
④ 무릎관절에 충격이 큰 체중부하 운동을 권장한다.

03 〈보기〉에서 설명하는 운동 원리는?

───〈 보기 〉───
노인스포츠지도사는 일상적인 환경에서의 움직임과 연관된 동작을 포함하는 운동프로그램을 설계하고 실행해야 한다.

① 기능 관련성 원리   ② 난이도 원리
③ 점진성 원리   ④ 과부하 원리

04 〈보기〉에서 설명하는 것은?

〈 보기 〉

- 노화와 관련한 대표적인 증상 또는 질환이다.
- 근육 위축(muscle atrophy)으로도 알려져 있다.
- 유산소 능력, 골밀도, 인슐린 민감성 및 신진대사율 감소를 유발할 수 있다.

① 근감소증(sarcopenia)
② 근이영양증(muscular dystrophy)
③ 루게릭병(amyotrophic lateral sclerosis)
④ 근육저긴장증(muscle hypotonia)

05 〈보기〉에서 체중부하운동을 모두 고른 것은?

〈 보기 〉

㉠ 걷기   ㉡ 등산
㉢ 고정식 자전거   ㉣ 스케이트
㉤ 수영

① ㉠, ㉢
② ㉠, ㉡, ㉣
③ ㉡, ㉢, ㉣
④ ㉡, ㉢, ㉣, ㉤

06 '국민체력 100'에서 제시한 노인 체력에 대한 측정 방법과 운동 방법의 연결이 옳지 않은 것은?

	체력	측정 방법	운동 방법
①	동적 평형성	의자에 앉아 3m 표적 돌아오기	베개 등 다양한 지지면 위에서 균형 걷기
②	유연성	앉아 윗몸 앞으로 굽히기	스트레칭
③	하지 근기능	30초간 의자에 앉았다가 일어서기	밴드 잡고 앉아서 다리 밀기
④	심폐 지구력	8자 보행	고정식 자전거 타기

07 노인이 규칙적인 유산소운동을 통해 얻을 수 있는 효과로 옳지 않은 것은?

① 최대산소섭취량과 1회 박출량 증가
② 분당 환기량 증가와 안정 시 호흡수 감소
③ 말초혈관의 저항 감소와 혈관 탄력성 증가
④ 복부지방 감소와 안정 시 인슐린 분비의 증가

08 〈보기〉는 만성질환 노인의 운동 효과이다. ㉠~㉢에 들어갈 용어를 바르게 연결한 것은?

〈 보기 〉

- 비만 노인의 체지방량이 (㉠)하고, 근육량은 유지 및 증가된다.
- 당뇨 노인의 혈당량이 감소하고, 근육의 인슐린 민감성이 (㉡)된다.
- 골다공증 노인의 골밀도 (㉢)가 개선되고, 낙상과 골절이 예방된다.

	㉠	㉡	㉢
①	감소	증가	감소
②	증가	증가	감소
③	감소	증가	증가
④	증가	감소	증가

09 운동프로그램의 원리 중 '특수성의 원리(specificity principle)'에 대한 설명으로 옳은 것은?

① 훈련 자극 및 강도를 지속적으로 증가시켜야 한다.
② 신체의 기능 향상을 위해서는 더 강한 부하를 주어야 한다.
③ 운동의 효과는 운동 중 사용한 특정 근육 및 부위에서 나타난다.
④ 노인의 개인 특성과 운동능력 및 체력 수준을 고려하여 운동 형태를 결정해야 한다.

10 건강한 노인의 걷기운동을 지도할 때 주의사항으로 옳지 않은 것은?

① 팔은 자연스럽게 앞뒤 교대로 흔들면서 걷게 한다.
② 안전한 보행을 위하여 앞꿈치, 발바닥, 뒤꿈치 지지순서로 걷게 한다.
③ 기립 안정성을 위해 배를 내밀지 않은 상태에서 허리를 바로 세우고 걷게 한다.
④ 발바닥 전체로 내딛거나 보폭을 너무 크게 하면 피로가 빨리 오고 발바닥에 통증이 발생하므로 주의시킨다.

11 〈보기〉에서 설명하는 노화와 관련된 유전인자는?

〈보기〉
- 세포의 분열수명을 제어
- 조로증(progeria)의 원인

① 마이오카인(myokine)
② 사이토카인(cytokine)
③ 글루코오스(glucose)
④ 텔로미어(telomere)

12 〈보기〉에서 설명하는 이론은?

〈보기〉
85세의 마이클 조던은 노화로 인한 신체기능 저하로 더 이상 예전의 농구기량을 보여줄 수 없게 되었다. 농구를 계속하고 싶었던 마이클 조던은 다음과 같은 전략을 수립했다.
- 농구를 계속하기로 함
- 풀코트 대신 하프코트, 40분 정규시간 대신 20분만 뛰기로 함
- 동일한 연령대의 그룹과 경기하기로 함

① 반두라(A. Bandura)의 자기효능감 이론
② 로우(J. Rowe)와 칸(R. Kahn)의 성공적 노화 이론
③ 펙(R. Peck)의 발달과업 이론
④ 발테스와 발테스(M. Baltes & P. Baltes)의 보상이 수반된 선택적 적정화 이론

13 〈보기〉의 ㉠, ㉡에 들어갈 내용을 바르게 연결한 것은?

〈보기〉
- 폐경으로 인한 (㉠) 감소로 골다공증 위험 증가
- 대사작용의 산물인 (㉡)의 증가가 여러 노화 관련 질환 유발

	㉠	㉡
①	테스토스테론	활성산소
②	테스토스테론	젖산
③	에스트로겐	활성산소
④	에스트로겐	젖산

14 〈보기〉에서 설명하는 행동 변화 이론 또는 모형은?

〈보기〉
- 자신의 신념(belief)과 행동(behavior)을 연결하는 이론
- 구성 요인은 태도, 주관적 규범, 지각된 행동 통제, 의도, 행동통제인식

① 학습이론(learning theory)
② 건강신념모형(health belief model)
③ 계획행동이론(theory of planned behavior)
④ 행동변화단계모형(behavior change model)

15 〈보기〉에서 노인과의 원활한 의사소통 방법으로 옳은 것을 모두 고른 것은?

〈보기〉
㉠ 참여자의 정면에 선다.
㉡ 시선을 한곳에 고정한다.
㉢ 적절한 눈맞춤을 한다.
㉣ 참여자를 향해 몸을 약간 기울인다.
㉤ 손은 계속 움직이며 손가락으로 지적한다.

① ㉠, ㉡
② ㉡, ㉤
③ ㉠, ㉢, ㉣
④ ㉠, ㉢, ㉣, ㉤

16 대사당량(METs)에 대한 설명으로 옳지 않은 것은?

① 안정 시 MET값은 연령에 따라 다르다.
② 중강도의 신체활동 기준은 3.0~6.0METs이다.
③ 노인의 유산소 운동시 안전한 운동강도 설정 지표로 활용된다.
④ 1MET는 휴식상태에서 체중 1kg당 1분 동안 사용하는 산소량이다.

17 〈표〉는 노인이 운동할 때 응급상황에 대한 응급처치 방법과 목적을 제시한 것이다. ㉠~㉢에 들어갈 용어를 바르게 연결한 것은?

방법	목적
(㉠)	추가적 손상 방지
Rest(휴식)	심리적 안정
Ice(냉찜질)	(㉡)
Compression(압박)	부종 감소
Elevation(거상)	부종 감소
Stabilization(고정)	(㉢)

	㉠	㉡	㉢
①	Posture(자세)	근 경련 감소	마비 예방
②	Posture(자세)	통증, 부종, 염증 감소	마비 예방
③	Protection(보호)	통증, 부종, 염증 감소	근 경련 감소
④	Protection(보호)	마비 예방	근 경련 감소

18 노화로 인한 낙상의 원인으로 옳은 것은?

① 보행속도의 증가
② 자세 동요의 감소
③ 발목의 발등굽힘 증가
④ 보폭이 좁은 오리걸음 패턴

19 노화로 인한 체력 저하에 대한 설명으로 옳지 않은 것은?

① 근력은 20대에 최대치를 이루고 그 후 점차적으로 저하된다.
② 순발력은 10대에 최대치를 이루고 근력에 비해 빠르게 저하된다.
③ 평형성은 20대에 최대치를 이루고 그 후 급속히 저하된다.
④ 지구력은 근력, 순발력에 비해 느리게 저하된다.

20 생물학적 노화의 특징으로 옳지 않은 것은?

① 노화로 인한 변화는 점진적이다.
② 모든 사람에게 보편적으로 나타난다.
③ 발달과 쇠퇴를 모두 포함하는 변화이다.
④ 환경적 요인을 배제한 내재적 요인에 의해 발생한다.

2022년 기출문제

01 〈보기〉에서 설명하는 연령지표는?

〈보기〉
- 연령적 노화라고 일컬어지는 출생 이후의 햇수인 역연령과 대비되는 개념이다.
- 연령과 성을 기준으로한 기능적 체력과 관련이 있다.
- 신체 연령이라고도 말한다.

① 기능적(functional) 연령
② 주관적(subjective) 연령
③ 심리적(psychological) 연령
④ 연대기적(chronological) 연령

02 건강수명에 대한 설명으로 적절하지 않은 것은?

① 건강과 일상생활의 기능을 유지하는 기간을 뜻한다.
② 질병이나 신체장애 없이 생존한 삶의 기간을 뜻한다.
③ 성별·연령별로 몇 년을 더 살아갈 것인지 통계적으로 추정한 기대치로 생존 연수를 뜻한다.
④ 신체적·정서적·인지적 활력 또는 기능적 웰빙을 유지할 것으로 예상되는 삶의 기간을 뜻한다.

03 〈보기〉의 ㉠, ㉡에 해당하는 노화와 관련된 심리학적 이론이 바르게 나열된 것은?

〈보기〉

㉠	• 자부심과 만족을 느끼면서 자신의 삶을 되돌아 볼 수 있으며 죽음을 위엄있게 받아들인다. • 삶에서 달성해야 하는 것들을 달성하지 못했다고 느끼며, 삶의 종말이 다가오는 것에 대해 좌절감을 느낀다.
㉡	• 성공적 노화는 신체적·정신적·사회적 손실에 적응하는 노인의 능력과 관련이 있다. • 기능적 능력을 향상함으로써 노화로 인한 손실을 보완하도록 도움을 준다.

	㉠	㉡
①	하비거스트(R. Havighust)의 발달과업 이론	로우(J. Rowe)와 칸(R. Kahn)의 성공적 노화 이론
②	하비거스트(R. Havighust)의 발달과업 이론	펙(R. Peck)의 발달과업 이론
③	에릭슨(E. Erikson)의 심리사회발달단계 이론	로우(J. Rowe)와 칸(R. Kahn)의 성공적 노화 이론
④	에릭슨(E. Erikson)의 심리사회발달단계 이론	발테스와 발테스(M. Baltes & P. Baltes)의 보상이 수반된 선택적 적정화 이론

04 〈보기〉에서 설명하는 노화와 관련된 사회학적 이론은?

〈보기〉
- 노화와 관련된 사회학적 이론에서 가장 널리 인정되는 이론이다.
- 노인의 사회활동 참여 정도가 높을수록 생활만족도가 높아진다.
- 지속적인 활동이 성공적 노화의 핵심이다.

① 분리이론
② 활동이론
③ 현대화이론
④ 하위문화이론

05 〈보기〉의 ㉠, ㉡에 들어갈 용어가 바르게 나열된 것은?

〈보기〉
- 노인은 사회적 역할의 상실 등으로 인하여 자신감을 잃기 쉬우며, 점점 고립되어 고독감을 느끼게 되기 때문에, 다른 사람이나 사회로부터의 보살핌, 존중, 도움을 받는 (㉠)이/가 필요하다.
- 노인은 일정 수준의 목표를 성취할 수 있다는 자신의 역량에 대한 믿음을 뜻하는 (㉡)을 가져야 한다.

	㉠	㉡
①	사회적 지지	자기효능감
②	사회적 설득	자기효능감
③	사회적 설득	자부심
④	사회적 지지	자부심

06 〈보기〉에서 운동이 노인에게 미치는 심리적 효과로 옳은 것만을 모두 고른 것은?

〈보기〉
㉠ 운동 기술 습득   ㉡ 우울증 감소
㉢ 심리적 웰빙 향상   ㉣ 사회적 연결망 확장

① ㉠, ㉡ ② ㉠, ㉢
③ ㉡, ㉢ ④ ㉢, ㉣

07 노화와 관련된 신체적 변화로 옳지 않은 것은?

① 근 질량 감소
② 관절 유연성 감소
③ 폐 탄력성과 흉곽 경직성 증가
④ 수축기혈압과 이완기혈압 증가

08 〈보기〉에서 운동이 노인에게 미치는 생리적 효과로 옳은 것만을 모두 고른 것은?

〈보기〉
㉠ 인슐린 내성 증가
㉡ 체지방 감소
㉢ 인슐린 감수성 증가
㉣ 안정시 심박수 감소
㉤ 주어진 절대 강도에서 심박수 증가
㉥ 고밀도지단백콜레스테롤(HDL-C) 감소

① ㉠, ㉡, ㉥ ② ㉡, ㉢, ㉣
③ ㉡, ㉢, ㉥ ④ ㉣, ㉤, ㉥

09 체력요인에 따른 노인의 운동 방법과 효과가 바르게 연결되지 않은 것은?

	체력요인	운동 방법	효과
①	심폐지구력	고정식 자전거 타기	심혈관계 질환의 위험률 감소
②	근력	덤벨 들고 앉았다 일어서기	근육 및 뼈 강화로 인한 일상생활 수행능력 향상
③	유연성	앉아서 윗몸 앞으로 굽히기	신체활동 시 기능적 제한 예방
④	평형성	의자 잡고 옆으로 한발 들기	신체 각 부위가 조화를 이루면서 원활히 움직일 수 있는 능력 향상

10 <보기>의 ㉠, ㉡에 들어갈 목표심박수 범위가 바르게 나열된 것은?

— 보기 —
- 나이: 70세
- 성별: 남성
- 안정시 심박수: 80회/분
- 최대심박수: 150회/분
- 의사는 심폐지구력 운동 시 목표심박수 40~50% 강도를 권고
- 카보넨(Karvonen) 공식을 활용한 목표심박수의 범위는 (㉠)%HRR에서 (㉡)%HRR이다.

	㉠	㉡
①	108	115
②	115	122
③	122	129
④	129	136

11 노인운동 시의 위험 관리 항목과 방법이 바르게 연결된 것은?

① 환경과 장소 안전: 참가자 중 당뇨 환자가 있을 경우, 사탕이나 초콜릿을 준비해 둔다.
② 시설 안전: 운동장비의 사용방법과 사용 시 주의사항을 적절한 장소에 게시해야 한다.
③ 환경과 장소 안전: 운동 동선을 파악하여 시설과 장비를 배치한다.
④ 시설 안전: 무덥고 다습한 곳은 피해야 한다.

12 <보기>에서 고혈압 질환이 있는 노인의 운동 지도 시 고려해야 할 사항으로 적절한 것만을 모두 고른 것은?

— 보기 —
㉠ 등척성 운동을 권장한다.
㉡ 나트륨 섭취 제한, 체중조절, 유산소 운동을 권장한다.
㉢ 저항성 운동 시 발살바 매뉴버에 의한 혈압 상승에 주의한다.
㉣ 이뇨제, 칼슘채널차단제, 혈관확장제 등의 약물에 의한 운동 후 혈압 상승에 주의한다.

① ㉠, ㉡ ② ㉠, ㉢
③ ㉡, ㉢ ④ ㉢, ㉣

13 노인체력검사(Senior Fitness Test) 항목에서 2.4m 왕복 걷기와 관련된 활동으로 옳은 것은?

① 자동차나 목욕탕에 들어가고 나오기
② 손자 안기, 식료품 가방 들기
③ 장거리 보행, 계단 오르기
④ 버스 빠르게 타고 내리기

14 <보기>에서 노화로 인한 평형성과 기동성(balance and mobility) 변화에 영향을 미치는 요인을 모두 고른 것은?

— 보기 —
㉠ 체성감각계   ㉡ 시각계
㉢ 전정계   ㉣ 운동계

① ㉠, ㉡, ㉢, ㉣ ② ㉡, ㉢, ㉣
③ ㉢, ㉣   ④ ㉣

15 〈보기〉에서 근골격계 질환이 있는 노인에게 적합한 운동만을 모두 고른 것은?

― 보기 ―
㉠ 등산   ㉡ 수영
㉢ 테니스 ㉣ 수중 운동
㉤ 스케이팅 ㉥ 고정식 자전거 타기

① ㉠, ㉡, ㉢
② ㉡, ㉣, ㉥
③ ㉢, ㉣, ㉤
④ ㉣, ㉤, ㉥

16 건강신념모형에서 건강신념행동을 구성하는 요소로 옳지 않은 것은?

① 지각된 장애
② 지각된 이익
③ 지각된 심각성
④ 지각된 자기 인식

17 〈보기〉의 ㉠, ㉡에 해당하는 노인운동 교육의 원리와 설명이 바르게 나열된 것은?

― 보기 ―
- (㉠) - 지적 능력, 학력, 흥미, 성격, 경험, 건강상태 등 개개인의 학습 욕구를 충족시켜줄 수 있는 방법을 모색한다.
- (㉡) - 지도자와 학습자 간의 동등한 관계에서 출발하여 교육활동 전반에서 상호 간의 합의를 이루도록 한다.

	㉠	㉡
①	다양화의 원리	사회화의 원리
②	개별화의 원리	사제동행의 원리
③	개별화의 원리	사회화의 원리
④	다양화의 원리	사제동행의 원리

18 〈보기〉에서 미국스포츠의학회(ACSM, 2018)의 노인을 위한 유산소운동 지침으로 옳은 것만을 모두 고른 것은?

― 보기 ―

㉠	운동 빈도(F)	• 중강도 시 5일/주 • 고강도 시 3일/주
㉡	운동 강도(I)	• 중강도 시 5~6(RPE 10점 만점 도구 기준) • 고강도 시 7~8(RPE 10점 만점 도구 기준)
㉢	운동 시간(T)	• 중강도 시 150분~300분/주 • 고강도 시 75분~100분/주
㉣	운동 형태(T)	• 앉았다 일어서기(스쿼트), 스트레칭

① ㉠, ㉡, ㉢
② ㉠, ㉡, ㉣
③ ㉠, ㉢, ㉣
④ ㉡, ㉢, ㉣

19 〈보기〉에 해당하는 대상자의 운동참여 동기유발을 위한 노인스포츠지도사의 상담 내용으로 적절하지 않은 것은?

― 보기 ―
- 68세 어르신은 체중조절과 건강관리를 위한 운동에 관심이 있다.
- 운동 참여 경험은 없지만, 지속적으로 운동에 참여하고 싶다.

① 가족, 친구들과 함께 운동하며, 사회적 교류 기회가 확대됨을 설명한다.
② 스트레스 해소와 활력감 증진에 도움이 됨을 설명한다.
③ 건강 및 체중 관리에 도움이 됨을 설명한다.
④ 질병치료에 대한 기대감을 갖도록 설명한다.

20 노인운동 지도 시 의사소통에 관한 설명으로 옳은 것은?

① 어린아이를 다루듯 말한다.
② 스킨십은 사용하지 않는다.
③ 소리를 질러가며 말하지 않는다.
④ 대상자를 정면에서 쳐다보는 언어적 기술을 사용한다.

필기 4주 완성 한권 완전정복

M 스포츠지도사

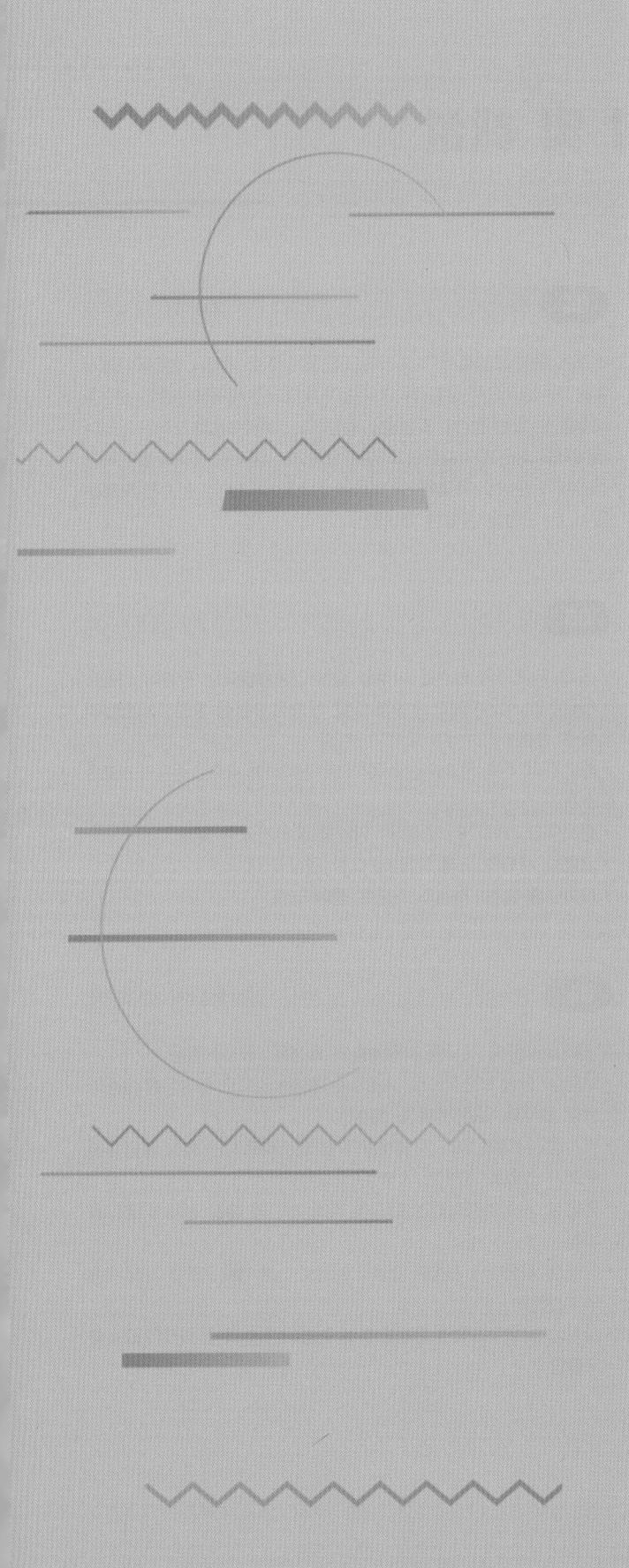

2024~2022

스포츠지도사 기출문제 완전정복

2급(전문·생활·장애인) | 유소년 | 노인

선택과목
스포츠사회학 | 스포츠교육학 | 스포츠심리학
한국체육사 | 운동생리학 | 운동역학 | 스포츠윤리

정답 및 해설
2024년
2023년
2022년

2024 스포츠지도사 정답 및 해설

스포츠사회학

01	02	03	04	05	06	07	08	09	10
④	①	④	③	③	①	④	②	①	②
11	12	13	14	15	16	17	18	19	20
①	③	②	④	④	④	③	②	①,③	②

01 ④ — 학습리턴 본문 p. 15

훌리한(Houlihan)이 제시한 정부의 스포츠 개입 목적은 시민건강 및 체력유지를 위한 재원 지원, 양성평등을 위한 Title IX 제정, 공공질서 보호를 위한 스케이트보드 금지, 헬멧 착용 등의 도시조례 제정이 있음. 덧붙여 게르만족의 우월성을 강조하기 위해 베를린 올림픽(1936) 개최도 사례로 제시함

02 ① — 학습리턴 본문 p. 28

문화체육관광부장관 지정스포츠클럽은 아래 사항과 사업을 연계할 수 있음
- 스포츠클럽과 「학교체육 진흥법」에 따른 학교스포츠클럽 및 학교운동부와의 연계
- 종목별 전문선수의 육성
- 연령·지역·성별 특성을 반영한 스포츠 프로그램의 운영
- 장애인 선수의 육성 및 장애 유형과 정도, 성별 등의 특성을 반영한 스포츠 프로그램의 운영
- 대통령령으로 정하는 기초 종목 및 비인기 종목의 육성

03 ④ — 학습리턴 본문 p. 38

구조기능주의(structural-functionalism)란 사회질서의 이론으로 모든 체계에는 충족시켜야 할 기능적인 요건이 있고, 이 요건은 어떤 구조에 의해 충족된다는 이론임. 즉, 사회를 유기체에 비유함으로써 사회구성원에 대해 동일한 가치관을 지닌 대상으로 보고, 사회의 주요부분(예 가정, 교육, 경제, 정부, 종교, 스포츠 등)은 상호보완적인 조화상태를 이루고 있음을 제시함. 사회갈등 유발기능은 사회를 공통된 가치관이 아닌 본질적으로 상호 다른 관심에 특정 지어져 끊임없이 변화하는 것으로 바라보는 갈등이론에 해당됨

04 ③ — 학습리턴 본문 p. 27

스포츠 육성 모델로서 ㉠ 피라미드 모형은 주로 해외의 선진국가에서 차용하는 방식으로 생활체육의 기반이 확대되면 세계적 수준의 선수를 배출할 수 있는 환경이 조성됨을 의미하고, ㉡ 낙수효과 모형은 우리나라에서도 최근까지 시행되고 있는 방식으로 엘리트 체육이 발전하면 생활체육 분야도 확대될 수 있음을 강조함. 또한 ㉢ 선순환 모형은 앞서 두 모형을 통합한 개념임

05 ③ — 학습리턴 본문 p. 59

스포츠 세계화의 원인은 아래와 같음(인종차별과는 관련이 없음)
- 제국주의: 식민지에 스포츠를 도입, 문화적 수용을 통한 지배집단의 욕구 관철
- 종교 전파: 신흥 종교를 선교 목적으로 전파하며 새로운 종목의 스포츠 소개
- 정보통신(과학기술)의 발달: 양방향 통신기술의 발달
- 고령화 사회의 도래: 건강에 대한 관심 급증
- 페미니즘 발전: 여성의 스포츠 참여 급증

06 ① — 학습리턴 본문 p. 37

투민(Tumin)이 제시한 사회계층의 특성은 아래와 같음
- 보편성: 항상 보편적으로 계층이 존재하는 것으로 불평등한 계층이 항상 편재돼 있음(편재성, 偏在性)
- 역사성: 시대에 따라 사회계층의 형태는 다르지만 항상 불평등한 구조가 있었음(고래성, 古來性)
- 영향성: 사회계층이라는 위계에 따라 개인의 생활 전체에 영향을 미침
- 다양성: 사회마다 계층이 다양하고 서로 다른 계층구조를 가짐(계층의 다양성)
- 사회성: 사회구조적인 문제를 통해 광범위한 사회·문화적인 요소를 포함함

07 ④
학습리턴 본문 p. 42

개인, 집단이 차지하는 사회적 위치가 다른 위치로 옮겨가는 것을 '사회이동'이라고 하고, 이동 방향에 따라 '수직이동'과 '수평이동'으로 분류할 수 있음

08 ②
학습리턴 본문 p. 52

차별교제 이론은 일탈 행위가 단순히 개인의 도덕적 결함이나 심리적 문제 때문이 아니라, 사회적 상호작용을 통해 학습된다는 점에 중점을 둠

09 ①
학습리턴 본문 p. 53

스미스(Smith)가 제시한 경기장 내 신체 폭력 유형 중 경계폭력은 빈볼성 투구, 심한 태클, 진로방해 등으로 전략적으로 사용함. 규범 위반이지만 스포츠 규범에는 부합되는 측면이 있고, 공식적인 제재나 벌금은 부과되지 않음

10 ②
학습리턴 본문 p. 7

코클리(Coakley)는 스포츠 제도화의 특성으로 규칙의 표준화, 공식 규정 위원회의 규칙 집행, 행동의 조직성 및 합리성 강조, 경기기술의 정형화를 제시함. 팬들의 호응을 유도하고 경기의 흥행을 위해 스포츠 조직이 전문화되고, 경기기술이 정형화되면 득점이 늘어나야 함

11 ①
학습리턴 본문 p. 11

파슨스(Parsons)는 모든 사회체계를 4가지 기능요건을 충족(AGIL) 해야 한다고 제시함. 이는 적응(Adaption), 목표 달성(Goal attainment), 통합(Integration), 잠재적 유형 유지(Latent pattern maintenance)임. 파슨스의 AGIL 이론은 구조기능주의의 핵심원리를 반영하고 있음

12 ③
학습리턴 본문 p. 16

〈보기〉는 스포츠와 정치의 결합을 통한 정부기관의 관여에 해당되는 상호의존성의 사례임. 이 외에도 일반기업이 프로스포츠구단을 창설할 때 조세감면혜택을 부여하는 제도도 해당됨

13 ②
학습리턴 본문 p. 19

스트렌크(Strenk)가 제시한 스포츠가 국제정치에 개입하는 방식과 사례는 아래와 같음
- 정치이념 선전: 베를린 올림픽의 나치즘 선전(1936), 남북한 출전경쟁 및 정치제도 우위 선전
- 외교적 도구: 외교적 거부, 외교적 승인, 미국 탁구팀의 중화인민공화국 방문(1971)
- 갈등 및 전쟁의 촉매: 뮌헨 올림픽의 검은구월단 테러(1974), 온두라스·엘살바도르의 월드컵 예선으로 인한 축구전쟁(1969)
- 외교적 항의: 모스크바 올림픽 보이콧(1980), LA 올림픽 보이콧(1984), 남아공 내의 아파르트헤이트에 대한 국제사회 대응
- 국위선양: 선수와 국가의 동일시, 국가를 전 세계에 알리는 수단
- 국제 이해와 평화 증진: 남북체육 교류

14 ④
학습리턴 본문 p. 59

스포츠 세계화에 따라 구단의 상업주의가 중요하게 되면서 팬들도 선수의 국적보다 팀 혹은 구단 브랜드를 인식하는 경향이 강해짐

15 ④
학습리턴 본문 p. 26

스포츠의 교육적 역기능은 정과체육의 문제점으로 체육수업의 부실화, 열악한 시설과 환경, 체육교사의 무관심 및 인식부족이 있음. 체육교과의 위상 악화로 보건교과의 신설, 체육과목 대체수업, 체육과목에 대한 부정적인 인식이 있음. 또한 학원·클럽 스포츠의 문제점으로 학교체육과 달리 경기를 하기 때문에 경쟁의식과 승리지상주의 인식이 팽배해 부정한 방법이 동원될 수 있음

16 ④
학습리턴 본문 p. 34

스포츠 문화 이데올로기에는 대표적으로 성 논리, 계급 논리, 인종 논리 등이 있음
- 성 논리(gender logic): 여성보다 남성의 힘과 신체기술이 우세하고 취약계층으로 인식함. 즉, 여성의 성과를 중요시 여기지 않음
- 계급 논리(class logic): 부유하고 힘 있는 사람들을 가치가 있는 승자로, 가난하고 힘이 없는 사람들은 게으른 패자로 보는 이원론적 사고
- 인종 논리(race logic): 피부색으로 차별을 하고 소수민족과 유색인들을 상징적으로 억압할 수 있음을 보여줌

17 ③

스포츠 일탈 유형 중 과잉동조는 선수들이 훈련 혹은 경기 중에 규칙이나 규범을 무비판적으로 무조건 따름으로써 한계를 벗어난 일탈행동임. 선수들이 부상을 무릅쓰고 투혼을 벌이는 행위도 조직을 위해 과도한 충성을 다할 때 발생하므로 과잉동조라 할 수 있음

18 ②

사회학습이론은 개인이 사회적 행동을 어떻게 습득하고, 그 사회에 알맞은 역할을 수행하는가를 규명하는 것으로 〈보기〉는 사회화의 주관자(타인)를 통한 지도를 뜻하는 코칭과 관련 있음

19 ①, ③

자의와 타의에 의해 스포츠 참가를 중단하는 것으로 자발적 은퇴와 비자발적 은퇴(부상, 방출 등)가 있음. 환경, 취업, 정서, 역할사회화 및 인간관계 등의 여러 변인에 따라 탈사회화가 이루어짐. 개인으로부터 참여가 제한되는 것을 내재적 제약, 외부의 환경으로부터 참여가 제한되는 것을 외재적 제약이라 할 수 있음

20 ②

VAR(Video Assistance Referee, 비디오보조심판) 시스템은 애초에 심판을 보조하는 역할로 개발돼 사용하고 있지만, 정확하고 공정한 판단을 바라는 팬과 고객을 위해 의존도가 높아지고 있음

스포츠교육학

01	02	03	04	05	06	07	08	09	10
①	④	③	②	②	④	③	①	②	④
11	12	13	14	15	16	17	18	19	20
③	①	④	②	③	②	③	①	④	①

01 ①

슐만(Shulman)은 내용에 대한 지식을 통해 교사는 교과 내용에 대한 지식을 잘 알아야 함을 강조함
- 내용교수법 지식: 교과를 참여자 특성에 맞게 지도할 수 있는 방법에 관한 수업지식을 의미함
- 교육환경 지식: 수업에 영향을 미치는 환경에 대한 지식임
- 학습자 특성에 관한 지식: 수업에 참여하는 학습자에 대한 지식임

02 ④

동료 평가란 학습자가 유사한 상태에 있는 다른 학습자의 수행수준과 결과물 등을 평가하는 것을 말함. 이는 학생들이 서로에 대해 비판적인 태도를 갖게 하여 학습자의 책무성을 강화함. 면담은 교사가 학생과 일대일로 대화를 나누며 학생의 학습 내용, 이해도, 태도, 감정 등을 심층적으로 탐색하는 평가 방법임

03 ③

효과적인 지도를 위한 관리전략으로 상규적 활동관리(수업시간, 출석점검 등 반복적으로 일어나는 일상적인 활동을 루틴으로 만듦), 예방적 수업 운영, 수업흐름의 관리, 학습자 관리 등이 있음

04 ②

㉠ 협동학습 모형: 팀 보상, 개인적 책무성, 학생의 성공적인 학습을 위한 평등한 기회 제공과 같은 공통적인 특성을 가지고 있는 일종의 수업 전략
㉡ 개인적·사회적 책임감 지도 모형: 위험한 환경에 노출되어 각종 교육적 혜택을 받지 못하는 불우한 학생들에게 체육을 통해 '보다 나은 사람'을 만들기 위해 개발됨

05 ② 학습리턴 본문 p. 113

- ㉠ 직접기여 행동: 학생들이 주어진 수업내용을 학습하는 데 가장 중요한 영향을 미치는 행동(안전한 학습환경 유지, 과제 명료화, 생산적 학습환경 유지 등)
- ㉡ 비기여 행동: 수업에 도움이 되지 않는 행동
- ㉢ 간접기여 행동: 학습자와 학습환경에 주의를 기울이지만 내용에 직접적으로 도움이 되지 않는 행동(부상 학생 관리, 과제 외 문제의 논의 참여 등)임

06 ④ 학습리턴 본문 p. 494

기본운동 발달 구성요소로서 이동운동, 안정성(비이동) 운동, 조작운동이 있음.
- 이동운동: 기초운동(기기, 걷기, 달리기 등)과 복합운동(기어오르기, 슬라이딩 등)이 있음
- 안정성 운동: 축 이용 기술(굽히기, 늘리기 등), 정적 운동(직립균형, 물구나무 서기 등), 동적 운동(구르기, 멈추기 등)이 있음
- 조작운동: 추진운동(굴리기, 던지기 등)과 흡수운동(받기, 잡기 등)이 있음

07 ③ 학습리턴 본문 p. 76

〈학교체육진흥법〉 제10조에 따라 학교의 장은 아래 항을 해야 함
- 학교스포츠클럽 운영, 학생들의 체육활동 참여기회를 확대
- 학교스포츠클럽 전담교사를 지정, 소정의 수당 지급
- 학교기록부 기록하여 상급학교 진학 자료로 활용
- 일정비율 이상의 학교스포츠클럽을 해당학교의 여학생들이 선호하는 종목의 학교스포츠클럽 운영

08 ① 학습리턴 본문 p. 116

상호학습형 교수 스타일은 교사 1명과 2인 1조를 이룬 학생(학습자)들이 필요하며, 교사의 주된 역할은 교과 내용 및 기준을 선정하고, 세부 운영 절차 결정과 관찰자에게 피드백을 제공하는 것임. 교사의 역할은 관찰자의 언행 관찰하기, 관찰자에게 피드백 제공하기, 관찰자의 질문에 답변하기 등이 있고, 학습자의 역할은 수행자 및 관찰자의 역할 선택하기, 수행자로서 과제 수행하기(연습형 스타일처럼 수행함), 과제를 성공적으로 수행한 뒤 역할 교대하기 등이 있음

09 ② 학습리턴 본문 p. 128

학교체육전문가가 갖추어야 할 자질(총 8가지 기준) 중 학습자의 이해(기준2), 교과지식(기준3)은 ㉠ 지식과 관련돼 있고, 교육과정 운영 및 개발(기준4), 수업계획 및 운영(기준5), 학습모니터 및 평가(기준6), 협력관계 구축(기준7)은 ㉡ 수행과 연관 있음. 또한 교직인성 및 사명감(기준1), 전문성 개발(기준8)은 ㉢ 태도의 영역임

10 ④ 학습리턴 본문 p. 116

모스톤(Moston)의 인지(사고) 과정은 다음 순서와 같음
- 자극(stimulus): 여러 종류의 자극(수행과제, 사회적 상황, 정서문제, 게임, 창의적 노력)은 사고과정을 유인함
- 인지적 부조화(dissonance): 불안정, 흥분상태, 해답을 찾고자 하는 욕구에 의해 나타남
- 매개(Mediation): 특정한 자극(질문)을 유인하는 구체적인 인지 기능을 활성화함
- 반응(response): 기억, 발견, 창조의 결과로 나타남

11 ③ 학습리턴 본문 p. 130

국민체육진흥법 제11조(체육지도자의 양성) 3항의 스포츠윤리교육과정은 아래와 같음
- 성폭력 등 폭력 예방교육
- 스포츠비리 및 체육계 인권침해 방지를 위한 예방교육
- 도핑방지교육
- 그 밖에 체육의 공정성 확보와 체육인의 인권보호를 위하여 문화체육관광부령으로 정하는 교육

12 ① 학습리턴 본문 p. 106

동료교수 모형은 학생들이 교사의 역할과 학습자의 역할을 번갈아 가면서 수행하는 방법임. 중요한 책임을 개인교사(tutor)라 불리는 학생에게 위임하고, 이 학생은 다른 학생의 연습을 관찰하고 분석하게 함. 이 모형은 동료들 간의 상호작용을 통해 학습 효과를 높이고, 학습자가 주도적으로 학습에 참여하도록 유도하는 데 중점을 둠

13 ④ 학습리턴 본문 p. 112

〈보기〉는 반성적 교수에 관한 내용임. 동료 교수는 소집단의 동료와 모의 수업 장면에서 발문과 피드백을 하는 방식이고, 축소 수업(마이크로 티칭)은 소수 학생을 대상으로 현장 접근성이 쉬운 특성이 있음. 또한 실제 교수는 전체 학생을 대상으로 실제의 교육실습에 들어가기 직전의 마지막 연습이라 할 수 있음

14 ②
학습리턴 본문 p. 82

스포츠강사의 자격조건은 '국민체육진흥법(법 2조)'에 명시돼 있고, 스포츠강사의 배치는 '학교체육진흥법(법 13조)'에 명시됨. 즉, '체육지도자'란 학교·직장·지역사회 또는 체육단체 등에서 체육을 지도할 수 있도록 이 법에 따라 다음 각 목의 어느 하나에 해당하는 자격을 취득한 사람으로 스포츠지도사, 건강운동관리사, 장애인스포츠지도사, 유소년스포츠지도사, 노인스포츠지도사로 분류함. 참고로 체육지도자 양성은 '국민체육진흥법(법 11조)', 체육지도자 배치는 '체육시설의 설치·이용에 관한 법률(법 23조)'에 명시됨

15 ③
학습리턴 본문 p. 109

리드업 게임(lead-up game)은 경기에 사용되는 주요 기능을 단순화시켜 게임으로 만듦. 예를 들어 농구 드리블을 가르칠 때 반환점 돌아오기 릴레이 게임을 진행하여 자연스럽게 기술을 배우게 할 수 있음

16 ②
학습리턴 본문 p. 105

스포츠 교육 모형은 시덴탑(Siedentop)이 학교상황에서 학생에게 실제적, 교육적으로 풍부한 스포츠 경험을 제고하기 위해 개발함. 이는 스포츠 리그 조직에서 유래됐고, 유능하고 박식하며, 열정적인 스포츠인으로 성장하기 위한 교육모형임. 시덴탑의 스포츠 교육 모형에서 인지적 영역은 스포츠와 관련된 지식, 전략, 규칙, 그리고 문제 해결 능력을 포함하는 학습의 중요한 측면임

17 ③
학습리턴 본문 p. 102

〈보기〉는 현장 개선 연구에 대한 설명임. 현장 개선 연구는 문제 파악 및 계획, 실행, 관찰, 반성의 단계를 통한 방법임
① 문헌 연구: 주어진 연구 주제에 대해 책, 논문 등 인쇄된 자료의 소재를 파악하여 종합하고 분석하는 방법
② 실험 연구: 변인 간의 관계를 발견하기 위해 통제된 상황에서 독립변인을 조작하여 종속변인에 미치는 영향을 측정하고 분석하는 방법
④ 근거이론 연구: 데이터를 수집하고 체계적으로 분석하여 이론을 생성하는 질적 연구방법

18 ①
학습리턴 본문 p. 98

교사가 해야 하는 행동으로 예방적 관리의 교수기능에서 동시처리는 내용지도와 수업운영을 동시에 처리하는 것임. 즉, 수업을 하면서 동시에 이탈 행동 학생을 제지하는 것과 같음

19 ④
학습리턴 본문 p. 528

국민체력 100은 모든 국민들에게 체력수준 맞춤형 운동 프로그램을 제공하여 국민체력 및 건강 증진에 목적을 두고 운영하고 있는 프로그램으로 스포츠클럽과는 무관함

20 ①
학습리턴 본문 p. 126

평정척도는 거리에서 설문지를 받았을 때 흔히 쓰는 방식임. 말 그대로 점수가 평등하게 매겨져 있다는 뜻으로 등급법, 5점 척도, 리커트 척도(Likert scale) 등으로 불림

스포츠심리학

01	02	03	04	05	06	07	08	09	10
②	①	②	②	③	③	②	③	①	④
11	12	13	14	15	16	17	18	19	20
②	③	③	④	①	①	③	②	④	④

01 ②
학습리턴 본문 p. 168

〈보기〉에서 설명하는 사회학습이론은 각 개인이 관찰과 모방을 통해 새로운 행동을 배우고, 이를 통해 사회적 경험을 습득한다는 이론임
① 특성이론: 개인 내에 존재하고 있는 일관적이고 안정된 특성으로 성격을 설명하는 이론임
③ 욕구위계이론: 매슬로우가 제시한 현상학적 이론으로 욕구의 위계는 생리적 욕구, 안전욕구, 사회적 욕구, 존중욕구, 자아실현 욕구 단계로 나누어짐
④ 심리(정신)역동이론: 인간의 성격과 행동은 무의식적 욕구, 갈등, 경험에 의해 결정된다고 본 이론임

02 ①
학습리턴 본문 p. 99

- 개방운동기술(open motor skills): 변하는 환경에서 수행하는 기술로서 동작반응의 유연성, 적응력 및 정확한 동작패턴 등을 보임. 관련 종목으로 축구의 드리블, 야구의 배팅, 탁구의 스매싱이 있음
- 폐쇄운동기술(closed motor skill): 변하지 않는 환경에서 수행하는 기술로서 골프, 양궁, 사격과 같이 동작패턴의 반복훈련, 정확하고 일관성이 있는 동작패턴에서 나타남

농구의 드리블은 개방운동기술에 속하나, 자유투는 일관된 동작패턴의 반복훈련 형태이므로 폐쇄운동기술이라 할 수 있음. 이와 유사한 형태로 축구의 승부차기, 골프의 스윙도 변화되지 않는 정적인 조건에서 이뤄지므로 폐쇄운동기술임

03 ②
학습리턴 본문 p. 178

〈보기〉의 ㉠은 동기와 관련한 내용임. 내적동기는 내적욕구를 만족시키려고 동기가 생긴다고 주장하는 이론으로서 스포츠 자체가 좋아서 운동을 하는 경우(㉡)는 내적동기가 높음. 또한 외적동기(유인동기이론)는 외적욕구를 만족시키려고 동기가 생긴다고 주장하는 이론으로 다른 사람의 인정, 상벌, 강제성 등에 따라 동기가 부여됨(㉢)

04 ②
학습리턴 본문 p. 144

정보처리단계는 감각·지각 단계, 반응·선택 단계, 반응·실행 단계를 거침. 감각·지각 단계는 환경의 정보자극을 탐지하고 자극의 유형을 인식하는 자극 확인 단계(㉠)이고, 반응·선택 단계는 입력된 자극에 대해 어떤 반응을 보일지 선택하는 단계(㉡)이며, 반응·실행 단계는 반응을 실제행동으로 옮기기 위해 운동체계를 조직하는 단계임

05 ③
학습리턴 본문 p. 180

스포츠 심리상담에서 인지 재구성 모형이란 선수의 비합리적인 생각과 신념으로 경기에 방해가 된다고 판단할 때 사용하는 모형임. 개인의 부정적이거나 비합리적인 사고를 인지하고 이를 긍정적이고 현실적인 사고로 재구성하는 것을 목표로 함

06 ③
학습리턴 본문 p. 162, 481(유아체육론)

갤라휴(Gallahue)의 운동발달 단계는 반사적 움직임, 초보적 움직임, 기초적 움직임, 전문화 움직임, 성장과 세련, 최고수행, 퇴보단계로 이어짐. 참고로 전문화 움직임 단계는 초등학교 시기로 스포츠 기술에 대해 적극적인 참여가 가능하고, 성장과 세련단계는 청소년기로 운동발달이 급격하게 나타나는 시기임

07 ②
학습리턴 본문 p. 180

성취경험(성공경험)은 어떤 사람이 목표를 달성하기 위해 시도한 결과의 성공과 실패 여부(수행완수)로서 자기효능감에 가장 큰 영향을 미침

08 ③
학습리턴 본문 p. 156, 157

집중연습(massed practice)은 연습과 연습 사이에 쉬는 시간이 상대적으로 짧고, 무선연습은 운동기술의 하위요소들을 임의대로 연습하는 것임. 또한 전습법은 학습할 범위를 한꺼번에 학습하는 방법임. ㉡은 구획연습에 대한 설명으로 운동기술의 하위요소들을 순차적으로 연습하는 것을 말함. 분산연습(distributed practice)은 연습 시간에 비해 쉬는 시간이 상대적으로 긴 특성이 있음

09 ①   학습리턴 본문 p. 213

스포츠에 참여하는 모든 사람과 전문적인 상담을 진행한다는 것은 AAASP의 스포츠심리상담 윤리규정에 부합하지 않으며 개인의 특성, 전문성의 한계, 자발적인 참여, 적절한 상담 관계를 고려한 상담이 요구됨

10 ④   학습리턴 본문 p. 155

절차적 기억(procedural memory)은 무의식적으로 습득되고 자동으로 수행되는 기술과 행동을 기억하는 형태의 장기 기억임. 주로 신체 동작과 관련된 활동이나 습관, 기술을 포함하며, 반복적인 연습을 통해 학습된 것으로 의식적인 노력 없이도 자연스럽게 실행되는 것이 특징임

11 ②   학습리턴 본문 p. 199

피들러(Fiedler)의 상황·유관 이론(상황적합성, 상황부합 이론)은 지도자의 특성뿐만 아니라 리더십을 발휘하는 상황을 강조함으로써 지도자의 특성 및 행동보다는 추종자의 능력, 태도 및 리더십이 발휘되는 조직 내의 상황 등이 리더십을 결정한다고 제시함. ㉠은 과제지향리더(과업중심리더)를, ㉡은 관계지향리더(관계중심리더)를 뜻함

12 ③   학습리턴 본문 p. 148

운동학습(motor learning)이란 경험 또는 연습에 의해 어떤 자극에 대한 반응이 변화하는 것을 말함. ③번은 운동생리학 영역의 설명임

13 ③   학습리턴 본문 p. 206

아이젠(Ajxen)이 제시한 계획적 행동이론(TPB, Theory of Planned Behavior)은 지각된 행동통제감이란 개념을 추가하여 운동행동을 방해하는 요인을 자신이 통제할 수 있다는 자신감을 얻게 하고, 의도(㉢)를 결정하는 요인으로 행위에 대한 태도(㉠), 주관적 규범(㉡), 인지(지각)된 행위의 통제(㉣)를 하게 함

14 ④   학습리턴 본문 p. 147

도식이론은 스키마이론으로 동작이 종료된 이후 지각흔적에 의해 오차가 수정된다는 폐쇄이론에 반대한 이론임. 스키마(schema)란 사람이 기억하는 특정한 종류의 물건, 동물 등에 대한 다양한 표현 또는 추상적 표상을 뜻함

15 ①   학습리턴 본문 p. 202

㉠ 스포츠 수행의 사회 심리적 요인에서 사회적 촉진이란 타인의 존재가 운동수행에 영향을 미치는 것을 의미함
㉡ 단순존재가설은 사람이나 대상에 반복적으로 노출되는 것만으로도 그 대상에 대한 호감도가 높아진다는 이론임. 공행자(Companion Effect)는 단순존재가설과 유사한 개념으로, 특정 자극에 함께 노출된 사람들 간의 유대감이 강화되는 현상을 설명함
㉢ 주의분산 및 갈등이론은 과제수행 중에 타인의 존재는 수행자의 주의를 분산시킴을 의미함

평가우려이론은 타인의 존재만으로 수행을 촉진하는 충분조건이 되지 못하고 타인이 자신의 수행을 관찰하고 평가한다는 것에 대해 개인이 갖는 평가우려가 각성의 직접적인 선행요인이 될 수 있음을 나타내는 이론임

16 ①   학습리턴 본문 p. 145

힉의 법칙(Hick's Law) 혹은 힉-하이먼 법칙(Hick-Hyman Law)은 사람이 무언가를 선택하는 데 걸리는 시간은 선택하려는 가짓수에 따라 결정됨을 의미함. 즉, ①의 설명과 같이 선택의 가짓수가 많아지면 반응시간이 오래 걸림

17 ③   학습리턴 본문 p. 188

심상의 조절력은 개인이 자신의 마음속에서 특정한 이미지나 상상(심상)을 의도적으로 생성하고, 그 이미지를 조작하거나 조정할 수 있는 능력을 의미함. 심상의 효과에 영향을 미치는 요인은 내적심상, 외적심상, 심상의 선명도, 기술수준 등이 있음

18 ②

천장 효과(Ceiling effect)와 바닥 효과(Floor effect)는 시험이나 실험에서 측정된 결과가 특정 범위의 상한선(최고점) 또는 하한선(최저점)에 가까워지면서 변별력을 잃는 현상을 설명하는 용어임. 검사의 난이도가 너무 낮거나 검사에 응한 대상자들이 매우 높은 점수를 얻은 경우를 천장 효과라 하고, 그 반대로 난이도가 너무 높아 대상자들의 수행이 하한에 있을 때를 바닥 효과라 함

19 ④

운동 실천에 영향을 미치는 요인으로 개인적 요인과 환경적 요인이 있음. 개인적 요인은 개인특성(나이, 직업, 교육수준, 성, 소득, 과체중 및 비만 등), 인지성격(태도, 운동 방해요인, 운동 의도, 건강 및 운동지식, 운동 자기효능감 등), 행동(다이어트, 신체활동, 흡연 등)이 있고, 환경적인 요인은 사회적 환경요인(집단 응집력, 사회적 지지 등), 물리적 환경요인(기후, 계절, 시설, 루틴의 변동 등)이 있음. 교육수준은 개인적 요인에 해당함

20 ④

심리적 불응기(Psychological Refractory Period, PRP)는 두 개의 자극에 연속적으로 노출될 때, 첫 번째 자극에 대한 반응이 완료되지 않은 상태에서 두 번째 자극이 주어지면, 두 번째 자극에 대한 반응 시간이 지연되는 현상을 말함. 정보처리단계에서 반응·실행단계는 반응을 실제행동으로 옮기기 위해 운동체계를 조직하는 단계를 의미함. 심리적 불응기가 짧으면 반응시간이 길어지고, 길면 반응시간이 짧아짐

한국체육사

01	02	03	04	05	06	07	08	09	10
②	②	③	①	④	①	①	③	③	③
11	12	13	14	15	16	17	18	19	20
①	④	②	②	④	①	④	③	②	④

01 ②

체육사를 연구하는 것은 과거의 체육적 사실에 대해 정확하게 설명하고 해석하려고 노력하는 것이라 할 수 있음. 즉, 가치 평가가 아닌 사실 확인에 중점을 두어야 함

02 ②

부족국가별 제천행사는 고구려의 동맹, 신라의 가배, 부여의 영고, 동예의 무천임

03 ③

문헌상 표기대로 성곽을 쌓는 등의 노동을 할 때 등가죽을 꿰어 나무를 달고 다녔다고 이해할 수도 있지만 해석을 더하면 지게를 이용한 노동이란 견해가 있음. 〈보기〉에 제시된 부족국가시대의 신체활동은 성년식을 통해 고통을 참아내고 용감한 성인으로서 인정받게 하여 사회 자체의 결속력과 구성원으로서 소속감을 높이는 작용을 했음을 알 수 있음

04 ①

백제의 무예 교육은 검술, 궁술, 기마술 등의 다양한 전투 기술을 중심으로 이루어졌으며, 이러한 무예 교육은 백제의 군사력을 강화하고 국가 방어와 영토 확장에 기여했으며, 대외적으로도 무예 기술을 전파하여 일본 등 주변국에 영향을 미침. 훈련원은 조선시대 때 병사들에게 무학 교육을 담당했던 기관임

05 ④

고려시대 때 최고의 교육기관인 국자감은 개경에 있었고, 고급 학문 교육 과정인 7재(경사재(經史齋), 강예재(講藝齋), 율학재(律學齋), 서학재(書學齋), 산학재(算學齋), 성리재(星曆齋), 의학재(醫學齋))는 국가의 문무 관료를 양성하는 중요한 역할을 함. 그 중 강예재(講藝齋)는 무예·병학의 전문 강좌임

06 ① 학습리턴 본문 p. 230

기격구(騎擊毬)는 고려 귀족층과 왕족들 사이에서 즐기던 기마(騎馬) 스포츠로서, 군사 훈련의 일환으로 발전되었으며, 귀족 사회에서 중요한 오락 활동이었음

07 ① 학습리턴 본문 p. 232

석전(石戰)은 조선시대 때 세시풍속으로 돌팔매질을 통해 승부를 겨뤘던 놀이문화임. 석투군은 군사적 목적으로 돌을 던지는 병사들로, 정규군이 아닌 보조 병력으로서의 역할을 수행함

08 ③ 학습리턴 본문 p. 236

종정도 놀이(승정도, 종경도, 승경도)는 조선시대 양반자제들이 하던 민속놀이로 단순한 오락이 아니라, 관료 체계와 관련된 승진과정을 모방한 것으로, 조선시대의 사회적 출세를 상징적으로 담고 있음

09 ③ 학습리턴 본문 p. 237

『무예제보』에서 다루지 않았던 4기의 무예가 추가된 것은 『무예신보』임. 조선시대의 무예서는 무예제보(1598, 명나라 척계광의 기효신서 참조) → 무예신보(1759, 영조 때 전쟁 대비, 사도세자 편찬 참여, 현재 전해지지 않음) → 무예도보통지(1790, 정조의 명으로 이덕무, 박제가, 백동수 등이 편찬)의 순으로 편찬됨

10 ③ 학습리턴 본문 p. 228

불국토사상(佛國土思想)은 신라 때 국토를 신성하고 존엄하게 생각하며 목숨을 걸고 국토를 지켜내야 한다는 사상임. 학사사상(學士思想)은 문무겸비라는 이상을 바탕으로, 문신과 무신 모두가 궁술과 같은 무예를 익히는 것을 중요하게 여김

11 ① 학습리턴 본문 p. 240

1895년(고종) 발표된 교육입국조서(敎育立國詔書)에서 덕양(德養), 체양(體養), 지양(智養)은 각각 도덕성, 신체적 건강, 지적 성장을 의미하며, 이 세 가지 요소를 균형 있게 발전시키는 것이 교육의 목표로 설정됨

12 ④ 학습리턴 본문 p. 242

1885년에 선교사 아펜젤러(Appenzeller)가 배재학당을 설립함
① 경신학당은 1886년 아펜젤러(Appenzeller)에 의해 설립된 남성 교육기관임
② 이화학당은 1886년 스크랜튼(Scranton)에 의해 설립된 여성 교육기관임
③ 숭실학교는 1897년 베어드(Baird)에 의해 평양에서 설립된 기독교 남성 교육기관임

13 ② 학습리턴 본문 p. 244

우리나라 최초의 운동회는 1896년에 개최된 화류회로서 육상종목으로 시작함. 서양식 달리기, 멀리뛰기, 높이뛰기 등 다양한 육상 경기가 학교 운동회에서 중요한 종목으로 포함됨

14 ② 학습리턴 본문 p. 243

대한체육구락부(1904)는 우리나라 최초의 체육단체이고, 대동체육구락부(1908)는 체육학을 연구했던 단체임. 또한 황성기독교청년회운동부(1903)은 한국 YMCA 전신으로 선교사 질레트에 의해 국내에 야구와 농구 등을 보급함
조선체육진흥회는 1920년대에 일본의 통치 아래 체육과 스포츠를 통한 국민 통제와 체력 단련을 강조하면서 설립됨. 일제강점기 때 결성된 체육단체는 조선체육협회(1919, 일본인 중심 결성), 조선체육회(1920, 조선인 중심 결성), 관서체육회(1925, 조만식 주도로 결성)가 있음

15 ④ 학습리턴 본문 p. 243

노백린(1875~1926)은 조선 말기와 일제강점기에 활동한 교육자이자 체육사상가로, 근대 체육 교육의 중요성을 강조하며 한국 체육사 발전에 큰 기여를 하고, 대한국민체육회(1907) 설립에 깊이 관여하였음

16 ① 학습리턴 본문 p. 242

원산학사(元山學舍)는 1883년에 설립된 한국 최초의 근대적 교육기관임. 일제의 체육 교수서와 황국신민조는 단순한 신체 교육이 아닌, 정치적 통제와 사상 주입을 목적으로 한 교육 도구였음

17 ④
학습리턴 본문 p. 246

전조선축구대회는 1921년에 조선체육회(1920년 설립)에서 창설함. 평양을 주축으로 한 관서체육회(1925년 설립)가 큰 자취를 남긴 전조선축구대회는 이름을 같지만 다른 대회임

18 ③
학습리턴 본문 p. 246

몽향 여운형(1886~1947)은 체육을 통해 민족 자강과 독립운동을 추구한 인물로, 조선체육회를 창립하고 체육 활동을 민족운동의 중요한 수단으로 삼음

19 ②
학습리턴 본문 p. 249, 250

우리나라 최고 체육행정기관의 변천은 다음과 같음
- **최고 체육행정기관의 변천**
  문교부 문화국 체육과(1946) → 문교부 체육국(1961) → 문예체육국 체육과(1963) → 문교부 사회교육국(1968) → 체육국(1970) → 체육부(1982) → 체육청소년부(1991) → 문화체육부(1993) → 문화관광부(1998) → 문화체육관광부(2008~현재)

20 ④
학습리턴 본문 p. 252

- 1973년 제32회 세계탁구선수권 대회(유고슬라비아 사라예보)에서 여자 탁구팀(이에리사, 정현숙 선수 등)이 중국과 일본을 상대로 금메달 획득
- 1976년 몬트리올 하계올림픽에서 구기종목 여자배구 첫 동메달 획득
- 1988년 여자 핸드볼팀이 구 소련을 상대로 우승

운동생리학

01	02	03	04	05	06	07	08	09	10
②	③	①	④	④	①	④	④	②	③
11	12	13	14	15	16	17	18	19	20
②	②	①,③	④	③	③	①	①	①	②

01 ②
학습리턴 본문 p. 284

지구성 훈련은 지근섬유와 미오글로빈이 중요한 역할을 함. 지근섬유는 산소를 효율적으로 사용하여 장시간 운동을 가능하게 하고, 미오글로빈은 근육에 필요한 산소를 저장하고 전달하는 역할을 함. 이들은 모두 지구력 향상에 중요한 요소로 작용하며, 장시간 운동 시 근육의 피로 저항력을 높이고 효율적인 에너지 사용을 가능하게 함

02 ③
학습리턴 본문 p. 274

유산소 트레이닝을 하면 모세혈관, 미토콘드리아, 미오글로빈이 증가함. 유산소성 트레이닝은 미토콘드리아의 수, 크기, 효율성에 긍정적인 변화를 주어, 근육의 에너지 생산 능력을 크게 향상시킴. 이는 장시간 운동을 지속할 수 있도록 도와주며, 지구력 향상과 운동 후 회복력을 강화하는 데 중요한 역할을 함

03 ①
학습리턴 본문 p. 292, 293

근육의 당원분해는 에피네프린-순환성 AMP와 칼슘이온 등의 복합적 조절에 의해 발생함. 에피네프린은 운동 후에도 일정 기간 동안 계속해서 지방 분해를 유지하게 하여 운동 후 지방 연소 효과를 증가시킴. 이 외에도 지방분해에 영향을 미치는 호르몬으로 글루카곤, 노르에피네프린, 성장호르몬, 코티졸 등이 있음. 인슐린은 지방분해를 조절하는 가장 중요한 호르몬이지만 인슐린의 작용이 가장 낮은 수준까지 떨어져야만 발생하는 것임

04 ④
학습리턴 본문 p. 305

심혈관계는 조직으로 산소를 운반하고 노폐물을 제거, 조직으로 영양소 운반 및 체온조절 등의 역할을 함. 고강도 운동을 할 때 산소요구량이 15~25배 증가함. 운동 초기에 심혈관 적응이 빠르고 근수축 시작 후에 심장으로의 미주신경 자극의 감소와 교감신경 자극의 증가로 이어지고, 활동근의 세동맥 혈관이 확장됨
① 점증 부하 운동 중에는 운동 강도가 증가함에 따라 심근산소소비량(MVO_2)도 증가함. 이는 심박수, 심장 수축력, 혈압 등의 변화에 따라 심장이 더 많은 산소를 필요로 하기 때문임

② 고강도 운동 시, 내장기관으로의 혈류 분배 비율은 크게 감소함. 이는 신체가 고강도 운동을 할 때 근육에 필요한 산소와 영양분을 공급하기 위해 혈류를 재분배하기 때문임
③ 일정 부하의 장시간 운동 동안 심박수는 초기 운동 시 안정된 수준으로 증가하지만, 시간이 지남에 따라 점차 상승하는 경향을 보임

05 ④ 학습리턴 본문 p. 308

어떤 주어진 산소섭취량에서 팔운동이 다리운동보다 심박수와 혈압이 높게 나타남. 이유는 심장으로부터 더 큰 교감신경 자극과 연관돼 있음
- 심박출량＝심박수(HR, Heart Rate, 회/분)×1회 박출량(SV, Stroke Volume, mℓ/회)
- 산소섭취량＝심박수×1회 박출량×(동·정맥 산소차: 동맥혈 산소함량－정맥혈 산소함량)
- 심근산소소비량(RPP, Rate-Pressure Product)＝심박수×수축기 혈압

06 ① 학습리턴 본문 p. 284

근육의 횡단면적(muscle cross-sectional area)은 근육의 힘 발생 능력과 관련이 있음. 즉, 근육의 힘 발생 능력이 좋기 위해선 가로로 두꺼워야 한다는 의미임. 예를 들어 경기력이 우수한 역도선수, 보디빌더 선수의 체형은 팔다리가 짧고 옆으로 두꺼운 경우가 많음. 근파워(muscle power)란 근육이 강하고 빠르게 수축하면서 발생하는 힘을 의미함
- 특이장력＝근력/근횡단면적
- 근파워＝힘×수축속도

07 ④ 학습리턴 본문 p. 287

- 근방추(muscle spindle)는 근육 길이의 변화와 길이 변화의 속도를 감지하는 신장 수용체임
- 골지건기관(Golgi Tendon Organ, GTO)은 근육의 힘 생성량을 감지하고, 이를 중추신경계에 전달하는 감각 수용기임. 주로 힘줄에 위치하여, 근육이 수축할 때 발생하는 근육 장력을 감지하고, 근육이 과도한 힘을 생성할 경우 이를 억제하는 역할을 함
- 근육의 화학수용기(Chemoreceptor)는 운동 중 근육의 대사적 변화를 감지, 신체의 대사 상태에 대한 정보를 중추신경계로 전달하는 역할을 함

08 ④

도피반사(withdrawal reflex)는 수용기로부터 중추신경까지와 중추신경에서 운동신경을 따라 움직임을 일으키는 효과기관까지의 신경전달 과정의 반사경로를 갖춤. 이때 부상부위를 움직이는 동안 반대편 부위를 신전시켜 신체를 지탱할 수 있도록 하는 것을 교차신전반사(crossed-extensor reflex)라고 함. 예를 들어 날카로운 물건에 손을 댔을 때 고통스런 자극에 대한 정확한 반사는 손상으로부터 손을 제거하는 행동을 하게 되는데, 상황에 따라 굴곡근과 신전근이 각각 작용을 함

09 ② 학습리턴 본문 p. 308

고온 환경에서의 장시간 최대하 운동 시 운동수행능력 저하의 주된 요인은 1회 박출량 감소보다는 체온 상승, 탈수, 체내 대사 변화 등이 더 큰 영향을 미침. 신체는 심박수 증가를 통해 1회 박출량 감소를 어느 정도 보상할 수 있지만, 체온조절 실패와 근육 피로가 더 큰 제한 요인이 되어 운동수행능력을 저하시킴

10 ③

트레드밀의 경사도는 벨트 100회전마다 수직방향으로 올라가는 정도임
- 속도＝12km/h＝200m/min
- 총 수직 이동 거리＝200m/min×0.05(경사도)×10min＝100m
- 운동량(일)＝힘(체중)×거리＝50×100＝5,000kpm

11 ② 학습리턴 본문 p. 267

해당과정 최대속도를 결정하는 주효소는 인산 분해효소(phosphorylase), 인산과당 분해효소(phosphfructokinase: PFK)임. 젖산 탈수소효소(lactate dehydrogenase, LDH)는 피루브산(초성포도산)으로부터 젖산을 형성하는 과정에서 조절하는 효소임

12 ② 학습리턴 본문 p. 286, 287

ㄷ. 등척성 수축은 근육의 길이가 변하지 않고 속도가 0인 상태이므로, 근파워는 발생하지 않음

13 ①, ③ 학습리턴 본문 p. 292, 293

카테콜라민은 에피네프린, 노르에피네프린, 도파민의 세 호르몬을 뜻하며 부신수질 호르몬을 만들고, 심장활동 촉진, 심장동맥 확장, 기관지 확장, 근육혈관 확장, 내장혈관 수축, 당원분해, 지질분해 등의 역할을 함
① 카테콜라민은 부신수질에서 합성되고 분비됨
③ 기관지 수축과 관련된 수용체는 $\beta 2$ - 아드레날린 수용체가 주로 담당하며, 이 수용체는 에피네프린에 반응하여 기관지 확장을 유도함

14 ④ 학습리턴 본문 p. 267

ㄱ. 무산소성 해당과정에서 피루브산(초성포도산)이 NADH로부터 수소 2개를 넘겨받아 젖산으로 환원됨
ㄴ. 800m 수영, 마라톤 등 장기간 운동수행 시 사용되는 크렙스 회로에서 일어나는 유산소성 과정은 산소를 이용해 ATP를 합성하는 과정으로 미토콘드리아(사립체) 내에서 이루어짐
ㄷ. 무산소성 해당과정에 의한 APT 합성을 할 때 혈중글루코스 한 분자가 무산소성 해당과정을 거쳐 2분자의 젖산으로 분해될 때 최종적으로 2ATP가 생성됨
ㄹ. 호흡교환율(RER)은 분당 소비된 산소량(VO_2)에 대해 분당 배출된 이산화탄소량(VCO_2)의 비율로서 운동을 하면 증가함
ㄴ, ㄷ, ㄹ이 정답임
중복답안임

15 ③ 학습리턴 본문 p. 293

노르에피네프린은 에피네프린과 도파민과 함께 합성하여 부신수질 호르몬을 만듦. 이 세 호르몬을 카테콜아민이라고 하는데 운동 중에 활발하게 분비되고 심장활동 촉진, 심장동맥 확장, 기관지 확장, 근육혈관 확장, 내장혈관 수축, 당원분해, 지질분해 등의 역할을 함. 노르에피네프린은 골격근 조직 내 유리지방산의 산화를 억제하는 것이 아니라, 오히려 촉진하는 역할을 함

16 ③ 학습리턴 본문 p. 292, 293, 294

신체 수분(body water)은 신체에서 가장 많은 부분을 차지하며 신체의 용매에서 전해질을 뺀 성분임. 체내 수분의 기능으로 영양소와 노폐물 운반, 영양소의 용매작용과 체내대사 과정에 참여, 체온조절 작용, 윤활 및 신체보호 작용, 산·알칼리 평형 유지, 분비물 구성성분 등이 있음. 전해질의 기능은 신경, 근육의 흥분성을 증가, 체액량과 삼투질 농도 유지, 체액구간에 체액을 분배시키고, 산-염기 균형을 조절함. 항이뇨호르몬은 신장을 통해 배출되는 물의 양을 조절해 신체의 수분량 조절에 기여함
ㄱ. 장시간의 중강도 운동 동안 혈장량은 감소하지만, 알도스테론 분비는 증가함
ㄹ. 운동으로 인해 땀이 분비되고 수분이 손실되면, 체내 혈장량이 줄어들어 혈액 내 삼투질 농도는 오히려 증가함

17 ① 학습리턴 본문 p. 301

- 분당 환기량이란 1분 동안 흡기와 호기되는 공기의 양으로서 1분간 허파를 거쳐나가는 공기량(1회 호흡량×호흡 수)을 의미함. 주은 (375×20=7,500), 민재(500×15=7,500), 다영(750×10=7,500)으로 분당 환기량은 동일함(ㄱ)
- 폐포 환기량은 폐포에 도달하는 공기로서 폐의 모세혈관에 산소를 공급하고 이산화탄소 제거((1회 호흡량-사강 환기량)×호흡 수)를 의미함. 다영의 폐포 환기량은 (750-150)×10=6,000mL/min=6L/min(ㄴ)
- 주은의 폐포 환기량은 (375-150)×20=4,500mL/min=4.5L/min(ㄷ)

18 ① 학습리턴 본문 p. 308

1분 동안 심장이 뿜어내는 심박출량에서 1회 박출량은 심박수와 반비례 관계임
- 심박출량(CO, Cardiac Output, ℓ/분)=심박수(HR, Heart Rate, 회/분)×1회 박출량(SV, Stroke Volume, mℓ/회)

19 ① 학습리턴 본문 p. 287

① 칼슘은 근형질세망(근소포체)에 저장된 상태(안정)에서 자극·결합 단계에서 분비됨
② 운동단위는 하나의 알파(α)운동뉴런(신경세포체)과 여러 개의 근섬유가 연결되어 있는 것임
③ 신경근 접합부에서 분비되는 신경전달물질은 아세틸콜린으로 한 뉴런에서 다른 세포로 신호를 전달하는 연결지점에서 방출됨

④ 지연성 근통증은 과도한 운동 등에 따라 중강도 혹은 고강도 운동 후에 즉시 발생하지 않고 서서히 나타나는 근통증으로 저항의 중력을 극복하지 못하여 근길이가 증가하고 장력을 발휘해야 하는 신장성 수축 때 더 쉽게 발생함

20 ②
학습리턴 본문 p. 284

속근섬유는 백근(white muscle)이라고도 하며, 속도가 빠른 대신 쉽게 피로해짐. 에너지 생성속도가 빨라서 단시간 운동에 적합함. 근형질세망(SR)의 주요 기능은 칼슘이온(Ca^{2+})을 안에 저장하고 농도를 조절하는 것으로 지근섬유에 비해 속근섬유에서 발달함

운동역학

01	02	03	04	05	06	07	08	09	10
①,②,③,④	③	①	②	①	②	④	③	③	④
11	12	13	14	15	16	17	18	19	20
④	③	④	②,③	④	④	③	③	②	④

01 ①, ②, ③, ④
학습리턴 본문 p. 348

①, ②, ③번은 뉴턴의 선운동 1, 2, 3법칙을 설명하면서 다소 오류가 있는 문장에 해당되고, ④번은 뉴턴의 각운동 제1법칙을 설명하면서 틀리게 제시된 문장임. 즉, 모든 문항이 답안으로 처리됨

① 제1법칙은 물체가 외부로부터 받는 힘의 합이 0(zero)이면 현재 운동 상태가 유지되고 운동량이 보존됨. 즉, 물체가 계속 정지하려 한다는 표현은 제1법칙의 설명과는 거리가 멂
② 가속도는 단위 시간당 속력의 변화를 의미함. 제2법칙은 물체가 외부로부터 힘을 받으면 물체는 힘의 방향으로 가속됨. 즉, 힘차게 밀수록 속도가 점점 더 빨라짐. 문항을 좀 더 명확하게 표현하자면, 물체에 힘이 작용할 때 생기는 가속도는 작용한 힘의 크기에 비례한다라고 대상과 방향을 언급하면 좋았을 법함
③ 제3법칙은 물체에 힘이 작용하면 항상 크기가 같고, 방향이 정반대인 반작용의 힘이 동시에 작용함. 단, 고정되어 있는 지면을 누르는 힘과 수직 점프할 때 작용하는 힘이 같다고 할 수 없으므로 제3법칙의 설명과는 거리가 멂
④ 뉴턴의 각운동량 보존의 법칙(제1법칙)은 외부에서 힘의 모멘트(토크)가 작용하지 않으면 각운동량은 변하지 않고 일정함. 토크란 어떤 축에 대하여 물체를 회전시키고자 하는 힘의 능률을 뜻하므로, 문항에 표기된 외력(외부에서 물체에 가하는 힘)이 가해지지 않으면, 물체가 가진 각운동량은 변하지 않는다는 것은 정확한 표현이 아님

결론적으로 다소 정제되지 않은 문제라고 판단됨

02 ③
학습리턴 본문 p. 345

힘(Force)이란 움직임을 일으키는 원인으로 크기와 방향이 모두 있는 벡터 물리량이고, 단위는 뉴턴(N)으로 표시함. 힘은 물체에 작용하는 상호작용의 크기를 나타내는 물리량이며, 에너지는 물체가 가지고 있는 일을 할 수 있는 능력을 의미함
• F = 질량(m) × 가속도(a)

03 ① 학습리턴 본문 p. 356

원심력은 원운동을 하는 물체가 바깥쪽으로 벗어나려고 하는 경향을 나타내는 힘이고, 구심력은 원운동을 발생시키는 원인으로 원의 중심을 향하는 힘으로서 크기가 같고 반대 방향으로 작용함
② 원심력은 물체의 질량(m)에 비례함
③ 반지름을 줄이는 것은 오히려 원심력을 증가시킬 수 있기 때문에, 반지름을 줄이는 것이 원심력을 줄이는 직접적인 방법은 아님
④ 신체를 원운동의 중심 방향으로 기울이는 주된 목적은 원심력을 상쇄하고 구심력을 유지하여 원운동을 안정적으로 지속하기 위함임

04 ② 학습리턴 본문 p. 349

정확히 표현하면 '선운동 충격량은 물체에 힘을 작용하여 운동 상태를 바꿀 때 가한 충격의 정도인 물리량을 말함
- 선운동 충격량 = 힘(F) × 시간(t) = 충격력 × 작용 시간
  = 질량(m) × 속도의 변화량(△v)
  = 충돌 후 운동량 − 충돌 전 운동량
① 선운동량은 질량과 속도의 곱으로 정의되는 물리량임
③ 시간에 따른 힘 그래프에서 충격량(Impulse)은 그래프 아래의 면적을 의미함
④ 충격량은 토크로 전환될 필요 없이 직접적으로 선운동량에 영향을 줌

05 ① 학습리턴 본문 p. 363

운동학적 분석은 힘과는 관계없이 인체운동을 보고 측정하여 분석하는 방법(Kinematics)으로 양적 변화(운동의 변위, 속도, 가속도, 관절각, 방향, 위치 등)를 분석함. 운동역학적 분석은 운동의 원인이 되는 힘을 중심으로 분석하는 방법(Kinetics)으로 질적 변화의 영역으로 외력(중력, 마찰력, 지면반력), 내력(근모멘트, 근육 및 인대활동), 역학적 힘 에너지 등을 분석함

06 ② 학습리턴 본문 p. 333

스칼라 물리량은 크기(거리, 속력, 질량)만 있고, 벡터 물리량은 크기와 방향 모두(변위, 속도, 무게, 힘, 토크) 있음
ㄴ. 일은 방향성을 가지지 않는 스칼라량임
ㄷ. 마찰력(friction)은 힘이므로 벡터량이며, 방향을 가짐

07 ④ 학습리턴 본문 p. 346

항력이란 공기나 물속을 움직이는 물체운동의 반대방향으로 작용하는 저항력을 뜻함. ㉠은 포물선 운동, ㉡은 양력에 대한 설명임

08 ③ 학습리턴 본문 p. 364

③ 3차원 영상 분석 활용의 사례로 인체운동을 공간(3차원)적으로 분석하는 것임

09 ③ 학습리턴 본문 p. 343

각속력은 각속도의 절댓값으로 항상 양의 값을 가짐

- 각속력(도/초) = $\dfrac{\text{회전한 각거리}}{\text{걸린 시간}}$

각가속도는 원운동을 하는 물체에 힘의 모멘트가 작용하여 속도나 방향을 변화시킬 때 생기는 물리량(angular acceleration)임

- 각가속도(m/r²) = $\dfrac{\text{나중 각속도} - \text{처음 각속도}}{\text{걸린 시간}}$

  = $\dfrac{\Delta\omega\,(\text{각속도의 변화량})}{t(\text{시간})}$

ㄱ. 각속력은 스칼라이고, 각속도(angular velocity)는 벡터임
ㄹ. 각거리는 물체가 회전하는 동안 지나온 경로의 총 각도를 나타냄

10 ④ 학습리턴 본문 p. 346

유체란 액체나 기체와 같이 흐를 수 있는 물질(공기, 물, 수증기 등)임. 밀도는 단위 부피당 질량(어떤 물질의 1m³의 질량)으로 유체밀도가 커질수록 부력(물체를 둘러싼 유체가 물체를 위로 밀어 올리는 힘)도 커짐. 부력은 물의 온도에 의해 영향을 받는데, 물의 온도가 높을수록 물의 밀도는 작아지므로 부력도 작아짐

11 ④

관성모멘트는 물체의 한 점을 축으로 삼아 그 물체를 회전시키려 할 때 잘 회전되지 않으려는 성질로서 물체의 질량과 회전반경이 클수록 증가함. 또한 관성모멘트를 줄여야 회전력을 키울 수 있고, 회전속도도 빨라짐
㉠ 물체가 회전축에 가까워질수록 회전반경은 비례적으로 감소함
㉡ 회전반경을 줄이면, 관성모멘트는 반경의 제곱에 비례하여 감소함. 즉, 거리가 절반으로 줄어들면, 관성모멘트는 1/4로 줄어듦
㉢ 회전속도는 관성모멘트의 감소에 반비례하여 증가함
- 관성모멘트(I) = 질량(m) × 회전반경²(r²)

12 ③
학습리턴 본문 p. 336

3종 지레는 받침점(A), 힘(F), 저항(R) 순서로 위치하고 있고, 팔꿈치 굴곡과 윗몸 일으키기 동작에서 나타남. 역학적 이점은 1보다 작음

13 ④
학습리턴 본문 p. 341

④ 포물선 운동을 예를 들어도 처음에는 빠르게 올라가다가 시간이 지날수록 속도가 느려지면서 최고 높이에선 0(zero)이 됨
① (A)부터 (B)까지 한 일은 단순한 위치에너지의 변화량과 같지 않고, 운동에너지를 포함한 총 에너지의 변화량과 관련 있음
② (A)부터 (B)까지 넙다리네갈래근은 단축성 수축을 통해 힘을 발휘하여 몸을 위로 들어 올리는 역할을 함
③ (A)부터 (B)까지 무게중심은 계속 위로 올라가지만, 수직 가속도는 음수(-)로 변해 몸이 감속함

14 ②, ③
학습리턴 본문 p. 332

② 호의 길이를 소요시간으로 나눈 값은 선속도를 구하는 방식임
③ 관성모멘트 크기는 물체의 질량과 회전반경이 클수록 증가함. 즉, 방향과는 무관함.
관성모멘트(I) = 질량(m) × 회전반경^2(r^2)
중복답안임

15 ④
학습리턴 본문 p. 333

무게중심의 위치는 동작의 변화에 따라 변할 수 있음. 자유롭게 움직이는 분절은 인체 전체의 무게중심점의 위치를 수시로 변하게 함

16 ④
학습리턴 본문 p. 341

중력가속도란 일정한 높이에 있는 물체가 중력의 작용만으로 떨어질 때 9.8m/sec^2 수직방향으로 가속도를 보여주는 운동을 의미함. 즉, 지구의 중력으로 얻어지는 가속도임. 공이 상승할 때 지구가 끌어당기는 중력에 의해 영향을 받음

17 ③
학습리턴 본문 p. 326

주동근(agonist)은 특정 움직임을 수행함에 있어 가장 큰 힘을 내는 근육으로 움직임을 일으키는 근육임. 참고로 길항근(antagonist)은 주동근이 하는 작용에 대해 반대되는 작용을 하는 근육임

① 근육이 수축하면서 관절을 축으로 회전운동을 만들어내는 것이 골격근의 주요 기능 중 하나임
② 인대는 뼈와 뼈를 연결하는 섬유조직으로 관절의 안정성을 유지하는 역할을 함. 골격근을 뼈에 부착시키는 역할을 하는 것은 건(tendon)임
④ 팔꿈치 관절에서 굽힘근의 수축은 관절의 각도를 작게 만듦

18 ③
학습리턴 본문 p. 334

기저면이란 모든 물체가 지면과 접촉하는 각 점들로 이루어진 전체 면적을 말함. 즉 기저면이 넓을수록 안정성이 높아지는데, 평균대에서 양팔을 좌우로 벌리는 동작은 신체의 균형을 유지하기 위한 전략으로 발로 서 있는 기저면 자체는 변하지 않음

19 ②
학습리턴 본문 p. 359

일은 물체에 힘을 작용하여 작용된 힘의 방향으로 물체가 이동했을 때의 작용된 힘으로 단위는 J(줄, joule)임. 일률은 단위시간에 수행한 일의 양(일의 시간비율)임

• 평균일률(p) = $\frac{W(일, work)}{t(시간)}$ = $\frac{F(힘) \times d(거리)}{t(시간)}$ = F(힘)×v(속도)

① Watt(W) 또는 Joule/second는 일률(파워)의 단위임
③ 일률은 힘과 물체가 이동한 거리에 의해 계산되며, 속도를 통해 이동 거리가 일률에 영향을 줌
④ 일은 가해진 힘의 크기에 비례함

20 ④
학습리턴 본문 p. 363, 364, 365

운동역학은 힘의 작용을 연구하는 학문으로서 운동을 유발하는 힘을 측정하고 분석하는 영역임. ④번은 스포츠 심리학 영역임

스포츠윤리

01	02	03	04	05	06	07	08	09	10
②	④	④	①	①	②	②	②	③	①
11	12	13	14	15	16	17	18	19	20
④	④	①,②,③,④	①	③	①	③	③	③	②

01 ② 학습리턴 본문 p. 73(스포츠교육학)

스포츠기본법('21. 8월 제정)은 스포츠에 관한 국민의 권리와 국가 및 지방자치단체의 책임을 정하고 스포츠 정책의 방향과 그 추진에 필요한 기본적인 사항을 규정함으로써 스포츠의 가치와 위상을 높여 모든 국민이 건강하고 행복한 삶을 영위하고 나아가 국가사회의 발전과 사회통합을 도모하는 것을 목적으로 함. 스포츠사회학, 스포츠교육학, 스포츠윤리의 내용을 병행하여 학습하면 도움이 됨

02 ④ 학습리턴 본문 p. 404~409

스포츠 폭력이란 운동선수, 감독, 심판, 단체임원, 흥행주 등과 같은 스포츠 관계자, 관중 등과 같은 일반인이 운동경기 또는 훈련과정 중 스포츠와 관련하여 고의나 과실로 겪는 신체적, 언어적, 성적 폭력행위를 의미함. 즉, 〈보기〉 모두에 해당됨

03 ④ 학습리턴 본문 p. 393

생물학적 환원주의는 사회적인 것의 자율성을 거부하고, 모든 인간행동과 사회현상을 자연적인 것으로 환원시켜 설명하려는 이론으로 남성은 여성에 비해 선천적으로 우월하다는 인식에서 비롯됨. ④번 여성참정권은 여성권익을 높이는 데 기여함

04 ① 학습리턴 본문 p. 400

테일러(P. Taylor)는 슈바이처(A. Schweitzer)의 생명외경사상을 발전시킨 생물 중심적(bio-centric) 환경윤리를 제시(생명중심주의), 도덕적 행위자는 생명에게 도덕적 배려를 실천해야 한다고 주장함

05 ① 학습리턴 본문 p. 394

스포츠 현장에서 특정 인종에 불이익을 주는 행위, 인종에 따라 대중매체의 편향적 보도 등은 인종차별을 심화시킴. 〈보기〉는 각각 인종, 인종주의, 인종차별에 대한 정의임

06 ② 학습리턴 본문 p. 380

의무론적 윤리(deontological ethics)는 동기주의로서 행위의 결과와는 무관하게 행위에 대한 도덕적 책무와 의무를 중시함. 즉, 심판 B의 견해는 올바른 동기 혹은 의무에 따른 행위를 강조하는 것임

07 ② 학습리턴 본문 p. 387

스포츠 딜레마는 스포츠 상황에서 선수, 코치, 심판, 또는 조직이 특정한 가치나 규범 간의 갈등을 겪는 상황을 말함
① 페어플레이: 경기할 때 공정하게 하는 것
③ 스포츠에토스: 아리스토텔레스의 설득요소(로고스, 파토스, 에토스) 중 하나로 사람이 도덕적으로 옳고 그름을 판단하는 원동력임 (예 축구 경기 중 상대선수가 넘어져 있으면 공을 밖으로 걷어냄)
④ 스포츠퍼슨십: 그간 사용돼 온 스포츠맨십을 양성평등 관점에서 사용하는 용어로서 스포츠인이라면 당연히 따라야 할 준칙과 태도를 말함

08 ②

아크라시아(akrasia)는 고대 그리스 철학에서 유래된 개념으로, 사람들이 자신에게 이로운 것을 알면서도 그에 반하는 행동을 하는 상태를 의미함. 합리적으로 옳은 행동을 알고 있지만, 감정이나 욕구 때문에 그것을 따르지 못하는 상태를 설명할 때 사용함
① 테크네(teche): 테크닉, 테크놀로지, 예술 등에 해당
③ 에피스테메(episteme): 보편적인 진리, 객관적인 지식을 뜻함
④ 프로네시스(phronesis): 진실을 포착하는 결정적인 마음의 습관(지적 미덕)을 의미함

09 ③ 학습리턴 본문 p. 381

칸트주의는 이성주의(합리주의)에 기초하고, 칸트가 제시한 정언명령은 어떠한 조건이나 결과에 관계없이 그 행위 자체가 선하므로 절대적, 의무적으로 행해야 함을 의미하는 도덕법칙임

10 ① 학습리턴 본문 p. 380

공리주의는 목적론적 윤리(teleological ethics) 혹은 결과주의로서 행위의 잘잘못을 그 행위가 초래하는 결과에 기초해서 판단함. 즉, 좋은 결과를 목적으로 삼고, 그에 맞게 행동할 것을 강조함으로써 모두에게 좋은 결과를 목적으로 추구함. 〈보기〉는 직접적 행동을 통한 행위 공리주의임

11 ④

절차적 정의란 롤스(J. Rawls)의 정의론에서 제시된 것으로 일정한 조건과 공정한 절차에 따라 합의가 이루어져야 함을 의미. 축구와 테니스 경기 전에 동전을 던져 앞뒷면에 따라 코트를 정하는 것과 같이 각자의 몫을 정하는 기준을 절차와 과정을 통해서 정함

12 ④

공자(孔子)의 사상체계에서 충서사상(忠恕思想)은 인(仁), 예(禮) 등과 같은 사상과 밀접한 관련성을 지니며 매우 중요함. '충'이란 각종 인간관계 가운데 주체가 마땅히 갖추어야 하는 태도이고, '서란 사람과 사람이 교제하는 관계상의 원칙을 뜻함

> 『논어』 위령공(衛靈公)에 나오는 문구로 자공이 '유일언이가이종신행지자호?(有一言而可以終身行之者乎?)'라고 공자에게 물음. 즉, '일언으로 종신토록 행할 만한 것이 과연 있겠나이까?' 공자가 말하기를, '기서호! 기소불욕, 물시어인(其恕乎! 己所不欲, 勿施於人)'이라고 답함. 즉, '서(恕), 그 한마디이다. 내가 원하지 않는 것은 남에게도 베풀지 말라.'라고 함

13 ①, ②, ③, ④

①, ② 칸트의 정언명령은 보편적 법칙과 의무에 따라 행동하는 것을 요구함. 승자가 규칙을 어기지 않고 정당하게 승리했다면, 패자도 규칙이 공정하게 적용되었다는 만족감을 느낄 수 있고, 그 합이 '2'에 가까울 수 있음. 반대로, 승자가 부정행위를 통해 승리했다면, 패자뿐만 아니라 승자도 자신의 승리가 도덕적으로 정당하지 않다는 불만족을 느낄 수 있으며, 양자의 만족도 합은 '0'에 가까울 수 있음

③ 공정시합의 관점에서, 모든 선수는 규칙을 따라야 하고, 상대방을 존중해야 함. 이러한 상황에서 양자의 만족도 합은 단순히 승자와 패자의 관계에 국한되지 않고, 모두가 공정한 규칙을 따랐는지에 의해 결정됨

④ 스포츠 경기에서 공리주의는 경기의 결과가 더 많은 사람에게 긍정적인 영향을 미쳤는지를 평가함. 승자가 승리로 인해 만족을 얻고, 패자가 패배를 통해 발전의 기회를 얻는다면, 양자의 만족도 '2'에 가까울 수 있음. 반면, 패자가 불공정한 경기나 부정적인 경험으로 인해 극도의 불만족을 느낀다면, 전체적인 행복은 낮아지며 만족도 합이 '0'에 가까워질 수 있음

중복답안임

14 ①

스포츠 규칙은 구성적 규칙과 규제적 규칙으로 분류함. 구성적 규칙은 특정 스포츠 경기를 진행하는 방법을 규정하는 것으로 어떤 스포츠를 행하는 목적, 수단, 공간, 시간, 용구, 용품, 평가방법, 벌칙 등에 해당됨. 〈보기〉는 의도성을 갖고 구성적인 규칙을 벗어나는 행위와 그에 따라 취해지는 내용임. 참고로 규제적 규칙은 도핑금지 규정, 성별 검사 등과 같이 참가자격을 정해놓은 것을 의미함

의도적 구성 반칙은 전략적인 목적을 가지고 경기에서 규칙을 위반하는 행위로, 단기적으로 이익을 얻을 수 있지만, 장기적으로는 스포츠의 공정성을 훼손하는 요소로 간주될 수 있음

15 ③

종차별주의는 자신이 속한 종은 옹호하고, 다른 종은 배척하는 편견이나 왜곡된 태도(칸트의 도덕적 지위)라 할 수 있음. 동물해방론은 고통을 느낄 수 있는 존재는 모두 도덕적 고려의 대상이 되어야 한다고 싱어(P. Singer)가 주장하고, 레건(T. Regan)의 동물권리론은 본래의 가치를 가지고 있는 개체의 권리를 존중해야 한다고 봄

16 ①

〈보기〉는 매(멕)킨타이어(MacIntyre)의 덕 윤리(Virtue Ethics)와 관련된 개념을 반영함. 매(멕)킨타이어는 도덕적 행위는 개인의 덕성과 공동체의 가치에서 비롯된다고 주장함. 덕 윤리는 행위의 결과나 규칙보다 인간의 품성과 훌륭한 역할 모델을 강조하며, 도덕적 딜레마에 처했을 때 본보기로 삼을 수 있는 인물들의 덕목을 따르는 것이 중요하다고 봄

17 ③

윤리(倫理, ethics)란 특정한 사람이 지켜야 할 도리, 즉 한 인간이 집단 안에서 조화로운 생활을 영위하기 위해 서로 지켜야 할 도리로서 스포츠 영역에서의 윤리도 보편적인 관점에서 다룰 수 있어야 함

18 ③

선수의 학습권 문제를 해결하기 위해 도입된 대표적인 제도는 최저학력 제도와 주말 리그 제도임. 덧붙여 학사 관리 지원 제도는 포괄적인 개념에서 학습권 보호제도라 할 수 있음

19 ③ 학습리턴 본문 p. 384

윤리적 상대주의란 윤리규범이 절대적, 보편적이지 않고, 시대와 장소에 따라 상대적이라고 보는 관점으로 개인 가치와 관련하여 옳다고 여기는 신념에 주목함. 참고로 윤리적 절대주의란 정해진 도덕규칙을 가장 중요하게 여기고 보편타당한 도덕적 규범이 존재한다고 바라봄

20 ② 학습리턴 본문 p. 412

스포츠 분야의 과학기술로서 수행능력 향상을 위한 기술(예 성적을 올리는 전신수영복)은 스포츠가 첨단기술의 경연장으로 변질되고, 기술도핑이라는 부정적 관점을 낳을 수 있음

2023 스포츠지도사 정답 및 해설

스포츠사회학

01	02	03	04	05	06	07	08	09	10
①	②	①	②,③,④	③	①	④	②	②	③
11	12	13	14	15	16	17	18	19	20
②	①	②	③	①	④	④	③	④	①,②,③,④

01 ①

스포츠의 교육적 순기능으로 전인교육 도모, 본능적 욕구 충족, 사회성 함양, 바람직한 성격 향상에 도움, 구성원 간의 통합, 사회통합에 도움, 욕구불만을 정화, 장애인의 신체기능 유지에 도움, 여가선용에 도움, 신체에 대한 인식을 긍정적으로 전환, 생애주기에 맞는 평생체육 활동 지속 등이 있음.
스포츠의 교육적 역기능은 정과체육의 문제점, 체육교과의 위상 악화, 학원·클럽 스포츠의 문제점 등이 있음

02 ②   학습리턴 본문 p. 7

코클리는 스포츠가 조직화됨에 따라 경기운영의 전문성이 높아짐과 동시에 흥행을 의식한 의전행사에 관심을 갖게 됐고, 경기기술의 정형화를 추구하게 되면서 프로페셔널리즘을 강조하게 됐다고 제시함

03 ①

스포츠 세계화의 원인으로 제국주의, 종교 전파, 정보통신 발달, 고령화 사회, 페미니즘 등이 있음. 제국주의는 식민지에 스포츠를 도입, 문화적 수용을 통한 지배집단의 욕구를 관철하고자 하는 목적을 둠. 일제강점기 때 여러 종목의 근대스포츠를 도입한 이유도 유사함

04 ②, ③, ④   학습리턴 본문 p. 40

특정 선수의 사인볼 수집, 특정 스포츠 관련 SNS 활동, 특정 스포츠 물품에 대한 애착은 스포츠 생산과 소비과정을 통한 활동으로서 행동적 참가이자 스포츠에 관한 정보를 수용함으로써 이루어지는 인지적 참가이면서 실제 스포츠 상황에 참가하지는 않으면서도 간접적이고 감정적 태도를 표출하는 방식으로 참가하는 정의적 참가에 해당됨. 중복답안임

05 ③   학습리턴 본문 p. 6

근대스포츠로 오면서 스포츠 조직은 이전보다 더 조직화되면서 규칙을 제정하고 경기를 조직적으로 운영하게 됐고, 프로선수와 포지션별 전문선수가 등장, 포지션의 분화, 리그의 세분화 방식 등을 통해 전문화가 촉진됨

06 ①

스포츠 사회화의 전이 조건(스나이더 E. Snyder)으로 스포츠 참가정도, 스포츠 참가의 자발성 여부, 스포츠 참가자의 개인적·사회적 특성, 사회화 주관자의 위신 및 위력이 있음

07 ④

스포츠 미디어의 네 가지 기능(Birrel & Loy, 1979)은 정보(인지적) 기능, 정의적(각성) 기능, 사회통합 기능, 도피 기능이 있음. 정보 기능은 경기내용, 결과, 규칙, 선수 등의 스포츠와 관련된 정보를 대중에게 제공함. 정의적 기능은 대중들의 즐거움, 흥미, 관심을 유도함. 사회통합 기능은 대중과 경험을 공유하며 사회집단을 통합함. 도피 기능은 새로운 경험과 대리만족 등을 통해 불안 및 스트레스를 해소함

08 ②

보편적 접근권은 2007년 방송법이 개정되면서 도입됨. 국민의 관심이 큰 스포츠 경기는 모든 국민이 시청할 수 있는 권리로서 올림픽, 월드컵 뿐만 아니라 축구 A 매치도 포함돼 있음. 옐로 저널리즘은 대중의 원시적 본능을 자극하고, 호기심에 호소하여 흥미 본위로 보도하는 저널리즘을 의미함. 참고로 뉴 저널리즘은 기존 저널리즘의 속보성, 객관성의 관념을 거부하고 소설작가의 기법을 적용한 저널리즘임

09 ② 학습리턴 본문 p. 60

웨이버 공시(Waiver)는 구단이 소속 선수와 계약을 일방적으로 해제하는 방법(방출)으로 프로스포츠 구단 등에서 선수에 대한 권리를 포기하는 것임

10 ③

스포츠 일탈의 순기능은 사회적 규범이나 규칙을 벗어나는 행위로 제도권에서는 배제됐지만 사회적 정의를 실현하는 개인적 노력과 그에 따른 사회적 이슈를 끌어 올린 측면에서 설명될 수 있음. ③번은 스포츠 일탈의 역기능에 해당됨

11 ② 학습리턴 본문 p. 19

월드컵을 통한 축구 강국의 인식은 국위선양, 구 소련의 아프가니스탄의 침공을 빌미로 1980년 모스크바 올림픽 서방 불참(우리나라도 포함)은 외교적 항의, 나치즘 선전의 1936년 베를린 올림픽은 정치이념 선전에 해당함

12 ①

부르디외(P. Bourdieu)의 아비투스란 지속적이고 전파될 수 있는 여러 성향의 집합체이자 구조화된 기능 즉, 사람들 간에 구별을 짓게 만드는 견해를 표현하는 방식을 생성시키는 원리임
테니스를 전혀 못 치는 사람이 레슨과 시합을 병행하게 되면 무의식적으로 실행할 수 있게 됨. 이는 몸속에 체화된(embodied) 것이므로 개인적인 동시에 그 개인이 위치하고 있는 사회를 반영하는 사회적이라 할 수 있음

13 ②

스포츠 계층의 특성은 사회성, 역사성, 보편성, 영향성, 다양성 등이 있음. 보편성은 언제 어디서나 보편적으로 계층이 존재하는 것으로 스포츠와 관련된 불평등한 계층이 항상 편재(遍在, ubiquity)돼 있다는 것임. 스포츠는 인기종목과 비인기종목으로 구분되는 경우, 프로야구 투수선수가 다른 포지션보다 대우를 더 받는 경우, 태권도와 유도는 승단체계에 따라 종목 내 계층이 형성되는 경우, 종합격투기는 체급에 따라 대전료와 중계권료 등에 차등을 두는 경우 등에서 편재성이 나타남

14 ③ 학습리턴 본문 p. 55

전염이론은 군중 속의 소수 사람에 의한 폭력성이 전염된다는 이론이고, 부가가치이론(사회변형 이론)은 집단행동이 일어나기 위해선 다양한 요인과 조건들이 순차적으로 조합해서 표출된다는 이론으로 인종차별 이슈가 발생하면서 집단행동으로 이어졌음을 표현함

15 ① 학습리턴 본문 p. 59

개척자형은 금전적인 보상 외에도 다른 가치도 추구하는 경우로서 이주한 국가와 친밀한 관계를 형성할 때도 나타남. 경제적 보상을 최우선의 가치는 두는 형은 용병형임

16 ④

상대론적 접근은 어떤 상황이 일어난 환경에 따라 용인될 수 있는 행위의 범위가 다르고, 그 범위를 벗어나는 것이 일탈이라고 보는 시각(사회구조적인 문제)임. 과잉동조는 선수들이 훈련 혹은 경기 중에서 규칙이나 규범을 무비판적으로 무조건 따름으로써 한계를 벗어난 일탈 행동임

17 ④

사회학습이론은 후천적으로 사회에서 학습된 것을 의미함

18 ③ 학습리턴 본문 p.16

선수와 구단주 간, 경쟁리그 간, 행정기구 등의 스포츠 조직은 불평등하게 배분되는 권력으로인해 권력투쟁이 존재함

19 ④

스포츠 미디어의 사회관계 이론으로 비공식적 사회관계는 개인이 미디어가 제공하는 메시지에 대해 반응하는 태도를 수정하는 역할을 한다고 제시됨

20 ①, ②, ③, ④

〈보기〉는 중복답안임. 즉, 사회를 공통된 가치관이 아닌 본질적으로 상호 다른 관심에 특정 지워지고 끊임없이 변화하는 것으로 바라보는 갈등이론, 사회질서가 유지되기 위한 어떤 구조에 의해 충족된다는 구조기능주의이론, 현대사회의 복잡한 문제의 원인과 해결방안을 제시하기 위해 사회문제를 드러내는 비판이론, 개인의 행동을 결정하는 역할은 객관적인 사회적 조건이 아니라 개인이 그것을 어떻게 주관적으로 인지하고 평가하느냐는 상황으로서 정의될 수 있는 상징적 상호작용론의 내용이 모두 포함돼 있음

스포츠교육학

01	02	03	04	05	06	07	08	09	10
①	③	①	④	④	②	③	②	①	②
11	12	13	14	15	16	17	18	19	20
③	①	④	④	①	②	③	②	④	③

01 ①

검사-재검사는 시간 차이를 두고 두 번 측정 후 비교하는 것임. 참고로 동형검사는 무작위로 일정한 수의 문항을 두 번 선택 후 검사하는 것이고, 내적 일관성 검사는 하나의 측정도구 안에 있는 문항들 사이의 연관성 여부를 검사하는 것임

02 ③

학습리턴 본문 p. 115, 116

〈보기〉의 체육교수 스타일은 유도발견형으로 미리 예정되어 있는 해답을 학습자가 발견하도록 유도하는 일련의 계열적이며, 논리적인 질문으로 설계함. 즉, 논리적인 순서로 설계된 질문의 해답을 찾아가는 과정을 통해 미리 정해진 개념을 발견하면서 정답을 유도함. ③번은 거리가 멂

03 ①

로젠샤인과 퍼스트(Rosenshine & Furst)의 학업성취 연관요인은 내용제시의 명확성, 수업활동의 다양성, 교사의 열성, 과제 지향성, 학생의 학습기회 등이 있음

04 ④

과제식 수업모형(스테이션티칭 모형)은 학습자들에게 서로 다른 과제를 동시에 익히도록 하는 데 효과적인 학습전략임. 이는 학습자들에게 이미 배운 것을 실행하고 평가할 때 활용하는 학습전략으로 기구가 부족할 때 활용함. 여러 스테이션에서 동시에 진행되므로 한 사람의 지도자가 동시에 관장하기 힘들 수 있음

05 ④

국민체육진흥법 제18조의3(스포츠윤리센터의 설립)에 따르면 체육의 공정성 확보와 체육인의 인권보호를 위하여 스포츠윤리센터를 설립함으로 명시돼 있음. 또한 체육계 인권침해 및 스포츠 비리 등에 대한 신고 접수와 조사, 신고자 및 피해자에 대한 치료 및 상담, 법률 지원, 임시보호 및 연계, 긴급보호가 필요한 신고자 및 피해자를 위한 임시보호시설 운영, 체육계 현장의 인권침해 조사·조치 상황 등을 상시 점검할 수 있는 인권감사관 운영, 스포츠비리 및 체육계 인권침해에 대한 실태조사 및 예방을 위한 연구, 스포츠비리 및 체육계 인권침해 방지를 위한 예방교육, 그 밖에 체육의 공정성 확보 및 체육인의 인권보호를 위하여 필요한 사업을 할 수 있음

06 ②

②번은 자발성의 원리로서 학습자가 자신이 스스로 자발적으로 학습에 참여하게 하는 것임

07 ③ 학습리턴 본문 p. 102, 103

직접교수모형은 교사 중심의 수업방식이지만 학습자의 과제참여 비율이 감소하지는 않음

08 ② 학습리턴 본문 p. 73

스포츠기본법(2021. 8월 제정)의 목적은 스포츠에 관한 국민의 권리와 국가 및 지방자치단체의 책임을 정하고 스포츠 정책의 방향과 그 추진에 필요한 기본적인 사항을 규정함으로써 스포츠의 가치와 위상을 높여 모든 국민이 건강하고 행복한 삶을 영위하고 나아가 국가사회의 발전과 사회통합을 도모하는 것으로 스포츠 참가 목적을 국위선양에 두는 것은 아님

09 ①

모스톤의 포괄형 교수 스타일은 다양한 기술 수준에 있는 학습자 자신들이 수행할 수 있는 난이도를 선택하면서 동일한 과제에 연속적인 참여를 보장하는 것임. 이를 위해 모든 학생들에게 성공적인 학습기회를 제공하고, 학생에 의한 수준을 선택, 자신과의 경쟁, 정서적인 학습을 이어가게 하는 것으로 ①번과는 거리가 멂

10 ②

역순 행동연쇄는 연쇄된 여러 가지 동작을 뒤에서 거꾸로 하나씩 해결하는 방식임. 학습이 어려운 행동일수록 전진 행동연쇄보다 마지막 행동을 먼저 교육하고 해결하는 역순 행동연쇄 방법을 더 많이 사용함

11 ③ 학습리턴 본문 p. 98

〈보기〉의 설명은 쿠닌의 예방적 관리 교수기능으로서 상황파악에 대한 내용임

12 ①

사건기록법은 측정하고자 하는 사건 빈도(2, 3, 5회 등)를 보는 관찰임. 참고로 사건빈도가 아니라 행동의 지속시간을 관찰하는 것은 지속시간 관찰법임

13 ④

체육활동의 목표와 내용에 맞게 운동용구와 기구를 변경하거나 규칙을 완화하여 운동기능이 낮은 학습자의 참여를 유도할 수 있음

14 ④

메이거(Mager)는 학생이 학습 성취 행동을 보일 때, 어떤 행동을 보일 것인지, 교사가 그것을 어떻게 알 수 있을지를 반드시 기술해야 한다고 제시함. 그가 제시한 학습목표 설정은 의도하고 있는 학생 행동의 변화, 행동수행에 따른 조건, 성취 기준이 있음

15 ①

스포츠교육 지도방법론 중 탐구학습모형에 대한 설명으로 문제해결자로서의 학습자로 학생들에게 주어진 문제를 해결할 수 있는 능력을 길러주는 데 초점을 맞춤. 질문중심의 수업으로 지도방법의 핵심이 교사의 질문으로 이루어짐. 또한 학습 영역의 우선순위는 인지적, 심동적, 정의적 순서임. 〈보기〉에서 정답은 ㉠, ㉢임

16 ②

심동적은 심리·운동적인데, 근력, 근지구력, 유연성, 심혈관계를 향상시키는 체력적 부분과 관련이 있음

17 ③

〈보기〉는 과제 간 전이로서 처음 습득한 기술과 전혀 다른 움직임을 수행할 때 나타남. 참고로 과제 내 전이는 다른 수행환경에서 같은 기술을 구사하도록 요구할 때 나타남

18 ②

스포츠교육학의 연구영역은 기본적으로 교수(수업), 교육과정(프로그램), 교사(지도사) 교육으로 분류함. 내용이란 교육과정(curriculum)이란 뜻이므로 프로그램, 목적, 실행방법, 성취결과 등을 의미함. 즉 철학, 이념, 비전과는 무관함

19 ④ 학습리턴 본문 p. 109

①번은 직접교수 모형, ②번은 동료교수 모형, ③번은 스포츠 교육 모형임. 개별화지도 모형은 학생이 수업진도를 결정하고, 학습 진도가 빠른 학생은 교사의 동의 없이 진도를 나갈 수 있으며, 느린 학생은 교사와 상호작용하면서 학습하는 것임. 또한 교사가 내용 선정과 과제 제시를 하고(직접적), 학생은 학습 진도와 과제 전개를 정함(간접적). 상호작용은 서로 간의 상호작용(학생은 '가능한 빨리, 그리고 필요한 만큼 천천히' 배움)을 하게 함

20 ③ 학습리턴 본문 p. 75

학교의 장은 직무수행 실적(학생선수에 대한 훈련계획 작성, 지도 및 관리, 학생선수의 각종 대회 출전 지원 및 인솔, 경기력 분석 및 훈련일지 작성, 훈련장의 안전관리), 복무 태도, 학교운동부 운영 성과, 학생선수의 학습권 및 인권 침해 여부에 따라 재임용을 해야 함

스포츠심리학

01	02	03	04	05	06	07	08	09	10
③	①	④	④	④	③	④	②	②	①
11	12	13	14	15	16	17	18	19	20
②	③	②	①	③	①	③	③	①	④

01 ③

스포츠심리학은 스포츠 상황에서 인간의 생각, 감정, 행동을 연구하는 응용과학임. ③번은 운동생리학에 해당함

02 ①

자기결정성 연속체로서 자기결정성의 정도를 크게 3가지로 분류함. 즉, 무동기 → 외적동기(외적규제 xtrinsic regulation/의무감 규제 introjected regulation/확인규제 identified regulation/통합규제 integrated regulation) → 내적동기임

03 ④

칵테일파티 효과란 복수의 화자들이 동시에 발화를 하는 경우에 자신이 집중하고자 하는 화자의 소리만을 들을 수 있는 능력을 의미하므로 〈보기〉의 설명과 같음
① 스트룹 효과: 단어의 색과 글자가 일치하지 않는 경우에 자동반응을 얼마나 잘 억제하고 글자의 색상에 잘 반응할 수 있는지를 의미하는 것으로 불일치 조건의 반응시간에서 일치조건의 반응시간을 뺀 값임
② 지각 협소화: 각성 수준이 높아져 주의를 기울일 수 있는 폭이 점차 좁아지는 현상(예 축구할 때 공을 소유하게 되면 주변이 보이지 않고 앞만 보임)임
③ 무주의 맹시: 대상이 주의를 기울이지 않아 시야 속에 들어 있는 사물을 간과해 버리는 현상을 의미함

04 ④ 학습리턴 본문 p. 152

농구로 예를 들자면 선수가 수비자를 따돌리며 드리블해 나가는 동작처럼 야구 유격수가 타구된 공을 잡아서 1루로 송구하는 움직임은 비안정적인 조절 조건(동작 시도 간 환경 변이성)과 신체의 불안정한 이동 속에 물체의 조작이 있는 움직임이라 할 수 있음

05 ④

뉴웰(Newell)은 환경, 유기체, 과제를 인간 운동의 제한요소로 간주하고 협응단계, 제어단계, 기술단계를 통해 학습단계이론을 설명함. 협응단계는 학습자가 과제의 목표를 달성하기 위해 필요한 기본적인 협응동작을 형성하는 과정, 제어단계는 협응 형태를 형성하고 다양한 변화에 따른 협응 형태의 변화하는 과정, 기술단계는 움직임과 협응에 필요한 변화를 기술적으로 대응하는 단계임. 운동능력, 정서, 몸과 직접적인 연관이 없는 장비, 규칙 등에 관한 ④번 설명은 거리가 멂

06 ③

발달 방향의 원리로 대표적인 게셀(A. Gesell)의 성숙이론은 발달 방향의 원리로서 정해진 방향과 순서대로 발달하고(머리 → 꼬리, 중심 → 말초), 상호교류의 원리로서 대칭되는 두 부분이 서로 한 부분씩 발달한 후 통합하며 균형적으로 발달(내향적 → 외향적 → 통합)함. ③번은 거리가 멂

07 ④

스포츠를 통해 격한 상황에서도 감정을 자제할 수 있는 균형감각을 기르게 해야 함

08 ②

〈보기〉의 설명은 수행목표로서 자신이 과거에 수행한 결과와 비교한 규준을 설정한 후 수행과정을 통해 성취하는 목표를 의미함

09 ②

CET 프로그램은 유소년을 위한 스포츠 코치 관계 기술을 향상시키기 위한 인지행동 접근법으로 자기관찰, 상호지원, 발달모델 등을 통해 프로그램을 이어감

10 ① 학습리턴 본문 p. 276(운동생리학)

소뇌는 골격근 조절(평형유지), 복잡한 운동 수행을 위한 근육 운동의 협응 기능이 있음(운동생리학 문제임)

11 ② 학습리턴 본문 p. 159

파지란 운동연습으로 향상된 운동수행 능력을 오랫동안 유지할 수 있는 능력임. 파지검사는 학습자가 새로운 기술을 연습한 후 특정시간이 지난 후 연습한 기술의 수행력을 평가하는 검사로서 골프 퍼팅 과제를 시간이 지난 후 동일 과제를 수행하는 검사에 해당됨

12 ③

일반화된 프로그램(GMP)은 운동프로그램을 저장할 수 있는 기억용량엔 한계가 있어 대안으로 개발된 운동 프로그램 이론임. GMP에서 가변매개변수는 모든 동작이 일정하지 않고 사용되는 근육에 따라 힘이 조절됨을 의미하고, 불변매개변수는 근수축의 시간, 근육활동에 필요한 힘의 양 등이 적절한 비율로 근육에 분배됨을 의미함. 즉, ③번과 같은 동작이나 반응의 순서를 의미하는 상대적 타이밍은 불변매개변수에 해당됨

13 ②

Guthrie(1952)는 운동기술에 대해 최소한의 시간과 에너지를 소비하여 최대의 확실성을 갖고 목표를 달성할 수 있는 능력이라고 제시함

14 ① 학습리턴 본문 p. 203, 204

사회학습이론(㉠)은 공격적인 행동을 포함해서 인간의 모든 행동은 모방과 보상에 의해서 학습됨. 본능이론(㉡)은 사람에게는 신체적, 언어적으로 본능적 공격성이 있음. 좌절-공격이론(㉢)은 어떤 목표를 달성하고자 할 때 방해받으면 좌절하고, 좌절하면 공격하게 됨. 수정된 좌절-공격이론(㉣)은 좌절-공격 가설의 타당성을 인정하지만, 공격성은 학습된다는 것을 주장한 것임

15 ③

유능성 동기 이론은 와이트(White, 1959), 하터(Harter, 1978) 등이 제시한 이론으로 인간에게는 자신이 유능하다는 것을 남에게 보여주고 싶어 하는 유능성 동기가 있음. 즉, 자신의 능력으로 주어진 환경을 자신이 원하는 방향으로 바꾸어 놓을 수 있다고 믿으므로 숙련되려는 시도를 다시 해서 성공하면 유능성 동기는 회복될 수 있음. 스포츠 분야에서 숙련되려는 시도가 성공하면 유능성 동기가 높아지고, 실패하면 유능성 동기가 낮아짐. 유능성 동기 요인으로 동기 지향성, 지각된 유능성, 통제감이 있음. ㉡, ㉢이 정답이고, ㉣은 자신감 이론을 설명함

16 ①

번스타인(Bernstein)에 따르면 인간의 몸은 여러 관절(자유도)로 이루어져 있고, 자유도가 활용되는 정도가 운동 기술의 수행수준을 결정지음. 동작과 관련된 운동역학적 요인과 근육의 공동작용, 관절의 상호 움직임 등에서의 변화가 중요한 개념인 협응구조로 설명함

17 ②

목표는 내용(content)과 강도(intensity)의 속성이 있고 목표가 높으면 높을수록 수행은 향상됨. 〈보기〉를 보면 지도자에 의해 설정된 일반적인 목표보다 학습자 혹은 지도자에 의해 설정된 구체적인 목표를 설정했을 때 수행능력이 향상됐음을 알 수 있음

18 ③

〈보기〉 설명과 같이 시각, 청각 등과 같이 외부 수용기(특수 감각기관)를 통해 들어오는 피드백으로 외재적 피드백 혹은 보강 피드백(augmented feedback)이라고도 함

19 ①

몰입이란 개인이 주관적으로 경험하는 최상의 수행상태(flow)로 기술과 도전이 균형을 이루는 상황임. 기술이 높고 도전이 낮으면 이완이 되고, 기술이 낮고 도전이 높으면 불안한 상황이라 할 수 있음

20 ④

귀인(歸因, attribution)이란 자신 또는 다른 사람이 어떤 행동을 했을 때 원인을 찾고 그 행동에 귀속시켜야 할지를 추론하는 과정임. 귀인 재훈련은 개인에게 인지적, 정서적, 행동적으로 부정적인 영향을 끼칠 수 있는 실패에 대한 부적절한 귀인을 변화시켜 보다 긍정적인 귀인패턴으로 발전시키는 것임. 무기력함 없이 과제에 접근하여 성공을 기대할 수 있는 바람직한 귀인으로 실패 시 노력과 전략의 부족을 인정하고 분발하고 수행능력의 개선에 힘을 씀

한국체육사

01	02	03	04	05	06	07	08	09	10
④	①	③	④	②	②	②	③	①	③
11	12	13	14	15	16	17	18	19	20
①	④	③	②,③	①	④	③	②,④	④	①

01 ④

체육사 연구에서 사관(史觀)은 역사가의 가치관에 따라 체육의 역사를 해석한다는 의미이므로 과거 체육의 사실을 담고 있는 역사 자료와는 거리가 멂

02 ①

나현성(1995)은 갑오개혁(1894)을 기준으로 전통체육과 근대체육으로 분류함

03 ③

윷놀이를 사희(柶戱), 저포(樗蒲)로 불렀음

04 ④

화랑도는 왕과 귀족 자제를 중심으로 단체생활을 통해 심신을 연마(진흥왕 때 정식 제정)함

05 ②

축국(蹴鞠)은 가죽 주머니로 공을 만들어 발로 차던 민속놀이로 삼국시대부터 조선 말까지 행해짐. 오늘날의 축구와 같은 것으로 일명 농주(弄珠) 또는 기구(氣毬)로도 불림

06 ②

고려시대의 민속놀이는 왕실과 귀족사회 놀이로 격구, 방응, 투호 등이 있고, 서민놀이로는 축국, 각저, 추천(그네뛰기), 풍연(연날리기), 석전 등이 있음

07 ②

수박(手搏)은 일종의 격투기로 관람을 위한 경기로서 무인 인재선발의 기준(무인정신: 충, 효, 의)으로 삼음. 수박희는 무신정변의 주요 원인 중 하나임. 참고로 무신정변은 1170년 고려 의종 때 무신들이 주도로 일으킨 정변으로 무신의 난, 경인의 난(경인년 발생), 정중부의 난(주도자 이름)으로도 불리고, 1270년에 무신정권은 마감됨

08 ③
학습리턴 본문 p. 234

조선시대 때 성리학 교육을 담당했던 곳은 성균관임

09 ①
학습리턴 본문 p. 237

활쏘기(궁술)는 삼국시대 때부터 기마술과 함께 가장 중요시 됐고, 군사훈련 수단으로 활용됨.
활쏘기 대회인 편사(便射)에 참가하는 궁수는 5인 이상이었음. 육예 중에서 어(御)는 말타기에 해당되고, 활쏘기는 사(射)임

10 ③
학습리턴 본문 p. 237

〈보기〉의 설명은 정조 때 이덕무, 박제가, 백동수 등이 왕명에 따라 편찬한 무예도보통지임

11 ①
학습리턴 본문 p. 242

〈보기〉의 설명은 오산학교임

12 ④

문예반, 무예반을 포함시킨 교육과정을 수행한 기관은 원산학사(1883), 개화기 최초의 운동회를 우리의 전통놀이인 화류를 본떠 만든 화류회(1896)가 있었음. 배재학당(1885, 아펜젤러), 이화학당(1886, 스크랜턴), 경신학교(1886, 언더우드), 숭실학교(1897, 베어드)는 선교사가 주도로 설립함. 고종은 새로운 교육제도의 필요성을 인식하고 교육입국조서(1895)를 반포함

13 ③

청강체육부(1910)는 학생이나 일반시민을 대상으로 체육활동 보급, 회동구락부(1902)는 탁지부(재경부) 관리들이 일본관리와의 친목 도모를 위해 설립(우리나라 최초의 직장체육클럽), 대한체육구락부(1906)는 우리나라 최초의 체육단체임

14 ②, ③

조선체육협회는 1919년 일본인 중심으로 설립, 조선체육회는 1920년에 일본체육단체에 대한 대응으로 조선인 중심으로 창립됐고, 같은 해에 제1회 조선야구대회를 개최하여 오늘날 전국체육대회로 발전시킴. 참고로 1936년 베를린 올림픽 때 손기정 선수가 마라톤 우승을 차지하고, 동아일보 이길용 기자가 일장기를 지워 신문에 게재함. 이를 빌미로 조선체육회를 해체하고 조선체육협회에 병합을 시킴. 서상천은 1923년에 일본체육회 체조학교를 졸업하고, 1926년에 역도를 소개함. 중복답안임

15 ①

황성기독교청년회(1903)는 한국 YMCA의 전신으로 개화기 선교사(필립 질레트)에 의해 국내에 야구와 농구가 보급되고, 이후 배구, 스케이트, 유도, 검도, 덤블링, 곤봉, 권투 등이 전수됨

16 ④

1971년에 체력장 제도가 처음으로 실시. 국민체력검사표준위원회에서 기준과 종목 선정, 체력증진이라는 교육 목적으로 전국적으로 실시, 1973년부터 대학입시 평가에 도입되면서 입시과열 현상 등 부작용 발생함. ㉠, ㉡, ㉢, ㉣ 모두 해당됨

17 ③

〈보기〉에서 설명하는 종목은 태권도로 2007년 「태권도 진흥 및 태권도 공원 조성 등에 관한 법률」이 제정됨

18 ②, ④

1948년 스위스 생모리츠 동계올림픽대회는 KOREA의 국호를 처음으로 달고 출전함. 같은 해 영국 런던 하계올림픽에서는 KOREA 국호로 첫 동메달(역도 김성집)을 획득함. 2차 세계대전의 주범인 독일과 일본은 초대받지 못함. 기록에 따르면 우리나라는 이한호 단장, 최용진 감독을 비롯해 스피드스케이팅 종목에 출전한 이효창, 문동성, 이종국 선수가 참가함. 이효창 선수의 배탈과 문동성 선수의 중상 등으로 안타깝게 메달권에 들지 못했음. 또 다른 기록으로 문동성 선수가 큰 부상을 당해 최용진 감독이 대신 출전하였다고 함. 이러한 이유로 ④번도 답안으로 제시한 것으로 추정함. 중복답안임

19 ④

2018년 평창동계올림픽임

20 ①

남북한 최초 단일팀은 일본 지바의 세계탁구선수권 대회(1991) 우승, 같은 해 포르투갈 개최의 세계청소년축구대회 단일팀 출전 8강 진출(1991), 개회식 남북한 공동입장은 시드니올림픽(2000)과 평창동계올림픽(2018), 개폐회식 남북한 공동입장은 부산아시아경기대회(2002)이고, 이후 2018 평창동계올림픽 때 여자아이스하키팀이 단일팀으로 출전함

운동생리학

01	02	03	04	05	06	07	08	09	10
②	①	④	①	③	④	④	①	②	③
11	12	13	14	15	16	17	18	19	20
③	①	②	②	③	③	②	①	④	④

01 ②

ATP(아데노신 3인산)는 인체에 섭취된 탄수화물, 지방, 단백질을 통해서 생성되고, 무산소성 해당작용(젖산과정)에서 근육 속 글루코스(포도당)가 피루브산(초성포도산)으로 분해됨. 피루브산이 젖산(피로를 초래하는 물질)으로 전환되어 축적됨. 비타민C는 관련이 없음

02 ①   학습리턴 본문 p. 287

근수축단계에서 근형질세망에서 방출된 칼슘이온(Ca^{2+})을 근형질 내로 유입시킴

03 ④   학습리턴 본문 p. 267

초과산소섭취량(EPOC, Excess Post-exercise Oxygen Consumption)은 운동 후에 발생하는 산소섭취량으로 운동강도가 높을수록 회복하는 데 많은 에너지를 소모함. ④번의 크레아틴인산은 ATP의 산소이용 유무에 따른 에너지 공급 시스템 중에서 무산소성 과정(ATP-PCr)과 관련됨

04 ①

폐활량은 공기를 최대한 들이마셨다가 최대한 내뿜을 수 있는 공기의 양(최대 흡기 후에 호기할 수 있는 최대의 공기량)으로 수중 운동 시 체온유지 요건과 거리가 멂

05 ③

지근섬유는 장기간 운동 에너지의 생성에 유리하고 피로 내성이 큼(Type I-걷기), 속근섬유는 쉽게 피로해지고 에너지 생성속도가 빠르고 젖산을 분해함에 따라 단시간 활동에 적합함(Type IIa-달리기, Type IIx/IIb-전력질주). 이에 Type I → Type IIa → Type IIx/IIb로 운동강도 증가에 따른 근섬유 순서로 이해할 수 있음

06 ④

장기간에 걸쳐 규칙적인 유산소 훈련을 하면, 최대산소섭취량(운동강도가 최대에 이르렀을 때 단위시간당 섭취한 산소량), 심장용적, 심근수축력과 심박출량(분 단위 측정에 따른 심장의 2개의 심실에 의해 펌프질되는 혈액의 양)이 증가함. 심근수축이 좋으면 심박출량이 좋아짐

07 ④

인체 조절체계는 안정성을 유지하기 위해 내부 환경이 지속적인 유지를 함. 항상성은 음성 피드백(체온조절)과 양성 피드백(호르몬 분비)을 통해 이루어짐. 단, 항상성을 유지하기 위해 인체가 사용하는 주된 방법은 음성 피드백임. 즉, 결과의 방향과 원인의 방향이 서로 반대로 나타는 경우(혈당량 조절, 체온 조절, 삼투압 조절, 무기염류 조절 등)에서 찾아볼 수 있음. ④번은 거리가 멂

08 ①

1회 박출량(심장이 1회 수축할 때 나오는 혈액량)을 결정하는 요인은 심장으로 되돌아오는 정맥혈의 양(정맥환류량=정맥회귀량, venous return), 심장의 수축력, 대동맥 및 폐동맥의 혈압 등이 있음

09 ②

유리지방산(free fatty acid)은 지방세포가 운동을 통해 분해되어 혈액으로 방출되는 지방성분으로 혈중(血中)의 유리지방산은 지방조직에서 방출되어서 심근(心筋)과 기타 조직에서 에너지원으로서 이용됨. 또한 근이 활동하면 근 글리코겐은 해당 작용에 의해 젖산(乳酸)이 됨. 〈보기〉의 운동강도가 높을 때 젖산 축적이 이루어짐

10 ③ 학습리턴 본문 p. 276

소뇌는 평형유지와 복잡한 운동 수행을 위한 근육운동의 협응을 하게 함

11 ③

운동에 따른 환기량 변화는 안정 시에는 환기량의 변화가 없고, 운동 전에는 대뇌피질 예측으로 환기량이 어느 정도 증가함. 운동 중에는 초기에 운동피질의 자극으로 환기량이 급격히 증가하고, 중기에는 환기량이 안정되어 느리게 증가하며, 후기에는 최대하 운동 시 환기량은 유지 상태가 됨. 운동 후에는 운동피질 영향으로 환기량이 급격히 감소함. 회복기의 환기량은 운동 중에 생성된 체내 수소이온과 이산화탄소 농도와 관련이 있음

12 ① 학습리턴 본문 p. 268

산화적 인산화(oxidative phosphorylation)란 아데노신 삼인산(ATP)을 효율적으로 생성하여 에너지를 얻는 작용임. 에너지원인 ATP와는 달리 전자전달계(electron transport chains)에서 전자를 운반하는 조효소인 NADH(해당과정과 시트르산 회로에서 모두 생성됨)와 $FADH_2$(시트르산 회로 순환과정에서 생성됨)는 세포가 직접 이용할 수 없음. 세포가 이용할 수 있으려면 만들어진 NADH와 $FADH_2$에 포함된 전자에너지는 화학에너지인 ATP로 바꾸어져야 하는데, NADH와 $FADH_2$를 ATP로 전환하기 위한 장소가 전자전달계임. 포도당 한 분자는 해당과정에서 생산된 ATP 4분자와 산화적 인산화를 통해서 획득되는 ATP 28분자를 만듦으로 총 32개의 ATP를 생성할 수 있음

13 ②

MET(Metabolic Equivalent Task)는 휴식할 때 필요한 에너지와 몸에서 필요한 산소의 양을 의미함

$$\frac{10METs \times 3.5 \times 80kg}{200} \times 10분 = 140kal$$

14 ② 학습리턴 본문 p. 180

안정막 전위 때에는 신경세포를 포함한 모든 세포는 안정 시 세포 내 음(-) 전하 상태이고, 세포막 밖에는 Na^+(나트륨) 이온이 많고, 세포 안에는 K^+(칼륨) 이온이 많음

15 ③

장기간의 지구성 훈련을 통해 심장이 1회 수축할 때 나오는 혈액량인 1회 박출량과 동맥과 정맥의 산소 차이로 조직(근육)에 전달되고 사용된 산소량의 척도인 동정맥산소차가 증가함. 동정맥산소차는 근육세포의 산소 소비량에 비례하고 고강도 운동을 하게 되면 증가함

16 ③

심폐지구력은 신체 활동을 할 때 신체가 산소를 들이마시고 내쉬는 능력에 따라 결정되는 운동 지속 능력임. 이는 최대산소섭취량(VO₂max)의 증대로 이어지고 최대심박출량과 최대동정맥산소차 증가에 영향을 미침

17 ②   학습리턴 본문 p. 292, 293

인슐린은 혈당량이 높아지면 포도당을 세포로 유입시켜 글리코겐으로 저장시키며 혈당량을 낮추는 기능이 있음. 참고로 에피네프린(아드레날린)은 부신수질 호르몬으로 분비 호르몬의 80%를 차지하고 심혈관계와 호흡계에 영향을 미침. 성장호르몬은 혈중 포도당 이용을 감소시켜 인슐린 활성을 억제함. 코르티졸은 부신피질 호르몬으로서 간에서 글리코겐 합성, 지방세포에서 지방분해 촉진, 염증완화, 운동 시 혈당 유지를 위하여 유리지방산의 혈액유입을 촉진시키는 역할을 함

18 ①   학습리턴 본문 p. 276, 277

고유감각수용기에서 근방추는 근육 길이의 변화를 감지하고 근수축을 촉진시키는 역할을 함

19 ④

근육 조직은 근다발 근섬유 > 근원섬유 > 미세섬유(필라멘트(극세사)) > 굵은 미세섬유(마이오신 혹은 미오신) > 가는 미세섬유(액틴) 순으로 돼 있음. 또한 운동강도 증가에 따라 동원되는 근섬유 유형의 순서는 지근(ST) → 중간근(FTa) → 속근(FTx)임. 즉, 근육의 횡단면적, 근절의 길이, 근섬유 구성비 등은 근력의 결정요인이 되나, 근섬유막 두께는 거리가 멂

20 ④

등척성 수축은 근섬유 길이의 변화가 없고 관절각의 변화 없이 힘이 발생(자세 유지), 단축성 수축은 구심성 수축으로 저항의 중력을 극복하여 장력 발휘하고 근내 장력이 일정하고, 근 길이가 감소함(턱걸이 올라갈 때). 신장성 수축은 원심성 수축으로 저항의 중력을 극복하지 못하고 근 길이가 증가하고 장력 발휘, 근내 장력은 일정하고, 근 길이가 늘어남. 즉, 근육의 길이가 길어지면서도 힘을 발휘함(턱걸이 내려갈 때). ④번의 등속성 수축은 관절각이 일정한 속도로 수축하는 것을 말하고 재활치료에 적합함

운동역학

01	02	03	04	05	06	07	08	09	10
④	②	①	④	①	④	②	③	④	①
11	12	13	14	15	16	17	18	19	20
①	③	①	③	②	④	②	①	②	③

01 ④

①번은 스포츠사회학, ②번은 운동생리학, ③번은 스포츠심리학에 대한 설명임

02 ②   학습리턴 본문 p. 346

신장성 수축은 원심성 수축으로 저항의 중력을 극복하지 못하여 근 길이가 증가하고 장력을 발휘함. 근내 장력은 일정하고, 근 길이가 늘어남. 즉, 턱걸이의 내려가는 동작과 같이 근육의 길이가 길어지면서도 힘을 발휘함. ②번의 팔굽혀펴기에서 팔을 펼 때 위팔세갈래근은 근육이 짧아지므로 단축성 수축을 하게 됨

03 ①

벡터량은 크기와 방향을 있는 변위, 속도(velocity), 무게, 힘, 토크 등에서 나타남. 반면 크기만 있는 스칼라량은 거리, 속력(speed), 질량에서 나타남

04 ④

지면반력이란 물체가 지구에 가해진 힘에 대한 반작용을 의미함. 즉, 지구에 의해 발생하는 크기는 동일하고 방향이 반대인 힘을 뜻하므로 공중에 떠 있는 ④번의 동작과는 거리가 멂

05 ①   학습리턴 본문 p. 326, 327

①번은 인체의 꼭대기에서 바닥까지 지나는 수직축(longitudinal axis)에 관한 설명임

06 ④

복합운동은 병진운동(선운동)과 회전운동(각운동)이 혼합된 운동형태로 대부분의 스포츠 현장에서 이루어짐

07 ②

자유롭게 움직이는 분절은 인체 전체의 무게중심점의 위치를 수시로 변하게 함. ②번과 같이 경기력 향상을 위한 무게중심의 활용은 높이뛰기 선수가 바를 효과적으로 넘기 위해 배면뛰기 기술을 구사하거나, 레슬링 선수가 안정성 증가를 위해 무게중심을 낮추는 경우, 배구 스파이크 시 타점을 높이기 위해 무게중심을 높이는 경우를 통해 알 수 있음

08 ③

농구공의 수평방향은 외력이 없으므로 가속도가 0(zero)인 등속도 운동을 함

09 ④

반발계수(coefficient of restitution)는 공이 지면으로 떨어지는 속력과 충돌 후 지면에서 다시 튀어 오르는 속력의 차이 값을 말하는데, 공의 충돌 전 수평속도와 수직속도가 같다면 완전탄성충돌(탄성계수=1)이므로 리바운드 높이가 같음

10 ①

각 면적에 대한 힘: 면적×속도
- A영역: $80N \cdot s \times 2m/s = 160N \cdot m$
- B영역: $20N \cdot s \times 2m/s = 40N \cdot m$

A+B = 160+40 = 200N·m = 200kg·m²/s² (←1N=1kg·m/s²)
운동량 = 질량×속도
$200kg \cdot m^2/s^2 = 60kg \times 속도(m/s)$
* 속도(m/s) = 3.33(m/s)

11 ①

충격량은 물체에 힘을 작용하여 운동 상태를 바꿀 때 가한 충격의 정도인 물리량을 의미함(충격량=힘×시간=충격력×작용시간). 〈보기〉 설명과 같이 동일한 충격량 생성조건에서 선수가 공을 받는 작용시간(접촉시간, 충격시간)을 늘리면 충격력은 감소하고, 작용시간을 줄이면 충격력(힘)은 증가함

12 ③

일(work)이란 물체에 힘이 작용하는 동안에 물체에 작용한 힘을 의미함(역학적 일(N·m) = 작용하는 힘×힘 방향의 변위). 정지해 있는 동작의 ③은 해당되지 않음

13 ①   학습리턴 본문 p. 346

마그누스 효과는 공이 회전하는 방향으로 휘어지면서 날아갈 때 발생함. 공기 중에서 압력이 높은 쪽에서 낮은 쪽으로 휘는 특성과 거리가 먼 ①번은 마그누스 효과가 아님

14 ③

운동에너지는 운동하고 있는 물체가 갖고 있는 에너지로 질량(m)이 크고 속도(v)가 빠르게 움직이는 물체일수록 커짐. 스키점프는 이륙하고 난 후 수직 최고점에서 가장 큰 위치에너지를 갖게 되고, 지면에 착지 직전 속도가 가장 빠르기 때문에 최고의 운동에너지를 갖게 됨

15 ②

회전력은 힘의 모멘트인 토크로 가해진 힘과 축에서 힘의 작용선까지 수직거리의 곱을 의미함(힘의 토크=힘의 크기×받침점에서 힘점까지의 거리=작용하는 힘×모멘트암). 즉, 팔꿈치를 가장 폈을 때(각도=0도) 회전력이 가장 큼

16 ④   학습리턴 본문 p. 335, 336

1종 지레(목관절 신전)는 힘점(F)·받침점(A)·작용점(R) 순서, 2종 지레(팔굽혀펴기)는 받침점(A)·작용점(R)·힘점(F) 순서, 3종 지레(윗몸 일으키기)는 받침점(A)·힘점(F)·작용점(R) 순서임

17 ②

관성모멘트는 어떤 물체를 회전시키려 할 때 잘 돌아가지 않으려는 속성임. 즉, 관성모멘트를 줄여야 회전력을 키울 수 있고, 회전속도도 빨라짐. 다이빙 선수가 전방으로 공중 회전하는 동작에서 사지를 쭉 편 레이아웃(layout) 자세보다 사지를 웅크린 턱(tuck) 자세가 관성모멘트를 줄임으로써 회전속도(각속도)와 회전수를 증가시킴

18 ③

1초에 30m를 날아가므로(30m/s)는 2초에 60m를 날아감

19 ②

학습리턴 본문 p. 359

일률(Power)은 단위시간에 수행한 일의 양(일/시간)임
- 일률(P) = 작용하는 힘×힘 방향의 속도
- 1W = 1J/S = 1N·m/s

20 ③

기저면(모든 물체가 지면과 접촉하는 각 점들로 이루어진 전체 면적)이 넓을수록, 무게중심이 낮을수록, 수직중심선이 기저면 중앙에 가까울수록, 몸무게가 무거울수록 안정성이 향상됨

스포츠윤리

01	02	03	04	05	06	07	08	09	10
①	③	①	③	②	②	④	④	①	①
11	12	13	14	15	16	17	18	19	20
③	②	②	③	①	②	②	③	④	④

01 ①

스포츠맨십은 스포츠인이라면 당연히 따라야 할 준칙과 태도(= 스포츠 도덕), 스포츠의 가장 포괄적인 도덕규범이고, 경쟁에서의 스포츠도덕은 극단적인 경쟁상황에서도 스포츠 자체를 존중하고, 경쟁상대를 인격체로 대하고자 하는 의지와 태도임. ①번은 이러한 의미에서 벗어남

02 ③

학습리턴 본문 p. 380, 381

스포츠에 관한 결과주의는 목적론적 윤리(teleological ethics)로서 행위의 잘잘못을 그 행위가 초래하는 결과에 기초해서 판단, 좋은 결과를 목적으로 삼고, 그에 맞게 행동할 것을 강조하여 모두에게 좋은 결과를 목적으로 추구함. ㉠, ㉣은 행위의 결과와는 무관하게 행위에 대한 도덕적 책무와 의무를 중시하는 의무론적 윤리(deontological ethics)임

03 ①

스포츠에서 나타나는 인종차별은 스포츠 현장에서 특정 인종에 불이익을 주는 행위를 의미하므로 ①번과는 거리가 멂

04 ③

덕론적 윤리(德倫理學, virtue ethics)는 행위의 결과를 중시하는 접근법(목적론적 윤리, 결과주의)과 의무를 중시하는 접근법(의무론적 윤리, 동기주의)과는 다름. 즉, 행위자의 덕 또는 훌륭한 성격을 강조함. ③번의 설명은 의무론적 관점임

05 ②

윤리란 특정한 사람이 지켜야 할 도리, 즉 한 인간이 집단 안에서 조화로운 생활을 영위하기 위해 서로 지켜야 할 도리이므로 ㉠, ㉣이 적합함

06 ②

선의지란 옳은 행위는 마땅히 해야 할 의무로 받아들이는 것으로 그 동기와 의도 때문에 선하다는 것임

07 ④

도핑은 선수가 운동경기에서 성적을 향상시킬 목적으로 약물을 사용하거나 특수한 이학적 처리를 하는 일을 뜻함. 도핑은 비윤리적이고, 비인도적인 행위로서 공정성 훼손(페어플레이 정신에 위배)과 건강상의 부작용(의학적, 건강상의 문제)으로 인해 금지하므로 〈보기〉 내용 모두에 해당됨

08 ④ 학습리턴 본문 p. 388

평균적 정의는 스포츠 종목 규칙의 동일한 적용과 동등한 참가 조건으로 경쟁에 임한다는 개념임. 즉, 〈보기〉 내용처럼 타고난 유전적 요인의 불평등 문제는 평균적 정의로 규정할 수 없음

09 ①

감독의 의도적 파울에 대한 지시를 무비판적으로 수용하여 팀 승리를 이끄는 행동을 과잉동조(overconformity)로 설명할 수 있음(스포츠사회학). 〈보기〉 설명은 그 반대로 올바른 동기와 의무에 따르는 행위를 선택함으로써 행위의 결과와는 무관하게 도덕적 책무를 중시한 것임(의무론적 관점). 또 다른 예를 들어보면 축구심판의 잘못된 판단으로 패널티킥을 얻었지만, 선수는 오히려 자기 스스로 넘어진 것이므로 판정의 번복을 요청하는 경우와 유사함. 이를 통해 경쟁과 페어플레이라는 기본적 가치에 충실했다는 긍정적인 영향을 주면서도 스포츠팀의 궁극적인 목표인 승리할 수 있는 감독의 전략을 따르지 않음으로써 개인이 아닌 다수의 이익에 오히려 부정적인 결과를 초래할 수 있다는 점에서 윤리이론의 난점으로 이해할 수 있음

10 ① 학습리턴 본문 p. 404

스포츠에서 정당한 폭력이란 개념은 용인된 폭력과 자기 목적적 폭력이 있음. 즉, 스포츠 경기란 특성으로 주어진 통제된 힘의 사용에 대해 합법적으로 허용된 폭력을 말함

11 ③

공정한 스포츠는 스포츠인의 도덕적 자율성과 제도적 강제성의 조화에서 이루어짐. 스포츠와 과학기술의 결합을 통해 스포츠가 첨단기술의 경연장으로 변질될 수 있음. 즉, 긍정적인 과학기술의 관점으로 바라보면 스포츠 과학 영역이지만, 부정적인 관점으로 바라보면 기술도핑이란 우려가 있음

12 ②

현준이 말한 형식주의는 정해져 있는 규칙을 어기지 않고 경기를 하면 페어플레이로 바라봄. 반면, 수연이 말한 비형식주의는 경기종목마다 경기를 실천하는 규칙과 관습이 있고, 관습은 윤리적인 면도 포함하므로 관습을 잘 지키면 페어플레이로 바라봄. 또한 아리스토텔레스가 제시한 에토스(ethos)는 성격과 관습을 의미하는 것으로 사람이 도덕적으로 옳고 그름을 판단하는 원동력으로 인식함

13 ② 학습리턴 본문 p. 421

⊙은 상대 선수를 걱정하는 마음의 측은지심(惻隱之心)이고, ⓒ은 스스로 부끄러워하는 마음의 수오지심(羞惡之心)을 나타냄

14 ③

스포츠의 장애차별은 장애로 인해 스포츠 참여의 권리와 기회를 비장애인과 동등하게 누리지 못하는 불평등을 의미함. 스포츠 참여를 원하는 장애인에 대한 제한, 배제, 분리, 거부는 기본권 침해에 해당됨

15 ①

최근 기후 이슈, 환경 문제 등과 같이 새로운 트렌드와 결부된 스포츠 시설의 개발은 경제활동에서 얻는 이익 외에도 상징적인 화두를 던지는 측면에서도 필요함

16 ②

스포츠의 가장 포괄적인 도덕규범은 스포츠맨십이고, 스포츠인이 지켜야 할 정정당당한 행위는 페어플레이이며, 각 종목마다 규정하여 선수들이 지켜야 할 시합의 조건은 규칙준수임

17 ②　　　　　　　　　　　학습리턴 본문 p. 419

스포츠윤리센터의 정관에 기재할 사항은 대통령령임

18 ③

스포츠에서 인간 경쟁보다 기술 경쟁의 우려가 있음. 경기수행능력 향상을 위한 기술을 통해 공정성과 형평성의 문제가 존재함

19 ④

스포츠 성차별의 원인으로 성에 따라 스포츠 능력이 차별적으로 배분됐다고 생각. 즉 남성은 여성에 비해 선천적으로 우월하다는 인식에서 비롯됨(생물학적 환원주의). 또한 과격한 신체활동이 여성에게 생리적 측면에서 해롭다는 인식을 가짐. 남성이 여성에 비해 공격적, 능동적인 성향이라는 편향된 문화적 전통을 믿거나, 대중매체의 편향적 보도에 따라 은연중에 성차별 의식을 갖게 됨

20 ④

심판이 갖추어야 할 윤리기준은 공평무사, 공명정대, 청렴결백이 있음. 심판윤리로서 개인윤리는 심판 개인의 공정성, 청렴성 등의 인격적 도덕성을 의미하고, 사회윤리는 협회나 기구의 도덕성과 밀접한 연관을 지음. ④번은 위의 원칙에서 벗어남

2022 스포츠지도사 정답 및 해설

스포츠사회학

01	02	03	04	05	06	07	08	09	10
①	④	①	③	②	③	③	④	①	①
11	12	13	14	15	16	17	18	19	20
②	①	②	④	③	④	②	④	③	②

01 ①

구조기능주의 이론에서 파슨스는 모든 사회체계는 4가지 기능요건(적응, 목표달성, 통합, 잠재적 유형유지)을 충족해야 한다고 제시함. 〈보기〉는 적응에 관한 설명임

02 ④ 학습리턴 본문 p. 16

스포츠의 정치적 속성은 대표성, 권력투쟁, 정치성, 보수성이 있음

03 ①

〈보기〉는 강화에 대한 설명임. 코칭은 사회화의 주관자(타인)을 지도하는 방법, 관찰학습은 다른 사람의 행동을 관찰하고 역할 수행에 반영하는 것을 의미함

04 ③ 학습리턴 본문 p. 45

㉠은 자의와 타의에 의해 스포츠 참가를 중단하는 것이므로 스포츠로부터의 탈사회화, ㉡은 스포츠 활동에 지속적으로 참여한 결과로 사회에 필요한 긍정적인 가치, 태도, 규범, 행동양식 등을 습득한 것이므로 스포츠를 통한 사회화, ㉢은 개인에게 스포츠에 참여하고자 하는 흥미와 관심을 유발시킴으로써 스포츠에 참가하도록 유도하는 것이므로 스포츠로의 사회화, ㉣은 조직화된 경쟁 스포츠에 참여했던 사람이 스포츠로부터 탈사회화 과정을 거친 후 다시 스포츠에 참여하게 되는 것이므로 스포츠로의 재사회화로 설명할 수 있음

05 ②

학교의 자원 및 교육시설은 독점대상이 아니라 공유대상으로서 학원엘리트스포츠를 지지하는 입장과는 거리가 멂

06 ③ 학습리턴 본문 p. 13

〈보기〉는 상징적 상호작용론에 대한 설명으로서 개인의 행동을 결정하는 역할은 객관적인 사회적 조건이 아니라 개인이 그것을 어떻게 주관적으로 인지하고 평가하느냐의 상황으로 정의되는 것임

07 ③

스포츠의 정치화 과정은 상징, 동일화, 조작이 있음. 상징은 선수 유니폼에 국가와 지역이름을 부착하는 행위에서 드러나고, 동일화는 스포츠 선수와 국가 대표팀과 같이 다른 대상에게 자신의 감정을 이입하고 일체화시키는 과정에 드러나며, 조작은 상징과 동일화의 효과를 극대화하기 위해 인위적으로 개입하면서 나타날 수 있음

08 ④ 학습리턴 본문 p. 39

〈보기〉는 지위의 서열화에 대한 설명으로 개인적 특성(지식, 체력, 인성 등), 개인의 능력(숙련된 기술 등), 역할의 중요도에 따라 각자 수행하는 역할을 위해 지위를 배열하게 됨

09 ①

영국의 사회학자 롤랜드 로버트슨(Roland Robertson)이 제시한 세방화(世方化) 또는 글로컬라이제이션(glocalization)은 세계화(世界化)를 의미하는 글로벌라이제이션(globalization)과 지방화(地方化)를 의미하는 로컬라이제이션(localization)의 합성어로 세계화와 동시에 현지화를 이룸으로써 시너지 효과를 극대화하려는 경영방식을 의미함. 예를 들어 비슷한 수준의 선수영입을 아프리카 선수보다 소비시장이 보다 큰 아시아 선수를 선택함으로써 스포츠 소비자를 유인할 수 있는 요인이 될 수 있음

10 ①

아파르트헤이트는 남아프리카 공화국에서 소수통치집단인 백인의 국민당 정권이 실시(1948년)했던 인종차별 정책(넬슨 만델라 대통령이 1994년에 폐지)으로 국제대회 참여가 거부되었음. 1980 모스크바 올림픽 미국 등 서방 불참(구 소련의 아프가니스탄 침공), 1972 뮌헨 하계올림픽 때 검은구월단 테러발생, 2018 평창동계올림픽에서 여자 아이스하키 남북 단일팀은 남북미 간의 대화의 물꼬를 트면서 평화 메시지 전달을 하기 위함임

11 ②

'동혁의 피란' 기억나시나요? 머튼의 아노미 이론으로 선수들의 일탈행동을 분류할 수 있음. 동조주의(문화적 목표와 제도화된 수단을 수용, ⓒ 설명), 혁신주의(문화적 목표는 수용하지만 제도화된 수단은 거부, ⓒ 설명), 의례주의(문화적 목표는 거부하고 제도화된 수단은 수용, ⓒ 설명), 도피주의(문화적 목표와 제도화된 수단을 모두 거부), 반란주의(문화적 목표, 제도화된 수단을 모두 거부하고, 새로운 목표와 수단을 제시)가 있음

12 ①
학습리턴 본문 p. 42

〈보기〉는 개인이동, 수직이동, 세대 내 이동에 대한 설명임

13 ②

개인차 이론은 미디어가 관람자의 인성특성에 흥미를 유발하는 이미지를 제공함으로써 욕구를 해결한다는 내용임. 욕구는 인지적 욕구(신문, 잡지), 정의적 욕구(직접 참가, TV), 도피적 욕구(TV), 통합적 욕구(직접 참가) 등으로 분류할 수 있음정답

14 ④

코클리는 규칙의 표준화를 통해 스포츠 제도화를 제시함. 득점 방법의 단일화와는 무관함

15 ③

〈보기〉는 드래프트에 대한 설명으로서 프로 스포츠 팀 간의 전력평준화를 위해 마련됨

16 ④

ⓒ, ⓔ은 스포츠가 미디어에 미치는 영향에 해당함

17 ②

스포츠의 교육적 순기능으로 사회통합, 사회성 함양, 구성원 간의 통합, 평생체육 활동 지속 등의 있고, 역기능으로 교육 부실화, 무관심 및 인식부족, 체육과목 위사 악화, 승리지상주의 인식 등이 있음. 〈보기〉에서 여권신장, 평생체육과의 연계, 장애인 삶의 질 향상은 사회선도를 할 수 있는 순기능에 해당하나, 학교 내 통합은 사회 구성원 전반의 통합과는 거리가 먼 특정 영역에 국한된 통합을 의미하므로 사회선도의 순기능으로 보기가 어려움

18 ④

코클리의 과잉동조 스포츠 윤리 규범은 4가지로 인내규범(위험과 고난 극복), 도전규범(성공을 위해 장애 극복), 몰입규범(경기 헌신), 구분짓기규범(탁월성 추구)이 있음

19 ③

'핫야정 쿨축동' 기억나시나요? 핫미디어 스포츠는 야구와 같은 정적인 스포츠(고정밀성, 저참여성), 쿨미디어 스포츠는 축구와 같은 동적인 스포츠(저정밀성, 고참여성)에 해당됨. ③번은 쿨미디어 스포츠에 대한 설명임

20 ②

스포츠 세계화는 프로스포츠처럼 같은 종목의 스포츠를 같은 규칙 아래에 경기에 임하게 되면서 스포츠 소비문화 측면에서 많은 변화를 야기함

스포츠교육학

01	02	03	04	05	06	07	08	09	10
①	③	③	④	③	④	④	①	②	②
11	12	13	14	15	16	17	18	19	20
②	①	①,④	④	③	④	②	⑤	③	①

01 ①
학습리턴 본문 p. 73

스포츠기본법(2021. 8월 제정)에 따르면 "학교스포츠"란 학교(유치원, 초·중·고등학교)에서 이루어지는 스포츠 활동을 말함

02 ③

소외 없이 모두가 함께하는 스포츠 환경 조성을 위해 스포츠강좌이용권, 행복나눔스포츠교실, 스포츠교육복지연계 시스템 등의 정책을 시행하고 있음

03 ③

장애인 스포츠 프로그램의 고려사항으로 장애유형별 특징과 요구사항, 접근성과 편의성, 지속성, 경제적 여건 등을 고려할 수 있음. 장애유형과 정도에 따른 신체활동이 필요하므로 정적운동 위주의 편성과는 거리가 멂

04 ④

생활스포츠 프로그램의 고려사항으로 일관된 설정, 목표달성 여부 검토, 달성하고자 하는 상태 및 운동 능력, 스포츠 활동 내용의 세부적 기술 등이 있음. 즉, 프로그램의 목표는 구체적으로 진술되어야 함

05 ③

〈보기〉는 슬라빈에 제시한 협동학습 모형으로 상호의존성, 사회성, 의사소통 기술, 개별 학습자에게 책무성을 가르치기 위한 목적을 가짐. 이를 위해 서로를 위해 함께 배우는 방법으로 학생들의 학업성취 수준을 높이고 상호작용과 사회적 기술을 지도하기 위해 만들어짐

06 ④

교수·학습 수업계획안을 작성할 때 고려해야 하는 요소는 정교하고 유연한 계획을 수립, 자신이 사용할 목적으로 작성, 학습자들이 학습과제를 계획보다 빨리 성취했을 때 대비하여 추가 학습계획을 수립해야 함. 〈보기〉 설명은 흥미를 유발시키고 모형과 단서를 제공함으로써 과제를 제시하고 과제 구조를 설명하고 있음

07 ④

위험한 상황이 예측됐을 때는 수업 중단과 같이 안전사고 사전 예방에 대한 조치를 해야 함

08 ①

헬리슨의 책임감 수준 단계는 무책임감(참여의지 없음), 타인의 권리와 감정 존중(다른 사람 방해하지 않고 참여), 참여와 노력(자발적 참여), 자기방향 설정(교사감독 없이 과제 완수), 돌봄과 배려(타인의 요구와 감정을 인정), 전이(지역사회환경에서 타인 가르치기)로 분류할 수 있음. 즉, 타인의 권리와 감정 존중 단계를 고려하면서 안전하게 참여하고자 하는 단계이지만, 상호 협력적인 수준은 아님

09 ②
학습리턴 본문 p. 120, 121

㉠은 진단평가로서 체육활동 지도 초기에 참여자의 수준과 상태를 파악하여 효과적인 교수 및 학습 전략을 수립하기 위해 실시하는 평가임. ㉡은 총괄평가로서 일정한 양의 학습과제를 모두 수행했거나 종료된 후에 학습자의 학업성취 수준을 알아보기 위해 실시하는 평가임

10 ②

〈보기〉처럼 예, 아니오 등을 말 그대로 평가자가 원하는 답을 도출하기 위해 체크(확인)하는 체크리스트 방식으로 평가자가 지면(평가도구)에 주관적인 입장에서 직접 평가를 하는 것임. 즉, 운동수행과정의 질적 평가가 이루어질 수 있음

11 ②

학교의 장은 학교스포츠클럽 전담교사를 지정하고 소정의 지도수당을 지급할 수 있으나, 전문코치를 지정하지는 않음

12 ①
학습리턴 본문 p. 78

정확한 법률 명칭은 '체육시설의 설치·이용에 관한 법률'로서 체육시설업의 종류에 따라 지도자 배치기준을 명시함. 체력단련장업은 운동전용 면적이 300m² 기준임

13 ①, ④

만 18세 이상이면 누구나 응시가 가능함. 또한 1급 생활스포츠지도사는 해당 자격 종목의 2급 생활스포츠지도사 자격을 취득한 후 3년 이상 해당 자격 종목의 지도경력이 있는 사람으로 규정되어 있음. ④번에서 제시한 것처럼 '자격 종목의 2급 생활스포츠지도사 자격을 취득한 후'란 문구는 현재('22) 규정된 65개 종목끼리 넘나들 수 있다는 식으로 오해를 불러일으킬 수 있음(예 2급 생활스포츠지도사를 검도로 취득한 후, 3년 지나고 1급 생활스포츠지도사를 농구로 취득할 수 있다는 식의 오해). 중복답안임

14 ④

마튼스가 제시한 여섯 가지 단계의 전문체육 지도 개발단계는 선수에게 필요한 기술파악→ 선수의 이해→ 상황분석→ 목표설정 및 우선순위의 결정→ 지도방법의 이해(선택)→ 연습계획의 수립으로 분류함

15 ③

동료교수모형 방식은 학생들이 교사의 역할과 학습자의 역할을 번갈아 가면서 수행하는 방법으로 중요한 책임을 개인교사(tutor)라 불리는 학생에게 위임하고, 이 학생은 다른 학생의 연습을 관찰하고 분석하게 함. 학습자가 앞으로 행할 행위에 대한 반응으로 교정적 피드백이 중요함

16 ④

이해중심 게임수업은 전술게임모형으로서 발달상 적합한 게임과 인지 활동 후 숙련된 운동수행을 통해 전술문제를 해결하는 데 중점을 둠. 이를 위해 게임의 모의 상황을 포함하며 단순한 것에서 복잡한 모의상황으로 발전해 나감. 모의 활동은 반드시 정식게임을 대표해야 하고, 전술기능개발에 중점을 두기 위해 상황이 과장돼야 함(예 축구에서 패스에 대한 공격과 수비를 가르칠 때 교사는 실제 패스하는 것처럼 학습활동에서 구현함)

17 ②

개방기술은 환경이 동적인 조건에서 수행되는 기술(탁구 스매싱, 야구 배팅, 축구 드리블)이고, 폐쇄기술은 환경이 정적인 조건에서 수행되는 기술로서 정지된 목표를 향해서 행함(농구 자유투)

18 ②

알몬드(L. Almond)가 분류한 게임유형은 전술게임 모형에서 설명할 수 있음

19 ③
학습리턴 본문 p. 114

〈보기〉는 교사가 학습자에게 운동수행결과에 대한 만족과 불만족함 표시를 불분명하게 하는 중립적 피드백의 설명임

20 ①

링크의 내용개발(content development) 학습과제 유형으로 정보제공하기(informing), 확대 혹은 확장하기(extending), 세련 혹은 정교화하기(refining), 도전 혹은 응용하기(challenge or applying)로 제시함. 즉, 시작→ 확대→ 세련→ 적용으로 이해할 수 있음

스포츠심리학

01	02	03	04	05	06	07	08	09	10
①	③	③	④	①	③	①	③	④	④
11	12	13	14	15	16	17	18	19	20
①	②	④	④	②	②	①	②	③	④

01 ①

레빈은 장(field)이론에서 개인은 목적, 신념에 따라 자신의 환경을 지각하므로 환경에 의해 개인이 수동적으로 영향을 받기보다는 개인요구에 따라 환경을 지각함으로써 개인의 심리적 환경을 구성하고 행동한다고 주장함

02 ③

미취학기의 아동(만 2~6세)은 기초적인 움직임 단계의 시기이므로 운동능력이 빠르게 발달하고 감각기관의 능력이 향상됨. 이 시기에 운동도구에 대해 스스로 탐색할 기회를 제공함으로써 심리적 안정을 줄 수 있음

03 ③

일반화된 운동프로그램에서 가변매개변수는 모든 동작이 일정하지 않고 사용되는 근육에 따라 힘이 조절됨을 의미하고, 불변매개변수는 근수축의 시간, 근육활동에 필요한 힘의 양 등을 적절한 비율로 근육에 분배함을 의미함

04 ④

힉의 법칙(Hick's law)은 사람이 무언가 선택할 때 걸리는 시간은 선택하려는 가지 수에 따라 결정됨을 의미함. 즉, 선택지의 수(옵션)가 늘어나면 선택하는 데 걸리는 시간도 늘어남. 이를 토대로 〈보기〉 설명을 유추할 수 있음

05 ①

학습리턴 본문 p. 151

번스타인의 학습단계이론은 제어해야 할 변수의 개수를 의미하는 자유도(degrees of freedom)를 고정할지, 줄여야 할지의 여부를 고민하는 '자유도 문제'가 발생하므로 협응구조를 통해 해결한다고 제시함. '번스 고풀용' 기억나시나요? 〈보기〉 설명은 ⓒ은 스케이트를 신으면서 관련된 관절이 하나의 단위체로 걷게 하므로 자유도의 고정단계, ㉠은 관련한 관절을 모두 활용하므로 자유도의 풀림단계, ⓒ은 숙련된 동작으로 이어지므로 반작용의 활용 단계로 이해할 수 있음

06 ③

선수 탈진 설문지(Athlete Burnout Questionnaire, ABQ; Raedeke & Smith, 2001)는 정서적/신체적 피로(emotional/physical exhaustion), 성취감 감소(reduced sense of accomplishment), 스포츠 평가절하(sport devaluation)로 분류했음

07 ①

스포츠 재미에 영향을 미치는 요인으로 개인이 능력(숙달과 성취)이 있다고 느끼는 활동에 참여하도록 이끌리고, 사람들과의 환경(사회적 소속) 내에서 긍정적이고 격려를 받으며 수행할 수 있는 신체활동 영역(동작의 감각체험)에서 동기를 부여받거나 성과 우수성을 위해 노력하게 됨

08 ③

슈미트의 도식이론(스키마 이론)은 폐쇄이론(동작이 종료된 이후 지각흔적에 의해 오차가 수정된다는 이론)에 반대한 이론으로 느린 동작에서는 동작 후에 오차가 검출되지 않고, 빠른 동작일 때만 동작 후에 오차수정이 이루어진다는 이론임. 재생 스키마(recall schema, 회상도식)는 원하는 동작결과를 과거 수행결과와 비교해서 반응명세를 만들고, 재인식 스키마(recognition schema, 재인도식)는 반응명세를 작성함에 동시에 과거 수행결과와 과거 감각결과 관계 등의 여러 조건을 이용해 예상되는 감각결과를 만듦. 즉 빠른 움직임과 느린 움직임으로 구분하여 설명할 수 있는 도식이론(㉠)은 〈보기〉 ㉣과 같이 동작 후에 오차가 검출되지 않는 느린 동작에서 회상도식과 재인도식을 동원함으로써 새로운 내용을 이해하는 데 도움을 주는 학습이론임

09 ④

운동경기 시 심리적 적응이 불가능한 시간으로 심리적 불응기(psychological refractory period, PRP)가 있음. 1차 자극에 대한 반응시간이 진행되는 동안에 2차 자극이 제시될 때는 1차 자극에 대한 반응시간이 진행되므로 2차 자극에 적응하기 어려워함. 즉, 1차 자극이 끝난 후 2차 자극에 대한 반응시간이 작용하게 됨. 1차 자극이 끝날 때까지 2차 자극의 대처를 어렵게 하는 속임수(fake) 동작이 있음(예 태권도 겨루기에서 뒷발로 공격하기 위해 상대선수에게는 앞발을 들었다 놨다하면서 앞발공격에만 대비하게 만듦). 다만, 속임수가 많아졌다고 효과를 보기는 어려움. 이러한 여러 요소들이 그것보다 더 큰 단위의 일부로 지각하는 현상을 집단화 현상이라고 함

10 ④

발달은 성장과 성숙의 조합을 의미함. 성장은 시간 흐름에 따른 움직임의 변화과정과 그 과정에 영향을 주는 유전적, 환경적 요인을 양적 증가의 측면(growth)을 말하고, 성숙은 질적 변화의 측면(maturation)을 의미함

11 ①

지각 협소화는 스트레스 상황에서 지각의 범위가 줄어드는 현상을 의미함

12 ② 학습리턴 본문 p. 174, 175, 176

전환이론(반전이론)은 높은 각성수준을 유쾌한 흥분으로 지각하거나 불안으로 해석함

13 ④ 학습리턴 본문 p. 176

〈보기〉의 ㉠은 자생훈련, ㉡은 체계적 둔감화에 대한 설명임

14 ④

와이너는 성취 귀인이론으로 발전시키며 동기이론으로 체계화시킴. 성취상황을 원인으로 인식할 수 있는 네 가지 요인으로 재분류함. 즉, 원인의 소재차원(내적요인: 능력, 노력/외적요인: 과제난이도, 운)과 안정성 차원(안정적 요인: 과제난이도/불안정적 요인: 운)이 있음. 과제난이도는 외적요인이고 안정적 요인으로서 통제가 불가능함

15 ② 학습리턴 본문 p. 188

상징학습 이론은 운동을 하면 그 운동의 요소들이 뇌에 상징으로 기록되므로 생리적 반응과 심리반응을 함께하면 효과적이고, 기록(부호)으로 인지될 수 있는 인지과제가 효과적임

16 ②

첼라두라이는 상황이론에 기초하여 스포츠 상황에서 지도자 행동이 선수의 만족도와 수행능력에 영향을 미친다고 함. 이는 선행조건(상황특성, 리더특성, 구성원 특성) → 지도자 행동(규정행동, 실제행동, 선호행동) → 결과(수행결과, 선수만족)로 영향을 전달함

17 ①

사회생태학 이론은 인간과 환경은 분리될 수 없고 지속적인 상호작용과 교환을 통해 서로에게 영향을 미친다는 것임

18 ②

프로차스카의 운동 변화단계는 인간의 행동에 대해 시간을 두고 천천히 단계적으로 변화함을 설명함. 무관심 단계(앞으로 6개월 내 운동의도 없음) → 관심 단계(6개월 내 운동의도 있음) → 준비 단계(1개월 내 운동의도 있음) → 실천 단계(규칙적으로 운동하고 있으나 6개월이 지나지 않음) → 유지 단계(6개월 이상 지속적인 운동을 함)가 있음

19 ③

상담의 기본원리는 개별화의 원리, 감정표현의 원리, 정서관여의 원리, 수용의 원리, 비심판적 태도의 원리, 자기결정의 원리, 비밀보장의 원리 등을 통해 내담자 입장을 고려해야 하는 것임

20 ④

신체적 자기개념은 학문적, 사회적, 감정적 자기개념과 함께 자기개념을 구성하는 요소로서 자신의 신체에 대해 느끼는 정도를 의미함. 위계적 구조모형은 신체적 자기개념과 자기개념이 하나의 단계를 거친다는 이론으로 신체적 자기개념이 전체적인 자기개념에 영향을 미치는 중요한 요인이 됨. 폭스와 코빈(Fox & Cobin)은 대학생이 신체에 대해 지각하는 정도를 스포츠 유능감, 신체적 컨디션, 매력적 몸매, 체력으로 지각하여 전체적인 자기개념을 느낄 수 있다고 제시함

한국체육사

01	02	03	04	05	06	07	08	09	10
④	③	②	④	②	①	④	④	③	③
11	12	13	14	15	16	17	18	19	20
①	①	②	①	②	①	④	②	③	③

01 ④

체육사는 과거의 체육적 사실에 대해 정확하게 설명하고 해석하려고 노력하는 것으로 체육과 스포츠를 역사적인 방법으로 연구하는 것임. 분야로는 스포츠사상사, 스포츠문화사, 스포츠종목사 등의 연구내용이 포함되고, 연구영역으로는 통사적·세계사적, 시대적·지역적, 개별적·특수적 연구영역이 있음. 즉, 도덕적 가치판단을 근거로 한다는 내용은 틀림

02 ③

사료의 전통적 분류방식은 물적 사료와 기록 사료가 있음. 기록 사료는 문헌 사료(고문헌, 고문서, 금석문 등)와 구전 사료(민요, 전설, 시가, 회고담 등)가 있음

03 ②

'고동신배 부영예천' 기억나시나요? 부족국가별 제천행사는 고구려(동맹), 신라(가배), 부여(영고), 동예(무천)가 있음

04 ④

화랑도가 국가에 의해 정식으로 제정된 것은 진흥황(540~576) 때임

05 ②

고구려의 태학은 상류층 자제 대상으로 국가의 관리를 양성하였고, 경당은 평민층 자제 대상으로 경전과 활쏘기 교육을 실시함

06 ①

고려시대의 국자감은 최고의 교육기관으로 7재(7개의 전문 강좌)를 가르쳤음. 1재에서 6재까지는 유학이고, 7재인 강예재는 무예와 병학의 전문 강좌였음

07 ④

격구는 군사훈련의 수단으로서 왕실과 귀족사회에서 즐겼던 민속놀이이기도 함. 수박은 일종의 격투기로 관람을 위한 경기로, 수박희는 무인 인재 선발의 방법으로서 무신정변(1170년)의 주요 원인 중의 하나였음. 마상재(기마술)는 말을 타고 재주를 보였던 무예체육이고, 궁술은 삼국시대부터 이어져 온 무예체육이었음

08 ④

학습리턴 본문 p. 234

무과는 무관의 자손과 향리 등이 응시했고 선발 정원을 두었음

09 ③

투호는 삼국시대부터 유래된 민속놀이로서 화살을 항아리에 던져 넣기임. 저포는 부족국가 시대부터 유래된 윷놀이이고, 위기는 삼국시대부터 유래된 바둑을 지칭함. 석전은 돌팔매질을 통해 승부를 겨뤘던 일종의 관람 스포츠처럼 구경거리기 됐음

10 ③

㉣은 신라 화랑도의 설명임. 조선시대의 사상으로 숭문천무(유교의 영향으로 글을 숭상하고 무력을 천시)와 문무겸전(정조는 문식과 무략을 모두 갖춰야 국가를 부강하게 한다고 생각)이 있음

11 ①

대한국민체육회(1907)는 노백린의 발기로 설립된 체육단체임. 일제강점기에는 조선체육협회(1919, 일본인 중심으로 설립), 조선체육회(1920, 조선인 중심 설립, 전조선야구대회 개최를 시작으로 오늘날 전국체육대회로 발전), 관서체육회(1925, 조만식이 평양을 근거지로 설립, 전조선축구대회 개최)가 있었음

12 ①

한국 최초 올림픽 참가 여성선수인 박봉식은 원반 던지기 종목에 참가했음. 이 대회는 1948년 런던하계올림픽으로 대한민국 정식 국호(KOREA)를 달고 최초로 메달을 획득함(김성집 역도, 한수안 복싱). 박신자 선수는 세계여자농구선수권 대회(1967, 체코슬로바키아 프라하)에서 한국이 세계 2위를 기록하며 첫 MVP에 올랐음. 김연아 선수는 2010년 밴쿠버동계올림픽에서 금메달을 획득했고, 2014년 소치동계올림픽에선 러시아의 텃세로 은메달에 머무름

13 ②
학습리턴 본문 p. 249, 250

우리나라 아시아경기대회 개최 역사를 살펴보면 1970년 제6회 대회를 서울에서 개최하기로 했으나 예산이 부족해 반납하여 태국 방콕에서 개최됨. 이후 서울(1986), 부산(2002), 인천(2014)에서 개최하였음

14 ①

〈보기〉는 조오련 수영선수(1952~2009)에 대한 설명임. 민관식(1918~2006)은 1964년부터 1971년까지 대한체육회 회장을 역임하며 한국스포츠 근대화의 아버지로 불림. 김일 선수(1929~2006)는 일본의 전설적인 프로레슬러 역도산(함경남도 출생)의 제자로서 프로레슬링 선수로 활동함. 김성집 선수(1919~2016)는 1948년 런던하계올림픽(최초로 KOREA 국호사용) 때 동메달(우리나라 최초 메달)을 수상함

15 ②

육상(1896), 야구(1904), 농구(1907)는 개화기 때 소개됐고, 역도(1926)는 일제강점기 때 도입됨

16 ①

조선체육회(1920)는 조선체육협회(1919, 일본인 중심으로 설립)에 대응하여 조선인 중심으로 설립됨

17 ④

〈보기〉 설명은 1936년 제11회 베를린올림픽으로서 이길용 기자(동아일보)가 주도하여 손기정 선수의 일장기를 지워 게재한 일장기 말소사건으로도 유명함

18 ②

서향순 선수는 한국 최초 여성 금메달리스트로서 1984 LA하계올림픽 때 양궁 개인전 1위를 했고, 황영조 선수는 1992 바르셀로나하계올림픽 때 한국 최초로 마라톤 금메달을 취득함. 세계대회 마라톤 기록을 살펴보면 1936년 베를린하계올림픽(손기정 1위, 남승룡 3위), 1947년 보스톤마라톤대회(서윤복 1위), 1950년 보스톤마라톤대회(함기용 1위, 송길윤 2위, 최윤칠 3위), 1992년 바르셀로나하계올림픽(황영조 1위), 2001년 보스톤마라톤대회(이봉주 1위)가 있음

19 ③
학습리턴 본문 p. 253, 254

〈보기〉 설명은 제6공화국 노태우 정권 시기의 정책임

20 ③

남북체육교류사 중 단일팀 역사를 살펴보면 1991 일본 지바 세계탁구선수권 대회(최초 단일팀, 여자 단체전 우승), 1991년 포르투갈 세계청소년축구대회(단일팀 출전, 8강 진출), 2018년 평창동계올림픽(여자 아이스하키팀 단일팀 출전)이 있음

운동생리학

01	02	03	04	05	06	07	08	09	10
①	④	③	③	④	①	②	③	②	④
11	12	13	14	15	16	17	18	19	20
③	②	④	①	②	①	①	③	④	②

01 ①

'특부역' 기억나시나요? 운동원리는 특이성의 원리(훈련효과는 사용된 근육에만 영향을 미침, 〈보기〉 설명), 과부하의 원리(훈련효과 얻기 위해 운동강도, 시간 빈도 등 일정한 수준 이상으로 증가시킴), 가역성의 원리(과부하가 이루어지지 않거나 운동이 중지됐을 때 운동능력이 빠르게 감소됨)가 있음

02 ④

㉠, ㉡, ㉢은 고온 환경에서의 체온조절에 관한 내용임

03 ③

동·정맥 산소차는 동맥과 정맥의 산소 차이로 조직(근육)에 전달되고 사용된 산소량의 척도를 의미함. 고강도 운동을 하면 골격근의 모세혈관 분포가 증가하게 되면서 동·정맥 산소차를 증가시킴

04 ③

근육경직의 원인은 과부하에 의한 경직, 몸의 부정렬에 의한 경직(근육이 뭉침), 젖산역치에 빨리 도달하는 경우, 심리적 원인에 따른 경직 등이 있음. 이를 해소하기 위해 중력, 복원력, 자각실천능력을 제고시키고 스트레칭, 운동강도와 지속시간 감소, 수분과 전해질의 균형을 유지해야 함

05 ④

1회 박출량은 이완기말 용적(구출 전 심실의 혈액량)과 수축기말 용적(구출 후 심실에 남아있는 혈액량)의 차이임

06 ①

〈보기〉는 간뇌의 설명임. 대뇌는 운동기능, 지적기능, 감각기능을 담당하고, 소뇌는 골격근 조절(평형유지), 근육운동 협응(복잡한 운동 수행)을 하며, 척수는 뇌와 말초신경 사이에서 자극과 명령을 전달하는 통로임

07 ②

산소확산능력(oxygen diffusion capacity)은 폐포로부터 산소가 혈액 속으로 들어가는 속도를 의미함. 최대 운동 중에는 불포화된 상태의 혈액이 폐에 들어와 폐포와 혈액 사이의 분압차가 커지므로 안정 시에 비해 산소확산능력이 커짐. 안정 시의 혈액순환은 중력의 작용으로 폐의 윗부분에 혈액이 많이 순환되지 않으나, 운동 중에서는 그 반대임

08 ③

체력은 방위체력과 행동체력(운동체력, 건강체력)으로 분류함. 운동체력은 순발력, 민첩성, 평형성, 협응성, 스피드 등과 관련이 있고, 건강체력은 근력, 지구력, 심폐지구력, 유연성 등과 관련이 있음. ③번은 운동체력과 관련한 측정요소임

09 ②

호르몬은 내분비계에서 생산되는 화학물질의 총칭으로 부신수질 호르몬인 카테콜아민은 뇌하수체 호르몬으로서 근육의 혈류량을 증가시키는 국소적 내인성의 자율조절 요소와는 무관함

10 ④

근수축단계는 안정단계 → 자극·결합단계 → 수축단계 → 재충전 단계 → 이완단계로 구분됨. 근형질망에서 방출된 칼슘이온은 근형질 내로 유입되고, 칼슘이온은 액틴 세사와 트로포닌과 결합하고, 트로포닌은 트로포마이신을 이동시켜 마이오신 머리가 액틴과 결합할 수 있게 함

11 ③

㉠은 폐활량(최대 흡기 후에 호기할 수 있는 최대의 공기량), ㉡은 1회 호흡량(폐에 1회 호흡 시 들어갔다가 나온 공기의 양), ㉢은 기능적 잔기량(호기 후 폐에 남아 있는 용량), ㉣은 잔기량(최대 호기 후에 폐에 남아 있는 공기의 양)을 의미함. 운동 시에는 안정 시와 비교했을 때 기능적 잔기량은 감소함

12 ②

저항성 트레이닝은 신경근육계의 적응현상을 통해 근력, 파워, 근지구력을 기를 수 있음. 즉, 골 무기질 함량, 액틴 단백질 등이 증가함

13 ④

1회 박출량(심장이 1회 수축할 때 나오는 혈액량)이 증가하는 요인은 심장의 이완기 말에서의 심실 내부의 용량을 의미하는 확장기말(이완기말)이 증가하고, 수축기말이 감소할 때임

14 ①

신장성 수축은 원심성 수축으로 저항의 중력을 극복하지 못하여 근길이가 증가하며 장력을 발휘하는 것이고, 단축성 수축은 구심성 수축으로 저항의 중력을 극복하여 장력을 발휘하는 것임. 즉, 신장성 수축은 근육의 길이가 길어지면서 힘을 발휘하므로 수축속도가 빠를수록 힘이 더 증가하고, 동일 근육에서 단축성 수축보다 같은 속도에서 더 큰 힘을 발휘함

15 ②

혈액은 동맥, 세동맥, 모세혈관, 세정맥, 정맥으로 흐름. 대부분 근육으로 돼 있고 가장 큰 동맥에서 교감 신경계에 의한 혈액순환조절이 가장 크게 일어나는 부위로 저항혈관이라고도 불리는 세동맥으로 감. 이곳이 혈압의 감소가 가장 크게 일어남. 세동맥으로부터 가장 가는 모세혈관을 거쳐 세정맥으로 들어와 심장으로 되돌아오는 과정을 거침

16 ①

'지유저구 속무고근' 기억나시나요? 지근섬유(유산소 대사 활성, 저강도 운동, 지구력)와 속근섬유(무산소 대사, 고강도 운동, 빠른 근수축) 중에서 단시간 운동에 적합한 속근섬유(백근)를 통해 가장 빠르게 ATP를 생성함

17 ①

지방은 강도가 다소 낮은 운동 동안 상당한 양의 에너지를 제공하는데 중성지방(트라이글리세라이드, triglyceride)에서 글리세롤(glycerol)과 유리지방산(free fatty acids)으로 분리됨. 유리지방이 에너지 생산에 사용되려면 미토콘드리아에서 아세틸 조효소-A(아세틸 코엔자임, Acetyl CoA)로 바뀌어야 하며 이 과정을 베타(β)산화라고 부름

18 ③

운동 중에 심박출량과 혈압의 증가는 신체의 총 혈류량을 증가시키는데, 이러한 반응은 혈액이 필요로 하는 곳인 근육으로 주로 가게 됨

19 ④

인슐린은 혈액 속에 순환하는 글루코스 양을 감소시킴으로써 혈당량을 낮추는 기능을 함. 성장 호르몬은 근육을 성장, 단백질·지방·탄수화물 대사와 모든 조직의 성장에 영향을 미침. 에리스로포이에틴은 주요 내분비 기관은 아니지만 신장에서 분비되는 호르몬으로 골수세포(bone marrow cell)를 자극함으로써 적혈구 생산을 조절하고, 항이뇨호르몬(ADH)은 신장에 작용하여 신장 집합관의 수분 투과성을 증가시킴으로써 수분 재흡수 증가를 불러옴

20 ②

'안정활 탈재과' 기억나시나요? 뉴런의 전기적 활동은 안정막 전위 → 활동전위 → 탈분극 → 재분극 → 과분극으로 이어짐. 탈분극은 Na^+이 세포 밖에서 안으로 유입되면서 양(+) 전하가 세포 내에서 증가하는 현상으로 〈그림〉의 ⓒ에 해당됨

운동역학

01	02	03	04	05	06	07	08	09	10
④	③	②	③	③	④	②	①	③	①
11	12	13	14	15	16	17	18	19	20
②	①	④	②	②	④	④	④	③	③

01 ④

운동역학은 스포츠 상황에서 인체 힘의 원인과 결과를 다루는 학문임

02 ③

외전은 좌우면상에서 팔다리를 정중선에 멀어지게 하는 동작임. ③번은 내전(다리 모음)을 설명한 것임

03 ②

학습리턴 본문 p. 333

자유롭게 움직이는 분절은 인체 전체의 무게중심점의 위치를 수시로 변하게 됨

04 ③

'일파 이알 삼앞' 기억나시나요? 그림은 2종 지레로서 받침점(A), 저항(R), 힘(F)을 나타냄

05 ③

운동학(kinematic)은 힘과는 관계없이 인체운동을 보고 측정·분석 하는 것이고, 운동역학(kinetic)은 운동을 유발하는 힘의 작용을 측정·분석함. 질량은 거리, 속력(speed)처럼 크기만 갖는 스칼라양이고, 힘은 변위, 속도(velocity), 무게, 토크처럼 크기와 방향이 있는 벡터량임

06 ④

학습리턴 본문 p. 343

운동장에서 트랙을 회전하는 것, 달이 지구를 회전하는 것, 지구가 태양을 회전하는 것을 떠올리면 시계반대방향이 양(+)의 값이고, 시계방향이 음(-)의 값임. 참고로 각거리는 출발지점에서 도착지점까지 각도를 회전한 경로를 누적해 측정한 것이고, 각변위는 출발한 지점에서 도착한 지점까지 각도를 한 번에 측정한 것임. 예를 들어 시계바늘이 12시에서 2시 30분으로 이동했다고 가정하면, 회전한 각거리는 (-360도) + (-360도) + (-180도) = (-900도)가 되지만, 각변위는 (-180도)임

07 ②

투사체는 중력과 공기의 마찰력으로 속도가 변하고, 만약 공기의 마찰력이 없다고 가정해도 중력에서 의해서만 속도가 변하기 때문에 1초에 9.8m/s씩 아래로 커짐. 공을 던지는 시점과 떨어진 지점의 높이가 같으면 45도 각도로 던져야 가장 멀리 날아감

08 ①

학습리턴 본문 p. 343

회전하는 물체가 돌아가는 속도로 선속도와 각속도가 발생함. 선속도는 몇 초에 몇 미터씩 이동하는 개념(= 반지름 × 각속도), 각속도는 몇 도씩 돌아가는 개념. 선속도를 증가시키기 위해선 각속도와 회전반경을 증가시켜야 함. 즉, 골프 스윙 시 관절을 굽혀 질량을 회전축에 가깝게 함으로써 각속도를 증가시킬 수 있고(관성모멘트를 감소시키는 개념임), 임팩트 직전에 관절을 늘려 회전반경을 늘림으로써 선속도를 증가시킬 수 있음

09 ③

운동을 방해하는 반대방향의 힘으로 마찰력이 생김

10 ①

압력은 물체가 누르는 힘으로 중력에 비례하고 접촉면적에 반비례함. 유도의 낙법은 접촉면적을 최소화함으로써 압력을 줄이기 위한 기술임

11 ②

마찰력은 물체가 다른 물체의 접촉면에 생기는 운동을 방해하는 반대방향의 힘으로 접촉면이 커질수록 커지고, 접촉면의 형태와 성분은 마찰계수에 영향을 미침

12 ①

양력은 유체 속의 물체에 운동방향의 수직방향으로 작용하는 힘임. 예를 들어 공을 던지면 속도가 느린 쪽(압력이 높은 쪽)에서 속도가 빠른 쪽(압력이 낮은 쪽)으로 미는 힘이 발생하는 베르누이 정리가 있고, 공이 회전하는 방향으로 휘어지면서 날아가는 마그누스 효과로 설명할 수 있음

13 ④

탄성계수(반발계수, 복원계수)는 공을 떨어뜨린(drop) 높이와 공이 지면에서 튀어 오른(bounce) 높이의 차이값을 의미함

14 ②

학습리턴 본문 p. 353

다이빙 동작에서 웅크린 자세가 관성모멘트를 줄일 수 있게 되면서 회전속도와 회전수를 증가시킴

15 ②

일률(power)은 단위시간에 수행한 일의 양(일/시간)임(일률 = 작용하는 힘 × 힘 방향의 속도). 단위는 1W = 1J/S = 1N·m/s

16 ④

에너지란 일을 할 수 있는 능력으로 일의 단위처럼 J를 씀. 역학적 에너지는 운동, 탄성, 위치에너지로 분류하고 이 3가지 모두 작용하는 종목은 〈그림〉과 같은 장대높이뛰기임. 운동에너지는 운동하고 있는 물체가 갖고 있는 에너지, 탄성에너지는 늘어나거나 오므라든 탄성체가 변형이 없어지는 동안에 탄성력이 하는 일의 양을 탄성에 의한 힘이라 하고, 위치에너지는 높은 곳에 있는 물체가 높이에 따라 갖게 되는 에너지를 의미함

17 ④

정량적 분석은 장비를 통해 산출된 정보의 객관적 수치화를 하는 분석이고, 정성적 분석은 지도자 경험을 토대로 분석하여 현장에서 적용을 빠르게 할 수 있는 장점과 객관성이 떨어지는 단점이 있는 분석임. 〈보기〉는 정량적 분석의 설명임

18 ④

운동기술 분석방법으로 근전도 분석, 힘 분석, 동작 분석이 있음. 근전도 분석(㉠ 설명)은 운동 시 각각이 근육에 대한 수축 및 활성화 정보를 얻는 분석방법이고, 힘 분석(㉡ 설명)은 지면반력기, 족저압력분포시스템 등을 통해 인체의 내·외부에 작용하는 힘을 측정하는 것이며, 동작 분석(㉢ 설명)은 영상분석을 추출할 수 있는 변인(가속도, 각도 등)을 통해 분석하는 것임

19 ③

지면반력이란 물체가 지구에 가해진 힘에 대한 반작용을 의미하는데, 전후·좌우·상하의 세 방향의 힘과 회전력을 측정할 수 있음

20 ③

인체지레의 대부분이 3종 지레(받침점 A, 힘 F, 저항 R)로서 〈그림〉과 같이 받침점(A)과 힘점(F)까지 길이는 2cm이지만, 작용점(R)까지 길이는 20cm이므로 물체를 들어 올리려면 10배의 힘이 필요함. 즉, 이 구조(3종 지레)는 일을 하는 데 더 큰 힘이 필요하지만, 근육이 조금만 움직여도 팔다리는 많은 거리를 움직일 수 있는 특성을 가짐. 50N의 무게를 들어 올리려면 500N이 필요한 것임

스포츠윤리

01	02	03	04	05	06	07	08	09	10
④	③	①,②,③	①	②	②	①	③,④	①	④
11	12	13	14	15	16	17	18	19	20
①	②	②	④	②	③	③	③	①	④

01 ④

도덕이란 모든 인간이 지켜야 할 공통적인 규범과 도리인 당위의 규범임. 도덕적 문제가 발생하면 비난을 받을 수 있음. 즉 경기에 패배한 팀에게 조롱하는 행위를 한다면 도덕적 비난을 받을 수 있음

02 ③

롤스의 정의론에서 제시된 절차적 정의란 일정한 조건과 공정한 절차에 따라 합의가 이루어져야 하는 것을 의미함. 즉, 각자의 몫을 정하는 기준을 절차와 과정을 통해서 정할 수 있음. 이를 토대로 〈보기〉를 살펴보면 스포츠는 신체적 불평등을 누구에게나 주어질 수 있는 훈련과 노력으로 신체적 능력의 탁월성을 향상시킬 수 있는 것임

03 ①, ②, ③

㉣은 사실판단에 대한 설명으로 올바른 도덕적 판단을 하기 위해 우선적으로 필요함(우사인 볼트는 100미터 달리기 세계기록 보유자). 반면, 가치판단은 좋고 나쁨, 옳고 그름과 같이 주관적 가치에 근거하는 판단임(우사인 볼트는 좋은 선수). 중복답안임

04 ①

'경납목공결 성역무칸동' 기억나시나요? 경험-귀납-목적-공리-결과를 뜻하고, 이성-연역-의무-칸트-동기를 뜻함. 보기 설명은 공리주의에 해당함. 즉, 공리주의는 행위의 잘잘못을 그 행위가 초래하는 결과에 기초해서 판단하므로 좋은 결과를 목적으로 삼고 그에 맞게 행동할 것을 강조함

05 ②

아곤은 경쟁과 승리추구를 의미하며 경쟁하는 상대의 성과와 비교함으로써 가치를 평가함. 아레테는 탁월성을 추구하는 노력과 과정으로 타인과의 경쟁이나 비교가 없어도 추구할 수 있어 아곤보다 포괄적인 개념임

06 ②

②번의 설명은 최근 문제로 인식되고 있는 기술도핑으로서 경기의 공정성에 위배되는 것임. 일례로 특정 소재의 수영복을 통해 기록이 단축되다보니 국제수영연맹에서도 착용을 금지함

07 ①

엑셀 호네트(Axel Honneth)의 인정이론은 남으로부터 인정을 받기 위해 인간은 투쟁을 이어왔다고 주장함. 과거에도 국가로서 인정받으려고 하거나 많은 사람들의 권리를 위해 싸움. 스포츠 영역에 적용을 하면 인정을 받기 위해 승리를 거두고자 노력하는 것임

08 ③, ④

'경납목공결 성역무칸동' 기억나시나요? 경험-귀납-목적-공리-결과를 뜻하고, 이성-연역-의무-칸트-동기를 뜻함. 즉, 의무론적 윤리는 행위의 결과와는 무관하게 행위에 대한 도덕적 책무, 의무를 중시함으로써 선의지와 인간의 자율성을 강조함. 중복답안임

09 ①

평균적 정의는 스포츠 종목 규칙의 동일한 적용과 동등한 참가조건(홈 어웨이 경기 등)으로 경쟁에 임하는 것이고, 절차적 정의는 일정한 조건과 공정한 절차에 따라 합의(축구, 테니스 경기 전 동전을 던져 코트 선택 등)가 이루어져 경쟁에 임하는 것이며, 분배적 정의는 분배기준을 세울 때 모든 관련자가 수긍(리듬체조, 다이빙, 피겨스케이트와 같이 난이도에 따라 차등적 점수 부여 등)한 후 경쟁에 임하는 것임

10 ④ 　　　　　　　　　　　　　　　학습리턴 본문 p. 376

막스 셸러의 분할 향유 가능성은 보다 많은 사람이 가지면서 각자 몫이 감소하지 않는 것일수록 추구하는 가치의 서열이 높은 것임

11 ① 　　　　　　　　　　　　　　　학습리턴 본문 p. 375

'민추동품' 기억나시나요? 레스트가 제시한 개인의 도덕적 행동은 도덕적 민감성(감수성), 도덕추론 혹은 판단, 도덕동기화, 도덕적 품성화임. 〈보기〉는 도덕적 상황의 인식과 해석에 관해 도덕적 민감성(감수성)을 설명한 것임

12 ②

학습리턴 본문 p. 400

테일러는 슈바이처의 생명외경사상을 발전시켜 생명중심주의를 주장함

13 ②

아파르트헤이트는 남아프리카 공화국에서 소수통치집단인 백인의 국민당 정권이 실시(1948년)했던 인종차별 정책임. 넬슨 만델라 대통령이 1994년에 폐지함

14 ④

① 설명은 아리스토텔레스의 분노, ② 설명은 미셸 푸코의 규율과 권력, ③ 설명은 한나 아렌트의 악의 평범성에 관한 내용임

15 ②

스포츠 조직은 윤리경영을 통해 사회·윤리적 가치체계를 확립해야 함. 즉, 윤리 의식의 패러다임 전환, 법적인 과제 실천, 윤리강령 제정 및 조정 시스템 구축 등을 해야 하고, 이를 위해 경영자의 윤리적 실천의지와 경영의 투명성을 확보해야 함

16 ③

학습리턴 본문 p. 419, 420

③번 설명은 스포츠윤리센터 역할과 무관함

17 ③

스포츠맨십은 스포츠인이라면 당연히 따라야 할 준칙과 태도로서 스포츠의 가장 포괄적인 도덕규범이라 할 수 있음

18 ③

〈보기〉 설명과 같이 흑인선수 경기력은 발생학적이고, 백인선수 경기력은 후천적 노력의 결과란 인식은 인종차별에 해당됨

19 ①

학습권 문제를 해결하기 위한 제도로서 최저학력제도와 주말리그제도가 있음. 〈보기〉는 최저학력제도의 설명으로 특별학습을 통해 최소한의 학력에 도달하기 위한 목적으로 시행됨

20 ④

스포츠 인권은 스포츠에서 가져야 할 인간의 존엄성으로서 인종, 성별에 관계없이 누구나 스포츠를 동등하게 누릴 수 있는 권리를 뜻함

MEMO

필기 **4주 완성 한권 완전정복**

M 스포츠지도사

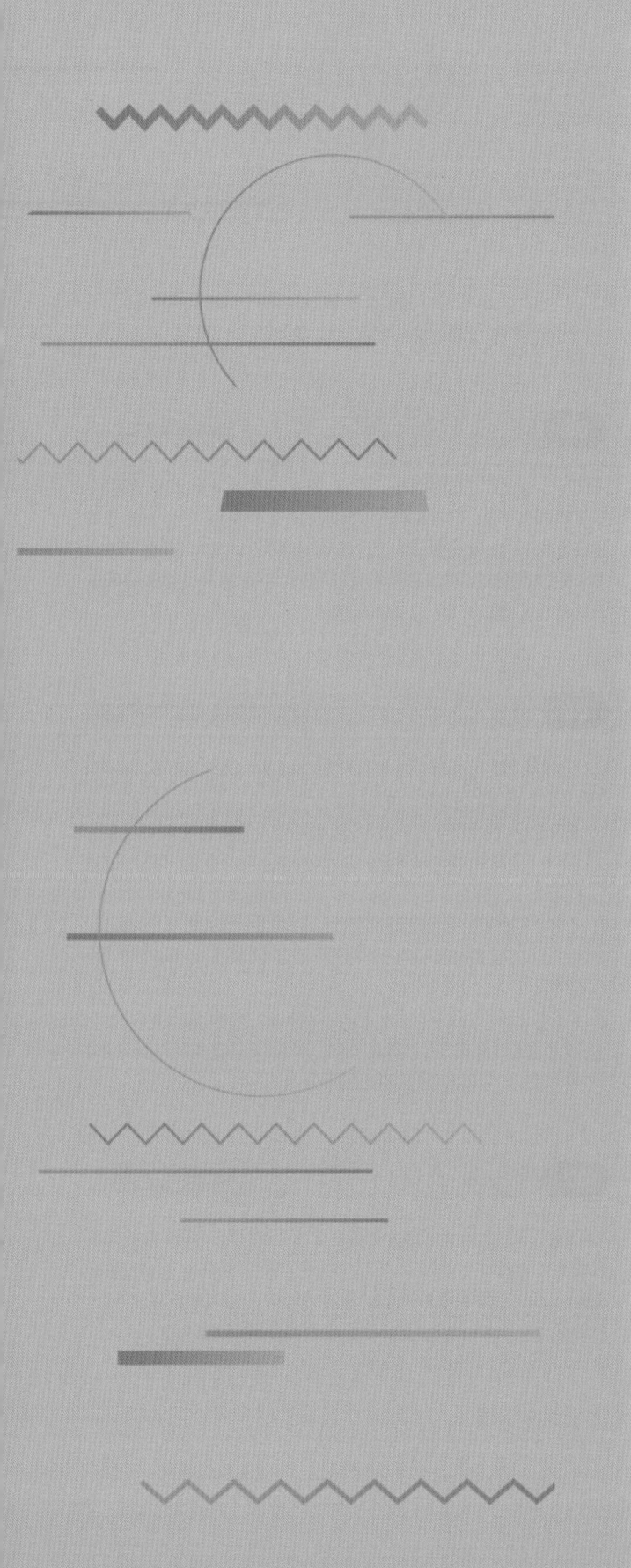

2024~2022

스포츠지도사 기출문제 완전정복

2급 장애인 | 유소년 | 노인

정답 및 해설

특수체육론(2024~2022)
유아체육론(2024~2022)
노인체육론(2024~2022)

CHAPTER 01 특수체육론

2024 기출답안

01	02	03	04	05	06	07	08	09	10
③	②	③	④	③	①	①	①,②,③,④	④	①,④
11	12	13	14	15	16	17	18	19	20
①	③	②	①	①	①,②,③,④	③	①	②,③	③

01 ③ 학습리턴 본문 p. 397

1989년 한국장애인복지체육회가 설립된 뒤, 1999년 개정된 장애인복지법에 근거하여 2000년 한국장애인복지진흥회로 확대 개편됨

02 ② 학습리턴 본문 p. 445

장애인스포츠지도사는 장애유형에 따른 운동방법 등에 대한 지식을 갖추고, 해당 자격종목에 대하여 장애인을 대상으로 전문체육이나 생활체육을 지도하는 사람으로 치료와는 거리가 멂

03 ③ 학습리턴 본문 p. 447

사정(assessment)은 교육적 의사결정에 필요한 자료(양적 자료, 질적 자료)를 수집하고 해석하는 과정(㉠), 평가는 수집된 자료를 근거로 가치 판단을 내리는 것(㉡)이고, 측정(measurement)은 행동특성을 수량화하는 과정(㉢)임. 또한 검사(test)는 운동기술 영역(감각·지각 운동, 기본운동기술, 게임운동기술, 스포츠 및 전문 여가운동기술)과 체력 영역(건강체력, 기술체력)에서 운동기술과 지식을 측정하는 도구(㉣)임

04 ④ 학습리턴 본문 p. 437

① 주로 3세에서 10세 사이의 어린이를 대상으로, 달리기, 뛰기, 공 던지기 등과 같은 기본 운동 기술을 평가함
② TGMD-3는 준거참조평가와 규준참조평가의 두 가지 방식 모두에서 사용될 수 있음
③ TGMD-3는 아동의 대근운동 발달을 평가하는 도구로 6가지의 이동기술과 7가지 공 기술항목을 평가함

05 ③ 학습리턴 본문 p. 440

IEP의 기능으로 개별학생이 필요로 하는 교육과 서비스를 받을 수 있도록 하는 기능, 장애학생의 발전과정을 알게 하는 기능, 개별 교육 필요성과 서비스에 관한 교사 간, 교사-부모 간의 의사소통을 가능하게 하는 기능을 요구함. 또한 학생의 현행수준을 평가, 연간교육목표, 교육서비스 및 기간을 고려해야 함

06 ① 학습리턴 본문 p. 475(유아체육론)

〈보기〉에서 설명하는 반사는 목강직 반사(tonic neck reflex, 목경직 반사)에서 비대칭 긴장성 목반사임
② 모로반사: 신생아의 원시 반사 중 하나로 자극을 받은 아기는 팔을 갑자기 옆으로 벌리고(확장), 그 후에 팔을 다시 가슴 쪽으로 모음(굴곡)
③ 긴장성 미로반사: 신생아와 영아에서 나타나는 원시 반사 중 하나로, 아기의 머리 위치에 따라 몸의 근육 긴장 상태(근긴장도)가 변하는 반사
④ 대칭성 긴장성 목반사: 원시 반사 중 하나로, 신생아와 영아의 신경 발달 과정에서 중요한 역할을 하며, 아기의 머리와 상체의 움직임에 따라 팔과 다리의 움직임이 달라짐

07 ① 학습리턴 본문 p. 442

스테이션 교수(station teaching)는 2가지 이상의 과제를 각기 다른 장소에서 동시에 진행할 수 있게 학습환경을 마련하고, 학습자들을 소집단으로 분류해 협동학습을 하게 함. 이는 실제학습시간(ATL, Academic Learning Time)을 증가시킬 수 있음

08 ①, ②, ③, ④

Ulrich(1999)가 제시한 인간의 운동기술은 다음과 같음. 신생아기의 반응과 반사 단계 → 학령기 전·후의 기본 대근운동기술 → 청소년기의 게임 관련 운동기술 → 성인기의 스포츠 및 여가활동의 단계를 제시함. 또한 대근운동기술을 이동운동기술(locomotor skill)과 물체조작기술(object control skill)로 분류함
청소년기의 주요 게임 관련 운동기술은 이동기술, 물체조작기술, 균형 및 협응력, 민첩성, 반응시간과 같은 여러 요소로 구성됨. 또한 리드업 게임(Lead-Up Games)은 아동과 청소년이 복잡한 스포츠나 게임 활동을 배우기 전에 필요한 기본 운동 기술을 개발하고 연습할 수 있도록 설계된 단순한 형태의 게임을 말함. 중복답안임

09 ④

4세 경은 유아기 중 가장 왕성한 시기로 대뇌가 성인의 80% 수준으로 성장하고, 5~6세 경은 심신발달이 안정되는 유아기의 마무리 단계임. ④번 설명은 유아기를 벗어난 이후의 동작으로 가능함

10 ①, ④

T6~9의 등뼈에 상해가 있을 경우 등근육의 윗부분, 배근육, 갈비부위 근육의 기능이 가능함. 바벨 운동(팔 근력), 휠체어 스스로 이동, 보조 지지대를 이용해 설 수 있음
① T6 이상의 손상을 입은 선수에게는 유산소 운동과 무산소 운동의 균형이 필요함. 유산소 운동은 심폐 기능과 지구력을 유지하고 체지방을 줄이는 데 중요한 역할을 하며, 무산소 운동은 근력과 근육량을 증가시키는 데 필수적임
④ T6 이상의 척수 손상이 있는 선수는 교감신경 손상으로 인해 심박수 조절 능력이 제한될 수 있음. 이로 인해 심박수를 운동 과정, 회복 과정, 그리고 운동 처방에 사용하는 것은 적절하지 않음
중복답안임

11 ① 학습리턴 본문 p. 446

행동의 제거 및 감소기법으로 타임아웃(time-out)은 물리적 행동 없이 제외, 고립, 차단하여 문제행동을 관리하는 것이고, 반응대가(response cost)는 어떤 행동을 통해 정적강화를 중단하거나 벌칙이 가해지는 방법(소거, 벌, 박탈, 포화)임. 이를 포괄적으로 부적 벌이라 할 수 있음

12 ③

AAIDD(제12차)에서는 지적장애 진단 기준이 만 22세 이전에 발생하는 것으로 변경됨

13 ② 학습리턴 본문 p. 451

다운증후군은 유전자 변이에 따른 증후군으로 대표적으로 21번 염색체가 하나 더 복사된 삼염색증임. 저긴장성 근육, 과도하게 유연한 관절, 호흡계와 심혈관계 미성숙 등으로 특성이 있고, 환축추 불안정으로 척추 압박과 상해의 위험성이 높음

14 ①

보체(Bocce)는 페럴림픽의 '보치아'라는 운동으로 스페셜올림픽 공식 종목임. 한 팀 당 공 4개를 굴려 표적구(흰 공)를 던져 착지한 곳을 목표로 표적구 가장 가까이 간 공에 점수를 주는 경기임

15 ① 학습리턴 본문 p. 426

뇌성마비 분류로서 임상적 분류와 기능적 분류로 구분함. 임상적 분류는 경련성, 무정위운동성(기저핵 손상), 운동실조성(소뇌 손상), 강직성(운동피질 손상), 진전성, 혼합형이 있고, 기능적 분류는 국제뇌성마비 스포츠레크리에이션 협회(CP-ISRA)가 8등급으로 분류(1~4등급은 휠체어 사용, 5~8등급은 보행 가능한 상태)함

16 ①, ②, ③, ④

①, ②, ③ 갑작스러운 변화나 유연한 대응이 필요한 상황에서는 적절하지 않을 수 있음
④ 모든 스포츠 지도는 참여자의 성향, 특성, 선호도 등을 우선시해야 함
중복답안임

17 ③ 학습리턴 본문 p. 464

지체장애인은 비활동성 하지 근육으로 인해 기립성저혈압과 운동 저혈압이 발생할 수 있음. 이는 상지 근육근과 뇌로 혈류량이 감소하기 때문으로 운동 강도와 시간을 천천히 증가시키면서 혈압의 변동 상태를 적응하게 해야 함

18 ①
학습리턴 본문 p. 459

시각장애인도 5인제 축구, 2인용 자전거 타기 등 팀 스포츠를 할 수 있음

19 ②, ③
학습리턴 본문 p. 464

듀센 근이영양증은 주로 유아기에 주로 발생하는 근육장애임. 이는 디스트로핀이라는 유전자에 의한 것으로 유전자 결함에 따라 디스트로핀 단백의 결핍으로 발생함. 현재까지의 치료는 스테로이드 사용, 근육 세포 이식, 유전자 치료 등이 알려져 있음
② 진행성 근이영양증은 유전적인 질환으로, 근육의 점진적인 퇴행과 기능 상실이 근본적인 원인이기 때문에, 단순히 운동으로 예방하거나 막을 수 없음
③ 듀센형 근이영양증이 단순히 근육 기능에만 영향을 미치는 질환이 아니라, 일부 경우에는 인지 기능에도 영향을 줄 수 있음
중복답안임

20 ③
학습리턴 본문 p. 462, 463

수영, 운동(체육), 스케이트를 의미함. 학습리턴을 통해 야구, 축구, 농구, 배구, 달리기 등도 숙지해야 함

2023 기출답안

01	02	03	04	05	06	07	08	09	10
①,②	④	③	④	③	①	①	④	③	②
11	12	13	14	15	16	17	18	19	20
④	②	③	④	①,③	②	③	④	①	②

01 ①, ②
학습리턴 본문 p. 434

WHO(세계보건기구)의 기능, 장애, 건강에 대한 국제 분류(ICF, International Classification of Functioning, Disability and Health)에 따르면 기능수행과 장애(신체기능과 구조, 활동과 참여), 배경요인(환경요인, 개인요인)으로 분류해 제시함. 중복답안임

02 ④

미국 연방관보(Federal Register)는 정부 기관 규칙, 제안된 규칙 및 공고를 포함하는 미국 연방 정부의 공식 저널임. 체육에 대한 정의는 〈보기〉 모두에 해당됨

03 ③
학습리턴 본문 p. 432

㉠은 정의적 영역, ㉡은 심동적 영역, ㉢은 인지적 영역에 대한 설명임 (스포츠교육학에도 자세한 설명이 있음)

04 ④

1997년 개정된 미국 장애인 교육법(IDEA)은 아동이 14세가 되면 개별화 교육 프로그램(IEP)에 의무적으로 개별화 전환교육 계획(Individualized Transition Plan: ITP)을 포함하도록 규정함. 법적으로 14세로 규정하고 있지만 그 이전에 공식적·개별화된 전환교육 계획서 개발 중요, 구체적인 직업기술 훈련, 장애학생의 지역사회 내의 서비스 이용 및 사회적응기술 교육, 직업과 가정, 지역사회의 활동에서 요구되는 기술들을 중심으로 교육하게 함

05 ③

PAPS-D(Physical Activity Promotion System for Students with Disabilities)는 우리나라에서 장애학생들의 건강체력 수준 파악, 관리하기 위해 개발(국립특수교육원, 2013), 일반학생 대상의 PAPS와 동일하게 건강 관련 체력 요인 중심의 검사 항목(규준참조검사)을 포함함

06 ①

PDMS-2는 취학 전의 아동을 대상으로 대근육과 소근육의 기능을 평가, 측정, 훈련하는 도구로서 큰 운동척도(반사행동, 균형, 이동 운동, 비이동 운동, 사물에 대한 상용 능력), 작은 운동척도(움켜쥐기, 손 기능, 눈-손 협응, 손 기민성), 6개의 하부항목(반사행동, 정지동작(균형), 사물조작 능력, 손에 쥐는 압력, 시각/근육의 협응력)을 구성하고 있음

07 ① 학습리턴 본문 p. 162, 163, 432(스포츠심리학), 481(유아체육론)

갤라휴(D. Gallahue, 1995)의 운동발달단계는 반사적 동작 → 초보적 동작 → 기본적 동작 → 전문화된 동작 등으로 구분함

08 ④

쉐릴(C. Sherrill)의 적용이론에서 적응과정은 직접지도 과정으로 지도자가 주도하고, 개인의 요구에 따라 다양한 변인을 조정하고 변경하므로 개별화 과정임. 과제, 환경, 사람 변인 간의 상호작용을 강조하는 생태학적 과제 분석과 밀접한 관련성이 있음

09 ③

개별화교육 프로그램(IEP; Individual Education Program)은 학습자의 능력과 수준을 고려하여 적절한 교육목표와 방법을 선택한 후 교육을 시행하는 것임. IEP 실행과정 순서는 진단평가 → 우선순위 결정 → 목표 설정 → 개별적 목표와 일과 내 삽입교수 → 평가로 진행됨. 〈보기〉의 설명은 평가에 해당됨

10 ②

심동적 영역은 근육의 발달과 사용, 신체운동을 조절하는 신체능력에 관한 인간행동으로 운동기능, 신경근육 기능, 지각활동과 관련이 있음. 즉, 반사와 반사적 운동이 해당됨

11 ④

〈보기〉의 설명은 자폐장애(자폐증)로서 의사소통, 사회적 상호작용, 놀이 활동 등에서 어려움을 나타내는 발달장애의 일종임

12 ②

〈보기〉 설명은 방향정위로서 5인제 시각장애인 축구에도 활용함. 즉, 골대의 위치, 경기장 밖의 구조물을 파악하며 자신의 위치를 알아가는 과정을 스포츠 지도로 이어감

13 ③

〈보기〉 내용은 70dB 미만으로 외과적 수술과 보청기 착용이 필요한 전음성 난청임

14 ④

지적장애인의 스포츠 지도방법은 피아제(J. Piaget)의 인지발달 단계에서 전조작기에 해당하는 지적장애인에게 인지발달 수준에 적합한 내용을 가르침. 간단명료한 단어를 사용함으로써 이해를 유도하고, 주의집중에 어려움이 있으므로 관련성 있는 단서에만 집중함. 또한 종목과 선수를 이해하고, 기능적 능력의 사정(assessment) 및 안전 지도를 해야 함

15 ①, ③

〈보기〉 설명은 정서장애로서 인지행동(품행장애, 사회화된 공격, 불안, 주의력 문제), 사회적·각정적 행동(과민성, 불안, 우울감, 어색한 표현), 신체적 행동(운동과잉)에서 특성을 나타내고 주로 학령기에 나타남. 대표적인 유형으로 주의력 결핍 과잉행동장애(ADHD, Attention Deficit Hyperactivity Disorder)와 품행장애(CD, Conduct Disorder)가 있음. 중복답안임

16 ②

〈보기〉 설명은 안압이 높아 시신경으로 가는 혈류에 압박이 가해지며 시신경이 손상되며 시야가 좁아지는 녹내장임. 참고로 백내장은 수정체를 통과하면서 굴절되는 빛이 망막에 정상적으로 맺지 못하게 돼 뿌옇게 혼탁해지는 현상, 황반변성은 눈의 안쪽을 덮고 있는 얇고 투명한 신경 조직인 망막의 중심에 물체의 상이 맺히는 증상임

17 ③

㉠은 '농구' 종목을 가리킴. ㉡은 '고맙습니다'란 표현, ㉢은 '반갑습니다'란 표현임

18 ④

운동프로그램 구성요소는 운동빈도(Exercise Frequency), 운동강도(Exercise Intensity), 운동시간(Exercise Time), 운동형태(Exercise Type)로 이니셜을 활용해 FITT로 알려져 있음(노인체육론에도 등장). 운동빈도는 지속시간, 운동강도와 관련되고, 프로그램 목표, 선호도, 시간적 제약, 기능적 능력에 따라 차이가 있음. 운동강도는 운동하는 동안 인체에서 특정한 생리적, 대사적 변화가 나타나도록 해야 하고, 개인에 따라 목표, 연령, 선호도, 능력, 수준 등을 고려하여 프로그램을 설정해야 함. 운동시간에서 운동 지속시간과 운동강도는 역의 상관관계로서 개인의 건강상태, 체력상태, 기능적 능력 등에 따라 시간을 조절해야 함. 운동형태는 신체 조성, 뼈 건강, 스트레스 수준 등의 변화를 촉진시키기 위한 노력이 필요하고, 유산소 운동을 통해 체지방 감소를 유도하고, 트레이닝을 통해 근육과 뼈를 강화하기 위한 노력이 필요함. ④번은 운동형태(종류)를 제시해야 함

19 ①
학습리턴 본문 p. 465

IWBF(국제휠체어농구연맹)는 팀 간의 기능적인 잠재력을 동등하게 하고, 결과는 선수의 체력과 기술에 의해서 결정될 수 있도록 함. 즉, 잠재적 능력을 고려한 참여 가능 여부에서 손상위치에 무관하게 참여가 가능함

20 ②

보치아 규칙은 공1세트(적6, 청6, 백 표적구1), 휠체어 착석, 개인전/2인조/단체전, 선수는 공을 던지거나 굴리거나 발로 차서 보내야 함. 국제보치아경기규정(2021-2024)에 따르면 선수는 경기에 참가하기 위해서는 반드시 휠체어 사용자이어야 하고, 스쿠터 또는 침대형태도 사용 가능함

2022년 기출답안

01	02	03	04	05	06	07	08	09	10
④	②	③	①	①	①	④	②	④	④
11	12	13	14	15	16	17	18	19	20
①	④	③	①	④	①,②,③,④	①	④	③	②

01 ④

RICE 처치법은 안정을 취하게 함(Rest) → 얼음찜질을 실시함(Ice) → 환부를 압박함(Compression) → 환부를 높이 올려두게 함(Elevation)의 과정을 의미함. 부상부위를 잡아당기는 것은 안 됨

02 ②

환상통증은 절단되어 없어진 신체 부위에 통증을 느끼는 병임. 팔다리 절단 수술 후 시간이 지나도 팔다리가 계속 존재하는 것처럼 느끼는 환상감각(phantom sensation)이 있고, 통증이 있다면 환상통증(phantom pain)에 해당됨

03 ③

척수장애는 지체장애의 유형으로 골격, 근육, 신경계 중 질병이나 외상으로 인한 신체기능 장애가 영구적으로 남아있는 상태이므로 비활동성 근육에 대한 운동강도와 시간을 천천히 증가시키면서 혈압의 변동 상태를 적응하게 해야 함

04 ①

<보기>는 자폐성 장애의 유형인 아스퍼거 증후군에 대한 설명으로, 만성 신경정신 질환을 통해 언어발달과 사회적응의 발달을 지연시킴

05 ①
학습리턴 본문 p. 447

순서는 프로그램 계획 → 사정 → 프로그램 → 교수·코칭·상담 → 평가로 이어짐. 즉, 계획이 수립되면 교육적 의사결정에 필요한 자료를 수집하고 해석하는 과정(사정, assessment)을 거친 후, 교육 프로그램 과정으로 넘어감. 개별화교육 프로그램(IEP; Individual Education Program)은 학습자의 능력과 수준을 고려하여 적절한 교육목표와 방법을 선택한 후 교육을 시행하는 것임

06 ①

하지 절단 장애인이 운동할 때 신체균형유지를 보조할 수 있는 장치로서 축구 종목의 클러치(clutch), 스키 종목의 아웃리거(outriggers) 등이 있음

07 ④

장애인에 대해 긍정적인 사회적 태도 형성을 위한 4L은 연구, 행동력, 소송(법정투쟁), 입법(법률 제정)이 있음

08 ②

스포츠 통합 연속체(Winnick, 2011)는 1단계(일반스포츠), 2단계(조정한 혹은 편의를 제공한 일반 스포츠), 3단계(일반 스포츠와 장애인 스포츠), 4단계(통합 환경의 장애인 스포츠), 5단계(분리 환경의 장애인 스포츠)로 분류됨. 〈보기〉는 장애인에게 경기 수행력에 직접적인 영향을 미치지 않는 한 합리적인 적응방법을 제공한 2단계 스포츠를 의미함

09 ④ 학습리턴 본문 p. 435

미국스포츠의학회(ACSM)에 따르면 운동참여 전 건강검사 과정은 개인의 현재 신체활동 수순, 징후, 증상 및 알려져 있는 심혈관, 대사 또는 신장질환의 존재, 바람직한 운동강도를 기초로 함. 의료적 허가가 필요 없는 경우는 규칙적인 운동을 참여할 때는 심혈관, 대사성, 신장질환이 없거나 암시하는 증상이나 징후가 없을 때임

10 ④ 학습리턴 본문 p. 448

1975년 통과된 전장애아교육법(Education for All Handicapped Children Act)에서 1990년 장애보다 사람을 지칭하는 용어를 먼저 사용한 장애인교육법(Individuals with Disabilities Education Acts)으로 변경됨. 아래와 같은 주요원칙이 있음

11 ① 학습리턴 본문 p. 115, 116(스포츠교육학)

스포츠교육학에 자세히 설명돼 있음. 〈보기〉는 지시형 스타일에 대한 설명임

12 ④ 학습리턴 본문 p. 462, 463

〈보기〉는 축구를 설명하는 것임

13 ③

국제뇌성마비 스포츠레크리에이션 협회는 8등급으로 분류했는데 1~8등급은 휠체어를 사용, 5~8등급은 보행이 가능한 상태를 의미함

14 ①

AAIDD에 따르면 지적기능, 적응행동, 만 18세 미만의 세 가지 관점에서 정의를 함. 즉 지적기능은 IQ 평균 70 미만, 적응행동(개념적 영역, 사회적 영역, 실제적 영역), 만 18세 미만은 지적장애 발생 시기가 학령기 동안으로 한정함

15 ④

과제분석은 목표과제(시작단계)로부터 목표하는 최종단계까지 분석하여 제시하는 것을 의미함. 생태학적 과제분석(ecological task analysis)은 운동기술, 움직임, 학생의 특성, 선호도 등 영향을 미칠 수 있는 환경요소를 고려하는 것임. 이를 위해 과제목표 → 변인선택 → 관련변인 조작 → 지도의 실행과정을 통해 이루어짐

16 ①, ②, ③, ④

행동 접근법은 조작적 조건 형성원리로서 강화(특정 행동을 증가시킴)와 벌(특정 행동을 감소시키거나 소멸시킴)이 있음. 강화는 긍정적이든 부정적이든 관계없이 행동의 반응, 빈도, 강도를 유발하고 증가시키는 자극을 의미함. 정적강화는 어떤 행동이 일어난 직후 좋아하는 것을 주어서 그 행동의 빈도 또는 확률이 높아지도록 자극, 부적강화는 원하지 않는 것을 제거해주면서 바람직한 행동의 강도와 빈도를 증가시킴. 반면, 벌은 행동의 빈도나 강도를 감소시키기 위하여 사용하는 모든 조치를 의미함. 정적처벌은 행동에 뒤따라 자극의 강도를 증가하는 처벌의 절차이고, 부적처벌은 특정 자극이 제거되거나 없어지게 함으로써 행동의 발생빈도를 감소하게 하는 것임. 즉 절차의 형태에 따라 목표를 달성하기 위한 조작적 강화와 벌의 개념은 모든 사안에 해당하는 것으로, 모든 보기가 답안임

17 ①

척추(뼈) 속에 위치한 척수 신경의 구조와 기능을 살펴보면, 목뼈C1-C4(호흡, 머리, 목 움직임), 목뼈C4-등뼈T1(심박동 제어, 팔 움직임), 등뼈T1-T12(몸통제어, 체온조절, 복부근육), 허리뼈L1-엉치뼈S1(다리 움직임), 엉치뼈S2-S5(배변, 방광, 성기능)과 관련되어 있음. 목신경에 관련한 C1-T1이 손상되면 사지마비에 이르고, 가슴신경과 관련된 T2-T12, 허리신경 L1-L5, 엉치신경 S1-S5가 손상되면 하지마비에 이름. ①번 손상이 가장 장애 정도가 심하게 됨

18 ④

IEP의 교육목표 진술방법은 조건, 기준, 행동임

19 ③

2급 장애인스포츠지도사 연수과정은 스포츠 윤리, 장애특성의 이해, 지도역량, 스포츠매니지먼트임

20 ②

지적장애인을 대상으로 한 스포츠 지도로서 주의집중에 어려움이 있으므로 관련성 있는 단서에만 집중하게 하고, 활동을 단순화시키면서 정적강화를 제공해야 함. 기본운동기술에서 높은 수준의 기술을 요구하는 것은 무리임

CHAPTER 02 유아체육론

2024년 기출답안

01	02	03	04	05	06	07	08	09	10
④	①	④	②	②	③	③	④	②	①
11	12	13	14	15	16	17	18	19	20
④	④	②	①	③	③	④	①	②	④

01 ④
학습리턴 본문 p. 504

유아 개인의 특성과 생활환경을 관찰하여 발달단계에 적합한 지도를 해야 함. 따라서 유아체육 수업에서 새로운 기능 학습 시, 유연하게 과제 수준을 조정하는 것이 유아들의 학습 경험을 향상시키는 데 중요한 역할을 함

02 ①
학습리턴 본문 p. 503

유아의 운동기술 연습에서 지도자는 적절한 시범을 통해 유아가 직접 보고 모빙할 수 있는 기회를 제공하는 것이 중요하며, 언어적 설명은 간단하고 명확하게 보조적인 역할로 활용하는 것이 효과적임

03 ④

유아 개개인의 교육 배려를 위해 개인차가 심한 유아를 면밀하게 파악해야 하고, 유아 개인의 특성에 맞게 발달단계에 적합한 지도를 해야 함

04 ②
학습리턴 본문 p. 480

지각-운동단계는 지각 기능이 발달하면서 운동과의 상호작용이 이루어지는 단계임. ②의 감각수용세포가 자극으로 들어온 정보를 뇌로 전달하는 것은 감각(sensation) 과정임

05 ②
학습리턴 본문 p. 309(운동생리학)

〈보기〉는 열사병에 대한 설명으로 열사병은 일사병보다 더 심한 증세임. 땀을 발생시키는 중추기관의 문제로 40도 이상으로 체온이 상승하고 헛소리, 혼수상태에 빠지기도 함. 땀이 배출되지 않아 피부가 뜨겁고 건조해지며, 발작, 의식소실, 경련, 환각상태 등의 증상이 나타남. 반면, 일사병은 장기간 더위에 노출됐을 시 두통, 어지러움, 땀을 많이 흘리며 의식을 잃지는 않음

06 ③
학습리턴 본문 p. 487

㉠ 연계성 원리: 신체적, 사회적, 정서적 발달을 함께 고려하고, 쉬운 과제에서 어려운 과제 순서로 구성해야 함
㉡ 방향성 원리: 영아기의 운동발달로서 두미의 법칙(머리에서 발가락을 따라 발달), 중심-말초 원리(신체중심에서 손가락, 발가락 등의 말초부위로 발달), 대근육에서 소근육으로 발달(팔, 다리 등의 큰 근육이 먼저 발달되고, 손가락, 발가락의 발달), 수평동작에서 수직동작으로 발달함
㉢ 적합성 원리: 유아기는 발달단계에 따라 가장 많은 영향을 주는 '민감기'가 있음(만1세-걷기, 만2.5~4세-운동 협응력과 자기조절능력, 만3~4세-자기표현력과 창의력)

07 ③

㉠이 설명하는 성장(growth)은 발달과정에서 신장, 체중, 체격, 신경조직 등의 양적 변화를 의미하고, ㉡이 설명하는 발달(development)은 출생에서 사망에 이르기까지 지속적인 변화임. 또한 ㉢이 설명하는 성숙(maturation)은 신체적, 생리적 변화 외에도 부모로부터 받은 유전적 정보에 따라 일어나는 변화로서 질적 변화를 의미함

08 ④
학습리턴 본문 p. 437

대근운동 발달검사(TGMD)는 이동기술 검사(달리기, 갤럽(Gallop), 홉, 립, 제자리멀리뛰기, 슬라이딩, 스키핑 동작)와 조작기술검사(치기, 튀기기, 받기, 차기, 던지기, 굴리기 동작)가 있음

09 ②

학습리턴 본문 p. 478, 482

피아제의 인지발달단계는 감각운동기, 전조작기, 구체적 조작기, 형식적 조작기로 분류하고, 동화(assimilation), 조절(accommodation), 평형화(equilibrium)의 과정으로 이루어짐. 비고츠키의 사회문화적 인지이론은 아동발달에서 문화와 사회적 관계를 강조하고, 내면화, 근접발달영역, 비계설정(발판)으로 설명함

10 ①

정보처리 접근법으로 부호화, 저장, 인출 과정이 있음. 부화는 정보를 필요할 때 잘 기억해 낼 수 있는 형태로 기록하는 과정이고, 저장은 정보를 기억 속에 쌓아두는 과정임. 인출은 저장된 정보를 꺼내는 과정을 의미함. 반사 움직임 시기에서는 피질 발달이 충분하지 않고, 정보 부호화 단계는 나중에 피질이 발달하고 의도적 행동이 가능해지면서 본격적으로 나타남

11 ④

2022년에 개정된 체육과 교육과정에서 신체활동 역량 함양을 위한 교수·학습의 도식은 다음과 같음. 즉, 신체활동 역량으로 움직임 수행 역량, 건강관리 역량, 신체활동 문화 향유 역량으로 분류함

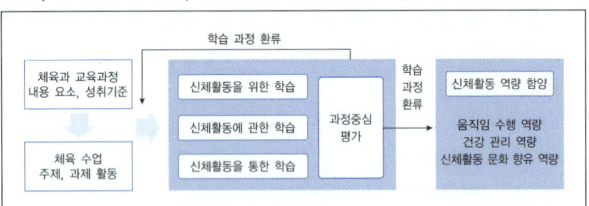

12 ④

안내-발견적 방법은 간접 교수방법으로 유아에게 과제수행의 방법을 이해시키기 위해 교사 동작을 관찰하게 하는 것임
① 직접적 교수법(direct instruction)
② 탐색적(exploratory) 방법
③ 선택적 탐색(discovery or guided discovery)

13 ②

학습리턴 본문 p. 492

Purcell(1994)은 동작요소를 ㉠에 해당하는 신체인식(전신의 움직임, 신체 부분의 움직임, 신체모양), ㉡에 해당하는 공간인식(넓이 범위, 수준 및 높낮이, 방향, 경로), ㉢에 해당하는 노력(무게 혹은 힘, 시간, 공간, 흐름)과 관계(신체 부분, 파트너와 그룹, 물체)로 나누어 제시함

14 ①

㉠ 지지면: 운동을 하는 면과 운동을 받는 면 사이의 마찰을 줄이기 위하여 회전력을 상승시켜 주는 면임
㉡ 가속도: 속도가 어느 방향으로 얼마나 크게 변화하는가를 나타내는 벡터량임
㉢ 거리: 물체의 처음 위치부터 마지막 위치까지의 운동경로에 따른 길이로서 크기만을 갖는 스칼라의 양임

15 ③

학습리턴 본문 p. 502

미국스포츠의학회(ACSM)에 따르면 어린이와 청소년을 위한 유산소 운동, 저항 운동, 뼈 강화운동을 위해 1일 60분 이상의 운동시간을 제시함. 저항운동에서 근육강화를 위한 신체활동은 구조화된 활동(팔굽혀펴기, 윗몸일으키기, 중량들기, 저항밴드 이용 운동)과 구조화되지 않은 활동(놀이터 기구에서 놀기, 나무 오르기, 줄다리기)이 있음

16 ③

움직임 패턴의 특수성이나 관찰자의 정교함은 움직임 기술의 발달단계에 영향을 미침

17 ④

유아기(만 4~6세, 48개월~83개월) 항목으로 체격은 신체조성(신장, 체중, BMI), 건강체력(근력, 근지구력, 심폐지구력, 유연성), 운동체력(민첩성, 순발력, 협응력)을 측정함(국민체력 100 nfa.kspo.or.kr)

18 ①

학습리턴 본문 p. 524(노인체육론)

운동프로그램 기본원리로서 점진성, 과부하, 특수성, 가역성, 개별성이 있음. ㉠의 가역성은 운동이 중지됐거나 과부하가 발생하지 않을 경우 운동능력이 급속도로 감소하게 되는 것이고, ㉣의 과부하는 평상시 신체활동보다 더 많은 부하에 의해 자극을 받는 것임
㉡ 점진성의 원리에 해당함
㉢ 전면성의 원리에 해당함

19 ②

갤라휴는 운동발달단계를 반사적 동작→초보적 동작→기본적 동작→전문화된 동작으로 분류함. ㉠의 초보적 동작은 반사억제 단계(출생~1세), 전제어 단계(1~2세)로서 기어가기, 걷기, 앉고서기와 같이 머리와 목을 제어할 수 있음. ㉡의 전문화된 동작은 전환단계(7~10세), 적용단계(11~13세), 전 생애로 걸친 사용 단계(14세 이상)로서 육상 허들 넘기가 가능함. ㉢의 반사적 동작은 정보부호화 단계(태아~1세), 정보해독 단계(4개월~1세)로서 신생아 반사 운동으로 빨기반사(입에 닿는 것 빨려고 함), 모로반사(놀라면 팔을 뻗어 안으려고 함), 바빈스키 반사(발바닥을 간질이면 발가락이 부채처럼 펴짐), 파악 반사(무언가를 손에 대어주면 꽉 잡고 놓지 않음) 등이 있음

20 ④

성숙 단계의 드리블 동작을 지도할 때는 손바닥으로 공을 때리도록 지도하는 것이 아니라 손목 스냅을 이용하며 공을 바닥 쪽으로 밀어내는 방식으로 공을 튀기게 함

2023년 기출답안

01	02	03	04	05	06	07	08	09	10
④	③	①	④	④	③	①	④	①	②
11	12	13	14	15	16	17	18	19	20
④	③	①	④	①	②	②	③	③	②

01 ④

영유아기의 뇌는 24개월까지 오감각이 발달하고 뉴런을 연결하는 시냅스가 급격히 발달하고, 48개월까지 종합적인 사고와 관계를 통한 학습으로 전두엽과 변연계(대뇌피질과 간뇌 사이의 경계)가 활발하게 발달함

02 ③

시지각(visual perception)은 시각 수용기를 통해 본 자극을 인식하고 행동반응을 만들어내는 과정을 말함. ③번의 내용은 공간지각을 의미함

03 ①

①번의 내용은 안정성 운동(비이동 운동)에 관한 설명임

04 ④

유아체육 지도원리는 생활중심, 놀이중심, 융통성, 통합, 개별화, 탐구학습, 반복학습의 원리가 있음. 또한 지도원칙으로 유아 개개인의 교육 배려를 위해 개인차가 심한 유아를 면밀하게 파악, 가정과의 긴밀한 연락을 통해 교육적인 효과를 얻을 수 있도록 해야 하고, 유아 개인의 특성과 생활환경을 관찰하여 발달단계에 적합한 지도를 해야 함. ①, ②, ③번은 이를 토대로 설명한 것임. ④번의 경제성 원리는 거리가 멂

05 ④

갤라휴(Gallahue)가 분류한 운동발달단계는 반사적, 초보적, 기본적, 전문화된 동작임. 전문화된 동작은 전환단계(7~10세), 적용단계(11~13세), 전 생애로 걸친 사용단계(14세 이상)임. 즉, 적용단계의 연령에서 ④번의 설명을 거리가 멂

06 ③

자아개념(self-concept, 자기개념)은 자기이미지, 자기존중, 자기만족 등과 유사한 개념(자기 자신의 개인적 가치를 평가하는 의식)으로 신체적 자아개념은 신체의 실체로 자신의 신체에 대한 개인적인 자각의 결과로 인식함. 유아는 자신의 신체를 움직임으로써 얻게 되는 경험을 통해 자신감을 갖게 되고, 합리적인 수행목표를 세울 수 있도록 도움을 줌

07 ①

Pica(1995)는 자기표현과 몸짓언어로서의 동작교육의 중요성을 강조했고, 공간(space), 형태(shape), 시간(time), 힘(force), 흐름(flow), 리듬(rhythm)으로 제시함. Purcell(1994)은 동작요소를 신체인식(전신의 움직임, 신체 부분의 움직임, 신체 모양), 공간인식(넓이 범위, 수준 및 높낮이, 방향, 경로), 노력(무게 혹은 힘, 시간, 공간, 흐름), 관계(신체 부분, 파트너와 그룹, 물체)로 나누어 제시함

08 ④

기본움직임 단계는 시작단계, 초보단계, 성숙단계로 발전함. (1) 시작단계는 기본적인 움직임을 보이지만, 협응이 원활하지 않아 움직임이 매끄럽지 못함. (2) 초보단계는 기본움직임에 대한 제어와 협응이 향상되지만, 신체사용이 비효율적임. (3) 성숙단계는 움직임의 수행이 역학적으로 효율성을 갖게 되어 협응과 제어가 향상되는 단계임. 이를 토대로 〈보기〉 설명과 그림은 시작단계를 벗어나 있으며 ㉠ 초보단계, ㉡ 성숙단계로 볼 수 있음

09 ①　　학습리턴 본문 p. 483

①번의 내용은 자율 대 수치(1~3세)의 단계에 대한 설명임

10 ②

영유아기의 원시반사로써 모로반사(moro)는 놀라면 팔을 뻗어 껴안으려고 하는 것이고, 바빈스키 반사(babinski)는 발바닥을 자극하면 발가락을 부채처럼 펴고자 하는 것이며, 목강직 반사(tonic neck reflex, 목경직 반사)는 머리를 한쪽으로 돌려놓으면 얼굴을 향하는 쪽의 팔을 뻗으면서 반대쪽 팔을 구부리고자 하는 반사로 비대칭성 긴장성 목반사, 대칭성 긴장성 목반사를 일컬음

11 ④

영아 기도폐쇄 응급처치(하임리히법 실시)로 (1) 영아가 앉아 있거나 누워있으면 영아를 안아서 머리가 어깨보다 아래쪽으로 향하도록 위치시킴, (2) 양쪽 날개뼈(견갑골) 사이의 등 두드리기를 손바닥 전체가 아니라 손꿈치만 이용하여 강하게 1초에 한 번씩 5회 실시함(영아의 허리와 머리를 치지 않도록 유의), (3) 영아를 돌리고 중지를 포함한 2개의 손가락으로 1초에 한 번씩 5회 가슴밀기를 시행함, (4) 처치 후 상황을 대처함(이물질 빠져나왔는지 확인)

12 ③　　학습리턴 본문 p. 496

행동체력이란 육체적 활동을 통해 행동을 일으키는 능력을 말하고, 건강체력과 운동체력으로 구분함. 건강체력은 근력, 근지구력, 심폐지구력, 유연성 등이 있고, 운동체력은 순발력, 민첩성, 평형성, 협응성, 스피드 등이 있음. 참고로 셔틀런은 왕복오래달리기를 의미함

13 ①

초등학교 3~4학년군의 체육 교과 학습 성취기준의 개괄적인 내용은 (1) 건강한 생활습관을 형성하기 위한 조건과 운동과 체력과의 관계 및 체력운동의 방법을 알고 수행하며, 여가의 의미와 건강과의 관계를 이해함, (2) 속도 도전과 동작 도전 활동의 의미를 파악하고 기본 기능과 방법을 익혀 도전의 상황에 적용하며, 경쟁의 개관 및 영역형 경쟁의 의미와 실천 방법을 이해하고 기본 기능과 전략을 습득하여 경쟁 상황에 적용함, (3) 다양한 신체활동을 통해 움직임 및 리듬 표현의 의미를 이해하고 기본 동작과 구성 방법을 익혀 표현하고 감상함, (4) 신체활동에서의 위험 요소를 인식하고 운동 장비의 안전한 사용 방법을 습득하며 수상 활동 및 게임 활동에 관한 안전 사항을 숙지하고 실천함. ①번은 거리가 멂

14 ④　　학습리턴 본문 p. 492

④번의 흡수운동은 외부에서 몸을 향해 들어오는 기구를 받는 움직임(받기, 잡기, 볼 멈추기)을 의미하고, 이는 공간지각운동으로 운동이 일어나는 공간적 요소를 활용한 운동임

15 ①

운동발달 프로그램 구성의 기본원리는 적합성, 방향성, 안전성, 특이성, 연계성, 다양성 원리가 있음. ㉠의 설명은 특이성 원리로서 개개인의 유전과 환경요인과 같은 개인차를 고려하고 유아 간 연령별 체력의 차이, 성별의 차이, 운동소질 및 적성의 차이가 다름을 이해해야 함. ㉡의 설명은 간접·유아 주도적 교수방법으로 유아 스스로 신체동작의 가능성을 탐색하게 할 수 있게 운동과제를 제공하는 탐색적 방법임

16 ②

대근운동 발달검사(TGMD, Test of Gross Motor Development)은 이동기술검사(달리기, 갤럽(Gallop), 홉, 립, 제자리멀리뛰기, 슬라이딩, 스키핑 동작)과 조작기술검사(치기, 튀기기, 받기, 차기, 던지기, 굴리기 동작)를 수행함. 이는 규준지향검사(등수, 기록에 대한 순위정도 파악)과 준거지향검사(동작의 수행여부, 동작의 정확성 문제)를 병행하여 적용함. 제자리멀리뛰기는 서 있는 자세에서 양발로 최대한 멀리 뛴 거리를 측정함

17 ②

국제 신체활동 권고기준의 변화로 심폐기능의 향상을 위한 고강도 신체활동을 예전엔 강조했지만, 최근에는 다양한 건강상의 이득을 위한 중강도 이상 신체활동을 권고하고 있음. 즉, 미국스포츠의학회(ACSM), 미국질병통제예방센터(CDC), 미국심장협회(AHA), 미국국립보건원(NIH), 세계보건기구(WHO) 등은 공통적으로 신체활동이 부족한 사람들에게 규칙적인 중강도 이상의 신체활동을 추천하고 있음. 유아기의 신체발달의 방향성은 대근육에서 소근육으로 바뀌고, 3~4세 유아는 대근육 운동조절 능력을 증진시켜야 하며, 5~6세 유아에게는 근육발달과 균형감각을 요구하는 동작이 가능하므로 신체와 운동기능 간의 협응력과 소근육 발달로 이어질 수 있도록 함. 즉, 미취학 아동은 제한적인 소근육 위주의 놀이만을 장려하면 안 됨

18 ③

실제학습시간(ATL)을 증가시키기 위해선 수업내용을 미리 알려주고 수업 시작 전 교구를 효율적으로 배치하고, 간결하고 명확하게 설명, 주의집중을 위해 상호 간 약속된 신호를 만들면 효과적임. 또한 기구를 순환식으로 배치하여 아이들이 기구를 접할 기회와 시간을 늘려줄 수 있음

19 ③

학습리턴 본문 p. 502, 503

미국스포츠의학회(ACSM, 제11판, 2022)에 따르면 어린이와 청소년을 위한 FIFF 권고사항으로 유산소 운동, 저항운동, 뼈 강화 운동이 있음

20 ②

유소년은 체온조절능력. 즉, 덥거나 습한 환경에서 땀을 제어할 수 있는 반응이나 제어할 수 있는 능력이 성인에 비해 완전하지 못하므로 유의해야 함

2022년 기출답안

01	02	03	04	05	06	07	08	09	10
①	①	④	③	①	③	②	②	③	①
11	12	13	14	15	16	17	18	19	20
②	④	③	②	④	③	①	④	④	②

01 ①

영·유아기 신체발달의 방향성은 두미의 법칙(머리 → 발가락), 근말식의 법칙(중심 → 말초), 대근육 → 소근육으로 발달됨

02 ①

유아기 운동프로그램은 정서적, 인지적, 신체적 영역을 충분히 고려해야 하므로 복합적이고 정교한 동작에 중점을 두는 것은 맞지 않음

03 ④

'적방전 특계다' 기억나시나요? 유아기의 운동발달 프로그램 구성의 기본원리로서 적합성, 방향성, 안전성, 특이성, 연계성, 다양성 원리가 있음. 연령에 맞는 프로그램, 개인차, 쉬운 과제에서 어려운 과제 순서로 구성해야 함

04 ③

피아제의 인지발달 단계는 동화(assimilation), 조절(accomodation), 평형화(equilibrium)의 과정으로 이루어짐. 〈보기〉에선 ㉠ 동화(흡수)는 새로운 경험과 자극이 유입됐을 때 기존의 도식을 사용해 해석함. ㉡ 조절(협상)은 기존 도식으로 새로운 사물과 사건을 이해할 수 없을 때 기존 도식을 변경함. ㉢ 조직화는 효율적인 체계로 결합하여 복잡한 수준의 지적구조를 이루는 과정임

05 ①

인지(cognition)란 지식을 습득하고 문제 해결과정에서 이를 사용하는 정신적 과정을 의미함. 이 인지과정을 통해 주변 환경을 이해하고 적응할 수 있도록 도와줌(주의, 지각, 학습, 사고, 기억). 이를 토대로 ㉡, ㉢의 설명이 인지단계의 전문화된 운동기술에 대한 지도전략이라 할 수 있음

06 ③

'반초기전' 기억나시나요? 갤라휴의 운동발달단계는 반사적 동작, 초보적 동작, 기본적 동작, 전문화된 동작으로 분류함. 〈보기〉에 제시된 기본적 동작은 입문(시작)단계(2~3세로 신체사용이 제한되거나 과장된 움직임으로 협응이 제대로 되지 않음), 초보단계(4~5세로 제어와 협응이 향상되지만 다소 제한됨), 성숙단계(6~7세로 협응성과 제어 측면에서 향상됨)로 재분류됨

07 ②

갤라휴가 제시한 기본운동 발달 구성요소로서 안정성 운동(축이용, 정적, 동적), 이동운동(기초, 복합), 조작운동(추진, 흡수)이 있음. 축이용 기술은 굽히기, 늘리기, 비틀기, 돌기, 흔들기 등이 있음

08 ②   학습리턴 본문 p. 436

표준화 검사로서 규준지향검사(결과중심)와 준거지향검사(과정중심)로 구분됨

09 ③

'적방전 특계다' 기억나시나요? 유아기의 운동발달 프로그램 구성의 기본원리로서 적합성, 방향성, 안전성, 특이성, 연계성, 다양성 원리가 있음. 안정성 원리는 유아체육 현장에서 가장 중요한 요인으로 안전을 위해 사고예방 방법을 숙지하고, 사고가 일어날 수 있는 환경적 요인을 개선해야 함

10 ①

'생이융합개탐복' 기억나시나요? 유아체육프로그램의 지도원리로서 생활중심, 놀이중심, 융통성, 통합, 개별화, 탐구학습, 반복학습의 원리가 있음. 생활중심의 원리는 일상생활과 관련한 체험을 통해 체육활동을 유도하는 것으로, 추상적인 것에서부터의 교육은 맞지 않음

11 ②

실제학습시간을 증가시키기 위해 수업내용을 미리 알려주고 수업 시작 전 교구를 효율적으로 배치해야 함. 또한 간결하고 명확하게 설명하고 주의집중을 위해 상호 간 약속된 신호를 만들어야 함. 학습자의 시선을 집중할 수 있도록 교구를 배치해야 함

12 ④

㉠은 스키너의 행동주의(조작적 조건화) 이론으로 자극에 반응한 결과를 강조, 행동의 발생 빈도를 높이기 위해 자극요인을 조건화함(자극-반응-강화자극). ㉡은 피아제의 인지발달 이론으로 인간이 지식을 어떻게 학습하는지를 연구하여 동화(assimilation), 조절(accommodation), 평형화(equilibrium)의 과정으로 이루어짐. ㉢은 반두라의 인간은 다른 사람의 행동을 관찰, 모방하면서 발달하는 것으로 아동은 주변 친구들의 운동 기술을 관찰하여 자신의 운동기술을 개발함

13 ③

유아체육은 운동발달단계에 맞추어 기술을 습득하게 해야 함

14 ②

피아제의 기본운동 발달 구성요소에서 안정성 운동은 이동하지 않고 서거나 앉아서 균형감각을 기르는 비이동 운동임. 이동운동은 위치를 이동하는 운동으로 기초운동(기기, 걷기 등)과 복합운동(기어오르기, 슬라이딩 등)으로 근력과 근지구력을 향상시킴

15 ④

국민체육진흥법에 따르면 유소년을 만 3세에서 중학교 취학 전으로 명시하고 있고, 동법이 2015년에 개정되면서 유소년스포츠지도사가 신설됨

16 ③

운동반사인 걷기반사(stepping)는 아기를 잡아주면 걷는 것처럼 발을 교대로 움직이는 반사작용으로 불수의적 움직임을 하는 원시반사와 달리 자발적으로 걷고자 함

17 ①

균형감각을 기르기 위한 안정성 운동인 구르기를 할 때 시작단계에선 머리를 바닥에 대도록 해야 하고, 초보단계에선 머리가 동작을 억제하는 것이 아니라 동작을 리드하게 하며, 성숙단계에선 머리가 동작을 리드하게 하기 위해 뒤통수가 바닥에 살짝 닿도록 지도해야 함

18 ④ 학습리턴 본문 p. 498, 499

간접-유아 주도적 교수방법으로 탐색적 방법(탐구적 방법)은 교사는 유아 스스로 신체동작의 가능성을 탐색하게 할 수 있도록 운동과제를 제공하는 것임. ④번은 직접 교수법으로 모든 결정권한을 갖는 주체는 교사이지만 어느 정도 유아에게 의사결정을 하도록 유도하는 것임

19 ④

심박수란 심장의 박동수로서 신생아는 약 130회/분, 5~13세에는 약 80~90회/분, 20세 이상은 약 70~75회/분임

20 ②

민감기(sensitive period)란 특정 능력과 행동 발달에 최적기인 시기로서 연령에 따라 민감기를 고려해서 운동이 적용돼야 함. 이를 통해 특정 시기에 도달해야만 하는 유아의 발달과업(이 시기를 놓치면 성장에 방해)을 수행하여 긍정적인 운동발달을 유도할 수 있음

CHAPTER 03 노인체육론

2024년 기출답안

01	02	03	04	05	06	07	08	09	10
②	④	④	③	①	③	①	③	④	③
11	12	13	14	15	16	17	18	19	20
②	②	④	④	③	①	②	①	①,②,③,④	②

01 ②
학습리턴 본문 p. 308(운동생리학)

동정맥 산소차는 동맥과 정맥의 산소 차이로 조직(근육)에 전달되고 사용된 산소량의 척도임. 동·정맥 산소차 감소는 노화에 따라 심폐 기능 저하와 근육의 산소 사용 능력 감소, 그리고 혈관 기능의 저하로 인해 나타나는 현상임

02 ④
학습리턴 본문 p. 516

면역반응(immune response)은 생물이 외부의 침입자를 막기 위해 일으키는 반응으로 고령일수록 항체의 이물질에 대한 식별능력이 저하됨
① 유전적노화이론: 노화가 유전자에 의해 프로그램된 과정이라고 봄
② 교차연결이론: 체내 단백질과 DNA 분자의 교차 연결(cross-linking)이 세포 기능을 저하시켜 노화를 촉진한다는 이론임
③ 사용마모이론: 노화가 세포와 조직의 반복적인 손상과 과다 사용에 의해 발생한다고 봄

03 ④
학습리턴 본문 p. 514

쇠퇴성은 궁극적으로 사망을 유발하는 것이 노화란 개념임
① 보편성: 노화는 모든 사람에게 발생하는 보편적인 현상임
② 내인성: 노화는 내부 요인에 의해 주도되는 과정임
③ 점진성: 노화는 서서히 진행되는 과정임

04 ③
학습리턴 본문 p. 520

사회인지이론은 상호결정론(개인, 행동, 환경)으로서 자아효능감을 통해 인지과정, 개개인의 성격과 사회적 관계를 분석함(반두라 Bandura, A.)

05 ①
학습리턴 본문 p. 531

천식은 호흡곤란, 거친 숨소리 등의 증상이 반복적이고, 발작적으로 나타나는 질환으로 다양한 자극에 대해 기도의 반응성이 높아지는 특성이 있는 호흡기 질병임. 운동은 천식 증상을 유발하거나 악화시키는 주요 요인 중 하나임

06 ③
학습리턴 본문 p. 527

국민체력 100의 상지 근 기능 측정은 상대악력(%)으로 하고, 덤벨 들기는 미국형 노인체력검사 측정 종목임

07 ①
학습리턴 본문 p. 514

스피르두소에 의해 분류된 신체기능 구분으로 신체적 우수, 신체적 적정, 신체적 독립, 신체적 허약, 신체적 의존, 신체적 장애가 있음. IADLs가 가능한 단계는 신체적 독립 단계(Physically independent)로 매우 가벼운 신체활동이 가능하여 걷기, 정원일, 골프, 사교댄스, 여행, 운전 등이 가능하거나, 신체적 허약 단계(Physically frail)로서 가벼운 집안일, 요리, 식료품 쇼핑 등이 가능함

08 ③
학습리턴 본문 p. 539

점진적 웨이트 트레이닝으로 대근육근으로 8~10종류의 운동을 함. 즉, 각각 8~12회 반복으로 1~3세트 실시함. 또한 파워트레이닝은 빠른 속도로 6~10회 반복운동을 권장함

09 ④

④번은 SFT(미국형 노인체력검사)와 국민체력 100(한국형 노인체력검사)에 적합하지 않은 내용임. SPPB에서는 점수가 높을수록 신체 기능이 더 우수하고, 점수가 낮을수록 신체 기능이 저하된 상태를 의미함

10 ③

노인의 운동자각도 5~6은 중강도 신체활동으로서 신체활동을 5일/주 이상 권장함. 근력 운동의 경험이 없기 때문에 처음 운동을 시작하는 노인에게 신체활동 1RM(1회 최대반복)을 40~50% 수준으로 권장함
ㄱ. 〈보기〉에서 심혈관질환 양성 위험요인은 연령, 혈압, 신체 활동 부족으로 총 3개임
ㅁ. BMI 값은 정상 범위(18.5 ~ 24.9kg/m²)에 속하며, 사용자는 과체중이 아님

11 ②

L. Verbrugge & A. Jette(1994)의 장애과정모델(The disablement process model)의 도식은 다음과 같음. 병 → 손상 → 기능제한 → 장애 → 심각한 결과로 이어짐

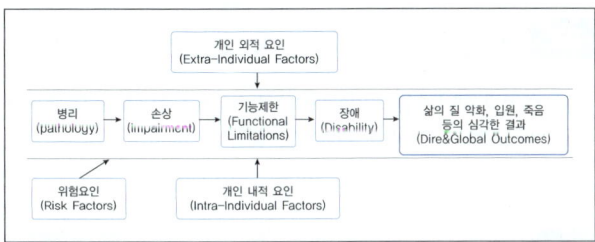

12 ②

친분 대 고독(젊은 성인층) → 생산적 대 정체(중년 성인층) → 자아 주체성 대 절망(노년기)

13 ④

말초동맥질환은 대개 동맥의 경화(죽상경화증)에 의해 유발되고, 죽상경화증은 흡연자, 고혈압, 당뇨병, 콜레스테롤이 높은 사람들에게 발생할 가능성이 높음. 증상은 걸을 때 발생하고 쉴 때 사라지는 한쪽 다리의 통증 또는 경련으로 이어짐

14 ④

노화에 따른 호흡계 변화로 잔기량은 증가하고, 흉곽의 경직성은 증가하며, 생리학적 사강도 증가함

15 ③

당뇨병은 인슐린의 분비량이 부족하거나 정상적인 기능이 이루어지지 않는 등의 대사질환 일종임. 노인 개인별로 운동 강도, 빈도, 시간에 맞게 프로그램을 적용하고, 식단과 인슐린의 균형을 유지함으로써 체지방 감소 등의 효과를 기대할 수 있음. 노인 당뇨병 환자의 운동 효과로 인슐린 저항성은 감소하고, 인슐린 민감성은 증가하며, 골격근의 포도당 수송 능력도 증가함. 운동은 당뇨병 관리에 중요한 역할을 하며, 혈당 조절과 인슐린 작용 개선에 긍정적인 영향을 미침

16 ①

세계보건기구(WHO)가 제시한 노인의 신체활동에 대한 심리적 단기 효과는 주로 이완(Relaxation)과 관련이 있음. 신체활동을 통해 스트레스와 긴장을 줄이는 효과가 단기적으로 나타날 수 있음. 기술 획득, 인지 향상, 운동제어와 수행은 신체활동의 장기적인 효과나 기술적 측면에서 더 많이 논의되는 요소임

17 ②

결정성 지능(crystallized intelligence, 언어성 지능)은 경험을 통해 습득한 학습 지능으로 노화에 따른 인지기능 변화와 거리가 멂. 참고로 유동성 지능(fluid intelligence)은 개인이 이전에 전혀 경험하지 못한 문제를 해결하기 위해 응용될 수 있는 일반적인 정신능력을 의미함. 기술 획득, 인지 향상, 운동제어와 수행은 신체활동의 장기적인 효과나 기술적 측면에서 더 많이 논의되는 요소임

18 ①

골다공증은 뼈의 강도가 약해져서 쉽게 골절되는 골격계의 질환으로 단기간 동안 다양한 근육군을 사용해 서킷 트레이닝, 인터벌 트레이닝 운동을 하면 좋음. 골다공증 노인에게는 수영보다는 걷기, 계단 오르기, 근력 운동, 가벼운 에어로빅 운동이 권장됨

19 ①, ②, ③, ④
학습리턴 본문 p. 534

알츠하이머는 노인성 치매를 일으키는 퇴행성 뇌질환으로 서서히 발병하여 기억력을 포함한 인지기능의 약화가 점진적으로 진행되는 병임(기억력 감퇴). 〈보기〉 모두 치매환자를 위해 지도자나 보호자를 동반하여 운동을 실시할 수 있는 종목임. 각각의 문항별로도 옳은 답안이니 중복 답안으로 공지됨

20 ②

심정지 때는 자동심장충격기를 사용하고, 청각적 문제가 있을 시에는 입모양과 손동작 등 적절한 방법으로 전달해야 함

2023년 기출답안

01	02	03	04	05	06	07	08	09	10
②	④	①	①	②	④	④	①	③	②
11	12	13	14	15	16	17	18	19	20
④	④	③	③	③	①	③	④	③	③

01 ②

기대수명은 성별·연령별로 몇 년을 더 살아갈지를 통계적으로 추정한 기대치의 생존 연수를 의미하고, 평균수명은 특정기간 동안 사망한 사람들의 나이에 대한 평균임. 참고로 건강수명은 심각한 질병이나 신체장애 없이 생존한 삶의 기간을 의미함

02 ④

관절염 노인에게는 충격이 적고 체중을 받지 않는 운동프로그램을 적용하고, 사지를 동시에 모두 사용하도록 하는 운동기구를 활용함. 또한 운동강도는 통증 정도를 고려하여 설정함

03 ①
학습리턴 본문 p. 527

〈보기〉 설명과 같이 수업과 일상생활에서 수행하는 활동들 간의 연관성을 잘 인식하는 것은 기능 관련성에 해당됨

04 ①

〈보기〉 설명은 나이가 들면서 근육의 양, 근력, 근 기능이 모두 감소하는 질환인 근감소증(sarcopenia)임. 참고로 근이영양증(muscular dystrophy)은 근육 자체의 이상으로 골격근이 약화되는 질환, 루게릭병(amyotrophic lateral sclerosis, 근위축성 측삭경화증)은 뇌에서 근육으로 움직이라는 신호를 전달하는 운동신경세포가 점점 파괴되면서 온몸의 근육이 점점 약해지는 질환, 근육저긴장증(muscle hypotonia)은 수동적인 사지운동을 불러일으키는 소뇌장애임

05 ②

체중부하운동은 자기 체중을 이용하는 운동으로 걷기, 조깅, 맨손체조, 가벼운 근력 운동 등이 있음. 고정식 자전거, 수영은 유산소 운동에 해당됨

06 ④

국민체력 100에서 제시한 8장 보행은 협응력을 측정하는 것이고, 고정식 자전거 타기 항목은 없음

07 ④

④번의 인슐린이 부족하거나 정상적인 기능이 이루어지지 않아 발생할 수 있는 당뇨는 신진대사의 질환으로서 저항운동(특히 대근육 위주)을 보다 집중적으로 해야 함

08 ①

호흡·순환계 및 근골격계 질환별 운동 프로그램을 통해 점진적 효과를 얻어야 함. 〈보기〉 설명에서 근육량을 유지하고 증가시키기 위해선 체지방량을 감소시켜야 함. 당뇨환자의 혈당량을 감소시키기 위해선 대근육 운동을 통해 근육의 인슐린 민감성을 증가시켜야 하고, 골밀도 감소를 개선하기 위해 단기간 동안 다양한 근육군을 사용해 서킷 트레이닝 및 인터벌 트레이닝 운동을 하면 효과가 있음

09 ③

학습리턴 본문 p. 524

특수성 원리란 종목별로 요구하는 능력이 다르기 때문에 운동을 통해 얻을 수 있는 효과는 운동유형 및 관련 근육들과 관련이 있음

10 ②

뒤꿈치, 발바닥, 앞꿈치 순서로 내디뎌야 함

11 ④

텔로미어(telomerer)는 염색체 말단의 보호 구조로서 세포가 분열할 때마다 중요한 유전 정보를 대신하여 사라지는 보호막 역할을 함. 텔로미어 길이가 일정 수준 이하로 짧아지면 세포는 분열을 멈추는 세포 노화 상태가 됨. 참고로 마이오카인(myokine)은 근육에서 분비되는 다양한 생리활성 물질로서 면역력 개선, 에너지 대사, 혈관 재생, 염증 조절 등에 도움을 줌. 사이토카인(cytokine)은 혈액 속에 함유된 면역 단백질 중 하나로 세포 신호화(cell signalling)에 중요한 역할을 함. 글루코오스(glucose)는 포도당으로 뇌, 신경, 폐 조직에 있어서 필수적인 에너지원임

12 ④

발테스(Baltes)의 선택적 적정화 이론(1990)에 따르면 노인의 신체적, 정신적, 사회적 손실에 적응하는 노인의 능력과 연관됨. 노인의 기능적 독립성 유지를 위한 3가지 행동전략으로 선택(selection), 적정화(optimization), 보상(compensation)이 있음. 〈보기〉 설명은 노화의 성공적인 결과를 도출하고자 중요한 결정요인을 활용함

13 ③

여성 호르몬으로 에스트로겐(여성의 2차 성징 발달), 프로게스테론(임신 유지, 배란 억제)이 있음. 활성산소는 생물체 내에서 생성되는 산소의 화합물로 생체 조직을 공격하고 세포를 손상시키는 산화력이 강한 산소로 노화 관련 질환을 유발할 수 있음. 참고로 테스토스테론은 남성 호르몬임

14 ③

학습리턴 본문 p. 520

〈보기〉 설명은 계획행동이론(planned behavior theory)으로 지각된 행동 통제와 행동에 대한 태도가 개인의 행동을 형성함을 설명함

15 ③

학습리턴 본문 p. 537

노인과의 원활한 의사소통으로 참여자의 정면에 서 있고 눈을 맞추면서 참여자의 참여유도를 이끌어내기 위해 몸을 약간 앞으로 기울이면 좋음

16 ①

METs(metabolic equivalent)는 휴식할 때 필요한 에너지와 몸에서 필요한 산소의 양을 의미함. 1MET란 1분당 체중 1kg의 산소 3.5ml 섭취량을 의미함(1MET=3.5ml/kg/min). 3MET 미만(저강도; 서 있기. 천천히 걷기), 3~6MET(중강도; 조금 빠르게 걷기), 6MET 초과(고강도: 조깅, 달리기, 자전거 타기, 수영 등)의 공통된 기준이 있음

17 ③

응급상황 처치법은 보호(protection) → RICE(rest 휴식, ice 냉찜질, compression 압박, elevation 거상) → 고정(stabilization)임

18 ④

나이가 들면 몸의 노화(특히 다리 근육 등)와 퇴화가 진행되면서 보폭이 짧아지고 속도도 떨어짐. 보폭이 짧아지면 낙상 위험도 커짐

19 ③

평형성은 신체의 안정성을 유지하는 능력으로 정적 평형과 동적 평형이 있음. 정적 평형(static balance)은 서서 한 발 들기, 머리 대고 물구나무서기 등으로 공간 이동이 없는 신체 활동 수행 중 요구되는 평형성이고, 동적 평형(dynamic balance)은 대표적으로 평균대 걷기가 있고 공간 이동이 있는 신체 활동 수행 중 요구되는 평형성임. 어지럼증을 일으키는 평형기관(전정 반고리관)이 노화되면 신체균형을 유지하는 데 어려움을 겪음. 20대 이후 급격히 저하되지 않음

20 ③

노화란 시간의 흐름에 따라 정상적으로 진행되는 모든 변화의 총체를 의미하고, 생물학적 노화, 심리적 노화, 사회적 노화의 과정을 포함함. 특히 생물학적 노화는 모든 사람에게 보편적으로 일어나는 것임

2022년 기출답안

01	02	03	04	05	06	07	08	09	10
①	③	④	②	①	③	③	②	④	①
11	12	13	14	15	16	17	18	19	20
②	③	④	①	②	④	②	①	④	③

01 ①

연령은 연대기적 연령(출생연도를 기준으로 측정하는 나이)과 기능적 연령(개인의 신체적, 심리적, 사회적 기능의 정도에 따라 규정하는 나이)으로 구분함

02 ③

③번은 기대수명을 뜻함

03 ④

㉠은 에릭슨의 심리사회적 단계이론(자아통합 단계이론)으로서 1~8단계에서 8단계인 노년기에 대한 긍정적 및 부정적 결과를 설명한 것임. ㉡은 발테스의 선택적 적정화 이론으로서 노인의 기능적 독립성 유지를 위한 3가지 행동전략(선택, 적정화, 보상)을 제시함

04 ②

학습리턴 본문 p. 519

〈보기〉는 지속적으로 정신적, 신체적 활동을 하는 사람이 건강하다는 활동이론의 설명임

05 ①

노화의 특성은 신체적 특성(신체구조 및 기능 저하 등), 심리적 특성(우울증, 소외감 등), 사회적 특성(역할 변화, 대인관계 감소 등)으로 사회로부터의 존중과 도움을 받는 사회적 지지(㉠)가 필요함. 또한 나이가 들면서 겪게 되는 신체의 변화는 부절적한 자각(자아개념, 자부심, 자기효능감)을 형성시키기 쉬움. 이로써 목표달성을 할 수 있는 자기효능감(㉡)을 불어넣어야 함

06 ③

노인운동의 심리적 효과는 스트레스와 긴장을 완화해주고 불안과 고독감과 같은 부정적인 감정을 해소하며, 우울증과 신경증 등의 질병치료에 도움을 줌

07 ③

노화에 따라 신체구조 및 기능의 저하, 외면상의 신체변화, 만성질환의 유병률 증가 등의 신체적 변화를 겪음. ③번에 제시한 폐의 탄력성과 흉곽 경직성은 노화에 따라 감소함

08 ②

노인운동을 통한 신체적(생리적) 효과로는 순환계(심장 및 혈관기능 개선, 최대산소섭취량의 증가)에 도움을 주고, 호흡계(폐활량 증가), 근육계(근육조직, 뼈 발달), 골격계(뼈의 성장과 발달 촉진)에 긍정적인 영향을 미침. 〈보기〉에 나타난 바와 같이 체지방 감소, 인슐린 감수성 증가, 안정시 및 최대 심박수 감소를 시킴. 참고로 인슐린 감수성은 인슐린에 대한 몸의 반응이 얼마나 민감한지를 의미하므로 인슐린에 대한 몸의 반응이 정상적인 기준보다 감소되는 인슐린 저항성과는 반대 개념임. 즉, 인슐린 감수성을 높이고 인슐린 저항성을 낮춰야 혈당이 낮게 유지됨

09 ④

노인을 위한 평형성 측정항목으로 의자에 앉아 3m 표적을 돌아오기 등이 있음. 즉 의자 잡고 옆으로 한발 들기의 운동은 적절하지 않음

10 ①   학습리턴 본문 p. 535

카보넨 공식을 이용한 목표심박수 = (최대 심박수 − 안정 시 심박수) × 운동강도(%) + 안정 시 심박수 = (150 − 80) × (40~50%) + 80 = 108~115

11 ②

운동장비의 사용방법, 장비 사용과 관련된 위험에 대한 경고를 게시해야 함. 이 외에도 모든 직원들에게 계획을 공유, 정기적인 응급대처 훈련 실시, 프로그램 안전을 위해 신체활동 시작 전에 각 참가자들을 선별, 응급처치 자격증을 포함해 전문능력 보유, 관련한 법률, 규정, 규범을 준수해야 함(미국스포츠의학회 ACSM, 2018)

12 ③

고혈압 환자대상 운동 프로그램은 혈압의 비정상적인 변동을 초래하지 않도록 유의해야 하고, 보다 낮은 강도의 운동이 안전할 수 있으며 주 3회 이상의 근력운동과 유연성 운동을 권장함. 근육의 길이는 변하지 않으면서 근수축이 일어나는 등척성 운동(매달리기 등)은 적절치 않음

13 ④

SFT에서 실시하는 일어서서 2.44m 왕복 걷기는 민첩성과 평형성을 측정하는 것이므로 버스 빠르게 타고 내리기와 유사함. 참고로 국내의 국민체력 100에서 민첩성, 평형성 측정항목은 의자에 앉아 3m 표적을 돌아오는 것임

14 ①

체성감각계(몸감각 기관)는 촉각, 온도 등의 감각을 받아들이는 다양한 수용체로 구성된 감각 기관, 시각계는 시각을 담당하는 중추신경계의 일부인 시각 기관, 전정계는 신체의 균형과 위치를 파악하여 평형감각을 담당하는 기관, 운동계는 근육의 수축과 이완, 샘의 분비 활동을 조절 및 제어하는 신경 계통으로 노화로 인해 평형성과 기동성 변화에 영향을 미침

15 ②

근골격계 질환(muscularskeletal disease)이란 근골격계에 내·외적인 원인으로 통증과 기능 저하 등을 동반한 질환(예 요통, 경부통, 오십견, 무릎퇴행성 관절염, 발목염좌 등)으로 앉아서 다리밀기, 앉았다 일어나기, 윗몸일으키기, 몸통 위로 젖히기, 필라테스, 벽밀기, 매달리기, 수영, 수중운동, 고정식 자전거 타기 등 관절 자체에 무리가 가지 않는 운동을 추천함

16 ④   학습리턴 본문 p. 522

건강신념모형(HBM, health belief model)은 건강 관련 행동을 설명하고 예측하기 위해 개발된 사회적 심리적 건강 행동 변화 모델로서 인간의 행동은 주관적인 지각세계에 의존한다고 가정한 것임. 주요 개념으로 지각된 민감성, 지각된 심각성, 지각된 위협, 지각된 이익, 지각된 장애, 자기 효능감, 행동의 계기가 있음

17 ②

노인교육방법은 자발성의 원리, 경로의 원리, 사제동행의 원리, 생활의 원리, 다양성의 원리, 직관의 원리, 개별화의 원리 등이 있음. ㉠은 노인의 개인경험, 연령, 교육 등을 고려하여 교육하는 개별화의 원리이고, ㉡은 노인들의 풍부한 경험을 활용하는 사제동행의 원리임

18 ①

ACSM의 노인을 위한 FITT(운동빈도, 운동강도, 운동시간, 운동형태) 권장사항으로 ㉠, ㉡, ㉢은 맞음. 운동형태(T)는 유산소 운동을 할 때 과도한 정형외과적 스트레스를 유발시키지 않는 운동(예 걷기, 수중 운동, 고정식 자전거 타기)을 권장하고 있음

19 ④

정확하지 않은 질병치료에 대한 기대감을 심어주는 것은 적절치 않음

20 ③

노인스포츠지도 시에는 언어적, 비언어적, 자기주장 진술 등을 동원해서 효과적인 의사소통을 해야 함